8115 A
H

HISTOIRE
ET
RECHERCHES
DES
ANTIQUITÉS
DE LA VILLE
DE
PARIS.

Par M. HENRI SAUVAL *Avocat au Parlement.*

TOME TROISIE'ME.

A PARIS,

Chés { CHARLES MOETTE, Libraire, rue de la Bouclerie à St Alexis, près le Pont St Michel.
JACQUES CHARDON, Imprimeur-Libraire, rue du Petit-Pont, au bas de la rue St Jacques à la Croix d'or.

M. DCC XXIV.
AVEC PRIVILEGE DU ROI.

TABLE

DES LIVRES ET DES TITRES
contenus en ce troisiéme Volume.

LIVRE QUATORZIE'ME.

Curiosités de divers endroits de Paris

LA porte St Antoine.	1
Rue des Bernardins.	2
Rue de Matignon.	3
Hotel de l'Hopital.	
Rue de la Savaterie.	
Morin.	4
Le Cheval de bronze.	
L'Hotel de Guimenée.	
Les Hameaux.	5
Souvray.	
Senneterre.	
Vanel.	
La Bastille.	
De l'Esdiguieres.	
L'Hotel d'Avaux.	6
L'Hotel de Condé.	
Le petit Luxembourg.	
Le Luxembourg.	7
Le Palais.	8
L'Hotel de Ville.	9
L'Hotel de Cluni.	10
L'Hotel de Guise.	
L'Hotel de Soissons.	
Le Pont au Change.	11
Le Chatelet.	
L'Hotel de Carnavalet.	12
La maison d'Astry.	13
L'Hotel de Sully.	
La maison de Bautru.	
Le Marché neuf.	
L'Université.	14

Tome III.

La maison d'Hesselin.	14
Place Royale.	15
Les Tuilleries.	
Le Louvre.	
La grande Gallerie.	17
L'Hotel de Chevreuse.	21
L'Hotel d'O	
Maison de l'Abbé de la Riviere, Evéque de Langres.	
Epitaphe de St Jaques de l'Hopital.	24
Fragmens pour l'Hotel de Bourbon.	25
Le Roi des Ribaux.	26
Le mal de Naples.	27
Attentats.	29
Artisans, Communautés, &c.	31
Tombeaux.	34
Complainte de l'Epouse encore sur terre envers son Epoux qui gist en terre.	35
Maisons de plaisance de nos Rois.	
Tombeaux de St Sauveur.	36
Turlupin.	
Gaultier-Garguille.	37
Gros-Guillaume.	38
Guillot-Gorju.	
L'escalier de la rue des vieux Augustins.	39
Tours & Clochers.	40
Choses rares en plusieurs sortes d'Arts.	43
Charpenterie.	

TABLE DES LIVRES ET TITRES.

Sculpture. 44	Bâtimens. 54
Jardins curieux. 45	Vision des chercheurs de Pierre Phi-
Bâtimens. 46	losophale touchant plusieurs figu-
Palais. 48	res d'Eglise. 55
Bibliotheques. 52	Enseignes. 57
Autres choses remarquables. 53	Histoire des Tontines, Lotteries &
Idoles. 54	Blanque Royale. 58. & suiv.
Eglises	

TABLE DES PREUVES.

Fragment. 1
Privilegium Philippi Regis. 2
Hugonis Sancti Germani de libertate hominum istius Villæ. 4
Confiscatio bonorum Domini Hugonis de Cruciaco apud Issiacum. ibid.
Extrait du Cartulaire de Notre-Dame des Champs. 6
    Patentes de Louis le Gros.
    Patentes de Philippe-Auguste. 7
    de Louis le Jeune.
    de Louis le Gros. 8
Extrait du Cartulaire de St Victor. ibid.
Extrait d'un Arrêt du Parlement qui accorde le bien des bâtards morts en leur terre à leur profit. 10
Extrait du Livre noir.
Du petit Pastoral de l'Eglise de Notre-Dame de Paris. 11
    Patente de Philippe-Auguste. 12
    Petit Pastoral.
Des Regîtres de l'Hotel de Ville. 14
    Concession d'armories aux quatre Corps. 17
Ambassade d'Angleterre. 21
Ceremonie observée à la reception de l'Ordre de la Jarretiere. 22
Serment.
Serment d'Henri IV pour la paix. 24
Serment de Louis XIII pour la paix d'Angleterre. 25

Hommage de Monsieur pour son appanage. 26
Procession ordonnée pour une Notre-Dame d'argent. 27
Obseques du Cardinal de Biragues.
Déclaration du Roi au sujet de la marche de la Chambre des Comptes aux funerailles du Cardinal de Bourbon 28
Du Regître cotté D. du Greffe de la Chambre des Comptes, sur la suppression des six Corps des Marchands. 29
Ex Jacobi de Vitriaco Historia Occidentali. 32
De Canonicis Sancti Victoris. 33
Du Regître cotté E. du Greffe de la Chambre des Comptes. 34
Extrait des libertés de l'Eglise Gallicane. 36
Extrait de la Police Royale sur les personnes & les choses Ecclesiastiques, par Jaques du Hamel. 41
Extrait du Traité des Droits Ecclesiastiques de l'Eglise Gallicane, par Antoine Hotman. 42
Extrait des preuves de l'Eglise Gallicane. 43
Avis de l'Université de Paris, sur l'obéïssance & fidelité dûe à Henri IV. 44
Avis de la Faculté de Theologie & Curés de la Ville de Paris. 46
Arrêt de la Cour, permetant la cons-

TABLE DES LIVRES ET TITRES.

truction d'un Monastere à Paris. 47
Extrait du testament de Philippe-Auguste allant Outre-mer en 1190. 48
Ex Cartulario Episcopi Parisiensis.
Cartulaire de Mr de la Mothe. 49
Sujets de l'Evêque exemts de la taille. 51
Charte d'Eudes, Evêque de Paris, sur la residence des Chanoines de St Marcel. 54
Extrait d'une Bulle du Pape Jean. 61
Lettre de Jean, Abbé de St Germain. 62
Extrait des titres du Secretariat de l'Archevêché. 65
Ex nova Bibliotheca manuscript. librorum. 66
Ex magno Pastorali. 71
Extrait du second volume du repertoire des Chartes de l'Eglise de Paris. 73
Ex constitutionibus Præbendarum sancti Aniani, sancti Dionysii de Passu, &c. 74
Compositiones inter Regem & Præpositum Parisiensem ex una parte, ac Decanum & Capitulum. 77
Paris, de Litteris communibus. 80
Paris, in Civitate.
Paris, ultra parvum Pontem. 81
Paris, circa magnum Pontem. 82
Paris, fondation, le poids le Roi. ibid.
Paris, ultra magnum Pontem. 83
Extrait des Manuscrits de St Victor. ibid.
Accord fait entre le Roi & l'Evêque de Paris. 87
Lettre pour St Ladre lés Paris, faisant mention de la Foire, &c. 90
Lettre tsuchant l'Université de Paris : & les Boucheries de Ste Geneviéve. 92
Lettres executoires des lettres precedentes. 93
Arrêt touchant la Chapelle St André, fondée en l'Eglise St Eustache, appellée la Chapelle du Pont-l'asne. 94
Lettres Royaux pour la démolition de la Boucherie du grand Châtelet. 99
Charte faite par le Roi sur le fait de quatre Boucheries. 100
Privilege à Mr Rambouillet pour une Lotterie. ibid.
Extrait des titres de l'Université, étant en la Chapelle du College de Navarre. 103
Extrait du compte de Simon Gaucher, Payeur des œuvres de la Ville de Paris. 124
Extrait du cinquiéme & dernier compte de Philippe d'Acy, Payeur des œuvres de la Ville de Paris. 125
Extrait des Regîtres des déliberations faites à St Nicolas du Chardonnet. 127
Preuves, ce sont les Ordonnances du Grand Aumônier, pour la reformation des Quinze-vingts. 129
Fondation du College de Ste Barbe. 136
Extrait des Regîtres du Secretariat de l'Archevêché. 146
Regulæ Seminarii Hibernorum Parisiensis. 166
Sœurs de la Charité dites servantes des Pauvres. 203
leurs Statuts. 204
Doctrine Chretienne. 215
Extrait du Cartulaire de St Maur. 221
Ex tomo altero notitiæ Regni Franciæ Joannis Lemnæi. 220
Testes & testimonia. 232
Copie d'un Titre qui prouve les infeodations des dixmes de Montmarin. 252

COMPTES ET ORDINAIRES
de la Ville de Paris.

Les Comptes & Ordinaires de la Ville de Paris contiennent tout ce qui regarde les Comptes de la Prevôté de Paris, le Domaine muable, la Vente de cens, les Oeuvres & reparations publiques, les Recettes & dépenses communes, les Rachats de reliefs, de quints deniers & aubaines, les Saisies, forfaitures & confiscations; enfin la Recette & dépense commune de la Ville & Prevôté de Paris. 257 & suiv.

Table generale des Matieres contenues dans les quatorze livres des Antiquités, & dans les Preuves de la Ville de Paris.

Table des Matieres des Comptes.

Fin de la Table du troisiéme & dernier Tome.

HISTOIRE
ET
RECHERCHES
DES
ANTIQUITÉS
DE LA VILLE
DE
PARIS.

LIVRE QUATORZIEME.

Curiosités de divers endroits de Paris.

LA PORTE St ANTOINE.

'AVANT-PORTAIL de la Porte St Antoine est un arc de triomphe dressé par la Ville pour faire honneur à Henri III, à son retour de Pologne, & bâti sur les desseins de Metezeau. L'architecture toute simple & nue quelle soit, n'en est ni moins savante ni moins entendue dans toutes ses parties. L'ouvrage est à bossages rustiques, d'une ordonnance Dorique, & consiste en un portail accompagné de deux poternes. A l'arcade de la grande porte sont couchées deux figures de fleuves, autant belles que pleines de science & d'art. Les consoles ne meritent guére

Tome III. A

moins d'être confiderées que la fimplicité des ornemens qui eft très-gracieufe. Les poternes font fort bien proportionnées à la principale porte ; & enfin l'œuvre entier fi bien conduit, que derriere il eft foûtenu par de grands arcs-boutans, tous bandés & maintenus d'une arriere vouffure, que tous les favans en la coupe des pierres admirent.

Sa montée & fa faillie s'élevent & s'élargiffent avec une douceur imperceptible ; les pierres qui la compofent font fi bien pofées les unes fur les autres, & il s'y remarque fi peu de traite, qu'il n'y a que les gens du métier capables de l'admirer, comme fachant eux feuls par expérience combien la chofe eft difficile.

Cette face de devant porte un grand fronton de pierre garni de fes cimes, de fon tympan & de fes moulures, qui fait par derriere une ordonnance Tofcane, mais majeftueufe. Enfin cette porte eft fi belle quand du point de vûe on vient à regarder la Porte St Antoine & les maifons de la Ville qui lui font face, qu'il femble pour lors que fon arcade foit une continuation de l'avant-portail, qui alors fe trouve plaifamment terminé par cette fuite de maifons.

En un mot donc, touchant cet avant-portail, outre que fon ordonnance ne déplaît pas, la fimplicité des confoles qui l'accompagnent, de plus l'agrément & la douceur de l'arriere vouffure qui la couronne, ont je ne fai quelle beauté mâle, grave & vigoureufe. Le baftion au refte qui flanque cette Porte eft le plus grand qui foit dans tout le monde.

RUE DES BERNARDINS.

LA Maifon du Confeiller le Tellier eft remarquable par un grand corps de logis dont l'architecture eft magnifique & majeftueufe, mais affés mal entendue dans toûtes fes parties ; joint qu'elle a encore un cryptoportique ou gallerie baffe à la mode des anciens, où Meffire Nicolo a peint à frefc quelques Metamorphofes d'Ovide, qui ne font pas les moindres ouvrages de ce grand genie. Le bâtiment eft chargé de quantité de bas reliefs, tous bons & travaillés foigneufement & avec grande peine.

Néanmoins la naïveté, la douceur des vifages, la tendreffe & la delicateffe des figures, la gaieté des attitudes & des draperies & cet agrément inexplicable qui fe mêle dans tous les deffauts, rendent les figurines bien égayées & bien delicates, peut-être même trop.

Ce bâtiment fut entrepris en 1567 par l'Abbé de la Cafe-Dieu, nommé Dufort, qui eft enterré dans les Bernardins.

La Maifon du fieur Aubri a une entrée la plus fuperbe du monde, puifqu'enfin on s'imagine entrer dans quelqu'un de ces vieux Palais ou de ces vieilles ruines des Romains : & le tout pour avoir fait orner certains logis derriere le fien de deux hautes ordonnances de pilaftres les uns fur les autres, après les deffins de Defargues ; fi bien que de part & d'autre on diroit qu'ils font rompus. Son efcalier eft fi commode qu'il ne s'en voit point à Paris qu'on trouve plutôt, où on entre plus à l'aife, ni dont l'abord foit plus grand & plus fuperbe.

Au logis de Madame de la Trouffe, deux petits enfans de Sarrafin fe baifent & s'accolent fi tendrement & fi délicatement, qu'on les prendroit pour deux petits pigeons qui fe careffent ; & de plus, ces careffes font accompagnées de tant de grace & de mignardife, que quand l'amour lui-même auroit été leur Maître & les auroit inftruit, ils ne feroient pas plus favans.

DE LA VILLE DE PARIS. Liv. XIV.

Dans la Salle les deux figures qui ornent la cheminée font encore de Sarrafin & d'une maniere fort jolie. Deux Termes bienfaits accompagnent ces manteaux & portent une corniche, au-deſſus de laquelle ſont deux figures, & au milieu un petit enfant qui tient de chaque main un feſton avec une attitude purement enfantine & pleine de naïveté.

RUE DE MATIGNON.

DANS une des maiſons de feu Noblet, eſt un hangard ſi ſurprenant qu'il paroît comme en l'air, quoique chargé d'un plancher garni de ſes ſolives & de trois étages de moilon avec des chaînes de pierre. Car enfin pour tout ſoutien il n'a que quatre arcades ſurbaiſſées qui ne portent pas chacune quinze pouces de montée, & ne ſont appuyées que d'un ſeul pilaſtre, aux endroits où devroient être encore des pilaſtres n'ayant que des pendiriſs; de ſorte que chaque pendiriſ porte deux arcades qui ſemblent n'être ſoutenues de rien.

Ce trait de la coupe des pierres fort galant, a été executé par le gros Girard.

Chaque arcade à dix-huit pieds d'ouverture, & le pilaſtre du milieu deux de groſſeur, qui eſt une groſſeur égale aux clefs des trois autres arcades; les deux angles en entrant ont deux rampes très-hardies & du deſſin du même.

HOTEL DE L'HOPITAL.

L'ESCALIER de cet Hotel eſt de la nouvelle maniere de Deſargues. Il eſt de pierre à quatre branches, porté ſur des arcades & continué avec ſes moulures de haut en bas, ſans faut ni interruption aucune, & ſans changement d'ordonnance. Au lieu de ſes quatre branches néanmoins s'il n'en avoit qu'une il ſeroit plus magnifique & plus noble.

RUE DE LA SAVATERIE.

DANS cette rue ſur la porte de la maiſon de Philibert de Lorme qui ſert à preſent de cabaret, ſe voit un fleuve tout gâté veritablement & barbouillé de mauvaiſes peintures, mais fait par quelque Diſciple de Maître Ponce. De Lorme qui bâtit cette maiſon pour le Banquier Pantouillet, y a fait une trompe très-gracieuſe & bien proportionnée, vû le lieu & la place qu'elle contient, & en prit tant de ſoin qu'il montroit lui-même aux ouvriers tout ce qu'il y avoit à obſerver, ſoit pour le deſſin & l'artifice, ſoit pour les traits & les meſures.

Chés Thibaut Sculpteur, non ſeulement ſe voit un modele de l'Hercule Farneſe, mais encore les jambes de marbre de l'original qui ſont de même taille.

Mr Gobelin a chés lui deux ronds qu'on devoit placer à la face de l'Hotel de Ville, qui ſont deux demi reliefs excellens.

Il a encore les deux Anges montés ſur des Dauphins de la main de Pilon, que nous avons vû autrefois à la Fontaine de Birague devant les Jeſuites.

Tome III. A ij

Le degré de Mr de la Brosse est un rempart qui porte son cintre sous les marches, & va finir en anse de pannier sous un pallier quarré. Les courbes en sont maniées avec beaucoup de douceur & avec cette propreté qui se remarque par excellence dans tous les ouvrages de Mansart. L'abord en est peu commode ; il y a une certaine trompe dont les arrêtes unies à celles de la croisée font un effet aussi galant qu'il est hardi.

Il y a de tout dans le Jardin de Liancourt ; un parterre, des pallissades, un bois, bel air, des allées couvertes & découvertes.

MORIN.

DERRIERE la Charité, Morin a un parterre ovale entouré d'une palissade de Cyprès fort hauts & fort touffus, garnis d'espace en espace de quelques niches de rocailles, remplies de figures de plâtre de stuc modelées sur l'antique & couvertes de lierre ; ce qui fait une varieté d'ordonnance fort plaisante. Le vuide est diversifié de compartimens de buis, qui composent trois allées aussi en ovale. Les compartimens du premier sont taillés en côtes de Melon, deux en côtes de coquilles ; dans le centre sont quatre compartimens triangulaires qui s'approchent d'un bassin qui pousse un jet d'eau dans le milieu du jardin.

Tous ces compartimens sont remplis de plantes les plus rares de Paris. C'est le premier jardin où le Filaria a été planté. Ce Filaria & les Cyprès sont entrelassés ensemble fort artistement. Le lierre y fait un changement & une face assés agreable ; il arrête chaque grotte rustique plaisamment & chaque grotte arrête assés agreablement.

LE CHEVAL DE BRONZE.

LES Captifs du cheval de bronze ont été commencés par Francaville & depuis achevés par Bourdoni. D'autres disent que Francaville en a achevé deux. Les bas reliefs sont de Francaville & de Bourdoni.

A Vincennes il y a un tableau du Jugement fait par Maître Jean Cousin.

L'HOTEL DE GUEMENE'E.

CET Hotel est accommodé de vastes & très-commodes appartemens par le Pautre, & principalement du plus grand alcove de Paris, tout doré & peint par Cotelle, accompagné d'une cheminée fort galante & éclairée de grandes croisées qui regardent sur le plus grand jardin de la Place Royale. Il se décharge aussi dans deux petites chambres à l'Italienne qui conduisent dans le jardin.

DES HAMEAUX.

LE plat-fonds de la chambre à l'Italienne est trop bas, ou le tableau trop grand. Quand on y fait du feu la nuit, il y fait plus grand jous qu'en plein midi.

Cette chambre à l'Italienne est de l'ordonnance de le Veau, peinte par Vouet, & ornée de sculptures & bas-reliefs par Vanobstal.

L'alcove est ornée d'un rideau de bois lié à quelques anneaux avec un ruban, mais d'ailleurs plissé avec tant de savoir & d'intelligence que c'est un des plus beaux ouvrages de Buiret, & le bois de Paris le mieux & le moins durement manié.

La Menuiserie dans le grand alcove, dont l'ordonnance tant du plat-fonds que du lambris est des plus belles & du dessin d'Errard.

SOUVRAY.

LA Gallerie & la Chapelle sont peintes d'après le Bassan.

SENNETERRE.

DANS la grande Gallerie est peinte l'histoire de l'Aminte en dix-huit tableaux, dont il y en a deux de Lemaire, deux de Perier, deux de Hyacinthe, deux de Mignard & le reste de Errard.

La Chapelle est plus grande & plus magnifique que dans pas une maison particuliere de Paris, couverte d'un grand plat-fonds de stuc, par Lambert.

VANEL.

UN Escalier de pierre, quarré, rampant & vuide dans le milieu. Le trait en est si beau & si hardi qu'il semble comme suspendu en l'air. La foiblesse des murs & la crainte de la depense sont cause que Dominique de Lafons n'a pû le continuer jusqu'au dernier étage.

LA BASTILLE.

LA Bastille fut commencée l'an 1369, & la premiere pierre mise par Hugues Aubriot, Prevôt de Paris, aux dépens de Charles V.

DE L'ESDIGUIERES.

PALAIS des menus plaisirs d'Henri IV.

L'HOTEL D'AVAUX.

MUET a fait l'escalier; inégalité des pilastres par Pierre Blavin. Cette Maison est bâtie d'un côté de la belle & grande maniere; l'ordonnance néanmoins passe chés quelques-uns pour un peu bien grande, vû la petitesse du bâtiment qui viendroit bien au Louvre, comme celle du Louvre feroit un bel effet dans cet Hotel.

La corniche du corps de logis & des pavillons a été brisée & n'est point unie comme celle des ailes, qui est un grand défaut, outre que cela cause de la difformité; cependant Muet n'a pas ici peché par ignorance, & cette faute ne vient que pour avoir voulu épargner la depense & la bourse de celui qui le faisoit travailler. La face exterieure qui regarde le jardin est copiée sur l'exterieure de celle du Louvre.

L'HOTEL DE CONDÉ.

TANT s'en faut que l'Orphée de Francaville soit une de ses meilleures figures, que même elle passe pour très-defectueuse; il a les reins rompus, sa hanche est hideuse; à la verité les jambes en sont belles, mais hors de proportion, y en ayant une plus longue que l'autre d'un pied. Le marbre sans doute en est très-bien travaillé, aussi peut-être est-ce la seule chose en quoi il excelloit. Et de fait je ne sai si je ne donne point à cette figure plus d'esprit & de jour que le bon homme ne lui en a voulu donner; & ce qui me le fait croire, est que je ne vois pas que les Sculpteurs y ayent pris garde seulement. De sorte qu'à la voir il n'y a que l'assiete & la disposition de ses jambes qui en soient belles & dignes d'être considerées, puisqu'enfin de front & de profil elles cachent si bien le corps du Cerbere à trois têtes, que ce n'est que par derriere qu'on reconnoît que ces trois têtes ne sont attachées qu'à un seul corps. Que si j'ôte d'un côté quelque chose à cette figure, je lui en rends peut-être au double, en lui prêtant un plus fin & plus riche que Francaville n'avoit envie de lui donner.

Les tapisseries de l'Hotel de Condé, autrefois de Montmorenci, sont des plus belles de Paris.

LE PETIT LUXEMBOURG.

IL y a dans cette maison bien des escaliers derobés. Tous les appartemens sont commodes & degagés. L'on y voit un grand salon dont l'architecture est peinte par Jean le Maire, & les paysages par Manchole.

Tous les appartemens roulent autour du jardin en terrasse, & sont attachés à un grand salon & très-magnifique.

La peinture du degré est de Manchole.

Les portes sont en correspondance à perte de vûe dans la cour & dans le petit jardin du Luxembourg à travers le degré

Elle jouit de la vûe du parc de Luxembourg mieux que son Altesse Royale.

Cette maison fort delicieuse a un jardin en l'air & portatif, qui est toujours nouveau, & entouré de vitres & de miroirs, qui doublent le jardin & les appartemens qui l'environnent.

LE LUXEMBOURG.

LE Duc d'Orleans a un Cabinet d'antiques le plus curieux & le plus complet de toute l'Europe, & même il n'y a pas un Prince en tout le monde qui se puisse vanter d'en avoir qui en approche en beauté, en quantité & en excellence.

Toutes les faces de ce Palais sont riantes, tout y rit de tous les côtés; la face est riante, la cour avec les bâtimens riants, le corps de logis vers le jardin, & toutes ses parties separément, & tout cela de plus très-majestueux.

Le portail est trop étroit pour une si grosse masse; les arcades des portiques trop hautes, trop peu larges, trop égayées, & les pilastres trop gros pour la gaieté des arcades. La maison est peu logeable & peu commode.

Les pavillons des deux angles sont trop pressés, & font un creux trop noir & trop obscur.

Le seul tableau, où est la Verité toute nue, est de la main de Rubens; pour les autres ils sont du dessin de Rubens & de la main de Juste.

Le jardin est placé de côté & seroit bien mieux de front.

Le corps de logis est trop enfoncé du côté du jardin; le vestibule trop petit pour l'édifice.

L'Attique couronne mal le bâtiment, & est trop grand pour la masse. Les corniches qui se brisent dans l'Attique & dans le pavillon font un effet vilain & irregulier.

Il n'y a pas une porte de suite & en correspondance; en tout cas peu.

La grande gallerie de Rubens est sans plat-fonds.

Avec tous ces défauts néanmoins le dessin de ce Palais a été promené par toute l'Italie avant que d'être executé. Il a passé par les mains des meilleurs Maîtres de l'Europe; & dans toute l'Europe il n'y a point de maison qui paroisse avec plus d'orgueil & plus de faste; tout en est grand & majestueux; le portail est bâti d'une maniere grande & toute superbe; le dôme & les deux gros pavillons lui donnent une majesté Royale. Si le Pont-neuf & la rue Dauphine eussent conduit en ligne droite à la face de cette belle maison, comme la Reine en avoit bien envie, il n'y eut point eu d'avenue au monde ni plus longue ni plus magnifique, ni de portail plus superbe. L'execution de ce dessin est maintenant beaucoup moins facile que du tems de cette Princesse, car pour lors la rue des Fossés n'étoit point encore faite.

L'ouvrage rustique fait un effet aussi surprenant que merveilleux; & si l'on en considere en gros l'architecture, soit du dedans de la cour soit du dehors, par tout on la trouve grande & admirable. Le grand cabinet de Madame est excellent pour la musique. Quelques-uns se sont plaint de ce qu'une femme avoit bâti une maison Toscane, mais leur plainte a cessé quand ils se sont souvenus que c'étoit une Princesse Toscane qui vouloit faire éclater en France l'ordre de sa Patrie.

La menuiserie de la porte est de l'ordonnance de Mercier. C'est un portail fort bien entendu, dont les masques qui sont fort bons ont été faits par Berthelot & Perlan. Plusieurs autres édifices circonvoisins n'ont été bâtis que bien depuis. Cette entreprise, ou n'a pas été connue à Rivier qui a fait la Porte Dauphine, ou il n'a pas voulu s'attacher à ce dessin, puisqu'il n'a pas dressé cette porte en ligne droite au portail du Luxembourg, car il la pouvoit accommoder très-aisément & à la rue Dauphine & à ce portail.

Le Luxembourg est en bel air & pur, mal logeable, point de portes en

HISTOIRE ET ANTIQUITÉS

correspondance ; a de front le plus grand & le plus magnifique partere de l'Europe. L'appartement du Roi est très-riche & très-superbe. Il y a de tout dans le jardin, & tout ce qui y est est d'une grandeur extraordinaire : grandes palissades, grandes allées & longues, grand bois, grand parterre, plusieurs grands jardins remplis de simples.

L'escalier gauche, dont les traits sont fort hardis & où il y a des rencontres de traits dans les fenêtres fort belles, par Marin de la Vallée, & conduit Guillaume de Toulouse.

Penditif de Valence, ordonné par Jean Tiriot.

Voute en cul de four sous la Chapelle, fort hardie, par Dominique de Lafons. Les arrêts des rampes.

Grote, une femme qui chevauche un feston.

Voute où la voix tourne (*voyés Savot.*) Lami dit que le même se trouve à Mantoue, au Palais de   & à Marseco dans le Trevigiano.

La porte est des plus galante & des mieux travaillées de Paris. Berthelot a fait les masques & les autres bronzes qui l'embellissent.

Grand escalier ordonné par Marin de la Vallée & conduit par Guillaume de Toulouse. Les moulures de cet escalier ne se suivent & ne se continuent pas.

Rubens a peint la gallerie droite de Luxembourg; les lambris sont de son ordonnance.

Cochet a fait les excellens stucs de la gallerie gauche.

Biart, les figures de la grotte du Luxembourg.

LE PALAIS.

LES anciennes portes du Palais sont encore accompagnées de deux grosses Tours portées sur des trompes gothiques, qui étoient apparemment couvertes de plomb; & ce plomb depuis étant usé, on les a couvertes d'ardoise.

La Grand-Chambre fut somptueusement decorée & enrichie d'or ducat & d'azur, distinctement separés, selon les images, armoiries, brisures, medailles, ouvrages antiques, grotesques, manequins, bordures, & autres espèces de figures entaillées à demi bosse.

Bâti sous Philippe le Bel par Enguerrand de Marigni.

Le Parlement a cessé d'être ambulatoire par ordre de ce Prince.

La Chambre des Comptes commencée par Charles VIII, achevée par Louis XII. En 1506 fut fait un grand Hotel de la Chambre des Comptes, sur le devant duquel se presentent en vue cinq figures; savoir, la Temperance, la Prudence, la Justice, la Force, & au milieu Louis XII.

Toutes les avenues & galleries du Palais sont remplies de diverses boutiques pleines de toutes sortes de marchandises.

La Table de Marbre passoit pour une des plus belles pierres de l'Europe.

Les Salles du Palais, où le beau monde & les delicatesses des modes & du luxe, se trouvent avec profusion.

Le plat-fonds de la Grand-Chambre est de bois de chêne, & partout entrelassé d'ogives, qui ne sont ni rondes ni ovales, mais qui tiennent un peu de l'un & de l'autre, & finissent en culs de lampe. L'industrie de ce platfonds est merveilleuse, & admirée de tous les gens du métier, Ce ne sont que placages, & le plus gros ais ou morceau de bois des ogives, ne porte pas plus d'un pouce & demi ; & le plus gros ais des pendentifs ne porte pas plus de quatre pouces ; & neanmoins ces culs de lampe font des sorties & des sailles d'un pied chacune. Le tout ensemble est jonché par tout de basses tailles travaillées fort delicatement ; d'ailleurs placées & ordonnées

avec

avec tant d'art, qu'elles recouvrent les joints des placages & des ais ; enforte que bien des gens croyent que chaque ogive eſt taillée dans un ſeul ais.

Cette maniere de placage eſt venue d'Italie, & apportée en France par du Hancy, & pour cela ceux du métier l'appellent moderne, afin de faire diſtinction de cette mauvaiſe maniere d'avec la belle, la grande & l'ancienne.

L'HOTEL DE VILLE.

LA ſtatue Equeſtre de Henri IV, ſculpée au deſſus du Portail, eſt de pierre de Trouſſi, auſſi bien que la meilleure partie de l'édifice. Biart le pere l'a taillée dans la maſſe. L'ouvrage eſt ſi beau, que non-ſeulement il paſſe pour ſon chef-d'œuvre, mais même pour la meilleure figure Equeſtre de Paris, & une des plus excellentes de l'Europe. Le Cheval eſt ſi vivant & ſi actif ; on remarque dans ſon action tant de vie & de force, qu'il ſemble marcher ; ſes jambes ſont ſi belles & ſi bien proportionnées ; la croupe eſt ſi ronde, ſi graſſe, ſi bien nourrie ; ſon Cavalier eſt ſi naturellement aſſis deſſus, que c'eſt un parfait original du viſage, & de l'attitude de ce grand Prince. Quant à la tête, outre que jamais cheval ne l'eut ſi fiere, la beauté en eſt incomparable, & preſque inimitable : ſon œil gauche eſt ſi vif, ſes narines ſi naturelles qu'elles ſemblent jetter feu & flames. Il mord avec tant de feu ſon mords : on voit par la juſte & naturelle diſpoſition des nerfs, des muſcles, des arteres & des veines qui paroiſſent le long de ſa tête, que c'eſt un cheval vigoureux & fougueux tout enſemble, qui veut prendre l'eſſor, & fait tous ſes efforts pour échaper des mains de ſon Maître. Enfin, c'eſt une figure où Biart n'a rien oublié : tout ce qu'il y a c'eſt que le Roi eſt en danger d'avoir la tête caſſée, & d'être renverſé pour peu que le cheval ſe remue & ſe cabre, à cauſe de l'eſpace étroit où cette figure eſt, qui remplit l'arcade toute entiere.

Ce cheval au reſte, eſt fait d'après celui de Marc Aurele, quoique Biart ait tâché de le déguiſer de la meilleure grace qu'il lui a été poſſible : il lui a même donné un peu plus d'eſprit, afin qu'on crût qu'il ne l'avoit point modelé. Le fils depuis, a ſi miſerablement & ſi notablement gâté l'ouvrage de ſon pere, que la jambe du côté du montoir qu'il a retouchée, eſt toute eſtropiée, & reſſemble à la jambe d'un chien, au lieu que l'autre de derriere où il n'a point touché, eſt tout d'eſprit.

Le bas relief, de Ponce.

Deux tours portées ſur une demie arcade.

L'entrée dans la grande Salle.

Deux portes en tours rondes, qui portent un quarré, cela eſt extraordinaire ; les autres ne tenant qu'un eſpace, font un effet merveilleux : la gauche en entrant a été faite par celui qui a commencé cet Hotel ; la droite n'eſt que la copie de celle-ci, & a été faite par Marin de la Valée.

Les roſons en l'air du grand eſcalier, & les ornemens de la porte fort bien taillées par le Touloufain.

Les plafonds de pierre des portiques, fort beaux.

Les têtes des tableaux de Porbus ſont vivantes & animées ; toutes ſont peintes avec une facilité ſi particuliere, qu'il y a des têtes où l'impreſſion de la toile ſert de teinte : les poils ſont bien touchés & bien maniés.

Les autres tableaux, près de ces deux-ci, ne paroiſſent que des peintures de village, ou du Pont-Notre-Dame, encore que ce ſoit les meilleures choſes des plus excellents Peintres de notre ſiecle.

Cette Maiſon a été commencée en 1533, ou ſelon Petit, en 1535, par Dominique Cortone Architecte.

L'HOTEL DE CLUNI.

CET Hotel étoit autrefois un lieu champêtre, qui servoit de maison de plaisance & de séjour à Julien l'Apostat, lorsqu'il vouloit prendre quelque relâche ; & étoit nommé anciennement le Palais des Thermes.

On y voit encore les canaux par où l'eau de Rungis, village au-dessus d'Arcueil, couloit dans ces Thermes. Ces Thermes au reste, sont d'une matiere forte, & dure comme du Roc. L'eau y venoit de Gentilly par des canaux souterrains de pierre de taille, continués depuis Arcueil jusqu'à Paris.

Horti pensiles. Robertus Cenalis les croit sans raison de Jules-César, & le croit si bien que même par là il prétend prouver son antiquité. Tous les environs de ce Palais, & toutes les maisons sont portées sur des voutes semblables à celles des Thermes. Le Roi d'Ecosse, nommé Jaques, logea dans cet Hotel la veille de son mariage avec Madeleine, fille de François I, selon Belleforest.

L'HOTEL DE GUISE.

DANS la Chapelle de cet Hotel se voit une Adoration, de St Martin ; une Vierge, de Raphael ; dans la chambre de Madame quelques peintures de Messer Nicolo.

Les tapisseries sont après celles du Louvre & du Vatican, les plus belles du monde & les plus estimées de la Chrétienté ; les couleurs en sont plus nettes, mieux choisies & conservées que celles du Louvre, & ont été executées par un Tapissier plus savant & meilleur dessinateur. Elles sont faites après les desseins de Rogier, & representent fort naïvement toutes sortes de chasses, les lointains en sont merveilleux, les paysages fort naturels, les arbres fort recherchés, les perspectives bien entendues, les têtes & les hommes très-vivans. Il y a même une chose qui n'est pas moins rare que celle que Vasari cite d'un ancien : un homme qui tient à sa main un flacon, dont l'attitude est si incertaine qu'on ne sait s'il le met dans l'eau pour faire rafraîchir le vin, ou s'il l'en retire.

Les figures de cette tapisserie sont faites par Jerôme Vancelai ; les paysages par Toms, le plus grand Paysagiste qui ait jamais été, oncle de Champagne.

L'HOTEL DE SOISSONS.

LA Colonne de cet Hotel est sans aucune architrave. Son piedestal porte en quarré une toise cinq pieds quatre pouces de hauteur, sur cinq assises de pierre, une toise trois pouces de saillie, dans ses angles, deux pieds deux pouces : ses deux thores sans ornemens, un pied neuf pouces & demi : le gros thore, &c.

Maison plusieurs fois demolie, & bâtie à plusieurs reprises.

Chapelle magnifique, toute par la Reine Mere.

Annonciation de Pilon tout esprit, copiée aux Feuillans.

Une Reine qui tient une majesté si grande, qu'elle est toujours seule.

Sa Colonne peut-être eut été mieux Toscane, puisque Catherine de

Medicis étoit Toscane ; les profilures du Chapiteau & de la Colonne sont les mêmes que Vitruve donne à la Colonne Toscane ; elle est couronnée d'une Sphere, comme voulant dire qu'elle approchoit du Ciel, au lieu d'architrave, frise & corniche : sa beauté specifique est d'être grande, & d'une maniere colossale, en quoi elle est d'autant inferieure à la Trajane, que   est superieure à la Trajane.
Il n'y a point d'ornement au zocle & à la cimaise, ni dans son piedestal, parce qu'il n'y a point de basses taillessur la tige.

La Trajane a seize modules ou huit diametres, compris la base & le chapiteau.

La Colonne de Soissons & l'Hotel de Soissons, sont de Jean Bullant; cette Colonne sent son Prince, & est mal proportionnée à la maison.

Cinq grands appartemens degagés & commodes ; planchers hauts.

LE PONT AU CHANGE.

CHOPPINUS *De sacra politia lib.* 1. *fol* 100 *tit.* 7. *art.* 20. Contrat passé en Septembre l'an 1403, entre le Roi Charles VI, & la sainte Chapelle du Palais, verifié à la Chambre des Comptes, le vingt-deux Novembre 1404, par lequel pour recompense des rentes, fiefs & fermes qu'elle avoit anciennement en Normandie, pour la fondation Royale de cette Chapelle, qui étoient loin, incommodées, & diminuées par les guerres, le Roi reprend ces rentes, fiefs & fermes, & assigne à perpetuité à la sainte Chapelle huit cens cinquante livres de rente sur les baux des maisons du Pont-au-Change ; savoir, deux écus & demi sur chaque maison, sans charges de reparations, cent sols aux enfans de la Trinité, & le reste du loyer pour la reparation du Pont.

LE CHATELET.

LE Chatelet a été bâti par Julien l'Apostat, pour servir de forteresse & de citadelle, selon Corroset.

C'est la premiere porte de Paris, à laquelle on payoit les tributs des ports & passages, au lieu qu'on appelle *le Treillis*, & sont encore aucuns vivants qui disent avoir vû écrit sur ce Treillis : *Icy se payoit le tribut à César* ; c'est ce qui me fait croire que cet *hic tributum Cæsari*, que nous avons vû redorer de nos jours, est une inscription moderne. Quant à la matiere du bâtiment, elle est très dure ; car un pic en trois heures n'en sauroit lever l'épaisseur du poing, comme on l'a vû par experience. Quoi qu'il en soit, il étoit au commencement clos & environné de fossés profonds, & à fond de cuve, où la riviere avoit son cours, comme on voit aujourd'hui à la Bastille. De sa grosse tour dependent plusieurs fiefs nobles de Paris.

En 1652, le vingt-cinq Juin, d'Aubrai, Lieutenant Civil, se sauva dans le Chatelet, au retour de la garde du Palais, qui lui fut donnée par le Parlement, tant à lui qu'au Lieutenant Criminel, d'où ayant été chassé, & s'étant sauvé dans le Chatelet, on tira dedans quantité de coups de fusil, dont on cassa la tête à la figure du petit Jesus que la Vierge tient entre ses bras, au dessus de l'arche du Chatelet par dehors, entre Louis XII & Anne de Bretagne ; & fut retiré là par Messieurs Myron & & Reideau. Là sont les étalons, les poids & mesures, la toise, le pied, le moule de la tuile ; les poids sont perdus, & sont presentement à la Monnoie, à l'Hotel de Ville, & au Bureau des Epiciers.

L'HOTEL DE CARNAVALET.

LE Portail de cet Hotel est le plus beau, le plus majestueux, & cependant le plus simple de Paris; il est orné de bossages rustiques, couronné d'un grand fronton continué sur la largeur de la face par une corniche qui regne sur le reste des côtés de la façade; & si la porte n'étoit un peu trop étroite, ce seroit un ouvrage accompli.

Clagni en a fait le dessin, & Goujon tous les ornemens, tant du dedans que dehors de la porte; c'est lui qui a taillé les deux Anges qui servent de tenants aux armes de Carnavalet qu'on voit au dessus de l'entrée, dans le timpan du fronton; c'est lui encore qui a gravé un masque, & cette figure armée d'une corne d'abondance dans la clef de la voute, dont l'attitude est merveilleuse.

La beauté des ornemens, & celle de l'architecture du même portail, continue encore en dedans; & néanmoins ce dedans, tout beau qu'il soit, convient mal au dehors.

La disposition des ornemens, & l'ordonnance de l'Architecture, ne sont pas moins belles en dedans qu'en dehors. La figure qui est dans la clef de la voute est de la même main & de la même beauté; les deux Renommées couchées sur les cimes du fronton, sont fort estimées pour leurs draperies & leurs attitudes.

Les deux Lions, qui de côté & d'autre foulent aux pieds un amas confus d'épées, de tambours, lances & cuirasses, sont d'une excellence admirable, & donnent de la terreur.

L'aîle gauche de la cour est un portique relevé de cinq ou six marches plus que la cour; il est bordé de grisailles fort belles, orné de pilastres, & fermé de balustres à hauteur d'appui: chaque arcade porte sept à huit pieds d'ouverture. Enfin, cette maison a été bâtie avec tant de soin & de dépense, que chaque trumeau qui est accompagné de deux pilastres, & qui a quatre pieds de largeur sur près de neuf de hauteur jusqu'à l'arrachement de la voute, n'est que d'un seul quartier de pierre.

Les balustres, qui portent autant de longueur que l'arcade d'ouverture, ne sont encore que d'un seul morceau de pierre; il a fallu que le ciseau ait fait la saillie, les ornemens & les moulures des pilastres, & qu'enfin il se soit ouvert un chemin juste dans la pierre, & pour les balustres, & pour les moulures, tant de la corniche superieure que de l'inferieure.

A chaque arcade dans la clef de la voute, il y a un masque d'une attitude tantôt horrible, & tantôt agreable, mais toujours admirable de quelque façon que ce soit, & le tout de la propre main de Maître Ponce.

Le corps-de-logis du côté du jardin est enduit d'un crepi si ferme & si dur, qu'à peine s'est-il encore dementi depuis plus d'un siecle que le bâtiment subsiste, & les Architectes avouent qu'il n'y en a point eu à Paris qui ait tant resisté à l'injure du tems.

Le reste de l'Architecture & de la Sculpture part d'un dessin & d'une main toute differente.

LA MAISON D'ASTRY.

L'ESCALIER de fer de cette maison est si bien travaillé, qu'il semble de   par Potier. L'architecture aussi simple & aussi nue par dehors, que superbe & majestueuse par dedans. On entre dans la maison par un grand vestibule soutenu de colonnes Ioniques, qui sert aussi d'entrée & de passage dans un grand degré fort superbe & magnifique, orné de plusieurs bas-reliefs par Vanobstal. Cette maison est du dessin de

L'HOTEL DE SULLI.

PREMIER Hotel bâti regulierement à Paris, par du Cerceau. Le grand nombre d'inscriptions qu'on y voit, lui donne peu d'ornemens & de graces ; le portail est étouffé par deux pavillons fort gros, qui mangent la face du logis.

(St Jean) Gallet n'a jamais perdu que quatre francs au jeu ; Elu à Chinon, puis Controlleur des Finances ; parent de ce Vertigalet dont il est parlé dans Rabelais. *Voyés les origines de Menage*; bâtit l'Hotel de Sulli ; souvent volé & trompé.

Vers sur lui dans Regnier ; a fait quitter souvent les dés à Henri IV ; le coup de Gallet ; mort à 70. ans ; le jeu de Gallet avec des tables.

LA MAISON DE BAUTRU.

LA maison de Bautru, appellée la Gentille, & bâtie après les desseins de le Vau. Une longue suite de beaux, superbes & très-commodes appartemens fort bien meublés, qui conduisent à un Alcove aussi gentil que singulier, & à une Gallerie.

La gallerie est soutenue d'un portique relevé par le bas de deux marches, & peinte par Moëlon. On y entre par un vestibule peint du même, & dans les trumeaux ce Peintre a representé les exercices de la vie gueriere, au milieu d'une Ordonnance de Pilastres Corinthiens ; ceux du fonds sont de la main de Biart, & sont si bien executés, qu'ils semblent sortir hors d'œuvre. Deux figures dans deux niches ornent les deux bouts, & sont de Biart.

L'alcove est entouré de paysages enchassés dans de l'ébeine, & peints par   qui font un ornement tout extraordinaire, fort galant & surprenant.

LE MARCHE'-NEUF.

AU dessus de la porte de la Poissonnerie du Marché-neuf, sont deux Tritons qui sonnent du Cor, & dans la clef de la voute de l'arcade ; il ne se peut guere rien voir de mieux fait, & c'est un des bons ouvrages de Goujon.

UNIVERSITÉ.

L'UNIVERSITÉ a été fondée par Charlemagne, à la pourfuite, & fous la conduire d'Alcuin, en 791, qui a fait la Glofe ordinaire. Ce Prince transfera de Rome l'Univerfité qui autrefois avoit été à Athenes, & l'établit à Paris fur le penchant imperceptible d'une douce éminence.

LA MAISON D'HESSELIN.

CETTE maifon a été bâtie après les deffins de le Vau. La porte eft très-belle, ornée de quelques bas-reliefs, & de deux têtes de bellier; le tout de menuiferie, par le Hongre, après le deffin de

En dedans la maifon au deffus de la porte, il y a un bas relief de Pierre de Tonnere, où eft reprefenté Appollon en compagnie de Virgile, d'Homere, de la Sculpture, Peinture & Architecture, très-beau, par Guerin.

Le degré eft orné d'un veftibule, & foutenu de quatre coloffes Cariatides de Guerin, & garni de miroirs dans la face qui eft directement oppofée à la rampe de l'efcalier. Cette difpofition eft fi galante, qu'elle double l'efcalier, le veftibule & les coloffes. Ce veftibule eft pareillement enrichi d'une figure d'Atlas, qui porte une Horloge fort artificielle de Guerin, & accompagnée de quelques bas-reliefs, de Blanchart le jeune.

Le degré eft la nuit éclairé d'une lanterne, qui defcendant vis-à-vis des miroirs du veftibule reflechit les mêmes objets qu'ils font de jour par reverberation, & qui eft foutenue, ce femble, par le

fait par Dorigni fous la conduite de Vouet.

La grande Salle eft couverte d'un grand plafonds peint de bas-reliefs fins & fort finis; ceux entre autres qui font univerfellement eftimés, font ceux de Fioravente ; & entre ceux de ce Peintre les deux plus proches de la cheminée font admirables. Blanchart le jeune & Remi l'ont auffi ornée de leurs ouvrages. Guerin a fait les figures de la cheminée, qui font deux Anges, une Venus folâtrant avec un Cupidon, & Bachus jouant avec un Satyrion de plâtre, & deux Satyres de pierre. Ces figures font très-belles, mais les deux Satyres meritent plus d'approbation. Le milieu du manteau eft chargé d'un bas-relief de Vanobftal, où il a mis le vernis antique, qui n'eft pas un de fes moindres ouvrages; mais le tout enfemble n'a nul rapport l'un avec l'autre.

La Salle à l'Italienne eft éclairée de deux étages, dont les trumeaux du fecond font remplis de tableaux d'Italie, & la corniche garnie de gros vafes de porcelaine ; le bas eft orné d'une caffolette, d'un miroir, & d'une plaque d'argent, eftimés trente mille livres. La cheminée porte fur le manteau deux Veftales d'une beauté très-confiderable, de la main de Guerin & de Vanobftal, mais conduits par Sarrafin. Le Brun y doit peindre une chambre, le Sueur la Chapelle; de forte que le Maître veut de fa maifon en faire un chef d'œuvre. Toutes les cheminées font du deffin & de l'ordonnance de Sarrafin, & ont été executées par Guerin & Vanobftal : toutes, au refte, font de plâtre, à l'exception des Satyres qu'on voit dans la cheminée de la Salle, qui font de pierre dure.

DE LA VILLE DE PARIS. Liv. XIV.

PLACE ROYALE.

CETTE Place fut commencée à bâtir en 1604. Le pied d'estal du cheval est très-beau.

Les Romains dont les dessins & les pensées ont surpassé l'imagination de tous les peuples de la terre, ont fait à la verité des Places plus superbes & mieux ornées, mais ils n'en ont jamais pensé ni entrepris aucune qui ne fût bien plus petite & la figure plus bizarre & irreguliere ; ils n'ont même jamais commencé de statues de bronze qui approchât en quelque façon de celle qui occupe le centre de cette belle & grande Place. V. *Vasari, Dancello, Ricciarelli.*

Si les arcades étoient un peu plus hautes, cette Place seroit d'une beauté incomparable.

Les vers de Malherbe faits en 1612 pour la Place Royale. *Pellisson.* Description de cette Place. *Savot fol.* 312.

Le Sonnet qui sert d'inscription au cheval est de Desmarests. On peut dire de cette Place qu'en tout le reste du monde il n'y a point tant de maisons en France de même symmetrie. La figure du Roi est mal assise, semble s'aller casser la tête, allonge un vilain bras, mal contournée, mal coeffée, trop embarrassée de plumes, trop grande ; la tête du Roi semble la tête d'un Turc.

LES TUILLERIES.

ORNEMENS appliqués en un lieu.
Courbes bien dégauchies du degré.
Plusieurs incrustations de diverses sortes de marbre, de bronze doré & pierres minerales, comme marcassites incrustées sur les pierres de ce Palais; le tout de l'invention de Catherine de Medicis, fait par Philibert.

La grande écurie commencée par Catherine de Medicis, est d'une largeur très-considerable, capable de tenir quarante chevaux barrés d'un seul côté, & couverte d'une voute en anse de panier fort plate; au bout est un degré triangulaire bâti d'une maniere fort plaisante & singuliere.

LE LOUVRE.

CE Palais est trop chargé d'ornemens & de broderie; la nudité du bâtiment de la cour est merveilleuse ; les ornemens de la cour, faits par Clagni, sont si delicats & si mal proportionnés à la vue, que leur délicatesse les derobe & sont invisibles d'un bout de la cour à l'autre.

Les figures des bas-reliefs des tympans du vieux corps de logis sont de Goujon ; les deux du dessus de la porte du grand degré sont les plus belles & les plus admirées. Henri II a fait ici trophée de son amour & de ses vices, & semble les avoir appendus pour enseigner qu'il faut être adultere, en tout cas que son amour étoit fort raisonnable.

Dans la Salle des Suisses sont quatre Colosses Cariatides de la même main, qui ravissent tous ceux qui les regardent.

Les deux ordonnances de colonnes Corinthiennes & composites ornent cet édifice de je ne sai quel orgueil fort superbe & magnifique, mais on les trouve assés mal assorties par l'Attique mesquin qui les couronne.

Les chapiteaux Corinthiens du bâtiment neuf sont faits par le Clerc Lorrain, & sont bien plus delicats & bien plus grêles que ceux de l'ancien. La question est de savoir lesquels viennent mieux dans l'ordonnance de ce bâtiment. Ces nouveaux sont plus secs & fouillés jusques dans la campane, les feuilles très-bien contournées & plaisent bien plus de près; les traits de la refente des feuilles sont cavés si à fond & si proprement, avec une delicatesse toute mignarde & ingenieuse, & partent d'une main illustre. Les anciens sont moins tendres, approchent plus de la maniere ancienne, sont plus nourris & plus gros, & plaisent plus à la vue à cause de l'étendue de la cour.

La menuiserie de la chambre du Roi est de bois de noyer, se démonte par morceaux, est faite après les desseins de Maître Ponce, & passe pour la plus belle du Royaume & la mieux entendue en toutes ses parties.

Clagni a montré par les belles proportions qu'il a données à ses colones, qu'il possedoit parfaitement l'architecture. Toute la sculpture du bâtiment neuf vient de la conduite & des desseins de Sarrasin; les masques qu'il a placés par dehors dans la clef de chaque voute des arcades, des croisées, ont des attitudes toutes differentes & qui surprennent.

Quant au vestibule du Louvre, les deux Renommées & les Cariatides du dernier étage sont des figures admirables, & n'étoit qu'elles sont penchées sur un petit dorique, l'effet en seroit incomparable; quelques-uns disent de cet ordre que c'est un Colosse monté sur un Pigmée & qui assomme son attique. Cependant ce n'est qu'une imitation de l'ordonnance & une suite de l'architecture des pavillons qui flanquent les aîles & le corps de logis; mais on vouloit que comme Mercier tailloit en plein drap, il ne s'assujertit pas tant à la mauvaise maniere de Clagni, & enfin fit quelque chose de moderne, digne d'un si bel ouvrage & de sa reputation.

La frise est de la même symmetrie que l'ancienne, hormis que Sarrasin en a voulu fuir la repetition; l'ancienne est chargée d'enfans dont les postures sont si semblables que qui en voit une voit toutes les autres; dans la sienne les enfans sont differemment disposés, qui lui donnent une grace & une beauté que l'autre n'a pas. Pour ce qui est des Captifs de Biart, il ne s'en voit point à Paris de plus beaux ni de mieux faits.

Les dehors de ce bâtiment sont si bien cimentés qu'il semble que ce ne soit qu'un morceau de pierre.

Touchant l'appartement de Mademoiselle, ces figures de femmes dans son attique, & toutes de pierre, qui chargent les cimes des frontons, sont de Maître Ponce. Ces longues & doubles files de colonnes par Bullant, passent encore pour les plus belles de Paris, & font un effet majestueux & tout extraordinaire, mais leur beauté est un peu alterée.

Chés Mr Lerambert, garde des marbres du Roi, trois tronçons de porphyre des colonnes du Temple de Salomon apportées en France par St Louis; deux ont plus de trois pieds & demi de diametre sur deux d'épaisseur; l'autre qui se trouve dans le magasin des Antiques, dont il est gardien, a cinq pieds de diametre & est une tranche d'un des mêmes tronçons : tout curieux qu'ils soient on n'a pas laissé de les vouloir gâter pour en faire des tables, & même on y voit encore les traces de chaque tranche pour un si beau dessein.

Dans le magasin des marbres du Roi, il y a aussi des marches de ce Temple divin & toutes de porphyre, où l'on voit encore empreints des pieds à force d'avoir été frayées & usées des Juifs en entrant & sortant du Temple. Ces marques sans doute devroient être considerées comme des Reliques puisque vraisemblablement Jesus-Christ a marché dessus & les a montées. On voit chés lui cinq figures de marbre de Pilon; un Christ ressuscitant;

deux

DE LA VILLE DE PARIS. Liv. XIV.

deux Soldats qui gardent le sepulchre ; une Vierge & un St François : on voit aussi le corps mort d'Anne de Bretagne, femme de Louis XII, fait par Maître Ponce. Toutes ces figures devoient entrer dans le sepulchre des Valois, mais la disposition n'en est pas sûe. Le Christ est la plus belle piece que Ponce ait jamais faite ; la tête tombe si bien, la main & le bras gauche sont si bien d'un mort, la droite est si doctement occupée à cacher d'un drap ce qui doit être caché; le sein, l'estomac, le ventre, les bras, les pieds, les jambes, montrent tous leurs muscles si naturellement, que cette piece quoiqu'imparfaite, est la plus belle du monde.

Une trentaine de statues & soixante bustes antiques, de marbre merveilleux, tous de Dieux, de Déesses, de Heros & d'Empereurs anciens, dont le moindre est meilleur que pas un moderne dont j'aie parlé & pourrai parler. Tous les jours il s'en divertit quelques uns. Parmi les Bustes il y en a un de marbre noir fort estimé ; & parmi les Statues celle de Mercure coupant la tête à Argus, est une merveille ; une entre autres dont la tête est de pierre de touche & le reste de marbre noir.

Les Soldats de Pilon sont très-bien manierés & sentent tout-à fait leurs gros coquins. La tête de son Christ a une très-belle attitude ; le bras droit est un peu trop court, les jambes trop menues & ses pieds trop décharnés pour un grand corps. Son St François a une tête incomparable & presque inimitable ; la draperie de son habit est très-belle & d'un marbre grisâtre naturellement & de la couleur de son habit. La terre ou les modeles des trois figures precedentes se voyent à St Etienne derriere le chœur. Le modele de St François se voit au cloître des Augustins, à qui on a derobé une main. Sa Vierge a aussi une tête admirable, mais les doits de ses mains sont excessivement longs, ses pieds trop décharnés & sa robe trop ample & pleine de draperie ; le modele de terre se voit barbouillé de peinture sous les orgues de la Ste Chapelle. Mais toutes les figures de ce Sculpteur sont de pieces de rapport & se sont toutes démenties, ce qui est un grand défaut pour un habile homme qui veut rendre ses ouvrages immortels.

LA GRANDE GALLERIE.

La grande gallerie porte sur son entablement de grands frontons ronds alternativement & quarrés ; elle est gâtée par un entresole en attique, qui sert à loger les Artisans les plus signalés de Paris ; ses grands pilastres sont cannelés, le tiers en tuyau d'orgue, & le reste évidé.

La grande gallerie de Poussin est d'une ordonnance nue, & fort commune, & n'y a fait entrer quelques stucs, que pour y faire quelque chose qui parût un peu plus beau que le plâtre ; mais il a très-doctement desfiné les camaïeux ; & de plus, si bien ombrés qu'ils paroissent tous de relief entier. Elle est terminée de part & d'autre d'une grande tribune ; celle qui est attachée à la gallerie des Valois, est chargée d'une confusion d'ornemens, mais travaillés & fouillés avec beaucoup de peine & de science, & soutenuë de quatre colonnes Corinthiennes de marbre jaspé, dont les fûts sont d'une hauteur & d'une grosseur extraordinaire, & garnis de chapiteaux de pierre, que l'on croit être des plus beaux, des mieux entendus & coupés de Paris. L'orgueil de l'architecture des grands pilastres de la grande gallerie est gâté par les croisées qui s'elevent jusqu'au dernier entablement, & coupent toute l'architrave, & néanmoins c'est le meilleur, & de la plus belle & plus grande pensée qui soit dans le Louvre.

Chacune de ces colonnes a

La gallerie est éclairée de quarante huit grandes croisées de part & d'autre, large de cinq toises, & longue de deux cens cinquante.

Le fieur de Chambrai dit que Pouffin a introduit en maniere d'incruftation quelques bas reliefs de la colonne Trajane, & de l'arc de Conftantin ; mais les Intelligens ne font pas de cet avis, & difent que Pouffin ne fera jamais le Copifte.

Perfonne n'a pû encore favoir ni juger veritablement du deffin du Louvre, & je n'en connois point qui ait vû les plans ni les élevations de Henri II qui l'a commencé, ni de Henri IV, qui femble avoir voulu donner à cet edifice une majefté toute Royale.

Tout le monde tient que Henri II en avoit renfermé les limites dans une cour de foixante-deux toifes en quarré, environnée de bâtimens, & fermée de foffés & d'un jardin derriere, qui devoit s'étendre en longueur jufqu'aux murailles de la Ville, & que fes enfans n'ont tous continué que ce deffin.

Henri le Grand ne jugea pas ce bâtiment convenable à la Majefté d'un Roi de France, ni à l'étendue de la Ville ; il le pouffa par deux galleries magnifiques, jufques par-delà les foffés, & l'attacha au Palais de Catherine de Medicis, afin, dit-on, d'être dedans & dehors la Ville quand il lui plairoit, mais perfonne ne fait s'il devoit continuer la même architecture fur l'autre aîle du Louvre, le long de la rue St Honoré. Enfin, le deffin de ce miracle du monde eft fi grand & fi extraordinaire, qu'une fuite de fept Rois, & de plus d'une centaine d'années, n'a fimplement que preparé les projets de ce Palais d'une grandeur incomparable, & d'une magnificence égale.

En 1529, François I abatit la groffe tour du Louvre, & fit commencer une grande Salle que Henri II acheva ; au chef de cette Salle par dehors, en haut dans une ovale, eft écrit en Lettres d'or : *Abfolut. ann. ɔal. 1556.*

Les frontons de la grande gallerie ont plus de faillie que les pilaftres.

Les enfans de l'alcove, font de Perlan. Les fleurs, de Girard. Le bufte de Louis XIII, de Sarrafin.

Il n'y a pas de porte au Louvre en correfpondance, le bâtiment eft très-magnifique, mais peu commode & logeable.

Aux Tuilleries les bafes des colonnes font d'une façon toute moderne & fi particuliere, qu'elle ne fe voit dans pas un Architecte. Cette nouveauté néanmoins eft fi belle & fi ingenieufe, qu'il n'y a rien dans l'antique de fi doux à l'œil, & même on n'a encore rien vû de plus agreable. Tous les ornemens en font coupés net, & taillés fort mignardement ; toutes les moulures profilées à merveille. Les corniches, frifes, architraves, font fi douces & fi plaifantes à l'œil, que l'antique n'a rien de meilleur, & fi elles étoient accompagnées de leurs ornemens, les Anciens n'auroient rien fait qui fut plus à eftimer. La corniche de l'ordre Ionique profilée à miracle. Croifées laides, & femble que ce foit une tête fans front ; les faillies font une grande obfcurité dans les chambres.

Le Pouffin a montré dans la grande gallerie qu'il étoit plus propre à travailler fur le chevalet, qu'à inventer & conduire un grand ouvrage, & a gâté, pour ainfi dire, cette grande & belle gallerie.

La beauté de ces figures de Bachus a été découverte il y a douze ans par le Pouffin ; & nous negligeons tellement les belles chofes, que fi cet homme illuftre ne fût venu à Paris, nous verrions tous les jours cette merveille, & ne la connoîtrions pas.

La grande cour feroit à-prefent environnée d'édifices, fi Mr des Noyers avoit été plus long-tems Surintendant des Bâtimens, Maifons Royales, & des Bâtimens de France, & n'auroit point fa pareille au monde, ni en grandeur, ni en ornemens, ni en architecture. Il fit former à Rome par un de fes neveux, nommé Chanteloup, les deux coloffes du *Monte Cavallo*, avec leurs chevaux, qui pour leur grandeur & leur excellence font caufe que la montagne a changé de nom.

DE LA VILLE DE PARIS. Liv. XIV.

La chambre du Roi est entourée de lambris, de pentes, près des croisées, & couverte de plafonds de bois de noyer de l'ordonnance de Maître Ponce ou de Clagni, du tems de Henri II. J'ai vû & parcouru tous les beaux lieux d'Angleterre, des Dix-sept Provinces, & de toute la France ; mais je puis assurer qu'il n'y a point de plafonds dans tous ces Pays-là, qui approchent de la beauté de celui-ci.

Barcelonne, où sont les plus magnifiques que j'aie vûs, n'a rien qui ne soit bien au-dessous. Les Intelligens qui ont été curieux de voir en Italie tout ce qu'il y a de beau, qu'un illustre de notre tems appelle le Pays des belles choses, avouent qu'ils n'en ont vû aucun qui ne soit fort inferieur à celui-ci, & pour la beauté & pour l'ordonnance.

Le tout ensemble est le plus magnifique & le mieux entendu qui soit au monde. Le plafonds est sans aucun de ces renfondremens dont nos Modernes gâtent les chambres, & fait un si merveilleux effet, que dans tout le monde, qui est bien grand, il ne s'en voit pas un de même. Il est tout chargé de bas & de demi-reliefs, où l'on admire des trophées & des batailles, mais si délicatement travaillés, qu'il semble que le tout ait été jetté en moule. On y voit des armes, des casques, des épées & des boucliers, de tous les siecles, & de toutes sortes de façons, tant anciennes que modernes ; un très grand nombre d'ornemens fort delicats, & disposés avec beaucoup d'ordre & de symmetrie sans confusion, & sans que pas un blesse la vue.

Maître Ponce a montré bien de l'intelligence & bien de l'esprit dans la disposition de son or ; on n'y voit point un mélange de couleurs, de stucs, ni de tous les autres affiquets dont on se sert aujourd'hui ; il n'y a mêlé autre chose que de l'or mat, à qui la couleur naturelle du bois sert d'ombre. Cet or y est appliqué fort tendre & delié, afin de ne pas cacher les ornemens, & cet or y est si doctement disposé, avec tant d'art, & si justement aux endroits où il y en doit avoir, que, comme la couleur du bois ne sert ici que d'ombre, vous diriés que tout est à fonds d'or, ou plutôt de bronze.

Les demi-reliefs sont recherchés jusques sous les ornemens.

Les portes, les lambris, les pentes, sont chargés des mêmes ornemens, & tous les bas-reliefs en sont si deliés, doux, gracieux, si bien ciselés & finis, qu'il ne se peut rien voir en sculpture ni en menuiserie de plus rare, & qui est, sans contredit, le bois du monde le mieux travaillé.

La corniche & la frise sont très-riches, & très-bien entendues. La corniche est soutenue de consoles liées les unes avec les autres par des festons admirables. Enfin, il n'y a point de chambre plus riche en ornemens, ni plus superbe au monde ; & toutes ces merveilles sont renfermées dans un espace de quatre toises en quarré.

La bataille des Geants peinte dans la voute, est très-hardie & très-furieuse en toutes ses parties.

La Reine de Saba aux pieds du trône de Salomon, par Bunel, est très-achevée & très-finie. La femme de Bunel a peint la plupart des Reines & des Princesses ; car cette femme peignoit admirablement bien, & en cela a passé de bien loin toutes les autres femmes de son tems, qui se piquoient de manier le pinceau ; bien plus, en fait de portraits elle auroit fait des leçons à son mari. Elle a fait le portrait de Marie de Medicis & de Porbus ; le premier est si grave, si majestueux, si bien peint, & ressemble si fort à l'original, que cette Reine paroîtra vivante tant que ce tableau durera.

Un petit escalier derobé dans une échapée tournant, delardé & pris dans l'épaisseur du mur, & dont le trait est fort hardi, conduit à cette gallerie par un des bouts.

La statue de Diane est une figure Greque, moins considerable pour sa bonté, que pour avoir servi d'Idole & d'Oracle à Ephese dans le Temple

Tome III.   C ij

HISTOIRE ET ANTIQUITE'S

de Diane. Plusieurs Princes, & même assés de Curieux l'ont fait modeler, & non-seulement nous en avons beaucoup de copies en France; mais j'en ai vû une de bronze à trois lieues de Londres dans une maison du Roi, nommée Grenwich.

Phocenses Massilium condituri Dianam Ephesiam moniti, Sacerdote socia præeunte, abstulerunt, quam & hodie Cimelia Luparæ Regia ostendunt.

Les cheminées du gros pavillon sont toutes de pierre de taille, portent vingt-deux toises de haut, & sont universellement admirées pour leur hauteur extraordinaire, & leur grande delicatesse. Outre qu'il n'y en a point de si hautes à Paris, elles sont encore remarquables en leurs especes. Toutes ont été conduites par le gros Girard; & c'est une merveille de voir un gros & grand fardeau elevé sur une si petite épaisseur.

L'ordonnance de cette gallerie est fort belle & bien entendue, mais elle n'a pas augmenté la reputation de Poussin. Cette gallerie est jointe à un bâtiment de moindre élevation. Il y a plusieurs entrées dans le cabinet des Antiques; mais puisque nous sommes dans cette gallerie, nous y descendrons par un petit degré.

C'est la plus grande gallerie du monde, & qui jouit d'une très-agreable vûe; & nous ne lisons point qu'il y en ait eu jamais d'une longueur approchante de la sienne.

De la gallerie des Rois la vue s'égaie tout le long du Pont-neuf & des maisons de la Place Daufine, & se va perdre dans de grands cahos de ponts, de maisons & de clochers entassés confusément pêle-mêle.

L'alcove de Mademoiselle est très-bien ordonné & exécuté, orné de colonnes Corinthiennes qui portent une corniche, & au-dessus un attique courbé, & aux quatre angles des termes de stuc, & paré d'architecture des quatre faces, qui couronnent les chifres de Mademoiselle, & qui portent ensemble un petit dôme destiné pour la musique. Le Vau. Le degré achevé par Bouret, & commencé par   sur le projet de Philibert de Lorme. Les arrangemens des encoignures, les angles faits en trompe pour racheter la perfection de l'ovale.

Les bâtimens du Louvre sont accompagnés de je ne sai quel orgueil superbe & magnifique: l'ordonnance des colonnes est d'une très savante maniere; la cour du Louvre doit avoir soixante-deux toises en quarré. La premiere ordonnance est mesurée sur le Pantheon.

L'attique du Louvre ne couronne pas bien ce grand bâtiment, & ne convient pas à la majesté des deux premiers ordres.

La gallerie des Rois est la mieux peinte, & la plus accomplie de Paris. Bunel & du Breuil, tous deux excellents Maîtres lui ont donné tous les ornemens qui la font admirer; chacun en a peint la moitié. Du Breuil a peint la partie la plus proche de l'appartement du Roi, Bunel l'autre, où Porbus a fait le portrait de Marie de Medicis: ils ont tous reussi, & se sont surpassés eux-mêmes.

Les tapisseries du Roi qui se mettent dans la cour du Palais Royal à la Fête-Dieu, & qui representent en sept pieces quelques Actes des Apôtres, sont des desseins de Raphaël & de Jules Romain.

L'Imprimerie, la Voliere, la Monnoie, l'Orangerie meritent d'être vûes.

L'Imprimerie Royale, dont le plus bel ouvrage sont les Conciles, ouvrage de plusieurs années, & si doctement corrigé par Dufrêne, qu'on n'y trouve pas la moindre faute.

L'HOTEL DE CHEVREUSE.

LE portail est orné de pilastres & de colonnes, qui font un très-bel effet, & une ordonnance superbe: le dedans est orné de deux ordres de colonnes, qui par leur disposition repondent très-bien à la face du logis, & rendroient cet Hotel un des plus magnifiques de Paris, s'il étoit achevé. Les entre colonnes, haut & bas, sont garnies de niches; les chapiteaux en sont travaillés avec bien de la delicatesse. La maison marque beaucoup de grandeur & de majesté.

L'HOTEL D'O.

LE portail est garni de masques fort beaux, & de deux lions, dont les grincemens de dents sont terribles, & la disposition des jubes fort naturelle.

La maison est ornée de quelques autres masques qui ne sont pas moins beaux. Les cheminées sont accompagnées d'ornemens fort galants, qu'on tient être de l'ordonnance de Pilon; les voutes des rampes de l'escalier sont chargées de figures de bas-reliefs, de festons, de fleurs, & d'autres enrichissemens attribués encore au même Sculpteur.

Maison d'une fille de France. Les armes de France portés sur un trophée d'armes très-bien travaillées. Les masques d'une très-grande maniere, d'après Michel Ange. Bâtie par Louis d'Adjacen, Comte de Chateau-vilain, mari de Datry, d'Aquaviva, Maîtresse de Charles IX. Il y a par toute sa maison une inscription bien civile.

Vis-à-vis le Palais on admiroit autrefois dans l'angle de la rue de la Calandre, une figure de la Vierge élevée sur un pignon, qui a été derobée, & qui passoit pour le chef-d'œuvre de Pilon.

LA MAISON DE L'ABBE' DE LA RIVIERE,
Evêque de Langres.

L'ABBE' de la Riviere n'a rien épargné pour rendre sa maison superbe; mais il s'y est mal pris, pour n'avoir pas choisi un Architecte pareil aux Peintres, aux Sculpteurs & aux Menuisiers, qu'il employa; car enfin, s'étant contenté du jeune le Vau, comme il a fait, parce qu'on l'estimoit à la Cour, il a tout sujet de s'en repentir. Et de fait, quoiqu'à considerer toutes les pieces de son bâtiment, l'ordonnance en soit très-riche, elle n'est pourtant pas trop spirituelle, ni des mieux entendues. A la verité il a embelli la face du dedans de quelques basses-tailles, de la main de Vanobstal; ornement majestueux sans doute, qui ne se voit dans pas une autre maison, ni même dans les plus grands Palais; mais une partie de cette belle face & de ces demi-reliefs, se trouve cachée & condamnée par une vilaine aile paralelle à une muraille de pierre, sans parler que dans le milieu elle est ouverte par une porte qui n'est guére moins large qu'elle a de hauteur, & si difforme au lieu où elle est plantée, que chacun s'en étonne: & pour ne rien oublier, cette face enfin est couronnée d'un entablement, & d'un fronton, qui n'ont ni la grandeur ni la projecture qu'ils doivent avoir.

Cet Architecte n'a pas mieux réussi dans l'escalier, l'abord en est assés grand & assés vaste; mais il est gâté par une grosse colonne Ionique qui embarrasse le milieu de l'entrée: les deux premieres rampes sont assés larges & aisées, mais les autres finissent en échelle: quant au premier pallier, s'il est grand & commode, il brise la premiere croisée par le milieu.

A l'égard de la distribution des dedans, elle n'est guere mieux conçue que le reste; c'est un corps-de-logis double qui ne consiste qu'en quatre chambres de plein-pied au premier étage, où l'on ne trouve aucune porte en correspondance. D'abord vous rencontrés une grande Salle, qui de front conduit dans un petit cabinet, & de côté dans une chambre & une antichambre. Je laisse là tous les autres deffauts de la maison, & quoique quelques-uns ne laissent pas d'excuser le Vau, tout ce qu'ils disent n'empêche pas que ce ne soit une très-mauvaise chose.

Quant à la grande Salle, c'est une des plus belles & des plus commodes de Paris: elle est éclairée de quatre grandes croisées, qui regardent sur la place Royale; & de plus, couverte d'un plafonds à l'Italienne, ou d'une voute garnie d'avances & de renfoncements assés mal ordonnés: ce plafonds composé d'un seul compartiment, est chargé d'un grand rond dans le milieu, & couronne tout ce grand Salon, dont il augmenteroit la grandeur & la Majesté par son étendue extraordinaire, s'il avoit été poussé plus avant dans le second étage.

A la verité le Vau & Dorigni y ont rencontré des sujetions de poutres & de charpente, qui les ont un peu embarrassés; à la fin pourtant ils ont trouvé moyen d'y remedier, & de lui donner, malgré tous ces obstacles, une forme très riche, quoique peu galante; si bien que l'or, les stucs, les peintures, les perspectives, les lointains, les blancs & noirs, n'ont point été épargnés, afin de le relever par la magnificence & la superfluité des ornemens.

Houseau, pour plus d'enrichissemens, l'a renfermé dans une grosse vigne, qui jette de grosses grapes de raisin, calbotés d'or & de stuc, mais qui ramperoit de meilleure grace tout au tour de ce compartiment, s'il l'avoit taillé avec moins de grossiereté. Dorigni l'a orné dans le milieu d'un Jugement de Paris, qui est une des bonnes choses qu'il ait faites. Girard y a peint des fleurs. Tourtebat & Dorigni l'ont embelli de plusieurs autres pieces de leur main & de leur conduite. De plus, dans les angles ils ont planté des thermes feints de stuc, qui semblent être de ronde-bosse, & soutenir en effet tout le poids du plafonds; & enfin, pour achever de lui donner un exhaussement mieux proportionné à la longueur & à la largeur de la Salle, sur une petite portion de voute, qui porte & rehausse ce plafonds, ils ont couché une ordonnance de pilastres racourcis: mais toute cette sorte d'ornement & d'architecture ne plait pas du milieu où Dorigni a peint le Jugement de Paris, & bien-loin de faire l'effet que lui & le Vau s'étoient promis, cela fait peur à ceux qui se promenent dans la Salle, tant chacun craint d'en être accablé.

A l'égard du cabinet attaché à cette Salle, certainement c'est le mieux orné, le plus riche, le plus somptueux, & le plus doré qui se voye dans le Royaume, & peut-être dans tout le monde; mais le Vau l'a environné d'une vilaine ordonnance de pilastres composites, qui portent une corniche architravée; & de plus, l'a embarassé d'une si étrange confusion de tableaux, de stucs, de frontons, de demi-reliefs, de rondes-bosses mal distribuées, qu'il a fallu que les Peintres & les Menuisiers, malgré eux, se soient assujetis au caprice extravagant de cet architecte; d'ailleurs, par son ordre, les murs sont si brillants de dorure, que l'or semble y avoir été employé par lingots: les pilastres sont chargés de grosses & de petites cannelures, & même gâtés par une infinité de petits membres aussi nouveaux qu'inconnus, & par je ne sai combien d'autres compositions bisares & inutiles.

DE LA VILLE DE PARIS. Liv. XIV.

Enfin, c'est encore par son ordre que, sur ces incrustations d'or, les Peintres ont été obligés de coucher des entrelas & des enrichissemens, & que presque toutes les parties de ce somptueux cabinet sont difformes & défectueuses.

Avec tout cela, il faut pourtant avouer que la richesse de cette defectuosité surprend d'abord, qu'on ne la sauroit voir sans admiration & sans éblouissement.

Vanobstal y a placé sur la corniche & dans le plafonds, des stucs qui ne sont pas indignes de lui, mais qui plairoient bien davantage, s'ils étoient un peu plus tendres, & placés dans un lieu moins enjoué & plus spacieux. Quand cela seroit, néanmoins on n'auroit pas pour eux la même estime qu'on a pour certains morceaux de marbre & d'ivoire qu'il montre chés lui à ses bons amis, où son étude & sa patience éclatent, tant ils sont finis & recherchés.

J'oubliois de dire que les entrecolonnes de ce cabinet sont garnis de tableaux, que l'Abbé de la Riviere a fait venir de Rome lui même, dont on ne fait pas trop de cas.

Quant au plafonds dont le cabinet est couvert, il a été conduit & executé par le Brun, Peintre le plus employé du Royaume, qui a peint une si belle chambre chés Monsieur de Nouveau, & qui a preparé de plus belles choses pour la gallerie de Monsieur Lambert.

Dans ce plafonds est representé tout ce qui se passe à la naissance du jour. Le Soleil placé au centre, & à demi endormi dans son char, semble éloigné de la terre à perte de vue : la Nuit, le Point-du-jour, Pan, Flore, la Rosée, l'Aurore & quelques autres figures grandes comme nature, & très-belles, sont disposées & dispersées tout au tour dans les autres parties du tableau, en divers endroits, & avec des occupations differentes.

Le Soleil, tout haut & élevé qu'il est, paroit enfoncé dans un lointain, sans force & sans chaleur, & n'est éclairé que de quelques foibles rayons nouveaux-nés, qui ne donnent qu'une lumiere incertaine & mouvante; il est accompagné & servi par les Heures, les unes le lavent & lui essuient les pieds, les autres s'avancent & se pressent pour l'habiller & atteler ses chevaux. Cependant l'Aurore, à un des bouts du tableau, & bien loin devant lui, fuit & se fait voir à l'aise dessus notre Hemisphere : son visage n'est que vermillon, & ses habits sont tout de pourpre ; & quoiqu'elle ne songe qu'à se sauver en diligence, ses belles mains en se sauvant ne laissent pas de repandre sur la terre des roses & des fleurs. A un autre endroit on apperçoit la Rosée, qui avec joie & profusion verse de benignes influences: ailleurs le Dieu Pan, & sa très-chere Pomone, ravis d'un si bel aspect, rémoignent leur plaisir d'être sur le point de contempler bientôt fixement ce grand astre, sans craindre d'en être éblouis.

La premiere Heure du jour dans un autre coin, vole avec vitesse annoncer la venue du jour. La Nuit enfin, toute enfoncée & obscurcie qu'elle est dans des nuages, & qui devroit paroître tout-à-fait triste, semble néanmoins témoigner je ne sai quelle inclination pour ce petit feu qui part des yeux du Point-du-jour & de son flambeau. L'air de sa tête, le nud, la draperie aussi bien que toutes les autres figures, dont il a été parlé, sont finies, correctes, bien dessinées; les passions par tout savantes, correctes, variées & exprimées avec jugement; l'union & la vivacité du coloris, justes & bien concertées: là les couleurs s'aident, se fortifient & se soutiennent. Mais parmi tant de bonnes choses, rien, à mon avis, ne touche tant que les figures de la Nuit & du Point-du-jour, ce petit enfant est si tendre, si douillet & si gai; son action si galante & si puerile; son corps si rond, si potelé; il tient son flambeau de si bonne grace, & le pousse contre la Nuit si gaiement & si innocemment, qu'il ne se voit rien de pareil. A l'égard de la Nuit, ce n'est pas une figure moins achevée: de son bras fort galamment elle cache sa tête sombre & enfumée, & pare en même tems de fort bonne grace les étincelles & les petits rayons qui partent du Point-du-jour.

Son visage basanné est d'une très-belle brune, son habillement obscur & tenebreux est de la couleur de ces nuées épaisses que nous voyons quelquefois rouler entre deux airs, & nous menacer de pluie, de grêle & de tonnere.

Cette belle noire ne nous montre qu'une petite partie de son corps & de son habit, le reste est enveloppé dans des tenebres, & confondu de sorte avec la nue, qu'on diroit que sa robe n'est faite que d'ombres & de nuages.

Il y a encore beaucoup d'autres figures dans le même tableau, à quoi je ne m'arrêterai pas, aussi bien n'en ai-je que trop dit pour un si petit espace.

Ce tableau enfin, n'est pas un des moindres de le Brun, ce n'est pourtant pas son chef-d'œuvre: quelques-uns même y trouvent à reprendre qu'il est trop historié, trop orné de figures; que tant de métamorphoses à la fois, ont quelque chose de confus, sur tout dans la rondeur d'un dôme & d'une voute; de plus, qu'il est tourné à contre-jour.

Epitaphe qui se trouve à St Jaques de l'Hopital scellée contre le pilier des Orgues le plus proche de la porte du Cloître.

C Y devant près ce Benoistier
Gist le corps du bon Matinet,
Qui trespassa en ce moustier
Le deuxiesme jour de Juillet
L'an mil quatre cens soixante & sept.
Commanda à Dieu cette corde;
L'innocent de grand vice néet,
Qui demande misericorde
Soixante ans, de ce me recorde.
En l'Hospital fust demourant,
Tousjours sonnant, ce vous accorde,
Et estoit surnommé Morant.
Onc ne fust tresor conquerant,
Benefice, estat ne office;
Par tout mestier fust labourant
A sonner le divin Service.
Le poure homme piteux & nice,
Dit s'il a tost ou tard sonné,
Que jamais n'y commettra vice,
Pourtant il luy soit pardonné.
   Amen.

Inscription à St Jaques de l'Hopital dans la cour.
Epitaphe burlesque, *ibidem.*

DE LA VILLE DE PARIS. Liv. XIV.

FRAGMENS POUR L'HOTEL DE BOURBON.

SUR la porte de cet Hotel se voit la tête d'un chardon. Outre cette ceinture, il est certain qu'au milieu des deux batans il y en avoit encore une autre toute pareille, puisque l'endroit où elle étoit clouée en porte la marque : & il ne faut point douter que si le bois par en bas n'étoit point brisé comme il est, nous y verrions tout de même les vestiges & les ruines d'une troisiéme ceinture, qui vrai-semblablement faisoit symmetrie à celle d'enhaut. Cette porte après tout, que l'histoire appelle la porte dorée, devoit être aussi rehaussée de quantité d'autres enrichissemens, mais qui ont été ruinés en haine du Connétable & de sa perfidie.

Quelques-uns tiennent que sa couverture, qui presentement est barbouillée de jaune, étoit toute dorée ; & de plus que le Duc Louis y avoit fait peindre ses armes avec les deux Ordres dont il étoit l'instituteur ; & qu'enfin on ne lui avoit donné le nom de dorée que parce qu'elle étoit toute rehaussée d'or. Ces deux Ordres au reste de l'Ecu & du Chardon éclatent beaucoup mieux dans ce Palais qu'à Souvigni ni à Moulins, où la plupart de nos Historiens croient qu'ils ont été créés ; car on les voit & au haut du clocher de la Chapelle, & dans sa charpenterie & dans celle de la galletie, de la salle, du corps de logis, & même sur quelques pierres & sur des colonnes ; mais il n'y a point d'endroit où le collier de celui du Chardon se voie si bien qu'au baluftre du grand balcon qui regarde sur la riviere. Ce baluftre qui est de pierre de taille, est composé de fleurs de lis & de lettres capitales antiques épargnées dans la pierre, qui forment ensemble le mot *Esperance* ; & toutes ces lettres & ces fleurs de lis sont enchâssées dans des bâtons recroisés ou losanges à double orle, ouvertes alternativement entieres & demies. A la verité on trouve quelque chose à redire dans la suite des lettres ; mais c'est une faute du Sculpteur qui a mieux aimé suivre son caprice que la raison.

Louis II, comme Prince devot & liberal, prit un soin tout particulier du bâtiment de la Chapelle, aussi-bien que de ses ornemens ; car à la grandeur il voulut joindre la magnificence : & de fait, sa voute rehaussée d'or, les enrichissemens dont elle est couverte, ses croisées qui l'environnent coupées si delicatement, ses vitres chargées de couleurs si vives, dont elle est éclairée ; enfin les fleurs de lis de pierre qui terminent chacune de ces croisées, & si bien pensées pour la Chapelle d'un Prince du Sang, témoignent assés qu'il ne plaignoit pas la dépense. Il y éleva ainsi que dans tous les autres endroits de son Hotel les armes de Bourbon avec le collier du Chardon & la ceinture de l'Ecu d'or. De plus il fit faire à côté gauche de l'Autel un Oratoire de menuiserie à claire-voie où il arbora quatre grands écussons ; dans le premier étoient gravées les armes de Charles VI à cause que cette Chapelle fut achevée sous son regne ; celles de Charles Dauphin, remplissoient le second ; dans le troisiéme étoient les siennes ; & dans le dernier celles d'Anne Daufine d'Auvergne sa femme. C'est dans cet Oratoire que le Roi se retire ordinairement pour entendre la Messe ; presentement il n'est plus fermé de cette clôture ni orné de ces écussons ayant été ruinés depuis trois ou quatre ans à cause de leur caducité. Si quelqu'un toutefois a la curiosité d'en voir les debris, ils sont encore dans la Sacristie.

Mr du Puy, vol. 609. Brantosme, Vies des grands Capitaines Etrangers, dit : Le Connétable de Bourbon étoit tellement haï des François, qu'on fit peindre en jaune la porte de son Hotel de Bourbon de Paris devant le Louvre ; d'autant que c'étoit la coutume des François du tems paſſé & encore, que pour bien declarer un homme traître à ſon Roi & à ſa Patrie, ils lui peignoient ainſi le jaune ; ils ſemoient dedans ſa maiſon du ſel, comme on fit à celle de l'Amiral de Chaſtillon.

Chronique ſcandaleuſe, fol. 379 La Cour a ordonné & ordonne que les armes & enſeignes appropriées particulierement à la perſonne du Duc de Bourbon, affixés ès lieux publics en ſon honneur, en ce Royaume, Terres & Seigneuries, ſeront rayées & effacées. Si ce fut par le Boureau, on n'en ſait rien. Les Commiſſaires qui ont fait biffer celles du Prince de Condé, en douterent ſi bien, qu'ils ont fait effacer celles de ce Prince par un barbouilleur de planchers.

L'Hotel de Bourbon à Notre-Dame des Champs, & l'Hotel de Bourbon à Paris, appartenoient à Jean Duc de Bethfort, auſſi les Hotels de Cliſſon, d'Alençon & de la Riviere en 1432.

La porte dorée, nommée dans un des Regîtres de la Chambre en 1407, eſt appellée l'arche dorée.

Monſieur Louis de France, Daufin de Viennois, Duc de Guienne, fils de Charles VI, mourut âgé de vingt ans le dix-huit Decembre 1415 en l'Hotel de Bourbon. Regîtres du Parlement.

LE ROI DES RIBAUDS.

QUOIQU'IL ſoit fait mention dans pluſieurs Auteurs du Roi des Ribauds, & pourquoi ſa Charge avoit été créée, comme dans Ragueau, Boutillier, le Feron, Fauchet du Tillet & Paſquier, cependant comme je n'ai vû nulle part qu'il l'ait exercée, c'eſt ce qui eſt cauſe que juſqu'ici j'ai différé d'en parler.

Rageneau dit qu'il tiroit tribut des lieux infames ſuivant la Cour.

Au raport de le Feron, c'étoit le premier Sergent des Maîtres d'Hotel, & en avoit deux ou trois ſous lui, avec un Prevôt pour garder les priſonniers; que toutes les femmes publiques qui ſuivoient la Cour logeoient chés lui ; qu'il avoit la garde tant de la chambre & de la ſalle, que de la maiſon du Roi ; que le Prince n'étoit pas plutôt au lit qu'il alloit par tout le Palais avec une torche allumée afin de voir s'il n'y avoit perſonne de caché.

Boutillier ajoute que les jeux de dés, les brelans, les lieux & les femmes publiques de la Cour lui devoient par ſemaine chacun deux ſols. Fauchet aſſure qu'il étoit Officier de la Maiſon du Roi ; qu'entre autres choſes il venoit le ſoir dans toutes les chambres une torche à la main, viſitoit tous les coins & recoins, même les lieux les plus ſecrets, afin d'être plus aſſuré qu'il n'y avoit ni étrangers, ni larrons, ni débauchées, ni Officiers avec elles.

Quant à du Tillet, il eſt d'un autre avis & prétend que c'étoit le grand Prevôt de l'Hotel lui-même, auquel appartenoit de juger des diſſolutions & des crimes qui ſe commettoient à la ſuite de la Cour hors de la Maiſon du Roi ; que les femmes publiques ſuivant la Cour étoient ſous ſa charge; que tous les ans tant que le mois de Mai duroit elles étoient obligées de faire ſon lit & ſa chambre. Enfin Paſquier veut que ſous Philippe Auguſte ce fut le Capitaine d'une Compagnie nommée les Ribauds du Roi, gens braves & en reputation pour l'attaque des Places & en venir à un aſſaut. Mais il en demeure là, ſans nous faire ſavoir ce qu'il devint, ſinon que depuis ſa Charge allant toujours en diminuant, à la fin ce n'étoit preſque plus rien.

LE MAL DE NAPLES.

CE mal qui nous est venu du nouveau monde, & qu'on ne connoissoit point au nôtre il y a environ deux cens ans, se fit si bien connoître & à Paris & à la Cour, aux gens qui courent aveuglément après leurs plaisirs, qu'il en épargna peu.

Guichardin demeure d'accord, & tout le monde avec lui, que les Espagnols le gagnerent dans les Isles découvertes par Christophe Colomb, l'apporterent à Naples, & que les François peu de tems après s'étant rendus maîtres de la Ville le prirent là, qui est le seul fruit des conquêtes que firent nos Peres de là les monts sous la conduite de Charles VIII.

Les François, à ce que dit Guichardin, l'appelloient le mal de Naples; les Italiens *le bolle ò il mal di Napoli*; d'autres le nomment la contagion Indienne; les Allemans la galle d'Espagne, presentement en Italie c'est le *mal Francese*, & n'a point d'autre nom. Les Regîtres de la Chambre du Conseil du Parlement de l'année 1496, le qualifient ainsi: Une certaine maladie contagieuse nommée la grosse verolle qui depuis deux ans ençà a eu grand cours en ce Royaume. Si bien, que selon les Regîtres du Parlement, ce mal ne commença à se faire connoître à Paris qu'en 1494; & cependant les Historiens de ce tems-là assurent que ce fut un an auparavant, mais si cruellement & de sorte que, comme une peste maligne, son venin se repandoit par tout.

Fernel dit qu'il ressembloit si peu à celui d'à-present qu'à peine croit-on que ce soit le même tant la difference est grande; & de fait ceux qui l'avoient alors enduroient tous les maux imaginables; ce n'étoient qu'ulceres sur eux, & qu'on auroit pris pour du gland à en juger par la grosseur & par la couleur, d'où sortoit une boue vilaine & infecte qui faisoit bondir le cœur; ils avoient le visage haut, d'un noir verdâtre, d'ailleurs si couvert de plaies, de cicatrices & de pustules, qu'il ne se peut rien voir de plus hideux; si bien qu'en les voyant chacun fuyoit, & non seulement d'eux, mais de tous les autres qui venoient à les toucher ou en approcher de trop près.

Ce mal épouvantable toucha si fort de compassion, que le Parlement, l'Evêque de Paris, le Prevôt des Marchands & sa suite, s'assemblerent exprès pour y remedier. Dans cette assemblée quelques Statuts furent dressés, & entre autres:

Qu'il seroit fait deffenses à tels malades de sortir de chés eux ni de leurs Hopitaux.

Ensuite on vint à deliberer sur les moyens possibles de subvenir à leur misere & les faire subsister, de crainte que le mal ne passât plus avant & ne se communiquât par la frequentation. Pour cela d'abord les maisons furent taxées à une certaine somme: un logis d'assés grande étendue fut loué au fauxbourg St Germain, avec dessein s'il ne suffisoit pas, d'y joindre quelques granges & autres lieux tout contre. L'Evêque ensuite avec les Gens du Roi du Chatelet, travaillerent à faire dresser des Ordonnances tant pour l'entretien de ces malades, que pour les guerir promtement, afin qu'ils ne pussent pas communiquer leur mal.

Le Parlement cependant voyant que tout ceci, attendu la necessité pressante, alloit bien lentement, afin de faire marcher un peu plus vîte, en 1596 le fix de Mars, enjoignit aux Officiers du Roi du Chateler d'y pourvoir; & là-dessus commit Martin de Belle-Faye, Conseiller de la Cour, pour y assister avec l'Evêque & les Magistrats de la Ville, & pour lors les articles suivans furent dressés.

Qu'à chaque porte de la Ville il y auroit des gens deputés par le Prevôt des Marchands, afin d'empêcher qu'il n'y entrât personne atteint de cette maladie.

Que les étrangers tant hommes que femmes, qui avant que d'y entrer l'avoient déja, en sortiroient dans vingt-quatre heures sans pouvoir y rentrer qu'après être gueris.

Qu'à la porte St Jaques aussi-bien qu'à celle de St Denys, ils feroient écrire leur nom, & là recevroient quatre sols parisis pour leur servir à s'en retourner chés eux ; qu'aucun au reste ne fût si hardi n'étant pas étranger de prendre cet argent ou de retourner à Paris qu'il ne fût en parfaite santé.

Tous les hommes au reste dans le même tems & sous la même peine devoient se rendre au fauxbourg St Germain au logis que j'ai dit. Quant aux femmes elles devoient se retirer aux maisons qu'on étoit après à leur chercher, où dans ces deux endroits; tant les uns que les autres ne devoient manquer de rien.

A l'égard des gens aisés & des pauvres honteux, il leur fut permis de demeurer chacun chés soi, & de s'y renfermer sous les mêmes peines & dans le même tems, avec parole à ceux qui étoient en necessité de leur envoyer tout ce qui leur faudroit, outre la permission de se faire recommander à la Paroisse & qu'on quêtât pour eux ; mais enfin il fut à tous deffendu de sortir sur peine de la hart : bien plus le Prevôt de Paris eut ordre d'ordonner aux Commissaires & aux Sergens de mettre hors de la Ville tout autant de gens atteints de cette maladie qu'ils rencontreroient dans les rues, sinon de les mettre en prison afin d'être punis corporellement.

Tant de beaux reglemens n'empêcherent pas ce mal de continuer & d'aller toujours son train. Aussi-tôt nouvelles taxes pour bâtir de nouveaux Hopitaux. Au fauxbourg St Honoré il en fut établi un pour les femmes. En 1502, par ordre du Parlement, le Receveur des amendes & des exploits le cinquième Avril leur donna cent sols parisis, en l'honneur de la Passion, pour leur aider à passer les Fêtes de Pâques, à la charge qu'elles ne frequenteroient point le peuple. Depuis en 1535 on prit pour ces malades la salle haute de la Trinité, où les Confreres de la Passion jouoient leurs Mysteres, avec l'Hopital St Eustache, situé alors à la rue Montorgueil au coin de la rue Quiquetonne.

En 1556 on commença pour les hommes hors du fauxbourg St Germain un Hopital sur le bord de la riviere appellée *la Santa* & *le Sanital* dans les Regîtres du Conseil du Parlement, & encore l'Hotel-Dieu nouveau dans un plan de Paris fait vers ce tems-là.

Aubri & Guyet, Bourgeois de Paris, le firent continuer.

Pour l'augmenter, le Parlement permit en 1581 de prendre quinze cens livres sur l'Abbayie de Molesme.

Sur ces entrefaites autre changement arriva, car en 1559 par Arrêt de la Cour, tout autant de personnes frappées de cette maladie qui se presentoient au Bureau des Pauvres & à l'Hotel-Dieu furent conduites à l'Hopital de l'Oursine du fauxboug St Marceau, dont le revenu fut saisi pour leur subsistance ; & là un Commissaire établi afin de le gouverner & en recevoir les rentes. Avec tout cela quoi qu'aient pû faire les Gouverneurs de l'Hotel-Dieu jusqu'en 1614, ils n'ont sû purger entierement cette maison de telle peste.

ATTENTATS.

ON fait ce qui fe paffa dans St Paul quand la populace en fureur y vint fondre, & ruina les maufolées des Mignons de Henri III. On n'ignore pas le maffacre des Suiffes aux barricades de 1588 qu'on enterra dans le Parvis de Notre-Dame.

La mort injufte & honteufe du Prefident Briffon n'eft que trop connue. Enfin on fait tous les attentats des Ligueurs; qu'on caffa & barbouilla les portraits de Henri III, peints fur les vitres des Cordeliers & fur les murs du Cloître des Jacobins; qu'on érigea des ftatues à Jaques Clement l'affaffin de ce Prince; que dans la chaire de verité un Predicateur montrant la mere de ce parricide s'écria, *Benedictus venter qui te portavit*; que Buffy le Clerc, de petit Procureur devenu Gouverneur de la Baftille, eût l'audace d'arracher du Palais la Cour de Parlement & de la mener comme en triomphe par les rues jufques dans fes prifons, d'où elle ne fortit que par pieces après mille conçuffions & une infinité d'indignités.

On peut lire les autres attentats dans les Memoires de Charles IX, le Journal de Henri III, le Gatholicon d'Efpagne. Il eft aifé de fe fouvenir des outrages qu'on fit au corps du Maréchal d'Ancre après fa mort, mais encore bien mieux de nos dernieres barricades, de la Baftille du fauxbourg St Antoine, de la paille qu'on nous contraignit de porter, de l'incendie de l'Hotel de Ville qui enveloppa les gens de bien avec les feditieux.

Quant au mauvais traitement que reçut le Comte d'Aumont avant que d'être Maréchal de France, comme il ne fe lit que dans Brantofme qui eft manufcrit, & que ce manufcrit n'eft pas entre les mains de tout le monde, je le rapporterai ici.

Etant venu à quereler le Capitaine Ville-neuve, jeune Gentilhomme & determiné, comme quelques jours après il paffoit en coche à la maniere du tems par la vieille rue du Temple, avec le Maréchal de Retz, Mademoifelle de la Bourdaifiere, qu'il époufa depuis, & Bouchemont un des favoris du Duc d'Alençon; Ville-neuve efcorté d'un de fes Soldats, non moins determiné que lui, fit arrêter le coche, bleffe le Comte dangereufement au bras, tandis que fon Soldat tue Bouchemont qui tomba mort fur le Maréchal; & en même tems fe fauvent tous deux par la Porte de Buffy. Attentat fans doute bien étrange à quiconque ne fait pas ceux que le Duc d'Epernon, le Duc de Candale fon petit-fils & quelques autres, ont entrepris il n'y a pas long-tems.

Le mort & le bleffé furent portés à l'Hotel de Chateau-villain, nommé prefentement l'Hopital St Gervais. Toute la Cour rendit vifite au bleffé, & le Roi lui-même dont il étoit fort aimé le vint voir plufieurs fois; honneur peut-être qui ne contribua guere moins à fa guerifon que les remedes.

Quant à l'Univerfité, fes attentats n'ont guere moins fait parler d'elle que ceux du peuple & des feditieux. Celui que Mathieu Paris rapporte fous la Regence de la Reine Blanche mere de St Louis fut caufe que la plupart des Ecoliers abandonnerent le Royaume. Les prifes qu'en divers tems elle eut avec les Religieux de St Germain ont coûté à ceux-ci le patronage de St Germain le vieux, de St Côme & de St André, outre la fondation de quelques Chapelles; ce qui eft fi public que je ne m'arrêterai point là-deffus. Mais quant aux demêlés qu'elle eut avec les Prevôts de Paris, comme ils font peu connus & de plus fort étranges, je penfe qu'on prendra du plaifir à les lire.

En 1200, Thomas, Prevôt de Paris, foupçonné d'avoir trempé dans le meurtre de cinq Ecoliers, à la pourfuite de l'Univerfité, fut condamné par

Philippe Auguste à s'en purger ou par la question ou par le jugement d'eau publique, que j'expliquerai ailleurs, ou bien à finir ses jours au pain & à l'eau.

En 1228, par un Decret, elle deffendit aux Regents aussi bien qu'aux Ecoliers d'enseigner & d'étudier à Paris ni dans le Diocèse, jusqu'à ce que le Prevôt de Paris lui eut fait reparation des injures qu'elle avoit receues de lui.

En 1301, l'Official excommunia Guillaume Thiboust, Prevôt de Paris, pour avoir fait prisonnier au Chatelet un Regent aux Arts & exposé honteusement à la vûe de tout le monde, nonobstant ses protestations, & qu'il demandât à être renvoyé pardevant son Juge; & de plus la même année, l'Université par un Decret donné le Vendredi devant la Pentecôte, declara qu'il avoit encouru la Sentence de double excommunication en consequence de la premiere.

En 1308, Pierre le Feron, Prevôt de Paris, n'ayant pas comparu au jour à lui assigné par l'Université, pour prêter le serment accoutumé & que prêtent tous ceux qui entrent dans cette Charge, savoir de faire joüir les Ecoliers de tous leurs privileges, fut cité pour la seconde fois; s'étant donc rendu à l'assemblée qui se tenoit aux Bernardins, le Recteur d'abord l'accusa de contumace, de fraude, de fuite malicieuse, si bien qu'il fut contraint d'en venir aux juremens afin de faire recevoir ses excuses, après quoi il prêta le serment.

En 1387, l'Université obligea l'Evêque de faire son procès à Hugues Aubriot, malgré sa faveur auprès de Charles V & Charles VI, & soutenu des plus grands du Royaume; & le tout, moins pour ses debauches, & l'attachement qu'il avoit au Judaïsme, que pour se venger de lui, d'avoir reprimé si souvent son arrogance & ses attentats: si bien qu'avec tout son credit il fut condamné à faire amende honorable, & à finir ses jours au pain & à l'eau dans une basse-fosse.

En 1408, Guillaume de Tignonville, autre Prevôt de Paris, ayant fait pendre à Montfaucon deux Ecoliers Clercs convaincus de plusieurs crimes, l'Université s'en plaignit hautement, comme devant être jugés par l'Evêque, & là dessus fait cesser tous exercices de classes, & demanda congé au Roi de se retirer. De sorte que pour la contenter, on ne trouva pas que ce fut assés de demettre le Prevôt, mais encore il fallut que trois ou quatre mois après, lui-même allât les oter du gibet, & les baisant à la bouche, les fit conduire jusqu'aux Maturins, accompagné de ses Sergens, au milieu de quantité de cierges & de torches, & cela dans une charrette que menoit le Bourreau, monté sur le cheval, avec le surplus comme un Prêtre.

Elle a même quelquefois attenté à l'autorité Royale.

Sous Philippe le Hardi, elle fit cesser les Leçons, parce qu'il n'avoit pas soin de faire observer les Privileges que Philippe Auguste lui avoit accordés: & là-dessus dans une Assemblée tenue à St Julien-le-Pauvre, en 1281, elle declara qu'elle n'ouvriroit ses écoles qu'après avoir été trouver le Roi, & avoir obtenu de lui qu'il la conserveroit dans tous ses privileges.

En 1403, au rapport de Monstrelet, ou en 1404 ou 1405, à ce que prétendent Juvenal des Ursins, & une Chronique du tems, cette même Université en vint à une telle insolence, que de forcer Charles VI & le Parlement à bannir du Royaume Charles de Savoisi, Chambellan du Roi, & un des plus en faveur auprès du Duc d'Orleans; & non-seulement le bannir, mais à raser son Hotel, & à le condamner lui & ses gens à souffrir quantité de peines fâcheuses, & le tout par une avanture où il n'avoit point de part, & où peut-être les Ecoliers étoient plus coupables que ses domestiques.

DE LA VILLE DE PARIS. Liv. XIV.

Depuis le quatriéme Septembre de l'année 1444, jusqu'au Dimanche de la Passion, qui étoit le treisiéme de Mars, il ne fut faire aucune prédication, ni Fête ni Dimanche, non pas même durant le Carême & l'Avent; & cela sans autre raison, sinon que le Recteur ne pouvoit souffrir qu'on voulût faire contribuer l'Université à certaine grosse taille qu'on exigeoit de Paris, & que s'en étant plaint aux Elûs, un d'entr'eux avoit mis la main sur lui.

En 1445, un Maître ès Arts, nommé Jean Gonda, ayant été emprisonné avec quelques autres, tous Ecoliers Clercs, l'Evêque, Patriarche d'Antioche, se plaint & demande d'une part qu'ils soient mis dans ses prisons, comme Clercs; & tout de même de son côté le Recteur, en qualité d'Ecoliers, & conformément aux Privileges de l'Université. Et fut ce que Charles VII renvoya le procès au Parlement, aussi bien que les prisonniers Jean Pamecher Recteur & autres Deputés, firent paroître tant d'arrogance en requerant la Cour de leur rendre leurs Ecoliers, qu'ils firent savoir qu'en cas de refus, ils feroient cesser & Leçons & Prédications.

Le Roi & le Parlement eûrent beau leur deffendre d'en venir là; mais, comme alors l'Université n'étoit pas ce qu'elle étoit sous les regnes precedents, en 1445 Charles VII, le vingt-sixiéme Mars, ordonna à la Cour, non-seulement de travailler au procès des prisonniers, & de juger tous les differents de l'Université, mais encore d'informer contre les auteurs de la cessation des leçons & des sermons, & d'en faire une punition exemplaire.

Si tout autre que le Juge de l'Evêque tenoit dans ses prisons un Regent, ou quelque Ecolier, quand bien même il eût été pris en flagrant delit, le Recteur aussi-tôt faisoit deffenses, tant aux Regens qu'aux Prédicateurs, de prêcher ni de regenter.

La moindre petite atteinte qu'on donnât aux Privileges de l'Université, ou qu'à l'occasion du desordre & des insultes des Ecoliers, on vînt à en tuer ou blesser quelqu'un ; en un mot, presque pour rien, les Regens fermoient leurs classes, & les Prédicateurs abandonnoient la chaire.

J'ajouterai ici pour la fin un attentat aussi étrange qui se puisse imaginer. Pendant la vacance du Siége, l'Official, pour je ne sai quel sujet qu'il avoit de se plaindre du Prevôt de Paris, commanda, tant aux Paroisses, Archiprêtres, Curés & Chapelains, qu'aux autres Prêtres de la Ville, de venir en Procession à St Barthelemi. La Messe dite, tout ce Clergé, par son ordre, se transporte à la maison du Prevôt avec la Croix & l'Eau benite ; & là à grands coups de pierre & de cailloux qu'ils faisoient voler de tous côtés, crioient scandaleusement : *Recede, recede maledicte Satana, recognosce nequitiam tuam, dans honorem Sanctæ Matri Ecclesiæ; quam quantum in te est deshonestasti ; ac etiam in suis libertatibus vulnerasti; alioquin cum Dathan & Abiron; quos terra absorbuit; accipias portionem.*

ARTISANS, COMMUNAUTE'S, &c.

QUE si nous voulons avoir égard aux Artisans, aux Communautés & autres choses publiques, les Tisserands, les Etuvistes, les Rotisseurs, les Corroyeurs, les Verriers, les Poulaillers, logeoient autrefois separément; les uns à la rue de la Cossonnerie, dans celle de la Verrerie, à la rue des Ecrivains, à la rue de la Courroyerie, les autres à la rue aux Oues, à la rue des Etuves, & dans la rue de la Tisseranderie, sans bien d'autres encore en certaines rues de leur nom; car anciennement chaque Corps de métier avoit sa rue à part. Les Usuriers de delà les monts, établis en France à certaines conditions, demeuroient à la rue des Lombards. Jusqu'à Charles VI, les Juifs ont rempli tantôt les maisons de la rue St Bon, &

des rues voisines ; tantôt la plupart de la rue de la Tisseranderie, & de celle des Juifs, tantôt le Cloitre St Jean, & une partie de la Halle, sans oublier la rue de la Juiverie dans la Cité.

Les femmes dissolues durant plusieurs siecles, non-seulement ont occupé les maisons de la rue Brise-miche, de la rue Tiron, Chapon, Champfleuri, du Regnard, outre le Grand-Huleu & le Petit-Huleu, mais encore se sont glissées & introduites peu à peu en je ne sai combien d'autres, comme la rue Transsenonnain, celle des Deux-Portes, la rue Pelican, Beaurepaire, la rue Percée, Tire-boudin, Bour-l'Abbé, & la rue Greneta.

Louis le Gros a bâti les Halles, & ce fut Louis VII qui donna la Grève aux Bourgeois des environs.

Charles VI depuis y établit une étape pour y vendre le vin.

En 1169, & même auparavant, le Poids du Roi étoit à la rue des Lombards.

En 1182, les Templiers érigerent une Boucherie à la rue du Braque.

En 1358, le Prieur de St Eloi fit dresser la Boucherie de la rue St Paul.

Tant le Marché que la Rotisserie de la Porte de Paris que du Cimetiere St Jean, & tout de même la Vallée de Misere, la Croix du Tiroir, la Place aux Veaux, avec la Pierre au lait, sont si anciens que personne n'en sait l'origine.

Avant 1366, on ne trouve rien du Marché de la Porte Baudets ; non plus que de la Boucherie de la Porte St Martin, avant 1427, quoiqu'elles soient établies bien long-tems devant.

En 1416, Charles VI commença la Boucherie de Beauvais.

En 1568, on fit au coin de la rue Greneta, celle que nous y voyons encore.

Sous Henri II on fit deux Halles à l'Arsenal.

La Place Royale a été entreprise sous Henri IV, les Boucheries de la rue St Honoré près les Quinze-Vingts, de la rue Montmartre & de la rue des Poissonniers, ont été établies à la place des Portes de la Ville abbatues sous Louis XIII.

Pour les Fontaines, on ne sait point quand on a fait celles de St Innocent, du Ponceau, de la Croix du Tiroir, de la Trinité, de St Julien, des Cinq-Diamants, de la Barre du Bec, de la Reine, de la Porte-Baudets, de Marle, non plus que la Fontaine Maubué, ni celle de St Avoie. On croit que la Fontaine de Marle fut faite sous le Chancelier de Marle. Si le Cardinal de Birague n'a pas commencé celle de devant les Jesuites, au moins ne doute-t-on point qu'il ne l'ait retablie. Celle des Halles, de la Porte de Paris, de la Grève, du Calvaire & de la rue de Paradis, ont été faites au commencement de ce siecle.

Des cinq Ponts qui vont de la Ville à la Cité, le Pont-au-change est aussi ancien que Paris. Le Pont-Notre-Dame a été fait sous Charles VI. Le Pontneuf par Henri III & Henri IV ; quant aux autres, nous les avons vû faire.

Au reste, quoique tout ceci pût suffire pour representer en gros le progrès, & les divers états de ce quartier-ici de Paris, que nous appellons la Ville, j'ajouterai encore que dans le treisiéme siecle on commença à bâtir des maisons, ainsi que j'ai deja dit, derriere St Paul, qui est la Coulture St Eloi, & que Charles V ensuite couvrit de son Hotel Royal, c'est-a dire, tout ce grand espace de terres qui regne entre la rue St Antoine & la riviere, depuis la rue St Paul jusqu'à la rue du Petit-musc, ou des Celestins ; mais qu'enfin on divisa en diverses places qu'acheterent des Particuliers, qui en 1551 commencerent les rues & les maisons que nous y voyons, dont l'ouvrage dura jusqu'en 1564.

Deplus, en 1543, 1547, & 1551, les Hotels d'Artois, de Bourgogne & de Flandres, furent aussi vendus, où ont été bâties à la place la rue Françoise, la rue Soli, la rue Coq-Heron, avec une partie de celle des Vieux-Augustins.

En

En 1563, Charles IX ordonna que l'Hotel des Tournelles feroit vendu, où, au commencement de ce fiecle Henri IV a fait la Place Royale, & où les Minimes fe font établis, & dont le refte a été coupé en plufieurs rues.

En 1567, la rue Barbette, celle des Trois-Pavillons, & la rue du Parc-Royal, ont été bâties fur les ruines de l'Hotel Barbette.

On fait que dans ce fiecle-ici & dans le paffé, on a commencé, tant à la Coulture St Gervais, & à la Coulture Ste Catherine, qu'à celles des Filles-Dieu, du Temple & de St Martin, les maifons que nous y voyons.

Dans la Coulture des Quinze-vingts, une partie du Palais & du Jardin des Tuilleries, a été entreprife par Catherine de Medicis, fous Henri III.

Les Feuillants & les Capucins ont fait leurs Couvens près de-là. Avec le tems un fi grand nombre d'Habitans s'eft retiré aux environs, qu'ils ont bâti l'Eglife de St Roch, & formé le faubourg St Honoré.

Mais pour defcendre encore plus dans le particulier, la rue des Affis étoit dès l'an 1130. Vers l'an 1211, on fit la rue Simon-le-franc : en 1230, il y avoit des maifons à la rue du Plâtre, & encore à la rue Tirechape, en 1233 : & tout de même en 1250 à la rue des Blanc-manteaux.

En 1253, 1254, 1257, 1260, & 1261, la rue Mauconfeil, & celle des Ecouffes, la rue Grenier-fur-l'eau, celle de Ste Croix & du Roi de Sicile, étoient habitées.

Et tout de même celle des Singes, en 1269, auffi bien que la rue Guerin-boiffeau, & la rue aux Oues, la derniere par des Rotiffeurs, les autres par des Bourgeois ; & pareillement la rue des Francs-Bourgeois, en 1271.

La rue de la Lanterne, les rues Ognart & Trouffevache, celles des Cinq-Diamants, Aubri-boucher, du Regnard & Beaubourg, étoient connues en 1263. On parloit de la rue de la Poterie en 1284, de la rue de l'Echelle du Temple en 1290, & de celle du Paradis & du Chaume, en 1291.

En 1296 & auparavant, la rue Paftourelle & celle des Prouvelles, étoient bordées de maifons ; & tout de même la rue de Montmoranci en 1297, & la rue Grenier St Ladre, en 1300.

Quelque tems avant cela, les Templiers avoient vendu leur grand chantier, occupé maintenant par l'Hotel de Guife, pour y faire des maifons.

Depuis 1397 jufqu'en 1415, on bâtit des logis autour de St Honoré, & en 1417 les Egoûts furent transportés à la rue des Egoûts de la rue St Antoine.

Vers ce tems-là, Hugues Aubriot fit faire la rue des Rats, & cette partie de la rue St Jaques de la Boucherie, qui regne le long de la boucherie de la Porte de Paris.

En 1550, on commença le quai du Port-au-foin.

A la Halle en 1556, furent faites des rues nouvelles entre St Euftache, la rue de la Tonnellerie & le Cimetiere St Innocent. Dix ans après on pava la rue des Bons-enfans.

En 1583, la rue de Bourbon commença à être ouverte, à travers le Petit-Bourbon.

En 1604, le Mail & le Quai de l'Arfenal furent faits. De nos jours le Maréchal de Matignon, le Marquis de Rambouillet, celui de la Vieuville, Surintendant des Finances, fe font logés à la rue St Thomas du Louvre, & à la rue Matignon.

Enfin, nous avons vû remplir de maifons & de rues, les environs de la Place Royale, une bonne partie du Marais du Temple, l'Ifle-Notre-Dame, les terres & faubourg St Honoré, renfermés dans la nouvelle augmentation de Paris. Outre cela, prefque tous les faubourgs ont été agrandis ; en un mot, tant de grands efpaces vuides qu'il y avoit dans la Ville, ont été fi bien menagés, que prefentement ce n'eft rien moins que cela, tant

Tome III.   E

il s'y voit de maisons & d'Habitans; si bien qu'on peut assurer que si ce quartier-là de nos jours n'a été agrandi de la moitié, tout au moins l'a-t-il été du tiers.

Dans ce discours donc, aussi bien que dans les deux précedents, j'ai rapporté en gros tout ce qui se pouvoit dire, ou que j'ai pû découvrir, tant dans la Ville, que dans la Cité & l'Université.

TOMBEAUX.

J'AI long-tems cherché dans St Germain de l'Ausserrois, sans jamais pourtant l'avoir pû trouver, le tombeau que fit faire Charles V à l'un de ses fous, & qui pourtant servit de modele à celui de Thevenin de St Ligier, autre fou qu'il aimoit, & que j'ai vû à Senlis dans St Maurice.

De trouver étrange qu'un si grand Prince, le seul à qui la France ait donné le nom de sage, ait eu tant de passion pour des fous; outre qu'en ce monde il n'y a point d'hommes, pour sage qu'il soit, qui n'ait sa folie, c'est que d'ordinaire les plus sages en certaines choses, sont ceux qui paroissent les plus fous. Mais enfin, par coutume ou autrement, Jean de France Duc de Berri, son frere, en avoit aussi bien que lui: & même ses fous furent couchés sur l'état de sa Maison, & nommés en 1416, parmi ses autres Officiers, dans la dépense qui fut faite pour ses funerailles.

Au reste, par le tombeau qu'on voit encore à St Maurice il est aisé de juger de celui qui étoit à St Germain, & qu'on ne voit plus. Il consiste en une tombe de pierre de liais, longue de huit pieds & demi, sur quatre & demi de large. Au milieu est gravée & couchée sur le côté une figure en habit long, dont les pieds sont d'albâtre de rapport, & de même le visage apparemment, car il ne reste plus que la place. Pour coeffure elle a une calotte terminée d'une houpe; sur ses épaules se voit un froc fait en capuchon, deux bourses sur l'estomac & une marotte à la main. A l'entour sont taillées avec une delicatesse & une patience incroyable, quantité de petites figures dans des niches; & enfin pour Epitaphe, ces paroles:

Cy gist Thevenyn de St Legier, fol du Roy nostre Sire, qui trespassa le unziéme Juillet, l'an de grace M. CCC. LXXIIII. *Priez Dieu pour l'ame de ly.*

A l'Abbayie St Victor dans le Cloître, est la tombe d'un nommé Jaques, natif de Louvres en Parisis, & Cuisinier de l'Evêque Guillaume, où dessus se voit une broche, avec un autre ustencile de cuisine; & de plus, ces paroles tout-au-tour:

Hic jacet Jacobus de Lupara in Parisiaco, Coquus Guillelmi Episcopi Parisiensis.

Sur le cinquantiéme pilier de St Germain l'Ausserois, étoit scellé l'Epitaphe de Jean Puillois, Procureur de la Chambre des Comptes. Voyés Liv. IV. pag. 331.

Complainte de l'Espouse encore sur terre, envers son Espoux qui gist en terre.

INCONTINENT que Heleine-Marie
Connut qu'aux vers le corps on ne denie,
De son espoux, Toussaints le Cunetier,
Helas! dit-elle, amy très-singulier,
Vostre prudence en vostre maison honorée
Eust mieux porté que moy las! éplorée.
Le deuil de mort : inutile je vis,
Et vous eussiez encore bien servy :
Car vous estiez vertueux & constant :
Las! Pourquoi donc ne suis-je morte avant.
Mon esprit va la haut le vostre chercher,
Veille mon ame près du vostre enterrer ;
Ce qui sera fait, a peu la mort tant poindre,
Qu'elle a desjoint ce qu'amour voulut joindre.
Toutefois Bourgeois estoit de cette Ville,
Et aussy Marchand Fripier très grandement utile ;
Lequel par sa grande force & impetuosité,
Mil cinq cens quatre-ving-trois a voulu surmonté,
A un jour de Dimanche, dix-neufviéme de Juing,
Disant, ô Dieu! secourez au besoing.
Or donc Passant, je te supplie en cet endroit
De prier pour la pauvre ame de Toussaints Cunetier.

 Vis-à-vis le Charnier gist & repose ledit Cunetier, & ladite Heleine-Marie, espouse dudit le Cunetier, laquelle trespassa le Jeudi-Absolu, mil six cens un.
 Par permission de Messieurs de St Germain de l'Ausserrois.

MAISONS DE PLAISANCE DE NOS ROIS.

COMME les Rois de la troisiéme race ont été de tout tems, & assés souvent vont encore se délasser à Vincennes, Fontainebleau, St Germain, Madrid, Monceaux, Villiers-Cotterets, & autres Maisons de plaisance des environs de Paris ; aussi les Rois de la premiere alloient de même se divertir à Ruel, Chelles, Compiegne, Bonneuil, Clichi, Issi, Epinai & St Cloud, que Gregoire de Tours appelle Nogent, *Novientum* & *Nouegeatum*.

A Ruel, Childebert I apprit que St Lubin, Evêque de Chartres, le venoit voir.

A Compiegne, mourut Clotaire I.

A St Cloud, Chilperic s'entretint de controverse avec le Juif Priscus ; & ce fut là encore que Clotaire II, son fils, fut batisé.

A Chelles, le même Chilperic fut assassiné.

A Bonneuil, dans une assemblée de tous les Evêques & Barons de Bourgogne, où assista Garnier Maire du Palais, Clotaire eut égard aux justes demandes qu'ils lui avoient faites auparavant, & les leur accorda.

A Clichi, le même Prince declara Dagobert, son fils aîné, Roi d'Auſ-traſie; & là encore ce Dagobert même épouſa Gomotrude. De plus Sudreul Roi de Bretagne, lui vint auſſi rendre hommage en qualité de ſujet.

A Compiegne, mourut Clotaire II, & Dagobert à Epinai, qui étoient les lieux où ils ſe plaiſoient le plus, & où ſe ſont paſſées quantité de choſes très-conſiderables.

Clovis logea au Palais des Empereurs Romains, & fit bâtir aſſés près de là l'Egliſe de St Pierre & de St Paul, appellée depuis Ste Geneviéve. Il fut malade d'une fiévre ſi longue pour avoir trop veillé & s'être trop fatigué à l'armée, que Tranquillin ſon premier Medecin, ſe voyant à bout de ſon Art, lui conſeilla alors d'avoir recours à Dieu & de faire venir de Bourgo-gne l'Abbé Severin, homme d'une haute ſainteté & d'une vie exemplaire. A la priere du Roi donc, ce ſaint perſonnage vint à Paris, guérit d'abord un lépreux à la porte de la Ville, & enſuite par ſes prieres rendit la ſanté à Clovis. Quelque cent ans auparavant St Martin avoit encore guéri à Paris un autre lépreux. Quant à St Marcel, il fit auſſi pluſieurs autres miracles, tant au Faubourg qui porte ſon nom, que dans l'Egliſe Cathedrale, & en beaucoup d'autres endroits, dont Fortunat & Gregoire de Tours font men-tion.

TOMBEAUX DE St SAUVEUR.

DANS cette Egliſe ſont enterrés Turlupin, Gaultier - Garguille, Gros-Guillaume & Guillot-Gorju, tous quatre illuſtres pour la Comedie facetieuſe, & qui l'ont portée à un point où elle n'avoit encore jamais été.

Depuis leur mort pluſieurs ont tâché de faire revivre ce divertiſſement, mais avec ſi peu de ſuccès qu'on peut dire que la farce eſt enterrée avec eux. Quand les trois premiers venoient à paroître enſemble ſur le theatre, c'étoit aſſés, ils n'avoient que faire de parler pour faire rire, on ne rioit que trop ſans cela, & de là on peut juger du plaiſir qu'ils donnoient par leur entretien; auſſi étoit-ce trois perſonnes conſommées dans ce métier. Car enfin Gaultier-Garguille a joué plus de quarante ans; Gros-Guillaume cinquante au moins, & Turlupin plus de cinquante-cinq. Ainſi que la plu-part des Farceurs, ils avoient chacun trois noms, l'un du monde l'autre de Comedien.

TURLUPIN.

LE premier nom de Turlupin étoit Henri le Grand, le ſecond Belle-ville, le troiſiéme Turlupin.

Quoiqu'il fût rouſſeau il ne laiſſoit pas d'être bel homme, bien fait & d'avoir bonne mine. L'habit qu'il portoit à la farce étoit le même que celui de Briguelle, qu'on a tant de fois admiré ſur le theatre du petit Bourbon. Ils ſe reſſembloient en toutes choſes, auſſi-bien ailleurs qu'à la farce, étoient de même taille, avoient le même viſage, tous deux faiſoient le Zani, por-toient un même maſque: & enfin on ne remarquoit autre difference entre eux que celle que les curieux en matiere de tableaux mettent entre un ex-cellent original & une excellente copie. Jamais homme au reſte n'a com-poſé, joué ni mieux conduit la farce que Turlupin; ſes rencontres étoient pleines d'eſprit, de feu & de jugement; en un mot il ne lui manquoit rien

DE LA VILLE DE PARIS. Liv. XIV.

qu'un peu de naïveté, & nonobstant cela néanmoins chacun avoue que jamais il n'a eu son pareil.

Outre ceci, il étoit bon Comedien, à la verité non pas tant que bon Farceur; car en ce genre-là il y en avoit qui le passoient. Touchant ses autres qualités, il étoit adroit, fin, dissimulé & agréable en conversation. Il commença à monter sur le theatre de l'Hotel de Bourgogne dès qu'il commença à parler, & n'en descendit que pour entrer dans la fosse. Le theatre étoit toute sa passion; il est bien vrai que l'amour qu'il portoit aux femmes le tyrannisa quelque tems, mais ce fut avant que de se mettre en ménage. Il fut marié deux fois & laissa si peu de bien à ses enfans qu'ils ont été reduits à se faire Comediens, & pour sa veuve elle se remaria à d'Orgemont le meilleur Comedien de la Troupé du Marais.

GAULTIER-GARGUILLE.

HUGUES Gueru, dit Flechelles & Gaultier-Garguille, quoique Normand, contrefaisoit admirablement un Gascon, soit pour le geste, soit pour l'accent; & même quelque dispôt qu'il fût, toutes les parties de son corps lui obéissoient de sorte que c'étoit une vraie marionnette. Il avoit le corps maigre, des jambes longues, droites & menues, & un gros visage, aussi ne jouoit-il jamais sans masque, & pour lors avec une longue barbe & pointue, une calotte noire & platte, des escarpins noirs, des manches de frise rouge, un pourpoint & des chausses de frise noire; il representoit toujours un vieillard de farce. Dans un si plaisant équipage, personne ne le pouvoit regarder sans rire; il n'y avoit rien dans sa parole, dans son marcher ni dans son action qui ne fût très-ridicule; ses jambes même & sa taille étoient si plaisamment fagottées, pour ainsi dire, qu'elles sembloient avoir été taillées à coups de serpe & faites exprès pour un farceur. Enfin tout faisoit rire en lui, & jamais homme de sa profession n'a été plus naïf ni plus achevé. Que s'il ravissoit quand Turlupin & Gros-Guillaume le secondoient lorsqu'il venoit à chanter, quoique la chanson ne vallût rien pour l'ordinaire, c'étoit encore toute autre chose, il se surpassoit lui-même; car outre sa posture, il l'entonnoit d'un air & d'un accent si burlesque, que quantité de monde ne venoit à l'Hotel de Bourgogne que pour l'entendre, & que la chanson de Gaultier-Garguille a passé en proverbe.

Cet homme si ridicule à la farce, ne laissoit pas pourtant quelquefois de faire le Roi dans les pieces serieuses, & même ne representoit pas mal un personnage si grave & si majestueux, à l'aide du masque & de la robe de chambre que portoient alors tous les Rois de Comedie; car d'un côté le masque cachoit son gros visage bourgeonné, & la robe de chambre couvroit ses jambes & sa taille maigre. Ainsi quand il étoit masqué c'étoit un homme à tout faire. Hors de là & à son visage, à sa parole, à son marcher, à son habit & dans tout le reste on l'eût pris pour un franc bourgeois. Avec ses amis il rioit comme eux, & étoit d'un entretien fort agréable. Il mourut âgé de soixante ans. Sa veuve, fille de Tabarin, & à qui il laissa de quoi, s'étant retirée en Normandie, un Gentilhomme lui fit l'amour & l'épousa.

GROS-GUILLAUME.

ROBERT Guerin, dit la Fleur & Gros-Guillaume, après avoir été long-tems Boulanger, devint Farceur à l'Hotel de Bourgogne, & prit le nom de la Fleur à cause de son premier métier. En changeant de condition il ne changea point de mœurs, ce fut toujours un gros ivrogne: avec les honnêtes gens une ame basse & rampante. Son entretien étoit grossier, & pour être de bel humeur il falloit qu'il grenouillât ou bût chopine avec son compere le Savetier dans quelque Cabaret borgne. Il n'aima jamais qu'en bas lieu, & se maria en vieux pécheur sur la fin de ses jours, à une fille assés belle & déja âgée. Voila ses vices.

Venons à ses belles qualités.

Il étoit si gros, si gras & si ventru, que les Satiriques de son tems disoient qu'il marchoit long-tems après son ventre. Cette masse cependant qui auroit nui à d'autres, étoit ce qui lui servoit le plus à faire rire. Jamais il ne paroissoit à la farce qu'il ne fût garotté de deux ceintures; l'une liée au dessous du nombril, & l'autre près des tétons, qui le mettoient en tel état qu'on l'eut pris pour un tonneau depuis les pieds jusqu'à la tête, ou être tout ventre.

Il ne portoit point de masque, mais se couvroit le visage de farine, & ménageoit cette farine de sorte qu'en remuant seulement un peu les lévres il blanchissoit tout d'un coup ceux qui lui parloient.

Une chose en lui bien surprenante, est que quelquefois sur le point d'entrer au theatre avec sa belle humeur ordinaire, la gravelle & la pierre dont il étoit souvent tourmenté, le venoient attaquer, & si cruellement, qu'il en pleuroit de douleur; nonobstant il falloit qu'il jouât son rolle. En cet état néanmoins, qui le croiroit! le visage baigné de larmes, & sa contenance si triste donnoient autant de divertissement que s'il n'eût point senti de mal.

Avec de si grands maux, dont il est mort, il a vécu près de quatre-vingts ans sans être taillé. Il ne laissa qu'une fille, & si pauvre, que pour vivre elle fut contrainte de se faire Comedienne. Elle le fit enterrer à St Sauveur qui étoit sa Paroisse.

GUILLOT-GORJU.

BERTRAND Harduyn de St Jaques, dit Guillot-Gorju, suivit de près les trois excellens hommes dont je viens de parler, & quand il descendit du théatre la farce en descendit avec lui. D'abord on le fit étudier en Medecine. Mais abandonnant cette étude pour voyager, aussi-tôt il s'érigea en bouffon & en charlatan. Aussi avoit-il tant de pente à ce métier qu'en peu de tems il se rendit capable de remplir la place de Gaultier-Garguille; on tient même qu'il ne l'eût jamais quittée si les Comediens ne lui eussent fait piece; & l'on dit qu'ayant été reçu Apoticaire à Montpellier les clisteres qu'il lui falloit donner le rebuterent si fort qu'il quitta tout-là.

Or comme il avoit étudié en Medecine, son personnage ordinaire sur le theatre étoit de contrefaire le Medecin ridicule, qu'il representoit si bien, que les Medecins eux-mêmes étoient contraints de rire; mais bien plus ses parens proches de la même profession, quoiqu'au desespoir de lui voir faire un metier qui tournoit à leur deshonneur.

Il avoit une memoire si heureuse, que tantôt il nommoit tous les simples

DE LA VILLE DE PARIS. Liv. XIV.

les uns après les autres, tantôt toutes les drogues des Apoticaires, tantôt les ferremens des Chirurgiens, quelquefois les outils des Artifans, & ainfi du refte, mais qu'il prononçoit fi diftinctement & fi vîte que chacun l'admiroit.

Après avoir été huit ans Farceur ou à peu près il fe fit Medecin à Melun; mais là s'ennuyant & devenu malade de melancholie, il revint à Paris pour fe faire guerir, fe logea près l'Hotel de Bourgogne à la rue Montorgueil où il mourut en 1648 âgé de quelque cinquante ans. C'étoit un grand homme noir & fort laid, avec fa groffe perruque, les ïeux enfoncés & fon nés de pompette: & bien qu'il ne reffemblât pas mal à un Singe, & n'eût que faire de mafque fur le theatre, il ne laiffoit pas d'en avoir toujours un.

Au coin de la rue St Sauveur eft une tour quarrée qu'on a rehauffée & qui a donné le nom à l'Eglife St Sauveur, car on l'appelloit la Chapelle de la Tour.

A la Chapelle St Jofeph de la même Eglife, fix prians, font Marier & fes enfans, Marchands de Vin; le pere Marier entretenoit cette vître.

ESCALIER DE LA RUE DES VIEUX AUGUSTINS.

AU coin de la rue Cocquilliere & celle des vieux Auguftins, eft une maifon à porte cochere, accompagnée d'un efcalier de bois qui paffe pour un des prodiges de la Charpenterie & que tous ceux qui l'ont confideré de près ont admiré.

C'eft une grande vis ovale, rampante, aifée, claire, bien percée, legere, gaie, galante, fufpendue en l'air, vuide dans le milieu, ornée de baluftres à la main ou quarrés, & enfin couronnée d'un dôme & d'une lanterne. Un Compagnon Charpentier nommé Pere Coton, l'inventa il y a quelque trente ans, l'entreprit & la plaça felon l'intention de Palladio, dans un lieu fi apparent, que non feulement on n'a pas de peine à la trouver, mais c'eft le premier objet qui frape la vûe en entrant. Auffi l'a-t-il menagée avec tant d'efprit dans un des angles de la maifon moitié dedans, moitié hors d'œuvre, que quoiqu'il lui ait donné trois pieds neuf pouces de marche, elle n'occupe néanmoins dans la cour qu'un peu de place inutile & n'en ôte prefque point à tout le bâtiment.

Au refte il n'en eft pas de même de ce bel efcalier comme de quantité d'autres, qui n'étant faits que par oftentation, ne fervent qu'au premier étage; dans celui-ci on a joint l'art à l'utilité & à la commodité. Il conduit jufqu'au quatriéme étage, & porte à chacun un grand pâlier, qui le rend plus aifé, plus commode, plus agréable & plus ferme tout enfemble. De plus il fe décharge dans deux ou trois appartemens differens par autant de portes non moins commodes que bien pratiquées. Tout le bois qu'on y a fait entrer eft coupé, la ferche, l'efchiffre, les courbes font rampantes & ovales; il n'y a de fil que deux pieces de bois ou poteaux, l'un qui la foutient, l'autre fufpendu en l'air, fous lequel on paffe pour monter, tout le refte eft ovale, rampant & coupé.

Ce poteau fufpendu eft tel que non feulement il rend l'abord de l'efcalier grand & riant, mais encore furprend & épouvante ceux qui le regardent, & qui ne voient pas que par en bas il eft porté par un lien arcbouté dans l'autre poteau qui regne de fond en comble, & qui feul porte cette admirable coquille, ni encore qu'au troifiéme étage un tiers de la ferche fuivant l'efchiffre & pendant en l'air, eft deffendu par un autre lien afin d'empêcher

HISTOIRE ET ANTIQUITE'S

la pouffée. En un mot cette vis a été conduite & obfervée avec tant d'art, que depuis près de trente ans rien ne s'eft encore dementi ni pas une piece de bois n'a changée de figure & de place. Il eft vrai que le proprietaire depuis peu ; ayant eu peur que cet efcalier ne manquât, a fait mettre fous la premiere rampe un racinal avec un lien qui defigure un peu ce chef-d'œuvre ; mais les favans difent qu'il ne lui fert de rien.

Pere Coton ne s'eft pas contenté de le rendre confiderable par l'art & le trait, il y a encore ajouté la beauté & la propreté. Sur chaque pâlier il a élevé un noyau tourné en colonne fur chacune des pieces de bois ou poteaux fufpendus en l'air ; il a fculpé un mafque & couronné le tout d'un dôme & terminé d'une lanterne, où le bois eft très-bien affemblé & bien joint, & dont le trait n'eft guére moins admiré que celui de la coquille, bien qu'il ne foit pas comme lui unique en fon efpece. Enfin tous ces differens caprices de l'art & de la gentilleffe rendent cette vis fi galante & fi extraordinaire, que tous les jours ils attirent les ïeux des curieux & des favans ; & enfin amafferent tant de monde dès qu'elle fut levée, que le maître du logis m'a affuré que ce jour là il avoit compté devant fa porte jufqu'à quarante ou cinquante caroffes.

TOURS ET CLOCHERS.

IL n'y a pas moins de Tours à Paris que de Croix. Edifices au refte fort gros, fort hauts & chargés la plupart de figures & d'ornemens de haut en bas.

Il n'y en a pas une qui n'ait plus de hauteur & de groffeur, fans comparaifon que les Colonnes Trajanes & Antonines de Rome. Cependant par ce qu'il y en a trop nous ne les confiderons pas, & faifons auffi fi peu d'état de celles de Notre-Dame, de St Jean, de St Jaques de la Boucherie, qui toutes font enrichies d'ornemens & de figures, que de celles du Palais, de la Baftille, du Chatelet, de St Martin, du Temple, qui font toutes fimples, & des autres qui environnent l'Univerfité, qui font bâties, pour ainfi dire de moilon, & qui tombent en ruine. Nous ne regardons pas même les Tours de St Etienne du Mont, de St Gervais, de St Laurent, de St Merri, de St Germain de l'Aufferrois, de St Paul, qui font fort groffes & fort hautes. Enfin le peu de compte qu'on en fait eft tel qu'il n'y a que trois jours qu'on a ruiné la Tour de Nefle, & celle tout vis-à-vis, de l'autre côté de la riviere, qui tenoit à l'Hotel du grand Prevôt, fi venerables par leur ancienneté, fans que perfonne ait fongé à remontrer qu'on devoit avoir quelque refpect pour ces fortes de monumens.

On fait fi peu de cas des Clochers de St Germain des Prés, qu'on ne daigneroit les regarder, quoique leur antiquité les rendent venerables.

A peine jettons-nous les ïeux fur les Dômes de Ste Marie, des Jefuites, de la Sorbonne, du Val-de-grace ; & enfin, à la referve d'un petit nombre de Curieux, perfonne ne fait qu'à l'Hotel de Soiffons fe voit une colonne faite fur le modele de l'Antonine & de la Trajane.

Anciennement au refte, il y avoit tant de Tours à Paris, que fous la feconde race la Cité en étoit toute environnée.

J'ai dit ailleurs que celle qui fubfifte au Cloître St Jean & à la rue des Deux-portes, font des reftes de la feconde enceinte des murailles ; & qu'à la clôture entreprife fous Philippe Augufte & fous Charles V, on en comptoit jufqu'à fix cens. Ces Tours autrefois paffoient pour un droit Royal,

dont

DE LA VILLE DE PARIS. Liv. XIV.

dont nos Rois étoient si jaloux qu'ils ne l'accordoient pas même aux Princes. Et l'on fait enfin que Philippe Auguste en 1216 n'écouta point là-dessus la Comtesse de Troies.

D'abord c'étoit tout l'ornement des bâtimens Royaux, comme du Palais, du Louvre, de Vincennes. De leurs Tours relevoient les grandes terres du Royaume : les Princes & les Grands venoient-là rendre leurs hommages, & le font encore à leur ombre, pour ainsi dire, & à leur memoire. Et de fait, non seulement la plupart des terres de France relevent encore aujourd'hui des Tours du grand & du petit Chatelet, qui sont sur pied, mais même de la grosse Tour du Louvre, qui n'est plus, & que François I fit démolir : bien plus on n'oublie rien pour faire que ceux qui deviennent Grands en relevent pareillement.

Au milieu de ces Tours & des Palais Royaux, anciennement on bâtissoit une grosse masse de pierre, flanquée d'autres tours plus hautes, qu'on appelloit donjon, où le Roi logeoit le plus souvent ; & c'est à cause de cela qu'a été fait le donjon de Vincennes, & que Jean de Bourgogne fit faire la Tour de l'Hotel d'Artois. Enfin le Donjon ou la grosse Tour du Louvre a servi de retraite à nos Rois dans les tems les plus difficiles. Là ils gardoient leurs tresors, leurs titres & leur artillerie, témoin la Tour du tresor des Chartes, celle de Billi, du Louvre, du Palais, la grosse Tour du Temple, celles du grand Chatelet & du petit, plusieurs Tours du Louvre qu'on a ruinées peu à peu, mais surtout le Donjon ou la grosse Tour du Louvre, qu'on a fait servir à tant de choses.

Autrefois il y en avoit quatre à Paris pour en garder l'entrée & la sortie par la riviere. Le bas de la riviere étoit gardé à ses deux bords par la Tour de Nesle & la Tour du Bois, autrement dite la Tour du grand Prevôt. Le haut avoit pour deffense la Tournelle qui subsiste encore & la Tour de Barbeau ou de Billi qui n'est plus. On appelloit ces Tours, ou par excellence, ou plutôt parce qu'elles servoient de corps de garde à la Ville, les quatre Tours de Paris.

Cet ornement de Tours au reste que nos Rois sembloient s'être reservés à eux seuls & qu'ils envioient aux autres, avec le tems est devenu si public, que non seulement les Princes & les Grands Seigneurs, mais encore les Religieux en bâtirent comme à l'envi à l'entour de leurs Hotels & de leurs Monasteres. Et pour preuve, sans aller chercher des exemples hors de Paris, à l'Hotel des Tournelles qui appartenoit à la maison d'Orgemont & qui depuis devint une Maison Royale, il y avoit une telle quantité de petites Tours ou Tournelles qu'il en prit le nom. Il n'y a pas vingt ans que l'Abbayie St Germain en étoit flanquée & environnée de toutes parts. Le Temple & St Martin le sont encore aujourd'hui : dans le Temple même, aussi-bien qu'au grand Chatelet, il y a un Donjon & une grosse Tour flanquée de quatre Tourelles. L'usage enfin de ces Tours s'est si bien avili, que des Monasteres il a passé aux Horloges, aux Ecluses lorsqu'il y avoit de l'eau dans les fossés de Paris, & encore aux chaînes du tems qu'on mettoit des chaînes à la riviere pour la fermer qui la traversoient ; & le nom qu'on donnoit à ces Tours ici, tantôt étoit celui de leur emploi, tantôt des personnes à qui on en commettoit la garde, tantôt des maisons voisines.

Et de fait, l'Hotel Barbeau près de L'*Ave-Maria* a donné le nom à la Tour du voisinage qui a pris celui de Barbeau ou de Barbéel. De celle de la chaîne, l'une qui étoit dans l'Isle Notre-Dame s'appelloit la Tour Lorriot ou Loriaux, à cause de Jean Cocquille dit Loriaux ou Lorriot, qui avoit soin de la chaîne en 1369 ; les autres qui servoient à retenir l'eau & le poisson se nommoient les Tours de l'Ecluse.

En 1370 Charles V fit mettre dans une Tour du Palais, appellée maintenant la Tour de l'Horloge, la premiere grosse Horloge qu'il y ait eue à

Tome III. F

HISTOIRE ET ANTIQUITE'S

Paris. Et parce qu'alors il n'y avoit point de bon Horloger, il en fit venir un d'Allemagne nommé Henri de Vic, qu'il logea dans la même Tour, & à qui il assigna six sols parisis par jour sur les revenus de la Ville. Depuis on a mis des Horloges aux Tours de St Paul, de St Nicolas des Champs, de St Merri, de St Etienne, de St Honoré, de St Eustache, de St Germain des Prés, de St Germain le vieux, de St Germain de l'Aufferrois, & maintenant on ne voit presque point d'Eglise où il n'y ait une Tour ou deux.

Je dirai ailleurs que le Palais & le Louvre avoient des Tours de tous côtés, & même autant dedans que dehors.

Au Louvre il y en avoit sur le bord de la riviere depuis le Chateau jusques vers le pont des Tuilleries, les principales s'appelloient:

La Tour d'Orgueil, la Tour Jean de Lestang, la Tour du Windal.

Les autres:

La Tour de l'Ecluse, la Tour du Bois, la Tour de l'Armonie, la Tour de la Librairie.

Le reste:

La Tour de l'Horloge, la Tour de la Fauconnerie, la Tour de la Tuillerie, la Tour de la grande Chapelle, la Tour de la petite Chapelle, la Tour de la grande Vis, la Tournelle où est la Chambre du Conseil.

Et enfin:

La grosse Tour bâtie par Philippe Auguste en 1204, au milieu de la cour, & demolie par François I en 1527.

Au Palais, outre les Tours qui restent, il y avoit encore celles de Beauvais, de la Question, des Joyaux, du Tresor, avec la Tour quarrée; de plus la Tour civile, la grosse Tour, la Tournelle, dont le nom est demeuré à une Chambre du Parlement.

Il n'est presque rien venu à ma connoissance de la Tour de Montgomeri de la Conciergerie, non plus que de la Tour Bouri dressée à un des coins de la Gréve, sur le bord de la riviere, vers le Pont Notre-Dame, où logent quatre-vingt ménages à ce qu'on dit; ni tout de même d'une maison nommée en 1392 la Tour Raoulant & auparavant la Tour Marquefas, placée dans une ruelle de la rue de la Pelleterie appellé alors la ruelle Jean Moteau jusqu'au regne du Roi Jean.

La Ville tenoit ses assemblées & sa Jurisdiction dans une Tour située entre la Porte St Jaques & la Porte St Michel derriere les Jacobins, qui s'appelle la Tour du Parloir aux Bourgeois.

Je reserve pour le discours des Arcenaux ce que je sai de la Tour de Billi, où ont été gardées long-tems les poudres & autres munitions de guerre.

Quand je traiterai des erreurs populaires, je refuterai les contes qui courent de la Tour des bois de St Innocent, de celle de St Victor, nommée la Tour de Despautere, & de quelques autres.

Ailleurs encore je dirai deux mots de la Tour condamnée de St Martin, où le Prieur autrefois faisoit mourir de faim les Religieux qui avoient merité la mort.

Je décrirai aussi en son lieu les Tours de Notre-Dame, les plus grosses qui soient au monde pleines de grandeur & de majesté.

De plus je parlerai de la Tour de St Jaques considerable par sa hauteur, & pour être située de sorte que du haut on découvre mieux Paris que de quelque endroit que ce soit.

A l'égard de la magnifique Colonne Dorique de l'Hotel de Soissons, ce que j'apprehende c'est que quand je viendrai à la décrire, ce ne soit pas si bien que l'ouvrage le merite. Elle est vuide, accompagnée d'un escalier dans le milieu; a presque autant de hauteur que la Trajane, & enfin est l'unique de cette sorte qui ait été faite depuis la décadence de l'Empire Romain.

DE LA VILLE DE PARIS. Liv. XIV.

Choses rares en plusieurs sortes d'Arts.

IL n'y a rien de plus singulier, ni de plus rare en matiere de fer, que les Portes de Notre-Dame, non-seulement parce qu'il est si bien tourné, qu'on ne sauroit pas mieux travailler en fer, & qu'on y remarque des feuillames & des oiseaux admirables; mais parce qu'il est de fer fondu, & que le secret de fondre le fer est mort avec Biscornette, qui l'avoit inventé.

Les Savans en la coupe des pierres, font une estime toute particuliere d'une espece d'arriere-voussure ou de corne de vache, dont la voute, quoique fort sujette & d'une très grande saillie, est encore suspendue en l'air, & porte les Orgues de St Jean. Ce bel ouvrage est de Pasquier.

On ne peut rien voir de plus hardi ni de plus gai tout ensemble en ce genre-là, que le Jubé de St Etienne-du-Mont, & les escaliers qui y conduisent. La Voute du Jubé est faite en ance de pannier, fort longue & fort accroupie : les escaliers sont à jour, en coquille, & à deux étages, & portent en l'air ainsi que le Jubé. Je laisse à part que ce Jubé est enrichi d'ornemens travaillés avec beaucoup de delicatesse, puisque ce n'est pas ce qui le rend recommandable. Maître Clément au reste, est l'Auteur de ces beaux chefs-d'œuvres.

Les paroles me manquent pour bien faire connoître la singularité, l'excellence, & pourtant la simplicité d'un petit escalier double qui tient à la Sacristie des Bernardins.

Il me semble que Philbert de Lorme a décrit sa trompe de la rue de la Savaterie.

Dans la tour de St Gervais, dans la croisée gauche de St Meri, & en quelques autres endroits, se voyent des vis de St Gilles, l'une à pans, l'autre à coquille ; une autre à coquille & à pans, comme on dit, que je choisis parmi le reste, parce que ce sont les plus sujettes & les mieux conduites.

Depuis peu les Hotels des gens de qualité & riches, ont été embellis de grands escaliers de pierre fort aisés ; vuides dans le milieu, suspendus en l'air, ou portés sur des voutes fort accroupies & surbaissées. Mais avec tout cela, il ne s'en est point encore fait qui vaille celui du Palais des Tuilleries, conduit par Philbert de Lorme, le miracle à la coupe des pierres, le plus hardi, le plus magnifique qu'on ait jamais vû, & je pourrois dire encore, le plus grand de la terre, si celui du Palais de Naples, qui demanderoit une maison plus grande que la Ville, ne l'étoit bien davantage. Il y en a un à l'Hotel de Vendosme qui lui ressemble, & quoiqu'il s'en faille beaucoup qu'il ait tant de grandeur, en recompense il est plus magnifique, & mieux proportionné.

CHARPENTERIE.

AU sujet de la Charpenterie, les Charpentiers font grand cas du Jubé de St Paul, & de celui des Billettes.

Les Chartreux, dans l'une de leurs cellules ont un escalier double à quatre noyaux, d'autant plus digne d'être estimé, que l'invention en est nouvelle.

Au coin de la rue des Vieux-Augustins il y en a un rond, & encore de bois, à plusieurs étages, fort aisé, vuide dans le milieu, suspendu en l'air, admiré de tous les Maîtres, quoique ce ne soit que l'ouvrage d'un Compagnon Charpentier.

A la rue de la grande Friperie de la Halle, dans une maison à deux boutiques; & dans une autre semblable de la Vallée-de-misere, sur le bord de l'eau, on m'a fait encore voir une autre sorte d'escalier de charpente, que les Maîtres n'estiment guere moins. Il est pratiqué dans une toise de largeur, sert à deux ménages, conduit à des étages différents, est grand, mais d'une maniere si admirable, que ces ménages n'ont aucune communication entre eux, & ne se rencontrent non plus que si chacun avoit son escalier & sa maison à part, & ne demeurassent pas ensemble.

Telle adresse au reste, est venue de la nécessité de bâtir à Paris en des lieux fort serrés, & où les places sont extraordinairement cheres; ce qui a éveillé l'esprit des Charpentiers pour la coupe des bois, & tout de même celui des Architectes pour la coupe des pierres. Deux découvertes inconnues aux Anciens, aussi bien qu'aux Etrangers, & qui cependant n'ont point encore passé nos portes, quelque merveilleuses qu'elles soient, & fassent tant d'honneur à l'Architecture.

SCULPTURE.

GOUJON grand Sculpteur a conduit les bas-reliefs de la Fontaine St Innocent, du Jubé de St Germain l'Ausserrois, de la frise de l'ancien corps-de-logis du Louvre, & de la porte de l'escalier, outre quatre Cariatides de grandeur colossale qu'on admire dans la Salle des Suisses.

François L'heureux & Martin le Favre ont fait en concurrence deux lions qu'on voit sur le portail des Religieuses de St Anastase, de la vieille rue du Temple.

Les Anges du Maître-Autel de St Nicolas-des-champs, le Crucifix de St Gervais, du Noviciat des Jesuites, & de St Jaques de la Boucherie, sont de la conduite de Sarrasin.

Celui des Jesuites de la rue St Antoine est de Branche, qui ne travailloit qu'en Crucifix.

Biart le pere, qui excelloit & travailloit en tout, a fait le Crucifix de St Etienne du Mont, qui de son tems passoit pour une merveille.

La figure Equestre de Henri IV, du portail de l'Hotel de Ville, est encore du même Biart, & regardée comme une piece excellente, pourvû qu'on en excepte les deux figures qui l'accompagnent, & les jambes du cheval, moins gâtées par l'incendie arrivé en 1652, que par la main de son fils. C'est encore lui qui a gâté la figure de bronze de Louis XIII, qu'on voit au milieu de la Place Royale.

Daniel de Ricciarelli l'un des meilleurs Eleves de Michel-Ange, en avoit fait le cheval, & devoit mettre dessus une figure de Henri II, tenant une lance brisée. Il vint à bout du cheval avec tant de succès, qu'on le considere moins pour la taille, quoiqu'elle l'emporte de beaucoup sur celle des chevaux de bronze de l'Antiquité, que pour la fierté & la noblesse, pour la maniere grande & forte, & pour le goût fort & superbe, & pour quelques autres avantages qu'y remarquent ceux qui s'y connoissent le mieux: tellement que pour faire la peinture en petit de cette figure Equestre, il en est comme de celle de Marc-Aurele, élevée au milieu de la Place du Capitole, dont on dit que peut-être n'est-il jamais venu d'Athenes un meilleur cheval, & que Rome ne se pouvoit gâter par une figure plus mal faite: aussi à Rome les plus Savans la nomment-ils le grand Paysan du Capitole, *Il gran villano del Campidoglio.*

DE LA VILLE DE PARIS Liv. XIV.   45

Il n'eſt pas de même de la figure Equeſtre de Henri IV, appellée communement le Cheval de bronze.

Jean Boulogne la commença, & fut achevée par Pietre Jaques On n'y trouve autre choſe à dire, ſinon que le cheval a peut-être trop de flancs & de ventre, ce qui rend les jambes du Roi un peu courtes. Touchant la figure du Prince, il eſt vrai de dire qu'elle eſt digne du Héros qu'elle repreſente.

JARDINS CURIEUX.

QUANT aux Jardins bien entretenus que les gens riches, les Curieux & les Conventuels cultivent avec grand ſoin, le nombre en eſt preſque infini ; & de plus, on peut dire que ce n'eſt qu'à Paris qu'il y a des jardins. Les vignes de Rome qu'on fait tant valoir, ne ſont en comparaiſon que des vergers & des parcs mal entendus, au lieu qu'à Paris il s'en voit qui ſont pleins de fruits rares & excellens, quelques-uns de tulipes, d'autres d'œillets ou de ſimples, ou d'anemones ; pluſieurs, où toutes ces ſortes de fleurs ſe rencontrent, ou la plupart. Dans tous, les Narciſſes, les anemones, les tulipes, les œillets, ſont rehauſſées de couleurs mêlées, naturelles neanmoins, & artificielles tout enſemble.

Au faubourg St Victor, dans le Jardin Royal des Plantes, & dans celui des Apoticaires du faubourg St Marceau, les ſimples & les arbres qu'on nourrit à Montpellier & à Padoue, s'y trouvent, ſans bien d'autres qui ſemblent vouloir chacun un climat à part, & que la Nature avoit cachés aux dernieres extremités de la terre.

L'aſſiette du Jardin du Roi eſt incomparable, ſoit pour la varieté des lieux ſombres ou creux, relevés, ou expoſés au Soleil ; ſoit pour une vaſte campagne qui y tient, & ſemble en faire partie ; ſoit pour la riviere qu'on diroit l'arroſer, de ſes eaux, quoiqu'elle en ſoit aſſés éloignée.

Ceux des Tuilleries, du Luxembourg, du Palais Royal, de l'Arſenal, des Hotels de Vendoſme & de Gramont, de Ruilli, autrement Rambouillet, des logis des Monnerots, de Puget Maître de Requêtes, du Temple, des Celeſtins, de St Victor, des Capucins de la rue St Honoré, des Petits Jacobins du faubourg St Germain, des Recolets, des Bons hommes de Nigeon, des Piquepuces, tous ſont très-propres, bien peignés, comme on dit, & ouverts aux honnêtes gens ; le jardin du Val-de-grace eſt l'un des plus grands & des mieux cultivés de Paris. Ceux des Monaſteres de filles ſont & bien peignés, & bien propres, mais la porte en eſt fermée à tout le monde. Au Temple il y a un Maronier d'Inde, qui n'eſt pas ſeulement le plus grand & le plus beau du Royaume, mais le pere, comme on dit, de tous ceux que nous avons en France, & l'un des plus beaux arbres qu'on puiſſe voir.

Du reſte, qui voudra ſavoir les fleurs & les arbres qu'il y avoit autrefois dans le jardin de Childebert I, Roi de Paris, & d'Ultrogothe ſa femme, n'a qu'à lire Fortunat, ou le Diſcours que j'ai fait, tant des appartemens, que des emmeublemens de nos Rois.

BATIMENS.

A L'exemple des Anciens, les Architectes de notre tems ont entrepris, aussi bien qu'eux, non seulement des Bibliotheques, des Temples, des Palais, des Ponts, des Places & des Theatres magnifiques; mais ce que les Romains n'ont jamais fait, ni à Rome, ni à Constantinople, du moins à ce qui paroît, ils ont encore bâti à Paris des Colleges, des Hopitaux & des Ecuries superbes, à qui l'Europe entiere ne sauroit rien opposer de pareil. Prague & toute l'Allemagne vanteront tant qu'il leur plaira l'écurie de Walstein; l'Italie, l'Hopital de Milan; l'Angleterre, les Colleges d'Oxfort & de Cambridge. Il y a des Villes plus petites que le College de Navarre. L'Ecole, la Bibliotheque, l'Eglise, la Sorbonne enfin toute entiere, ne repondent pas mal à la grandeur & à la magnificence du Cardinal de Richelieu. Il n'y a point de College qui ne le cede à celui des Quatre-Nations, qu'on vient d'entreprendre en face, & presque à l'envi du Louvre. Je ferai voir ailleurs qu'on compte à Paris plus de soixante Colleges, la plupart spacieux & tous bien fondés. Si jamais Bissêtre & la Salpetriere s'achevent, ces deux maisons l'emporteront autant sur l'Hopital St Louis, que je choisis entre plusieurs superbes Hopitaux, que celui-ci l'emporte sur l'Hopital de Milan, qui tous deux ont été faits pour les malades de la contagion.

Et de fait, celui de Milan, quelque grande que soit sa cour, elle n'est entourée que de chambres basses à un étage; le nôtre consiste en un clos de quatre-vingt-dix toises en quarré, avec des fossés & des allées d'arbres tout au tour, accompagnées dans les coins de dortoirs ou chambres particulieres à deux étages pour les riches, & au milieu, d'une cour de cinquante toises, environnée de pavillons & de salles encore à deux étages, beaucoup plus exhaussées que les chambres particulieres destinées pour les Pauvres; & le tout si bien symmetrié, qu'il ne se peut pas mieux. Quelque magnifique qu'il soit cependant, il le cedera un jour à la Salpetriere, où l'on fait état de loger jusqu'à dix mille Pauvres.

En leur genre, les Ecuries l'emportent sur les Hopitaux, laissant à part la petite Ecurie du Roi; la grande contient plus de cent vingt chevaux d'un seul côté, celle du Palais Mazarin cent: toutes sont voutées, & si larges, que sept ou huit personnes de front se peuvent promener derriere les chevaux. Celle du Roi surtout l'est de telle sorte, a tant de longueur, est couverte d'une voute si exhaussée, les chevaux y sont si à l'aise, & il se trouve tant d'espace vuide aux deux bouts, qu'il ne se peut rien voir de plus superbe, ni de plus digne d'un grand Prince. Je permets toutefois aux Italiens d'en excepter une petite Ecurie que j'ai vûe à Padoue dans le Palais de   , où on a exposé à l'haleine des chevaux, & à l'odeur de leur fumier, des métamorphoses peintes dans la voute par un Peintre assés considerable.

A l'égard des autres édifices entrepris par les Romains, les Italiens aussi bien que les François, n'ont encore pû faire que des copies fort imparfaites, à la reserve néanmoins de St Pierre de Rome, qui peut-être passe le Temple de la Paix, & hormis encore le Pont-Notre-Dame & le Pontneuf, qui valent mieux que tous les Ponts qu'on ait jamais vûs à Rome.

Pour ce qui est de la structure des Theatres, les Italiens sont bien audessous de nous, & j'ose dire même les Anciens; car sans parler des Theatres publics, comme sont ceux de l'Hotel de Bourgogne, du Marais, & du Palais Royal, tels que nous les voyons aujourd'hui; celui-ci en l'état

DE LA VILLE DE PARIS. Liv. XIV.

qu'il étoit du vivant du Cardinal de Richelieu, & le Theatre des Tuilleries, l'emportent fur ceux de l'ancienne Rome, & fur tous les autres dont fe vante l'Italie. Le dernier a quarante-deux toifes de long fur douze de large; il peut tenir jufqu'à fept mille perfonnes: fes dehors d'un côté font enrichis de deux ordonnances de colonnes doriques & ioniques; de l'autre d'un feul ordre de pilaftres corinthiens, qui regnent du haut en bas de l'édifice; par devant il eft entouré de balcons, & de divers ordres de colonnes, orné de grands efcaliers & de degrés differens couronné d'un riche plafonds; en un mot, peint de toutes parts, jufqu'aux degrés, & étincelant d'or & d'azur de tous côtés.

Quant au Theatre du Palais Royal avant celui-ci, il paffoit pour le plus grand du monde; prefentement c'eft encore le mieux entendu, & le plus commode qu'il y ait jamais eu, quoiqu'il ne confifte qu'en vingt-fept degrés, & en deux rangées de loges. Il eft dreffé dans une Salle qui n'a pas plus de neuf toifes de large: l'efpace deftiné pour les Spectateurs n'en a que dix ou onze de profondeur, & cependant un fi petit lieu tient jufqu'à quatre mille perfonnes, qui eft quatre ou cinq fois plus que dans le Theatre de pareille grandeur, & de l'invention de Mercier, le Vitruve ou le Palladio de notre tems, au lieu que ceux des Theatres anciens qui n'avoient guere moins d'un pied & demi de haut, étoient fi incommodes, qu'à grande peine pouvoit-on monter & defcendre; & qui pis eft, dès le huitiéme degré ils commençoient à s'élever de plufieurs toifes au-deffus des Acteurs, & depuis le trente ou quarantiéme jufqu'à l'infini; joint qu'ils occupoient beaucoup de place, & que fervant en même tems de fiege & de marche pied, chacun venoit à s'entrecroter, & marchoit fur les habits de ceux qui étoient au-deffous de lui, comme les autres qui étoient au-deffus marchoient fur les fiens. Au Palais Royal il n'en va pas ainfi, là les degrés n'ont que quatre ou cinq poulces de haut; & par ce moyen, dans un lieu où les Grecs & les Romains auroient eu de la peine à en placer fix ou fept au plus, il s'en trouve vingt-fept: on les monte & defcend aifement; & comme ils ne portent tous enfemble qu'une toife & demi ou environ, les Spectateurs du vingt-feptiéme degré ne font point au-deffus des Acteurs. Mais parce qu'avec quatre ou cinq pouces de hauteur, il n'y auroit pas moyen de s'affeoir deffus, on y rangeoit des formes qui n'occupoient qu'une partie, afin de pouvoir paffer par derriere. Je laiffe là les autres commodités qui s'y trouvent. Au refte, lorfque ce Theatre fut rendu public, on couvrit ces degrés, qui pourtant ne font pas fi bien cachés, qu'en entrant on n'en apperçoive une partie.

Quant au Places, & aux Bafiliques des Grecs & des Romains, quoiqu'il ne nous en refte que des defcriptions, je ne crois pas néanmoins que les nôtres leur puiffent être comparées en aucune façon; mais je puis dire qu'à l'exception des dehors de la Bafilique de Vicence, qui égale l'Antique, la grande Salle du Palais, pour les dedans, l'emporte, & fur elle, & fur la Bafilique de Padoue; & de plus, que jufqu'à ce qu'on ait fait la Place de devant St Pierre de Rome, la Place Daufine & la Place Royale feront les plus belles du monde, & qu'il n'y en aura point qui leur puiffent être comparées, que la Place St Marc de Venife.

La grande Salle du Palais eft double, longue de fur de large, pavée en efchiquier de quartiers de pierre blancs & noirs, entourrée de riches boutiques, d'arcades fort larges & fort hautes, ornée d'une ordonnance de pilaftres Doriques, qui regne de haut en bas, & couverte d'une voute fort élevée.

La Place Daufine eft en triangle ifocèle, & a cinquante-fept toifes de longueur; tout au tour font élevées des maifons particulieres, doubles, uniformes, à quatre étages, couvertes d'ardoifes, bâties de briques, liées avec des chaînes de pierre à boffages ruftiques, & fituée à la pointe de l'Isle du Palais, au milieu du Pont-neuf, entre le Pont-au-Change & le Pont St Michel, le Palais, le Louvre, & deux quais revêtus de Pierre; en un mot, dans la plus belle assiette de Paris & de l'Univers.

La Place Royale a soixante-douze toises en quarré. La figure Equestre de bronze de Louis XIII, montée sur un pied d'estal de marbre blanc, s'éleve dans le milieu. Trente-six Hotels couverts d'ardoise, bâtis de brique, rehaussés de chaînes & de croisées de pierre rustiques, comme la Place Daufine, mais portées sur des portiques de même; de plus, accompagnées de jardins, & de superbes appartemens regnent le long de ses quatre faces; & de superbes appartemens regnent le long de ses quatre faces, qui compose ces édifices le mélange de pierres, de briques & d'ardoises, qui compose ces édifices & ceux de la Place Daufine, fait une union de couleurs qui plaît à la vue; enfin l'assiette, l'uniformité & la grandeur de ces deux Places, les font passer pour incomparables.

Pour ce qui est des Eglises, j'ai peut-être dit ailleurs que Notre-Dame est la plus grande de Paris; la Sainte Chapelle la plus hardie & la plus délicate qu'on puisse voir; St Eustache, St Nicolas-des-champs, St Germain l'Aufferrois, consistent en cinq nefs; Ste Geneviéve, St Germain-des-Prés, & St Martin, sont fort anciennes.

Les Architectes font une estime toute particuliere de l'Eglise du Noviciat des Jesuites, conduite par Frere Martel-Ange.

Mansart, que l'Envie même a été obligée d'estimer, a bâti Ste Marie de la rue Ste Antoine avec tant d'art, que n'ayant pas en terre assés de place, il en a cherché en l'air sur le cloître & le passage des chariots du Couvent, & cependant a fait une Eglise, non-seulement singuliere par sa maniere & par son plan, mais aussi par sa magnificence.

Que dirai-je de la Sorbonne, & de son superbe avant portique? de Port-Royal si galant & si bien entendu? du Val-de-grace enrichi de tant d'ornemens, & sur tout d'un dôme qui ne le cede qu'à ceux de Correge? Oublierai-je le Monastere des Chartreux, qui non seulement est accompagné d'un petit Cloître orné de peintures très-estimées, mais outre cela du plus grand Cloître, & du plus grand clos qu'ayent ces Religieux; d'ailleurs placé de sorte, que dans Paris il represente l'image d'une solitude & d'un desert.

Je laisse là les Jesuites de la rue St Antoine, aussi bien que Notre-Dame des Champs, & même l'Eglise des Prêtres de l'Oratoire; quoiqu'il soit vrai de dire que, quand elle sera achevée, il n'y en aura point, ou bien peu, ni de mieux entendue, ni d'ordre Corinthien mieux conduit & exécuté tout ensemble.

Notre-Dame des champs est toute enrichie de peintures de Champagne, & de tableaux faits en concurrence par le Brun, Stella & la Hire.

Pour St Louis, le plan en est beau; on estime la chaire du Predicateur, le Contretable d'argent du Maître-Autel, le tableau du Dominicain dont j'ai fait mention; & de plus, les mausolées que j'ai décrits.

Le portail St Gervais est si plein de savoir, de majesté, de grandeur, que ceux du métier le tiennent pour le plus excellent de l'Europe.

Le Jubé de St Germain de l'Aufferrois, & la Fontaine St Innocent, ne sont pas des édifices considerables simplement par la sculpture, comme j'ai dit; mais encore par l'architecture. Clagni Conseiller de la Cour, en a donné les desseins, aussi bien que du Louvre, & on ne rougit point de les comparer à l'Antique, tant pour l'architecture, que pour la sculpture.

Le Chateau des Eaux, & les Aqueducs de Belleville & de Rongis, sont des ouvrages dignes des Romains; les Aqueducs sur tout ont tant de grandeur, qu'on marche dedans à son aise: ce que je n'ai point observé ni à Rome, ni ailleurs, dans aucun Aqueduc, quelque ancien qu'il fût.

D'ailleurs, ces édifices-ici, aussi bien que les autres dont j'ai parlé, sont tous de pierre, ce qui est rare dans les bâtimens anciens, soit Temples,

Palais,

DE LA VILLE DE PARIS. Liv. XIV.

Palais, Places, Basiliques, Theatres, & Amphitheatres.

Car enfin, pour n'y plus revenir, à la reserve de la Place Royale & de la Place Daufine, tous les édifices de Paris, dont j'ai fait & ferai mention, sont de pierre de taille, & tout au contraire, ni à Rome, ni en Italie, je n'ai presque point vû de bâtiment des Anciens, qui ne fût de brique.

Si le Colisée & le Theatre de Marcellus paroissent de pierre, c'est seulement au dehors; s'il reste à Rome quelque chose de pierre d'un ancien Aqueduc, quand on en cherche la suite, on voit que ce n'étoit que de la brique; & quand je lis dans l'Histoire, qu'Auguste dit en mourant, *qu'il avoit trouvé Rome de brique, & qu'il la laissoit toute de marbre*, en cela je reconnois sa vanité de vouloir faire passer des incrustations, & un simple conduit pour la masse & le corps de l'édifice. Et de fait, parce que Rome, avant qu'il parvint à l'Empire, n'étoit que de brique, lui & les Grands couvrirent seulement cette brique de marbre, comme il paroit par la Rotonde & le Pantheon.

PALAIS.

TOUCHANT les Palais, ceux des Senateurs Romains, à ce que temoigne même Palladio, consistoient en deux cours, chacune entourée de deux portiques, & de deux ordonnances de colonnes: à Paris nous n'en avons point qui leur ressemblent. Cette façon de bâtir a passé en partie aux Palais d'Italie, & aux Cloîtres des Religieux, qui tous pourtant n'ont qu'une cour, & encore la maniere en est-elle Gothique; je veux dire que les colonnes portent les arcades, contre les regles de l'Art, & celles que Palladio a suivies dans le Monastere de la Charité de Venise, où il a fait revivre la veritable maniere de ces Palais, ensevelie sous les ruines de l'ancienne Rome & de l'Italie, & qui a passé de nos jours au Palais d'Orleans avec les regles de l'Art, mais seulement au premier étage. Que si le Louvre s'acheve jamais, suivant les desseins du Cavalier Bernin, pour lors elle y éclatera avec toute autre magnificence qu'à la Charité de Venise. En recompense de ces portiques au reste, quoique la place soit fort chere à Paris, les Palais, & même la plupart des Hotels sont ornés de galleries & de jardins, ce qui fait qu'à la Ville on jouit des plaisirs de la campagne & de la promenade; car quant aux galleries, elles n'étoient pas connues des Anciens, & chés les Italiens-même sont fort peu en usage. Pour ce qui est des jardins, il n'y en a eu qu'au Palais Royal de Babylone, & à la Maison dorée de Neron; du reste, ceux de Luculle, de Saluste, de Pallas, de Domitia, de Geta & autres, ne tenoient point à leurs Palais, & étoient des Maisons de plaisance. A Rome aujourd'hui veritablement, il s'en trouve quelques-uns, comme au Palais du Pape, & à deux ou trois autres. A Florence le Grand Duc en a un encore, mais par tout ailleurs on n'en voit point, hormis à Ferrare, qui est une Ville moderne, où quelques-uns de ses Palais tiennent à des jardins, encore sont-ils mal faits, & semblables à des potagers: tellement que tous les Palais d'Italie ne consistent qu'en une petite cour entourée d'édifices.

A l'égard des Galleries, les Italiens, comme je viens de dire, n'en sont pas fort curieux; & de fait, dans toute l'Italie on n'en voit qu'au Palais Farnese, au Vatican & à *Monte Cavallo*.

A Paris au contraire, il y en a trois au Louvre, autant au Palais Mazarin, deux au Palais d'Orleans, deux au Palais Royal, & tout de même à l'Hotel St Paul & à celui de Bullion; une à l'Hotel Seguier, & à ceux

Tome III. G

de Senneterre, de Jears, d'Avaux, de Colbert, de la Vrilliere; aux Maisons du Procureur Géneral de Harlai, d'Ervart, de Bretonvilliers, de Lambert, & à plusieurs autres Maisons & Hotels; & pour une ou deux qui ne sont pas achevées, les autres sont enrichies de bustes & de statues antiques, toutes sont peintes par Rubens, le Brun, Mignard, Romanelle, Blanchard, Vouet, & autres Peintres celebres; celle de la Vrilliere surtout est couronnée d'une voute peinte excellemment par Perrier, & entourée de statues antiques & de tableaux du Guide, du Dominicain, du Poussin, de Pietre de Cortone, & autres Peintres de cette force. A l'égard de celles du Palais Mazarin, d'en vouloir parler, ce ne seroit jamais fait, tant elles sont magnifiques.

Le Palais où se rend la justice, est fort spacieux, & digne de loger un grand Roi: autrefois c'étoit la demeure des Ancêtres des Rois de la derniere race: on l'a consideré long-tems comme le siége & le fondement de la Monarchie; presentement ses principales chambres, savoir celles du Parlement, de la Cour des Aides, des Requêtes de l'Hotel & du Palais, sont enrichies de peintures, d'or & de stuc.

Le Louvre doit avoir tant de splendeur, & une étendue si vaste, qu'il semble que ce soit le projet d'un esprit audacieux, qui ait voulu éprouver les forces d'un grand Roi, & lasser sa magnificence.

Il n'y a point de maison au monde d'une plus superbe ordonnance, que le Palais d'Orleans, appellé auparavant Luxembourg, & même encore à present le plus souvent. Il n'y en a guere de plus agreable que le Palais Royal; on n'en voit point où les appartemens soient plus riches & en plus grand nombre qu'au Palais Mazarin, à l'Hotel Seguier, & à ceux de Sennetere & de la Vrilliere; on n'en sauroit trouver de mieux situé que celui de Bretonvilliers; ni aucun relevé d'une Architecture plus splendide & mieux ordonnée que l'Hotel d'Avaux & Coulomiers. J'ajoute celui-ci, quoiqu'il ne soit pas dans Paris comme les autres, mais aux environs.

L'Hotel d'Avaux consiste en une ordonnance de pilastres Corinthiens, qui regnent de haut en bas; & depuis couronnée d'une balustrade, qui toutes deux ensemble font un effet nouveau & majestueux.

Coulomiers est enrichi de deux ou trois ordonnances de colonnes, rangées deux à deux, & de trois ou quatre rangs de statues; tellement que pour trois Palais d'Italie, qui se trouvent ornés de quelque ordonnance de colonnes ou de pilastres, savoir le Palais Farnese, celui du Grand Duc de Florence, & Caprarolle, car enfin il n'y en a pas davantage, à Paris, le Louvre, le Palais d'Orleans, le Palais Cardinal, les Hotels d'Angoulesme, de Longueville, d'Avaux, de Rambouillet, d'Effiat & d'Aumont, en sont enrichis.

Quant aux environs de Paris, Mouceaux, Verneuil, Coulomiers, le sont encore, sans bien d'autres Palais & Maisons dans la Ville, que je ne dis pas.

Il n'y a pas quinze ans que nous regardions les Hotels de Soissons, de Lesdiguieres, de Chevreuse, de Guemené, de Chaulnes, de Sulli, de Liancourt, d'Effiat, d'Aumont, de St Paul, de Jears, le Petit-Luxembourg; & tout de même les Maisons de Hesselin, de Deshameaux, d'Astry, de Lambert, de Nouveau & autres, comme les derniers efforts du luxe, à peine maintenant ose-t-on les comparer à celle de Fontenai ou d'Aubert, qu'on appelle l'Hotel-Sallé, non plus qu'au logis d'Amelot de Bisseuil, qui étincelle d'or & d'azur de toutes parts, & à ceux de Lionne Secretaire d'Etat, de la Baziniere, de Beauvais, de Desbordes, de Ruart, des deux Guenegaults, des deux Monnerots, & de plusieurs autres avortons de fortune que les concussions & le brigandage ont comblés de biens. Et cependant ce n'est rien, pour ainsi dire, au prix de ce qui se voit d'eux à la campagne. Combien de montagnes applanies, de valons comblés, pour tirer

DE LA VILLE DE PARIS. Liv. XIV.

à la ligne des avenues d'arbres devant leurs maisons de plaisance ? Pour y faire venir de l'eau en depit de la nature par des Aqueducs de pierre, & le tout pour avoir des jardins clos, & des parcs tout unis. Le Maréchal d'Effiat, le Surintendant Fouquet, Galland & Bordier, ont dépensé des millions pour faire le Rainci, St Mandé, Petit-bourg & Chilli. Bouteiller a prodigué davantage pour bâtir les Caves près de Pons, le President de Maisons a mieux reüssi qu'eux à Maisons proche St Germain. Meudon, maison de plaisance bâtie magnifiquement par les Ducs & Cardinaux de Guise, a été embellie, & accruë de beaucoup par Servien, Surintendant des Finances; & qui de plus par une terrasse élevée à grands frais jusqu'au comble des montagnes voisines en a rendu l'entrée plus grande que n'est la Place Royale ; & pour en venir là il lui a falu enterrer une partie du Bourg, & faire une montagne pendante en precipice, où la nature elle-même, les Princes de Guise & leur fortune, avoient laissé une profonde vallée.

A St Cloud, Ervart a trouvé le moyen d'avoir un jet-d'eau de quatre-vingt-dix pieds, avec l'étonnement de l'Art & de la Nature, qui jusqu'alors n'avoient pû élever l'eau plus haut que cinquante pieds.

Monnerot l'aîné à Sevres s'est joué de l'eau avec plus d'artifice que les Romains à Tivoli & à Frescati.

La Duchesse d'Aiguillon, & le Surintendant Fouquet, à Ruel & à Vaux, ont fait plus qu'eux.

Je laisse là Essonne ou Chantemesle, si celebre par tant de machines, dont l'inventif Hesselin s'étoit servi, & tout de même Courance, qu'arrosent & embellissent quantité de canaux & de jets d'eau.

Je laisse encore la Cascade de St Cloud, quoique ce soit la plus grande & la plus magnifique qui se voye : mais je ne saurois passer Liancourt, où l'eau se joue continuellement en cent differentes manieres, & où l'on admire un pré quarré de cent arpens, entoûré de deux larges canaux, & de deux allées d'arbres à quatre rangs chacune.

En un mot, Annet, Mouceaux, Verneuil, Vincennes, presque toutes nos Maisons Royales, & la plupart des Hotels que je viens de nommer, sont plus magnifiques & plus grandes sans comparaison, que le Palais Farnese, celui du Grand Duc Caprarolle, & tous ceux dont se vante l'orgueilleuse Italie.

Et de vrai, qui oseroit comparer le Vatican & Belveder à Fontainebleau? & qui voudroit nier que, comme ils l'emportent sur lui, sans contredit, par l'excellence des statues antiques, & des peintures à fresc, de Raphaël & de Michel Ange, de son côté il l'emporte sur eux pour tout le reste.

Son canal est long de dix-huit cens toises, & situé entre deux allées si larges, & bordées d'arbres si hauts, qu'elles servent de cours au Roi, quand il y sejourne.

On y compte cinq appartemens Royaux doubles, & accompagnés chacun d'une Chapelle, d'une gallerie, d'une cour, & d'un jardin. Mais ce sera bien plutôt fait de dire tout d'un coup au Lecteur : Voyés-le, & le revoyés plusieurs fois, car il ne se peut décrire.

Enfin le nombre des Palais & des Hotels à Paris est si grand, qu'on en compte plus de deux mille ; & quant aux maisons de plaisance des environs, on ne sauroit presque les nombrer.

Tome III.   G ij

BIBLIOTHEQUES.

OUTRE que quelques-uns de ces Palais & de ces Hotels dont je viens de parler font accompagnés de Bibliotheques; il s'en trouve encore dans des Colleges & dans plusieurs Monasteres non moins nombreuses que curieuses & superbes.

La Bibliotheque des Prêtres de l'Oratoire excelle en Langues Orientales. Celle du Procureur General du Harlai en Statuts de l'Empire, de Royaumes, de Pays, de Religions, de Villes.

Celle du Président de Thou en reliures, en impressions & en beau papier. C'est la mieux choisie qu'on puisse voir, & l'est tellement que le President de Thou qui l'a faite, n'étoit pas plutôt averti qu'on imprimoit un livre en Allemagne, qu'en même tems il y envoyoit du grand papier exprès afin de le rendre mieux conditionné.

J'ai souvent ouï dire à Naudé que la Bibliotheque du Roi l'emportoit sur la Vaticane, la Florentine & toutes celles de l'Europe pour la rareté & l'excellence des Manuscrits.

Le vaisseau de la Bibliotheque des Feuillans n'est pas grand, mais ses tablettes sont enrichies de pilastres Corinthiens de menuiserie, où sont enfermés les Livres deffendus, en quoi elle excelle, & qui leur sont venus de quelques Ministres convertis, qui se sont rendus de leur Ordre.

Celui des Jacobins a une grandeur assés majestueuse.

Celui de la Sorbonne, une majesté qui répond à celle de son College & à la reputation de ses Docteurs.

Vouet qui a peint l'Hotel Seguier, a peint aussi & doré la Bibliotheque.

La Mazarine n'est pas seulement la plus longue & la plus large de toutes, mais encore enrichie d'une ordonnance de colonnes Corinthiennes si hautes & si bien travaillées, qu'on l'appelle quelquefois la Bibliotheque des colonnes. Enfin je n'en ai point vû qui lui puisse être comparée, non pas même la Vaticane ni l'Ambrosienne.

J'ajouterai à toutes ces choses que sans nombrer les Livres qui sont chés les Libraires, presentement tant de personnes ont des Bibliotheques, qu'on en compte plus de mille à Paris, jusqu'à six-vingts de plus de quatre mille volumes, & plus de Livres que dans tout le monde entier.

Et de fait le Pere de la Haye, Cordelier, en a donné plus de six mille à son Couvent, seulement sur l'Ecriture Sainte, sans plusieurs autres.

Colbert, Ministre d'Etat en a amassé plus de huit mille en peu d'années.

Le Prince de Condé, les Minimes & l'Abbé de Ste Croix, Maître des Requêtes en ont huit à dix mille chacun.

Le premier President de Lamoignon en a dix mille.

Les Religieux de St Germain des Prés, ceux de St Victor & les Prêtres de l'Oratoire dix ou douze mille. Le Procureur General de Harlai & les Feuillans treize à quatorze mille.

Quinze mille chés le President de Thou.
Dix-sept à dix-huit mille en Sorbonne.
Vingt-mille au College des Jesuites.
Près de vingt-quatre mille chés le Chancelier Seguier.
Vingt-cinq mille dans la Mazarine.
Quarante mille ou guere moins chés le Roi.

Avant la dissipation de la Bibliotheque Mazarine, il y en avoit jusqu'à quarante-cinq mille, & l'on y comptoit soixante mille Auteurs.

Et pour faire voir que je n'ai point parlé en l'air ni par exageration, lorsque j'ai dit qu'il y a plus de Livres dans les seules Bibliotheques de

DE LA VILLE DE PARIS. Liv. XIV. 53

Paris que dans le monde entier, bien-loin de vouloir me retracter, je permets encore d'y joindre tous les contes que nous font les Anciens des Bibliotheques & des volumes de Rome, de la Grece, de l'Afie & d'Alexandrie. Et qu'ainfi ne foit, il paroît que des cent vingt Bibliotheques plus confiderables dont j'ai parlé, il y en a vingt de deux cens foixante mille volumes ou environ ; quand on ne feroit confifter les cent autres qu'en cinq mille chacune, le fort portant le foible, comme on dit, il s'y en trouveroit cinq cens mille ; quand on n'en donneroit aux huit cens quatre-vingts autres moindres que mille chacune l'une portant l'autre, elles monteroient à huit cens quatre-vingts mille, & comme le tout revient à près d'un million fept cens mille volumes, & que cela fait plus de Livres qu'il n'y en a maintenant dans le monde, & qu'il n'y en a jamais eu ni à Rome, ni en Grece, ni dans l'Afie, ni à Alexandrie, l'on voit que je n'ai point avancé un paradoxe.

Autres chofes remarquables.

J'AI encore à ajouter ici cinq ou fix chofes confiderables que j'ai oubliées ; car enfin je n'ai point parlé de la teinture des Gobelins fi renommée par tout le monde & qu'on ne fauroit faire que de l'eau de la riviere des Gobelins à Paris.

Je n'ai rien dit auffi de la Chapelle de Lorette & du Sepulchre de Notre-Seigneur, dont on voit des copies au Temple & aux Filles de la Magdelaine, non plus que des merveilles & des richeffes du trefor de St Denys, des manufactures de Paffemens, de Tapifferies façon de Flandres, ni des Glaces de Venife, & autres établies depuis peu à Paris. Mais puifque j'ai paffé tant de chofes, je pafferai encore les Fonts Baptifmaux de St Louis & de quelques autres de nos Rois qu'on garde à Poiffi, à Medan & dans le trefor de la Chapelle de Vincennes.

Je ne décrirai pas même la chaife à bras de bronze doré faite par St Eloi fous Clotaire II appellée la chaife de Dagobert qu'on montre au trefor de St Denys, & qui fervoit à nos premiers Rois lorfqu'ils recevoient les hommages des Grands de France à leur avenement à la couronne. Cette chaife cependant eft un monument venerable pour fon ancienneté, & peut-être les autres ne feront-ils pas moins confiderables & meriteroient fans doute d'être decrites chacune à part, mais cela demanderoit trop de tems.

Dans le Difcours precedent j'ai rapporté quelques Tombeaux des Romains, auffi-bien que des Rois & des Grands qui fe voyent à Paris, avec ce qu'il y a de plus excellent en Peinture & en Sculpture. Je ferai encore de même dans celui-ci, avec cette difference, que tout ce que je rapporterai ici, fera ou douteux, ou imaginaire, ou ridicule.

IDOLES.

JUSQU'EN 1514, le Peuple a pris pour une Idole d'Isis un marmouzet dressé dans le chœur de St Germain des Prés près du Maître-Autel du côté de l'Evangile ; & cela sans autre fondement, sinon que les Parisiens adoroient Mars & Mercure, ainsi que tous les autres Gaulois : & que d'Isis, Patrone de Paris, à ce qu'ils disent, vient Parisis, & de Parisis Paris.

A Notre-Dame des Champs, les Carmelites encore aujourd'hui, ainsi que beaucoup d'autres, assurent que la figure de St Michel, élevée sur le comble de l'Eglise, est une Idole de Cerés.

Quelques ruines de brique & de ciment, qu'on montre à Montmartre dans le jardin de l'Abbayie & sur le haut de la Montagne, passent chés les Religieuses & parmi le commun, pour des restes & des vestiges du Temple de Mars & de celui de Mercure.

EGLISES.

ON tient tout communément, que notre St Denys Apôtre de Paris, ne fut pas plutôt arrivé, qu'à St Benoît il commença à invoquer la Ste Trinité, & à lui rendre ses adorations ; qu'à St Etienne des Grès il celebra la premiere Messe ; que depuis, tant à Notre-Dame des Champs qu'aux Martyrs, il la disoit encore en cachette ; que même à St Martin il prechoit dans une Chapelle sous terre, qui ne se voit plus, & qu'on appelloit Notre-Dame des Voutes ; que les Païens le sachant l'enfermerent dans un cachot à St Denys de la Chartre & au For aux Dames ; qu'ensuite ils le firent rotir à St Denys du Pas ; & enfin aux Martyrs lui enleverent la tête. Qu'en cet état il fut à la fontaine de St Denys de Montmartre laver sa tête toute couverte de sang, puis la porta à St Denys, après s'être reposé plusieurs fois en chemin, aux endroits même où sont placées toutes ces croix que nous y voyons.

Pour preuve de tant de fables, le Peuple outre la tradition, montre encore à St Benoît & à St Etienne des Grès, aux Martyrs, au For-aux-Dames & à St Denys de la Chartre, un cachot, une chaine, un caveau, une croix & sur tout une vître où se lit, que là St Denys celebra la premiere Messe, & invoqua la Trinité ; & le tout sans considerer la fragilité du verre qui ne peut pas durer si long-tems, sans tout le reste que j'examinerai ailleurs quand il sera tems.

BATIMENS.

PARCE qu'aux environs des Haudriettes aussi-bien qu'à Ste Geneviéve des Ardens, & encore sur la porte d'une maison de la rue de la Calandre se voit la figure de St Marcel, on tient pour certain que St Marcel & Ste Geneviéve y ont demeuré.

Le Peuple encore est tout persuadé qu'entre le fauxbourg St Marceau & celui de St Victor, à une certaine pierre gravelée dont il se voit encore des restes là, St Marcel tua un Dragon.

Ce gros anneau de fer passé dans la tête d'un mouton au dessus d'une grande ouverture ronde de la façade de Ste Geneviéve, eſt bien une autre hiſtoire; car ceux qui ne liſent que les bons livres, remarquent dans le Roman de Robert le Diable, que ce Prince ſe voyant tourmenté d'une fiévre fâcheuſe, ſans pouvoir être ſoulagé par aucun remede, enfin eut recours à Ste Geneviéve; mais parce que l'Abbé au lieu de reliques de cette Sainte, lui envoya des os de chat; outré de telle injure, & afin qu'il ſervît d'exemple, il le fit pendre à cet anneau par cet endroit où il n'y a point d'os.

Avant que le feu prît à la Sainte Chapelle, le pied de Griffon pretendu qui tenoit à la voute, devoit être un pied d'Elan ou de quelque autre monſtre connu des Naturaliſtes, & n'a paſſé pour un pied de Griffon que depuis qu'on eſt venu à lire Huon de Bourdeaux, vieux Roman, farci de choſes impoſſibles, ainſi que tous les autres du tems paſſé; car enfin il n'y a jamais eu de Griffons, non plus que de Licornes ni de Chimeres.

Si la Tour des Bois de St Innocent n'a été faite autrefois pour un mauſolée ou pour ſerrer l'attirail des Foſſoyeurs, je ne ſaurois pas dire pourquoi elle a été miſe là; mais je ſuis bien aſſuré que ce n'a pas été pour ſervir d'échauguette dans les bois qui entouroient Paris anciennement, quoique le peuple le pretende, contre toute ſorte d'apparence & de raiſon, ainſi que j'ai prouvé ailleurs.

Les deniers de Judas qu'on montre à Vincennes, à St Jean de Latran & au Temple, ou plutôt les pieces d'argent des treſors du Temple, de St Jean de Latran & de Vincennes ont été frapés à Rhodes aſſurément, mais que ce ſoient de ces deniers que reçut le malheureux Judas pour recompenſe de ſa trahiſon, c'eſt un conte fait à plaiſir, & dont on ignore l'origine.

Viſion des Chercheurs de Pierre Philoſophale, touchant pluſieurs figures d'Egliſe.

LES Hermetiques qui cherchent par tout la Pierre Philoſophale ſans la pouvoir trouver, ont tant medité ſur quelques portaux de nos Egliſes, qu'à la fin ils y ont trouvé ce qu'ils pretendent. Celui de la Ste Chapelle eſt de ce nombre-là, qu'ils diſent être tout plein de Hieroglyphes: ſur tout ils font grand fondement ſur deux Anges, dont l'un fourre ſa main dans une nuée & l'autre dans un pot.

A l'égard du portail de Notre-Dame, du devant de l'Egliſe, & de l'Egliſe même, c'eſt encore toute autre choſe: & comme ils reconnoiſſent Guillaume de Paris pour un de leurs Patriarches, non ſeulement ils veulent que ce ſoit lui qui ait fait faire toutes les figures qui s'y voyent; mais encore qu'il a bâti le portail, où il a marqué tous les chemins qu'il faut prendre pour parvenir au grand œuvre.

De plus ils aſſurent que c'eſt lui qui a fait ériger à l'entrée du Parvis tout devant l'Hotel-Dieu, cette Statue longue & malfaite qu'on y voit avec des ſerpens à ſes pieds; mais ils ne ſavent pas ſi c'eſt ſa figure ou celle de Mercure. Car comme anciennement les Ecoles publiques ſe tenoient au Parvis; d'ailleurs que le Parvis eſt une place, & que cette figure eſt placée dans un carrefour, les ſavans tiennent que c'eſt un Mercure ou Therme dreſſé là exprès à l'imitation des Anciens qui en mettoient dans tous les carrefours, dans les Places publiques & près de leurs Ecoles.

Je ne dirai pas comme le Peuple, que c'eſt Mr le Gris, où l'on envoie en hiver les nouveaux venus pour les deniaiſer, car cela n'en vaut pas la peine. Mais pour revenir à nos Hermetiques & à leurs visions, c'est disent-ils, le même Evêque Guillaume qui a fait graver au portail sur une pierre de la couleur du Lapis-Lazuli dorée par les bords, le Job qu'on voit au milieu de ses amis qui se moquent de lui, avec ses paroles, *Patientia Job.* Que par Job il a figuré la Pierre Philosophale, dont la matiere doit souffrir toutes sortes d'alterations & de martyrisations, au rapport de Raimond Lulle, avant que d'arriver à sa perfection, *Sub conservatione formæ specificæ salva anima.*

Dans un sacrifice d'Abraham qu'il a fait faire encore, où à l'ordinaire se voit un Ange avec Abraham, un mouton & un fagot; ils pretendent que par là il a representé le soleil, le feu & l'artisan, qui sont les trois parties en quoi consistent la Pierre des Philosophes avec toutes les preparations & les operations de cette Pierre.

Quels discours ne tiennent-ils point des Vierges folles avec leurs lampes renversées, & des sages avec leurs lampes droites; de la Vierge même ayant à ses pieds sept figures nues, dont l'une qui a des aîles passe à leurs yeux pour Mercure; & encore, au même endroit, de ces Rois enchaînés, les uns tout nuds, les autres ayant seulement un morceau de toille devant eux. Ces merveilleuses découvertes les charment à ce point, que de quelque côté qu'ils tournent la vûe tout leur paroit mysterieux & mis à dessein. Ils decouvrent mille belles choses avec les vingt-huit Rois qui regnent le long du portail, sur tout dans la figure même de Guillaume de Paris.

Ce n'est pas sans raison, disent-ils, que le bout de son baton Pastoral est de fer & entre dans la gueule d'un dragon, qui cache sa queue dans un bain d'où sort de la fumée & une tête de Roi. Que sans difficulté à la porte du côté de l'Hotel-Dieu, l'ouverture de l'ouvrage de Physique y est figurée & dans les deux autres la suite & la consommation. Mais une chose ici qui les met bien en peine, est de savoir pourquoi pas une de ces figures ne regarde dans l'Eglise; ce qui fait grand honneur à un Corbeau qui a les yeux tournés de ce côté-là, qu'à cause de cela ils n'estiment guere moins que les Naturalistes feroient un Phenix.

Ce Corbeau au reste est à la porte qui tient à St Jean le Rond & qu'ils ne se lassent point de contempler, parce qu'à leur avis son rayon visuel va justement se terminer à l'endroit où le secret de la Pierre doit être caché infailliblement; joint que c'est assés près d'un Jardinier de plate peinture qu'on voit en entrant dans l'Eglise, & qu'ils appellent le Semeur, qu'ils prennent encore pour un Hieroglyphe, aussi-bien que deux bouteilles, l'une aux pieds d'Antoine des Essarts, l'autre tout de même aux pieds de St Christophe cachée parmi des joncs & des roseaux; & quoique tous demeurent d'accord qu'un homme qu'on fait mourir à coups de fléches & un Roi qu'on dépouille, figurés au bas du même St Christophe soient encore mysterieux, néanmoins ils ne conviennent pas entre eux de leur signification.

Bien davantage, quelques-uns même prennent St Christophe pour un Hieroglyphe, & comme c'est maintenant le plus grand & le plus gros Colosse qui soit dans le monde, ils tirent avantage de sa masse, & se glorifient d'avoir le plus grand & le plus gros Hieroglyphe qu'il y ait jamais eu, ils ne sauroient se lasser de dire du bien de Pierre des Essarts qui l'a fait faire.

Tandis que ceux-ci ravis de découvrir tant de merveilles à Notre-Dame n'en sauroient sortir, de leur côté quelques-uns d'entre eux contemplant attentivement le Cheval de bronze du Pont-neuf; & d'autres encore au haut de la Tour de St Jaques de la Boucherie mirent de près les figures des quatre coins pour y trouver des Hieroglyphes de Flamel, bien qu'il soit mort en 1417 & que la Tour n'a été commencée qu'en 1468, ni le bœuf, ni l'aigle, ni le lion posés qu'en 1526.

Le Sculpteur se nommoit Rault & n'eut que vingt francs pour sa peine à
les

les mettre en place, comme il se voit par les Regîtres de la Fabrique; car ce Flamel ici est en telle reputation parmi eux, qu'ils ne l'estiment guere moins que Guillaume de Paris, & veulent qu'en 1332 il souffla de sorte que son creuset valut bien le sien, aussi ne sont-ils pas paresseux à visiter souvent tous les lieux qu'il a bâtis. Ils se distilent l'esprit pour quintescencier des vers Gothiques & des figures, les unes de ronde-bosse, les autres égratignées, comme on dit, sur les pierres tant de sa maison du coin de la rue Marivaux, que des deux Hopitaux qu'il a fait faire à la rue de Montmorenci. De là ils vont à Ste Geneviéve des Ardens, à l'Hopital St Gervais, à St Côme, à St Martin & à St Jaques de la Boucherie, où l'on voit des portes qu'il a fait construire, & où presque à toutes & encore ailleurs, se remarquent des croix qu'ils tiennent pour mysterieuses.

Quatre gros chenets de fer dressés près le portail de l'Hopital St Gervais & à la rue de la Feronnerie, sont encore de lui à ce qu'ils pretendent, sans savoir pourquoi, ni ce qu'ils signifient. Ils en disent autant des demi-reliefs, des figures de ronde-bosse & de quelques peintures des Charniers de St Innocent; & que même il les a expliquées dans le livre des figures Hieroglyfiques. Cependant il est certain que ce livre est la traduction d'une piece Latine qu'on n'a jamais vue.

A l'égard des figures qui representent Flamel, toutes mal dessinées qu'elles soient, elles ne le sont pas tant qu'elles le devroient être, eu égard à son siecle & au tems qu'il vivoit; & les Gens du métier assurent qu'elles ont été faites bien depuis sa mort.

Enfin la folie des Hermetiques est si grande, qu'il n'y a sorte de rebus sculpés dans les Eglises qu'ils n'interpretent; & s'ils ne l'ont pas fait jusqu'à present, à l'égard des Grotesques & des autres Rebus taillés sur les formes du Chœur de St Martin des Champs, c'est qu'ils ne s'en sont pas avisés, car pour ceux qu'on voit dans la Chapelle du St Esprit des grands Augustins, ils n'y ont pas manqué.

ENSEIGNES.

QUANT aux Enseignes, le ridicule qui s'y trouve vient de mauvais Rebus.

A la Roupie, une Pie & une Roue.
Tout en est bon, c'est la femme sans tête.
A l'Assurance, un A sur un ance.
La vieille science, une vieille qui sie une ance.
Au puissant vin, un puits dont on tire de l'eau.
Le bout du monde, un bouc & un monde.
Les Sonneurs pour les Trepassés, des sols neufs & des poulets tués.

De ces sept Enseignes, celle du bout du monde & de la femme sans tête, ont donné leurs noms à des rues.

Celle de la Truie qui file, qu'on voit à une maison du Marché aux poirées, rebâtie depuis peu, est plus remarquable & plus fameuse par les folies que les garçons de boutique des environs y font à la mi-Carême, comme étant sans doute un reste du Paganisme.

On peut mettre au rang des Enseignes, à faute d'autre lieu plus propre, le Jacquemard de St Paul & le Lamproyon de la Samaritaine. Le Jacquemart au reste est une grande figure de fer perchée au haut de la Tour de St Paul qui frappe les heures. Le Lamproyon en 1611 étoit une marionnette qui battoit aussi les heures à la Samaritaine; appellée ainsi par les

HISTOIRE ET ANTIQUITE'S

Crocheteurs, à cause qu'elle ressembloit à certain gaillard de leurs camarades qui portoit ce nom là & qui se railloit de tout le monde ; ce qui avoit donné lieu aux faiseurs de Pasquins de l'introduire parlant dans leurs Libelles. Et comme un jour ils preparoient un Dialogue plaisant entre lui & Jacquemard sur quantité de choses qui se passoient à la Cour, ceci ne fut pas plutôt sû, que le Maître de la pompe eut ordre de faire ôter son Lamproyon.

HISTOIRE
DES
TONTINES, LOTTERIES,
ET
BLANQUE ROYALE.

A Mr DE RACAN.

JE m'imagine, MONSIEUR, que le grand nom d'Histoire & les nouveaux mots de Tontine & de Lotterie vous étonnent à la tête de ce Discours, peut-être que vous vous figurés qu'ils vous promettent l'origine & les progrès de deux Empires nouvellement découverts dans le nouveau monde ; vous n'avés garde d'en attendre les avantures d'une maniere de Banque, de Commerce, de Blanque & de jeu de hazard, venus à Paris de Hollande, d'Italie & du grand Caire, pendant votre sejour en votre Maison de Touraine.

Les Lotteries furent apportées en cette Ville par un nommé de Chuyes, Lionnois d'origine, Bateur d'or de profession, fameux par ses voyages lointains, plus intelligent dans le negoce & dans le commerce du monde que ne portoit sa condition, & Auteur d'un petit livre intitulé : *La Guide des chemins de Paris redigée par ordre alphabetique.*

Les Tontines furent inventées par Laurent Tonti, Napolitain, qui suivit en France la fortune de son pays, ainsi que force Colonies d'Italiens, & qui n'en ayant pas reçu un si bon accueil que ses compatriotes, a publié trois Tontines qui ont fait grand bruit & peu d'effet ; s'est érigé en donneur d'avis, où il a été fort fertile & peu heureux, & n'a rien oublié pour faire accroire qu'il sçavoit une infinité de moyens d'enrichir ceux qui le voudroient écouter, en peu de tems, à peu de frais & sans être à charge à qui que ce soit ; mais n'ayant sû prendre pour soi-même les tresors qu'il promettoit aux autres, il mene une vie obscure & se repaît encore ou d'esperances ou de fumée.

Les Tontines sont des Societés viageres, composées chacune de dix classes, qui consistent en six cens soixante & six mille six cens soixante & six places ou environ, & de dix fonds, qui valent un million vingt-cinq mille livres de revenu. Chaque classe est de plus de trente-trois mille trois cens

DE LA VILLE DE PARIS. Liv. XIV.

trente-trois places; chaque place de cent écus; chaque fond de cent mille francs; & les vingt-cinq mille livres de reste servent à payer les gages des Officiers de cette Communauté. Pour cent écus on y admet un chacun, de quelque âge, de quelque pays & de quelque profession qu'il soit: pour trois cens livres on y a une place, pour six cens livres on en a deux, & pour neuf cens livres on en a trois, & ainsi du reste; car pourvû qu'on achete chaque place trois cens livres, on y en peut avoir à ce prix-là tant qu'on veut, & rien ne fait la difference des classes que la difference de l'âge de ceux qui desirent être de la Tontine. Dans la premiere on ne reçoit que les petits enfans qui n'ont pas encore sept ans. Dans la seconde les jeunes gens âgés de sept ans & au dessus jusqu'à quatorze. Dans la derniere les vieillards de soixante & trois ans & au dessus, & ainsi des autres classes de sept en sept années. Ils jouissent tous de leurs cent écus au denier vingt durant leur vie seulement. Les interêts des places vacantes par la mort de ceux qui les occupent, appartiennent par droit d'accroissement à ceux de leur classe qui leur survivent, & tous les ans on partage entre eux tout le revenu de leur classe à proportion des places qu'ils ont achetées. Tellement que plus on a de places plus on a de revenu; & le dernier vivant en une classe herite & jouit pendant sa vie des cent mille livres de sa classe, quand même il n'y auroit apporté que cent écus; car toutes les places demeurent éteintes par la mort de ceux qui les ont achetées, & le fond ou le revenu en demeure par droit de reversion à celui qui tient la Tontine.

Le Roi devoit tenir celle-ci par les mains d'un Receveur & d'un Controlleur general, d'un certain nombre de Receveurs, de Payeurs, de Controlleurs, de Commis & de dix notables Bourgeois enrollés en cette Compagnie & renommés par leur probité & par leur experience. Parce que Tonti l'avoit inventée, on la nommoit Tontine: & parce que le Roi la devoit tenir, on la surnommoit Tontine Royale. Pour le droit d'avis de Mr Tonti, on le créoit Controlleur general de cette Société & on lui donnoit 12500 liv. de gages: les autres douze mille cinq cens livres de reste sur le million vingt-cinq mille livres, à quoi montoit la Banque, se partageoient entre les autres Officiers à proportion de leur emploi, & à condition de délivrer gratuitement aux interessés leurs rentes, les Actes & les Expeditions necessaires. Quoique les dix notables Bourgeois n'eussent point de gages, c'étoit toutefois entre leurs mains que l'on consignoit tout l'argent qu'on apportoit à la Tontine; ils le devoient eux-mêmes employer au rachat des rentes du Roi, suivant les états qu'il en feroit dresser, & qui en seroient arrêtés en son Conseil. Et le Roi ne consentoit pas seulement que les rentes qu'ils acheteroient fussent affectées au payement des Interessés en la Communauté, il lui transportoit encore un million vingt-cinq mille livres sur la Ferme des entrées de Paris, qu'il lui laissoit prendre par preference à la partie de l'Epargne, sans qu'on le pût divertir, non pas même retarder, pour quelque occasion que ce fût. Davantage il privilegioit dix places en chaque classe, & vouloit que ceux à qui elles appartiendroient, jouissent des interêts qu'elles produiroient sans qu'on les pût saisir ou arrêter ni pour dettes ni pour ses propres deniers & ses propres affaires.

A ces conditions le Roi érigea la Tontine Royale par ses Lettres du mois de Novembre 1653, mais ayant été communiquées au Corps de Ville, au Chatelet & au Parlement, & renvoyées par la Cour aux six Corps des Marchands, elles ne furent point verifiées & n'eurent point de lieu qu'en la bouche des Colporteurs. Cependant Mr Tonti y avoit mis à la fin un avis fort ample dans lequel il remontroit que les peres & les meres rencontroient dans cet établissement une heureuse facilité d'enrichir leurs enfans, & de les marier avantageusement pour peu de chose; que les cadets des Maisons nobles, à qui la Coutume ne laisse qu'une fort petite legitime, y trouvoient un moyen infaillible de soutenir la splendeur de leur naissance; qu'il

Tome III. H ij

procureroit quantité de bons mariages, qui font fi rares dans le monde ; entretiendroit parmi les freres une concorde perpetuelle, & contraindroit enfin les enfans de prendre plus de foin qu'ils ne font de la fanté & de la vieilleffe de leurs parens. En un mot cet avis promettoit d'autres grands avantages que vous pouvés aifément deviner, & qui feroient trop longs à déduire. Mais après tout perfonne ne porta d'argent à la Tontine ; rien ne pût diffiper la peur qu'on eut qu'avec le tems on n'en prît les fonds pour les befoins de l'Etat ; & chacun apprehenda que mille autres chofes ne trompaffent leur attente.

Neanmoins ce coup de fortune n'empêcha pas Monfieur Tonti de tenter encore une autre tontine, & de l'entreprendre fous l'ancien nom de Blanque, fi connu & fi décrié en ce Royaume ; & fous le pretexte d'en tirer un fonds de cinq cens quarante mille livres, pour bâtir une Pompe & un Pont de pierre, entre le fauxbourg St Germain & les galleries du Louvre. Une fi utile propofition fut fort bien reçue d'un chacun : le Roi l'autorifa par fes lettres du mois de Decembre 1656 ; elles furent enregitrées en l'audiance de France, au Chatelet & à l'Hotel de Ville, & par ordre de Monfieur le Lieutenant Civil on ouvrit la feconde tontine, le huitiéme Janvier 1657.

C'eft une efpece de blanque & de jeu de hazard, où il y a un certain nombre de billets blancs & de billets marqués, dont le fort difpofe, comme il veut : auffi porte-t-elle le nom de blanque dans les Lettres du Roi ; fi cependant le peuple ne laiffa pas de lui impofer celui de tontine, ce fut parce qu'on avoit encore la memoire fraîche de la premiere tontine que Monfieur Tonti avoit inventée, auffi bien que cette blanque. Elle étoit de douze cens mille livres, & confiftoit en cinquante mille billets, qui coutoient deux Louis d'or la piece ; le meilleur valoit trente mille francs, les moindres trois cens livres. Il y en avoit quatre de dix mille livres chacun, dix de trois mille livres, deux cens de cinq cens livres, mille de trois cens livres ; tellement qu'il y en avoit douze cens quinze bons, quarante-huit mille fept cens quatre-vingts-cinq blancs ; & ils montoient tous enfemble à cinq cens mille francs. Des fix cens mille livres de refte, Mr Tonti en prenoit foixante mille pour fes frais & pour fon droit d'avis, on en retenoit cinq cens quarante mille pour la conftruction de la Pompe & du Pont des Tuilleries : & cependant la feconde tontine n'eut pas un meilleur fuccés que la premiere. Le peu de fureté qu'il y a fur la foi publique, empêcha peut-être un chacun d'y mettre de l'argent ; cette terreur, bien ou mal fondée, priva Paris & les Parifiens d'un ornement & d'une commodité neceffaire, & la fortune plus puiffante que la raifon & le bien public, renverfa de fi bons deffeins, & fe joua de tous les ordres que le Corps de Ville avoit donné pour l'établiffement de cette blanque, & pour la reparation du Pont des Tuilleries. Si bien que Monfieur Tonti, indigné d'avoir manqué les vingt-cinq mille livres de rente qu'il efperoit tirer de la prémiere tontine, ou de la tontine Royale, & les vingt mille écus qu'il croyoit gagner à la blanque ou à la feconde tontine, fe refolut trois ans après d'en hazarder une troifiéme, à laquelle il lui donna le nom de tontine Ecclefiaftique, parce que c'étoit le Clergé qui la devoit tenir.

Comme à la tontine Royale il en devoit être Controlleur general aux gages de vingt-cinq mille livres ; il la faifoit d'autant de claffes, d'autant de places & d'autant de fonds : les places valoient autant d'achat & de revenu, l'âge de ceux qu'on y recevoit y apportoit la même difference dans les claffes, & entre les affociés. Il la rendit en un mot la plus reffemblante qu'il pût à la premiere ; s'il y eut quelque chofe de diffemblable, c'eft qu'au Privilege que le Roi lui avoit accordé d'eriger de ces fortes de blanques, il avoit fubrogé Monfieur de Bragelone, Maître de la Chambre aux deniers ; & comme fi ce n'étoit plus ce Monfieur Tonti dans le contrat de

DE LA VILLE DE PARIS. Liv. XIV.

subrogation, & dans les autres actes qu'il lui fallut passer en 1666, pour l'établissement de la troisiéme tontine, il prit les vains titres de Messire, de Chevalier, & de Baron de Paludi.

Alors le Roi avoit assemblé à l'ordinaire le Clergé de France dans le Couvent des grands Augustins de Paris, & Mr de Bragelone remontra à cette Compagnie que, si elle vouloit ériger & tenir une tontine, elles'acquitteroit enfin des grosses sommes d'argent qu'il lui avoit fallu emprunter, & des gages d'Officiers qu'elle avoit créés pour secourir le Royaume contre les ennemis de l'Etat & de la Religion, & dont elle n'avoit pû se délivrer, à cause des divers mouvemens qui ont depuis agité la France presque continuellement; que cet expedient étoit si conforme à la justice, qu'une Assemblée aussi sainte que le Clergé doit rendre à son prochain, qu'elle en pourroit profiter sans créer de nouveaux fonds, sans faire de nouvelles impositions, sans même manquer de foi à ses contrats, & qu'elle n'avoit seulement qu'à transporter à ceux qui entreroient à la tontine, un million de livres de revenu sur les Decimes affectées aux rentes, aux gages, aux droits & aux privileges de ses Officiers & de ses creanciers, & à subroger les Interessés en cette societé, au droit qu'elle s'est reservée de rembourser ces charges, & de racheter ses rentes à sa volonté. Mais pour la sureté du Clergé & des Associés à la tontine Ecclesiastique, il falloit conduire une si salutaire entreprise de cette maniere.

A mesure qu'on y achetera des places, on en employera l'argent au remboursement des rentes, des droits & des gages dûs par le Clergé. Les Agents de cette Compagnie, & les cent premiers Bourgeois qu'on recevra en la tontine, en choisiront dix d'entre eux pour faire cette classe: & à cause que les trois dernieres classes de cette blanque doivent être remplies de personnes incapables pour la bassesse de leur âge, de se gouverner eux-mêmes, trois de ces Deputés prendront la direction de leurs rentes, jusqu'à ce qu'en chaque classe il y en ait dix âgés de vingt-cinq ans. Du reste, on obligeoit un chacun de fournir son Extrait-Batistere en bonne forme, un an après sa reception; si quelqu'un venoit à être convaincu de l'avoir falsifié, & que par le moyen de cette fausseté il fut entré en une classe de gens plus avancés en âge, toutes les places qu'il avoit acquises étoient perdues pour lui, & distribuées entre ses Associés. Enfin, on y recevoit les absens par Procureur, les arrerages & les accroissemens des places des mineurs se payoient à leurs peres ou à leurs tuteurs, jusqu'à ce qu'ils fussent émancipés. Le Receveur General faisoit dire à ses dépens en l'Eglise des grands Augustins, le quinziéme jour de Mars de chaque année, une Grande-Messe & un Service solemnel pour le repos des ames des Associés morts: les Prelats, les Deputés, les Directeurs, les Officiers & les Associés de la tontine qui seroient alors à Paris, y devoient assister. Bref, Monsieur de Bragelone devoit être Receveur general de cette banque, & faisoit au Clergé un present d'une somme considerable, à cause des deniers revenans bons à sa Charge.

De si avantageuses propositions furent bien reçues de l'Assemblée. Messieurs les Evêques d'Ausserre, de Chartres & de Leon, furent deputés pour les examiner, & pour en faire leur rapport, avec Mrs les Archidiacres de Narbonne, de Vence & de Toulon. Mais, soit qu'aux uns la tontine parût une idée conforme à celle de la Republique de Platon, soit qu'aux autres ces sortes de societé semblassent de mauvais exemple sous l'autorité du Clergé, & de perilleuse conséquence entre des personnes inconnues, qui ne s'associoient ensemble que pour desirer la mort de leur prochain, & s'enrichir aux depens de leur vie, soit que les autres jugeassent qu'une Compagnie sainte, comme le Clergé, ne devoit pas fomenter entre des Chrétiens des desirs si denaturés, ni profiter de la mort de ses freres, & qu'elle craignît de se laisser elle-même surprendre à ces cruelles passions; soit enfin pour d'autres raifons qui feroient trop longues à dire, le vingtiéme Novembre 1660, Monfieur l'Evêque d'Aufferre rapporta fort exactement cette affaire à la Compagnie, & la deliberation en ayant été prife par Provinces, le Clergé trouva l'invention de la Tontine belle & ingenieufe, neanmoins il jugea qu'il n'étoit pas en état de la tenir, & fe contenta de la rejetter fans l'approuver, ni la condamner.

De ce que j'ai dit des tontines, il eft aifé de voir que la feconde eft une efpece de blanque dont nous n'avons point encore vû d'exemple, & que la premiere & la derniere font des manieres de banques femblables à celle de l'Hotel de Ville de Lion & de la Republique de Venife. Mais de ce que je vais dire de la Lotterie, on connoîtra aifément qu'elle a beaucoup de rapport avec la feconde tontine, & que ce n'eft toutefois ni une tontine, ni une blanque, quoiqu'elle tienne de l'une & de l'autre, & qu'elle ait porté à Paris le nom de Blanque Royale depuis 1644, jufqu'en 1657.

C'eft une blanque ou un jeu de hazard, ou bien un commerce où l'on eft reçu pour peu de chofe, & qui eft compofée de vieilles denrées, & de vieux reftes de magafins, mêlés avec de l'or, de l'argent, des pierreries, & autres richeffes & marchandifes divifées en plufieurs lots, que la fortune donne à qui il lui plaît fans jugement & fans raifon. On la pratique avec bien du fuccès en Hollande, à Genes, à Venife, & par toute l'Italie. On l'exerce fi publiquement en Egypte, & fur tout au grand Caire, qu'on n'y vend quafi rien que par fon moyen, & qu'elle fait prefque tout le commerce de cette Ville. Les Italiens l'appellent *Lottaria* & *Lotteria*; le fieur de Chuyes qui s'avifa de la faire paffer en France, la vouloit nommer Lotterie, à l'imitation des Italiens, & en confideration de lot & de lottir, qui fignifie la pratique & la nature de cette blanque, où tout ce qui la compofe fe lottit, ou fe partage en plufieurs lots; mais fes Affociés ne trouverent pas à propos d'introduire cette nouveauté à la faveur d'un nouveau mot. Monfieur de Vaugelas entre autres, qui conduifoit cette entreprife, & qui en efperoit tirer de quoi payer fes dettes, & combattre fa mauvaife fortune, s'y oppofa jufqu'à la mort, à caufe de fa nouveauté. Il aima mieux impofer à la lotterie le nom de blanque, bien que ce fût un terme decrié en France, & il l'appella Blanque Royale, croyant par cette grande épithete rétablir la bianque en fa premiere renommée. C'eft en effet le nom qu'elle porte dans les lettres du Roi du mois de Decembre de l'année 1644, qui en permirent l'établiffement en ce Royaume, & qui furent expediées au nom d'une perfonne de grand merite & de grande dignité, que Vous, Monfieur de Malherbe, Monfieur de Voiture, & plufieurs autres excellents perfonnages, avés celebrés dans vos ouvrages. Mais des murmures fourds de quelques Marchands opiniâtres, l'accueil favorable que nous faifons aux chofes nouvelles, & qui eft ordinairement de peu de durée, un voyage aux Indes entrepris un peu trop fubitement, par le fieur de Chuyes, la mort inopinée de Monfieur de Vaugelas, fuivie du blocus, des troubles de Paris, & de la longue abfence de la Cour, & quelques autres femblables accidens firent fufpendre l'établiffement de cette blanque, & l'auroient peut-être abolie, fi à la priere de Monfieur & de Madame de Scuderi, on ne l'avoit tranfportée à Monfieur Carton & à Monfieur Boulanger, qui leur promirent quelque part à cette nouveauté.

Ces nouveaux venus, plus entteprenans & moins fcrupuleux en notre langue que Monfieur de Vaugelas, ne firent point difficulté de lui donner le nom de Lotterie. Ce nouveau mot plût fi fort à un chacun, qu'il paffa en un moment pour un terme de la bonne marque; le Peuple, la Cour & les Dames le naturaliferent à fa naiffance; quelques perfonnes illuftres lui firent un fi bon accueil, & eurent tant d'ardeur pour la lotterie, qu'on leur impofa le furnom de Lottiers; & cet autre nouveau mot fembla fi plaifant & fi propre à exprimer cette nouvelle paffion, qu'il eft encore en

DE LA VILLE DE PARIS. Liv. XIV.

la bouche de tout le monde, & qu'il demeurera peut-être dans tout l'avenir à ceux à qui on l'a donné si plaisamment & si à propos. On a bien moins parlé de la lotterie de Monsieur Carton & de Monsieur Boulanger; toutefois ils s'associerent de plusieurs personnes riches qui promirent de leur fournir des maisons pour un million de livres. Ils interesserent même avec eux vingt Marchands, qui s'obligerent de leur livrer pour deux millions de tableaux, de draps, de perles, de diamants, d'argenterie, & d'autres richesses, & ils publierent un inventaire fort ample de ces maisons, & de ces marchandises.

Il y avoit en vingt-trois lots dix grands logis & treize petits, dont le moindre valloit quinze mille francs, & le plus considerable trente six mille écus. J'y ai vû quatre Bibliotheques, force emmeublemens, tentures de tapisserie, argenterie, draps, tabis, brocards d'or & d'argent, dentelles, points de Genes, de Venise, d'Oreillac, & une infinité d'autres choses rares & exquises. On m'y a fait voir quantité d'agates, de rubis, d'emeraudes, de perles, de diamants, de médailles d'or & d'argent, de grand & de moyen bronze, des tableaux de Leonard de Vinci, du Titien, du Poussin & de plusieurs autres excellens Peintres, anciens & modernes. Je fus admirer avec tout le monde de Paris la plus grande partie de ces richesses, dans une grande maison garnie, située au bout de la rue de Bethisi, appellée communement l'Hotel d'Anjou; car, Monsieur, le nom d'Hotel est maintenant si fort avili, qu'on le lit au dessus des maisons garnies. Je ne sai si je vous dois dire en passant, que les Interessés à la lotterie y tenoient table ouverte à leurs amis, qu'ils y faisoient grande chere à tous ceux qu'ils le connoissoient, & qui étoient connus de leurs Officiers ou de leurs domestiques; & que neanmoins toutes ces avances ne leur produisirent que dix mille écus d'argent comptant, parce que les Six Corps des Marchands s'opposerent à la delivrance de leur banque, & n'eurent aucun égard au bel ordre qu'ils y gardoient, & aux Statuts que Monsieur le Lieutenant Civil, & Monsieur le Procureur du Roi leur avoient dressés, & que voici.

Avant que d'étaler les marchandises qui composent la lotterie, des Experts nommés d'office en font l'estimation, les marquent du sceau du Juge des lieux, les inventorient en sa presence, & les consignent entre les mains du Greffier de la justice ordinaire; après on les reduit par écus & par billets, on les range dans une grande maison, & on les expose aux ieux de tout le monde; ensuite, celui qui en est le maître donne bonne & suffisante caution de la somme à quoi elles sont appretiées, ouvre sa lotterie, numerotte ses billets, & les enregître en un Livre paraphé par le Juge sur tous les feuillets. Ceux qui desirent y tirer, donnent un écu pour chacun billet, retiennent autant de numero qu'ils veulent avoir de billets, & qu'ils ont donné d'écus, écrivent leurs noms à côté du numero qu'ils choisissent, & tirent du Greffier un acte en bonne forme, afin que si deux mois après l'ouverture de la blanque, tous les billets n'en sont pas retenus, ils puissent redemander l'argent qu'ils y ont porté.

S'ils sont tous pris en ce tems-là, le Juge fait faire une fois autant de billets que la blanque vaut d'écus, les divise en deux parties égales, moitié blancs & marqués des pieces inventoriées, & moitié cottés des numero écrits sur les Regîtres vis-à-vis des noms de ceux qui les ont retenus, & met les premiers dans une grande caisse, les derniers dans une autre qu'il ferme à la clef jusqu'à la delivrance generale de la lotterie. Au jour pris pour cela, il se rend au logis où elle se tient, & nomme une petit enfant qui portant les mains en même tems dans ces deux caisses, en tire un billet de chaque main; si dans l'un il prend un billet où soit écrite quelque piece, on l'a delivre à celui dont il a pris le numero dans l'autre vaisseau; si au contraire il tire d'une main un billet blanc, on ne donne rien à celui dont il a tiré le numero de l'autre main. Bref, on dresse procès verbal, article par article, de tout ce qui se passe en ce trafic, suivant l'ordre que l'enfant tire les billets. On observe inviolablement toutes ces conditions, jusqu'à ce qu'on ait tiré & delivré toutes les marchandises de la blanque, & on n'omet rien pour en remettre tout l'evenement au hazard.

Après tant de précautions, dès qu'on commença à ouvrir la lotterie dans l'Hotel d'Anjou, les Six Corps des Marchands s'opposerent à son institution ; & quoique les Interessés à ce trafic se deffendissent contre eux le mieux qu'ils pussent, ils ne laisserent pas de perdre leur procès. Mais si vous voulés examiner la multitude des formalités qu'on devoit observer au debit de leur blanque, vous reconnoîtrés que pour être abolie, elle n'avoit besoin ni de l'opposition des Six Corps, ni de l'Arrêt du Parlement : il n'y avoit qu'à laisser faire le tems & les Interessés, elle auroit été supprimée par ceux qui en étoient les Maîtres. Quoi qu'il en soit, on rendit à la lotterie tout l'argent qu'on y avoit reçu. Monsieur Carton contenta ses Associés, les Lottiers ses Officiers, ses domestiques, & personne ne se plaignit de lui que le Commissaire, que Monsieur le Lieutenant Civil avoit nommé d'office pour être témoin de tout ce qui se passeroit à ce commerce : mais ce furent de vains murmures qui l'exposerent à la risée de tout le monde ; car au lieu de quinze cens livres qu'il demandoit pour ses vacations, Messieurs des Requêtes du Palais ne lui en ajugerent que quatre cens. Il arriva beaucoup d'autres petites circonstances que je ne vous dirai point, parce qu'elles sentent trop le Journal, & qu'elles m'obligeroient à revenir trop souvent sur les mêmes choses.

Trois ou quatre mois après la dissipation de la blanque Royale, Messieurs Carton & Boulanger en voulurent entreprendre une autre en argent de six mille livres, sans la participation des personnes qui leur avoient cedé les lettres du Roi, de l'année 1644, & qui leur en avoient procuré le transport. Ils en obtinrent d'autres en 1658, par l'entremise d'une Princesse, & firent nommer leur seconde lotterie une nouvelle blanque établie en faveur des Hopitaux generaux de France, par le moyen de laquelle on peut tirer un notable profit de son argent sans usure ; les billets y valoient deux écus la piece, les moindres lots un écu, les gros dix mille livres. Il y avoit quatre-vingts dix-huit mille billets d'un écu, dix-huit cens de cinquante livres, quarante de cent livres, trente de trois cens livres, quarante six de cinq cens livres, quatre-vingts de mille francs, & quatre de dix mille livres. Ceux qui ne valoient qu'un écu s'appelloient billets de diminution, parce que chaque billet coutant deux écus la piece, ils diminuoient de la moirié de ce qu'on les avoit achetés ; les autres se nommoient billets d'augmentation, à cause qu'étant marqués de plus d'argent qu'on ne les avoit payés, ils augmentoient le bien de ceux à qui ils arrivoient. Toutefois, après tant de mysteres & de déguisemens, la nouvelle blanque n'a pas eu plus de cours que la lotterie, la blanque Royale & les tontines. Mais comme la fortune est une capricieuse qui veut être importunée, Monsieur Boulanger l'un des Interessés à la lotterie, à la blanque Royale & à la nouvelle blanque, a publié une autre blanque au commencement du mois de Novembre de l'année passée, dont le succès a si bien repondu à son attente, qu'il en a depuis fait une seconde, & qu'il en entreprendra bien d'autres. Aussi est-elle d'une invention toute singuliere, & conduite de telle sorte qu'on n'y sauroit faire de supercherie, quand pour en venir à bout, le Maître, les Interessés & les Associés se distilleroient toute la cervelle. D'abord on lui donna le nom de blanque ou de nouveau commerce d'argent par le sort, qui n'a point encore été pratiquée ni vûe en France, & par le moyen de laquelle on peut devenir riche pour un Louis d'or, & en un jour seul. Depuis, parce que le Roi, la Reine & la Reine Mere en voulurent voir l'épreuve au Louvre, & qu'ils y envoyerent chacun cent Louis, on lui imposa le nom de blanque Royale : car pour rien chacun prend maintenant

DE LA VILLE DE PARIS. Liv. XIV.

tenant le nom du Roi en vain, & ce grand nom est d'une grande efficace au haut d'un papier volant.

C'est une grande blanque conduite par la fortune, ouverte à tous venans, & composée d'une multitude presque innombrable de personnes de toutes sortes d'âges & de conditions où le sort se signale par des méprises & des extravagances, & choisit sans raison & sans jugement un petit nombre d'heureux, sans faire de malheureux ni de miserables. Mais la pratique en est si difficile à concevoir & à expliquer, & on l'a si mal rapportée dans un Imprimé de deux grandes feuilles, que je ne sai si je pourrai vous la faire entendre en bien moins de paroles, ou si je le dois entreprendre. Celui qui en est le Maître ne retient que dix pour cent, & donne une partie de son gain aux Pauvres de l'Hopital general; chacun y est admis pour un Louis; Monsieur Plastrier Notaire en donne un reçu, qui porte le jour que vous l'avés donné, & après combien de personnes vous êtes venu, & vous enregître de la même maniere. Du reste elle consiste en lots, en regîtres, en feuillets, en colonnes, en numero, en boules : les lots consistent en Louis, les regîtres en feuillets, les feuillets en colonnes, les colonnes en numero, & les boules en differentes marques, qui signifient les lots, les regîtres, les feuillets, les colonnes & les numero. Des lots, les uns sont de vingt-cinq Louis, les autres de quarante, les autres de cinquante: il y en a quelques-uns de cent, il y en a de cinq cens, il y en a même de mille; les regîtres au nombre de six sont entierement semblables, & contiennent une certaine quantité de feuillets que le Maître de la blanque regle sur la quantité de l'argent qu'il a reçue; les feuillets sont partagés en huit colonnes, & les colonnes en vingt-cinq numero, & sur les feuillets sont écrits, le long des colonnes, & à côté des numero, les noms & les qualités de ceux qui apportent des Louis, & après combien de personnes ils sont venus; tellement que pour un Louis, on vous écrira une fois dans chaque regître, & six fois dans les six, pour dix Louis soixante fois, pour cent six cens fois, mais ce ne sera jamais au même feuillet, à la même colonne, ni au même numero afin qu'à chaque coup vous ayés toujours six rencontres, & que vous puissiés gagner en six façons. Ainsi, Monsieur, ce n'est qu'après la clôture de la blanque qu'on sait le nombre des lots & des feuillets des regîtres : car, comme vous voyés, cela depend de la quantité des Louis qu'on y reçoit, ce n'est même que peu de jours avant la delivrance generale, qu'on sait en quel feuillet, à quelle colonne, & à côté de quel numero on est écrit; & c'est par le sort, & seulement le jour qu'on tire à la blanque, qu'on sait lequel de ces regîtres doit être le premier, le second, & ainsi des autres. Les colonnes & les feuillets sont chiffrés par premier & dernier; les colonnes en haut, les feuillets, non pas à toutes les pages, ni aux endroits ordinaires, mais à tous les feuillets & à toutes les secondes pages ; & pour parler plus intelligiblement, non pas aux pages que les Imprimeurs appellent *Recto*, mais seulement à celles qu'ils nomment *Verso*, de sorte que chaque feuillet n'est chiffré que d'un côté, & ne consiste point aux deux pages qui le composent ordinairement, mais aux pages qu'on voit à l'ouverture du Regître, ou à la page *ve so* d'un feuillet, & à la page *recto* de l'autre, pour reprendre les termes de l'Imprimerie dont je viens de me servir.

Le jour arrivé pour tirer à la blanque, on fait venir douze enfans bleus, dont on en choisit six au sort, entre lesquels on distribue les six regîtres, puis on leur apporte une boette dans laquelle il y a six boules marquées, l'une regître premier, l'autre regître second, & ainsi du reste; ensuite on leur fait tirer à chacun ces six boules, les unes après les autres, & on écrit sur le regître qu'ils tiennent le numero marqué sur la boule qu'ils ont prise, afin que de ces six regîtres l'un devienne par hazard le premier, l'autre le second, l'autre le troisiéme, & ainsi des autres, & que ce soit la fortune qui les nomme, ou qui les cotte : après on fait apporter une autre

Tome III. I

HISTOIRE ET ANTIQUITE'S

boette, où sont cinq autres boules, & où sont écrits, sur l'une les lots, sur l'autre les regîtres, sur l'autre les feuillets, sur celle-ci les colonnes, & sur celle-là les numero. Aussi-tôt on fait tirer ces cinq boules à ces cinq petits enfans; celui qui prend celle où est écrit les lots, est choisi par le sort pour tirer les boules sur lesquelles seront marquées les lots. Celui à qui arrive la boule où on lit les regîtres, est destiné par hazard pour tirer les boules où seront gravés les noms des regîtres. On se comporte de la même maniere à l'égard des feuillets, des colonnes & des numero; après toutes ces choses on leur met cinq autres boettes devant eux: dans la premiere il y a autant de boules que de lots, qui portent chacune la valeur de chacun des lots de la blanque, car la somme entiere à quoi ils montent tous ensemble, est écrite dessus, selon la valeur & la difference des lots. Dans la seconde sont six autres boules, où sont écrits sur chacun les noms des six regîtres; dans la troisiéme il y a autant de boules que de feuillets en chaque regître, & sur chacune est écrit chacun des chiffres qui sont au haut des feuillets; dans le quatriéme il y en a autant que de colonnes, & sur chacune est écrit chacun des chiffres qui sont à la tête des colonnes; dans la derniere il y en a autant que de numero, & sur chacune est écrit chacun des numero qui sont à côté de chaque colonne, & comme il y a huit colonnes à chaque feuillet, & vingt cinq numero à chaque colonne, il y a aussi huit boules dans la quatriéme boette, & vingt-cinq dans la cinquiéme. Enfin, vis-à vis de ces cinq boettes, on place ces cinq petits enfans, selon que la fortune les a choisis, on leur en fait tirer une boule à chacun en même tems, & à celui dont ils ont tiré le nom, le regître, la colonne & le feuillet, appartient le lot qui lui est échu. Mais pour vous expliquer mieux cette pratique, il faut vous en donner un exemple: si le dernier de ces cinq enfans tire la boule où est marquée numero 1, le quatriéme la boule où est écrit colonne cinquiéme, le troisiéme celle où on trouve feuillet 2, le second celle où on lit regître sixiéme, le premier la boule marquée mille Louis; & que votre nom soit écrit sur le second feuillet du sixiéme regître à côté du numero 1 de la cinquiéme colonne, on vous delivrera mille Louis que la fortune vous a donnés, quand même vous n'auriés mis qu'un Louis à la blanque Royale. Davantage, pour votre Louis il peut encore vous arriver plusieurs autres lots, car dès qu'on aura enregîtré votre nom avec votre lot, quatre de ces cinq enfans remettent leurs quatre boules chacun dans leurs boettes: il n'y a que celle des lots dont le nombre diminue à mesure qu'on les tire, & qui ne servent plus après avoir été tirées une fois, & cela se pratique ainsi depuis le commencement jusqu'à la fin de la delivrance generale. Voyés après cela, Monsieur, si je n'ai pas eu raison de vous dire, que pour un Louis seulement vous avés six rencontres à vous faire gagner en six façons à chaque coup; & que comme à chaque blanque il peut y avoir mille lots, & que ces lots se tirent les uns après les autres, le hazard a mille fois six rencontres pour vous favoriser.

On tient la Blanque Royale en la rue Bertin-Poirée. On l'ouvrit le huitiéme de Janvier, & de si belles esperances flaterent tant de monde, qu'on y porta neuf mille deux cens louis. Mais bien que le Maître eut promis de la faire tirer sans faute le quatriéme Decembre, néanmoins il la remit d'abord au neuf, puis au treize, ensuite au dix-neuf, de là au vingt-neuf Decembre, enfin au huitiéme Janvier; & ce jour là, dans la salle d'un grand logis de la rue St Martin, où pend pour enseigne Notre-Dame de Paix, on la tira en presence de Mr le Lieutenant Civil, de Mr le Procureur du Roi, de leur Greffier, de quelque notables Bourgeois, & de tous ceux qui y entrerent de bon matin. Auparavant on avoit appris par des affiches que tantôt le Roi, tantôt Mr de Guise avoient été cause de ces remises. Quoique cela fût peut-être vrai, on ne laissa pas de s'en railler, & de com-

DE LA VILLE DE PARIS. Liv. XIV.

parer ce procedé à celui des Comediens, qui annoncent plusieurs fois une piece de théatre avant que de la jouer, & ennuient leurs spectateurs par leurs défaites & par les raisons imaginaires sur quoi ils les fondent ordinairement. Mais de tant de remises, la penultiéme a été, à ce qu'on dit, la plus mal reçue de ceux qui étoient de ce commerce; ce qui en fut cause, c'est qu'ils ne pouvoient souffrir qu'on eût remis la délivrance de la Blanque au vingt-neuf Decembre, qui est comme vous savés, le lendemain de la fête des Innocens, & qu'ils n'avoient pû rire quand leurs amis leur avoient dit qu'on la tireroit le lendemain des Innocens.

Des neuf mille deux cens louis qu'on y reçut, le Maître en retint sept cens trente-six pour ses frais & pour son salaire, & cent quatre-vingts-quatre pour les Pauvres de l'Hospital General; il partagea les huit mille deux cens quatre-vingt de reste en cent quarante-deux lots, & il en fit quatre-vingt de vingt-cinq louis d'or, deux de quarante, quarante de cinquante, dix-sept de cent, un de cinq cens, & deux de mille. Je vous ai dit que le Roi, les Reines & Mr de Guise en voulurent être. Vous vous doutés bien que leur exemple y attira force gens de Cour & de fortune, & vous devés bien vous imaginer que l'esperance qui est le seul bien de ceux qui n'en ont point, flatta si fort quantité d'Artisans, de Servantes & de Laquais, que ces pauvres gens y porterent en foule un louis qu'ils avoient eu beaucoup de peine à gagner, & choisirent pour cela quelqu'un de ces jours heureux revelés par l'Ange au bon Joseph le juste. Les Avares y vinrent en cachette, les Joueurs par troupe, les Dames par compagnie & y engagerent avec elles leurs amis & leurs familiers. Mais peu s'y firent enregîtrer sous leur nom. Ceux qui sont du Samedi de Sapho, prirent les noms qu'elle impose aux heros & aux heroïnes de Cyrus & de la Clelie, & parce qu'il est certain qu'elle en fut, & qu'il arriva l'un des plus petits lots à Madame Celinte, qui est le titre d'une Nouvelle qu'elle faisoit alors imprimer, on croit qu'elle y prit ce nom-là, & que par ce hazard, comme par un augure, la fortune lui presagea que son livre auroit quelque petit succès; mais j'ai oui dire qu'il en a eu davantage à la Blanque Royale & avant que d'être imprimé que depuis; le sort l'a plus favorisé que la raison, & ses meilleurs amis avouent que Celinte a arraché bien moins d'aplaudissemens que n'ont fait quelques histoires de la Clelie. Les avares y firent porter leur argent par des enfans nés coeffés, & y prirent leur noms. Les fortunés y porterent eux-mêmes leurs noms & leur argent. Les bizarres s'y mirent sous des noms capricieux. Les dissolus sous des noms de débauches. Les enjoués sous des noms de Farceurs & de Laquais; & comme si le sort se plaisoit à ces sortes de caprices, il distribua les deux gros lots à Mr Parisot, Maître des Comptes, sous le nom de Petit-Jean, & à Mr Gilbert, Conseiller au Parlement, sous celui du Marquis de Mascarille, que Moliere, Comedien renommé par son bel esprit, a rendu si celebre dans la farce des Pretieuses ridicules.

Ne vous attendés point que je vous fasse un dénombrement de vos Confreres de l'Academie, & des autres Beaux-esprits de votre connoissance, qui ont été de la Blanque Royale; car je doute que pas un d'eux ait voulu avoir ce divertissement. Je sai bien à la verité qu'à ceux qui usurpent le nom de Gens de Lettres, & qui ont mis de l'argent à ce commerce, il est arrivé des avantures assés ridicules, mais elles sont en trop grand nombre pour avoir lieu en ce discours. Car, Monsieur, la qualité d'Homme de Lettres commence à devenir aussi publique que celle d'Illustre; elle est même presentement si fort avilie, que comme celle de Clerc a passé des Conseillers Clercs de la Cour de Parlement & des Ecoliers de l'Université aux Clercs des Procureurs du Palais & du Chatelet, je ne doute point que le titre d'Homme de Lettres, qui ne doit appartenir qu'aux gens de savoir & de merite, & que nous voyons descendre jusqu'aux Beaux-esprits du dernier ordre, qui font de mauvaises Epigrammes ou de mauvais billets doux; ne descende dans peu de tems jusqu'aux Secretaires du Charnier St Innocent.

Vous dirai-je que parmi ces sortes de Gens de Lettres, Mr le Prieur le Laboureur, Mr du Chesne, fils d'André, Mr Auberi & Mr Loir, les quatre derniers des hommes, & qui s'estiment néanmoins les premiers, ont voulu être de la Blanque Royale avec les autres hommes. Leurs noms sont si obscurs, que je ne m'étonne pas si vous n'en avez pas entendu parler, & si vous ne vous en ressouvenés plus après que je vous les aurai dépeints. Le premier est l'Auteur le plus vif, & si plein de medisances qu'il en a fait comme une discipline : quoi qu'il n'ait pas encore quarante ans, il a déja fait imprimer quatre ou cinq gros volumes in-folio; on dit même qu'il a la tête si chargée de bagatelles, qu'il défie tous les Imprimeurs de Paris de l'en décharger : & il est certain qu'il compose ses ouvrages à mesure & plus vite qu'on ne les imprime; qu'il employe à leur édition le peu de bien que son pere a eu beaucoup de peine à amasser; & que si on le veut croire, les plus savans & les plus beaux esprits de notre tems n'ont rien fait qui lui puisse être comparé. Mr du Chesne est un peu moins médisant que ce Prêtre, & bien qu'il soit son ami particulier, il l'épargne aussi peu que les autres, & il lui rend ce qu'il lui prête, si ce n'est avec usure, c'est qu'il n'est pas si consommé ni si intelligent en l'art honteux de la médisance. Il est tout bouffi de vaine gloire, & quoiqu'il soit riche des Memoires amassés par le fameux Mr du Chesne son pere, ou ses livres n'ont point de cours, ou il est contraint de les faire imprimer à ses dépens, parce que les Libraires n'en veulent pas faire les frais, & d'y prendre encore la qualité de François du Chesne fils d'André.

Mr Auberi a commencé l'histoire des Cardinaux François, sujet vaste & digne d'un grand personnage; mais il l'a si mal executé, que ses livres ne se débitent point, & que lorsqu'un Imprimeur a commencé à les imprimer, il les abandonne vers le milieu de l'impression, & trouve mieux son compte à soutenir un grand procès contre celui qui l'a mis en besogne & à se soumettre de perdre les frais qu'il a faits, que ceux qu'il lui faudroit encore faire pour achever cette impression. Le moins mauvais de ses ouvrages c'est l'histoire du Cardinal de Richelieu, aussi dit-on que c'est Mr Berthier son Libraire qui l'a faite, & plus de personnes lui donnent le nom de ce Libraire que celui de Mr Auberi.

Pour Mr Loir, c'est si peu de chose qu'il ne merite pas que je vous en parle. On dit qu'il a été beau dans sa jeunesse & qu'il a eu la voix assés belle, & l'on veut que ces vains avantages l'ayent rendu si superbe que bien que son pere, qui vit encore, & qui est un honnête Bourgeois, se nomme & se fasse nommer Mr Loir, toutefois pour trancher du Gentilhomme il se fait appeller Mr du Loir; & afin que cela soit sû du siecle present & des siecles futurs, il l'a mis à la tête d'un méchant voyage qu'il a fait à Constantinople avec le Pere Bernard, ou selon quelques-uns aux dépens du Pere Bernard, Carme déchaussé. Mais à quoi est-ce que je m'amuse? ces quatre petits garçons n'en valent pas la peine; ils n'ont pas été plus heureux à la Blanque qu'en Livres, la Fortune ne leur a point distribué de lots, les Muses point de reputation, & cependant ils s'étoient mis de ce commerce sous les grands noms d'Herodote, de Xenophon & de Tite-Live. Je vous ennuierois & perdrois bien du tems si je descendois jusqu'aux autres gens de Lettres de cette nature qui ont été de la Blanque Royale. Je ne sai pas même si je devrois passer à Mr Valois le jeune, car bien qu'il merite la qualité d'Homme de Lettres, & que la maniere dont il s'est servi de ce trafic soit assés plaisante, il me reste beaucoup d'autres choses bien plus plaisantes à vous dire des Lotteries.

De tout ce que j'ai dit, il est aisé de voir que le Clergé de France a pensé faire une Tontine ; qu'il n'y a eu que le Roi qui ait fait la Blanque Royale, & que beaucoup d'autres personnes l'auroient entreprise à son imitation, si on n'y apportoit point trop de precautions pour en bannir la supercherie. En revanche il est si facile de pratiquer la Lotterie, on y peut tromper en tant de façons, & on s'y peut enrichir si vîte & si couvertement, qu'il ne faut pas s'étonner si tant de monde l'a mise en usage. Pendant que tout Paris retentissoit du tintamare que faisoit la grande Lotterie, Madame la Procureuse Generale s'avisa la premiere d'en faire de particulieres en son logis, où elle reçut ses amis & ses familiers, & où elle observa toute la bonne foi qu'on y pouvoit desirer. Quantité de Dames en firent à son exemple. Les hommes même en firent à leur imitation. Si quelqu'un n'en fit pas, il n'y eut personne qui ne se mit de celles que les autres firent. Les uns aimerent ce divertissement, parce qu'il entretenoit l'amitié : les autres, parce qu'il en suscitoit de nouvelles d'autres, à cause de la nouveauté, & de la subite & temeraire faveur que nous accordons aux choses nouvelles. Cet exercice toutefois n'est pas si nouveau en France, & sur tout à Paris, qu'on s'imagine.

En 1572 & en 1588, Louis de Gonzague, Duc de Nivernois & de Rethelois, Pair de France, Prince de Mantoue, en érigea une à Paris dans son Hotel de Nevers-Gonzague, qu'il composa de bien plus de solemnités que Mrs Tonti, de Chuyes & Boulanger n'ont fait la Blanque, les Tontines & les Lotteries, & qu'il donna aux filles les plus pauvres, les plus sages & les plus prêtes à marier de ses Terres & de ses Seigneuries. On l'ouvre tous les ans le jour de Pâques-fleuries dans toutes les contrées de sa domination. Elle se tire le Mardi, seconde fête de Pâques, par une multitude presque innombrable de ces pauvres filles. On la delivre aux soixante plus heureuses d'entre elles le jour de leur mariage. On la leve à jamais sur tous ses biens, qui étoient devenus si grands, qu'ils égaloient la fortune des plus riches Princes du monde. Et le vingt-cinq Août de chaque année on fait raport de tout ce qui s'y est passé dans l'Eglise des grands Augustins, en une solemnelle assemblée, où assistent les premiers Presidens du Parlement, de la Chambre des Comptes & de la Cour des Aides, les Gens du Roi du Parlement, & un Administrateur, le Receveur & le Greffier de l'Hotel-Dieu, avec deux Religieux Mandians, deux Minimes de Nigeon, & les deux plus anciens Conseillers de la Maison de ce Prince, assistés du Procureur de la Maison de Gonzague. En un mot c'est une aumône de mille écus que Louis de Gonzague fait tous les ans aux pauvres Paysanes de ses Seigneuries, & que le sort donne à une pauvre fille de Colommiers, à six de la principauté de Mantoue, & des terres qu'il avoit à l'Espave & en Bourbonnois, à huit des terres qui lui appartenoient en Berri & en Picardie, à neuf du Donziois, à quinze du Rethelois & à vingt-un du Nivernois.

Le jour de Pâques-fleuries après Vêpres, les Officiers de chacune Paroisse de son Domaine au nombre de neuf ou de sept pour la plus, se rendent dans l'Eglise sur les deux heures, & en presence du Procureur Fiscal, ils choisissent six Paroissiens, moitié hommes & moitié femmes, celebres par leur experience & par leur charité, qui toutefois ne leur sont point parens au premier ni au second degré, mais qu'ils jugent plus capables en leur conscience d'élire sans passion la plus pauvre & la plus sage fille de leur Paroisse. Cela fait ces six personnes entendent Vêpres fort devotement & prient Dieu durant le Service qu'il leur revele celle qu'il leur faut choisir. Après Vêpres ils jurent entre les mains de leur Curé sur les Saints Evangiles & sur la part qu'ils pretendent en Paradis, de faire choix d'une fille qui ne sera ni leur parente ni leur servante, non plus que du Curé, du Vicaire, & des principaux Officiers, & qui leur semblera meriter seule de jouir de la charité de Louis de Gonzague. Et si après tant de précautions, ils ne laissent pas d'être convaincus d'avoir apporté quelque supercherie en leur élection, leur Paroisse demeure durant deux années déchue du droit d'élire & de presenter, & la plus proche Eglise en jouit. Après cela ils se retirent ensemble dans une Chapelle, choisissent entre eux une fille ; & si leurs avis sont mi-partis, les Officiers font choix de celle qui leur semble la plus pauvre, en preferant l'orpheline à l'autre. Puis la seconde fête de Pâques, les filles élues dans toutes les Paroisses d'une Prevôté, viennent à la Paroisse principale, après avoir entendu la Messe toutes ensemble, on les range par ordre. Ensuite pour éviter la supercherie le plus qu'il est possible, le Greffier fait trois fois autant de billets qu'elles sont de filles ; sur les bons il écrit, *Dieu vous a élue*, sur les autres, *Dieu vous console*. Après cela la plus âgée des femmes choisies pour cette élection, les met & les remue dans un pot couvert d'un linge, puis on les fait tirer par un enfant de quatre ou cinq ans, qui n'est point proche parent de ces filles, & qui leur en donne trois à chacune, en commençant par la premiere & continuant de suite jusqu'à la derniere ; & tous ceux qui assistent à ces élections gagnent des Indulgences plenieres que Louis de Gonzague a obtenues de Sixte V en 1586.

Celles à qui arrivent les billets où est écrit, *Dieu vous console*, tâchent de se consoler jusqu'à Pâques de l'année suivante, que sans faire de nouvelle élection elles se rendent encore au même lieu pour tenter la fortune, jusqu'à ce qu'elle soit favorable. A celles qui ont les billets où on lit, *Dieu vous a élue*, les Fermiers & les Receveurs de la Prevôté, s'obligent non seulement de compter cinquante francs le jour de leur mariage, & dix sols pour chaque jour qu'ils manqueront de leur payer cette somme après la consommation, mais encore à leur en faire ou à leur en faire faire rente au denier douze.

Au reste, pour faire profiter toutes les Paroisses alternativement de cette fondation, jusqu'à ce qu'en chacune il y ait eu une fille mariée par le hazard, on ne met qu'un lot ou qu'un billet pour la fille du lieu, où Dieu en aura éleue quelqu'une auparavant, & on n'en donne qu'un à chaque fille des Paroisses qui ont profité de cette charité. Pour leur faire rencontrer de meilleurs partis, les Charges de Notaires, de Sergens, de Geoliers, de Concierges, de Garde bois, de Messagers & semblables Offices de cette nature, appartiennent à ceux qui les épousent par preference aux autres. Mais si quelqu'une de ces filles élues meurt avant que d'être mariée, son benefice passe à la plus sage de ses sœurs & à la plus prête à marier, & faute de sœur, on ajoute son billet à la premiere élection, & on en donne un davantage à la fille de sa Paroisse que les six électeurs auront nommés.

Après toutes ces choses, quand ces bienheureuses filles se veulent marier, leur Contrat se passe au Chateau en presence des Officiers de la Chatellenie, & sur tout du Procureur Fiscal & du Greffier, qui le fait gratis, sans autre salaire que de cinq sols pour le parchemin, & sans les obliger à rien qu'à prier pour leur bienfaiteur & pour ses successeurs. Ensuite on le lit devant la porte de l'Eglise ; on met au pouce de la mariée une bague d'argent de la valeur de cinq sols, nommée la bague de souvenance de son mariage & de ses prieres, & on défend au marié & à la mariée de faire aucuns frais de noces que ceux de leurs bouches, sur peine de cinquante livres. Bref, afin qu'elles ne soient jamais frustrées de ces bienfaits, le fondateur assigne leurs mariages sur les plus assurés revenus de toutes ses Terres, il leur en transfere la proprieté jusqu'à la concurrence de la fondation. Il confesse qu'il ne les tient qu'à titre de precaire & de constitution, & ordonne sur de grosses peines qui seroient trop longues à deduire, que quand même tous ses biens viendroient à être alienés, ils ne laisseront pas d'être chargés à jamais de cette fondation, & que ses Officiers & ses habi-

DE LA VILLE DE PARIS. Liv. XIV.

tans ne perdront point pour cela leur droit de nommer & de presenter chaque année une fille qui leur semblera digne de profiter de sa liberalité. Enfin il supplie les Archevêques, les Evêques & les grands Vicaires des Eglises Cathedrales de ses Terres, de veiller à l'accomplissement de son institution, il oblige ses Procureurs Fiscaux à envoyer tous les ans les Procès-verbaux & les Contrats de mariages de ces pauvres filles aux Administrateurs de l'Hotel-Dieu de Paris avant le vingt-deuxiéme Juillet, que l'Eglise fête la mort de Ste Marie-Magdelaine, & prie les Directeurs de cet Hopital de les faire examiner par quelqu'un de leur Compagnie, qui les communiquera le jour de St Barthelemi au Procureur & aux deux Conseillers de la Maison de Gonzague, dont je vous ai parlé, & en fera son rapport le jour de St Louis aux premiers Presidens & aux autres personnes que je vous ai nommées, après avoir entendu une grande Messe fondée aux Augustins à cette intention.

Pendant sa vie on donnoit à chacun des premiers Presidens & des Gens du Roi qui se trouvoient à cette assemblée, six livres de bougie, moitié blanche & moitié rouge, & une bourse de velours vert avec cinquante jettons d'argent frapés à ses armoiries & devises. Depuis on leur donne la même chose, avec cette difference seulement que les jettons sont frapés aux armes & devises de leurs successeurs. Aux autres assistans on fait des presens de cette sorte proportionnés à leur dignité, & à la peine qu'ils ont eue; mais on ne donne à pas un que des jettons de cuivre. Tout ce qu'on arrête en cette Compagnie s'écrit par le Greffier de l'Hotel Dieu, s'execute ponctuellement, & se garde avec les Contrats de mariage & les Procès-verbaux dans le Bureau de l'Hopital en une armoire intitulée :| *Armoire de la fondation des soixante filles à marier faite par Monsieur & Madame les Duc & Duchesse de Nivernois & de Rethelois.* Après tout à la premiere assemblée qui se tint le vingt-cinq Août 1579, assista le Duc de Nevers, où il expliqua lui-même son institution, & declara qu'il ne s'y trouveroit plus à l'avenir. Depuis il a quelquefois écrit à la Compagnie qu'en plusieurs de ses Terres on n'accomplissoit point sa fondation; & ses plaintes ayant duré jusqu'en 1587, qu'on reconnut que cela procedoit de ce que son établissement étoit embarassé de trop de formalités, il fut arrêté le vingt-cinq Août que le premier President & les Gens du Roi de la Cour de Parlement s'assembleroient à l'Hotel de Nevers pour la reformer; ce qu'ils firent le treize Fevrier de l'année 1588, de la maniere que je vous l'ai rapporté & du consenteme ntdu fondateur. Toutefois l'alienation de quelques-unes de ses Terres, la rapine de quelques-uns de ses Officiers & quelques autres empêchemens de cette sorte, ont corrompu avec le tems une si salutaire institution; & l'autorité de l'Assemblée, ni les Arrêts du Parlement, n'ont pû jusqu'à present arrêter le cours de ses desordres.

Mais passons aux autres Lotteries & à des recits plus courts & moins serieux; & disons que, selon quelques personnes, le combat des Centaures & des Lapithes, se fit après la premiere Lotterie du monde. Le partage de la Palestine entre les Israëlites est la seconde. La division de la Laconie par Licurgus en trente-neuf mille parts est la troisiéme; & le rapt des Sabines est la quatriéme. Romule, dit-on, en fut l'inventeur & le maître; la fortune de Rome y presida & la conduisit; les Romains y tirerent; les Sabines en furent les lots; l'Amour & Venus la delivrerent; & les Romains se contenterent si fort des lots qui leur écurent, qu'ils les conserverent aux depens même de leurs vies & en dépit des Sabins, qui disoient qu'il y avoit eu de la tromperie à cette Blanque.

L'illustre Sapho, en rapporte une cinquiéme dans son quatriéme tome de la Clelie, qui est si bien imaginée & qui approche tant de la verité, que bien qu'elle ne se trouve ni dans Plutarque, ni dans Tite-Live, on croit qu'elle se trouveroit dans Saluste, si le mauvais Genie des belles-lettres ne nous avoit ravi son Histoire Romaine. Elle prétend avec bien de l'esprit que lors qu'Albe domptée par la valeur & par la fortune Romaine, fut confondue avec Rome jeune, mais triomphante, les vaincus furent logés chés les vainqueurs par Lotterie, afin de leur ôter tout sujet de jalousie & de plainte. On fit, dit-elle, autant de billets qu'il y avoit d'Albins & de logis marqués pour eux. On mit au sort les uns & les autres, & les Albains se logerent dans les maisons que leur bonne ou leur mauvaise destinée leur départit. Mais sans m'amuser davantage à jouer avec la Lotterie, je ne sai si l'origine de ce plaisir ne vient point en verité des Romains & des largesses dont Agrippa, Neron, Titus, Stella, les Empereurs, les Consuls & les Tribuns du peuple terminoient les spectacles. Nous lisons dans l'histoire Romaine qu'ils écrivoient d'abord ces dons sur des bultins qui ressembloient assés aux billets de nos Lotteries, puis sur des pieces de bois quarrées comme des dés, & enfin sur de petites boules de bois, qu'ils jetoient de dessus le theatre au Peuple Romain, après l'avoir diverti par des spectacles ; & nous apprenons de Suetone & de Dion, que ce qui étoit écrit dessus se delivroit à ceux qui les pouvoient attraper. Les plus celebres de ces sortes de largesses furent celles de Neron & de Titus. Elles consistoient en une multitude presque infinie de mets rares & exquis d'oiseaux, de bœufs, de chevaux, de chariots, d'esclaves, d'or, d'argent en masse, en vases, en especes, & en quantité d'habits superbes, de terres labourables, de vaisseaux, de maisons, de Palais, marqués sur de petites boules. Titus fit la sienne après avoir donné durant cent jours au Peuple Romain des combats de Gladiateurs, de bêtes sauvages & de vaisseaux, avec le plaisir de la course des chevaux, des chariots & d'autres spectacles de cette sorte ; & à l'une & à l'autre on delivra à ceux qui se purent saisir de ces boules les choses qui étoient écrites dessus, où les lots qui leur étoient échus ; car si ce n'étoit pas là des Lotteries, c'en est au moins une belle image, pour ne pas dire l'origine ; & je doute que ce soit de là que soient venues ces Lotteries, dont je vais vous entretenir & que sur ces fondemens les François les ont renouvellées & embellies de jolies & de galantes inventions.

J'ai presque oublié que l'Empereur Heliogabale, de ridicule memoire, qui s'avisa le premier de traiter en peinture ses conviés, s'avisa aussi le premier de faire de ces sortes de largesses au Peuple Romain après les spectacles, & à ses Parasites après leur avoir fait bonne chere. Mais au lieu de les écrire sur des bulletins, sur des boules ou sur des petits morceaux de bois quarrés comme des dés, il les écrivit sur des coquilles ; & comme pour corrompre les grands exemples d'Agrippa, de Neron & de Titus, il n'y en avoit qu'une partie de bonnes, les autres étoient ou trompeuses ou ridicules, afin de recompenser les uns, de tromper & de railler les autres, & que ce fût proprement un jeu de hazard, selon Lampridius, ou selon nous une Lotterie, où chacun jouit de sa bonne & de sa mauvaise fortune. L'une de ces coquilles portoit cent pistoles, l'autre cent ballons ; l'une dix livres d'or, l'autre ou dix livres de plomb ou dix laitues ; l'une mille écus, l'autre ou des chiens morts ou une livre de chair de vache ; du reste, celle-ci promettoit dix ours, celle-là dix œufs ; celle-ci dix chameaux, celle-là dix grillons ; celle-ci dix autruches, & celle-là dix mouches.

Ce dernier lot me fait souvenir de l'Empereur Domitien, qui faisoit la guerre aux mouches & qui les estimoit plus qu'Heliogabale même ne les méprisoit. Mais quoique cette Lotterie fût composée d'une infinité d'autres lots de cette sorte qui enrichissoient les uns & sembloient insulter au malheur & à la misere des autres, néanmoins toute ridicule & railleuse qu'elle étoit, elle fut si bien reçue du Peuple Romain, qu'il se rejouit depuis d'avoir Heliogabale pour son Empereur, encore que ce fût un fou, un tyran & un impie. Elle fut d'ailleurs si bien reçue d'un chacun, que Lampridius

DE LA VILLE DE PARIS. Liv. XIV.

pridius rapporte que de son tems ce jeu de hazard étoit fort en usage, & que nous lisons dans l'histoire Romaine qu'elle descendit des Empereurs aux particuliers.

Quand les amis traitoient leurs familiers, ils terminoient souvent leurs festins par des Lotteries de cette nature, pour avoir moyen de rire & de jouer avec eux. D'autres moins enjoués mais plus magnifiques, leur en donnoient dont tous les lots étoient bons, & après leur avoir fait bonne chere. Et ce passetems a semblé si galant à Erasme, qu'il l'a donné à ses amis à la fin d'un festin qu'il leur fait dans ses Colloques.

Voila, Monsieur, de trois especes de Lotteries.

La premiere de largesse faite au Peuple Romain.

La seconde de largesse & de raillerie au Peuple Romain & à des Parasites.

La derniere de largesse faite par des amis à des honnêtes gens leurs amis & leurs familiers.

Sans doute que les Romains de ces tems-là tâcherent comme à l'envi d'imiter ces trois exemples. Ils tournerent assurément ce plaisir en diverses autres manieres galantes & industrieuses. Les Senateurs les plus graves donnerent aux Dames & à leurs Maitresses ces honnêtes voluptés, & y mêlerent un certain air de la Cour de Rome, qui étoit inseparable de toutes leurs actions, & le don de plaire dans le grand monde, dont les seuls Romains ont su l'usage. Les Dames les leur rendirent en la compagnie de leurs bonnes amies & de leurs familieres. Elles les rehausserent d'ornemens sans art, de graces negligées & peut-être de raillerie, mais de raillerie noble & Patricienne. Le Peuple même, qui par la communication qu'il avoit avec les gens de la Cour, participoit à sa politesse, voulut prendre de cette sorte de divertissement, mais il le remplit du caractere de l'esprit de Rome qui se trouvoit en tout ce qui s'y faisoit. Et si quelqu'un avoit écrit l'histoire de cette belle Ville, ou que ceux qui ont fait celle de ce grand Empire eussent voulu passer à ces sortes de galanteries, dont on apprend si heureusement les mœurs des Peuples, nous y verrions comme une peinture des graces & des plaisirs de la conversation des Romains, qui a effacé, à ce qu'ils disent, l'Atticisme de la Grece, & que Mr de Balzac a nommé l'Urbanité Romaine. De peur que Paris ne fasse de ces sortes de pertes, je vais rapporter comment on y a tourné ce passe-tems. Vous y allés voir que les Parisiens doivent beaucoup à leur Patrie, & qu'ils savent bien des choses qu'on ne leur a point apprises. Vous y verrés comme un abregé de l'histoire de la conversation des ruelles & des cabinets du grand monde de cette Ville ; & que des hommes & des Dames qui n'ont jamais entendu parler de Suetone, de Dion, ni de Lampridius, ont fait les trois manieres de Lotteries qu'ils ont racontées.

Monsieur le Cardinal Mazarin en a fait une de la premiere espece à la suscitation d'un de ses familiers, celebre par son esprit, par ses bons mots & par sa fortune. Il ne la donna pas au Peuple ainsi que Neron & Titus, mais aux gens de Cour & de fortune, car c'est une largesse qu'il voulut faire à la Cour & à la fortune, & qu'il couvrit du nom & de la pratique de la Lotterie. Il la composa de plus de bijoux, de diamans, de pierreries, que toutes celles dont je vous parlerai. Elle étoit plus riche, plus magnifique, plus nombreuse;& elle ne renfermoit pas seulement tous les enrichissemens des autres, mais on peut dire sans flaterie qu'elle les a toutes effacées. Tous les billets en étoient bons. On ne donnoit rien pour en être ; & si elle ne ressembloit en rien aux autres Lotteries, c'est qu'il y avoit des lots & des billets de differente valeur, que le sort distribua à sa fantaisie. Le Roi & la Reine-mere en voulurent être. Les Princes, les Princesses & les Dames les plus celebres par leur beauté & par leur dignité y furent admises. Chacun sans y avoir rien mis, y reçut un present de la fortune & un effet de la ma-

Tome III.

gnificence de Mr le Cardinal. Et comme c'étoit une liberalité qu'il faifoit à tous les Lottiers en general & en particulier, ils lui devoient tout ce qu'ils reçurent & ce qu'ils ne reçurent pas. Ceux qui recevoient le moins lui devoient autant que ceux qui recevoient le plus, puifqu'il ne tint pas à lui qu'ils ne reçuffent davantage ; & c'eft peut-être la premiere fois que la fortune fit du bien à tout le monde & ne fit mal à perfonne. Cependant, comme ce grand homme n'a jamais rien fait que l'envie n'ait tâché de mordre & de corrompre, on pretend qu'ayant alors reçu force balots de marchandifes qui ne lui plaifoient pas, & fu que force Dames qui avoient prifé les lots de leurs Blanques beaucoup plus qu'elles ne valoient, y avoient fait des gains très-confiderables, il refolut à leur exemple & fur ce modéle de faire une Lotterie de fes balots, & d'y prifer les lots bien davantage qu'ils ne lui coutoient. On ajoute que celui de fes familiers dont je viens de parler, le détourna d'une fi honteufe imitation, & qu'il lui perfuada de faire une largeffe de toutes fes nipes, de l'enrichir des chofes les plus pretieufes de fon garde-meuble, & de furprendre tout le monde par cette nouveauté & par cette magnificence. Mais on a remarqué que Mr le Cardinal admit à cette largeffe toutes les perfonnes de la Cour indifferemment, qui le follicitoient de leur accorder des recompenfes qu'il leur avoit promifes & qu'ils avoient meritées ; que ce fut un nouveau moyen dont il s'avifa pour fe défaire de ces folliciteurs, & qu'il leur fit fonner bien haut l'honneur qu'il leur faifoit de les mettre de fa Lotterie, & de les faire entrer dans les plaifirs du Roi, de la Reine & des Princeffes.

Un homme de neant, mais riche de concuffions, voulut quelque tems après imiter un fi grand exemple. Durant quelques jours le bruit courut qu'il avoit envie de donner liberalement à une troupe d'hommes & de femmes, une lotterie de dix mille écus, & qu'ils ne la tireroient qu'après qu'il les auroit magnifiquement traittées. Cependant ce bruit ne dura pas longtems, & de ceux qui ont taché d'en deviner la caufe, les uns ont dit que celui qui devoit donner cette blanque craignit de deplaire à Monfieur le Cardinal par cette émulation, d'autres qu'il apprehenda qu'on ne lui fit payer bien cherement l'ufure d'une oftentation fi magnifique.

Le Pere le Moine a fait une lotterie d'une feconde efpece, ou pour vous en faire mieux reffouvenir, de raillerie, comme Heliogabale dans une lettre morale de la fortune, qu'il a écrite à Monfieur le Premier Prefident. Quoi que vous aimiés fort les bons vers, & que vous en faffiés de très excellens, je ne penfe pas que vous ayés lû cette belle lettre. C'eft pourquoi je vous dirai que le Pere le Moine l'a commencé par la defcription du Palais de la Fortune, & par les portraits de fes Courtifans, & qu'il rapporte qu'il la vit montée fur un balcon, fe divertir à jetter à un monde d'hommes & de femmes qui lui tendoient les mains, une infinité de boules dorées & femblables, mais differentes de prix & de valeur, la plupart de boue & d'argile colorée. Ici cette trompeufe Déeffe regarde d'un air railleur, une multitude prefque innombrable de malheureux, qui battent, mordent, déchirent leurs compagnons pour leur arracher les boules d'argile qu'ils ont attrappées, & fe moque de leurs coups & des blafphêmes que vomiffent contre elle ces fous indignés de s'être batus pour de la boue. Là elle reçoit avec mépris le culte défordonné que lui rend une petite troupe de faux heureux, qui ont eu fes meilleurs lots; & fe rit de ces infenfés, que les richeffes vont combler de foins, de paffions, de maladies, & des autres fuites de fes profperités courtes & precipitées.

Enfin, l'Auteur fe raille de ces extravagans, qui courent après de faux biens, & qui ne fe foucient point de la fcience, du jugement, de la vertu, ni des autres biens vrais & folides, qui nous font jouir d'une immortelle reputation.

La lotterie de la derniere efpece renouvellée par Erafme, a été pratiquée

DE LA VILLE DE PARIS. Liv. XIV.

par des Amans, & par des perfonnes liberales. Je parlerai en fon lieu de celle des Amans. Je dirai ici feulement, que les Liberaux & les Amans, les donnoient après des feftins; qu'ils y faifoient de deux fortes de billets, que dans la moitié ils écrivoient les noms de tous leurs conviés, dans l'autre les chofes magnifiques qu'ils leur vouloient donner, & qu'ils fe fervoient du hazard de la lotterie pour les diftribuer entre eux. Je dirai encore que les uns & les autres ont fait des blanques où il y avoit quelques billets blancs, afin que la fortune fit des malheureux qu'on puffent plaindre ou railler; d'autres en ont fait de plufieurs autres efpeces dont je vais vous entretenir.

Me voici enfin à l'autre partie de ce difcours, où je dois parler des lotteries de Paris. Si je la commence par les lotteries riches & fuperbes, c'eft pour vous faire reffouvenir de celles des Tribuns du peuple des Confuls & des Empereurs Romains, & ce n'eft point pour comparer en aucune façon la magnificence de Paris moderne, à la magnificence de Rome antique. Il regorge d'opulence & de luxe, & renferme plus de quatre cens perfonnes riches de trois millions ; mais, comme chacune de ces perfonnes ont fait des blanques fomptueufes, je n'aurois jamais fait, fi je voulois entreprendre feulement d'en faire le denombrement. Qu'il vous fuffife de favoir que les femmes & les amis des gens d'affaire en ont fait comme à l'envi, qui n'étoient qu'or, argent, pierreries ; que les Princeffes, à qui la magnificence eft bienfeante, ont voulu donner ce divertiffement à leurs amies & à leurs familiers : mais que malgré leurs foins & leurs depenfes, il n'a pas repondu à leur dignité. L'éclat en a prefque toujours été flétri par ceux des femmes ou des amies des gens d'affaire, & pendant que ces Concuffionnaires avoient plus de Lottiers qu'elles ne vouloient, les Princeffes, ou en manquoient ordinairement, ou étoient contraintes de ne point achever leurs lotteries, ou de les faire plus petites qu'elles n'avoient projetté.

Je ne vous déduirai pas les blanques du Roi, de la Reine-Mere, & de Monfieur le Duc d'Anjou, car elles ont rempli tout le Royaume du bruit de leurs richeffes : & fi je croyois que vous fuffiés que le Roi a paffé à ce plaifir force foirées de l'hiver de l'année 1658, que les billets de fes lotteries valoient cinq piftoles ; que les plus petits lots étoient de deux piftoles & demi, & le gros de cent, je me garderois bien de vous le rapporter.

Bien que les lotteries de Madame la Procureufe generale aient effacé par leur valeur & par leur richeffe toutes les lotteries de Paris, à la referve de celles du Roi, de la Reine-Mere, de Monfieur le Duc d'Anjou, & de Monfieur le Cardinal, ce n'eft pas toutefois par là qu'elles doivent être confiderées, & ce n'a pas été à caufe de leurs richeffes qu'on en a parlé par toute la France. Elle y avoit affemblé tous les bijoux que les Marchands induftrieux inventent & accommodent fi proprement : on y trouvoit un riche affemblage des gentilleffes qui nous viennent des Indes & de la Chine : quantité de perles, de diamans, de pierreries, & d'autres enrichiffemens, qui ne font pas tant pour l'ufage que pour la magnificence & la pompe, & qui conviennent fi bien à la beauté, à l'opulence & à la dignité de cette Dame, faifoient la principale partie de cette blanque. Cependant ce n'eft rien de tout cela qui fait qu'on en parle encore, c'eft, qu'étant arrivé un petit coffret à Monfieur de Boifrobert, qui a été des lotteries de cette Dame, au lieu de ce petit lot elle lui envoya un miroir grand & riche, dont elle le trompa avantageufement lui & la fortune, qui ne l'avoir pas tant favorifé, & dont il la remercia par un Madrigal que je ne vous envoie point, parce que je penfe que vous l'avés lû dans fon fecond volume de lettres. C'eft encore, Monfieur, que ceux dont la deftinée tient à celle de Monfieur le Procureur general, ayant pris des billets à une autre de fes blanques, pour des fommes très-confiderables, & n'ayant pas reclamé les lots qui

Tome III. K ij

leur étoient échus, mais publié d'un ton galant, & d'un air obligeant, qu'ils n'avoient eu que des billets blancs, la Maitresse de cette lotterie envoya à l'Hopital general tous les lots que personne ne demanda, & couronna ce divertissement par une largesse inouie, qui lui attira les vœux & la benediction de sept à huit mille malheureux.

Si, des lotteries de magnificence, je passe aux lotteries de devotion & de charité, je ne serai point empêché par la multitude d'en faire le choix. Car bien que le nombre des personnes devotes de Paris soit presque infini, & que pour contribuer à leur pieté, on fasse imprimer tous les ans un Almanac spirituel, où sont marquées les Fêtes, les Indulgences, les Predications & les Conferences de pieté qui se font chaque jour dans les Eglises & les Hopitaux de cette Ville, j'ai eu neanmoins bien de la peine à decouvrir trois blanques faites par charité. Madame la Presidente de Herse, Madame Traversé & Madame de Lamoignon, trois Dames d'une vertu exemplaire, firent la premiere. Ces Dames touchées de la misere des Esclaves d'Alger, s'aviserent de se mettre à la mode une fois en leur vie, pour retirer quelques Chrétiens de la servitude où ils gemissent. Pour cela elles publierent leurs lotteries par des billets imprimés qu'elles repandirent dans Paris, & qu'elles envoyerent dans les Provinces; elles ne prirent que quarante sols pour billet, mais elles compterent la moitié de l'argent de leur blanque aux Religieux Mathurins qui exercent si heureusement ce divin trafic, & ce commerce pieux des Esclaves, & distribuerent fidelement l'autre moitié à leurs Lottiers, selon que la fortune, ou pour parler comme ces Dames vertueuses, selon que la Providence divine en ordonna.

Sur un modele si charitable, Madame la Presidente de Nesmond a fait depuis une lotterie d'onze à douze mille livres, pour subvenir aux frais de l'edifice de l'Eglise St Nicolas du Chardonnet sa Paroisse, qu'on commence à rebâtir. Sa vertu & sa dignité y attirerent la plupart des Paroissiens de St Nicolas, & quantité d'autres personnes. Comme à la blanque que je viens de rapporter, elle n'en retint pas la moitié, elle se contenta du tiers, & sollicita ceux qui seroient heureux à sa lotterie, de faire part à son Eglise de leur bonne fortune; mais elle ne recueillit point de sa sollicitation l'avantage qu'elle en esperoit, soit que les uns ne se voulussent point ressouvenir d'une priere si raisonnable, ou que les autres ne s'en ressouvinssent point, parce que la blanque dura fort long-tems, il est certain que personne ne fit part de sa bonne fortune à sa Paroisse.

En ce tems-là, une petite colonie de Dames vertueuses & qualifiées, fit une autre blanque de charité d'une espece toute singuliere. Ce ne fut point en faveur ni de leur Paroisse, ni des Esclaves, mais en faveur de leur Confesseur, Religieux de l'Ordre de St Augustin, personnage d'une vertu consommée, élevé à la dignité d'Evêque; & ce fut pour lui fournir l'équipage convenable à sa Prelature, qu'il ne pouvoit tirer de la cellule d'un pauvre Religieux, & le remercier par cette petite largesse du bon ordre qu'il avoit apporté à leurs consciences. Elles firent autant de billets qu'elles trouverent de Dames reconnoissantes: comme aux autres lotteries, au lieu de recevoir les lots écrits sur les bons billets, il leur falloit achetter les lots qui leur arrivoient, pour les donner à ce nouveau Prelat. Dans l'un elles écrivirent un parement d'Autel complet & fort beau, dans l'autre une crosse, dans l'autre un anneau, dans celui-ci un carosse, dans celui-là six chevaux pour le tirer, dans les autres tout ce qu'elles crurent necessaire à un Evêque. Du reste, quelques railleurs ajoutent qu'elles avoient tant d'envie de contribuer quelque chose à l'équipage du Directeur de leur conscience, que celles à qui la fortune départit les billets marqués en devinrent superbes; & depuis que ce bon Religieux gouvernoit leur ame, ce fut, disent-ils, la premiere fois qu'elles se laisserent emporter à la vaine gloire. Les autres au contraire, à qui échûrent les billets blancs, en furent, dit-on, tellement affligées, qu'elles penserent se desesperer ; elles l'eussent même peut-être fait, si ce bon Prelat ne les eut consolées dans leur infortune. Bref, on accuse la vertu des unes & des autres de plusieurs semblables fougues ; mais ces Dames sont trop sages pour ne les pas desavouer, & trop bien disciplinées pour le ... oi. faires.

D'autres, sous le nom de quelques Religieuses faineantes, ont fait une blanque des Instrumens de la Passion, & en ont distribué les fouets, la corde, l'échelle aux hommes & aux Dames de la Cour, qu'ils jugeoient dignes de ces peines.

Puisqu'insensiblement je passe aux lotteries faites par des personnes spirituelles, je vous dirai qu'ils ont tourné la blanque en une infinité de façons ingenieuses & divertissantes ; les uns l'ont accomodée à leur genie, les autres à leur occupation, d'autres y ont payé de bel esprit, tous y ont joué avec le hazard d'une maniere toute particuliere.

Un petit nombre choisi de Dames & de Demoiselles judicieuses & intelligentes, se sont diverties comme les autres à cette sorte d'amusement ; mais ç'a été sans bruit, & pour s'accommoder à la mode. Bien loin de faire leur lotterie avec autant de faste que celle que vous venés de voir, elles n'en prirent que les bonnes qualités, elles en éviterent les mauvaises, elles n'y reçurent que des gens d'élite, & y apporterent toutes les graces qui font les plaisirs de la conversation & de l'esprit.

Une troupe d'élite de Dames belles & ingenieuses, & qui font de bons vers, se sont avisées de faire une lotterie, dont tous les billets étoient bons, & ordonnoient aux galants hommes & aux belles Dames à qui le sort les distribuoit, de divertir la compagnie par un Madrigal, une Epigramme, un Sonnet, ou quelqu'autre petit Poëme de leur composition.

Un Chevalier de Malte, celebre par ses bons mots, en fit une, où il admit la plupart de ses familiers, & qu'il composa de lots plaisans, qui furent tirés & distribués selon le talent & le genie de ses Lottiers. A un brave qui lui sembloit parler beaucoup, il lui fit tomber malicieusement un cadenas, comme pour lui fermer la bouche ; & ainsi des autres.

Un de nos amis qui s'est le premier raillé des precieuses, & qui a publié leurs extravagances, introduisit dans une comedie des Precieuses, un Poëte qui à l'instigation de la principale Actrice expose au hazard de la lotterie la reputation, ou le rang que doivent tenir les Poëtes & les Romanciers François. Je ne vous en ferai point la liste, ni ne vous dirai point l'ordre qu'il leur donne. Vous vous contenterés de savoir que, comme il n'y a rien au monde de plus libre & de plus divers que l'opinion, l'Auteur de cette comedie & de cette lotterie, porte en quelques endroits le même jugement de nos Poëtes, que fait Mr Furetiere dans sa Nouvelle allegorique ; & que s'il parle du Polexandre, comme du Roman le mieux écrit, & l'un des plus agréables de notre tems, en revanche il parle du Poliandre, & de la solitude de Cleomede, comme de livres qui ont ruiné les Libraires qui les ont fait imprimer ; aussi bien que la Science universelle, & quelques autres ouvrages du même Auteur.

La Salle Daufine a retenti durant quelques jours d'une autre blanque qu'a imprimée Charles de Serci, & qu'a faite un vieux Auteur de notre connoissance, qui ne manque pas d'esprit. Je ne vous dirai pas son nom, de peur que si je l'avois dit, & qu'il vint à s'en plaindre, je ne fusse pas d'humeur à le changer, comme a fait Monsieur Furetiere dans la seconde edition de sa Nouvelle allegorique ; mais je vous dirai ce qu'on pense de sa blanque, de crainte que vous ne vous amusiés à la lire à vos heures perdues. Personne ne la compare, ni au Berger extravagant, ni à Francion, deux bons Romans que ce Lottier a fait en sa jeunesse, & qui lui ont donné le nom qu'il a acquis, encore qu'il les desavoue. La plupart la mettent en paralelle avec la Science universelle qu'il a composée dans la vigueur de son âge, & sur le declin de son esprit, & qui ne l'a pas maintenu dans son ancienne reputation, encore qu'il l'estime plus que le Francion & le Berger extravagant. Et on tient qu'elle est de la force d'un tas d'autres ouvrages de cette nature, & de sa composition, dont les uns remplissent les magasins des Libraires qui les ont imprimés sur sa parole, les autres sont encore dans son cabinet, parce qu'on ne les veut point imprimer, comme il l'a souvent confessé à plusieurs personnes, & sur tout à ceux à qui il les a lûs en depit qu'ils en eussent. Cependant, comme il n'y a point de si mechant livre, où on ne trouve quelque chose de bon, on m'a montré à la suite de cette mauvaise lotterie quinze ou seize billets galans, qui m'ont semblé fort bons, & qui meritent bien que vous les lisiés. On les impute à une Dame fort galante & fort vertueuse, qui est mariée à l'un des principaux Officiers de feu Monsieur le Duc d'Orleans. Quelque bons qu'ils soient, je crois que vous les auriés trouvé meilleurs, si vous les aviés vûs avant que d'avoir été gâtés par de mauvais Critiques, qui les ont voulu corriger.

Quelques-uns de ces gens de même quartier, qui se traittent souvent les uns après les autres, s'aviserent assés plaisamment de se traitter par lotterie, afin, disoient-ils, de manger à la mode, & d'une façon nouvelle. Comme aux lotteries ordinaires, ils faisoient autant de billets qu'ils étoient de Conviés ou de Lottiers, & les faisoient, partie blancs, partie marqués de bons morceaux qu'ils vouloient manger ensemble ; mais au contraire des lotteries ortinaires, les billets blancs étoient les meilleurs, aussi s'appelloient-ils billets francs, parce que les personnes à qui ils arrivoient, assistoient francs & quittes à la petite fête de leur voisinage. Les billets marqués étoient les mauvais billets, parce qu'ils coutoient de l'argent à ceux à qui le sort les distribuoit, & qu'ils excitoient la compagnie à railler les malheureux à qui ils étoient échus, & servoient durant le souper d'un entremets assés facetieux. Car pour assaisonner de nouveaux mets & de nouveaux ragoûts la bonne chere que faisoit ce petit nombre choisi de voisins & de voisines, les uns se felicitoient plaisamment entre eux de leur bonne fortune, & jouoient le plus agreablement qu'ils pouvoient, ceux qui les traittoient ; les autres recevoient gaiement les railleries, & les repoussoient le moins mal qu'il leur étoit possible ; & de la lotterie & de ses caprices ils tiroient tous de quoi faire un bon festin, & de quoi jouir encore du plaisir du festin & de la compagnie.

Pour le reprendre & le continuer encore après le repas d'une autre sorte qui ne fut ni moins enjouée, ni moins singuliere, ils se lioient ensemble par de petits secrets qu'ils se reveloient à l'oreille, par des contes, des complimens, des reverences qu'ils se faisoient, par des baisers qu'ils se donnoient aux mains, aux bras, à la joue, à la bouche, par des alliances qu'ils contractoient, & par cent autres innocentes & jolies bagatelles, dont ils se rapportoient au hazard de la lotterie, dont ils trompoient le tems, la nuit, le sommeil, & dont ils se trompoient eux-mêmes. Ces nouveaux parens se rejouissoient avec leurs nouvelles parentes de leur nouvelle affinité, les neveux vouoient un respect inviolable à leurs belles tantes ; les peres juroient un amour immortel à leurs belles filles, les filles s'obligeoient d'honorer leurs belles-meres toute leur vie, encore qu'elles ne fussent que leurs marâtres. Quand le sort marioit un homme d'esprit à une fille qui en avoit davantage, ces nouveaux mariés disoient tant de bonnes choses qu'il sembloit que le genie de la lotterie leur reveillât l'esprit ; ils ne laissoient échaper aucune occasion de se faire l'amour, & de contrefaire les jaloux ; & ils representoient si naïvement devant le monde les honnêtes déportemens des nouveaux mariés, que des personnes de leur connoissance ont pris souvent leur jeu pour une verité.

Vous dirai-je qu'une des plus belles soirées de l'hiver de l'année 1657, une troupe d'Abbés, d'hommes & de garçons de ma connoissance, se marierent par lotterie avec des Dames & Demoifelles, des filles & des femmes de leur voifinage, & qu'ils pafferent leur contrat de mariage par devant lotterie, fi je puis ainfi parler. A caufe qu'ils étoient onze de notre fexe, & dix de l'autre, on arrêta de mettre deux hommes dans le gros billet. Comme on ne vouloit faire ces efpeces de mariages que pour rire, & pour avoir un moyen nouveau & à la mode de s'entretenir gaiement pendant quelques foirées, la plus mauvaife perfonne de la troupe propofa de mettre dans le gros billet le nom de deux Abbés qui fe rencontrerent dans l'affemblée, ce qui fut reçu tout d'une voix, & avec des acclammations & des cris de joie. En cette occafion la fortune fit de fes tours ordinaires; elle favorifa les uns & badina avec les autres. A la plus belle, à la plus jeune & à la plus heureufe Demoifelle de la compagnie elle delivra le gros lot, ou les deux gros Abbés. A la plus fpirituelle, & à la plus achevée elle fit tomber le lot où étoit écrit le nom du plus galant homme & du plus fpirituel de la troupe, qui agita fouvent le bel efprit de la nouvelle époufe. Le refte des lots échut affés bifarement, & foit que des perfonnes qui les eurent, les uns n'euffent rien de plaifant à dire de leurs nouvelles noces, ou qu'ils haïffent jufqu'à l'image & à l'ombre du mariage, ils fe deffirent de leurs femmes comme de leurs chemifes. Les autres s'en trouverent fi bien que les femmes conferverent long-tems la qualité de maitreffe; les maris ne voulurent point quitter celle de ferviteurs : ni les uns ni les autres ne fe plaignirent jamais de la lotterie qui les avoit mariés, & avouerent que leurs mariages étoient les premiers bons mariages du monde, & que le fort avoit fait par hazard ce que l'amour, la raifon & la bonne conduite n'ont peut-être fû faire jufqu'à prefent.

 Vous dirai-je encore que l'une des plus longues foirées de l'hiver de l'année 1658, une autre compagnie de gens auffi galans que fpirituels, fit une lotterie que Charles de Serci Libraire du Palais a fait imprimer en mauvais état, & qui fut nommée la lotterie d'amour. L'amour qui en étoit le maître, & l'amoureufe deftinée qui y prefidoit, y admirent feulement des amans, & ceux qui avoient envie de le devenir. Les gros billets en petit nombre étoient remplis d'affurances d'un amour inviolable & immortel; les autres en très-grande quantité étoient blancs, & les autres étoient ou remplis d'efperance, ou marqués de temoignages d'eftime, d'inclination & d'affurances d'amitié, de tendreffes, d'affection naiffante, & d'affection confommée. Au lieu d'argent comptant les amans languiffans y portoient des vœux, des foupirs, des larmes; les amans galans & bienfeans y donnoient des poulets, des belles parolles, des difcours éloquens & paffionnés. Au lieu de lots on leur delivroit les temoignages & les affurances d'eftime, d'affection, d'amour qu'on avoit merité. Pour en publier la valeur, on en avoit fait un tarif où on voyoit combien en amour un ou plufieurs foupirs valoient de graces & de demie-graces, combien on eftimoit les vœux, les plaintes, les lettres, les offres de fervice & les autres marques de refpect & d'amour. Et pour bannir toutes les fourbes qui avoient troublé les autres lotteries, on banda les yeux à un petit enfant plus beau que Cupidon, & fils d'une mere plus belle que Venus; on lui mit des ailes comme à l'amour, on l'arma d'un arc, de fleches; & d'un carquois, & dans un équipage fi amoureux, on lui fit tirer tous les billets de cette blanque. Les bienheureux à qui il diftribua les bons billets, lui rendirent foi & hommage, & lui facrifierent leurs cœurs, les autres fe plaighirent de lui, mais il les confola amoureufement, & les excita de s'opiniatrer à tirer, & d'efperer de remporter avec le tems quelque bon lot.

 D'autres efpeces d'amans ont fait plufieurs lotteries de largeffe fur le modele de celle de Monfieur le Cardinal. Si elles n'ont pas été fi magnifiques, ce n'eft pas faute d'amour & de bonne volonté : les amans difcrets les ont donnees fans bruit à leurs maitreffes, & à une troupe choifie de leurs amies & de leurs familieres, & s'y font comportées avec tant d'adreſſe, qu'elles ont trompé les ïeux & la vigilance de leurs meres, & de certaines Dames qu'elles leur avoient donné pour éclairer leurs actions. Les Amans tumultueux les ont données avec les vingt-quatre violons après un magnifique ſouper, & une ſplendide collation. Ils n'y recevoient pas ſeulement avec les amies & les familieres de leurs maitreſſes, des gens de leur connoiſſance, ils y admettoient encore des Gens qu'elles ne connoiſſoient pas, & de ces écorniſleurs de converſation qui paient leur écot du débit d'une petite nouvelle de bon ou de mauvais alloi, & qui en ſont toujours gros, quoiqu'ils en accouchent tous les jours. Les autres leur donnoient ce plaiſir à l'improviſte, & ſatisfaiſoient leurs maitreſſes par cette ſurpriſe, & par les jeux d'eſprit qu'ils y faiſoient entrer. Ceux-ci leur donnoient ce divertiſſement au lieu de bal, ceux-là au lieu de comedie ; & ce paſſe-tems eſt à la fin devenu ſi commun, que pendant quelques mois on ne parloit preſque plus à Paris de regaler les Dames de bal, de comedie, & de ces autres plaiſirs innocens dont on trompe le tems & les femmes. On prenoit tant de plaiſir à la lotterie & à ſes avantures, qu'on ne parloit plus que de donner lotterie.

En ce tems-là, Madame d'Ombreval en fit deux ; l'une de galanterie & de largeſſe, le ſoir des noces de l'une de ſes parentes, à la mariée & à toute l'aſſemblée ; l'autre de dix mille livres, qui fut tirée en preſence de ceux qui en étoient, & après les avoir regalé d'un ſuperbe ambigu, pour parler comme certaines femmes qui inventent tous les jours de nouveaux mots, de nouveaux ragoûts & de nouvelles voluptés.

Une Demoiſelle d'eſprit en ouvrit une des tulipes & des fleurs du jardin de ſon pere, ſur le declin de la vie & de la raiſon de ce célebre Tulipier. Son bel eſprit, la ſingularité & la rareté de ſa blanque, y attirerent un aſſés grand nombre de curieux. Ses billets valoient cinquante francs ; le petit lot dix piſtoles ; le gros une planche de quatorze à quinze cens livres. Toutefois elle ne la tira point, parce qu'elle ne reçût pas aſſés d'argent.

Les jeunes & les coquettes de profeſſion en firent des dépouilles des galans qu'elles avoient duppés. Si on veut croire la médiſance, ces artificieuſes s'y porterent avec tant d'adreſſe, qu'elles vendirent bien cherement aux uns les nippes qu'ils leur avoient données, & qui ne leur avoient coûté que des œillades ; elles ſurent ſi bien cajoler les autres, qu'ils ſe mirent de leur lotterie, comme on dit, pour leurs beaux ïeux ; & celles perſuaderent à d'autres que les braſſelets, les bagues, les miroirs, les points de Veniſe, & leurs autres bijoux dont elles compoſoient leur blanque, étoient autant d'otages de l'affection qu'elles leur portoient, ou qu'elles avoient envie de leur porter à l'avenir. Chacun, en un mot, a accommodé la lotterie à ſa profeſſion, & l'a ſervie à ſes amis en divers plats de ſon métier.

Le Sommelier de l'Hotel de Rambouillet en a fait une de toutes les pieces qui entrent en l'art de Sommellerie. De bons buveurs en ont fait de jambons, de ſauciſſes, de bouteilles de vin de tous les goûts & de toutes les cuvées. Des gens plongés dans toutes ſortes de voluptés en ont fait de licentieuſes, où ils ont renouvellé le rapt des Sabines. Un Patiſſier en a fait une de toutes ſortes de pieces de four, depuis le pâté de venaiſon & le pain beni, juſqu'à la tarrellette & à la riſſolle. Les Servantes & les Laquais en ont fait comme les honnêtes gens. L'Executeur même de la Haute Juſtice a été forcené de cette mode, comme les autres hommes. Et cette fureur de lotterie dont à la fin nous commençons à guerir, a fait de ſi étranges ravages, qu'il y en a eu à Paris depuis le ſceptre juſqu'à la houlette, depuis la couronne juſqu'à la calle ; & qu'un de nos amis voyant que tant de monde s'en mêloit, s'écria en riant, que la grande lotterie étoit accouchée d'une infinité de petites. Bref, il n'y a pas eu juſqu'à de pauvres Religieuſes, & quelques Marchands Merciers du Palais, à qui on

faiſoit

DE LA VILLE DE PARIS. Liv. XIV.

faifoit plier les billets de ces Blanques, qui fans être de ces Lotteries, n'ayent trouvé un nouveau moyen de fe divertir à toutes celles qui fe faifoient.

Lorfqu'ils avoient du loifir ils écrivoient fur ces billets les bons mots & les proverbes gais & fatiriques qui leur venoient à l'efprit. Quelquefois ils y mettoient, *vous en tenés, tu es bien attrapé, l'euffes tu cru* ; quelquefois, *h que tu eft fot, il n'y a plus rien pour vous*, & autres femblables quolibets équivoques ; & ils s'y comportoient de cette forte pour fe railler de ceux qui après les avoir ouverts & lus fort avidement dans l'efperance d'y lire quelque bon lot, fe trouveroient par ces parolles railleufes fruftrés de leurs efperances. Car fouvent le hazard comme voulant être de la partie, faifoit tomber les billets où il y avoit, *vous en tenes*, à des jaloux ou à des maris pacifiques qui avoient époufé des femmes pour eux & pour leurs amis, ou bien à de belles & cruelles Dames, qui après avoir long-tems negligé les services de quelques perfonnes de condition & de merite s'étoient ou mariées ou données fourdement à des gens dépourvus de ces avantages. Tantôt les billets où il y avoit écrit, *tu es bien attrapé & l'euffes tu cru*, arrivoient à des hommes qui après avoir refufé en mariage des filles fort fages, en avoient époufé qui avoient ou perdu leur honneur en le cherchant, ou laiffé cueillir cette fleur fenfitive qu'on a tant de peine à conferver contre les approches des avanturiers. Quand enfin la Fortune avec fatire & avec raifon, faifoit tomber ces billets à de bons maris, à des pretieufes, à de vieilles filles & à d'autres perfonnes qui meritoient ces infultes, elle fe jouoit malicieufement avec les mots & les proverbes de ces Marchands & de ces Religieufes, & expofoit aux ïeux de tout le monde des fecrets que ces Lottiers ignoroient ou vouloient ignorer, & dont ils s'entretenoient feulement avec leurs penfées.

Mais perfonne n'a joué plus ingenieufement avec la Lotterie que Sapho dans le quatriéme tome de fa Clelie, où elle en rapporte trois de fon invention. J'ai raconté la prêmiere ci-devant. Dans la feconde, les cœurs d'une grande compagnie d'hommes & de Dames de merite font écrits ou mis à l'avanture dans les billets, fans diftinction de perfonne. Chacun y tire le fien pour voir fi la fortune qui eft aveugle auffi-bien que l'amour, difpofera heureufement de fon cœur. On y mêla les cœurs des hommes avec ceux des filles & des femmes pour faire jouer la fortune avec l'amour, & on y fit entrer tout ce qu'on pût de plaifant fur cette matiere, pour rire & tirer de bons mots de toute l'affiftance. Lorfqu'une Dame venoit à avoir le cœur d'un homme, on ne manquoit pas de dire qu'elle en étoit aimée. S'il arrivoit à un homme le cœur d'une fille ou d'une femme qu'il aimoit, on difoit qu'il devoit efperer quelque jour de recevoir le prix de fon amour & de fes fervices. Quand un homme tiroit le cœur d'un autre homme, il paffoit plutôt pour bon ami que pour parfait amant. Et quand le fort rendoit à un homme le cœur qu'il avoit porté à la Lotterie, on pretendoit qu'il n'aimoit que foi même, qu'il ne donnoit point fon cœur, & que s'il le laiffoit quelquefois aller, ce n'étoit que pour le préter & pour le redemander auffi-tôt à celle à qui il l'avoit laiffé prendre. Je laiffe à part que Sapho fait faire à fes Lottiers & à fes Lottieres quantité d'autres galanteries; que l'un prie les Dieux de bien conduire fon cœur; l'autre defire que le cœur de fa Maitreffe lui vienne entre les mains, au moins de cette façon ; que celle-là prend par hazard un cœur qu'elle aime & qu'elle poffede ; que celle-ci remue & femble choifir tous les billets les uns après les autres, comme fi elle vouloit choifir le cœur qu'elle veut prendre ; & que le fort difpofa de la plupart des cœurs de l'affemblée avec tant de bonheur, qu'il donna bien de l'exercice aux beaux efprits qui la compofoient.

La troifiéme Lotterie de Sapho eft compofée de plaifirs & de peines, & conduite de telle forte que ce qui paroît hazard ne l'eft qu'en apparence,

& que chacun ayant le plaisir ou la peine à quoi il est le plus propre, se tire fort bien de cette Blanque. Je passe plusieurs circonstances ; que le premier billet porte que celui à qui il arrivera fera chanter une chanson à qui il lui plaira de la compagnie ; que le second oblige un autre à dire son avis d'une question d'amour ; que le troisiéme condamne un grand parleur à garder le silence le reste de la soirée ; & que le quatriéme force un homme qui aime à se taire, de reciter l'histoire de sa vie. Je passe ces petites choses & d'autres semblables, pour vous dire que du reste des lots les uns commandent à deux personnes magnifiques de donner dans deux jours la musique à l'assemblée & de regaler ce jour-là les Dames d'une collation ; que l'autre ordonne au plus galand & au plus enjoué de la troupe de divertir la compagnie par le recit d'une histoire amoureuse après la musique & avant la collation, & que ce dernier lot échut à Mr Sarrazin, figuré sous le nom d'Amilcar, qui entendoit fort bien la belle galanterie, & ne se tiroit pas mal de ces sortes de narrations. Deux jours après les Lottiers & les Lottieres, jouirent ensemble du plaisir de la musique, apprirent d'Amilcar l'histoire du Poëte Hesiode, s'entretinrent, collationnerent, se promenerent ensemble. Et parce que les savans lisent fort vîte, & qu'ils n'ont sû lire ce recit en six ou sept heures, ces gens qui n'ont pas toute la patience que demande une si belle histoire, la trouvent trop longue de quatre ou cinq heures. Davantage, ceux qui sont un peu gais & bons critiques, se plaignent de ce qu'elle finit par la mort d'Hesiode, de sa Maitresse, de son Esclave, du Prince de Locres, de Lysicrates, favori de ce Prince, & des freres de la Maitresse de ce grand Poëte, & assurent que la tristesse que leur cause tant de morts inopinées les privant du plaisir qu'ils attendoient, fait que Sarrazin ne s'acquitte pas de la peine portée par son billet, & plonge toute l'assemblée dans une profonde douleur, au lieu de la divertir par des incidens amoureux, comme il y étoit obligé par son lot & par son genie. Ils admirent tous ensemble les beaux portraits des Poëtes, Grecs, Latins, Espagnols, Italiens, François, antiques & modernes, nouveaux & anciens, que Callioppe montre à Hesiode endormi sur le Parnasse ; ils sont même bien aise de voir en un lieu tant de belles peintures & de jugemens desinteressés sur les ouvrages de ces grands personnages. Cependant tantôt ils se plaignent qu'ils ont lûs souvent dans des Grammairiens modernes ; tantôt ils disent que plus ils cherchent pourquoi devant Hesiode endormi, Sapho fait la montre de tous ces Auteurs, plus ils découvrent qu'elle le fait sans necessité & pour trancher de la savante. Ils ajoutent que cette vision qui dure plus de deux heures rompt le fil de l'histoire de ce Poëte, & ne sert qu'à faire savoir que les éloges de ces hommes illustres n'ont pas été faits par Sapho, qui ne sait ni Grec, ni Latin & qui ne sait peut être pas assés d'Italien & d'Espagnol pour porter de ces sortes de jugemens. Mais ils veulent tous que par un si long recit elle se fait tort à elle-même & à la memoire de Mr Sarrazin, qu'elle represente enjoué dans les cinq volumes de sa Clelie, & qui l'étoit en effet. Ils pretendent qu'un homme si galand se fût bien gardé d'étourdir si long-tems tant d'honnêtes gens qui pour collationner ensemble attendirent six ou sept heures la fin de l'histoire qu'il leur recitoit, & à qui il fit perdre la nuit à l'entendre parler. Ils blâment aussi cette Damoiselle d'engager après cela les auditeurs d'Amilcar à causer, rire, se promener, collationner, entendre la musique, comme s'il pouvoit encore être tems de tout cela, ou qu'il ne fallut pas que les Dames & les Demoiselles bien nées & delicates qui composoient l'auditoire de Mr Sarrazin, songeassent plutôt à se retirer qu'à la collation, à la musique & à la promenade : & ils ne sauroient lire à la fin de la vie d'Hesiode l'éloge de cette longue narration, ni souffrir que Sapho leur montre l'art qu'elle y a apporté pour l'allonger, & leur apprenne que d'un recit qu'elle reduit en une page, elle en ait fait une amplification de sept heures. Enfin ceux qui

DE LA VILLE DE PARIS. Liv. XIV.

ont obfervé que dès qu'Herminius commença à devenir homme de Cour, il ceffa d'être autant affidu chés Sapho, qu'il l'étoit auparavant, publient hautement que les plaintes qu'elle fait faire à Climene contre Lyficrate, font celles là même qu'elle fit en effet à Herminius quand Cleomine le fit Secretaire de fes belles dépêches. Elle fe plaignit, difent-ils, à lui-même de fa nouvelle nonchalance, par les beaux vers qu'elle compofa fur ce fujet, & qu'elle a fait entrer dans l'hiftoire d'Hefiode. Plus ils font pleins de cette tendreffe qui regne dans tous les endroits de fon Cyrus & de fa Clelie, plus ils expriment naïvement la douleur qu'elle avoit de ce que la nouvelle élevation d'Herminius interrompoit la focieté de leurs efprits que les Mufes ou les belles-lettres avoient fondée & entretenue.

Voila, Monfieur, les petits deffauts qu'on a remarqués dans la derniere Lotterie de Sapho, qui font en bien plus petit nombre que les beautés que j'y admire avec tout le monde. Mais pour achever de vous raconter ce que je fai des Blanques faites par des gens d'efprit, il me refte encore à vous rapporter celle des fauffes pretieufes.

Ces faux Beaux-efprits n'admirent en leur Lotterie que des pretieux & des pretieufes ridicules. Comme aux autres ils y firent de deux fortes de billets, les uns blancs ou mauvais, les autres bons ou remplis de mots forcés, d'expreffions grotefques & monftrueufes, qui n'entrent point dans le commerce commun, & dont ils ont fait imprimer un Dictionnaire qui n'eft qu'une petite partie du grand qu'ils veulent oppofer à celui de l'Academie Françoife. Dans l'un on lifoit *Profateur*, c'eft un nouveau mot que le pretieux Mr Menage a inventé pour oppofer à *Poëte*; dans l'autre il y avoit *decontenencement*; dans l'autre *debraifer fes fentimens*; & dans les autres *fervir importament*, *la moins aimante creature de l'univers*, *je fuis peuple*, *parer l'efprit*, *être en condition de pouvoir faire une chofe*, & une infinité d'autres mots, verbes & épithetes. Ce font de nouveaux termes & de nouvelles manieres de parler, que la pretieufe Sapho a fouvent repetées dans le grand Cyrus & dans la Clelie, & qui ont merité l'admiration des pretieux & des pretieufes ridicules en dépit du bon fens & de la raifon. Les principales conditions de cette Blanque étoient que les perfonnes à qui il écheroit quelque billet où feroit écrit quelqu'un de ces mots & de ces expreffions barbares, emploieroient toutes les maximes de la cabale des pretieufes pour les établir dans le monde; & que ceux & celles qui auroient les billets blancs feroient degradés de la dignité de pretieux & de pretieufes, ne fe trouveroient plus dans leurs reduits, ne parleroient & n'écriroient jamais prétieufement, mais feroient condamnés à parler & à écrire comme fait un petit nombre choifi de Janfeniftes & d'Academiciens. Et parce qu'on entend fouvent prononcer d'un ton affronteur ces termes ridicules au Mercredi de Mr Menage & au Samedi de Sapho, quelques medifans pretendent que les perfonnes qui les difent en ces pretieux reduits étoient de la Lotterie des pretieufes ridicules, que les expreffions qu'ils y repetent fe trouverent dans les billets qui leur échurent, & qu'ils redifent fouvent, pour obéir aux conditions de cette Blanque.

Je ne faurois vous faire le recit des autres Lotteries faites en cette Ville par les gens d'efprit, que je ne vous faffe le dénombrement prefque de tous les Parifiens & de toutes les Parifiennes, car ils ont quafi tous donné ce divertiffement à leurs amis, & vous favés qu'il n'y a rien de plus commun maintenant à Paris que l'efprit. Je ne faurois non plus vous faire le recit des Blanques fatiriques, que je ne vous faffe le dénombrement d'une multitude prefque infinie de Lotteries & de Lotiers qui perdroient leurs meilleurs amis pour un bon mot. Vous faurés donc feulement que ceux qui n'ont pas d'efprit & qui néanmoins croient en avoir leur bonne provifion, ont fait fur ces manieres de Blanques quantité d'impertinences que je ne vous rapporterai point. Comme Paris regorge de ces fortes de gens là, ils nous étourdirent des sottises qu'ils publierent effrontément en vers & en prose sur ce sujet. Ceux de nos Poëtes qui ne réussissent pas mal à de petites choses, firent courir des Sonnets, des Epigrammes & autres petits Poëmes qui ne furent pas mal reçus. Des autres bons Poëtes, il n'y a que le Pere le Moine qui se soit diverti à la Lotterie & qui en ait diverti le public. Tous les faiseurs de mauvais vers se sont épuisés sur cette matiere & n'ont rien fait que de mauvais sur une si belle chose: & toutefois ces insectes du Parnasse ne se sont point lassés de declamer hardiment leurs mauvais vers dans tous les reduits des hommes & des Dames d'esprit de cette Ville. Il n'y a pas même eu jusqu'au grand Chansonnier du Pont-neuf qui ne se soit tué le cœur & le corps sur la Lotterie. Les Chantres des carrefours de Paris se sont enrumés à chanter sur un air nouveau & mauvais, tant ses chansons que celles de leurs Poëtes à gages ou de leurs petits Chansoniers. A leur imitation le peuple a long-tems chanté les unes & les autres; les petits enfans les détonnent encore tous les jours.

Au reste les premieres Dames qui s'aviserent de transporter chés elles cette sorte de plaisir, s'y comporterent avec toute la bonne foi qu'on pouvoit desirer; la fortune seule en faisoit le bon & le mauvais sort; quelquefois elle donnoit aux uns les lots qu'ils souhaitoient, ainsi qu'à la Blanque de Madame de Villeflix, où elle départit à Mademoiselle un cabinet qu'elle avoit marchandé à la Foire, & qui l'avoit excitée à se mettre de cette Lotterie; quelquefois elle forçoit les autres d'user malgré eux des lots qu'elle leur distribuoit; ainsi qu'une personne de notre connoissance qui renvoya trois fois à son Orfévre une saliere d'argent qui lui étoit échuë à trois diferentes blanques, mais qu'il garda enfin la quatriéme fois qu'elle lui arriva. Tantôt elle persuadoit aux autres de traiter de leurs billets, & dispensoit à ceux qui en avoient traité des lots de deux à trois cens pistolles. Souvent elle favorisa les Servantes qui prierent leurs Maitresses de porter leurs gages à la Lotterie; elle les enrichit en cette Ville aussi-bien qu'à Venise & leur fit plus de bien qu'à pas une autre personne. Mais cette bonne foi fut de si peu de durée, qu'il me seroit plus aisé de vous faire le dénombrement des Lotteries renommées par la fidelité, que de celles dont les lots étoient retenus & promis plusieurs journées avant que de les tirer.

Ce scandale a été tout public; les Dames de qualité l'ont commencé; les Bourgeoises l'ont continué; les unes & les autres ont tâché de le faire passer pour une galanterie, & n'ont rien omis pour faire estimer ridicules ceux qu'elles y avoient malicieusement ou plaisamment envelopés. Des gens d'esprit; ceux-ci ont dissimulé ces insultes; ceux-là s'en sont raillés les premiers; les uns s'en sont vangés sourdement & avec usure; les autres tout publiquement & mal-à-propos. Ceux qui ont voulu exercer leur vengeance sur des Lotteries plus spirituelles qu'eux, se sont exposés à la risée de tout le monde. Et de tant de Dames qui se sont mêlées de ces tours de souplesse, je ne sai si pas une autre s'en est repentie que celle qui renvoya à Mr le Prestre, trente pistoles par son Confesseur le jour de la Pentecôte de l'année passée.

Je vous tairai le nom d'une vieille qui a la premiere introduit à la Cour, cette pratique, & qui y a excité trop de monde à l'imiter. Je vous tairai encore le nom d'une personne de la Cour, fameuse par sa dignité, par ses richesses & par son avarice, qui auroit profité de ce mauvais exemple sans la remontrance de l'un de ses familiers, signalé par son esprit plaisant, qui la comblé d'ignominie & de richesses. Et de peur que vous ne cherchiés dans ce discours les noms de cette vieille & de ces deux hommes de Cour, je vous avertis que vous ne les y trouverés point; mais s'ils reconnoissent leur portrait aux traits que je vous en ai fait, & qu'ils viennent à y trouver à redire, je les conseille de s'en plaindre si bas que je ne l'entende point, car rien ne m'empêcheroit de vous les nommer.

DE LA VILLE DE PARIS. Liv. XIV.

Mais je vous dirai que malgré les precautions que Mr de Semonville apporta à la sienne, il eut bien de la peine à la garantir du piege qu'on lui avoit tendu, & que ce malheur pensa lui arriver pour y avoir peut-être apporté trop de precaution. On avoit tant de confiance en sa probité, qu'on se pressoit pour être de sa Blanque : & après qu'il l'eut fermée, des gens de qualité de ses amis, qui ne desiroient pas laisser échaper une si belle occasion de mettre leur argent en bon lieu, l'obligerent de la r'ouvrir comme il se preparoit à la faire tirer. Aussi faut-il avoüer qu'il la conduisit avec tant de religion, que pour en rendre tous les billets d'une même grandeur, il les fit couper sur une planche de cuivre qu'il avoit fait faire exprès. Il est même constant que pour les plier il envoya querir à la maison des nouvelles Catholiques de son voisinage deux filles qui venoient d'abjurer la Religion de Calvin, où leurs parens les avoient élevées : & néanmoins, comme je vous ai dit, une précaution si religieuse pensa tromper sa probité & les esperances de ses Lottiers. Car une personne de qualité qui avoit mis de l'argent à cette Blanque, corrompit l'une de ces deux filles nouvelles Catholiques. Par les instructions de cette Lottiere, il lui fut aisé de reconnoître le gros billet, qui valloit mille louis d'or. A son instigation elle s'en saisit, & elle le lui auroit porté, si quelqu'un ne l'eut prise sur le fait. Vous vous doutés bien qu'après cette friponnerie on chassa cette fille du logis de Mr de Semonville; on la chassa encore de la maison des nouvelles Catholiques : & la mauvaise foi qu'un certain je ne sai quel démon de discorde avoit voulu introduire en cette Lotterie, en fut honteusement bannie.

Une Damoiselle belle & celebre par l'excellence & l'étenduë de sa voix, & par les voyages qu'elle a faits au Septentrion à la priere des Rois & des Reines de ces contrées, fit une Blanque d'une partie des perles, des pierreries & de l'orféverie d'argent de Metz, que ces Princes & ces Princesses lui avoient donné. On eut, dit-on, bien de la peine à lui persuader de se défaire de ces presens; mais elle se laissa enfin aller aux remohtrances de ses amis, qui l'avoient plusieurs fois vainement sollicitée de changer en Louis toutes ces richesses. Les rares qualités de cette belle fille attirerent à sa Lotterie quantité de personnes galantes & qualifiées. Le Roi, la Reinemere, Mr le Duc d'Anjou, Mr le Cardinal; en furent, avec la plûpart de leurs Courtisans; & quoique les uns & les autres y portassent bien de l'argent, néanmoins elle n'en reçut pas assés pour débiter tous ses bijoux. Il est certain qu'elle y garda toute la bonne foi qu'on pouvoit exiger d'une fille sage & vertueuse. Cependant, comme les choses même les plus saintes ne sauroient éviter les traits piquans de la calomnie, quelques-uns de ses Lottiers, qui y ont été persecutés par leur mauvaise fortune, m'ont voulu faire croire que cette Blanque avoit eu, comme les autres, ses predestinés.

Une Dame du Marais, qui ne manque ni de beauté ni d'esprit, en fit une autre, où elle engagea ses plus proches parens & ses meilleurs amis d'une maniere aussi plaisante que délicate. Elle leur fit sentir tacitement, qu'elle l'avoit concertée avec tant d'art, qu'elle contraindroit la fortune de leur dispenser des flacons, des bassins, des chenets d'argent, & ses autres meilleurs lots; mais elle les pria de lui faire present de toute cette argenterie pour le salaire de son artifice & de la confidence dont elle les honoroit. Néanmoins, soit qu'elle ne leur eût pas assés clairement exposée son intention, ou qu'ils ne voulussent pas penetrer dans son cœur, on dit que le sort de cette Blanque, ou l'artifice de cette Dame, départit à ses parens & à ses confidens les choses les plus pretieuses de sa Lotterie, & que toutefois ils ne lui laisserent point recueillir les fruits qu'elle attendoit de son artifice.

On m'a rapporté qu'une troupe d'une autre espece de galans, qui meriteroient bien que je vous dise leurs noms, rencherirent sur ces deux dernieres Blanques. Ils en publierent une qu'ils commencerent avec beaucoup d'appareil. Par leurs belles paroles ils y attirerent quantité de Dames. Ils la firent durer pendant tout le Carnaval, & de l'argent qu'ils y reçurent ils en firent faire de très-beaux habits de masque ; ils louerent les vingt-quatre violons ; ils jouerent, ils danserent, ils se traiterent splendidement, ils burent souvent à la santé de leurs belles Lotrieres, & leurs dirent galament au commencement du Carême, qu'elles les avoient bien diverties pendant tout le Carnaval.

Bien qu'il y ait long-tems que vous ayés abandonné la Cour, vous avés sans doute entendu faire de grands recits d'une Dame de qualité, dont la jeunesse, l'humeur galante, l'exquise & la singuliere beauté attirent les ieux & les desirs de tout le monde. Je pense néanmoins que vous ne savés pas qu'elle a fait une Blanque de vingt-huit à trente mille francs, que par son adresse elle y en attira quarante mille livres, & qu'elle usa si joliment des douze mille livres que sa bonne fortune lui procuroit, qu'elle s'en servit pour payer à Bidal & Bastonneau du brocard d'or & d'argent, des points d'Angleterre & autres semblables galanteries qu'elle leur devoit. Le Roi, la Reine, Mr le Duc d'Anjou furent de sa Lotterie, avec les plus celebres de leurs Courtisans & tous les adorateurs de cette Dame. De tout le grand monde de la France, il n'y eut que l'un des plus graves & des premiers hommes du Royaume qui ne songea point à en être ; & peut-être qu'il ne s'en seroit pas avisé, sans que celle qui en étoit la maitresse lui envoya demander, s'il n'y vouloit pas entrer avec tout ce grand monde. Comme elle lui faisoit faire cette demande, il s'entretenoit avec l'un de ses familiers, personnage d'un esprit & d'un merite exquis, qui repartit pour lui fort ingenieusement : *Oui, Monsieur en sera, & si les bonnes graces de votre Maitresse sont dans quelqu'un de ses billets, il y mettra plutôt tout son bien qu'il ne tire jusqu'au dernier.* De la façon qu'on m'a parlé de cette Blanque, cette charmante personne n'y fut point malheureuse, non plus que les Grands de France & ses bons amis. Cela fut si public qu'elle ne se contenta pas de le raconter elle-même fort plaisament, elle railla encore souvent ceux qu'elle n'avoit pas voulu rendre heureux, & fit rire toutes les Dames à qui elle raconta le bel ordre qu'elle y avoit gardé, & les belles & bonnes raisons qui l'avoient engagées à s'y comporter de cette maniere.

Le succès de cette Lotterie fraya le chemin à une autre que fit une Dame, qui est si semblable en beauté & en plusieurs autres belles qualités, à celle dont je viens de parler, qu'on la prendroit pour elle-même. On dit qu'elle fut elle-même la fortune qui en disposa : & on m'a bien voulu faire croire qu'une jeune Princesse qui en étoit & qu'on avoit avertie de cette pratique, ayant envie d'y avoir un magnifique cabinet, qu'on tenoit pour en être un des meilleurs lots, dit adroitement à celle qui en étoit la Maitresse, en lui montrant ce lot avec la main : *Je desirerois bien, Madame, que la belle Fortune, qui preside à votre blanque, me distribuât ce cabinet :* & on ajoute que cette belle Dame lui repliqua franchement : *Il est retenu, Mademoiselle.* Mais en lui faisant contempler une belle tapisserie qu'elle avoit fait tendre dans la salle : *Vous aurés cette tapisserie qui coute bien davantage que ce cabinet.*

Quelques plaisants ajoutent qu'à cette Lotterie une bourse de jettons écheut à un joueur, qu'un brasier d'argent arriva à un galant homme qui aimoit ardemment & qui n'étoit pas moins aimé. Que ceux qu'on ne consideroit point en l'Hotel de cette personne, n'eurent que des railleries qu'il leur fallut endurer patiemment ; & que si les uns reçurent le prix de l'estime qu'on faisoit d'eux, les autres y payerent les frais de leur mauvaise destinée.

Ce seroit chose superflue & ennuyeuse de charger cette histoire de toutes les gentillesses dont quantité de Lotrieres belles ou laides ont usé pour gratifier leurs favoris. Il suffit de vous dire qu'elles en ont plus fait que vous n'en sauriés imaginer, & qu'elles ont mis en usage tous les tours dont l'amour s'avise tous les jours à l'avantage des Amans. Croiriés-vous bien que les uns ne faisoient leurs Blanques que de billets blancs ; que les autres assuroient leurs creanciers sur leurs Lotteries ; que d'autres avant que de s'en mettre convenoient des lots qui leur arriveroient. Vous figureriés-vous bien que celles-ci conduisoient leurs Blanques de telle sorte, qu'elles s'en servoient pour s'acquitter des gages qu'elles devoient à leurs Domestiques, des recompenses que leurs Officiers avoient meritées, des discretions qu'elles avoient perdues, des galanteries qu'elles avoient promises. Vous imagineriés-vous bien que celles-là revendoient bien cherement à leurs Lottiers ce qu'elles avoient eu à fort bon marché ; débitoient de l'Orféverie d'argent de Metz au prix de l'argent de Paris ; retenoient d'autorité leurs meilleurs lots ; amusoient par leur afteterie ceux à qui elles les avoient fait tomber, & les flattoient de trompeuses esperances. En un mot, la plupart des Dames qui ont fait des Lotteries, y ont tant gagné, pour parler d'elles avec discretion, que les liberales comme les avares se sont laissées tenter au gain qu'on y faisoit.

Fin du quatorziéme Livre.

PREUVES
DES ANTIQUITÉS
DE LA VILLE DE PARIS.

FRAGMENT.

ACTUM publice in Capitulo Beatæ Mariæ, Rege Ludovico anno nono, Giberto Episcopo, anno secundo (*St Germain des Prés.*

Bernerii, Decani, adde Cantoris, Pœnitentoris; Stephani, Archidiaconi; Henrici, Archidiaconi; Rainaldi, Archidiaconi; Durandi, Sacerdotis; Herberti, Sacerdotis; Theodorici, Levitæ; Joannis, Levitæ; Hugonio, Subdiaconi; Alberti, Subdiaconi; Willelmi, Pueri; Petri, Pueri; testes sancti Germani. Renaldi, Abbatis; Lisiardi, Prioris; Galdrici, Monachi; Americi, Monachi, Roberti, Monachi; Galteri, Monachi; Fregerii, Monachi; Hugonis, Laïci; Landrici, Laïci; Herberti, Laïci; Fromundi, Laïci; Garini, Laïci; Giroldi, Laïci; Pagani, Laïci; Hugonis, Laïci; Giraldi, Laïci; Theobaldus, Cancellarius, subscripsit.

In nomine sanctæ & individuæ Trinitatis: Ego Odo, Dei gratia Abbas sanctæ Genovefæ, & cæteri Fratres, nostri communi consilio concessimus, quod quædam ancilla sanctæ Genovefæ, nomine Ermengardis, filia Guidonis majoris de Fontaneto, cuidam servo sancti Germani nomine Everado filio Petri & Herfendis uxor daretur, quoniam Emengardem ab omni jugo servitutis quâ nobis abstringebatur absolvimus, & ut fieret ancilla sancti Germani de Pratis, & in eam legem servitutis, in qua maritus suus est, transiret, concessimus.

Hugo, venerabilis Abbas sancti Germani, & ejusdem Monasterii venerabilis Conventus, mutuam vicissitudinem reddentes, concesserunt cuidam servo nostro nomine Engelberto de Fontaneto, dari uxorem quandam ancillam sancti Germani nomine Benedictam, & absolventes eam à jugo pristinæ servitutis, concesserunt fieri ancillam Ecclesiæ nostræ & in eam legem servitutis transire in qua est maritus suus. Ut autem hujus alterna mutationis concessio in posterum permaneat, litteras indè fieri decrevimus, & ipsi nobis suas cum sui sigilli autoritate, & nos eis nostras cum nostri autoritate sigilli reddimus: Odonis, Abbatis; Hugonis, Prioris; Henrici, Subprioris; Guillelmi, Henrici, Præsbiteris; Andreæ, Guilelmi, Diaconi; Lodoici, Fulcardi, Subdiaconi. Ego Albericus, Cancellarius, subscripsi.

PRIVILEGIUM PHILIPPI REGIS, 1061.

In nomine sanctæ & individuæ Trinitatis: Ego Philippus, Dei gratiâ Francorum Rex, cum in exhibitione temporalium rerum quâ humana Religio divino cultu..... Sanctorum & congregationibus fidelium ex devotione animi largitur tam..... quam perpetuæ vitæ solatium adquiratur saluberrimus valdè & omnibus imitabilis est hic fructus primitus virtutis, scilicet charitatis, per quem & mundi prosperatur tranquillitas & felici remuneratione æterna succedit fœlicitas innotescat; ergo solertia omnium sanctæ matris Ecclesiæ fidelium & nostrorum, quod Dagobertus olim Rex Francorum, inter alia pietatis opera quæ gessit, maximus Ecclesiarum Christi cultor extitit; nam quasdam à fundamentis ædificavit, ut Ecclesiam sancti Martyris Dionysii, Basilicam quoque sancti Martini Turonensis, regali munificentia amplificavit, aliasque quam plures; inter quas Ecclesiam sancti Vincentii & sancti Germani in suburbio Parisiacæ urbis sitam, suis temporibus ditare cupiens ut dignum erat regali majestate plurima prædia ipsi loco tribuit, inter quæ omnia etiam quandam villam sui juris nuncupatam Cumbis affluentissimis redditibus copiosam in Briacensi territorio sitam ibi delegavit, quæ ut dixi, ita copiosis exuberabat divitiis & redditibus, ut olim Danorum scilicet temporibus asilum foret Monachis præfatæ Ecclesiæ: ibi enim ingruente persecutione præfatæ gentis Monachi cum corpore sancti Germani non semel sed bis & ter confugerunt.

Hanc igitur villam dum per succedentium temporum curricula jam dicta Ecclesia absque aliqua inquietudine retinet; accidit tempore Hugonis Ducis, qui Magnus cognominabatur, ut ipse dux sicut alias Ecclesias attenuaverat multis prædiis, ita quoque hanc Ecclesiam mutilaret ablatione multarum possessionum; undè inter alia præfatam villam Cumbis cœnobio sancti Vincentii & sancti Germani detraxit, eamque dedit in beneficio cuidam Hilduino nomine, Comite de monte qui vocatur Desiderius, qui cum diuturno tempore vivens, vita decessit.

Iterum Hugo Dux, qui eam Ecclesiæ Sanctorum injustè abstulerat, in proprios usus illam sibi vindicavit; & post ejus obitum Hugo Rex filius ejus, dum advixit, similiter eam tenuit; Dominus quoque Robertus Rex filius ejus, post ejus mortem, jam dictam villam aliquanto tempore in suo dominio habuit.

Cujus temporibus Domini scilicet Roberti Regis & matris ejus Adelaïdis accidit, ut ipse Dominus Rex daret in matrimonio sororem suam Raimerio, Comiti Montensium; causa igitur sororis, dedit ipsi Comiti quasdam villas sancti Germani super Mosam positas, videlicet Cubium Fraxinum nimiam Enam, Beno pro quarum commutatione reddidit Monasterio prædictorum Sanctorum villam sæpius nominatam Cumbis, quam sicut prælibavimus à Dagoberto Rege ipsa Ecclesia acceperat & longo tempore tenuerat.

Igitur ea tempestate quâ Dominus Robertus Rex à sæculo migravit; dùm & successit in regno piæ memoriæ Dominus Henricus Rex filius ejus, & injustis bellorum turbinibus regnum ejus ab Odone Comite & aliis qum pluribus inquietaretur, ratus Manasses nepos suprà dicti Hilduini Comitis invenisse tempus & occasionem recuperandi villam quam suus avunculus Hilduinus tenuerat, adiit Dominum Regem Henricum inquietans illum sæpius pro ejusdem villæ repetitione, qui veritus ne ab ejus fidelitate una cum aliis discederet coactus, & reddit prædium Cumbis, quam avunculus patris ejus scilicet Hilduinus temerario, sicut jam diximus, usurpaverat.

Sed cum idem Manasses post triennium ferè vita decessisset, iterum clementissimus Rex Dominus videlicet Henricus eandem villam Cumbis, loco Sanctorum restituit, quam hactenus absque aliqua inquietudine ipse locus tenuit.

DE LA VILLE DE PARIS.

Domino veto Rege obeunte diem, ego Philippus filius ejus adhuc modum parvulus, Regnum una cum matre fuscepissem plurimi ex proceribus nostris in quorum tutela & nos & regnum nostrum esse decebat, cœperunt inflitere plura à nobis exigentes; incertum est quæ justè, vel quæ injustè, alia autem visum est hæc omnia justè; pater meus tamen hæc omnia tenuerat pacificè, inter quæ Odo Comes, filius præfati Massanensis villam totiens dictam Cumbis exigebat, dicens jam sibi deberi hereditario jure, eo quod avunculus ejus patris Hilduinus scilicet temerario ausu, sicut jam diximus, ipsam villam usurpaverit; at nos nolentes homines nostro Palatio contiguos & cæteri quodam modo adhærentes perturbare, coacti & reddidimus villam Cumbis quam repetebat.

Sed ne verteretur nobis in infortunium istud delictum, scilicet quod à loco Sanctorum auferebamus prædium quamvis coacti pro salute genitoris & nostra, matris etiam nostræ, pro commutatione hujus villæ Cumbis videlicet donavimus Cœnobio sancti Vincentii & sancti Germani, quandam villam nostri juris nuncupatam Bannojolis (*Bagneux*) sitam prope mœnia Parisiacæ urbis, cum omnibus redditibus & consuetudinibus, sicut pater meus jure quieto tenuerat, nec non cum omnibus appenditiis suis; ea tamen conditione interposita, ut dum prædictus Odo Comes vita decesserit, vel si interim qualiber justa occasione ipsam villam Cumbis amiserit ad dominium Sanctorum reddat, unde ad præsens auferetur & nostra possessio ad nostrum jus redeat.

Hujus scripti & conventionis stipulationem & corroborationem nostra autoritate & sigilli nostri autoritate impressione firmamus & corroboramus quatenus ea quæ præmissa sunt & ea quæ posterius inferenda stabiliantur & in posterum inconvulsa habeantur.

Actum à Philippo Rege anno incarnati Verbi millesimo sexagesimo primo. Ego Balduinus, Cancellarius, scripto subscripsi.

In nomine sanctæ & individuæ Trinitatis. Ego Odo, Dei gratiâ Ecclesiæ beati Dionysii Abbas, communisque Fratrum nostrorum assensu concessimus, quod quædam ancilla beati Dionysii nomine Herfendis, filia Lamberti de Petra-lata & Guntaldis, cuidam homini sancti Germani nomine, majori de rura in uxorem daretur; quam videlicet Herfendem ab omni jugo servitutis, quâ nobis adstringebatur, absolvimus; ut fieret ancilla beati Germani, & in eam legem servitutis in qua maritus suus est Joannes, transiret ei, concessimus.

Sed & Theobaldus venerabilis Abbas Monasterii sancti Germani Parisiensis Episcopi, una cum sibi commisso ejusdem Ecclesiæ Conventu, mutuam vicissitudinem reddentes, concesserunt cuidam homini beati Dionysii nomine Gilberto dari in uxorem quandam Ancillam sancti Germani nomine Adelmam, filiam Grimaldi & Bremburgis *de Clamart*, & absolventes eam à jugo pristinæ servitutis, concesserunt fieri ancillam Ecclesiæ sancti Dionysii, & in eam legem servitutis transire, in qua est maritus suus Gilbertus. Ut autem hujus alterius mutationis concessio firma permaneat, & ne à quodam permutari valeat, litteras inde fieri decrevimus & ipso nobis suas cum sui sigilli autoritate, & nos vicissim his nostras cum nostri sigilli autoritate contra dedimus & subter signavimus. Odonis Abbatis, Ansoldi Prioris, Roberti Thesaurarii, Jordanis Infirmarii, Alberti Cantoris, Pauli Sacerdotis, Girardi Pueri, Benedicti Pueri, Pñi, Wielmi Cancellarii. Testes vero sunt, Garnerius de Valenton, Bernardus Anglicus, Gilbertus miles, Hilduinus Decanus, Gilbertus major, Hugo Granatarius, Hilmardus Disse, Angelbertus Decanus. De Antoniaco.

HUGONIS ABBATIS SANCTI GERMANI,
de libertate hominum istius Villæ.

In nomine sanctæ & individuæ Trinitatis : Sapientum consilio hoc in consuetudinem venisse dignoscitur, ut in omnibus definitionibus idonea adhibeantur testimonia, & unaquæque juste & rationabiliter deffinita ratio ita cujuspiam scripti roboretur testimonio ne deinceps adnihilari vel calumniari possit ullius falsitatis figmento; quamplures enim contentiones excitarentur nisi scripturarum testimonio & sigillorum autoritatibus sopirentur. Quapropter, ego Hugo, Dei gratia Abbas sancti Germani Parisiensis ; & communis ac voluntarius Capituli nostri assensus, libertatem Burgo beati Germani (*fauxboug St Germain*) & meo degentibus à nobis concessam & confirmatam præsentium à futurorum notitia præsenti scripto decrevimus significare. Si quidem unanimi deliberatione fatuimus & perpetua remissione indulsimus, ut tallia & corvadæ & placita generalia & culatrum atque capitulum pannorumque usus, & sepulturæ merces , & panis qui in crastino die Dominicæ Nativitatis, & Presbytero hujus villæ de consuetudine reddebatur, nec à nobis nec à successoribus nostris in perpetuum ab aliquo hominum in prædicto Burgo manentium exigantur.

Porro tam nobis quam successoribus nostris singuli Burgenses ejusdem loci tres solidos censuales annuatim pro singulis ignibus ad festum sancti Remigii solvent, nisi forte aliquis domus suæ quamlibet Cameram sive Cameras alicui locaverit à quo igne & à quo conductore quia propriam habitationem non habuerit supra dictos census non exigetur.

Ut autem contra hanc nostræ cessionis immunitatem nulla in posterum possit oriri quæstio præsentis scripti cam confirmare decrevimus patrocinio quod testium annotatione & sigilli beati Germani & nostri impressione confirmantis nominis nostri caractere signavimus , Fratribusque nostris signandum præbuimus. Domini Hugonis Abbatis, Wielmi Prioris, Roberti Subprioris, Certii Prioris, Ansoldi, Radulfi Cantoris, Roberti Cellarii, Gaufredi, Joannis, Rorici, Hugonis, Martini, Odonis, Joannis primi.

Testes, Odo de Cuspeio, Gaulterius Carpentarius, Petrus de Novionio, Rainaldus de Hospitio, Boso, Adam Gumeranus Carduus, Guielmus Matricularius, Joannes Sartor, Gaufredus Sartor, Guielmus Pistor, Alennus & Germundus frater ejus, Alelmus, Joannes Hospitalarius, Gerbertus Portarius, Hugo Notarius scripsit & subscripsit.

CONFISCATIO BONORUM DOMINI HUGONIS DE CRUCIACO
apud Issiacum. 1343.

Philippus, Dei gratia Francorum Rex, universis præsentes litteras inspecturis, salutem. Notum facimus quod cum Religiosi viri Abbas & Conventus sancti Germani de Pratis Parisius, coram gentibus nostris Cameræ Comptorum præposuissent; quod cum ipsi haberent omnimodam jurisdictionem in villis de Issiaco & sancti Germani de Pratis & in vico sancti Augustini ab utraque parte & super ripariam specialiter in hospicio de Nigella, & super omnes habitantes & commorantes in dictis locis, sive mobiles seu immobiles , & de hac sint in possessione & saisina soli & in solidum , nec non habendi & recipiendi bona mobilia illorum qui per nos seu alios condemnati sunt & executi ad mortem fuerunt, sive mobiles seu immobiles , & de hac sint in possessione & saisina soli & in solidum , existentia tamen in alta justitia ipsorum, præposuissentque quod tempore quo Hugo de Cruciaco miles captus & imprisonnatus fuerat , ipse erat levans & cubans apud Issiacum in alta jurisdictione ipsorum, ubi tunc habebat magnam quantitatem bonorum mobilium , quodque dictus Hugo postmodum in hospitio

DE LA VILLE DE PARIS.

noſtro de Nigella (*Neſle priſon*) tanquam priſonnarius ductus fuerat ubi bona plura mobilia ipſius de Iſſiaco pro ſua neceſſitate apportata fuerunt, nec non quod dictus Hugo ex poſt facto propter ſua demerita per nos condemnatus ad mortem & juſtitiatus fuerat; quodque ſecundum rationem ſcriptam uſum & conſuetudinem notariam regni noſtri maxime vice-comitatus Pariſienſis, & ſi non eſſet notaria ipſam ponebant in facto, quod quando aliquis condemnatus ad mortem & juſtitiatus per nos ſeu alium, confiſcatio bonorum mobilium & immobilium acquiruntur altis Juſtitiariis in quorum juriſdictione dicta bona reperiuntur & ſituantur tempore quo juſtitiatur, licet dictus juſtitiatus non eſſet juſtitiabilis ſeu ſubjectus dictorum altorum Juſtitiariorum in quorum juriſdictione iſta bona eſſent.

Quare petebant dicti Religioſi quod omnia bona dicti Hugonis de Cruciaco quæ erant in domo ipſius apud Iſſiacum & alibi in dicta juriſdictione dictorum Religioſorum, quæ per redentiam eis tradita fuerant, & etiam alia bona ipſius quæ penes nos habebamus ad planum eis deliberaremus, tanquam ipſis acquiſita per condemnationem & executionem dicti Hugonis; plures rationes ad finem prædictum proponendo Procuratore noſtro in contrarium proponente & dicente, quod ſecundum uſum ſtylum & conſuetudinem uſitatam & approbatam generaliter per totum regnum noſtrum, ſpecialiter in Vice-Comitatu Pariſienſi & in villis vicinis, quoties aliqua perſona per nos juſtitiatur, bona mobilia dicti juſtitiati in quacunque Juſtitia ſint ſeu exiſtant, in dicto Vice-Comitatu, ſequuntur & ſequi debent corpus juſtitiati, & debent dicta bona nobis tradi & deliberari; quodque dictus Hugo per nos condemnatus ad mortem & juſtitiatus fuerat propter plures errores, corruptiones, favores & infidelitates quæ contra nos & Rempublicam commiſerat eo tempore quo *fuerat ipſe Præſidens in Parlamento noſtro Pariſienſi*, incidendo in crimen lezæ-Majeſtatis: de quo caſu cognitio, condemnatio, atque etiam bonorum confiſcatio ad nos ſolum pertinere noſcebatur, maxime ubi condemnatus eſſet *nobilis ſeu noſter Conſiliarius*.

Quare petebat dictus Procurator noſter, omnia bona mobilia quæ quondam fuerant dicti Hugonis de Cruciaco, Militis & Conſiliarii noſtri, tam in ea quæ reperta fuerunt in hoſpicio noſtro de Nigella Pariſius, quam in dicta domo de Iſſiaco, quam etiam alibi ex cauſa confiſcationis, ad nos pertinere; plures alias rationes ad finem prædictum proponendo.

Facta igitur ſuper præmiſſis de mandato dictorum gentium Cameræ Compotorum inqueſta, & ad ipſos raportata, ipſaque poſtmodum ad Curiam noſtram de mandato noſtro pro judicando remiſſa, & auditis dictis partibus & conſentientibus ad judicandum recepta & viſa & diligenter examinata, per judicium dictæ Curiæ; dictum fuit, quod bona mobilia prædicti Hugonis reperta apud Iſſiacum, tempore quo dictus Hugo per nos condemnatus & juſtitiatus fuerat, nec non etiam in hoſpitio de Nigella, quæ tamen de Iſſiaco apud dictum hoſpitium apportatæ fuerunt dictis Religioſis, deliberabuntur ad plenum. In cujus Rei teſtimonium præſentibus Litteris noſtrum fecimus apponi ſigillum.

Datum Pariſiis in Parlamento noſtro die viceſima Martii anno Domini M. CCC. quadrageſimo tertio.

EXTRAIT DU CARTULAIRE DE NOTRE-DAME des Champs.

SUCCEDENTIUM Fratrum, notum fit Prudentiæ, Widonem Longobardum, Ecclefiam fanctæ Mariæ de Campis in confinio Parifius fitam, dediffe Monachis fancti Martini majoris Monafterii.

Walterius, cognomine Mifginus (*Marmontier*) tribuit eis terram arabilem de manu firma.

Sit manifeftum quod Petrus de Manlio conceffit Monachis fancti Martini majoris Monafterii, habere & poffidere in perpetuum Ecclefiam fanctæ Mariæ de Campis in confinio Parifiacæ urbis. Concedo fancto Martino majoris Monafterii & Monachis, ejus omnia quæcumque eis donabuntur de rebus ad feodum meum pertinentibus.

Auferebat Paganus cuidam Militi, nomine Odoni, feodum fuum quod patris jure ab ipfo Pagano tenere debebat.

Dedit nobis terram quam à Vicarino Ridello in feodo tenebat.

Et opertorium capitis optimum donavimus, quod vulgari fermone Guiniplam (*Guineple*) vocamus.

PATENTES DE LOUIS LE GROS.

Erant tunc temporis in Palatio noftro quorum nomina fubtitulata funt & figna: Anfelli Dapiferi, Hugonis Conftabularii, Gifleberti Ruticularii, Vidonis Camerarii. Teftes adfuerunt, Burcardus, Frugerius, Minardus, in Palatio noftro publicè anno Incarnati Verbi 1115, anno regiæ confecrationis Adelaïdis Reginæ. Datum per manum Stephani, Cancellarii.

Gratia retinendæ veritatis. C'eft un titre de l'an 1118, portant donation d'une dixme à l'Eglife de Notre-Dame des Champs.

Et quoniam prædicta decima de fifco Domini Hugonis Militis de fancto Jovio tenebat, petierunt ab eo ut pro remedio prædecefforum ejus eis concederet, cui & ipfe benignè annuit habens ufque in finem mundi actum anniverfarium.

PATENTES DU ROI LOUIS DE FRANCE, furnommé le Gros.

In nomine Sanctæ Trinitatis: Ego Ludovicus, Dei gratiâ, Francorum Rex, omnibus fidelibus, tam futuris quam præfentibus, Notum fieri volumus, quod Ecclefiæ & Monachis Sanctæ Mariæ de Campis pro remedio animæ noftræ, & antecefforum noftrorum, de cenfu & redditibus noftris, quos habemus aqud villam noftram, quæ dicitur *Amere* viginti folidos ad luminaria Ecclefiæ facienda fingulis annis in octavis fancti Dionyfii donavimus, annuente filio noftro Ludovico jam in Regem coronato, & venerabili uxore noftra Adelaïdi Regina, de cujus dotalitio prædicta villa erat, quodve poffet oblivione deleri, & à pofteris infirmari, fcripto commendavimus, & nominis noftri caractere, figillique autoritate firmavimus, adftantibus, &c. Ludovici Junioris Regis, Radulphi Virommanduorum Comitis, Ludovici Buticularii, Hugonis Conftabularii, Hugonis Camerarii. Actum Parifiis anno incarnati Verbi, 1132, Regni 23. Data per manum Simonis Cancellarii.

DE LA VILLE DE PARIS.

Dons de quelques arpens de terre, et quelques censives.

Revelavit à majore Ivone & Fulcone Decano pro Inveſtitura hujus cenſus, ſex ſolidos dedit.

Vineas Gualtero majori Vitriaci ſub manufirma tenere conceſſimus eo pacto, quatenus ſingulis annis duos vini modios perſolveret, & ſic vineas à nobis tenere recognoſceret.

Libertas ſcindendi ligna neceſſaria ſine Girachio (*Griachive.*

Duos arpennos pratorum, quæ fuerant de feodio Hugonis Badul, & ejuſdem feodi duas terræ aſcengias, alibi aſcengium.

Don d'une maison.

Hoc conceſſit Eringuis Magiſter Regis, & Mernerius Major ejus, qui inde reveſtituram ſuam vini ſextarium habuit.

Hubertus de Hiſſejo terræ arpentum cum veſtitu hoſpite cenſum reddente.

PATENTES DE LOUIS LE GROS.

Actum apud Pomponium publicè, anno Incarnati Verbi 1121, regni noſtri decimi quarti, Adelaïdis Reginæ 1°. adſtantibus &c. Stephani Dapiferi, Gilberti Buticularii, Hugonis Conſtabularii, Camerario nullo, data per manum Stephani Cancellarii.

Per juſtitiam ſanctæ Eccleſiæ prædictus Stephanus, prædictam Eccleſiam de terra & pratis inveſtivit, & hoc factum eſt ita, quod Monachi pro notitia prædictæ terræ unam amengam prædictæ terræ laborarent.

PATENTES DU ROI PHILIPPE-AUGUSTE.

Actum Pariſiis anno Domini 1200, regni vero noſtri anno vigeſimo primo, aſtantibus in palatio noſtro, quorum nomina ſuppoſita ſunt & ſigna. Dapifero nullo, Guidonis Buticularii, Mathei Camerarii, Draconis Conſtabularii. Datum vacante Cancellaria, *Monogramme.*

Une maiſon aſſiſe à Paris, *in Regretaria juxta Judaiſmum.* Le titre eſt de l'an 1218.

In nomine Sanctæ & Individuæ Trinitatis: Ego Ludovicus, Regis Philippi filius, Dei gratiâ, Francorum Rex conſtitutus, notum facio præſentibus & futuris Bartholomeo de Fulcoſio furnum (*four*) quod Pariſius habebat tanta libertate poſſidendum & habendum concedimus, huic prædicti furni ab omni conſuetudine, videlicet tallia, ſeu equitatione, ſeu haſbanno, ſeu exemptione noſtri præpoſiti liber remaneat huic dono. Interfuerunt Comes Radulphus, Stephanus Cancellarius, Stephanus Dapifer, Hugo de rua nova, Eruinus Arelianis, in palatio publicè primâ Dominicâ poſt Natale Domini, regnante Ludovico quarto an. Datum per manum Domini Stephani Cancellarii.

Titre de l'an 1126. Ut poſſideret eam terram in feodo & in caſſamento, & ne illa contentio pro iſta pactione in futuro inter eas oriatur, dupliciter eam ſcriptam chirographo inciſo diviſerunt.

PATENTES DU ROI LOUIS LE JEUNE.

Ludovicus, Dei gratiâ, Francorum Rex, & Dux Aquitaniæ, &c. Notum facimus, tam futuris quam præſentibus, quod ad preces Bartholomei de Fulcoſis, qui Patri noſtro ſatis fidelis extiterat, Monachis beatæ Mariæ de Campis, conceſſimus ut furnum illum quem de dono illius habent in vico

PREUVES DES ANTIQUITE'S

Judæorum, in eadem possideant libertate, quâ Pater noster prædicto Bartholomeo concesserat, ut scilicet furni prædicti Sentarii, & furnarius ab equitatione & tallia, & asbano, & exactione nostri præpositi; & omnimoda alia consuetudine liberi maneant & immunes. Actum Parisiis publicè, anno Incarnati Verbi 1140, regni nostri quinto, adstantibus, &c. Radulphi Viromanduorum Comitis Dapiferi, Wielmi Buticularii, Mathæi Camerarii, Mathæi Constabularii. Data per manum Vadurci Cancellarii.

PATENTES DU ROI LOUIS LE GROS.

Ludovicus, Dei gratiâ, in Regem Francorum sublimatus. Si quis homo albanus ibi mortuus fuerit, quidquid de rebus suis duorum aut trium virorum testibus pro anima sua nobis non dederit; nobis proprium remanebit. Actum Parisiis publicè annuente Ludovico filio nostro, anno incarnati Verbi millesimo centesimo trigesimo sexto, Regni nostri vigesimo nono, Ludovico filio nostro, inRegem sublimato, anno quarto, adstantibus &c. Datum per manum Stephani Cancellarii. In Christi nomine. Ego Henricus Rex Francorum. Henrici
Regis

EXTRAIT DU CARTULAIRE DE St VICTOR.

Chap. III.

Lettre de Clement, Doyen de l'Eglise de Paris.

IN recompensationem domûs suæ propriæ quam ipsi tradiderunt Episcopo, & nobis delendam, ad perficiendam viam quæ erat ante Ecclesiæ nostræ Parvisium (*Parvis.*) Actum publicè Parisiis in Capitulo Beatæ Mariæ, anno Incarnationis Dominicæ 1163, Parisius, *& en un autre*, Chap. 113. *de Maurice Evêque de Paris, & Chap.* 117. ejusdem Mauritii, huic rei testes interfuerunt quamplures, Abbas sancti Magloris, &c. Actum publicè Parisius in Capitulo Beatæ Mariæ, anno Incarnationis Domini 1164, in præsentia nostra.

Chap. 243.

Nec propter hæc Ecclesia alicui personæ respondebit, nec de pedagio, nec de foragio, nec de pressoragio, nec de rotatico, nec de investitura, nec de revelatione, nec de tallia, nec de recognitione, nec de venditionibus, nec de alia qualibet consuetudine ausitâ, vel quæ in posterum posset exigi.

Universis præsentes Litteras inspecturis: Officialis Parisiensis salutem in Domino. Notum facimus nos, anno Domini millesimo quadringentesimo undecimo, die ultimo mensis Februarii, vidisse, legisse, tenuisse, palpasse, & de verbo ad verbum diligenter inspexisse quasdam Litteras Regis sigillo, *manque du nostre*, in cera viridi, & filis sericis rubei viridisque coloris, ut primâ facie apparebat sigillatas, sanas & integras, nec in aliqua sui parte suspectas, sed omni prorsus vitio & suspicione carentes, formam & tenorem sequentem tenentes.

CHARLES, par la grace de Dieu, Roi de France: Savoir faisons à tous presens & à venir, de la partie de nos bien-aimez Chapellains & Orateurs, les Religieux, Abbé & Couvent de l'Abbayie St Victor lez-Paris, Nous avoir été humblement exposé que, comme feu le Roi Louis le Gros
que

DE LA VILLE DE PARIS.

que Dieu abfoille, jadis Roi de France notre prédeceffeur, les eût fondés, & à ladite Eglife, à leur dottation & fondation d'icelles, leur donna & octroya entre autres chofes de fon autorité & pleine puiffance, plufieurs terres, maifons, & autres poffeffions affifes & fituées près de ladite Eglife, & autre part, & par efpecial leur donna une grande piece de terre arable, nommée *la terre d'Alex*, qui fe commence depuis les murs de ladite Abbayie, & dure jufques aux murs de la Ville & Cité de Paris, & avec ce leur donna une rue qui dure depuis icelle Eglife, jufques aufdits murs de Paris, & en icelle terre & rue leur donna auffi toute haute juftice, moyenne & baffe, lefquelles chofes leur étoient moult profitables & utiles, pour ce qu'en icelle rue *ils avoient plufieurs maifons & hoftelleries* qui leurs valoient plus de cent livres de bonne rente, *& auffi toute ladite terre* étoit toute entierement labourée, qui leur étoit moult profitable, & il foit *ainfi que pour la fortification* de ladite Ville de Paris, lefdites maifons & hoftelleries ayent été & foient démolies & abbatues, & de prefent foient grande partie d'icelles maifons & terre converties en deux paires de *foffez fervant à la cloture &* fermeture de ladite Ville de Paris, laquelle chofe a été faite fans le congé & licence defdits Religieux, & fans leur en faire aucune recompenfation, qui eft en leur très-grand dommage & préjudice, & en diminution du Service divin, qui continuellement eft celebré en ladite Eglife, & encore leur pourroit préjudicier, fi par Nous ne leur étoit fur ce pourvû de gracieux remede & convenable, fi comme ils dient, requerant icelui. Pourquoi nous, ces chofes confiderées avec les autres pertes & dommages qu'ils ont fouffertes & fouffrent de jour en jour pour le fait des guerres, & autrement par quoi leurs rentes & revenus font moult diminués, & voulant cefdits Religieux recompenfer en partie de ce que dit eft à iceux Religieux, en faveur de l'Eglife avons octroyé & octroyons de grace efpeciale, pleine puiffance & autorité Royale, que dorefnavant ils ayent, & à eux appartienne la pefche *defdits foffez*, & qu'il puiffent prendre & pefcher, ou faire prendre & pefcher à leur profit, toutes & quantes fois que bon leur femblera, tous les poiffons qui font & feront efdits foffés ; étant faits, comme dit eft, en leur terre, fans ce qu'aucune perfonne, tant de nos Officiers comme d'autres, y puiffent ou doivent pefcher, ne leur y faire ou donner aucun empêchement, ou detourbier, en impofant fur ce filence à notre Procureur. Si donnons en mandement à nos amez & feaux Confeillers les Gens tenans, & qui tiendront nos Parlements à venir, aux Gens de nos Comptes & Treforiers à Paris, à tous nos autres Jufticiers, Reformateurs, Commiffaires & Officiers, ou à leurs Lieutenans prefens & à venir, & à chacun, fi comme à lui appartiendra; que de notre prefente grace & octroy faffent, fouffrent & laiffent lefdits Religieux jouir & ufer paifiblement fans les troubler, controller, ne empêcher, ne fouffrir être moleftés ne empêchés, ores ne pour le temps à venir en aucune maniere au contraire; car ainfi nous plaît, & le voulons être fait nonobftant laps de temps, ordonnance, mandement ou deffenfe à ce contraire fauf notre droit en autres chofes, & l'autrui en toutes. Qu'après notre decès lefdits Religieux feront tenus & chargés de faire & celebrer chacun an perpetuellement notre *Obit* folemnel en leurdite Eglife, & pour que ce foit chofe ferme & ftable perpetuellement & à toujours, nous avons fait mettre notre fcel à ces Prefentes. Donné à Paris le fixiéme jour de Fevrier, l'an de grace 1411, & de notre regne le trente-deux. Sic *fubfcriptis in margine inferiori replicata fignis manualibus fignata.* Par le Roi en fon Confeil, Monfieur le Duc de Guyenne, le Comte de Mortaing, Meffire Charles de Savoify, Meffire Regnault d'Angennes, & plufieurs autres Ecuyers, Monfieur de la Frillago. *Vifa Contentor.* Feron. *Tranfcriptum infra fub figillo Curiæ noftræ jure cujuflibet falvo. Datum in anno, die & menfe quibus fupra.* Signé.

EXTRAIT D'UN ARREST DE LA COUR DE PARLEMENT,

donné au profit des Religieux de St Martin des Champs, par lequel les aubaines & biens des Bastards morts en leur terre, doivent à eux appartenir.

PHILIPPUS, Dei gratiâ, Francorum Rex, universis præsentes litteras inspecturis, salutem. Notum facimus, quod cum Religiosi viri Prior & Conventus sancti Martini de Campis, Parisiensis, diceret se esse & fuisse in saisina per se seu gentes suas, habendi & expletandi in terra sua quam habent Parisiis, movente de Ecclesia sancti Martini, Albenos & successiones Bastardorum, & etiam habendi cognitionem omnium emolumentorum inde provenientium, quotiescumque casus se offerebat & offert; & gentes nostræ de novo eos turbarent, & impedirent minus rationabiliter, ut dicebant, in sua possessione prædicta. Quare petebant dicti Religiosi, ut prædictum impedimentum amoverent, & saisinâ suâ uti pacificè permitterent; hinc est quod visa inquesta super iis de mandato nostro facta, vocatis preposito Parisiensi, & Procuratore nostro in prepositura Parisiensi, ac etiam Magistro Thoma Dernago Procuratore nostro manuum mortuarum, quia inventum est sufficienter probatum prædictos Priorem & Conventum esse & fuisse in saisina Albenorum & Bastardorum per totam terram suam ab Ecclesia sancti Martini moventem, pronuntiatum fuit per nostræ Curiæ judicium penes dictos Priorem & Conventum dictam saisinam debere remanere, impedimentum in dicta saisina per nostras gentes oppositum totaliter amovendo, salvâ nobis super hoc quæstione proprietatis. In cujus rei testimonium præsentibus litteris nostrum fecimus apponi sigillum. Actum Parisiis in Parlamento nostro, Sabbato post octavam Epiphaniæ, Domini anno ejusdem 1306, *ainsi signé*, per judicium Curiæ.

EXTRAIT DU LIVRE NOIR.

UNIVERSIS præsentes Litteras inspecturis, Officialis Curiæ Parisiensis, salutem in Domino. Notum facimus quod in præsentia nostra constitutus Petrus, dictus Rex oriundus de Layaco, commorans apud Civiliacum, asseruit & recognovit in jure coram nobis, voluntate spontaneâ, non coactus, & ex certa scientia, quod ipse duxit in uxorem Gillam, quondam uxorem deffuncti Petri de Originiaco, deffunctam fœminam de corpore Ecclesiæ Parisiensis, asseruit etiam & recognovit dictus Petrus in jure coram nobis, quod ipse ob hoc de consuetudine generali ipsius patriæ factus est homo de corpore ipsius Ecclesiæ Parisiensis, & promisit dictus Petrus per Sacramentum suum coram nobis corporaliter præstitum tactis sacro-sanctis Evangeliis, quod ipse de cætero Decanum & Capitulum Parisiensem pro dominis habebit, & tanquam dominis suis obediet, & quod alium Dominum præter ipsos nullatenus advocabit, necnon & quod die Lunæ apud Civiliacum in ipsius Ecclesia, horâ Missæ Parrochialis, in continenti post Evangelium ipsius Missæ publicæ, & coram omnibus, confitebitur se esse hominem de corpore Ecclesiæ Parisiensis, & jurabit ibidem quod de cætero erga ipsos Decanum & Capitulum tanquam homo ipsorum de corpore se habebit, & quod alium dominum præter ipsos de cætero nullatenus advocabit. Præmissa autem juravit dictus Petrus coram nobis esse vera. In cujus rei testimonium ad petitionem dicti Petri sigillum Curiæ Parisiensis litteris præsentibus duximus apponendum. Datum anno Domini 1267, mense Januario.

In nomine sanctæ, & individuæ Trinitatis. Amen. Philippus, Dei gratiâ, Francorum Rex. Noverint universi præsentes pariter & futuri, quod nos libertatem & immunitatem quam Ecclesia & Claustrum Parisiense temporibus prædecessorum nostrorum, & nostro habuerunt, ratam habemus, approbamus, & eidem Ecclesiæ & Claustro confirmamus, ita ut quod quicunque prædictam Ecclesiæ & Claustri libertatem & immunitatem infregerit in centum libris Parisiensis monetæ Ecclesiæ Parisiensi emendabit, vel si centum libras reddere non potuerit nos personam illam quæ forefactum fecerit, si tamen inveniri possit, dictæ Ecclesiæ reddemus; sin autem universas res illius salvis tam servitiis quam consuetudinibus, quas terræ debet dominis in quorum feoda sunt, & de quibus movent, quas ille tenebat, qui forefactum fecit eidem Ecclesiæ ratione prædictæ pœnæ trademus & exponemus absque contradictione ad capiendum, donec ipsi Ecclesiæ sit satisfactum. Quod ut ratum firmumque permaneat, sigilli nostri autoritate, & regii nominis charactere inferius annotato, præsentem paginam præcipimus confirmari Actum Parisiis Verbi incarnati anno 1200. regni vero nostri anno vigesimo primo, astantibus in Palatio nostro, quorum nomina subposita sunt Dapifero nullo. Guidonis Buticularii, Mathæi Camerarii, Draconis Constabularii. Data vacante Cancellariâ.

DU PETIT PASTORAL DE L'EGLISE DE NOTRE-DAME de Paris.

EN une Bulle du Pape Benoît. Nec de liberis hominibus, Albanisque ac Colonibus in supradicta terra commorantibus aliquem censum presumat.

En une Patente du Roi Philippe. . . . de l'an 12 . . . . . de Albanatis forinsecus concedimus quod solvant Episcopo Parisiensi in sua septimana, consuetudines debitas, ac si nunquam fuissent albanati, nec de cætero albanentur, nisi sint estagiarii Parisienses, de albanatis illis qui sunt de corpore Parisius, & de suburbiis civitatis ejusdem, non potest Episcopus exigere consuetudinem.

Largus Campus (*Larchamp*) est in pago & Comitatu Vuastinensi, constans silvis, villis, villulis, vineis, pratis; *Bulle du Pape Jean.*

Ego Reginaldus pace superni ferula Pastoralitatis Parisiorum moderator. *Traitte entre Eleonor Comtesse de St Quentin, Dame de Valois, & les Habitans de Viri, de l'an 1193.* Habeo advocatiam per totam terram, Beatæ Mariæ Parisiensis apud Viriacum, exceptâ mansione Beatæ Mariæ, quæ libera est advocatia, & de jure advocationis habeo sexaginta solidos Monetæ currentis in castro Cauniaci pro passibus, & censum septem mansorum.

Minister Beatæ Mariæ. Clicus. Ego habeo Viriaci præpositum meum, qui habet clientem suum liberum à tallia.

PATENTE DU ROI LOUIS LE GROS.

Il dit que l'Evêque de Paris, par l'avis du Chapitre, lui a fait part d'un fossé, quod in *suburbio Parisensi* Campellus appellatur, (*fauxbourg de Champeaux*) ut de censu illius terræ de talliis & forisfactis, de venditionibus, emptionibus, de quæstibus insuper, & omnibus illius terræ redditibus, tertiam partem Episcopus habeat.

PATENTES DE PHILIPPE-AUGUSTE, de l'an 1222.

Quod si raptores vel multrarii capti non fuerint ad præsens forisfactum, vel sponte confessi, & aliquis per duellum velit eos super multro vel raptu convincere, duellum erit in curia Episcopi, si non fuerint capti ad præsens forisfactum, vel sponte confessi de convictis per duellum in curia Episcopi, nos justitiam faciemus, & eorum habebimus mobilia sine diminutione.

Servitium portagii novi Episcopi per tres milites.

Habemus super homines illius Burgi, & Culturæ Episcopi (*Culture de l'Evêque*) Clausi Brunelli (*Clos Brunel*) talliam quotiens filios nostros faciemus novos milites, & quando filias maritamus, & etiam si redimemur pro captione proprii nostri, facta est in guerra.

Au mois d'Avril 1301, Transaction entre le Roi & le Prieur de St Denys de la Charte, portant confirmation des Privileges dudit Prieur : entre autres, droits de franchise aux debteurs & malfaicteurs au dedans du pourpris & circuit de ladite Eglise, pour l'habitation de toutes sortes de gens de métiers & états.

PETIT PASTORAL.

PHILIPPUS, Dei gratiâ, Francorum Rex, omnibus ad quos Litteræ præsentes pervenerint, salutem. Noveritis quod nos pro excambio terræ, quam Monachi sancti Dionysii de carcere habebant, ubi turris nostra *du Louvre* sita est, eisdem Monachis, assignamus triginta solidos annui redditûs, capiendos ab ipsis, singulis annis in festo sancti Remigii, in præpositura nostra Parisiensi, per manum præpositi nostri Parisiensis, tali conditione quod post eundem annum singulis diebus quibus præpositus noster Parisiensis prædictos denarios præstabit, postquam à Monachis super hoc fuerit requisitus, idem præpositus nobis dabit quinque solidos pro emenda. Actum Parisiis anno ab incarnatione Domini millesimo ducentesimo quarto, mense Augusto. *Au dos est écrit la Charte de la tour du Louvre. L'original est écrit en un petit parchemin non signé, mais approuvé d'avoir eu un sceau.*

In Christi nomine, Ego Hugo, Dei gratiâ, Abbas Monasterii beati Germani Parisiensis, notifico Christi fidelibus, tam præsentibus quam futuris, quod quidam homo Ausellus nomine, Major sancti Martini Turonensis, in villa, quæ Domna Maria in Montosis nominatur, adiit præsentiam nostram, petens à nobis, quatenus quondam mulierem, *Lethois* appellatam, de familia beati Germani procreatam, quam in uxorem ducere volebat, à servili conditione solveremus; sibi enim eam non liberam matrimonio jungere non licebat. Nos itaque petitionem ejus decenter exaudientes, communi Fratrum nostrorum assensu, prædictam fœminam ab omni servili reclamatione deinceps liberam esse concessimus, tali videlicet ratione, ut liberi quos de alio marito Guielmo de Thanesi nuncupato habuerat, in servitio beati Germani perpetuo maneant.

Ne autem super hac concessione ab aliquo successorum nostrorum in posterum inquietari valeant, hanc chartam fieri jussimus, quam manu nostrâ, Fratrum nostrorum, coram subscriptis testibus, firmatam sigilli nostri authoritate corroboravimus. Domini Hugonis, Abbatis. Stephani Prioris. Galtheri. Americi. Frogerii. Roberti Odonis. Gilonis. Laufredi. Galonis. Guiberti, testes hujus rei ex parte nostra, Hugo. Lenomus. Robertus. Petrus. Marticularius. Stephanus. Testes Anselli, Comes Theobaldus, cujus precibus hæc libertas facta est. Henricus frater Regis, Thesaurarius sancti Martini, cujus precibus hoc actum est. Urbanus Clericus ejus. Frogerius de Montibus. Odo Villanus. Stephanus Forestarius. Actum in Monasterio sancti Germani Parisiensis, anno ab incarnatione Domini millesimo centesimo quadragesimo, regnante Ludovico filio Regis Ludovici magni, Regni ejus anno tertio.

J'apprends d'un Factum que Monsieur Giry m'a communiqué, que certains Mathurins déchaussés, demeurans en un hermitage proche Pontoise, ayant obtenu un Bref du Pape Clement VIII, en l'année 1601, par lequel il leur fut permis de faire des élections de Ministres tous les ans, & d'avoir un Visiteur qui seroit d'entre trois choisi par le Général de l'Ordre, prirent la qualité de Reformés, & cesserent de se trouver aux Chapitres Généraux de l'Ordre. En 1615, ils se retirerent par devers Paul V, pour lui demander de n'être plus sujets à l'obéissance de leur Général, mais de se soumettre au Vicaire Général des Religieux déchaussés du même Ordre en Espagne, ou à quelqu'un d'autre Ordre Italien, François ou Espagnol, plutôt qu'à leur legitime Superieur.

Les Reformés, par ce qui est écrit à la marge de ce Factum, nient ceci, & disent veritablement qu'ils se retirerent à Rome en 1615 ; mais que c'étoit pour faire casser l'Election de leur Général, faite contre les Regles & les Statuts de l'Ordre, & désavouent le Memoire que le Général dit avoir sur cela intercepté entre ses mains.

Cette entreprise obligea le Général d'aller à Rome. Sa Sainteté renvoya cette affaire à trois Cardinaux, & arrêta de vive voix que ces Reformés n'auroient rien de ce qu'ils demandoient, mais qu'ils obéiroient à leur Général, lequel revint en France en 1616. En 1617 ces Reformés prétendirent s'établir au Marais du Temple, sans en demander la permission à leur Général, qui s'étant opposé à cet établissement, obtint Arrêt de la Cour, par lequel ces Reformés furent deboutés de leurs pretentions.

A cela les Reformés repondent qu'ils demanderent à leur Général permission de faire cet établissement au Marais, & qu'il le refusa.

Les Doyens, Chanoines & Chapitre de St Marcel, sont Patrons, Fondateurs, Seigneurs Hauts-justiciers de St Hippolyte, comme ils le prouvent par des titres de plus de deux cens ans, & en raporteroient depuis l'érection de la Paroisse St Hippolyte, si leur Eglise n'avoit été pillée plusieurs fois, & leurs titres emportés.

Par une bulle du Pape Adrien produite au procès, il paroît que ladite Eglise de St Hippolyte n'étoit anciennement qu'une Chapelle appartenante à St Marcel en toute spiritualité & temporalité, & qu'alors l'administration entiere des Sacremens étoit en ladite Eglise St Marcel. Que depuis volontiers au tems d'Innocent III, en 1215, en consequence de l'Ordonnance du Concile de Latran II, qui vouloit que les Eglises Paroissiales qui étoient annexées aux Cathedrales & Collegiales, fussent desservies par des Vicaires perpetuels obligés à résidence, l'Eglise St Hippolyte fut erigée en Paroissiale. Les Messieurs de St Marcel en sont demeurés Curés primitifs, & le Curé de St Hippolyte ou le Vicaire perpetuel, étoit Chapellain de St Marcel, & obligé d'assister au service de St Marcel, & comme Chapellain a toujours été participant au pain & distribution de la Communauté de St Marcel.

Lesdits de St Marcel sont Decimateurs dans l'étenduë de la Paroisse de St Hippolyte, & de celle de St Martin. Ils sont encore en paisible possession d'exercer toute jurisdiction spirituelle & temporelle en ces Eglises, & sur leurs Vicaires perpetuels, les Ecclesiastiques & les Marguilliers. Ils nomment & pourvoyent à ladite Vicairerie perpetuelle desdites Eglises. Ils ont continuellement exercé ou fait les Offices Curiaux en ces Paroisses à certains jours de l'année. DIT A ESTE', que la Cour maintient & garde lesdits de St Marcel en la jouïssance & possession des droits, honneurs & privileges dûs aux Curés primitifs en, & au dedans la Paroisse St Hippolyte, leur a permis & permet d'en prendre la qualité, & suivant icelle continuer la possession en laquelle ils sont de laver les Autels de ladite Eglise le Jeudi de la Semaine-Sainte, dire la Messe le jour de St Marc, qu'ils appellent *de Jejunio*, chanter les suffrages des Saints après Vêpres le jour de Toussaints, même de visiter ladite Eglise, comme Superieurs d'icelle. Que le Curé de St Hippolyte prendra seulement la qualité de Vicaire perpetuel, ou de Curé sous les Doyen, Chanoines & Chapitre de St Marcel. Que ce Curé ne fera aucune procession generale ou particuliere, separée de celle de St Marcel. Qu'il accompagnera à la procession lui & son Clergé, lesdits de St Marcel, quand ils les y appelleront, & a condamné le Vicaire perpetuel aux dépens. Donné à Paris sous le scel des Requêtes du Palais, le vingt-deux Février 1640, & scellé. Charles Coulon étoit alors Curé de St Hippolyte, & en appella.

Par Arrêt du quatorze Août 1642, il fut permis à Coulon de faire des Processions particulieres & separées quand il ne sera pas mandé par lesdits du Chapitre pour assister avec eux aux Processions; & quant au reste confirme la Sentence des Requêtes du vingt-deux Fevrier 1640.

Un feu descendit du ciel en 1618 en façon d'une grosse étoile flamboyante de la grosseur d'une coudée de longueur & un pied de large sur le minuit, lequel a brûlé & consumé l'espace d'un jour & demi durant la grande Salle du Palais & commença le sept Mars à une heure après minuit. 1618.

DES REGISTRES DE L'HOTEL DE VILLE. fol. 29.

Du Samedi onze Decembre 1614.

LEDIT jour sur les quatre heures de relevée, le Roi Louis XIII du nom, & la Reine sa mere, ont mis & posé la premiere pierre au Pont (*Pont Marie*) que l'on commence à bâtir sur la riviere, depuis la rue des Nonnains-d'Hieres jusqu'à la Tournelle; lequel Pont Maitre Christophe Marie a entrepris de faire faire suivant le Contrat par lui fait avec sa Majesté, à laquelle assiette de premiere pierre y a été fait la solemnité qui ensuit. Premierement, Messieurs les Prevôt des Marchands & Echevins, furent le jour de devant au Louvre pour en supplier leurs Majestés, étant un acte fort memorial. Ledit jour de Samedi de relevée, mesdits Sieurs les Prevôt des Marchands & Echevins, Procureur du Roi & Greffier de ladite Ville, furent attendre leursdites Majestés à l'endroit du Pont, & partirent de l'Hotel de la Ville en l'ordre & habits qui s'ensuit : Premierement, marchoient à pied environ soixante Archers vêtus de leurs hocquetons & hallebardes; après les Sergens de ladite Ville vêtus de leurs robes mi-parties, & leur navire sur l'épaule, aussi à pied; mesdits Sieurs les Prevôt des Marchands, Echevins & Greffier, vêtus de leurs robes mi-parties, & ledit sieur Procureur du Roi de sa robe d'écarlate. Et quelque tems après qu'ils furent arrivés à l'endroit dudit Pont du côté du Quai *des Ormes*, y vinrent leursdites Majestés, suivis de plusieurs Princes, Seigneurs & Dames & Princesses, ausquels mesdits Sieurs de la Ville firent la reverence avec une petite harangue que leur fit mondit Sieur le Prevôt des Marchands sur le sujet d'une si grande entreprise; & étant descendus de leur carrosse, furent leursdites Majestés conduites par mesdits Sieurs les Prevôt des Marchands & Echevins, Procureur du Roi & Greffier de la Ville, jusqu'à l'endroit où l'on devoit poser ladite premiere pierre; où étans, fut presenté à

DE LA VILLE DE PARIS. 15

eurſdites Majeſtés par mondit Sieur le Prevôt des Marchands une truelle d'argent & du mortier dans un baſſin d'argent, avec laquelle truelle leurſdites Majeſtés prirent du mortier & poférent ladite premiere pierre, & y enfermerent cinq medailles d'or & d'argent qui leur furent baillées par ledit Sieur Prevôt des Marchands, avec une inſcription de marbre écrite en lettres d'or. Ce fait, fut auſſi preſenté à leurs Majeſtés par mondit Sieur le Prevôt des Marchands un petit marteau d'argent, avec lequel ils fraperent ſur ladite premiere pierre aſſiſe, & auſſi-tôt tout le peuple qui étoit en grande multitude commencerent à crier à haute voix, Vive le Roi, & continuerent juſqu'à ce qu'il fût remonté en ſon carroſſe ; & à l'inſtant de l'aſſiette de ladite premiere pierre fut tiré grande quantité d'artillerie, boëtes & canons, tirés exprès de l'Arcenal du Roi. Et au retour ladite Dame Reine vint voir l'Hotel de la Ville, où elle fut honorablement reçue par meſdits Sieurs de la Ville, à laquelle iceux Sieurs de la Ville preſenterent la collation de toutes ſortes de confitures & dragées, comme auſſi aux Princes, Princeſſes, Seigneurs & Dames qui étoient avec ſadite Majeſté, dont ſa Majeſté ſut fort bon gré auſdits Sieurs de la Ville, & les en remercia : & le Roi s'excuſa de venir audit Hotel de la Ville, parce qu'il étoit un peu tard. Etoit lors Prevôt des Marchands, Mr Miron, Conſeiller du Roi en ſon Conſeil d'Etat, & Preſident des Requêtes de ſa Cour de Parlement; Mr Derveux, Grennetier au grenier à ſel de Paris ; Mr Clapiſſon, Conſeiller au Chatelet ; Mr Huot, Bourgeois ; & Mr Paſquier, ſieur de Bucy, Auditeur des Comptes, étoient Echevins ; Mr Perrol étoit Procureur du Roi & de la Ville, & Mr Clement étoit Greffier d'icelle Ville & Concierge dudit Hotel.

Du même Livre, Fol. 428, 429, 430, 431.

Vû la Requête à Nous faite & preſentée par les Maîtres & Gardes de la Marchandiſe de Pelleterie, contenant que lors des entrées des Rois, Reines ou Legats en cette Ville de Paris, les Maîtres & Gardes des ſix Corps d'icelle Ville, ſont tenus, & ont de toute ancienneté aſſiſté aux receptions de leurs Majeſtés, ſolemnités & ceremonies qui ſe ſont obſervées, même porté les ciels ou dais ſur leurſdites Majeſtés ou Legats, chacun Corps en ſon département & diſtance ordonnée, ayant été pour cet effet vêtus & accommodés ſelon l'ordre preſcrit & baillé par la Ville. Mais encore qu'en cela le Corps des Pelletiers eût toujours precedé celui des Merciers groſſiers, marché au troiſiéme rang & porté leſdits ciels immediatement après le Corps de l'Epicerie & Apoticairerie qui y ſont employés les ſeconds à la ſuite des Drapiers, comme étant les Pelletiers l'un des premiers Arts, ſi eſt-ce neanmoins qu'en l'an 1504, leſdits Merciers groſſiers eurent l'ambition d'ôter non ſeulement auſdits Pelletiers cette prerogative & rang de troiſiéme, mais auſſi marcherent & porterent avant leſdits Epiciers & Apoticaires, combien qu'ils n'euſſent juſques-là été qu'au quatriéme rang & après les Pelletiers ; & ce qui les porta à toute cette mutation ne fut autre choſe, ſinon que s'eſtimans plus forts & plus puiſſans que ces deux autres Corps, ils avoient une vaine croyance qu'ils l'emporteroient de haute lute & contre l'équité. Pour raiſon dequoi, au mois de Novembre d'icelle année, ſe mût inſtance & contention pardevant nos Predeceſſeurs entre ces trois Corps, où fut par Sentence du vingt-neuf dudit mois, reglé & ordonné avec connoiſſance de cauſe & avis de pluſieurs Conſeillers, Quarteniers & Bourgeois, que les quatre Maîtres de l'Epicerie & Apoticairerie marcheroient & porteroient le ciel à l'entrée d'une Reine qui ſe devoit faire audit tems, après les Drapiers qui ſont les premiers ; & après eux que ce ſeroient les Pelletiers ; comme auſſi leſdits Merciers groſſiers après iceux Pelletiers, le tout dans les diſtances & départemens y mentionnés, & qu'à l'avenir ils ſeroient tenus d'obſerver cet ordre ; lequel reglement fut fuivi & executé, tant à cette entrée, qu'à celle de la Reine *Marie d'Angleterre*, époufe du Roi Louis XII, faite à Paris au mois de Novembre 1514, lors de laquelle lefdits trois Corps marcherent & porterent le ciel fur fa Majefté, au defir & ordre dudit Reglement, comme lefdits Pelletiers le juftifient par un extrait tiré des Regîtres de l'Hotel de Ville qu'ils reprefentent. Or encore que cela dût éteindre & faire ceffer l'ambition fufdite des Merciers groffiers, elle feroit pourtant toujours demeurée gravée en eux, & l'ont fait paroître plus qu'auparavant aux entrées depuis faites. Car lors d'icelles, ayant les Pelletiers defiré marcher & porter les ciel immediatement & en l'ordre & maniere accoutumée, ils en auroient été empêchés par lefdits Merciers groffiers, lefquels par mépris & violence ont ufurpés & entrepris le troifiéme rang; & pour ce qu'il n'eût été féant ni raifonnable de retarder lefdites entrées & receptions pour le feul interet des deux corps, lefdits Pelletiers aimerent mieux le tolerer, fans préjudice à leurs prerogatives, que de caufer des querelles, fe refervant d'y remedier & d'être réintegrés en leur rang par la raifon & voie de droit: ce qui n'a été fait jufqu'à prefent, tant à caufe que leurs predeceffeurs ont negligé de faire juger la diffinitive d'une pourfuite faite fur ce fujet en l'an mil cinq cens foixante & onze, que par l'accroiffement du Corps defdits Merciers groffiers, auquel eft uni & incorporé les Marchands de draps de foie & Jouailliers de cette Ville, qui l'ont rendu tellement puiffant, que cela a comme caufé la demeure & negligence fufdite au retabliffement dud. troifiéme rang, qui eft très-jufte & fans contredit aux Pelletiers, puifqu'ils font fondés en l'ancienne poffeffion, juftifiée par les Sentences, reglemens & extraits fufmentionnés. Et d'autant qu'ils font avertis que dans peu de jours il arrive en cette Ville le *Legat* de fa Sainteté, & qu'ils defirent, comme ils y font obligés, d'affifter à fon entrée & folemnelle reception en leur troifiéme rang & place fuivant les anciens reglemens. Mais ils craignent y être encore troublés & empêchés par lefdits Merciers groffiers & Jouailliers, s'il n'eft par nous ordonné; requerans, attendu les anciens reglemens, & que l'Art de Fourure & Pelleterie eft l'un des premiers que Dieu a enfeigné aux hommes par pratique; il nous plaife en les reftituant & confervant en leur rang qui leur appartient legitimement, ordonner que lors de l'entrée dudit fieur Legat, enfemble aux entrées des Rois, Reines & Legats qui fe pourront faire à l'avenir, lefdits Pelletiers affifteront efdites entrées & folemnelles receptions, & y porteront les ciels ou dais immediatement après les Maîtres & Gardes de l'Epicerie & Apoticairerie, & auparavant lefdits Merciers groffiers & Jouailliers; & à cet effet, que dès à prefent pour ce qui eft dudit fieur Legat, il leur fera defigné les lieux & endroits où ils prendront ledit ciel. Confideré le contenu en laquelle Requête; vû les reglemens & pieces y mentionnées & les Regîtres du Greffe de la Ville fur le fait defdites entrées: Ouïs au Bureau pardevant nous les Maîtres & Gardes des Corps & Marchandifes de Mercerie, Orfévrerie & Bonneterie; & fur ce ouï le Procureur du Roi de la Ville, avons ordonné qu'à l'entrée de Mr le Legat qui fe doit bientôt faire en cette Ville, lefdits Maîtres & Gardes de la Marchandife de Pelleterie y affifteront, marcheront & porteront le ciel immediatement après lefdits Maîtres & Gardes de la Mercerie, & auparavant lefdits Maîtres & Gardes de l'Orfévrerie & Bonneterie fans préjudice à leurs proteftations, & auffi de celles defdits Orfévres & Bonnetiers: en témoin, &c. Fait au Bureau de la Ville, le Mercredi feptiéme jour de Mai 1525.

Folio 622. jufqu'au folio 626.

Du Mardi premier jour d'Août 1628. Cedit jour fur les onze heures du matin, Meffieurs les Prevôt des Marchands, Echevins & Greffier de la Ville de Paris, étant au Bureau, y font venus les Reverends Peres Ignace

Armand

DE LA VILLE DE PARIS. 17

Armand, Louis le Mairat, Jaques Saillant, Pierre Royer, Louis Lallemand & Jean-Baptiste Machault, tous Jesuites, ausquels ayant par mesdits Sieurs fait bailler place & séance, iceux Peres ont dit & representé à mesdits Sieurs que les logemens pour leur College de Clermont, sis en cette Ville rue St Jaques, étant comme ils sont fort vieux & caducs, ils sont contraints par necessité de les faire abbatre & démolir, & faire faire d'autres logemens & bâtimens neufs pour y loger leurs Ecoliers; ausquels bâtimens ils sont prêts de faire travailler, suivant les plans & dessins qui en ont été dressés. Mais auparavant venoient faire la semonce & une très-humble supplication à cette Compagnie d'y vouloir mettre & poser la premiere pierre. Ausquels mondit Sieur le Prevôt des Marchands par l'avis de la Compagnie, a répondu qu'ils étoient les bien-venus, que la Ville étoit disposée de satisfaire officieusement à leur desir, tant par la consideration de leur merite particulier que par ce qu'elle doit aux grands exercices des bonnes lettres qui se fait audit College. Pour ce leur promet de le visiter Mardi prochain, sans ceremonie néanmoins & sans Archers; ce qu'elle n'entreprend jamais sans lettres du Roi. Et le Mardi huitiéme jour dudit mois 1628 à relevée mesdits Sieurs les Prevôt des Marchands & Echevins, avec le Procureur du Roi, Greffier & Receveur de ladite Ville se sont transportés audit College de Clermont rue St Jaques, où ils ont mis & posé la premiere pierre desdits bâtimens selon l'ordre & ainsi qu'il ensuit avec tout ce qui s'est passé en ladite action. Premierement mesd. Sieurs de la Ville ont fait faire des medailles d'argent & de cuivre, où d'un côté est gravée la figure du Roi, & à l'entour y est écrit ces mots Louis XIII, Roi de France & de Navarre, & de l'autre y sont les armes de la Ville, & à l'entour y est écrit de la troisiéme Prevôté de Messire Nicolas de Bailleul, President au Parlement. Lesdits Sieurs de la Ville ont fait preparer une pierre de marbre noir où ils ont fait écrire & graver en lettres d'or ce qui ensuit.

„ Inscriptio primi lapidis. Ludovico XIII feliciter regnante Illustrissi-
„ mus Dominus Nicolaus de Bailleul, Eques, Regis Christianissimi à sanc-
„ tioribus consiliis, in suprema Senatus Curia Præses, Prætor urbanus.
„ Viri clarissimi Ædiles, Petrus Parsait, urbis Consiliarius; Dionysius Mail-
„ let, in Curia Patronus; Augustinus le Roux, in Curia Præsidiali Consi-
„ liarius; Nicolaus de Laistre, Civis Parisinus; Viri clarissimi Gabriel Payen
„ in Electorum Curia Præfes & Urbis Regius Procurator, Guillelmus Cle-
„ ment, Urbi à Secretis, Carolus le Bez Dominus de Matitia, Largitionum
„ urbicarum Præfectus, auspicato primum lapidem ad hujus Domus So-
„ cietatis Jesu, fundamentum mense Augusto anno Domini M. DC. XXVIII.
„ posuerunt.

Concession d'armoiries aux quatre Corps. Fol. 155 jusqu'à 160.

A Tous ceux qui ces presentes Lettres verront. Christophle Sanguin, Seigneur de Livri, Conseiller du Roi notre Sire, en ses Conseils d'Etat & privé, President de sa Cour de Parlement, en la cinquiéme Chambre des Enquêtes d'icelle, Prevôt des Marchands, & les Echevins de la Ville de Paris, salut Savoir faisons que, vû la Requête à nous faite & presentée par le Corps des Marchands Merciers, Grossiers & Jouailliers de cette Ville, contenant que, comme étant l'un des plus grands Corps de ladite Ville, aussi en icelui y a nombre de personnes d'honneur & de consideration, lesquels pour avoir fait la marchandise honorablement, & avoir servi au public, ont eu l'honneur d'avoir été appelés, & de passer par les charges d'Echevins, Juges, Consuls, Gardes dudit Corps, & de Receveurs généraux des Pauvres; qui fait que quand ils sont decedés, ceux qui sont lors en charge de Garde,

Tome III. *C*

assistent à leurs funérailles & enterremens avec les parens & amis des défunts ; même ledit corps fournit quelques torches & luminaires, tant ausd. enterremens qu'aux services qu'ils font dire en leur chapelle du Sepulchre. Mais afin de rendre à l'avenir lesdits enterremens & services plus honorables à la memoire des défunts, desireroient faire mettre & apposer aux torches qui feroient ainsi données par ledit Corps & Communauté desdits Marchands, des armoiries ; ce qu'ils ne peuvent & ne veulent entreprendre sans notre permission, requerant à cette fin leur vouloir permettre & prescrire à leurdit Corps telles armoiries qu'il nous plaira. Consideré le contenu en laquelle Requête, & aussi qu'il est tout notoire que plusieurs Marchands de cette Ville, pour avoir merité du public en leur trafic de la marchandise, ont été tirés dudit Corps, & appellés esdites charges d'Echevins, Juges, Consuls, Gardes & Receveurs généraux des Pauvres, dont ils se sont dignement acquités, & afin de les obliger de continuer, & porter les autres à les imiter à l'avenir par quelque marque & degré d'honneur. Nous sur ce ouï le Procureur du Roi de la Ville, avons permis & permettons audit Corps des Marchands Merciers, Grossiers & Jouailliers de cette Ville, d'avoir en leurdit Corps & Communauté pour armoiries, *trois nefs d'argent à banniere de France, un Soleil d'or à huit rais en chef entre deux nefs ; lesdites armoiries en champ de Sinople*, & telles qu'elles sont ci-dessus empreintes, lesquelles nous avons données, arrêtées & concedées aud. Corps desd. Marchands Merciers, Grossiers & Jouailliers, pour s'en servir, & leurd. Corps à toujours & perpetuité, tant aux ornemens de leur Chapelle, qu'en toutes les autres occasions qu'ils en auront besoin, même pour attacher aux torches & cierges qui sont donnés par ledit Corps, pour servir aux enterremens & services de ceux dudit Corps qui seront decedés, & qui auront passé par lesd. Charges, ou l'une d'icelle, sans qu'ils puissent pour jamais en changer ni blazonner autrement que comme elles sont ci-dessus figurées. En témoin, &c. Fait & donné au Bureau de ladite Ville, le Mardi dixneuviéme jour de Juin, 1629.

A tous ceux qui ces presentes Lettres verront. Christophle Sanguin, Seigneur de Livri, Conseiller du Roi notre Sire, en ses Conseils d'Etat & privé, President en la Cour de Parlement, en la cinquiéme Chambre des Enquêtes d'icelle, Prevôt des Marchands, & les Echevins de la Ville de Paris, salut. Savoir faisons que, vû la Requête à Nous faite & presentée par le Corps & Communauté des Marchands Drapiers de cette Ville, contenant que, comme étant le premier, & l'un des plus grands Corps de ladite Ville, aussi en icelui y a nombre de personnes d'honneur & de consideration, lesquels pour avoir fait la Marchandise honorablement, & avoir servi le public, ont eu l'honneur d'avoir été appellés, & de passer par les Charges d'Echevins, Juges, Consuls & Gardes dudit Corps, & de Receveurs généraux des Pauvres ; qui fait que quand ils sont decedés, iceux qui sont lors en charge de Gardes, assistent à leurs funérailles & enterremens avec les parens & amis des desfunts. Mais afin de rendre à l'avenir lesdits enterremens & services plus honorables, ledit Corps & Communauté a intention de donner doresnavant à la memoire des deffunts quelques torches & luminaires ausquels ils desireroient faire mettre & apposer des armoiries ; ce qu'ils ne peuvent & ne veulent entreprendre sans notre permission requerant à cette fin leur vouloir permettre, & prescrire à leurdit Corps telles armoiries qu'il nous plaira. Consideré le contenu en laquelle Requête, & ainsi qu'il est tout notoire que plusieurs Marchands Drapiers de cette Ville, pour avoir merité du public en leur trafic de la marchandise, ont été pris & tirés dudit Corps, & appellés esdites charges d'Echevins, Juges, Consuls, Gardes & Receveurs généraux des Pauvres, dont ils se sont dignement acquités ; & afin de les obliger de continuer, & porter les

DE LA VILLE DE PARIS.

autres à les imiter à l'avenir par quelque marque & degré d'honneur. Nous, sur ce ouï le Procureur du Roi de la Ville, avons permis & permettons audit Corps & Communauté des Marchands Drapiers de cette Ville, d'avoir dans leurdit Corps & Communauté pour armoiries, *un Navire d'argent à banniere de France, flottant, un œil en chef, lesdites armoiries en champ d'Azur*, & telles qu'elles sont ci dessus empreintes, lesquelles nous avons données, arrêtées & concedées audit Corps des Marchands Drapiers, pour s'en servir en leurdit Corps & à toujours & perpetuité, tant aux ornemens de leur Chapelle de St Nicolas, fondée en l'Eglise des Saints Innocens, qu'en toutes les autres occasions qu'ils en auront besoin; même faire attacher aux torches & cierges qui seront donnés par ledit Corps pour servir aux enterremens & funerailles de ceux de leurdit Corps qui seront decedés, & qui auront passé par lesdites charges, ou l'une d'icelles, sans qu'ils puissent jamais les changer ni blazonner autrement que comme elles sont ci-dessus figurées. Fait au Bureau de ladite Ville, le Mercredi vingt-septiéme jour de Juin 1629.

A tous ceux qui ces presentes Lettres verront. Christophle Sanguin, Seigneur de Livri, Conseiller du Roi notre Sire, en ses Conseils d'Etat & privé, President en la Cour de Parlement, en la cinquiéme Chambre des Enquêtes d'icelle, Prevôt des Marchands, & les Echevins de la Ville de Paris, salut. Savoir faisons que, vû la Requête à nous faite & presentée par le Corps & Communauté des Marchands Epiciers & Apoticaires de cette Ville, contenant que, comme étant l'un des plus grands & anciens Corps de ladite Ville, aussi en icelui y a nombre de personnes d'honneur & de consideration, lesquels pour avoir fait la marchandise honorablement, & avoir servi au public, ont eu l'honneur d'avoir été appellés,& de passer par les charges d'Echevins, Juges, Consuls, Gardes dudit Corps, & Receveurs Generaux des Pauvres;qui fait que quand ils sont decedés,ceux qui sont lors en charge de Gardes,assistent à leurs funerailles & enterremens avec les parens & amis des deffunts. Mais afin de rendre à l'avenir lesdits enterremens & services plus honorables, ledit Corps & Communauté a intention de donner doresnavant à la memoire des deffunts quelques torches & luminaires, ausquels ils desireroient faire mettre & apposer des armoiries ; ce qu'ils ne peuvent & ne veulent entreprendre sans notre permission, requerant à cette fin leur vouloir permettre & prescrire à leurdit Corps telles armoiries qu'il nous plaira. Consideré le contenu en laquelle Requête, & ainsi qu'il est tout notoire que plusieurs Marchands Epiciers & Apoticaires de cette Ville, pour avoir merité du Public en leur trafic de la marchandise, ont été pris & tirés dudit Corps, & appellés esdites Charges d'Echevins, Juges, Consuls, Gardes & Receveurs Generaux des Pauvres, dont ils se sont dignement acquités; & afin de les obliger de continuer, & de porter les autres à les imiter à l'avenir par quelque marque & degré d'honneur : Nous, sur ce ouï le Procureur du Roi de la Ville, avons permis & permettons audit Corps & Communauté des Marchands Epiciers & Apoticaires de cette Ville, d'avoir en leurdit Corps & Communauté pour armoiries, *coupé d'or & d azur, & sur l'azur à la main d'argent tenant des balances d'or, & sur l'or deux nefs de gueule flotantes aux Bannieres de France, accompagnées de deux estoilles à cinq pointes de gueule, avec la devise au haut : Lances & pondera servant*; & telles qu'elles sont ci-dessus empreintes, lesquelles nous avons données, arrêtées & concedées audit Corps desdits Marchands Epiciers & Apoticaires, pour s'en servir en leurdit Corps à toujours & perpetuité, tant aux ornemens de leur Chapelle, qu'en toutes les autres occasions qu'ils en auront besoin, même faire attacher aux torches & cierges qui seront donnés par ledit Corps pour servir aux enterremens & funerailles de ceux d'icelui Corps qui seront decedés, & qui auront passé par lesdites charges, ou l'une d'icelles, sans qu'ils puissent jamais les changer ni blazonner, autrement que comme elles font ci-deſſus figurées. Fait au Bureau de la Ville le Mercredi vingt-ſeptiéme jour de Juin, 1629.

A tous ceux qui ces preſentes Lettres verront, Chriſtophle Sanguin, Seigneur de Livri, Conſeiller du Roi notre Sire, en ſes Conſeils d'Etat & privé, Preſident de ſa Cour de Parlement, en la cinquiéme Chambre des Enquêtes d'icelle, Prevôt des Marchands, & les Echevins de la Ville de Paris, ſalut. Savoir faiſons que, vû la Requête à nous faite & preſentée par le Corps & Communauté des Marchands Bonnetiers de cette Ville de Paris, contenant que, comme ils ſont l'un des plus anciens Corps de cettedite Ville, auſſi en icelui y a nombre de perſonnes d'honneur, leſquels pour avoir fait la marchandiſe honorablement, & avoir ſervi au public, ont eu l'honneur d'avoir été appellés ès Charges de Juges, Conſuls, Gardes de leurs Corps, & autres Charges publiques; qui fait que quand ils ſont decedés, ceux qui ſont lors en charge de Gardes, aſſiſtent à leurs funerailles & enterremens avec les parens & amis du deffunt. Mais afin de rendre à l'avenir leſdits enterremens & ſervices plus honorables, ledit Corps & Communauté deſdits Marchands Bonnetiers a intention de donner à la memoire des deffunts quelques torches & luminaires, auſquels ils deſireroient faire mettre & appoſer des armoiries; ce qu'ils ne peuvent & ne veulent entreprendre ſans notre permiſſion, requerant à cette fin leur vouloir permettre & preſcrire à leurdit Corps telles armoiries qu'il nous plaira. Conſideré le contenu en laquelle Requête, ſur icelle ouï le Procureur du Roi de la Ville, & afin d'obliger leſdits Marchands Bonnetiers de s'acquitter dignement à l'avenir des Charges publiques où ils ſont appellés, par quelque marque & degré d'honneur, nous avons permis & permettons audit Corps & Communauté des Marchands Bonnetiers de cettedite Ville, d'avoir en leurdit Corps & Communauté pour armoiries, *cinq nefs d'argent aux Bannieres de France, une Etoille d'or à cinq pointes en chef, leſdites armoiries en champ violet pourpre*, telles qu'elles ſont ci-deſſus empreintes, leſquelles nous avons données, arrêtées & concedées audit Corps & Communauté deſdits Marchands Bonnetiers, pour s'en ſervir à leurdit Corps à toujours & perpetuité aux ornemens de leur Chapelle, & en toutes autres occaſions qu'ils en auront beſoin, même pour attacher aux torches & cierges qui feront donnés par ledit Corps, pour ſervir aux enterremens & ſervices de ceux d'icelui Corps qui ſeront decedés, & qui auront paſſé par leſdites Charges, ou l'une d'icelles, ſans qu'ils puiſſent pour jamais les changer, ni blazonner autrement que comme elles ſont ci-deſſous figurées. Fait au Bureau de la Ville le Mercredi vingt-ſeptiéme jour de Juin, 1629.

La Ville accorda pareillement aux Marchands de vin pour armoiries, *un Navire d'argent à Banniere de France flottant, avec ſix autres petites nefs d'argent à l'entour; une grappe de raiſin en chef, leſdites armoiries en champ d'azur*. Le ſixiéme Juillet 1629.

DE LA VILLE DE PARIS. 21

AMBASSADE D'ANGLETERRE. 1585.

L'AN de grace 1585, le Samedi vingt-troisiéme jour de Fevrier, le Comte de Derby arriva à Paris, Député de la Reine d'Angleterre, pour donner l'Ordre de la Jarretiere au Roi très-Chrétien, Henri III de ce nom : auquel alla audevant, par commandement de Sa Majesté, jusques près de St Denys, Monseigneur le Duc de Montpensier, accompagné d'un bon nombre de Chevaliers du St Esprit, & des Gentilhommes de la Chambre aussi commandés pour cet effet. Ledit Comte fut logé en l'Hotel de Longueville, lequel fut meublé des plus exquis meubles de sa Majesté, & traitté lui & sa suite de sa Cuisine, où furent employés neuf plats à chacun repas, & outre cela ont été ordinairement festinés, tant de sadite Majesté que autres Princes & Seigneurs qui se trouverent lors à la Cour. Le vingt-quatre du susdit mois, ledit Comte de Derby fit la reverence au Roi en sa Chambre Royale, où il fut conduit par Messieurs de la Motte Fenelon, de Curton & de Grignan, lesquels avoient en charge d'être ordinairement pour voir que rien ne manquât à l'honnête reception & traittement que Sa Majesté desiroit lui faire. Depuis l'Hotel de Longueville les Gardes des gens de pied se mirent en haie jusqu'auprès de la porte du Louvre, devant laquelle se trouverent les Lieutenans du Prevôt & Archers. A la porte se trouva le Capitaine d'icelle avec ses Portiers. Dans la Cour, & tout le long du grand escalier furent les Suisses de la garde. A l'entrée de la Salle le Capitaine des Gardes, & tout le long d'icelle des Gardes en haie, celle du Corps étant plus près de l'antichambre. En l'antichambre se trouva un bon nombre de Gentilhommes des suites des Princes & Seigneurs qui étoient pour lors à la Cour, & Monsieur de Combault premier Maître d'Hotel avec lui alla à la porte pour le recevoir & mener jusques en la Chambre d'Etat, à la porte de laquelle se trouva Monsieur de Liancourt, premier Ecuyer d'Ecurie, & autres Ecuyers pour le conduire jusques en la Chambre d'audiance ; & furent dans ladite Chambre d'audiance les cent Gentilhommes de la maison du Roi avec leurs haches. A l'entrée de la Chambre où étoient les Gentilshommes de la Chambre & Gentilhommes ordinaires, se trouva Monsieur le Duc de Joyeuse, qui le reçut & le mena jusques à Sa Majesté, qui étoit en sa Chambre Royale, dans ses barrieres, sur son haut dais, appuyée sur une chaire qu'elle avoit auprès d'elle. En ladite Chambre ne demeura que les Cardinaux & Prelats, Princes, Conseillers d'Etat, Chevaliers du St Esprit, Gouverneurs de Provinces, & Lieutenans Généraux, Capitaines des Gendarmes, les neuf Gentilhommes de la Chambre en jour, & les cinq Gentilhommes ordinaires qui étoient ce jour-là en service. Etant arrivé vers Sa Majesté, ayant avec lui l'Ambassadeur resident, & avoir presenté les Lettres de la Reine sa Maitresse, il parla longuement à Sa Majesté, puis se retira au même ordre, & de la même façon qu'il étoit venu. Sa Majesté l'ayant entendu sur la volonté qu'il avoit d'effectuer le commandement qu'il avoit de la Reine sa Maitresse, de lui presenter l'Ordre de la Jarretiere, elle commanda au sieur de Roddes Grand Maître des Cérémonies, de l'aller avertir qu'elle desiroit que ce fût le Jeudi ensuivant 28. dudit mois, & qu'elle avoit à cet effet choisi l'Eglise des Augustins. Ce que pour effectuer, ledit jour incontinent après le dîner se trouva ledit Comte de Derby à l'Hotel de Nantouillet, où il lui avoit été preparé & tapissé une Salle & une Chambre avec tout ce qui appartenoit à la création d'un tel Chevalier. Incontinent après, Sa Majesté arriva audit Hotel, accompagné de toute sa Cour, qui se retira aussi en la Chambre & Salle qui lui avoit été preparée à cet effet, là où après qu'elle eût été quelque tems, entra ledit Comte de Derby & Mr de Stafort Ambassadeur ordinaire, accompagnés d'un Roi d'armes nommé Jarretiere & d'un Herault de la Reine d'Angleterre, avec cinq ou six des principaux Milords & Seigneurs qui avoient accompagné ledit Comte de Derby. Et est à noter qu'en ladite Chambre n'entrerent de ceux de la Cour que les Chevaliers du St Esprit, lesquels eurent tous leurs grands colliers au col, mais non les manteaux. Après donc quelques propos, Mr le Comte de Derby presenta sa commission à sa Majesté, laquelle commanda à Mr Pinart l'un de ses Secretaires d'Etat de la prendre, ce qu'il fit.

Ceremonies observées à la reception de l'Ordre de la Jarretiere.

INcontinent après ledit Comte de Derby prit la Jarretiere & la mit reveremment un genoux en terre à la jambe gauche de sa Majesté, lui disant ledit Roi d'armes.

,, Sire, à l'honneur de Dieu très-puissant, & à la souvenance de la valeur
,, de celui en l'honneur duquel cet Ordre a été institué, l'honorable Compa-
,, gnie de la Jarretiere, par le commandement & consentement de notre Reine
,, leur Souveraine, nous ont donné commission & à Monseigneur le Comte,
,, particulierement chargé, de lier votre jambe de cette Jarretiere: en signe
,, de quoi vous vous souviendrés, s'il vous plaît, d'entreprendre avec re-
,, solution toutes choses justes & raisonnables esquelles vous vous mettrés
,, & non autrement.

Puis après prit une robe en forme de soutane de velours cramoisi de haute couleur & en vêtit sa Majesté disant: ,, Prenés aussi, Sire, cet habille-
,, ment, s'il vous plaît, de Monseigneur le Comte, en accroissement
,, d'autant d'honneur que votre Royale personne peut endurer de recevoir
,, en signe qu'avés été reçu en cet Ordre, & vous souviendrés, s'il vous
,, plaît, de n'épargner votre sang à la deffense de la Foi Chretienne, de la
,, justice & de ceux qui par necessité sont oppressés & auront affaire de
,, votre secours.

Puis il prit le grand manteau de velours violet & en vêtissant sa Majesté lui dit: ,, Prenés, Sire, aussi de Monseigneur le Comte, s'il vous
,, plaît, le manteau de cet Ordre en accroissement de l'honneur de
,, votre Majesté, lequel garni d'un écu blanc & d'une croix rouge, vous
,, fera, s'il vous plaît, souvenir qu'étant armé de vertu le moyen vous
,, est ouvert de ruiner vos ennemis, & qu'esperance vous est donnée qu'a-
,, près avoir guerroyé en ce monde, la paix éternelle vous est reservée en
,, l'autre.

Enfin il prit le collier & lui mit au col en lui disant.

,, Vous prendrés aussi, Sire, s'il vous plaît, de sa main, le collier com-
,, me la principale & derniere enseigne de l'honneur de cet Ordre, en
,, souvenance qu'après avoir beaucoup travaillé en ce monde la couronne
,, de l'éternelle gloire vous attend en l'autre.

Et puis étant tout revêtu fut dit à sa Majesté par ledit Comte de Derby.

,, Sire, nous nous rejouissons grandement de voir votre Majesté revêtue
,, de cet Ordre & Confrairie très-honorable, & prions Dieu qu'il vous

DE LA VILLE DE PARIS. 23

,, puisse reussir à l'honneur & accroissement de grandeur tant qu'à aucuns
,, de vos predecesseurs ou Princes du monde qui l'ayent jamais porté: nous
,, faisans forts que si la Reine notre Maitresse & Messeigneurs les Cheva-
,, liers, de delà étoient avertis du tems de cette votre reception, ils ne
,, faudroient tretous de se vêtir de leurs robes pour la celebration de ce
,, jourd'hui, pour l'honneur qu'ils desirent à votre personne Royale.

Après ces choses, sa Majesté ayant donné le commandement au grand Maître des ceremonies de marcher, il fit marcher premierement les Suisses de la garde, les Gentilshommes ordinaires, les trompettes, les Gentilshommes de la chambre, seize Seigneurs Anglois accompagnés d'autant de Gentilshommes de la Chambre du Roi, qui leur laissoient l'honneur de la main droite. Après marcha le Herault de la Reine d'Angleterre, après le Roi d'armes Jarretierre, puis le Comte de Derby & l'Ambassadeur d'Angleterre Resident. Après venoit sa Majesté ayant deux de ses Huissiers de la Chambre avec leurs masses devant elle, derriere elle les Princes, derriere les Princes les Chevaliers du St Esprit, ayant tous leurs grands colliers ; depuis l'épée du Roi en avant les cent Gentilshommes en aile, & de l'épée en arriere les Gardes du corps, & les autres Gardes continuans en aile jusqu'au derriere des derniers Chevaliers du St Esprit. En entrant à l'Eglise, les Anglois trouverent les chaises basses de la main droite couvertes de drap d'or, & un rang de bans aussi long couverts de même pour s'asseoir; aux hautes chaises de ladite main droite fut mis un riche dais & dessous icelui une chaise, & au dessous dudit dais un tableau des armoiries de la Reine d'Angleterre, auquel n'y eut point de soubscription ni de qualité. Cinq ou six chaises au dessous furent mis des carreaux aux places de Mrs les Comtes de Derby & sieur de Stafort Ambassadeur ordinaire, & à l'endroit de la place du Comte de Derby fut mis l'écu de ses armes avec la soubscription de ses qualités, tout le demeurant desdites chaises hautes & basses furent couvertes de toille d'or. Du côté de la main gauche fut mis un riche dais & chaise pour sa Majesté, ensemble le tableau de ses armories mi parti de France & de Pologne, sans soubscription ; & tout le demeurant des chaises tant hautes que basses furent couvertes de toille d'or, ausquelles furent assis environ trente-cinq Chevaliers du St Esprit qui se trouverent lors à la Cour. Au bout des chaises de la main droite fut fait un échaffaut pour les Reines, & furent les Dames tout du long des chaises hautes jusques auprès de l'Ambassadeur d'Angleterre, & en bas aussi en ce qui restoit des places que l'on avoit reservées aux Anglois. Incontinent que sa Majesté fut arrivée, les Vêpres commencerent; lesquelles étant continuées jusqu'au *Magnificat*, le Grand-Maître des ceremonies avertit le Comte de Derby qu'il étoit tems de faire son office. Alors le Roi d'armes Jarretiere part de son siege, qui lui avoit été preparé devant celui de la Reine sa Maitresse, alla querir ledit Comte de Derby & l'Ambassadeur ordinaire l'un après l'autre & les amena devant le siege de sa Majesté; là où étant arrivés, ledit Comte de Derby lui presenta le serment qu'il devoit faire pour entrer dans l'Ordre de la Jarretiere, qui fut tel.

SERMENT.

,, Nous promettons & jurons en parole de Roi, que nous observerons
,, & garderons & maintiendrons les Statuts & Ordonnances de l'Ordre de
,, la Jarretiere, en tout ce & suivant qu'ils ne soient contraires ni deroga-
,, toires à notre grandeur & Majesté Royale ni aux Statuts d'aucun autre Or-
,, dre ou serment que nous aurions pris auparavant.

PREUVES DES ANTIQUITE'S

Lequel sa Majesté ayant fait lire par Mr Pinart l'un de ses Secretaires d'Etat elle signa, & lors chacun retourna en sa place pour ouïr le demeurant des Vêpres; lesquelles achevées le Roi s'en retourna au même ordre qu'il étoit venu à l'Hotel de Nantouillet pour se deshabiller. De là sa Majesté remonta dans son carrosse accompagnée de toute sa Cour pour s'en retourner au Louvre, là où il festoya ledit Comte de Derby & l'Ambassadeur, & les fit manger à sa table, à laquelle furent assises les Reines & Princesses seulement du côté du Roi, & au droit & vis-à-vis de Mesdames de Montpensier & de Joyeuse furent ledit Comte de Derby & l'Ambassadeur. Il y eut aussi deux tables en potence où furent festoyés seize des principaux Milords & Seigneurs d'entre eux, ausquelles aussi furent six Dames des Reines & toutes leurs filles; ledit festin fut en la salle basse du Louvre. Après soupé le Roi avec toute la compagnie monta en la Salle-haute, où le bal se tint en grande magnificence.

SERMENT D'HENRI IV, POUR LA PAIX.

LE Dimanche deuxième jour de Decembre l'an 1601, en la presence de nous Nicolas de Neufville sieur de Villeroi, & Pierre Forget sieur du Fresne, Chevaliers, Conseillers au Conseil d'Etat de très-haut, très-excellent & très-puissant Prince le Roi notre souverain Seigneur, Secretaires d'Etat & de ses Commandemens, sa Majesté étant en l'Eglise du Couvent des Religieux de l'Ordre des Celestins de cette Ville de Paris; present & assistant illustre Seigneur Gaspard de Geneve, Marquis de Lullins, Chevalier de l'Ordre de très-excellent Prince Charles Emanuel Duc de Savoie, Conseiller en son Conseil d'Etat, son Chambellan, Colonel de sa Garde des Suisses, Gouverneur & son Lieutenant general au Duché d'Aouste & Cité d'Yvrée, Ambassadeur commis & deputé par ledit Seigneur Duc; a fait & preté le serment qu'il étoit tenu de faire en vertu du traité fait entre les Deputés de sadite Majesté & dudit Seigneur Duc, à Lion le dix-septiéme jour de Janvier dernier passé, duquel serment la teneur ensuit.

,, Nous, Henri, par la grace de Dieu, Roi très-Chrétien de France &
,, de Navarre, promettons sur nos foi & honneur & en parole de Roi, &
,, jurons sur les Saints Evangiles de Dieu & Canon de la Messe pour ce
,, par nous touchés, que nous observerons & accomplirons pleinement, ré-
,, ellement & de bonne foi tous & chacuns les points & articles portés par
,, le Traité d'accord conclu & areté à Lion le 17e jour de Janvier dernier
,, passé, en consequence de celui qui a été fait à Vervins le deuxiéme jour
,, de Mai 1598, entre nos Deputés & ceux de très-excellent Prince Charles
,, Emanuel Duc de Savoie, notre très-cher frere; & ferons le tout invio-
,, lablement garder & observer de notre part sans jamais y contrevenir ni
,, souffrir y être contrevenu en aucune sorte & maniere que ce soit. En
,, foi & témoin de quoi nous avons signé ces Presentes de notre propre
,, main, & à icelles fait mettre & apposer notre scel; en l'Eglise des Celes-
,, tins. A Paris le deuxiéme jour de Decembre l'an de grace mil six cens un.

A laquelle prestation de serment furent presens & sont intervenus Messeigneurs les Princes de Condé, Gouverneur & Lieutenant general pour sa Majesté en Guyenne, & Comte de Soissons, Pair & Grand-Maître de France, Gouverneur & Lieutenant general pour sa Majesté en Dauphiné, Prince du Sang; Mr le Cardinal de Gondi, Mrs les Ducs de Guise, Pair de France, Gouverneur & Lieutenant general pour sa Majesté en Provence & Amiral des Mers de Levant; Duc de Nevers, Gouverneur & Lieutenant
general

DE LA VILLE DE PARIS.

general pour ſa Majeſté en Champagne, Duc d'Aiguillon, Grand Chambellan de France; les ſieurs de Bellievre Chancelier de France, de Bellegarde Grand Ecuyer de France, & premier Gentilhomme de la Chambre de ſa Majeſté ; l'Archevêque d'Aix, tenant le livre des ſaints Evangiles & le Canon de la Meſſe, ſur lequel Sa Majeſté avoit les mains poſées, & pluſieurs autres Ducs & Marquis, Comtes, Seigneurs du Conſeil de Sa Majeſté, & Gentilshommes : en temoin de quoi ledit ſieur Marquis de Lullins, Ambaſſadeur & Deputé dudit ſieur Duc nous a requis le preſent acte, que nous lui avons octroyé, & pour ce ſigné de nos mains, les jour & an deſſuſdits, ſigné de Neuville & Forget.

Serment de Louis XIII après ſa Majorité, pour la Paix d'Angletere.

LE deuxiéme jour de Février 1620, très-haut, très-excellent, & très-puiſſant Prince, Louis par la grace de Dieu, Roi de France & de Navarre, notre Souverain Seigneur, preſent & aſſiſtant. Le ſieur Edouard Hebert Ambaſſadeur près Sa Majeſté, & Deputé pour cet effet de la part de très-haut, très-excellent & très-puiſſant Prince Jaques, auſſi par la grace de Dieu Roi de la Grande Bretagne, a fait & prêté le ſerment qu'il étoit tenu faire & renouveller étant parvenu en âge de Majorité, ſuivant le traité de ligue & mutuelle confederation perpetuelle, conclu, fait & arrêté en la Ville de Londres, entre le ſieur de la Boderie, Conſeiller au Conſeil d'Etat de Sa Majeſté, & lors ſon Ambaſſadeur en Angleterre, & les Deputés dudit ſieur Roi de la Grande Bretagne, le vingt-neuviéme jour d'Aouſt 1610, duquel ſerment la teneur enſuit.

„ Nous Louis, par la grace de Dieu, Roi très-Chrétien de France & de
„ Navarre, jurons en foi & parole de Roi, & promettons, nos mains
„ touchant les ſaints Evangiles, en preſence du ſieur Edouard Hebert,
„ Chevalier, Ambaſſadeur & Deputé de la part de très-haut, très-excel-
„ lent & très-puiſſant Prince Jaques, Roi de la Grande Bretagne, notre
„ très-cher & très-amé bon frere, couſin & ancien allié, que nous accom-
„ plirons & obſerverons tous & chacuns les points & articles accordés &
„ portés par le traité de la ligue deffenſive, & perpetuelle confédération,
„ fait & conclu entre Nous & notredit très-cher & très-amé bon frere,
„ nos Royaumes, Etats, Pays & Sujets, par le ſieur de la Boderie notre
„ Conſeiller d'Etat, & lors notre Ambaſſadeur en Angleterre, & par les
„ Deputés & Commiſſaires dudit Roi notredit bon frere, en la Ville de
„ Londres le dix-neuviéme jour du mois d'Août, au ſtyle d'Angleterre le
„ vingt-neuf de l'année 1610 ; leſquels traitté & articles ayant ci-devant
„ approuvé & confirmé, Nous approuvons & confirmons de nouveau,
„ & en jurons devant Dieu, & promettons l'obſervation à mains jointes,
„ à ce que jamais nous ne contreviendrons à aucuns points & articles dudit
„ traitté, directement ou indirectement ; ains empêcherons de tout notre
„ pouvoir qu'ils ne ſoient violés en aucune maniere, ainſi Dieu nous ſoit
„ en aide. En foi & temoignage de quoi Nous avons publiquement ſigné
„ ces Preſentes de notre main, & à icelles fait mettre & appoſer notre
„ ſcel en l'Egliſe des Feuillans, le deuxiéme jour de Fevrier, l'an de grace
„ 1620, & de notre Regne le dixiéme.

A quoi ſe ſont trouvés preſens & ont aſſiſtés, Monſeigneur frere unique du Roi, Meſſeigneurs les Princes de Condé, & Comte de Soiſſons, Princes du Sang ; Monſieur le Cardinal de la Rochefoucault, Grand-Aumonier de France, tenant le Livre des ſaints Evangiles, ſur lequel Sa

Majesté avoit les mains posées; Messieurs les Princes de Vaudemont, & & de Joinville; Monsieur le Duc de Maïenne Pair & Grand Chambellan de France, Gouverneur & Lieutenant general pour Sa Majesté en Guienne; Messieurs les Ducs de Montmorenci, de Montbazon & de Luines, aussi Pairs de France, & Monsieur du Vair Garde des Sceaux; en temoin de quoi, à la Requête dudit sieur Ambassadeur, & par commandement de Sa Majesté, Nous Pierre Brulart, Seigneur & Vicomte de Puisieux; Antoine Potier, sieur de Seaux; Paul Phelippeaux, sieur de Pontchartrain, & Henri de Lomenie, sieur de la Ville-aux-Clercs, Chevaliers, Conseillers & Secretaires d'Etat dudit Seigneur Roi & de ses commandemens, avons signé la Presente de nos mains en la maniere accoutumée, les jour & an que dessus. *Signé*, BRULART, POTIER, PHELIPPEAUX, DE LOMENIE.

Hommage de Monsieur pour son Appanage.

LE Samedi huitiéme jour de Mai 1627, le Roi étant à Paris en son Chateau du Louvre, dans le cabinet de la Reine sa mere, assisté de Messieurs le Cardinal de Richelieu, de Marillac Garde des Sceaux de France, & de Schomberg Maréchal de France, & les sieurs de la Ville-aux-Clercs & de Beauclerc Secretaires des commandemens, presens. Sa Majesté étant assise dans sa chaire, avec son manteau & son chapeau sur la tête, un carreau de velours devant lui, Monsieur s'est presenté devant Sa Majesté, & là étant sans épée ni éperons, mondit Sieur le Maréchal de Schomberg ayant pris son chapeau, il se mit en devoir de se mettre à genoux sur ledit carreau, de quoi ayant été empêché par Sa Majesté, combien qu'il en ait fait très-grande instance, Sadite Majesté ayant ôté son chapeau, & icelui remis aussi-tôt, mondit Seigneur joignant les mains, & le Roi les ayant pris entre les siennes, mondit sieur le Garde des Sceaux a dit:

„ Monseigneur, Vous rendés au Roi notre Souverain Seigneur, les
„ foi & hommage que vous lui devés à cause des Duchés & Pairies d'Or-
„ leans & de Chartres, & du Comté de Blois, leurs appartenances & dé-
„ pendances que vous tenés en appanage de Sa Majesté, & relevés d'Elle
„ à cause de sa Couronne : Vous promettés & jurés à Sa Majesté toute la
„ fidelité, obéissance & service qu'un bon & fidel vassal, sujet & serviteur
„ doit à son Seigneur envers & contre tous, sans aucun excepter, & de ne
„ permettre qu'en l'étendue desdits Duchés & Comté, ni par les sujets
„ de Sa Majesté en iceux, il soit fait aucune chose contre le service de
„ Sa Majesté, & de conserver ses droits en tout & par tout; ainsi le jurés
„ & promettés.

Monsieur a repondu: Ouï, & de bon cœur; lors le Roi l'a embrassé & baisé.

DE LA VILLE DE PARIS.

PROCESSION ORDONNE'E PAR LE ROI,
depuis l'Eglise Ste Catherine, jusqu'en la rue Notre-Dame. L'argent qui y fut mis par le Roi, du douze Juin 1528.

CETTE Procession est transcrite tout au long dans le neuviéme Volume des regîtres du Conseil du Parlement, depuis le *fol.* 164 *recto*, jusqu'au *fol.* 167 *verso*.

OBSEQUES DU CARDINAL DE BIRAGUES.

AU commencement de Décembre 1583, il est vrai que le Cardinal de Biragues Chancelier de France étant decedé, le Roi ayant mandé aux Compagnies Souveraines & autres d'assister à ses obseques, il y eut diverses contestations touchant les rangs. Car Messieurs les Conseillers d'Etat, Messieurs les Chevaliers de l'Ordre du St Esprit & les Maréchaux de France, prétendoient preceder le Parlement. Messieurs les Maîtres des Requêtes prétendoient porter les deux bouts du drap mortuaire avec deux des Presidens du Parlement, & Messieurs des Comptes prétendoient marcher à côté gauche du Parlement. Mais le Parlement envoya Monsieur de Lage Conseiller vers le Roi, auprès duquel étoient déja Messieurs les Presidens Briston & de la Guesle, & il fut remontré entre autres choses de la part de la Cour, qu'étant fondée en Jurisdiction ordinaire & universelle, Messieurs les Conseillers d'Etat ne les pouvoient, ni devoient preceder, & que Messieurs des Comptes ne pouvoient rien alleguer de pertinent pour appuyer leur prétention. Et bien que le Roi eut representé que les Maîtres des Requêtes avoient pour eux l'exemple de ce qui s'étoit passé aux Obseques de Monsieur le Chancelier Olivier, & que Monsieur le Chancelier eût prié en particulier que *l'on allât sans mécontentement, & que l'on souffrit par dissimulation Messieurs des Comptes tenir le côté gauche*, ce qui ne pouvoit en tout cas être entendu qu'au terme de leur ancienne prétention, c'est-à-dire dessous, & un peu plus bas que les Presidens du Parlement, vis-à-vis des Maîtres des Requêtes. Toutefois ce qui témoigne manifestement que les raisons du Parlement prévalurent, c'est ce que la Lettre que le Roi lui écrivit sur ce sujet, porte qu'il desiroit que sa Cour de Parlement assistât à cette Cérémonie, & s'y trouvât en Corps, au rang & dignité qui lui est dû, & auquel il la veut maintenir de tout son pouvoir, comme il a commandé à Monsieur de Lage de lui declarer plus amplement de sa part. Aussi en consequence de cela, tant s'en faut que le Parlement se soit senti obligé de déferer à l'avis que Monsieur le Chancelier avoit donné en faveur de Messieurs des Comptes, que même la Compagnie estima qu'elle pouvoit arrêter & ordonner, comme elle fit, nonobstant ce que le Roi avoit proposé en faveur de Messieurs les Maîtres des Requêtes; que ce seroient les quatre Presidens qui tiendroient les quatre coins du Poële, si tant s'y trouvoient; sinon les plus anciens Conseillers representant les Presidens, sans soi demettre, c'est-à-dire, sans relâcher aucune chose de ce droit.

Toute cette dispute & la Cérémonie est dans le vingt-troisiéme Volume des Regîtres du Conseil du Parlement, *fol.* 53. *recto & verso*, 54. *recto & verso*, 55. *recto & verso*. & 58. *verso*, en datte du Vendredi deuxiéme Decembre, & du Mardi sixiéme dudit mois 1583.

DECLARATION DU ROI, QUI FUT FAITE à cause que la Chambre des Comptes avoit cottoyé le Parlement aux funerailles du Cardinal de Bourbon.

HENRI, &c. A tous presens & à venir : Salut. Ayant ci-devant entendu, & depuis à diverses fois vû à l'œil plusieurs questions, débats & differends entre nos Cours de Parlement, Chambre de nos Comptes, Cours de nos Aides, Prevôt de Paris, Officiers du Chatelet, & Prevôt des Marchands, Echevins & Officiers de notre Ville de Paris, pour raison du rang que nosdites Cours & Officiers prétendent respectivement tenir ès Actes & Assemblées publiques, faites en notre Ville de Paris, au grand mépris de la Justice & Ministres d'icelle, & en dérision des Nations étrangeres, & diminution de l'autorité de nosdits Officiers, nous a semblé être très-necessaire donner certain Reglement à l'ordre que doivent tenir nosdits Officiers : Savoir faisons que Nous, ayant eu sur ce l'avis de plusieurs Princes de notre Sang, & autres grands & notables personnages de notre Conseil, étant lez-Nous, avons dit, statué & ordonné, & par Edit perpetuel & irrevocable, de notre certaine Science, pleine Puissance & autorité Royale : Disons, statuons & ordonnons qu'en tous Actes & Assemblées publiques, qui seront ci-après faites en notredite Ville de Paris & hors d'icelle, où lesdites Assemblées se feront par notre ordonnance & commandement, Notredite Cour de Parlement ira & marchera la premiere, & après elle immediatement ira & marchera la Chambre des Comptes, & après ladite Chambre ira & marchera notredite Cour des Aides, & après la Chambre de nos Monnoies, & après elle le Prevôt de Paris & Officiers du Chatelet, & après eux le Prevôt des Marchands, Echevins & Officiers de notre Ville de Paris, chacun à part & separément, sans que l'une cottoye, ne puisse cottoyer l'autre, ne se aucunement mêler : en mandant à nos amés & feaux les Gens de notredite Cour de Parlement, faire lire & enregistrer cette presente Ordonnance, & punir les Contrevenans à icelle de telle peine & amende arbitraire qu'ils verront être à faire selon l'exigence des cas, & le faire garder, observer & entretenir, sans enfraindre ni contrevenir, ne souffrir être contrevenu directement ou indirectement, en quelque maniere que ce soit ; car tel est notre plaisir, nonobstant quelconques autres Edits, Statuts, Ordonnances & Lettres à ce contraires : Et afin que ce soit chose ferme & stable à toujours, Nous avons fait mettre notre scel à cesdites Presentes, sauf en autres choses notre droit, & l'autrui en toutes. Donné à Villiercotterests au mois d'Avril 1557, & de notre Regne le quatriéme, signé HENRI.

Et sur le replis, par le Roi en son Conseil, Du THIER.

Lecta, publicata & registrata, audito & requirente Procuratore Generali Regis, Parisiis in Parlamento, undecimâ die Maij, anno Domini 1557 *Sic signatum*,
Du TILLET.

DE LA VILLE DE PARIS.

DU REGITRE COTTE' D. DU GREFFE DE la Chambres des Comptes. Fol. 74.

CHARLES, par la grace de Dieu, Roi de France. Savoir faifons à tous prefens & à venir, que comme affés tôt après le trépaffement de notre très-cher Seigneur & Pere, que Dieu abfolve, les Aides qui en fon tems avoient cours en notredit Royaume, pour la deffenfe d'icelui, & mêmement en notre Ville de Paris, euffent été abbatues de fait, & mifes au néant pour certaine commotion & fédition de peuple, faite à Paris par plufieurs gens de mauvaife volonté, & défordonnée, & les boëtes de nos Fermiers abbatues & dépiecées; & depuis ce, en l'année dernierement paffée, les Bourgeois, Manans & Habitans de notredite Ville, ou la plus grande & faine partie d'iceux nous euffent accordé avoir cours en notredite Ville de Paris, pour la deffenfe de notre Royaume, certains Aides communs, c'eft à favoir l'impofition de la Gabelle & autres Aides par la forme & maniere plus à plein declarée en certaines inftructions fur ce faites, à commencer le premier jour de Mars dernierement paffé, duquel jour plufieurs des Manans & Habitans de notredite Ville, & autres gens de malle volonté, qui étoient ledit jour en icelle, en perfeverant de mal en pis, & pour empêcher le cours defdites Aides à Nous octroyées, comme dit eft, fe fuffent affemblés & alliés dans notredite Ville, & y tué & meurtri aucuns qui étoient ordonnés & commis fur le fait defdites Aides, rompus les boëtes ordonnées pour mettre les deniers d'iceux Aides, & de là allés en l'Eglife *St Jaques de l'Hopital*, où ils trouverent un des Fermiers defdites Aides, lequel débouterent & menerent par force hors d'icelle Eglife, & le tuerent & meurtrirent; après fe fuffent tranfportés en la Maifon de Ville, & d'icelle rompu les portes, huis & coffres; & pris grande quantité de maillets qu'y étoient, lefquels Hugues Aubriot, jadis Prevôt, avoit fait faire du commandement de notre très-honoré Pere, dont Dieu ait l'ame, & euffent auffi tué & meurtri aucuns de nos Officiers & autres, qui auroient reçû lefdites Impofitions ou autres Aides, ou pris à ferme; abbatu plufieurs maifons à Paris, rompu coffres, effondré vins & autres breuvages, pris enfemble plufieurs biens en iceux, & avec ce euffent pris & rompu les Prifons de notre Chatelet de Paris, où entrés ont delivré les Prifonniers étant en icelle, tant ceux qui étoient détenus pour cas criminels, comme autres; pris, caffé, emporté & dechiré plufieurs procès, papiers, chartes, regitres, & autres lettres & écritures touchant Nous & notre peuple; & auffi tué & meurtri plufieurs Juifs & Juives qui étoient en notre fpeciale fauve-garde, & pillé, gâté & diffipé leurs biens, & ceux de plufieurs Chrétiens qu'ils avoient à gage par devers eux, & depuis en perfeverant en leurs mauvaifes volontés, ayant fait par plufieurs affemblées & plufieurs commotions, tant armés comme defarmés, & fait chaînes & barrieres en notredite Ville de leur autorité, fans notre congé & licence, & gardé les portes à l'encontre de Nous & de nos Oficiers, & refufé de Nous y laiffer entrer à notre volonté; & auffi empêché par plufieurs fois que nos chariots, & ceux de notre très-cher Oncle le Duc de Bourgogne, & plufieurs autres chofes, tant d'aucuns de notre lignage, comme d'autres nos Officiers, fuffent ammenés par devers Nous & à nofdits Officiers où Nous étions; & avec ce ayent fait, commis & perpetré plufieurs autres rebellions, défobeiffances, monopoles, crimes & malefices, tant de Leze-Majefté comme autres, en faits & en paroles, depuis ledit premier jour de Mars, jufqu'au Dimanche fixiéme jour de ce prefent mois de Janvier que Nous vinmes en notredite Ville de Paris;

& en outre ayent plusieurs fois méprins dès le tems de notre Seigneur & Pere, que Dieu absolve, & depuis sa mort en plusieurs manieres, dont plusieurs autres bonnes Villes de notre Royaume y ont pris mauvais exemple, & pour ce s'en sont ensuivis plusieurs grands & énormes inconveniens moult préjudiciables à Nous & à notre Royaume, & encore s'en pourroit ensuivre si remede n'y étoit mis. Pourquoi, Nous voulant pourvoir à ce, & tenir nos Sujets en bonne paix & tranquilité, à les garder de rencheoir en telles ou semblables rebellions, maléfices, désobéissances, par grande & meure deliberation, à laquelle étoient nos très-chers & amés Oncles les Ducs de Berri, de Bourgogne & de Bourbon, le Sire d'Albret, le Connétable, l'Amiral, &c. les Maréchaux de France & plusieurs autres, tant de notre Sang & lignage, comme Prelats & autres, avons ordoné & ordonnons par ces Presentes les choses qui ensuivent.

Premierement, Nous avons pris, mis, prenons & mettons en notre main la Prevôté des Marchands, Echevinage & Clergé de notredite Ville de Paris, avec toute la jurisdiction, cohertion & connoissance, & tous autres droits quelconques qu'avoient & souloient avoir les Prevôts des Marchands, Echevins & Clercs d'icelle Ville, en quelque maniere que ce soit, & aussi toutes les rentes & revenus appartenans à iceux Prevôt & Echevins & Clercs, à la charge dessusdit.

Item. Voulons & ordonnons que notre Prevôt de Paris qui à present est, & pour le tems à venir sera, ou son Lieutenant ou Commis à ce, ait toute la jurisdiction, connoissance & cohertion que les susdits Prevôt, Echevins & Clercs avoient ou pouvoient avoir en quelque maniere que ce fût, ou fasse, & puisse faire, tant au fait de la riviere & de la marchandise, comme en toute autre chose, tout ce que iceux Prevôt, Echevins & Clercs faisoient & pouvoient faire, excepté le fait de la recette des rentes & revenus de notredite Ville tant seulement, laquelle nous voulons être faite par notre Receveur ordinaire de Paris qui ores est, ou par le tems sera.

Item. Qu'en notredite Ville de Paris n'y ait doresnavant aucuns Maîtres ne Communauté quelconque, comme le Maître & Communauté des Bouchers, les Maîtres des métiers des Changes, d'Orfevres, Draperie, Mercerie, de Pelleterie, métier de foulons de draps & de Tisserants, ne quelconque de quelque métier & état qu'ils soient; mais Voulons & ordonnons qu'en chacun métier soient élus par notredit Prevôt, appellés ceux que bon lui semblera, certains preud'hommes dudit métier pour visiter icelui, afin qu'aucunes fraudes ne soient commises, lesquels y seront ordonnés & institués par notredit Prevôt de Paris ou son Lieutenant, ou autre Commis à ce député par lui ; lesquels seront tenus de visiter les denrées, selon l'Ordonnance de notredit Prevôt, & seront nommés & appelés *Visitateurs* du métier duquel ils seront; & de tous delinquants & deffaillants en leur métier, notredit Prevôt de Paris ou son Lieutenant, ou autre Commis à ce de par lui, auront toute la connoissance & jurisdiction, & leur feront raison & justice selon le cas, sans que nul autre en ait aucune connoissance, jurisdiction & justice, fors que notredit Prevôt tant seulement; & leur deffendons que doresnavant ils ne fassent assemblée aucune, par maniere de Confrairie ou autrement, en quelque maniere que ce soit, excepté pour aller à l'Eglise ou y revenir, si ce n'est par le consentement, congé & licence de Nous, si Nous en ladite Ville sommes, ou de notre Prevôt de Paris en notre absence, & que lui ou aucuns de nos gens à ce commis par icelui Prevôt, y soient presens & non autrement, sur peine d'être reputés rebelles & désobeissans à la Couronne de France, & de perdre corps & avoir.

DE LA VILLE DE PARIS.

Item. Nous deffendons que doresnavant il n'ait en notredite Ville aucuns Quarteniers, Cinquanteniers ou Dixeniers, établis pour la deffense de la Ville ne autrement ; car si aucun besoin ou necessité y étoit par la puissance de nos ennemis ou autrement, nous y pourvoirons & ferons garder notredite Ville & les Bourgeois, Manans & Habitans d'icelle d'oppression, en sorte que il n'arriveroit aucun inconvenient à notre Ville, ou Habitans d'icelle.

Item. Que aussi nuls de quelque état ou condition qu'ils soient ne fassent, ne puissent faire doresnavant aucunes assemblées ou congrégations, pour quelque cause que ce soit, fors en la maniere que dessus est dit des métiers, & sur la peine dessusdite. Toutefois notre intention n'est pas qu'en nosdites ordonnances nos Offices fievés qui ont aucune jurisdiction ou connoissance de cause en notredite Ville de Paris, comme le Connétable, le Chambrier, le Pannetier & le Bouteiller de France, & autres Officiers fievés semblablement, ne aussi les Seigneurs Terriens, tant d'Eglise comme de Séculiers qui ont justice & jurisdiction en notredite Ville de Paris, y soient en aucune maniere compris, mais voulons qu'ils usent & jouissent de leurs justices & jurisdictions, comme ils ont fait, & dû faire, sans faire ne souffrir faire pour ce aucunes assemblées ou congrégations, fors par la maniere dessusdite. SI DONNONS en mandement par ces Presentes à nos amés & feaux Conseillers, qui tiennent & tiendront en notre Parlement de Paris, les Gens de notre Chambre des Comptes & Tresoriers de Paris, & aussi notredit Prevôt, & à tous nos autres Officiers & Justiciers, presens & à venir, ou à leurs Lieutenans, que nosdites Ordonnances fassent crier & publier par tous les lieux où il appartiendra, & icelles tiennent & gardent, fassent tenir & garder par tous nos Sujets, sans enfraindre en aucune maniere sur les peines dessusdites, en les contraignant à ce par toutes les voyes & manieres dûes. Et pour que ce soit chose ferme & stable à toujours, Nous avons fait mettre à ces Presentes notre scel. Donné à Paris, le vingt-septiéme jour de Janvier, l'an de grace 1382, & le tiers de notre regne. Ainsi signé par le Roi en son Conseil, auquel étoient Messieurs les Ducs de Berri, de Bourgogne & de Bourbon, le Sire d'Albret, le Connétable, l'Amiral, les Maréchaux de France & plusieurs autres, tant du lignage du Roi & de son Sang, comme Prélats & autres.

BLANCHET.

Il faut ici lire ce qui est rapporté dans l'Examen des Esprits, traduit par Dalibrai au second Volume, depuis le folio 351, commençant ainsi : Mais ce qui me convainc plus puissamment sur ce sujet, jusqu'au folio 353 à la huitiéme ligne, au sujet du Medecin Juif que François I vouloit consulter sur sa maladie, & voici le passage.

François de Valois Roi de France, étant travaillé d'une fort longue maladie, & voyant que les Medecins de sa Maison & de sa Cour n'y pouvoient que faire ; toutes les fois que sa fiévre redoubloit, il disoit qu'il étoit impossible que les Medecins Chrétiens sussent guerir un malade, & qu'il n'esperoit d'eux aucun secours. Si bien qu'une fois dans l'impatience de se voir toujours avec la fiévre, il fit dépêcher un Courrier en Espagne, pour prier l'Empereur Charles-Quint notre Prince, de lui envoyer un Medecin Juif, le meilleur qui se trouvât en sa Cour, duquel il se figuroit qu'il recevroit quelque remede à son mal, s'il y en avoit quelqu'un dans la Medecine. On rit un peu de cette demande en Espagne, & tout le monde demeura d'acord que c'étoit une fantaisie de fiévre chaude. L'Empereur ne laissa pas de commander qu'on cherchât un Medecin tel qu'on le demandoit, s'il s'en pouvoit trouver, quand on eût dû l'aller chercher hors du Royaume ; &

comme on n'en eût pû rencontrer, il envoya un Medecin, nouveau Chrétien, croyant que par là il satisferoit l'envie du Roi. Mais quand le Medecin fut arrivé en France & en la presence du Prince, il se passa un Dialogue entre eux très-agreable, par où se découvrit que le Medecin étoit Chrétien, si bien que le Roi ne se voulut pas servir de lui. Le Roi, dans l'opinion qu'il avoit que ce Medecin fut Juif, lui demanda par maniere d'entretien, s'il n'étoit point las desormais d'attendre le Messie promis en la Loi ? Sire, répond le Medecin, je n'attends pas le Messie promis en la Loi Judaïque. Et vous sage en cela, dit le Roi, car les signes qui sont marqués en la Sainte Ecriture pour connoitre sa venue, sont deja accomplis il y a long-tems. Nous autres Chrétiens, replique le Medecin, savons bien le compte du tems qu'il y a qu'ils sont accomplis : parce qu'il y a maintenant mil cinq cens quarante-deux ans qu'il est venu ; il demeura au monde trente-trois ans, au bout desquels il mourut en Croix, & resuscita le troisiéme jour ; après quoi il monta au Ciel, où il regne à cette heure. Quoi, vous êtes donc Chrétien ! dit le Roi. Oui, Sire, répond le Medecin, par la grace de Dieu. Puisqu'ainsi est, ajoute le Roi, retournés-vous en à la bonne heure en votre pays ; car j'ai assés de Medecins Chrétiens dans ma maison & dans ma Cour ; j'en voulois voir de Juifs, qui sont ceux à mon avis, qui ont une habileté naturelle pour guerir les malades. Ainsi lui donna-t-il son congé, sans souffrir qu'il lui tatât le poulx, ni qu'il vît son urine, ni qu'il lui dît le moindre mot touchant sa maladie : Et tout aussi-tôt il envoya à Constantinople, pour faire venir un Juif qui le guerit, en lui donnant du lait d'anesse.

EX JACOBI DE VITRIACO HISTORIA OCCIDENTALI.

Fol. 281. cap. 8.

PRIMO siquidem à vicinis Sacerdotibus vocatus *Fulco*, & invitatus cum timore & verecundia, simplicibus Laïcis, simpliciter & vulgariter ea quæ audierat prædicare cœpit, tanquam Pastor vellicans Sycomoreos. Venerabilis autem & prudens Magister Petrus, Cantor Parisiensis, ejus zelum & fervorem discipuli sui, pauperis & illiterati Sacerdotis attendens, & fidem illius & devotionem charitatis visceribus amplectens ; ipsum in præsentia sua, coram multis & litteratis Scholaribus Parisiis, in Ecclesia *Sancti Severini* compulit prædicare. Dominus autem, novo militi suo, tantam dedit gratiam & virtutem, quòd Magister ejus, & alii qui audierunt, admirantes, Spiritum Sanctum in ipso & per ipsum loqui testarentur ; & exindè alii, tam Doctores, quam Discipuli, ad ejus rudem & simplicem Prædicatorem concurrebant ; alter alterum invitabat, & cortina cortinam trahebat, dicentes : *Venite & audite Fulconem Presbyterum tanquam alterum Paulum.*

Folio 286. cap. 8.

Sacerdotes autem impudicos & eorum Concubinas, quas Jumentum Diaboli appellabat, tantis increpationibus & maledictis persequabatur, quod nimis confundebantur verecundia, dum omnes illos qui hujusmodi erant, digito demonstrans, post ipsos conclamabat ; ex quo factum est, quod omnes ferè hujusmodi focariæ, Sacerdotes suos relinquerent.

DE LA VILLE DE PARIS.

Folio 287 cap. 8.

Omnes autem ferè publicæ Meretrices, ab quemcumque locum Athleta Dei veniebat, relictis lupanaribus ad ipsum confluebant; quas ipse magna parte nuptui tradebat, alias autem in domibus Religiosis ut vulgariter viverent includebat; & propter hoc extra Civitatem Parisiensem, non longè ab ea, Monasterium *Sancti Antonii*, Cistercienfis Ordinis, ut in eo reciperentur hujusmodi mulieres, ab initio fuit institutum. Sed in aliis locis & Civitatibus, ubi fontes vel puteos, vir sanctus benedicebat; confluente languentium multitudine ædificabantur Capellæ; Hospitalia etiam construebantur. Tantam autem verbis ejus Dominus contulerat autoritatem & gratiam, quod Magistri Parisienses & Scholares versa-vice tabulas & schedulas ad ejus prædicationem deferentes, verba ex ore ejus colligentes scribebant, quæ tamen non ita sapiebant in alterius ore, nec tantum fructificabant ab aliis prædicata.

DE CANONICIS Sti VICTORIS.

Folio 327 cap. 24.

SUnt aliæ Canonicorum Regularium devotæ & humiles & amabiles Deo Congregationes, qui sancti Victoris Canonici nominantur, eo quod prædictus Dei Martyr patronus & advocatus sit eorum, in quibus hujus Ordinis primordia claruerunt. Primus siquidem & præcipuus hujus sanctæ Religionis Conventus, extra muros Parisiensis Civitatis, in Ecclesia quæ dicitur sancti Victoris, quasi lucerna Domini supra candelabrum posita, non solum propinquam Civitatem, sed remotas circunquaque regiones, & ad Dei cognitionem illuminat, & ad charitatem inflammat; tanquam Piscina probatica & cuter æneus in Templo Domini, Scholaribus Parisiis commorantibus & variis populis undique confluentibus, aquas purificationis subministrans. Hæc siquidem sancta & ab omni acceptione digna militantium in castris Domini Congregatio, refugium est pauperum, consolatio lugentium, fulcimentum & quasi basis debilium, recreatio lassorum, revelatio lapsorum, portus tranquillissimus Scholarium; quibus de mundi hujus naufragio evadere cupientibus, sinum misericordiæ aperit, & in gremio suo velut pia mater eos fovet & nutrit. Multis à primordio Parisiensibus Magistris, Viris litteratis & honestis, velut stellis fulgentibus illustrata, & quasi margaritis pretiosis decorata; inter quos nominatissimus & præcipuus extitit citharista Domini, organum Spiritus sancti, Magister Hugo, de sancto Victore editus, qui malo granata tintinnabulis conjungens exemplo, sanctæ conversationis, multos ad honestatem incitavit & melliflua doctrina ad scientiam erudivit. Multos autem aquarum viventium puteos effodiens, libris suis quos de fide & moribus tam subtiliter quam suaviter differendo edidit, incerta & occulta divinæ sapientiæ pluribus aperuit, mortalem sui memoriam velut compositionem odoris & opus pigmentarii, & in omnium ore quasi mel dulcoratum, velut musicam in convivia vini, & tanquam naves poma ferentes posteris relinquendo. Hi siquidem prudentes & honesti viri extra Parisiensis urbis tumultum seorsum congregati, suprà firmum & stabile fundamentum Regulæ sancti Augustini institutiones honestas & salutares observantias statuerunt. Nigris siquidem cappis & tunicis albis laneis induti; pellibus agninis & lineis utuntur camisis; carnes in refectorio non manducant; certis temporibus & horis constitutis extrà terminos suos manibus suis corporaliter laborant; circà primam vel secundam noctis horam ad matutinas surgentes in hymnis & psalmis & canticis spiritualibus Domino suaviter & devotè jubilando residuum noctis plerumque expendunt; æstatis autem tempore à vespera usque ad auroram nocturnum frequenter protrahunt officium : semel autem in anno omnes hujus Ordinis Abbates Parisiis apud sancti Victoris Ecclesiam generale Capitulum celebraturi congregantur; post divinæ congregationis epulas delicatas & suaves : de his quæ ad Religionem & Ordinis instituta pertinent, unanimiter pertractantes.

Du Regître cotté E, du Greffe de la Chambre des Comptes.
Fol. 56.

CHARLES, par la grace de Dieu Roi de France, savoir faisons; que comme notre très-cher Seigneur & Pere, que Dieu absolve, ait fondé & institué en notre Chastel du *Bois de Vincennes*, l'Eglise Collegiale de la Sainte Trinité, pour le salut & sauvement de l'ame de lui & de nous ; lequel pour cause de son brief trepassement, ne peut de grande chose entretenir, faire ne accomplir ladite fondation. Et pour ce nous ayant humblement suppliés nos bien-aimés Chapellains, les Tresoriers & Chapitre de ladite Eglise, que nous leur voulions donner, asseoir & assigner rentes & revenus convenables, jusqu'à l'achevement & perfection de la fondation dessus dit, selon ce que notre Seigneur & Pere leur avoit promis & encommencé, & que il peut apparoir par ses Lettres sur ce faites, & que autrement ils ne pouvoient vivre ne avoir leurs necessités en faisant le Service Divin en icelle Eglise. Et nous ayant grand desir & affection, si comme nous y sommes tenus & obligés, au salut & sauvement de l'ame de notredit Seigneur & Pere, & à ce que le Service Divin ne cesse en ladite Eglise ; en outre eue consideration à ce que lesdits Tresorier & Chapitre depuis le jour de leur institution en icelle Eglise, y ont fait & font le Service de Dieu continuellement, bien, en bonne & grande affection & devotion, tout en la forme & maniere que si dans le tems de leur institution icelle Eglise eût été fondée entierement & à plein droit. Pour ce est-il, que nous enclins à leurdite supplication comme consonnante à raison, à iceux Tresorier & Chapitre de grace speciale, avons donné & octroyé, donnons & octroyons par ces Presentes, toutes & quellesconques confiscations & forfaictures qui sont advenues & écheues, & lesquelles n'ont pas été encore prises & reçues pour nous, adviendront & écheront doresnavant en & par tout notre Royaume, & que icelles confiscations ils prennent & appliquent à leur seul & singulier profit, pour tourner toutefois, convertir & employer en la perfection & entierement de la fondation dessus dit, & plusieurs biens par exprès tant meubles comme heritages & plusieurs dettes & obligations qu'avoient tous les *Juifs & Juives* qui ont été & demeuré à Paris, & dont les uns sont batisés & les autres s'en sont enfuis : c'est à savoir les maisons de Salomon de Veseu, de Samuel de St Miel, de Margalis, de la Vielle, de Croissant de Corbueil, de Josset, de Vezou, de Maître Bonjour, de Bonnefoi & de l'Etoille, & aussi les biens de la confiscation de Jean Mathere notre Sergent, & de toutes autres confiscations tant dans Paris comme ailleurs par tout notre Royaume, sans diminution aucune, excepté tant seulement la somme de douze cens francs d'or que notre Seigneur & Pere leur avoit donné pour leur vivre & autres necessités, sur une amende faite par Regnier le Coustelier, pour envoyer aucuns nostres Messagers en parties au pays de Bretagne. SI DONNONS, COMMANDONS & étroitement ENJOIGNONS à nos amés & feaux Tresoriers de Paris, au Prevôt de Paris, & à tous autres nos Justiciers, Sujets & Officiers de notre Royaume, pre-

DE LA VILLE DE PARIS.

sens & à venir, & à chacun d'eux si comme à lui appartiendra, que lesdits Tresorier & Chapitre laissent, fassent & souffrent jouir & user paisiblement & à plein de notre-dite grace & octroi, sans les molester, ne souffrir être molestés ou empêcher au contraire par quelque maniere que ce soit, ainçois que lesdits Tresorier & Chapitre ou leur Procureur, au nom d'eux & leur Eglise, ils mettent en saisine & possession desdits biens meubles & immeubles; & en outre s'il avenoit que nous eussions fait ou fissions sur les confiscations dessus-dits à aucun pour quelque cause que ce fût, aucun don grace & octroi, & que nous en voulussions aucune chose retenir à nous & à notre seul & singulier profit, nous leur deffendons à chacun tant expressément comme plus pouvons, que nos Lettres qui sur ce seroient faites, ils ne mettent aucunement en execution, car ce que nous en ferions seroit fait par inadvertance & importunité des requerans; lesquels dons, graces & octroi, s'il advenoit que aucuns en fissions, dès maintenant comme pour lors, les anullons, irritons, revoquons & decernons être nuls & de nulle valeur & effet; la valeur desquels biens & heritages dessus-dits, nous voulons être alloués ès comptes de celui ou ceux à qui il appartiendra, & rabatus de leurs recettes par nos amés & feaux les Gens de nos Comptes à Paris sans difficulté ou contredit aucun, nonobstant quellesconques Ordonnances, Mandemens & deffences faites ou à faire par Lettres, de bouche ou autrement, & en outre ce que dit est. VOULONS & OCTROYONS ausdits Tresorier & Chapitre, que au transcrit & *vidimus* de ces Presentes faites sous scel autentique, soit ajouté pleine foi comme à ce present original: en temoin de ce nous avons fait mettre notre scel à ces Presentes; ordonné en l'absence du Grand, sauf notre droit en autres choses & l'autrui en toutes. DONNE' à notre Chastel du bois de Vincennes au mois de Mars mil trois cens quatre-vingt-un & de notre regne le deuxiéme; ainsi signé par le Conseil MONTAVENTE. Et en la marge étoit ainsi contenu: *Registrata in Thesauro Domini Regis, Parisiis undecimo die Aprilis anno* 1381 *ante Pascha, Robertus de Archeriis*. Et au dos des Lettres étoit ainsi contenu: Publié en Jugement au Chatelet de Paris, le Jeudi vingt-septiéme jour de Mars l'an de grace mil trois cens quatre-vingt-un, séant Maître Hugues le Grand en siege, J. LE BEGUE.

EXTRAIT DES LIBERTE'S DE L'EGLISE Gallicane.

Extrait des Remontrances faites à Louis XI par la Cour de Parlement, sur les Libertés de l'Eglise Gallicane 1461.
folio 39.

ITEM, & pour obvier aux autres inconveniens dessus-dits, furent avisées les Constitutions & Decrets, & iceux casser, n'est autre chose que donner cours à ladite évacuation de pecune, & par experience, *quæ est rerum Magistra*, soit avisé & consideré à l'évacuation qui a été si excessive depuis la cassation de ladite Pragmatique; que par experience l'en connoisse & appare comment ce Royaume est presque tari d'or principalement, & ce peut-être assés connu, en ce que paravant ladite rompture n'y avoit état du Change sur le Pont des Changeurs à Paris qui ne fut hanté de Changeurs, & tous trouvoient assés à gagner à bailler la monnoie pour l'or; mais depuis ce que la Banque a tiré & succé des bourses des sujets l'or, qu'il n'est demouré que monnoie, pour ce est que l'on ne va comme point au Change demander la monnoie pour de l'or; & ès lieux sur ledit Pont où souloient les Changeurs habiter, ne habitent que des Chapelliers & faiseurs de poupées.

Extrait des Memoires dressés pour le Roi Très-Chrétien & l'Eglise Gallicane.

Par Maître Jaques Capel, Conseiller & Avocat au Parlement, folio 56.

LE vingtiéme Août 1408, entre dix & onze, les Prelats & Clergé assemblés au Palais à Paris, furent amenés depuis le Louvre jusqu'au Palais, Maître *Sance-Loup* & un Chevaucheur du Pape Benedict, chacun vêtus d'une tunique de toille, où étoit peinte en effigie la maniere de la representation des Bulles mauvaises, & avoient mîtres de papier en leurs têtes, où étoit écrit le fait; & furent publiquement échafaudés,

EXTRAIT DU TRAITE' DES LIBERTE'S DE L'EGLISE Gallicane.

Par Claude Fauchet, folio 174.

ET se trouve par le Discours des histoires, qu'environ l'an six cens après la mort de Notre-Seigneur, les Evêques Gaulois vivoient avec leur Clergé, ce crois-je en commun ; pour le moins les Prêtres mangeoient ensemble comme les Moines, comme vous voyés le bled ou pain du Chapitre leur être encore distribué en plusieurs Eglises & Colleges. Mais pour le regard de l'Evêque, il étoit toujours assisté de deux ou trois Prêtres ou Diacres, sans lesquels il n'eut osé sortir dehors ; étant cependant les autres Clercs tenus sous un Abbé, second après l'Evêque, & depuis nommé Doyen. Ce qui s'apprend non seulement par l'histoire de Gregoire de Tours, mais encore par ses autres œuvres. Et Fortunat Eveque de Poitiers, par une Epigramme adressée à l'Escholle de Paris, semble ainsi appeller le Clergé de ce Diocèse, comme toutes compagnies, voire d'armes, étoient lors apellées Escholles, & dont le lieu dedié à Paris à la memoire de St Germain Evêque d'Ausserre a retenu le nom. Mais les Prêtres de ces Escholles, Clergés, selon l'occasion, étoient départis par les Paroisses, c'est-à-dire, voisinage des Villes ou Villages, pour prêcher la parole de Dieu & administrer les Sacremens, ainsi que font les Curés d'aujourd'hui ; & l'autre demeuroit près l'Evêque ; je croi au service Episcopal & commun de la mere Ville ou Eglise.

Extrait du Discours des raisons par lesquelles le Clergé assemblé à Chartres, a déclaré les Bulles monitoriales de Gregoire XIV, contre les Ecclesiastiques & Nobles qui sont demeurés en la fidelité du Roi, nulles & injustes.

Par Charles Faye, Abbé de St Fussien, Conseiller au Parlement de Paris 1591. fol. 213.

MAIS ce qui met la chose du tout hors de dispute, est ce qui se passa depuis en l'an 1280, entre les Papes & nos Rois ; savoir est que nos Rois voyans que depuis & en consequence de ladite excommunication majeure, les Papes alloient de jour en jour à une hautesse & presomption si grande, qu'ils ne craignoient point d'user de leur glaive & en fraper à tort & à travers contre toutes sortes de Princes, Empereurs, Rois & Republiques, pour servir à leur interêt privé & passion particuliere, & pour étendre leur domination sur eux ; & doutans que si telles choses leur étoient souffertes, ils ne s'enhardissent avec le tems de mettre leur Royaume en pareils troubles qu'ils avoient fait l'Allemagne, l'Italie, & autres pays de la Chrétienté. Ils s'adressèrent ausdits Papes pour leur representer & faire leurs anciens droits & libertés, ensemble de leurs Sujets, Serviteurs & Officiers, & de toute l'Eglise Gallicane, dont la memoire étoit lors toute fraîche ; & sur la preuve qu'ils leur en montrerent, obtinrent d'eux jusqu'à douze Declarations, Bulles & Titres-nouveaux. Savoir est des Papes Martin III & IV, & Gregoire VIII, IX, X & XI, Alexandre IV, Clement IV & V, Nicolas III, Urbain V & Boniface XII. Lesquelles

Bodin, que je nomme pour être des principaux factieux de la Ligue, témoigne en fa Republique, avoir vûes dans le Trefor des Chartes, fuivant lefquelles Bulles & Declarations, & en confequence d'icelles fe trouvent depuis infinis Arrêts donnés ès Parlemens de Paris, Thoulouze & autres, dont les Regîtres depuis les années 1300 jufqu'en l'année 1500 font pleins, enfemble les livres des vieux Patriciens de France, comme *Boërius*, *chaſſaneus*, *Benedicti*, *Aufrevius* & *Rebuffi*; fpecialement s'en trouve un fort avantageux contre un Arragonois nommé Maître *Sance-Loup* & un Chevaucheur du Pape Benedict, natif de Caſtille, qui avoit apporté & voulu publier des Bulles contre le Roi Charles VI & le Royaume; lefquelles Bulles furent le feize Juillet 1401 publiquement lacerées en la grande Chambre, ou étoient prefens pluſieurs Princes, Seigneurs, Gentilshommes de la Chambre, Prelats, Bourgeois & autres tant du Clergé que de l'Univerſité; & douze ou quinze jours après, lefdits deux Bulliſtes vêtus de tuniques de toille peinte, où étoient figurées la repreſentation defdites Bulles & les armes de Benedict renverſées, furent amenés des priſons du Louvre au Palais, où ils firent amende honorable à la levée de la Cour, puis furent menés mîtrés en un tombereau par les carrefours de Paris.

Extrait d'un Traité de la Grandeur, Droits, Prééminence & Prérogatives des Rois, & du Royaume de France.

Par Maître François Pithou, Avocat en Parlement.

FAUT ici voir ce qui eſt dans le ſecond Volume des Regîtres du Conſeil du Parlement, fol. 103. *Recto*.

Du Lundi vingt-un Mai, & du Lundi vingt Août, 1408, qui font dans ledit Extrait.

Les Concluſions & Requêtes de l'Univerſité mentionnées en ce Regître, ſe trouveront inſerées par Theodoric de Nitremenſon, Traité 6 du Livre intitulé *Nemus unionis*.

Extrait d'un Traitté des Droits Eccleſiaſtiques.

Par Maître Antoine Hotman, Avocat en Parlement. Fol. 331.

PEU après, l'Univerſité alla elle-même en Parlement demander la publication des Lettres que le Roi y avoit envoyées, pour la franchiſe & liberté des Egliſes de ſon Royaume; ce n'étoit pour entretenir le ſchiſme, ne pour rien pourſuivre contre le Siége de Rome. Car au contraire c'étoit contre Benedict XIII, que les François avoient élû; mais ils vouloient remettre l'unité de l'univerſelle Egliſe contre l'ambition de ce Pape Benedict, & par la bouche de Meſſire Jean Courtecuiſſe, Maître en Théologie, l'Univerſité demanda que les Bulles, qui contenoient l'excommunication du Roi, fuſſent lacerées, ainſi qu'il ſe lit ès Regîtres du Parlement, du douzième Mai 1407, auquel Regître ſe trouve encore, que le vingtiéme jour d'Août enſuivant entre dix ou onze heures, les Prelats & Clergé de France aſſemblés au Palais ſur le fait de l'Egliſe, l'on fit amener Maître Sanceloup, né du pays d'Arragon, & un Caſtillan Chevaucheur du Pape Benedict, en deux tomberaux, chacun d'eux vêtu d'une toile peinte, où étoit en bref effigié la maniere de la preſentation defdites Bulles, & les armes dudit Benedict renverſées, mitres de papier en leur têtes, où leur fait étoit écrit, & ainsi furent conduits depuis le Louvre où ils avoient été prisonniers, avec plusieurs Prelats de France & gens d'Eglise, qui avoient favorisé lesdites Bulles, jusqu'en la cour du Palais ; & là furent échafaudés publiquement, & puis ramenés au Louvre en la même façon.

Ibidem folio 337.

Mais enfin le Pape Leon X s'accorda avec le Roi François I de ce nom, & eurent tous deux ce qu'ils demandoient, au moins à peu près ; car au lieu des Elections, la nomination fut laissée au Roi de France, & la collation, c'est-à-dire, l'expedition des Bulles au Pape avec ses Annates, comme il sera cotté, quand aux subsequens livres il viendra à propos d'en parler. Les ordinaires y gagnerent quelque chose, parce que les reservations & expectatives furent ôtées. On laissa seulement au Pape les préventions, résignations *in favorem*, & les mandats Apostoliques qui avoient été approuvés au Concile de Basle, qui est à dire que les Papes auroient une fois en leur vie une reservation particuliere d'un benefice, où il y en avoit cinquante & au dessus, ausquels les Papes peuvent pourvoir par mandats Apostoliques. Contre ces Concordats il y eut opposition formée, & appellation interjettée par l'Université de Paris en une Assemblée generale faite au College des Bernardins pour la Liberté de l'Eglise Gallicane, & où les Docteurs de la faculté de Theologie & autres, ont au long cotté les raisons qu'ils avoient de s'opposer à tel Concordat ; mais au moyen de plusieurs jussions du Roi, apportées en Parlement par le sieur de la Trimouille ; & pour le bien de la Paix le tout fut publié & enregistré en Parlement. Vrai est que ce Concordat ne fut que pour la vie du Roi François I, mais le Roi Henri son fils en eut continuation, confessant neanmoins que ce n'étoit pour le regard de la Bretagne & la Provence, qu'il declara par ses Edits de l'an 1549 & 1553, n'être de la Liberté de l'Eglise Gallicane, & sont pour cette occasion appellés Pays d'obéissance ; mais après la mort du Roi Henri II, l'on douta si les Papes continueroient ce Concordat, & crainte de quelque innovation de Rome, il fut ordonné aux Etats tenus à Orleans, l'an 1560, que les Elections feroient remises sus, avec prohibition de transporter à Rome or ni argent. Toutefois le Cardinal de Ferrare étant venu Legat en France, il obtint un Edit du Roi Charles IX, l'an 1562, par lequel lesdites deffenses furent levées, & le Reglement du Concordat s'est depuis toujours observé, hormis que depuis aux Etats tenus à Blois, en 1577, il fut ordonné qu'advenant vacation des Abbayies, Chefs d'Ordres, il y seroit pourvû par Election des Religieux : de sorte qu'aujourd'hui les affaires des Benefices sont en tel état, que vraisemblablement les Rois de France, tant qu'ils auront puissance & autorité en leur Royaume de France, n'y voudront rien changer, ni même les Papes, ayant à peu près les uns & les autres ce qu'ils demandoient, & contre cet accord les nouveautés & reprises des anciennes querelles feroient dangereuses, & vaut mieux laisser les choses en cet état, & conclure par cette celebre proposition du Concile de Cartage : *Pax servetur, pacta custodiantur*.

Ibidem folio 343.

Mais la liberté des François leur est naturelle. Ils ont une telle liberté de parler, une telle franchise en leurs actions, qu'ils s'opposent incontinent à quiconque entreprend sur eux, & n'ont jamais pû endurer quelque joug que ce fut, s'il les pressoit trop ; si pour quelque tems ils endurent, ils ont leur revanche en un autre. Sigismond Empereur, à la faveur du parti de Bourgogne que le Pape favorisoit, alla tenir l'audiance à Paris en la Cour de Parlement, & s'assit au dessus du Premier President ; & com-

me il eut ouï une cause pour la Senechauffée de Beaucaire, entre un sim-
Gentilhomme & un Chevalier, il fit approcher le Gentilhomme, & lui
donna l'accollade, disant que par ce moyen le different étoit vuidé. Cette
entreprise ne fut pas par cet effet apertement contredite par le malheur
du tems ; mais le Roi Charles VIII en eut sa revanche : car, comme il fut
à Rome, il fit battre, fustiger & étriller certains delinquans, pour montrer, dit le Supplement de Monstrelet, que, comme vrai fils de l'Eglise,
& Roi très-Chrétien, il avoit haute Justice, moyenne & basse dedans Rome.

Ibidem folio 378.

Et encore aujourd'hui par Ordonnance de nos Rois, quelques Prebendes des Eglises Cathedrales sont affectées à des Précepteurs de la jeunesse,
comme aux Etats tenus à Orleans l'an 1560, & à Blois l'an 1577 ; aussi encore l'Université de Paris a deux Chanceliers, l'un en l'Eglise Notre-Dame, & l'autre en l'Abbayie Ste Geneviéve, & les Theologiens prennent
leur autorité en la grande Salle de l'Eglise de Notre-Dame ; & toutes les
Assemblées des Ecoliers ne se font qu'aux Eglises de St Julien-le-pauvre,
aux Mathurins & aux Bernardins, d'où quelques-uns veulent inferer que
tous Ecoliers étoient du Clergé : & à cause que la plupart des Ecoliers
étoient Clercs, beaucoup confondent ces mots de Clercs & d'Ecoliers.
Et de fait, il y en a qui tiennent pour toutes sortes d'Ecoliers la Decretale
de Celestin III ; *De Clericis Parisius commorantibus, & in causæ eorum, jure Canonico & scripto, non consuetudinario decidantur. Cap. de Clericis, de foro comp.* où
la Glose s'abuse, quand elle remarque la jurisdiction temporelle de l'E-
vêque de Paris, & qu'il l'exerce au For - l'Evêque, comme en partie le Vi-
Comte de Paris ; car les Clercs ou Ecoliers de Paris ne sont pas sujets de
l'Evêque à cause de sa jurisdiction temporelle, ains comme Juge Ecclesiastique. Car les Papes ayant donné plusieurs Privileges à l'Université,
les Ecoliers qui s'en vouloient prévaloir, se tenoient comme étant du
Clergé, & avoient, comme ils ont encore, Juges, Conservateurs des
Privileges Apostoliques. De sorte qu'ils vouloient que toutes leurs causes
y fussent plaidées, même les réformations qui ont été faites de l'Université de Paris, se trouvent faites par des Legats de Rome, comme par le
Cardinal *de Cœlio Monte*, par Simon Cardinal de Ste Cecile, par le Cardinal de St Marc, par Gilles Cardinal de St Martin-au-Mont, par le Cardinal de Touteville. Et on dit que le Roi Philippe Auguste fit son Ordonnance, par laquelle il voulut que les Ecoliers fussent au nombre du Clergé, & par consequent justiciables de l'Evêque, deffendant au Prevôt de
Paris de connoître de leurs Causes, ni de les toucher, si ce n'est pour les
rendre à l'Evêque, ce que l'on ajoute encore de quelques autres Rois ;
mais cela n'est que pour les Clercs, car des autres simples Ecoliers le Prevôt de Paris en est Conservateur, parce que les Privileges de l'Université
sont pour la plupart Royaux. Et au Livre rouge du Chatelet en est regîtré un Contrat fait en la maison des Bernardins, au mois de Mars 1361,
par lequel Aubriot Prevôt de Paris promet aux Suppôts de l'Université de
conserver les Privileges de l'Université, tellement qu'en cette qualité de
Conservateur des Privileges de l'Université, le Prevôt de Paris est Officier de l'Université, & doit serment au Recteur lors de son instalation,
comme aussi le Chevalier du Guet. Mais en general, pour ce qui concerne tout le Corps de l'Université, c'est-à-dire, des leçons & predications,
il y a eu contention entre l'Evêque, le Recteur & le Prevôt de Paris : &
lisons que du tems du Roi Charles VI, y ayant quelque tumulte en une
Procession qu'avoient faite les Ecoliers à l'Eglise de Ste Catherine, & le
Prevôt de Paris, nommé Guillaume de Tignonville, en ayant fait pendre
deux, savoir, Leger de Moncel, & Olivier Bourgeois, le Roi decerna

ses

ſes Lettres, qui ſont encore enregîtrées au Livre rouge du Chatelet, en datte du dixiéme Mai 1408, par leſquelles il fut mandé audit Prevôt d'envoyer l'Executeur de la haute juſtice, dépendre les corps de ces Ecoliers, les faire mettre en deux coffres ſur une charette, les conduire devant l'Egliſe de Notre-Dame, & là les rendre à l'Evêque de Paris, attendu qu'ils étoient Clercs; & qu'à la premiere Aſſemblée de l'Univerſité, ledit Prevôt allât prier ledit Evêque & le Recteur de l'Univerſité de n'avoir aucun maltalent de ladite entrepriſe, contre les libertés de l'Egliſe. Ce qui fut exécuté comme recite le Seigneur des Urſins; & au lieu dudit Thignonville qui fut dépoſé, l'office fut donné à Maître Pierre des Eſſarts: & s'eſt trouvé que ſouventefois, ſur quelques mécontentemens que les Ecoliers ont eu, ils ont fait ceſſer les leçons & predications.

EXTRAIT DE LA POLICE ROYALE,
ſur les Perſonnes & les choſes Eccleſiaſtiques.

Par Jaques du Hamel, Procureur en la Cour Eccleſiaſtique de Rouen.
Folio 682.

A PAREILLES plaintes & remontrances furent faites pareilles réponſes & ſatisfactions durant le regne de Charles V, qu'une ſinguliere prudence fit ſurnommer le Sage, lequel commençant à regner en l'année 1364, commença auſſi-tôt à donner un meilleur ordre aux entrepriſes que les Eccleſiaſtiques avoient fait & continué ſur les juriſdictions Royales & temporelles, ainſi qu'il appert par un ample traité fait de ce tems ſous le titre du ſonge du Verger, que l'on attribue à Maître Raoul de Preſles, Conſeiller & Maître des Requêtes ordinaire de Sa Majeſté; où après avoir montré les torts & griefs que les Saints Peres de Rome font aux Rois & autres Seigneurs ſeculiers, en ce qui eſt de la temporalité, il commence au cent cinquante-ſeptiéme Chapitre du ſecond Livre, & continue juſqu'au deux cens cinquante, à montrer les griefs que les Prelats de la Ste Egliſe, & leurs Officiaux, faiſoient alors, plus que maintenant, aux Rois & à la Juriſdiction ſeculiere. Et entre autres il dit au Chapitre cent cinquanteſept, parlant d'un homme Laïc admoneſté pour dette, jaçoit que le Roi, ou ſes Officiers requierent qu'il leur ſoit envoyé; les Officiaux en ſont refuſans, & contraignent les Parties, ſur peine d'excommuniment, de proceder par devant eux.

Ibidem Folio 697.

Depuis, il arriva que Maître Jean Paſtourel, étant commis par le Roi Juge de pluſieurs Robeurs de garenne, qui avoient derobé la garenne de St Cloud, aucuns étoient Clercs, & furent recous par les Sergens de l'Officialité, auquel Maître Jean, ce ſont les vieux termes, les vouloit rendre, pourvû qu'ils promiſſent de les ramener pour répondre ſur le fait du Roi, toutefois & quantes qu'il les demanderoit, ce que les Sergens lui refuſerent. Sur ce refus, ledit Maître Jean Paſtourel manda Maître Jaques de Tournai, lors Promoteur de la Cour de l'Officialité, qui à cette condition les accepta. Et non-ſeulement naiſſoient alors ces contentions

PREUVES DES ANTIQUITE'S

& debats entre les Officiers Ecclesiastiques & Temporels, pour les formes d'instruire & juger les procès ; mais aussi pour le grand nombre de personnes qui étoient tonsurés, & qui par ce moyen se prétendoient éjouir du Privilege de Clericature. De maniere qu'en l'ancien Coutumier de Paris, Livre 4, au titre *des Cas qui peuvent toucher le Roi & l'Evêque, & des Clercs mariés & non mariés* ; nous voyons plusieurs points & articles qui furent lors avisés entre le Roi & l'Evêque de Paris être tollerés tant qu'il plairoit au Roi, & autres decidés par Arrêts en jugement contradictoire.

Entre lesquels est notable, que quand l'Official de Paris jugeoit alors un homme pour bigamie, ses Sergens le menoient jusqu'à la rue St Pierre-aux-bœufs, & ils le laissoient aller. Et pour ce, quand le Procureur du Roi en leur Eglise le repettoit, & en étoit procès au jour assigné pour ouir droit, il devoit être garni de Sergens, qui par la rue St Pierre-aux-bœufs étoient embouchés, afin que quand les Sergens de l'Official le laissoient aller comme Bigamme, les Sergens du Roi le pussent reprendre ; & bien plus notable encore ce qui ensuit.

EXTRAIT DU TRAITE' DES DROITS ECCLESIASTIQUES, Franchises & Libertés de l'Eglise Gallicane.

Par Maître Antoine Hotman, Avocat en la Cour de Parlement, fol. 193, en 1594.

PREDICATEURS CHASSE'S.

UN certain Maître ès Arts qui a fait un Journal de tout ce qu'il entendoit, recite qu'en l'an 1429, Frere Richard Cordelier, prêchant à Paris, acquit une si grande reputation, qu'en dix jours, selon ses exhortations, tous les Parisiens brûloient publiquement ce qu'ils avoient de cartes, de damiers & autres jeux ; les femmes leurs attiffets, & autres mondanités, mêmes plusieurs mandragores qu'elles enveloppoient dans des drapeaux, par ce qu'elles estimoient que tant qu'elles avoient cela, jamais elles ne seroient pauvres. Mais depuis, ayant découvert qu'il tenoit le parti des Armagnacs, ils le chasserent, & en dépit de lui firent refaire leurs jeux ; parce que l'on disoit que sous pretexte de ses prédications, il induisoit le peuple à se tourner du côté du Roi Charles VI.

Du tems du Roi Louis XI, ce dit la continuation de Monstrelet, l'an 1478, Frere Antoine Fradin Cordelier, natif de Villefranche en Beaujolois, vint à Paris prêcher & blamer les vices, desorte qu'il reforma beaucoup de debauchés. Mais venant à prêcher de la Justice, du Gouvernement du Roi, des Princes & Seigneurs de ce Royaume, & que le Roi étoit mal servi, & qu'il avoit au tour de lui des traîtres qui le détruisoient ; on le bannit du Royaume, & fut mis dehors la Ville par Olivier le Daim, le peuple le suivant avec grand regret ; & cela fut ainsi ordonné, parce qu'il tenoit sous main le parti de Bourgogne.

Ibidem Folio 295.

Aussi, combien que les Empereurs Chrétiens trouvassent bon que les Ecclesiastiques vuidassent entre eux leurs differends, & même condamnassent le fait d'un Laïc qui pouvoit avoir failli en l'Ordre Ecclesiastique ; toutefois ils ne souffroient pas que sur la personne ou sur les biens, execution en fut faite hors l'Eglise, par autres que par les Magistrats & Officiers,

DE LA VILLE DE PARIS.

qui est l'origine de ce que l'on implore souvent le bras séculier : *Ut quod non prævalet Sacerdos efficere per doctrinæ sermonem, potestas hoc impleat per disciplinæ terrorem.* Can. *Principes sæculi.* 23. Quæst. 5. C'est pourquoi le titre du Code Justinien est intitulé : *De Episcopali audientia,* & non pas *de Episcopali jurisdictione.* Et de fait les Ecclesiastiques n'ont point de territoire, *nec forum Legibus habent,* comme il est dit en la nouvelle Constitution de Valentinien. *De Episcop. Jud.* Si ce n'est en qualité de Seigneurs temporels, comme il semble que doit être entendu le Chapitre *Verum de foro compet.* Car, comme il sera dit au troisiéme Livre, beaucoup d'Ecclesiastiques jouissent de Seigneuries temporelles. *Cap. si duobus, ult. de appel.* & en cette qualité même, ils peuvent être souverains, comme nous voyons que le Pape est au territoire de St Pierre, & en France une grande partie des Prelats sont Ducs, Comtes & Barons, & en cette qualité *habent fiscum & forum.* Comme la Glose a remarqué *in cap. quod Clerici in foro compet.* où elle a opinion que Celestin III parle du For-l'Evêque, où se tint la Jurisdiction temporelle de l'Evêque de Paris.

EXTRAIT DES PREUVES DES LIBERTE'S de l'Eglise Gallicane. Fol. 13.

LE Roi est aussi Chanoine en l'Eglise du Mans, comme il se voit par une Lettre du Roi Charles VI, portant amortissement de cent livres de rente par lui données à l'Eglise de St Julien au Mans, de l'an 1410. au tresor des Chartes du Roi, Layettes des fondations 11, numero 59. Et dans les Lettres de Louis XI, portant exemtion en faveur de ceux de St Martin de Tours de toutes impositions, y a cette clause : *Prædecessores nostri prædictam Ecclesiam multis privilegiis supra cæteras decorarunt, in qua specialem tenuerunt sedem Abbatiæ, tanquam primi intitulati in Ecclesia post Romanum Pontificem, qui solus in ea præsidere potest Episcopus.* Lesdites Lettres sont de Septembre 1475, & sont au second Volume des Ordonnances dudit Roi, fol. 72.

En une autre Lettre dudit Roi, par laquelle il donne une bourse du College de Navarre aux Enfans de Chœur dudit St Martin, y a cette clause: Le Roi parle, *in dicta Ecclesia sancti Martini Turonensis Abbatialem dignitatem obtinemus,* en Avril 1478, 2 vol. des Ordon. dudit Roi, fol. 225. *verso.*

Tome III.   *F ij

AVIS, CONSEIL ET DECRET
DE L'UNIVERSITE' DE PARIS,

Sur l'obéissance & fidelité due au Roi Henri IV.

Ensemble le Serment volontairement par eux fait à Sa Majesté.
Folio 55.

UNIVERSIS præsentes Litteras inspecturis, Rector & Universitas studii Parisiensis, & Facultatum Theologiæ, Decretorum, Medicinæ & Artium: Salutem in eo qui est vera omnium salus. Notum sit hujus publici instrumenti tenore, quod die infrascripta ad convocationem solemnem de mandato nostro per Bidellos, sive apparitores nostros factam, comparavimus in Aula Theologali Collegii Regalis, *de Navarre*, Campaniæ. Nimirum, nos Rector supradictus, Decanus venerandæ senectutis, & Doctores Regentes Sacratissimæ Facultatis Theologiæ, tam Sæculares quam Regulares, quinquaginta quatuor in urbe residentes, in his magnus Magister dicti Collegii, Senior Collegii Sorbonæ, Syndicus dictæ Facultatis, Priores & Lectores quatuor Mendicantium, & aliarum Communitatum, debitè ad hoc congregati, cum Curatis almæ urbis; Decanus & Doctores & Regentes Juris Pontifici; Decanus cum Doctoribus saluberrimæ Facultatis Medicinæ; necnon quatuor Procuratores Nationum, cum Decanis suis, Censoribus, Artium Magistris, & Collegiorum Primariis & Pedagogis, cum pluribus Scholaribus, & viris Religiosis omnium Ordinum & Conventuum, Minorum, Augustinorum, Carmelitarum, Prædicatorum, Benedictinorum, Cisterciensium, Præmonstratensium, Canonicorum Regularium D. Augustini, Cruciferorum, Servorum Beatæ Mariæ, Guielmitarum, Mathurinensium, Sanctæ Catharinæ vallis Scholarium, cæterorumque Suppositorum & Officiariorum dictæ Universitatis, atque ibi invocato divini Pneumatis numine, Virginisque Deiparæ, & Sanctorum patrocinio, proposuimus & expendimus ea quæ Apostolorum Coriphæus sapientissime præcipit Deum timere, Regem honorare, subjectos esse nos omni creaturæ humanæ propter Deum, sive Regi quasi præcellenti, sive Ducibus tanquam ab eo missi ad vindictam malefactorum, laudemque bonorum; & super nonnullis dubiis quæ his turbulentissimis tempestatibus moveri audivimus & vidimus de obedientia præstanda Henrico quarto, Dei gratiâ, Francorum & Navarrorum Regi Christianissimo D.N. & hujus regni hæredi, successorique legitimo, maturè consilio habito, gratiis insuper Deo, & toti Curiæ cœlesti actis pro ejus tam manifesta conversione, & ferventi erga Sanctam Matrem Ecclesiam zelo cujus nos etiam testes oculati sumus; necnon pro tam pacifica hujus urbis reductione, descendimus omnes cujuscumque Facultatis & Ordinis unanimiter, & nemine discrepante, in eam sententiam, quod dictus Henricus est legitimus & verus Rex, Dominus naturalis, & hæres dictorum regnorum Franciæ & Navarræ, secundum leges fundamentales ipsorum, atque obedientia ab omnibus subditis dictorum regnorum & incolis præstanda est sponte & liberè, prout à Deo imperatum est; etiamsi hostes regni & factiosi homines usque hodie obtinuerint, cum nondum admitti à sanctissimâ Sede, & cognosci tanquam filium bene meritum, & primogenitum Sanctæ Matris nostræ

DE LA VILLE DE PARIS.

Ecclefiæ Catholicæ ; quamvis per eum non fteterit, neque ftet ut notorietate facti permanentis palam fit omnibus. Et cum nulla, ut inquit Divus Paulus, poteftas fit nifi à Deo, idcircò qui poteftati ejus refiftunt Dei ordinationi refiftunt, & fibi damnationem acquirunt. Itaque, ut fupradictorum omnium major fides conftet, exemploque noftro quilibet poffit probare fpiritus, fi ex Deo funt.

Nos Rector, Decani Theologi, Decretiftæ, Medici, Artiftæ, Magiftri Sæculares, Regulares, Conventuales, & generaliter omnes Scholares, Officiarii & alii fupradicti, fpontè & divinâ afpirante gratiâ, in obedientiam dicti Regis Chriftianiffimi Henrici quarti, corde & ore juravimus & juramus, cum omni fubmiffione & reverentiâ, atque adeo fanguinis noftri profufione, ad hujus ftatûs Gallici confervationem, urbifque tranquillitatem, eique fidelitatem perpetuam, ut Domino & legitimo Regi promifimus & promittimus, orationes, obfecrationes, gratiarumque actiones publicas & privatas pro eo, & omni fub eo Magiftratu, ac fublimitate faciendas decrevimus omnibus fœderibus & affociationibus, tam intra quam extra regnum abrenuntiantes: quod tactis ordine corporaliter facro-fanctis Evangeliis, & chirographi noftri appofitione confirmavimus & corroboravimus: contra verò fentientes ut abortivos de gremio noftro abfcidimus, & abfcindimus, & privilegiis ac juribus dictæ Univerfitatis privavimus ac privamus, hoftefque publicos & privatos denunciavimus & denunciamus; omnibus veris & orthodoxis Gallis & fincere Catholicis, ut idem faciant tutâ confcientiâ confilium, quantum in nobis eft, damus, præftamus & denunciamus. Quapropter Nos Rector, Decanique prælibati, præfentem proceffum, ut vocant, feu atteftationem verbalem, & authenticum inftrumentum, ad perpetuam memoriam & fecuritatem confcientiarum confecimus, fervatâ apud nos fchedâ originariâ ab omnibus fignatâ manualiter; & hoc in publicum emifimus, manibus noftris Scribæque Univerfitatis fignatum, figillorumque magnorum dictæ Univerfitatis & Facultatis facratiffimæ appenfione munitum. Datum & actum Parifiis in noftra Congregatione generali folemniter celebrata, annoDomini milleſimo quingentefimo nonagefimo quarto, die vicefimâ fecundâ menfis Aprilis S. D. Clementis Papæ VIII, anno 3. ejufdem Chriftianiffimi Regis Henrici quarti, anno 5.

SERMENT.

NOUS Jaques d'Ambroife, Recteur de l'Univerfité de Paris, Doyen & Docteurs de la Faculté de Theologie, Doyen & Docteurs de la Faculté de Decret, Doyen & Docteurs de la falubre Faculté de Medecine, Procureurs des Quatre Nations, Doyens des Provinces, Cenfeurs d'icelles, Profeffeurs publics du Roi, Principaux de Colleges, Regens, Pedagogues, Maîtres-ès-Arts, Prieurs, Provifeurs, Religieux de St Benoît, de Cifteaux, de St Auguftin, Blancs-manteaux, Val Ste Catherine, Ste Geneviéve, St Victor, Quatre-Mandians & autres, tant Reguliers que Séculiers, Suppôts, Officiers & Ecoliers d'icelles, & autres fouffignés, Jurons & atteftons devant Dieu & fur les Saints Evangiles, que nous reconnoiffons de cœur & d'affection pour notre Roi & Prince naturel & legitime, Henri IV, Roi de France & de Navarre à préfent regnant. Promettons à Sa Majefté, fur nos vie & honneur, la foi & loyauté, avec toute reverence & parfaite obeïffance, & pour la confervation de fon Etat & Couronne, & même de cette Ville de Paris, fous fon authorité & commandement, expofer nos vies & biens pour fon fervice, & manutention de fon Etat. Promettons en outre de n'avoir jamais communication, pratiques & intelligences, avec ceux qui fe font elevés en armes contre fadite Majefté, & tous autres qui fe pourroient elever ci-après, que nous declarons ennemis de l'Etat, & les nôtres particuliers, renonçant à toutes les Ligues, Sermens & Affociations que nous pourrions avoir ci-devant faites à l'occasion de la malice du tems, contre, & au préjudice de la presente declaration: reconnoissant en toute humilité avoir reçu à grace speciale la bonté & clemence dont il a plû à sadite Majesté d'user avec nous : dont nous lui rendons graces très-humbles : suppliant le Createur de toutes nos affections, de nous la conserver longuement & heureusement, & lui donner victoire sur ses ennemis. Pour temoignage de quoi nous sommes particulierement soussignés. Fait en l'Assemblée Generale de l'Université de Paris, au College de Navarre, le Vendredi vingt-deuxiéme jour d'Avril 1594.

AVIS DE LA FACULTE' DE THEOLOGIE ET CURE'S de la Ville de Paris. Fol. 58.

Des 16 & 21 Janvier 1595.

LA Faculté de Theologie assemblée par Mr le Reverendissime Cardinal de Gondi, Evêque de Paris, en la Salle Episcopale, où étoient Mrs les Curés de la Ville, par ledit Sieur Cardinal aussi assemblés, le seiziéme jour de Janvier de l'année presente 1595, pour deliberer sur les points suivans, par ledit Sieur Reverendissime Cardinal proposés ; dont le premier est de l'obéïssance dûe à notre Roi très-Chrétien Henri IV de ce nom. Le second de Prieres publiques pour sa Majesté. Le troisiéme des conseils & attentats contre sa personne, sous pretexte de Religion, & qu'il n'a été reconnu par le Pape. Et le dernier de l'assassinat commis en celle du deffunt Roi Henri III. Après avoir murement deliberé sur le tout, a unanimement conclu.

Que tous François & Sujets doivent lever tous scrupules & difficultés de rendre entiere obéïssance au Roi notre Sire Henri IV, à present regnant, & de faire prieres, tant publiques en la Sainte Messe & ailleurs, que particulieres, pour la conservation & prosperité de Sa Majesté ; & néanmoins qu'envers icelle sera supplié mondit Sieur le Reverendissime Cardinal d'interceder, tant au nom de tout son Clergé que de toute ladite Faculté, laquelle se jettera aussi à ses pieds pour lui en faire très-humble Requête, à ce qu'il lui plaise effectuer sa bonne & sainte volonté, d'envoyer d'abondant au plutôt que faire se pourra à sa Sainteté, comme chose qui semble à ladite Faculté être necessaire pour empêcher un Schisme, qui seroit au très-grand scandale & dommage de l'Eglise Catholique, Apostolique & Romaine, au jugement de laquelle ladite Faculté s'est toujours soumise & soumet. Et quant aux autres points, a pareillement conclu, qu'il n'est aucunement loisible à qui que ce soit d'attenter à la personne du Roi notre Sire Henri IV, à present regnant, ni d'en donner conseil ni avis, sous pretexte de Religion, de peril de la foi, ni autre quelconque ; ains que ç'a été & est chose très-méchante & detestable. Et pour le regard du très-inhumain & très-cruel parricide commis en la personne du défunt Roi Henri III, que Dieu absolve, tant s'en faut que ladite Faculté l'ait jamais approuvé, qu'elle l'a, comme tous actes semblables, en très-grande horreur & detestation, ensemble ses fauteurs, complices & approbateurs.

La presente conclusion a été faite en ladite salle de Mr le Reverendissime Cardinal de Gondi, Evêque de Paris, & confirmée en celle de Sorbone le vingt-un des susdits mois & an, après la Messe du St Esprit suivant la coutume, & signé par moi Scribe de ladite Faculté par le commandement de Mrs les Doyen & Docteurs. DE LA COURT.

DE LA VILLE DE PARIS.

Folio 148.

En un Acte fort notable du treize Novembre 1366, concernant l'hommage de Bretagne, signé de cinq Notaires Apostoliques & Imperiaux, passé en l'Hotel St Pol à Paris ; il est dit qu'en la presence des témoins nommés aud. Acte, Reverend Pere en Dieu Jean, Evêque de Beauvais, Chancelier de France, du commandement exprès du Roi Charles V, lui present en son grand Conseil, auquel il y avoit plus de soixante Grands, & entre autres treize Evêques, Barons, Chevaliers & autres, dit que le Roi ne tenoit son Royaume que de Dieu tant seulement & ne connoissoit point de Souverain en terre, & que tous les Princes, Barons & autres Vassaux du Royaume étoient ses hommes liges. Au tresor des Chartes du Roi coffre Bretagne nº. 46.

ARREST DE LA COUR, SUR LA VERIFICATION DES
Lettres Patentes du Roi, permettant la construction d'un Monastere à Paris, 1633.

Extrait des Regîtres du Parlement. Fol. 196.

VEU par la Cour les Lettres Patentes données à Lion au mois d'Octobre 1630, signées Louis, & sur le repli par le Roi de Lomenie, & sellées sur las de soie du grand seau de cire verte, par lesquelles & pour les causes y contenues, ledit Seigneur permet à Dame Louise de Bourbon, Duchesse de Longueville, de faire bâtir, fonder & dotter en la Ville de Paris un Couvent ou Monastere de Religieuses de St Augustin, qui sera tenu & reputé de fondation Royale ; dans lequel lesdites Religieuses passeront leurs jours en perpetuelle clôture, adorant & priant sans cesse devant le Saint Sacrement de l'Autel, & vivant religieusement selon la forme prescrite par les Bulles du St Pere le Pape, obtenues par ladite Duchesse de Longueville le quinze Août 1627 : permettant de recevoir tous legs, donnations, constitutions de rentes & autres bienfaits, pour être employés en telles acquisitions qu'elles jugeront à propos pour leur noutriture & entretenement, suivant & ainsi qu'il est plus amplement porté par lesdites Lettres ; lesdites Bulles, les Contrats de donnation & legs à elles faits des dix-neuf Juin 1628, cinq Juillet 1631 & dix-neuf Mai 1633 ; l'Acte & consentement des sieur Archevêque de Paris & Religieuses des six & sept Mai audit an 1633. Requête par ladite Dame Duchesse de Longueville, presentée à ladite Cour, afin de verification desdites Lettres. Conclusions du Procureur general du Roi ; & tout consideré. Ladite Cour a ordonné & ordonne, que lesdites Lettres seront regîtrées au Greffe d'icelle, pour être executées selon leur forme & teneur, aux charges & conditions portées par l'Acte du consentement de l'Archevêque de Paris & Religieuses, des six & sept Mai 1633, & sans que le Nonce du Pape puisse exercer aucune jurisdiction, visitation ou correction audit Monastere, conformement aux droits, libertés & privileges de l'Eglise Gallicane. Fait en Parlement le vingt-huit Mai 1633.

Faut ici lire en la quatriéme partie des Annales d'Aquitaine de Maître Jean Bouchet fol. 171, commençant par ces mots : *Au commencement du regne de Louis XI, Pape Pie II de ce nom, auparavant nommé Æneas Sylvius* ; & finissant au fol. 173 par ces autres mots : *Car il avoit de science acquise tant légale qu'historiale plus que les Rois de France n'avoient accoutumé d'avoir.*

EXTRAIT DU TESTAMENT DE PHILIPPE AUGUSTE,
allant outre-mer en 1190.

Folio 364.

SI in via quam facimus nos mori contingeret, præcipimus quod Regina & Archiepiscopus & Episcopus Parisiensis & Abbates sancti Victoris & de Saudenio & fratre G. Thesaurum nostrum in duas partes dividant : unam mediatem pro arbitrio suo distribuant ad Eclesias reparandas, quæ per guerras nostras destructæ sunt, ita quod servitium Dei possit fieri; de eadem mediatete donabunt illis qui super tallias nostras aporiati sunt, & de eadem dabunt residuum illis quibus voluerint & quos magis crediderint, ob remedium animæ nostræ & genitoris nostri Ludovici & antecessorum nostrorum. De altera medietate præcipimus custodibus Thesauri nostri & omnibus hominibus Parisiensibus quod eam custodiant ad opus filii nostri donec ad ætatem veniat, in qua consilio Dei & sensu suo possit regere Regnum. Si autem tam nos quam filium nostrum mori contingeret, præcipimus quod Thesaurum nostrum per manum supradictorum......

EX CARTULARIO EPISCOPI PARISIENSIS,
In Bibliotheca Puteana.

ISTI sunt Presbyteri qui nominantur Presbyteri Cardinales, qui debent interesse per se vel per alios dum Episcopus celebrat in Ecclesia Parisiensi in festis Natalis Domini, Paschæ & Assumptionis.

    Presbyter sancti Pauli Parisiensis.
    Presbyter beatæ Mariæ de Campis, vel aliquis pro ipso.
    Presbyter sancti Jacobi Parisiensis.
    Presbyter sancti Severini Parisiensis.
    Presbyter sancti Benedicti Parisiensis.
    Presbyter de Charrona.
    Presbyter sancti Stephani Parisiensis.
    Presbyter sancti Gervasii Parisiensis.
    Presbyter sancti Juliani pauperis Parisiensis.
    Presbyter sancti Mederici Parisiensis.
    Presbyter sancti Laurentii Parisiensis.
    Abbas sancti Victoris, sed Vicarius ejus in Ecclesia Parisiensi venit pro ipso.
    Presbyter sancti Joannis in Gravia Parisiensis.

Ce Cartulaire est à present dans la Bibliotheque du Roi, dans les armoires.

Traité du Pere Fronteau, *de Eclesiis Cardinalibus.*

Sunt etiam Presbyteri Cardinales in Ecclesia Senonensi, & sunt Parochi Urbis.

CARTULAIRE DE Mr DE LA MOTHE.

P. 89. Fol. 16, verso.

ADRIANUS IV. Episcopus, Servus Servorum Dei; venerabili Fratri Theobaldo Episcopo: Salutem & Apostolicam Benedictionem.

Quod Ecclesias beatæ Genovefæ, Prædecessor noster, felicis memoriæ, Papa Eugenius III, per Regulares Canonicos ordinari præcepit, sicut ex litteris ejus agnovimus, non ad hoc fecit, neque id intellexit, ut tu, vel successores tui aliquid de jure tuo quod in eisdem Ecclesiis primitùs habuisse dignosceris deberes amittere aut justitiam Ecclesiæ tuæ auferri crederet vel imminui, sed ut ipsæ Ecclesiæ potius ab honestis & religiosis viris quam à *lascivis* & enormiter conversantibus servirentur. Nos igitur quod ipse super hoc statuit autoritate Sedis Apostolicæ confirmantes omnia jura & rationabiles consuetudines, quas in prædictis Ecclesiis prædecessores tui hactenus habuisse noscuntur, tibi successoribusque tuis sine ulla diminutione volumus conservari. Nulli ergo omnino omnium hominum liceat hanc paginam nostræ confirmationis infringere, vel ei ausu temerario contraire. Si quis autem hoc attemperare præsumpserit indignationem omnipotentis Dei & beatorum Petri & Pauli Apostolorum ejus incurrat. Datum Romæ apud sanctum Petrum 17 Kal. Januarii.

IBIDEM.

EUGENIUS Episcopus, Servus Servorum Dei; venerabili Fratri Theobaldo, Parisiensi Episcopo: Salutem & Apostolicam Benedictionem.

Ne oblivionis obscuritas per dissuetudinem humanis mentibus ingeratur, quod super causarum litigiis judicatum fuerit & decisum, scripturæ debet memoriæ commendari, ut per hoc secutura posteritas habeat quod futuris temporibus evidenter agnoscat. Qualiter igitur controversia quæ inter te ac filios nostros Canonicos sanctæ Genovefæ super Parochia Ecclesiæ sancti Joannis agitabatur, in nostra fuerit præsentia terminata, præsentis Scripti serie præcipimus annotari. Asserebas siquidem tu frater Episcopus, quoniam jus quod habebas in eadem Parochia, prædicti fratres tibi nullo modo exsolvebant; & cum constaret quod ad te Parochia pertineret, Sacerdotem qui eidem Parochiæ spiritualia ministraret, curam animarum à te debere suscipere affirmabas. Dicebas enim quod si qui erant in eadem Parochia ligandi vel solvendi, Presbyter qui pro tempore eandem Parochiam ad tuum mandatum ligabat vel solvebat, sponsas quoque benedicendas benedictionem, mulieris de partu surgentis purificationem, & qui apertis criminalibus tenebantur, in Ecclesia matrice pœnitentiam percipere asserebas. Canonici autem quæ à te asserebantur, non negantes, dicebant quod servitores Canonicorum qui in eadem Parochia consistebant per Canonicos, & non à Parisiensi Episcopo solvi consueverant, vel ligari, & presbyter qui in eadem Ecclesia ministrabat à quadraginta annis retrò & antè à Decano sanctæ Genovefæ & non ab Episcopo curam animarum suscepit.

Fol. p. 172.

Nos igitur super his tam tuas quam prædictorum fratrum rationes plenariè cognoscentes, fratrum nostrorum communicato consilio judicavimus;

PREUVES DES ANTIQUITE'S

quod Sacerdos qui debebit eidem Parochiæ defervire, five fit Regularis Canonicus, five non, à te frater Episcop. curam animarum suscipiat & supradictos Parochianos ad mandatum tuum liget & solvat. Si vero tu in aliquem ejusdem Parochiæ vel in omnes excommunicationis vel interdicti sententiam emergente eam promulgaveris; Sacerdos donec ipsa sententia, nec excommunicatis, nec interdictis divina officia celebrabit, benedictiones sponsarum, purificationes de partu surgentium, publicas pœnitentias idem Sacerdos non usurpabit. Porro si prædictæ Capellæ Sacerdos talis aliquando repertus fuerit, qui divina ministrare non debeat, tu illud Abbati, fratribusque suis nuntiare debebis, & illi veritate cognita, eo amoto, alium tibi præsentent cui animarum curam committas, qui tamen Presbyter tibi nec circatum nec synodaticum solvet. Nulli omnino hominum liceat hanc nostræ definitionis paginam temerario ausu infringere, seu quibus libet perturbare molestiis. Si quis autem id temerè attentare præsumpserit, indignationem omnipotentis Dei & beatorum Petri & Pauli Apostolorum ejus incurrat. Datum Laterani 6 Idus Januarii.

Depuis, Urbain III & Clement III, confirmerent le même *Privilegium authenticum*, fol. 19. & au Cartulaire de Mr de la Mothe p. 97.

Lucius, Episcopus, Servus Servorum Dei, venerabili fratri Mauritio, Parisiensi Episcopo: Salutem & Apostolicam Benedictionem.

Relatum est nobis ex parte tua quosdam Presbyteros in tua Diœcesi constitutos infamia laborare, quod non erubescant detinere publicè concubinas, cum autem illos quæris corrigere obstaculum appellationis opponunt, ut Canonicam correctionem evitent, & tamen à vitio & prava consuetudine non recedunt. Quia igitur appellationis remedium inventum non fuit ad præstandum incendium alicui delinqui, fraternitati tuæ autoritate Apostolica indulgemus, ut Presbyteros qui publica super hoc infamia propulsentur; si commoniti infrà quadraginta dies canonicam purgationem nequiverint, vel noluerint exhibere contradictione & appellatione remota suspendas, & si nec sic resipuerint, ab officio reddas, & Beneficio Ecclesiastico alienos. Datum Anagniæ 2 Non. Januarii.

Folio 20 *verso*.

In nomine sanctæ & individuæ Trinitatis. Amen.

Ludovicus, Dei gratia Rex Francorum & Dux Aquitanorum. Scimus quia ex autoritate veteris Testamenti & nostris temporibus ex Ecclesiastica institutione soli Reges & Sacerdotes sacri chrismatis unctione consecrantur. Decet autem, ut qui soli præ cæteris omnibus, sacro sancta Chrismatis litione consociati ad regendum Domini populum præficiuntur, sibi ipsis & subditis suis tam temporalia quam spiritualia subministrando provideant, & providendo invicem subministrent. Notum ergo facimus quia nos quibus ex antiquo prædecessorum nostrorum tenore quibus jure fisci omnia quæ mortuo Parisiensi Episcopo, in domibus ejus inveniebantur, asportare licebat, volentes Ecclesiæ Dei & Episcopis Dei servitio mancipatis, *redevance*, debitam reverentiam exhibere, & eos donis majoribus ampliare, honestas consuetudines reformare, moti precibus & supplicatione carissimi nostri Theobaldi, Parisiensis Episcopi, viri religiosi, quidquid suppellectilis de materia lignea & ferrea, deinceps inventum fuerit in domibus Parisiensium Episcoporum post mortem ipsorum in quibuscumque locis & villis domus illæ fortè sitæ forent, intactum & integrum succedentibus Episcopis in perpetuum possidendum liberè & quietè manumittimus & confirmamus, assensu & consilio Domnæ Alienordis Reginæ collateralis nostræ.

DE LA VILLE DE PARIS.

Omnia autem quæ manumittimus sub custodia Capituli beatæ Mariæ ad usum Episcopi substituendi conservabuntur. Hoc siquidem donum *super Altare* beatæ Mariæ pro delictis nostris & Patris nostri supplices offerentes, ne aliquis succedentium Regum, quod absit, infringat, sigilli & caracteris nostri autoritate apponimus, & quod publicè ac celebriter actum est in Ecclesia Parisiensi, & in ipsis domibus Episcopalibus litteris annotari, excommunicationis sententiam ab ipso Episcopo & universis ejusdem Ecclesiæ Sacerdotibus, jussu nostro promulgatam, ne quis videlicet contra Regiam majestatem & christos Domini Sacerdotes præsumere audeat, subscribi præcepimus.

Actum publicè Parisiis, &c. 1143.

Confirmé par Philippe Auguste en 1190, fol. 21, *verso*.

Sujets de l'Evêque exemts de la Taille. Folio 21.

IN nomine sanctæ & individuæ Trinitatis. Amen.

LUDOVICUS, Dei gratia, Rex Francorum & Dux Aquitanorum, omnibus in perpetuum, &c. Dignum prorsus esse decernimus, ut cum ex omnipotentis Dei misericordia sceptrum Regni suscepimus, opera testimonio studeamus ostendere, quam prompta voluntate Ecclesiarum Regni nostri libertatem velimus adaugere, inter quas Parisiensem Ecclesiam tanto propensius nos honorare debere recolimus, quanto ex longo temporum usu coronæ Regni familiarius adjunctam esse perpendimus ; quo nimirum intuitu dilectissimi Theobaldi, venerabilis Parisiorum Episcopi, justis postulationibus debita benignitate gratum præbentes assensum, exactionem & talliam quæ post obitum prædecessoris sui Stephani, præ recordationis Episcopi, in terris ejusdem Episcopatus nos fuisse meminimus, sibi & successoribus Episcopis in perpetuum condonamus ; & ne in posterum vel per nos vel per aliquem successorum nostrorum aliquatenus requiratur, per præsentis præceptum paginæ Regia prorsus autoritate concedimus & confirmamus ; sub ea tamen exceptione, ut quando Episcopium in manus Regias devenerit, consuetudinarios redditus & talliam statuto tempore Episcopo debitam, Ministeriales nostri & successorum nostrorum ex Regio mandato possint accipere, ac sine contradictione Ecclesiæ Parisiensis habere ; ac ne etiam talliæ illius summa ad gravamen Ecclesiæ supramodum ullis occasionibus augeatur, certa sub assignatione statuimus ac modis omnibus inhibemus, ut numerum sexaginta librarum excedat : quod ut ita perpetuæ stabilitatis obtineat munimentum & in posterum quam præsentibus quam futuris innotescat, scripto commendari, ac sigilli nostri autoritate muniri nostrique nominis subter inscripto caractere corroborari præcipimus. Hujus autem nostræ condonationis testes adfuerunt venerabilis viri, &c.

Actum Parisiis anno ab Incarnatione Domini 1147.

Confirmé par Philippe Auguste 1190, fol. 22.

Folio 22.

In nomine sanctæ & individuæ Trinitatis. Amen.

PHILIPPUS Dei gratia, Francorum Rex. Noverint universi præsentes pariter & futuri, quod nos inspeximus cartas patris nostri & nostram, in quibus continebatur, quod nos in hominibus Episcopi Parisiensis non poteramus talliam accipere vel exactionem facere quæ excederet numerum sexaginta librarum Parisiensium, nec illam accipere poteramus nisi statuto tempore & Episcopo debitam ; quia verò vacante Sede Parisiensi defuncto bonæ memoriæ M   quondam Episcopo Parisiensi, in hominibus Episcopi accepimus summam 240 lib. aut amplius ultra prædictas 60 lib. ad petitionem dilecti consanguinei & fidelis nostri Odonis, Parisiorum Episcopi, concessimus ; quod quando Regalia in manum nostram vel successorum nostrorum devenient, ea quæ nos aut Ministrales nostri accipiendo ultra prædictam summam 60 lib. fecimus, nullum Episcopo Parisiensi vel Ecclesiæ Parisiensi possint inferre præjudicium aut gravamen, nec in hominibus Episcopi Parisiensis extra Parisios, sicut prædictum est, nos vel successores nostri aliquid de cætero possimus accipere vel requirere ultra prædictam summam 60 lib. pro tallia vel exactione. Quod ut perpetuam, &c.

Actum anno Domini 1207.

Folio 32.

In nomine sanctæ & individuæ Trinitatis. Amen.

PHILIPPUS, Dei gratia, Francorum Rex. Noverint universi præsentes pariter & futuri ; quod nos carissimum consanguineum & fidelem nostrum Odonem Episcopum Parisiensem, intuitu dilectionis quam specialiter habemus ad ipsum, occasione etiam cujusdam contumeliæ eidem à servientibus nostris allatæ, quam audientes plurimum doluimus, in persona sua tantum quamdiu vixerit, ab omni exercitu & equitatione absolvimus penitus & quittamus tam tempore nostro quam temporibus successorum nostrorum Regum Franciæ, salvo nobis debito militum quod idem Episcopus tenetur mittere in seryitium nostrum; quod ut ratum sit & firmum sigilli nostri munimine & Regii nominis caractere inferius annotato præsentem paginam fecimus roborari.

Actum Parisiis anno Verbi incarnati 1200, Regni verò nostri anno 21, stantibus in Palatio, quorum nomina supposita sunt & signa, dapifero nullo ; Guidonis, Buticularii ; Mathæi, Camerarii ; Droconis, Constabularii. Datum vacante Cancellaria.

Folio 37, verso.

In nomine sanctæ & individuæ Trinitatis. Amen.

Hæc est forma compositionis & pacis inter Dominum Odonem & Ecclesiam Parisiensem ex una parte, & Joannem Abbatem sanctæ Genovefæ ex altera, super querelas quas dictus Episcopus movebat de jure Parochiali in Parochia de monte, & in procurationibus quas in Parochialibus Ecclesiis Canonicorum de monte petebat : & contra Canonici de monte adversus Episcopum, super Capellam sanctæ Genovefæ, dicta *des Ardens*, sita in civitate Parisiensi. Videlicet quod Parisiensis Episcopus habebit omne jus Episcopale seu Parochiale in tota Parochia de monte, & Presbyter qui illius Parochiæ spiritualia pro tempore ministrabit ; etiam si sit Canonicus Regularis, præsentabitur Episcopo, & ab eo curam recipiet animarum & Parochianos ipsius Parochiæ ad mandatum Episcopi vel Archidiaconi citabit, vocabit, ligabit, pariter solvet, chrisma & oleum ad opus Parochiæ ab Ecclesia Parisiensi recipiet, ad Synodum etiam veniet, nec tamen circutum aut synodaticum reddet.

Item. Licebit Episcopo & Archidiacono in singulos de prædicta Ecclesia & in omnes, excommunicationis & interdicti ferre sententiam ; quæ si lata fuerit, Presbyter qui illi Parochiæ deserviet, excommunicatos seu interdictos de ipsa Parochia non admittet ; tamen illis exclusis in altare Parochiali, quod est intra majorem Ecclesiam, nihilhominus celebrabit. (*Par là il semble que la Chapelle Paroissiale de St Etienne étoit en l'Eglise Ste Genevieve.*) Sed nec

DE LA VILLE DE PARIS.

alios interdictos vel excommunicatos ab Episcopo vel Archidiacono undecumque fuerit, ullo unquam tempore ipse vel alius in altari Parochiali recipiet aliquotenus ad Divina. Ab hac tamen generalitate exceptæ erunt abomni jurisdictione Episcopi & Archidiaconi viginti personæ inter servientes & garciones infra ambitum Canonicorum habitantes, comedentes, cubantes & levantes; scilicet unus Janitor, duo Quadrigarii, duo Cursores, unus Hostelarius, unus Carpentarius, unus Hortulanus, quatuor in servitio furni, quatuor in servitio coquinæ, unus Sarcinator, unus Vigil, unus Matricularius, unus Infirmarius, & extra septa Canonicorum, sex servitores, scilicet tres Escuerii Abbatis, unus serviens Capicerii, unus Clausarius vinearum, unus Theloncarius; nullus prædictorum viginti sex viarius poterit esse vel major Burgi, ita ut prædicta gaudeat libertate. In his siquidem viginti sex personis, aut in illis quæ in locum earum per Abbatem fuerint subrogatæ, nullam Episcopus vel Archidiaconus potestatem habebit, nisi de earum matrimonio separando agatur. Illa etenim causa pleno jure ad Episcopum & Archidiaconum pertinebit. Uxores autem prædictorum sex servitorum in Parochia de monte extra Canonicorum septa manentium, jurisdictioni Episcopi & Archidiaconi in omnibus spiritualibus subjacebunt, eo salvo, ut pro forisfactis maritorum suorum interdici vel excommunicari non possint; & quando in Parochia positum fuerit interdictum, liceat ipsis sicut & viris earum, in altare Parochiali audire Divina. In prædicta autem Parochia de monte, neque Episcopo sine consensu Canonicorum, neque Canonicis sine Episcopo, novam Ecclesiam seu Capellam ædificare licebit. In augmentum vero prædictæ Parochiæ dedit Episcopus ad habitandum vineam suam de Brunello, *Clos Bruneau*: ita ut omnes qui in loco illo habitaverint cum aliis Parochianis de monte, à Presbytero Parochiæ de monte divina percipient Sacramenta, & ad Episcopum & Archidiaconum pleno jure pertineant. Similiter & illi qui habitabunt in Clauso quod dicitur Mali-victni, *Clos Mouvoisin*. Si quando illud habitari contigerit, præterea Ecclesiam de Roissiaco dedit Episcopus Canonicis memoratis ad eorum usum perpetuo possidendam, cum additamento Villæ quæ dicitur Vallis Derlandi. (*En 1203 les Religieux de Ste G.nevieve, vendirent cette Vallée à l'Evêque de Paris, qui leur donna les Paroissiens d'Issi, qu'il unit à l'Eglise de Vanves, & qui sunt in terra sancti Petri Latinicensis, & in terra Theobaldi Militis, & omnibus aliis terris ad quodcumque dominium pertineant infra territorium de Vanves. Fol. 7. verso.*) In qua Villa licebit prædictis Canonicis de monte, si voluerint ædificare Capellam, Episcopi tamen jurisdictioni subjectam, & tam in Ecclesia de Roissiaco, quam in ipsa Capella, sicut & in aliis earum Ecclesiis Parochialibus ad curam animarum recipiendam Presbyterum Episcopo præsentabunt. De procurationibus autem quas Episcopus in earum Ecclesiis exigebat, ita statutum est, ut Ecclesiæ de Josfegny, de Espinolio, de Vanvis, de Nanterra, de Rooncio & sancti Medardi, à procurationibus Episcopi liberæ sint penitus & immunes; verum in Ecclesia de Roissiaco, quatuor libras Parisiensis monetæ accipiet prædictus Episcopus annuatim, de quibus procurationibus unam vel plures sibi parabit Episcopus in ipsa Ecclesia de Roissiaco, vel in qua voluerit prædictarum. Prædicti quoque Cononici sanctæ Genovefæ ut omnis amoveatur, annuente Domino, materia seditionis & scandali Capellam sanctæ Genovefæ sitam in Civitate Parisiensi, dederunt Episcopo & successoribus ejus in perpetuum liberam & quietam, nullo sibi in ea jure retento, ut possit ipse vel ejus successores de prædicta Capella pro sua voluntate disponere. Præbendam quoque & Vicariam quas prædicti Canonici in Ecclesia beatæ Mariæ Parisiensis habebant prædicto Episcopo & ejus successoribus quitaverunt, nihil omnino sibi juris in prædicta Præbenda seu Vicaria reservantes. Hæc autem omnia ita in perpetuum servabuntur, nonobstante sententia Summi Pontificis, quam pro se Episcopus Parisiensis inducebat, vel aliis quibuslibet munimentis ab alterutra partium impetratis seu in posterum impetrandis.

In hujus rei testimonium & perpetuam firmitatem duo scripta in eundem tenorem confecta sunt, quorum alterum habebit Ecclesia Parisiensis sub sigillis duobus, Abbatis videlicet & Capituli sanctæ Genovefæ, & reliquum habebit Ecclesia de monte, similiter sub duobus sigillis, Episcopi scilicet & Capituli beatæ Mariæ Parisiensis. Actum anno incarnati Verbi 1200, mense Junio.

Charte d'Eudes, Evêque de Paris; par laquelle il ordonne de la résidence des Chanoines à St Marcel, & de leurs distributions, en 1205. fol. 49. *verso*, & fol. 50. en 1220. fol. 83. en 1203. Folio 52.

ODO, Dei gratia, Parisiensis Episcopus; omnibus præsentes Litteras inspecturis, in Domino Salutem. Notum facimus, quod nos statum Ecclesiæ beati Germani Antissiodorensis Parisiensis volentes autore Domino, in melius commutare, constitutis in præsentia nostra Gaufrido Decano & Capitulo ejusdem Ecclesiæ, & nobis cum ipsis in eorum Capitulo existentibus, ex communi eorum assensu statuimus, ut quicunque de cætero fuerit in eadem Ecclesia electus & confirmatus ab Episcopo Decanus, si ipse non est Presbyter, jurare tenebitur quod infra annum à die confirmationis suæ in Sacerdotem promovebitur, jurabit & se facturum bona fide residentiam in propria persona sicut Decanus mansionarius in ipsa Ecclesia, salvo eo quod si ea die quando videlicet eligetur in Decanum fuerit Canonicus majoris Ecclesiæ Parisiensis, jurabit se facturum residentiam in propria persona sicut Decanus mansionarius, in Ecclesia sancti Germani per annum dimidium. Præterea cum de communi assensu præfati Decani & Capituli constituerimus Cantorem in eadem Ecclesia, & assignaverimus eidem pro Cantoria sua 12 lib. de redditu Capicerii ejusdem Ecclesiæ excisas de corpore Decanatus, singulis annis persolvendas, Decanus qui pro tempore fuerit substitutus, tenebitur sub debito juramenti Ecclesiæ præstiti solvere eandem pecuniam bona fide dicto Cantori, videlicet sex libras in Nativitate Domini, & alias sex libras in Nativitate sancti Joannis Baptistæ. Idem vero Cantor jurare tenebitur se facturum in propria persona, tanquam Cantor mansionarius, bona fide residentiam in Ecclesia Parisiensi, sive sit Canonicus Parisiensis, sive non, & jurabit quod à die concordis electionis suæ in annum in Diaconum ordinabitur, nisi forte sit Diaconus aut Sacerdos, & faciet hommagium Decano pro Cantoria; Decanus vero non faciet nobis nostrisque Successoribus unum expressum pro Cantoria & pro Decanatu. Electio autem & donatio Cantoriæ pertinebit ad Decanum & Capitulum sancti Germani, ita quod infra quadraginta dies post decessionem vel cessionem Cantoris non potuerint concordes inveniri, ex tunc solus Episcopus Parisiensis sine contradictione & obstaculo poterit cui voluerit Canonico tunc Cantoriam conferre. Idem & Cantor habebit stallum primum in sinistra parte chori, sed non habebit vocem in Capitulo nisi tanquam simplex Canonicus; correctio vero Chori pertinebit ad eum in Clericos non Canonicos. Receptionem autem Clericorum in Choro habebit Decanus cum assensu Cantoris & Canonicorum residentium. Continebitur autem in juramento tam Decani quam Cantoris, quod nec per se nec per alios ullo modo precabuntur, quod absolvantur à vinculo juramenti, & sciendum quod Canonici Decanum jam plenè institutum non recipient ulterius tanquam Decanum; nec Cantorem jam plenè institutum non recipient ulterius tanquam Cantorem, donec prædicta exhibuerint juramenta. Singuli verò Canonici qui pro tempore in eadem Ecclesia fuerint instituti, & in Choro & in Capitulo recepti, jurare tenebuntur, se fide bona in perpetuum servaturos consuetudines & institutiones prædictas, sicut in præsenti authentico continentur expressæ; nec de cætero recipientur tanquam Canonici in Choro, nec in Capitulo, nec in perceptione fructuum præbendæ, donec istud fecerint juramentum. Decanus itaque memoratus totumque Capitulum, sicut erant in ipso suo Capitulo in nostra præsentia ut suprà diximus constituti juraverunt, tactis sacro-sanctis Evangeliis, se easdem prædictas consuetudines & institutiones, sicut supra continentur, expressa bona fide, sine omni personarum acceptione & absque contradictione quilibet servaturos. Quæ ut rata & inconcussa permaneant, præsentem cartam sigilli nostri fecimus impressione muniri; & nos Decanus & Capitulum sancti Germani præsenti cartæ sigilli nostri impressionem adhiberi. Actum publicè & solemniter Parisiis de assensu omnium nostrorum, in Capitulo sancti Germani, anno 1203 mense Octobri.

Folio 46.

PHILIPPUS, Dei gratia, Francorum Rex. Noverint universi præsentes pariter & futuri, quod nos de quindecim denariis quod habebamus de censu de fundo terræ in domo Rogerii Anglici in Campellis, *Champeaux* sita quæ contigua est domui quæ fuit Odonis de sancto Mederico, commutavimus undecim denarios cum dilecto & fideli nostro Parisiensi Episcopo, pro undecim denariis de censu de fundo terræ, quos Dominus Episcopus habebat apud sanctum Thomam de Luvre, in mansuris quæ modo sunt infrà ambitum novorum murorum novæ turris. Actum Parisiis anno 1209 mense Januario.

Folio 28 verso.

ROBERTUS, beati Germani de Pratis Abbas, &c. Recognovit quod Mauritius Parisiensis Episcopus, donavit sibi & Ecclesiæ suæ, Isabet ancillam suam in uxorem Roberti hominis sui, &c. Quod Episcopo in commutationem donavit Emelinam ancillam suam in uxorem Guarini hominis Episcopi.

Sans année.

Folio 47 verso.

MAURITIUS, Dei gratia Parisiensis Episcopus. Notum fieri volumus, quod Hudeardis, *Esclaves*, de Victoricio assentientibus filiis Reginaldo & Gaufrido, dedit in uxorem filiam suam Sancelinam, quæ erat fœmina nostra, corpore suo cuidam libero homini Drogoni Saviniaco; & nos pietatis intuitu eidem Drogoni concessimus, quod ipse nullam præstabit nobis recognitionem, nec faciet fidelitatem quam homines nostri facere solent. Concessimus etiam quod si contigerit eum decedere sine liberis, nullum de bonis ejus habebimus escamentum. Si autem prædicta Sancelina susceperit liberos, filii sequentur conditionem matris & idem jus habebimus in ipsos quod habemus in alios homines nostros de Victoricio.

Sans datte.

ROBERTUS, Dei gratia Launomari Blesis Abbas, &c. Noverint, &c. Quod enim Maria, uxor Hugonis de Mesuns, hominis Episcopi Parisiensis, fœmina esset Monasterii nostri; & Isabella, uxor Rogerii de Vitriaco, hominis nostri, fœmina esset Episcopi Parisiensis. Taliter inter nos & Episcopum Parisiensem convenit, quod prædicta Maria cum suis hæredibus, &c.

nobis autem noster homo Rogerius, & Episcopo suus homo remansit, &c. Actum Blesis anno 1200.

Folio 90. & au Cartulaire de Mr de la Mothe page 179.

PHILIPPUS, Dei gratia Belvacensis Episcopus; omnibus præsentes litteras inspecturis: Salutem in Domino. Ad Universitatis vestræ notitiam volumus pervenire, quod cum esset contentio inter nos & nobilem virum Comitem Robertum fratrem nostrum ex una parte, & venerabilem Patrem Petrum Parisiensem Episcopum ex alia, super donationem Præbendarum sancti Thomæ de Lupara Parisiensis, *St Thomas du Louvre*, tam veterum quam novarum, tandem mediantibus bonis viris, amabilis intercessit compositio in hunc modum. Quod nos quamdiu vixerimus, omnes Præbendas prædictas, tam veteres quam novas, factas & faciendas, integras & dimidias, pro nostra donabimus voluntate. Post obitum verò nostrum donatio quatuor veterum Præbendarum ad Dominum Braye & successores ejus perpetuò pertinebit. De aliis verò, videlicet de factis & faciendis, de integris & dimidiis, ita statutum est: quod post mortem nostram donatio earum ad Parisiensem Episcopum quicumque sit & Dominum Drocarum communiter pertinebit. Ita quod primò vacantem post obitum nostrum, sive integram sive dimidiam, dabit Parisiensis Episcopus quicumque sit. Secundò verò vacantem, sive integram sive dimidiam, dabit Dominus Drocarum. Tertiò autem vacantem, sive integram sive dimidiam, dabit Parisiensis Episcopus quicumque sit. Quartò verò vacantem, sive integram sive dimidiam, dabit Dominus Drocarum: & sic ad Parisiensem Episcopum & Dominum Drocarum successivè pertinebit dictarum donatio Præbendarum.

Ut igitur hæc compositio robur in posterum obtineat firmitate has litteras fieri fecimus sigilli nostri impressione muniri. Actum anno gratiæ 1209 mense Novembri.

ROBERTUS, Dominus Drocarum & Brayæ, & Yolendis Comitissa uxor sua, frater Philippi Belvacensis Episcopi, hanc compositionem ratificarunt anno & mense eodem; & Robertus & Petrus filii eorum, *la confirmerent aussi en la même année & au même mois*.

Dans les premiers feuillets de ce Cattulaire qui ne sont point chiffrés.

AD MEMORIAM, &c. In futurum sciant cuncti, quod bonæ memoriæ, Stephanus Parisiensis Episcopus, oriundus de Aurelianis, legavit & dedit successoribus suis in Episcopatu Parisiensi, videlicet ad opus Capellæ Episcopi Parisiensis qui pro tempore fuerit, libros & res infrà scriptas, videlicet Evangelia & Epistolas in duobus voluminibus ejusdem tituli, litteræ & bonæ; tria Gradualia; unum Ordinarium Episcopale, unum Collectarium; unum Troperium, unum Breviarium grossæ litteræ in eodem volumine: *Item* aliud Breviarium in duobus voluminibus: *Item* Breviarium parvum, & sunt omnes ad usum Parisiensem: unum vas argenteum in quo ponitur sanctum Chrisma & Oleum sanctum: *Item* unum vas argenteum in quo ponitur sanctum Chrisma: *Item* duo Breves, unum sine nota, reliquum cum nota: *Item* duo Missalia, unum cum nota, reliquum sine nota.

Folio 92. *verso*.

PETRUS Dei gratia Parisiensis Episcopus, &c. Instituimus quemdam Capellanum in Capella nostra de domo nostra inferiori, pro anima piæ recordationis Ludovici illustris Regis Francorum, & Adalæ uxoris ipsius, nec non & pro anima nostra, & patris & matris, & antecessorum nostrorum

DE LA VILLE DE PARIS.

rum in perpetuum celebraturum, cujus institutio ad Parisiensem Episcopum pertinebit, &c. Ipse verò Capellanus in ipsa Capella singulis diebus bona fide pro fidelibus tenebitur celebrare, exceptis tamen Sabbatis, in quibus de beata Virgine ; & diebus Dominicis in quibus de Dominica pro ut tempus exposcerit celebrabit, &c. Actum anno 1210 mense Januario,

Folio 100. verso.

In nomine sanctæ & individuæ Trinitatis.

GUILLELMUS, permissione divina Parisiensis Ecclesiæ, Minister licet indignus ; universis Christi fidelibus, præsentes litteras inspecturis, æternam in Domino salutem. Ad honorem gloriosissimæ Virginis Mariæ diurnum cultum in Capella ejusdem Virginis, sita in domibus nostris Parisiis, volentes ampliare, dignum duximus statuendum ut numerus septem Canonicorum Presbyterorum ibidem residentium, à nobis nostrisque successoribus instituendorum Canonici in posterùm observetur ; quorum quilibet Canonicorum suam faciet hebdomadam in Capella Missam celebrando, ac die noctuque Horas Canonicas cum nota solemniter decantando ; qui Canonici per ostium Ecclesiæ Parisiensis, per quod de domibus Episcopalibus patet aditus in Ecclesiam majorem, introitum & exitum habebunt liberum ad Capellam. Volumus etiam & ordinamus, quod ipsi Canonici propriam clavem habeant in ostio majoris Ecclesiæ prænotato : quapropter quilibet Canonicorum in institutione sua nobis & successoribus nostris fidelitatem faciet juramento. Si quis verò ad Præbendam institutus fuerit non Presbyter, & receptus nihil de proventibus præbendæ recipiet donec fuerit in Presbyterum ordinatus. Immò iidem proventus distribuentur interim æqualiter inter Presbyteros Canonicos residentes. Statuimus insuper, ut ipsi Canonici & eorum familia, nobis immediatè subditi & subjecti ab omni subjectione & jurisdictione Archidiaconi & Decani & Capituli Parisiensis, in omnibus sint exempti. Quilibet autem Canonicus in suæ institutionis primordio, jurabit ejusdem Capellæ continuam residentiam bona fide, & se præmissa omnia & singula fideliter servaturum. Volumus tamen & concedimus quod omnes illi Canonici qui modò sunt in Capella, possint per se vel per Vicarios idoneos quoties voluerint in Capella deservire ; successoribus eorum ad continuam & personalem residentiam, prout ordinatum est superiùs, nihilominus obligatis, &c.

Actum anno 1243 mense Octobri.

Fol. 101. & au Chap. 282 & 283 du Cartulaire de Mr de la Mothe.

GUILLELMUS, permissione divinâ, Parisiensis Ecclesiæ Minister indignus, &c. Maria dicta Theutonica, & Henricus Presbyter ejus filius, &c. Dederunt & concesserunt ad opus unius præbendæ, ab eisdem in nostra Capella Parisiis de novo fundatæ, decem libras Parisienses annui redditus percipiendas in locis inferius annotatis, &c. Cujus præbendæ collatio ad nos & successores nostros post utriusque obitum pertinebit, eodem Henrico ad residentiam minime obligato, ipso nihilominus Canonico existente, & secundum quod sibi placuerit servientem fructus præbendæ liberè percepturo. Datum anno 1243. mense Octobri.

Fol. 115. verso.

Anno Domini 1268, Parisiis in domibus Episcopi, in Capella superiori, præsentibus Venerabilibus viris Decano Parisiensi, Guillelmo & Garnerio Archidiaconis Ecclesiæ Parisiensis, F. Cancellario Parisiensi, Guillelmo Subdecano Carnotensi, Scholastico Aurelianensi, Magistris Roberto de

Sorbona, Simone de Seppara, Magistro Guidone de Gastino Canonicis Parisiensibus, & pluribus aliis, fecerunt hommagium, *hommage*, Domino Stephano Episcopo Parisiensi, Dominus Hervæus, Dominus Capresiæ, Bartholomæus de Meru, Dominus Lusarchiarum, Mathæus Dominus Monautiaci, Dominus Guillelmus de Esdra, Dominus Combisville, Dominus Anselmus de Galandia, Dominus Turnonii investiti per annulum aureum, Joannes Hecelini, Ferricus de Gentiliaco, Decanus Sancti Clodoaldi, Archidiaconus Parisiensis & Cancellarius.

Folio 121.

Anno Domini 1079, in crastino Assumptionis Beatæ Virginis Mariæ, in Capella superiori Parisiis, Rogerius de Villa Dauras fecit hommagium de iis quæ tenet in retrofeodum, in villa sancti Clodoaldi, de domo de Chevilla & de Plesseio.

Folio 127.

Anno Domini 1269, mense Martio, pridie Idus, die Veneris post Dominicam quâ cantatur *Reminiscere*.

Ludovicus, Rex Franciæ, arripuit iter ad partes transmarinas, de sancto Dionysio, & ibi accepit peram & baculum peregrinationis suæ. quos benedixit & tradidit sibi in Ecclesia beati Dionysii Radulphus Episcopus Albanensis, tunc Apostolicæ Sedis Legatus in Francia, & partibus transmarinis, *Croisade*. Die verò Sabbati in crastino Idus Martii, accepit licentiam in ultimo suo recessu in Ecclesia Parisiensi, & venit ad dictam Ecclesiam de domibus suis Parisiensibus discalceatus, & Dominus Petrus filius suus similiter cum eo nudus pedes, Dominus Philippus Primogenitus suus, & Dominus Robertus Comes Atrebatensis, & quam plures alii non discalceati venerunt cum eo.

Folio 117. Verso.

Anno 1268, die Martis post festum beati Martini hiemalis, Dominus Joannes filius Regis Franciæ, Comes Nivernensis, venit & fecit homagium Domino Stephano Episcopo Parisiensi, in domibus Episcopi, Parisiis in Aula superiori de Castro & Castellania Montis Gaii, sicut feodum debet, & est homo ligius Episcopi Parisiensis ratione dicti feodi, & fuit investitus per annulum aureum, & pro ipso Dominus Amorrandus de sancto Remigio portavit Dominum Episcopum die Dominicâ ante festum sancti Dionysii anno prædicto, excusavit enim se idem Dominus Joannes per Litteras Patentes.

Ibidem. Anno & die Martis prædictis, Ludovicus filius defuncti Theobaldi de Pissiaco fecit hommagium de masuris & censibus quos habet Parisiis in vico sancti Germani Antisiodorensis, & circa domum Dei sanctæ Catharinæ Parisiensis.

Folio 93. Verso.

P. Dei gratiâ, Parisiensis Episcopus, omnibus præsentes Litteras inspecturis: Salutem in Domino. Universitati vestræ notum facimus, quod nos Radulpho de Paciaco Civi Parisiensi, & ejus hæredibus, dedimus & concessimus in perpetuum, in aqua nostra apud parvum Pontem, ac superiori parte illius ejusdem Pontis fischiam unius domûs ædificandæ in illa archa in qua est molendinum Wielmi de Camera, ita quod ipse poterit comprehendere de aqua nostra, usque ad decem tesias in longum, sicut dicta archa se comportat. Pro illa autem fischia dictus Radulphus & hæredes sui, nobis & successoribus nostris in perpetuum quatuor libras censuales annis singulis in festo sancti Remigii persolvere tenebuntur. In cujus rei memoriam

DE LA VILLE DE PARIS.

has Litteras fieri fecimus, & figilli noftri munimine corroborari.
Actum anno Domini 1212.

Litteræ Wielmi Pentanei, fub eadem forma & fub eodem cenfu.

Litteræ Domini Bartholomæi de Roya, fub eadem forma, fed fub cenfu decem folidorum.

Litteræ Odonis Horode, fub eadem forma, & fub cenfu decem folidorum.

Folio 94. Verfo.

P. Dei gratiâ, Parifienfis Epifcopus, omnibus præfentes Litteras infpecturis: Salutem in Domino. Notum facimus, quod nos dedimus & conceffimus Odoardi relictæ mationis, & hæredibus ipfius Odoardis, fex tefias, quæ noftræ in fuperiori parte parvi Pontis, ficut aqua noftra fe comportat in longum, ad ædificandam domum retrò domum ipfius Odoardis, quam tenet à nobis ad aliam cenfivam ; ita quidem ut ipfa Odoardis & hæredes fui, nobis & fuccefforibus noftris, pro domo ibi ædificatâ de novo, triginta folidos Parifienfes, annuatim in fefto fancti Remigii folvere tenebuntur.

Actum anno Domini 1212, menfe Decembri, Pontificatûs nofti anno quinto.

Folio 108. Verfo.

Statuta in Concilio Senonenfi, quod celebravit Archiepifcopus Petrus Senonenfis, die Sabbati ante feftum fanctorum Simonis & Judæ, anno 1269, cum Legatis Sedis Apoftolicæ ftatuta edita in Provincia fibi commiffa perpetuo fint fervanda, & bonæ memoriæ Gilo quondam Apoftolicæ Sedis Legatus in Francia, contra Sacerdotes & Clericos concubinarios ftatutum fecerit in his verbis:

Excommunicamus omnes Sacerdotes & Clericos quofcumque, qui poft legitimam admonitionem focarias vel alias mulieres, de quibus mala fufpicio poffit fuboriri, in domibus propriis vel alibi, univerfus populus vel Ecclefia fcandalifetur, duxerint retinendas, nifi fint Clerici qui in minoribus Ordinibus conftituti, legitimè contraxiffe probetur, qui tamen cum uxore Ecclefiaftica beneficia retinere non debent; ac ex hujus falubri ftatuto rarus vel nullus fructus provenerit, quod forte ftatutum hujus ad multorum notitiam non pervenit, cum multi facerdotes & Clerici in propriarum periculum animarum plurimorum fcandalum perniciofùm exemplum, vituperium minifterii noftri, & difpendium Ecclefiafticæ Dignitatis tenentes focarias, vel alias mulieres fufpectas in domibus propriis vel alibi, univerfum populum vel Ecclefias fcandalifent, præcipimus, & in virtute obedientiæ diftrictè mandamus, ut omnes Prælati, five majores five minores fubditos fuos Sacerdotes & Clericos tenentes in domibus fuis vel alibi, mulieres hujufmodi, fi fint fuper hoc publicè diffamati autoritate ftatuti prædicti in Synodis & Capitulis præfentibus concubinariis & diffamatis hujufmodi generaliter, ac alias inter fe correxerint, fpecialiter & nominati moneant competenter, ut ab infolentiis hujufmodi perniciofis ac deteftabilibus refipifcant : quod fi competenter moniti non fecerint, autoritate ftatuti hujus excommunicati publicè nuntientur, ac exigente eorum rebellione eorum beneficia faifiantur. Caveant Prælati quicumque, ne in faciendis his monitionibus fint tepidi vel remiffi, fi canonicam ultionem velint effugere ac infamiam, cum fcruplo focietatis occultæ non careat, qui manifefto facinori, cum poffit, definit obviare.

Folio 128.

Anno Domini 1270, die Dominicâ ante festum Inventionis sanctæ Crucis, decessit Dominus Stephanus sancti Clodoaldi, Magister Leprosariæ sancti Lazari Parisiensis, die Lunæ in crastino accessit ad dictam domum Dominus Stephanus Episcopus Parisiensis, qui post recommendationem animæ ipsius defuncti, vocatis omnibus fratribus & sororibus dictæ domûs tam sanis quam leprosis in Curia dicti loci, dedit eis in Magistrum & Provisorem dictæ domûs, Dominum Samsonem Magistrum filiarum Dei Parisiis. Murmurantibus autem aliquantulum ibidem propter hoc prædictis fratribus, accidit post paucos dies, quod ipsi supplicaverunt Domino Stephano Episcopo prædicto, ut fratrem Robertum de Villeta sancti Lazari, fratrem dictæ domus, quem, ut asserebant, nominaverant inter ipsos autoritate, immò temeritate propriâ, in Magistrum suum, idem Dominus Episcopus confirmaret in Magistrum seu Priorem eorundem Et quia tam de jure communi, quam de consuetudine observatâ, ad ipsum Dominum Episcopum Parisiensem pertinebat ordinatio & provisio Magistri instituendi in dictâ domo sancti Lazari, prout prædecessor suus, bonæ memoriæ R..... quondam Episcopus Parisiensis, usus fuerat, sicut evidenter apparebat per Litteras suas Patentes, in quibus continebatur quod ipse instituerat Magistrum in eadem domo prædictum Dominum Stephanum Magistrum eorum nuper deffunctum. Dominus Stephanus Episcopus prædictus supplicationem eorum non admisit; & quia etiam non potuerunt dicere quod ad ipsos de jure vel consuetudine pertinet electio seu ordinatio Magistri, post modum vero nisi fuerunt habere recursum ad Magistros Curiæ Regis Franciæ, ipso Domino Rege Ludovico tunc exeunte ad partes transmarinas, fingentes quod dicta domus eorum esset in custodia & protectione Regiâ, unde accidit quod quâdam die Sabbati, videlicet ante festum sancti Urbani, Dominus Mathæus Abbas sancti Dionysii in Francia, qui gerebat tunc vices ipsius Domini Regis, venit ad sanctum Clodoaldum, & in præsentia sua, præsentibus Domino Episcopo Parisiensi prædicto, Magistro Guillelmo de Novavilla Clerico & Consiliario ipsius Domini Regis, Magistro Roberto de Vertincourt Officiali Parisiensi, Magistro Guillermo de Caroloco Canonico Parisiensi, ac multis aliis Presbyteris & discretis Viris, duo Fratres dictæ domus, Galterus & Hugo, præsente Roberto prædicto de Villeta sancti Lazari, innovaverunt supplicationem prædictam, petentes per quasdam Litteras sigillatas, ut dicebant, sigillo domûs prædictæ, quod Dominus Episcopus admitteret nominationem seu electionem quæ facta fuerat de prædicto Roberto, & quod confirmaret eandem. Demùm, quia prædictum sigillum nullam fidem faciebat, & quod inauditum erat in partibus istis, quod leprosi haberent electionem, seu eligerent autoritate propriâ Magistros in domibus suis: item quod non docerent quod de jure, vel consuetudine, habuissent unquam electionem Magistri in domo sua: item quod domus leprosorum & domus pauperum Dei, omnes sunt in protectione & custodia Episcopi, & curam earum gerit, tam in spiritualibus, quam temporalibus, prænominati Fratres sancti Lazari Parisiis multum fuerunt reprehensi, tam ab Abbate, quam ab illis qui erant in illo Consilio in petitione quam faciebant. Inde mandatum fuit & præceptum propter hoc Præposito Parisiensi ex parte Magistrorum Curiæ Regis, quod de Fratribus & de domo sancti Lazari Parisiensis prædictis, se non intermitteret super hoc contra Episcopum Parisiensem occasione prædicta, sed faceret Episcopus super ordinatione & provisione dictæ domûs quod crederet expedire. Tandem verò supradicti Fratres, & dictus Robertus ex parte sua, & omnium Fratrum dictæ domûs, quod persona dicti Samsonis quam Dominus Episcopus dederat eis in Magistrum, non erat eis satis grata, sed aliquantulum odiosa; supplicaverunt quod idem Dominus Episcopus daret eis alium Magistrum ad voluntatem suam. Dominus autem Episcopus pacem cordium dictorum Fratrum servare cupiens, utendo jure suo & Ecclesiæ Parisiensis mutavit eis Magistrum, & dedit eis in Magistrum Simonem Presbyterum sanctæ Trinitatis de Castro-forti, quem cum gratiarum actione receperunt, & obedierunt ei unanimiter, tam in spiritualibus quam in temporalibus pacificè & quietè, qui intravit anno Domini millesimo ducentesimo septuagesimo, in crastino Nativitatis beati Joannis Baptistæ.

EXTRAIT D'UNE BULLE DE JEAN PAPE.

Folio 54.

DATUM Avenioni 17. Calend. Julii, Pontificatûs nostri anno secundo. Oblata si quidem nobis pro parte Universitatis Magistrorum & Scholarium studii ante dicti petitio quæ continebat, quod licet ipsi pratum quoddam, *Pré aux Clercs*, & plateam cum quodam fossato aqueo, sita juxta Monasterium sancti Germani de Pratis, Ordinis sancti Benedicti propè Parisios, possideant, &c.

Cum enim nonnulli Magistri & Scholares possessionem & usum continuandos prædictos diebus proximis piscarentur in fossato prædicto, sicut & aliàs pro voluntate pluries fecerant quidam Monasterii præfati satellites multis hominibus armatis adhibitis, de mandato seu convenientiâ Abbatis ejusdem qui indignationem eis, ipsâ forti piscatione conceperat, se conferentes ad loca prædicta post piscantium eorumdem abundè in scholares alios repertos ibidem furibundis ausibus irruerant.

Folio 59.

CLEMENS Episcopus, Servus servorum Dei, dilecto filio Provisori pauperum Magistrorum, & ipsis Magistris in Theologia & Facultate studentibus in vico ad portas ante Palatium de Terminis Parisiis, *rue de Sorbone*, sub communi vita degentibus: Salutem & Apostolicam benedictionem, &c.

Folio 63.

Cum inter nos ex una parte; & Universitatem Venerabilium Magistrorum & Scholarium Parisiis studentium, ex altera, orta esset materia quæstionis super quadam platea situata prope muros civitatis Parisiensis, respiciente dictam sancti Germani Abbatiam, cui ex parte superiori contigua est domus in qua moratur Reverendus in Christo Pater P. Dei gratiâ, Aurelianensis Episcopus, & ex altera parte est via carniceriæ sancti Germani, per quam directè itur ad portam civitatis Parisiensis, quæ vocatur porta Fratrum minorum, & ad Ecclesiam eorumdem Fratrum, & à parte inferiori est via publica per quam directè itur de sancto Germano ad portam civitatis Parisiensis quæ vocatur porta sancti Germani, quæ est propè domum quæ fuit claræ memoriæ Domini Henrici quondam illustris Regis Navarræ, *Hotel de Navarre*. Ex altera parte est quædam via quæ in prædicta via carniceriæ sancti Germani incipit juxta puteum qui est in dicta via, & juxta domum G...... Carnificis, quæ est ædificata in angulo jam prædictæ plateæ ex opposito dicti putei, & terminatur in nominata via per quam itur ad portam quæ, ut dictum est, vocatur porta sancti Germani, eò quod dicta Universitas dicebat se jus habere in dicta platea, ex parte quâ continuatur cum via prædicta per quam itur ad Fratres Minores in centum & sexaginta pedibus, ad pedes Regis mesurandis, continuè & directè secundum longitudinem & latitudinem in qualibet parte ejus, quia tantum de dicta platea in jam dicta parte eadem Universitas dicebat & dicit sibi esse legatum à Magistro Radulpho de Albusone quondam Canonico Ebroïcensi, qui ut dicta Universitas dicebat, jus habebat in platea prædicta in quantum eidem Universitati legatum fuerat ab eodem

pratum quod vocatur pratum Universitatis muri Abbatiæ conjuncti cum ipso fossato juxta pratum prædictum versùs locum in quo cum Sequana conjungitur prædictum fossato

prælibatam plateam Monasterio nostro & successoribus nostris cessit Universitas, salvâ ipsi Universitati in ipsa platea remanente viâ ad pratum prædictum, & alibi eundi, agendi, in latum spatii viæ Regalis octodecim pedes continentis, quæ debet incipere à cuneo domûs in qua nunc moratur P. Dei gratiâ, nunc Aurelianensis Episcopus, protendendo se versùs viam publicam ante portam Marerii Odoardi de Villanova olim Præpositi Parisiensis, per quam viam itur versus portam sancti Germani, & versùs pratum prælibatum; ita quod ab angulo domûs in qua moratur Dominus Episcopus Aurelianensis prædictus, mensurabuntur octodecim pedes directè in latum versùs dictam carnificeriam procedendo, & ab extremitate illorum octodecim pedum producetur linea in continuum & directum usque ad angulum domûs quæ est ex opposito Marcerii prædicti, quæ fuit quondam de centum puteis Clerici, & ab angulo domûs in qua moratur Episcopus Aurelianensis directè aliâ lineâ æquè distantes prædictæ lineæ usque ad viam dictæ portæ quæ dicitur sancti Germani, & in longum ex unâ parte superiori usque ad inferiorem libere, pacifice & quiete.

Pour ce delaissement les Religieux de St Germain promirent de payer tous les ans à l'Université quatorze livres Parisis, *ad usus pauperum Scholarium per Universitatem distribuendas, anno 1292, die Veneris ante Natale Apostolorum Petri & Pauli.*

LETTRE DE JEAN ABBÉ DE St GERMAIN.

Folio 78.

PHILIPPUS, Dei gratiâ, Francorum Rex. Notum facimus Universis, tam præsentibus quam futuris; quod cum pro conflictu diu habito inter homines villæ sancti Germani de Pratis juxta Parisios, & quosdam Scholares Universitatis Parisiensis, in quo quidem conflictu Magister Gerardus de Dola, & filius Petri Sigillarii vulnerati fuerunt, & ex illa vulneratione post modum obierunt, per deffinitionem seu ordinationem inclytæ recordationis carissimi Domini, & genitoris nostri Philippi Francorum Regis, quantum ad eum spectabat, pronunciatum fuerit, quod Abbas & Conventus sancti Germani de Pratis duas Capellaneas perpetuas instituerent pro animarum dictorum duorum Clericorum interfectorum remedio: unam videlicet in Ecclesia Vallis Scholarium, *Val des Ecoliers*, Parisi. in qua unus ex Fratribus ejusdem loci, pro remedio animæ dicti defuncti Gerardi de Dola qui inibi sepultus est, perpetuò celebrabit; & aliam in Capella veteri sancti Martini, *ou Chapelle de St Martin le Vieil*, juxta muros Abbatiæ, in qua unus Capellanus pro defunctis perpetuò celebrabit, &

quod utramque Capellaniam dictus Abbas & Conventus de viginti libris Parifienfibus annui & perpetui redditus dotarent.

Le Roi chargea de cette rente la Prevôté de Paris, à caufe du tranfport de la Foire que les Moines leur firent. Anno milleſimo ducentefimo octogefimo fexto, menfe Julii.

Folio 108.

Anno 1221. Fratri Mathæo, &c.

Folio 128.

UNIVERSIS præfentes Litteras infpecturis. Univerfitas Magiftrorum & Scholarium Parifienfium : Salutem in Domino. Cum dilectus nofter Nicolaus Tornacenfis Ecclefiæ in Flandria Archidiaconus, quinquaginta libras Parifienfes Magiftro Roberto de Sorbona, Canonico Parificnfi, Provifori Congregationis pauperum Magiftrorum ftudentium Parifiis in Theologica Facultate, contulerit ad redditus comparandos pro fuftentandis Magiftris memoratis, nos ipfius benevolentiæ gratâ volentes viciffitudine refpondere, conceffimus quod idem Archidiaconus coadjuvet quinque Magiftros bonæ famæ, vitæ, converfationis honeftæ, ftudentes in Theologia, qui planam habeant notitiam Idiomatis Flamingi, qui in fuo Archidiaconatu proprium effe dignofcitur, poffit ponere annis fingulis in domo dictorum Magiftrorum, quibus de bonis dictis Magiftris affignatis provideatur, ficut cæteris providetur Magiftris, & providebitur in futurum, ut iidem Magiftri in divina fcientia eruditi, ex bonorum convictu moribus informati, docentes verbo pariter & exemplo in locis ad quæ ipfos vocari contingerit, fructum facere valeant, qui non perit : poft ejufdem verò Archidiaconi deceffum, Domino Epifcopo Tornacenfi, qui pro tempore fuerit, vel per fe, vel per Archidiaconum Flandrenfem, fi ad hoc eum idoneum viderit, ponendi fimiliter annis fingulis in dicta domo Magiftros præfati Flamingi idiomatis ufque ad numerum prætaxatum liberam concedimus poteftatem. Ita tamen quod fi Provifor prædictæ domûs aliquem vel aliquos de dictis Magiftris bonâ fide non effe idoneum vel idoneos, Archidiacono prædicto vel Epifcopo, fignificaverint, poterit idem Provifor ejicere, & ipfi Achidiaconus vel Epifcopus poterunt alios pro eifdem fubrogare. Debent etiam, quantumcumque fuerint idonei prædicti Magiftri, in fequenti anno de novo præfentari. Datum, anno Domini milleſimo ducentefimo fexagefimo fexto, menfe Octobri.

Folio 156.

VICARII Generales in fpiritualibus Reverendi in Chrifto Patris, & Domini Domini Ludovici, Dei & fanctæ Sedis Apoftolicæ gratiâ, Epifcopi Parifienfis, nunc à fuis Civitate & Diœcefi Parifienfi notorie abfentis, dilectis nobis in Chrifto venerabilibus, & circumfpectis viris Magiftris regentibus, & Scholaribus nationis Picardiæ hujus almæ Univerfitatis Parifienfis, falutem in Domino Ad illa quæ divini cultus propagationem confpiciunt, libenter intendimus, eaque favoribus profequimur opportunis, funt oblatæ nobis nuper pro parte veftra fupplicationi continebat, quod præfata Natio Picardiæ die decimo quarto præfentis menfis Maii, in fancto Juliano Paupere Parificnfi per juramentum folemniter congregata, animadvertenfque eadem Natio divina fervitia, quæ cæteris diebus per anni curriculum ex laudabili more celebrari facere confueverat in dicta Ecclefia accommodata dicti Prioratûs fancti Juliani, vulgariter nuncupati Pauperis, *St Julien le Pauvre*, hactenus celebraverat, & celebrari fecerat poft varias & maturas deliberationes secum habitas proposuerat & decreverat quamdam Capellam in laudem, reverentiam & honorem omnipotentis Dei, beatissimæque, ac gloriosissimæ Virginis Mariæ ejus Genetricis, nec non beatorum Nicolai & Catharinæ in una parte scholarum dictæ Nationis, in vico straminis Parisiis sitarum, loco equidem ad hoc bene decenti & opportuno sumptibus ejusdem Nationis ædificari, & in eadem assistente sibi divino auxilio campanile, cum campana ad Christi fidelium invocationem construi, sacraque Missarum & Vesperorum, & alia divina officia imposterum celebrare, seu celebrari facere. Sed quia præmissa omnia & singula, nisi præfati Reverendi in Christo Patris, sive nostra, qui ejus vices in hac parte gerimus, non interveniente licentiâ, consensu, authoritate & decreto, viribus subsistere nullatenus valerent, nobis humiliùs supplicarunt quatenus divini cultus contemplatione prædictam Capellam in loco prædicto, cum campanili & campana prædictis erigendi, instituendi & construendi, & eâ erectâ & constructâ, in eadem sacra Missarum & Vesperorum, & alia divina officia, prout antea in dictâ Ecclesiâ sancti Juliani Pauperis facere & celebrare consuerat, licentiam, authoritatem & facultatem eisdem impertiri dignaremur. Unde nos in Domino exultantes, cum sacra propagatur Ecclesia, & cultus divinus augmentatur, prædictorum supplicantium devotis petitionibus favorabiliter annuentes, eisdem præfatam Capellam in loco prædicto cum campanili & campana prædictis absque juris alieni præjudicio erigendi, instituendi & construendi, & eâ erectâ, institutâ & constructa, ac ad celebrationem divinorum officiorum debite & ordinate disposita, sacra Missarum, Vesperorum & aliorum divinorum officia, prout in dictâ Ecclesiâ sancti Juliani facere & celebrare consueverat, vel alias, prout temporum qualitas ingruerit, & eorum devotioni viderint salubriter convenire inibi celebrandi, & celebrari faciendi licentiam, authoritatem & facultatem, authoritate supradicti Reverendi Patris quâ fungimur in hac parte impertimur per præsentes, Parochiali & cujuslibet alterius jure in omnibus semper salvo. In cujus rei testimonium, sigillum Cameræ ejusdem Reverendi Patris, quâ utimur in hac parte, præsentibus litteris duximus apponendum. Datum Parisiis, anno Domini millesimo quadringentesimo octogesimo septimo, die ultimâ Maii.

Folio 161.

Abbas sanctæ Genovefæ *leur permit de bâtir leur Chapelle* nostris in territorio & fundo & dominio juxta ejusdem Reverendi Patris seu ejus Vicariorum indultum, Parochiali tamen jure, ac nostro in omnibus semper salvo. Millesimo quadringentesimo octogesimo septimo, decimo sexto mensis Julii.

Et le dernier Novembre 1506, son Maître-Autel fut consacré sous l'invocation de la Vierge, de St Nicolas & de Ste Catherine, & l'Autel de la petite Chapelle qui sert maintenant de Sacristie, sous celle de St Sebastien Martyr.

La Nation de France fait son service à Navarre.
La Nation de Normandie, en la Chapelle d'Harcourt.
La Nation Allemande, qui s'appelloit autrefois d'Angleterre

En 1447. Post annos circiter septuaginta, Andronicus Cantoblaca Basiliæ, & Hermotinus Spartanus Lutetiæ ludum Litterarum Græcarum aperuerunt. Genebrard. Fol. 593.

Anno 1548. Joachimus Perionius Benedictinus, Theologus Parisiensis, Philosophiæ Aristotelicæ curriculum, & Latinè & Ciceronianè primus vertit, ut deinceps Philosophi latinè loqui cæperunt, qui antea etiam infantes, & paulatim dediscere Barbariem, quâ eorum disciplinæ & libri erant

fœdati,

DE LA VILLE DE PARIS.

fœdati, repudiatis Veterum verfionibus & formulis. *Hoc divinum beneficium narravit longius*, Genebrard. fol. 445.

EXTRAIT DES TITRES DU SECRETARIAT
de l'Archevêché.

ANDRE' DE SAUSSAY, Evêque de Toul & Vicaire General du Cardinal de Retz, &c. Veu par nous certaine Tranſaction du premier de ce preſent mois & an, entre *les Sœurs de la Congregation de la Croix* établies à Paris rue des Tournelles, & les Sœurs de ladite Congregation demeurantes à Ruel, &c. Avons homologué icelle Tranſaction le quinze Avril 1656.

ANDRE' DE SAUSSAY, &c. A la requête des Sous-Maîtres, Chantres & Officiers de la Muſique de la Chapelle de la Chambre de ſa Majeſté, érigée une Confrairie ſous l'invocation de la glorieuſe Vierge & Martyre *Ste Cecile*, Patrone des Muſiciens, dans l'Egliſe des Peres Auguſtins le quinze Mai 1656.

ANDRE' DE SAUSSAY, &c. Sur ce que les Filles de la Congregation de la Croix de Paris & de Ruel, nous ont fait remontrer par Madame la Ducheſſe d'Aiguillon leur Fondatrice, que nos grandes affaires, emplois & occupations au gouvernement de ce Dioceſe, ne nous permettoient pas d'agir comme Superieur particulier à leur direction & conduite ; & ſachant qu'elles nous ſupplient de leur en pourvoir d'un dont la capacité nous fût connue; nous avons commis Louis Abelly Docteur en Theologie, Superieur deſdites deux Communautés de Paris & de Ruel & même de Brie-Comte-Robert, pour les conduire & diriger ſelon les Satuts & Reglemens qui leur ont été donnés par feu Jean François de Gondy, ſauf la ſuperiorité à mondit Seigneur le Cardinal. Donné à Paris le vingt-ſept Juin 1656.

ANDRE' DE SAUSSAY, &c. Veu la requête à nous preſentée par Maître Etienne de Barberé, Directeur des Pauvres de la Providence fauxbourg St Antoine, les Coadminiſtrateurs & les Confreres de la Confrairie de *Notre-Dame de la Paix*. Veu la permiſſion d'établir cette Confrairie à eux accordée par le Pape le ſix Mars 1646, & par l'Archevêque du vingt-trois Decembre 1651, avons érigé & érigeons ladite Confrairie dans la Chapelle de la maiſon de *la Providence*, pour y demeurer à perpetuité ſans en pouvoir être transferée ailleurs pour quelque cauſe & occaſion que ce ſoit. Donné à Paris le dernier Mai 1656.

Les principaux Statuts de cette Confrairie ſeront, qu'Etienne Barberé & ſes ſucceſſeurs ſeront Directeurs des Pauvres de ladite maiſon, ayant icelui Barberé procuré l'établiſſement de ladite Confrairie. Que les Confreres & Sœurs feront leur poſſible de trouver les moyens pour ſecourir & ſoulager les Pauvres, tant au temporel qu'au ſpirituel. Que les deniers de la Confrairie ſeront employés à l'entretien & décoration de l'Egliſe de la providence & ſubſiſtance des Pauvres. Le tout & les autres approuvés ledit dernier Mai 1656.

ANDREAS DE SAUSSAY, &c. Cum à defuncto Archiepiſcopo obtinueris   eundi ſcilicet per omnes Civitates, Oppida & Pagos hujus diœcesis admissiones juxta institutum dictæ Congregationis faciendas, & speciatim docendi populum doctrinam Christianam, prædicandi verbum Dei, confraternitates charitatis erigendi, erectasque visitandi, vota commutandi, concedendi dicti nomine Archiepiscopi indulgentias quas ipsemet potest largiri, denique audiendi in tribunali pœnitentiæ & etiam absolvendi ab omnibus casibus & censuris dicto Domino Archiepiscopo reservatis, non modò in Missionibus quascumque personas, verùm etiam extrà Missiones quoslibet Ecclesiasticos viros, eos præsertim ad quorum directionem dicta Congregatio peculiari ratione deputata fuerit, omnes scilicet tam dictæ Congregationis Missionarios, *de St Lazare*, tum Ordinarios, Seminaristas exercitando, aliosque externos qui apud eam Congregationem ad tempus conviuunt, nec non & Laïcos dictæ Congregationis fratres nimirum coadjutores, tum etiam externos quosdam qui in domibus dictæ Congregationis vel secessûs spiritualis causa, per aliquos dies admittuntur, vel ordinariè, quales famuli domestici & convictores commorantur, omnes denique & quæslibet personas quarum saluti aut perfectioni procurandæ qualibet dicti instituti ministeria dictos Missionarios attingunt cujusmodi sunt fœminæ quædam vulgò dictæ filiæ seu *Sorores Charitatis*, egenorum maximè ægrotantium servitio addictæ, nec non ii pauperes qui Parisiis in Xenodochio *nomini Jesu* nuncupato versantur, quorum pauperum ac fœminarum directio autoritate præfati Cardinalis de Retz, dictæ Congregationi ab aliquot annis est annexa; præterea supradictas facultates communicandi tum sociis dictæ Congregationis, tum aliis quibusdam piis Sacerdotibus qui ad ipsos Missionarios in prædictis functionibus adjuvandos solent advocari, non solum dum Missiones fiunt, sed etiam dum Ordinationes habentur; idque maximè ad Presbyterorum ordinandorum confessiones exhibendas. Hæc omnia autoritate Cardinalis confirmamus. Datum Parisiis anno 1656 Maii 26.

JEAN-BAPTISTE DE COMTES & ALEXANDRE DE HODENCQ. Les Superieure & Religieuses professes du Monastere de la Visitation de Notre-Dame, dites *de sainte Marie*, nous ont exposé par leur Requête, que deffunt Messire Preries, vivant Chevalier, Comte d'Eufreville Cizey, Conseiller du Roi en ses Conseils & President au Mortier en sa Cour de Parlement de Normandie, auroit par son Testament du quinze Août 1646, donné & legué le tiers de ses acquêts pour fonder un Monastere de tel Ordre que Dame Geneviéve Derval Pourtel sa femme & legitime épouse desireroit, à son choix & élection, pour sa consolation, pour prier Dieu pour le repos de leurs ames & des parens dudit sieur President, ainsi qu'il est plus au long contenu par ledit Testament, confirmé par deux Arrêts du Parlement de Rouen des 26 Août 1656 & 19 Janvier 1657. En execution duquel Testament, ladite Dame Derval Pourtel, veuve dudit sieur President, auroit par Contrat de fondation & donation du six Septembre 1657, donné ausdites Superieure & Religieuses, ce acceptans, pour la fondation & établissement d'un nouveau Monastere de la Visitation sainte Marie à Paris, le tiers des acquets dudit deffunt President d'Eufreville, pour en jouir & disposer à l'effet énoncé audit Testament & à l'acquisition d'un heritage pour l'établissement dudit nouveau Monastere de la Visitation sainte Marie à Paris. Et outre ce ladite Derval Pourtel par le même Contrat, auroit aussi donné par donation entre vifs & irrevocable ausdites Superieure & Religieuses pour ledit nouveau Monastere, la somme de quarante mille livres; au moyen desquelles fondation & donation lesdites Religieuses requeroient qu'il nous plût en homologuant ledit Contrat, leur permettre d'établir un nouveau Monastere de leur Ordre en cette Ville & Fauxbourgs de Paris, en tel lieu & place qu'il sera trouvé plus propre & convenable; ordonner que ledit Monastere sera & demeurera dotté des biens de ladite fondation, pour y être mis des Religieuses pour y vivre selon leurs regles & constitutions.

Nous Vicaires generaux, avons de l'autorité dudit sieur Archevêque, confirmé par ces Presentes ledit Contrat de fondation; ce faisant permis & permettons ausdites Superieure & Réligieuses de la Visitation dudit fauxbourg St Jaques, d'acquerir un lieu & place en cette Ville ou Fauxbourgs de Paris, pour y établir faire bâtir & construire un nouveau Monastere de leur Ordre, & en icelui envoyer quelques-unes desdites Religieuses pour y en recevoir d'autres à l'effet de ladite fondation, & y vivre selon leurs regles & constitutions, sous la superiorité, conduite, toute jurisdiction & dépendance dudit Archevêque & de ses successeurs à l'avenir; & lorsquelles auront acquis ledit lieu & place, elles nous en donneront avis pour les y établir & mettre la clôture reguliere en la maniere accoutumée. Donné à Paris le vingt-quatre Avril 1658.

EX NOVA BIBLIOTHECA MANUSCRIPTORUM
Librorum, Tomo 2.

Ex Chronicis Gaufridi, Prioris Vosiensis Cœnobii, à tempore Roberti ad annum 1184.

Imprimée par le Pere Labbe, folio 309, cap. 55.

Ecclesia sanctorum Innocentium Parisiis construitur super quemdam Richardum propter signa divinitùs ibi ostensa, eo quod eundem Adolescentem ob injuriam Christi nudiùs-tertiùs Judæi necavissent. En 158.

Margaritam quamdam Meretricem Regiam, insignibus stipatam vestibus, dum pax acciperetur à populo in Ecclesia, putans ex ordine fore sponsarum osculata est; postquam rescivit, sponso Ludovico hujusmodi reconquesta est. Tunc prohibuit Rex, mulieres publicas chlamyde seu cappa uti Parisiis, ut tali notâ à legitimè nuptis discernerentur.

Anastasius successor Eugenii anno illo conferatur.

EX TOMO I.

Ex parte altera seu, Tomo 2. Gestorum Pontificum Antissiodorensium, cap. 66. fol. 508.

Petrus de Mornayo, sexagesimus-sextus Episcopus Antissiodorensis, acquisivit magnam partem domorum Episcopalium, *Hotel d'Auxerre*, quæ sunt Parisiis contiguæ Portæ quæ nominatur inferni, *Porte St Michel*, licet antiquitus solebat nominari de ferro, & obtinuit à Rege magnam plateam extrà muros contiguos, in qua construi fecit curtilia & viridaria amœnissima, & circumiri muris; sed propter guerras demùm ibidem sunt fossata concavata.

Ce Prelat mourut en 1360, après avoir été Evêque treize ans. Ces Gestes ont été écrits de tems en tems par des gens contemporains, & pour s'accommoder à la coutume observée alors dans l'Eglise d'Auxerre.

EX CHRONICA MANUSCRIPTA RANDULFI
de Columna, Carnotensis Canonici. fol. 660.

PHILIPPUS pulcher, quadragesimus-quintus Rex Francorum, Palatium mirificum Parisiis construxit.

Il faut ici lire depuis la dixiéme page du premier volume des Commentaires sur la Coutume de Paris par Julien Brodeau, commençant par ces mots, *Prevôté & Vicomté de Paris*, jusqu'à la moitié de la premiere ligne de la quatorziéme page où sont ces mots, *l'article 72 de la Coutume de Tours*; & depuis le folio 580, commençant par l'article *Parisis*, qui est au milieu de la page, jusqu'au milieu du folio 582, finissant par ces mots, *Rubrique de la Coutume verbo* Paris, *fine*.

Dans le même volume au folio 16 commençant par ces mots; *Outre la Prevôté & la Vicomté de Paris*, finissant à la même page par ces mots; *En la verification de l'Edit fait à cette fin*.

Dans quoi l'on voit des preuves des Comtes de Paris, des Ducs de Paris, de St Christophe, de l'Hotel des Comtes de Paris, des Vicomtes de Champeaux, des Evêques & Comtes de Paris, des Monnoies, du Pays de Parisis, & autres choses.

Anno 838, *Louis le Debonnaire ayant donné à son fils Charles le Chauve une partie de son Royaume*. Hilduinus autem Abbas Ecclesiæ sancti Dionysii, & Gerardus Comes Parisiensis civitatis, cæterique omnes prædictos fines inhabitantes convenerunt, fidemque sacramento Carolo firmaverunt. *Eghinard. Hist. lib.* 1.

Ex vita Domini Buchardi Comitis venerabilis. Datur ergo dono regali ei, *Buchardo*, uxor jam dicti Comitis, *Corbolii Castri*, Harmonis Elisabeth veritatem nobili progenie & ipsa exorta uni junguntur thoro nuptiali, ut secundum Domini imperium prole dulcissima post modum lætarentur, in quo copulæ thalamo dedit Hugo Rex, *captus*, sibi fideli Comiti Castrum Milidunum, itaque idem Castrum Corboilum Comitatumque Parisiacæ urbis taliter quod Comes Regalis efficitur.

Ego Bernardus, Claræ-Vallensis vocatus Abbas, omnibus Dei fidelibus tam posteris quam præsentibus, notum fieri volo, me quadam vice cum Parisios venissem, rogasse Dominum Odonem Abbatem sanctæ Genovefæ ejusque fratres in communi Capitulo, ut fraternæ dilectionis intuitu, Gelduino Abbati, fratribusque Ecclesiæ sancti Victoris, concederent aquam *Beverim*, de sub Molendino quod *Cuperes* appellatur, *le Moulin de Coupeaux ou Copeaux d'où la rue Copeau a pris son nom*; acceptam usque ad suam deducere, & inde versus Parisios in Sequanam dato idoneo pretio hominibus pro terris sanctæ Genovefæ, per quas aquam ducerent; & ut præfatæ Ecclesiæ beati Victoris liceret in eadem aqua infrà muros suos Molendinum facere ad suos usus, & quidquid utilitatis in aquæductu illo infrà eosdem muros & extrà propriis expensis extruere valent. Quæ omnia, Odo Abbas, communi fratrum suorum assensu, nostro interventu, benignè concessit; ita tamen ut Molendinum sanctæ Genovefæ, quod superiùs nominavimus, nulla operis sancti Victoris machinatione aut aquæ elevatione impediatur. Quæ concessio ut beati Victoris rata firmaque in perpetuum perseveret, scripto eam commendavimus, & sigilli nostri impressione testificandam duximus.

DE LA VILLE DE PARIS.

Ce qui fut depuis accordé par une Charte d'Odo, à la charge, *ut Ecclesia sancti Victoris singulis annis in festo sanctæ Genovefæ duos solidos censûs dabit nobis.*

Domus Dei quittavit Ecclesiæ sancti Victoris duas domos in Judearia Panificorum, *ou vieille draperie.*

Rue d'Arras, *alias* des murs.

Le Fief de *Chardonnet*, partie à St Victor, partie à Ste Geneviéve, est à present appellé le Fief de Tiron, parce qu'il vient de l'Abbayie de Tiron. Le Clos *de Tiron* est devant St Victor le long d'une partie de la rue St Victor.

Robertus de Meudon Armiger & Agnes ejus uxor, recognoverunt se vendidisse Ecclesiæ sancti Victoris Parisiensis unam peciam terræ, sitæ ut dicitur, ad Portum sancti Marcelli 1230. In Cardineto, *an Chardonnet*, terræ arabiles & vineæ 1238, 1236.

Le *Pressoir* du Chardonnet ou de Tiron, tenoit à la porte & aux murs de la Ville vis-à-vis les Bons-enfans en 1209.

Omnibus præsentes litteras inspecturis; Officialis Curiæ Parisiensis in Domino salutem. Notum facimus quod Bona-vita Judæus in nostra præsentia constitutus, recognovit se vendidisse Ecclesiæ sancti Victoris Parisiensis pro sexaginta solidis Parisiensibus jam sibi solutis prout confessus est coram nobis dimidium arpentum terræ sitæ ut dicitur Parisiis in *Carain to*, quem idem Judæus emerat ut dicebat, à Martino Coterella & Maria uxore ejus in censiva dictæ Ecclesiæ; promittens quod contrà dictam venditionem per se vel per alium non veniet; & quod dictam terram dictæ Ecclesiæ ad usus & consuetudines Parisienses garantizabit contrà omnes. Actum anno 1236 mense Julii. Fol. 35. *du Cartulaire de St Victor.*

Toutes les terres labourables qui sont hors des fauxbourgs St Victor, St Marceau & St Michel, étoient des vignes il y a deux cens ans; mais depuis on les a changées en terres labourables, avec le tems & peu à peu.

Le Chardonnet s'étendoit depuis la Place Maubert jusqu'à la Pitié en longueur, & depuis St Etienne jusqu'à la riviere. On peut savoir cela de l'Abbayie de Tiron par le moyen de Dom Luc.

La fausse Porte St Marcel s'appelloit Porte *Poupeline* en 1304.
Une ruelle du côté de l'Eglise Ste Geneviéve la petite, où est une maison de cinq à six toises de large sur la rue neuve, tenant d'un côté au long d'une ruelle par laquelle on va de la rue neuve en la rue & Eglise de St Christophe, & d'autre part à une autre ruelle descendant, par laquelle on va en la rue neuve du côté de Ste Geneviéve 1448.

Le Fauxbourg St Marceau étoit composé de quartiers appellés.
Mallemaison.
Copeaux.
Reculettes.
Fosse aux larrons, autrement la potence, aboutissant à la chaussée de Vitri par en haut, & par le bas au sentier des Tripes 1461; le grand chemin de St Marcel à Vitri aboutissant au chemin de Ville-Juive, & d'autre au sentier aux Tripes. Dans la Fosse aux larrons il y avoit un lieu dit les Tripes en 1491 & 1529.

Champ-Maillard.
Neuf foſſé 1470, 1490, aboutiſſant au vieux chemin d'Ivri 1469.
Ormeteaux.
Chantier du champ, aboutiſſant au vieux chemin d'Ivri. 1534 1512.
Garnache, aboutiſſant au Curé de St Medard & au chemin de St Marcel à Gentilli 1491.
Le Moulin Geneteil.
Reine blanche.
Foſſe rouge,
Les Girentois.
St Paoul.
Trou St Georges 1515.
Près l'orme d'Ivri 1500, *le Champ de Montauban.*
Les *Ajaux* près la riviere de Seine 1394.

CLEMENS, Pariſienſis Eccleſiæ Decanus, totumque Capitulum, duas domos quæ ad noſtram ſpectabant acquiſitionem & erant contiguæ, quarum altera fuerat Leicentiæ, altera Hermandi Leonello & Petronillæ uxori ejus jure hereditario poſſidendas, precibusque & voluntate Domini Epiſcopi Mauritii conceſſimus in recompenſationem domus ſuæ propriæ quam ipſi tradiderunt Epiſcopo & nobis delendam ad perficiendam viam quæ fiebat antè Eccleſiæ noſtræ Parviſium, *rue neuve de Notre-Dame*, &c. anno 1163.

Ego MAURITIUS, Dei gratia Pariſienſis Eccleſiæ humilis Miniſter; Nos pro facienda via antè Eccleſiam beatæ Mariæ, ab Henrico Leonello & uxore, domos quas tenebant antè Paraviſum, pretio 40 lib. comparaſſe inſuper pro prædictis domibus habendis, donavimus eis plateam quamdam ſitam propè ſanctum Chriſtophorum, quam eminus à Renaudo filio Malgrini, pretio 20 lib. in qua præfatus Henricus conſtruxit ſibi domum, &c. 1164.

HENRI, &c. Nous, ayant ci-devant entendu l'incommodité qu'apportent à l'Abbayie & fauxbourg St Victor la proximité de certaine *voirie*, *&c.* aſſiſe à côté de la butte ſur laquelle il y a un moulin à vent, & le rejet du ſang & boyaux des bêtes que les Bouchers de la Boucherie de Ste Genevieve avoient au deſſus d'icelle voirie près du *Ru de Bievre*; Nous avons envoyé ſur les lieux Thieri du Mont, Maître des Requêtes, &c. Et depuis Nous étant par aucun jour en l'Abbayie, avons connu la grande puanteur & incommodité qui provient de ladite voirie, &c. Avons dit & ordonné, &c. ledit lieu voirie ancienne, enſemble ledit lieu auquel leſdits Bouchers de ladite Boucherie Ste Genevieve tranſportent ledit ſang & boyaux des bêtes par eux tuées, être clos, &c. Donné à Paris le quatriéme Mai 1557.

Dans les Statuts du College de Juſtice faits en 1338.

Item, Volumus quod ſi aliquis dictorum Scholarium à tempore ingreſſus ſui in domum licentiatus non fuerit in Artibus infrà ſextum annum incluſivè, expellatur à domo; vel ſaltem ſi in vico Straminis, *rue du Fouarre*, ad arguendum & reſpondendum in diſputationibus non ſurgat & dignus Licentia meritò privetur.

DE LA VILLE DE PARIS.

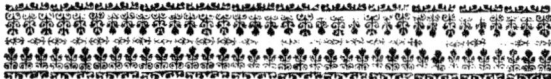

EX MAGNO PASTORALI.

LIBRO 23. cap. 30. Habetur donatio Curæ seu Parochialis Ecclesiæ sancti Christophori, facta per Guillelmum Parisiensem Episcopum, Decano & Capitulo Parisiensi anno 1037 ; & sic incipit. In nomine sanctæ & individuæ Trinitatis, amen. Divinarum scripturarum autoritatem, &c.

Libro 20 cap. 252. Continentur plures copiæ cartarum, tangentium fundationem Presbyterorum sancti Dionysii *de Passu* autè divisionem factam.

Cap. 251. Reformatio Ecclesiæ & personarum sancti Mederici à Capitulo in visitatione sua.

Cap. 249. Concordata inter Episcopum & Capitulum, facta autoritate Regis Philippi anno 1335.

Cap. 241. Statutum novum super collatione Beneficiorum spectantium Capitulum, cum pluribus aliis Statutis renovatis.

Cap. 243. Jurisdictio candelarum in Paraviso, pertinet ad Episcopum.

Cap. 242. Concordia inter Capitulum, Abbatem & Religiosos sancti Victoris.

Cap 238. Littera Episcopi Parisiensis super libertate sancti Stephani *de Greffibus*, & exemptione à jurisdictione Episcopali.

Cap. 220. Concordata inter Episcopum & Capitulum, & maximè de Capiceriis sancti Mederici.

Cap. 219. De divisione Præbendarum sancti Dionysii de Passu & sancti Joannis *Rotundi* Constitutio 1296.

Cap. 204. Compromissum factum cum Archidiacono super confirmatione aut infirmatione Decani sancti Germani.

Cap. 191. Instrumentum venditionis census & justitiæ Prioris sancti Eligii in iis quæ Ecclesia Parisiensis possidet in fundo suo.

Cap. 122. Juramentum Capicerii sancti Stephani de greffibus ea ad quæ tenetur.

Cap. 142, 116, 117, 118. Fundationem Canonicorum sancti *Aniani*.

Cap. 114. Concordia inter Capitulum Parisiense & Canonicos sancti Joannis Rotundi.

Cap. 110. Littera super obedientia, reverentia & subjectione Ministri & Fratrum Ordinis sanctæ Trinitatis, *Mathurins*, adversùs Capitulum.

Cap. 108. Littera Abbatis sancti Mauri suprà stationem apud sanctum Eligium Parisiensem.

Cap. 103. *Idem.*

Cap. 100. Ordinatio super Vicario sancti Martini *de Campis* in Ecclesia instituendo.

Cap. 99. De statione ad sanctum Martinum die sancti Martini in mense Julio.

Folio 30. *du grand Pastoral*, *Hotel de Flandres.*

Cap. 197, *ou* 97. Litteræ de unione Præbendæ sancti Mederici cum Cura. Ex parvo Pastorali carta 22.

Cap. 191, *ou* 91. Institutio & ordinatio Capiceriæ sancti Stephani de Greffibus, & ad quæ tenetur Capicerius.

Cap. 190, *ou* 90. Reformatio sancti Mederici.

Cap. 187, *ou* 87. Ordinatio servitii sancti Stephani de Greffibus, anno 1271 mense Maio.

PREUVES DES ANTIQUITE'S

Cap. 67. Institutio Vicarii sancti Martini de Campis.
Cap. 66. Reformatio Divini servitii sancti Mederici.
Cap. 63. Arbitrium super quæstionibus inter Capitulum & Priorem sancti Martini de Campis.
Cap. 48. Concordia inter Capitulum & Episcopum, de justitia Paravisi & vici sancti Landerici & jurisdictione domûs Dei.
Cap. 36. Littera Reginaldi de jure patronatus sancti Mederici.
Cap. 35. De Theca sancti Marcelli Parisiensis.
Cap. 34. Ordinatio Capituli de collatione Beneficiorum pertinentium ad Capitulum in 19 articulis.
Cap. 20. Ordinatio Petri Episcopi de Ecclesia sancti Eligii.
Cap. 16. Pro Capellanis & Capiceriis, & de modo cantandi.
Cap. 11. De officio Cancellarii.
Cap. 10. De Vicaria sanctæ Genovefæ, quam Episcopus dedit Capitulo; & *Festo Fatuorum, la fête des fous.*
Cap. 9. *Simile non idem.*
Cap. 4. De Vicaria sanctæ Genovefæ.
Cap. 3. *Vide.*
Libro 19. cap. 86. Præceptum Regis Ludovici super libertate domorum Episcopalium sede vacante, & de Regalia & suppellectili.
Cap. 85. Littera Henrici Francorum Regis, de Ecclesiis sancti Stephani, sancti Severini, sancti Bachi.
Cap. 83. Venditio quarumdam domorum antè portam Claustri.
Cap. 82. Concordia inter Ludovicum Regem & Episcopum, de Fossato Campellorum, *Fossés de Champeaux.*
Cap. 74. De Judæis baptisatis & ad Judaïsmum revolantibus.
Cap. 69. De sancto Germano in Laïa.
Cap. 68. De coopertura Ecclesiæ beatæ Mariæ, & quomodo Episcopus tenetur ad ejus reparationem.
Cap. 65. Juramentum præstitum à Rege Ludovico.
Cap. 62. 63. De servitute domorum sitarum antè Claustrum.
Cap. 61. Forma pacis inter Regem Philippum & Episcopum & Capitulum, anno 1222.
Cap. 60. Confirmatio Regia de donatione Insulæ à Galtero & Amelina ejus uxore.
Cap. 59. De vineis Stephani de Garlandia, *ou Clos Garlande.*
Cap. 58. Præceptum Regis Ludovici super *Tallia* panis & vini in Garlandia & Claustro sancti Benedicti.
Cap. 57. Arbitragium super contentione Regis & Capituli, justitia de Garlandia. *Item* quod Rex non debet levare talliam à subditis Capituli.
Cap. 55. Præceptum Caroli Regis de magno Ponte.
Cap. 51. Confirmatio domaniorum Capituli, Regum Lotharii, Ludovici.
Cap. 50. Littera Regis Ludovici de terra de Tiron, *Fief de Tiron*, 1138.
Cap. 49. Compromissum inter Regem Ludovicum & Capitulum suprà terra Garlandiæ, &c. 1245.
Cap. 41. De fructibus Ecclesiæ Parochialis sancti Nicolai de Cardineto.
Cap. 32. Bulla Alexandri IV, de nepotibus suis in Claustro mansuris.
Cap. 16. De Jurisdictione temporali & spirituali domus Dei quæ spectat ad Capitulum.
Cap. 14. De Cancellario Parisiensi.
Il faut voir dans le grand Pastoral en quel tems étoient Evêques de Paris, Ynchadius, Æneas, Anscherius.
Cartæ 159 parvi Pastoralis. *Acte de Rernerus Doyen, & du Chapitre, pour un Duel.*

Libro

DE LA VILLE DE PARIS.

Libro 18, *est plein de Manumissions d'Esclaves dans ses 42 chapitres.*
Libro 17. *Idem.*
Libro 10, *in fine libri.* Concordata inter Capitulum & Episcopum & inter cætera de Claustro & Paraviso.

Le Chapitre de Notre-Dame confere la moitié des Benefices du St Sepulchre. Les Chanoinies, Prebendes & Semi-Prebendes de St Benoît. Les Chapelles de Notre-Dame. Les Chefceries de St Etienne des Grès & de St Merri, avec les Chanoinies & Prebendes y annexées. Les cinq Canonicats, les Prebendes & les Chapelles de St Etienne des Grès; de St Merri. La Vicairerie perpetuelle de St Merri, fondée au Maître-Autel. Les Cures de Noiseau, Diocèse de Paris, du Bourg-la-Reine, de Sceaux, de Wissouz, de Suffy, de Rungis, de Chevilli, de Laï, de Locis, de Andresis, de Balneolis, de Chastenet, de Orly, du Plessis-Raoul, autrement Plessis-Piquet, de Joy, *de Monastorii*, de Rosoy, au Diocèse de Meaux, de Mory, *de Benula* ou *Venula*, près Rosoy, *de Compenso & de Bonolio in Francia*, *de Bernoto* ou *Vernoto*, au Diocèse de Sens, *de Machello* en Brie, de Guercheville, *de Stervilla*, *de Maceriis*, de St Christophe de Paris & les Chapelles de cette Paroisse, de Corbereuse au Diocèse de Chartres, *de Spedona*; Tous ces Benefices sont distribués & annexés aux cinquante-une Prebendes de Notre-Dame.

EXTRAIT DU SECOND VOLUME DU REPERTOIRE des Chartes de l'Eglise de Paris, renouvellé en 1536.

Folio 1 & 2.

LITTERA Alexandri Papæ III, directa Decano & Capitulo Parisiensi, qualiter suscepit Ecclesiam Parisiensem sub protectione Beatorum Petri & Pauli, & omnes possessiones, ac bona quæ dicta Ecclesia tunc temporis possidebat, & in futurum possidebit, scilicet Abbatiam *sancti Germani rotundi*, Eligii, Marcelli, Clodoaldi, &c. Cotte 12.

Littera Paschasii Papæ II, qualiter Servi Ecclesiæ Parisiensis, possint ferre testimonium & bellare contra liberos homines, & etiam alios servos. Fol 4. Cotte 39.

Littera Nicolai III, in qua cassat electionem factam de Magistro Odone de sancto Dionysio, Canonico Parisiensi; & dictum Episcopatum confert Fratri Joanni de Allodio, Ordinis Fratrum Prædicatorum, tunc Cancellarium Parisiensem, qui dictum Episcopatum renuit, volens suo bono proposito insistere, & Religionem servare, & propter hoc fuit datus Episcopatus Rioldo de Ombleveria, Canonico & Electo Parisiensi. Fol 4. Cotte 53.

Duæ Bullæ Clementis Papæ VII, per quas concedit Decano & Capitulo Parisiensi, quod si aliquis Canonicus, Decretorum Doctor, voluerit legere in scholis claustri, possit hoc facere licentiâ à Facultate Decretorum minime petitâ, & quod reputetur Regens, quemadmodum alii in *Clauso Brunelli* Regentes; & Scholares ab eo audiente reputeantur veri Scholares. Fol. 5. Cotte 61.

Tome III.

PREUVES DES ANTIQUITE'S

In secundo Coffro, folio 6.

Duæ Litteræ Innocentii IV. Qualiter infirmat quamdam electionem factam à Decano & Capitulo Parisiensi, de Episcopatu Parisiensi, mandat quod iterùm eligant. Cotte 10.

Ex Statutis, fol. 14.

Statum factum à Decano & Capitulo super modo faciendi servitium in Ecclesia sancti Mederici, & ibi Canonici & Capicerii non debent celebrare altà voce quamdiù magna vel parva Missa celebratur in choro, vel retrò magnum altare. Datum anno 1271, in crastina B. Gregorii. Cotte 24.

Folio 15.

Statutum qualiter Decanus & Capitulum Parisiense unierunt ad requestam Canonicorum sancti Mederici unam Præbendam cum Ecclesia Parochiali, & Ecclesiam Parochialem cum Præbenda; ita quod una non potest dimitti sine altera, nec teneri, & ille qui tenebit dictam Parochialem, solvet singulis annis aliis sex Canonicis viginti quatuor libras annui redditus Parisiensis, & erunt absoluti à cura animarum; & oblationes, tam ceræ quam pecuniæ, quæ fient in solemnitatibus Apostolorum Petri & Pauli, dividentur æqualiter cum Curato & aliis sex Canonicis; & in residuo anni totâ cera quæ offeretur, erit Canonici Hebdomadarii, sive sit Curatus, sive non; sed panis & vinum erit solius Curati, & iis erit commune omnibus. Curatus autem quæret totum luminare consuetum ab antiquo in Ecclesia, & expensis quibuscumque cordæ campanarum, & oleum pro lampade quæ est ante altare majus. Curatus reddet in Pascha, Pentecoste & Natali Domini, nummos Vicariorum quibus debentur, videlicet iis qui intererunt servitio, & non aliis in vigiliis æstualibus cantantibus matutinas, solver omnibus ad bibendum simul dimidium Sextæ vini, & singulis Canonicis & Clericis chori unam candelam. Datum anno 1219. Cotte 30.

Statutum, quod sex lampades singulis noctibus in perpetuum in Ecclesia Parisiensi ardeant in loco, in quo consueverunt reponi infirmi morbo, qui vocatur *Ignis sacer*, & quod duæ rotæ ferreæ, in quarum qualibet erunt cerei, illuminabuntur in matutinis festi Purificationis beatæ Mariæ, pro quo faciendo quilibet Canonicus tenebitur dare Ecclesiæ, vel in vita, vel in morte, viginti solidos Parisienses. Datum anno 1248; mense Martio. Fol. 16. Cotte 38.

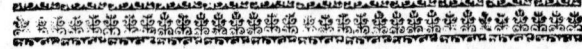

EX CONSTITUTIONIBUS PRÆBENDARUM
sancti Aniani, sancti Dionysii de Passu, & sancti Joannis Rotundi.

DUÆ Litteræ de divisione duarum Præbendarum sancti Aniani, facta in quatuor Præbendas ita quod singuli percipient qualiter in distributionibus & emolumentis terræ de Gallandia, & in eis continetur forma juramenti dictorum Canonicorum, & quod debeant facere. Datum anno 1297. Fol. 37. Cotte 6.

DE LA VILLE DE PARIS.

Duæ Litteræ. Qualiter Gilbertus Parifienfis Epifcopus, ad preces Stephani Archidiaconi, divifit Præbendam fuam in duas, & collationem Decano & Capitulo conceffit. Sine data.
Cotte 7.

Divifio Præbendæ fancti Dionyfii de Paffu in duas, per Decanum & Capitulum Parifienfem. Anno 1363, die Veneris in fefto beati Thomæ Apoftoli.

Ex fancto Stephano de Græcis, fol. 4. Lettres de l'an 1258, en Juin, par laquelle les Chanoines de St Etienne des Grès ont vendu au Prieur & Freres de Vauvert, Ordre des Chartreux, deux pieces de vignes affifes au terroir de Vauvert, près de la maifon dudit Vauvert, vingt livres Parifis.

Ex St Benoit le bien tourné, fol. 43. *Sentence de l'an* 1366. *le vingt-deux Septembre, donnée à Avignon*, per Dominum Guielmum Cardinalem Oftienfem, per quam pronunciatum eft quod Canonici fancti Benedicti, non poffunt facere Capitulum, nec unum certum Corpus Collegii, neque tenere figillum capitulare, nec arcam capitularem, nec collegialem, Procuratorum conftitutiones, tractatus, alienationes non poffe facere abfque confenfu Capituli Parifienfis, Canonicorumque fancti Benedicti inftitutionem, Jufticianam & deftitutionem ad Decanum & Capitulum Ecclefiæ Parifienfis pertinere, & cum recipiuntur debere Decano & Capitulo, præftare juramentum, & intereffe Synodo dicti Decani. & mandata ejus obfervare. Cotte 5.

Folio 46.

Sanctus Benedictus.

Lettre de l'an 1194, par laquelle Baudouin de la Place a fondé le feptiéme Chanoine de St Benoit, par la permiffion du Chapitre de Paris, lequel Chanoine doit être Prêtre, & prend en ce que le Chapitre peut deformais acquerir, mais il ne doit rien prendre en ce qu'il a acquis. Cotte 23.

Folio 47.

Les Chanoines de St Benoit ont feize fols Parifis à prendre de foixante-dix fols, fur une maifon en la Juiverie, rue de la Harpe.

Folio 401.

Paris ultra parvum Pontem. Secundus coffrus, *& quantité de titres*, de Judæaria S. Boniti. 1260. 1263, *& d'autres années*, vicus Judæatiæ S. Boniti. 1263. 1257

Littera qualiter executores Natalis quondam Officialis, & Canonici Parifienfis, de feptuaginta folidis quos dictus Natalis capiebat fupra quadam domo fita in Judæaria, ultra parvum Pontem, in vico Citharæ, dederunt Gofopolo Canonico fancti Benedicti Parifienfis, ad opus fuæ Præbendæ fexdecim folidis Parifienfibus amortis, ratione refidui dictorum feptuaginta folidorum, quod Decanus & Capitulum ratificaverunt. Cotte 16.

Folio 59.

SAINT VICTOR.

Littera qualiter Abbas & Conventus fancti Victoris confitentur quod Abbates noviter electi in dicto Monafterio debent benedici in Ecclefia Parifienfi, & quod Decanus & Capitulum de gratia eis conceffertunt, quod pro illa vice eorum Abbas poffit benedici apud Generticum. Anno 1302, menfe Decembri. Cotte 9.

PREUVES DES ANTIQUITE'S

Folio 65.

EPISCOPATUS.

Vidimus cujufdam exhortationis feu monitionis factæ per Renulphum Epifcopum Parifienfem, Decano & Capitulo, quod corrigant & puniant Joannem de Montemorenciaci, Canonicum Parifienfem, Subdiaconum detinentem publicè quandam fœminam tanquam uxorem. Cotte 25.

Mota Papalardorum, dicta Terrale, *ou Terrain*, noftræ Dominæ, 1336. fol. 66. Cotte 32.

Folio 69.

Contrat d'échange fait & paffé entre Pierre, Cardinal de Gondi, Evêque de Paris, & les Doyen & Chapitre de Paris, le fixiéme Fevrier 1590, par lequel le Chapitre a accordé audit Cardinal la maifon Canoniale & Clauftrale de Nicolas Fumée, & auparavant lui Jean de Hangeft, Chanoines de Paris, pour la terre & Seigneurie de   & à la charge de tenir fermées les portes entrantes dans le Cloître; confirmé par Henri de Gondi, 1617, & confent que le Chapitre pourra fermer, quand il voudra, de gros murs ladite porte, & autres ayant entrée au Cloître, le tout conformément audit Contrat. Cotte 66.

Ex compofitionibus cum pluribus perfonis. Folio 87.

Littera compofitionis habitæ inter Capitulum & Proviforem Ecclefiæ fancti Sepulchri Parifienfis, fuper modo conferendi beneficia ejufdem Ecclefiæ, & præfentandi per dictos Provifores, anno 1524, le cinquiéme Juin. Cotte

UNIVERSITAS.

Folio 95.

Arreftum Parlamenti fuper concordia facta inter Decanum & Capitulum, & Facultatem Decretorum, qualiter Canonici Parifienfes Præbendi. Doctores Decretorum, Parifiis poffunt legere Decretum in fcholis Clauftri, & per quem modum, & reputantur Regentes & eorum Scholares veri Scholares, cum duabus Bullis quæ funt in privilegiis Paparum ad numerum fexaginta & unum. Datum anno 1396, Junii quartâ. Cotte 8.

Burfæ Collegii Laudunenfis. Fol. 110.

Vidimus d'un Contrat de l'an 1391, le feize Fevrier, par lequel appert. Maître François de Montagu, Chanoine de Soiffons, avoir fondé un Bourfier au College de Laon, à la charge de dire toutes les Semaines quatre Meffes, & pour ce faire aura ledit Bourfier fix fols Parifis chacune femaine, fera logé en une chambre audit College, & en toutes préeminences, comme l'un des anciens Bourfiers; & pour ladite fondation donne 500 liv. mais il n'y fait nulle mention du Chapitre de Paris. Signé.

PRIVILEGES ROYAUX. Fol. 123.

Duæ Litteræ, feu tres, qualiter Philippus, Francorum Rex, conceffit Decano & Capitulo Parifienfi quod nunquam patietur Ecclefiam Parifienfem ab antiquo ftatu & ordine removeri, & quod Canonicus Regularis, aut Monachus, Præbendam, aut Perfonatum aliquem, aut Honorem in eadem Ecclefia nunquam habeat, & confirmat omnes poffeffiones, confuetudines & libertates quas Ecclefia habebat, *& fait plufieurs dons*. Annis 1190, 1227.

Littera Henrici, Francorum Regis, qualiter dedit ad præces Imberti, Parifienfis Epifcopi, Congregationi Canonicorum Ecclefiæ fancti Stephani, Juliani Martyris, Severini Solitarii & fancti Blafiii, in quibus folebant effe ecclefiæ, cum *Vidimus* ejufdem.

Duæ Litteræ Caroli Francorum Regis, qualiter infulam fitam in Civitate Parifienfi verfus orientalem plagam continuam & vicinam Ecclefiæ Beatæ Mariæ, quæ olim erat de dominio Comitum Civitatis, dedit Ecclefiæ Parifienfi, fine data 39.

SECUNDUS COFFRUS.

Litteræ Henrici Francorum Regis, qualiter dedit Ecclefiæ Parifienfi Ecclefiam fancti Germani in Laya; item terram Filioli cinoti in pago Puiciaco; item Aureæ vallis in Vifpafmo pago, altare Troci in pago Belvacenfi Boticti. Sine data, folio 128.

Folio 127.

Littera, qualiter Ludovicus Francorum Rex, conceffit Canonicis Beatæ Mariæ, quod tallia panis & vini quæ confuevit colligi de trienno in triennium Parifiis, colligetur ab ipfis per totam Gallandiæ terram, & in clauftro fancti Benedicti, in principio meffium, & à principio vindemiarum ufque ad feftum beati Martini hiemalis inclufivè; & à dicto fefto ufque ad Pafcham Rex habebit dictam talliam, exceptis propriis bladis & vinis Canonicorum, & aliarum perfonarum privilegiatarum. Anno 1225. 52.

Littera Philippi Francorum Regis, qualiter dedit Ecclefiæ Parifienfis quamdam ancillam filiam Gemboldi. Anno 1100. 53.

Littera Ludovici Francorum Regis, qualiter manumifit Sancelinam, filiam Aftonis ancillam fuam, & dedit ei licentiam nubendi cum hominibus Beatæ Mariæ 1114. 54.

Compofitiones inter Regem & Præpofitum Parifienfem ex unâ parte, ac Decanum & Capitulum, ex aliâ.

Folio 135.

ITEM, quod *Juflitia* de Gallandia fpectat ad Capitulum, & hofpites in ea commorantes funt liberi à talliis, exceptis talliis panis & vini, quæ debentur levari per manum Capituli. Anno 1248.

Duæ Litteræ, cum quodam Rotulo Pergameni in quibus continetur qualiter Decanus & Capitulum ceffaverunt à divinis, quod Philippus Rex Francorum nolebat reficere molendina fanctorum Opportunæ & Mederici, fita fubtùs magnum Pontem, quem fecerat deftrui propter inundationes aquarum quæ fuerant. Anno 1280, menfe Januario. 7.

PREUVES DES ANTIQUITÉS

MANUMISSIONES. Fol. 169.

Il y a cent soixante-dix-sept anciennes Manumissions, faites les unes par échange, les autres liberalement, les autres à la charge de payer la taille au Doyen & au Chapitre, le tout en deux coffres.

MANDETUM, c'est l'Office du Mande. Fol. 193.

Littera Isabellis de *sancta Cruce*, qualiter vendidit Henrico Succentori Ecclesiæ Parisiensis tredecim solidos Parisienses annui redditus, quos percipiebat super duobus scholis sitis in via N*antium*, sibi invicem contiguis Parisiis, & quâdam domo contiguâ dictis scholis à parte posteriori, sitâ in vico *Plastreriorum*. 29.

Folio 195.

Littera qualiter Simon Vairet, utriusque Juris Professor, cæpit in perpetuum quamdam domum sitam Parisiis ultrà magnum Pontem, in vico Murorum, contiguam domui Comitis de Barro, *l'Hotel du Comte de Bar*, & in longitudine muro villæ Parisiensis, in censiva sanctæ Genovefæ, & horarum Ecclesiæ Parisiensis, 1369.

Une autre maison assise au *champ-gaillard*, en la rue des Murs, 1512. Enfans de Chœur & 209. Cotte 81.

Pierre Maugier Détenteur de deux maisons assises rue du Plâtre, tenant à une Plâtriere, qui fut Robert Baudri, 1425. Fol. 198. Cotte 86.

La haute Halle aux Merciers, appellée la Halle de Champeaux, en 1406 de Champerose, 1483, 1458 Champroze.

Rue de Champrosier 1507. Charroci 1203. Domus in vico Charroci, faciens cuneum vici vocati, *La Cour Ferri*.

Rue des Hermites, aliàs *Coquatrix*, 1528. Domus Coquatricis contigit domui Marmosetorum, 1300.

Vicus Jonclaterum, *des Jongleurs*.

Vicus Cardubanarius ad caput sancti Bartholomæi, 1220. *A la marge est écrit*, *Rue des Cordouaigners*.

Hospitium ubi solebant morari pueri Chori, ante *Terrale*, quod solebat appellari *Mota Papelardorum*, 1258.

Une maison tenant d'une part au Cloître, d'autre faisant le coin de la rue de la Pomme, aboutissant par derriere à la ruelle du *Berceau*, 1424.

Une maison sise rue des Cannettes, faisant le coin de la rue Coquatrix, 1578.

Domus sita ante Bonos-pueros, faciens cuncum vici, per quem itur ad domum Petri Lombardi, ultra parvum Pontem, 1254.

Vicus Murorum, juxta portam sancti Victoris, 1307.

Domus sita retrò Ecclesiam sancti Hilarii, in vico *du Chauderon*. 1270.

La rue de la Buffeterie, aliàs la rue des Lombards, en 1384, 1741.

La Porte, la Poterne Nicolas Hideron, Yderon, Huideron.

Une maison rue de la Tannerie, faisant le coin de la Ruelle-Jean le Forestier, 1369.

Une maison rue Simon-le-Franc, faisant coin d'icelle rue par devers la rue aux Parcheminiers, 1377.

Une maison rue de la Huchette, où pend pour enseigne la Huchette, vis-à-vis de la Heuse, 1388. L'Hotel de la Huchette en cette rue, 1423.

Une maison rue Geoffroi-Langevin, à l'enseigne de la Corne, à l'opposite d'une ruelle sans bout, nommée Cul-de-pet, 1389.

Une maison rue Trasse-putain, près St Martin-des Champs, 1390. Trasse-Nonain, 1422. Trousse-Nonain, 1453.

Une maison rue de Biévre, tenant à l'Hotel de l'Evêque de Troies, 1422, & par derriere rue des Bernardins.

Rue des Menestriers, 1422.

Lettre de l'an 1424, du vingt-huitiéme Août, par laquelle le Chapitre donne à l'Abbé & Couvent du Moustier-Saint, dit Royaumont, Diocese de Langres, une maison ayant sa principale issue en la rue St Nicolas du Chardonnet, tenant d'une part à la rue Traversine & de l'autre, à l'Abbé de St Vandrille, ayant issue en la rue Pavée, en la censive de Ste Geneviéve, & chargée envers le Chapitre de vingt livres Parisis, tant de fonds de terre que de rente, à la charge desdites vingt livres Parisis; & outre, de huit livres de rente, fol. 477.

Halæ ad lingerias, juxta muros sanctorum Innocentium, 1310. au bout de la rue au Fevre, à l'opposite de la Place-aux-porées, 1478, & devant la Place-aux-chats, tenant aux murs St Innocent, 1486.

Calceia in magno vico Parisiensi ultra muros, versus domum Filiarum Dei, 1245, 1305. Donc la chaussée & la rue St Denys s'appelloit la Grande-rue, & conduisoit au grand Pont.

Domus sita extra portam de Barbet, ad filiam Joannis Morel, contigua pluribus granchiis, 1287, 1278.

Près la porte Montmartre il y avoit en 1305, une rue appellée L'orde-rue.

Maison assise en la rue Coquatrix & des Hermites, 1551.

Rue de la Charronnerie, à present Ferronnerie.

Rue des Murs, dit le Champ-gaillard, 1551.

Rue au Fevre, à present aux Fers.

Maison assise en la rue d'Arondelle, 1222.

St Sauveur, rue des Cordiers devant la Trinité, 1544. C'est, je pense, la rue St Sauveur.

Maison assise à la Savaterie au bout de la rue Mauconseil, 1253. Je pense que c'est la rue Comtesse d'Artois.

Rue du Mativaux, 1421, 1420.

En la ruelle St Bon, une ruelle qui n'a point de bout, 1447.

La Ruelle-aux-vifs qui est sans bout, & repond à la rue St Denys, à l'opposite du Chevet de Ste Opportune, 1449.

Rue de la Tannerie ou Escorcherie, sans datte.

PARIS.

De Litteris communibus. Folio 253.

COMMANDEMENT, ou Copie en rolle, par lequel Regnault Evêque de Paris a donné au Chapitre l'Autel ou l'Eglise de St Merri. Sans datte. 11.

Folio 255.

Lettre, par laquelle les fruits de l'Office de la Chefcerie de St Merri appartiennent au Chapitre de Paris, quand ledit Office est en litige. Sans datte.

Folio 258.

Lettre de l'an 1492, par laquelle Thibault de Beaumont, heritier de Louis de Beaumont, jadis Evêque de Paris, donne pour la fondation ordonnée par ledit deffunt au Chapitre, trois cens livres tournois de rente, à prendre sur tous ses biens, à la charge de dire tous les jours à perpetuité une basse Messe à l'Autel *des Ardens*, en la forme & maniere que se celebre celle qui se dit chacun jour de Mercredi pour feu Monsieur Chartier, prédecesseur dudit Beaumont. Item, &c. 96.

Folio 259.

Permission faite par le Chapitre à Reverend Pere en Dieu, Maître Pierre Lescot, Seigneur de Clagni, Conseiller & Aumonier ordinaire du Roi, Abbé de Clermont, & Chanoine de Notre-Dame, d'être reçu Chanoine de ladite Eglise avec sa barbe, par protestation que ladite permission qui s'en ensuivra, soit sans aucunement innover, déroger ni préjudicier aux Statuts, Privileges & Coutumes de l'Eglise. Le Mercredi douziéme Août, 1556. 106.

PARIS IN CIVITATE.

Folio 271.

DUÆ Litteræ, qualiter Guillelmus Parisiensis Episcopus dedit Decano & Capitulo Ecclesiam sancti Christophori, sitam in Civitate. Anno 1097.

Primus Coffrus. Folio 281.

Littera qualiter Magistri P. Pouerelli Can. Par. Jo. Pastourel, fuerunt onerati à Decano & Capitulo Parisiensi ex una parte, & Priore sancti Eligii ex altera, de debato orto inter dictas partes ratione cujusdam domûs sitæ ad butum Halæ bladi in Civitate Parisiensi, versùs vicum Fabrarum. Anno 1352, mense Martio. 65.

Tertius

Tertius Coffrus. Folio 301.

Deux Lettres, la premiere une du douziéme Août 1410, par lesquelles le Chapitre se plaint en matiere de nouvelleté, pour raison de la fraction & ablation d'une *Escuele* à faire justice, qu'il avoit droit d'avoir au Port St Landri, & est mandé par icelles informer & ajourner les coupables. La seconde est l'exploit, ou execution sur ce faite. 188.

PARIS, ULTRA PARVUM PONTEM.

Primus Coffrus.

LITTERA qualiter Abbas Claravallensis, Cistercienfis Ordinis, & Conventus ejusdem loci, & Fratres Claravallis in loco beati Bernardi Parisiis studentes, ceperunt in perpetuum sex arpentos vinearum cum octo quartellis, & quamdam petiam vineæ, sitam juxta muros Parisienses propè portam sancti Victoris, pro viginti & quinque solidis Parisiensibus annui redditûs solvendis Decano & Capitulo in claustro Parisiensi, singulis annis in Octava beati Joannis Baptistæ, pro quibus solvendis obligaverunt domum Claravallis, ac domum Fratrum Parisiis studentium, & dictas vineas Ecclesiæ, si in extraneas manus eas transferrent. Anno millesimo ducentesimo quadragesimo nono, Novemb. 1.

Secundus Coffrus.

SEX Litteræ, qualiter Philippus, Francorum Rex, dedit Magistro Gilberto de Saona, Parisiensi Canonico, quamdam domum sitam Parisiis in vico Citharæ juxta Cimeterium Judæorum contiguam ex una parte domui Henrici Pastillaris, & ex altera dicto Cimeterio, volens quod possit ex illa fundare Scholares, vel aliquam Capellaniam in Ecclesia Parisiensi, quam dictus Gilbertus legavit Decano & Capitulo Parisiensi, de qua voluit fundare unam Capellaniam in Ecclesia Parisiensi, in honorem beati Joannis Baptistæ, & beatæ Mariæ Magdalenæ. Anno millesimo ducentesimo octogesimo nono, mense Julio.

Quinque Litteræ, qualiter Episcopus & Decanus, & Capitulum, dederunt Fratribus sanctæ Trinitatis, & Captivorum Hospitalis, sancti Mathurini, domum sitam in vico sancti Jacobi, quamdiù subesse & obedire voluerint Ecclesiæ Parisiensi: qui Fratres promiserunt omnimodo obedire, subjectionem & reverentiam in perpetuum servaturos dictis Decano & Capitulo, & singulis annis solvere dictis Decano & Capitulo centum solidos Parisienses annui redditûs, in festo sancti Martini & Joannis Baptistæ mediatim, pro domo quæ fuerat Roberti Comitis, quam Decanus & Capitulum dederunt dictis Fratribus, quæ est sita juxta eorum Ecclesiam; & voluerunt dicti Fratres, quod dicti Decanus & Capitulum possint in eorum terra sita in magno vico sancti Jacobi, sex libras Parisienses annui redditûs, tanquam amortisatæ acquirerent. Datum anno millesimo ducentesimo trigesimo octavo, mense Maio.

Littera qualiter Canonici sancti Stephani de Gressibus vendunt Priori & Fratribus Vallis viridis, Ordinis Cartusiensis, duas pecias vineæ, sitas in territorio de Valle viridi, contiguas ex una parte vineæ Philippi de

Loreto, & ex altera vineis confratris beatæ Mariæ Parifienfis, in cenfiva Capituli, ad octo denarios cenfûs debitos in festo beati Remigii. Anno millefimo trecentefimo quinquagefimo octavo, mense Junio.

Sous le Pont aux Meuniers, Notre-Dame, St Magloire, Ste Opportune, St Merri, le Temple, y avoient des moulins, comme les Religieux des Bons-hommes de Vincennes, & St Germain de l'Aufferrois.

PARIS, CIRCA MAGNUM PONTEM.

ARREST, du vingt-fixiéme Octobre 1499, par lequel est ordonné que le Pont aux Meuniers sera ouvert pour la chûte du Pont-Notre-Dame. 65.

PARIS, FONDATION LE POIDS LE ROI.

Folio 453.

LETTRE du Roi Louis le Gros, de l'an 1168, par laquelle il donne à Henri fils de Pucelle, tous les Poids-le-Roi de Paris, excepté le poids de la cire.

Jaques des Effarts, Ifabeau des Effarts, Adam des Effarts, Jean de Vaudetar, vendirent des rentes qu'ils avoient fur le Poids-le-Roi, en 1380. 1381, 1383, 1384, aux Chanoines de la Ste Chapelle, & à Bureau de la Riviere. En 1384, Jaques des Effarts & fa femme vendit à Bureau de la Riviere avec le lieu où il fe fiet en la rue de la Buffeterie, *aliàs* des Lombards, moyennant fix mille fix cens francs d'or, & du coin du Roi.

En 1384, Jean Heffelin & fa femme vendirent audit Bureau le Poids de la cire de Paris & banlieue, avec la maifon du Chandellerie qui y appartient, tenus en fief du Grand-Chambellan de France, à caufe dudit Grand-Chambellage, moyennant onze cens livres tournois forte monnoie, le franc d'or vingt fols. 8.

Lettre de l'an 1471, du quatorziéme Octobre, par laquelle Marguerite de la Roche-Guyon vend au Chapitre le Poids-le-Roi, avec le lieu où il fe tient en la rue de la Buffeterie, *aliàs* des Lombards, avec le Poids de la cire, deux mille fept cens foixante-quinze livres. 12.

Perrette de la Riviere, defcendante de Bureau, époufa Guy, fils ainé de Guy de la Roche-Guyon; elle fit foi & hommage au Roi, du Poids-le-Roi, en 1451.

Lettre de l'an 1208, par laquelle Gacho de Rofiers vend à Alerme Heffelin le Poids de la cire de Paris, avec tous les métiers d'icelui, & plufieurs autres droits, fiefs & héritages. 18.

Plufieurs hommages faits par les Heffelins & Bureau de la Riviere, du Poids de la cire, au Grand-Chambellan, 1352, 1359, 1386.

Sept Lettres liées enfemble, qui font venditions de plufieurs perfonnes, les unes aux autres, des métiers de la auffi devefts d'iceux à qui appartiennent le poids de la cire. Sans datte.

PARIS, ULTRA MAGNUM PONTEM.

Folio 489.

DUÆ Litteræ, qualiter Galterus Camerarius Regis Francorum, dedit Ecclesiæ sex denarios censûs, quos percipiebat apud sanctum Medericum in censiva communi, & id quod habebat in insula quæ est clauftrum Parisiense, cum confirmatione Philippi Regis Francorum, 1398.

La Confrairie du miracle des Ardens dans Notre-Dame, 1259.

BICESTRE LEZ-PARIS. Fol. 737. du premier Repertoire.

Lettre de l'an 1416, en Juin, par laquelle le Duc de Berri & d'Auvergne donne au Chapitre de Notre-Dame le Chaftel, cens & rentes de Bicestre, à la charge de quatre Obits & deux Processions. Ce don amorti par Charles VI en 1441, par le Roi Louis XI en 1464, confirmé à la Chambre des Comptes, à la charge d'un autre Obit le jour de St Louis.

EXTRAIT DES MANUSCRITS DE St VICTOR.

Lettre de l'an 1416, pour abbatre la grande Boucherie de Paris, & en supprimer les privileges.

Folio 148.

CHARLES, par la grace de Dieu, Roi de France; au Prevôt de Paris ou son Lieutenant, salut. Comme après ce que par grande & meure deliberation de Conseil, & pour les causes contenues & declarées en nos Lettres sur ce faites, avons fait abbatre & démolir jusqu'au rès de terre, certaine Boucherie n'a guere étant devant notre Chaftelet de Paris, appelée la grande Boucherie de Paris; & aussi ordonné que la tuerie & écorcherie des bêtes qui par long-tems a été au-dessus & assés près de notredit Chaftelet & du grand Pont de Paris, ne font plus audit lieu, si comme plus apertement nosdites Lettres le contiennent. Nous par nos autres Lettres en las de soie & cire verte, & pour certaines & justes causes & raisonnables, à ce nous mouvans, ayant par grande & meure déliberation de Conseil, tant de ceux de notre Sang & lignage, comme de notre grand Conseil, de notre Parlement, de notre Chambre des Comptes & des Prevôt des Marchands & Echevins, & plusieurs notables Bourgeois de notre Ville de Paris, fait certaine Ordonnance sur le fait desdites boucherie, tuerie & écorcherie, & bouchiers, tueurs & écorcheurs d'icelle, & ordonné là où elles seront doresnavant ; si comme ce & autres choses sont plus à plein contenues en nosdites Lettres de l'Ordonnance dessus dite, dont l'on dit la teneur être telle.

CHARLES, par la grace de Dieu, Roi de France, savoir faisons à tous presens & à venir. Comme pour la décoration & embellissement de notre bonne Ville de Paris, & pourvoir & obvier aux infections & corruptions nuisibles à corps humain, qui par les immondices de la tuerie & écorcherie des bêtes, qui par long-tems a été faite au dessus & assés près de notre Chaſtelet & du grand Pont de Paris, & pour autres juſtes & raiſonnables cauſes, à ce nous mouvans, contenues & declarées en certaines nos autres Lettres ſur ce faites. Nous par grande & meure déliberation de Conſeil, ayons ordonné que certaine Boucherie n'a guere étant devant notredit Chaſtelet, appellée la grande Boucherie de Paris, ſeroit abbatue & démolie juſqu'au rès de terre, & auſſi que la tuerie & écorcherie des bêtes ne ſe feroit plus au lieu où elle avoit accoutumé d'être faite, ainçois ſeroit faite ailleurs en lieu ou lieux moins nuiſibles à la choſe publique de notre-dite Ville, & moins diſpoſés à la corruption & infection de l'air d'icelle; leſquelles nos Lettres ont été publiées & executées, quant à la démolition de ladite Boucherie : & ſoit ainſi que mettant à execution notre-dite Ordonnance, nous ayons fait abbatre & démolir ladite Boucherie, & encore n'ayons ordonné lieu ou lieux là où doreſnavant ladite Boucherie, tuetie & écotcherie ſeront. Nous, qui de tout cœur deſirons pourveoir au bien, utilité & aiſement des habitans frequentans & converſans en notre-dite Ville de Paris, & à la bonne police & gouvernement d'icelle, & d'en ôter & éloigner tout ce qui peut être cauſe & occaſion de corruption ou d'infection d'air, & de nuire à corps humain; & auſſi voulant obvier aux inconveniens qui par communauté & aſſemblée de gens ſe ſont autrefois enſuis ès tems paſſés & de ligier ſe peuvent enſuir, & pour certaines autres juſtes & raiſonnables cauſes, à ce nous mouvans, avons par grande & meure déliberation de Conſeil, tant de ceux de notre ſang & lignage comme de ceux de notre grand Conſeil, d'aucuns de notre Parlement, de notre Chambre des Comptes & du Prevôr des Marchands & Echevins, & pluſieurs notables Bourgeois de notre-dite Ville, fait & ordonné, faiſons & ordonnons, de notre certaine ſcience, autorité Royale & pleine puiſſance les Ordonnances qui s'enſuivent.

PREMIEREMENT, que pour & en lieu de ladite grande Boucherie abbatue & démolie comme dit eſt, ſeront faites & conſtruites & édifiées à nos depens quatre Boucheries particulieres en quatre divers lieux de notre-dite Ville de Paris, afin que plus aiſément & plus promptement le peuple d'icelle y puiſſe ſiner & recouvrer de ce que beſoin lui ſera.

Item. Et ſeront leſdites Boucheries aſſiſes ès lieux qui s'enſuivent. C'eſt à ſavoir, l'une en partie de la Halle de Beauvais; l'autre après notre Chaſtelet de Paris à l'oppoſite de St Leufroi, aboutiſſant par derriere ſur & près la riviere de Seine; l'autre près & joignant de notre Chaſtelet de Petit-Pont, en la reculate, où ſouloit être le Petit-Pont ancien; & l'autre ſera entour les murs du Cimetiere St Gervais; & ſeront leſdites quatre Boucheries nommées & appellées les Boucheries du Roi.

Item. Et combien qu'en ladite grande Boucherie démolie n'eut été que trente-un étaux occupés, où l'on ne vendit chair au tems de ladite démolition, neantmoins pour plus grand aiſement de notre-dit peuple, & afin qu'il y ait plus grand nombre de Bouchiers & Marchands vendans chair, nous avons ordonné & ordonnons que eſdites quatre Boucheries y aura quarante étaux. C'eſt à ſavoir en celle de la Halle ſeize; en celle qui ſera près de notre-dit Chaſtelet devant l'Egliſe St Leufroi ſeize; en celle qui ſera en ſa reculate du Petit-Pont ancien, quatre; & en celle qui ſera environ les murs St Gervais, quatre.

Item. Et pour ce que leſdits quarante étaux aſſis ès places deſſus dites, notre-dit peuple de Paris ſe peut très-bien & ſuffiſamment fournir, avec les autres étaux & Boucheries anciennes qui déja y ſont en pluſieurs & diverſes places comme dit eſt.

Item. Et quant auſdits quarante étaux deſdites quatre Boucheries nouvelles, ils ſeront & demeureront à toujours à noſtre-dit Domaine, & ſeront loués & baillés à rente, à vie ou autrement, à notre profit, par notre Receveur de Paris, ou autre, tel ou tels comme nous y commettrons, le plus profitablement que faire ſe pourra.

DE LA VILLE DE PARIS.

Item. Et en tant que touche le fait de la tuerie & écorcherie des bêtes, nous avons ordonné, afin que l'air de notre-dite Ville ne soit dorefnavant infect ne corrompu par icelles tueries & écorcheries, & aussi que l'eau de la riviere de Seine ne soit corrompue ne infecte pour le sang & autres immondices desdites bêtes, qui descendoit, & que l'on jettoit en ladite riviere; que toutes tueries & écorcheries se feront hors notre-dite Ville de Paris; c'est à savoir près & environ des Tuilleries St Honoré, qui sont sur ladite riviere de Seine, outre les fossés du Château du Louvre, & se feront & ordonneront le lieu ou lieux desdites tueries & écorcheries, le mieux & le plus profitablement que faire se pourra, par l'avis & ordonnance d'aucuns nos Officiers, à ce par nous commis, appellés avec eux gens experts & connoissans en ce fait, tels & en tel nombre que bon leur semblera.

Item. Et lesdites tueries & écorcheries ainsi faites & ordonnées, les Bouchiers desdites quatre Boucheries nouvelles ne autres, ne pourront tuer ne faire tuer ou écorcher aucunes bêtes en leurs maisons ne ailleurs dedans notre-dite Ville, mais seulement esdites tueries & écorcheries ou autres places à ce ordonnées, sur pene de confiscation desdites bêtes & d'amendes arbitraires.

Item. Et pour pourveoir à la paix & sureté de la chose publique de notredite Ville, & obvier aux inconveniens qui par congregations & assemblées seroient faites sous ombre d'avoir corps & communauté se font ensui le tems passé & peuvent très de legier ensuir; & afin que ceux qui dorefnavant feront Bouchiers desdites quatre Boucheries nouvelles, n'ayent action d'entendre ne vaquer fors seulement à leur Métier & Marchandise, & aussi pour ôter des grands & excessifs frais & dépens, qui pour occasion de communauté qu'ont eu le tems passé lesdits Bouchiers de ladite grande Boucherie démolie, se sont fait, tant en la creation desdits Bouchiers comme autrement; lesquels frais il convenoit qu'ils reprissent sur la vendition de leurs chairs, à la grande charge & dommage de notre peuple. Nous par l'avis & deliberation que dessus, & de nosdites science, puissance & autorité Royale, avons cassé & aboli, & par ces Presentes cassons, abolissons & mettons du tout au néant la Communauté qu'avoient les Bouchiers, Tueurs & Ecorcheurs de ladite grande Boucherie démolie. Voulons & ordonnons que doresnavant ils n'ayent Corps ne Communauté, Maitres, Offices, Arche, Scel, Jurisdiction, ne autres droits ou enseignes quelconques de Communauté; mais voulons & ordonnons que toutes les causes & querelles desdits Bouchiers, Tueurs & Ecorcheurs, soient & demeurent pardevant notre Prevôt de Paris, ou les autres Seigneurs & Juges ordinaires, sous qui iceux Bouchiers, Tueurs & Ecorcheurs seront demeurans, sans qu'ils ayent doresnavant aucune jurisdiction, cours ou connoissance de cause quelleconque.

Item. Et pour ce que au tems passé aucun ne pouvoit être Bouchier de ladite grande Boucherie s'il n'étoit fils d'aucun d'icelle, & faisoient leurs enfans Bouchiers dés qu'ils n'avoient que sept ou huit ans, afin d'avoir grands droits & revenus sur ladite Boucherie, & si faisoient à leur entrée grande solemnité de dinés qu'ils appelloient leur past, & nous payoient certains devoirs, & aussi à notre Prevôt de Paris, & plusieurs tant nos Officiers comme autres, toutes lesquelles choses étoient à la charge de notre peuple & à l'encherissement des denrées. Nous lesdites solemnités avons abolies & abolissons, & voulons & ordonnons, que doresnavant en nosdites quatre Boucheries, soit Bouchier qui le voudra & pourra être, soit fils de Bouchier ou autre, sans difference de personne, & sans ce que pour être Bouchier nouvel, aucun soit tenu de nous payer à son entrée, ne à nos Officiers, aucuns droits ou redevance, ne qu'il soit tenu de payer past, ne faire diné ne autre solemnité quelleconque.

Item. Et pour ce qu'il est necessité que audit Métier de Bouchier ayent Jurés qui ayent égard à la visitation sur les chairs qui seront exposées en vente, Nous avons ordonné & ordonnons que par notre Prevôt de Paris present & à venir, ou par son Lieutenant, soit pourvû desdits Jurés telles personnes & en tel nombre, comme il lui semblera être à faire par raison; & que de par nous il les mette & institue audit benefice & reçoive d'eux le serment en tel cas accoutumé, & tout en la forme qu'il est accoutumé d'être fait au regard des autres Maîtres de notre-dite Ville de Paris.

Item. Et pareillement pour ce qu'il est necessité dudit métier de Bouchiers qu'il y ait certain nombre de Tueurs & Ecorcheurs Jurés, Nous avons ordonné & ordonnons que par ledit Prevôt de Paris soit sur ce pourvû de tels gens & en tel nombre comme il lui semblera être bon & expedient, lesquels il mettra & instituera de par nous audit Office & leur à prendre & avoir droits tels comme il lui semblera être à faire par raison, & recevra d'eux le serment en tel cas accoutumé: & ainsi se fera doresnavant toutes fois qu'il sera besoin de pourveoir d'aucun Tueur ou Ecorcheur pour le fait desdites Boucheries nouvelles.

Item. Et pour ce que ladite grande Boucherie démolie étoit chargée de plusieurs grandes charges & rentes, tant envers gens d'Eglise comme autres personnes, & que c'est raison que lesdits Métiers soient recompensés & restitués de leurs rentes, Nous avons ordonné & ordonnons que certaines rentes apartenantes à la Communauté des Bouchiers de ladite grande Boucherie démolie, assis sur plusieurs lieux & places de notre-dite Ville de Paris, montans si comme l'on dit à la somme de cent vingt-deux livres parisis ou environ, seront appliqués, & par ces Presentes appliquons à notre domaine, pour sur ce & autrement se métier est, recompenser les rentiers qui avoient accoutumé de prendre rente sur ladite grande Boucherie, comme dit est. SI DONNONS EN MANDEMENT à nos amés & feaux les Gens tenans & qui tiendront pour le tems à venir notre Parlement, les Gens de nos Comptes & Tresoriers à Paris, au Prevôt de Paris ou son Lieutenant qui est à present & pour le tems à venir sera, & à chacun d'eux si comme à lui appartiendra, que nosdites presentes Ordonnances fassent publier solemnellement & enregistrer par tout où il appartiendra, & icelle mettent à execution dûe & fassent tenir & garder sans enfraindre, non-obstant quelsconques usages anciens & nouveaux & quelsconques privileges, dons, octrois ou confirmations sur ce faites ès tems passés par nous & par nos Predecesseurs Rois de France, au profit de la Communauté des Bouchiers de ladite grande Boucherie démolie; lesquels en tant qu'ils seroient contraires ou repugnans en aucune maniere à nos Ordonnances dessus dites ou à aucune partie d'icelle, nous avons cassés, revoqués & annullés, & par ces Presentes revoquons, cassons, annullons & mettons du tout à néant, de notre certaine science, pleine puissance & autorité Royale dessus dits. Et afin que ce soit ferme chose & stable à toujours, nous avons fait mettre notre scel à ces Presentes. DONNE' à Paris au mois d'Août l'an de grace mil quatre cens seize & de notre Regne le trente-cinquiéme, ainsi signé par le Roi & Mauregard. *Visa* desquelles Lettres & Ordonnances dessus transcrites & de vous, en mettant icelles à execution, ainsi que par nous mandé vous étoit, lesdits Bouchiers de ladite grande Boucherie démolie, ayent par leur Procureur appellé sous ombre d'aucuns privileges, franchises, droits, usages & possessions qu'ils se disoient avoir au contraire; lesquels par l'execution de notre-dite Ordonnance ils se disoient être enfrains, & dont par ladite execution se disoient être grevés & endommagés, ou autrement: Nous, eux ouïs en notre Conseil au long, sur le fait de leurdite appellation, & eu sur ce grand avis & meure déliberation, avons ordonné eux presens ladite appellation non être recevable & icelle avons mis & mettons au néant par ces Presentes, & voulons nosdites Lettres

DE LA VILLE DE PARIS.

par vous être mises à execution, & les Ordonnances en icelles contenues, ainsi meurement avisées & deliberées, comme dit est, être poursuites, enterinées, accomplies & observées de point en point selon leur forme & teneur, pour les causes qui à ce nous ont meu & meuvent. Vous mandons commandons & enjoignons étroitement en commettant, se métier est, que appellerés avec vous des Gens de notre Conseil, de notre Parlement, les Prevôt des Marchands & Echevins, & autres Bourgeois de notre-dite Ville de Paris, en tel nombre que vous verrés être à faire; vous reaument & de fait mettrés ou faites mettre à execution nosdites Lettres, & les Ordonnances contenues en icelles faites parfaire, enteriner, accomplir, tenir, observer & garder selon leur forme & teneur, nonobstant ladite appellation & quellesconques autres oppositions ou apellations faites ou à faire par lesdits Bouchiers ou autres pour eux, ausquels ne voulons être defferé ne obéi en quelque maniere que ce soit; car ainsi l'avons ordonné en notre-dit grand Conseil, & voulons & nous plaît être fait. Donne' à Paris le tiers jour de Septembre l'an de grace mil quatre cens seize & de notre Regne le trente-sixiéme. Ainsi signé par le Roi à la relation de son grand Conseil, Guignel, le Roi de Sicile, Mr le Duc de Touraine, vous l'Archevêque de Bourges, les Evêques de Lisieux, de Paris & d'Evreux, le Chancelier de la Reine, Maître Simon de Nanterre President en Parlement, Messire Guillaume le Boutellier, Maître Pierre de l'Esclat, Jean de Norry, Guillaume Toreau, Maître Mathieu du Bost, Philippe du Puys & plusieurs autres étoient.

ACCORD FAIT ENTRE LE ROI ET L'EVEQUE DE PARIS.

Folio 317.

A TOUS CEUX QUI CES PRESENTES LETTRES VERRONT, Jean Bernier, Chevalier Conseiller du Roi notre Sire, Garde de la Prevôté de Paris; SALUT. Savoir faisons, que Nous le Samedi sixiéme jour d'Août vîmes une Lettre Royale, scellée en cire verte sur soie, contenant cette forme.

PHILIPPUS, Dei gratia Francorum Rex, universis præsentes Litteras inspecturis, Salutem. Notum facimus, quod nos Litteras inclytæ recordationis Philippi, Dei gratia Regis Francorum, illustris Prædecessoris nostri, vidimus in hæc verba.

In nomine sanctæ & individuæ Trinitatis Amen.
PHILIPPUS, Dei gratia Francorum Rex. Noverint universi, præsentes pariter & futuri, quod hæc est forma pacis factæ inter nos, ex una parte, & Guillelmum Episcopum, & Decanum, & Capitulum Parisiensem, ex altera. Voluimus & concedimus ut Episcopus Parisiensis & successores sui Parisienses Episcopi, habeant apud Parisios unum Draperium, unum Cordumbuarium, unum Ferronem pro fabro & ferrone, unum Auri-fabrum, unum Carnificem in Paraviso, unum Carpentarium, unum Circularium, unum Bolengarium, unum Pelliparium, unum Tanatorem, unum Speciarium, unum Cementarium, unum Barberium & unum Sellarium, gaudentes libertate quam Ministeriales Episcoporum Parisiensium hactenùs habuerunt, & unum Præpositum qui eandem habebit libertatem quamdiù erit Præpositus Episcopi. Episcopus autem quando dictos assumet, Ministeriales ad servitium suum dicet in fidelitate quam nobis vel successoribus

nostris fecerunt, qui eosdem assumet Ministrales, bona fide sive sint, nec statuere versus nos; & nos non gravabimus in talliis Ministeriales prædicti, qui manuteneat & exerceat quilibet eorum quando assumetur Ministerium illud ad quod assumitur, & novellis volumus quod amoveantur in quantum pertinet ad res Ecclesiasticarum personarum; de Albanatis fornicetis concedimus quod solvant Episcopo Parisiensi in sua septimana, consuetudines debitas; ac si nunquam fuissent Albanati, nec de cætero albanantur, nisi sint Estagiarii Parisienses de Albanatis. Illi qui sunt de corpore Parisiensi & de suburbiis Civitatis ejusdem, non poterit Episcopus Parisiensis vel successores sui, aliquam exigere consuetudinem in Burgo sancti Germani & cultura Episcopi; & in clauso Brunelli habemus raptum & multrum quando raptores & multrarii capti sunt ad præsens forisfactum, vel sponte confessos fuisse, & Præpositus noster Parisiensis inde habuerit testes idoneos, Episcopus Parisiensis tenetur eos recipere super hoc per quos si convicti fuerint, reddentur Præposito nostro sicut convicti per duellum. Quod si raptores & multrarii capti non fuerint ad præsens forisfactum vel sponte confessi, & aliquid per duellum velit eos super multro vel raptu committere, duellum erit in Curia Episcopali de convictis per duellum, in Curia Episcopi justitiam faciemus & eorum habebimus mobilia sine diminutione aliqua. Habemus siquidem nos & successores nostri in Burgo sancti Germani, in Cultura Episcopi & in Clauso Brunelli exercitium & equitationem vel talliam propter hoc factam & guetum, sicut in communi Villa Parisiensi. Et habemus super homines illius Burgi & Culturæ Episcopi & Clausi Brunelli talliam, quoties filios nostros faciemus novos milites, & quando filias nostras maritabimus; & etiamsi redimamur de captione corporis proprii nostri facta in guerra; & eodem modo habeant talliam successores nostri super homines prædictos. Propter alias autem causas non possunt a nobis vel successoribus nostris talliari dictorum locorum homines sine consensu Episcopi, præterea in locis prædictis habemus justitiam super Mercatores de his quæ pertinent ad Mercaturam. Clamatores etiam & mensuras vini habemus in locis prædictis; de mensuris bladi sic erit qui eas talliari faciet Præpositus noster Parisiensis in quarum cristis & expensis ponet Episcopus Parisiensis, tertiam partem & habebit Episcopi serviens sine contradictione mensuras illas in sua septimana. Habemus siquidem in veteri Burgo sancti Germani sexaginta solidos pro tallia panis & vini de tertio anno in tertium annum, sicut hucusque habuimus. Præterea in Cultura Episcopi & Clauso Brunello habemus nos & successores nostri talliam panis & vini de tertio anno in tertium annum. In eodem autem Burgo sancti Germani, Cultura Episcopi & Clauso Brunelli, habet Episcopus & successores sui homicidium & totam aliam justitiam cum rebus justitiatorum inventis in terra Episcopi, quas habere debebit secundum legem Villæ Parisiis, præterquam raptum & multrum, quæ nostra sunt, ut prædictum est. De latronibus autem & homicidis captis in locis prædictis, faciet Episcopus & successores sui justitiam suam apud sanctum Clodoardum vel alibi in terra sua propria, extra Banleucam Parisiensem. Reos vero furti & alios qui mutilationem corporis meruerunt, poterunt Episcopus & successores sui punire in terra sua ubi voluerint. De Hallis vero sitis in Campella ita est quod nobis & hæredibus nostris pacifice remanent in perpetuum, salvo eo quod Episcopus & successores sui habebunt in eis suas consuetudines debitas in septimana sua; nec Episcopus, nec Capitulum Parisiense poterunt nos vel hæredes nostros super iis habere in placitum, & nos & hæredes nostri tenuerunt facere reddi Episcopo & successoribus suis 60 sol. annuatim pro cereo qui de eodem feodo debetur, & 45 sol. pro cereis Corbolii & Montislerici, & servitium Portagii novi Episcopi per tres milites. Episcopus vero & Capitulum Parisiense concedunt nobis & hæredibus nostris in perpetuum tenendum, Moncellum sancti Gervasii Parisiensis per excarabium exinde

factum.

DE LA VILLE DE PARIS.

factum. Episcopus autem & successores sui habebunt pistides suas sine contradictione ad recipiendum redditus suos in sua septimana in domibus nostris de magno Ponte & de parvo Ponte, in quibus redditus nostri recipiuntur. In rua nova antè Ecclesiam beatæ Mariæ habet Episcopus & successores sui justitiam sine raptu & murtrio de iis quæ sunt extrà domos ejusdem, usque ad magnam viam parvi Pontis: & nos & successores nostri habemus omnem justitiam infrà domos ejusdem ruæ. Et est sciendum quod nos pro restauratione damnorum quæ Episcopus & Capitulum Parisiense dicebant se incurrisse in accintu Castelli Luparæ & appenditiorum ejus, & pro quitatione Hallarum quam nobis & hæredibus nostris impertiri fecerunt, & pro quitatione feudi de Feritate à Alez, quam similiter nobis & hæredibus nostris fecerunt in perpetuum sicut superius est expressum dedimus & assignavimus Episcopo & successoribus suis in perpetuum in præpositura nostra Parisiensi 20 lib. parif. singulis annis percipiendas in festo omnium Sanctorum, præter illas 25 lib. quas Episcopus anteà habebat in illa præpositura, & 100 sol. Capitulo Parisiensi percipiendos annuatim eodem termino in eadem præpositura, pro anniversario nostro in Ecclesia Parisiensi in perpetuum celebrando. Sciendum est præterea quod nos habemus omnem justitiam in Vicaria quæ est in terra Episcopali à domo quam Henricus quondam Remensis Archiepiscopus, ædificavit apud Luparam usque ad Poncellum de Chastello.

Item In strata Regali quæ est decem & octo pedum ad pedem magnum, & similiter in strata publica ab Ecclesia sancti Honorati, quantum duret terra Episcopi, usque ad pontem de Rollo. In omnibus autem aliis viis quæ factæ sunt & quæ fient de cætero in terra Episcopi infrà marestum & prædictas metas, exceptis istis duabus, habet Episcopus & successores sui viariam & omnem justitiam, præter raptum & multrum. Quod si contingeret Villam novam vel Burgum novum ædificari infrà dictas metas in terra Episcopi, Episcopus & successores sui omnem habebunt justitiam ibi, præter raptum & multrum, quæ nos retinuimus, sicut ea retinuimus in Burgo sancti Germani. Præterea ibidem habebimus omnes alias consuetudines quas habemus in Cultura Episcopi, sicut superius sunt expressæ. Quæ omnia ut perpetuæ stabilitatis robur obtineant præsentem paginam sigilli nostri autoritate & Regii nominis caractere inferius annotato confirmamus. Actum Meledunensi anno Dominicæ Incarnationis 1222. Regni verò nostri 44. Adstantibus in Palatio nostro quorum nomina supposita sunt & signa: Dapifero nullo, Buticulario, Bartholomæi Camerarii, Mathæi Constabularii. Data vacante Cancellaria. In cujus rei testimonium præsentibus Litteris nostrum fecimus apponi sigillum, salvo jure cujuslibet. Datum anno Domini 1222. mense Januario.

Et Nous à ce present rranscrit avons mis le scel de la Prevôté de Paris, l'an & jour dessus dit. Ainsi signé à la marge dessus: *Collatio hujus transcripti facta fuit in Camera de præcepto Curiæ 6 die Septembris anno Domini 1362.*

Nivelon.

Lettre pour St Ladre lez Paris, faisant mention de la Foire & de la Jurisdiction qu'ils y ont.

Folio 319.

JOANNES, Dei gratiâ Francorum Rex. Notum facimus universis tam præsentibus quam futuris ; Nos Litteras incyltæ recordationis charissimi Domini & genitoris nostri, vidisse formam quæ sequitur, continentes.

JEAN, par la grace de Dieu Roi de France, savoir faisons à tous presens & à venir ; Que nous nous recordons avoir octroyé de grace especiale & certaine science aux Maîtres, Freres & Sœurs, tant sains comme malades, de l'Hotel-Dieu de St Ladre de Paris, nos Lettres en las de soie & cire verte, contenant la forme qui s'ensuit.

PHILIPPES, par la grace de Dieu Roi de France, savoir faisons à tous presens & à venir. Que les Maîtres, Freres & Sœurs, tant sains que malades, de l'Hotel-Dieu de St Ladre lez Paris, nous ont signifié *que la Foire du jour St Laurent soit leur*, & y ayent toute Jurisdiction moyenne & basse jusqu'à l'heure du Soleil couchant ; néanmoins les Sergens de la douzaine de notre Chastelet de Paris, viennent rompre les loges de ladite Foire avant leurs deffences & de leur volonté & sans avoir pouvoir de ce, plusieurs fois en donnant à iceux signifians grand dommage, & sans aucun profit qui en vienne à nous, ne soit accoutumé de venir. Si nous ont supplié lesdits signifians, que nous leur voulussions donner ledit heure dudit jour jusqu'à la nuit, de grace especiale, comme il n'ait pas été trouvé que de ladite heure il y ait pour nous aucun profit trouvé ne mis en notre recette de Paris ne ailleurs à notre profit, si comme l'on dit. Pourquoi nous ayant compassion à ladite Maison & à la dévotion pourquoi elle fût fondée, pour les Malades hebergier & recevoir à l'honneur de Dieu, de sa benoiste Mere la Vierge Marie, de Mr St Ladre & de toute la glorieuse Cour & Compagnie de Paradis : Avons de grace especiale & certaine science, octroyé & octroyons ausdits suppliants Maîtres, Freres & Sœurs, tant sains comme malades, presens & à venir, que ladite Foire au jour Mr St Laurent, ils puissent jouir & user paisiblement, sans aucun empêchement, & icelle Foire tenir aux profits & émolumens à eux accoutumés & heures dudit jour avant Soleil couchant, aussi bien après ledit Soleil couchant jusqu'à la droite heure de nuit d'icelui jour, comme ils ont fait & accoutumé à faire ès heures dudit jour, comme Prime, Tierce, Midi, Nonne & Vêpres. Si mandons au Prevôt de Paris present, & qui pour le tems sera, que lesdits Maîtres, Freres & Sœurs presens & à venir, ils laissent & fassent jouir de notre presente grace, ne contre icelle ne les laissent ou fassent être molestés par lesdits Sergens de la douzaine, ne par autres nos sujets en tout le tems à venir, desormais, perpetuellement à toujours. Et pour que ce soit chose ferme & stable à perpetuité ou tems à venir, nous avons fait mettre notre scel à ces Presentes, sauf en toutes choses notre droit & l'autrui. Ce fut fait à Paris l'an de grace 1344 au mois de Decembre. Lesquelles Lettres le Prevôt de Paris ne veut mettre à execution, ne n'y veut obéir.

DE LA VILLE DE PARIS.

Si comme lesdits Supplians maintiennent, pour ce qu'ils nous ont donné à entendre en icelle qu'ils avoient en ladite Foire toute Jurisdiction moyenne & basse, combien qu'ils ne l'y ayent que fonciere, & qu'ils y ont toujours exploité puis l'heure de Vêpres & plus, & pour ce aussi qu'ils pouvoient tenir leurs Plaids & Jurisdiction illec jusqu'à Soleil couchant, combien que ce ne soit que jusqu'à l'heure de Vêpres; & en exprimant que aucun profit ne nous est venu au tems passé d'icelle Foire & heure derniere, combien que notre-dit Prevôt & notre Procureur dient le contraire. Si nous ont requis humblement iceux Supplians que sur ce leur voulussions faire grace & declarer notre intention sur le vice, inadvertance ou erreur de notre-dite grace dessus incorporée, en ampliant & mieux declarant icelle au profit des Supplians. Pourquoi nous en consideration à la cause & devotion pourquoi nous leur octroyâmes ladite grace, voulans tenir & faire tenir icelle, selon ce que mieux pourra être fait, avons donné & octroyé, donnons & octroyons ausdits Supplians ladite heure de Vêpres, & dès lors jusqu'à la nuit ladite Foire dudit jour St Laurent. Si mandons audit Prevôt de Paris, qui est à present & qui pour le tems à venir sera, & à tous les autres Justiciers de notre Royaume, qui à present sont & ou tems à venir seront, que lesdits Maîtres, Freres & Sœurs, presens & à venir, ils fassent & laissent jouir & user de notre grace, & contre icelle ne les vexent, molestent, ne laissent ou fassent être molestés, vexés ne empêchés par lesdits Sergens de ladite douzaine, ne par autres nos sujets, tout le tems à venir, desormais, perpetuellement, à toujours, en quelque maniere que ce soit; ainsi obéissent tout ainsi comme se elle en toutes parties ce que opposé est à l'encontre, & qu'elle ne peut être reprochée d'aucun vice ne erreur pour les deffauts dessus-dits; & nonobstant chose que notre-dit Prevôt ou notre Procureur leur ait opposé ou puisse opposer ne reprocher au contraire, sur ce que dessus est exprimé; car nous suppleons en ce cas tout ce par ces Presentes de grace especiale & de notre autorité Royale, en ampliant & mieux declarant notre-dite grace ci-dessus incorporée, & afin que ce soit ferme chose & stable à perpetuité ou tems à venir, nous avons fait mettre notre scel à ces presentes Lettres, sauf notre droit en autres choses & l'autrui en toutes. Ce fut fait & octroyé au Bois de Vincennes l'an de grace 1345 au mois de Decembre.

Nos autem Litteras dicti Domini & genitoris nostri suprà scriptas, ipsius vestigiis & ob causas in eisdem Litteris comprehensas inhærendo, donumque & gratiam per ipsas Litteras, Magistro, Fratribus & Sororibus domûs sancti Lazari propè Parisios, in eisdem Litteris nominatis factas, nec non omnia & singula in eis contenta rata habentes & grata, ipsas & singula volumus, laudamus, approbamus, ratificamus, ac de nostra speciali gratia & autoritate Regia, tenore Præsentium confirmamus, ac ipsi Magistro, Fratribus ac Sororibus donum & gratiam prædictas de novo facimus & concedimus, si sit opus per præsentes Præposito Parisiensi cæterisque Justiciariis & Officiariis Regni nostri, qui nunc sunt & qui pro tempore fuerint, aut eorum loca tenentibus & cuilibet eorumdem, ut ad eum pertinuerit, ut contra tenorem eorumdem ipsos per Servientes nostros duodenæ prædictos & alios quoscumque nostros subditos nullatenus impediant molestent aut perturbent, seu impediri, molestari, perturbari faciant aut permittant à quocumque quovis modo. Quin imò, si quæ in contrarium facta fuerint, ea ad statum pristinum & debitum reducant aut reduci faciant, visis præsentibus indilatè sine alterius cujusvis expectatione Mandati. Quod ut perpetuæ firmitatis robur obtineat, nostrum præsentibus Litteris fecimus apponi sigillum, nostro in aliis & alieno in omnibus jure salvo. Factum & actum Parisiis anno Domini 1362 mense Septembri.

LETTRE TOUCHANT L'UNIVERSITE' DE PARIS, & les Boucheries de sainte Geneviéve.

Folio 323.

JEAN, par la grace de Dieu, Roi de France. Sçavoir faisons à tous presens & à venir, que, comme à la Requête de notre très-chere fille, l'Univerfité de Paris, des Colleges, des Hotels de Navarre & de Laon, des Religieux Mendians de l'Eglise Notre-Dame du Carmel, & d'aucuns autres finguliers, tous demeurans & habitans en la rue Ste Geneviéve à Paris, les Bouchers de la boucherie Ste Geneviéve euffent été approuchés & traittés en caufe par-devant nos amés & feaux les Gens tenans Notre Grand-Confeil, étant à Paris; fur ce que ladite Univerfité, Colleges & autres finguliers deffufdits, fe douloient & complaignoient defdits Bouchers, de ce que iceux Bouchers tuoient leurs bêtes en leurs maifons, & le fang & ordures de leurfdites bêtes jettoient, tant par jour que par nuit, en la rue Ste Geneviéve, & plufieurs fois le fang & l'ordure de leurfdites bêtes gardoient en foffes & latrines qu'ils avoient en leurfdites maifons, tant & fi longuement qu'il étoit corrompu, infect & puant; & que pour plus aifément jetter ledit fang & leur ordures, plufieurs d'iceux Bouchers avoient fait faire, puis trois ou quatre ans en fa maifon, un conduit qui vient jufqu'au milieu de la rue; & en outre, que iceux Bouchers audoient & affinoient leurs fuifs & leurs graiffes en leurs maifons, & vendoient leurs chairs au jour de Samedi, lefquelles chofes étoient & font faites par lefdits Bouchers contre raifon, & contre les Ordonnances, Ufages & communes Ordonnances des autres Bouchers, tant de la bonne Ville de Paris, comme des autres bonnes Villes du Royaume de France, contre les Regîtres & Ordonnances anciennement faites en l'Eglife Ste Geneviéve, fur l'état & gouvernement de ladite Boucherie, & auffi contre le proufit, le bien & l'utilité defdits Complaignans, & de toute la chofe publique, & par efpecial des Habitans & demeurans en ladite rue Ste Geneviéve & de la Place-Maubert, & de tous ceux qui frequentent & paffent par le lieu; & pour ce requeroient que brievement remede y fut mis. Et pour plus meurement & feurement proceder ès chofes deffufdites, ayent nofdits Gens ordonné & deputé certain Commiffaire pour aller fur lefdits lieux, & foi informer des chofes deffufdites; laquelle information faite & rapportée par devers eux, & ouï plufieurs monumens que lefdits Bouchers avoient fur les chofes deffufdites: vûë auffi certaine cedulle baillée à nofdits Gens par lefdits Bouchers, qui difoient être la copie du droit Regître ancien de ladite Eglife de Ste Geneviéve, fur l'état & gouvernement de ladite boucherie; & vûë à grande & meure déliberation la dépofition des temoins ouïs & examinés en ladite information, & tout ce qui fait à confiderer en cette partie, fut dit & ordonné par nofdites Gens, en la prefence defdites parties, par la maniere qui s'enfuit: C'EST A SÇAVOIR.

Que nul Boucher de Ste Geneviéve ne pourra dorefnavant acheter ni vendre chair morte, quelle qu'elle foit, fi elle n'a été tuée en ladite boucherie.

Item. Que nul Boucher ne pourra, ne devra par lui, ne par autre, tuer chairs, quelles qu'elles foient, au jour dont l'on ne mangera point de chairs lendemain, puis qu'il fera ajorné, fe ce n'eft aux Vendredis depuis la St Remi, jufqu'à Carême-prenant.

DE LA VILLE DE PARIS.

Item. Que nul Boucher ne pourra, ne devra par lui, ne par autre, tuer chairs, quelles qu'elles foient, qui ayent été nourries en maifon de Huillier, de Barbier, ni de Maladeries.

Item. Que nul Boucher ne pourra, ne devra audoir en ladite boucherie les greaulx qui iffent du fuif des bêtes qu'ils tueront, ou feront tuer.

Item. Nul ne pourra avoir évier ni égoût, par lequel il puiffe laiffer couler le fang defdites bêtes, ne autre punaifie, fe ce n'eft eau qui ne fente aucune corruption.

Item Que nul Boucher ne pourra avoir, ne tenir foffes, & celles qui à prefent font, feront remplies dedans la mi-Août prochainement venant, aux depens & frais de ceux qui les ont, & recueilleront iceux Bouchers le fang, les bouailles, les fiens & les laveures de leurs bêtes en vaiffeau, lequel fang, fien & laveure iceux Bouchers feront tenus faire porter vuider ce jour mème hors des murs & foffés de Paris, hors voie.

Item. Nul Boucher ne pourra tuer en ladite boucherie aucune groffe bête qui ait le fil, & au cas qu'il feroit trouvé fur aucun, il perdroit la bête, & feroit arfe devant fon huis.

Item. Que nul Boucher ne fera aucune chofe contre les points & articles deffufdits, ou en aucuns d'iceux, en peine de payer pour chacune fois fix livres d'amende, moitié à Nous, & moitié à Ste Geneviéve de Paris; & fur ce feront ordonnés Jurés de par Nous, & de par ladite Eglife, pour tant que à chacun touchera fur la garde & vifitation des chofes deffufdites, & pour icelles Ordonnances faire tenir & garder; Nous, pour le bien & proufit commun, & des Habitans & converfans en ladite boucherie & lieux deffufdits, & fur ce eu avis & déliberation à notre Confeil, voulons & ordonnons par ces Prefentes être tenues & gardées dorefnavant à toujours - mais fans enfraindre, & fur les peines deffufdites en la forme & maniere comme ordonné a été par nofdits Confeillers, & comme dit eft deffus, & à ce que ce foit ferme chofe & ftable à toujours, Nous avons fait mettre notre fcel à ces Prefentes Lettres, fauf notre droit & l'autrui en tout. Donné à Paris l'an de grace 1363, au mois d'Août.

Et font ainfi fignées en la marge par le Confeil, étant à Paris. *Pro Univerfitate triplicata*, P. VENNONE. *Vifa*, CONTENTOR. Au dos defquelles Lettres eft écrit ce qui enfuit. Publiées en jugement au Chatelet de Paris, le Mercredi feiziéme jour d'Août, l'an 1363.

L'an 1366, le feptiéme jour de Septembre, par la Cour de Parlement fut dit par Arrêt, que lefdits Bouchers étouperoient leurs foffes & éviers; & outre fut ordonné qu'iceux Bouchers tueroient dorefnavant leurs chairs hors Paris fur la riviere, & après les apporteroient à Paris pour vendre, fur peine de dix livres, moitié au Roi, & moitié à Ste Geneviéve, toutes les Ordonnances deffufdites demeurant en autre chofe en leur vertu.

LETTRES EXECUTOIRES DES LETTRES
précedentes. Fol. 325.

JEAN, par la grace de Dieu, Roi de France. Au Prevôt de Paris, ou à notre Procureur General, SALUT. Comme pour la complainte qui a été faite à nos amés & feaux Confeillers, les gens de notre Grand Confeil, étant à Paris, pour notre très-chere fille, l'Univerfité de Paris, & par les Colleges & Hotels de Navarre & de Laon, les Religieux Mendians de l'Eglife de Notre-Dame du Carmel, & aucuns autres finguliers, tous demeurans & habitans en la rue Ste Geneviéve à Paris, contre les Bouchers de la boucherie de Ste Geneviéve, nofdits Confeillers, en la prefence des Parties, ayent ordonné certaine Ordonnance fur l'état & gouvernement de ladite boucherie, & lesquelles Ordonnances pour le bien & profit commun, & des habitans & conversans en ladite boucherie & lieu, avons voulu & ordonné être tenues & gardées doresnavant à toujours - mais sans enfraindre, sur les peines & par la maniere que ordonné a été par nosdits Conseillers, & que Jurés seront sur la garde & visitation des choses contenues esdites Ordonnances; & pour icelles faire tenir & garder, si comme ces choses & autres vous pourront plus à plein apparoir par nos Lettres sur ce faites en las de soie & cire verte. Nous vous mandons, & par ces Presentes commettons, & à chacun de vous, que nosdites Ordonnances, desquelles il vous apperra par nosdites Lettres, vous sassiés tenir & garder sans enfraindre, selon leur forme & teneur, & contraignés ou faites contraindre tous ceux que vous trouverés avoir fait aucune chose contre nosdites Ordonnances, qui depuis furent faites, & ceux qui doresnavant feront aucune chose contre icelles à nous payer les peines dont en nosdites Ordonnances est fait mention en la maniere qu'il est accoutumé à faire pour nos propres dettes : & avec ce ordondés un ou plusieurs Jurés de par Nous sur la garde & visitation des choses contenues en nosdites Ordonnances, & pour icelles faire tenir & garder ; & avec ce faites publier nosdites Ordonnances, tant en ladite rue Ste Geneviéve comme ailleurs où vous verrés qu'il sera bon à faire, afin que aucun ne puisse pretendre ou alleguer ignorance d'icelle. Donné à Meaux, le quatorziéme jour d'Août 1363, & sont signées en marge par le Roi à la relation du Conseil, & publiées en jugement au Chastelet de Paris, le seiziéme jour d'Août, l'an dessusdit.

ARREST TOUCHANT LA CHAPELLE St ANDRE',

fondée en l'Eglise St Eustache, appellée la Chapelle de Pontlasne, par lequel la Censive & Jurisdiction en certaines rues, est adjugée aux Chapelains d'icelle Chapelle, contre l'Evêque de Paris.

Folio 659. Verso.

CAROLUS, Dei gratiâ, Francorum Rex. Universis præsentes Litteras inspecturis: SALUTEM. Notum facimus quod, lite motâ in Curia Parlamenti inter Magistrum Guielmum de Murolio, Magistrum in artibus, & in utroque Jure Licentiatum, ac Michaëlem de Arcu Presbyterum, Capellanos Capellaniæ perpetuæ ad altare beati Andreæ, in Ecclesia Parochiali beati Eustachii Parisiis fundatæ, vulgariter Capellania *des Ponts Lasnes*, nuncupatæ, actores & conquerentes in casu novitatis & saisinæ ex parte unâ; & dilectum & fidelem Consiliarium nostrum Episcopum Parisiensem, tam suo quam Magistri Guielmi Bertholomæi ejus Præpositi, Guielmi Garfoidi sui Procuratoris, ac Fremini Carpentarii clientis seu servientis in sua jurisdictione fori Episcopi, pro quibus deffensionem hujus causæ in se susceperat nominibus, deffensorem & opponentem in dicto casu ex alterâ. Super eo quod dicebant dicti conquerentes, quod ad causam dictæ eorum Capellaniæ in dicta villa Parisiensi & alibi, plurima pulchra jura habebant & possidebant, & præsertim Domini fonciarii omnium domorum, hortorum seu jardinorum, & curiarum, cæterarumque platearum in tribus vicis contiguis in dicta villa, ultrà & propè portam Comitissæ Atrebatensis situatis, vicis de Titenis, *Beaurepaire & Rue-pavée*, vulgariter nuncupatis, latiùs in processu

DE LA VILLE DE PARIS. 93

designatis erant & fuerant, jusque habendi & percipiendi singulis annis in festis Nativitatis Domini, & beati Joannis Baptistæ, censum annuum, seu fundum terræ supra prædictis domibus & hæreditagiis in dictis vicis situatis, & ob defectum solutionis dicti censûs, ostia dictarum domorum & hæreditagiorum sigillandi, aut si eis placeret, dicta ostia deponendi, & ex traverso ponere faciendi; vel aliter proprietarios domorum & hæreditagiorum prædictorum ad solutionem dicti censûs compellendi, litterasque saisinæ emptoribus dictarum domorum & hæreditagiorum sub sigillis dictæ Capellaniæ tradendi, & vendas recipiendi; necnon jus habendi in dictis tribus vicis, domibus & hæreditagiis, ac super habitantibus & commorantibus in ipsis, aut in eisdem delinquentibus omnimodam jurisdictionem & justitiam usque ad sexaginta solidorum Parisiensium summam, & infra dictam summam, jusque levandi & percipiendi pro casibus & delictis in dictis vicis & domibus, aut eorum aliquo commissis & perpetratis emendas omnimodas usque ad summam prædictam habuerant & habebant, in cujus jurisdictionis signum Cauthelagium, Bagium, Triagium, Liagium, Tenevolum, Altum-bannum, Guetumque in dictis vicis & domibus levare & percipere, necnon etiam Majorem, Servientes, & alios Officiarios pro dicta eorum jurisdictione regenda & exercenda, ac etiam dum eis placuerat, compedes & grisiliones per delinquentes supradictos detinendo, & omnia alia jura ad dictam jurisdictionem & justitiam spectantia habere consueverant, juribusque supradictis dicti conquerentes, & eorum prædecessores, à tempore fundationis dictæ Capellaniæ, huc usque usi & gavisi fuerant; dictaque jurisdictio, & alia jura supradicta in litteris denuntiationis seu denombramenti per dictos conquerentes & suos successores, dictoque opponenti, suisque prædecessoribus traditis, ac per eosdem opponentem, & suos prædecessores receptis expressè conturbantur. Præfatus etiam Major in altero dictorum vicorum sedere ante diem maluerat, in portalivio, seu porta dictæ Ecclesiæ beati Eustachii à latere vici dicti *des Prouvaires*, sedem dictæ jurisdictionis tenere consueverat, ad causam quæ prædictorum, & aliorum dicti conquerentes jus habebant, ac in possessione & saisina habendi in dictis tribus vicis, domibus & hæreditagiis, & eorum quolibet, necnon etiam super habitantibus & commorantibus in eisdem omnimodam jurisdictionem & justitiam, usque ad dictam sexaginta solidorum Parisiensium summam, & infra eandem summam, ac usque ad eandem cognitionem casuum & delictorum in dictis vicis, domibus, aut eorum aliquo perpetratorum & commissorum, Majoremque & Servientes pro regendo & exercendo dictam eorum jurisdictionem, de possessione etiam & saisina, quod dictus opponens, vel sui Officiarii in dicto loco fori Episcopi, seu quicumque alii, dictos conquerentes in prædicto eorum jurisdictionis exercitio impedire aut perturbare; & quod si Serviens dictorum conquerentium aliquos ipsorum conquerentium subjectos, aut alios quos in dictorum conquerentium jurisdictione delinquentes recepisset, aut qui in eadem deliquissent, vel invicem se verberassent, coram dicto Majore, secundum casûs exigentiam puniendos adjornasset, quod dictus opponens, ejusque Officiarii prædicti dictum Servientem in hoc impedire, aut ab hoc eundem, coram dicto Præposito fori Episcopi, adjornare, vel eundem in processu tenere non poterant. Necnon in possessione & saisina, quod si aliqui dictorum conquerentium subjecti, coram dicto Præposito, aut aliis dicti opponentes in dicta sua jurisdictione fori Episcopi Officiariis pro talibus casibus, vel aliis quorum cognitio ad dictos conquerentes, vel eorum Majorem spectaret, adjornati extitissent; & dicti conquerentes dictorum adjornatorum remissionem fieri coram dicto eorum Majore requisissent; præfati opponentes Officiarii dictam remissionem denegare, vel post præsentis remissionis requisitionem de dictis adjornamentis cognoscere, aut eosdem in carceribus ponere vel detinere, ad emendam, vel pro

PREUVES DES ANTIQUITE'S

dictis casibus trahere non poterant vel debebant, & si contrarium facerent tollendi impedimentum, & reputari faciendi erant & fuerant: quibus possessionibus & saisinis dicti conquerentes, tam per se quam suos prædecessores Capellanos dictæ Capellaniæ, per tantum temporis spatium quod de contrario hominum memoria non extabat, aut saltem quod ad bonam possessionem & saisinam acquirendam & conservandam sufficiebat videntibus & scientibus dictis opponentibus, & suis Officiariis parificè & absque impedimento usi & gavisi fuerant, expleta quam plurima super hoc allegando. Dicebant insuper dicti conquerentes, quod regnante defuncto bonæ memoriæ Rege Philippo proavo nostro, certa impedimenta Capellanis Capellaniæ prædictæ, dicto tempore existentibus in dicta eorum bassa jurisdictione, necnon etiam prædictis Liagio, Roagio, Triagio, cæterisque juribus ad dictam jurisdictionem spectantibus, per certos Officiarios Regios apposita extiterant; quæ post modum dictis Capellanis & Procuratore Regio auditis per Arrestum dictæ Curiæ nostræ amota fuerant, ac per idem Arrestum eadem Curia prædictum Procuratorem Regium ad cessandum à talibus impedimentis condemnaverat. Dicebant etiam dicti conquerentes, quod Gregorius de Chantelou Serviens dictorum conquerentium Theobaldum Gualteri in dicto vico de *Beaurepaire* commorantem, eò quod in domo sua Johannetam la Gange verberaverat coram dicto Majore compariturum adjornaverat; qui Gregorius per dictum Freminum Carpentarii dictis opponentis Servientem occasione dicti adjornamenti per eum facti, ac in ipsius contemptum coram dicto Præposito adjornatus extiterat, dictusque Freminus prædictos Theobaldum & Johannetam, intrà prædictam dictorum conquerentium Jurisdictionem arrestaverat, ac eosdem ad carceres dictæ Curiæ fori Episcopi prisionarios duxerat, & quamvis præfati Major & Cliens dictorum conquerentium prædictos Theobaldum & Johannetam coram dicto Majore remitti requisissent, dictus tamen Præpositus remissionem prædictam facere denegaverat, ac post modum eosdem Theobaldum & Johannetam in buenda condemnaverat, quam emendam, priusquam de dictis carceribus exiissent, eosdem solvere opportuerat, remissiones etiam plurium dictorum conquerentium subjectorum coram dicto Præposito adjornatorum, & per ipsorum conquerentium Officiarios requisitorum, & præsertim Guielmetæ de Bray in dicto vico de Tirenis commorantis, præfati Officiarii dicti opponentis facere denegaverant, conquerentes antedictos in dictis eorum possessionibus & saisinis perturbando. Ulteriùs dicebant dicti conquerentes quod præfatus opponens in prædictis tribus vicis in casibus ad eorum cognitionem spectantibus nullam præventionem habuerat aut habebat, nec dictâ præventione usus aut gavisus fuerat, & esto quod præventionem haberet, dictus tamen Gregorius Serviens dictorum conquerentium prædictum Galterum & Johannetam coram dicto Majore adjornaverat antequam per dictum Freminum essent adjornati, & ob hoc dicti conquerentes certas litteras querimoniæ in casu novitatis & saisinæ à nobis obtinuerant. Executioni quarum dictus opponens, & præfati sui Officiarii pro quibus garendiam susceperat, se opposuerant in dictaque Curia nostra adjornati extiterant; quare petebant dicti conquerentes in prædictis suis possessionibus & saisinis manuteneri & conservari, manumque nostram propter debatum partium appositam ad eorum utilitatem levari, ac impedimenta per dictum opponentem in præmissis apposita amoveri, dictosque conquerentes ad bonam & justam causam conquestos fuisse, & dictum opponentem ad malam & injustam causam se opposuisse dici & pronunciari, dictumque opponentem ad cessandum ab impedimentis prædictis & similibus, ac ad reddendum & restituendum eisdem querentibus, id quod ipsius Officiarii occasione prædictorum levaverant & exigerant, ac in damnis, interesse & expensis dictorum conquerentium condemnari. Dicto opponente in contrarium dicente, quod ad causam temporalitatis sui

Episcopatûs

DE LA VILLE DE PARIS.

Episcopatûs Dominus certæ partis prædictæ villæ Parisiensis sub ressorto dictæ nostræ Curiæ existebat, dictique tres vici suæ jurisdictionis limites situati, ac de sua jurisdictione erant & fuerant, in dictisque vicis ac domibus, & hospitiis in eisdem situatis, necnon super habitantibus & commorantibus in eis omnimodam altam, mediam & bassam jurisdictionem, absque hoc quod dicti conquerentes in dictis vicis vel domibus ullam jurisdictionem altam, mediam sive bassam, etiam usque ad dictam 60. solid. Parisiensium summam, vel infrà eandem, & præsertim cognitionem aut punitionem verberationum; cognitio ad dictum opponentem solum & in solidum, & ejus Officiarios spectabat & pertinebat: & esto quod dicti conquerentes in dictis tribus vicis aliquam jurisdictionem habuerant, jurisdictionem foncerram, duntaxat ratione censuum super certis domibus in dictis vicis situatis, & eisdem conquerentibus debitorum habuerant & habebant. Dicebat ulteriùs dictus opponens, quod ad causam prædictorum jus habebat in possessione & saisina habendi justitiam bassam in dictis tribus vicis & domibus, etiam sexaginta solidorum Parisiensium summæ, & infrà dictam summam, & maximè in casibus verberationum : necnon eos qui in dictis vicis pugnabant seu pugnaverant, verberationesve fecerant, præsertim in casu præsentis delicti per suos Servientes & Officiarios arrestandi, ac eosdem puniendi & corrigendi, punitionemque dictorum casuum & emendam levandi & percipiendi; & quod conquerentes prædicti dictum opponentem in dictis suis possessionibus & saisinis impedire seu perturbare non poterant, erat & fuerat, quibus possessionibus & saisinis dictus opponens & sui prædecessores per eorum gentes & Officiarios à tanto tempore, quod de contrario hominum memoria non extabat, aut saltem quod ad bonam possessionem & saisinam acquirendam sufficere debebat, ac per novissimos annos & expleta, usi & gavisi fuerant; quodque die secundâ mensis Martii, anno Domini 1413, certi sui Officiarii dictos Gualterum & Johannetam se invicem enormiter verberantes, aut saltem post dictam verberationem adhuc simul murmurantes seu rixantes in dicto vico de *Beau-repaire*, repererant, dictusque Galterus prædictam Johannetam de quodam baculo super brachium percusserat : & ob hoc dicti Officiarii ipsius opponentis, & maximè dictùs Freminus suum officium exercendo, prædictos Theobaldum & Johannetam arrestaverat, eosque ad carceres dicti fori Episcopi prisionnarios duxerat, qui Galterus & Johanneta post modum ad instantiam Procuratoris dicti opponentis in dicto foro Episcopi, de dicto delicto convicti, per dictumque Præpositum in emendas ad certas summas post modum taxatas condemnati extiterant, ac in dictis carceribus quousquè dictas emendas solvissent, ut in talibus moris erat, detenti fuerant, à cujus delicti cognitione, vel emendationis condemnatione declinatum aut appellatum non extiterat. Dicebat ulteriùs dictus opponens quod in jurisdictionibus ab eo tentis, & sub suo ressorto moventibus, & maximè in casu verberationum, dum in præsenti delicto per ipsos Officiarios deprehendebantur, aut post modum perveniebantur, arrestare & ad carceres suos ducere poterant, ac dictorum casuum punitionem & correctionem, & præsertim quousquè dicti delinquentes per suos judices subjectos requisiti extitissent, habere consueverat, dictaque conquerentium cum judicio in fide & homagio à dicto opponente tenebatur, & sub ejus ressorto erat. Dicti etiam Galterus & Johanneta prædictum Freminum in præsente delicto reperti extiterant, nec eosdem coram dicto Majore remitti dicti conquerentes ante litem contestatam requisierant. Et esto quod dictam remissionem intrà tempus debitum requisitam dictus Præpositus denegasset, à dictæ remissionis denegatione, quæ erat quædam sententia per judicem competentem lata, dicti conquerentes appellare, & non per viam querimoniæ procedere debuissent : quare petebat dictus opponens in possessione & saisina, habendi cognitionem & jurisdictionem in casu verberationum in dictis tribus vicis aut eorum aliquo, vel in domibus & hospitiis in eisdem vicis situatis perpetratarum. Esto quod non sit emendæ nisi de dicta sexaginta solidorum Parisiensium summa, & infrà eandem summam, arrestandique, & in carcerem detinendi, delinquentes in casu supradicto, & præsertim dum in præsenti delicto per dictos suos Officiarios deprehendebantur, vel post modum premebantur, ac eosdem puniendi, & emendam pro dicto casu levandi & percipiendi; & quod dicti conquerentes opponentem ante dictum in prædictis perturbare aut impedire non poterant, manuteneri & conservari, impedimentaque per dictos conquerentes in præmissis apposita amoveri; manum etiam nostram in re contentiosa appositam ad utilitatem ipsius opponentis levari, & ad malam & injustam causam dictos conquerentes conquestos fuisse, ad bonamque & justam causam dictum opponentem se opposuisse dici & pronunciari, aut saltem ab impetrationibus & demandis dictorum conquerentium absolvi, necnon eosdem conquerentes in expensis dicti opponentis condemnari, super quibus, & pluribus aliis hinc indè Præpositis inquestâ factâ, & salvis reprobationibus testium, & contradictionibus litterarum, ac salvationibus earumdem, per utramque dictarum partium traditarum ad judicandum recepta, ea visa & diligenter examinata, repertoque sine reprobationibus, judicari poterat. Præfata Curia nostra per suum judicium, dictos conquerentes in possessione & saisina habendi in tribus vicis prædictis, & eorum quolibet, ac in domibus & hæreditagiis in eisdem situatis, ac super habitantibus & commorantibus in eisdem, omnimodam jurisdictionem & justitiam, usque ad dictam sexaginta solidorum Turonensium summam, & cognitionem casuum seu delictorum in dictis vicis, domibus & hæreditagiis, aut eorum aliquo perpetratorum, quorum emenda dictam summam excedere non deberet, Majoremque & Servientes pro dicta jurisdictione exercenda, ac in possessione & saisina; quod si aliqui subjecti dictorum conquerentium eorum dicto Præposito, aut aliis Officiariis dicti opponentis in sua jurisdictione fori Episcopi, pro casibus, quorum cognitio seu jurisdictio ad dictos conquerentes spectat & pertinet, adjornati extiterint, & dicti conquerentes, aut eorum Officiarii dictorum adjornatorum remissionem fieri coram dicto Majore debitè requisierint, præfati Officiarii dicti opponentis remissionem prædictam denegare, vel post ipsius remissionis debitam requisitionem de dictis adjornatis cognoscere, vel eosdem in suis carceribus detinere, aut ad emendam pro dictis casibus trahere, aut Servientes dictorum conquerentium occasione adjornamentorum per eosdem in personas subjectorum ipsorum conquerentium debitè factorum in processu coram dicto Præposito tenere non possint aut debeant, manutenuit & conservavit, ac manutenet & conservat, dictosque conquerentes ad bonam & justam causam conquestos fuisse, & ad malam & injustam causam dictum opponentem se opposuisse declaravit & declarat, manum nostram in re contentiosa appositam ad utilitatem dictorum conquerentium levando, ac impedimenta per dictum opponentem in præmissis apposita amovendo, necnon eundem opponentem ad reddendam & restituendum dictis conquerentibus viginti quatuor solidorum Parisiensium summam, quam dicti Officiarii ipsius opponentis à dictis Galtero & Johanneta occasione præmissorum levaverant, ac in expensis dictorum conquerentium condemnando, earumdem expensarum taxatione dictæ Curiæ nostræ reservata. In cujus rei testimonium præsentibus Litteris nostrum jussimus apponi sigillum. Datum Parisiis in Parlamento nostro, die decima tertia Februarii, anno Domini 1416, & regni nostri 37. *Ainsi signé*: Per judicium Curiæ. CLEMENS.

LETTRES ROYAUX.

Par vertu desquelles la Boucherie de Paris étant devant le Chastelet fût démolie.

Folio 555.

CHARLES, &c. A tous ceux, &c. Comme de tout tems nous avons eu notre cœur & pensée à la décoration & police de notre bonne Ville de Paris, qui est la Ville capitale de notre Royaume, afin qu'elle pût être tenue & gardée belle, spacieuse, plaisante & nette de toutes ordures, infections & immondices nuisables à corps humain au plus que faire se pourroit ; & il soit ainsi que devant notre Chastelet de Paris, qui est une des plus notables & communes places de notre-dite bonne Ville, & en laquelle est le siege ordinaire de notre Justice d'icelle Ville, est assise la Boucherie, laquelle empêche moult la décoration d'icelle notre Ville ; & aussi pour occasion de ce viennent plusieurs infections & immondices nuisables au corps humain, lesquelles ne sont à tolerer ne à souffrir ès lieux si publiques comme de ladite place, en laquelle il afflue communément grand peuple & mêmement de gens notables, tant nos Officiers comme autres, reparans & frequentans en notre-dit Chastelet, comme il est tout notoire. Savoir faisons que nous voulans toujours augmenter & accroître la décoration d'icelle notre Ville & obvier aux inconveniens dessus-dits, desirans que devant notre-dit Chastelet ait une notable place belle & spacieuse, avons par l'avis & deliberation de notre Conseil où plusieurs de notre sang & lignage & autres en grand nombre étoient, voulu & ordonné, voulons & ordonnons par la teneur de ces Presentes que ladite Boucherie soit du tout démolie & abbatue jusqu'au rès de terre sans y rien reserver ; & avec ce ordonnons que l'écorcherie qui étoit derriere le grand Pont de Paris n'y soit plus, ne que aucunes bêtes n'y soient tuées ne écorchées, ainçois voulons & ordonnons qu'en plusieurs lieux & places de notre-dite Ville par l'avis & déliberation de notre Conseil tant du Parlement comme autres soient mis & ordonnées étaux de Boucheries ès lieux à ce propices & convenables, & aussi que ladite écorcherie soit mise & ordonnée ailleurs en lieu moins commun & moins nuisable à la chose publique, pour cause de l'infection, que faire se pourra. Si donnons en mandement à notre-dit Prevôt ou son Lieutenant, que appellés avec lui aucuns de notre Conseil, le Prevôt des Marchands, les Echevins de notre-dite Ville, & autres tels & en tel nombre que bon lui semblera, il incontinent ces Lettres vûes, fasse démolir & abbattre ladite Boucherie par la maniere que dit est & pourvoie aux choses dessus dites ; & ce fait, fasse paver ladite place ainsi qu'il est accoutumé de faire ès autres rues d'icelle notre Ville de Paris ; & outre voulons que les frais, missions & dépens à ce necessaires, soient prins sur la revenue des Aides, qu'ordonnés & octroyés avons ausdits Prevôt des Marchands & Echevins de notre-dite Ville de Paris. En temoin de ce nous avons fait mettre notre scel à ces Presentes. Donné à Paris le treiziéme jour de Mai 1416.

CHARTE FAITE PAR LE ROI NOTRE SIRE,

Contenant les Statuts, Edits & Ordonnances faites sur le fait des quatre Boucheries nouvellement ordonnées à Paris après la démolition de la grande qui étoit, &c.

Folio 558. *verso.*

CHARLES, &c. *Voyez ci-devant page* 83.

Privilege à la Dame Marquise de Rambouillet, pour faire une Lotterie.

LOUIS, par la grace de Dieu, Roi de France & de Navarre; au Prevôt de Paris ou son Lieutenant Civil, Baillifs, Senechaux ou leurs Lieutenans, ou autres nos Justiciers & Officiers qu'il appartiendra : SALUT. De la partie de notre chere & bien-aimée la Dame Marquise de Rambouillet, nous a été exposé qu'elle a la connoissance d'une nouvelle Blanque Royale, qui n'est point encore en usage en ce Royaume, quoiqu'elle soit usitée avec applaudissement & representation dans les Etats les mieux policés de l'Europe, à cause du bon ordre & de la fidelité qui s'observe dans ladite Blanque, sans crainte d'être trompé; en quoi elle est differente des autres Blanques, & principalement en ce que toutes les pieces & Marchandises de prix qui y sont exposées, se tirent toutes lors de la délivrance d'icelle sans qu'il en reste aucune, le hazard de ladite Blanque Royale n'étant pas si on tirera quelque piece ou non, comme aux autres Blanques communes, mais seulement sur qui tombera le sort du gain de chaque piece, étant assuré qu'on y tirera tout; & par ce moyen on voit toujours si la Blanque est remplie ou défectueuse; ce qu'on ne peut pas voir aux autres Blanques : lesquelles en outre se pratiquent de telle façon que les Maîtres d'icelles risquent, à l'occasion de quoi ils tâchent d'éviter la perte de leur bien par mille inventions ou subtilités qui rendent suspectes lesdites Blanques, & qui sont bien souvent peu fideles. Au contraire en ladite Blanque Royale qu'on propose, le Maître de ladite Blanque ne risque rien, mais il débite quantité de belles Marchandises précieuses, de quoi il retire seulement la juste valeur, selon l'estimation qui en est préalablement faite par des Experts & gens connoissans à ce commerce & deputés de l'autorité du Magistrat du lieu où ladite Blanque est exposée en vente, qui connoît & ordonne de tout ce qui se fait en ladite Blanque avant qu'il soit exécuté, après que ledit Maître a donné bonne & suffisante caution pour la seureté des deniers de ceux qui veulent avoir part au hazard d'icelle, qui se pratique en toutes ses circonstances, comme dit est, par l'autorité du Magistrat, suivant l'ordre & la maniere contenue en l'avis de notre Lieutenant Civil & de notre Procureur au Châtelet de Paris, ci-attaché sous le contre-scel de notre Chancellerie. Laquelle Blanque Royale ladite Dame exposante desireroit mettre en usage & la faire pratiquer en notre Royaume, si de nous de ce faire elle étoit autorisée par nos Lettres à ce requises & necessaires, privativement à tous autres, attendu les grands

DE LA VILLE DE PARIS.

frais & avances qu'il lui convient faire pour commencer à établir ladite Blanque, & icelle remplir de belles Marchandises en divers lieux, humblement requerant icelles. A ces causes desirant bien favorablement traiter ladite Dame exposante, de l'avis de la Reine Regente notre très-honorée Dame & mere, nous avons à icelle & à ceux qui d'elle auront pouvoir, permis & permettons par ces Presentes signées de notre main, d'établir & pratiquer ladite Blanque Royale en tous les lieux de ce Royaume, pays, Terres & Seigneuries de notre obéïssance qu'elle avisera, durant le tems de vingt-années consecutivement; durant lequel tems nous faisons très-expresses inhibitions & deffences à toutes personnes de quelque qualité qu'elles soient, autres que ladite Dame exposante ou d'elle ayant droit, à s'ingerer en la pratique de ladite Blanque & icelle exposer en vente, à peine de dix mille livres d'amende contre les contrevenans, appliquables le tiers à l'Hotel-Dieu de Paris, & au dénonciateur & l'autre tiers à ladite Dame exposante, de confiscation des Marchandises qui se trouveront exposées en Blanques, & de tous dépens, dommages & interêts. A la charge que ladite Blanque Royale sera faite & conduite de l'Ordonnance des Juges des lieux ausquels la connoissance en appartiendra, comme il est plus amplement contenu audit avis, pour éviter à tout abus, & qu'icelle Blanque ne sera ouverte que depuis le mois d'Octobre jusqu'à la fin de Mars de chacune desdites années, à l'exception des Fêtes & Dimanches, durant lesquels elle demeurera fermée, & sans que le present privilege puisse nuire ni préjudicier à la liberté des autres Blanques mentionnées ci-dessus. SI VOUS MANDONS & très-expressément ordonnons que de ces Presentes vous fassiés jouir & user ladite Dame exposante, & ceux qui d'elle auront pouvoir, sans souffrir qu'il leur soit fait ou donné aucun trouble ou empêchement au contraire, nonobstant clameur de Haro, Charte Normande, prise de partie, oppositions ou appellations quelconques ; car tel est notre plaisir. Et d'autant que de ces Presentes on pourra avoir besoin à même tems en divers lieux, nous voulons qu'au *Vidimus* d'icelles faites sous le Scel Royal & aux copies collationnées par l'un de nos amés & feaux Conseillers & Secretaires foi soit ajoutée comme à l'original, tant par nos Officiers desdits Baillages, Senechaussées & autres Sieges Royaux que nos autres Officiers & Sujets. DONNÉ à Paris le dernier jour de Decembre l'an de grace 1644, & de notre Regne le deuxième, signé LOUIS. Et plus bas par le Roi, la Reine Regente sa mere, presente. DE GUENEGAULT. Et scellé du grand sceau de cire jaune.

Enregîtré au Greffe du Châtelet, ouï le Procureur du Roi & de son consentement, pour jouir par l'impetrante de l'effet & contenu ès Lettres Patentes du Roi suivant leur forme & teneur le vingt-huitiéme Janvier 1645.

Veu par Nous, Conseiller du Roi en ses Conseils, Lieutenant Civil en la Prevôté & Vicomté de Paris, & Procureur du Roi en icelle, le Placet presenté au Roi & à la Reine Regente sa mere, par la Dame Marquise de Rambouillet, le quatriéme Janvier dernier, & à nous renvoyé pour donner avis à leurs Majestés sur l'établissement proposé par ladite Dame d'une nouvelle sorte de Blanque, non encore usitée. L'Enquête faite d'office sur la commodité ou incommodité d'icelle, contenant que telle Blanque est exemte de fraude & tromperie, mais qu'il est plus à propos de differer en tems de paix ce divertissement que de le pratiquer à present.

Cette maniere de Blanque proposée par ladite Dame Marquise de Rambouillet est un moyen de vendre & debiter plusieurs Marchandises & meubles, desquels le proprietaire se défaisant en faveur du public, & n'ayant point d'interêt à l'évenement de la Blanque, il y a moins de suspicion de fraude qu'ès autres Blanques, & se pratique en la maniere qui ensuit.

Le Proprietaire de la Blanque ayant obtenu permission d'en publier l'ouverture, fait inventaire en presence du Juge & du Procureur du Roi, des choses qu'il veut y mettre, icelles préalablement estimées par Experts nommés d'Office, & marquées du sceau du Juge, il les consigne entre les mains du Greffier de la Justice ordinaire, qui les met en une salle pour être vûes de tous ceux qui veulent tirer à la Blanque. Alors la somme à laquelle revient la prisée de toutes les pieces reduites en écus, il se fait autant de billets; leurs noms s'écrivent sur le livre à l'endroit des billets par eux retenus, dont le Greffier leur délivre Acte, afin que si dans deux mois après la publication de la Blanque tous les billets ne sont arrêtés, le Proprietaire de la Blanque soit tenu rendre l'argent à ceux qui l'auront avancé, dont il donne bonne & suffisante caution lors de la publication; & quand les billets sont pris, le Juge assigne un jour certain pour tirer la Blanque, & l'on met dans un vaisseau autant de billets qu'il y en a dans le livre cotés par numero contenu au Regitre, & dans un autre vaisseau pareille quantité de billets, les uns contenans les pieces mentionnées dans l'inventaire de la Blanque, & les autres tous blancs.

Les choses ainsi disposées, & le jour pris pour tirer la Blanque arrivé, les deux vaisseaux fermés à la clef, qui demeure en la possession du Juge. Il nomme un enfant pour tirer la Blanque, lequel mettant les mains dans les vaisseaux, prend un billet de chaque main, & le sort tombe sur celui duquel on a tiré le billet cotté du numero par lui retenu, de façon que si l'autre billet tiré dans le moment contient quelques-unes des pieces mentionnées en l'inventaire, elle lui appartient. Si au contraire le billet est blanc, il n'a rien & se retire. Ainsi toute la Blanque de suite, dont le Juge dresse Procès-verbal article par article, & suivant l'ordre que les billets ont été tirés. Ainsi il ne peut avoir aucune fraude dans ladite Blanque de quelque maniere que ce soit, & le hazard se rencontre entre ceux qui ont retenu les billets, à leur égard seulement. Et néanmoins comme cet établissement continuel donneroit trop d'attachement & divertiroit plusieurs personnes de leur profession.

Notre avis est, sous le bon plaisir du Roi & de la Reine Regente, en cas qu'il plaise à leurs Majestés d'accorder cette grace à la Dame Marquise de Rambouillet, de restraindre cette faculté à certaine saison de l'année, & suivant les conditions ci-dessus mentionnées. Signé, DAUBRAI, BONNEAU.

ENTRE les Maîtres & Gardes des six Corps des Marchands de la Ville de Paris, appellans d'une Sentence rendue par le Prevôt de Paris ou son Lieutenant Civil, le quatriéme Janvier 1645, opposans à l'execution des Lettres Patentes de sa Majesté, octroyées à la Dame Marquise de Rambouillet, du dernier Decembre 1644, & demandeurs en enterinement d'une Requête par eux presentée à la Cour le treiziéme Decembre 1657, tendante à ce qu'ils soient reçus opposans à l'établissement de la Lotterie que prétendent faire ladite Dame de Rambouillet & Charles Peschart; faisant droit sur leur opposition, qu'il soit ordonné, que le deffendeur ci-après nommé fermera ses Magasins, & que deffences lui soient faites ou à ses Commis de recevoir aucun argent pour la Lotterie, sauf à ceux qui en ont baillé de le repeter ainsi qu'ils aviseront bon être, & deffendeurs d'une part. Et Charles Peschart, tant pour lui, que pour la Dame Marquise de Rambouillet, deffendeur & demandeur en l'execution desdites Lettres Patentes & à l'enterinement d'une Requête par lui presentée à la Cour le dix-huitiéme jour dudit mois de Decembre, tendante à ce que sans avoir

DE LA VILLE DE PARIS.

égard à ladite opposition desdits Maîtres & Gardes des six Corps des Marchands, de laquelle ils seront déboutés avec dommages, interêts & dépens, la Loterie ouverte par ledit Peschart en execution desdites Lettres Patentes, sera continuée pour être tirée au vingt Janvier prochain, avec deffences à toutes personnes de troubler ledit Peschart en l'execution desdites Lettres, à peine de dix mille livres d'amende & de tous dépens, dommages & interêts, d'autre part ; sans que les qualités puissent nuire ni préjudicier aux Parties. Après que Robert, pour lesdits Gardes, Petitpied, pour ladite Dame Marquise de Rambouillet & Peschart, ont été ouïs, ensemble Talon, pour le Procureur general du Roi. LA COUR a reçu & reçoit les Parties de Robert opposantes & appellantes, & y faisant droit, a mis & met l'appellation & ce dont a été appellé au néant, émendant fait deffences d'exercer la Loterie sur les peines portées par les Ordonnances. FAIT en Parlement le seiziéme Janvier 1658.

EXTRAIT DES TITRES DE L'UNIVERSITÉ
étans en la Chapelle du College de Navarre.

C. 3.

CHARLES, aîné fils du Roi de France, Duc de Normandie & Dauphin de Vienne. A nos amés & feaux les Maîtres de nos eaux & forêts, & au Maître Forestier de notre Forêt de Bierre ; Salut & dilection. Comme ja pieça pour le tems que nous étions regent le Royaume de France, nous eussions donné à nos bien amés les Maîtres & Ecoliers en la Faculté des Arts à Paris, deux arpens de bois à prendre en ladite Forêt de Bierre, pour *faire clore & fermer de nuit* en ladite Université la rue du Feure, ou *du Fouarre*, en laquelle ils ont accoutumé à lire à Paris ; des quiex deux arpens de bois ils n'ont pû rien avoir. Et pour ce que ladite Forêt est à present en notre domaine, vous mandons & commandons que leur bailliés & delivriés sans delai lesdits deux arpens de bois en ladite Forêt. Donné en notre Hotel de St Pol lez Paris, le premier Juin 1362. Signé par Monseigneur le Duc, presens Messieurs le Comte d'Estampes & Jean de la Riviere. C. 5. ccc.

Entre les ustencilles que Maître Robert Mignon a baillés pour douze Ecoliers demeurans en l'Hotel de feu Maître Jean Mignon son frere, est l'*Autel Benoist*, & fut beni en Mai l'an 33.

Dans le Testament de Robert Mignon. *Item*, Legò eis quindecim lectos furnitos, unum Calicem, unum Missale & notatum cum Breviariis notatis, & cæteris necessariis ad Capellam, & alios suos necessarios & utencilia domus suæ necessaria, & quæ eis necessariò emere oportet.

Domus Joannis Mignon, Magistri Compotorum, sita antè domum Domini Archiepiscopi Rhemensis, ultrà parvum Pontem.

In quodam sacculo erat ligata quædam cedula cujus tenor talis est. Cia un marc & cinq esterlins de fin argent, que Dame Bonne de Sovigny, l'une de mes *vingt-cinq bonnes femmes* de la rue *aux Poitevins*, donna au proufit de leur Chapelle le vingt-quatre Janvier 42

En 1345. Extrait de l'inventaire fait en la maison de Jean Mignon, Maître des Comptes, fondateur du College Mignon, cotté C. 5. cc C. 5. a.

Universis præsentes Litteras inspecturis, Universitas Magistrorum &

Scholarium Parisiis Studentium, Salutem in Domino. Cum dilectus noster Nicolaus, Tornacensis Ecclesiæ in Flandria Archidiaconus, quingentas libras Parisienses, Magistro Roberto de Sorbona, Canonico Parisiensi, Provisori Congregationis Magistrorum studentium Parisiis in Theologica Facultate contulerit, ad redditus comparandos pro sustentandis Magistris memoratis. Nos ipsius bonæ voluntati contra volentes vicissitudine respondere, concessimus quod idem Archidiaconus, quoad vivet, quinque Magistros bonæ famæ, vitæ & conversationis honestæ, studentes in Theologia, qui plenam habent notitiam idiomatis Flamingi, quod in suo Archidiaconatu proprium esse dignoscitur, possit ponere annis singulis in domo dictorum Magistrorum, quibus de bonis, dictis Magistris assignatis: provideatur, sicut cæteris providetur Magistris & providebitur in futurum, ut eidem Magistri in divina scientia eruditi, & ex bonorum convictu moribus informati, docentes verbo pariter & exemplo, in locis ad quæ ipsos vocari contigerit, fructum facere valeant qui non perit. Post ejusdem vero Archidiaconi decessum Domino Episcopo Tornacensi, qui pro tempore fuerit, vel per se vel per Archidiaconum Flandrensem, si ad hoc eum idoneum viderit, ponendi similiter annis singulis in dicta domo Magistri præfati Flamingi idiomatis usque ad numerum prætaxatum liberam concedimus potestatem. Ita tamen quod si Provisor dictæ domûs aliquem vel aliquos de dictis Magistris bona fide non esse idoneum vel idoneos Archidiacono prædicto vel Episcopo significaverit, poterit idem Provisor eosdem ejicere, & ipsi Archidiaconus vel Episcopus poterunt alios pro eisdem subrogare. Debent etiam quantumcumque fuerint idonei prædicti in sequenti anno de novo præsentari. Datum anno Domini 1266 mense Octobri. C. 5. B.

Universis præsentes Litteras inspecturis & audituris, Stephanus, permissione divinâ, Archiepiscopus Turonensis, Salutem in Domino sempiternam. Noveritis quod sicut nos à longis retro temporibus nostræ mentis oculos dirigentes ad considerationem profectuum, qui universali Ecclesiæ ex Parisiensi studio, hactenus etiam nostris temporibus provenerant, in quo præ cæteris mundi studiis studentes, ne dum in Logicalibus & aliis scientiis, per quas ad divinarum & canonicarum scientiarum notitiam facilius devenerint, sed etiam in divinis & canonicis scientiis, & scriptis nostris profecisse cognovimus, & magistra rerum efficax experientia manifestat; & exquo tot boni palmites, sicut experientia ipsa docet, hactenus processerunt, qui præfatis imbuti scientiis, & maximè in divinis edocti Scripturis, à quibus omnis splendor Rhetoricæ eloquentiæ, omnisque modus Poëticæ locutionis, & quælibet varietas decoræ pronunciationis sumpserunt exordium, & in quibus quidquid alibi quæritur, perfectiùs invenitur; disseminaverunt ubique scientiæ margaritam, & per sua perlucida & salutaria documenta Ecclesias, Clerumque, & Populum Catholicum illustrantes decoraverunt, virtutibus & moribus informaverunt. Inter cæteras meditationes cordis nostri sæpè revolvimus, qualiter nos, qui de Andegavensi Diœcesi originem traximus, ubi beneficia plura recepimus, & post modum in Turonensi, de quo ad temporalia esse dignoscitur nostræ locus originis, inibi habuimus multas promotiones & bona, & ibi, favente Deo, finire proponimus dies nostros, pauperibus Scholaribus Turoniæ & Andegaviæ, quibus inter cæteros nos reputamus specialibus juxta virium nostrarum modulum subvenire possemus, ut in dicto Parisiensi studio tam solemni possent in scientia proficere, & fructum in Dei Ecclesia afferre suis temporibus opportunum sic postquam ad Ecclesiæ Turonensis regimen, licet immeriti, divinâ fuimus dignatione vocati, animum nostrum applicavimus ad perficiendum quod in mente diutiùs gesseramus, &
super modo conceptum nostrum deducendi ad optatum effectum, deliberatione habitâ diligenti ad honorem Dei, qui scientiarum Dominus est,

ipsarumque

DE LA VILLE DE PARIS.

ipſarumque caput & author, & in quo ſolo perfecta ſapientia reperitur, Glorioſæ Virginis Matris ejus, ſanctorumque Martyrum Mauritii, Sociorumque ejus, Glorioſorumque Confeſſorum Gatiani, Lidorii & Martini Patronorum noſtrorum, omniumque Sanctorum, duodecim Scholares, quos perpetuò de civitatibus & diœceſibus Turonenſi & Andegavenſi ordinamus, & ſtatuimus aſſumendos; ſex verò de Turonenſi, & alios ſex de Andegavenſi oriundos creamus, fundamus & ſtatuimus in ſtudio Pariſienſi prædicto, & ipſos in poſterum ibidem ſimul manere & ſtudere volumus in expenſis & burſibus noſtris ſecundum modum inferiùs declaratum, quibus Scholaribus pro habitatione ſua & pro loco principali damus, concedimus & aſſignamus quandam domum ſitam in civitate Pariſienſi in vico *de la Serpente*, cum virgulto, & domibus retrò eam conſiſtentibus, & pertinentiis earumdem, prout protenduntur in longum & latum, in qua jam dicti Scholares habitant duas domos cum pertinentiis prædictis, jam diù eſt tanquam privata perſona ad uſum dictorum Scholarium, acquiſivimus à deffuncto Magiſtro Petro la Pouſtole, Canonico Pariſienſi, Doctore in Theologia, tempore qui vivebat, in qua domo ad uſum dictorum Scholarium de novo facimus ædificari Capellam ſupra virgultum domûs alterius, de qua inferiùs mentio habetur, protenſam; & inſuper ipſos Scholares, domumque ſuam prædictam pro burſis eorumdem Scholarium, & domûs prædictæ neceſſitatibus dotamus rebus & redditibus infrà dictis, eoſdemque res & redditus dictis Scholaribus & domui pro burſis & neceſſitatibus antè dictis, & dictæ domûs omnibus ſupportandis ex nunc damus, concedimus & aſſignamus, fructuſque proventus, & exitus eorumdem ad uſus dictorum Scholarium & domûs, de cætero applicandos ſecundum ordinationem noſtram inferiùs deſignatam: Videlicet duas domos in civitate, in vico Citharæ, prout protenduntur in longo & lato, cum virgultis & pertinentiis univerſis earumdem, quarum domorum una vocatur domus *ad Capita*, altera vocatur domus *ad Equos*, quas domos cum pertinentiis ſuis, jam diù eſt tanquam privata perſonna, ad uſum dictorum Scholarium acquiſivimus à Simone la Pouſtole, fratre & ſolo hærede dicti defuncti Magiſtri Petri la Pouſtole, ſicut in litteris venditionis pleniùs continetur; necnon & quoddam nemus ſitum tam in Parrochia de Girſeyo, Pariſienſis Diœceſis, quam in territoriis adjacentibus cum omnibus cenſibus, terragiis, decimis, juſtitiis, & aliis redditibus & juribus quibuſcumque quas & quæ habemus ibidem, & quæ ad uſum dictorum Scholarium acquiſivimus, tamquam privata perſona, à Magiſtro Monfredo de Mediolano, Magiſtro in Medicina, ſicut in litteris ſuper acquiſitione hujuſmodi confectis pleniùs continetur, quæ omnia prædicta per nos eiſdem Scholaribus aſſignata, dicti Scholares jam diutiùs tenuerunt, & etiam poſſiderunt, & inſuper decimam noſtram bladi & vini quam habemus in Parochia de montibus, Turonenſis Diœceſis, quam acquiſivimus à Joanne de Faverolles, necnon & decem libras Turonenſes annui & perpetui redditûs, quos tanquam perſona privata acquiſivimus, & habemus ſuper quodam boſco vocato *Bois rideau*, cum partibus ibidem conſiſtentibus, & aliis pertinentiis ejuſdem, ſitis in Parrochia de Villa Dominarum. Quorum prædictorum omnium & ſingulorum poſſeſſionem, proprietatem, & utile dominium in dictos Scholares & ſucceſſores eorumdem, domumque prædictam transferimus per Præſentes, ipſiſque & dictæ domui cedimus & concedimus omnes actiones & jura quæ competebant, tanquam privatæ perſonæ, & competere, quoquo modo in præmiſſis & ſingulis eorum ſtatuimus; ſi quidem & ordinamus quod duodecim Scholares prædicti, quos quandiù vixerimus, ponemus ibidem poſt mortem noſtram, & deinceps quando loca vacaverint per Archiepiſcopum Turonenſem & Epiſcopum Andegavenſem, in dicta domo inſtituantur & ponantur, & per eos eligantur, ſex videlicet de Turonia oriundi per Archiepiſcopum Turonenſem, & ſex de Andegavia oriundi per Episcopum Andegavensem, qui erunt pro tempore, & per ipsos pari modo destituantur & amoveantur, quando per sua demerita vel aliter inde fuerint rationabiliter amovendi.

Item. Volumus & ordinamus, quod à festo Resurrectionis Domini proximè venturo, & deinceps, Scholares domûs prædictæ, qui hactenùs habuerint pro bursis suis quilibet duos solidos & sex denarios Parisienses duntaxat, percipiant & habeant pro bursis suis quilibet eorundem tres solidos Parisienses pro qualibet septimana, quâ Scholares fuerint Parisiis, & in domo cum aliis manserint suprà dicta, aliàs non nisi pro utilitate dictæ domûs procuranda per aliquos dies de voluntate sociorum, vel sanioris partis eorum, & de mandato principalis Magistri domûs prædictæ seduxerint aliquoties absentandos, Jacobo Barbitonsori Clerico, Turonensis Diœcesis, quem principalem Magistrum domûs prædictæ, & ejus Administratorem per alias nostras Litteras deputavimus, & adhuc etiam deputamus, quandiù Principalis extiterit, & quolibet Principali ejusdem domûs ipsius successore & Procuratore dictæ domûs, quem de Collegio dictorum Scholarium per dictos Scholares, seu per majorem & saniorem partem eorum ex nunc, si Procuratore indigeant, eligi & deputari; & cum amovendus fuerit, amoveri volumus, quandiù Procurator & procuratione prædictâ utetur quolibet videlicet eorumdem ultrà bursas communes prædictas decem & octo denarios Parisienses septimanâ qualibet habituro pro suis impendendis, circà procuranda dictorum Scholarium & domûs utilia servitio, vigiliis & labore stipendio hujusmodi pro Procuratore prædictæ domûs deputato, quandiù dicta domus Procuratore carebit pro dictæ domûs utilitatibus reservando ejusdmodi principalem Magistrum per Scholares prædictos, vel majorem & saniorem partem eorum quoties post mortem nostram Principali carebunt, similiter eligi volumus, & per Archiepiscopum & Episcopum prædictos, vel deputandos ab eis approbari, & etiam si amovendus fuerit, amoveri.

Item. Volumus & ordinamus, quod dicti Scholares à dicto festo Resurrectionis Domini, & deinceps singulis diebus Dominicis, & aliis festis solemnibus, & novem Lectionum, in quibus in studio Parisiensi ordinariè non legetur, & in festivitatibus præcipuis Ecclesiæ nostræ Turonensis, specialiter in festis sanctorum Martini, Mauritii, Sociorumque ejus, Gloriosorumque Confessorum Gratiani & Martini Patronorum nostrorum, & Translationis sancti Candidi, etiamsi dictis diebus Parisiis legentur, omnes Horas Canonicas ad usum Ecclesiæ Turonensis dicant, & decantent in communi Capella dictæ domûs ad hoc idoneæ deputatæ, dictisque festum, & eorum singulis Missas altâ voce & cum cantu per Capellanum idoneum ad hoc per eos seu saniorem partem eorum, cum Principali ejusdem domûs consilio assumendum, quibus interfuerint dicti Scholares, cantando & officiando ibidem faciant celebrari de festo, & insuper aliis diebus non festivis tot Missas ibidem celebrari faciant sine cantu, quod habitâ compensatione de Missis festorum prædictorum ad Missas dierum simplicium pro qualibet septimanâ celebrari faciant tres Missas in Capella superiùs declarata, pro quibus faciendis calicem, libros, vestimenta, & alia necessaria ordinavimus destinare ibidem; statuentes quod si quis Scholarium prædictorum Presbyter fuerit, & onus celebrandi dictas Missas assumere voluerit, & eas per eum in propria persona celebrare commodè potuerit, seu per alium ipso canonicè impedito celebrare voluerit, & celebraverit secundum ordinationem nostram prædictam, ultrà bursas suas communes sex libras Parisienses de redditibus suprà dictis percipiat & habeat pro labore suo circa celebrationem hujusmodi ipse

quas sex libras Parisienses redditûs, de redditibus prædictis promissis hujusmodi deputamus, quem etiam redditum in dicta Capella, & ad officiandum ibidem, sicut per hebdomadam in Collegiaticis Ecclesiis hacte-

DE LA VILLE DE PARIS.

tenus fieri confueta. Si verò nullus talis Scholarium Presbyter ibidem fuerit, volumus quod Sacerdos extraneus qui ad celebrationem ipfarum Miſſarum aſſumptus fuerit, ut præfertur, & ipſas celebraverit, ſalarium competens, de quo cum Principali domûs, cum aſſenſu ſanioris partis dictorum Scholarium convenerit, percipiat de ſumma prædicta pro officio prædictarum Miſſarum, ut præfertur deputata, reſiduo dictæ ſummæ convertendo in utilitatem dictæ domûs. Volumus inſuper & ordinamus quod de redditibus prædictis teneantur aſſiduè in dicta Capella ſuper altare duo cerei, quorum quilibet ſit de dimidia libra ceræ, qui accendantur & ardeant ad omnes Miſſas prædictas, & ad omnes Matutinas & Veſperas, quas in feſtis diebus ſuprà ordinamus in Capella eadem celebrari, ad quæ omnia ſubeunda meramus & afficimus omnes & ſingulas res & redditus ſuprà dictos, tum ad prædicta & ad alia omnia ſuperiùs ordinata, tenendaque omnia prædicta in ſtatu ſufficiant copioſe. Si verò Principalis & Scholares prædicti hujuſmodi Canonicas, Miſſaſque prædictas obmiſerint celebrare & celebrari facere, & dictam Capellam officiare ſecundum modum ſuperiùs expreſſatum, Volumus & ordinamus quod pro qualibet hebdomada, quâ defecerint in prædictis, quilibet ipſorum qui in hoc fuerit culpabilis burſæ ſuæ & ſtipendii, quam & quod eadem ſeptimana eſſe de domo eadem habiturum, eo ipſo dimidiam partem amittat, niſi canonicum impedimentum habuerint, per quod à prædictis ſe poſſint legitimè excuſare, quo caſu defectum hujuſmodi ſuppleant proximâ ſeptimanâ ſequenti alioquin culpabilis in pœnam eo ipſo incidant ſupradictam ſtipendio hujuſmodi, quod amittent,prædictæ domûs utilitatibus reſervando: quantum autem ad reſiduam ordinationem domûs & Scholarum prædictorum, tradendaſque eiſdem regulas cum appoſitione pœnarum, contrà non obſervantes eaſdem, & ad facienda ſtatuta, & ordinanda omnia alia & ſingula quæ pro utilitate, quietoque tuto & perpetuo ſtatu dictorum Scholarium & domûs ſtatuta & ordinanda fuerint Venerabilibus viris Magiſtris Philippo Nicolaï, Canonico Turonenſi, & Ægidio Coopertori Decano de Candeyo, Fratri Thomæ de Sazilleyo, Ordinis Prædicatorum, & Magiſtro Joanni de Lucyo ſocio noſtro, de quorum fidelitate & prudentia circumſpecta gerimus plenam fidem, & duobus de ipſis in ſolidum tenore Præſentium committimrs vices noſtras; ita quod de præmiſſis per nos ut prædicitur ordinatis nihil valeant immutare, niſi eiſdem omnibus, vel ſaltem tribus ex ipſis, ſi quartum præmori, vel aliter impediri contingeret pro utilitate dictæ domûs aliqua de prædictis viderint aliter & meliùs ordinanda, quo caſu id fieri volumus per eoſdem. In quorum teſtimonium ſigillum noſtrum præſentibus Litteris duximus apponendum. Datum die Sabbati poſt *Oculi*, anno Domini 1333. GERVASIUS. C. S. C.

Univerſis præſentes Litteras inſpecturis & audituris, Philippus Nicolaï, Archidiaconus Dunenſis in Eccleſia Carnotenſi, Ægidius Coopertoris Turonenſis, Joannes de Lucyo ſancti Albini de Guerrandia, Nannetenſis Diœceſis Eccleſiarum Canonici, Commiſſarii, unà cum Fratre Thoma de Sazilleyo Ordinis Prædicatorum, cum illa clauſula, & duobus ex ipſis in ſolidum &c. A bonæ memoriæ Stephano de Burgolio quondam Archiepiſcopo Turonenſi, ad infra ſcripta deputati, & ad ea poteſtatem habentes, Salutem in Domino. Noveritis quod cum præfatus Dominus quondam Archiepiſcopus Turonenſis, piè conſiderans quod per bonos & ſtudioſos Scholares Dei Eccleſia illuſtratur, benè vivendi aliis exempla tribuuntur, fides Catholica roboratur, Regnum & Reſpublica ſtabilitur, ac rationibus earumdem animabus fidelium ſubvenitur, ad honorem Dei & Glorioſorum Patronorum Eccleſiæ Turonenſis, omniumque Sanctorum, & pro utilitate animæ ſuæ, duodecim Scholares quos perpetuò de Civitate & Diœceſi Turonenſi & Andegavenſi oriundos mediatim ordinavit & voluit aſſumen-

Tome III. O ij

dos creaverit, fundaverit & statuerit in studio Parisiensi, certis domibus, rebus & redditibus pro habitatione & bursis dictorum Scholarium, & pro domûs eorumdem necessitatibus & oneribus supportandis assignatis eisdem, statuens quod sex dictorum Scholarium de Turoni oriundi per Archiepiscopum Turonensem eligantur, sex de Andegavia oriundi per Episcopum Andegavensem instituantur, & ponantur deinceps, ordinans certo modo de bursis eorumdem, & de divino officio ibidem celebrando, & contra non officiantes debitè statuens certas pœnas, nobisque & dicto Fratri Thomæ cum dicta clausula, & duobus in solidum, &c. Ad residuam ordinationem domûs & Scholarium prædictorum tradendas eisdem regulas cum appositione pœnarum contra non observantes easdem, & ad faciendum, statuendum & ordinandum omnia & singula, quæ pro utilitate, quietoque & perpetuo statu dictorum Scholarium & domûs, facienda statuta & ordinanda sumere commisit vices suas, & plenariam potestatem, ita etiam quod de contentis in Litteris fundationis hujusmodi, nos omnes, vel saltem tres ex nobis, quarto mortuo, vel legitimè impedito, immutare possimus ea quæ pro utilitate dictæ domûs viderimus aliter & meliùs ordinanda, prout hæc & plura alia in Litteris super hoc confectis, signo ipsius Fundatoris signatis pleniùs continentur ; nos cupientes Scholares prædictos ordinare, & regulare taliter, quod ad honorem Dei, & dictæ domûs utilitatem conversari honestè, & proficere valeant in eadem pro securo, quieto & perpetuo statu ipsorum, & domûs prædictæ, sub spe etiam ratificationis dicti Fratris Thomæ ad præsens
in remotis agentis, & etiam impediti autoritate & potestate nobis in hac parte commissa declaramus, statuimus & ordinamus inferiùs declarata.

Primo si quidem cum dictus Fundator in fundatione hujus modi voluerit, quod singulis diebus Dominicis & aliis festis solemnibus & Novem Lectionum, in quibus in studio Parisiensi ordinariè non legetur, & in certis aliis festivitatibus Scholares prædictæ domûs omnes Horas Canonicas ad usum Ecclesiæ Turonensis, dicant & decantent perpetuò in communi Capella dictæ domûs ; dictisque festis, & eorum singulis Missas altâ voce, & cum cantu per Capellanum idoneum, quibus intersint dicti Scholares cantando & officiando ibidem faciant celebrari die festo ; & insuper aliis diebus non festivis tot missas ibidem celebrari faciant sine cantu, quam habitâ compensatione de Missis festorum prædictorum ad Missas dierum simplicium, pro qualibet septimana celebrari faciant tres Missas in Capella prædicta, volens & statuens, quod si Principalis & Scholares prædicti Horas Canonicas, Missasque Prædictas omiserint celebrare & celebrari facere, & dictam Capellam officiare secundum modum prædictum, quod pro qualibet hebdomada, quâ defecerint in prædictis quilibet ipsorum, qui in hoc cupabilis fuerit, bursæ suæ & stipendii, quam & quod eadem septimana esset de dicta domo habiturus, eo ipso dimidiam partem amittat, nisi canonicum impedimentum habeat per quod à prædictis se possit legitimè excusare, quo casu defectum hujusmodi supleant proximâ septimanâ sequenti ; alioquin culpabiles eo ipso in pœnam incidant supra dictam. Declaramus & dicimus intentionis dicti Fundatoris fuisse, & intelligi debere pœnam hujusmodi locum habere duntaxat, cum propter culpam seu culpas hujusmodi Horas Canonicas & Missas statutis diebus omiserint celebrare, non autem ubi cum dicentur Horæ & Missæ hujusmodi. Alioqui de dictis Scholaribus si ab eis absentabunt, in casu autem in quo se absentabunt à Missis & aliis Horis prædictis sine causa legitima statuimus, quod quilibet eorumdem pro quolibet deffectu quem faciet legitimâ excusatione cessante de interessendo Missis & Horis prædictis solvet pro quibuslibet Matutinis, Missis & Vesperis sic omissis per eum duos denarios, & pro qualibet Horarum aliarum unum denarium, & in pœnas hujusmodi incidat ipso facto.

Item. Cum executores testamenti, seu ultimæ voluntatis dicti Fundatoris dederint & assignaverint dictis Scholaribus & eorum domui quadraginta libras Parisienses, in thesauro dictæ domûs perpetuò conservandas, intentione tali videlicet quod tempore vindemiarum, & alio tempore opportuno querantur & emantur de ipsis vina, ligna, pisa, & aliæ munitiones necessariæ dictæ domûs pro utilitate sociorum ejusdem, & ante tempus vindemiarum cujuslibet anni restituantur in thesauro præcdictæ domus, pro munitione hujusmodi secuturo anno facienda pari modo. Volumus & statuimus quod prædicta perpetuò observentur, & quod Scholares prædicti dictas quadraginta libras Parisienses in alios usus convertere non possint, sed ante tempus vindemiarum cujuslibet anni eas teneantur integrare, & in thesauro recondere prædictæ domûs, & ad usum prædictum; taliter quod non valeant deperire ejusmodi munitiones, tam de dictis quadraginta libris, quam de alia pecunia dictæ domûs, queri volumus & emi per Principalem dictæ domûs, & per Procuratorem, cum Procuratorem habuerint, & cum, & quandiù Procuratore carebunt, per dictum Principalem, adjuncto secum uno de sociis pro magis ad hoc idoneo nominando per socios, vel majorem & saniorem partem eorum, & quæ spectant in solidum pericula & lucrum prædictum ad saniorem communitatem; & statuimus simili modo bursas solvi & distribui, & missas domûs fieri per Principalem dictæ domûs quandiù Procuratore carebunt, & cum Procuratorem habuerint per Procuratorem prædictum cum consilio Principalis, & cum missæ magnæ pro domo fuerint faciendæ, ad hoc adjungi & vocari volumus unum vel duos de sociis domûs magis industriosos nominandos per majorem & saniorem partem præsentium sociorum.

Item. Ordinamus & statuimus quod quandocunque persona Ecclesiastica vel secularis emerit & assignaverit dictæ domui decem libras Parisienses annui & perpetui redditûs amortisatas pro vita unius Scholaris, per annum jus perpetuò retineat sibi & successoribus suis, seu illi cui hoc duxerit concedendum præsentandi Magistro seu Principali dictæ domûs Scholarem, seu Scholares de Diœcesibus Turonensi & Andegavensi oriundos, qui in dicta domo recipientur, & dum recepti fuerint, jus habeant ut alii in eadem, & si præsentatus idoneus vitâ & moribus, & habilis ad perficiendum per eundem Magistrum seu Principalem inveniatur, recipiatur ibidem. Si verò secus fuerit, adhuc eadem persona alium repræsentet, & admittatur, seu repellatur eo modo quo dictum est; si verò secunda vice repellatur repræsentatus, tunc illâ vice præsentans jus præsentandi amittat, & ad illum de prædictis Archiepiscopo Turonensi, & Episcopo Andegavensi, de cujus Diœcesi ille Scholaris fuerit, spectet nominatio & dispositio illâ vice, jure illius Patroni in aliis præsentationibus semper salvo, non poterit dictus Archiepiscopus vel Episcopus ponere alium loco illius, nisi de eadem Diœcesi de qua erat dictus expulsus, fuerit oriundus, & tenebuntur Scholares prædicti jus illorum Patronorum perpetuò servare illæsum sine fraude, & non permittere quandiù domus ad hoc sufficiat quod ista clausula de domo tollatur, & si plures quam domus prædicta recipere possit, inibi de novo Scholares fundare taliter contigerit unam de suis domibus contiguam, dummodo ad onera dictæ domus supportanda residui proventus sui sufficiant, vel partem ejusdem quatenus erit necessarium retinere poterunt, & deputare pro Cameris eorumdem.

Item. Ordinamus & statuimus quod, si aliquis in vita vel in morte prædictæ domui vel Scholaribus ejusdem aliquid dederit vel legaverit pro emendis redditibus, pro domo eadem augmentanda, quod illud in alios usus non possint convertere, sed in redditus perpetuos, vel legatum hujusmodi convertere teneantur; si verò aliquid datum eis vel legatum fuerit, non ob causas prædictas secundum donantis vel legantis voluntatem, poterunt dicti Scholares disponere de eodem.

Item. Ordinamus & volumus quod secreta & consilia domûs non revelent alicui, nisi Visitatoribus infrà dictis, vel aliis præfatæ domûs amicis, de quibus firmam spem habeant, quod hujusmodi revelatio sit proficua, non nociva, domui & Scholaribus ante dictis.

Item. Et quod bono domûs prædictæ mobilia & immobilia, & maximè libros & Capellæ ornamenta studiose conservent honorem, utilitatem & augmentum dictæ domûs pro posse procurent.

Item. Statuimus & ordinamus quod, si Scholares prædicti sciverint in domo prædicta aliquos de ipsis Scholaribus inhabilem vel inutilem, vel propter mores, vel quia non possit, vel velit proficere, cum de intentione Fundatoris extiterit, quod boni Scholares & ad proficiendum habiles ponantur ibidem, quod ipsum non sustineant, imò Visitatoribus infrà dictis, aut ipsis non existentibus Turonensi Archiepiscopo & Episcopo Andegavensi prædictis, prout ad ipsos pertinuerit, id notificent, omni favore submoto, & adlaborent ad expulsionem ipsius de domo, & substractionem bursarum.

Item. Ordinamus, & districtè injungimus Scholaribus ante dictis, quod nullâ factâ divisione Diœcesis vel Nationis conveniant in domo eadem, tanquam Fratres, & ejusdem patriæ, nec illi de una Diœcesi faciant deliberationes soli contra alios, nec sit aliqualis differentia in Camerarum assignationibus, imò ne dum duo ejusdem Diœcesis, sed unus de una Diœcesi cum alio de alia Diœcesi in eadem Camera ponantur & maneant, prout Principali domûs meliùs videbitur faciendum, cum eadem reputanda sit prima omnium eorumdem; qui verò in hoc divisionem fecerit, vel contra prædicta faciet per Magistrum, Principalem & Procuratorem, cum ibi Procurator fuerit, & eo cessante per Principalem & alium de Scholaribus qui ad hoc per ipsos, vel eorum majorem partem idoneior fuerit reputatus cum majori parte sociorum per substractionem bursarum privatus ad tempus, donec suum recognoscens errorem venerit supra hoc ad emendam.

Item. Cum Fundator prædictus in eadem fundatione voluerit, quod ille de dictis Scholaribus qui Sacerdos existens, dictam Capellam officiare voluerit, de horis Canonicis atque Missis ordinatis, ibidem per Fundatorem prædictum juxtà ordinationem ipsius, ultrà bursas suas communes pro labore suo, circà celebrationem & officium hujusmodi impendendo, sex libras Parisienses percipiat annuatim. Statuimus quod si propter defectum bursarum vel aliter, taliter officians, se à dicta domo duxerit per aliqua tempora absentandum, & hujusmodi tempore absentiæ per alium non fecerit dictam officiari Capellam juxtà ordinationem fundatoris prædicti, nihil percipiat pro tempore hujusmodi absentiæ de stipendio prædicto pro Missis & officio deputato, sed pro rata hujusmodi temporis de summa prædicta defalcatio per Principalem & per socios sibi fiat, pœna contrà obmittentes dictam officiare Capellam à dicto Fundatore statuta in suo robore nihilominus remansura. Illud autem quod pro defalcatione hujusmodi remanserit communitatem cum primum commodè fieri poterit, ad supplendum defectum Missarum hujusmodi & officii taliter amissorum ad ordinationem sanioris partis sociorum, super quo eorum conscientias oneramus; ubi verò in dicta domo plures fuerint Sacerdotes Scholares de bursis quorum quilibet velit dictum officium assumere, is ad dictum officium per Principalem & socios deputetur & eligatur qui per judicium sociorum vel majoris partis eorum ad hoc idoneior fuerit reputatus, vel id inter eos dividatur si major pars sociorum hoc judicaverit faciendum, Principali tamen dictæ domûs, qui pro tempore fuerit, si Sacerdos existat, & officium dictæ domûs exequendum eligat, assumere & assumat cum effectu, in hoc statuimus præferendum. Si verò nullo de dictis Scholaribus existente Presbytero, per Sacerdotem extraneum Missas hujusmodi debitas in dicta Capella celebrari contingat, majores & idoneiores domûs, qui præsentes fuerint ad dispositionem principalis qui etiam primus incipiat ut aliis det exemplum per septimanas successivè officium exerceant, horas canonicas incipiendo diebus quibus juxtà ordinationem Fundatoris horæ canonicæ in Capella sunt decantandæ. Statuimus etiam quod nullus Scholaris extraneus qui non sit de bursis aliquatenus admittatur vel permittatur ad manendum in dicta domo cum sociis, nisi ad hoc accedat consensus sociorum vel sanioris partis eorum; nec tunc etiam nisi solvat pro domo & habitatione ad minus viginti solidos Parisienses annuatim, & nisi etiam sicut unus de sociis assignat domui duo manutergia & duas mappas bonas & honestas, quo casu etiam eum ordinamus debere cum sociis ad horas canonicas interesse, alioquin in pœnas duarum vel unius denarii incidat superius constitutam sicut unus incidet sociorum. Statuimus etiam & ordinamus quod qualiscumque, sive sit Principalis, sive Procurator, sive alius de Scholaribus dictæ domûs, negotia dictæ domûs gesserit, seu missas vel receptas per easdem fecerit, ad sancta Dei Evangelia jurare teneatur & juret in præsentia sociorum in principio gestionis de cætero, & qui nunc gerit, infrà octo dies à receptione præsenti, quod in gestione hujusmodi receptarum & missarum fideliter se habebit, & de datis & receptis reddet fideliter rationem & compotum temporibus inferius constitutis, vel aliter si per socios ex causa rationabili aliquoties immutata; quæ prædicta ordinatio & statuta quilibet Scholaris dictæ domûs in introitu domûs coram Principali & sociis lecta jurabit, prout ad ipsum pertinuerit immutabilia observare & facere observari pro posse, etiam quod nullum ibidem consentiet vel præsens permittet recipi nisi dictum priùs præstiterit juramentum; & ibidem etiam juramentum procurari volumus à Principali & Scholaribus dictæ domûs infrà octo dies à receptione præsentium computanda dum modò sint præsentes, & ab absentibus infrà octo dies à tempore quo ad domum redierint prædictam in præsentia alterius nostrum statuentis prædicta. Sequentia autem hic ordinata & statuta tam præsentes & absentes quam futuri etiam Scholares ibidem ad bursas in generali bona fide servare pro posse promittant prout sunt inferius annotata. Præterea statuimus & ordinamus, quod si futuris temporibus, Domino concedente, ultrà bursas trium solidorum Parisiensium restarent in domo prædicta aliqua de redditibus expendenda, Scholares solutis bursis prædictis de illo residuo nihil possint capere vel habere, immò illud residuum prædictæ domûs utilitatibus futuro tempore reservetur. Si tamen domo prædicta & ejus ædificiis, tam in ea quam eis contiguis & alibi ad eam spectantibus provisis existentibus in bono statu restarent *plus de* 40. *liv. Par.* Satis concedimus quod tunc, aliter non, usque & ad infrà 12 denarios qualibet septimana quamdiu ad hoc residuum possit sufficere, possint bursæ futuro tempore augmentari: 40 lib. ut suprà prædicitur semper anteà de dicto residuo pro domûs necessitatibus & utilitatibus reservatis.

Item. Cum non deceat nec honestum sit, si sit inter aliquos Scholarium dictæ domûs aliqua longa causa vel contentio, quod absit, quod ipsos opporteat ad hoc in domus infamiam coram Judice litigare; Ordinamus & statuimus quod Principalis & Procurator, si Procuratorem habeant, aliter Principalis cum altero sociorum qui ad hoc idoneior per socios reputatus fuerit summariè & de plano prædictam audient & terminent, nullo de extrà domum nisi pro testimonio ad causam admisso, nisi sit aliquis de visitatoribus infrà dictis, nec talibus extrà domum fiat quæstio sive rumor. Si verò causa sit cum Principali vel Procuratore, sunt ibi fuerit Procurator, seu contra aliquem eorumdem, unus illorum contra quem seu pro quo non erit, cum honestiori aliorum sociorum causam audiant & terminent. Si autem contrà ambos seu contrà Principalem solum, cum ibi non fuerit Procurator, audiant & terminent Collegium sociorum: qui autem sententiis prædictis non paruerit vel contrà venerit, à bursis suspendatur quousque paruerit & inobedientiam emendaverit arbitrio sociorum, nisi causa sit beneficialis vel aliter ita grossa quod omnibus sociis eos remitti ad alios Judices expediens videatur.

Item Ordinamus ob infamiam & injustas vexationes vitandas, quod nullus de domo prædicta procuret aliquem citari virtute privilegiorum Universitatis, nisi priùs exposita causa coràm omnibus sociis & obtenta licentia communi, & tunc in eorum præsentia juret quod justam causam credit habere; & si citatus vellet coram Magistro & Procuratore cum ibi Procurator fuerit, vel eo cessante coram Magistro & idoneiori sociorum rationes suas proponere quod audiatur; & si videatur eis quod citatus habeat bonam causam, faciat citantem supersedere, alioquin ex tunc à bursis suspendatur donec paruerit arbitrio prædictorum.

Item. Ordinamus quod si aliquis dictorum Scholarium ultrà tres menses à domo tempore vacationum minimè computato absens fuerit sine causa rationabili exposita & admissa, à sociis eo ipso à domo prædicta tollatur & expellatur, & alius per Archiepiscopum, Episcopum vel Patronum prædictos ipsius, prout ad ipsos pertinuerit subrogetur. Si tamen propter domûs indigentiam bursæ de tribus solidis debentur, & propter hoc se aliquis abstentaret quousque sibi satisfactum fuerit de bursis prædictis vel per eum steterit ejus absentia propter causam prædictam, absentia quantum ad hoc non dicetur. Dum tamen in recessu protestetur quod ob causam istam recedit, ex hoc tenebunt dicti Scholares nunciare infra dimidium anni loci Archiepisco, Episcopo vel Patrono.

Item. Cum sciamus processisse de voluntate Fundatoris prædicti, quod Scholares dictæ domûs, Grammaticam, Logicam, Medicinam, Canones & Theologiam, sicut eis magis expedient & utile videbitur, possint indifferenter audire; id statuimus observandum. Quia tamen qui non studuit in Jure-Civili perfectè non possit in Jure-Canonico proficere; statuimus & ordinamus quod nullus de cætero admittatur ad audienda Jura-Canonica nisi anteà audierit per triennium ad minùs Jura-Civilia, nisi tempore admissionis suæ aliquis sit Presbyter, quo casu tum sibi leges audire non liceat, Canones possit licenter audire. Si autem aliquis de domo ut audiat Jura-Canonica, velit se transferre ad audiendum Jura-Civilia, & protestetur quod velit reverti ad domum ut audiat Jura-Canonica in eadem; concedimus sibi & ordinamus, quod si in casu prædicto locus suus salvus sibi remaneat in regressu infrà quinquennium, dum tamen studuerit sic continuè interim in Jure-Civili, quod in anno absens non fuerit à studio legali ultrà tres menses & priùs recessum adeat Archiepiscopum vel Episcopum de cujus Diœcesi fuerit oriundus infrà annum, dum diù ut alius loco ipsius substituatur in ejus absentia tantummodo, non perpetuo, eo regressso cedet ei locum suum ex hoc se facturum in suo ingressu jurabit. Alius verò qui taliter recedit jurabit in recessu suo quod pro audiendo Jura-Civilia, & non ex alia causa recedit intendens reverti ad Jura-Canonica audienda sine fraude quâcumque.

Item. Ordinamus quod si sic proficere studeat in scientia quod Scholares in artibus infrà quinquennium digni licentiam inveniantur; & si in sexto anno ad tardiùs non habuerit licentiam cum effectu justo impedimento aliter quam ex defectu scientiæ cessante, eo ipso à domo & bursis sint privati.

Item. In Medicinam in sex annos legant cursus suos, & infrà novem annos habeant licentiam, ut dictum est de Artissitis, alioquin eo ipso à domo & à bursis sint privati.

Item. In Jure-Canonico infrà sex annos legant, & infrà novem annos licentiam habeant in decretis sicut dictum est de præcedentibus, alioquin à domo & bursis eo ipso sint privati. In Theologia verò infrà octo annos legant cursus suos, undecimo legant summas & consequentes, alioquin ut

dictum

DE LA VILLE DE PARIS.

dictum est de cæteris præcedentibus, à bursis & domo eo ipso privati exiſtant, ſtatuentes ne in domus vituperium ad lecturam vel examen indiscretè prorumpant, quod hoc nullo modo faciant fine confilio & examine in ſcientia expertorum.

Item. Ordinamus quod poſtquam aliquis Licentiatus in artibus in domo ſteterit per annum, vel Magiſter, niſi ſit Regens in actu, quod ſe transferet ad aliam ſcientiam vel privetur niſi velit ſe fundare pleniùs in Philoſophia naturali, intendens ad Theologiam ſe transferre, & juret quod hoc intendat facere ſine fraude; nec ſit Regens ultrà quatuor annos in domo prædicta, alioquin privetur domo & burſis, niſi poſtquam ſic regere deſierit, ſe ad Theologiam duxerit transferendum, vel niſi exeat ut præmittitur pro legibus audiendis poſt quinquennium recurſurus ad Canones audiendos.

Item. Ordinamus & ſtatuimus quod Scholares dictæ domûs tam Principalis quam alii bis in anno viſitentur per duos Viſitatores, unum videlicet de Turonis oriundum, per Archiepiſcum Turonenſem & alterum de Andegavia oriundum per Epiſcopum Andegavenſem, ſeu alios de propinquis diœceſibus, non inventis Pariſiis idoneis dictarum Diœceſum nominandi & etiam deputandi, prima ſeptimana Decembris, & conſimiliter Aprilis qui inquirat de eorum profectu, moribus & ſcientia diligenter; & ſi aliquis ipſorum inhabilis ad proficiendum vel propter mores, vel aliter inveniatur vel laudabiliter non profecerit, vel ultra terminos prædictos ſine licentia, vel inventus fuerit rationabili cauſa ceſſante ut dictum eſt, exindè abjiciatur omnino & à burſis ſuſpendatur, ſignificetur Archiepiſcopo & Epiſcopo prædictis, prout ad quemlibet pertinuerit eorumdem, quod ipſos amoveant atque privent, ac etiam patrono cum ad ipſum pertinuerit ad finem quod alii ſubrogentur.

Item. Nullus admittatur in domo qui habet *plus* 20 *lib. Pariſ.* redditûs in Scholis Pariſinis portatis in patrimonio vel beneficio Eccleſiaſtico cum de intentione fundatoris extiterit quod burſæ pauperibus Shcolaribus aſſignentur.

Item. Nullus poſtquam habuerit 30 lib. Pariſ. redditus in Scholis Pariſinis portatis in domo prædicta remaneat niſi ſociis placuerit, & tunc burſis careat & ſicut extraneus domum ſolvat & alius in loco ipſius ſubrogetur.

Item. Statuimus quod quilibet Scholaris amabiliter & curialiter vivat nec opprobrioſè dicat ſibi convicia vel opprobria ſub pœna ſex denariorum, nec percutiat aliquem ſociorum injurioſè ſub pœna ſubſtractionis burſarum quouſque reſtituatur arbitrio ſociorum & converſetur honeſtè inter ſocios, ita quod unus non dementiatur alium injurioſè ſub pœna duorum denariorum.

Item. Nullus verba inhoneſta maximè in locis communibus domûs proferat.

Item. Nullus bibat in taberna tabernariæ ſub pœna ſex denariorum nec aſſueſcat ſub pœna unius burſæ, & ſi aſſuefactus poſt monitionem Principalis in præſentia ſociorum non abſtineat ſubtrahantur ſibi burſæ donec pœnituerit & emendaverit ad arbitrium ſociorum.

Item. Omnes à Lupanaribus caveant ſub pœna exprivationis.

Item. Nullus mulieres cujuſcumque conditionis exiſtant ad domum prædictam de nocte ducere præſumat nec de die, niſi tales ſint & in tali ſocietate quod conſtet Principali & ſociis nullam indè malam ſuſpicionem orituram ſub pœna privationis. Si quis verò eorumdem, cauſa libidinis, mulierem ſuſpectam in domo prædicta de nocte duxerit vel venire fecerit & de hac deprehenſus vel convictus fuerit, eo ipſo domum & burſas amittat.

Item. Omnes ſimul comedant in aula, excepto caſu neceſſitatis tantummodo; quam neceſſitatem declaramus in tribus caſibus, videlicet in infirmitatis articulo, infirmis enim nullam legem imponimus, imò volumus

Tome III. *P*

eos pie & misericorditer pertractari, ita quod possint unum vel duos socios vocare in Camera qui eis faciant solatium & juvamen.

Item. Et in minutione in qua quilibet minutus cum uno vel pluribus sociis in Camera poterit comedere una die.

Item. Et in hospitibus si tales sint quod propter eos aula debeat praetermitti, de quibus sic ordinamus; quod nullus propter famulum aut socium uno socio domus communi minorem vel aequalem dimittat aulam. Si vero plures vel aliqua seu aliquae personae venientes supervenerint, de quibus domus vel persona adducens possint honorem vel commodum reportare, duci poterunt ad Cameram comestari, & poterit socius adducens unum, duos, vel plures socios ad deferendum eidem secum adducere, & habebunt socii de domo in omnibus casibus praedictis secundum taxationem praepositi debitas portiones; & si quid ultra habuerit de bursis propriis illud solvat.

Item. Nullus hospes in domo sine licentia Principalis & etiam Procuratoris, cum ibi fuerit Procurator, remaneat nec etiam hospitetur.

Item. Nullus hospites suspectos ad domum ducat sub poena unius bursae.

Item. Nullus ducat extraneos ad spirituales deliberationes sociorum.

Item. Nullus ponat vel faciat in domo immunditias nisi in locis ad hoc dePutatis sub poena unius denarii.

Item. Nullus habitet vel comedat in villa, nisi in locis vel cum personis honestis, sub poena sex denariorum.

Item. Socii stantes vel comedentes in villa, pro rata dierum quibus hoc faciant, perdant bursas.

Item. Hora prandii Praepositus pulset campanam, & tunc socii veniant & fiat benedictio per Principalem vel alium loco sui; quam si sit absens major pars ipsorum facere teneatur. Post mensam vero omnibus adstantibus is qui benedictionem fecerit reddat gratias, & dicatur Psalmus *De profundis* cum oratione spirituali pro fundatore praedicto & generaliter pro defunctis. Qui autem in domo praesens ad mensam non venerit, nihil habeat nisi panem, exceptis casibus ante dictis. Si autem extra fuerit & citò post introitum venerit ad mensam, comedat cum aliis, aliter non habeat nisi panem. Si vero tardè venerit, nihil habeat nisi panem, nisi ex causa rationabili excusetur, & tunc habeat debitam portionem, sicut 'si veniat de lectionibus vel disputationibus, seu Facultate vel de extra villam, causa necessitatis, non ludi. Et si quis assuetus fuerit extra prandium esse sine causa rationabili nihil habeat nisi sit praesens.

Item. Tali hora comedat quod nullus eorum in lectionibus vel disputationibus perturbetur.

Item. Nullus jaceat extra domum in villa sub poena dimidiae bursae nisi de licentia Principalis, seu ipso absente, locum tenentis ejusdem vel post factum legitimè se excuset; & praecipuè nullus assuescat, & si monitus non destiterit per Principalem vel ejus locum tenentem, suspendatur à bursis quousque appareat de correctione ejusdem. Et idem statuimus de minùs tardè, id est, privis pulsationem ignitegii venientibus & rumis magnae, id est ante pulsationem campanae beati Jacobi exeuntibus modo indebito & suspecto.

Item. Qualibet septimana fiat collatio de aliqua quaestione inter eos qui sunt ejusdem Facultatis.

Item. Nullus mittat extra domum menagia & vasa domûs, sed neque libros aliqua ratione seu causa, nisi ea de causa ut reperitur vel concedantur sine damno aliquibus personis dictae domûs amicis & ex quibus domus possit habere profectum.

Item. In deliberationibus ordinatè respondeant requisiti primitùs à Praesidente, & tunc nullus verbum alteriùs interrumpat.

Item. Nullus cantet vel alta voce loquatur quod impediat socios ad studendum vel etiam quiescendum.

DE LA VILLE DE PARIS.

Item. Ordinamus quod de omnibus libris, ornamentis Ecclesiasticis, utencilibus & aliis rebus mobilibus dictæ domûs, in eadem existentibus communibus, quibuscumque vocatis omnibus sociis fiat inventorium, & quod singulis annis prima septimana quadragesimæ fiat ostensio præmissorum coram Principali & Procuratore, cum Procuratorem habebunt & aliis sociis dictæ domus, & fiat comparatio ad inventorium de rebus prædictis anteà factum in archa communi reservatum; & si aliquid defecerit cum diligentia requiratur, & si aliquid de novo fuerit acquisitum in inventorio scribatur & in archa fideliter reponatur.

Item. Volumus & ordinamus quod vina per præpositum tradantur in aula in qualibet septimana per talliam, & in fine septimanæ quod fuerit impensum solvatur per præpositum & deducat illud de bursis, vel recipiat à sociis; & similiter tradatur sociis in Cameris ad talliam taxatione cujuslibet dolii per Principalem & Procuratorem, cum Procuratorem habebunt, & eo cessante per Principalem & Magistrum industrium, sociorum ejusdem distributionis pro numero semper factum, tradaturque in qualibet septimana Procuratori, cum ibi Procurator fuerit, alioquin Principali recepta vini & scribat quantum, & exhausto quolibet dolio fiat summa receptæ in præsentia sociorum; & est intentionis & ordinationis nostræ quod virtute juramenti præstiti, quilibet præpositus sit astrictus ad hoc fideliter faciendum : quod si pareat de contrario, puniatur arbitrio sociorum vel majoris partis eorum, etiam si necesse fuerit per substractionem bursarum.

Item. Ordinamus quod quilibet in introitu det communitati domûs duo manutergia & duas mappas bonas & pulchras.

Item Volumus & ordinamus quod anno quolibet in festo Purificationis beatæ Mariæ Virginis quilibet dictorum Scholarium solvat gerenti domûs negotia quinque solidos pro rebus communibus domûs reparandis & consumptis quantum opus fuerit restaurandum, sicut sunt culcitræ, mappæ, poti, tabulæ & cætera omnia quæ in prædictos usus & non alios convertantur. Statuimus insuper quod in dicta domo sit una archa communis cum duabus clavaturis & duabus clavibus diversarum gardiarum, cujus archæ Principalis dictæ domûs habeat unam clavem & Procurator, cum Procuratorem habuerint, aliam, eo cessante major & idoneior sociorum per Principalem eligendus, judicio ipsorum vel sanioris partis eorum habeat aliam clavim pro reponendis libris, litteris, pecunia & cæteris pertinentibus ad dictam domum.

Item. Ordinamus quod in domo prædicta majores sint duo in regimine domûs, scilicet Principalis & etiam Procurator, cum Procuratorem habebunt, qui Principalis durabit in officio sicut ordinavit Fundator prædictus quamdiu erit in domo, nisi ex causa ad requestam sociorum per Prælatos prædictos sit amotus; ipso autem amoto per ipsos vel autoritate eorum infrà quindecim dies à tempore vacationis minimè computato si sit major & sanior pars Scholarium prædictorum in domo, alioquin infrà quindecim dies postquam major & sanior pars eorumdem præsens inibi fuerit eligatur statim quem de societate præsentem vel absentem viderint opportunum, & tunc significent Prælatis prædictis seu deputatis ab eisdem quod ipsum sic electum approbent prout ex Fundatoris ordinatione pertinet ad eosdem, ipse verò sic electus interim & semper exercebit officium quousque Prælati prædicti vel deputati ab eisdem contradicant. Si autem ultrà tres menses in anno computato, etiam tempore vacationis, sine causa rationabili à sociis admisso à domo se abstinuerit, eo ipso à dicto officio sit privatus, & ex tunc ad alteriùs electionem liberè procedatur, sicut posset fieri ipso per dictos Prælatos vel eorum autoritate amoto. Et verò quamdiu fuerit Principalis debebitur obedientia ac reverentia in licitis & honestis, absensque alicui de sociis poterit committere vices suas: ad ejus verò officium spectabunt quæ suprà pro eo sunt expressa.

Tome III. ± P ij

Item. Et pœnas taxatas exigere & levare & ad effectum punire, de pœna tamen unius bursæ vel minoris cum assensu majoris partis sociorum semel in anno cum quolibet poterit dispensare.

Item. Incitare debebit Scholares ad studium & mores.

Item. Quamdiu domus Procuratore carebit, tenebitur misias domus facere & scribere. Cum autem ibi erit Procurator, tenebitur idem Principalis qualibet septimana misias Procuratoris audire & scribere. Ita quod in compoto Procuratoris scriptum fuerit suum semper apportet, Cameras assignabit Scholarium & principaliter ad eum spectabit cura domus; non enim possunt omnia declarari, solus tamen non poterit bursas suspendere nisi in casibus suprà dictis ubi non suspendit sed pœnas exequitur jam taxatas. Si tamen casus correctione dignus ultrà suprà contenta inveniat seu eveniat ipse cum majori parte sociorum poterit corrigere & bursas suspendere prout eis videbitur expedire. Quoties verò qui ibi erit Procurator, ipse Procurator indigebit eo ad suum officium, vel è converso unus requisitus ire tenebitur tam alio in eorum officio & aliis domûs utilitatibus & necessitatibus procurandis, pro quibus etiam ipsi vel eorum alter aliquem vel aliquos de sociis secum ducere vel solos mittere poterunt, maximè ubi fuerint causâ probabili vel necessariâ impediti, dum & quando pro domus utilitate videbitur expedire sub pœna dimidiæ bursæ. Caveant tamen sub debito juramenti ne malitiosè aliquos avertant à studio, vel sine causâ rationabili & impedimento mittant, vel plus debito secum ducant. Procurator durabit anno cum oportuerit ibi Procuratorem habere, & non plus nisi placuerit sociis atque sibi; electusque à sociis vel majori parte eorum sub pœnis suspensionis bursarum, tenebitur onus Procuratoris assumere, si anno præcedenti non fuerit Procurator, nisi excusationem prætendat quæ majori parte sociorum rationabilis videatur: ad ejus officium spectabunt quæ sunt pro eo suprà scripta.

Item. Et debita, legata, obventiones, redditus & alia jura domus exigere & levare; vineas, terras, domos & res alias dictæ domûs cum Principali tradere vel coli facere & misias ad domum spectantes facere extrà tamen sociorum & bursarum expensis quæ fient per præpositum reparationes domorum tamen faciat Principalis quamdiu Procuratore carebunt; aliter eas faciat Procurator cum assensu & scientiâ Principalis prædicti.

Item. Dum Procurator & negotiator gestorum habebit centum solidos eos propter pericula in archa communi reponat.

Item. Qualibet septimana dicat Procurator Principali misias dictæ domûs, & generaliter omnia negotia domus ad cujus curam & magistri principaliter pertinebunt; computabitque Procurator, seu qui cessante Procuratore, negotia gesserit dictæ domûs semel anno quolibet circà finem anni die ad hoc sibi assignandâ per socios vel saniorem partem eorum vel citius & sæpius si fuerit à sociis requisitus, quamdiu verò domus prædicta procuratore carebit, prædicta ad ejus officia pertinentia Principalis tenebitur exercere percipiendo duntaxat ultrà bursas communes decem & octo denarios Parisienses sibi per Fundatorem prædictum assignatos.

Item. Quilibet sociorum sit præpositus unus post alium consequenter qui quærat victualia pro communitate sociorum. Si verò futuro tempore aliqui Lectores in Medicinâ, Canonibus vel Theologiâ sint in domo deferatur eisdem & soli habeant Cameras si possit fieri bono modo & sine gravamine sociorum, leganturque ordinationes istæ in præsentia sociorum infrà sex dies postquam ea habuerint, & anno quolibet deinceps in festo omnium Sanctorum & in Paschali; inhibemusque ne eas vel earum aliquam immutent in aliquo Principalis & Procurator, nec socii dictæ domûs; sed si innuente domus utilitate aliqua seu aliquæ de non juratis expressè viderint in melius immutanda ad petitionem melioris partis eorum hoc fiat per

DE LA VILLE DE PARIS. 117

nos & Collegam nostrum vel duos nostrum quamdiu supervixerimus, & post mortem nostram & trium ex nobis per Prælatos prædictos seu per visitatores ab eis deputandos, si hoc sibi duxerint committendum. De juratis verò nostris & nostrum duobus supervenientibus immutationem si qua fuerit rationabiliter facienda, & additiones seu declarationes ad prædicta & de prædictis tantummodo reservamus.

Item. Si sint in prædictis aliqua obscura, vel pro domûs ordinatione minùs declarata, domibus Constant. & Sorbonæ in casibus similibus se conforment. Quia verò in pluribus casibus antè dictis ordinamus, & statuimus quod Scholares dictæ domûs eo ipso perdant domum & bursas & eis sint privati, & ita cavetur in regulis aliorum Scholarium Parisiis fundatorum, nos qui de voluntate fundatoris quantum ad hoc notitiam plenam habuimus, verba in fundatione continentia quod Principalis & Scholares dictæ domûs dum amovendi fuerint, amoveantur per Prælatos prædictos, intelligimus & intelligi declaramus & interpretamur autoritate prædicta quantum ad hoc de amotione de facto & de amotione totali eorumdem, in casibus aliis in quibus per ordinationes nostras præsentes non erunt, ipso jure domo & bursis prædictis privati, & cætera etiam prædicta in quantum præmissis sunt contraria pro evidenti utilitate dictæ domûs, tenore præsentium autoritate eadem immutamus. In quorum testimonium sigilla nostra duximus præsentibus apponenda, una cum signo Curiæ Parisiensis ad requisitionem nostram eisdem præsentibus apposito, ad majorem certitudinem præmissorum, &c. Datum Parisiis die 4 Martis antè Purificationem beatæ Mariæ anno 1308. C. 5. D.

Dans le Testament de Guillaume   Evêque d'Autun, fait en 1344 le treize Octobre l'an troisiéme du Pontificat de Clement VI où sont ces paroles.

Item. Vult & ordinat dictus Testator, quod quædam domus sita Divioni, cum vinea retrò sita & earum pertinentiis, quam Joanni Julioti nepoti suo, se asserit tradidisse sub tali conditione, quod ipse aut causam ab eo habentes, ipsam domum & vineam cum earum pertinentiis pro ducentis libris monetæ tunc currentis redimere & retrahere possint pro dicta summa pecuniæ per suos hæredes inferiùs nominandos redimantur, & Gerardo de Auxona nepoti suo, cui ipsas domum & vineam cum earum pertinentiis jure legati, & nunc dat & legat per dictos suos hæredes delebantur, & in casu in quo à dicto Joanne pro dicta summa pecuniæ non poterit redimi seu rehaberi. Vult dictus Testator quod dictus Geraldus vendat & vendere possit de propriis bonis immobilibus ipsius Testatoris quæ sibi & successione suorum prædecessorum obtinuerint, videlicet de illis quæ magis ipsi Girardo vendere potuerit, usque ad summam seu quantitatem ducentum libratum Turonensium, de quibus ementur redditus ad opus ipsius Girardi; & si dicti hæredes dictum Girardum in dicta venditione dictorum bonorum immobilium impedirent, seu dictæ venditioni contradixerint, vult & ordinat dictus Testator quod dictus Girardus donare possit, & sibi liceat liberè, & sine contradictione aliqua illustri Principi Domino Duci Burgundiæ illam partem dictorum bonorum immobilium quam vellet vendere pro ducentis libris Turonensibus suprà dictis. Et si contingat dictum Girardum decedere sine hærede de suo proprio corpore procreando, vult dictus Testator quod Philippus filius Joannis Landeti consanguinei sui Divioni commorantis, habeat dictas domum & vineam cum pertinentiis eorumdem & in casu in quo à dicto Joanne redimi poterunt & rehaberi, aut dictos redditus quos emi contingeret de dictis ducentis libris, si dictæ domus & vineæ redimi non possint *pro bursis suis in Scholis faciendis si studuerit & verus Scholaris fuerit, alioquin vult dictus Testator ipsas converti & assignari in augmentatione redi-*

dituum quos emi continget pro fundatione pauperum Scholarium Parisiis per executores suos inferiùs nominandos de ejus mandato fundatorum.

Item. Dat & legat Perenotto Baudeti Clerico nato Joannis Baudeti omnes libros suos Juris-Civilis, si fuerit Scholaris & studuerit in studio generali, & vult quod domus sua de prisione quæ sita est Divioni vendatur & de pretio ipsius emantur redditus de quibus viginti libratæ terræ assignantur eidem Perenetto pro bursis suis in studio faciendis & residuum pretii, si quod fuerit in augmentationem reddituum pro dictis pauperibus Scholaribus Parisiis fundandis committantur, de quibus Scholaribus vult dictus Testator dictum proventum unum esse.

Item. Dat & legat Reverendo in Christo Patri Domino Domino Hugoni de Pomeraco, Electo confirmato Episcopo Lingonensi, unum de Libris suis Pontificalibus.

Item. Meliorem annulorum suorum Pontificalium.

Item. Magnum equum suum grisardum, cum bona sella sua, & unà cum armis suis bellicis.

Item. Dat & legat Domino Michaëli de Treheyo, Archidiacono Havoniensi, in Ecclesia Cameracensi, equum corserium nigrum, & ensem suum pro guerra.

Item. Asseruit idem testator quod Magister Henricus de Salinis redditus Episcopatûs Cameracensis, tempore quo idem testator præerat ipsi Episcopatui emolumenta ejusdem Episcopatûs recepit per quatuor annos, & multa alia administravit, ac etiam dispensavit, de quibus nullum reddidit computum seu rationem; quapropter vult, mandat & præcipit quod dictus Magister Henricus, coram Reverendo Patre Domino Hugone de Pomeraco Electo, confirmato Lingonensi super prædictis computum reddere teneatur, cui dictus Dominus Hugo super his rationabiliter faciat quod fuerit faciendum, cætera bona sua omnia de quibus non est in aliqua parte suæ ultimæ voluntatis ordinatum, solutis primitùs debitis suis, & Aymonis quondam avunculi sui, & legatis ac clamoribus, & forefactis ipsorum testatoris, & sui prædicti avunculi pacificatis converti voluit & convertir in fundationem Scholarium in domo sua sita Parisiis ante domum Hospitaliorum sancti Joannis Hyerosolimitani secundum executorum suorum providentiam faciendam, quorum discretioni commisit quod in dicta domo sua illum Scholarium numerum statuant, cui numero possint sine penuria sufficere valor & redditus, qui haberi poterunt de suorum bonorum mobilium & immobilium, seu se moventium, actionum & nominum de quibus ut præmittitur, non est per eum aliter ordinatum: cui numero Scholarium, seu quibus Scholaribus ad hunc finem dictam domum suam, & cætera bona sua omnia, de quibus, ut supra dictum est, non est aliter ordinatum, donavit & concessit, donat & concedit, & eosdem Scholares usque ad numerum suprà dictum induci voluit & mandavit, in dictam domum & possessionem ejusdem, cæterorumque bonorum ad hunc usum superiùs concessorum ratificavit, etiam & ratificare se dixit ex certa scientia, & specialiter & expressè contractum per Nicolaum Francisci de societate Bardorum, cum Religiosis Monasterii Frigidi-montis, Cisterciensis Ordinis, Belvacensis Diœcesis, celebratum & initum pro pensione septem librarum, super quadam platea seu domo, sita Parisiis juxta domum suam, ac inclusis & incorporatis intrà domum suam, sub tali conditione & modificatione ratificavit & approbavit contractum hujusmodi per dictum Nicolaum, initum ut quocumque alibi commodè secundum arbitrium boni viri dictis Religiosis septem libratæ terræ poterunt situari, dicta domus sua à pensione dictarum septem librarum penitùs sit immunis; expressè tamen voluit & mandavit quod in dicto numero Scholarium duo semper de Episcopatu Cameracensi assumantur, & totum residuum præfati numeri assumatur de Burgundia indistinctè. Executores autem suos esse voluit Reverendum in Christo Patrem, ac Dominum Dominum Hugonem de Pomeraco, Episcopum Lingonensem; Magistrum Petrum de Palma Sacræ Theologiæ Doctorem, ac Magistrum Ordinis Fratrum Prædicatorum, Magistrum Joannem de Sine-muro, Auditorem Sacri Palatii, Canonicum Parisiensem, Philippum de Arbosio Decanum Lingonensem, Michaëlem de Tricheyo Archidiaconum Hanoviæ in Ecclesia Cameracensi, & Henricum de Salinis, Canonicum Lingonensem quibus omnibus, aut duobus, vel alteri eorumdem, si alium possent aut nollent circà executionem hujusmodi suæ voluntatis intendere vel vacare, dedit & concessit plenam, generalem & liberam potestatem, omnia bona sua mobilia & immobilia, & conquestus autoritate propriâ occupandi, vendendi, alienandi; ita tamen quod neque omnes alii simul juncti, nec duo ex eis, nec etiam unus solus quicquam, possint sine autoritate, consilio, seu licentiâ præfati Reverendi Patris Domini Lingonensis, in cujus discretione, fidelitate & conscientiâ confidit singulariter de rebus superiùs ordinatis. Voluit insuper, & expressè ordinavit quod si quid plus vel minus, aut obscuriùs, aut aliter quàm expedit, fit per eum quomodolibet ordinatum, dictus Reverendus Pater Dominus Lingonensis possit pro libito diminuere, vel suplere, interpretari, vel aliter, prout sibi placuerit declarare, &c. Eundem per traditionem Rotuli Papyrei, quem in suis manibus tenebat, eundem corporaliter investivit dictis bonis suis, &c. Si quis autem hæredum suorum in aliquo contravenire tentaverit, vel eandem in toto vel in parte quomodolibet impedire, eundem privari voluit, & privavit communi commodo quod ex ejus successione foret habiturus, & illud converti in augmentum reddituum Scholarium per eum, seu per dictos suos executores Parisiis, ut præmittitur fundandorum. Acta fuerunt hæc sub sigillo dicti testatoris, & signo, & subscriptione præsentis Notarii infrà scripti. C. 5. C.

JOANNES DE LYONS, Abbas Sæcularis Beatæ Mariæ Majoris, in Ecclesia Pictaviensi, Vicarius Generalis Reverendi in Christo Patris, ac Domini Domini Audoyni, Dei gratiâ, Parisiensis Episcopi, habens ad infra scripta plenariam potestatem, &c. Vir igitur venerabilis, & discretionis veritate conspicuus, & devotionis fervore perfusus, Magister Bartholomæus de Brugis, *Bruges*, in artium Facultate & Medicinâ Magister, &c. Ad nos venerabiles & magnæ discretionis Viros, videlicet Religiosum & honestum Virum Abbatem de Burgo-medio Blesensis (*Jean Alexandre, Abbé de l'Abbaye de Bourg moyen de Blois.*) Ordinis sancti Augustini, & Magistrum Guillelmum de Avenis, in Artibus & Medicina Magistrum (*Guillaume de Levinghe d'Avesne, Chanoine de Ste Croix de Cambrai, Medecin de Monsieur le Comte de Namur*) exposuerunt quod cum præpositum esset præfati Magistri Bartholomæi Parisiis fundare perpetuò certum numerum Scholarium in aliquo Collegiorum Universitatis ejusdem collocandorum, si vellemus condescendere, ut in domo seu Collegio Scholarium sancti Nicolai de Lupara, cujus Collegii & Scholarium dispositio & ordinatio plenariè ad dictum Reverendum Petrum omnimodo pertinet, tres Scholares fundarentur, &c. Nos autem, &c. Cum Magistro Petro de Bononia, Magistro ad præsens dictæ domûs, & cum Hugone de Miniaco, Magistro in Artibus ejusdem domûs, Scholari ac Procuratore Scholarium dictæ domûs seu Collegii ad infra scripta omnia & singula legitimè constitutis, &c. Annuentes & inclinati, &c Admisimus & præfatis venerabilibus Viris & disertis à Magistro Bartholomæo deputatis, &c. Concessimus, &c. Videlicet quod dictus Bartholomæus teneatur, & debeat in loco tuto & securo, & in tuta manu & secura tradere realiter, & perficere in bona pecunia numerata auri, videlicet mille ducentos florenos ad scutum vel valorem, ad emendam per Collegam prædictum Magistrum seu Administratorem ejusdem, qui est, vel qui tempore fuerit annuos redditus & perpetuos, amortisatos, seu etiam amortisandos, quantum haberi potuerint pro summa pecuniæ suprà dicta nomine ad opus, tam pro fundatione trium Scholarium prædictorum in Collegio suprà dicto perpetuo ponendorum & collocandorum de partibus inferiùs nominatis, quam pro amortisatione reddituum prædictorum, &c. quod præfati Abbas & Magister Guillelmus dicti Fundatoris nomine, & pro remedio ejus animæ, & suorum deponere teneantur, videlicet ducentos florenos ad scutum & valorem in usibus, relevationibus, sustentationibus, necessitatibus & utilitatibus dictæ domûs, prædiorum suorum & Scholarium ibi nunc degentium juxta & secundum arbitrium nostrum, & ordinationem nostram, &c. Quam quidem summam 1400 florenorum ad scutum vel valorem, &c. Tradiderunt & deposuerunt per modum depositi apud sanctum Victorem juxta Parisios, in thesauro Abbatiæ.

Item. Fuit actum inter nos & prædictas partes, &c. Et per nos indultum & generosè concessum, videlicet quod præfati tres Scholares ex nunc & perpetuis futuris temporibus accipi debeant, & assumi de partibus quæ sequuntur, videlicet unus de Flandria, alius de Picardia, & reliquus de Provincia Senonensi ; ita videlicet quod mortuo uno de Flandria, vel ejus loco vacante, quocumque modo succedat sibi Flamingus, & Picardo Picardus, & Senonensi Senonensis, & sic deinceps. Est autem sciendum quod ad præfatum Abbatem de Burgo-medio Blesensis, seu Priorem Claustralem dicti loci in absentia Abbatis illius Scholaris, & Provincia Senonensis ad Magistrum verò Guillelmum de Avenis prædictum, quandiù idem vitam duxerit in humanis aliorum duorum de Flandria & Picardia, & cujuslibet ipsorum & in solidum ; post mortem autem dicti Magistri Guillelmi, ad Abbatem de *Dobbes* suprà *Bruges*, Ordinis Cisterciensis, vel ad Priorem Claustralem dicti loci, in absentia Abbatis illius Scholaris de Flandria, & ad Capitulum Sanctæ Crucis Cameracensis, illius de Picardia nominatio & præsentatio dicto Reverendo Patri & successoribus suis, faciendi potestatem per prædictos, &c. Præfati tres Scholares de novo fundandi & instituendi in dicto Collegio regulis, ordinationibus, consuetudinibus & statutis, à fundatione, statutis vel consuetudinibus ipsius Collegii datis vel factis, & etiam observatis, ac etiam faciendis ritè & legitimè in eadem subesse & subjacere, & illa tenere & complere de puncto ad punctum sint astricti, sicut cæteri qui hactenùs in dicta domo seu Collegio fuerunt Scholares & studentes, vel suis temporibus erunt in futurum ; & insuper ad dictum Dominum Episcopum solum & in solidum, & successores suos positio & institutio, punitio & correctio ipsorum trium Scholarium hujusmodi liberè & plenariè, & omninò pari modo & consimili, sicuti aliorum Scholarium in dicta domo manentium & commorantium, qui nunc sunt vel fuerint pro tempore, pleno jure pertinebit, &c. Quolibet anno infrà octavas beati Bartholomæi Apostoli ad unam Missam de Spiritu Sancto solemniter, & cum nota pro dicto Magistro Bartholomæo, suisque benefactoribus & amicis, & pro illis quibus tenetur post mortem verò dicti Magistri Bartholomæi, annis singulis in die sui obitûs ad unam Missam de Mortuis, cum vigiliis & commendationibus consuetis solemniter celebrandis in Ecclesia seu Capella dictæ domûs pro remedio ejus animæ, & salute, & omnium prædictorum ipsos Scholares qui nunc sunt, & pro tempore fuerint, futuris temporibus obligamus, volumusque quod præsentibus Scholaribus in Missa de Sancto Spiritu, vel anniversario, ut dictum est, distribuantur decem solidi accipiendi super redditibus, emendis, & acquirendis de pecunia suprà dicta. Acta fuerunt hæc apud sanctum Victorem juxta Parisios, in thesauro Monasterii ejusdem loci, anno Domini 1350, die ultimâ mensis Martii.   C. 5. F.

DE LA VILLE DE PARIS.

A tous ceux qui ces presentes Lettres verront & auronr. DIANE DE ST. POL, Comtesse de Penbrok, SALUT en Jesus-Chrift. Comme à l'honneur deu au Roi de Paradis pour noftre fauvement, & des ames qui furent de nos très-chieres ames: c'eft à fçavoir de noftre très-chier Seigneur & Meri-Aymer de Valence, Comte de Penbrok; noftre très-chier Seigneur & Pere Guy de Chaftillon, Comte de St Pol; noftre très-chiere Dame & Mere Marie de Bretaigne, pour l'enconmancement de la fundation de un College d'Efcholiers, *College des Cholets*, nous euffiens donné finc cens livres de rente, lefquels nous eftient deues fur le trefor dou Roi, fçachent tuit que affin que ladite fundation puit mieux eftre accomplie, & briefvement parfinée dez maintenant, Maiftre Renier de Ambonay, Bachelier en Divinité: Nous ordenons, voulons, inftituons & eftabliffons Maiftre dudit College & de tous les Efcholiers qui feront de par Nous ou de par noftre confentement inftituez & eftablis Efcholiers dou College, aprés Maiftre Gerard des Maynyus Curé de Recey, nous inftituons & eftabliffons Efcholier du College. & voulons que ly devant dit Maiftre & Efcholier par eulz, ou par leur Procureur envers le Roy, & tous autres aux quelz il appartiendra, puiffent ou non, & pour ledit College les deffufdits finc cens livres de rente, requerir, recevoir & penre comme leur propre debte, & ainfis le voulons-nous de toutes autres chofes appartenans audit College. En temoin de toutes ces chofes nous avons fcellé ces Lettres de noftre propre fcel, qui furent faittes l'an de grace Noftre-Seigneur, mil trois cent cinquante & fix, le jour de la Fefte dou Saint Sacrement, vingt & troifiéme jour dou mois de Juing. Dans l'Inventaire. C'eft le College des Cholets. C. 5. G.

Dans le Teftament de Robertus de Juffiaco Canonicus Ecclefiæ fancti Germani Antiffiodorenfis Parifiis, ac Domini Regis Franciæ Clericus, *étoient ces paroles.*

Item. Volo & ordino, quod executores mei infrà fcripti vendant domos meas de fancto Germano de Pratis propè Parifios, cum fexdecim arpentis terrarum, vel circa ibidem exiftentibus, & domum meam dictam ad Leonem ferratum in bufcheria Parvi Pontis, & de pecunia venditionis dictarum domorum emantur redditus, de quibus poffint fuftentari unus vel duo pauperes Scholares perpetui oriundi dictæ villæ de Juffiaco ad opus alicujus domûs Hofpitalis apud Noviomenfem, aut Parifios, vel alibi, prout melius dictis executoribus meis videbitur faciendum, cujus vel quorum pauperum Scholarium prædictorum fuftentatio fpectabit ad illum vel illos qui tenebunt dictam jurifdictionem meam dictæ villæ de Juffiaco, & refiduum pecuniæ dictæ venditionis in piis ufibus convertantur. *Ce Teftament eft de l'année* 1363. *le onzieme Septembre.* C. 5. H.

Sentence de Hugues Aubriot Garde de la Prevôté de Paris, Commiffaire & Gardien, donné & octroyé aux Maîtres & Ecoliers de l'Univerfité de Paris, en 1368, le vingt-quatre Septembre, entre Thibaut d'Aubepierre Recteur de l'Univerfité, & Germain Gueroul Procureur de Pierre Gueroul fon frere, Bailli de Monfieur de Boulogne, à caufe que ja pieca feu Reverend Pere en Dieu Monfieur Pierre naguerres Evefque de Cambray, ayant volonté de fonder un College d'Ecoliers à ladite Univerfité, & avant qu'il allât de vie à trépaffement, &c. Se confiant dudit Maiftre Pierre, qui étoit alors l'un des Suppôts de ladite Univerfité, avoit baillé & delivré à iceluy Maiftre Pierre la fomme de quatre mille francs d'or du coing du Roi noftre Sire, pour achepter deux cens livres de rente, amortie pour faire la fundation defdits Efcoliers, felon la forme de certaine Ordonnance fur ce faite par lui, fi comme le Recteur difoit, &c. Or difoit-il que affés toft aprés ce ledit Evefque eftoit allé de vie à trépaffe-

Tome III. Q

ment, & que ledit Maiſtre Pierre retenoit leſdits deniers, & avoit refuſé de les delivrer, &c. Avons arreſté de par le Roy noſtre Sire iceux deniers en la main dudit Maiſtre Pierre, & lui avons deffendu de par ledit Seigneur à la perſonne de ſondit Procureur, qu'il ne les diſtribuaſt, alienaſt ou baillaſt en autres mains que ès mains de ladite Univerſité, ou au profit d'elle & de ladite fundation, juſqu'à ce qu'autrement en ſoit ordonné. C. 5. I.

Hugues Aubriot, &c. Sçavoir faiſons que l'an de grace 1368, le vingt-ſixiéme Septembre, furent preſens en leurs perſonnes Thibaut d'Aubepierre Recteur de l'Univerſité, & Garnier Gueroul Procureur de Pierre Gueroul, lequel dit & confeſſa que ſon frere eſtoit preſt de bailler les quatre mille francs d'or deſſuſdits, les bailler par ſa main pour achepter ladite rente, & faire ladite fondation deſdits Eſcoliers, ſelon ce que ordené & enchargié luy avoit eſté par ledit Eveſque, lequel lui avoit fait jurer qu'il ne les bauldroit à aucune perſonne, ains les diſtribueroit par ſa main à faire ladite fondation, & à ce vint & s'apparut devers Nous honnorable & diſcrette perſonne Maiſtre Jean Maubert, Collecteur de Noſtre St Pere le Pape au Dioceſe de Reims, lequel dit & propoſa que leſdits deniers dont queſtion eſtoit entre leſdites parties, appartenoient & devoient appartenir à Noſtre St Pere le Pape par pluſieurs cauſes & raiſons qu'il alleguoit, requerant que ils lui fuſſent baillez & delivrez, pour & au nom dudit St Pere, & au moins qu'ils fuſſent mis hors de la main dudit Maiſtre Pierre, & ſequeſtrez ſeurement, & mis en garde en lieu ſauf à la conſervation du droit d'iceluy St Pere, ou de ceux à qui ils pourroient appartenir; ledit Recteur diſant au contraire qu'iceux deniers appartenoient à ladite Univerſité pour le fait de ladite fondation, & que à icelle Univerſité devoient eſtre baillez, & mis en garde de par elle, & ne devoient pas eſtre baillez audit St Pere; mais neanmoins pour ce que ledit Collecteur d'iceluy St Pere requeroit qu'ils fuſſent ſequeſtrez, ledit Recteur vouloit bien qu'ils fuſſent ſequeſtrez de par le Roy, & mis en lieu ſauf à la conſervation du droit de ceux à qui ils pourroient appartenir; & au contraire ledit Procureur deſiroit empêcher ladite ſequeſtration, offroit bien, & offre à les mettre en bon lieu ſeur & ſauf, pourveu que iceux deniers y fuſſent mis de par luy & en ſon nom ſeul ſans autre, & qu'il en eut la vraie Seigneurie & poſſeſſion, par quoi il en peuſt accomplir & faire ce que enchargé & commis lui avoit eſté par ledit Eveſque: après ces choſes ainſi faites, Nous par le debat qui eſtoit entre icelles Parties, pour raiſon de ladite ſequeſtration, aſſignames & aſſignons jour aux dites Parties à Jeudi prochain venant. C. 5. L.

COLLEGE DE CAMBRAY.

A tous ceux qui ces preſentes Lettres verront. Hugues Aubriot, &c. Nous avons dit & ordonné que leſdits deniers ſeront pris & mis reaument & de fait en la main du Roi noſtre Sire, comme ſouveraine par le debat deſdites Parties, c'eſt à ſçavoir de ladite Univerſité & dudit Collecteur, & ſeront iceux deniers ſequeſtrez ſeurement, & mis en garde par ladite main du Roy, au treſor de l'Egliſe Noſtre-Dame, en un coffre où il y aura deux clefs deſpareillées, dont l'une ſera gardée de par le Roy, & baillée à celui qui garde les Chartes du Roy en la Chambre des Comptes, & l'autre clef ſera gardée par ledit Maiſtre Pierre ou par ſon Procureur, à ce que ordonné ſera du debat dudit Recteur pour ladite Univerſité, & dudit Collecteur pour ledit Noſtre St Pere, iceux deniers puiſſent eſtre diſtribuez & baillez par la main dudit Maiſtre Pierre pour faire la fondation deſdits Eſcoliers, ſelon l'Ordenance d'iceluy Eveſque, & en la

DE LA VILLE DE PARIS. 123

maniere qu'il l'enchargea à iceluy Maiftre Pierre. Ce fut fait en jugement audit Chaftelet, le Jeudy vingt-huitiéme Septembre 1368, en l'abfence dudit Collecteur, fur ce appelé & mis en deffaut pardevant Nous. C. 5. M.

COLLEGE D'AUTUN.

En une Claufe contenue au codicille de Maître Oudard de Molins, Chanoine de Paris, Conseiller du Roi & Préfident en la Chambre des Comptes, le feptiéme Decembre 1398. Memoire que Madame Oudard, &c. Ordonne par difpofition entre vifs la fondation de trois Efcoliers au College d'Autum à Paris; un Grammairien, un Canonifte & un Theologien, & qu'ils foient élus de ceux de fon lignage, s'ils font trouvés habiles, finon de la Chaftellenie de Molins, & finon des Villes d'entre Loir & Allier, & finon des Chaftellenies de Souvegny & de Belle-perche, & s'ils n'étoient trouvés efdits lieux, qu'ils foient élus ailleurs en pays de Bourbonnois; pour laquelle fondation, & pour acheter quarante livres de rente amortie pour lefdits Efcoliers, il veut être baillé prefentement aux Maître & Procureur dudit College la fomme de deux mille francs, & en outre pour ordonner leurs chambres, la fomme de neuf cens francs, & dès maintenant nomme Jean Audigier pour être l'un des Efcoliers Canoniftes, & l'autre a nom Maître Picar dit du Montet, pour être Theologien.

Item. Qu'ils foient unis entierement audit College, & en toutes les autres chofes réglés felon les Statuts & Ordonnances dudit College.

Ledit Teftateur leur legua un Livre appellé *de Lira*, en trois volumes, & quarante francs d'or. Ces legs acceptés & livrés aux Maître & aux Ecoliers du College d'Autum, & College de M. Bertrand, fondé à Paris devant St André des Arts, qui promirent donner quarante fols Parifis, pour être diftribués chacun an entre les prefents, qui aideront à faire & celebrer un anniverfaire chacun an dorefnavant en la Chapelle dudit College, le neuviéme Decembre, pour l'ame dudit deffunt à perpetuité. Le tout par Contrat paffé le Mercredi vingt-huitiéme jour d'Août, 1398. C. 5. N.

BENEDICTUS Epifcopus, Servus fervorum Dei, &c Cum autem ficut eadem petitio fubjungebat in ftatutis dicti Collegii canonicè editis, & Apoftolicâ autoritate confirmatis, ac juramento inter cætera caveatur expreffè, quod in eo unus Magifter feu Provifor, unus Capellanus, qui inibi divina celebraret officia, & quindecim Scholares exifterent, quorum quinque in Theologia, quinque in Decretorum, & reliqui quinque in Philofophiæ feu Logicæ facultatibus ftuderent, & quod nullus deinceps in dicto Collegio reciperetur, aut fuftineretur ad morandum, vel morari poffet in eo ultrà numerum prædictum; & fi qui effent in futurum ultrà illum numerum ibidem commorantes infrà quindecim dies Collegium ipfum exigere habitent & compellerentur, quodque nullus in quocumque cafu, & ex quacumque caufa in Scholarem, Theologum, vel Canoniftam, feu Artiftam poni vifus vel inftitui in domo feu Collegio ipfo, vel burfis dictæ domûs, habere aliquo tempore de cætero valeret, nifi de Caftro Annoniaci, Viennenfis Diœcefis, vel de illa parte dictæ Diœcefis Viennenfis, quæ eft in regno Franciæ conftituta, vel de Anicienfi, aut fancti Flori, feu Claromontenfis civitatibus & Diœcefibus effet oriundus, &c. Nos igitur voluntatem & ordinationem teftatoris, ac fundationem trium Scholarium, necnon acceptationem & ratificationem, &c. Magiftri Scholarium & Procuratoris prædictorum, ac alia omnia & fingula in Litteris contenta, rata habentes, &c. Autoritate Apoftolicâ confirmamus, &c. Licet ftatuta contraria, &c. Datum Maffiliæ apud fanctum Victorem, 2 Nonas Maii, Pontificatûs noftri anno 10.

EXTRAIT DU COMPTE DE SIMON GAUCHER,
Payeur des œuvres de la Ville de Paris.

Depuis le 17. Mars 1369, jusqu'au 22. Juin 1371.

LE Quai de la Mortellerie, fait en 1369, pavé en 1370.
 Les nouveaux murs du devant du Louvre, 1370, commencés en Mars.
 Les nouveaux murs que l'on entend faire entre la Baſtide St Antoine, & la Tour de l'Ecluſe des Barrés.
 Les nouveaux murs des Barrés.
 Le Port des Barrés.
 La Porte Bordelle.
 On faiſoit la chaux de cette clôture en la petite Bretagne, & on y hebergeoit le mortier.
 L'Iſle des Javiaux.
 Les Ruelles de la Mortellerie, pavées en Octobre, 1370.
 Le Pont de Fuſt de l'Iſle Notre-Dame, 1371.
 Le Pont d'emprès St Bernard aux Barrés, 1371.
 Port au foin.
 Le Pont de Fuſt derriere St Bernard aux Barrés, 1371.
 Le Pont de Fuſt d'entre l'Iſle Notre-Dame & St Bernard, planchié en Septembre, 1370.
 Plâtre, Chevron, pierre & ardoiſe pour les ouvrages de la Tournelle quarrée, & de la Porte du Pont de Fuſt de l'Iſle Notre-Dame, 1369.
 La Porte du Pont de l'Iſle Notre-Dame par devers St Bernard, eſtoupée en 1370.
 Lors on travailla aux murs de Paris du Fauxbourg St Antoine, juſqu'au Louvre, ſous les ordres de Sire Hugues Aubriot, Prevôt & Capitaine de Paris.
 A Nicolas Odde, pour certaine quantité de pierre qu'il avoit en une ſienne maſure, & ou fondement d'icelle ſeant au Meſnil-mau-temps, qui n'aguerre a été priſe pour la neceſſité des reparations des fontaines appartenantes à la Ville, montant à la ſomme de trois cens ſoixante-dix tombereaux de pierre ou environ, pour ce par quittance donnée le huitiéme Mars, 1370. rendu à Court, 8. liv. Pariſis.
 Six muids de plâtre livrés le vingt-ſept Octobre 1370, au Menil-mau-temps, fondés en 1370.
 Les tuyaux de la nouvelle Fontaine, dite de St Nicolas, au deſſus du Meſnil-mau-temps, aſſis en Decembre 1370.
 A Jean de Blois Peintre, pour avoir peint le Parlouer aux Bourgeois des environs le ſoixante-huit, lequel ne fut point mis au compte precedent, vingt-ſix livres Pariſis.
 La Porte Bordelle.
 A Guillaume Coquille, dit Loriaux, pour nettoyer les groſſes chaînes du travers de la riviere de Seine, 1369.
 La Tour quarrée de l'Iſle Notre-Dame. Je penſe que c'eſt de là qu'on appelloit la Tour de cette Iſle, la Tour Loriaux.
 Le Port au Feure.
 Port au foin payé en 1370.

DE LA VILLE DE PARIS.

Sept ormeaux nouvellement plantés sur le Quai de la Mortellerie 1370.

Sur le Quai darriere la Mortellerie, pour les ouvrages des Tournelles que l'on y fait pour les nouviaux ormes qui y sont plantés, 1370, Novembre.

Ces ormes étoient entourés de murs, & accompagnés de Tournelles,

La rue du Pute y muce.

La Baftide des Tuilleries.

Efclufe des Tuilleries.

Le Quai de la Saunerie fait 1369.

Le Quai de la Saunerie fur Seine, entre l'arche ou Poncel de l'Abbuvoir Pepin & le Pont de la Saunerie, entre l'Abbuvoir Pepin & la Vallée de mifere.

Gros fait entre la Tournelle de Barbel, & la Tour de l'Eclufe des Barrés, 1371.

Le regard des Fontaines, joignant de la Porte du Chaume près des viez murs en l'Hoftel de Monfieur d'Orliens, Janvier 1370.

Jean de St Romain Imageur eut fix vingt francs valant quatre vingt feize livres Parifis, pour faire les images.

Reprifes & Tabernacles en la Baftide St Antoine, par quittance du onziéme Aouft 1370.

Jean de Moigneville Tailleur de pierre, pour deniers à lui baillés pour diftribuer à plufieurs Maçons & Aydes, pour don à eux fait par Monfieur le Prevôt des Marchands & les Echevins de ladite Ville, à l'affiette de la premiere pierre affife à la Baftide St Antoine, dix livres Parifis.

A Simon & Jean Damours Pionniers, pour le falaire d'eux, & de dix autres perfonnes, avec deux Porteurs d'yaux, pour faire hativement deux muttes neuves en l'Ifle Notre-Dame pour les Arbaleftriers, & reparer deux autres muttes en ladite Ifle pour les Archiers, par quittance donnée le dimanche vingt-deuxiéme jour de Juin 1371. rendu à Court.

EXTRAIT DU CINQUIE'ME ET DERNIER COMPTE
de Philippe Dacy, Payeur des Oeuvres pour la Ville de Paris.

Commencé le vingt-fixiéme Septembre 1366, & finiffant le vingt-uniéme Janvier 1368.

PORT nouvellement fait pour venir de la riviere de Seine à la Place Maubert en 1366.

Le Port de la rue de Bievre.

La rue joignant à la maifon des Chandeliers qui eft en la rue de la Huchette.

Depuis le Port Notre-Dame le long de la riviere en montant jufqu'à la Porte de Garitement.

Une Porte laquelle cloft un Port fait nouvellement fur la riviere pour admener denrées en la Ville en la Place Maubert.

Rue des Jardins en côté St Pol.

La rue de Herondelles.

La rue des Bouticles au bout de Petit-Pont.

Le Port des Bouticles au-deffus du Petit-Pont.

La rue au Foin.

La rue aux Fuerres, au Fuerret.
La rue de Sac-Alye.
La rue Madame-la-Valence devant l'Abbayie St Germain jufqu'aux foffés.
La rue aux Lavandieres outre Grand-Pont.
Un Clocher fait à la Porte St Germain pour pendre une cloche, pour jour couvert d'ardoife.
Baffecourt de la Porte St Germain des Prés. A la Porte Bordelle une feconde baffecourt entre les barrieres & le pont dormant Une Cloche derriere Ste Geneviéve.
La Porte de Gaudine pavée, ailleurs Gadine, terraffée, voutée, entre la Porte de Bordelle & celle de Gadine.
La Porte Bordelle par devers Mouffetart.
Douze grands pertuis ès forts murs de taille fus la Porte de Gadine pour affeoir douze Corbeaux & fix poftues pour foutenir la terraffe d'icelle.
Porte St Jaques, baffecourt.
La Porte St Germain des Prés, & tantôt la Porte des Cordeliers, accompagnée d'une petite porte à côté.
La Porte nommée de Bucy.
Tournelle neuve derriere la maifon Maiftre Simon de Bucy en allant à Nefle.
Le Foffé derriere la maifon de la Ville qui eft derriere les Jacobins, depuis la premiere Tournelle qui eft au-deffus de ladite maifon par devers la Porte St Jaques jufqu'à l'autre Tournelle qui joint à ladite maifon par devers la Porte d'Enfer.
Le pavement qui eft au-deffus de la maifon de la Ville derriere les Jacobins, elle étoit couverte de pavé.
A Robert de Pierre-fons, Pionnier, pour frire vuider & porter hors les terres des douves des foffés qui font derriere la maifon de la Ville qui eft derriere les Jacobins, & étoient fondues & chues efdits foffés par deux fois depuis qu'ils avoient été faits & parfaits, pour caufe des ravines d'eaux & de pluies qui defcendirent au mois d'Août & de Septembre l'an 1365, qui les firent fondre & cheoir, & pour iceux reallaifier & querir les vives terres fans renfoutmer que ou meins que l'on a pû, & ce faifant lors furent trouvés une grande partie des forts murs anciennement faits par les Sarrazins, qui donnerent grande peine à rompre & dépecier, le dix-huitiéme Septembre 1365.
Les murs de l'Univerfité furent alors rehauffés, les Portes rebâties.
Le Port des Auguftins.
Quatre cens cinquante-fix toifes quarrées de chauffiée pavée depuis les Mathelins en montant contremont jufqu'à la Porte St Jaques.
C'eft la rue St Etienne des Grès.
Le Jardin de Hugues Aubriot Prevôt des Marchands emprès les Celeftins.
Les grands murs nouvellement faits felon la riviere entre la Tournelle de Barbel & la Porte qui eft devant les Celeftins.
Le Dortoir des bons Enfans en côté la Porte St Victor. Le Cloître des bons Enfans.
Atriere-foffés faits entre l'éclufe des Barrés & l'éclufe des Tuilleries, contenant deux mille cinq cens fix toifes & demie, trente pieds d'ouverture & quinze de profond, chacune toife au prix de quatre livres Parifis, vallent dix mille vingt-fix livres Parifis; les grands foffés furent alors approfondis, repavés & élargis.
Les arriere-foffés d'entre la Porte St Victor & la Seine de trente-fix pieds d'ouverture & de feize de profondeur commencés le neuf Mai l'an 1368 par ordre de Hugues Aubriot, vallent foixante-quatre fols Parifis la

DE LA VILLE DE PARIS. 127

toife: ils étoient revêtus de pieux, cloyes, foin, fagots & autres chofes gazonnés par deffus pour les foutenir

Une éclufe entre l'Hotel de Nefle & la Porte d'Enfer.

Les arriere-foffés d'entre l'éclufe des Barrés & celle des Tuilleries étoient de quatre pieds de haut & de fix de lés.

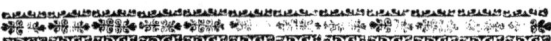

EXTRAIT DES REGITRES DES DELIBERATIONS
faites à St Nicolas du Chardonnet.

LE Dimanche vingt-huitiéme Mai 1606 fut arrêté à l'affemblée que dorefnavant, attendu la commodité de la Porte neuve le jour des Octaves du St Sacrement & de la Fête-Dieu, la Proceffion paffera par ladite Porte pour gagner la riviere, & que le Verger ira avertir les Paroiffiens de la rue des Bernardins & de la Tournelle de tendre devant leurs portes.

Sentence du Prevôt de Paris du vingt Janvier 1606, par laquelle il ordonne que la maifon du Sabot de la rue St Victor ne fera adjugée qu'à la charge que l'adjudicataire ou fes fucceffeurs ne pourront bâtir en la place & pourtour de l'Eglife St Nicolas par où paffoit autrefois le cours de la riviere de Bievre, qui eft entre la maifon du Sabot & les murs des Chapelles de ladite Eglife, de longueur de vingt-quatre toifes fur dix-huit pieds de large, ains de fouffrir ledit paffage libre conformement à la Sentence du Trefor du dix-fept Septembre 1547, confirmée par Arrêt du fept Avril 1562. Voyés les extraits de St Nicolas du Chardonnet.

Rue des Murs dite du Pui d'Arras 1516, 1576.

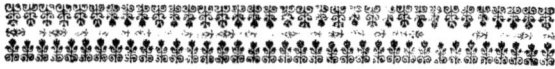

PREUVES.

Ce font les articles des Ordonnances qu'il a femblé à la Cour devoir être faits par le grand Aumônier, pour le fait de la reformation & gouvernement de l'Hopital des *Quinze-vingts*, au nom dudit grand Aumônier.

PREMIEREMENT, que les Freres & Sœurs dudit Hopital des Quinze-vingts de Paris auront tous les Dimanches & Fêtes annuelles de Notre-Dame & d'Apôtres, un Predicateur homme de bien, qui leur prêchera la parole de notre Seigneur, afin que en l'oyant ils fçachent comment ils doivent vivre & apreignent être tous Enfans de Dieu & de l'Eglife, d'aimer Dieu & leur prochain comme la Loi de notre Seigneur le veut & le commande; & feront tenus lefdits Freres & Sœurs y être & affifter, s'ils n'ont legitime excufation. Pareillement lefdits jours oyront la grande Meffe & Vêpres pour le moins, & les jours ouvriers baffe Meffe, fi comme dit eft, ils n'ont excufation legitime.

Item. Nous voulons & entendons que lefdits Freres & Sœurs fe confeffent aux bonnes Fêtes, & par exprès au moins à Noel, au Mercredi des Cendres, à Pâques, à la Pentecôte, à l'Assomption Notre-Dame, & à la Toussaints, & qu'ils reçoivent le prétieux Corps de Notre-Seigneur ausdites bonnes Fêtes annuelles & à l'Assomption de Notre-Dame ; & si leur devotion veut le faire plus souvent, seroit bien fait, car nul Statut empêche de bien faire.

Item. Voulons que tous les jours à certaine heure, qui sera avisée par les Gouverneurs & Officiers dudit Hotel par nous commis, ils ayent ung Prêtre d'icelui Hotel ou autre, qui leur lira en plein Chapitre, tous lesd. Freres & Sœurs presens, quelque livre en François de la Passion Notre-Seigneur, de Vita-Christi ou autre, pour toujours les maintenir en l'amour de Dieu & de leur prochain, & seront tenus iceux Freres & Sœurs y assister, s'ils n'ont excusation legitime.

Item. Ordonnons qu'il y ait un Prêtre de ladite Maison ou autre, tel que nosdits Commis, Gouverneurs & Officiers adviseront, qui apprendra & enseignera aux petits Enfans, fils & filles aveugles, ou autres étans en icelle Maison, leur creance & ce qu'il sera de necessité à leur salut ; & aussi davantaige à chanter & psalmodier en l'Eglise, & tenir contenance honnête en icelle.

Item. Avons statué & ordonné, statuons & ordonnons, en ensuivant les Statuts faits par feu de bonne memoire Mr Geoffroy de Pompadour, en son vivant Evêque du Puy & Aumônier du Roi Charles dernier decedé, que tout le revenu dudit Hotel des Quinze-vingts, tant de cette Ville de Paris que dehors, soit de recette ordinaire, Fermiers, Accenseurs des quêtes des Evêchés, & tous autres qui feront recette pour ledit Hopital, seront tenus de apporter les deniers qu'ils auront reçus en Chapitre.

Item. Que le Corps & Communauté dudit Hotel sera recette desdits deniers pour iceux mettre au tresor dudit Hotel, & bailler quittance & décharge ausdits Receveurs & Fermiers ou autres qui apporteront lesdits deniers, & que sans avoir la quittance & décharge dudit Hotel, les Receveurs ou Fermiers ne seront tenus quittés & déchargés de ladite recette envers ladite Maison, ains en seront tenus rendre compte en Chapitre & payer à icelle le reliqua.

Item. Avons ordonné & ordonnons, que tous les Fermiers ou Accenseurs des quêtes dudit Hopital, soient de cette Ville de Paris ou des Provinces & Evêchés de ce Royaume dedans le terme à eux préfix par leurs Accenses, ou s'ils ne sont Accenseurs, dedans le tems qui leur sera préfix & ordonné par lesdits Gouverneurs & Officiers ; apporteront l'argent de leurs fermes ou quêtes en Chapitre, pour être mis au tresor dudit Hotel, pour ce fait être distribué à la discretion de nos Commis, Vicaires & Gouverneurs, par le conseil des Maîtres, Ministres, Jurés & Freres étant audit Chapitre, & ce sur peine de prison ou plus grande peine s'ils étoient coutumiers ou contumax de ce faire, & si métier est, de privation dudit Hotel s'ils sont de la fraternité.

Item. Deffendons à tous Freres en particulier dudit Hotel, soient Maître, Ministre, Jurés ou autres Freres, qu'ils ne preignent ne retiennent les deniers appartenans audit Hotel, soit des quêtes, legs, bienfaits ou autres de recette ordinaire ou extraordinaire, sans en avertir les Maîtres, Ministres, Jurés, &, que au prochain Chapitre ils baillent & apportent ce qu'ils en auront reçu, sur les peines contenues au precedent article.

Item. Ordonnons que chacune semaine soit tenu Chapitre audit Hotel au jour destiné à ce faire tous les jours de Dimanche, si faire se peut, ou autre jour de la semaine qui sera avisé par nosdits Commis, Gouverneurs & Officiers, auquel cas le feront sçavoir & signifier au Chapitre précis à l'heure la plus convenable qu'ils aviseront, & se fera ledit Chapitre à son de cloche, afin que tous les Freres dudit Hotel s'y puissent trouver & n'en

ayent

ayent caufe d'ignorance, aufquels nous enjoignons eulx y trouver, s'ils n'ont excufation legitime.

Item. Aufquels Freres enjoignons fur peine de punition telle qu'il fera advifé par les affiftans audit Chapitre, de eulx y contenir modeftement & honnêtement fans murmurer ni mutiner l'ung l'autre, & leur deffendons de ne parler qui ne leur demandera leur opinion, & quand l'on leur demandera de dire leurdite opinion modeftement & en toute honêteté fans ufer de paroles injurieufes contre nofd. Gouverneurs, Commis ou autres Officiers ou Freres dudit Hotel, finon que ce qu'ils en diront fervit à fon opinion, & requête préalablement faite à celui qui y prefidera d'obéïffance de ce faire par les affiftans audit Chapitre.

Item. Voulons & entendons que fi nofdits Gouverneurs ou Commis font prefens au Chapitre qui fe tiendra audit Hotel, que celui qui fera par eux avifé prefide audit Chapitre, & demande & recueille les voix ; & fi nofdits Gouverneurs étoient empêchés, voulons que le Maître y prefide ; & fi le Maître étoit empêché, le Miniftre y prefide ; & fi le Miniftre étoit empêché, le plus ancien des Jurés.

Item. Voulons que à tous lefdits Chapitre le Greffier dudit Hopital y foit prefent, & enregiftre tous ceux qui feront prefens, foient Gouverneurs, Officiers ou Freres, & écrive & enregiftre diligemment toutes les conclufions qui fe feront audit Chapitre, reception de deniers, par qui & combien, les deniers qui feront baillés au Miniftre ou autres perfonnes pour le fait & adminiftration de ladite maifon, & l'état en brief dudit Miniftre ou autre qui aura reçu argent d'icelle maifon, afin que par ledit Regiftre l'on puiffe connoître les affaires d'icelle maifon.

Item. Voulons que au Chapitre enfuivant foient lûes les Ordonnances, recette & état du Miniftre, & tout ce qu'aura été fait audit Chapitre, afin que fi d'avanture par faute de la prefence de nofdits Commis ou Gouverneurs ou par quelque contrarieté qui auroit été entre les autres Freres Gouverneurs & Officiers y avoit quelque chofe à reparer & amender, l'on le puiffe reparer & amender, & à ce que l'on foit plus recent de ce qu'il y conviendra faire.

Item. Avons ordonné que les deniers neceffaires à diftribuer aufdits Freres & Sœurs & autres affaires urgentes de ladite maifon feront baillés au Miniftre ou autre à ce commis, pour faire les mifes & impenfes qu'il conviendra faire audit Hotel, & defquels deniers, mifes & impenfes d'iceux ledit Miniftre ou autre à ce commis, feront tenus en rendre bon & loyal compte chacune femaine au prochain Chapitre enfuivant; & en la fin de l'an à nous ou à nos Commis & Gouverneurs.

Item. Que les Miniftres, Jurés, Receveurs & Procureurs dudit Hopital feront dorefnavant mués, changés ou continués par chacun an en leurfdits Offices, comme femblera aufdits Freres dudit Hopital, le jour de St Jean-Baptifte, ou au premier Dimanche après enfuivant que fe fera le Chapitre general, où tous lefdits Freres feront tenus comparoir, s'ils n'ont excufation legitime ; & avant que proceder à ladite élection feront tenus faire ferment ès mains de celui qui prefidera, qu'ils éliront perfonnages idoines & fuffifants d'entre-eux Freres pour exercer lefdits Offices ou continuer ceulx qui y feront ou partie d'iceulx.

Item. Comme de tout tems & anciennement a été ufité, ordonnons que dorefnavant feront élûs quatre Jurés dont le Miniftre & deux des Jurés foient Freres voyans, & les deux autres Jurés Freres aveugles, & fe contenteront, c'eft à favoir le Miniftre, de la fomme de vingt-cinq fols tournois pour chacun mois ; & chacun des Jurés de la fomme de dix fols tournois, outre la fomme qui leur fera ci-après ordonnée comme Freres dudit Hotel, fans ce qu'ils preignent aucuns menus droits que l'on dit qu'ils avoient accoutumé de prendre.

Item. Que lesdits Maîtres, Ministre & Jurés, ne se pourront absenter de cette Ville de Paris, à tout le moins en sorte qu'ils ne soient à chacun desdits Chapitres, sinon qu'ils en demandent congé au Chapitre ; & en ce cas en sera commis d'autres en leur lieu par ledit Chapitre jusqu'à leur retour.

Item Voulons & ordonnons que toutes les portes dudit Hopital qui sont quatre ou cinq, soient barrées & fermées, & ne seront ouvertes sinon pour évidente utilité & aux jours des pardons ou autres jours, qui sera advisé par les Gouverneurs & Officiers dudit Hotel, excepté une qui est au chevet de l'Eglise où l'on entre dedans la grande court, à laquelle il y aura un Portier, que lesd. Maître, Jurés & Freres dud. Hotel éliront; & s'il s'en treuve un convenable des Freres dudit Hopital, le prendront afin qu'il y ait occasion d'avoir moins de gages ; & ce fait, presenteront ladite élection à nos Commis & Gouverneurs pour la confirmer. Lequel Portier gardera que personnes étrânges n'entrent audit Hopital & Maison, ne que lesdits Freres & Sœurs partent dudit Hotel sans le congé & licence du Maître & Officiers d'icelui Hotel ; lequel Portier se contentera de la somme de quatre sols deux deniers tournois par semaine, outre un droit de fraternité. N'entendons que ledit office de Portier soit muable comme le Ministre & Jurés, ains demeurera toujours audit office, sinon qu'il y eut forfait, ou pour autre juste & raisonnable cause, auquel cas lesdits Officiers & Freres en éliront un autre, qui sera confirmé par nous ou lesdits Commis & Gouverneurs, comme est dessus.

Item. Voulons & ordonnons que tous baulx, soient à perpetuité ou à tems des heritages & domaines de ladite Maison, obligation & accenses des quêtes de ladite maison & autres choses d'importance, soient faits en plein Chapitre & soient signés du Greffier, & scellés du scel de ladite Maison ; autrement soient lesdits baulx reputés nuls & de nul effet & valeur ; & seront doresnavant intitulés en la forme qui s'ensuit.

Les Gouverneurs commis par le grand Aumonier du Roi, Maître, Ministre, Jurés, Freres & Sœurs de l'Hopital des Quinze-vingts, &c. Et avant que bailler aux parties étranges lesdits baulx, voulons & enjoignons que lesdits Gouverneurs & Officiers de ladite Maison reçoivent des preneurs étrangers d'icelle Maison, Lettres de prinse faites pardevant Notaires du Chastelet de Paris, avec leurs submissions & obligations necessaires aux dépens des preneurs, & que lesdites Lettres de prinse soient mises au tresor & inventoriées pour s'en aider quand l'on en aura à faire.

Item. Enjoignons à nosdits Commis, Gouverneurs, Maître, Ministre, Jurés, Freres & Sœurs dudit Hotel, qu'ils mettent toutes les Lettres & Titres qu'ils ont devers eulx au Tresor dudit Hopital, & qu'ils soient inventoriés chacun en leur lieu, & que de ce ils s'en purgent par serment; sinon que lesdites Lettres & Titres fussent produits en quelque procès, auquel cas seroit tenu chacun d'eulx declarer par serment où ils sont produits, & pardevant qui, afin de faire diligence par nosdits Commis, Gouverneurs & Officiers de la Maison de les recouvrer, & en laisser les copies collationnées aux originaux, si métier est.

Item. Deffendons à tous les dessus-dits & autres de quelque état qu'ils soient, de ne prendre aucune des Lettres & Titres de ladite Maison, sans ce qu'il soit deliberé par le Chapitre, nosdits Commis, Gouverneurs & Officiers dudit Hotel, qui se doivent faire pour les procedures ou autre raisonnable cause, auquel cas voulons que celui auquel ils seront baillés, soit tenu en faire sa scedule signée de sa main, s'il sait écrire, ou du Greffier dudit Hotel, & que ladite scedule soit mise au lieu où étoit ladite Lettre, pour avoir memoire de la prinse d'icelle.

Item. Ordonnons que le scel dudit Hotel soit mis en ung cofre auquel il y ait trois clefs, dont l'ung de nos Commis, Gouverneurs en ait l'une,

DE LA VILLE DE PARIS.

le Maître dudit Hotel une autre, l'un des Jurés aveugles une autre, lequel Juré aveugle ne pourra bailler la sienne que l'un des autres Jurés voyans ne soit present.

Item. Voulons que l'or & l'argent qui sera apporté audit Hotel, soit monnoyé ou à monnoyer, soit mis en ung coffre dedans la Chambre du Tresor, & qu'il y ait un Regître écrit de la main du Greffier, contenant le jour que ledit or ou argent aura été apporté, & par qui. Quand on en voudra prendre, soit mis le jour que l'on aura porté, combien, par quelle ordonnance & à qui il aura été baillé : auquel coffre il y ait trois serrures & trois clefs, qui seront baillées comme à l'article precedent.

Item. Ordonnons aussi que à l'huis du Tresor il y ait trois clefs & trois Serrures & que lesdites clefs soient baillées comme ès articles precedents.

Item. Ordonnons que s'il advenoit que le Roi ou Nous, ou nos Vicaires ou Commis, donnions une place à aucuns aveugles hommes & femmes, que lesdites Lettres de don seront presentées en Chapitre ; & ce fait, se pourront informer lesdits Gouverneurs, Officiers, Freres & Sœurs, de l'état ou gouvernement de celui ou celle qui requerera être reçu en ladite fraternité, & de leur mari ou femme : & s'ils ne sont de bon gouvernement & mœurs & propres pour la Maison dudit Hopital, nous en avertirons, sans les y recevoir ; & s'ils treuvent qu'ils soient de bon gouvernement, les y recevront, & en ce cas le mari ou femme de celui qui aura été reçu en Chapitre, comme dit est : & entendons lesdits non Freres être preferés aux autres quand il y aura place vacante s'ils sont trouvés de bon gouvernement utiles & proufitables à la Maison, & de ce en ayons certification Capitulaire.

Item. Deffendons à nosdits Commis, Gouverneurs, Officiers dudit Hopital de ne recevoir audit Hotel aucuns Freres voyans, autres que de la qualité susdite, s'ils ne sont bien informés qu'ils soient grandement profitables audit Hotel ; au moyen de quoi ledit Hotel en amendât grandement, nonobstant qu'en eussions baillé Lettres de don par importunité ou autrement, & aussi en les recevant qu'ils ayent regard aux biens & facultés de ladite Maison.

Item. S'il advenoit que l'ung des Freres ou Sœurs dudit Hotel decedât avant que leurs maris ou femmes fussent reçus Sœurs ou Freres, en ce cas lesdits non Freres ou non Sœurs survivans seront tenus se départir de la Maison, ensemble les enfans qui auront été procrées d'eulx, si aucuns en y a ; & seront partis les biens, & en appartiendra la moitié audit Hopital, & l'autre moitié à ladite femme & enfans dudit Frere & Sœur decedé, sinon que aucun autre Frere ou Sœur aveugle dudit Hotel le voulsît prendre en mariage, & qu'il lui eut été permis par lesdits Gouverneurs, Officiers & Freres en Chapitre de ce faire ; ou que nosdits Commis, Gouverneurs & Officiers dudit Hotel veissent que lesdits hommes ou femmes fussent propres audit Hotel, auquel cas en pourront faire à leur discretion.

Item. S'il advenoit que aucun Frere aveugle ou voyant, étant audit Hotel, soient veufs ou à marier, & se veulent marier à une fille ou femme veuve étant audit Hotel, en ce cas l'on pourra faire requête en Chapitre, & si par nos Commis & Gouverneurs, Officiers & Freres, est trouvé que le mariage soit convenable & non dommageable en la maison, en ce cas leur en pourront donner congé ; & aussi s'ils trouuent ledit mariage n'être convenable & être dommageable en ladite Maison, leur deffendront de ce faire : & si par dessus lesdites deffenses ils se ingeroient le faire, seront mis hors de ladite maison. Toute fois n'entendons que le Frere voyant puisse prendre une femme voyant, ne une femme voyant un Frere voyant, & une Sœur aveugle un Frere aveugle, ne un Frere aveugle une Sœur aveugle, ne que l'on leur donne congé de ce faire, car ce seroit contre les Statuts, fors & excepté le Maître & le Portier qui peuvent avoir femme voyant. *Tome III.* * R ij

Item Et s'il advenoit que aucun Frere aveugle ou une Sœur aveugle veulent avoir homme ou femme voyant, ou Frere ou Sœur voyant veulent avoir Freres ou Sœurs aveugles, étans hors de la Maison, en ce cas nous leur deffendons de ce faire sans nos permissions congé & licence ; laquelle n'entendons valoir ne sortir effet, que préalablement ils ne nous ayent apporté déliberation Capitulaire & certification des mœurs desdits personnages étant dehors dudit Hotel, & ledit mariage être convenable & non dommageable audit Hotel ; & s'ils faisoient le contraire, seront mis dehors dudit Hotel & privés de ladite fraternité & Maison.

Item. Combien que lesdits Freres & Sœurs se donnent eux & leurs biens quand ils entrent audit Hotel, toutefois quand ils ont aucuns enfans à pourvoir seroit chose rigoureuse de les envoyer hors dudit Hotel & Hopital sans aucune pension ; à cette cause en ensuivant les Statuts anciens & commune observance dudit Hopital, avons statué & ordonné que si aucun desdits Freres & Sœurs mariés ensemble va de vie à trepas, delaissés aucuns enfans, inventaire préalablement fait des biens communs entre lesdits mariés, le survivant jouira des biens tant meubles que immeubles du predecedé, à la charge toutefois de faire les obseques & funerailles dudit predecedé, de nourrir les enfans & de bailler les habillemens, bagues & joyaux dudit predecedé à la communauté, lesquels habillemens seront inventoriés & appretiés par ung Prêtre Juré, & ce fait vendus & adjugés au plus offrant & dernier encherisseur aux Freres & Sœurs dudit Hotel, s'ils en veulent acheter jusqu'au prix de la prisée, sinon aux Halles de Paris, & les deniers qui en viendront, ensemble les bagues & joyaux, seront mis au tresor de la maison pour subvenir aux Officiers d'icelle sans être distribués entre lesdits Freres, ainsi que l'on avoit accoutumé par ci-devant.

Item. Et si le survivant desdits conjoints par mariage va de vie à trepas, delaissés des enfans dudit mariage à pourvoir, en ce cas lesdits enfans à pourvoir & les autres enfans ja pourvus auront la moitié des biens desdits deffunts tant meubles qu'immeubles, en rapportant toutefois par les enfans ja pourvus ce qu'ils auront reçu ; c'est à savoir, les filles pour leurs mariages, & les fils ce qui leur aura été avancé en avancement d'hoirie, & l'autre moitié demeurera à la communauté de ladite Maison ; & seront les biens immeubles appliqués au domaine d'icelle & les meubles, prisés, vendus & adverés & appliqués comme en l'article precedent.

Item. Et si le survivant convoloit en secondes noces, en ce cas sera tenu bailler la montre de ce qu'il tenoit du predecedé, tant meubles que immeubles, pour être distribué comme en l'article precedent, sinon que pour bonne & juste cause en fût de ce dispensé par nos Vicaires, Commis & Gouverneurs, par l'avis & deliberation Capitulaire des Officiers & Freres dudit Hotel.

Item. Par semblable cas en sera fait de deux conjoints par mariage Freres & Sœurs dudit Hotel non ayant enfans ; toutefois après le trépas du survivant, audit cas tous les biens seront appliqués audit Hotel, comme ès articles precedens.

Item Pour ce que comme dit est, lesdits Freres & Sœurs donnent eux & leurs biens à l'entrée de la fraternité, qu'il est besoin de savoir quels biens ils ont après ladite entrée, & qu'ils auront apporté lesdits biens, sera fait inventaire de leursdits biens tant meubles qu'immeubles, & de ce s'en purgeront par serment ; & lequel inventaire se pourra recoler d'an en an ou de deux ans en deux ans, ainsi qu'il verra bon être à faire par nosd. Commis, Gouverneurs & Officiers dudit Hotel ; & ce fait leur en sera laissé la jouissance, & deffendu ausdits Freres & Sœurs de vendre ne aliener leurs biens immeubles & meubles precieux, sans nos congé & licence, & des autres meubles, sans le congé & licence des Officiers dudit Hotel ; auxquels nous deffendons leur en donner congé, que ce ne soit pour cause

DE LA VILLE DE PARIS.

raisonnable & urgente, comme pour maladie, mariage ou provision d'enfans ou pour les mettre à métier ou autres tels & semblables cas.

Item. S'il se trouvoit que aucuns desdits Freres depuis leur reception en ladite Maison ayent vendu, aliené ou hypotequé aucuns biens i. meubles sans le congé & licence ou autorité de nous ou nos predecesseurs Aumôniers, nous voulons & enjoignons à nosdits Commis, Gouverneurs, Deputés & Officiers dudit Hotel, de faire la poursuite à ce que les biens immeubles soient remis audit Hotel, attendu qu'ils ne l'ont pû faire, & ce que en les donnant ils se sont abdiqué la puissance de les aliener.

Item. Enjoignons très-étroitement ausdits Commis, Gouverneurs & Officiers dudit Hotel, & par especial audit Maître & Ministre & leurs femmes, de bien justement & devotement visiter & traiter les pauvres malades dud. Hopital, & par especial de ceux qui sont en l'enfermerie & le faire savoir aux autres Freres qui ont de quoi, afin de leur aider de leurs biens & petites douceurs servans à maladies; & semblablement aux autres malades qui peuvent encore être parmi les chambres & qui n'ont maladies pour lesquelles ils doivent être distraits de leur femme ou mari, & peuvent avoir de la pauvreté, de le faire savoir à nosdits Commis & Gouverneurs pour y pourvoir ou faire pourvoir, leur distribuer argent necessaire pour les panser & avoir des Medecins & autres choses qui leur sera métier aux dépens de la Maison; lequel argent voulons être baillé par le Maître & autres, charges ayant de ladite depence d'icelle maison & en ce faisant lui être aloué en ses comptes.

Item. Enjoignons & expressément commandons à tous lesdits Freres & Sœurs, que s'il y a aucuns desdits Freres ou Sœurs qui ait aucune maladie de myre ou oppression indeue de quelconque personne, & il crie pour avoir remede de corps ou d'ame, que ceux qui l'orront se lievent de nuit pour lui donner remede de corps ou d'ame & pour aller querir le Prêtre si métier est.

Item. Semblablement commandons aux Freres & Sœurs voyans & qui ont clarté, qu'ils meinent doucement, charitablement & veritablement les aveugles ès quêtes & aux lieux là où ils auront à faire, & sans pour ce prendre aucun salaire.

Item. Pour ce que par ci-devant lesdits Freres & Sœurs avoient accoutumé de recevoir aucunes particulieres distributions tant sur les quêtes, biens vendus des trepassés que autres, ausquelles distributions survenoient plusieurs noises & murmures entre eux, pour ausquels obvier & à ce qu'ils ayent cause de nourrir paix & amour, avons statué & ordonné, statuons & ordonnons, que doresnavant lesdits Freres & Sœurs de quelque état & condition qu'ils soient, ne prendront plus rien esdites manieres de distributions ne ès deniers provenans de ladite Maison, soient du domaine, quêtes, biens des decedés ne aultres, seront tous les biens mis au tresor, pour être appliqués au proufit de ladite Maison, & distribués ausdits Freres & Sœurs en la maniere qui s'ensuit. C'est à savoir à chacun desdits Freres & Sœurs un pain chaque jour de l'an du poids de vingt onces de pâte cuite, & vingt-cinq sols tournois par mois pour leur pitance, & tous les ans le jour du Chapitre general, qui est le retour des quêtes, la somme de cent sols tournois, si tant lesdites quêtes se peuvent monter, si non au feur de ce que lesdites quêtes auront valu, excepté que lesdits Officiers, Freres & Sœurs auront les distributions manuelles qu'ils avoient accoutumé de prendre aux Obits fondés en l'Eglise dudit Hopital, à ce qu'ils soient plus enclins de eulx trouver ausdits Obits & prier Dieu pour ceulx qui les ont fondés, & que lesdits obits soient mieux entretenus.

Item. En ensuivant les anciens Statuts, Ordonnances & Declarations que audit Hopital ne pourra avoir plus de cent cinquante-deux Freres aveugles, soixante Freres voyans pour leur aider, les mener & conduire,

& pour suivre à faire les affaires de la Maison & quatre-vingt-huit femmes tant aveugles que voyans, qui est le nombre de trois cens, & que tous soient natifs de ce Royaume, sinon que le Roi pour quelque cause juste & raisonnable, voulsist un étrangier de ce Royaume y être mis, & qu'il lui baillât Lettres de naturalité ; toutefois nous voulons & entendons que lesdits Commis, Gouverneurs & Officiers dudit Hotel nous fassent à savoir le nombre qui y est, revenu & charge d'icelui Hotel, à ce que n'en mettions outre & plus que les charges d'icelui Hotel ne peuvent porter, & que requerions au Roi d'autant en supporter ladite Maison.

Item. Pour ce que ceulx qui par ci-devant ont été reçus & sont encore de present, ont plusieurs enfans, fils & filles, lesquels sont à grosse charge & dépense en ladite Maison & Hopital ; à cette cause avons ordonné & ordonnons, que tels enfans qui ont au-dessus de sept ans seront mis à métier ou service, ainsi que font les Enfans du St Esprit.

Item. Voulons & ordonnons que lesdits Freres & Sœurs obéissent à nosdits Vicaires, Commis, Gouverneurs & Officiers dudit Hotel, chacun en droit soi : où ils se trouveroit que aucuns d'entre-eux fût désobéissant, ou auroit fait chose digne de punition ; voulons, si c'est durant le Chapitre, qu'il en soit pugni audit Chapitre selon l'exigence du cas ; si hors du Chapitre, par emprisonnement jusqu'au prochain Chapitre ; & s'il étoit coutumier de ce faire, par suspension de ses distributions par quelque tems ; & s'il étoit mal famé & renommé & coutumier de mal vivre, par telle autre pugnition qu'ils verront être à faire jusqu'à privation dudit Hotel si métier est.

Item. Parce que souvent advient que aucuns desdits Freres & Sœurs se injurient & battent l'ung l'autre, nous voulons & ordonnons que pugnition sera faite desdits excès & injures, par nosdits Commis, Gouverneurs & Officiers, information sommaire faite ou verbalement en amenant les témoins en Chapitre : & si c'étoit en autre jour de semaine pourront proceder par emprisonnement jusqu'audit jour de Chapitre, pour audit jour en être fait la punition telle qu'ils verront être à faire ; & s'ils étoient coutumiers de ce faire en soient plus grievement punis.

Item. Deffendons aux Freres dudit Hopital de ne poursuivre l'ung l'autre pardevant quelque Juge que ce soit, que préalablement ils n'en ayent demandé congé & licence aux Gouverneurs & Officiers dudit Hotel, afin que s'il étoit possible sommairement ils leur fassent droit, ou qu'ils leur fassent prendre arbitres pour connoître de leurs differends, & sans ce qu'ils leur permettent consommer leur bien en procès, si non qu'il fut question de chose immeuble qui ne se peut vuider si sommairement, auquel cas ils leur bailleront permission.

Item. A ce que ladite Maison & Hopital soit doresnavant bien gouverné & entretenu, ordonnons qu'en icelle y ait six Gouverneurs, gens de bien & de bonne vie & qui detestent avarice, Officiers du Roi s'il est possible, Bourgeois & Marchands, dont les deux soient Gens d'Eglise bien qualifiés, ausquels seront tenus bailler Vicariat pour connoître des causes Ecclesiastiques & des gens d'Eglise dudit Hotel, soient Chapelains ou autres, tant en demandant qu'en deffendant, parce que lesdits Freres & Sœurs, Gens d'Eglise & Habitués audit Hotel, sont exempts des Juges ordinaires Ecclesiastiques & ne sont sujets qu'à Nous, par Privileges donnés audit Hopital par plusieurs Papes, & aussi auront la Super-intendance sur lesdits Gens d'Eglise, Prêtres & Sacremens de ladite Maison, en mettant ordre aux Predicateurs qui précheront la parole de Notre-Seigneur, selon ce que avons ci-dessus statué & ordonné ; & lesdits Gens Lays commis & deputés pour donner ordre au temporel, rentes & revenus, bienfaits & aumônes de ladite Maison & affaires d'icelle, selon ce que dit est.

Item. Lesquels Gouverneurs, tant ceux qui y sont de present que ceux

DE LA VILLE DE PARIS.

qui feront ci-après, prions & requerons avoir lefdits Hopital, Freres & Sœurs & affaires de ladite Maifon pour recommandés, fans ce que pour l'occupation, peines & travaux qu'ils prendront, en preignent aucune chofe, mais en attendant la retribution à Notre-Seigneur Jefus-Chrift, & qui leur en fera faite par lui au Royaume de Paradis fans aucune difficulté, car lefdits pauvres Freres & Sœurs font vrais membres de Notre-Seigneur.

Item Leur prions & requerons que fi toft qu'ils auront prins la charge de la maifon, & auront fait le ferment ès mains de Nous, ou du plus ancien defdits Gouverneurs, de bien & loyaument eulx y gouverner, ils y foient l'efpace de trois ou quatre ans, fi plus n'y veulent eftre, & fe ils fe y trouvent fuffifans, & enclins de faite ladite charge ; à tout le moins que toujours y en ait l'ung defdits gens d'Eglife, & deux defdits gens Lays des anciens par l'efpace de deux ans, pour inftruire les nouveaulx du fait & gouvernement de ladite maifon.

Item. S'il advenoit que l'ung d'eux, ou trois defdits Gouverneurs allaffent de vie à trepas, en ce cas les aultres nous en nommeront d'autres gens de bien qu'ils connoiffent eftre pour faire ledit eftat, & eftre de la qualité deffufdite, aux quels nous ferons tenus bailler telle & femblable puiffance qu'à ceulx qui font de prefent, & auxdits gens d'Eglife ledit Vicatiat, fpecialement fi fommes en cette Ville, ou près d'icelle : & fi en étions loing, prions & requerons à Meffieurs de la Cour de Parlement de y pourvoir, & faire faire le ferment comme fi nous y eftions, & à laquelle Cour de Parlement au cas deffufdit avons donné telle puiffance que nous avons & pouvons avoir de ce faire.

Item. Et pour ce qu'il pourra advenir que tous nofdits Gouverneurs ne fe trouveront pas affemblés aux jours & heures ordinaires, pour donner ordre aux affaires de ladite maifon, Freres & Sœurs d'icelle, pour les empêchements qui leur pourront fubvenir : Nous Voulons que les cinq, quatre, trois ou deux d'iceulx, puiffent donner ordre aux affaires ordinaires, & qui ne font de gros poids & importance : auquel cas nous voulons qu'ils foient trois ou quatre pour le moins ; & pour les differends des procès de gens Ecclefiaftiques, ou caufe de Cour d'Eglife, l'ung de nofdits Vicaires puiffe inftruire lefdits procès ; & en jugeant les deffinitives d'un Interlocutoire qui ne fe peuvent terminer en deffinitive, que tous les deux y foient appellés.

Item. Ordonnons que nofdites Ordonnances ci-deffus écrites foient entendiblement leues en Chapitre quatre fois l'an ; c'eft à fçavoir aux Vigiles de Pafques, Touffaint & Noël, ou autre tel temps qu'aviferont nofdits Gouverneurs & Commis, affin que les Officiers, Freres & Sœurs de ladite maifon n'en puiffent prétendre caufe d'ignorance, & que plus facilement ils les reduifent à memoire, & n'ayent occafion d'eftre prins comme tranfgreffeurs d'icelle. Les autres Ordonnances faites par feu Maître Michel de Brache, tant pour le fait des devotions dudit Hopital, que punitions & corrections defdits Freres, que autres faites par nos predeceffeurs Aumofniers, non contraires, ne dérogeantes à ces Prefentes, demeurants en leur force & vertu.

Lecta, publicata & regiftrata, audito Procuratore Generali Regis, Parifiis in Parlamento fextâ die Septembris, anno Domini milleſimo quingentefimo vigefimo fecundo. Sic fignatum, DE VIGNOLLES.

Collatio facta eft cum originali.

FONDATION DU COLLEGE Ste BARBE.

A TOUS ceux qui ces presentes Lettres verront. Antoine du Prat, Chevalier Baron de Thirot & de Viteaux, Seigneur de Nantouillet & de Precy, Conseiller du Roi notre Sire, Gentilhomme ordinaire de sa Chambre, & Garde de la Prevôté de Paris: SALUT. Savoir faisons que par devant François Crazon, & Pasquier Vallée, Notaires du Roi notre dit Seigneur au Chatelet de Paris, fut present & comparut personnellement Noble & scientifique personne, Maître Robert du Gast, Docteur Regent en la Faculté de Decret en l'Université de Paris, desirant & voulant convertir, muer & employer si peu de bien temporel & transitoire qu'il a pleu à Dieu lui donner au monde en chose stable & permanente à la gloire & louange du Souverain qui le lui a donné, & au profit & liberté publique: ayant aussi long-temps à devotion & certaine deliberation de instituer, fonder, dotter, & arrester à perpetuité ung College de sept boursiers en sa maison de Ste Barbe, située en ladite Université de Paris, tellement que ci-après sera specifié

à toujours appliquée à usage de College, affin de vacquer par lesdits boursiers à prier Dieu pour lui, ses bienfaicteurs, & à l'étude. Pour ces causes & autres plusieurs bonnes & saintes à ce le mouvant, du conseil & advis de ses bons amis, continuant son ferme propos, intention & saint vouloir, a ordonné, institué, fondé, dotté & arresté, comme encore ordonne, institue, fonde, dotte & arreste ledit College en la maniere qui s'ensuit.

En premier lieu, veut & ordonne ledit Seigneur Fondateur, qu'en ladite maison, de present appellée le College Ste Barbe, située & assise au Mont-St-Hilaire, en l'Université de Paris, soient & demeurent perpetuellement institués & fondés sept personnes ou boursiers, étant des lieux & qualités ci-après recités, pour y resider continuellement, & vacquer aux prieres, suffrages, études & charges à eulx respectivement ordonnés en cette fondation.

C'est à sçavoir ung Principal, comme Maître & premier Administrateur & Conducteur dudit College; ung Procureur & ung Chapellain, que ledit Fondateur veut & entend estre Maîtres en la Faculté des Arts, & promeus en l'Estat Sacerdotal & Ordre de Prestrise, pour dire les Messes & Services, institués audit College; ou s'ils ne le sont, seront tenus eulx y faire promouvoir dedans ung an précisément après leur institution à l'Estat auquel ils auront été institués, sans pouvoir sur ce impetrer aulcune dispence; & à faute de ladite promotion l'an passé, sont *ipso facto* declarés privés dudit estat & bourse, pour instituer ung aultre en leur lieu, des qualités dessusdites.

Et oultre, quatre petits enfans qui seront Boursiers, natifs & pris, l'ung & premier à la Neufville d'Aumont, Paroisse St Nicolas, Diocese de Beauvais; le second sera de la Paroisse St Nicolas des Alleuz-le-Roy, près Poissy, & les deux autres de la Paroisse St Hilaire au Mont de Paris, & tous de l'âge de dix ans ou environ, & nés en loyal mariage, pour demourer audit College, & y vacquer à l'estude, & acquerir degrés de Maîtrise ès Arts audit College dedans dix ans après leur institution; & ledit temps de dix ans passé, demoureront lesdites bourses vacantes de fait, comme étant déclarées decennales par ledit fondateur.

Entend toutefois, & veut lesdits petits boursiers estre avertis par ledit Maistre Principal d'icelle privation d'après dix ans, pour leur donner cœur
&

DE LA VILLE DE PARIS.

& occasion d'estudier, & employer le temps durant iceulx dix ans; & au demeurant instruits & endoctrinés ès Arts Liberaulx, jusqu'à ce qu'ils soient capables d'estre Maistres ès Arts, auquel degré seront tenus eux faire promouvoir dedans ledit temps, après lequel degré par eulx obtenu, seront preferés aux Regences dudit College, s'ils en sont capables & idoines.

Et neanmoins, où lesdits petits Boursiers ou aulcuns d'eux se trouvoient estre negligens ou de dur esprit pour estre employés à l'étude, & vacquer aux Lettres, ou de difficile nature, ou rebelles à discipline & correction, ou refractaires, & ne puissent estre reduits à discipline scholastique; en ce cas, de la relation desdits Maistre Principal, Procureur & Chapellain, sans autre information, seront mis hors dudit College, privés de leur bourse; & autres des lieux dessusdits respectivement mis & institués en leurs places par les Reformateurs dudit College: sans le consentement desquels neantmoins, ne pourra aucun desdits Maistre, Procureur, Chapellain ou Boursiers, ceder ou resigner leursdits estats ou bourses, parce que ledit Fondateur a declaré & declare, veut & entend la presente fondation & dotation estre pure Laïcalle, & telle tenue & reputée, pour y estre pourveu ainsi que cy-après est ordonné, & non autrement, sur peine de nullité de leur institution.

Pareillement aussi, où lesdits Maistre Principal, Procureur ou Chapellain ne se gouvernoient en telle decence, honnesteté & conversation, que à gens & personnes Ecclesiastiques appartient, & pour estre exemplaire aux Boursiers & jeunes Escoliers, ou que lesdits Procureur ou Chapellain voulsissent estre seditieux, & detractassent d'obéir audit Maistre Principal en honneur & reverence, comme Superieur audit College, ou allassent divaguer par la Ville, ou suivre les tavernes, lieux dissolus, jeux prohibés, ou brigues; ou aussi que ledit Maistre Principal en son endroit ne se conduisoit en telle modestie & gratieuseté envers eulx & lesdits Boursiers, & fust tempestatif & impetueux, ou de mauvaise vie & conversation, ou pernicieux exemple audit College; en ces cas & autres semblables, veult, ordonne & entend ledit Fondateur estre contre eulx & chacun d'iceulx culpable procedé par lesdits Reformateurs sur la plainte qui en sera faite, à telle punition qu'ils verront estre à faire, de sorte que punition s'en ensuive jusqu'à privation effectuelle de leurs estats & bourses, ou autrement, ainsi que le cas le meritera, nonobstant la perpetuation de leurs estats dessus ordonnées.

Veut aussi & ordonne que à chacun d'iceulx Maistre Principal, Procureur & Chapellain, eulx bien & honnestement vivans & conversans en leurs estats & charges, soit payé & baillé chacun an par ledit Procureur, sur les biens, rentes & heritages cy après declarés, la somme de cinquante livres tournois, & à chacun desdits petits Boursiers la somme de vingt-cinq livres tournois pour leur vivre, alimentation & entretennement, le tout aux charges à chacun d'eulx respectivement ordonnées & enjointes par cette fondation.

Outre ce, aura & prendra ledit Principal audit College trois chambres contigues l'une à l'autre, de telle commodité qu'il voudra eslire, les deux pour luy, & l'autre pour lesdits quatre petits Boursiers, qui seront & demoureront sous sa charge & conduite: aussi sera tenu les instituer aux Lettres, & erudir, & gouverner en bonnes mœurs, & toute discipline scholastique, sans aucunement leur permettre parler autrement que Latin, ne discontinuer leur estude, & encore de les nourrir en Salle en commun aux depens de leurs bourses ordonnées.

Auront aussi les Procureur & Chapellain, & prendront audit College chacun une chambre commode à leur habitation & estat; qui leur sera baillée par ledit Maistre Principal, à la charge de resider par eulx aux dittes

Tome III. * S

chambres, & sans qu'ils les puissent bailler à autre à louage, ne nourrir ou entretenir aulcuns enfans en icelles en leur charge, si ce n'étoit de l'exprès consentement dudit Principal.

Entend aussi & veut ledit Fondateur que ledit Maistre Principal ne se puisse distraire de l'instruction des mœurs & Lettres aux enfans dudit College, ains qu'il verse & vacque continuellement, & entretienne les Regens necessaires pour l'exercice de l'érudition & discipline scholastique, faisant les pensions accoutumées ès Colleges de l'Université de Paris.

Et à cette fin a ledit Fondateur voulu & ordonné, veut & ordonne que ledit Maistre Principal, outre les chambres dessusdites, ait & tienne tout le reste de maison & College Ste Barbe cy-après cedée à la Communauté desdits Boursiers, dont sera tenu faire & payer par chacun an à icelle Communauté, la somme de deux cens livres tournois payable aux quatre termes de l'an accoutumés ès mains dudit Procureur, qui sera tenu incontinent, les mettre & deposer au coffre commun cy-après designé, & encore iceluy Principal entretiendra ledit College de menues reparations accoustumées, & selon les Us & Coutumes de la Ville de Paris, & où ledit Maistre Principal seroit defaillant à payer & satisfaire du louage d'icelle maison & College qu'il tiendra, seront les deniers à lui deus pour sa bourse, retenus & arrestés jusqu'à ce qu'il satisfasse à ce qu'il devra audit College, & autrement proceder contre lui, ainsi qu'il sera mieulx advisé par lesdits Reformateurs cy-après nommés.

Ordonne toutefois ledit Fondateur que où lesdits Procureurs & Chapellains, & chacun d'eulx auroient ou viendroient à avoir la somme de six vingts livres tournois chacun an de revenu, en temporel ou benefice, *eo ipso* leurs estats & bourses soient vacantes & conferables à autres, par ceulx qui auront la puissance, cy-après nommés & declairés.

Comme aussi a declaré & declaire iceulx estats & bourses de Procureur & Chapellain, ne pouvoir estre conferés à aulcun, ayant semblable revenu de six vingts livres tournois chacun an, en benefice ou temporel; de sorte que s'il avoit collation ou institution desdites Procuration ou Chapellenie, elle soit de fait nulle, & ledit estat & bourses impetrables comme vacantes.

Declare semblablement iceluy Fondateur, & entend lesdits petits Boursiers estre prins & esleus ès Paroisses dessusdites, chacun en son regard, des plus pauvres d'icelles, selon la relation des Curés, Vicaires & Gagiers ou Fabriciens des Eglises desdites Paroisses, si toutefois lesdits enfans sont aptes & idoines à l'estude & Lettres; & s'ils ne l'estoient, est permis d'en prendre des autres de ladite Paroisse, qui ne soient si pauvres.

Seront encore lesdits Maistre Principal, Procureur, Chapellain, & chacun d'eulx en son regard, tenus & astrints de servir en la Chapelle dudit College, & dire & celebrer en presence desdits petits Boursiers, & des autres Escoliers qui seront pour le temps audit College, & par chacune semaine de l'an les Messes que ledit Fondateur veult & ordonne estre dittes; c'est à sçavoir, ledit Maistre Principal au jour de Dimanche, du jour & feste, & au jour du Mercredi de la Ferie.

Le Procureur au Lundy des Trepassés & au Jeudy de la Ferie, ou du St Sacrement; & le Chapellain au Mardy de la Ferie, au Vendredy de la Croix, & au Samedy de Notre-Dame, avec commemoration de Ste Barbe.

Entend neanmoins ledit Fondateur estre reservé audit Principal, que aux Festes Solemnelles pourra, si bon lui semble, dire, chanter & celebrer lesdites Messes pour la solemnité du jour, & encore toutes & quantesfois il lui plaira, & en decharger lesdits Procureur ou Chapellain, sans pour ce avoir ne demander aucun proufit ou salaire, outre ce que cy-dessus luy est ordonné.

DE LA VILLE DE PARIS.

Toutes lesquelles Messes & Services seront iceulx Maistre Principal, Procureur & Chappellain tenus, astrintsdire & continuer respectivement, selon qu'elles sont cy-dessus assignées & declairées, sur peine de privation du fruit & proufit de leurs bourses, d'une semaine entiere pour chacune faute qui par eulx y sera faite ; lequel proufit à cette fin sera arresté & converti au proufit commun du College, si d'aventure n'estoient indisposés par maladie ; auquel cas sera dite la Messe aux depens dudit College durant icelle maladie, sans diminution de la bourse dudit malade.

Ordonne aussi, veult & entend ledit Fondateur que vacation advenant desdites Maistrise ou Principalité, Procuration & Chapellenie, par mort, dimission, privation ou autrement, en quelque maniere que ce soit, que les trois Reformateurs dudit College cy-après nommés, elisent une personne idoine, capable & suffisante pour ledit estat, bourse vacante, & qu'il soit natif de l'un des Diocèses, c'est à sçavoir, d'Evreux, Rouen, Paris ou Authum, qualifié comme dessus est specifié, & pareillement nés en loyal mariage, comme lesdits Boursiers, & non aultres, & que par eulx soit presenté à la Cour de Parlement pour estre à leur presentation institué ; & ce fait, receu audit College.

Entend aussi & veult que à cette fin lesdits Maistre Principal, Procureur & Chapellain, & chacun d'eulx, & leurs successeurs, soient tenus avertir lesdits Reformateurs d'icelle vacation, soit par mort, cession, dimission ou aultrement, sitost qu'elle sera venuë à leur connoissance, le leur denoncer pour le moins dedans trois jours après, pour par eulx y estre pourveu, & pour ce faire s'y transporteront dedans ung mois prochain ensuivant lesdites denonciation & avertissement audit College, pour y pourvoir & faire la presentation necessaire pour l'institution dudit estat vacant, & ce fait, le presenter à ladite Cour.

Et où lesdits trois Reformateurs soient negligents ou delayans d'eulx assembler dedans ledit mois préfix qui est de trente jours, pour faire ladite presentation, & ne la feroient, ledit mois passé, pourra ladite Cour, s'il lui plaist, à la Requeste des Boursiers, instituer audit estat, lors vacant, d'une personne qualifiée que dessus, sans attendre la nomination ou presentation desdits Reformateurs, attendu leurdite negligence ou absence.

Declaire toutesfois, & entend iceluy Fondateur que en l'absence de l'ung desdits trois Reformateurs, les deux presents puissent proceder à faire ladite presentation ; mais s'il y en a deux absens, celui qui se trouvera present pourra presenter Requeste à ladite Cour, pour substituer un de Messieurs d'icelle Cour, au lieu du Conseiller absent, pour faire ladite presentation pour cette fois seulement ; aussi en l'absence du Docteur en Decret, le plus ancien des Docteurs Regens après lui sera prins pour ladite presentation, & semblablement en l'absence du Chancellier sera prins l'Official de Paris, sans toutesfois tirer à consequence pour le general de ladite fondation ; & autres vacations à l'avenir.

Veut aussi & declaire que si c'est la Maistrise & Principauté qui sust vacante, en ce cas, l'un des Procureur ou Chapellain, s'ils se trouvent capables & suffisans par lesdits Reformateurs à exercer ledit estat pour l'instruction & condition des enfans, & administration dudit College, soient preferés aux autres, & en cas de cette promotion, en leur lieu & estat en soit ung autre pourveu des qualités dessusdites.

Et en executant, quant à ce sadite presente fondation, vouloir & intention, ledit Seigneur du Gast Fondateur a nommé & esleu, nomme & eslist dès-à-present audit College, pour premier Maistre Principal d'iceluy, venerable & discrette personne Maistre Robert Certain, Prestre du Diocèse de Rouen, nagueres Procureur dudit College, & à present Curé de St Hilaire; pour Procureur, comme seconde persone, Allain Mouffet Clerc du Diocèse de Sèes, pour cette fois seulement, & sans tirer à consequence pour

Tome III. *S ij*

l'advenir;& pour Chapellain, Nicolas le Prince Clerc du Diocèse d'Evreux, & pour les quatre petits Boursiers a nommé & esleu Jean ou Robert Mondet, lequel des deux lui plaira, de la Praoisse St Hilaire, & Robert Tripier son filleul, combien qu'il ne soit d'icelle Paroisse, mais pour cette fois, & sans qu'il soit tiré à consequence pour l'advenir; & pour les deux autres des Paroisses de Neuville & des Alleux les nommera cy-après ledit Fondateur ou ledit Certain.

Et après la destitution, demission, ou autre vacation desdites boursses, seront prins autres enfans des âges, qualités, lieux & Paroisses dessusdites, & ainsi qu'il est cy-dessus ordonné, qui seront institués en la forme & maniere cy-après declarées.

Ordonne davantage, & veult iceluy Fondateur estre dit & celebré par chacun an en l'Eglise dudit St Hilaire perpetuellement quatre obits anniversaires solemnels de Vespres, Vigiles, Recommandaces, & trois hautes Messes, esquelles assisteront & seront tenus assister lesdits Maistre Principal, Procureur, Chapellain & Boursiers. Le premier le vingtiesme jour de Mars pour l'ame de deffunct Maistre Simon du Gast, en son vivant Principal du College de Cocqueret, oncle paternel & bienfacteur dudit Fondateur; le deuxiesme ou troisiesme jour de Septembre pour feu Jean du Gast pere dudit Fondateur; le troisiesme ou deuxiesme jour du mois d'Octobre pour deffuncte Collette Bucaille sa mere; & le quatriesme jour pour lui-mesme, qu'il veult & entend estre dit & celebré à tel jour qu'il decedera de ce monde, selon la volonté de Dieu.

Pour chacun desquels obits veult & ordonne estre baillé & payé par lesdits Maistre Principal, Procureur, Chapellain & Boursiers dudit College, & leurs successeurs à l'advenir, au Curé ou Vicaire & Prestres dudit St Hilaire la somme de cinquante livres Parisis, & à l'Oeuvre & Fabrique, ou Fabriciens pour elle, la somme de quinze livres Parisis, fournissant par eulx auxdits obits, & chacun d'iceulx, des choses decentes, honnestes & accoustumées; sçavoir est, quatre torches & six pointes pour le regard du Curé ou Vicaire; pour le regard des Marguilliers, a ornemens, pain & vin.

Entend neanmoins ledit Fondateur que les deniers qui sont & seront deus audit College, soient colligés & receus par ledit Procureur, & pareillement que les salaires & boursses qui seront & devront estre distribuées, & payement faits, tant auxdits Principal, Chapellain, Boursiers que autres, se fassent & distribuent par les mains dudit Procureur, qui de tout tirera quittance, & tiendra le compte au Principal, Chapellain & Boursiers, lequel il sera tenu rendre chacun an deux fois en presence desdits Reformateurs, & le reliqua qui en sera deu, sera mis & deposé en un coffre fermant à trois clefs differentes, dont ledit Principal aura l'une, le Procureur l'autre, & ledit Chapellain l'autre, à ce qu'ils ne le puissent ouvrir l'ung sans l'autre, pout la conservation desdits deniers aux choses necessaires pour l'entretennement d'icelle fondation & reparation dudit College, & sera ledit coffre mis au lieu le plus seur & commode qu'aviseront lesdits Reformateurs. Ne pourra toutefois ledit Procureur faire faire ou marchander pour les reparations necessaires ou utiles, ne autres dudit College, sans lesdits Maistre Principal & Chapellain, & le communiquer ausdits Reformateurs, ne pareillement faire aulcuns baulx des heritages dudit College, sans l'exprès consentement & authorité desdits Reformateurs, & d'iceulx Maistre Principal & Boursiers, lequel Procureur ne pourra aussi faire mise pour ledit College sans le consentement & avis dudit Maistre Principal & Chapellain, excedant la somme de dix livres tournois pour une fois.

Et pour l'entier & parfait accomplissement & perpetuité de cette presente fondation, à ce qu'elle demeure ferme & stable à jamais a declaré

DE LA VILLE DE PARIS.

& declaire, veult & entend ledit Fondateur que les Reformateurs, Visitateurs & Spectateurs dudit College, soient trois Ecclesiastiques, l'ung Conseiller du Roy en la Cour de Parlement de cette Ville de Paris, & qu'il soit Docteur en Decret de l'Université, si aulcuns en y a lors, & de present a nommé & nomme pour le premier noble & scientifique personne Mr Maistre Baptiste Sapin, Docteur en ladite Faculté de Decret, & Conseiller en icelle Cour; l'autre soit & sera perpetuellement le Chancellier de l'Université de Paris; le troisiéme le plus ancien Docteur Regent en icelle Faculté de Decret; & dès-à-present ledit Fondateur a nommé & nomme doctissime personne Maistre Jean Quentin, Docteur Regent en icelle Faculté, après le deceds duquel veut & entend ledit Fondateur estre en son lieu le plus ancien Docteur Regent d'icelle Faculté, residant & lisant actuellement en ladite Université.

Aux quels Seigneurs Reformateurs & leurs successeurs qui seront pour le temps à venir, a ledit Fondateur donné & donne toute puissance & authorité de visiter ledit College chacun an deux fois, pour voir & connoistre ce qui y pourroit estre defforme & dereiglé, & pour y reformer & corriger ce qu'ils connoistront en conscience devoir estre corrigé & amendé ; à sçavoir la premiere visitation au mois d'Octobre, & la seconde au mois d'Avril : & sera fait registre de leurdite visitation & ordonnance ; à chacune d'icelles visitations sera ledit Procureur tenu rendre ses comptes devant lesdits Seigneurs trois Reformateurs & Principal & Chapellain. Après lesquelles visitations, & chacune d'icelles le disné honneste & modeté, & lesdits comptes dudit College rendus par ledit Procureur, & par eux ouys, clos, arrestés & signés, leur sera par ledit Procureur à chacun d'eulx baillé & distribué un escu d'or Soleil, le tout aux depens dudit College par maniere de telle quelle recompense, combien qu'elle semble indigne, veu leurs labeurs, vacation & merite, les priant eulx contenter, supportant la tenuité d'icelle fondation, & modicité du bien dudit College.

Voulant oultre & ordonnant ledit Fondateur, que entre les mains d'iceulx Reformateurs, lesdits Maistre Principal, Procureur & Chapellain, quand seront institués, avant qu'exercer leurs estats & charges, fassent & prestent le serment de bien & fidellement exercer leursdits estats & charges esquels sont institués & sans fraude, & deffendront de tout leur pouvoir le contenu en ladite fondation, & s'ils sçavent & entendent quelque chose faite au prejudice d'icelle, en avertiront lesdits Reformateurs.

Et pour l'execution, entretennement d'icelle, & dottation de toutes & chacunes les choses dessusdites, & en cette presente fondation contenues & escrites, ledit Seigneur Maistre Robert du Gast Fondateur, de son bon gré, bonne, pure, franche & liberalle volonté, sans aucune force, fraude, erreur, induction, seduction, contrainte ou decevance, luy sur ce bien advisé, conseillé, pourveu & deliberé, si, comme il disoit, reconnut confessa, & par ces presentes reconnoist & confesse en la presence, & par devant lesdits Nottaires cy-devant nommés & souscripts, comme en droit jugement par-devant Nous, avoir cedé, quitté, transporté & delaissé, & par ces presentes cede, quitte, transporte & delaisse dès maintenant & dès-à-present de tout à tousjours promis, & encore par ces mesmes presentes Lettres promet garentir, delivrer & deffendre envers & contre tous de tous troubles, debtes, Lettres, dons, douaires, obligations, engagemens, permutations, eschanges, ventes, cessions, transports, alienations, & de tous autres empeschemens generalement quelconques auxdits Maistre, Principal, Procureur, Chapellain & Boursiers dudit College, qui sont & seront pour le temps à venir audit College, nommé *Ste Barbe*, ledit Maistre Robert Certain, ja nommé Principal, à ce present stipulant & acceptant pour lui & lesdits Procureur, Chapellain & Boursiers, & leurs successeurs, ou temps à venir les heritages cy-après spécifiés & déclarés à iceluy Seigneur Maistre Robert du Gast appartenants, de son vrai & loyal acquest, si comme il dit & afferme pour verité; c'est à sçavoir, les quatre parts & portions par indivis, dont les cinq font le tout en la totalité d'une grande maison contenant plusieurs corps d'Hostel, lieux, aisances & appartenances d'icelle, ainsi qu'ils se poursuivent, comportent & estendent de toutes parts, & de fonds en comble, scituée & assise en cette Ville & Université de Paris audit Mont St Hilaire, vulgairement nommée & appellée le College *Ste Barbe*, tenant d'une part la totalité de ladite maison & lieux, à un jardin estant des appartenances du College de Rheims, & faisant l'un des coings de la rue de Bourgogne d'une part, & une cour nommée le Royaume d'Embas des Pauvres du College de Montaigu, aboutissant d'un bout par derriere au jardin du College de Rheims, & d'autre bout par devant à la rue St Symphorien, en la censive des Venerables Religieux, Abbé & Convent de l'Eglise & Abbaye de Madame Ste Genevesve au Mont de Paris, & chargée icelle totalité de cinq sols tournois de cens.

Item. Une autre Maison & Jardin, aussi lieux, aisances & appartenances d'icelle, qui tient & où est à present demeurant honorable homme Guillaume Mondet, Marchand Libraire Juré en ladite Université de Paris, située & assise audit Mont St Hilaire, & qui s'étend jusqu'au College de Rheims, en laquelle pend de present pour enseigne le Chaudron, tenant au Presbytaire, Jardin & Cimetiere d'icelle Eglise, & au College de Karembert, d'autre part à la rue d'Ecosse; aboutissant par derriere à la rue du Four ou au College de Rheims, & d'autre part par devant à la rue St Hilaire, en la censive des venerables Doyen, Chanoines & Chapitre Mr St Marcel lez Paris, & chargée envers eulx de douze deniers tournois de cens; & encore à la charge toutefois en ce regard & pour ladite maison du Chaudron, Jardin & lieux seulement de l'aisance, usage & jouissance de Jeanne du Gast, femme dudit Guillaume Mondet, parente dudit Fondateur, durant la vie d'elle seulement, en payant chacun an par elle à la Communauté dudit College Ste Barbe la somme de quarante-huit écus d'or soleil, ainsi que icelui Mondet son mari & elle ont accoutumé faire & qu'ils sont tenus par Contrat ou autrement; mais ne pourra ladite Jeanne transporter son droit viager à quelque personne que ce soit, autrement pourroient iceulx Maistre Principal, Procureur, Chapellain & Boursiers d'icelui College faire leur proufit de ladite maison pour ledit College.

Item. Encore ledit Seigneur du Gast, Fondateur, aussi cede, quitte & transporte & promet garentir comme dessus ausdits du College & leurs successeurs, une autre Maison, Court, Jardin, aussi lieux, aisances & appartenances d'icelle, ainsi comme elle se comporte, assise & située au Village de Vitri, en la rue St Aulbin, en laquelle pend ou souloit pendre pour enseigne l'image St Germain, tenant d'une part aux heritiers de feu Pierre du Molin, d'autre part au grand chemin Royal tendant dudit Vitri à Paris, aboutissant d'un bout à Nicolas Burget, & d'autre bout aux heritiers de feu Claude de Beauvais, en la censive de Messire Jean de Brenou, Seigneur en partie dudit Vitri, & chargée envers lui de deux deniers parisis & de deux pintes de vin de cens seulement, avec tous les ustenciles rustiques & meubles étant à present en ladite Maison appartenans à icelui Seigneur Fondateur, ensemble la quantité de deux arpens & demi & demi-quartier de vignes en plusieurs pieces aussi ci-après déclairées : sçavoir est un quartier assis audit Vitri au lieu dit le champ Ragoulle, tenant d'une part à Jaques Michault, d'autre part à la veuve Pierre Gabilleau, aboutissant d'un bout par hault à Simon Douyau & autres, & d'autre bout par bas au grand chemin Royal, en la censive de.....

Une autre piece contenant demi-quartier audit terroir au lieu dit Hardouyne, tenant d'une part à Laurent Bribtuyn, d'autre à Toussaint Re-

DE LA VILLE DE PARIS.

gnier, aboutiſſant d'un bout à Gilles de Freſne & d'autre bout à Guillaume Varis, en la cenſive de.....

Une autre piece contenant ſept quarts audit terroir au lieu dit Neſſart, tenant d'une part à Guillaume Bourguet, d'autre part à Jaques Michault, aboutiſſant d'un bout par hault à Simon Poteau & autres, d'autre bout par bas audit grand chemin Royal, en la cenſive de.....

Une autre piece contenant trois quarts aſſis audit lieu de Vitri, audit lieu dit la grande ruelle, tenant d'une part aux appartenances de la Cure St Gervais dudit Vitri, d'autre aux heritiers de Benoiſt Choart, aboutiſſant d'un bout ſur la grande ruelle, & d'autre bout à Nicolas Simon, en la cenſive de.....

Une autre piece contenant demi quartier audit terroir & lieu, tenant d'une part aux heritages & appartenances de ladite Cure St Gervais de Vitri, d'autre à Nicolas Poteau, aboutiſſant d'un bout ſur ladite grande ruelle & d'autre bout à Loys de la Rue, en la cenſive de......

Une aultre piece contenant deux tiers de quartier, aſſiſe audit terroir de Vitri, au lieu dit la Botte, tenant d'une part audit Nicolas Poteau, d'autre part à Jean Bertrand, aboutiſſant d'un bout par hault à Jean Pouet, d'autre bout par bas à Guillaume Cotard, en la cenſive de.....

Une autre piece contenant un autre quartier audit terroir au lieu dit la Brebis, tenant d'une part à Regnault Roſtineau, d'autre part à Noel Durand, aboutiſſant d'un bout aux heritiers de Benoiſte Choart, d'autre bout à   en la cenſive de.....

Une autre piece contenant trois autres quarts, aſſiſe audit Vitri, au lieu dit la Grouette, tenant d'une part à Leonard de Louche, d'autre part à Pierre Michault, aboutiſſant par hault à Simon de la Heze, & d'autre bout à   en la cenſive de.....

Une autre piece contenant demi-quartier, aſſis audit terroir, au lieu dit la Grouette, tenant d'une part à Guillaume Noleau, d'autre part aux heritiers de feue Marion Cochon, aboutiſſant d'un bout par hault à Collette Poitrault, & d'autre à Jean Sergent, en la cenſive de.....

Une autre piece contenant autre demi quartier aſſis audit terroir, au lieu dit rue Gorge, tenant d'une part à Germain Joly, d'autre part à Ferrand Molard, aboutiſſant d'un bout à Gilles Poteau, & d'autre bout à Jean Blanchien, en la cenſive de Mr Thibouſt, & chargée envers lui d'un denier Pariſis de cens.

Et la derniere deſdites pieces de vigne pareillement contenant un autre demi-quartier, aſſis au terroir de Vitri, au lieu dit Dame Gille, tenant d'une part à Germain Beron, d'autre à Jean Auqueſou, aboutiſſant d'un bout par haut à Gervais Crete, & d'autre bout par bas à Jean Macé, en la cenſive de Mr Maiſtre Coſme Clauſſe, Seigneur de Marchaumont & dudit Vitri en partie, & chargée envers lui de.....

Semblablement icelui Fondateur Maiſtre Robert du Gaſt fondateur a auſſi cedé, quitté, delaiſſé & tranſporté, & promet garentir comme deſſus à iceulx du College, pareillement ce acceptant par ledit Certain, trois cens vingt-huit livres quinze ſols tournois de rente en pluſieurs & diverſes parties & conſtitutions, à icelui Seigneur cedant appartenants, auſſi de ſon acqueſt, & qu'il a droit de prendre & percevoir par chacun an ſur les Prevoſt des Marchands & Echevins de ladite Ville de Paris, le tout ainſi & par la maniere qu'il eſt plus à plein contenu & déclaré ès Lettres de conſtitution de ce faiſant mention; pour de tous leſdits heritages & choſes ainſi ci-deſſus cedés & tranſportés, jouir, uſer, tenir, & doreſnavant poſſeder par leſdits Maiſtre Principal, Procureur, Chapellain & Bourſiers dudit College Ste Barbe & leurſdits ſucceſſeurs au tems à venir, & en faire comme de choſe à eux appartenant, en leur enjoignant très-expreſſément par icelui Seigneur fondateur de doreſnavant mettre & dépoſer au coffre commun qui fera audit College tous & chacuns les deniers qui proviendront des fruits defdits heritages, rentes, biens & poffeffions, après les chofes fufdites accomplies; de toutes lefquelles & chacune d'icelles ledit Fondateur s'eft defaifi & démis, en a veftu & faifi lefdits Maiftre Principal, Procureur, Chapellain & bourfiers & leurfdits succeffeurs au tems à venir; & pour actuelle tradition, a mis & dépofé en la presence defdits Notaires soufcripts, entre les mains dudit Maiftre Robert Certain, ja nommé Maiftre Principal, toutes & chacunes les lettres, titres & enfeignemens que icelui du Gaft avoit par devers lui, servans & faifant mention des acquifitions par lui faites d'iceulx heritages & rentes, que ledit Fondateur veut & ordonne eftre mifes & depofées audit coffre commun ou autre lieu feur; & fauf pour s'en aidier quand meftier fera & dont à cette fin a efté fait inventaire à la requefte d'icelui Seigneur Fondateur, en la prefence dudit Certain Principal fufdit, & ce par lefdits Notaires pour la confervation du bien dudit College felon la difcretion defdits Seigneurs reformateurs, Maiftre Principal, Procureur, & Chapellain d'icelui College.

En declarant & difant d'abondant par ledit Seigneur fondateur son intention & vouloir eftre s'il eft poffible & faire fe peut recouvrer & acheter la cinquiéme partie de ladite Maifon Ste Barbe ci-deffus declarée, afin d'avoir l'entiere totalité & que ledit achat & recouvrement foit fait par manierede permutation & efchange, fans aucune mutation faire du nom de Ste Barbe; pour faire lequel recouvrement pourront eftre baillés & employés les cinquante livres tournois de rente reftant, les Bourfiers payés d'iceulx trois cens vingt-huit livres quinze fols tournois de rente ainfi deues par ladite Ville de Paris, & fur elle prins & perceus par chacun an & de ce qui reftera d'icelle rente fera fatisfait aufdits Maiftre Principal, Procureur, Chapellain & Bourfiers, & le refte mis & depofé audit coffre de communauté, & mefme lefdits cinquante livres tournois ou cas que ladite cinquiéme partie de maifon ne peuft eftre recouverte des proprietaires aufquels elle appartient pour iceulx deniers eftre convertis à l'entretenement de ladite Maifon & College de Ste Barbe & Divin fervice de ladite Chapelle: à la charge que fi lefdits de la Ville de Paris rachetoient lefdites rentes de trois cens vingt-huit livres quinze fols tournois ou aucune d'icelle, en ce cas veut & ordonne ledit Fondateur les deniers dudit rachat incontinent & le pluftoft que faire fe pourra eftre employés en femblables rentes ou bien en heritages & terres bien affeurées, du confeil, avis & deliberation toutefois defdits Seigneurs reformateurs, avec lefdits Maiftre Principal, Procureur & Chapelain qui pour lors feront audit College. Toutes lefquelles inftitutions, fondations, dottations, ordonnances, declarations, ceffions, tranfports, eflections, privations, fubftitutions, nominations, vifitations, érections & autres quelconques difpofitions ainfi ci-deffus declairées & specifiées ledit Seigneur Maiftre Robert du Gaft fondateur ayant ouï & entendu la lecture d'icelle qui lui a efté faite par l'un defdits Notaires, l'autre prefent, a toutes grées, ratifiées, approuvées, loue, ratifie, approuve, a pour bien agreable, fe y eft confenti & accordé, confent & accorde, & icelles a promis tenir fermes & ftables perpetuellement ès mains defdits Notaires, felon les qualités, modifications & fpecifications deffus dites; & oultre pour plus grande ftabilité, fermeté & affeurance de cefdites prefentes fondations & contenu ci-deffus, a voulu & accordé, veut & accorde en la prefence d'iceulx Notaires que pour les Seigneurs reformateurs & ou nom defdits Maiftre Principal, Procureur, Chapellain & Bourfiers d'icelui College, foit prefenté requefte à ladite Cour de Parlement, à ce que de fa bonne grace & volonté lui plaife ratifier, confirmer, approuver & avoir agréables toutes & chacunes les chofes deffus dites, en acceptant auffi par elle tant l'inftitution defdits fept Bourfiers en icelui College, que lefdits trois reformateurs chacun en fa qualité refpectivement; car ainfi l'a voulu
&

DE LA VILLE DE PARIS.

& expressément accordé ledit Seigneur Maistre Robert du Gast fondateur en passant & accordant esdites Presentes, & d'abondant icelui Seigneur fondateur a aussi cedé & transporté cede & transporte par cesdites Presentes audit College, ce acceptant par ledit Certain, Maistre Principal, tous & chacuns les droits de proprieté, fonds, saisine, Seigneurie, possessions, noms, raisons, actions, demandes, poursuites, & autres choses generalement quellesconques, qu'il a, peut & pourroit avoir, pretendre, quereller & demander ores & pour le tems à venir, en & sur lesdits heritages, rentes & choses ainsi ci-dessus par lui cedées & transportées, & pour & à l'occasion d'iceulx ; s'en est pareillement défaisi, démis & dévestu, désaisi, démet & dévest par cesdites Presentes, comme pour ce du tout ès mains desdits Notaires, comme en la nostre souveraine pour le Roi nostredit Seigneur, pour ou nom & au profit d'iceulx du College & leurs successeurs ou tems advenir, voulant, consentant & expressément accordant, que par le bail & ostension de cesdites presentes Lettres, sans autre procuration sur ce avoir ne montrer, lesdits Maistre Principal, Procureur, Chapellain & Boursiers & leursdits successeurs, en fussent & soient du tout saisis, vestus, mis & receus en bonne & suffisante saisine & possession par les Seigneurs ou Dames, celui ou ceulx de qui & ainsi qu'il appartiendra ; & pour ce faire, vouloir, requerir, demander, consentir & accorder ce estre fait par tout où besoin sera, ledit Seigneur fondateur a fait, nomme, ordonne, constitue & establit ses Procureur ou Procureurs generaulx & certains Messagiers especiaulx & irrevocables, le porteur ou porteurs de cesdites Presentes, auquel ou auxquels portans icelle il donna & donne plein pouvoir, puissance, authorité & mandement especial & irrevocable de ce faire & tout ce que au cas appartiendra & sera necessaire. Lesquelles presentes institutions, fondations, dottations, ordonnances, declarations, cessions, transports, ellections, privations, substitutions, nominations, visitations, corrections, dispositions & toutes & chacunes les choses dessus dites, & en ces presentes Lettres contenues, déclairées, specifiées & escrites, icelui Seigneur fondateur promit avoir pour bien agreables, les tenir fermes & stables à tousjours sans jamais à nul jour aucunement y contrevenir en quelque sorte ou maniere que ce soit, ainçois vendre, payer & restituer à pur, à plein & sans aucun plait ou procés, tous cousts, frais, mises, despens, dommages & interests, qui faits, eus, soufferts, soutenus & encourus seroient par deffault des choses dessus dites, ou d'aucunes d'icelles non faites, tenues, entretenues, payées & duement accomplies, ainsi & par la maniere que dit est, & en ce pourchassant, poursuivant & requerant sous l'obligation & hypotheque de tous & chacuns ses biens meubles & immeubles, presens & advenir, qu'il en a pour ce du tout soumis & soumet à la Justice, Jurisdiction, cohertion & contrainte de Nous, nos successeurs Prevosts de Paris, & par toutes autres Cours, Justices & Jurisdictions où trouvés seront, à ses despens, & renonça expressément en ce faisant à toutes Lettres d'Etat, de grace, de reliefs, respits, cessions, dispensations & absolutions données & à donner, à tout Droit escrit & non escrit, Canon & Civil, & à toutes autres choses & Aides generalement quellesconques à ces Lettres contraires & au droit, disant generale renonciation non valoir. En tesmoing de ce, Nous à la relation desdits Notaires avons fait mettre le scel de ladite Prevosté de Paris à ces Lettres, qui passées furent doubles l'an 1556, le Jeudi dix-neuviesme jour du mois de Novembre. Ainsi signé, P. VALLE'E & F. CROZON. Ce present Contrat de fondation contenant dix-sept rolles de parchemin, cetui comprins, a esté enregistré par moi Notaire soussigné ; ainsi signé F. CROZON.

Registrata audito Procuratore Generali Regis Parisiis in Parlamento nona die De-

PREUVES DES ANTIQUITE'S

cembris anno Domini millesimo quingentesimo quinquagesimo sexto; sic signatum,
DU TILLET.

HENRI, par la grace de Dieu Roi de France, savoir faisons, à tous presens & à venir; Nous avoir reçu l'humble supplication de Maître Robert du Gast, Docteur Regent en la Faculté de Decrets en l'Université de Paris, contenant qu'il a érigé & fondé en sa maison à lui appartenant & acquise de ses deniers, vulgairement appellée de Ste Barbe, assise en l'Université de Paris au Mont St Hilaire, un College & exercice d'étude avec sept Boursiers, savoir un Principal, un Procureur, un Chapellain, & outre ce quatre petits enfans, qui seront Boursiers, pour y resider continuellement, & vaquer aux prieres, suffrages, études & charges à eulx respectivement ordonnées pour ladite fondation ci-attachée sous notre contre-scel, & pour la dotation & entretenement dudit College & Service Divin, donne, cede & delaisse à perpetuité aux-dits Principal, Procureur, Chapelain & Boursiers & à leurs successeurs les maisons & heritages qui s'ensuivent; c'est à savoir, les quatre parts & portions par indivis, dont les cinq font le tout, en la totalité d'une grande maison contenant plusieurs corps d'Hotels, lieux, aisances & appartenances d'icelle, ainsi qu'ils se poursuivent, comportent & étendent de toutes parts & de fonds en comble, située & assise en notre Ville & Université de Paris au Mont St Hilaire, vulgairement nommée & appellée le College Ste Barbe, tenant d'une part la totalité de ladite maison & lieux à ung Jardin étant des appartenances du College de Rheims & faisant l'ung des coins de la rue de Bourgogne, d'autre à une court nommée le Royaume d'ém bas des pauvres du College de Montaigu, aboutissant d'un bout par derriere audit Jardin du College de Rheims, & d'autre bout & devant à la rue St Symphorien, en la censive des Religieux, Abbé & Couvent de l'Abbayie Ste Genevieve au Mont de Paris, & chargée icelle totalité de cinq sols tournois de cens. Une autre maison & jardin, les lieux, aisances & appartenances d'icelle, que tient & où est à present demourant Guillaume Mondet, Marchand Libraire Juré en ladite Université de Paris, située & assise audit Mont St Hilaire, & qui se étend jusqu'au College de Rheims, à laquelle pend pour enseigne le Chaudron, tenant au Presbytere, Jardin & Cimetiere de ladite Eglise & au College de Kalembert, d'autre part à la rue d'Écosse, aboutissant par derriere à la rue du Four & audit College de Rheims, & d'autre bout par devant à la rue St Hilaire, en la censive des Doyen, Chanoines & Chapitre St Marcel lez Paris, & chargée envers eux de douze deniers tournois de cens. Et encore une autre maison, court, jardin, lieux, aisances & appartenances d'icelles, ainsi comme elle se comporte, assise & située au village de Vitri à la rue St Aulbin, en laquelle pend ou souloit pendre pour enseigne l'image St Germain, tenant d'une part aux heritiers de feu Pierre du Moulin, d'autre part au grand chemin Royal, tendant dudit Vitri à Paris, aboutissant d'un bout à Nicolas Burget & d'autre bout aux heritiers de feu Claude de Beauvais, en la censive de Messire Jean de Bermeu, Seigneur en partie dudit Vitri, & chargée envers lui de deux deniers Parisis & de deux pintes de vin de cens seulement. Ensemble la quantité de deux arpens & demi quartier de vigne ou plusieurs pieces aussi ci-après declairés. C'est à savoir un quartier assis audit Vitri ou lieu dit le champ Ragoule, tenant d'une part à Jaques Michault, d'autre part à la veuve Pierre Gabilliau, aboutissant d'un bout par hault à Simon Dozau & autres, & d'autre bout par bas au grand chemin Royal, en la censive des Doyen & Chapitre de St Marcel lez Paris.

Item. Une autre piece contenant demi quartier audit terroir au lieu dit Hardoyne, tenant d'une part à Laurent Boyvin, d'autre part à Toussaint Regnier, aboutissant d'un bout à Gilles de Fresne & d'autre bout à Guil-

DE LA VILLE DE PARIS.

laume Barrier, en la cenſive dudit St Marceau. Une autre piece contenant ſept quarts audit terroir, au lieu dit Raiſard, tenant d'une part à Guillaume Bourguet, d'autre part à Jaques Michault, d'autre bout par bas audit grand chemin Royal, en la cenſive dudit St Marcel. Une autre piece contenant trois quarts, aſſiſe audit lieu de Vitri, ou lieu dit la grande ruelle, tenant d'une part aux appartenances de la Cure de St Gervais dud. Vitri, d'autre aux heritiers de Benoiſt Chohart, aboutiſſant d'un bout ſur ladite grande ruelle, & d'autre bout à Nicolas Simon, en la cenſive dudit St Marceau, le tout chargé de huit deniers pariſis pour arpent. Une autre piece contenant demi quartier audit terroir & lieu, d'une part aux heritages & appartenances de ladite Cure de St Gervais de Vitri, d'autre à Nicolas Poteau, aboutiſſant d'un bout ſur ladite grande ruelle, & d'autre bout à Louis de la Rue, en la cenſive dudit St Marcel. Une autre piece contenant deux tiers de quartier, aſſis audit terroir de Vitri, au lieu dit la Rotre, tenant d'une part audit Nicolas Poteau, d'autre part à Jehan Bertrand, aboutiſſant d'un bout par hault à Jean Pons, & d'autre bout par bas à Guillaume Cretart, en la cenſive des Religieux, Abbé & Convent de St Lomer de Blois, chargée de deux ſols pariſis envers la grande Chambre St Marcel de rente & de cens, au prix de huit deniers pariſis pour arpent. Une autre piece contenant un quartier audit terroir & au lieu dit la Brebis, tenant d'une part à Regnaut Roſſiniave, d'autre part à Noel Durant, aboutiſſant d'un bout aux heritiers de Benoiſt Choart, en la cenſive dudit St Marcel. Une autre piece contenant trois autres quarts, aſſis audit Vitri, au lieu dit la Grouette, tenant d'une part à Guillaume Noliau, d'autre part aux heritiers de feu Marcou Cochon, aboutiſſant d'un bout par hault à Collette Poitraine, & d'autre à Jean Sergent, en la cenſive deſdits de St Marcel. Une autre piece contenant demi quartier, aſſiſe audit terroir, ou lieu dit la Regorge, tenant d'une part à Germain Joly, d'autre part à Germain Molart, aboutiſſant d'un bout à Gilles Poſtreau, & d'autre bout à Jean Blanchieu, en la cenſive de Mr Thibault, & chargée envers lui d'un denier pariſis de cens. Et une piece de vigne contenant un autre demi quartier, aſſis au terroir dudit Vitri, au lieu dit Dame Gille, tenant d'une part à Germain Becou, d'autre part à Jean Aigueſſre, aboutiſſant d'un bout par hault à Gervais Crote, & d'autre bout par bas à Jean Maſſe, en la cenſive de notre amé & feal Conſeiller & Secretaire de nos Finances Maiſtre Coſme Clauſſe, Sieur de Marchaumont & dudit Vitri en partie, & chargée envers lui d'un denier pariſis de cens. Outre auroit ledit Suppliant donné, cedé & delaiſſé pour la fondation dudit College la ſomme de trois cens vingt-huit livres quinze ſols tournois de rente rachetable, à lui dûe par les Prevôt des Marchands & Echevins de notre Ville de Paris, à la charge que ſi ladite rente étoit rachetée, que ledit Principal, Procureur & Bourſiers ſeront tenus les employer en ſemblables rentes courantes, ou en heritages ou terres aſſurées ; & encore ledit Suppliant a vouloir & intention d'acquetir ſi poſſible eſt la cinquiéme partie de ladite maiſon pour l'ajouter à la dotation de ladite fondation, ainſi que plus amplement auſſi eſt declairé par Contrat fait & paſſé le dix-neuviéme Novembre dernier paſſé par devant François Crozon & Paſquier Vallée Notaires au Chaſtelet de Paris attaché à noſdites Preſentes ſous notre contre-ſcel, lequel contrat de fondation a été approuvé par notre Cour de Parlement de Paris, & ordonné icelui être enregiſtré ès Regiſtres d'icelle. A CES CAUSES, ledit Suppliant nous a fait ſupplier très-humblement, attendu que leſdites maiſons, heritages & rentes ſuſdites ne ſont aucunement tenus en fief, & que en iceulx n'y a juſtice, & que pour raiſon d'iceulx ne nous eſt dû aucune cenſive, les vouloir amortir, afin que ledit Principal, Procureur & Chapellain, Bourſiers & leurs ſucceſſeurs ne puiſſent être contraints les mettre hors leurs mains à l'occaſion qu'ils ſont gens de

Tome III. *T ij*

main morte, ains leur permettre qu'ils & leurs succeſſeurs les puiſſent poſſeder & tenir perpetuellement, afin que ladite fondation & Service Divin
ſoient entretenus, requerant ſur ce nos Lettres d'amortiſſement. Pour quoi
Nous inclinant à la devotion & priere dudit Suppliant, & auſſi afin que
nous ſoyons participans aux prieres & bienfaits qui ſe feront audit College,
avons de notre certaine ſcience, grace eſpeciale, puiſſance & authorité
Royale, amorti & amortiſſons par ceſdites Preſentes, leſdites maiſons,
heritages & rentes deſſus dites, & ce qui ſera acquis des deniers procedans
du rachat de ladite rente, ſi elle eſt rachetée, voulons que les Principal,
Procureur, Chapellain & Bourſiers les tiennent & poſſedent perpetuellement amortis & à Dieu dediés, ſans ce qu'ils puiſſent être contraints les
vendre, aliener ou mettre hors de leurs mains ne d'en payer à nous où à
nos ſucceſſeurs pour l'amortiſſement aucune finance, laquelle nous avons
donnée remiſe & quittée, donnons, remettons & quittons tant audit
Suppliant que audit Principal, Procureur, Chapellain & Bourſiers par ces
Preſentes, ſignées de notre main. SI DONNONS EN MANDEMENT par
ceſdites Preſentes à nos amés & feaulx Conſeillers, les Gens tenans notre Cour de Parlement, Gens de nos Comptes, Treſoriers de France &
General de nos Finances à Paris, Prevôt dudit lieu ou à ſon Lieutenant,
& à tous nos autres Juſticiers & Officiers, & chacun d'eulx ſi comme à lui
appartiendra, que leſdits Principal, Procureur, Chapellain & Bourſiers,
& leurſdits ſucceſſeurs, faſſent, ſouffrent & laiſſent jouir & uſer pleinement & paiſiblement de notre preſente grace & amortiſſement, don & quittance, ſans leur faire ou donner, ne ſouffrir être fait ou donné aucun arrêt, détourbier ou empêchement en quelque maniere que ce ſoit, ains
ſi aucun en étoit fait, le faſſent mettre incontinent & ſans delai à pleine delivrance. Car ainſi nous plaît & voulons être fait, nonobſtant quelconques
ordonnances, mandemens & deffenſes à ce contraires. Et afin que ce ſoit
choſe ferme & ſtable à toujours, nous avons fait mettre notre ſcel à ceſdites Preſentes, ſauf en autres choſes notre droit & l'autrui en toutes.
DONNE' à Paris au mois de Fevrier l'an de grace mil cinq cens cinquante-
ſix, & de notre regne le dixiéme. Ainſi ſigné ſous le repli, HENRI;
& ſur le repli, par le Roi, Maiſtre MARTIN FUME'E, Maiſtre des Requeſtes ordinaire de ſon Hotel, preſent BOURDIN.

*Regiſtrata audito & non impediente Procuratore generali Regis, Pariſiis in Parla-
mento, nena Martii anno Domini milleſimo quingenteſimo quinquageſimo ſexto; ſic
ſignatum,* DU TILLET.

EXTRAIT DES REGITRES DU SECRETARIAT de l'Archevêché.

SILVIUS A PETRAVIVA Doctor Theologus infignis Ecclefiæ Parifienfis, Cancellarius & Canonicus , & Dionyfius le Blanc Jurium Licentiatus, dictæ Parifienfis Ecclefiæ etiam Canonicus , Vicarii Generales in fpiritualibus & temporalibus Illuftriffimi & Reverendiffimi in Chrifto Patris & Domini Domini , miferatione divinâ Sacræ Romanæ Ecclefiæ Cardinalis de Retz nuncupati Parifienfis Epifcopi. Univerfis, &c. Notum facimus quod vifo per nos libello fupplice porrecto per Matrem, Sorores, Religiofas feu Moniales Congregationis fanctæ Urfulæ in Suburbio Parifienfi Divi Jacobi de Alto-paffu nuncupato fundatas & erectas ; quo exponitur ipfas fupplicantes adhæfiffe requifitioni feu petitioni eis factas pro parte Matris & Sororum degentium in loco dedicato fub nomine feu invocatione fanctæ Aviæ feu Avitæ, Ste Avoie , in hac urbe Parifienfi, intrà limites Parochiæ Divi Mederici Parifienfis, ut poffent aggregari & incorporari Congregationi ipfarum Supplicantum fanctæ Urfulæ, & ibidem vivere fub fimilibus & paribus votis, regulis & confuetudinibus, & ad hunc finem quinque Moniales fanctæ Urfulæ transferri in dicta domo fanctæ Aviæ, ut ibidem ftabiliatur & fervetur regularitas ejufdem Congregationis fanctæ Urfulæ : cui aggregationi & affociationi, feu incorporationi acceffit affenfus venerabilis viri Magiftri Guidonis Houiffier, Doctoris Theologi, Rectoris, feu Parochi moderni Ecclefiæ Divi Mederici Parifienfis, fub claufula & conditionibus declaratis & expreffis in contractu inito inter-partes die decimâ Decembris 1621 , cui contractui intervenit nobilis Domicilla Magdalena l'Huillier, dicta *de Ste Boefve*, quæ in favorem hujufmodi aggregationis dotavit jam dictam domum fanctæ Aviæ de fummâ mille librarum Turonenfium annui & perpetui tedditûs, Nos Vicarii Generales jam dictum contractum, ac omnia & fingula in eo contenta, autoritate præfati Illuftriffimi Cardinalis laudavimus, approbavimus, confirmavimus & omologavimus , dictamque Capellam fanctæ Aviæ unà cum fuis juribus, &c. Congregationi prædictæ annexi mus, incorporavimus & aggregavimus, eâ tamen lege & conditione, quod Mater & Sorores quæ nunc in Capella fanctæ Aviæ degunt, fufcipient & geftabunt habitum per Moniales fanctæ Urfulæ geftari folitum , & pendente probationis anno folito in conftitutionibus & regula quas dictæ Moniales fanctæ Urfulæ profitentur, inftruentur ; ipfoque anno elapfo votum profeffionis ejufdem emittent, ad hæc nullæ deinceps filiæ ad alium habitum & profeffionem regularem in dicto loco Capellæ fanctæ Aviæ admittentur, quam quæ à fupplicibus fanctæ Urfulæ Monialibus geftari & emitti folent: ad onus tamen femper in omnibus Jurifdictionis & Superioritatis ordinariæ Epifcopi Parifienfis ; mandantes Guidoni Houyffier affiftentibus fecum Fiacrio Riviere , Curiæ Epifcopalis Promotore feu cognitore caufarum, & Joanne Baudouyn Epifcopatûs Parifienfis Secretario ordinario fubfignato , Congregationem prædictam Monialium fanctæ Urfulæ , feu earum Superiorem pro eis in corporalem, realem & actualem poffeffionem dictæ domus fanctæ Aviæ , fuorumque Jurium & pertinentiarum , ponat & inducat , omniaque alia faciat , quæ pro executione dicti contractus & præfentium Litterarum neceffaria fuerint. Datum Parifiis anno 1622, Januarii quarto.

HENRICUS Cardinalis de Retz, nuncupatus Episcopus Parisiensis, universis, &c. Nos debitè informati de maximo & uberrimo fructu quem adfert Congregatio Religiosarum, seu Monialium Annunciationis Beatæ Mariæ Virginis, Ordinis sancti Augustini, vulgò *de l'Annonciade*, in pluribus locis, ubi nunc est instituta, & quæ approbata à sancta Sede Apostolica fuit recepta, Nos recipimus per præsentes institutum dictæ Congregationis, cujus erectionem & stabilitatem permittimus in nostra Diœcesi, etiam in hac urbe Parisiensi, in qua dictæ Religiosæ poterunt construi & ædificari facere sub beneplacito tamen Christianissimi Domini nostri Franciæ & Navarræ Regis, & ibi vivere sub nostra obedientia & jurisdictione, eisdem per nos, aut Vicarios nostros generales provideri de Patribus, Confessoribus & Visitatoribus, aliisque Superioribus, & personis necessariis pro earum directione integra. Viso etiam per nos contractu inito die decima sexta Julii novissimi inter illustrissimam Dominam Henricam Catharinam de Balzac, Marchionissam de Verneuil, Comitissam de Baugency, &c. ex una parte, & Reverendissimum Dominum Patrem Guillelmum Gibieuf, Doctorem Theologum, Superiorem Congregationis Oratorii Domini nostri Jesu-Christi, domûs Parisiensis, acceptantem & stipulantem pro Monialibus Congregationis prædictæ, ex altera; quo apparet ipsam Dominam Marchionissam dotare & dotasse Conventum hujusmodi Congregationis Annunciationis Beatæ Mariæ Virginis erigendum in hac urbe Parisiensi de summa duorum millium librarum Turonensium annui & perpetui redditûs, incipiendo à die quâ hujusmodi Congregatio erit instituta & erecta in hac urbe Parisiensi, & Moniales dicti Instituti & Congrationis advenerint in hac urbe usque ad numerum quem ferre poterit hujusmodi fundatio summæ duorum millium librarum, & sufficere pro victu, vestitu & aliis necessariis; ad onus etiam quod dicta Marchionissa utetur & fruetur privilegiis fundatoribus seu fundatricibus concedere solitis. comprobavimus anno 1622, Martii 29.

HENRICUS, Sanctæ Romanæ Ecclesiæ Cardinalis, &c. Visis per Nos Litteris Patentibus Christianissimi Domini nostri Ludovici XIII, Franciæ & Navarræ Regis, datis Parisiis mense Martio 1622. Nos de observant Præceptorum Divinorum & Regularium Institutor. RR. PP. Congregationis sancti Pauli Decolati, vulgò *Barnabitarum*, *Barnabites*, ex iis quæ dicti Patres Montisargi, Senonensis Diœcesis, & variis in locis Principatûs Bearnii, Diœcesum Lescarensium & Oleronensium quotidiè piè devotèque gerunt debitè informati, ea propter eisdem RR. PP. Clericis Regularibus sancti Pauli, vulgò Barnabitis nuncupatis, tenore Præsentium concessimus & concedimus facultatem & potestatem acceptandi quæcumque loca eis donanda, vel eos quolibet titulo legitimo comparanda in districtu hujus urbis & Diœcesis Parisiensis, & in eisdem locis Capellas seu Oratoria, sacella vel Ecclesias, & domos Regulares construendi & ædificandi, & in illis prædicandi, & Pœnitentes confitendi, cæteraque pia, sacerdotalia, & religiosa munia faciendi; eâ tamen lege & conditione, quod Prædicatores, Confessarii, & alii Presbyteri commissi pro administratione Sacramentorum dictæ Congregationis, approbentur per nos & successores nostros Parisienses Episcopos, & ad onus servandi statuta, ordinationes, & directiones circà administrationem Sacramentorum per nos publicata & publicanda. Datum Parisiis anno 1622, Martii 29.

SYLVIUS A PETRA-VIVA, &c. Visis per Nos libello supplici pro parte Abbatissæ, & Sanctimonialium Monasterii B. Marthæ de Monte-Martyrum, restitutæ Regularis Disciplinæ, ac emendaturæ instituti Ordinis sancti Benedicti propè Parisios, ad finem dotandi & erigendi Sacellum, & Oratorium in honorem & memoriam sanctorum Martyrum Dionysii & Sociorum priùs

DE LA VILLE DE PARIS. 151

confecratum in Prioratum & Conventum fub invocatione & titulo ejufdem facri Martyris Divi Dionyfii & Sociorum ; cujus adveniente vacatione collatio, & alia quævis difpofitio ad Abbatiffam feu Cœnobiaretam præmiffi Monafterii de Monte-Martyrum pendeat & pertineat ; necnon uniendi & incorporandi præfato Conventui & Prioratui duas Capellas feu Capellanias, & antiqua prædicta ædicula olim fundata, atque ad hunc effectum contractum fuper hujufmodi fundatione & erectione inter præfatam Abbatiffam & Sanctimoniales Sorores dicti Cœnobii, & nobilem Dominam Annam de Beauvilliers Relictam deffuncti Petri Forget, quondam Regis Chriftianiffimi à Secretis, initum & conftitutum approbandi factum ante Notarios, decimâ Martii 1622. litteris procuratoriis Magiftri Michaëlis Giffart, Capellæ, feu Capellarum prædictarum Capellani ad ipfius conftituentis nomine, & pro eo fuprà dictas Capellas feu Capellanias in manibus fanctiffimi in Chrifto Patris, & Domini noftri Papæ, vel Domini Collatoris ordinarii etiam manibus purè, liberè & fimpliciter refignandum ad effectum tamen unionis, & incorporationis in perpetuum faciendæ Prioratui & Conventui Sanctimonialium in dicta Capella, & locis regulariter ibidem conftructis, noviter inftitutarum. Nos Vicarii Generales ea omnia laudavimus, ædiculam in honorem facri Martyris Divi Dionyfii & Sociorum, conftructam in Prioratum & Conventum erexîmus, & in pofterum Prioratum & Conventum facti Martyris Divi Dionyfii, & Sociorum Martyrum, dici & nuncupari ab omnimoda difpofitione dictæ Abbatiffæ dependentis, quæ quidem Abbatiffa & Sanctimoniales feu Religiofas numero decem ad divinum, & tam diuturnum quam nocturnum officium in perpetuum perfolvendum in dicto Prioratu & Conventu actu refidentes habere & tenere tenebitur; cujus etiam Prioratûs & Conventûs præmiffa Domina Anna de Beauvilliers Fundatrix & Benefica Domina agnofcetur & habebitur, ad cujus votum & defiderium conformiter ad contractûs antedicti tenorem Religiofæ præmiffæ ibidem refidentes & commorantes Horas Canonicas decantare, quotidièque reliqua divina officia celebrare, ficuti fieri folet in Cœnobio Montis-Martyrum, necnon fuffragia in prædicto contractu, præfcripta piè & devotè perfolvere eâdem inftitutione adftrinximus & adftringimus: atque hujus piæ fundationis & dotationis intuitu prædicta Domina Anna de Beauvilliers per hæc privilegiis & gratiis, fundatoribus & benefactoribus Ecclefiarum concedi & elargiri folitis uti, eaque etiam de caufa in tam munificæ pietatis gratiam annui proventûs fummæ centum & viginti librarum, quem pro fundatione Prioratûs Villæ Epifcopalis fpoponderat ipfa Domina Anna de Beauvilliers, donec fufficienti redditu conftaret, cùm jam eidem Prioratui de *Villa Epifcopi* aliundè fit debitè provifum folemni & annuali folutione libera & exonerata remanebit : fummam verò viginti feptem denariorum turonenfium, quam pro dotatione & inftitutione prædicti Conventûs & Prioratûs facri Martyris fuppeditare & fufficere cum præfatis Abbatiffa & Monialibus pepigit fupradicta Domina Anna de Beauvilliers in prædicti
  & fundi realis acquifitionem ad dicti Prioratûs & Conventûs emolumentum collocare & infumere, præfatæ Domina Abbatiffa & Sanctimoniales tenebuntur, unionemque Capellarum prædictarum, quæ vix ad fummam viginti quatuor librarum turonenfium annuatim afcendunt, *concedi & decerni* debere diximus, eafdemque Capellas prædicto Prioratui annectimus, ad onus tamen per dictas Abbatiffam & Moniales Montis-Martyrum perpetuò celebrare faciendi miffas & alia divina officia per fundationem earumdem Capellarum præfcripta, refervatâ jurifdictione, vifitatione, & fuperioritate Epifcoporum Patifienfium. Datum Parifiis, anno 1622, Junii 7.

PREUVES DES ANTIQUITE'S

PERMITTITUR Renato de Brellay, Trecensi Episcopo, benedicere certam portionem terræ in Cemeterium, pro sepultura Monialium Conventûs sanctæ Mariæ Virginis Montis Calvarii, *Calvaire*, Ordinis sancti Benedicti, de novo constructi in suburbio sancti Germani à Pratis, propè Palatium Reginæ Matris, necnon & benedicere domum, ædificia, Capellam & alia loca Regularia ejusdem Conventûs; dictâque benedictione permissum Matri Superiori & Monialibus dicti Conventûs se se transferre de loco & domo in quibus nunc habitant propè & extrà portam sancti Michaëlis Parisiis, ad dictum Conventum & domum de novo constructa propè dictum Palatium, de licentia Dionysii le Blanc Canonici Parisiensis, Vicarii Generalis Henrici, Sanctæ Romanæ Ecclesiæ Cardinalis de Retz, Parisiensis Episcopi. Actum Parisiis, anno 1622, Julii 25.

GREGORIUS XV, Sedemque Episcopalem Parisiensem in Archiepiscopalem, Archiepiscopalisque & Metropolitani Præsidis sedem, & Provinciæ caput erigimus, prædictamque Ecclesiam Parisiensem à jure Metropolico, quo Ecclesiæ Archiepiscopali Senonensi, etiam ad præsens Pastoris solatio delente omnino segregamus & eximimus ; ita tamen quod Ecclesia ipsa Parisiensis Primatiali Lugdunensi, & illius Archiepiscopo seu Primati ad instar dictæ Ecclesiæ Senonensis subjacere debeat, & sine præjudicio Concordatorum regni Franciæ dudum inter Sedem Apostolicam, & claræ memoriæ Franciscum primum initorum, necnon Carnotensem, Meldensem ac Aurelianensem Ecclesias, quæ etiam de jure Metropolico prædictæ Ecclesiæ Senonensi, subesse dignoscuntur, ab Ecclesia Senonensi dividimus, & Ecclesiæ Parisiensi esse decernimus. Datum Romæ apud Sanctam Mariam Majorem, anno 1622, 13 Kalendas Novembres, Pontificatûs nostri anno 2, (20. Octob.)

BULLA Apostolica Gregorii Provisoris Archiepiscopatûs Parisiensis Joanni Francisco de Gondy, data Romæ apud sanctum Petrum, anno 1622, 18 Kalend. Decemb.

BULLA ad Regem Christianissimum Ludovicum XIII, Ecclesiam in Metropolim, Sedemque illius Episcopalem in Archiepiscopalem motu nostro proprio ereximus & instituimus, Majestatemque tuam Regiam rogamus, quatenus eundem Joannem Franciscum Electum, & Ecclesiam prædictam Parisiensem suæ curæ commissam habens pro nostra, & Apostolicæ Sedis reverentia propensiùs commendatos. Datum Romæ apud sanctum Petrum anno 1622, 18 Kalend. Decemb.

Actum Consecrationis Joannis Francisci de Gondy, Parisiensis Archiepiscopi, à Francisco Cardinali de Sourdis, Francisco ArchiepiscopoRothomagensi, & Leonorio d'Estampes Carnotensi Episcopo, 1623, Feb. 19.

LETTRES Patentes du Roi, portant confirmation des Bulles du Pape, de l'erection de l'Archevêché de Paris, données à Paris au mois de Février 1629, enregistrées au Parlement avec les Bulles du Pape, sans approbation neanmoins de ces mots *de motu proprio*, contenus esdites Bulles, & à la charge que par cy-après aux erections d'Archevêchés ou Evêchés en ce Royaume, au lieu desdits mots, il sera mis qu'elles sont obtenues à la requisition du Roi, le huitiéme Août, 1623.

JOANNES FRANCISCUS DE GONDY, Parisiensis Episcopus, &c. Quod viso per nos Contractu inito die decimâ septimâ mensis Februarii 1623, inter Moniales & Conventum visitationis B. Mariæ Virginis, aliàs *Sanctæ Mariæ*, & illustrissimam Dominam Gabrielem Ruan, Marchionissam de

Dampiere,

de Dampiere, Boucart, &c. Viduam defuncti Francifci de Cugnac, Marchionis de Dampiere, Boucart & aliorum locorum fuper fundatione novi feu fecundi Conventûs dictæ Congregationis Monialium Vifitationis fantæ Mariæ, erigendi & conftruendi in hac urbe, vel fururbiis Parifienfibus, &c. Nos Parifienfis Archiepifcopus dictum contractum laudavimus. Datum Parifiis, anno 1623, Februarii 27.

L'AN 1623, le Lundy troifiéme jour d'Avril, fur les quatre heures après midy, Nous Jean-François de Gondy, Archevêque de Paris, fur la Requefte à Nous prefentée de la part des Habitans de *l'Ifle*, nommée vulgairement de *Notre-Dame*, par laquelle ils nous auroient fupplié de vouloir pourvoir à leur adminiftration fpirituelle, aux neceffités concernantes leur falut, & qu'à cette fin nous euffions à nous tranfporter en ladite Ifle, voir & vifiter une petite Chapelle en forme d'Oratoire que lefdits Supplians auroient fait bâtir fous notre permiffion, environ le milieu de ladite Ifle, pour y faire le fervice divin que nous jugerions neceffaire, y recevoir par les mains d'un propre Curé établi de nous à cet effet, l'adminiftration des Sacremens & autres fonctions curiales; & ce pour éviter les incommodités qu'ils auroient, étant fitués entre deux eaux, d'aller chercher le fecours de leur falut ès Paroiffes circonvoifines grandement éloignées d'eux, aufquelles leurs maifons, nouvellement bâties, ne font à prefent reglées ni affignées. Nous Archevêque, accompagnés de notre Official, de notre Promoteur, du Curé de St Nicolas, du Curé de faint Gervais, Nous nous ferions tranfportés en ladite Ifle-Notre-Dame, & ferions entrés en la Chapelle fufdite, en laquelle nous aurions trouvé une forme d'Autel, & un Tableau deffus, auquel font dépeintes les images de St Louis & de Ste Cecile; ladite Chapelle vitrée, couverte d'ardoife avec un Chapiteau & une Cloche, au fon de laquelle le peuple de ladite Ifle auroit été affemblé, tant que le lieu large environ de fix ou fept toifes, & dix ou douze de longueur, a pû contenir: & là lefdits Habitans nous ayant fupplié par l'organe des plus apparents d'accorder de notre grace fpeciale, l'effet de la fupplication qu'ils nous auroient faite par écrit, & nous ayant dit qu'il y avoit environ quatre ou cinq mois que cette Chapelle étoit bâtie à leurs depens, & que la Ste Meffe n'y avoit encore été celebrée, attendu la deffenfe faite de notre autorité, qu'ils pouvoient être deux cens tant proprietaires que domiciliés en ladite Ifle, & par tant nombre fuffifant pour obtenir l'octroi d'une Inftitution Parochiale. Ce fait nous leur aurions dit que nous y pourvoirions felon, & ainfi qu'il feroit jugé expedient & raifonnable par notre Confeil.

JOANNES FRANCISCUS DE GONDY, &c. Vifo libello fupplice nobis pro parte Habitantium Infulæ B. Mariæ Virginis porrecto, &c. Magiftrum Ludovicum de Guyart, Presbyterum Avenionenfis Diœcefis, Doctorem Theologum, committimus per Præfentes; dantes & concedentes facultatem, Sacramenta Ecclefiæ in Capella, *St Louis*, de novo in dicta Infula conftructa, ac per nos vifitata, ac divino cultui apta reperta Habitantibus dictæ Infulæ miniftrandi, verbum Dei prædicandi, panem & aquam benedicendi, fanctum Miffæ facrificium, aliaque divina officia celebrandi & cantandi, omnefque alias functiones curiales, quæ ad officium Rectoris feu Curati pertinent faciendi & exercendi, feu per Vicarium Presbyterum fufficientem, probum & capacem per te inftituendum & committendum exerceri, faciendi tibi licentiam concedimus. Datum Parifiis 1623, April. 19.

PREUVES DES ANTIQUITE'S

JOANNES FRANCISCUS DE GONDY, &c Visis per Nos indulto, seu litteris Apostolicis in forma Brevis, à Domino Gregorio XV, obtentis & impetratis supplicationibus Ludovici XIII eidem Domino nostro Papæ super hoc porrectis, officium Abbatissæ Monasterii Vallis-gratiæ, *Val-de-grace*, quod hactenus perpetuum similiter fuisse asseritur, & quo dilecta in Christo filia Margareta d'Arbozue ad præsens fruitur, ei nunc prout postquam per obitum, seu quamcumque dimissionem vel amissionem ipsius Margaretæ, vel aliàs quovis modo vacaverit, ad triennium, & deinceps perpetuis & futuris temporibus Abbatissæ dicti Monasterii de triennio in triennium eligi possit & debeat, ipse sanctissimus Dominus noster Papa reduxerit dictis litteris Apostolicis datis Romæ apud sanctum Petrum, sub annulo Piscatoris, die septimâ Martii, anno 1622. Nos Archiepiscopus Parisiensis, hujusmodi reductioni Electionis triennalis, & dictarum litterarum Apostolicarum executioni, in quantum possumus, assentimur, Datum Parisiis, anno 1623, Maii 27.

JEAN FRANÇOIS DE GONDY, &c. Sçavoir faisons que Nous ayant été pleinement informés, comme par la Bulle ou Bref de N. S. P. le Pape Paul IV d'heureuse memoire, donné sous le sceau du Pescheur, le du mois de   l'an de grace   La Reverende Mere, Sœur Marguerite d'Arbouze auroit été établie superieure Abbesse des Venerables Religieuses du Monastere Notre Dame du Val-de-grace, dites de la Creche, à la condition d'y établir la discipline reguliere auparavant deschue, & d'y faire observer exactement, & à l'estroit, ainsi qu'il est porté par mots exprès en ladite Bulle, suivant l'Ordonnance & Constitution qui en devoit estre faite par l'ordinaire du lieu. Et ladite M. Abbesse desireuse de s'acquitter de sa charge, & satisfaire à l'intention de Notre St Pere, comme aussi tout le Convent nous ayant instamment supplié d'y pourvoir, comme étant leur legitime Superieur, & particulierement desireux du bien & avancement spirituel de leurs ames, avons très volontiers incliné à leur demande, & leur ayant commis pour Visiteur le R. P. Dom Eustache de St Paul, Visiteur General de la Congregation de Notre-Dame de Feuillants en France, nous lui avons aussi commis la charge de dresser les presentes Constitutions avec ladite Mere Abbesse, lesquels ayant fait voir à notre Conseil, nous avons icelles Constitutions de la Regle St Benoist en soixante-treize Chapitres approuvé, pour être à toujours inviolablement gardées par les Religieuses du susdit Convent, & autres du même institut qui les voudront accepter. Donné à Paris l'an 1623, le 27 Mai.

JOANNES FRANCISCUS DE GONDY, Archiepiscopus Parisiensis. Viso per nos libello supplice Venerabilibus Viris Dominis Decano & Capitulo Parisiensi, Sede Archiepiscopali tunc vacante, per Habitantes & Incolas Insulæ B. Mariæ Virginis nuncupatæ porrecto, quo exponitur ipsos supplicantes aliàs porrexisse eisdem Dominis Requestam narrativam necessitate cogi, construi facere in loco commodo ejusdem Insulæ Capellam in qua ipsi Supplicantes celebrari facere possent sanctum Missæ Sacrificium submissâ voce; alia exindè Requesta per præfatos eisdem quâ exponitur Capellam, de qua agebatur in præcedenti Requesta nunc esse constructam, & in tali statu redactam, ut in ea decenter, honestè & devotè possit sanctum Missæ Sacrificium reverenter submissâ, vel altâ voce celebrari, ac Fontes Baptismales, & alia sanctæ Ecclesiæ Sacramenta in ea decenter recondi, & populo ministrari per modum provisionis, & quousquè in dicta Insula fuerit erecta, & ritè disposita Parochialis Ecclesia, eisdem Supplicantibus benedictione ejusdem Capellæ de novo constructæ per personam in dignitate Ecclesiastica constitutam per eos committendam fieri

DE LA VILLE DE PARIS.

& ordinari vellent, quam secundam Requestam nobis post consecrationem Archiepiscopalem, & Archiepiscopatûs Parisiensis possessionis assecutionem remittendam duxerunt præfati Domini Decanus & Capitulum, sententia Domini Præpositi Parisiensis, seu ejus locum tenentis civilis de data diei 21 mensis Februarii novissimi, quâ ad requisitionem Promotoris Curiæ nostræ Archiepiscopalis Parisiensis instantia inter Magistrum Antonium Fayet, Rectorem seu Curatum Ecclesiæ Divi Pauli Parisiensis, & nonnullos Habitantes ejusdem Insulæ mota, in qua agitur de assignatione limitum, & separatione, seu distinctione Parochiarum, tanquam de re spirituali & Ecclesiastica, nobis fuit remissa, ut partibus provideretur, & per nos jus fieret. Alia Requesta nobis per dictos Habitantes præsentata, tendente ut nobis placeret permittere eisdem construere & ædificare dictam Capellam, & eam disponere ut in ea possit celebrari divinum officium, expectando occasionem commodam & opportunam ædificandi in eadem Insula Ecclesiam Parochialem, & interim si nobis placeret instituere Rectorem seu Parochum per nos eligendum, ad onus quod dicti Habitantes victui & vestitui, & habitationi Rectoris instituendi honestè & honorificè, ac lege, jure communi præscripta providebunt, in fine cujus nostra est apposita ordinatio de die vigesimâ octavâ Martii novissimi, quâ, antequam super præmissis per nos jus fieret, decretum est quod nos & alter Vicariorum nostrorum descenderemus suprà locum, processu verbali visitationis dictæ Capellæ, & Insulæ ac descensus; alio nostro processu verbali quo constat nos assignatis, vocatis & comparentibus coram nobis, ac auditis dictis habitatoribus, ac Curatis Ecclesiarum Parochialium divi Pauli, sancti Nicolai à Cardineto, sanctorum Gervasii & Protasii, in & super per eos deductis & allegatis, & consensibus præstitis in quantùm eorum interest, aut interesse potest, necnon *duobus Curatis divi Joannis Rotundi in Ecclesia Parisiensi*, etiam auditis, Promotores Curiæ nostræ Archiepiscopalis, cui omnia præmissa ex ordinatione nostra communicata fuere, conclusionibus omnibus denique quæ in hac parte videnda erant, visis & maturo judicio perpensis. Nos Parisiensis Archiepiscopus præfatus eisdem habitantibus Insulæ B. Mariæ Virginis jus facientes, & eorum saluti providere volentes, dictam Capellam ut suprà de novo in dicta Insula constructam sub invocatione B. Mariæ Virginis de Insula; in Parochialem Ecclesiam ereximus & erigimus per præsentes, omnia Sacramenta Ecclesiastica in illa habitantibus dictæ Insulæ ministrari, Fontes Baptismales erigi, Sacrosancta Eucharistiæ, & sacrarum Unctionum Sacramenta & alia necessaria reponi, conservari; & in locis debitè & reverenter præparatis & dispositis recondi debere, illamque per fluvium Sequanæ ab aliis Parochialibus Ecclesiis separatam & distinctam, & inter accinctum dictæ Insulæ, ejus limites, & usque ad terram firmam ipsius fluvii Sequanæ & ejusdem littora, necnon & pontes comprehendi & contineri ordinavimus, assignavimus & constituimus, eisdemque habitantibus Sacramenta Ecclesiæ, ac sacras conciones, ac alias functiones Curiales per Rectorem seu Curatum proprium per nos eidem Ecclesiæ perficiendum, & de ea providendum ministrari debere ordinavimus, quousquè alia major & amplior Ecclesia Parochialis, tempore & loco commodis & opportunis, fuerit in dicta insula autoritate nostrâ constructâ & ædificata, ad onus tamen per dictos habitantes victui & vestitui, & habitationi tam Rectoris instituendi, quam Presbyterorum divina in ea peragentium debitè & sufficienter, juxta leges jure communi præscriptas in aliis Parochialibus, Ecclesiis hujus urbis Parisiensis servatas, & tribui solitas tribuendi, ministrandi, providendi & satisfaciendi. Datum Parisiis, anno 1623, die 14 Julii.

Et le quinze Juillet ensuivant l'Archevêque confera cette Cure à Louis de Guyard, à qui il avoit auparavant conferé la Chapelle.

JOANNES FRANCISCUS DE GONDY, Parisiensis Episcopus. Visis per Nos Litteris Patentibus Ludovici XIII, datis mense Januario 1623, Arresto Senatûs Parisiensis super verificatione earumdem Litterarum 6. Aprilis, 1623, quibus constat placuisse præfato Domino Regi, in perpetuum creare, erigere & instituere in domo vocata, *Le Petit Séjour d'Orleans*, in suburbiis divi Marcelli, Parisiis sita, unum Hospitale, quod vocari voluit Hospitale B. Mariæ Virginis *de Misericordia*, *dit de la Misericorde*, ut in eo recipiantur & hospitentur filiæ orphanæ patre & matre destitutæ, de Parisiis oriundæ, ac in & de legitimo matrimonio procreatæ, pauperes, & omnibus bonis temporalibus privatæ, ætatis sex aut septem annorum in numero designando, ut in eo instituentur, & instituantur in omni pietate, bonis moribus, artibus, operibus manualibus, & exercitiis quibus judicabuntur & reperientur capaciores & aptiores, quousque reperiatur conditio commoda & utilis pro eis, ut occupentur & exerceantur, vel destinentur ad serviendum in domibus honorificis ac boni nominis & famæ, vel ad discendum artes mechanicas & manualia opera, vel matrimonio jungantur earum conditioni convenienti, ita & quemadmodum observatur in Hospitalibus sanctissimæ Trinitatis, & sancti Spiritûs hujus urbis Parisiensis, sub regulis, statutis & ordinationibus faciendis, & particularibus designandis per eos quibus directio Hospitalium fuerit commissa, & per cives hujus urbis Parisiensis, quos ad hunc effectum secum vocare voluerint. Nos Parisiensis Archiepiscopus Hospitalis B. Mariæ de Misericordia erectionem institutionis consentimus, necnon in dicta domo, *le Petit Séjour d'Orleans*, nuncupatâ, & Hospitali ibidem erecto, Capellam de novo construi in loco autoritate nostra visitato, sacrum Missæ Sacrificium per aliquem Presbyterum Sæcularem vel Regularem, per Nos aut Vicarios Generales nostros approbatum celebrari facere licentiam damus. Datum Parisiis, anno 1623, die 4. Decembris.

JOANNES FRANCISCUS DE GONDY, &c. Viso per nos libello supplice nobis pro parte Cantoris, Canonicorum & Capituli Ecclesiæ Collegiatæ *sancti Honorati* Parisiensis porrecto, tendente ad fines obtinendi à nobis licentiam vendendi quamdam aream sive plateam vacuam & quasi inutilem, in via Bonorum-puerorum pone claustrum ejusdem sitam, continentem quantitatem 380 tesiarum in superficie locatam 300 lib. pro cujus venditione offertur summa 2000 lib. redditûs. Nos damus licentiam alienandi dummodo denarios de hujusmodi alienatione provenientes in fundum hæreditarium convertant. Datum Parisiis anno 1624 die prima Martii.

JOANNES FRANCISCUS DE GONDY, &c. Viso per nos libello supplice nobis pro parte incolarum & habitantium loci de Ruilliaco & aliorum pagorum Parochiæ divi Pauli Parisiensis, existentium extrà muros urbis Parisiacæ porrecto, tendente ad finem obtinendi licentiam extruendi Sacellum in platea vulgò, *la pointe de Ruilly*, nuncupata, Rectori Ecclesiæ Parrochialis sancti Pauli, à Domino nostro Rege Christianissimo, donata & concessa, ut ibi sacro-sanctum Missæ Sacrificium aliaque Divina Officia celebrentur, illudque Sacellum pro succursu ejusdem Parochialis Ecclesiæ erigatur & instituatur ; ad calcem cujus libelli supplicis nostra est apposita ordinatio, quâ commisimus Magistrum Dionysium *le Blanc*, Presbyterum, Jurium Licentiatum, Canonicum Parisiensem & Archidiaconum Briæ, nostrum Vicarium generalem, ut communicaret dictum libellum supplicem Magistro Antonio *Fayet*, Doctori Theologo, dictæ Parrochialis Ecclesiæ divi Pauli Parrocho seu Curato, ipsoque audito, Litterisque Regiis huic diplomate Regio Regalem concessionem præ se ferentibus, sub data Compendii mense Maio anno 1624, signato *Potier*; processu verbali descensus dicti nostri Vicarii generalis super locum prædictum, nec non de visita-

DE LA VILLE DE PARIS.

tione ejufdem & inquifitionem fuper commodo & incommodo factam continente, Promotoris Curiæ noftræ conclufionibus, Nos his præfatis eifdem habitantibus permifimus de novo conftrui facere fuis fumptibus & expenfis dictam Capellam in fuccurfalem Ecclefiæ Parrochialis divi Pauli Parifienfis erigendam, modo, forma, loco, longitudine & latitudine declaratis in Litteris Patentibus Regiis & expreffis in declaratione Dominorum Præfidum & Thefaurariorum generalium Franciæ;eademque ut præmittitur conftructa, ibi celebrari facere fanctum Miffæ Sacrificium aliaque Divina Officia ac fancta Ecclefiæ Sacramenta incolis & habitantibus locorum *de Ruilly, la folie Regnault, Piquepuce*, & aliorum Pagorum fuburbiorum divi Antonii extrà muros Parifienfes & intrà limites Parrochiæ divi Pauli exiftentium, miniftrare & miniftrari facere per dictum Rectorem feu Curatum divi Pauli, vel alios Prefbyteros capaces & idoneos per eum committendos & approbatos per nos, tam pro perceptione Sacramentorum Ecclefiæ quam verbi Dei prædicatione ubi fuerit dicta Capella redacta in debito ftatu & fufficiato ; quam Capellam obligati erunt præfati habitantes fartam atque tectam confervare, munire & providere de libris, ornamentis, paramentis & indumentis Ecclefiafticis neceffariis, ac de omni alia fuppellectili requifita pro celebratione Divini Officii & adminiftratione eorumdem Sacramentorum. Datum Parifiis anno 1624 die 12 Junii.

Au nom du Pere & du Fils & du St Efprit. Fut prefente en fa perfonne haute & puiffante Dame Anne Gobelin, veuve de deffunt Meffire Charles Deftourmel, vivant Chevalier Seigneur de Plainville, Confeiller du Roi en fes Confeils d'Etat & Privé, Gouverneur de Corbie, & Capitaine de la premiere des quatre Compagnies des Gardes du Corps de fa Majefté ; & Reverend Pere Dom Jean de St Martial, Provincial de la Congregation de Notre-Dame des Feuillans en la Province de France ; & encore Reverende Mere Dame Marguerite Sainte Marie, Prieure, & cinq Religieufes Profeffes, amenées du Monaftere de Ste Scholaftique de ladite Congregation des Feuillans, fondée en la Ville de Thouloufe ; & ce en la maifon & Monaftere où elles font de prefent établies, laquelle maifon fouloit appartenir au fieur François Bunault fcife ès fauxbourgs St Jaques lez Paris; difant ladite Dame qu'elle auroit ci-devant defiré lui être octroyé au Chapitre general de ladite Congregation la permiffion de fonder & établir un Monaftere & Convent des Religieufes Feuillantines en cette Ville ou Fauxbourgs de Paris, & après l'avoir obtenue auroit moyenné l'envoi defd. fix Religieufes, donné ordre à leur venue en cette Ville, & obtenu defdits Peres Superieurs qu'elles fuffent établies en ladite maifon, qu'ils avoient acquife en intention d'y établir un Noviciat de Religieufes, laquelle maifon elle auroit fait accommoder & approprier pour l'ufage & commodité defdites Religieufes, de forte qu'il ne refte plus qu'à leur donner felon fa devotion quelques moyens pour aider à leurs neceffités prefentes & leur entretenement à l'avenir; pour cette caufe ladite Dame de Plainville a donné aufdites Religieufes licentiées & autorifés par ledit R. P. Dom Jean de St Martial, Provincial d'icelle Congregation, la fomme de vingt-fept mille livres, deux mille livres de rente annuelle & perpetuelle entre vifs conftituées fur tous fes biens & pour en jouir après fa mort par lefdites Religieufes, à commencer c'eft à favoir de douze cens livres de rente dès ce jourd'hui, & des huit cens livres reftans du jour de fon decès feulement, lefdites deux mille livres de rente rachetables au denier feize par elle ou fes heritiers à fix payemens égaux, lefquels deux mille livres de rente ferviront pour la fondation de fix places de Religieufes qui feront perpetuellement à de pauvres filles ou femmes veuves, lefquelles étant par lefdites Religieufes trouvées propres à la Religion, feront reçues audit Monaftere fans payer aucuns deniers d'entrée ni aucune penfion, & ce à mesure que decederont lesdites six Religieuses venues de Thoulouze, & ainsi consecutivement remplir lesdites six places à perpetuité. La nomination desquelles filles ou femmes veuves ladite Dame de Plainville s'est reservée tant à elle pendant sa vie qu'après son deces à Dame Marthe Gobelin, veuve de feu Maître Jean Lescalopier, vivant Conseiller du Roi en ses Conseils & President en sa Cour de Parlement, sa sœur; & aussi après le decès de ladite Dame Lescalopier la presentation desdites six places appartiendra à perpetuité au R. P. Provincial de ladite Province de France, qui sera au tems de la vacation de chacune place, lequel sera tenu nommer & presenter à icelle dans six mois après la vacation. Les presentes donations faites à la charge expresse que ladite Dame de Plainville sera reconnue pour unique fondatrice dudit Monastere, & aura tous les droits & privileges de fondatrices, y pourra entrer & coucher quand elle voudra avec deux femmes ou filles telles qu'elle voudra, & de mêmes privileges pour Madame Lescalopier, après sa mort ou se faisant Religieuse, sans que pendant sa vie il soit permis à aucune femme ou fille d'y coucher soit en qualité de bienfaictrice ou autrement. Si pour quelque consideration qui regardera la gloire de Dieu ou l'utilité du Monastere, on y permet l'entrée le jour seulement à quelque femme ou fille, ce ne pourra être les jours qu'il plaira à ladite Dame de Plainville d'y aller; & pour cet effet lesdites Religieuses seront tenues avant que de donner le jour ausdites personnes de sçavoir de ladite Dame de Plainville, si elle y voudra aller audit jour, auquel cas personne n'y pourra entrer qu'elle; & en cas de contravention à aucune des charges ci-dessus specifiées, ladite Dame de Plainville & ses heritiers demeureront quittes desdites deux mille livres de rente. Le Pere Provincial a promis de fournir à ladite Dame dans six mois des Actes de concession en bonne forme, comme aussi de faire ratifier par le R. P. General ledit Contrat, & homologuer icelui par le Chapitre general de la Congregation au premier Chapitre general qui sera assemblé. Et encore a été convenu & accordé, qu'en cas que lesdites deux mille livres de rentes viennent à être rachetées, les deniers en provenans seront employés en autre rente ou achat d'heritages, pour être destinés perpetuellement au même effet & usage de la fondation ci-dessus, sans qu'elles puissent être diverties à autre sujet ni effet quelconque. En témoin de ce, Nous à la relation desdits Notaires, avons fait mettre le scel de la Prevôté de la Ville de Paris à ces Presentes, qui furent faites & passées au parloir & grille dudit Monastere l'an 1623 le six Mai. Et le vingt Novembre 1623 est comparu Dom Jean de St François, Superieur general de la Congregation de Notre-Dame des Feuillans, Ordre de Cisteaux, lequel a ratifié & approuvé ledit Contrat. Le quinze Decembre 1623, ce Contrat a été insinué au Greffe du Chatelet & homologué par Jean François de Gondy Archevêque de Paris, *eâ lege & conditione, quod dicta Domina de Plainvilla fundatrix, non poterit ingredi facere cum ea in eodem Monasterio nisi sorores suas germanas, uxores fratrum, neptes, duas suas cognatas, Domicellas de Cravant & de Verton, Dominam Comitissam Sancti Pauli, Marchionissam de Magnelay, & Domicellam de Ste Beuve, ac mulieres & filias domesticas ejusdem Dominæ de Plainville fundatricis, ac sub conditione quod dicta fundatrix non poterit secum ingredi facere in dictum Monasterium pro qualibet vice & die tantùm, unam vel duas de suprà nominatis; & quando desiderabit ibidem pernoctare, non licebit ei secum ducere nisi unam de suprà nominatis suis domesticis non conjugatis. Datum Parisiis anno 1624 Junii 30 ultima.*

JOANNES FRANCISCUS DE GONDY, Archiepiscopus Parisiensis. *Visis per nos Litteris seu Bullis Clementis VIII & Pauli V summorum Pontificum sub datis Romæ apud sanctum Petrum die 21 Novembris anno 1605 & 4 Decembris 1610, super approbatione instituti Religiosorum Fratrum Ere-*

mirarum Augustianorum, difcalceatorum vulgò nuncupatorum, nec non &
Litteris Regiis defuncti, felicis recordationis Henrici IV & Ludovici
XIII, ut recipiamini in hoc Regno, & in Parifienfis Urbis Sub-urbiis.
Nos Parifienfis Archiepifcopus præfatus, ut in Sacello feu Oratorio domus
veftræ habitationis in Sub-urbiis Montis-Martyrum infrà limites Ecclefiæ
Parrochialis fancti Euftachii Parifiis fita, loco tamen mundo, honefto,
debitè præparato, fanctum Miffæ Sacrificium etiam alta voce dicere & celebrare, ac Matutinum, Laudes, Primam, Tertiam, Sextam, Nonam,
Vefperas & Completorium, aliafque Horas Canonicas fecundum inftitutum
& regulam Ordinis veftri dicere & cantare in vicinorum veftrorum præfentia
ac aquam benedicere poffitis & valeatis, abfque tamen panis benedictione
ac Sacramentorum Ecclefiafticorum perfonis Laïcis adminiftratione, vobis
licentiam concedimus. Datum Parifiis anno 1624. Decemb. 18.

JEAN FRANCOIS DE GONDY, &c. Que Nous ayant accordé pour plufieurs
caufes juftes & raifonnables la tranflation de l'Abbaye, Convent & Religieufes *du Port-Royal*, de l'Ordre de Cifteaux de notre Diocefe, en cette
Ville ou Fauxbourgs de Paris, fous quelques articles par nous accordés &
confentis par le Reverendiffime Pere Nicolas Boucherat, Abbé de Cifteaux
& General dudit Ordre, & R. P. Etienne Mauger, Abbé de Charmoife fon
Vicaire General, & comme fon Procureur fpecial en ladite traflation : entre lefquels articles l'un eft que pour donner ordre au batiment nouveau
que lefdites Religieufes ont intention de faire, fera permis à la Dame Abbeffe de venir à Paris avec dix-huit de fes Religieufes tant Profeffes que
Converfes, & que lefdites Religieufes ne reciteront les Heures Canoniales, ni Meffes, ni autre Service, finon à baffe voix, & il n'y aura qu'une
petite clochette pour être feulement entendue defdites Religieufes jufqu'à
ce que le bâtiment foit achevé. Nous avons permis & permettons à ladite
Dame Abbeffe de fortir avec lefdites dix-huit Religieufes de ladite Abbayie
de Port-Royal, & étant bien accompagnées de perfonnes vertueufes, s'en
venir en cette Ville de Paris, pour donner ordre audit bâtiment nouveau,
& y vivre felon la regle de leur Ordre & les articles ci-deffus mentionnés.
Fait à Paris l'an 1625 le quinze Janvier.

JOANNES FRANCISCUS DE GONDY, &c. Cum fæpius nobis ex parte di-
lectarum in Chrifto filiarum Abbatiftæ, Monialium & Conventûs Monafterii beatæ Mariæ à Portu-Regali, noftræ Diœcefis, Ordinis Ciftercienfis,
fuerit expofita urgens neceffitas transferendi illud Monafterium in hanc Ur-
bem aut Sub-urbia, quia nullæ adjacent urbes ex quibus dictæ fupplicantes
levamen aliquod & remedia confequi poffent in fuis neceffitatibus & lango-
ribus fatis ordinariis propter fui Monafterii ingratum fitum in loco fanitati
& bonæ valetudini penitùs contrario, humido, nebulofo & aquis ubique
fcaturiente, ædificati in valle profunda & angufta, altis montibus iifque
arenofis & arboribus majori ex parte adumbratis fupra Ecclefiam
& reliqua Conventûs loca eminentibus obnoxii, etiam frequen-
tibus innundationibus & aquarum diluviis quas per medium areæ &
claufuræ conventus effluere neceffe eft ; ideò annuatim media Monialium
pars longis ac difficilibus morbis detinetur. Nos priùs quam fuper dicto libello quod juris effet ftatueremus die 18 Aprilis anni 1625, commifimus
Magiftrum Dionyfium le Blanc, Presbyterum Canonicum & Archidiaconum   in Ecclefia noftra Parifienfi, Vicarium noftrum generalem & Jurifdictionis noftræ Præpofitum five Officialem, ut ad dictum Monafterium proficifceretur, affumpto fecum qui fibi affifteret Magiftro Joanne
Dupont Rectore Parrochialis Ecclefiæ fancti Nicolai à Campis, noftro in
directione noftræ Diœcefis Confiliario, una cum Promotore & Secretario
noftris. Vifis proceffu verbali defcenfus fuper dicta loca per dictum noftrum

Vicarium generalem ut suprà comitatum processium verbalem & requisitionem, una cum actis instrumentis, quorum articulorum pro nobis & nostris successoribus Archiepiscopis porrectorum per defunctum Reverendum in Christo Patrem Fratrem Nicolaum Boucherat, dum viveret Abbatem de Cistercio & totius Ordinis Cisterciensis Generalem, ac per Reverendum Abbatem de Charmoya ejus Vicarium generalem, de potestate & authoritate ad nos spectante super dicto Monasterio ratione dictæ translationis requisitæ; statuimus nostro Promotori communicari, visis etiam dicti Promotoris nostri conclusionibus, quibus inter cætera consentit ut dicto libello supplici annueremus sub conditionibus inibi declaratis; visis quoque dictis articulis confectis & oblatis per defunctum dictum Abbatem de Charmoye. Nos consentimus dictum Monasterium, Abbatissam, Moniales & Conventum transferri quantotius commode fieri poterit de dicto loco Portus-Regalis in suburbia sancti Jacobi hujus urbis, in domum *de Clagniaco* nuncupatam, & in eadem domo de Clagniaco prædictum Monasterium institui, fundari & erigi nomine Portus-Regalis. Prædicta Abbatissa & Moniales, Nos & successores nostros Archiepiscopos superiores agnoscent ac Jurisdictioni nostræ inposterum submittentur, in his præsertim quæ super dictos articulos definita & decreta fuerunt juxta conditiones ibidem præscriptas conformiter ad sacri Concilii Tridentini sanctiones & ordinationes; præterea functiones regulares cæteraque munia Monachalia disciplinæ & regulæ Sti Benedicti ac strictioris observantiæ Cisterciensis Ordinis secundum constitutiones dicti Ordinis & fundationes in dicto Cœnobio de Portu-Regali à fundatoribus & benefactoribus factas &observari solitas punctuatim & præcise custodientur, atque etiam ad onus procurandi non solum sed etiam perpetuo exequendi per dictam Abbatissam, Moniales & Conventum tam præsentes quam futuræ, ut quotidie sacro sanctum Missæ sacrificium per unum Presbyterum sæcularem Capellanum pro salute omnium fidelium maxime fundatorum & benefactorum in Ecclesia dicti loci antiqui de Portu-Regali post migrationem integram & recessum prædictarum Monialium, earumque & totius Conventus sumptibus devote celebretur. Deinde præfatam Ecclesiam antiqui Monasterii ejusdem loci sacro-sancta Templa & domicilia Capellani seu Presbyteri bene constructa, ædificata, sarta & tecta custodiantur, insuper pro occupatione dicti loci de Clagniaco in dictis suburbiis sancti Jacobi in quo clausura Monasterii tantum existet assignavimus summam decem librarum Turonensium Rectori Parrochialis Ecclesiæ sanctorum Jacobi & Philippi pro recognitione prima die mensis Maii persolvendàm ab Abbatissa & Conventu prædictis, ultrà & sine præjudicio cæterarum reservationum, jurium Parrochialium dicti Rectoris fusius declaratarum per dictos articulos concernentes personas sæculares ac domesticas extrà clausuram dicti Monasterii de novo ædificandam pro tempore existentes. Datum Parisiis anno 1625 die 14 Augusti.

Les articles sus-mentionnés sont: Nous Freres Nicolas Boucherat, Abbé de Cisteaux, Docteur en sainte Theologie, Conseiller du Roi en sa Cour de Parlement de Bourgogne & Superieur General de tout l'Ordre de Cisteaux, ayant l'entier pouvoir du Chapitre general d'icelui. Nous avons permis aux Abbesse & Religieuses de Port-Royal de se retirer & transporter leur maison en la Ville de Paris; & comme ainsi soit que sur ce transport quelques empêchemens & difficultés auroient été émeues par Monseigneur l'Illustrissime Archevêque de Paris, & que nous ayons addressé commission à notre Reverend Confrere & Coabbé de la Charmoye, tendante afin de traiter & moyenner ledit transport avec mondit Seigneur Illustrissime & Reverendissime Archevêque de Paris, sous des conditions raisonnables & conformes au saint Concile de Trente. Enfin certains articles accordés par mondit Seigneur Archevêque de Paris, addressés à la venerable

DE LA VILLE DE PARIS.

ble Abbeſſe dudit Port-Royal pour la tranſlation de ladite Abbayie & des Religieuſes d'icelle en la Ville de Paris, nous ayant été preſentés pour les approuver & confirmer en la forme & teneur qui enſuit;

Monſeigneur Illuſtriſſime & Reverendiſſime Archevêque de Paris pourra entrer au Monaſtere de ladite Abbayie pour viſiter ſeulement tant dehors que dedans les clôtures, quand bon lui ſemblera & qu'il trouvera être expedient, afin de voir ſi la clôture eſt bien gardée, ſelon la ſeſſion vingt-cinq, chapitre cinq du Concile de Trente, & en la declaration de Meſſieurs les Cardinaux.

Les Religieuſes Profeſſes ne pourront ſortir hors le Couvent ſans la licence & permiſſion par écrit de mondit Seigneur ou de Meſſieurs ſes Vicaires, ſelon la ſeſſion 17 du chap. 5 du Concile de Trente, & en la declaration de Meſſieurs les Cardinaux, fors le cas de neceſſité & de droit auſquels leurs Superieurs devront pourvoir.

Nulle Religieuſe pourra recevoir l'habit ni être reçue à profeſſion par qui que ce ſoit, qu'elle n'ait été examinée & approuvée par mondit Seigneur ou par Meſſieurs ſes grands Vicaires, ou par quelque autre approuvé d'eux, ſelon la ſeſſion 27 chap. 17 du Concile de Trente, & en la declaration des Cardinaux.

Mondit Seigneur pourra viſiter leſdites Religieuſes arrivant quelque relâche ou deſordre au Monaſtere, après avoir averti le Reverendiſſime General deux mois auparavant, attendu eſtre en France en la perſonne du Proviſeur du College des Bernardins & qu'il aura negligé l'avis qu'on lui aura donné, & en ce cas mondit Seigneur aura ſujet de corriger les delinquantes, & comme le Superieur feroit s'il étoit preſent, ſelon la ſeſſion 21 du chap. 8 du Concile de Trente.

Leſdites Religieuſes auront un Confeſſeur extraordinaire, ſoit regulier ſoit ſeculier, nommé par mondit Seigneur ou Meſſieurs ſes grands Vicaires, au tems qu'il eſt porté par le Concile de Trente, ainſi qu'il eſt dit audit Concile en la ſeſſion 21 chap. 10. Que s'il advenoit qu'il y eut quelques Confeſſeurs reguliers pour confeſſer leſdites Religieuſes qui fuſſent trouvés incapables ou vicieux, après en avoir averti le Reverendiſſime General deux mois auparavant comme deſſus, autres Confeſſeurs reguliers ou ſeculiers y ſeront mis par mondit Seigneur, juſqu'à ce que le Reverendiſſime Pere General de l'Ordre y ait pourvû.

Les Domeſtiques ſeculiers ſeront obligés d'aller à Pâques en leur Paroiſſe, & y recevoir les ſaints Sacremens, & ſera faite une reconnoiſſance telle qu'il ſera jugé par mondit Seigneur audit Curé dudit lieu comme étant ſes Parroiſſiens; & néanmoins leſdits Confeſſeurs reguliers ne pourront confeſſer en aucuns tems les Domeſtiques dudit Monaſtere ſans la permiſſion de mondit Seigneur ou de Meſſieurs ſes Vicaires, comme en la declaration des Cardinaux, & au Concile de Trente en la ſeſſion 23 chap. 15.

Mondit Seigneur aura auſſi pareillement pouvoir audit Monaſtere, ſelon le contenu au Concile & aux declarations de Meſſieurs les Cardinaux.

Pour les permiſſions extraordinaires d'entrer audit Monaſtere hors les points de neceſſité ſpirituelle & temporelle qui ſont de droit, mondit Seigneur entend que leſdites permiſſions lui ſeront adreſſées & reglées par icelui, & octroyées du conſentement du Reverendiſſime General, de quelque part qu'elles viennent.

La tranſlation de l'Abbayie & Monaſtere de Port-Royal à Paris a été accordée, à condition qu'elle ſe fera entierement de tout le Convent qui eſt au Port-Royal, & tous les biens & revenus d'icelui, ſans que leſdites Religieuſes après que le Monaſtere de Paris ſera entierement bâti, puiſſent retenir audit Port-Royal aucune Religieuſe, ni Convent, ni regularité, dont ladite Dame Abbeſſe & Coadjutrice prêteront le ſerment entre les mains de mondit Seigneur de Paris, ou d'autre qu'il lui plaira ordonner

Tome III.   * X

pour cet effet ; & ledit bâtiment sera entierement parachevé dans deux ou trois ans.

Néanmoins pour donner ordre au bâtiment nouveau que lesdites Religieuses ont intention de faire à Paris, sera permis à ladite Abbesse de faire venir à Paris dix-huit de ses Religieuses tant Professes que Converses.

Lesdites Religieuses ne reciteront les Heures Canoniales, ni Messes, ni autre Service, sinon à basse voix ; & il n'y aura qu'une petite clochette pour être seulement entendue desdites Religieuses, jusqu'à ce que le Convent soit achevé.

Pour le Monastere du Port-Royal, après que lesdites Religieuses seront sorties, il y aura un Chapellain seculier sans titre, qui sera presenté par mondit Seigneur pour être par lui ou Messieurs ses grands Vicaires aprouvé, qui residera & celebrera tous les jours la sainte Messe en ladite Eglise de Port-Royal pour les bienfaicteurs de ladite Eglise, sans toutefois pouvoir administrer aucun Sacrement, ni dans ladite Eglise ni dehors.

Lorsque toutes lesdites Religieuses seront toutes en la Ville de Paris, elles feront entierement le Service Canonial & toutes les fondations qu'elles sont obligées de faire.

Quant aux Fermiers, Receveurs, Serviteurs, Servantes & autres personnes Laïques, qui seront dans la basse-cour & dehors la clôture du Monastere de Paris, ils seront Parroissiens en la Parroisse en laquelle ladite maison sera située, & y feront tous les devoirs de Parroissiens, & reconnoîtront leur Curé, comme est dit ci-dessus.

Moyennant lesquels articles mondit Seigneur Archevêque de Paris, auroit donné consentement à la translation de notre-dit Monastere & Convent du Port-Royal & des Religieuses d'icelui en ladite Ville de Paris ; Nous les avons confirmé. Donné à Cisteaux le seiziéme Decembre mil six cens vingt-quatre.

Mais ces mots de restriction, *sors les cas de necessité & de droit ausquels leurs Superieurs devront pourvoir*, ayant été ajoutés par le Pere General ; & l'Archevêque de Paris ayant déclaré qu'il ne les pouvoit admettre ni recevoir, parce qu'ils ne sont point dans le Concile de Trente ni dans la declaration des Cardinaux, & que cela peut apporter des difficultés pour l'intelligence desdits mots ajoûtés : étant notoire qu'au cas de necessité, de feu, d'eau, de peste & d'incursion des guerres, les Religieuses ne sont point sujettes à demander permission de sortir. C'est pourquoi Etienne Mauger, Abbé de la Charmoye, Vicaire general, pour obvier à la longueur d'envoyer audit General, en vertu de son Vicariat & de la procuration speciale qu'il avoit pour traiter de ladite translation, il accorda que lesdits mots soient rayés, & il promit y faire consentir dans deux mois son General & le Chapitre prochain general de son Ordre, en l'approbation qui y sera faite de cette translation. Donné à Paris le treiziéme Janvier mil six cens vingt-cinq.

Après quoi le tout fut signé & scellé le jour que dessus, *anno 1625 Augusti 24.*

DE LA VILLE DE PARIS.

JOANNES FRANCISCUS DE GONDY, &c. Viso per nos libello supplice, nobis pro parte Incolarum loci de Ruilliaco, & aliorum pagorum, extrà muros urbis Parisiensis, intrà limites Ecclesiæ divi Pauli Parisiis existentium, porrecto ; statuto seu decreto nostro diei 12. mensis Junii novissimi, continente in se permissionem per nos antehac concessam eisdem supplicantibus, construi faciendi Capellam succursalem in loco dicto *la pointe de Ruilli* ; in quo loco impediti fuerunt construere dictam Capellam. Viso etiam contractu donationis unius arpenti terræ siti propè domum Domini temporalis *de Ruilli*, & molendinum venti Monasterii sancti Antonii à Campis, facta per Joannem de Vitri Dominum temporalem dict loci de Ruilli, Venerabili viro Domino Antonio Fayet Curato sancti Pauli, ad onus in & super dicta terra donata construi faciendi Capellam succursalem pro commoditate dictorum habitantium, & juxta eam Cimeterium, & sub aliis clausulis & conditionibus ibidem expressis inito 10. Octobr. 1624. Auditâ etiam relatione nobis factâ per Magistrum Dionysium le Blanc Canonicum Parisiensem, Archidiaconum Briæ, Officialem Parisiensem, & Vicarium Generalem, qui descendit suprà territorium & locum de Ruilli, die vigesimâ primâ præsentis mensis Januarii. Nos Parisiensis Archiepiscopus eisdem Curato & habitantibus licentiam concedimus de novo à fundamentis construendi Capellam in succursalem Ecclesiæ Parochialis divi Pauli, suis sumptibus & expensis ; necnon & juxta illam cimeterium in dicto arpento terræ: & ibi celebrari faciendi sanctum Missæ Scrificium, aliaque divina officia, ac sancta Ecclesiæ Sacramenta incolis & habitantibus locorum *de Ruilli*, *la Folie-Regnault*, *Pique-puce*, & aliorum, &c. *comme ci devant, le 12 Juin 1624.* Datum Parisiis anno 1625, die ultimâ Januarii.

JOANNES FRANCISCUS DE GONDY, &c. *Il leur permit* (aux Augustins-déchaussés) *la méme chose qu'il leur avoit ci-devant permis le 12. Decembre 1624. & ajouta par cet acte* : Et Sacramenta Pœnitentiæ & Eucharistiæ populo administrare in dicto Oratorio, dummodo ad id idonei per Nos, aut Vicarios nostros Generales approbati fueritis, non tamen à casibus reservatis absolvere, vobis licentiam concedimus, exceptis tamen quindecim diebus ante & post festum Paschatis, ac aliis tribus festis annualibus, quibus diebus more Ecclesiastico antiquo, & in hac nostra Diœcesi Parisiensi observari solito, quoslibet pœnitentes ut à suis Parochis Sacramenta Pœnitentiæ & Eucharistiæ percipiant, remittetis. Quod attinet ad ægrotos Sæculares à quibus fortè vocabimini, ad excipiendum eorum confessiones, nisi petitâ priùs & obtentâ facultate à Parocho, vel eo absente, ab ejus Vicario : quod si fortè ægroti morbus urgeret, nec daret etiam eundi ad Parochum ad petendum talem facultatem, tunc in eo casu poteritis audire confessiones ægroti ; ita tamen ut statim vel per se, vel per alium socium debeatis adire Parochum, vel ejus Vicarium, vel in ejus absentiâ, cum qui habet curam deferendi Eucharistiam ægrotis, & significare ei se audivisse confessionem talis ægroti, tali morbo laborantis, manentis in tali loco, nullo tamen unquam ægroto in domibus privatis sanctum Eucharistiæ Sacramentum administretis ; jure Parochiali in omnibus semper salvo. Datum Parisiis anno 1625, die 31. Januarii.

VEU par Nous Jean-François de Gondy, &c. L'Acte d'opposition formée par le Vicaire General & Prieur de l'Hopital de St Jean-Baptiste de l'Ordre *de la Charité*, fondé par la Reine Mere, au Fauxbourg St Germain-des-Prés, le troisiéme Octobre 1624. Copie des Lettres Patentes de Sa Majesté du mois de Janvier 1625, par laquelle sadite Majesté permet à certaines filles Hospitalieres de demeurer & habiter à Paris sous le titre *de Filles Hospitalieres de la Charite Notre-Dame*, pour les filles & femmes malades, pour y vivre sous les Regles, Statuts, & Ordonnances qui leur

Tome III.

feront par Nous Archevêque de Paris baillées, & lesdites Filles seront tenues de nous reconnoître en tout & par tout comme leur Directeur & Superieur; la Requête à nous presentée par le Vicaire General de l'Ordre de la Charité établi en France, & les Religieux de la Charité dudit Ordre, tendante à ce qu'il Nous plût sur l'opposition formée par les Suppliants par devant Nous, à la verification desdites Lettres Patentes obtenues par lesdites Filles, ordonner qu'elles prendront autre nom que celui de la Charité.

Nous Archevêque de Paris, ordonnons que l'Hopital des Filles qui pourront être établies en cette Ville & Faux-bourgs de Paris, ne pourra porter autre nom que *de l'Hopital de la Consolation*. Donné à Paris l'an 1625, le dix-neuf Mars.

Le Parlement ordonna par Arrêt du 13. Août 1624. que l'argent provenu de la vente de la place mentionnée cy-dessus le 21. Mars 1624. ,, Ad ,, onus quod denarii provenientes de hujusmodi venditione, allocabuntur ,, in acquisitionibus hæreditatum & reddituum non redimibilium, in com- ,, modum dictæ Ecclesiæ (*St Honoré*) vocato Procuratore Generali Regis, ,, & stipendiandi in Collegio Bonorum-Puerorum duos alios Regentes, seu ,, Præceptores Classicos ultra duos alios ibidem nunc existentes, qui in- ,, struent & docebunt juventutem in exercitio bonarum litterarum, & ce- ,, lebrandi in Capella dicti Collegii singulis diebus officium divinum, or- ,, dinarium & assuetum. ,, Mais le Chapitre ayant demandé qu'on le déchargeât de l'établissement de ces deux nouveaux Regens, le Parlement ordonna qu'il en seroit communiqué au Procureur General le 7. Mars 1625. qui declara qu'il ne s'y opposoit point pour le Roi, pourveu que le Chapitre ,, enutrire & instituere quatuor pueros Chori in dicta Ecclesia, ,, quibus tradentur omnia eorum victui & vestitui necessaria.

Enfin le Parlement ayant renvoyé le tout à la intervint Arrêt, le vingt-neuf Avril 1625. qui loco dictorum duorum Regentium; ibidem de novo instituendorum quatuor pueros Symphoniacos, & Præceptorem musicæ in dicta Ecclesia, qui dictos pueros docebit & instruet tam in bonis moribus, cantu, ceremoniis, grammaticâ, decentiâ & honestate, ad majorem Dei gloriam, & divini officii in dicta Ecclesia augmentationem, qui nutrientur, &c. super denariis provenientibus de venditione dictæ plateæ, areæ, seu loci vacui, qui converterentur in acquisitionem hæreditatum & bonorum immobilium non redimibilium. Datum Parisiis anno 1625, die 9. Maii.

L'Eglise des Cordeliers du grand Convent. Dicti Conventûs Templum in memoriam Beatæ Mariæ Magdalenæ fuit consecratum anno 1262, Idus Junii 8. proindèque dies & Octava Dedicationis ejusdem Templi anniversarii celebritate esse debuit eo ipso die, quod huc usque factum est. Verum, quoniam plures solemnitates, ut potè Pentecostes, vel Corporis Christi, vel beati Antonii Paduani coincidere solent quotannis cum dicto festo Dedicationis, rarò evenit ut de Octava ejusdem Dedicationis fiat officium, sed tantùm commemoratio; imò aliquandò evenit ob concurrentiam dictorum festorum mobilium, diem ipsam Dedicationis transferri: humiliter supplicantes hujusmodi festum in diem 30. Augusti & sequentes, nullis festis novem Lectionum impeditos ad majorem Dei gloriam transferri. Nos Vicarius Generalis, Dionysius le Blanc, Canonicus Parisiensis, Officialis Parisiensis, Archidiaconus Briæ, diem festum Dedicationis in 30. Augusti transferimus. Datum Parisiis, anno 1625, die 6. Junii.

DE LA VILLE DE PARIS.

Jonnes Franciscus de Gondy, &c. Visis libello supplice pro parte Ædituorum, sive Præfectorum Fabricæ sancti Eustachii, ad fines alienandi, pluris licitandi certam terræ portionem sitam in vico *du Bouloir*, quæ hucusquè Cimeterii locum tenuit, & quæ continet 280. tesias, hanc venditionem permittimus, ad onus tamen levandi seu effodiendi terræ superficiem ad sex usque pedes profunditatis, & 12. pedes latitudinis circumferentiæ crucis lapideæ in dicto Cimeterio existentis, pro reliquo verò terræ ejusdem Cimeterii ad quatuor usquè pedes profunditatis, ac in locum sacrum illam deportandi, ossaque mortuorum, si quæ fuerint, colligendi, & in loco sacro & Cimeterio infrà scripto religiosè asservandi ; deindè ad conditionem antequam procedatur ad venditionem seu alienationem antedictam aliud *Cimeterium* in suburbiis Montis-Martyrum intrà limites dictæ Parochiæ emendi & instituendi, cum Capella & habitatione Vicarii seu Capellani (*St Joseph*) pro administratione Sacramentorum, & usibus Parochianorum dictæ Ecclesiæ in prædictis suburbiis, extrà muros urbis Parisiensis commorantium, necnon ad legem impendendi & convertendi denarios provenientes de hujusmodi venditione terræ Cimiterii in vico *du Bouloir*, in alios redditus & proventus, vel in structuram dictæ Ecclesiæ, quod quidem nobis constare facient præmissi Ædituí, ubi ad contractus hujusmodi devenerint confirmatione & homologatione licentiam impertimur. Datum Parisiis, anno 1625, Augusti 24.

Denys le Blanc, Chanoine & Archidiacre de Brie en l'Eglise de Paris, Vicaire General, &c. Permis à Sœur Anne Catherine de Beaumont, Superieur du Convent de la Visitation Notre-Dame, dite *de Ste Marie de Paris*, de sortir dudit Convent avec les Sœurs Anne Marguerite Guerin, Claire Marie Amaulry, Marie Agnès le Roy, Claire Magdelaine de Pierre, Marie Dominique de Cention, Marie Euphrosine Turpin, Religieuses Professes dudit Convent de la Visitation, & Sœur Marie Jaqueline Maillard Novice audit Convent, scis rue du Petit-musc, pour aller au Fau-bourg St Jaques, en la maison dite St André, acquise par, &c. Et y établir un second Convent, suivant la permission de mondit Seigneur Archevêque du 27. Janvier 1623, pour être ladite Mere Superieure en ladite Maison & second Convent, autant que l'établissement le requerera, avec pouvoir à ladite Sœur Anne Marguerite Guerin de demeurer Sœur Assistante audit second & nouveau Convent. Fait à Paris en 1626, le 11. Août.

REGULÆ SEMINARII HIBERNORUM PARISIENSIS,

Piorum eleemosynis sustentati, ad conservandam & propagandam Fidem Catholicam in Regno Hiberniæ, ac Archiepiscopatu Parisiensi, & ejus Consilio visæ & approbatæ.

UT Seminarium hoc dignos producat fructus, studiis jungatur pietas; nam absque hâc illæ magis inflant quam ædificant : at si utrimquè uniantur bonum facient unguentum, ad cujus odorem current populi, opera verbis consentire videntes, ac indè Deum glorificantes.

Nullus velut alumnus in hoc Seminario admittatur absque Ordinarii sui vel Vicarii Apostolici Generalis litteris testimonialibus de natalibus, ætate, vitâ & moribus, & qui si nondum Sacerdos est, non promiserit se futurum Sacerdotem, & in Hiberniam rediturum, cum id judicaverit idoneum Seminarii Moderator & studiorum Præfectus, sitque hic reditus cum bona venia & benedictione Reverendissimi Parisiensis Archiepiscopi, seu ejus Vicarii Generalis.

Nullus ad ordines suscipiendos accedere præsumat absque Ordinarii sui, vel Vicarii Apostolici, seu Generalis litteris dimissoriis & patrimonii, seu beneficii titulo, nisi Seminarium speciale habeat à Papa privilegium, quo prædictorum defectui suppleri possit.

Omnes in hoc Seminarium admissi, sive alumni sint, sive Convictores, vel antè, vel etiam statim post eorum admissionem, totius vitæ præteritæ generalem instituant confessionem, & deindè singulis mensibus confiteantur.

Sint semper in Seminario duo ad minimum Confessarii legitimè approbati, & requisitam habentes jurisdictionem ad audiendas confessiones Seminaristarum, aliorumque Hibernorum qui confiteri volent.

Sacerdotes Missas celebrent loco & tempore à Seminarii Moderatore designatis, stipendiaque à fidelibus accepta eidem Moderatori in communes usus conferenda tradent.

Unus sit Sacerdos ad sacrum in sacello Seminarii quotidiè horâ sextâ matutinâ faciendum, cui omnes Juvenes in Seminario degentes, & Servi intersint; hoc autem sacrum semper sit de tempore, quando Missæ expressè designatæ & notatæ sunt; aliis verò temporibus sit de Trinitate, & aliis votivis in Missali assignatis, applicaturque pro exaltatione Sanctæ Matris Ecclesiæ, & extirpatione hæresis, pro pace inter Principes Christianos, pro benefactoribus vivis & defunctis Seminarii, & pro felici statu & progressu Seminarii.

Omnes Sacerdotes & alumni primo die Lunæ cujuscumque mensis, horâ quintâ vespertinâ conveniant, & simul recitent officium Defunctorum cum Laudibus & Orationibus, pro amicis & benefactoribus Seminarii defunctis; horâ quintâ matutinâ præcisè, & horâ octavâ vespertinâ omnes accedant ad preces communes, quæ divisæ sunt in mentalem & actualem. Norma verò quâ mentalis peragi debeat, à Præfecto statuatur, Præfectusque in hoc genere orationis rationem quærat à Seminaristis.

Sit designatus unus Sacerdos, qui diebus Dominicis horâ sesqui-septimâ vespertinâ, vel aliâ à Moderatore designatâ, Juvenes in Catechismo, aliisque ad pietatem spectantibus erudiat, cui exercitio omnes adsint.

Sit etiam unus Sacerdos, & unus Juvenis simul per vices trimestrales constituti, qui sacello attendant, illudque cum vasis & altaris ornamentis munda & nitida teneant.

Diebus Dominicis & festis solemnioribus (iis exceptis quibus in Seminario habetur concio) omnes in seminario degentes simul aliquam Ecclesiam adeant Concionem & Vesperas audituri. Pari modo cum itur ad classes, omnes ejusdem classis simul & gregatim procedant, iisdemque etiam diebus festis horâ quintâ vespertinâ Sacerdotes omnes conveniant Matutinum cum Laudibus in Seminarii sacello recitaturi, Vesperas autem, aliasque Horas privatim pro sua quisque opportunitate dicat.

In hoc Seminario non recipiantur plures quam qui commodè ac decenter in omnibus necessariis sustentari possint: in horum autem receptione nulla partialitas, aut Provinciarum acceptio fiat, sed omnes Hiberni ex cujuscumque sint Regni parte, & ex quacumque sint Provincia, qui suprádictas conditiones habebunt, & se tempore opportuno offerent, indifferenter recipiantur.

Quilibet in Seminarium tanquam alumni admissi per aliquot menses juxtà Moderatoris judicium, Linguae Gallicae sedulò incumbant, omnesque in Seminario degentes latinè vel gallicè intrà Seminarii limites loquantur. Seminarii Moderator singulis annis circà festum sancti Remigii omnium Seminaristarum capacitatem & profactum examinet, eosque iis studiis applicet ad quae judicabuntur aptiores.

Finitis humaniorum litterarum studiis ad Philosophiam non admittantur qui tardioris esse ingenii reperientur, sed Sacrae Scripturae lectioni, casibus conscientiae & controversiis applicentur; parique modo agendum cum iis qui peracto Philosophiae curriculo subtilis, ac profundi non reperientur ingenii. In his autem Sacrae Scripturae, casuum conscientiae, & controversiarum studiis, duos integros annos cum dimidio sufficiet insumere. Qui autem felicioris invenientur ingenii, duos annos in Philosophia, & tres cum dimidio in Theologia, & non ultrà dare operam permittantur. Singulis quoque annis totum hoc Seminarium tam in capite quam in membris visitandum est ab uno aut duobus ab Archiepiscopo Parisiensi designando aut designandis, & si expedire noverit Moderator ut amplius visitetur, visitabitur.

Seminaristarum unus sit à Seminarii Moderatore designatus, qui praesideat Theologicis, speculativis, practicis & controversistis disputationibus. Speculativae disputationes Theologicae habeantur singulis diebus Dominicis, exceptis Solemnioribus, ab hora sesqui-tertia ad quintam; Practicae verò quolibet die Lunae, Martis & Mercurii, à sesqui-duodecima ad sesqui-primam pomeridianam; & Controversistae quolibet die Veneris & Sabbati per unam horam, modo proximè dicto. Alter sit etiam designatus, qui Philosophicis praesit disputationibus quae habebuntur quâlibet die Jovis ab hora sesqui-duodecima ad sesqui-secundam, nisi festum occurrat, quia tunc haec hora mutanda in illam quae Theologicis speculativis disputationibus assignata est. Seminarii autem Moderator curet ut omnes Theologi Theologicis, & Philosophi Philosophicis disputationibus intersint, singuli suum munus ritè ac diligenter obeant: quod ut fiat ipsum frequentiùs adesse juvat, methodum & ordinem in disputationibus observandum penes Praefectum erit constituere.

Refectionum temporibus, Sacrae Scripturae unum legatur caput, tum aliquid de libro pio, aut vita alicujus sancti, quae lectio ad finem refectionis durabit, idque tam in prandio quam in coena, aut collatione in diebus jejuniorum. Factis verò refectionibus, Moderator, ac spiritualium exercitiorum Praefectus per modum recreationis examinet quos voluerit de Seminaristis, videatque quem fructum ex mensali lectione perceperint, tum aliquas historias pias aut utiles narret, vel ab aliis narrari curet.

Feriâ sextâ cujuslibet hebdomadæ (iis exceptis quæ inter Pascham & Pentecostem occurrunt, ac inter Nativitatem & Epiphaniam, aut quæ sequitur jejunium) in Sabbato ob Dominicæ Passionis memoriam omnes, exceptis junioribus & ægrotis, à cœna abstineant.

Duo semper sint Lectores hebdomadarii per vices, quorum unus temporibus refectionum legat, alter mensis inserviat: horum alteruter singulis diebus horâ sesqui-quartâ matutinâ campanam pulset, omnes excitet, lumen ad singula cubicula deferat, & horâ quintâ præcisè, aut paulò antè, campanulam pulset ad preces; & horâ nonâ vespertinâ singulorum lucernas extingui curet, quâ horâ omnes ad cubitum sitè accingant, brevi conscientiæ examine præmisso. Ab hoc autem munere nullus exceptus erit, Moderatore & Præfecto exceptis.

Quotidiè manè antequam ad classes accedant Seminaristæ, sua cubicula mundent, & lectos sternant. Horâ undecimâ matutinâ prandendum, & sextâ vespertinâ præcisè, tam hyeme quam æstate, cœnandum erit; in jejuniorum verò diebus, horâ duodecimâ manè & septimâ serò.

Nullus externus ad cubicula Seminaristarum admittatur, sed maneat vel in area, vel in aula, donec servus accerset quem alloqui desiderat.

Nemo quæ in Seminario aguntur externis referat. Nemo refectionum horis absque Moderatoris licentiâ absit, vel alibi extrà Seminarium prandere, vinare aut cubare præsumat.

Nemo alienum cubiculum tempore studii ingrediatur; nemo tabernas aut lusoria frequentet, & nemo publicis inhonestis scenis intersit, nemo rixas excitet aut foveat, nemo sine Moderatoris licentiâ egrediatur, nisi quando ad classes eundum erit.

Cum aliquis ægrotaverit, singuli per vices juxtà Moderatoris assignationem curam ejus habebunt, & preces Deo quotidiè pro ipso fundent.

Pro Nobilium filiis, si qui ut Convictores in Seminario degere voluerint, penès Moderatorem erit præscribere, quas regulas ipsi debeant observare.

Si quis in has regulas aut alia statuta, quæ ad rectum Seminarii regimen à Moderatore condita erunt, offenderit, & post unam aut alteram privatam admonitionem non resipuerit, publicè coram reliquis Seminaristis reprehendatur, & si contumax inveniatur, toto Seminario excludatur.

Actum Parisiis anno Domini 1626, die Veneris septimâ Februarii, Signatum, FRANCISCUS, Archiepiscopus Parisiensis. Et de mandato præfati Illustrissimi Domini nostri, Domini Parisiensis Archiepiscopi.

BAUDOUYN.

JOANNES FRANCISCUS DE GONDY, &c. Visis per nos litteris Procuratoriis, die 17 Junii novissimi, initis per Magistrum Vincentium de Paul, Presbyterum Aquensis Diœcesis, in jure Canonico Licentiatum, Primarium, & Capellanum Primariatûs & Capellæ Domûs seu Collegii Bonorum-puerorum vulgò nuncupati, propè portam sancti Victoris, intrà tamen muros Parisienses, in Universitate Parisiensi, quondam fundati ad dictos Primariatum & Capellam Collegii Bonorum-puerorum, (super cujus fructibus, redditibus & proventibus, autoritate Apostolicâ, Magistro Ludovico de Guard Doctori Theologo, Sanctæ Sedis Apostolicæ Protonotario, nuper seu aliàs dicti Collegii Primario & Capellano, ad cujus vitam, ex causa resignationis, pensio annua summæ 200 librarum Turonensium assignata, creata & constituta existit), unà cum eorumdem Primariatûs & Capellæ juribus & pertinentiis universis in manibus nostris, tamquam Collatoris ordinarii Primariatûs & Capellæ purè, liberè & simpliciter resignandum, cedendum & dimittendum ad effectum unionis, annexionis & incorporationis

DE LA VILLE DE PARIS.

incorporationis dictorum Primariatûs & Capellæ Collegii Bonorum-puerorum (*des Bons enfans*) focietati seu communitati Presbyterorum Missionis per Emanuelem de Gondy, Comitem de Joigny, Fratrem Germanum nostrum, & Dominam Franciscam de Silli, Baronissam *de Montmirel*, conjugem, fundatæ, juxtà Contractum initum die 17. Aprilis, anno 1625. Visis etiam dicto contractu fundationis, ut suprà inito, decreto nostro Omologationis dicti contractûs de data diei 24. Aprilis novissimi: Nos Parisiensis Archiepiscopus dictos Primariatum & Capellam Collegii Bonorum-puerorum, ut præfertur, vacantes, unà cum suis juribus & pertinentiis universis societati seu communitati Presbyterorum Missionis, ut suprà fundatæ contulimus & donavimus, eosdemque Primariatum & Capellam dictæ societati Presbyterorum Missionis pro perpetuis futuris temporibus unimus, annectimus & incorporavimus ; ad onus tamen per Superiorem Presbyterorum præfatæ Missionis, pro tempore in dicto Collegio existentem, seu eo absente ejus Substitutum Primarium & Capellanum dicti Collegii Bonorum-puerorum, dici & celebrari solita, & ad quæ tenetur per fundationem dictorum Primariatûs & Capellæ, ac servandi & exequendi alia omnia & singula quæ continentur in fundationibus, tam antiqua quam duorum Bursariorum dicti Collegii, & in eo per deffunctum bonæ memoriæ Magistrum Joannem Pluyettes Presbyterum, dum viveret, ejusdem Collegii Primarium, testamento suo de data diei 22. mensis Julii, anni Domini 1579, Fundatorem & Institutorem, ac etiam ad onus pensionis annuæ 200. lib. Turonensium, autoritate Apostolicâ dictæ creationis hujusmodi pensionis annuæ contentis & expressis persolvendæ. Datum Parisiis anno 1626 Julii 20,

JOANNES FRANCISCUS DE GONDY, &c. Cantor habebit Stallum in choro, (*de St Germain de l'Auxerrois*) & eminentem sedem in altera chori parte, hoc est ad latus sinistrum, in qua sedebit quando Decanus in eminenti & decanata sua Cathedra in dextera chori parte jus sedendi habebit, diebus scilicet festis annualibus & solemnibus ; aliis verò diebus primam sedem tenebit propè antiquiorem Canonicum in ea ipsa parte sinistra, sicut præfatus Decanus primum locum obtinebit. Jus correctionis, admonitionis & increpationis idem Cantor habebit in choro, sed in Vicariis, Capellanos & Clericos inferiores, nullum autem in Canonicos, juxtà præmissa statuta ; ejusdem insuper munus erit diebus festis sancti Vincentii & Landerici officia divina in choro celebrare, tabulas in choro pro divini officii celebratione dirigere & præfigere, ac quibuslibet de dicto choro vices suas per hebdomadam assignare ; immediatè post præfatum Decanum primos honores in choro idem Cantor excipiet conformiter ad prædictas constitutiones, sed in Capitulo tantùm locum & vicem Canonici obtinebit : ejusdemque Cantoris munus erit tam chorum quam psalmodiam rectè dirigere, defectus, si qui fuerint, emendare, & circa assistentiam in choro debitam, tamquam oculus chori, assiduè & attentè vigilare studebit ; jura honorifica eidem Cantori, ratione suæ Cantoriæ in choro debita, reddentur, maximè verò in ceremoniis peragendis : quæ quidem ut majori cum decentia fieri possint, usus Metropolitanæ Ecclesiæ, quantùm fieri poterit, servabitur. In Festis annualibus ac solemnibus duo thuribula à duobus Canonicis, sive Vicariis, aut Capellanis, thuris adolendi gratiâ, ad Cantica *Magnificat* & *Benedictus*, deferri statuimus, qui quidem Augustissimo Sacramento, & altari thure ingesto, post humillimam inclinationem factam, recto ordine procedant ad Choristas sive Cappigeros, unus à dextris, alter à sinistris, quibus Choristis thuriferatis dehinc progredientur, unus ad Decanum, cui trium tractu incensum ingeret, itemque alter à latere sinistro faciet Cantori.

Tome III.

PREUVES DES ANTIQUITE'S

„ Quand le Doyen aux Fêtes Solemnelles celebrera l'Office divin, le
„ Chantre l'accompagnera. Quand aux mêmes Fêtes le Doyen sera absent,
„ on ne laissera pas d'aller encenser le Chantre en sa place, *quod Capitulum*
„ *& Collegium in choro repræsentare debeat Cantor*. Aux autres Fêtes qu'il n'y
„ a qu'un Chanoine, Vicaire, ou autre qui encense, après avoir été encen-
„ ser le Doyen, il se tournera vers le Chantre qu'il encensera du même
„ endroit, sans aller devant lui „. Cùm prædictus Cantor sedebit in sua
eminenti cathedra, pueri Chori antè dictum Cantorem transeundi jus non
habebunt; illo autem sedente propè antiquiorem Canonicum à latere sinistro, pueri poterunt antè prædictum Cantorem, sicut & antè cæteros Canonicos transire. Jus deniquè stolam deserendi in absentia Decani, sivè
in choro, sivè extrà, quoties opus fuerit, prædictus Cantor habebit. Datum Parisiis anno 1627, Januarii 29.

JEAN FRANÇOIS DE GONDY, &c. Sur les plaintes & remontrances à Nous
faites par notre Promoteur touchant les Hermites de la Forêt de Senart &
du Village de la Courtille lez Paris, Nous avons enjoint ausdits Hermites
de se retirer de notre Diocèse, & fait deffenses de faire aucunes fonctions
Sacerdotales ou Religieuses dans icelui; permis toutefois à eux de se pourvoir pardevant sa Sainteté pour la déclaration, validité ou invalidité de leur
Ordre, vœu & profession, si mieux ils n'aiment se retirer en quelque Ordre
& Religion reçu & approuvé. Fait à Paris le 19 Fevrier 1627.

JEAN FRANÇOIS DE GONDY, &c. Ces Hermites n'ayant obéï à la precedente Ordonnance, Nous aurions enjoint & enjoignons par ces Presentes à notre Promoteur de se saisir de leur personne & les amener dans
nos Prisons, & faire saisir ce qui se trouvera de meubles, ornemens & autres choses ausdits Hermites appartenantes, & à cette fin lui avons permis d'implorer le bras seculier. Fait à Paris le 12 Mars 1627.

Le sixiéme Mars 1627 ont été reçues par Monseigneur l'Archevêque les
Religieuses *de Ste Catherine de Sienne* ou *Filles de St Thomas*, sous la regle &
constitution de l'Ordre des Freres Prêcheurs, reformés suivant le Bref de
notre St Pere accordé à haute & puissante Princesse Anne de Chaumont,
Comtesse de St Pol & Duchesse de Fronsac.

JOANNES FRANCISCUS DE GONDY, &c. Viso Libello supplici nobis pro
parte Magistri Vincentii de Paul, Primarii & Capellani Primariatûs & Capellæ domûs seu Gymnasii Bonorum-Puerorum, *Bons-Enfans*, fundati nobis procuratoriè oblata, tendente ad fines uniendi Primariatum seu officium Primarii, Capellamque ejusdem Collegii, una cum eorumdem Primariatûs & Capellæ juribus, pertinentiis & redditibus universis, mediante
cessione & resignatione pura & libera & simplici dictorum Primariatûs &
Capellæ per prædictum de Paul Gymnasiarcam ejusdem Collegii, seu ejus
legitimum propter hoc constitutum Procuratorem in manibus nostris tanquam collatoris ordinarii facta seu facienda. Nos Parisiensis Archiepiscopus
Primariatum seu officium Primarii nec non Capellam seu Capellaniam Collegii Bonorum-Puerorum liberos nunc & vacantes per resignationem dicti
Magistri Vincentii de Paul illorum ultimi Capellani & Primarii ac possesso-
ris pacifici, hodie in manibus nostris Societati & Communitati dictorum
Patrum Missionis contulimus & donavimus, unimus, annectimus & in-
corporamus, ad onus tamen Missas & Divina Officia per prædictos Patres
Missionis post hac celebrandi seu celebrari faciendi, &c. *comme ci-devant le*
20 *Juillet* 1626. Datum Parisiis anno 1627 Julii 8.

DE LA VILLE DE PARIS.

Louis de Guyard, Docteur en Theologie, Protonotaire du saint Siege Apostolique, Prieur Commendataire du Prieuré de St Thomas de la Fléche, Ordre de St Benoît, Diocèse d'Angers, Vicaire general au spirituel & temporel de Monseigneur l'Illustrissime & Reverendissime Pere en Dieu Messire Jean François de Gondy, par la grace de Dieu & du saint Siege Apostolique Archevêque de Paris. A tous ceux qui ces presentes Lettres verront; Salut en notre Seigneur : Sçavoir faisons que par Bulles d'Illustrissime & Reverendissime Messire François Barberin, Cardinal du titre de Ste Agathe, Legat de notre St Pere Urbain VIII en France, en date à Lyon de l'an 1625 le cinq Octobre; ayant été permis à haute & puissante Princesse Dame Anne de Chaumont, Comtesse de St Pol, Duchesse de Fronsac, de fonder dans la Ville ou Fauxbourgs de Paris un Monastere de Religieuses sous la regle & constitution de l'Ordre des Freres Prêcheurs, reformés sous l'invocation de Ste Catherine de Sienne, sous la jurisdiction, visitation & correction de mondit Seigneur Illustrissime & Reverendissime Archevêque de Paris. A cet effet ayant demandé un nombre suffisant de Religieuses dudit Ordre au Couvent de la Ville de Thoulouze, sous le bon plaisir de Monseigneur l'Illustrissime & Reverendissime Cardinal de la Vallette, Archevêque dudit lieu, ou Mr son grand Vicaire ; Nous conformément à la Bulle de mondit Seigneur le Legat, accordée à la susdite Dame Comtesse de St Pol, & ayant reçu l'obédience concedée par Messire Louis de Claires, Conseiller en la Cour de Parlement de Thoulouze, nommé à l'Evêché de St Papoul, Vicaire general de l'Illustrissime & Reverendissime Cardinal de la Vallette Archevêque de Thoulouze, en datte du vingtiéme Octobre de l'année derniere 1626 aux Religieuses ci-après denommées de partir de leur Monastere de ladite Ville de Thoulouze & venir en cette Ville de Paris, pour y etablir un Monastere du même Ordre; & ayant vû ladite obedience, avons en presence de ladite Dame Comtesse de St Pol & de son consentement, & en presence de plusieurs autres Dames, reçu & établi, recevons & établissons par ces Presentes au Monastere de Ste Catherine de Sienne, nouvellement fondé par icelle Dame Comtesse en cette Ville de Paris, Reverende Mere Sœur Marguerite de Jesus, laquelle nous avons institué & instituons Superieure Vicaire en chef dudit Couvent, Sœurs Marie de St Alexis, Elisabeth de la Visitation, Magdelaine de St Pierre, Marguerite du St Esprit, Françoise des Seraphins, & Jeanne de Ste Marthe, Converse, Religieuses dudit Ordre, pour y vivre selon leur Ordre & profession, & ladite Superieure pour gouverner & conduire selon leur institut toutes & chacunes les Religieuses, tant Professes que Novices, qui seront ci-après reçues audit Monastere, & generalement faire & gerer tout ce qu'il appartiendra pour le gouvernement tant au spirituel qu'au temporel dudit Monastere : lequel toutefois nous avons arrêté au Fauxbourg St Marcel, lieu auquel nous les recevons, mais en attendant seulement un autre lieu plus propre & convenable, auquel nous puissions arrêter tout-à fait & établir le susdit Monastere de Ste Catherine de Sienne, selon & comme il plaira à Monseigneur l'Illustrissime & Reverendissime Archevêque de Paris. En foi de quoi nous avons signé ces Presentes de notre main, & icelles fait contre-signer par Maître Jean Baudouyn, Prêtre Licentié ès Loix, Secretaire ordinaire & Notaire de l'Archevêque de Paris, le sixiéme Mars 1627, signé de Guyard. Et à côté, *De Mandato Domini Vicarii Generalis præfati.*

URBANUS, Papa VIII, Venerabili Fratri &c. Salutem & apostolicam benedictionem. Aliàs felicis recordationis Paulus Papa V, prædecessor noster, supplicationibus dilectæ in Christo filiæ Magdalenæ l'Huillier, mulieris viduæ, relictæ quondam Claudii le Roux, Parisiensis Diœcesis sibi humiliter porrectis inclinatus, tunc existenti Episcopo Parisiensi dedit in mandatis, quatenus eidem Magdalenæ in loco decenti & honesto civitatis Parisiensis seu illius suburbiorum unum Monasterium Monialium, cum Ecclesia seu Capella, claustro, dormitorio, refectorio, cœmeterio, area, hortis, hortuliciis, cellis, aliisque officiis ac membris necessariis & opportunis construi & ædificari faciendi licentiam & facultatem impertiretur; illudque postquam sic constructum ac debita convenientique clausura munitum, ac sacra & prophana suppellectile aliisque necessariis competenter instructum, nec non certi, annui & perpetui redditus donati & assignati fuissent in Monasterium Monialium sub titulo sanctæ Ursulæ, *Ursulines*, & regula sancti Augustini reformata; nec non dilectorum filiorum Guielmi Geslin Andegavensis, & Jacobi Galleman Rothomagensis, & Thomæ Gallot Constantiensis Diœcesis Presbyterorum, in sacra Theologia Magistrorum de Gremio Collegii Sorbonici, in dicta civitate instituti, quorum primus tanquam præfectus seu caput, cæteri verò tanquam assistentes esse deberent quoad viverent; illis autem vel eorum duobus recedentibus vel decedentibus familiæ alicujus Ecclesiæ piorum, proborumque virorum in reformatione vivendi ab Ordinario Parisiensi pro tempore existente eligendæ, vel eorum à dicta familia Ecclesiastica tempus sibi bene visum quoad id deputari, & ut præfertur approbari contingeret, gubernio, regimine & administratione, & alias subjectis modo & forma tunc expressis perpetuò erexerit & instituerit: prout in ipsius Paulo prædecessoris, sub plumbo desuper expeditis Litteris, quarum tenor præsentibus pro sufficienter expressis habere volumus pleniùs continetur. Cum autem sicut pro parte dictæ Magdalenæ, ac dictarum in Christo filiarum præpositæ, & Monialium Monasterii hujusmodi nuper expositum fuit, earum mentis & intentionis nequaquam fuerit, Monasterium prædictum & sese resque regimini & gubernio familiæ alicujus Ecclesiasticæ hujusmodi subjicere & propterea, ac etiam quia unus ex dictis tribus diem vitæ extremum obiit, per nos ut infrà opportunè provideri summopere desiderent. Nos Magdalenæ ac præpositæ & Monialium prædictarum animi quieti felicique Monasterii ejusdem directioni, quantum cum Domino possumus prospicere, nec non Magdalenam ac præpositam & Moniales prædictas specialibus favoribus & gratiis prosequi volentes, earumque singularum personas à quibusvis excommunicationis, suspensionis & interdicti, aliis Ecclesiasticis censuris, sententiis vel causa latis, si quibus quomodolibet innodatæ existant, ad effectum dumtaxat præsentium consequendum, harum serie absolventes, & absolutas fore censentes, supplicationibus illarum nomine nobis per hoc humiliter porrectis inclinati, fraternitati tuæ per præsentes committimus & mandamus veris existentibus narratis Magdalenæ ac præpositæ & Monialibus prædictis, ut vice & loco familiæ hujusmodi duas personas similiter Ecclesiasticas, Sæculares vel cujusvis Ordinis Regularis quarum alteram in ejusdem Monasterii ac prædictæ & Monialium prædictarum, Superiorem & administratorem in spiritualibus & temporalibus ad triennium vel sexennium tantum, ac etiam ultrà si ita è re dicti Monasterii futurum in Domino judicaveris proficere, debeas nominare & eligere liberè & licitè possint & valeant, licentiam concedas. Datum Romæ apud sanctam Mariam majorem sub annulo Piscatoris die 6 Novembris anno 1626.

DE LA VILLE DE PARIS.

URBANUS, &c. Cum itaque ficut nobis innotuit in Regno Galliæ ab aliquot annis, nulla Sedis Apoftolicæ autoritate, quin potius damnabili temeritate, introducta fuerit quædam Congregatio fub titulo fancti Pauli primi Eremitæ, in eaque perplures tanquam in Religione approbata tria vota fubftantialia emiferint caputiumque detulerint, & nunc quoque deferant ad inftar Fratrum Difcalceatorum nuncupatorum Ordinis fancti Auguftini; cumque nonnulli ex eadem Congregatione cognita nullitate fundationis ac fraudæ, quam indemnis fundator paucis ante obitum diebus confcientiæ ftimulis advectus, ut nobis etiam innotuit, confeffus eft fe temerè commentum fuiffe, à Sede prædicta poftulaverint declarari fe non effe Congregationi hujufmodi alligatos, ac poffe liberè ad fæculum redire. Nos dignum exiftimantes adulterinas hujufmodi plantationes divellere. Itaque certum ftatum & Congregationem hujufmodi nullius firmitatis unquam fuiffe, aut effe autoritate Apoftolica tenore præfentium decernimus & declaramus, revocamus, caffamus & annullamus, nec non omnibus qui habitum ut fuprà fufceperint profeffionemque ejufdem fub excommunicationis latæ Sententiæ pœna interdicimus, expreffè prohibemus, nec fectam ab ipfis abfumptam fcienter ulteriùs, vel ipfam de novo affumere quoquo modo audeant aut præfumant; & nihilominus iis qui bona fide vota ut fuprà emiferunt ut in facculo fub habitu Clericali, fub obedientia tamen Epifcopi loci ubi eos morari contigerit, voto caftitatis adftricti remanere liberè & licitè valeant; authoritate & tenore præfentium concedimus & indulgemus: cæterum eos paternè in Domino hortamur ut aliquam ingrediantur de Religionibus à Sede Apoftolica prædicta approbatis, ubique reddant Domino vota fua, in contrarium faciendo nonobftare quibufcumque. Datum Romæ apud fanctam Mariam majorem fub annulo Pifcatoris die 21 Maii 1627.

Et le vingtième Août de la même année enregiſtrée au Secretariat de l'Archevêché à la requeſte du Pere Bafilium, Religiofum Ordinis Fratrum Eremitarum D. Auguftini Difcalceatorum Congregationis Galliæ.

JEAN FRANÇOIS DE GONDY, &c. Suivant la Requête verbale à Nous faite par les Filles dites Hofpitalieres, étant logées au détroit de la Paroiffe St Paul à Paris, Nous vous avons permis & permettons de dire & celebrer la fainte Meffe à baffe voix, à huis clos & fans aucune fonnerie pour trois mois; pendant lequel tems les fufdites Hofpitalieres procureront d'obtenir Arrêt conformément à l'Acte qu'elles ont fait de fe foumettre à perpetuité à l'entiere autorité & jurifdiction de nous & de nos fucceffeurs au fpirituel & au temporel, fous l'ordre, regle, conftitutions & ftatuts qu'il nous plaira, du dix Août 1624; lefquelles regles & conftitutions ont été données par nous aufdites Hofpitalieres le quinze Novembre audit an; qu'auffi aux Lettres Patentes du Roi du mois de Janvier 1625, par lefquelles il eft enjoint en termes exprès aufdites Hofpitalieres de s'acquitter des fonctions & œuvres pieufes & charitables qui leur feroient prefcrites par les Regles & Statuts qui leur feroient baillés par Nous & conformément auffi au Contrat de fondation fait par Dame Geneviéve le Boan, femme de Maître Pierre Boucher, Confeiller du Roi en fon grand Confeil, l'une des Fondatrices dudit Hopital, par lequel il eft porté que lefdites Hofpitalieres vivront fous les Conftitutions & Regles qui leur feront données par Nous, à la charge auffi qu'aucune perfonne ne pourra recevoir les Sacremens de Confeffion & Communion audit lieu & maifon que lefdites Filles Hofpitalieres & leurs domeftiques feulement : deffendant étroitement aufdites Hofpitaliers d'ouvrir Hopital pour recevoir & penfer aucun malade qu'au prealable nous n'ayons reçu contentement & fatisfaction fur tout ce que deffus. Fait à Paris ce 29 Octobre 1627.

PREUVES DES ANTIQUITE'S

Jean François de Gondy, &c. Sçavoir faisons que les Filles Hospitalieres de la Charité Notre-Dame Ordre de St Augustin, s'étant ci-devant presentées à Nous pour avoir notre permission d'établir en la Ville de Paris un Hopital pour y recevoir, traiter & medicamenter separément les pauvres femmes & filles malades & y exercer l'hospitalité sous les Regles, Statuts & Ordonnances qui leur seroient par Nous baillés, desirans nous reconnoître en tout & par tout tant au spirituel qu'au temporel pour leur Prelat, Directeur & Superieur, elles nous auroient de ce passé Acte le dix Août 1624, ce qui nous auroit induit à leur bailler au mois de Novembre 1624, les Regles & Constitutions qu'elles doivent suivre, & leur aurions octroyé ladite permission & toute assistance après la verification des Lettres Patentes du Roi du mois de Janvier 1625, lesquelles ayant été enregîtrées le vingt-cinq Mai 1628, lesdites Religieuses nous ont supplié leur vouloir donner notre consentement & permission, &c. Nous avons permis l'établissement dudit Hopital, auquel ne pourront être admises, sans notre consentement ou de nos Vicaires generaux, aucunes femmes veuves ni filles pour demeurer en ladite maison, ni y prendre l'habit, ni y faire profession des vœux solemnels de Religion, sinon entre nos mains & de notre authorité & consentement, ou de nosdits Vicaires generaux : & avant que d'être reçues à prendre l'habit & faire ladite profession, la Superieure sera tenue de nous avertir, ou les dessus nommés, un mois auparavant pour être interrogées & examinées sur leur vocation & qualités requises pour exercer la charité envers les pauvres. Et à ces causes avons permis au Superieur & autres, qui seront par nous commis pour le gouvernement du spirituel audit Hopital, de faire dire la sainte Messe & Service Divin & administrer les saints Sacremens de Penitence, Eucharistie & Extrême-Onction ausdites Religieuses & pauvres femmes & filles malades audit Hopital par personnes Ecclesiastiques par Nous ou nos Vicaires generaux nommées & choisies ; comme aussi leur donnons pouvoir de faire prêcher audit Hopital, & recevoir indifferemment & sans acceptation de personnes seulement les pauvres femmes & filles malades gratuitement, sans mendier, faire mendier ni être à charge au public ; bien pourront-elles recevoir les donations, legs testamentaires, fondations, &c. qui leur seront faites volontairement. Donné à Paris le neuviéme Juin mil six cens vingt-huit.

Jean François de Gondy, &c. assisté de son Official, de ses grands Vicaires & de son Promoteur en la presence de Marie de Medicis, Nous avons donné l'habit de Religion à cinq Sœurs Hospitalieres, & ensuite les avons mises en possession réelle & personnelle de la Maison & Hopital près la Place-Royale, constitué pour Superieure Sœur Françoise de la Croix, & leur avons donné notre benediction. Donné à Paris l'an 1628 le 12 Juin.

Damoiselle Catherine Dabra de Raconis, fille majeure & jouissante de ses droits demeurante au fauxbourg St Marcel a donné entre-vifs aux Dames Religieuses, Abbesse & Couvent des Cordelieres St Marcel lez Paris, Dame Marguerite de Villemontée Abbesse dudit Convent, une maison sise audit Cloître St Marcel, acquise par ladite Damoiselle, de Monseigneur l'Archevêque de Paris le dix Novembre 1627, & d'autres petites rentes, à la charge que lesdites Religieuses & Abbesse seront tenues d'acquitter ladite Damoiselle envers ledit Seigneur Archevêque de Paris de ce qu'elle lui doit de reste du prix porté par ledit Contrat de vente, que ladite Dame Abbesse a dit bien savoir pour avoir eu communication dudit Contrat ; & encore pour être par icelle Damoiselle de Raconis Fondatrice d'une Maison & Convent dudit Ordre en ladite maison ci-dessus designée & donnée ; auquel Convent elle pourra entrer seule & quantes fois que bon lui semblera comme Fondatrice. Et outre ladite Damoiselle Dabra de Raconis se charge de fournir les ornemens necessaires pour le Service Divin à la Chapelle qui sera faite en attendant que lesdites Religieuses ayent fait faire une Eglise en ladite maison, & lorsque ladite Eglise sera bâtie sera pareillement tenue fournir tous les ornemens necessaires pour le Service Divin en ladite Eglise ; & en cas que ladite Damoiselle vienne à deceder auparavant que ladite Eglise soit bâtie, veut & entend que tous les ouvrages d'ornemens soient & demeurent audit Couvent ainsi nouvellement établi, desquels ladite Damoiselle fait aussi don audit Couvent, à la reserve toutefois d'un parement de la valeur de trois cens livres qu'elle a promis à une de ses nieces lors de sa profession, au cas qu'au jour du deceds de ladite Damoiselle elle n'ait donné ledit parement à sadite niece, à la charge que si ledit Convent ne se peut établir en ladite maison, ledit present Contrat demeurera nul & resolu, &c. 1628 le 13 Decembre ; approuvé par Monseigneur l'Archevêque le 15 Decembre 1628.

Le même jour quinze Decembre 1628, l'Archevêque permit aux Religieuses de St Marcel à leur requête de transporter leur Monastere en cette maison ; mais ces Religieuses ayant reconnu le peu de commodité qu'il y auroit en cette maison pour y loger & recevoir toutes leurs Religieuses qui sont en très-grand nombre pour n'y trouver aucun moyen de s'agrandir, elles requirent Mr l'Archevêque de leur permettre de se servir de ladite maison comme de secours au grand Convent pour y établir & envoyer tel nombre de Religieuses dudit grand Convent qu'il sera trouvé necessaire pour la décharge & soulagement d'icelui. Nous avons permis ausdites Religieuses dudit grand Convent d'envoyer une partie d'icelles en ladite maison sise audit Cloître St Marcel pour y vivre & servir Dieu selon & conformement à leur regle, y celebrer l'Office Divin & recevoir à vêture & profession les Filles seculieres qui se presenteront pour être Religieuses, & ce en attendant que lesdites Religieuses transferées & envoyées en ladite maison puissent faire rencontre d'un lieu plus convenable pour l'établissement entier dudit Convent. Donné à Paris le 21 Mai 1631.

Louis GUYARD Vicaire general, &c. Sçavoir faisons qu'en vertu de certaines Lettres Patentes du Roi du mois de Mars 1633 omologuées au Parlement le septiéme Août 1633 ; par lesquelles sa Majesté accorde aux Religieuses Cordelieres, *de Ste Claire*, fondées au fauxbourg St Marcel pouvoir & permission d'ériger & établir en cette Ville sous le bon plaisir toutefois de Monseigneur l'Archevêque un nouveau Convent & Monastere, Contrat de donnation & transport d'une place & maison sise rue des Francs-Bourgeois fait par noble homme Maître Pierre Boucher Conseiller du Roi & Auditeur en sa Chambre des Comptes, à Sœur Marguerite Poncher Religieuse professe dudit Monastere St Marcel Mere & Superieure de ladite maison, à ce presente & acceptante pour elle & les Religieuses qu'elle a reçu & recevra audit nouveau Monastere & leurs successeurs en date du dernier Decembre dernier, insinué au Châtelet de Paris ; Permission ausdites Filles St Marcel d'établir un nouveau Monastere en cette Ville de Paris pour y transporter une partie desdites Filles du Convent de St Marcel en date du vingt-sept Mai 1631, Nous nous sommes aujourd'hui transportés, accompagnés du R. P. le Franc Provincial des Peres Cordeliers en la Province de France, & d'autres, en ladite place & maison rue des Francs-Bourgeois, Nous y avons trouvé ladite Sœur Marguerite Poncher accompagnée de trois autres Religieuses professes dudit Monastere, lesquelles à cet effet se seroient transportées sur lesdits lieux où nous avons fait les benedictions accoutumées, nous avons celebré le saint Sacrifice de la Messe, à laquelle lesdites Religieuses & autres personnes devotes auroient reçu le St Sacrement. Donné à Paris le deuxiéme Octobre 1633.

JOANNES FRANCISCUS DE GONDY, &c. Universis præsentes Litteras inspecturis, &c. Ordinem Clericorum Regularium, qui à sancto Paulo Decolato nomen habent, (*Barnabites*) inchoarunt tres Viri Mediolanenses, generis nobilitate clari, anno 1526, &c. Concessit Clemens VII, Pontifex Maximus, anno 1533, Februarii 18, ut prædicti cum duobus aliis professionem trium votorum substantialium religionis, in manibus Archiepiscopi Mediolanensis, & aliis qui de sæculo conversi eadem vota emitterent. Paulus III, anno 1573, 8. Calendas Augusti, constituit ut ii sub nomine Clericorum Regularium in communi viverent, eis concessit omnia privilegia quibus potiuntur & potientur Canonici Regulares Congregationis Lateranensis. Gregorius XIII, anno 1579, die 7 Novembris constitutiones in Capitulo Generali reformatas approbavit. Hos Henricus IV ex Italia in Bearnium evocavit. Ludovicus XIII, anno 1611, mense Decembri, permisit ut in Civitate Tolosana & Lugdunensi, & Provincia Bearnensi domicilium & templum haberent, in rogatu Magistratus, Consulum & Populi Civitatis Montisargii permisit anno 1620, mense Maio, ut ii in prædicta Civitate domicilium & Ecclesiam haberent. Idem etiam Rex permisit, anno 1622, mense Martio, & 1623 mense Decembri, ut ii in singulis Provinciis, urbibus & oppidis totius Regni Galliarum domos & Ecclesias habere possent, cum consensu Archiepiscoporum & Episcoporum, & in eis Congregationis suæ munia obiri valeant. Henricus de Gondy Cardinalis permisit eisdem, anno 1622, Martii 29, habere domos & Ecclesias in Civitate & Diœcesi Parisiensi, & in eis munera prædictæ Congregationis obire. Admittimus prædictos Clericos Regulares prædictæ Congregationis sancti Pauli, in hac Civitate & Diœcesi Parisiensi Ecclesiam seu Ecclesias & domos Regulares ædificare, & in dictis Ecclesiis verbum Dei Populo annuntiare, Sacramenta Pœnitentiæ & Eucharistiæ administrare, & alia munera prædictæ Congregationis exercere valeant. Hæc tamen omnia concedimus, eâ lege ut non possint mendicare, sed eorum Congregatio solvat singulis annis quingentos aureos nummos ad sustentationem eorum qui in hac urbe erunt, donec habeant redditus sufficientes quibus sustentari possint, prout R. P. Præpositus eorum Generalis, & alii Patres obligarunt bona prædictæ suæ Congregationis, ut constat per publicum instrumentum & procuratorium à R. P. Julio Cavalchano Præposito generali, & aliis Patribus prædictæ Congregationis constitutum, transactum Mediolani die Martis 16 Januarii, anno 1629: iis etiam legibus & conditionibus, ut quocumque prætextu humaniores litteras, Philosophiam, Theologiam, necnon casus conscientiæ publicè doceant, nec ullos externos ad ipsas apud illos ediscendas admittant, ut nullus eorum in ipsorum Ecclesiis, seu aliis concionari vel audire confessiones possit, quin priùs à nobis vel successoribus nostris, aut Vicariis nostris Generalibus prævio examine sit approbatus; nec ullus eorum possit audire confessiones eorum qui ægrotant in suis domibus, nisi priùs petitâ & obtentâ facultate ab ægrotantis Parocho vel ejus Vicario, ubi mortis periculum non immineat, vel si sit periculum, quam primùm auditâ confessione, eundem vel per se vel per alium ex sociis Regularibus dictæ Congregationis certiorem faciat; ut in Civitate Parisiensi in variis Ecclesiis doctrinam Christianam de consensu Parochorum, nullis scriptis traditis explicent; ægros in Xenodochiis, & eos qui in carceribus detinentur, sæpè invisant, eos consolentur, & necessaria ad corporis & animæ salutem, quantum in ipsis erit, procurent; ut diebus Festis & Dominicis in variis pagis, de consensu Parochorum doctrinam Christianam pueris & aliis auditoribus explicare, confessiones audire, verbum Dei prædicare, eaque omnia in Missionibus

&

DE LA VILLE DE PARIS.

& visitationibus Diœcesis, quando nobis vel successoribus nostris visum fuerit, præstare teneantur, denique ut omnes constitutiones nostras, & successorum nostrorum, & decreta Synodalia quam diligentissimè observent, & à Dominica Palmarum ad Dominicam in Albis inclusivè, nulli prorsùs in suis Ecclesiis Pœnitentiæ & Eucharistiæ Sacramentum administrare possint, sed si à Parochis vocentur, in eorum Ecclesiis Pœnitentiæ Sacramentum administrare possint. Datum Parisiis in Consilio nostro, anno 1629, Maii 4.

JEAN FRANÇOIS DE GONDY, &c. La Communauté des Filles de la maison de la Magdelaine, dites *Magdelonettes*, sise en la Paroisse St Nicolas-des-Champs, nous ont fait representer par Maistre Jean du Pont Curé de ladite Eglise, & par nous établi Superieur en la conduite du spirituel & du temporel de ladite maison, le desir qu'elles avoient de professer les vœux de Religion, & nous auroient fait demander quatre ou cinq Religieuses du Convent de la Visitation de Ste Marie, pour les conduire & instruire en la pieté & observance reguliere ; ce que ces Religieuses leur accorderent sous notre bon plaisir, &c.

Nous vous avons permis de choisir quatre des Religieuses de votre Convent de la Visitation des plus capables, avec une Sœur Converse, pour se transporter sous notre obedience en ladite maison, & proceder à l'établissement d'icelle en monastere, selon la Regle de St Augustin, & les Constitutions qui leur seront par nous ordonnées, la Superieure desquelles quatre Religieuses aura la superiorité & direction des filles, tant de celles qui prendront l'habit, que des autres, avec pouvoir de separer lesdites filles en deux ou plusieurs parties, ainsi qu'elles le jugeront plus convenable, permettant à icelle Superieure de choisir des Confesseurs approuvés. La Sœur Marie Belin pour Superieure, la Sœur Marie Tulloüe Assistante & Maitresse des Novices, & les autres pour Officieres. Donné à Paris le 13 Juillet 1629. Et le 20 Juillet 1629, l'Archevêque assisté de ses Officiers, de son Promoteur, & de Jean du Pont Curé de St Nicolas, y établit lesdites Religieuses de la Visitation.

JEAN FRANÇOIS DE GONDY, &c. Ayant appris que quelques Filles de la Pitié, qui se faisant appeller *Pénitentes*, s'étoient émancipées de prendre le voile & l'habit de Religion sans sa permission ; & de plus de chanter à haute voix le service en l'Eglise, le deffendit aux Administrateurs de cet Hopital, le 9 Janvier 1630.

JONNES FRANCISCUS DE GONDY, &c. Congregationis Beatæ Mariæ Fulliensis, (*Feuillants*) Ordinis Cisterciensis, propriâ educatione & eruditione eorumdem Religiosorum Novitiorum erectioni alterius Monasterii sive Conventus, in suburbio sancti Michaëlis, vico Inferni vulgò nuncupato, ubi dicti Religiosi duo loca sive hortos contiguos piâ liberalitate quorumdam novissimè acquisierunt, & deindè amortisationem à Christianissimo Domino nostro Rege favorabiliter obtinuerunt, consentire vellemus & dignaremur. Nos, &c. Viso per nos certo actu Reverendissimi Patris Generalis dictæ Congregationis, signato de dara die secundâ Septembris novissimi, quo nobis constat de omnimoda renunciatione omnium jurium super Monasterio *des Billettes*, nuncupato, Parisiis fundato ad parem effectum per eandem Congregationem prætensorum, licentiam erigendi & construendi prædictum Novitiatum sive Monasterium Congregationis Beatæ Mariæ Fulliensis, loco quo suprà, tenore præsentium concedimus facultatem. Datum Parisiis anno 1630, die 11 Octobris.

Tome III.

PREUVES DES ANTIQUITE'S

DENYS LE BLANC, Vicaire General, &c. Sur les requisitions à Nous faites par Reverende Mere Angelique Arnauld, Abbesse du Monastere de Notre-Dame du Port-Royal, transferé au Fauxbourg St Jaques lez-Paris, Ordre de Cisteaux, que conformément aux Lettres Patentes du Roi en Janvier 1629, verifiées par Arrest du Grand Conseil du 26 Fevrier audit an 1629, par lesquelles appert que Sa Majesté auroit renoncé à tout droit de nomination qu'elle pretendoit avoir de ladite Abbayie toutefois & quantes que d'icelle advenoit vocation par mort, resignation ou autrement, & ce en consideration de la Reforme qui a été établie audit Monastere depuis vingt-deux ans : & en consequence de ce sadite Majesté auroit consenti que doresnavant y fut procedé de trois ans en trois ans, ou autrement vacation advenant à l'élection de l'Abbesse dudit Monastere par les Religieuses d'icelui, lesquelles seroient tenues de choisir l'une d'entre elles, ou quelque autre dudit Ordre qu'elles jugeroient en leur conscience être la plus capable pour regir & gouverner ladite Abbayie. Icelle Reverende Mere Marie Angelique Arnauld s'est desistée & demise de ladite charge & qualité d'Abbesse, & ladite Abbesse se seroit aussi demise entre nos mains, au nom & comme Procuratrice de Sœur Catherine Agnès Arnauld sa Coadjutrice, fondée de procuration d'icelle du 12 du present mois, ladite demission tant & si long-temps que durera la Reforme, & non autrement, suivant & au desir desdites Lettres & Arrest: lesquelles demissions avons accepté le 20 Juillet 1630. Et le Mardi 23. Juillet 1630. Nous Vicaire General, nous sommes encore transportés audit Monastere, & leurs aurions fait proceder à l'élection d'une Abbesse Triennalle, & aurions trouvé que Sœur Geneviéve Catherine avoit la pluralité des voix, & jusques au nombre de vingt-neuf de trente-trois Religieuses qu'il y avoit audit Convent, au moyen de quoi nous aurions confirmé ladite élection.

AUJOURD'HUY Mercredy 17 Septembre 1631, sont comparus au Conseil de Monseigneur l'Illustrissime & Reverendissime Archevêque de Paris, les Carmes Deschaussés du Faux-bourg St Germain, assistés du Pere Cæsar de St Joseph Deffiniteur General dudit Ordre des Carmes deschaussés, d'une part; & le Pere Leon de St Jean, Religieux Carme Reformé de l'Observance de Rennes en la Province de Tours, assisté de Frere Theodore de la Mere de Dieu, du même Ordre son Compagnon, d'autre part; & par le Pere Bonaventure a été dit, qu'ayant appris que lesdits Religieux Carmes de l'Observance de Rennes se vouloient établir en cette Ville, & que pour cet effet ils s'étoient pourveus par devers Nous pour obtenir de Nous leur établissement, iceluy Pere Bonaventure seroit venu pour nous requerir qu'en permettant ausdits Carmes de l'Observance de s'établir en cette Ville, il nous plût ordonner qu'ils eussent à se conformer à leurs Statuts; & en ce faisant, porter leur habit conformément à iceux, entr'autres que la Chappe blanche fût seulement moins longue que la Tunique de quatre doigts, & que la Tunique descende jusqu'aux talons, affin qu'ils puissent être distingués les uns d'entre les autres, & que les Carmes de l'Observance de Rennes n'ayent point à se faire appeller Carmes Reformés. Quoi faisant, ledit Pere Bonaventure, tant en son nom que de tout ledit Couvent des Carmes deschaussés du Faux-bourg St Germain, déclare qu'il n'empêche l'établissement des Peres Carmes de l'Observance de Rennes en cette Ville de Paris : & par ledit Pere Leon a été dit que lui & ceux de sa Congregation n'ont jamais eu autre dessein de contrevenir à leurs Statuts, & permettent de les observer, & particulierement en ce qui concerne leurs vêremens & habits, promettent de porter la Chappe blanche de la longueur specifiée par leurs Statuts, c'est-à-dire, de quatre doigts moins longue que la Tunique & Robe de dessous,

DE LA VILLE DE PARIS.

promettant de faire ratifier le tout par les Superieurs de ladite Congregation & de l'Observance de Rennes, toutefois & quantes qu'il en sera requis par lesdits Carmes deschauffés. Requerant aussi ledit Pere Leon, que lesdits Carmes deschauffés ayent à déclarer de quelle longueur est la Chappe qu'ils portent, affin de l'entretenir, & nourrir paix & amitié entre eux. Et par ledit Pere Bonaventure a été dit que la Chappe desdits Carmes deschauffés sera toujours conforme à leurs Statuts & Constitutions cy-devant faites: sur quoi nous leur avons donné acte de leur dire, consentement & declaration; & conformément à iceux ordonné que lesdits Peres Carmes de l'Observance de Rennes qui seront établis en cette Ville, garderont & observeront les Statuts de leur Ordre, & en ce faisant, porteront leur Chappe blanche fronsée & plissée par le haut, & plus courte seulement de quatre doigts que leur Tunique, laquelle descendra jusqu'aux talons, selon leursdits Statuts; & au surplus ne se feront appeller lesdits Carmes de l'Observance de Rennes, Carmes Reformés, & ont lesdites Parties respectivement signé.

Dans un Arrest du 3. Juin 1412, il paroit que ce jour-là le Parlement fut en Procession generale à Ste Geneviéve, où fut porté le *Corpus Domini* de St Jean en Gréve, auquel fut fait le miracle des Billettes.

Les Religieux de l'Ordre de la Charité, dit *des Billettes*, traitterent par-devant Notaires avec le Pere Leon de St Jean, stipulant pour toute la Congregation des Religieux Carmes Reformés de l'Observance de Rennes en la Province de Tours, logés au College des Bons-enfans près St Victor; disant lesdits Religieux Billettes qu'ils ont long-temps essayé vainement de rétablir en leur maison l'Observance Reguliere, selon leur Regle & Institut, ce qu'ils n'auroient pû faire, tant à cause de la de leur Ordre dans le Royaume, qu'à cause des grandes debtes auxquelles ledit Convent de Paris, & le peu de revenu temporel qui en dépend est obligé & hypotequé. C'est pourquoi ils ont cedé auxdits Religieux de la Congregation desdits Carmes l'Eglise, Prieuré & Monastere appellé *des Billettes*, ensemble tous les biens, meubles & immeubles appartenans audit Prieuré. Et d'autant que lesdits Religieux des Billettes ont reconnu avoir cy-devant traitté avec les R. P. Feuillants pour leurditte maison, seront tenus iceux Religieux Billettes bailler auxdits Peres Carmes en bonne & due forme le desistement & irresolution du traitté intervenu entre eux & lesdits Peres Feuillants; au moyen de quoi lesdits Peres Carmes seront tenus faire & celebrer le divin Service en ladite Eglise, acquitter & faire les charges & fondations dont lesdits Religieux Billettes sont tenus & obligés; & outre de payer & acquitter toutes les debtes faites & créées par ledit Convent & Religieux Billettes; demeurant lesdits Religieux Billettes, si bon leur semble, en leurdit Convent, & y seront logés separément chacun en une chambre du côté du Cloître; & d'autant qu'il n'y a chambres suffisantes du côté du Cloître, leur en sera fourni jusqu'au nombre qui sera necessaire pour les loger chacun separément, & ce du côté de la cour hors les dortoirs; & demeurera le Pere Pierre Havard, Prieur titulaire dudit Convent & Prieuré, logé en la Chambre où il est à present audit Convent; & outre aura ledit Prieur l'usage de la maison & jardin sçis au Village de Bagneulx; & seront lesdits Religieux Billettes nourris, traittés, chauffés, blanchis & sollicités audit Convent, tant en santé qu'en maladie aux dépens desdits Peres Carmes, lesquels outre lesdites choses seront tenus de payer annuellement à chacun desdits Religieux Billettes, la somme de cent livres pour leur vestiaire, & audit Prieur Havard la somme de deux cens livres; sans que lesdits Prieur & Religieux Billettes, demeurans en ladite maison, soient obligés d'assister aux heures du Service divin que feront lesdits Peres Carmes, selon leur Regle & Usage, ni celebrer aucune Messe à leur acquit & décharge. Comme aussi ne seront tenus lesdits Prieur & Religieux Billettes de répondre auxdits Peres Carmes de leurs vies & mœurs, ni sujets à leur jurisdiction ; ains éliront entre eux un Superieur qui en aura la direction & conduite, & en cas que lesdits Prieur & Religieux Billettes, ou aucun d'eux se retirent dudit Convent, leur sera payé à chacun par lesdits Peres Carmes, la somme de 300. liv. & audit Havard la somme de 400. liv. & ce par avance de quartier en quartier. Les fruits & revenus de l'année 1630. appartiendront aux Billettes, mais laisseront toutes les provisions qu'ils ont faites aux Carmes. Quand quelqu'un des Billettes mourra à Paris, les Carmes l'enterreront en leur Eglise, & feront un service solemnel dans ladite Eglise, comme aussi dans tous les Convents de leur Congregation, & ainsi que lesdits Peres Carmes ont accoutumé de faire pour ceux de leur Ordre ; & pareillement sera fait un service pareil pour lesdits Religieux Billettes qui decederont hors Paris, & participeront lesdits Billettes aux prieres & suffrages de toute la Congregation desdits Peres Carmes. Que si lesdits Religieux Billettes à leur deceds ont quelques meubles, ils appartiendront aux Religieux Billettes, & lesdits Carmes en heriteront après la mort de tous lesdits Billettes, &c.

Ils promettent fournir & mettre ès mains desdits Peres Carmes dans quinze jours prochains les Actes des consentemens cy-devant baillés par le R. P. General dudit Ordre, pour traitter avec les Religieux Feuillants & Augustins. Fait en 1631, le 24. Juillet.

Ce present Contrat ratifié par Antoine Payen Ministre General de l'Ordre des Freres de la Charité de la Vierge Marie, le 19 Aoust 1631, & par l'Archevêque le 19 Septembre 1631, ,, iis conditionibus quod Præ-
,, dicatores & Confessarii per nos, & prævio examine approbentur, &
,, si aliquandò contingat quod ratione administrationis Sacramentorum,
,, Concionum, Confessionum, Sepulturarum sæcularium, aliarumque fun-
,, ctionum ipsam regularitatem non spectantium querela oriatur, præfati
,, Religiosi de Monte-Carmelo, non obstantibus quibuscumque exem-
,, ptionibus, judicio, authoritati & jurisdictioni nostræ & non alterius,
,, subjacebit : & servabunt statuta, ordinationis & decreta circà Sacramen-
,, torum administrationem & sepulturas, tam per nos & successores nostros
,, hactenus publicata quam publicanda. tunicasque deferent conformiter ad
,, ordinationem, 17 præsentium mensis & anni.

Nous soussignés Maistre George Royer, Docteur, Regent & Syndicque en la Sacrée Faculté de Theologie à Paris, associé à la Maison & College de Sorbonne, & Curé de l'Eglise St Nicolas du Chardonnet, d'une part ; & Guillaume Compaing, Prêtre Curé de ladite Eglise, & six Prêtres habitués d'icelle Eglise, d'autre part, reconnoissons que nous avons fait & faisons par ces Presentes, sous l'authorité de Monseigneur l'Archevêque de Paris, les conventions qui ensuivent. C'est à sçavoir que lesdits Compaing & autres susnommés habitués continueront de vivre en commun en desservant ladite Paroisse de St Nicolas, comme ils ont fait cy-devant.

Item. Ils n'auront pour tous biens en commun que leur logement de Communauté, meublés des meubles necessaires & convenables à la condition & qualité de simples Prêtres de Paroisse, lesquels logement & meubles de la Communauté presens & à venir, possederont en commun & par indivis, en telle sorte que celui ou ceux d'entre lesdits Prêtres qui sortiront de ladite Communauté, n'auront aucune part ou portion auxdits logement & emmeublemens communs, & ce du jour de leur sortie d'icelle Communauté ; comme aussi les heritiers de ceux qui seront decedés en la Communauté ne pourront pareillement rien prétendre auxdits logemens & emmeublemens communs.

DE LA VILLE DE PARIS.

Deplus iceux logemens & emmeublemens communs ne pourront estre obligés, engagés ni hypotequés pour le fait & debtes privées & particulieres d'aucun desdits Prêtres de la Communauté.

Item. Iceux Prêtres jouiront en commun, & chacun d'eux rapportera en ladite Communauté les fruits & revenus de leurs titres Sacerdotaux, & ce qu'ils & chacun d'eux auront & recevront de leurs fonctions Ecclesiastiques; & quant à ce qu'il leur eschera par succession directe ou collateralle, ils pourront le posseder en particulier, & en disposer suivant la loy commune du Royaume, & les Coutumes des lieux où les biens seront situés, fors au profit de ladite Communauté, directement ou indirectement.

Item. Ils ne pourront recevoir en commun, ni aucun d'iceux en particulier les legs, dispositions testamentaires, & autres donnations qui pourront leur être faites, sous quelque cause ou pretexte que ce soit; & déclarent dès-à-present qu'ils y ont renoncé & renoncent, si ce n'est qu'elles fussent faites par leurs parents, & desquels ils étoient héritiers présumptifs; auquel cas les particuliers & la Communauté pourront recevoir ladite donnation & legs, & en jouir en particulier, sans la faire entrer en ladite Communauté.

Item. Ils ne pourront posseder ni en commun, ni chacun d'eux en particulier, tant qu'il demeurera en ladite Communauté, aucun benefice de quelque qualité qu'il soit, à simple Tonsure, ou autre.

Item. Ils n'auront jamais d'Autel & Chapelle esdits logements de la Communauté.

Item. Lesdits Prêtres de la Communauté, presents & à venir, seront habitués & Officiers de ladite Eglise St Nicolas, tant qu'il plaira audit Sieur Curé & à ses successeurs; si bien que ledit Sieur Curé & ses successeurs pourront demettre tout & partie d'iceux des offices & habituations de ladite Eglise, toutes & quantes fois qu'il lui plaira; auquel cas de demission iceux Prêtres demeureront en pleine & paisible jouissance des logemens & emmeublemens communs, sans que ledit Sieur Curé ni ses successeurs, ni d'autres Prêtres habitués en ladite Paroisse qui ne seroient d'icelle Communauté, ni les Marguilliers & Paroissiens de ladite Paroisse, ni des autres quelconque se puisse jamais approprier ni posseder en quelque sorte & maniere, & sous quelque pretexte que ce soit, lesdits logemens & emmeublemens communs & affectés à ladite Communauté, comme estant lesdits logemens & meubles apportés en ladite Communauté par les Prêtres d'icelle, lesquels Prêtres pourront desservir en d'autres Paroisses où ils seroient lors appellés par Messieurs les Curés d'icelles.

Item. Les Prêtres de ladite Communauté domiciliés ès logemens d'icelle, situés en ladite Paroisse de St Nicolas, quoi qu'ils ne fussent plus Officiers ni Habitués en ladite Eglise St Nicolas, seront néanmoins Paroissiens de ladite Paroisse à cause de leur domicile, & y rendront les devoirs de Parroissiens Ecclesiastiques qui seront compatibles avec les charges qu'ils auront en d'autres Parroisses. En cas de maladie ils recevront les saints Sacremens dudit sieur Curé de St Nicolas, & après leurs decès seront par lui inhumés.

Pour ce qui regarde la conduite & direction de la Communauté, les Prêtres d'icelle éliront un d'entre eux de tems en tems qui sera nommé l'œconome, lequel aura le soin & la charge de la Communauté à la maniere qu'un pere de famille à le soin de sa maison.

Quant à ceux qui entreront en ladite Communauté, ils y seront admis par ledit œconome & quelques autres Prêtres de la Communauté à eux designés par ceux d'icelle Communauté, après toutefois que ledit œconome en aura communiqué audit sieur Curé de St Nicolas & à ses successeurs, & qu'il aura trouvé bon & donné son consentement sur icelle admission. Et arrivant que lesdits Prêtres de la Communauté fussent tous démis des offices, & habituations de ladite Eglise de St Nicolas, lorsqu'il conviendroit admettre quelqu'un en ladite Communauté, en ce cas ladite admission sera faite avec le consentement dudit sieur Curé de ladite Paroisse, duquel lesdits Prêtres de la Communauté seront lors habitués.

Avant que les susdits puissent être reçus en ladite Communauté, ils auront été ordonnés Prêtres du moins un an auparavant, auront demeuré avec les Prêtres de ladite Communauté du moins par l'espace d'un an entier, afin d'y avoir été dressés & exercés tant en la theorie & pratique des fonctions des Prêtres des Paroisses, qu'en la maniere de vivre d'icelle Communauté, auront subi l'examen de mondit Seigneur l'Archevêque & obtenu de lui ou de Messieurs ses Vicaires generaux la faculté d'entendre les Confessions & de faire les autres fonctions Parrochiales dedans son Diocése avec le consentement de Messieurs les Curés.

Ces presentes conventions accordées comme dit est ci-dessus sous nos seings, en la maison Presbyterale dudit sieur Curé, le Samedi vingt-six Juillet 1631.

JOANNES FRANCISCUS DE GONDY, &c. Cum nuper tam pro parte Magistri Georgii Royer, quam Parrochianorum Ecclesiæ sancti Nicolai, nobis fuerit expositum quod jam à 20 annis quidam Presbyteri sæculares dictæ Parrochialis Ecclesiæ habituali sub bene placito & vivæ vocis oraculo defuncti quondam recordationis Eminentissimi Cardinalis de Retz, fratris & prædecessoris nostri, cum tanta populi ædificatione sub regimine ejusdem Froger, in communi vivere cœperint, totis affectam præcordiis, quatenus eamdem communitatem gratam & ratam habentes certum Contractum inter eumdem Magistrum Froger & Magistros Presbyteros in dicta Ecclesia habituatos initum confirmare vellemus. Visis dictorum Parrochianorum libellis supplicibus, una cum dicto Contractu, dictum Contractum approbamus. Datum apud sanctum Clodoaldum anno 1631 Octobris die 24.

JEAN FRANÇOIS DE GONDY, &c. Veu la Requête à Nous presentée par les Religieuses de l'Annonciade de St Nicolas de Melun, tendante à ce que Nous leur aurions ci-devant donné permission d'ériger & établir un nouveau Convent de leur Ordre dans la Ville de Corbeil; ensuite de laquelle notre permission elles auroient fait toutes leurs diligences de trouver un lieu propre & commode audit Corbeil, ce qui leur auroit été impossible, mais auroient trouvé au Village de St Mandé un lieu fort propre pour y établir leurdit Monastere; c'est pourquoi elles Nous requeroient humblement qu'il nous plût leur permettre, au lieu dudit Corbeil, d'établir ledit nouveau Convent de leur Ordre audit Village de St Mandé. Vûes les Lettres Patentes de sa Majesté du 15 Fevrier 1630, portant permission ausd. Religieuses d'établir un Convent de leur Ordre en ladite Ville de Corbeil. Veu le Contrat d'acquisition de cinq cens livres de rente à prendre sur les Aides de cette Ville. Autre Contrat d'une rente d'autres cinq cens livres. Autre de l'achat d'une grande maison à St Mandé; avons permis ausdites Religieuses de s'établir à St Mandé, pour y envoyer telle quantité de Religieuses dudit Convent de Melun qui se trouvera à propos. Et d'autant que les Religieuses dudit Ordre sont sous la direction & conduite des Religieux de St François, Nous accordons ledit établissement à condition que Nous & nos successeurs pourront conformément au Concile de Trente entrer audit Monastere pour visiter tant dehors que dedans les clotures. Que les Religieuses professes ne pourront sortir sans notre permission, fors les cas de necessité & de droit, ausquels leurs Superieurs devront pourvoir. Qu'aucune ne sera reçue Religieuse & ne pourra recevoir l'habit, ni être reçue à profession par qui que ce soit, qu'elle n'ait été, &c. Donné à Paris 1632 le 27 Octobre.

DE LA VILLE DE PARIS.

JEAN FRANÇOIS DE GONDY, &c. Vûe la Requête à Nous presentée par Maître Claude Sire Jean, Docteur en Theologie, Curé de la Paroisse des Saints Innocens, tendante à ce que attendu la rencontre qui est le vingt-deux Fevrier auquel la Fête de la Dedicace d'icelle Eglise a accoutumé être celebrée, ce même jour échoit aussi la Fête de la Chaire St Pierre d'Antioche, qui est solemnelle pour ladite Eglise, comme étant du premier Patron de ladite Eglise; & qu'à cause de ce, afin de la celebrer plus dignement, on a été contraint de remettre la moindre, qui est celle de la Dedicace de St Pierre au jour suivant; ensorte que les Paroissiens qui font la plupart Marchands & Ouvriers auroient de la peine à cesser leur travail & negoce deux jours consecutifs. C'est pourquoi ledit Sire Jean nous requeroit que nous la transferassions au Dimanche precedent lesdits vingt-deux Fevrier, &c. Nous avons ordonné qu'elle se celebrât ledit Dimanche, en 1633 le quinziéme Fevrier.

JEAN FRANÇOIS DE GONDY, &c. Vûe la Requête à Nous presentée de la part de Sœur Marie Treduvay, Religieuse Chanoinesse Reguliere reformée de l'Ordre de St Augustin, Angloise de Nation, tendante à ce qu'il nous plût lui octroyer permission de pouvoir acheter en cette Ville de Paris ou Fauxbourgs d'icelle, en quelque lieu le plus propre & commode que faire se pourra, une place pour y bâtir un Monastere dudit Ordre, pour y recevoir seulement à faire les vœux & profession dudit Ordre des filles natives du Royaume d'Angleterre, ou qui seront nées hors d'icelui de pere & mere Anglois. Vû les Lettres Patentes de sa Majesté données à St Germain en Laie au mois de Mars dernier, par lesquelles le Roi usant d'hospitalité envers les étrangers, auroit permis à ladite Sœur Marie de Treduvay d'acheter quelque place en ladite Ville de Paris ou Fauxbourgs d'icelle, pour de notre Ordonnance toutefois, y construire un Monastere de l'Ordre de St Augustin. Nous leur avons permis d'acheter en cette Ville de Paris ou de ses Fauxbourgs, un lieu & place convenable pour y construire un Monastere, & en icelui recevoir lesdites filles du Royaume d'Angleterre, & celles qui seront nées de pere & mere Anglois, seulement & non autres, pour faire les vœux & profession dudit Ordre de St Augustin, & y vivre sous notre autorité & jurisdiction. A la charge qu'avant que de conclure l'achat de ladite place, ladite Sœur Marie de Treduvay & les Religieuses dudit Ordre ses Compagnes, seront obligées nous avertir pour voir & faire voir & visiter ladite place & juger de la commodité ou incommodité de ladite place; comme aussi ladite place étant achetée, nous presenter leurs Statuts & Constitutions, si aucuns elles ont, sinon en recevoir de notre part, à condition que lesdites Religieuses ne seront à la charge du public & qu'elles auront revenu suffisant pour leur nourriture & entretenement & celui du Couvent. Et en outre avons accordé qu'elles auront deux Prêtres Seculiers Anglois pour la celebration du Divin Service & administration des Sacremens, qui nous seront presentés par lesdites Religieuses, & par nous approuvés toutefois & quantes que l'occasion le requerera & besoin sera, sans que lesdits deux Prêtres puissent y admettre d'autres ni y faire aucune Compagnie ou Congregation d'autres Ecclesiastiques Reguliers ni Seculiers. Donné à Paris le 24 Mai 1633.

JOANNES FRANCISCUS DE GONDY, &c. Viso per Nos Libello supplice seu Requesta nobis per nobilem virum D. Annam *de Beaulieu*, Dominum *de St Germain*, porrecto, tendente ad fines licentiam à nobis obtinendi sanctum Missæ Sacrificium, cæteraque Divina Officia celebrari faciendi in Capella de novo à fundamentis constructa in loco *de Bicestre* vulgò nuncupato, donec in eodem loco Ecclesiam & alia ædificia pietate Regis constructa, &

PREUVES DES ANTIQUITE'S

habitationi & mansioni pauperum nobilium & militum pro servitio Regis vulneratorum destinanda, & sub nomine Præceptoriæ sancti Ludovici in posterum nominanda, ad felicem exitum Deo dante perducta sint. Nos ut singulis diebus in dicta Capella sanctum Missæ Sacrificium celebrari cæteraque Officia & Servitia Divina fieri possint, licentiam damus, &c. 24 Augusti 1634.

JOANNES FRANCISCUS DE GONDY, &c. Dilecto in Christo M. Georgio Frogier, Doctori Theologo, Rectori Parrochiæ sancti Nicolai de Cardineto, &c. Quoniam intrà Parrochiæ tuæ limites tristem domicilii sui moram trahunt Triremibus, *Galeriens*, addicta, dùm infelicem discessum operiuntur, inprimis agitur de Sacello ad Religionis officia necessario, quoniam Ecclesiam Parrochialem adire nequeant; jamque autoritate nostra visitato, comprobato, errectoque, sic decernimus, ut in eo loco altare decenter apretur, componaturque altare portabile capax continendæ Hostiæ, Calicisque ac sacri vasui se ad communionem adhibendi, sacrum Missæ Sacrificium in eo celebretur. Quæquidem Missa sit instar Missæ Parrochialis, atque ideò diebus Dominicis panis Eucharistiæ antitypus benedicatur, oblatio fiat, & in modum Proni legantur ea quæ ex manuali nostro quæ singulis Parrochiis legenda præscribuntur, cerei die festa Purificationis, ineunte Quadragesima cineres, Dominica Palmarum rami benedicantur, diebus tum majoris tum minoris Litaniæ invicem publicæ supplicationes recitentur. Eliges verò ex tuis Curialibus aliquem qui rem sacram faciat voce submissa extrà utriusque Missæ Parrochialis tempus, ac si æque tibi commodum quam nobis gratum fuerit circà horam septimam, quæ utrique Missæ Parrochiali interjacet. Moneas etiam si quos extraneos adesse conspicis Sacrum illud Missæ Parrochialis esse vicarium in gratiam Concatenatorum duntaxat ac eorum qui eis custodiendis necessarii sunt; ideòque qui ex devotione illud audierint, non immunes ab alia Missa denuò audienda fore. Campanula si quæ ad Captivos in Missam convocandos adhibebitur, ea usque adeò sit exigua & extrà domicilii septa audiri nullatenus possit. Denique circà Pœnitentiæ & Eucharistiæ Sacramenta, circà ægrotantium curam & reliqua animarum præsidia eam tibi diligentiam commendamus, quam reliquis omnibus tibi   Pastor bonus solos impendere. Datum Parisiis anno 1634 Septembris 2.

Il est permis par Monseigneur l'Archevêque de Paris, à Monseigneur André Fremyot, ancien Archevêque & Patriarche de Bourges, de benir, dedier & consacrer l'Eglise du Monastere & Convent des Filles *de sainte Marie*, scise en cette Ville de Paris près la Bastille, ensemble les Autels des Chapelles de ladite Eglise; de benir les Dortoirs, Refectoires, Cloîtres & autres lieux reguliers & dependances dudit Convent, le sept Septembre 1634.

JEAN FRANÇOIS DE GONDY, &c. Veu la Requeste à Nous presentée par Maître Hubert Charpentier, Prêtre du Diocese de Meaux, Licentié en Theologie, tendante à ce qu'il nous plût lui donner permission de construire sur le Mont Valerien près Ruel, une Chapelle & bâtiment conformément aux desseins de la Chapelle de Notre-Dame du Mont & lieu de Betharan, scis en Bearn au Diocèse de Lescar, y planter la Croix à l'honneur & gloire des mysteres de la Passion du Fils de Dieu & faire Stations en forme de Cellules pour y representer la memoire desdits mysteres avec pouvoir de celebrer la sainte Messe, prêcher & administrer les Sacremens à ceux qui viendront visiter lesdits lieux, &c. Nous avons permis audit Charpentier de bâtir une Chapelle sur le *Mont Valerien*, & être Superieur d'icelle; comme aussi de choisir des Prêtres jusqu'au nombre de treize au plus,

DE LA VILLE DE PARIS.

plus, pour être associés avec lui, lesquels seront par Nous approuvés ou nos grands Vicaires, pour y celebrer la sainte Messe, à la charge qu'ils vivront tous sous notre protection, &c. suivant les reglemens & constitutions qui leur seront par Nous donnés, sans qu'ils puissent ouïr les confessions des Penitens & prêcher sans en avoir auparavant obtenu la permission ; & après le decès dudit Charpentier, les Prêtres de ladite Communauté Nous presenteront dans un mois un d'entre eux pour être leur Superieur ; ou à faute de ce faire dans ledit tems y sera par Nous pourvû. Donné à Paris en 1634 le 12 Septembre.

Jean François de Gondy, &c. Vûe par Nous la Requeste à nous presentée de la part des Religieuses du Tiers-Ordre St François du Monastere établi dans la Ville de Thoulouze, tendante à ce que conformément à la requisition & sollicitation de quelques personnes de qualité affectionnées à leur Ordre, il nous plust d'avoir agreable de leur permettre de se venir établir dans cette Ville ou Fauxbourgs de Paris, pour y vivre de leurs rentes, sous notre jurisdiction & autorité, comme audit Thoulouze, Lyon & autres endroits, sous les Ordinaires des lieux, selon leurs regles & constitutions. Vû aussi par Nous un Contrat passé le troisiéme jour des presents mois & an, par lequel Dame Anne Petau, veuve de deffunt Maître René Renault, vivant sieur de Traversé, Conseiller au Parlement de Paris a donné ausdites Religieuses du Tiers-Ordre St François de la Ville de Thoulouze à l'effet ci-dessus la somme de quarante mille livres tournois, pour être employés en trois mille livres de rentes sur l'Hotel de Ville, &c. Nous permettons sous le bon plaisir toutefois du Roi notre Sire, ausdites Religieuses du Tiers-Ordre St François de la Ville de Thoulouze d'établir un Monastere dudit Ordre en cette Ville, & à cet effet d'y acheter une maison & place commode pour y pouvoir bâtir un Monastere en tel lieu que nous jugerons plus propre, y vivre sous notre autorité & jurisdiction, sans qu'il leur soit loisible de vivre d'aumônes ni être en aucune façon à charge au public ; omologuons ledit Contrat : auquel Convent il ne sera loisible d'y avoir plus de treize Religieuses jusqu'à ce qu'elles ayent plus de revenu ; & après le nombre d'icelles sera par Nous reglé & limité à proportion du revenu que ledit Convent pourra avoir. Que ladite Dame Petau jouira de tous les privileges accordés aux fondations ; le 16 Fevrier 1635.

Les Religieuses de Ste Elizabeth acheterent une maison voisine de leur Monastere, contenant cinq cens trente toises, des Religieuses de Notre-Dame de Chelles, Ordre de St Benoît, la somme de seize mille livres, pour agrandir leur Convent en 1635 ; cette maison sise en la rue neuve saint Laurent.

Die Aprilis 1637 per Franciscum de Gondy, Archiepiscopum Parisiensem, Ecclesia sancti Eustachii, *St Eustache*, Parisiensis, fuit consecrata secundum formam & consuetudinem sanctæ Romanæ Ecclesiæ.

Denys le Blanc, &c. Savoir faisons : Que vû par Nous le rescrit sous sein privé fait sous le bon plaisir de mondit Seigneur le sept du present mois & an, & reconnu le douze ensuivant entre François Theodore de Nesmond, President en la Cour de Parlement de Paris, & les Superieure & Religieuses du Monastere de la Conception, situé au fauxbourg St Honoré d'autre part, de la donation par lui faite de la maison où sont à present logées lesdites Religieuses pour servir de dot à Damoiselle Olive de Nesmond sa fille, étant il y a déja quelque tems audit Monastere, âgée seulement de douze ans, en cas que Dieu lui fasse la grace de continuer en la

Tome III. A a

devotion qu'elle témoigne avoir de prendre l'habit & faire profession audit Monastere quand elle sera parvenue en l'âge requis; & en attendant, laisse la jouissance de ladite maison & ses appartenances audit Convent, avec la faculté de construire Eglise, Dortoirs & autres bâtimens tels que lesd. Religieuses aviseront bon être, meme de démolir si bon leur semble : & en cas que ladite Damoiselle Olive ne fasse profession audit Monastere, lesdites Religieuses seront tenues de payer pour la valeur de ladite maison vingt-quatre mille livres, sur laquelle somme en cas que ladite Dame Presidente desire continuer à avoir l'entrée audit Monastere, lesdites Religieuses ne seront tenues de rendre que douze mille livres. Lequel & tout le contenu, Nous avons approuvé le quinze Mai 1637. Leurs Statuts & Constitutions approuvées par l'Archevêque le 20 Novembre 1646.

JEAN FRANÇOIS DE GONDY, &c. Requeste nous ayant été presentée par Messire Robert de Joyeuse, Baron de St Lambert, Seigneur d'Avoine, Meri, &c. & par Sœur Catherine de Joyeuse, Superieure des Religieuses Benedictines du Prieuré de Ste Marie, fondée en la Ville de Mouzon, sous la Regle de St Benoît, Diocèse de Rheims, & des Religieuses Professes dudit Prieuré, par laquelle elles Nous auroient representé que la Ville de Mouzon est située dans les frontieres de la Lorraine, où non seulement la contagion a infecté tout le pays, mais encore les gens de guerre ont ruiné tous les lieux circonvoisins, de sorte que plusieurs Convens de Religieux & Religieuses qui étoient en lad. Ville ont été abandonnés, ce qui auroit contraint les suppliantes d'avoir recours à Nous, & par l'entremise dudit sieur de Joyeuse de les vouloir recevoir & accorder que lesdits Prieuré, Monastere & revenu d'icelui soient transferés au Diocèse de Paris, suivant la permission qu'elles en ont obtenues de tous ceux qui y ont interêt. C'est pourquoi ayant vû le Traité de fondation dudit Prieuré & Monastere de Mouzon, fait entre lesdites Religieuses & Maître André Menassier, comme Procureur dudit sieur de Joyeuse à Mouzon le dix-huitiéme Mai 1634; le consentement dudit Seigneur de Joyeuse à la translation dudit Prieuré, Monastere & Religieuses de Mouzon au Diocèse de Paris, en date du dixiéme Fevrier 1638. Le consentement de Mr Dozet, Vicaire general de Henri de Lorraine, Archevêque de Rheims, à la translation dudit Prieuré au Diocèse de Paris, en datte du trente-un Janvier 1638. Le bail à ferme de la Metairie de Damisine de près Mouzon, affermé à quinze cens livres. Le bail à ferme du temporel de la Chapelle qui dépend dudit Prieuré à cent cinquante livres de rente; plusieurs Contrats de pension de cent cinquante livres de rente, &c. Nous approuvons ladite translation au Village de Piquepuce, à la charge qu'elles observeront la regle de St Benoît & les constitutions que nous leur baillerons, & qu'elles demeureront à perpetuité sous notre entiere jurisdiction, &c. & que vaccation arrivant audit Prieuré par mort au autrement, Nous nous reservons & à nos successeurs Archevêques de Paris le droit de donner la collation & dudit Prieuré & Monastere de Ste Marie à telle personne capable qui nous sera presentée par ledit Seigneur de Joyeuse & de ses descendans Patrons Laïques dudit Prieuré. Donné à Paris le 13 Mars 1638.

DE LA VILLE DE PARIS.

JEAN FRANÇOIS DE GONDY, &c. Requeste Nous ayant été presentée par Sœur Marie Françoise de Chauveau, Religieuse Professe & Prieure de St Etienne de Coutance, Ordre de St Benoît, Diocése de Sens, de trois Religieuses Professes & cinq Novices, par laquelle elles Nous auroient representé que leurdit Prieuré de Coutance étant situé en un très-pauvre Village sur le chemin de Lyon & passage de tous les gens de guerre elles ont souffert de très-grandes incommodités & necessités, ont été souvent pillées & vollées & en danger d'être exposées à l'insolence des soldats ; ce qui ayant continué fort long-tems, enfin en la derniere guerre, la frayeur qu'elles avoient des armées étrangeres des ennemis du Roi & de l'Etat elles furent contraintes de s'enfuir à Paris, & n'ayant eu depuis aucun moyen d'y retourner & s'y rétablir, pour être leur lieu trop détruit, & quand il seroit rétabli, nullement propre pour y établir une demeure de Religieuses, sans peril évident de la perte de leurs biens & risque de leur honneur ; sur quoi elles auroient été forcées de Nous reclamer & nous supplier de vouloir transferer leur Monastere à Paris. C'est pourquoi, &c. Et étant informés qu'elles peuvent jouir dans Paris du revenu dudit Prieuré de Coutance qui est de huit à neuf muids de bled ; que ledit Prieuré a vingt-cinq arpens de terres labourables à un écu l'arpent ; Que ladite Prieure & Sœur Magdeleine Chauveau, ont chacune cent francs de pension viagere, & lorsque l'une des deux viendra à mourir, celle qui survivra jouira sa vie durant des deux cens livres de rente ; que Sœur Marie Françoise du Bourg dite de Ste Anne a quinze cens livres de pension ; que Madame l'Abbesse de Prouillé, sœur de Mr de Vantadour, qui veut vivre & mourir en simple Religieuse avec les susdites, a trois mille livres de pension ; que lesdites Religieuses ont chés elles des pensionnaires qui leur apportent plus de trois mille liv. par chacun an. Nous leur permettons de s'établir dans les Fauxbourgs ou Ville de Paris, y vivre selon la regle de St Benoît & les constitutions que nous leur donnerons, à la charge qu'elles seront à perpetuité sous notre entiere jurisdiction. Donné à Paris le 13 Mars 1638.

JEAN FRANÇOIS DE GONDY, &c. Vûe la Requeste à Nous presentée de la part de Denyse Bellenger & Barbe Prelat ; disant que depuis quelques années en çà, Dieu auroit fait naître en leur cœur certain desir pour l'établissement d'une Congregation de Religieuses Augustines, lesquels desirs il a fomenté & entretenu par tant de graces, qu'il a inspiré plusieurs ames de pareille devotion & sentiment, qu'elles font aujourd'ui le nombre de dix-huit Filles, toutes issues de Maisons honnorables de cette Ville de Paris, lesquelles fournissent une somme notable pour leur établissement & entretien, outre la somme de trente-six mille livres qui leur est donnée à cette intention, par Contrat passé du quinze Decembre dernier ; requeroient qu'il leur fût permis d'acheter une maison au Village de Chaillot, pour y faire ledit établissement. Nous permettons d'acheter ladite maison ou autre en ce Diocèse, qui sera par Nous trouvée propre & convenable pour y faire ledit établissement desdites Religieuses Augustines, à la charge qu'elles seront à perpetuité sous notre entiere jurisdiction ; le tout conformément & suivant le Contrat ci-dessus, que Nous avons à cet effet approuvé. Donné à Paris le 19 Mars 1638.

Depuis elles s'établirent à Piquepuce, & Denyse Bellanger s'établit près l'Estrapade en 1646, avec Barbe Prelat, qui en sortirent.

Die 20 Aprilis 1638. Collatio Moderatoris seu Primoriatûs Seminarii seu Communitatis Hibernorum, *Hibernois*, Parisiis, de præsenti in *Collegio Berodiano*, ad collationem Parisiensis Archiepiscopi pleno jure spectantis 1638.

Tome III. * A a ij

JEAN FRANÇOIS DE GONDY, &c. Vûe par Nous la requeste à nous presentée de la part de nos cheres & bien aimées Filles les Religieuses du St Sacrement, Paroisse St Eustache; disant qu'elles auroient ci-devant acquis pour leur établissement en ladite Paroisse, deux maisons, moyennant la somme de quatre-vingt-dix mille livres, dont elles doivent cinquante-quatre mille livres, qui font trois mille liv. de rente, & même quelques années d'arrerages qu'elles n'ont pas eu le moyen de payer, n'ayant que quatorze cens livres de rente, de maniere qu'elles disent être contraintes d'exposer en vente les susdites maisons, afin de racheter & payer les arrerages desdites trois mille livres de rente, & du surplus en acheter une maison en cette Ville ou Fauxbourg qui les accommodera davantage, tant pour le moindre prix, qu'à cause que lesdites maisons sont en quartier fort serré & dans un extrême bruit, & en attendant l'achat, pourront être logées au Fauxbourg pour mille ou douze cens livres par an, outre qu'il leur faudroit payer dix-huit mille livres pour le droit d'amortissement si elles gardoient celles-ci davantage; il nous plût leur permettre vendre leursdites maisons, pour être les deniers qui procederont de ladite vente employés par elles, tant au rachat desdites trois mille livres de rente, payement des arrerages, & acquisition d'une autre maison plus commode pour leur logement : autrement & sans ladite vente il est du tout impossible ausdites Suppliantes de pouvoir subsister ni faire profession en ladite maison, comme elles en ont la volonté. Nous leur permettons d'exposer leursdites maisons en vente, pour, conformément à leur Requeste, employer les deniers qui en proviendront à l'acquitement desdites trois mille livres de rente & arrerages, & le surplus à l'achat & acquisition d'une autre maison en cette Ville ou Fauxbourgs, en un lieu plus commode & éloigné du bruit, & à quoi faire seront lesdits deniers restans mis en dépôt ès mains de quelque honnorable Bourgeois, de notre avis & consentement, en attendant qu'on puisse trouver quelque maison propre & convenable, le tout par notre avis. Cependant pour leur donner encore plus de moyen de conserver leurdite Communauté, Nous leurs avons permis & permettons de sortir desdites maisons du St Sacrement, pour aussi-tôt & sans s'arrêter ni divaguer ailleurs, se retirer dans des carrosses fermés au Monastere de Port-Royal au Fauxbourg St Jacques, d'où elles avoient été tirées pour faire ledit établissement, jusqu'à ce qu'elles ayent trouvé quelque maison plus propre & plus convenable pour remettre leur Convent & Communauté en la maniere qu'il leur a été par Nous prescrit & ordonné. Fait à Paris le septiéme Mai 1638.

LOUIS DE GUYARD, &c. Veu par Nous la Requeste à Nous presentée par Catherine de Houraucourt Dame de Fresne, par laquelle elle nous auroit représenté qu'ayant eu dès-long-temps une particuliere devotion envers la Bienheureuse Ste Claire, & les Religieuses de son Ordre, (les Cordelieres) elle auroit traitté avec Sœur Marie Chapellier, Sœur Marie Hureau, Sœur Jaqueline Crespin, Sœur Geneviefve Turpin, Sœur Louise Dutail, & Sœur Marie Tatin, toutes Religieuses Professes du Monastere des Cordelieres St Marcel lez-Paris, dudit Ordre Ste Claire, pour la fondation d'un Convent dudit Ordre, requeroit qu'il plût à mondit Seigneur l'Archevêque permettre auxdites Religieuses s'establir au Village de Chaillot lez-Paris, pour y faire bâtir telle Eglise & Maison Claustrale que besoin sera, pour y vivre selon la Regle & Coustume dudit Ordre. Veu aussi un Contrat de donnation du 18 des presents mois & an, par lequel il appert comme ladite Dame de Fresne a donné auxdites Religieuses la somme de vingt mille livres, pour y faire bâtir ledit nouveau Monastere audit Village de Chaillot, nous permettons auxdites Sœurs Religieuses Professes dudit Ordre Ste Claire du Convent de St Marcel des susdites

DE LA VILLE DE PARIS.

vingt mille livres de ladite fondation, d'achepter une maison audit Chaillot pour y construire un Monastere de leur Ordre, à la charge d'apporter par lesdites Religieuses cy-dessus nommées leurs pensions viageres, & d'exhorter chacun leurs parents à contribuer de leurs charitez pour aider & faciliter ledit établissement. Donné à Paris le 20 Octobre 1638.

JEAN FRANCOIS DE GONDY, &c. Veu la Requeste à Nous presentée par les Abbesse & Religieuses du Monastere de *Notre-Dame de Grace*, tendante à ce qu'il leur soit permis de démolir une partie des bâtimens reguliers du Monastere *du Val* profond, scis en la Paroisse de Bievre, d'où elles sont sorties, desquelles une grande partie s'en va toute en ruine, pour conserver l'autre, & la rendre logeable pour la famille & les bestiaux des Fermiers dudit lieu, ou de bailler à rente fonciere ou à bail amphiteotique ce qu'il y a de bâtimens tant seculiers que reguliers, à la reserve de l'Eglise & Cimetiere, comme aussi les heritages dependans de ladite ferme, ou de vendre tout ce qui s'en peut canoniquement aliener, & en mettre les deniers en quelque autre fonds, ou par tel autre moyen que l'on jugera plus convenable, comme aussi de leur permettre de faire celebrer en leur nouveau Monastere les Messes qu'elles sont tenues de faire dire les Dimanches & Festes de garde audit ancien Monastere, d'autant qu'ils ne peuvent trouver aucun Ecclesiastique qui s'y veuille assujettir. Nous Archevêque, leur permettons de recevoir les offres qui leur seront faites par icelles rapportées par devant Nous pour estre judiciairement procédé au bail à vente ou alienation desdits lieux ou partie d'iceux, qui seront la condition dudit Monastere plus avantageuse, nous reservant à faire droit, s'il y échoit, sur le surplus de ladite Requeste. Fait le 5. Aoust 1639.

JEAN FRANÇOIS DE GONDY, &c. Veu la Requeste à Nous presentée par les Doyen, Chanoines & Chapitre de St Thomas du Louvre, tendant à ce que sur les offres à eux faites par les Proprietaires de la rue de Matignon, autrefois dite la *Petite Bretaigne*, desirans pour l'embellissement de la Ville, utilité & commodité publique de tout le voisinage, & même deladite Eglise, il nous pleust leur permettre passer Contract pour consentir à ce que l'on fasse percer une rue au travers la cour du Doyen de ladite Eglise, &c. Nous leur permettons d'accepter les offres à eux faites pour l'ouverture de ladite rue; & ce faisant, traitter & passer Contract avec les proprietaires de ladite *rue Matignon*, pour icelui Contract passé estre par nous omologué; leur permettant aussi cependant de faire percer ladite maison Decanalle, & travailler à l'ouverture de ladite rue. Donné à Paris le 2 Septembre 1639.

JEAN FRANÇOIS DE GONDY, &c. Veu par Nous la Requête à nous presentée du 2 des presents mois & an, de la part de Maistre Guy de la Brosse, Conseiller & Medecin ordinaire du Roi, & Intendant des Maisons, Jardins & lieux où sont les Simples & Plantes medicinales établies par Sa Majesté, scitué au Faux-bourg St Victor lez-Paris, en la Paroisse St Medard, par laquelle il nous remontre que lesdits Jardins auroient cy-devant esté acquis par sadite Majesté des heritiers du feu sieur Voisin par Contrat du 21 Fevrier 1633, pour y faire ledit établissement comme il est à present, pour estre audit jardin instruit plusieurs Escoliers en Medecine, & pour leur enseigner les operations de Pharmacie, & faire ausdits Escoliers la demonstration des Plantes en ce qui est de leur interieur, & de tous les medicaments tant simples que composés, ainsi qu'il est à plein contenu ès Lettres de ratification dudit establissement, en datte du mois de May 1635, & qu'estant actuellement demeurant esdites maisons & jardin pour vacquer à ce qui lui a esté commis, & à l'execution de son Intendance, ayant consideré que pour plus grande décoration de ladite maison,

& même pour la commodité de ceux qui y demeurent actuellement, & des Escoliers en Medecine qui y viendront journellement, lesdits lieux & jardins estant assés esloignés d'Eglise, il estoit à propos d'y bastir une Chapelle pour y celebrer cy-après la Messe & autres services, ainsi que dans les Chapelles qui sont ès Colleges de l'Université de Paris, & qu'ayant fait bastir un lieu propre & une Chapelle basse par terre, il Nous pleust ordonner qu'en ladite Chapelle il fut permis à lui & à ses successeurs y faire celebrer ès jours de Festes & Dimanches, & tels autres jours que bon lui semblera, le St Sacrifice de la Messe, une ou plusieurs fois chacun jour, par tous Prestres Seculiers ou Reguliers, comme aussi les Vigiles ès jours de Festes & Dimanches, de faire chanter les Vespres, s'il s'en trouve commodité; comme aussi lui permettre de s'y confesser & communier avec ses domestiques & Officiers, quand ils en auront devotion. Veu les Lettres Patentes en datte des années 1626, au mois de Janvier, & 15 May 1635, & Arrest du 6 Juillet 1626, confirmatif desdites Lettres Patentes accordées par Sa Majesté en faveur dudit établissement Royal, Nous permettons audit Suppliant & à ses successeurs de faire dire & celebrer à heure non indue en la Chapelle de ladite maison Royale, le St Sacrifice de la Messe par Prestre approuvé, d'y faire faire l'Eau benite pour les Officiers, domestiques & Escoliers de ladite maison seulement, même de faire chanter Vespres, Litanies, & autres devotions, comme aussi d'y faire des Exhortations, Catéchismes & Instructions Chrestiennes par Prestres aussi approuvés, ainsi qu'il se pratique aux autres Colleges de cette Université de Paris; pourront aussi tous les Officiers & domestiques de ladite Maison Royale se confesser & communier en ladite Chapelle, hors toutefois la quinzaine de Pasques, pendant laquelle ils seront tenus d'aller se confesser & communier à la Paroisse; & à la charge que le jour même de la Resurrection il ne se dira aucune Messe, ni ne se fera aucune action publique en ladite Chapelle; il ne s'y fera aucune fondation ni benediction, & elle ne se pourra eriger en titre sans notre permission: & pour reconnoissance vers le Curé de St Medard, ledit Suppliant & ses successeurs Intendans de ladite Maison Royale seront tenus de lui porter ou faire porter tous les ans à l'offrande de la Grand-Messe d'icelle Eglise de St Medard, le jour & Feste de Pasques, un cierge blanc d'une livre, avec un escu d'or sol; & en cas de maladie, ledit Curé administrera les Sacremens à tous ceux qui seront en ladite maison, aura mêmes droits que sur ses autres Paroissiens, même pour les sepultures des personnes qui decederont en ladite maison. Nous avons permis audit Suppliant que son corps soit inhumé en la cave à ce proposée en ladite Chapelle, a la charge que les ceremonies se feront par ledit Curé de St Medard, & generalement nous accordons à ladite Chapelle & Maison tous les autres Privileges accordés par Nous & nos predecesseurs aux Chapelles des Colleges de l'Université de Paris, tant de fondation Royale, qu'autres particulieres. Donné à Paris le 20 Decembre 1639.

JEAN FRANÇOIS DE GONDY, par la grace de Dieu & du saint Siege Apostolique, Archevêque de Paris, Conseiller du Roy en ses Conseils, Commandeur de ses Ordres, & Grand Maistre de la Chapelle de Sa Majesté, à tous ceux qui ces Presentes Lettres verront: SALUT en Nostre Seigneur. Sçavoir faisons que veue par Nous une Requeste à nous presentée par les pauvres Escoliers Escossois, de la fondation faite en l'Université de Paris par feu Maistre Jacques de Bessan, Archevêque de Glasco, tendante aux fins que cy-devant le Reverendissime Archevêque de Murray avoit fondé en ladite Université de Paris trois ou quatre cens ans y a, quatre bourses dont le revenu fut assigné sur une ferme appellée la Fermeté, scise au Village de Grisy près Brie-Comte-Robert, de notre Diocèse de Paris, les-

DE LA VILLE DE PARIS.

dites bourses affectées à quatre pauvres Escoliers de la Nation Escossoise, pour les assister à poursuivre leurs estudes en ladite Univiversité, depuis lequel temps lesdites quatre bourses ont esté tenues par des Escossois jusqu'à present, & pourveus toujours par les Evesques de Murray successeurs dudit Fondateur, jusqu'à ce que l'exercice de la Religion Catholique, Apostolique & Romaine a esté osté du Royaume d'Escosse, & depuis ce temps-là a esté pourveu jusques à present par nos predecesseurs Evesques de Paris, & par Nous; lesquelles bourses ayant esté conferées indifferemment aux Escoliers Catholiques dudit Royaume d'Escosse, l'abus s'y est introduit, ensorte que bien souvent elles n'ont esté occupées par des Escoliers estudiants actuellement au desir du Fondateur, mais assés souvent par des personnes qui avoient achevé toutes leurs études, estant Docteurs & Professeurs de l'Université de Paris : & aussi à ce que pour obvier auxdits abus qui se commettoient & commettent de jour en jour, il nous pleust admettre les demissions desdites bourses faites en nos mains par les Boursiers d'icelles, & par ce moyen réunir, annexer & incorporer lesdites quatre bourses à la Congregation des pauvres Escossois en cette Université, faite par ledit deffunt de bonne memoire, Archevesque de Glasco, à même fin en ladite Université de Paris, en une maison scise rue des Amandiers, Paroisse St Estienne du Mont, de laquelle les Prieur & Religieux de la Chartreuse de Paris ont la Superiorité & Intendance, & ce en faveur des pauvres Escoliers Escossois receus en ladite fondation, & poursuivant actuellement leurs estudes en ladite Université ; pour ledit domaine de quatre bourses estre doresnavant reputé de la nature & qualité de celuy donné pour la fondation dudit Seigneur Archevesque de Glasco pour les pensions desdits pauvres Escoliers Escossois estre augmentées & accrues, & ce par l'avis dudit P. Prieur des Chartreux, affin que par cette augmentation ils ayent le moyen de vivre plus facilement, & faire leurs estudes avec moins de necessité ; lesquels Escoliers en ce faisant, offrent & s'obligent de mettre & comprendre dans le Tableau & Epitaphe de leur fondation gravé en cuivre, qu'ils doivent afficher dans la Chapelle de la maison de leur Communauté, la suppression, union & incorporation par nous faite desdites quatre bourses & de leur domaine, à l'effet qu'à perpetuité la memoire de la fondation desdites quatre bourses ne puisse estre perdue. Nostre Ordonnance au bas d'icelle Requeste par laquelle nous aurions ordonné qu'il seroit informé de la commodité ou incommodité, necessité & utilité evidente de ladite suppression desdites quatre bourses, union, annexe & incorporation d'icelles à ladite Congregation faite par ledit Archevesque de Glasco & autres, pour, l'enqueste veue & à nous rapportée, estre ordonné ce que de raison, icelle Ordonnance en datte du 5 Aoust 1639. L'enqueste faite, & audition des tesmoins suivant nostre ordonnance par devant nostre Vicaire General, par laquelle il appert que pour l'utilité & commodité des pauvres Escoliers Escossois, il est necessaire de supprimer lesdites quatre bourses par mort, demission, ou vacation des quatre personnes qui les possedent , pour estre unies & annexées à ladite Communauté & Congregation des pauvres Escoliers Catholiques de la Nation d'Escosse, fondée, comme dit est, & establie en ladite maison scise rue des Amandiers, d'autant que ladite Communauté faite par ledit sieur Archevesque de Glasco est de beaucoup plus grand revenu pour pouvoir maintenir lesdites bourses fondées par ledit sieur Evesque de Murray, joint que lesdites bourses n'ont aucun logement en cette Ville & Université de Paris, & que pour l'entretennement de la ferme de Grisy il convient fort souvent faire de grands frais, & ce qui apporte fort souvent grande diminution auxdites bourses qui ne sçauroient valoir au plus que chacune cinquante ou soixante livres par an. Veu aussi les demissions faites en nos mains de trois desdites quatre bourses, passées pardevant Beuvrey & [Maret Notaires & Gardenottes du Roy nostre Sire, en son Chastelet de Paris par Maistre David Chambre, Patrice Convence, & Jean Blaclz pourveus de trois d'icelles bourses ; conclusions de nostre Promoteur, auquel le tout a esté communiqué ; & tout consideré, Nous Archevesque de Paris susdit desirant en tant qu'à nous est, & pour la plus grande gloire de Dieu, & bien particulier desdits Escoliers Escossois, contribuer à leurs bons desseins & intentions, nous avons uni & unissons par ces Presentes lesdites quatre bourses fondées cy-devant en cette Université de Paris par ledit sieur Evesque de Murray en Escosse, avec tous les biens & revenus y affectés, & particulierement de la ferme appellée la Fermeté, scise au village de Grisy proche la Ville de Brie-Comte-Robert en nostre Diocèse de Paris, que nous avons à cet effet unis, annexés & incorporés à ladite Communauté, fondée & establie rue des Amandiers au College des Escossois en ladite Université de Paris, par ledit sieur Archevesque de Glasco, & ce du consentement & à l'instante requeste desdits Maistres David Chambre, Patrice Convence, & Jean Blaclz pourveus de trois d'icelles bourses, fondées par ledit sieur Evesque de Murray, suivant leurs procurations cy-dessus mentionnées, en datte du dernier Aoust & premier Septembre de l'année 1637, & 6 Avril dernier. Et quant à la quatriéme, nous voulons aussi & entendons que vacation d'icelle arrivant, soit par mort, resignation, laps de temps, ou autrement de quelque sorte ou maniere que ce soit, qu'elle sera aussi supprimée, unie, annexée & incorporée comme les trois autres bourses à ladite Communauté dudit sieur Archevesque de Glasco, sans qu'entre lesdites bourses dudit sieur Evesque de Murray, & les pensions de ladite Communauté, il y ait aucune distinction, soit pour l'utilité & retribution, que pour les qualités, honneurs & prérogatives ; à la charge toutefois, & non autrement, que nous nous sommes reservés & à nos successeurs Archevesques de Paris, la pleine, libre & entiere provision & collation de deux places au lieu des quatre bourses cy-dessus mentionnées, que nous avons reduits & reduisons par ces Presentes audit nombre de deux, pour les rendre plus égales aux pensions de ladite Communauté, & à cette fin y avons pourveu par ces Presentes auxdites deux places Maistre David Chambre, & Patrice Convence Escolier natif d'Escosse, lesquels comme leurs successeurs n'auront pas de droit de jouir plus long-temps desdites deux places que les autres Escoliers de ladite Communauté, avec lesquels ils seront egalement payez, sans pouvoir pretendre d'affecter particulierement à leurs places d'Escolier ladite ferme de la Fermeté & autres biens en dependans, ains demeurer le tout reuni, comme dessus, à ladite Communauté ; & à l'advenir vacation advenant par mort, demission ou laps de temps, y sera par nous pourveu de personnes pauvres, Catholiques du Royaume d'Escosse ; & d'autant que par succession de tems la memoire de la fondation desdites quatre bourses dudit sieur Evesque de Murray pourroit se perdre & s'evanouir par le moyen de la presente union, seront lesdits Escoliers de ladite Congregation & Communauté de Glasco, suivant & conformement à leurs offres, tenus & obligés de faire ajouter, graver, & comprendre dans le Tableau & Epitaphe de leur fondation, gravé en cuivre dans ladite Chapelle de leur maison & Communauté, le sommaire de la presente union, incorporation & suppression desdites quatre bourses, & de la ferme scise au village de Grisy en Brie, consistante en une maison manable, sale basse, cuisine, chambre haute, grenier au dessus, grange, estables & aisances, le tout couvert de tuiles, cour devant, jardin derriere, & six vingts arpens de terres labourables ou environ, à la charge qu'ils ne pourront jamais vendre, engager ni aliener en tout ni partie que par notre permission ou consentement de nos successeurs Archevesques. En foy de quoi nous avons fait faire & signer ces Presentes

par

DE LA VILLE DE PARIS.

par le Secretaire ordinaire de noſtre Archevefché de Paris, & à icelles fait appoſer le ſceau de nos armes. Donné à Paris le 29. Aouſt 1639.

JEAN FRANÇOIS DE GONDY, par la grace de Dieu, &c. Veuë la ſupplication à Nous cy-devant preſentée par noble & vertueuſe Marie l'Huillier, Dame de Villeneuve, de vouloir de grace ſpeciale permettre l'établiſſement & inſtitution de certaines filles & femmes devotes en la Ville de Brie-Comte-Robert & Charonne, lieux de noſtre Diocèſe pour y demeurer & vivre enſemble ſous telles Regles & Statuts qu'il nous plairoit, pour inſtruire celles de leur ſexe en la crainte de Dieu & modeſtie Chreſtienne, à lire, eſcrire & autres actions ménageres, comme plus amplement il eſt expoſé en ladite Requeſte, à laquelle ſupplication inclinant pour la plus grande gloire de Dieu, & utilité de noſtre Diocèſe, nous aurions permis à ladite Dame l'Huillier ladite inſtitution, par nos Lettres données à Paris le 13 Fevrier 1640, ſous les Regles & Conſtitutions qu'elles nous auroient preſentées, & leſquelles nous aurions fait voir & examiner en noſtre Conſeil, de l'avis duquel nous les avons approuvées & approuvons ſelon la teneur qui s'enſuit.

Que leſdites filles & femmes veuves vivront en ſocieté, ſous le nom titre & invocation de la Ste Croix, & protection de la Ste Vierge Mere de Dieu, & de St Joſeph.

Qu'elles s'appelleront toutes Sœurs, & neanmoins pour le Reglement de leur maiſon feront choix par leurs ſuffrages libres & communs, d'une d'entre elles qu'elles jugeront la plus ferme & la plus exacte, pour eſtre leur Premiere, à qui elles ſeront toutes ſoumiſes; & elle exercera cette charge juſqu'à ce que les Sœurs trouvent bon de la décharger de cet office, pour le bien de la maiſon & le repos de ladite Premiere; laquelle ſera confirmée par nous & par nos ſucceſſeurs Archeveſques, Vicaires Generaux, ou Superieur qui ſera par nous deputé à cet effet pour gouverner ladite ſocieté.

Elles ne ſortiront jamais, ou autant rarement qu'on puiſſe prevoir, que pour aller enſemble aux Egliſes & proceſſions. Elles n'entreprendront jamais de pelerinages ſans le congé exprès du Superieur, encore rares & peu eſloignés, & en très-ſeure & honneſte compagnie; & quand quelque neceſſité urgente les preſſera de ſortir, elles n'iront jamais ſeules, ni ſans congé de la Premiere, qui leur donnera une compagne pour eſtre temoin de leurs comportements.

Elles diſtribueront les offices entre elles, ſelon la ſanté de chacune & la neceſſité de la maiſon; & ce par la diſpoſition de la Premiere, & le ſuffrage libre & commun des Sœurs.

Toutes choſes leur ſeront communes, elles ne poſſederont rien en leur particulier; la Premiere même ne pourra diſpoſer de rien qu'avec l'avis des Sœurs, il ſera pourtant diſtribué à chacune d'elles en leur particulier, notamment aux malades & infirmes, ſelon leur neceſſité.

Elles ſeront veſtues en habit décent & modeſte, ſans s'aſſujetir aux modes. Elles auront leurs cheveux pliés & ſerrés au dedans, leurs collets & mouchoirs fermés, les manches ſerrées au poignet. Elles ne porteront point de gands, & n'auront autre ornement qu'un Chapellet noir à leur ceinture; les emmeublements de leurs chambres ſeront égaux, & toujours convenables à leur pauvreté, comme de leurs Chapellets, Agnus Dei, Reliques & images; elles feront chaque année le change general pour empecher ès eſprits des Sœurs les effets ordinaires de la proprieté, & même la Premiere pourra faire ledit changement plus ſouvent vers les particuliers, ſelon ſa diſcretion, quand il lui apparoiſtra quelque attache, curioſité ou ſollicitude ſuperflue en l'eſprit de quelque Sœur : & pour leur ofter tout fujet de perte de temps, elles ne tiendront chés elles aucun animal d'amufement.

Leur converfation fera douce, modefte, fimple, condefcendante & fincere; elles n'exigeront rien les unes des autres que par prieres, & au nom de Noftre-Seigneur; tous ris éclatans & demefurés, toutes paroles d'affeterie & oifives, toutes flatteries & duplicités, & tous compliments fuperflus du monde leur feront interdits. Elles fuiront, tant que la charité pourra permettre, la frequentation des perfonnes de dehors, pour s'employer chés elles avec plus d'efprit & de tranquillité en la prefence de Dieu.

Les hommes n'entreront chés elles, finon les Preftres approuvés de nous pour leur adminiftrer les Sacrements, eftant malades, ou pour les neceffités de la maifon, comme Medecins, Ouvriers, & femblables perfonnes; elles auront feulement une petite falle à l'entrée de la maifon pour parler quand il faudra brievement, en termes de refpeƈt, & fans fe familiarifer aucunement avec eux, & parleront enforte qu'une des Sœurs qui les accompagneront alors les puiffe entendre.

Il ne leur fera jamais permis, pour quoi que ce foit, d'écrire ou de recevoir aucune lettre, d'envoyer ou de recevoir prefent quelconque, ni même de s'entredonner chofe aucune, que par l'avis & permiffion de la Premiere.

Elles n'iront aux Eglifes, Sermons, Stations & Catechifmes, ni ailleurs hors la maifon, qu'avec leurs coëffes ou voiles, tant pour fuivre le commandement Apoftolique, que pour la modeftie Chreftienne.

Elles jeuneront les jours commandés de l'Eglife, & les autres mortifications elles les feront fous l'obéïffance du Superieur par Nous commis, & de la Premiere.

Elles feront chaque année leur retraite fpirituelle, durant laquelle elles communiqueront avec leur Superieur ou Confeffeur fur les obligations Chreftiennes, fur les fentiments qu'elles auront de mortifications interieures & exterieures, & leur fidelité en l'emploi auquel Dieu les a appellé.

Elles fe confefferont toutes, deux fois la femaine, à un même Confeffeur, en leur Paroiffe; retiendront pourtant la liberté, quand aucunes d'elles la defireront, d'aller à quelque autre avec la permiffion de la Premiere; outre cela elles fe confefferont toutes quatre fois l'an au Confeffeur extraordinaire approuvé de Nous ou nos Vicaires Generaux, ou du Superieur commis de noftre authorité.

Elles communieront tous les Dimanches & Feftes chomables, & tous les Jeudis de l'année, & Feftes auffi de la Ste Croix, du St nom de Jefus, de la très-Sainte Vierge, de St Jofeph, & de quelques autres plus notables, par la permiffion de la Premiere.

Elles fe leveront toutes à cinq heures du matin en tout temps, demeureront demie heure en oraifon, & s'emploieront depuis ce temps jufqu'à l'heure de la fainte Meffe, au travail neceffaire parmi la maifon, en filence.

Les jours ouvrables elles iront enfemble ouïr la Meffe, après laquelle elles retourneront avec leurs petites filles, les faire déjeuner, difpofer & ranger pour les leçons qu'elles continueront jufqu'à onze heures: & un quart d'heure devant midi fe retirant des occupations manuelles elle fe trouveront toutes en leur Oratoire, & là fe recolligeront interieurement, en recitant quelques prieres pour leurs bienfaiƈteurs.

A midi elles prendront enfemble leur repas, où les viandes feront diftribuées felon les neceffités de chacun, & la benediƈtion eftant faite par la Premiere, ou celle qu'elle ordonnera, les Sœurs eftant affifes à table, la leƈture fpirituelle fe fera & continuera tout le repas qui fera environ de trois quarts d'heure, ce qui s'obfervera de même à fouper.

DE LA VILLE DE PARIS.

La recreation d'une heure se fera immediatement après le repas, durant laquelle les enfans, à la veuë d'une Sœur, se divertiront en quelque lieu separé, & les Sœurs qui se récréeront en quelque autre, auront soin de s'entretenir de discours modestes & discrets, qui ne soient pour effacer de leur memoire la presence de Dieu, ni pour s'offencer ou picotter l'une l'autre, rétranchant absolument tout entretien de nouvelles & affaires du monde.

A deux heures commenceront leurs leçons jusqu'à quatre heures en hiver, & à cinq en esté ; & celles qui ne seront employées aux leçons, iront aux autres exercices qui leur seront ordonnés.

A cinq heures & demie elles iront toutes aux Oraisons jusqu'à six heures; mais tous les Samedis & toutes les veilles de Festes chomables, & generalement toutes les fois qu'elles assisteront aux Vespres de la Paroisse, elles feront durant icelles les Oraisons du soir.

A six heures elles souperont avec la lecture spirituelle, & ès jours de jeûnes elles feront collation, après quoi elles se récréeront comme à midi, jusqu'à sept heures & demie, & commencera le silence qui durera jusqu'au lendemain après la sainte Messe ; silence pourtant raisonnable, qui n'empêchera point que les Sœurs ne disent brievement & doucement ce que la charité requerera, notamment la Sœur qui fera deshabiller & coucher les petites filles, laquelle aura soin de ne rien dire que pour les porter à devotion. Durant le silence toutes les Sœurs travailleront aux ouvrages ordinaires, qu'elles feront, tant pour la maison que pour gagner leur vie.

A huit heures & demie précisément les Sœurs estant ensemble, exposeront l'une à l'autre les deffauts de la journée ; même la Premiere, pour ne point se flatter & tromper, commencera ; & recevront mutuellement les avis qui leur seront donnés avec douceur, humilité & docilité trèsgrande, puisque c'est le propre des enfans de Dieu d'estre dociles, de ne vouloir tromper ni d'estre trompés, mais d'estre contents d'estre désabusés.

A neuf heures & demie elles se retireront toutes en l'Oratoire, & emploieront un quart d'heure, tant à l'examen particulier de leur conscience, qu'à dire les Litanies & autres prieres vocales qu'elles reciteront à l'honneur des Saints, pour l'exaltation de nostre Mere Sainte Eglise, nostre Saint Pere le Pape, le Roi, Messieurs de son Conseil, & autres obligations, à la fin desquelles elles iront toutes humblement baiser la Sainte Croix entre les mains de la Premiere, & estant toutes aspergées d'eau benite, sortiront de l'Oratoire, pour estre toutes en repos à dix heures.

Es jours de Festes & Dimanches après l'oraison ordinaire du matin, elles se disposeront pour aller à la Paroisse assister à l'Eau benite, au Prosne, à la Procession, à la Grand-Messe, à l'Offrande, & autres devoirs de vraies Paroissiennes. Après midi elles assisteront aux Prédications, Catechismes qui se feront à la Paroisse, assisteront aux Vespres & au Salut ; s'efforceront de se rendre les exemplaires d'obéïssance en tout ; leurs Pasteurs recommanderont en leurs exhortations, comme vraies filles de l'Eglise. Durant le long Service des Festes & Dimanches elles pourront dire leur Chapelet, ou reciter ce qu'elles pourront des Heures de Nostre-Dame. Es grands jours, de Pasques, Ascension & semblables qui escheront en esté, elles assisteront à Matines, comme aussi la nuit à Noël, durant lesquelles elles feront leur oraison du matin ; & pour y estre plus tranquilles, elles tascheront d'avoir une place permanente en l'Eglise, autant que faire se pourra, d'où elles puissent voir & adorer le très-Saint Sacrement.

Outre tous les susdits Statuts qu'elles seront tenues d'observer exactement, Nous les exhortons de vacquer, & toutes leurs filles, à toutes sortes de bonnes œuvres compatibles à leur estat, de faire rendre par icelles toutes sortes de devoirs aux familles, de donner bon exemple en leur

PREUVES DES ANTIQUITE'S

Paroisse par l'assistance aux Messes Paroissiales, Communions & Services accoustumés, sans neanmoins qu'elles puissent faire aucun vœu solemnel, ni profession Religieuse des choses susdites.

Pour la direction & conduite dudit Institut, Nous avons commis & commettons pour Superieur & nostre Vicaire en cette partie, venerable & discrette personne Maistre Georges Froger, Docteur en la Faculté, & Syndic de Sorbonne, & Curé de St Nicolas du Chardonnet. Fait & donné en nostre Conseil, l'an de grace 1640, le Vendredi 27 Avril.

JEAN FRANCOIS DE GONDY, &c. Vû par Nous le Contrat de vente de l'ancien Monastere, vulgairement appellé *le Val-de-Grace*, sçis en la Paroisse de Bievre le Chastel, au lieu dit le Val profond, suivant & conformément à notre permission du cinq Août dernier, en faveur de Paul Payen, Tresorier general de France & Garde scel au Bureau des Finances d'Orleans, moyennant la somme de vingt mille livres. Nous Archevêque, &c. nous avons ledit Contrat confirmé, approuvé & omologué. Donné à Paris le 27 Avril 1640.

JEAN FRANÇOIS DE GONDY, &c. Sur ce qui Nous a été très-humblement remontré par les Curé, Marguilliers & Habitans de la Paroisse saint Eustache à Paris; que Nous leur aurions ci-devant permis de vendre l'ancien Cimetiere de ladite Eglise; en consequence de quoi ils auroient maintenant fait rencontre d'un autre lieu plus commode & convenable pour y faire un autre Cimetiere, avant la benediction duquel ils desiroient qu'il leur fût par Nous permis d'y bâtir & ériger une Chapelle pour la devotion & commodité desdits Paroissiens, & ce sous le titre & *invocation de St Joseph*; & ce faisant requeroient qu'il nous plût commettre quelqu'un pour faire la benediction & ceremonie de la premiere pierre de ladite Chapelle; à quoi desirant satisfaire, Nous aurions commis & deputé Maître Etienne Tonnelier, Curé de ladite Paroisse, pour faire ladite benediction & ceremonie. Lequel sieur Curé se seroit aujourd'hui transporté audit lieu, accompagné de ses Vicaires, Chapellains & autres Prêtres habitués de lad. Eglise, comme aussi des Marguilliers, & plusieurs autres tant anciens Marguilliers qu'autres Paroissiens; & après les ceremonies ordinaires, ladite pierre fut apposée par Pierre Seguier, Chancelier & premier Marguillier de ladite Eglise, le 14 Juillet 1640.

JEAN FRANÇOIS DE GONDY, &c. Comme il auroit depuis peu plû à Dieu faciliter le retour des Religieuses Benedictines de Piquepuce audit Mouzon, & particulierement de Sœur Catherine de Joyeuse, Superieure, & autres Religieuses plus anciennes, qui auroient été contraintes d'abandonner quelques jeunes Novices de ladite Maison de Piquepuce, qui ne peuvent sous autre Superieure & Religieuses anciennes observer & pratiquer la regularité ainsi qu'elles sont tenues; ce qui auroit mû Dame Anne de Maupas, épouse dudit sieur de Joyeuse leur fondateur, pour la conservation & manutention d'icelui Convent de Piquepuce, dont elle desiroit sous notre bon plaisir se rendre Fondatrice, de jetter les yeux sur l'exacte regularité qui s'observe dans le Convent des Filles-Dieu de Paris, & particulierement sur la bonne vie & pieté exemplaire de la Mere Denyse de Chanevas, Religieuse dudit Convent des Filles-Dieu, pour être sous notre entiere jurisdiction, &c. A ces causes ladite Dame de Maupas, à ce dûement autorisée dudit Seigneur son mari, Gouverneur de la Ville de Rheims, par Acte du douze Octobre dernier, & par autre Contrat du vingt-six du même mois & an, auroit fondé & constitué la somme de douze cens livres de rente audit Convent des Religieuses de Piquepuce, assignée sur tous ses biens, & specialement sur la Baronnie de St Lambert,

DE LA VILLE DE PARIS.

sur laquelle sont assignés ses deniers dotaux, ladite rente rachetable de vingt-un mille six cens livres tournois. Notre permission du treize Mars 1638. Les Lettres du Roi verifiées en Parlement le vingt Juillet 1638. Certain Contrat de renonciation fait par ledit sieur de Joyeuse, du patronage par lui pretendu & renonciation reciproque faite par ladite Sœur Catherine de Joyeuse, Superieure dudit Mouzon, dudit droit qu'elle pouvoit avoir à ladite maison de Piquepuce, en faveur du nouveau Monastere qui y seroit établi sous le titre de Prieuré de Ste Marie, le dix-huit Avril dernier. Nous Archevêque de Paris, nous avons icelui Contrat omologué, &c. Que ladite rente rachetée sera employée à autre rente, & ne se puisse faire ledit rachat & remplacement que par notre permission. Que ledit Convent demeurera à perpetuité sous notre entiere jurisdiction. Qu'après que la Mere Chanevas aura été trois ans Superieure audit Convent, sera procedé à nouvelle élection de Superieure par les Religieuses de Piquepuce, & ainsi de trois ans en trois ans, sans que ledit sieur de Joyeuse ni autre y puissent pretendre aucun droit de patronage, nomination ou presentation. Fait à Paris le quatorze Decembre 1640.

JEAN FRANÇOIS DE GONDY, &c. Vûë la Requeste à Nous presentée par les Religieux de St Romuald, dits *de Camaldoli*; les Lettres Patentes du Roi données à St Germain en Laie en Fevrier 1634, d'approuver ledit Ordre en son Royaume, en consentir l'établissement & les mettre en sa protection & sauvegarde, suivant lesquelles ils sont déja établis en deux divers lieux de ce Royaume, & que Mr le Duc d'Angoulesme leur a donné un lieu dans une montagne deserte, appellée le Montery, en notre Diocèse, à six lieues de Paris, suivant l'institution dudit Ordre de ne s'approcher des grandes Villes & Bourgades, pour mieux observer la vie solitaire qu'ils professent particulierement; auquel lieu il y a déja une maison & quelques bâtimens pour y établir un Monastere dudit Ordre, & y loger quatre Religieux, qu'il a fondés dès à present de quatre cens livres de rente, attendu qu'ils ne vivent point d'aumônes & ne font aucune quête pour ne se divertir aucunement de leur solitude, ni même aucunes fonctions Curiales. Icelle Requeste tendante à ce qu'il nous plût approuver ledit établissement, Nous y avons consenti, à la charge qu'ils ne pourront exceder le nombre de quatre Religieux, que préalablement il ne leur ait été legué ou donné quelque autre bien ou revenu temporel & fournir à la nourriture necessaire des Religieux qui s'y retireront, ausquels conformément à leurs regles nous deffendons & interdisons toute quête; à la charge qu'ils ne pourront aussi prêcher & confesser s'ils n'ont mission & approbation de Nous: nous reservant le pouvoir de visiter tous les ans, voire plus souvent, par Nous ou nos Vicaires generaux, ou autres qu'il nous plaira, leur Eglise, le St Sacrement; de nous transporter en leur Chapitre, les Religieux presens, lesquels nous certifieront de l'observance & discipline reguliere; & en outre l'autorité de leur donner notre benediction, & tous autres droits appartenans à notre dignité Archiepiscopale, suivant & conformément aux Constitutions Canoniques & Decrets du St Concile de Trente. Donné à Paris le 29 Janvier 1640.

JEAN FRANÇOIS DE GONDY, &c. Nous permettons de faire celebrer la sainte Messe en la Chapelle ou Oratoire qu'elles ont fait construire par l'avis du sieur le Blanc notre Official & Vicaire general, & Superieur de l'*Hopital Ste Catherine*, en une maison & jardin appartenant audit Hopital, joignant le Monastere des Filles-Dieu, appellée *le Pressoir*, en laquelle elles sont souvent contraintes de se retirer les unes après les autres, & d'y aller prendre l'air pour quelques jours par notre permission ou dudit Superieur & avis du Medecin, de faire celebrer la sainte Messe en ladite Chapelle lorsqu'il y aura quelques Religieuses en ladite maison & jardin, & ce par un des Confesseurs ou Chapellains dudit Hopital, s'y confesser à un d'iceux, recevoir la Communion ès jours de Dimanches, lors de la celebration de la Messe, à la charge qu'il ne se pourra faire à l'avenir aucun hospice, maison & Communauté en ladite Maison, ains seulement pour servir à prendre l'air par lesdites Religieuses pour cinq ou six jours à chacune fois, & y étant, vacquer aux exercices de Religion, tout ainsi qu'audit Hopital. Donné le 9 Avril 1641.

L'Archevêque ordonna que les Administrateurs *de la Pitié* feroient porter tous les ans au Curé de St Medard, le jour dudit St Medard vingt cinq sols pour tous droits Parochiaux, & qu'on fera au plutôt designer une place pour faire un Cimetiere à cet Hopital, afin que doresnavant on n'ait point à porter les corps des Pauvres au *Cimetiere St Medard*, & de remedier aux differends d'entre le Curé & les Chapellains dudit Hopital sur ce sujet. Le dernier Fevrier 1641.

JOANNES FRANCISCUS DE GONDY, Dei & sanctæ Sedis Apostolicæ gratiâ, Parisiensis Archiepiscopus, dilecto nostro Vincentio à Paulo, Superiori generali Congregationis Ecclesiasticorum Missionis, à multis annis per Nos approbatæ; Salutem in Domino. Cum nobis pro tua parte exhibita fuerit petitio, continens, quod cum sanctissimus Dominus noster Papa Urbanus VIII, per Bullam erectionis dictæ Congregationis, à nostro Officiali fulminatam, tibi & pro tempore existenti Superiori generali, ut quotiescumque tibi aut successoribus tuis expedire videbitur quæcumque statuta & ordinationes, felix regimen & gubernium, directionem & ordinationem dictæ Congregationis Missionis, illiusque domorum, personarum, ac bonorum concernentia, licita tamen & honesta, sacrisque Canonibus & Constitutionibus Apostolicis, Concilii Tridentini Decretis, & instituto ac regulæ supradictæ Congregationis Missionis hujusmodi minimè contraria, & à nobis & successoribus nostris approbanda edere & concedere possis & valeas, licentiam & facultatem perpetuò impertiri dignatus fuerit. Cumque rerum experientiâ fecerit ut timeas ne dictæ Congregationis Ecclesiastici quamdiu liberi existunt, recedere cum voluerint ex illa primis contra vocationem suam tentationibus futuris succumbant, ne etiam quamdiu dubitant utrum sint in illa perseveraturi, quamvis etiam in illa perseverandi illiusque regulas servandi, multis misericors Deus, cum benedictione largitus fuerit perfectioni ad dictum institutum requisitæ, ut par est, studere negligant. Præterea cum consideraveris quod ipsemet Deus in veteri Testamento populum sibi electum ad legem suam servandam Circumcisionem perpetuò obligari voluerit, quâdam novâ lege sanctum Baptisma toto vitæ cursu nos Jesu-Christo Domino servire obliget, quod Ecclesia non nisi hominibus per sacros Ordines in statu Ecclesiastico per totam vitam permanere se obstringentibus, spirituale regimen populorum credat, quod eadem Ecclesia nequidem viro uxorem matrimonio credat nisi per quoddam Sacramentum ad illius statum tota vita obligans; præterea quod omnes Communitates & Congregationes, paucis exceptis, ut personæ in suam vocationem nec non Regularum & Constitutionum observationem perseverare possint; aliquibus votis in principio quidem simplicibus, à tempore verò Papæ Bonifacii VIII, solemnibus adstringi necessarium esse semper existimaverint. Tu supradictis rebus, incommodis, rationibus & exemplis animo perpensis ad efficiendum ut dicti Ecclesiastici in dicta Congregatione regularumque observatione permanere possint, expedire judicasti & ordinasti ut singuli dictam Congregationem deinceps ingressuri post primum annum probationis in Seminario expletum bonum propositum toto vitæ tempore in dicta Congregatione permanendi, paupertatem, castitatem &

DE LA VILLE DE PARIS.

obedientiam fervando coram Superiore faciant, & poft fecundum pariter probationis annum in dicto Seminario expletum, paupertatis, caftitatis & obedientiæ, nec non ftabilitatis, fcilicet reliquo vitæ tempore, faluti pauperum rufticorum in dicta Congregatione juxtà illius regulas & conftitutiones applicantes votum fimplex indifpenfabile nifi à fummo Pontifice, vel à te, aut pro tempore exiftente Superiore generali, inter Miffarum folemnia Superiore celebrante & audiente, fed non recipiente emitrant. Ii verò qui in dicta Congregatione jam verfantur, quique dicto voto in illa aftringi voluerint ad illud emittendum à te aut aliis fucceforibus admitti poffint & valeant; ita tamen ut dicta Congregatio ob dictum votum emiffum nequaquam de numero Ordinum Religioforum cenfeatur, nec de corpore Cleri effe ideò definat. Cum denique in dicta petitione pro parte tua fupplicatum fuerit ut dictam tuam ordinationem circà prædicta approbare & confirmare dignaremur, Nos prædictis rationibus maturè confideratis, & tuæ petioni annuere & favere volentés, dictam ordinationem tum illam facris Canonibus, Conftitutionibus Apoftolicis, Concilii Tridentini Decretis, nec non inftituto ac regulæ dictæ Congregationis minimè contrariam, immò ad perfonas in dicta Congregatione illiufque regulæ obfervationem confervandas utilem effe conftet, & fic nos opus gratum Deo & Ecclefiæ fructuofum divinâ gratiâ adjuvante facturos fperari poffit, de noftra gratia approbavimus & confirmavimus, & per præfentes confirmamus & approbamus, in quorum præmifforum & fingulorum fidem & teftimonium dictas præfentes Litteras per Archiepifcopatûs noftri Secretarium fieri & fignari, figillique Cameræ noftræ juffimus appofitione communiri. Datum Parifiis anno Domini 1641 die verò 19. Decembris.

JEAN FRANÇOIS DE GONDY, &c. Vûe par Nous la Requefte à Nous prefentée par les *Benedictins Anglois*; tendante à ce qu'il nous plût leur permettre s'établir dans une maifon à eux appartenante ou pour eux achetée, où ils font demeurans au fauxbourg St Jaques, pour y vivre felon leur regle & inftitut, y chanter le Service Divin, entendre les confeffions des Penitens & autres fonctions Sacerdotales que font les Religieux de leur Ordre. Nous après leur declaration verbalement faite que cette maifon a été achetée pour eux, leur avons permis de s'établir en ladite maifon par forme d'hofpice, y celebrer dans la Chapelle le faint Sacrifice de la Meffe à baffe voix, y chanter Vêpres à haute voix, enfemble d'entendre les confeffions des Anglois, Ibernois, Ecoffois, qui font demeurans à Paris, excepté à la quinzaine de Pâques que lefdits Religieux Anglois feront tenus les envoyer chacun en leur Paroiffe, en cas qu'ils puiffent parler la Langue Françoife. Donné à Paris le 14 Janvier 1642.

JEAN FRANÇOIS DE GONDY, &c. Vûe la Requefte à Nous prefentée par les Religieux de St Romuald, dit *de Camaluoli*, établi à Monteri en Brie dès le quatorze Janvier 1641; tendante à ce qu'il nous plût leur permettre de fe transferer en un autre lieu defert nommé *le Bourron*, près la maifon de Gros-bois, & dans la Seigneurie d'Hieres, éloignée de tout voifinage, & diftante de cette Ville d'environ cinq lieues, où le Duc d'Angoulefme a fait bâtir un petit logement pour la retraite defdits Religieux, & fait prefentement travailler à la clôture de quatorze arpens de bois taillis qu'il leur a donné pour s'y retirer, comme il appert par ledit Contrat de donnation & de fondation du quatriéme des prefens mois & an, contenant auffi la donnation de quatre cens livres de rente: requeroient auffi qu'il Nous plût permettre cette tranflation, attendu qu'ils n'ont fait faire aucun bâtiment à Monteri, ni même planté la Croix; Nous permettons aufdits Religieux de quitter Monteri pour s'établir audit lieu de Bourron, aux charges portées par nos Lettres d'établiffement ci-devant, fans approbation toutefois de la clause apposée audit Contrat de fondation de la translation de la Cure ou Eglise Paroissiale de St Jean de Gros-bois, qui étoit ci-devant dans l'enclos dudit Parc de Gros-bois en l'Eglise desdits Religieux. Donné à Paris le 18 Mars 1642.

Jean François de Gondy, &c. Sçavoir faisons, que vûe la Requeste à Nous presentée de quatre Religieuses Professes de la *Congregation Notre-Dame* de la Ville de Laon, députées dudit Convent à l'effet ci-après déclaré, par laquelle elles Nous remontrent que plusieurs personnes meues de pieté, charité & devotion pour l'accroissement du bien public, qui provient de l'Ordre desdites Religieuses, lesquelles s'emploient à l'instruction des jeunes Filles des lieux où elles sont établies, suivant l'institut de leur Ordre, sous la conduite & jurisdiction des Superieurs ordinaires, desireroient établir un nouveau Monastere dudit Ordre en cette Ville de Paris, & pour y parvenir auroient fait un fonds notable pour survenir audit Monastere. Vû le Contrat de donnation en faveur dudit futur Monastere, fait par Philbert de Brichanteau, Evêque & Duc de Laon, Pair de France, de la somme de mille livres de rente rachetable de la somme de vingt mille livres, du quatriéme Mars dernier. Autre Contrat de six cens livres de rente, Nous, suivant les commandemens & instantes prieres à nous faites par la Reine à cette fin, permettons ausdites quatre Religieuses d'établir & fonder à Paris une maison scise au Marêts du Temple, Paroisse St Jean en Greve, ou autre lieu qui pourroit être jugé par Nous plus commode, un Monastere dudit Ordre de la Congregation Notre-Dame, à la charge d'observer les Reglemens qui leur seront par Nous prescrits. Donné à Paris le neuf Juin 1643.

La Communauté de St Nicolas du Chardonnet, *érigée en Seminaire*, eâ tamen lege & conditione, ut nullam dicti Sodales Ecclesiastici aut illorum posteri possint unquam prætendere dotationem seu fundum & annuum redditum à nobis aut successoribus nostris, aut à nostra Diœcesi, ad erectionem seu substantiam temporalem dicti Seminarii eorumque Communitatis & Sodalitii. Datum Parisiis ab Archiepiscopo 1644 Aprilis 20.

Constitutiones istius Semininarii sunt ampliores constitutionibus Communitatis, & approbatæ anno 1644, Aprilis 4.

Jean François de Gondy, &c. Pour le bon rapport qui Nous a esté fait de nostre chere fille en Jesus-Christ   le Norman Religieuse Professe du Monastere de Chelles, Ordre de St Benoist, Nous lui avons permis & permettons d'establir en cette Ville, Faux-bourgs ou Diocèse de Paris, un Convent de filles dudit Ordre. Fait à St Cloud le 3 Mai 1644.

Elle s'établit au Faux-bourg Saint   mais estant devenue malade, & l'argent qu'elle avoit pour cette fondation ayant esté employé aux bâtimens, cette Communauté se dissipa, & elle se retira à Chelles.

Marie de la Chartre, femme de   Bardeau, Conseiller & Secretaire du Conseil d'Etat & Finances du Roi, par son testament legua trente-sept mille livres en faveur du nouvel établissement du Monastere du St Sacrement; mais ce Convent n'ayant subsisté faute de moyens suffisants, la volonté de ladite defuncte eust esté frustrée, s'il n'y eust esté pourveu par Georges Crichant Prestre, Executeur de son testament. Les Religieuses du St Sacrement avoient esté tirées du Port-Royal pour commencer à former ce Corps, & furent contraintes de les recueillir, suivant l'ordre de l'Archevesque du 7 Janvier 1638, où les Novices firent

DE LA VILLE DE PARIS.

firent depuis profession ; c'est pourquoi ledit Crichant desirant employer le legs de ladite defuncte pieusement, & au plus près du dessein & des bonnes intentions de ladite defuncte, & considerant qu'elle a eu grande affection pour le Monastere de Port-Royal, & sur tout pour la Mere Angelique Arnauld, qu'elle prie par son testament de recevoir son corps en depost en son Monastere, en attendant que celle du St Sacrement soit bâtie, où elle desiroit estre enterrée. Le corps de ladite defuncte est à present audit Port-Royal, joint que la devotion particuliere instituée pour l'honneur du St Sacrement, est exactement observée audit Monastere; partant ledit Crichant executant ledit testament, & changeant ledit legs, pour le pouvoir estre accompli en la maniere prescrite, a transferé ledit legs au Monastere de Port-Royal, à la charge de donner place honorable au chœur de ladite Eglise lorsqu'elle sera bastie, pour le corps de ladite deffunte, & qu'elles seront tenues de faire la dépense de sa sepulture, à sçavoir une tombe de marbre noir, sur laquelle sera fait mention de ladite fondation. Fait & passé le troisiéme Mai mil six cens quarante-cinq. Omologué par l'Archevêque le 13 Mai 1645.

JEAN FRANÇOIS DE GONDY, &c. Vûe la Requeste à Nous presentée pour & au nom de la Congregation de la propagation de la Foi, sous le titre de l'exaltation Ste Croix, par Mr Cyrus de Villers la Faye, grand Maître de la Chapelle du Roi, & Directeur de ladite Congregation ; par laquelle il Nous auroit exposé, que ladite Congregation étant obligée par le cinquiéme Chapitre de ses Statuts d'avoir deux maisons de retraite & refuge pour y recevoir les pauvres convertis à la Foi de l'un & de l'autre sexe, & que n'ayant pû jusqu'à present fournir aux grands frais & dépens necessaires pour faire subsister l'une & l'autre desdites deux maisons, elle auroit seulement depuis neuf ou dix ans soutenu par les charités & aumônes des personnes de pieté de ladite Congregation, l'établissement fait dans le fauxbourg St Germain des Prés de l'Hotel *des Filles nouvelles converties à la Foi*, en laquelle maison il y auroit toujours successivement les unes après les autres trente & quarante pauvres Filles converties ; ensorte que depuis cet établissement, il pouvoit, par la grace de Dieu, compter plus de cinq cens Filles converties, qui ont été charitablement reçûes dans icelle maison, instruites & cathechisées par le soin de ladite Congregation, & qui y ont fait abjuration de la Foi & reçu l'absolution de l'Heresie, ausquelles pour la plupart ont été ensuite procurées par les soins de ladite Congregation des conditions & emplois sortables à la naissance & capacité de chacune, même fait admettre aucunes d'icelles en des Monasteres de Filles. Qu'icelle maison auroit été transferée du fauxbourg St Germain en la Paroisse St Paul, pour être entierement soumise à notre jurisdiction. Plusieurs personnes devotes desirent contribuer à l'établissement necessaire d'une autre maison, pour y recevoir les hommes de ladite Religion Pretendue Reformée, pour leur rendre les charitables devoirs & pareils secours qu'on rend en ladite Maison & Hotel des Filles nouvellement converties. C'est pourquoi ils auroient deliberé de procurer un lieu d'azile ausdits pauvres convertis à la Foi, ce qu'ils auroient executé, prenant par lesdits sieurs Directeurs & Congregation une maison à louage dans l'Ile Notre-Dame, & dans icelle fait orner une Chapelle & Oratoire, meubler & accommoder les lieux pour y faire vivre lesdits pauvres convertis à la Foi, laquelle se seroit trouvée en peu de tems remplie de pauvres convertis, mais que lesdites deux maisons n'étant que privées & particulieres, lesdits de la Congregation s'addressoient à Nous, afin que par notre decret & permission il nous plût rendre lesdits deux établissemens publiques, & en ce faisant permettre que la Croix soit plantée & arborée esdites deux maisons ; que la Messe y soit dite & celebrée dans la Chapelle & Oratoire d'icelles, que les Catéchismes & Instructions publiques & particulieres y soient faites aux pauvres convertis, qu'ils y abjurent leurs heresies, qu'ils en soient absous, reçus aux Sacremens de Penitence & de la Ste Euchariftie avec le pouvoir par ledit Directeur & Sous-directeur d'absoudre lesdits nouveaux Convertis, des cas à Nous reservés : & que l'on exerce & pratique dans lesdites deux maisons & Chapelles, les choses necessaires pour le bien & manutention de la Religion Catholique, conformément aux regles & pratiques journalieres qu'il Nous plaira donner ausdites deux maisons & familles : que lesdites deux maisons seront sujettes aux loix de la Paroisse. Veu aussi le rapport à Nous fait par ledit Directeur, que la Reine desiroit appuyer ledit établissement, & que pour cet effet elle y donnoit charitablement le pain necessaire pour nourrir lesdites deux familles ; & de plus que quantité de personnes se cottisoient liberalement pour faire un fonds par chaque mois pour subvenir au reste de la nourriture & entretien desdits pauvres Convertis. Nous avons approuvé ledit établissement desdites deux maisons, selon qu'il est requis, Nous dispensons les Filles nouvelles converties pour de bonnes causes d'aller à la Messe & au Service & recevoir les Sts Sacremens à leur Paroisse, mais à Pâques elles communieront de la main de leur Curé ou Vicaire, lequel pour cet effet leur fera la charité de celebrer la Ste Messe en leur Chapelle. Quant aux nouveaux Catholiques, Nous entendons qu'ils soient tant que faire se pourra obligés d'aller à la Messe de Paroisse, & pour cet effet ne sera permis à leur Chapellain de dire la Messe au tems que se dit à la Paroisse la grande Messe. Donné à Paris le premier jour de Juin 1645.

JEAN FRANÇOIS DE GONDY, &c. Vûe la Requeste à Nous presentée par Charlotte du Harlai de Cesy, Abbesse de l'Abbayie de St Jean des Vignes, autrement dite Ste Perrine, & les Religieuses, Ordre de St Augustin, Diocèse de Soissons, de present établies à Compiegne ; par laquelle elles Nous remontrent que ledit Monastere a été fondé par Philippe le Bel, accru de dotation par Louis XI ès Fauxbourgs dudit Compiegne, lequel ayant été entierement ruiné & détruit, auroit été transferé dans un petit Hermitage au milieu de la Forêt dudit Compiegne, d'où pour n'y avoir seureté elles se seroient retirées en une petite maison de Compiegne, où elles n'ont pû s'accroître beaucoup pour n'avoir eu aucune assistance, au lieu que plusieurs personnes de probité & d'honneur, la plupart parens desdites Religieuses, qui sont aussi la plupart filles natives de cette Ville de Paris, leur font esperer de grandes charités & bienfaits si elles étoient établies en cette Ville ou Diocèse ; & entre-autres le sieur Maréchal de Bassompierre promet en consideration de sa fille qui est l'une desdites Religieuses, leur fournir la somme de trente-six mille livres pour l'achat d'une maison en cette Ville, Fauxbourg ou Diocèse ; laquelle maison ainsi acquise seroit facilement rendue reguliere au moyen des deniers qu'elles tireroient de la vente de celles qu'elles ont à Compiegne & d'autres bienfaits qu'elles esperent de leurs parens, l'Evêque de Soissons leur auroit permis de se retirer en ce Diocèse le huitiéme Août 1645. Vû le Contrat d'acquisition fait d'une maison à la Villette la somme de trente-cinq mille quatre cens livres, dont le Maréchal de Bassompierre a payé seize mille livres en deduction des trente-six mille livres, Nous leur avons permis de se transferer en ladite maison, y vivre selon leurs regles & statuts de St Augustin, & suivant les constitutions qui leur seront par Nous données ou de Nous approuvées, à la charge qu'elles paieront les decimes ordinaires & extraordinaires au Diocèse de Soissons comme elles faisoient avant ladite translation & même les taxes ausquelles elles pourroient être cottisées pour leur regard comme les autres Ecclesiastiques du Diocèse de Soissons ; sans que pour cela elles soient exemptes de pareille obligation à l'é-

DE LA VILLE DE PARIS.

gard de nôtre Diocèse ; qu'elles continueront à payer audit Evêque de Soissons le Mercredi devant la Pentecôte la somme de quatre livres tournois pour le droit de procuration que lui & ses successeurs ont eu sur ledit Monastere de Ste Perrine à cause de la jurisdiction ordinaire qu'ils avoient sur icelui sans que les Evêques de Soissons y puissent pretendre aucune visite ni autre acte de jurisdicton. Donné à Paris le neuf Mars 1646.
Leur revenu à Compiegne monte à trois mille quinze livres.

JEAN FRANÇOIS DE GONDY, &c. Vûe la Requeste à Nous presentée par les Habitans des Porcherons, des Paroisses St Eustache & de Montmartre ; par laquelle ils Nous remontrent que ci-devant Nous leur aurions permis de faire construire une Chapelle sous l'invocation de Notre-Dame de Lorrette, dans le détroit de ladite Paroisse de Montmartre, pour y recevoir les Sacremens en cas de necessité, & autres assistances & consolations spirituelles ; en laquelle Chapelle ils desireroient avoir une Confrairie sous le titre & invocation de Notre-Dame de Lorrette, dont la Fête échet le jour de la Nativité de la Vierge, & y faire le même jour & les autres Fêtes de la Vierge, le Service solemnel à haute voix, même la Messe d'icelle tous les Dimanches de l'année. Vûe la declaration des Curés de St Eustache & de Montmartre, par laquelle ils consentent ladite Confrairie être instituée dans ladite Chapelle, à la charge que les Confreres ne pourront faire chanter la Messe à haute voix sinon les jours & Fêtes de la Nativité de la Vierge & autres Fêtes de la Vierge seulement ; qu'on n'y fera point d'eau benite ; qu'il ne sera point offert de pain beni que lesdits jours. Nous leur permettons de s'assembler les Fêtes de la Vierge en ladite Chapelle selon la declaration desdits Curés. Donné à Paris le treiziéme Juillet 1646.

NOS JOANNES FRANCISCUS PAULUS DE GONDY, Archiepiscopus Corinthiorum, & in Archiepiscopatu Parisiensi Coadjutor, attestamur quod de licentia Joannis Francisci de Gondy, &c. Ecclesiam & altare majus Conventûs Monialium Sanctæ Elizabeth, tertii Ordinis sancti Francisci, Provinciæ sancti Yvonis, ad honorem Dei omnipotentis, sub titulo & invocatione beatæ Mariæ de Pietate, & sanctæ Elizabethæ de Hungaria dedicavimus & consecravimus, statuentes & ordinantes Festum Dedicationis dictæ Ecclesiæ, & festum ejusmodi Dedicationis perpetuò & annuatim proximiore post Octavam sanctorum Petri & Pauli Apostolorum Dominicam celebrari cum quadraginta dierum Indulgentiis. Datum Parisiis anno 1646, die 14 Julii.

Sœurs de la Charité, dites Servantes des Pauvres.

JEAN FRANÇOIS PAUL DE GONDY, par la grace de Dieu & du saint Siege, Archevesque de Corinthe, Coadjuteur & Vicaire General de Monseigneur l'Archevesque de Paris : Nostre cher & bien aimé Vincent de Paul, Superieur General de la Congregation des Prestres de la Mission, Nous ayant remontré que, comme il avoit par l'authorité de mondit Seigneur Archevesque érigé la Confrairie de la Charité, pour l'assistance & soulagement des Pauvres malades dans les lieux de son Diocèse où l'on l'auroit jugé necessaire, il auroit plû à Dieu benir cette pieuse & louable entreprise, enforte qu'elle s'est trouvée à present établie, non seulement en plusieurs bourgs & villages, mais même dans la plupart des Paroisses de cette Ville, & d'autant que les personnes qui composent cette Confraire ne peuvent faire les plus basses fonctions necessaires pour le soulagement des Pauvres malades, nostredit cher & bien aimé Vincent de Paul a jugé bon par la permiſſion de mondit Seigneur Archevêque, de prendre quelques bonnes filles & veuves des champs, à qui Dieu a inſpiré de ſe dedier au ſervice des Pauvres malades, leſquelles depuis pluſieurs années s'emploient à toutes ces baſſes fonctions, avec l'édification du public & la conſolation des malades ; ce qui auroit donné ſujet à quelques vertueuſes & charitables Dames de contribuer de leurs moyens pour aſſembler les ſuſdites filles, & pour ce faire les pourvoir d'une maiſon, afin qu'étant logées enſemble, elles puiſſent être mieux inſtruites, tant pour ce qui regarde la vertu & pieté, que le ſervice des Pauvres. Nous avons érigé l'aſſemblée deſdites filles & veuves dans ce Dioceſe en forme de Confrairie particuliere ſous le titre de Servantes des Pauvres de la Charité, & nous confions & commettons la conduite & direction de la ſuſdite Société & Confrairie à Vincent de Paul, tant qu'il plaira à Dieu lui conſerver la vie. Donné à Paris le 20 Novembre 1646.

Il y avoit alors à St Germain, à St Nicolas du Chardonnet, St Leu-St Gilles, St Sauveur, St Mederic, St Etienne, St Sulpice, St Gervais, & à St Paul, cette Confrairie de la Charité. Ces filles portent les pots par la Ville, font les ſaignées, les lavements, panſent les plaies, & font les lits, veillent les malades qui ſont ſeuls & tendent à la mort, & furent dreſſées à cet effet par Mademoiſelle le Gras en ſa maiſon, où elles ont été entretenues par l'aſſiſtance de quelques charitables veuves, depuis treize ou quatorze ans que cet œuvre eſt commencé, & en chacune deſdites Paroiſſes il y a maintenant deux ou trois de ces filles, & vivent aux dépens de ladite Confrairie des Paroiſſes où elles ſont employées, mais ſi frugalement qu'elles ne dépenſent que cent francs au plus par an pour leur nourriture & vêtement, & en quelques Paroiſſes vingt-cinq écus ſeulement. Trois de ces filles ſont employées par les Dames de la Charité de l'Hotel-Dieu pour y ſervir les Pauvres malades, & leur apprêter les petites douceurs qu'elles leur apportent tous les jours à l'Hotel-Dieu.

De plus, il y en a toujours dix ou douze employées pour élever les Enfans-trouvés, & deux ou trois pour l'aſſiſtance des pauvres Forçats. Il y en a encore à l'Hopital d'Angers, à ceux de Nantes, de Richelieu, de St Germain en Laie, de l'Hotel-Dieu de St Denys en France, & d'autres lieux de la campagne ; ladite Damoiſelle en éleve d'autres chés elle, & en a d'ordinaire plus de trente, & elle les entretient de leur travail, des aumônes & du revenu que le feu Roi & Madame d'Eſguillon leur ont charitablement donné à perpetuité, qui ſe monte à deux mille livres par an ou environ.

STATUTS.

La Confrairie de la Charité des Servantes des Pauvres malades des Paroiſſes, a été inſtituée pour honorer la charité de Notre-Seigneur Patron d'icelle, en aſſiſtant les Pauvres malades des Paroiſſes & des Hopitaux, les Forçats & les pauvres Enfans-trouvés, corporellement & ſpirituellement, en procurant que les pauvres malades qui tendront à la mort, partent de ce monde en bon état, & que ceux qui gueriront faſſent reſolution de ne jamais offenſer Dieu, moyennant ſa grace, & que les Enfans-trouvés ſoient inſtruits des choſes neceſſaires à ſalut.

Elle eſt compoſée de filles & de veuves, leſquelles éliront de trois ans en trois ans une Superieure d'entre elles, qu'elles pourront continuer, & une Aſſiſtante, une Treſoriere, & une Depenſiere, le lendemain de la Pentecôte en preſence de l'Eccleſiaſtique que Monſieur l'Archevêque députera pour leur direction.

La Superieure aura l'entiere direction de ladite Confrairie avec ledit Eccleſiaſtique ; elle ſera comme l'ame qui animera ces corps ; fera obſer-

DE LA VILLE DE PARIS.

ver le présent Reglement, recevra en ladite Confrairie celles qu'elle trouvera propres, après en avoir conferé avec le Directeur, & de l'avis des autres Officieres, & les dreffera en tout ce qui regarde leurs emplois ; mais particulierement en la pratique des vertus Chrétiennes, & propres à leur eftat, les inftruifant plutôt par fon exemple que par fes paroles, les envoiera, rapellera, retiendra & emploiera en tout ce qui regarde la fin de ladite Confrairie, non feulement en la Paroiffe où ladite Confrairie fera établie, mais auffi en tous les lieux où elle les envoiera ; le tout de l'avis dudit Ecclefiaftique.

La feconde Officiere fera Affiftante de ladite Superieure, lui fervira de Confeil, la reprefentera en fon abfence, & toutes lui obéiront comme à la Superieure en l'abfence d'icelle.

La troifiéme fervira de Treforiere, fera la recette, & gardera l'argent dans un coffre à deux ferrures differentes, dont la Superieure tiendra une clef, & elle l'autre ; excepté qu'elle pourra tenir entre fes mains la fomme de cent livres pour fournir au courant de la dépenfe, & en rendra compte tous les mois à la Superieure, & tous les ans au Directeur en la prefence de toutes les Officieres ; elle reprefentera auffi la Superieure & l'Affiftante en leur abfence, & leur fervira de confeil.

La quatriéme fera la dépenfe, & pourvoira aux neceffités communes de la compagnie, rendra compte toutes les femaines à la Superieure, reprefentera la même Superieure en fon abfence, & auffi les autres Officieres, & leur fervira pareillement de confeil.

Tant les filles que les veuves de ladite Confrairie feront foumifes & obéiront à la Superieure, & en fon abfence aux autres Officieres & à toutes celles qui feront deputées de fa part, fe reprefentant, qu'elles rendent obéiffance à Dieu en leurs perfonnes, & executeront volontiers & ponctuellement le prefent Reglement, & les louables coutumes de leur Inftitut, foit dans les Paroiffes où elles feront établies, foit ailleurs où elles feront envoyées.

Elles rendront auffi obéiffance en tout ce qui regarde leur conduite audit Ecclefiaftique qui fera nommé pour la direction de la Compagnie par mondit Seigneur l'Archevêque.

Celles qui defireront être reçûes en ladite Compagnie, fe prefenteront à la Superieure, laquelle après avoir éprouvé leur vocation, & conferé avec le Directeur, & de l'avis des autres Officieres, les recevra, les dreffera en leurs fonctions quelque temps ; & puis après, felon qu'elle les jugera capables, elle les emploiera aux exercices que nous avons dit.

Etant envoyées en quelque Paroiffe, elles iront prendre la benediction de Meffieurs les Curés, qu'elles recevront à genoux ; & tandis qu'elles feront dans leurs Paroiffes, elles leur rendront toutes fortes d'honneurs, de refpect & d'obéiffance.

Elles rendront auffi obéiffance aux Dames Officieres de la Charité des Paroiffes, & aux Medecins en ce qui concerne le foin des Pauvres malades.

Leur principal foin fera de bien fervir les Pauvres malades, les traittant avec compaffion & cordialité, & tâchant de les édifier, les confoler, & les difpofer à la patience ; les portant à faire une bonne confeffion generale, & fur tout à moyenner qu'ils reçoivent tous leurs Sacremens.

Outre cela, quand elles feront appellées à leurs autres emplois, comme d'affifter les Pauvres Forçats, élever les petits Enfans-trouvés, & inftruire les pauvres filles ; elle s'y porteront avec une affection & diligence particuliere, fe reprefentant qu'en ce faifant elles rendent fervice à Notre-Seigneur, comme enfant, comme malade, comme pauvre, & comme prifonnier.

Elles s'entrecheriront & s'aimeront comme Sœurs que Notre-Seigneur a unies & liées par son amour, assisteront à l'enterrement de celles qui decederont, communieront à leur intention, sera chantée une haute Messe pour chacune d'icelles: elles assisteront aussi à l'enterrement des Pauvres qu'elles auront servi, si la commodité le leur permet, & prieront Dieu pour le repos de leurs ames.

Et afin qu'en servant les Pauvres elles ne s'oublient pas elles mêmes, & que la charité qu'elles exercent en leur endroit soit bien ordonnée, & qu'elles en puissent recevoir les recompenses que Notre-Seigneur leur promet en ce monde & en l'autre, elles auront un soin tout particulier de se maintenir toujours en état de grace; & pour cet effet elles detesteront & fuiront le peché mortel plus que le Démon, & se garderont même d'en faire aucun veniel à leur escient, particulierement pour ce qui regarde la chasteté, usant de toutes les précautions possibles pour la conserver entiere.

Elles feront leur possible de s'ajuster à l'emploi de la journée qui à été pratiqué jusqu'à present, nommément pour les heures du lever & du coucher, de l'oraison, des examens tant generaux que particuliers, des lectures spirituelles, Confessions & Communions, & du silence, notamment avant l'oraison du matin, & après les prieres du soir.

Elles auront soin de garder l'uniformité autant qu'elles pourront à l'égard du vivre, du vestir, du parler, du service des Pauvres, & particulierement de leur coeffure.

Si elles épargnent de l'argent, elles le mettront en la bourse commune, qui servira pour leur fournir leurs habits, & autres necessités, quand il en sera temps.

Et pour mieux honnorer Notre-Seigneur leur Patron, elles auront en toutes leurs actions une droite intention de lui plaire, & tâcheront de conformer leur vie à la sienne, particulierement en sa pauvreté, son humilité, sa douceur, sa simplicité & sobrieté.

Et pour obvier à beaucoup d'inconveniens, elles ne recevront rien de personne, & ne donneront aucune chose à qui que ce soit, sans en donner avis à la Superieure.

Elles ne feront aucune visite hors celles des malades, & ne souffriront point qu'on en fasse chés elles, particulierement les hommes, lesquels elles ne souffriront entrer dans leurs chambres.

Allant par la rue, elles marcheront modestement, & la vuë basse, ne s'arrêteront point pour parler à personne, particulierement de divers sexe, s'il n'y a grande necessité, encore faudra-t-il qu'elles coupent court, & expedient promptement.

Elles ne sortiront point de la maison sans la permission de la Superieure, ou autre qui sera deputée; & au retour elles se presenteront à elle, & lui rendront compte de leur voyage.

Elles n'envoieront point de lettres, ni n'ouvriront point celles qu'on leur écrira, sans la permission de la Superieure.

Elles ne s'amuseront point à parler à la porte avec les externes, non plus que dans la maison, sans permission.

Elles seront soigneuses d'aller tous les mois en la maison de la Communauté pour communiquer avec la Superieure de tous leurs emplois, & s'y rendront toutes les fois qu'elles y seront mandées, pourvoyant auparavant aux besoins des malades.

Elles se souviendront qu'elles s'appellent Filles de la Charité, c'est-à-dire, filles qui font profession d'aimer Dieu & le Prochain; & partant qu'outre l'amour souverain qu'elles doivent avoir pour Dieu, elles doivent s'exciter en la dilection du Prochain, notamment de leurs Compagnes. Suivant cela elles fuiront toute froideur & aversion à leur égard, comme aussi toutes les amitiés particulieres, & attachées à quelqu'une d'entre elles;

deux extremités vitieuses étant les Sœurs de la division & ruïne d'une Compagnie & des particuliers, lesquels s'y entretiennent & s'y amusent ; & s'il arrive qu'elles se soient donné sujet de mortification l'une à l'autre, elles s'entre-demanderont pardon au plûtard le soir avant que se coucher.

De plus, elles se representeront qu'on les nomme Servantes des Pauvres, qui, selon le monde, est une des plus basses conditions, afin de se maintenir toûjours dans la basse estime d'elles mêmes, rejettant promptement la moindre pensée de vaine gloire qui leur passera par l'esprit, pour avoir ouï dire du bien de leurs emplois, se persuadant que c'est à Dieu à qui tout honneur en est dû, puisque lui seul en est l'auteur.

Et comme leurs emplois sont la plupart fort penibles, & les Pauvres qu'elles servent un peu difficiles, jusques là que quelquefois elles en peuvent recevoir des reproches, lors même qu'elles ont le mieux fait à leur égard, elles tâcheront de tout leur possible de faire bonne provision de patience, & prier tous les jours Notre-Seigneur qu'il leur en donne abondament, & leur fasse part de celle qu'il a exercée envers ceux qui le calomnioient, soufflettoient, flagelloient & crucifioient.

Elles feront fort fideles & exactes à observer le present reglement, & ensemble les louables coutumes de la maniere de vivre qu'elles ont gardées jusqu'à present, particulierement celles qui regardent leur propre perfection: elles se souviendront neanmoins qu'il faut toujours preferer à leurs pratiques de devotion le service des Pauvres, quand la necessité ou l'obéissance les y appelle ; se representant qu'en ce faisant, elles quittent Dieu pour Dieu.

Et afin qu'il plaise à Dieu leur faire la grace d'accomplir toutes ces choses, elles se confesseront & communieront tous les Dimanches & Fêtes principales ès Paroisses ou Hopitaux où elles se trouveront, & feront les éxercices spirituels tous les ans à la maison de leur Communauté autant qu'elles le pourront.

JEAN FRANÇOIS DE GONDY, &c. Veuë la Requeste à Nous presentée par Damoiselle Marie Delpech de Lestang, par laquelle elle Nous remontre qu'il auroit plû au Roi par ses Patentes du mois de Mai dernier lui accorder l'établissement d'une maison Hospitaliere sous le titre de *St Joseph*, en cette Ville ou Faux-bourg de Paris, pour y instruire en la crainte de Dieu *de pauvres filles orphelines*, les rendre capables de servir ès bonnes maisons, & gagner leur vie honnestement & vertueusement, & que pour cet effet elles auroient acheté une maison scise au Pré-aux-Clercs au Faux-bourg St Germain, où elles auroient deja assemblé sept vingts filles pour donner lieu audit établissement, conformément à celui qu'elle a ci-devant établi en la Ville de Bourdeaux ; icelle Requeste tendante à ce qu'il Nous plût lui accorder l'établissement sous la Regle & Statuts qu'il nous plaira leur prescrire. Nous instituons ledit Hopital des filles orphelines sous ledit titre de St Joseph, en la maison par elle acquise, pour le gouvernement & direction de laquelle Nous leur avons donné les Statuts suivants. Donné le 28 Janvier 1642.

Ladite Societé de veuves & filles associées sera nommée & appellée la Societé des Sœurs de St Joseph, pour le gouvernement des Orphelines, qui ne pourra passer le nombre de dix outre la Superieure, sauf à augmenter ou diminuer, selon le besoin de la Maison.

Toutes les Sœurs de la Societé au nombre que dessus, ne pourront y entrer & faire les vœux d'obéissance simple, qu'elles n'ayent atteint l'âge de vingt cinq ou trente ans.

De ce nombre des Sœurs de la Societé, six pour le moins s'employeront au ménage commun de la maison, sauf à augmenter & diminuer, selon le besoin.

L'une d'icelles sera Superieure pour trois ans, & à la fin du terme toutes lefdites gouvernantes nous en prefenteront deux pour être Superieures, l'une defquelles nous choifirons & confirmerons Superieure pour lefdits trois ans.

Toutes obéiront à cette Superieure au gouvernement de la maifon, & autrément fans contredit, à peine de tomber en peché de défobéïffance.

Pour l'habit, il ne fera autre que de leur condition feculiere, le plus modefte qu'il fe pourra, fans y mettre aucune vanité du fiecle.

L'ordre commun de la Societé pour le fervice fpirituel fera tel. Les Gouvernantes fe leveront à cinq heures, & les filles à fix; elles feront toutes une demi-heure d'oraifon, & jeuneront les veilles des Fêtes de Notre-Dame feulement; & fitôt qu'elles feront levées, elles feront & accommoderont leurs chambres, & vacqueront à faire un bon propos pour leur interieur. Avant le dîner elles iront à leur Chapelle faire l'examen particulier & recollection, attendant l'heure du dîner; au foir entre huit & neuf feront l'examen general dans la Chapelle, où affifteront les filles; les Dimanches & Fêtes Solemnelles fe confefferont & feront la Sainte Communion, enfemble le jour de St Jofeph, Patron de la Societé; jeuneront auffi les jeûnes que l'Eglife commande, fauf les infirmes, ainfi qu'il fera avifé par la Superieure. Ne pourront quitter la maifon fous quelque pretexte que ce foit, qu'il n'en demeure toujours cinq dans la maifon pour maintenir les filles orphelines dans leur devoir; fe fouviendront en levant, habillant où traittant les petites filles, de la douceur & amour de Notre-Seigneur envers les petits enfans, quand il les appelloit à foi.

Aucun homme, de quelque condition ou âge que ce foit, n'entrera dans la maifon de la Societé; & s'il eft neceffaire de parler à quelqu'un qui vienne à la maifon, ce ne fera que dans la Chapelle d'icelle, ou dans la premiere chambre baffe qui regarde la rue, la porte d'icelle toujours ouverte, en prefence de quelqu'autre fille deja un peu avancée en âge, qui leur fera donnée par la Superieure, ou par une des Maitreffes en fon abfence; toutefois les ouvriers & manœuvres pourront entrer dans la maifon, quand il fera befoin, avec la licence de la Superieure.

Elles pourront recevoir les Dames & Damoifelles devotes à vifiter & voir la maifon pour l'inftruction qu'on fait aux orphelines, à ce qu'elles prennent fujet de là d'affifter la maifon, & d'employer leur faveur pour colloquer lefdites filles felon leur vocation, étant venues en l'âge qui fera ci-deffous fpecifié; la Superieure pourtant permettra ce que deffus à Dames & Damoifelles avec grande prudence, autant pourtant qu'elle le jugera utile pour la maifon.

Toutes orphelines de pere & mere legitimes, ou de pere & de mere bien qu'encore vivans, s'ils font fi pauvres & fi impuiffans qu'ils ne les puiffent nourrir ni recevoir, feront reçues en ladite maifon, tant que la capacité & les moyens d'icelle le permettront; moyennant que le nombre des dernieres qui ont pere & mere n'excede le quart des autres filles orphelines.

Elles porteront toutes une même robbe, & de même couleur, fans faire aucune diftinction ou inégalité de condition.

Dès le matin on les fera lever & habiller, l'on dreffera leurs lits devant elles, fi elles font encore en bas âge, & fi elles font grandelettes & qu'elles ayent la force, on le leur fera faire, & on les emploiera à lever & habiller les plus petites.

Après cela on les fera prier Dieu, on leur enfeignera à faire un bon propos, à fe mettre en la prefence de Dieu, à dire le Chapelet; on leur apprendra les principes de la Foi & bonnes mœurs, à fe bien accufer & confeffer, & dès l'âge de dix ou onze ans à faire la Sainte Communion.

Tous les jours elles ouïront la Sainte Meffe dans la Chapelle de la Societé, où les Sœurs affifteront pour les contenir en modeftie & attention.

Quand

DE LA VILLE DE PARIS.

Quand la cloche de l'*Ave Maria* sonnera en la Paroisse, toutes se mettront à genoux, & tourneront le visage vers l'Eglise de la Paroisse, salueront la Ste Vierge Mere de Dieu, en recitant les Oraisons propres & necessaires à ce sujet.

Les Prédications se feront dans la Chapelle de la Maison & Societé ; & quant à la Communion de Pâques, elles obtiendront permission de leur Curé de la faire en ladite Chapelle par un des siens, ou par un Chapellain approuvé de lui.

Lesdites filles orphelines ne coucheront point ensemble, si elles ne sont fort petites, mais dormiront séparément.

Elles seront enseignées à lire & écrire, si elles y sont trouvées propres, à coudre, &c. Et afin d'observer toutes choses en l'observance de ces Regles, & constitutions & même en état d'être par Nous pourvû sur les occurrences qui se presenteront, Nous ferons la visite de ladite Maison & Societé chaque année, & toutes fois & quantes qu'il sera necessaire pour le meilleur gouvernement d'icelle. Si donnons en mandement à nos Vicaires Generaux, &c.

JEAN FRANÇOIS DE GONDY, &c. Veue la Requête à Nous presentée de la part de Denyse Belanger, dite de St Augustin, & Barbe Prelat, dite de St Denys, Religieuses Professes du Monastere des Augustins, scis à Piquepuce lez-Paris, étant à present de notre permission dans une maison scise au Faux-bourg St Jaques près l'Estrapade, tendante à ce qu'il Nous plût leur permettre de s'établir dans ladite maison où elles sont à present demeurantes, laquelle a été ci-devant veue & visitée de notre autorité : Nous permettons d'achetter ladite maison pour y faire l'établissement. Donné à Paris le 31 Janvier 1647.

Ces Religieuses sortirent du Convent de la Victoire de l'Ordre des Chanoinesses Regulieres de St Augustin scis à Piquepuce, par transaction passée par l'ordre de l'Archevêque le 12 Juillet 1645.

JEAN FRANÇOIS DE GONDY, &c Veue la Requête à Nous presentée par les Religieuses du Port-Royal au Faux-bourg St Jaques, par laquelle elles Nous remontrent qu'ayant été ci-devant commencé un Monastere du St Sacrement en cette Ville, érigé par Notre Saint Pere le Pape, & approuvé par Lettres Patentes, & pour cet effet quelques Religieuses dudit Port-Royal ayant été instruites pour former cette nouvelle Congregation, & en prendre la conduite, il seroit arrivé que les fondations des personnes devotes qui avoient promeu & avancé ce bon œuvre, n'ayant pû être suivies ni assistées d'autres secours & liberalités suffisantes ; même ladite Congregation se trouvant dès-lors surchargée de dettes & arrerages qui en couroient, & ne pouvant plus subsister, Nous aurions ordonné dès le 7 Mai 1638, que lesdites Religieuses seroient ramenées au Port-Royal, & que les maisons achettées pour y bâtir & y fonder ledit Monastere seroient vendues, pour du prix en provenant être les Creanciers payés, & le surplus, s'il y en a, employé en l'achat de quelqu'autre lieu plus commode pour continuer, si faire se pouvoit, ledit établissement. Ce qui auroit été executé, ensorte que les Novices qui esperoient faire profession audit Monastere du St Sacrement, & ne le pouvoient plus obtenir, ayant desiré être admises en celui du Port-Royal, elles y ont été charitablement reçues : & lesdites maisons ayant été vendues, ce qui s'en est retiré n'a pû suffire au payement de toutes les dettes, & au remboursement de tout ce que lesdites Religieuses & Abbesse auroient fourni & avancé du leur à l'effet dudit établissement, le legs de la défunte Dame Bardeau, transferé suivant l'intention de ladite testatrice au Port-Royal ; & comme les mêmes devotions envers le très-Saint Sacrement, pour lesquelles ledit Monastere devoit être établi, sont pratiquées audit Port-Royal par l'adoration qui se fait incessamment jour & nuit du très-Saint Sacrement, par certain nombre de Religieuses étans en station perpetuelle; pour cet effet il auroit plû à Notre Saint Pere le Pape Innocent X, de confirmer l'usage de cette devotion; & en consideration de ces Charges, Services & Observances, de conceder au Port-Royal le titre, invocation, & toutes les graces & privileges cy-devant accordées par Urbain VIII, & comprises en l'établissement dudit Monastere du St Sacrement: requeroient, attendu ce que dit est, qu'il Nous plût ordonner que l'intention du Pape fût executée. Nous enterinant ledit Rescript Apostolique, disons que lesdites Imperantes jouiront des Lettres d'icelui, selon sa forme & teneur, & qu'à cet effet notre Official & Grand-Vicaire se transportera dans ledit Monastere pour donner les ordres necessaires pour l'execution dudit Rescript. Donné à Paris le 9 Avril 1647.

ANDRÉ DU SAUSSAY, Official de Paris, & Vicaire General, &c. Veue la Requête à Nous presentée par les Religieuses du Port-Royal lez-Paris, par laquelle elles Nous remontrent que par la permission de l'Archevêque une partie des Religieuses de leur Communauté seroit retournée en leur ancien Monastere du Port-Royal des Champs, & ont trouvé qu'il leur seroit necessaire de rétablir les cellules de leur Dortoir, qui auroient été entierement démolies lors de leur translation, pour s'en servir à leur maison de Paris, qu'il falloit marner leurs terres, & qu'il y avoit quantité de reparations à faire à leurs fermes & à leurs étangs. Requeroient qu'il Nous plût leur permettre de vendre à faculté de rachat la quantité de trente-cinq à quarante arpens de terres sçituées près le Village de St Lambert, avec la Justice & Seigneurie d'icelui, ce qui pourroit monter en tout à seize ou dix-sept mille livres. Nous Vicaire General, permettons ausdites Religieuses de vendre à faculté de rachat des terres & Seigneuries jusqu'à la concurrence de seize mille livres, à la charge que le Contrat d'alienation sera omologué par l'Archevêque. Donné à Paris le 30 Avril 1650.

Par Contrats des 7, 9, 13, 24 Mai 1647, Marie de Beauvilliers Abbesse de Montmartre, les Religieuses du Convent de Notre-Dame de Grace de la Ville-l'Evêque, disant que le Prieuré Notre-Dame de Grace a été fondé par Catherine d'Orleans Damoiselle de Longueville, & Marguerite d'Orleans Damoiselle d'Estoutteville, & par les soins & assistances de ladite Dame de Montmartre par Contrat du 2 Avril 1613, se seroient mues plusieurs contestations, pour lesquelles terminer, lesdites Abbesse & Religieuses de Montmartre renoncerent & se départirent au profit dudit Prieuré de tout ce qui leur y peut appartenir, tant en consequence de la donation à elles faite dudit Prieuré par les susdites Princesses que de rentes, heritages, dots, &c. acquis audit Prieuré, sans rien excepter, sinon les douze cens livres de rente données par feu Madame du Fresne, qui demeureront à ladite Abbayie de Montmartre, en consequence de la disposition qu'elle en a faite: attendu que la condition portée audit Contrat du 2 Avril 1613, est arrivée, ayant été ledit Prieuré dotté de plus de douze cens livres; & outre ladite Abbesse a quitté tout droit de superiorité, authorité & jurisdiction qu'elle a audit Prieuré, d'autant que les dépenses faites des deniers de ladite Abbayie pour l'établissement, bâtimens & manutention dudit Prieuré, lesquels par Sentence du Lieutenant Civil du 22 Decembre 1638, se sont trouvés monter alors à soixante-seize mille cinq cens quarante-neuf livres douze sols deux deniers; toutefois ladite Abbesse & Religieuses ont restraint leurs prétentions à ladite somme de trente-six mille livres, laquelle leur fût presentement payée, le tout du consentement de l'Archevêque, de Henri d'Orleans Duc de Longueville, & de

DE LA VILLE DE PARIS.

Catherine de Matignon, veuve de François de Sulli Duc de la Roche-Guyon, niece desdites Princesses. L'Archevêque consentit qu'au Prieuré de Notre-Dame de Grace on procedât de trois ans en trois ans à l'élection de l'une d'entre elles pour exercer la charge de Prieure, qui ne pourra être continuée plus d'une fois; que la Prieure choisira les Officieres de la Maison de l'avis des Discrettes, de l'avertir des vœux de ses Religieuses un mois auparavant; leur accorda de lui presenter de trois ans en trois ans trois Ecclesiastiques pour leur Superieur, pour en cas qu'ils lui agréent, en être choisi un par lui. L'Abbesse choisira un Confesseur par l'avis des Discrettes & du Superieur.

ANDRE' DU SAUSSAY, Official & Vicaire general, &c. Nous ayant été exposé de la part de Sœur Charlotte de Flichy, dite de St Placide, ci-devant Religieuse professe, converse au Convent des Religieuses Benedictines de Chaillot, que ledit Convent avoit si peu de revenu & commodité dès le commencement de son établissement, que la Superieure & Religieuses avoient été contraintes d'emprunter des sommes notables, & l'Archevêque en ayant eu connoissance, elles ne pouvant plus faire subsister leur Communauté, leur auroit permis de se retirer en divers Convens & Maisons Religieuses de Filles, où elles trouveroient qui les voudroit recevoir, & auroit permis à ladite Sœur de Flichy de se retirer en la Maison & Societé reguliere des Filles de la Croix, & puis en celle de l'Abbayie de Ste Perrine, de l'Ordre des Chanoinesses Regulieres de St Augustin, sise à la Villette, du consentement du Pape le 5 Novembre 1647.

ANDRE' DU SAUSSAY, &c. Vûe la Requeste presentée par François Theuvenyn, Jaques Girault, Antoine Ruffin, Charles & Philippes Collot, Operateurs ordinaires du Roi en l'execution de la pierre; par laquelle ils Nous remontrent, que le public ayant sçu l'entiere connoissance qu'ils ont au fait des maladies de la pierre & hergne, ceux qui en sont incommodés s'adressent à eux de toutes parts pour être soulagés: ce qui les auroit obligé par charité d'acheter de leurs deniers une grande place hors la Porte saint Antoine en cette Ville, Paroisse St Paul, sur laquelle ils ont fait bâtir une Maison en forme d'infirmerie, pour les recevoir charitablement, nourrir, entretenir, alimenter, panser gratuitement. Et d'autant que les malades sont obligés d'y être long-tems, & afin que les domestiques qui les servent ne les quittent, ils auroient fait preparer un Autel au bout de ladite Infirmerie pour y faire celebrer le saint Sacrifice de la Messe; requeroient qu'il plût à mondit Seigneur Archevêque leur en accorder la permission. Veu aussi certain Contrat de donnation fait par ledit Theuvenyn, par lequel il donne cent cinquante livres de rente annuelle pour être distribuées à un Prêtre qui celebrera les Fêtes & Dimanches la Messe sur les neuf à dix heures du matin en ladite Infirmerie, à son intention & de Marguerite le Sage sa femme, le sept des presens mois & an. Nous permettons ausdits sieurs Operateurs ordinaires & à leurs successeurs d'y faire celebrer la sainte Messe excepté le jour de Pâques & des Fêtes solemnelles, qu'ils seront tenus d'aller à la Paroisse avec leurs Serviteurs, sans pouvoir d'y faire aucune benediction de pain ni d'eau, ni autres fonctions Curiales; à la charge qu'auparavant de pouvoir jouir de la presente grace ils seront tenus de bailler une copie des Presentes au Curé de St Paul. Avons ledit Contrat omologué. Donné à Paris le 30 Janvier 1649.

Cette Infirmerie est si bien établie qu'elle se trouve presentement remplie de malades. A cette Messe ils fournissent au Prêtre pain & vin, ornemens, deux cierges ardens, & autres choses necessaires. Cette somme de cent cinquante livres rachetable de trois mille livres. Après sa mort & celle de sa femme une Messe de *Requiem*. Par Contrat du 7 Janvier 1649.

JEAN FRANCOIS DE GONDY, &c. Vûë la Requeste à Nous presentée par les Provincial & Definiteur du Tiers-Ordre de la Province de France ; par laquelle ils Nous remontrent que feu Jean Bordier, Argentier de la petite Ecurie du Roi, & Marie Bricart sa femme, auroient donné une maison sise à Belleville, & une grande maison sise rue Chapon, separée en trois demeures à dessein de fonder un Convent dudit Ordre dans ladite maison à Belleville : requeroient qu'il Nous plût permettre de faire ledit établissement. Vû le Contrat de donnation du dix Octobre 1638 ; le Testament & Codicile dudit deffunt des treize & seize desdits mois & an, par lequel Codicile ledit deffunt donne d'abondant ausdits Religieux la somme de six mille livres, pour être employée particulierement à bâtir ledit Convent audit lieu de Belleville & le fournir de meubles & d'ornemens necessaires audit établissement. Vû aussi l'Arrêt du Parlement, confirmatif dudit Contrat de donnation & Codicile, du neuf Juin dernier. L'Acte Capitulaire desdits Provincial & Definiteur de la Province de France assemblés au Convent de Piquepuce du seize Juillet dernier, par lequel ils ratifient & acceptent lesdits Contrat & Codicile. Nous Archevêques, confirmons lesdits Contrat & Codicile, avons permis ausdits Religieux d'établir un Convent de leur Ordre à Belleville en ladite maison pour huit Religieux seulement, tant Prêtres qu'autres, à la charge qu'ils ne pourront faire aucune quête dans notre Diocèse, ni entreprendre aucune chose contre les droits de l'Eglise Paroissiale où Succursale : leur deffendons de confesser pendant la quinzaine de Pâques, de dire la Messe du Convent avant dix heures, de prêcher à même heure qu'on prêche à l'Eglise Succursale, ni de faire eau benite, pain beni, recevoir Confrairie. Donné à Paris le 30 Juillet 1649.

JEAN FRANÇOIS DE GONDY, &c. Vûë la Requeste à Nous presentée par Marie Courtin, veuve de Nicolas Billard sieur de Carouge ; par laquelle elle Nous auroit remontré que desirant fonder un Monastere de Filles de l'Ordre de St Benoît de la regle mitigée, elle auroit donné neuf cens livres de rente en faveur de Sœur Magdelaine de Valles, Marguerite de Fromont, Michelle de Richou, & Catherine Rondeau, Religieuses Professes dudit Ordre, demeurantes par notre permission au Fauxbourg St Marcel rue des Postes, & non encore établies, à la charge qu'elle veuve Billard demeureroit dans ledit Monastere tant & si long-tems qu'elle voudroit comme seculiere, & ce aux honneurs accordés aux fondatrices, & que Sœur Catherine Bachelier sa niece, Religieuse du Convent de Notre-Dame d'Arsisses près Nogent, seroit la premiere Prieure dudit Monastere sa vie durant, & après son decès Sœur Barbe Regnaut aussi Religieuse Professe dudit Monastere d'Arsisses, en cas qu'elle la survive, & que les decès arrivés de l'une & de l'autre, ladite Prieure sera elective par les Religieuses dudit Monastere pour trois ans, & que ladite Sœur Magdelaine de Valles demeurera Souprieure pendant la vie desdites Sœurs Bachelier & Regnaut, par Contrat du vingt-sept Octobre dernier ; requeroit qu'il Nous plût leur permettre de s'établir en la maison où elles sont à present demeurantes, ou telle autre qui se trouvera par Nous propre. Nous Archevêque, confirmant & omologuant ledit Contrat de donnation, avons permis ausdites Religieuses de s'établir en la maison où elles sont demeurantes ou telle autre de cette Ville, Fauxbourgs ou Diocèse de Paris, à la charge qu'après le decès de ladite Bachelier sera procedé par lesdites Religieuses à l'élection d'une autre Prieure, laquelle ne sera que triennale, sans que ladite Sœur Regnaut puisse prétendre aucune survivance pour être Prieure après le decès de ladite Bachelier, sinon pour trois ans seulement, après lesquels sera procedé à l'élection d'une autre Prieure ; comme aussi que ladite Sœur de Valles sera Souprieure pendant trois ans, & qu'il nous soit loisible de mettre dans leur Monaſtere une fille ſeculiere une fois ſeulement, laquelle ſera nourrie & entretenue gratis aux dépens dudit Monaſtere. Donné à Paris le 2 Janvier 1650.

JEAN FRANÇOIS DE GONDY, &c. Nous a été remontré par les Capucins des Marais, qu'en 1623 Nous leur aurions accordé au bas de leur Requeſte la permiſſion de s'établir auſdits Marais, & que depuis ce tems-là ayant negligé de faire mettre notre permiſſion en forme de Patentes, requeroient qu'il Nous plût en confirmant ladite grace, ordonner que nos Lettres d'établiſſement leur ſeroient delivrées ; ce que Nous leur avons accordé le 22 Janvier 1650.

JEAN FRANÇOIS DE GONDY, &c. D'autant que Nous avons établi de notre autorité Maître Etienne de Barberé, Clerc de notre Diocèſe, faiſant depuis dix ans profeſſion d'élever des pauvres enfans orphelins, illegitimes & étrangers avec quelques perſonnes Eccleſiaſtiques & Laïques, en une maiſon du fauxbourg St Antoine, où il emploie tous ſes ſoins & ſon bien à retirer les pauvres enfans orphelins & autres pauvres hommes & garçons Catholiques & Heretiques & Infideles de toutes les Nations du monde tant qu'il en peut nourrir & les faire inſtruire en la Religion Catholique, Apoſtolique & Romaine, à lire, chiffrer, jetter, compter, les rendre capables de pouvoir ſervir avec civilité des perſonnes de pieté & de condition, ou leur faire apprendre métier par les Artiſans qui ſont pour cet effet donnés à ladite maiſon, afin d'y ſervir Dieu le reſte de leur vie, & montrer charitablement leurs Arts & métiers auſdits Pauvres; même il a logé & nourri en ſadite maiſon l'eſpace d'un mois une quantité de pauvres hommes ignorans la créance Chrétienne, & les y fait inſtruire & enſeigner journellement durant ledit tems, lequel expiré ils ſortent de ladite maiſon & en leur place on en prend d'autres, ſi ce n'eſt qu'ils ſe veulent reſoudre en quittant leur vie libertine d'apprendre l'un des Arts & métiers qui leur ſeront enſeignés pour pouvoir gagner leur vie & n'être plus à charge au public par leur mendicité & oiſiveté ; quoi faiſant, ils ſeront logés, nourris & entretenus ſains & malades, juſqu'à ce qu'ils ſachent leur métier, pour faire place à d'autres. Nous lui avons permis d'avoir une Chapelle ouverte où l'on diſe la ſainte Meſſe, & faire un Cathechiſme publique, journalier & perpetuel pour tous les Pauvres de l'un & de l'autre ſexe, & y tenir troncs. Avons accordé ci-devant des Stations de Jubilé & des Indulgences à ceux qui viſiteront cette Chapelle, & faire faire des quêtes de tems en tems dans les Paroiſſes de notre Diocèſe. Cette maiſon n'a été fondée juſqu'à preſent d'aucun revenu & n'a ſubſiſté que par cette ſouveraine Providence dont elle a retenu le nom; & quoique Nous lui ayons ci-devant donné des preuves par écrit de l'approbation que Nous faiſons de ſon établiſſement, & que Nous l'ayons nous-mêmes chargé dès l'an 1644 de quarante-cinq pauvres garçons tirés de la maiſon ci-devant dite la Famille St Joſeph ſiſe au fauxbourg St Victor lez Paris, Nous en confirmant l'établiſſement de ladite maiſon ſous le titre de la Providence avons preſcrit certaines regles & ſtatuts audit Barberé & à ſes coadminiſtrateurs ſur les memoires qu'ils Nous ont preſenté, à la charge d'y augmenter & diminuer à notre volonté. Le premier Mars 1648.

Jean François de Gondy, &c. Vûe la Requeste à Nous presentée par Dame Claude de Bouchavannes, veuve de feu Mr Vignier, Conseiller du Roi en son Conseil d'Etat & direction de ses Finances, par laquelle elle Nous remontre qu'en consequence de la permission qu'il Nous auroit plû lui accorder de fonder un Monastere de l'Ordre mitigé de St Benoît, en tel lieu de cette Ville, Fauxbourgs ou Diocèse de Paris qu'elle trouveroit plus commode, en faveur de Sœur Emanuelle Magdelaine de Bouchavannes, Religieuse Professe du Monastere de Notre-Dame de Soissons, elle auroit fait achat d'une maison, clos & jardin, sis au fauxbourg St Antoine lez Paris, rue de Charonne, Paroisse St Paul, à l'effet dudit établissement, à la charge néanmoins que ladite Sœur Emanuelle Magdelaine de Bouchavannes seroit & demeureroit sa vie durant Superieure en titre de Prieure dudit Monastere, requeroit qu'il Nous plût lui delivrer nos Lettres d'établissement dudit Monastere. Vû aussi le Contrat d'acquisition de ladite maison en datte du douze Septembre 1647. Autre Contrat de donnation de ladite maison faite par ladite de Vignier en faveur dudit nouveau Monastere, en datte du 20 Avril dernier. Nosdites Lettres de permission du 3 Août 1646. L'obedience & consentement de l'Evêque de Soissons du premier Janvier dernier. Le consentement de la Reverende Mere Abbesse dudit Monastere de Notre-Dame de Soissons le 3 Novembre 1647.

Nous Archevêque, en approuvant ledit Contrat de donnation, permettons à ladite Dame Claude de Bouchavannes de faire bâtir & construire ladite maison & lieux Reguliers pour l'établissement dudit nouveau Monastere, lequel nous avons érigé & érigeons par ces Presentes en titre de Prieuré Conventuel sous l'invocation de *Notre-Dame de bon secours*, duquel Nous voulons que Sœur Emanuelle Magdelaine de Bouchavannes soit & demeure Superieure sa vie durant en qualité de Prieure, lui conferant semblable & pareille dignité & pouvoir qu'aux autres Prieures titulaires & perpetuelles des Prieurés Conventuels & non electifs dudit Ordre mitigé de St Benoît, sans pouvoir resigner ledit Prieuré ou permuter du vivant de ladite Dame Vignier sa sœur, si ce n'est de son consentement; après le decès de laquelle, ladite Sœur Emanuelle pourra user du droit de resignation purement & simplement, comme font les autres Prieures titulaires dudit Ordre; & arrivant le decès de ladite Sœur Emanuelle Magdelaine du vivant de ladite Dame Vignier, il Nous sera nommé & presenté par icelle Dame Vignier telles autres Filles Religieuses Professes ayant les qualités requises, pour être pourvues dudit Prieuré, lesquelles y seront reçues aux conditions precedentes de la Sœur Emanuelle. Après le decès de ladite Dame cette clause cessera, & les Religieuses s'y comporteront comme il s'observe par les autres Prieurés Conventuels titulaires & non electifs. La collation, provision, & toute autre disposition duquel Prieuré, Nous appartiendra, avec tout droit de jurisdiction ordinaire. Ladite Dame sera tenue Fondatrice, & en cette qualité aura tous les droits dûs aux Fondatrices, pourra ceder son droit d'entrée à telle de ses parentes ou amies qu'il lui plaira, pour en jouir du jour du decès de ladite Dame, par ladite parente ou amie sa vie durant, & de là en avant par la femme de l'aîné, ou à son défaut par la fille aînée de la personne nommée, & ainsi consecutivement par les descendantes l'une après l'autre. Donné à Paris le trente Mai 1648.

DE LA VILLE DE PARIS.

JEAN FRANÇOIS DE GONDY, &c. Vûe la Requeste presentée par le R. P. General de la Congregation *de l'Oratoire*, Nous avons concedé à ladite Congregation la permission & faculté d'établir une maison d'Institution separée des autres en cette Ville ou fauxbourgs pour informer & instruire tant en la pieté & au reglement de leur Institut, qu'aux fonctions Ecclesiastiques, ceux que Dieu y appelle, à quoi la maison de St Honoré n'est pas propre, à cause du grand abord des affaires, ni celle de St Magloire, comme étant destinée & servant à un Seminaire d'Ecclesiastiques externes. Donné à Paris le 30 Mars 1650.

DOCTRINE CHRETIENNE.

La Congregation de la *Doctrine Chrétienne* a été instituée purement Seculiere en la Fête St Michel de l'an 1593. Et en la Ville d'Avignon par le P. Cesar de Buz en l'an 1597, au vingt-trois de Decembre elle a été approuvée par le Pape Clement VII, avec faculté de faire un vœu simple d'obéissance. En l'an 1610 elle a été approuvée par le Clergé de France dans une assemblée generale. En la même année elle a été autorisée par les Lettres Patentes du Roi, regîtrées dans les Parlemens de Toulouze & Bordeaux. En l'an 1616 elle a été unie par le Bref du Pape Paul V, avec les Clercs Reguliers de Sommasques. En l'an 1617 les Lettres ont été accordés de sa Majesté à ladite Congregation pour la confirmation de ce Bref d'union; & en l'an 1618 elles ont été regîtrées dans plusieurs Parlemens, particulierement dans celui de Bordeaux. En l'an 1645 est intervenu Arrêt du Parlement par lequel a été confirmée la Regularité de ladite Congregation pour le passé; & pour l'avenir, elle a été renvoyée par les conclusions de Mr le Procureur General vers sa Sainteté, pour savoir quel seroit son état. En l'an 1647 par le Bref d'Innocent X, lad. Congregation a été separée de celle de Sommasques, & declarée purement Seculiere pour l'avenir. En l'an 1659 au mois de Septembre, le Pape Alexandre VII, à present séant, a accordé à lad. Congregation par un Bref, la puissance de faire faire à ceux qu'elle recevroit desormais, après un an de probation, les vœux simples de pauvreté, chasteté, obéissance, avec celui de perseverance dans ladite Congregation, dispensable seulement par le Pape, par le Chapitre general ou par le Definitoire. En la même année au mois de Decembre, ledit Bref a été confirmé par les Lettres Patentes du Roi, & ensuite fulminé par Mr le Doyen de l'Eglise Notre-Dame, grand Vicaire de Monseigneur le Cardinal de Retz, en vertu de la subdelegation de Monseigneur l'Archevêque d'Avignon, à qui il avoit été adressé par sa Sainteté, & par qui il avoit été fulminé au mois d'Octobre precedent. Monsieur le Procureur General au mois de Fevrier dernier a donné ses conclusions pour l'enregîtrement desdites Lettres.

JOANNES FRANCISCUS DE GONDY, Dei & sanctæ Sedis Apostolicæ gratiâ, Archiepiscopus Parisiensis, Christianissimi Domini nostri Regis Galliarum & Navarræ, Ludovici decimi tertii, in ejus statûs & sanctioribus consiliis Consiliarius, nec non magnus Capellæ Regiæ Magister; omnibus præsentes Litteras inspecturis vel audituris: SALUTEM IN DOMINO. Cum ad salutem æternam omnibus Christi Fidelibus admodum necessarium sit præcipua Christianæ Doctrinæ capita & scire & intelligere, ideò olim summam SS. Patres diligentiam adhibuerunt ut omnes ac singuli Christi Fideles in Fideï Christanæ institutione præceptorum institutione erudirentur. Hoc ipsum ut fieret, multa Concilia cum Tridentino peculiari, Spiritus-sancti afflatu universis Episcopis & animarum Rectoribus studiosissimè commendarunt; nihilominus tamen per honorificum hoc docendi genus, Christianorum incuria, Dæmonum qui fructum animarum quibuscumque possunt modis impedire moliuntur, fraudibus, falsâ denique hominum opinione, puerile visum est, bjectumque & summis Doctoribus Christianis quodammodo indignum. Hinc actum est ut ea quæ ad salutem necessaria sunt ignorantes, paulatim in gravissima peccata inciderint, & in illis obfirmato animo obduruerint, & nonnulli à Fide Christiana deficientes in varios errores, immò hæreses miserrimè prolapsi fuerint. Hæretici ipsi ut plebem pravis erroribus suis imbuant hujusmodi Cathecheses, easque breves & familiares instruere, & de iis in lucem libellos edere, perutile esse judicaverunt, qui cum pietatis speciem præ se ferrent, incredibile est quam facilè incautos simplicium animos deceperint. Quibus tantis malis Deus optimus maximus mederi volens, ut pia sanctorum Patrum Christianos Fidei documentis erudiri consuetudo revocetur, & Catholici omnes totius Regni Galliæ in Ecclesiæ Catholicæ, Apostolicæ & Romanæ unitate contineantur, & in antiqua pietate & probis moribus conserventur, inspiravit non multis abhinc annis Reverendo Patri Cæsari de Buz, viro eximiæ pietatis, cujus memoria est in benedictione, ut Avenione novam iniret Congregationem Sacerdotum, qui in explicandis populo Christianæ Fidei præceptis toto pectore incumberent. Placuit hoc summo Pontifici Paulo quinto, & mirificè laudavit prædictum de Buz, quem vocat in Bulla sua primum parentem & institutorem hujus, ut ipsemet ait, sanctissimi Instituti. Voluit insuper in eadem Bulla Romæ concessa anno 1616, hos Doctrinæ Christianæ Patres, eorumque successores, in perpetuum suum retinere institutum, docendi Doctrinam Christianam, parvam, mediocrem & magnam, juxtà laudabilem eorum consuetudinem, eamque inviolabilem, servare tum in iis domibus quas nunc possident, tum in iis quas in posterum in toto Regno Galliæ possidebunt. Et licet prædictus Pontifex felici hujus Congregationis statui & augmento consulens eam Congregationem Congregationi Clericorum Regularium Congregationis Sommaschæ univerit, nihilominus tamen Christianissimi Regis Francorum & Navarræ, & Regni Galliæ amantissimus Pontifex Clericorum Regularium hujus Congregationis Patrum Doctrinæ Christianæ regimen & gubernationem in toto Regno Galliæ in domibus tam acquisitis quam acquirendis voluit & decrevit penès Superiores Gallos retineri. Accesserunt etiam Litteræ Christianissimi Regis Francorum & Navarræ Ludovici decimi tertii anno 1610 concessæ, quibus hanc Congregationem Patrum Doctrinæ Christianæ antè prædictam unionem in Galliarum Regno, & præsertim in Burdegalensi, Tholozana & Brivensi civitatibus suas habere sedes firmas & stabiles voluit. Accessêre insuper aliæ ejusdem Christianissimi Regis Litteræ post prædictam unionem anno 1617 concessæ, quibus dictam unionem à prædicto summo Pontifice pro toto Regno Galliæ editam, pro sua clementia & summa in Christianam Rempublicam pietate approbavit. Quæ cum ita se habeant & necessitas docendi in hoc Galliarum Regno Christianæ Fidei præcepta, nobis probè nota sit, idque hi Patres, non ad libitum ut nonnulli alii, sed à Deo peculiari instituto, à summo Pontifice approbato, ad hoc munus tam honorificum ramque utile, omnibus hujus Regni Incolis vocati præstent; idque jam à multis annis, in celeberrimis Regni hujus urbibus, magnâ cum laude, virtutum famâ, & animarum fructu, ut ab Illustrissimis & Reverendissimis Cardinalibus & Archiepiscopis florentissimi hujus Regni, & omnium ordinum hominibus fide dignissimis accepimus dignè præstiterint; non videtur rationi consentaneum tam utiles operarios, natione, voto & professione Gallos, à Deo optimo maximo in Galliæ utilitatem missos, repellere; immò potiùs in partem sollicitudinis nostræ pastoralis admittere & sanctissimis eorum votis satisfacere æquum judicamus. Quare eos in hac civitate Parisiensi totius orbis Gallici capite vel in ejus suburbiis domum & Ecclesiam habere volumus eosdem priùs à nobis vel Vicariis nostris examinatos & approbatos & ea Ecclesiæ Sacramenta Pœnitentiæ & Eucharistiæ populo administrare, sacras ad populum conciones habere, & in suscepto tradendæ Christianæ instituto se

occupare;

DE LA VILLE DE PARIS.

occupare ; in aliorum verò Ecclesiis civitatis & Diœcesis nostræ Parisiensis cum Parochorum vel Superiorum locorum consensu eadem præstare permittimus & eisdem prædicta omnia faciendi licentiam concedimus & facultatem impartimur. In quorum fidem & testimonium has præsentes Litteras per Magistrum Joannem Baudouyn, in Jure Canonico Licentiato, publicum autoritate Apostolicâ Curiæque Archiepiscopalis Parisiensis Notarium Juratum, & Archiepiscopatûs nostri Parisiensis Secretarium ordinarium, fieri & signari, sigilloque Cameræ nostræ fecimus & jussimus appensione communiri. Datum Parisiis anno Domini 1626 die sacro sancti Augustini 28 mensis Augusti.

Die 2 Martii 1474 facultas fuit concessa Episcopo Sylvanectensi, benedicendi & consecrandi altare Capellæ Collegii *de Mignon*.

Die Martis 18 Julii 1474, concessa licentia custodi præpositurae operariorum & *Monetariorum*, Monetæ Parisiensis de juramento Franciæ, quod ipsi per idoneos Sacerdotes possint & valeant celebrari facere Missam in Capella noviter per eos constructa, etiam super altare portabili ; Parochiali & aliis quorumcumque juribus in omnibus semper salvis.

Collatio loci in domo *sanctæ Catharinæ* in vico sancti Dionysii 7 Maii 1475.

Le 18 Juillet 1475, permission aux *Orfevres* de faire celebrer la Messe dans leur Chapelle, sauf le droit du Curé.

Die 26 Augusti 1475, Joannes Jourdam & Jacqueta uxor ejus habitantes de Argentolio, *Argenteuil*, dederunt personas suas & bona Hospitali de Argentolio, quam donationem Dominus admisit deditque locum in dicto Hospitali.

Die 4 Septembris 1475, fundatio unius Præbendæ in Ecclesia *sancti Honorati* Parisiis pro duobus pueris chori.

Decimo-sexto Augusti 1476, hodie Dominus contulit locum nobili mulieri Mariæ de Saintaignan, domicillæ, in domo sive Hospitali *Filiarum Dei* Parisiis, quæ se & bona sua dictæ domui donavit.

Die 22 Septembris 1477, per Reverendum Dominum Archiepiscopum Bituricensem, de licentia Domini, altaria Ecclesiæ *sancti Landerici* fuerunt consecrata.

Die 12 Octobris 1490, Thesauraria *sancti Jacobi ab Hospitali*, fuit collata super præsentatione Administratorum & fuit collatio directa omnibus Presbyteris, quia dicta Thesauraria est exempta ab Archidiacono Parisiensi per compositionem quamdam tempore Reverendi Domini Episcopi Parisiensis Aymerici, inter dictos gubernatores & tunc Archidiaconum penes eosdem gubernatores existentem ; per quam compositionem cavetur quod dictus Thesaurarius tenetur tradere & solvere dicto Archidiacono decimos solidos Parisienses intrà octo dies è tempore susceptæ possessionis.

Die Cinerum 7 Martii 1491, Domina Anna de Britannia Regina Franciæ, misit ad Dominum Eleemosynarium suum, supplicaturus eidem quatenus cum eadem Domina dispensare dignaretur hoc Quadragesimali tempore, tam pro se quam pro familia sua super esu butiri, attento quod in patria Britanniæ à qua tam ipsa Domina quam suorum familiariorum major pars oriunda erat butiro & non oleo communiter utitur. Quodque ut posset per idoneum Sacerdotem Missam in domo suæ habitationis quoties ex sua devotione processerit celebrari facere. Qui quidem Dominus votis suis annuens eidem Eleemosynario præcepit ut præfatæ Dominæ ac aliis suis familiaribus respectivè quibus hujusmodi butiro vesci contigerit injungat aliqua opera charitativa in suorum peccatorum remissionem prout secundum Deum & suam conscientiam viderit faciendum.

Die Lunæ 12 Martii 1491, Dominus dispensavit cum Domino nostro Rege super esu butiri & aliorum lacticunorum ac etiam ovorum de consilio Medicorum hoc Quadragesimali tempore; injungendo eidem quatenus quotidiè ter Orationem Dominicam dicat & alias eleemosynas ultrà consuetas, de consilio sui Confessoris faciat.

Depuis les Evêques permirent dans ce Diocèse d'user pendant le Carême de beure & de lait, à la charge de quelque aumône que les Marguilliers obtenoient pour contribuer à la fabrique de leur Eglise.

Die 17 Julii 1494 hora Vesperorum, Dominus accessit ad domum *Filiarum Dei* Parisiis, in qua nuper nonnullas Religiosas sub regula reformata Fontis-Ebraudi viventes recluserat, ut provideret super facta duarum antiquarum Sororum in dicta domo antè reformationem hujusmodi residentium quæ dicebant se ferre non posse onera hujusmodi Religionis reformatæ, nec sub eadem remanere velle, licet pluries antè hujusmodi reformationem id fieri postulassent, quibus per præfatum Dominum auditis, ordinavit quod dictæ Sorores antiquæ ponerentur extrà clausuram & provideretur eis de hospicio juxtà capacitatem loci, inhibendo eisdem Sororibus ne à dicta domo exire præsumant, sub pœnis in eadem regula contentis.

Die 18 Junii 1503, Dominus interposuit suum Decretum in & super fundatione Capellæ in honorem   in Ecclesia *sancti Honorati*, per executores testamenti Magistri Nicolai le Mire, dum viveret dictæ Ecclesiæ Canonici & eam in titulum perpetui beneficii erexit.

Die 15 Julii 1503, concessa fuit licentia Magistris seu Gubernatoribus Hospitalis *sancti Spiritus* in Gravia, consecrari faciendi Capellam dicti Hospitalis per quemcumque Catholicum Antistitem & composuerunt cum sigillifero pro jure Domini.

Die 16 Septembris 1503, fuit convocatio Curatorum & Vicariorum Urbis Parisiensis in aula domûs Episcopalis Parisiensis hora nona vel circà, in qua præfuit venerabilis vir Magister Ludovicus Pinelle, sacræ Theologiæ Professor, Canonicus & Cancellarius Parisiensis, Vicarius Reverendi in Christo Patris & Domini Domini Stephani, miseratione divinâ Episcopi Parisiensis, qui inhærendo quibusdam ordinationibus per Dominos Præsidentes Curiæ Parlamenti, die 13 dicti mensis factis, vocatis ad hoc Vicario & Officiali, & me Joanne Sauloy Secretario, præfatis convocatis præcepit & injunxit quatenus revelarent sibi aut Officiali *Blasphematores* Divini nominis & verba nefanda in contemptum Fidei Catholicæ & Religionis Christianæ dicentes & proferentes.

Item. Inhibuit supradictis ne de cætero permitterent celebrare in suis

DE LA VILLE DE PARIS.

Ecclesiis Sacerdotes extraneos & ignotos nisi essent per dictum Vicarium approbati & quod afferrent penes dictum Dominum Vicarium nomina Sacerdotum in suis Ecclesiis respectivè habitantium & conversantium infra diem Dominicam proximè venturam, nec non numerum Capellaniarum in suis Ecclesiis fundatarum, & nomina eas detinentium & obtinentium.

Item. Quod revelarent nomina Concubinariorum publicorum, *Bordels*, prout per Statuta Synodalia cavetur.

Die 19 Septembris 1530, Dominus transtulit festum Dedicationis Ecclesiæ Patrochialis *sancti Jacobi à Carnificeria* Parisiensis, quod per anteà celebrari consuevit sexto mensis Octobris, ad primam diem Dominicam ejusdem mensis Octobris, hujusmodi Dedicationis festum dicta die Dominica prima mensis Octobris perpetuo fore & esse celebrandam, & ordinavit habito priùs consensu Rectoris, Matriculariorum & Parrochianorum ejusdem Ecclesiæ id fieri pro causis in Requestâ appositis.

CHARLES, par la grace de Dieu, Roi de France, A tous ceux, &c. Notre-dite Cour du consentement des Prevôt, Ouvriers & Monnoyers de la Monnoie de Paris du serment de France, & de notre amé & feal Conseiller Eustache du Bellay, Evêque de Paris, desdites parties à ordonné & ordonne, que lesdits Prevôt, Ouvriers & Monnoyers pourront mettre quatre personnes devant eux en ladite maison & lieux du *bas Roule*, & y pourvoir, vacation advenant, de gens de bonne vie & conversation; & ledit Evêque de Paris, de quatre autres personnes de son côté, aussi de bonne vie & conversation, & y pourvoir desdites quatre personnes, vacation advenant; lesquelles huit jouiront desdits lieux, maison, Chapelle, lieux & appartenances du bas Roule, comme par ci-devant ils ont joui de tout tems & anciennté, & nommeront deux d'entre eux, l'un du côté des Ouvriers & Monnoyers, & l'autre du côté dudit Evêque; lesquels deux feront ensemble le serment de fidelité pardevant ledit Evêque, ses Vicaire general ou Commis, de bien & duement regir ladite Chapelle, fruits, profits & revenus dudit Hotel de deux ans en deux ans, & faire dire les Messes & Service Divin tant en ladite Chapelle du *bas Roule*, qu'en la Chapelle située & assise en la Monnoie de Paris, & aussi bailler provision & pension aux malades si aucun y a ou qui y seront ci-après de la qualité requise; & au bout desdits deux ans sortiront de ladite Charge & en leur lieu en seront élus deux autres desdites huit personnes. Donné à Paris en notre Parlement le dix-neuviéme Novembre 1562, le deuxiéme de notre Regne.

PETRUS DE GONDY, Dei & sanctæ Sedis Apostolicæ gratiâ Parisiensis Episcopus, Judex in hac parte ordinarius nec non à sanctissimo in Christo Patre & Domino Domino Gregorio, divinâ providentiâ Papæ XIII & modernè à sanctaque Sede Apostolica specialiter commissus & deputatus viro nobili & venerabili ac circumspecto Domino & Magistro Arnulpho du Mesnil, Jurium Licentiato, Archidiacono Briæ, in insigni Parisiensi Ecclesiâ Canonico Præbendato, nostro generali in spiritualibus & temporalibus Vicario; SALUTEM IN DOMINO. Cum nuper præfatus sanctissimus Dominus noster Papa Gregorius XIII supplicationibus Cardinalis à Guysia nuncupati, Archiepiscopi & Ducis *Rhemensis*, Franciæque primi Paris; ac nobilis & Jurisconsulti viri Domini & Magistri Petri le Maistre, in Parlamento Consiliarii inclinati, nos unâ cum aliâ personâ in dignitate Ecclesiastica constituta commiserit & deputaverit pro approbatione, homologatione certi contractûs venditionis certæ portionis domûs Rhemensis, in hac nostra civitate Parisiensi sitæ, per Arrestum supremi Senatûs dicto Domino le Maistre, tanquam plus offerenti adjudicatæ, prout Litteris

Apoſtolicis ſuper hoc confectis de data Tuſculi, Idus Septembris, Pontificatûs ejuſdem 12, latiùs contineri vidimus, &c.

Vous ordonnons de vaquer à conſiderer l'utilité ou inutilité de cette vente & de faire toutes les procedures neceſſaires. Datum Pariſiis 24 Septembris 1584.

Veu par Nous Jean Prevôt, Docteur en la Faculté de Theologie, Chanoine en l'Egliſe de Paris, & Vicaire general de Monſeigneur le Reverendiſſime Cardinal de Gondy, Evêque de Paris, faite en faveur de très-illuſtre Princeſſe Dame Diane de France, ſœur legitimée du Roi, Ducheſſe d'Angoulême, à Frere Robert Reche, Prêtre Hermite Religieux de l'Ordre St Antoine par les heritiers de feu Meſſire Emeri de Rochechouart Evêque de Ciſteron, la permiſſion & licence donnée audit Reche par Mr l'Evêque de Senlis de ſortir de l'Hermitage St Sulpice du deſert au Dioceſe de Senlis lieu de ſa profeſſion pour venir demeurer audit lieu. La Requête à Nous preſentée par ledit Reche, Nous Vicaire general ſusdit avons permis & permettons audit Reche de ſe retirer audit lieu de *Picquepuce*, avec Frere Pierre Reche ſon frere, Novice, pour y demeurer & vivre Religieuſement ſelon leur Ordre, vœu & profeſſion, ſans aucun ſcandale. A la charge toutefois que ledit Reche ne pourra retirer ni aſſocier avec lui audit Hermitage aucun Religieux ſoit de ſon Ordre ou de quelque autre pour y demeurer, avec deffenſes très-expreſſes de n'admettre le St Sacrement de Confeſſion ou autre Sacrement aux habitans circonvoiſins ou autres de ce Dioceſe au prejudice des droits des Curés des lieux. Deffendons auſſi audit Reche de ne permettre qu'aucuns Gens d'Egliſe celebrent la Meſſe audit Oratoire ſans notre licence & permiſſion & s'ils ne ſont par ledit ſieur Cardinal ou Nous approuvés; le tout tant & ſi long-tems qu'il plaira audit ſieur Cardinal, & juſqu'à ce qu'autrement en ſoit ordonné. Fait à Paris le 29 Août 1588.

Nota que c'eſt le lieu où ſont les Picquepuces.

Feria quarta poſt Dominicam de Jubilate 15 Aprilis 1598, Reverendus Henricus de Gondy, Pariſienſis Epiſcopus, certam portionem Eccleſiæ ſeu Capellæ *Hoſpitalis ſanctiſſimæ Trinitatis* de novo conſtructam benedixit.

DE LA VILLE DE PARIS.

EXTRAIT DU CARTULAIRE DE St MAUR,
écrit en 1284.

INNOCENTIUS Episcopus, Servus servorum Dei, &c. Beati Petri Fossatensis Monasterium cui, Deo authore, præesse dignosceris (Ascelinus Abbas) Apostolicæ Sedis privilegio communimus in Episcopatu Parisiensi, præterea Prioratum *sancti Eligii*, infrà civitatem Parisiensem situm, & Ecclesias ad ipsum pertinentes, videlicet Ecclesiam sancti Martialis, Ecclesiam sancti Petri de Arsionibus, Ecclesiam sanctæ Crucis, Ecclesiam sancti Petri de Bobus, infrà muros ejusdem civitatis sitas, Ecclesiam sancti Boniti ultrà magnum Pontem, Ecclesiam sancti Pauli extrà civitatem, cum terris & rebus ad eam pertinentibus. Datum Pisis 10 Calendas Martii, Indictione 12, Incarnationis Dominicæ 1130, 6 Pontificatûs Domini Innocentii Papæ IV, anno 6.

Monasterium in loco qui dicitur, *Fossatus*, (*St Maur*,) in honore Beatæ Mariæ semper Virginis, & sanctorum Apostolorum Petri & Pauli constructum.

Folio 25.

MAURITIUS, Dei gratiâ, Episcopus Parisiensis, &c. Capellam sancti Petri *de Bobus* in civitate Parisiensi annuatim duos solidos Fossatensi Monasterio reddentem, Ecclesiam sancti Eligii Parisiensis, quatuor Capellas, scilicet sancti Boniti, Cappellam sancti Petri *de Assis*, Capellam *Sanctæ Crucis*, Capellam sancti *Martialis*, ad Ecclesiam sancti Eligii pertinentes, Ecclesiam sancti Pauli cum atrio magna decima & minuta nihilominus ad Ecclesiam sancti Eligii pertinentem, has suprà memoratas Ecclesias cum præsentationibus earum Fossatensi Monasterio confirmamus. Datum apud sanctum Victorem, anno 1195, mense Septembri.

Donc alors St Paul portoit le nom d'Eglise, & étoit Cure, & St Pierre des Assis, Ste Croix & St Martial, n'étoient pas Cures, mais Chapelles.

Dictus census situs est suprà domos in vico qui dicitur *Poteria*, & in quadrivio Veteris auris, & in Gravia, & in magna domo sita ad oppositam partem ascendendo *in veteri Judeario*.

In quadrivio *Carrefour* de Gravia, ad domum quæ facit cuneum vici de veteri aure.

Guillelmus Poterius pro parte domus in Poteria, item pro alia parte quæ fuit Guidonis Poterii, 1284.

Posteà eundum est in quadrivio de Gravia, per quem itur de quadrivio veteris auris ad portam Baldeorum, (*Baudets*) 1284.

Domus quæ facit cuneum vici veteris auris, & vici Helioti de Braia, 1284.

Pro domo sequenti, quæ vocatur furnus de veteri aure, 1284.

A cuneo de veteri aure ascendendo in vicum *des Communacresses*, 1284.

HERBERTUS sanctæ Genovefæ Parisiensis Abbas, totusque ipsius Ecclesiæ humilis Conventus, omnibus præsentes Litteras inspecturis, salutem in Domino. Noveritis quod cum causa verteretur inter nos ex una parte, & viros Religiosos, Abbatem & Conventum Fossatensem ex altera, super *furno*, qui dicitur *Vetus auris*, Parisiis in Poteria apud sanctum Medericum sito,

PREUVES DES ANTIQUITES

quem nos dicebamus situm in censiva nostra, & pro ipso capitalem censum ab antiquis temporibus annuatim nos recepisse. Dicti verò Abbas &
Conventus Fossatensis eundem furnum de feodo suo movere asserebant;
de qua videlicet causa nos & prædicti compromisimus in viros venerabiles
sancti Martini de Campis, & sancti Eligii Priores, & Petrum de Buscheria
Clericum Parisiensem : tandem mediantibus ipsis arbitris & aliis bonis viris, compositum fuit inter nos in hunc modum ; videlicet , quod Nos per-
cipiemus annuatim duos solidos Parisienses, nomine capitalis census, pro
dicto furno, in festo sanctæ Genovefæ post Natale Domini. Ipsi verò in eodem furno dominium feodi habebunt cum omnimoda justitia ad ipsum feodum pertinente ; ita quod quandocumque contigerit emendam levari à nobis
per defectum solutionis census præfati ad terminum suprà scriptum, ipsi medietatem illius emendæ habebunt ; si verò furnus ipse, vel pars aliqua ven-
dita fuerit, quinta pars prætii nobis & prædictis communiter dividetur, ita
quod Abbas & Conventus memorati medietatem quintæ partis ipsius prætii habebunt, Nos autem aliam medietatem, nec alias ventas, ratione census prædicti, poterimus nobis de cætero vindicare. Quod ut ratum & stabile permaneat, præsentes Litteras fecimus fieri, & sigillorum nostrorum
munimine roborari. Actum anno Domini 1228, mense Aprili.

Domus Aquilæ in vico Baldaeri sita, 1227.
Domus Aquilæ sita apud portam Baudeeri, 1230.
Domus in vico Simonis Franque, 1237.
Domus sita Parisiis juxta *Furnum sancti Eligii*, in vico de Aquila, per quem
itur apud sanctum Antonium, 1244.
Magna domus sita in Campellis cum jardino, parvo cellario, & parva
pratella vici de Tirechappe, 1233.
Domus sita in Ferronaria Parisiis, 1246.
Domus sita in vico qui dicitur Vetus vicus Templi, 1270.
Domus Parisiis sita in vico qui dicitur vicus portæ Balderii ; quæ voca-
tur domus de Tyronio, 1270.

Bertrandus de Canaberis, & Emelina ejus uxor asseruerunt se recepisse
sibi & hæredibus in perpetuum à Religiosis viris, Abbate & Conventu Monasterii Fossatensis, tradentibus & concedentibus quandam pieciam terræ
arabilis ædificandam, continentem unum arpentum situm in *Cultura* dicti
Prioratûs sancti Eligii retrò sanctum Paulum, qui arpentus contiguus est
à parte posteriori domui deffuncti Nicolai de Tria, & in uno latere terræ
Comitis Augi ad viginti novem solidos Parisienses annui incrementi census, & ad duodecim denarios Parisienses annui capitalis census solvendos
annis singulis in perpetuum Prioratui sancti Eligii prædicto, & Priori qui
pro tempore fuerit, asseruerunt ipsis Bertrando & ejus uxori, & eorum
hæredibus, ac etiam quibusdam aliis hominibus consortibus suis, qui in
eadem cultura similiter terras receperunt ad incrementum & capitalem
censum à dictis Abbate & Conventu, ad faciendum quemdam vicum sex-
decim pedum de longo in longum ad opus domorum & *hebergagiorum* in
dicta terra ædificandorum. Asserunt dicti Bertrandus & ejus uxor, quod
ipsi tenentur & promiserunt ædificare domos sive *hebergagia* facere, & facere fieri, & implicare, ac ponere in dictis arpentis terræ infrà quatuor
annos proximè venturos triginta libras Parisienses ad minus, in qua via,
& in omnibus granchiis, & aliis quibuscumque hebergagiis ibi faciendis
processu temporis, ac etiam in hominibus quibuscumque ibidem manen-
tibus dicti Religiosi, sibi, monasterio suo, & Prioratui suo sancti Eligii
prædicto, retinueruut & retinent perpetuò omnimodam justitiam magnam
& parvam, bannum, sanguinem, helbannum, foragium, ventas, investi-
turas, emendas, saisinas, & omnes alios districtus, costumas, redibitio-
nes, redeventias, consuetudines, & alia quæcumque, sicut & in tota alia

DE LA VILLE DE PARIS.

terra Prioratûs fancti Eligii prædicti ; excepto tamen quod illi foli homines qui manebunt in dictis domibus, in illo vico, & dicta cultura ædificando, bibendo, manducando, & pernoctando, quandiù erunt commorantes, ut dictum eft, in illo vico quitti & liberi erunt à banno furni fancti Eligii Parifienfis prædicti. Datum anno Domini 1269, menfe Aprili.

Guillelmus de Villaribello Armiger, & Euftachia ejus uxor, recognoverunt fe dediffe, & in puram & perpetuam eleemofynam conceffiffe Abbati & Conventui fancti Mauri Foffatenfis pro eorum anniverfario ab eifdem Abbate & Conventu in eorum Monafterio in perpetuum faciendo, quintum torius feodi quod dicebant fe tenere ab Abbate & Conventu Foffatenfi. Datum anno 1263, die Lunæ ante feftum beati Thomæ Apoftoli.

Guillelmus de Villaribello Armiger, & Domicella Euftachia ejus uxor, quondam uxor Petri de Villaribus, afferuerunt & recognoverunt coram nobis quod ipfi habebant & percipiebant annis fingulis quitté & liberè de hæreditate dictæ Euftachiæ Parifiis in quadrivio *de Vieille oreille*, cenfus capitales moventes de feodo Monafterii Foffatenfis qui fequuntur, videlicet, &c

Item. Quatuor folidos & feptem denarios Parifienfes, fuper domo quæ fuit quondam Joannis *Pain molet*, quam tenet uxor ejus, perfolvendis in fefto beati Andreæ.

Item. Viginti folidos Parifienfes fuper domo Roberti de Yvriaco fita in quadrivio de Gravia.

Item. Sex denarios obol. Parifienfes fuper domo quæ fuit Guidonis Poterii.

Item. Octo denarios obol. fuper duabus domibus, quarum una contigua eft domûs Petri Flamingi, & alia fita eft in Gravia, contigua domui *e Ariete*, recognoverunt fe vendidiffe Religiofis viris Abbati & Conventui Foffatenfis, ac eorum Monachis, pro ducentis libris Parifienfibus jam eifdem venditioni folutis. Datum anno 1263, menfe Decembri.

Domus fita Parifiis verfus portam *Baldeorum*, in vico *à la Guefpine*, 1266.
Domus extra muros & portam *de Barbeelle*.

EX TOMO ALTERO NOTITIÆ REGNI FRANCIÆ,
Joannis Lemnæi.

Pag. 73.

TOUTES ces entreprises ont duré jusqu'à l'Ordonnance de 1539, & on y étoit tellement accoutumé, qu'elles étoient passées en Droit Commun, car ce ne sont pas encore celles dont se plaignoit principalement devant le Roi Philippe de Valois, Maistre Pierre de Cuignieres son Avocat General au Parlement de Paris ; ains c'étoient encore d'autres entreprises plus exorbitantes, comme il se voit dans l'extrait de sa harangue rapportée aux Annales de Belle-forest, & au cinquiéme Volume de la Bibliotheque Sacrée, à sçavoir entre autres qu'ils entreprenoient de connoître des matieres réelles & des hipotequaires, mêmement du possessoire des choses profanes, & jusqu'au domaine du Roi, faisoient les scellés & inventaires des sujets du Roi decedés, empêchoient les Notaires Royaux & des Seigneurs d'instrumenter, faisoient payer aux Laïcs accusés les depens des procès criminels, ores qu'ils fussent trouvés innocents, & *excommunioient les debteurs* insolvables, & encore à tout propos excommunioient les Juges Royaux quand ils pensoient deffendre la jurisdiction du Roi, combien qu'ils ayent ce privilege des Papes de ne pouvoir être excommuniés pour cet effet. Bref ils faisoient plusieurs autres telles escapades contre toute raison, voire contre le sens commun ; comme il n'y a point de fin aux usurpations depuis qu'une fois les bornes de la raison sont affranchies & outre passées. Toutefois ce bon Roi Philippe de Valois étant encore établi de frais en son Royaume, à l'exclusion de l'Anglois qui l'avoit pretendu, craignant d'y exciter de nouveaux troubles à cause de l'autorité que le Clergé avoit lors en France, n'osa y mettre la main, au moyen de ce que les Ecclesiastiques firent artificieusement courir le bruit que, sous pretexte de retrancher les entreprises de leur Justice, on leur vouloit quant & quant ôter leurs biens, ores que les Propositions de cet Avocat du Roi n'y tendissent nullement. Tant y a que sa plainte ayant été sans effet, a depuis causé plusieurs injures à sa memoire, le faisant encore aujourd'hui servir de marmouset en l'Eglise de Notre-Dame de Paris, sous le sobriquet de Maistre *Pierre de Guignet*, combien que l'Histoire du tems nous temoigne que c'étoit un grand personnage de créance envers le Roi. Loiseau, chap. 15. n. 84. & 85.

Pag. 74. Loiseau 15. chap. n. 84. & 85.

Pour une vengeance de cette poursuitte, les Ecclesiastiques firent mettre un marmot en un coin de Notre-Dame de Paris, que nous appellons par une rencontre & équivoque du surnom, où il est mis Maistre Pierre de Coignet, ne ayant toutefois par ce sobriquet effacé le bien & utilité que ce grand Avocat du Roi pourchassa à tous les siecles à venir. Estienne Pasquier Liv. 3. des Recherches de France, chap. 25. fol. 157.

DE LA VILLE DE PARIS.

Pag. 300.

Ludovicus II Dux Burbonius inftituit Ordinem Spinæ albæ, *du Chardon de Notre-Dame*. Celui avoit un collier d'or & d'argent entremêlé, & étoit fait à fleurs de Lys, auquel pendoit une fleur de Chardon de quatre feuilles mifes en forme de Croix, avec ce mot, ESPERANCE, pour fignifier comme penfe Beloy, ce que le vulgaire dit communement du chardon : *Que nul ne s'y frotte qui ne s'y picque*: mais je crois que ce fut plutôt pour montrer qu'au milieu des adverfités & inconftance de la fortune reprefentées par des Chardons il faut toujours, vivre en efperance ; la raifon de cet hieroglyphique du chardon eft prife de ce que fa fleur n'eft pas fitôt fortie dehors qu'elle blanchit & dure fort peu, & que par tout il eft couvert de piquons & épines. Moreau, tableau des Armoiries de France, pag. 273. Favyn, pag. 761. liv. 3. Theatre d'honneur.

Pag. 396. K.

Credo Pluvinellum primum fuiffe, qui in Gallia Academiam exercitiorum inftituerit, cujus veftigiis alii infiftentes pofteà & hactenùs ipfum morem continuarant, potiffimum Luteriæ, alibi partiùs.

Toute la France (*inquit* Alexandre de Pont-Aimery en *l'Academie ou Inftitution de la Nobleffe Françoife*, pag. 2,) eft infiniment obligée au fieur de Pluvinel, qui ne s'eft pas contenté de fe rendre tellement admirable en foi-même par fes perfections qui ne fe peuvent ni imiter ni comprendre, afin que je ne die acquerir, mais par une incroyable charité s'eft devotieufement offert à la Nobleffe pour lui fervir d'échelle & de marche-pied aux chofes les plus élevées & plus glorieufes que la vertu puiffe affigner à ceux qui la recherchent. Il nous dérobe l'occafion de courir en Italie, où nous allons acheter avec une dépenfe incroyable la feule ombre de la Civilité, & nous en rapportons la maffe entiere du vice ; nous pouvons maintenant oublier ce chemin, & prendre les erres de l'Academie du fieur Pluvinel, qui nous fait voir en gros tous les exercices que l'Italie montre en détail, ayant bâti un Parnaffe aux Mufes, & dreffé un Temple à la Vertu. Car à la verité dire, il n'inftruit pas feulement le Gentilhomme en la profeffion du mariage, mais en la pratique des bonnes mœurs, fans lefquelles toutes fciences ne font que vanité. Auffi qui voit fes Ecoliers, voit le maintien des Anges, & les vives images de celeftes perfections. Oh ! heureufe Nobleffe pour qui le Ciel a fait naître un tant fortable Gouverneur ! S'eft-on exercé au maneige, vous avés le voltigement, l'efcrime & la dance, le tout fous des perfonnages que ledit fieur a fçû heureufement choifir, & qui font hors de controverfe les premiers en leur art. Vous y avés encore les Mathematiques, la Peinture & le Luth, fous les plus excellents Maîtres que l'on puiffe defirer, en forte que j'eftime n'y avoir maifon en Europe tant accomplie, ou famille mieux ordonnée.

Pag. 451.

L'Univerfité de Paris fut anciennement éparfe par toute la Ville, & non au recoin que l'on lui affigne maintenant, en temoignage de quoi nous voyons encore *le College des Bons-enfans* en la rue St Honoré près du Louvre, l'Eglife St Germain de l'Auxerrois, que l'on appelle *l'Efcolle*, & celle de Ste Catherine que l'on furnomme *du Val des Efcoliers*, nous fervir de belles remarques : & même en tous les Monafteres de la Ville où le Recteur fait la proceffion, il ne la fait finon de tant que ce font lieux qui font du Corps de l'Université de Paris. Vray que depuis que Jeanne, Reine de Navarre, eut construit le *College de Navarre* vers le haut de la Montagne de Paris, en l'année 1308; ceux qui après s'adonnerent à même sujet, comme il y en eut une infinité vers le regne de Charles VI, lorsque l'Université étoit en grande voye, ils choisirent tous ce même quartier, pour y être l'air vrai-semblablement plus sain qu'en la fondriere, qui est accompagnée des égouts de la Ville : chose qui a depuis apporté entre nous la difference que nous mettons entre la Ville, Cité, Université, aussi que dès son premier établissement elle faisoit ses Congregations au College des Bernardins, que l'on a depuis reduites aux Mathurins pour la commodité du lieu. Pasquier Liv. 3. des Recherches de la France, chap. 21. fol 150. edit. veter. Duchesne ès Antiquités de Paris, titre de la Ville de Paris, chap. 19. pag. 119.

Pag. 438.

En l'an 1619. furent faites trois disputes publiques en Philosophie dans la grande Salle du College de Montaigu à Paris, toutes en Langue Grecque, tant par les Soustenans qu'Assaillans; puis l'année 1620, le jour de Quasimodo, François de Harlay, Docteur de Sorbonne, ci-devant Archevêque d'Adrianopolis près Constantinople, & depuis Archevêque de Rouen & Abbé de St Victor, officia en la Messe qui se dit tous les ans en Grec en l'Eglise des Cordeliers, & après l'Evangile fit une prédication en Langue Grecque revêtu de ses habits Pontificaux, où assisterent plusieurs doctes personnages, ce qu'on estime jamais n'avoir encore été fait auparavant depuis la fondation de l'Université de Paris, s'étant la plupart des Maîtres de ladite Université contentés d'un commun dire, qu'il suffisoit de parler Latin, entendre le Grec & lire l'Hebreu. Charron en l'Histoire universelle, chap. 153. 1339.

Pag. 454.

L'Université de Paris étoit tellement peuplée sous Charles VI, que Juvenal des Ursins atteste qu'ayant fait une procession en l'an 1409, de l'Eglise de Ste Geneviéve à celle de St Denis, pour l'assoupissement des troubles qui à doncques voguoient par la France; que l'Assemblée se trouva si grande, que le Recteur étoit encore devant les Mathurins lorsque ceux qui tenoient les premiers rangs étoient en la Ville de St Denys. Pasquier, Liv. des Recherches de France, chap. 21. fol. 151.

Pag. 454.

In Collegio Cameracensi Tabulæ Æneæ incisæ legitur dispositio P. Rami his verbis : ,, Lex Professoris Mathematici ex testamento Petri Rami, ,, è vectigali meo Dec. Libellorum lege D. in stipendium Mathematici Pro-
,, fessoris, qui triennio Arithmeticam, Musicam, Opticam, Mechanicam,
,, Astronomiam, Geographiam, non ad hominum opinionem, sed ad
,, Logicam veritatem, in Regia Cathedra doceat. Electionem à Professo-
,, ribus Regiis sic institui volo.

Professoris examen omnibus cujuscumque Nationis, & Mathematum studiosis, à Collegii Regii Decano in tertium mensem promulgator, ad examen nemo nisi Latinis, Græcisque Litteris, & ingenuis artibus præter Mathemat. reliquis instructus admittitor, trimestri promulgationis præterito candidati præsentibus, aut certè rogatis atque invitatis Senatûs Præsi-de 1°. primoque Oratore Regio, & Mercatorum Præfecto; deindè Professoribus Regiis, omnibusque omninò quibus interesse libuerit, publicum examen subeunto, prælegendo septem diebus horam unam de præcipuis singulorum Mathematum capitibus octavo die respondendo, & satisfaciendo Problematis & Theorematis omnibus examinatis, quæ contra à quolibet præposita fuerint ex omnibus qui judicio Professorum Regiorum, omniumque Mathefeos Profefforum peritorum aptiffimus videbitur, ad Mathemat. profeffionem deligetur primaque prælectione Mathematum laudibus juventutem ad capeffendum laudatæ fcientiæ ftudium exhortator : triennio quoque novum examen confimile efto, ut tamen Profeffor qui ante fuerit cæteris, vel paribus candidatis anteponatur, fi quo tempore unicus omnium è Mathematum partium peritus inveniri non poffit, ftipendium duobus dividitor, qui fefqui anno defcriptum Profefforem æquis partibus exequantur, Præfectum Mercatorum & ædiles, in quorum cuftodia Bafilica Urbis pofita eft, oro ut in perpetuam Parifienfis Académiæ gloriam vectigal illud perpetuum effe velint, aut fi forte redimatur pecunia, in alium reditum collocator. D. O. M. & M. A. V. C. P. Rami Gymnafii Polearchi Eloquentiæ & Philofophiæ Profefforis Regii. Nicolaus Bergeron, & Antonius Thelus in Senatu Parifienfi Advocati, teftamenti Procuratores has profeffionis Mathematum leges Cenotaphii vice pofuerunt.

VII Julii, M. D. LXXVI.

Pag. 458.

Les gens de Meffire Charles de Savoifi, Grand Chambellan de France & l'un des plus favoris du Roi, s'étant temerairement attachés à quelques Ecoliers en une Proceffion que l'Univerfité faifoit en l'Eglife Ste Catherine du Val des Ecoliers, & en ayant bleffé quelques-uns, par Arrêt du Roi, des Princes du fang & de fon grand Confeil, donné l'an 1404, il fut dit que fa maifon feroit demolie, & Savoifi tenu de fonder une Chapelle en faveur de l'Univerfité de cent livres de rente, en quinze cens livres envers les bleffés, & mil livres envers l'Univerfité.

Monftrelet ajoute que Savoifi feroit banni & exterminé de la Cour du Roi & tous ceux qui lui appartenoient de parentelle, & avec ce privé de tous Offices Royaux ; ce qui fut executé : & cette maifon démolie, depuis rédifiée du confentement de l'Univerfité, qui eft aujourd'hui celle que l'on appelle *l'Hotel de Lorraine*. Toutefois ce fut à la charge qu'il y auroit un tableau attaché contre la paroi audevant de l'Eglife de Ste Catherine, dans lequel feroit contenue toute l'hiftoire & jugement que l'on y peut encore aujourd'hui voir, & fut pareillement defapointé Savoifi quelques mois de fes états pour contenter l'Univerfité, mais puis après retabli. Pafquier liv. 3. des Recherches chap. 21. fol. 151. C. D.

Pag. 459.

L'une des grandes portes de cette maifon eft murée, & deffus eft écrit ce qui enfuit. ,, Cette maifon de Savoifi, en l'an 1404, fut démolie & ab-
,, batue par Arrêt, pour certains forfaits & excès commis par Meffire Char-
,, les de Savoifi, Chevalier, pour lors Seigneur & proprietaire d'icelle mai-
,, fon & fes Serviteurs à aucuns Ecoliers & Suppofts de l'Univerfité de Paris
,, en faifant la proceffion de ladite Univerfité de Paris à Ste Catherine du
,, Val des Ecoliers près dudit lieu, avec autres reparations des Chapelles &
,, charges declarées audit Arrêt, & a demeuré demolie & abbatue l'efpace
,, de cent douze ans, & jufqu'à ce que ladite Univerfité de grace fpeciale
,, & pour certaines caufes a permis la réedification d'icelle aux charges con-
,, tenues & declarées ès Lettres fur ce faites. ,, Antiquités de Paris chap. 19. fol. 135.

Pag. 459.

En l'an 1407, Guillaume de Tignonville, Prevôt de Paris, fit pendre deux Ecoliers étudians en l'Univerfité de Paris, l'un nommé Leger de Mouffel, Normand, & l'autre Olivier Bourgeois, Breton, tous deux malfaifans qui avoient tué un homme de fang froid ; lefquels ayant demandé leur renvoi comme Ecoliers pardevant leurs Juges. Tignonville sans y avoir égard les condamna d'être pendus & étranglés au gibet de Montfaucon, où il les fit conduire de l'instant même à jour failli avec la lumiere des torches, craignant que s'il remettroit du jour au lendemain cette execution ils ne fussent recous du Roi en faveur de l'Université; chose dont elle appella, & en fit instance, & en l'espace de quatre mois telle instance, qu'il fut ordonné par Arrêt de 1408, qu'ils seroient dépendus, comme il fut fait environ sept mois après le premier Acte. Charron en l'Histoire universelle chap. 142. pag. 1069. Et dit Alain Chartier, que le Prevôt y fut en personne, & les baisa en la bouche, & les envoya avec ses Sergens depuis le gibet jusqu'au Moustier, où ils furent inhumés, étant leurs corps emmenés dans une bierre sur une charette, & étoit le bourreau sur le cheval vêtu d'un surplis comme un Prêtre. Monstrelet ajoute que pour garder les privileges de l'Université, il fut dit que les corps seroient rendus à l'Evêque & au Recteur, comme il fut fait au Parvis de Notre-Dame, & de là ensevelis au Cloître *des Mathurins*, où l'on voit encore la tombe. Pasquier dit pag. 151. litt. D. E.

Pag. 465.

HENRI, par la grace de Dieu, Roi de France; A tous presens & à venir: SALUT. Comme notre très-chere & très-amée fille premiere-née l'Université de Paris, eût dans les derniers jours de Fevrier 1543 presenté Requête au feu Roi notre très-honoré Seigneur & pere, contenant qu'entre autres droits, privileges & octrois par les Freres Rois nos predecesseurs, elle avoit droit de visiter, priser & estimer tout le parchemin amené à notre Ville & banlieue de Paris; & à cette fin étoit porté & conduit par les Marchands forains & autres personnes qui l'amenoient aux Halles des Mathurins & non ailleurs, esquelles Halles avoit été de tout tems faite ladite visitation, prisée & estimation par les quatre Parcheminiers Jurés de ladite Université; & où il étoit trouvé aucuns vendans parchemin en ladite Ville & banlieue ou qui le cachoient, il étoit confisqué au profit du Recteur de notredite Université; pour laquelle visitation, appretiation & estimation ledit Recteur prenoit pour chacune botte de *parchemin* seize deniers parisis, & contre ceux qui avoient voulu faire le contraire s'en étoient ensuivies plusieurs Sentences, Jugemens & Arrêts au profit d'icelle Université, & parce que ceux qui ont eu le maniement desdits privileges avoient adhiré la charte dudit droit, notredite Université auroit requis commission pour informer sur la jouissance d'icelui droit qui leur fut octroyé par notredit feu Seigneur & pere, en vertu de laquelle notredite fille avoit fait informer par l'un des Examinateurs de notre Chatelet de Paris, notre Procureur en la Prevôté dudit lieu duement appellé, & ladite information faite & rapportée par devers notredit feu Seigneur & pere en son Conseil privé auroit ordonné être communiqué à son Procureur general; lequel auroit requis ladite Requête, Information, Sentences, Arrêts & autres procès par notredite Université produits pour la verification de son droit être communiquées aux Officiers de notredit feu Seigneur & pere au Bailliage & Conservation des privileges de notredite Université au Chatelet dudit Paris pour donner leur avis, ce qui auroit, notredite fille presente, été fait par iceux Officiers & renvoyé leursdits avis à notredit feu Seigneur & pere. Et depuis nous auroit notredite fille presenté autre Requête, à ce que vû lesdites Requêtes, Informations & autres procedures faites sur la verification de leurdit droit & privileges, il Nous plût ratifier, approuver & confirmer iceux droits & privileges. Sçavoir faisons que vû par Nous en notre privé Conseil lesdites Requêtes, Information & avis de nosdits Officiers ci-attachées sous le contre-scel de notre Chancellerie; & ouï notre Procureur General en notredit Conseil-

DE LA VILLE DE PARIS.

privé, avons par avis & deliberation d'icelui, & de notre certaine science, pleine puissance & autorité Royale, continué & confirmé à icelle notredite Université lesdits droits & privileges de visiter, priser & estimer tout le parchemin qui sera amené en ladite Ville & banlieue de Paris, & de prendre par ledit Recteur pour ladite verification, apretiation & estimation seize deniers parisis pour chacune botte de parchemin, suivant lesdits droits & privileges. Voulons, ordonnons & Nous plaist qu'elle en jouisse comme elle a ci-devant anciennement fait, & que pour faire ladite verification, appretiation & estimation, tout le parchemin soit mené & conduit ausd. Halles des Mathurins; & où aucun parchemin sera trouvé caché, ou entre les mains d'aucuns Marchands, ou autres icelui vendans, sera pris, saisi & mis en notre main, pour lad. saisie faite, poursuivre la confiscation d'icelui parchemin pardevant notre Prevôt de Paris, Conservateur des privileges de notre Université, ou son Lieutenant; & où aucune confiscation y échera, sera & appartiendra audit Recteur : & outre les delinquans, contrevenans & receleurs seront condamnés envers nous en amendes arbitraires selon le merite des cas. Si donnons en mandement par ces mêmes Presentes à nos amés & feaux les gens, &c. Donné à Fontainebleau au mois de Septembre l'an de grace 1547 & de notre regne le premier. Regîtré au Parlement le dix-sept Avril 1548 *post Pascha*, cotté D. 19 B. Dans les archives de l'Université du College de Navarre.

Pag. 506.

Il y a trois Villes en France qui ont ce privilege, que les Echevins d'icelles conferent plusieurs menus Offices de Police, à sçavoir Paris, Amiens & Calais. Je ne sai pas toutefois si Amiens & Calais ont encore ce privilege depuis leur nouvelle reduction, mais quant à Paris il est certain qu'encore aujourd'hui il y a infinis Offices qui sont conferés par les Prevôts des Marchands & Echevins mêmement les Offices de Conseillers, de Procureur de Ville, qu'on qualifie à present de Procureur du Roi pour la Ville, & de Greffier de la Ville de Paris, & encore plusieurs petits Offices de Police. Loiseau du droit des Offices D. liv. 5. chap. 7. n. 7. in Francia.

Pag. 667.

Le nom de Parlement est tissu d'un terme ancien dit le Parlouer, qui étoit jadis le nom du lieu de Justice; & y avoit le Parlouer du Roi, au Palais, & le Parlouer aux Bourgeois, en l'Hotel de Ville, jadis près les Jacobins. *Ita* Gilles Corrozet des Antiquités de Paris chap. 15. 110. 6. *Sed mihi videtur propius veritatem esse locum à re nomen accepisse & nempe* Parlouer *vel* Parloier *à* parler.

Pag. 572.

Lutetiæ nomen à variis deducitur originibus, scilicet vel à Luto (a) vel à Luco (b) Rege Celtarum, vel à λυκοτειχία (c) vel à Leucothea (d) nec minùs quoque vulgarè quò Paris audit conjecturarum varietate tunditur. Sunt qui à *Paride* filia Priami Trojani (e) vel à Paride Rege Celtarum (f) Sunt qui à Parrhasiis (g) antiquissimis Græciæ gentibus. Sunt qui à græco vocabulo παρρησια (h) Sunt qui ab Iside παρα Ισιδος (i) Sunt denique qui quod Parisiæ civitati dictam putent, legitur etiam Lutetia Parisius (l) conjunctim, vel Lutetia Parisiorum. Antiquissimæ est originis (m) à quocumque etiam condita fuerit (n) longè tamen minor olim quam hodie (o): temporis enim progressu in maximam excrevit amplitudinem (p) & quotidie adhuc augetur, ut optimo jure quibusdam non civitas sed mundus quidam dicatur. (q) Sita est in Galliæ tractu quem Parisium vulgò Parisis (r) vocant, ad fluvium Sequanam, cui Matrona commixta (s) tota

PREUVES DES ANTIQUITE'S

ejus consideratio vertitur in exterioribus vel interioribus. Exteriora nomina suburbia (t) quæ æquali jure cum urbe censeri debent (u), fossas, valla, mœnia, portas (x). Interiora distinguntur in partes tres, quarum major ad ripam Sequanæ dextram, humilior est ad Ortum & Septentrionem vergens. Villa vulgò dicitur *la Ville* (y); & minor ad dextram fluvii versus Austrum & Occidentem, loco altiore, & qui per colliculos suos nonnihil assurgit. Universitas vocatur *l'Université*, media est insula quam Civitatem *la Cité* nuncupant. Villa speciem præbet lunæ   hinc Sequanâ, illinc mœnibus, vallis, fossisque in hemicycli figuram circumdata. Civitas, quæ fluvio undique cincta quatuor parvulis insulis superioribus ordine & in linea satis tanquam obicibus contrà vim fluminis deffenditur, primum antè cæteras habitatam fuisse creditur. Universitas quandam Galeri speciem exibere videtur; quò caput tantæ urbis tegatur quasi & ornetur. Nobis totum considerantibus, se offerunt encomia (aa), divitiæ (bb), genius & mores populi (cc), ædes (dd), plateæ (ee), areæ (ff), pontes (gg), atque fontes (hh). Ædes, vel sacræ sunt, ac usibus piis destinatæ, vel profanæ; & hæ quidem, vel publicæ vel privatæ: sacræ sunt Templa (ii), interque ea Cathedrale (kk) quod D. Virgini *Notre-Dame* dicatum, primarium omnium Reliquorum, sive structuram, sive personas Ecclesiasticas (ll) variorum graduum, huic vel præpositas vel inservientes, sive actus solemnes (mm) consideremus. Sacra porrò sunt Sacella, inter quæ primas tenet quod sanctum dicitur, *la Sainte Chapelle*, Palatio Regio, ubi nunc Parlamenti auditorium contiguum, audax opus, Ludovici sancti curâ extructum (nn), Reliquiis pretiosis donatum (oo) & Caroli quinti ac aliorum favore multis prærogativis exornatum. (pp) Ad sacras quoque Ædes referri debent Abbatiæ & Cœnobia (qq); Abbatia sanctæ Genovefæ, quæ protectrix Civitatis æstimatur (rr), honore & privilegiis præeminentissima est (ss). Usibus piis denique destinata sunt Xenodochia, Plochodochia, aliaque ejus generis quibus abundat Lutetia. Ædes prophanæ publicæ, sunt Aula Regis, quæ Lupara *le Louvre* dicitur, condita à Philippo Augusto Rege (tt), amplificata, ornata & variè aucta (uu), præsertim Xisto ab Henrico quarto Rege (xx) Palatium Regium quod hodie Parlamento inservit (yy), Bastilia (zz), Armamentarium *Arsenal* (aaa), Castella *Chatelet* (bbb), Basilica Civitatis (ccc), &c. Inter privatas primi ordinis, sunt Palatia Ducum atque Magnatum, quorum magnus numerus (ddd) Civitatem maximè nobilitant, sedes quæ ibi constitutæ ordinaria Regum (eee), Archiepiscopi (fff), Universitatis (ggg), Parlamenti (hhh), Cameræ Computorum (iii), & Jurisdictiones (kkk) variæ exercentur (lll) præter dictas, & Præpositurum ipsam, cui multi sunt Magistratus & Officiari (mmm). Præpositus hujus caput est *le Prevôt*, qui jus dicit populo in Castello magno, *au grand Chatelet* (nnn) in prima instantia (ooo). Olim hic Magistratus venalis erat non sine magno populi damno, quod præcavere studuit Ludovicus sanctus (ppp), sed non æque omnes ejusdem successores variatum ab illis, dum aliquando Præpositura locata fuit ad certos annos constituto pretio (qqq), aliquando commissa in custodiam, *baillée en garde* (rrr), quo titulo adhuc Præposito Lutetiano competit, qui proptereà, audit *Garde de la Prevôté de Paris* (sss). Est præterea Civium Magistratus cui nomen datum Præpositi Mercatorum, *Prevôt des Marchands* (ttt), quo distinguitur à Præposito Justitiæ, de quo modo diximus adjunctique Assessores quatuor Scabini Civitatis (uuu) utrique cum aliquando potestate sua abuterentur, populusque rebellioni studeret (xxx) à Carolo VI anno 1387 aboliti (yyy). Quinto tamen anno post iterum restituti fuerunt (zzz) ad hanc dignitatem, quæ cum non exigua potestate politiam concernente (aaaa) atque prærogativis (bbbb) multis & juribus (cccc) conjuncta est. Non alius evehitur quam qui in urbe ab ejusdem incola natus (dddd) bonæ famæ & vitæ est (eeee): horum adjutæ sunt viginti-quatuor Consiliarii,

DE LA VILLE DE PARIS.

Actuarius *Greffier*, Procurator Regis, Exactor *Receveur*, Scriba *Clerc*, decem Apparitores *Sergens* (ffff), sex-decim Clorarchi *Quarteniers* (gggg), *Dixiniers & Cinquanteniers*, ut vulgò appellantur. Sunt etiam complures alii (hhhh) ac minorum gentium (iiii) Officiales, qui dicto Præposito Mercatorum & Scabinorum obedientes esse debent. Carolus IX Mercatorum Judices-Consules instituit, iisque peculiarem concessit Jurisdictionem & ab aliis separatam (kkkk). Insignia Civitatis referunt navem liliis separatam (llll), Philippi Augusti donum, ut quibusdam videtur (mmmm); cæterum quid navis hic innuat non satis constat (nnnn) Civibus fidelitas in Reges (oooo), quæ tamen aliquoties seditionibus interrupta (pppp) multa peperit privilegia. Olim Reges in bellum proficientes ab utroque Equi latere unum ex Civibus Parisiensibus Comitem vel Custodem habebant (qqqq). Possunt acquirere & possidere feuda & subfeuda, nec sunt tamen subjecti juri feudorum Francorum (rrrr), nec coguntur ratione feudorum proficisci ad bellum, vel alium suo nomine mittere ad exercitum aut contribuere (ssss). Concessa illis sunt nobilitatis jura (tttt), & in specie habendi insignia (uuuu) ubi deauratis frænis calcaribus alioque nobilium ornatu (xxxx). Sunt immunes à subsidiis (yyyy), ad hospitationem militum aut ministrorum Regiorum (zzzz). Habent tutelam suorum liberorum, *la garde de leurs enfans* (aaaaa). Non possunt in jus vocari extrà Lutetiam, nec tenentur respondere vel comparere alià in jus vocati (bbbbb). Sunt præterea ratione Annonæ & Mercium ita privilegiati ut nemo debeat impedire eas, quominus in Civitatem inferantur, nec illis nova imponere subsidia (ccccc) in emptione salis melioris sunt conditionis quam alii(ddddd).

TESTES ET TESTIMONIA.

[A] PROPTER Paludes vicinas, quarum apud Cæsarem lib. 7. de Bello-Gallico (57) est mentio earum hodieque ut ferunt memoriam servante foro primario, quod *Marché-Palus* dictum, quasi forum Paludosum. Merula cap. 21. pag. 233. De la situation marécageuse quelques-uns ont voulu titer la premiere origine de ce nom de Lutece, parce que *Lutum* en Latin signifie boue ou fange, &c. Mais comme il est vrai que le Latin n'étoit connu des premiers peres & fondateurs de cette Ville, aussi ne puis-je prendre creance qu'ils en ayent emprunté son nom. Duchesne des Antiquités de France tit. la Ville, &c. de Paris chap. 1. pag. 3. & 4.

[B] D'autres, comme Munster, en attribuent la fondation à un ancien Roi des Gaulois Celtes appellé Lucus, & soutiennent que de son nom il la nomma Leucothece & les habitans d'icelle Lucéens. Duchesne D. pag. 4.

[C] A cause du plâtre qui y abonde & dont les édifices étoient bâtis, on l'appelloit Leucotheciam, d'où est venu Lutetia pour Lucothetia, comme qui diroit la Ville blanche ou qui l'appelleroit λευκοπολις Louis d'Orleans aux ouvertures des Parlemens chap. 1. pag. 261. à gypsi fodinis proximis quasi λυκοτεχια quod ferè tota crustario constet opere. Merula D. p. Sunt fodinæ gypsi à *Montmartre*, undè cum Lutetiam materia ista deferatur copiosissimè proverbium enatum est: *Il y a plus de Montmartre à Paris que de Paris à Montmartre*.

[D] Un ancien Ecrivain l'appelle la Ville de Leucothée, c'est-à-dire de la Déesse blanche, d'autant que par avanture on adoroit là la Déesse Leucothée, que nous appellons l'Aube du jour. (*Romanis Dea Matuta mater*). Louis d'Orleans aux ouvertures du Parlement chap. 21. pag. 260. pour ce qu'elle blanchit le Ciel au lever du jour. Ou ce qui me semble probable (*verba sunt* Duchesne D. tit. & chap. pag. 4.) non seulement pour le respect des habitans qui sont fort blancs de corps, ou pour la candeur de leurs mœurs, mais principalement à cause du plâtre qui y a de tout tems abondé, & duquel ses édifices étoient bâtis, on l'appelloit Leucothie, d'où est venu Luthece pour Leucothée, comme qui diroit la Ville blanche; & n'est hors de raison de tirer cette diction du Grec, puisque Strabon nous apprend après Cesar, que les anciens Gaulois usoient en leurs Contrats & instrumens de Lettres Grecques, c'est-à-dire qu'ils les écrivoient en langages & caractères Grecs.

[E] Ceux qui recherchent l'excellence de notre grandeur & la grandeur de notre excellence dans les ruines de Troie, disent que quelques Troyens ayant choisi Lutece pour leur demeure au sortir de la Germanie, se nommerent Parisiens, en souvenance & memoire de ce Paris fils de Priam que vante tant la fabuleuse menterie des Poëtes. Duchesne D. chap. pag. 8.

[F] Mais si ce fut (*pergit* Duchesne pag. 9.) d'un Paris que ce peuple tira l'excellence de son nom, je croirois plutôt aux denrées fabuleuses de l'Illustrateur des Gaules, qui dit que ce fut d'un nommé Paris & non de cet efféminé Troyen, mais du dix-septiéme ou du dix-huitiéme de nos anciens Rois Gaulois descendu successivement de la genealogie antique de Samothes

DE LA VILLE DE PARIS.

Samothès, surnommé Dis ou Sage. Vide Charton en l'Histoire universelle chap. 30. pag. 141.

[G] D'autres disent que nos Luteciens ou Lucéens furent appellés Parisiens du nom de certains voyageurs de Grece, tirés du recoin de l'Arcadie, où Strabon les rencontre, nommés Parrhasiens & conduits ès Gaules par Hercule; mais cet Auteur ne fait point mention qu'un tel peuple ait sorti de son payis pour nous venir fonder, ou du moins habiter cette belle Cité. Duchesne D. pag. 9, Corrozet des Antiquités de Paris chap. 1. fol. 3. A.

[H] La plus saine opinion de toutes est celle à mon avis, dit Duchesne D. chap. pag. 11. qui tire ce nom du Grec Parohisia, qui signifie hardiesse & liberté resolue de parler sans aucune flaterie, chose autant propre aux Parisiens qu'à nation du monde.

[I] Παρ'Ισιως hoc est propè Templum Isidis, cujus statuam scribunt nonnulli ad divi Germani Pratensis paucis antè annis adhuc fuisse Idolum sancti Germani vocatum, sed anno 1515 sublatæ Crucem rubram substitutam. Sincerus D. itin. pag. 269.

[K] D'autres maintiennent qu'elle fut appellée Paris, pour ressembler naïvement & marcher du pair avec la Ville Isia, maintenant dite Melun. Duchesne D. ch. pag. 10. Vide Charron Hist. universelle ch. 30. pag. 140. ubi varias enarrat opiniones.

[L] Nuperis istis Lutetia Parisius dicitur, non tam barbare, ut quidam hodie putant. Sic dicebatur Santonus Mediolanum; Augusta Vindelicus: Item apud Frontonium libro de Coloniis, Colonia Tarquinius, Colonia Graviseus, Colonia Icejus, Merula D. C. pag. 233.

[M] Raoul de Presle dit qu'elle fut édifiée au tems d'Amase Roi de Juda & de Jeroboam Roi d'Israel, 830 ans avant l'incarnation de Notre-Seigneur. Duchesne D. tit. chap. 4. pag. 29. C'est une Cité fort antique comme sont quasi toutes celles qui sont en France, car de Villes modernes & nouvellement bâties la France a peu. Louis d'Orleans aux ouvertures des Parlemens chap. 21 pag. 260.

[N] De conditoribus variæ sunt opiniones, de quibus Duchesne D. tit. chap. 1. pag. 4. & 5. & D. chap. 4. pag. 29. Corrozet D. pag. 3.

[O] Lutetia multo quondam fuit quam hodie minor, in Insula tantum ambit Sequana, tantilla autem Insula adcrescentem in dies hominum multitudinem, paulatim capere non fuit potis: ductis itaque in utrumque continentem quasi Colonia, additisque locis suburbanis, ita sensim productis variè pomeriis excrevit, ut jam totius Galliæ sit maxima. Merula D. cap. 21. pag. 233. & seq. Louis d'Orleans D. L.

[P.] Paris est aujourd'hui l'une des plus grandes Villes du monde; & il n'y en a point dans la Chrétienté, ni dans l'Europe qu'on lui puisse comparer. La seule Ville de Constantinople peut aller de pair avec elle, si les continuels bâtimens qu'on fait dans les Faux-bourgs de Paris, lesquels on enferme même dans la Ville, ne lui ravissoient cet avantage. Sa longueur peut être depuis la porte St Jaques jusqu'à la porte St Martin, & sa latgeur peut être prise depuis la porte St Honoré jusqu'à celle de St Antoine. Ranchin D. tom. 2. pag. 419. ,, Crevit ædificiis & populo, adeò ut tempo-
,, re Ludovici undecimi anno 1466. septuaginta millia eorum numerati
,, fuerint, qui apti erant ad bellum ,,. Le Roi voulant savoir combien Paris pourroit fournir d'hommes d'armes, il en sortit de la Ville soixante-dix mille prêts pour aller en guerre. Duchesne D. tit. chap. 3. pag. 25. ,, Et
,, sub ejusdem regno alio tempore numerati fuerunt centum & quatuor
,, armatorum Civium millia. Corrozet D. tract. Chap. 22. fol 146. A. Charon en l'Histoire universelle chap. 144. pag. 1125 ,, Carolo VI aliquandò
,, obviam Lutetiones ivisse numero ducentorum millium tradit Monstre-
,, let ,,. Et dit que le Roi Charles VI, retournant à Paris de Chartres, ceux

de Paris jusqu'au nombre de deux cens mille, tant hommes que femmes, vinrent à l'encontre de leur Roi. Duchesne D. chap. pag. 27.

[Q.] L'Empereur Sigismond étant venu en France, fit grande gloire à son retour de trois choses qu'il avoit vûes, & nous les alloua aussi hautement, comme si c'eussent été trois petites merveilles. J'ai, dit-il, remarqué en ce florissant Empire un monde, une Ville & un Village; par le monde, entendant Paris; par la Ville, entendant Orleans, & Poitiers par le Village. A quoi est presque conforme la réponse que fit notre grand François à Charles-Quint Empereur, quand il lui demanda quelle étoit la plus grande Ville de son Royaume; car lui ayant répondu que c'étoit Rouen, l'Empereur repartit aussi-tôt : Et que sera-ce de Paris? Un Payis, dit le Roi! Duchesne D. tit. chap. 3. pag. 20.

,, Lansius in Consult. de princip. Provinc. Europæ, oratione pro Gallia. Paris n'est pas une Cité, mais une Nation, comme disoit Aristote de Babylone, & pour encherir de son dire, autant que la verité permet, elle n'est pas une nation, mais un monde.

Antoine de Mont-Chrétien en l'œconomie politique, pag 46. Thevet dit que de son temps (qui étoit pendant le regne de Henri II, & de ses enfans) sortirent de Paris près de cent mille hommes armés & bien équipés; outre lesquels en fut bien sorti cinquante mille, s'il en eut été besoin pour le service du Roi ou du public, sans que dans icelle on s'apperçût qu'il en fût sorti une douzaine, tant elle étoit encore pleine. Et à la verité, le peuple y est encore en telle multitude pour le jourd'hui, qu'encore que les rues de St Honoré, St Denys & autres, soient bien larges, néantmoins à peine y peut-on passer le plus souvent sans s'entre-toucher; de façon qu'il semble que ce soit une perpetuelle procession de peuple qui y va & vient, tant à pied qu'à cheval, outre infinis coches, carosses, chariots & charettes qu'on y entend marcher dès la pointe du jour jusqu'au soir, & bien souvent tout le long de la nuit pour la conduite des Seigneurs & Dames, & trafic des vivres & marchandises, lesquels s'acrochant quelquefois les uns aux autres pour leur multitude, barrent tellement les rues, que plusieurs sont contraints d'attendre longuement avant que d'y pouvoir passer. Charron en l'Hist. universelle. chap. 30, pag 144.

[R] Undè etiam ab hujus agri populis nomen urbi obtigit, quod passim per Gallias accidit, ut urbes antiquis nominibus rejectis & obliteratis augustiores ipsarum gentium appellationes assumpserint Merula. D. L. pag. 233.

[S.] La Marne s'associe à la Seine avant de venir à Paris, savoir à Conflans, ainsi nommé, parce que ces deux fleuves joints y coulent & fluent ensemble. Duchesne D. tit. chap. 1. pag. 3. Seize rivieres qui de divers endroits viennent fondre en la grande riviere de Seine, rendent Paris affluant en tous biens pour y nourrir un grand peuple Favyn. Theat. d'honneur, Liv. 2. chap. 10. pag. 227.

[T] Suburbiorum nomina hæc sunt. Le Faux-bourg St Germain, St Michel, St Jaques, St Marceau, St Victor, du Temple, St Martin, St Denys, de Montmartre, St Honoré. Corrozet, Antiq. de Paris, fol. 212. 6. Les Portes des Faux-bourgs de Montmartre & St Honoré ont été abbatues, & ces Faux-bourgs enfermés dans la Ville, avec une nouvelle porte du côté des Tuilleries, nommée de la Conference. Ranchin, pag. 194.

[V] Suburbiis idem jus cum urbe concessit Carolus Quintus Francorum Monarcha, anno 1374. Merula, D. C. pag. 236. Charles-Quint en l'an 1374, octroya Lettres, par lesquelles il appert qu'il veut & ordonne que les Faux-bourgs de Paris soient reputés & tenus de la Ville, & une même Ville sous un même nom. Corrozet, D. tit. chap. 18. fol 131. A.

[X] Portarum sunt quindecim, quarum nomina sunt : La porte St Antoine, du Temple, St Martin, St Denys, Montmartre, St Honoré, Neu-

DE LA VILLE DE PARIS.

ve, de Nesle, de Bussy, St Germain, St Michel, St Jaques, St Marceau, St Victor, de la Tournelle. Duchesne D. tit. chap. 15. pag. 96. & suiv. Charron D. tit. chap. 30. pag. 141.

[Y] Merula D. 1. pag 234. Duchesne D. tit. chap. 4. pag. 27. 28. & suiv. Louis d'Orleans, D. chap. 21. pag. 270. C'est la Ville-neuve, la derniere édifiée qui a le fleuve de Seine pour son titre, dont elle reçoit de grandes & singulieres commodités.

[Z] Merula D. 1. Louis d'Orleans D. chap. 20. pag. 269.

[AA] Paris est un abregé de la France, voire un petit monde. Paris se connoit en la France, & la France en Paris. C'est cette Ville où de tout temps & anciennété a été le centre de notre Monarchie ; c'est celle qui donne siege à notre Etat ; celle où nos Rois ont établi leur Ste Chapelle, mis les trophées de notre Redemption, posé leur Lit de Justice, fondé leur Palais, élû leur domicile, élû leur Paroisse, consigné les ornemens de leur dignité, de sorte qu'on dit de Paris ce qu'Ausone disoit de Rome:

Prima urbes inter, Divûm domus, aurea Roma.

Car, comme en nos familles les plus jeunes Sœurs deferent aux aînées, qu'elles ont l'œil sur elles, qu'elles marchent après elles, qu'elles se meuvent à leurs mouvemens, reposent à leurs posemens, ainsi les autres Villes de ce Royaume ont l'œil jetté sur Paris, comme sur leur aînée, se conforment à ses actions, servent à ses intentions, & la reverent comme Dame & Maitresse des Villes de France. Louis d'Orleans aux ouvertures des Parlemens, chap. 21. pag. 266.

[BB] Le peuple de Paris est fort riche pour la multitude du peuple qui y aborde tous les jours, tant des autres Provinces du Royaume qui ont affaire au Roi ou à sa Cour de Parlement, que d'Italie, Espagne, Allemagne, Angleterre & autres lieux, qui y viennent, tant pour voir le Payis, que pour les affaires qu'ils peuvent avoir avec Sa Majesté ; ausquels les Habitans de la Ville & du Payis vendent avec grand profit, non seulement leurs vivres, marchandises & autres commodités sans grande peine ni travail, ains encore particulierement les Merciers du Palais plusieurs jolivetés, que peu de personnes peuvent regarder sans délier leurs bourses pour en acheter. Et davantage, il se fait de l'écarlate à Paris, qui se transporte par toute l'Europe, & même en Asie, jusqu'à la Chine, où elle est admirée d'un chacun pour sa beauté. Bref, la Ville de Paris est si riche & opulente, tant en vaisselle d'argent dont plusieurs se servent, qu'en bagues, pierreries, or & argent monnoyé, draps d'or, d'argent & de soie de diverses façons, tapisseries, meubles precieux, & toute autre sorte de biens, qu'on n'estime point qu'il y ait aucune autre Ville au monde qui l'égale en richesses : & est si puissante en hommes & en munitions de guerre, qu'il est impossible de la pouvoir jamais prendre autrement que par famine. Charon en l'Hist. universelle, chap. 24. pag. 308.

[CC] On tient en particulier les Parisiens, non seulement plus gracieux, ains encore plus devotieux, plus charitables, aumôniers, pecunieux & remplis de delices que tous les autres François, mais coleres soudains, & fort faciles à émouvoir. Ils font profession de la Religion Catholique, & ont été surnommés badaux ou niais, combien que la plupart ayent toujours bien fait paroître, comme ils font encore, qu'il n'y en a guere de plus avisés qu'eux, ni Ville en France où les armes, les lettres & toute sorte d'inventions & d'industrie soient mieux pratiquées. Charon D. tit. chap. 62. pag. 422.

[DD] Domus Parisienses, cùm publicæ tùm privatæ, universim anno 1559, ad decem millia sunt numeratæ, exceptis Collegiis, Templis, Cœnobiis, iisque quæ in suburbiis. Merula, D. C. ut. & les cinq Ponts, les

PREUVES DES ANTIQUITE'S

quatre Halles, & beaucoup d'autres lieux du domaine du Roi. Corrozet, D. tit. chap. 28. pag. 171. A. Charon en l'Hist. universelle, chap. 30. pag. 141. compte plus de douze mille maisons outre celle qu'on y bâtit encore tous les jours, & non compris celles des Faux-bourgs, qui sont en très-grand nombre. Ceux qui ont prétendu, *scribit Ranchin D. L. pag.* 200. d'alleguer le nombre des maisons de Paris pour le restraindre à douze mille, *Scaliger Exerc.* 260. sans y comprendre les Faux-bourgs, se trouveroient mecomptés aujourd'hui : & depuis les trois derniers regnes, la Ville devint si grande qu'elle ne se peut soutenir soi-même, comme on dit de Rome autrefois.

[EE] Plateæ sunt suprà 400. Merula, D. L. Earum nomina consignavit Corrozet, D. tit. in appendice, fol. 204. & seq. Charon, D. pag. 242. en trouve plus de cinq cens toutes pavées, desquels en on compte quarante huit ou cinquante en la Cité, deux cens quatre-vingt en la Ville, & cent quatre-vingt pour le moins en l'Université.

[FF] Urbis areæ insigniores sunt, Grevensis, Templaria, Luparia. Merula, D. L. pag. 239. adde Delphinam, *la Place Dauphine.*

[GG] Civitas pontes habet tanquam alas, dextras quidem D. Virginis, *de Notre-Dame*; Trapesitarum, *aux Changes*; Aurifabrorum, *des Orfevres*; Molitorum, *le Petit-Pont*, & D. Michaelis, *St Michel*, quibus in Universitatem tenditur. Divæ Virginis & parvus, lapidei sunt, cæteri tignis ac sublicis impositi. Lapideus sanè major qui D. Virgini sacratus, olim longitudinem habebat septuaginta passuum, latitudinem octodecim, ordines septemdecim, (ordo quivis triginta tignis constabat) ædes utrimque lateritias pari magnitudine & altitudine sexaginta impositas gerens. Octuagesimo post anno sub Ludovico duodecimo cum mole sua corruisset, refectus est summo artificio sex arcubus lapideis domibus, sexaginta & octo æqualibus superstructis, pavimentoque lapidibus strato, ut pontem multi esse nesciant. Pons parvus restauratus est sub Carolo sexto ex Judæorum mulctis. D. Michaëlis ædificatus ab Hugone Aubrioto Præfecto Parisiensi, sub Carolo sexto ; cùm anno 1557, navium impetu convulsus corruisset, non multò post refectus est, æqualis domibus lateritiis hinc inde ornatus. Est hodiè Pons inter arcem Lupariam & Augustinensium Cœnobium, sextus (numero) cujus fundamentum posuit Henricus tertius Franciæ Rex, pridiè Kalend. Junii 1678, in eo absolvendo adhuc seriò laboratur. Hæc Merula, D. L. pag. 235. de suo tempore. Posteà verò non solum hic sextus Pons, qui novus dicitur, *le Pont-neuf*, absolutus magnificè, sed etiam eidem pro ornamento impositum horologium, quod aquâ moveatur, necnon statua ex ære deaurato, Henrici quarti equo insidentis faciem repræsentans, pondere (*à ce qu'on dit*) plus de dix-huit mille livres. Charon en l'Hist. universelle, chap. 153. pag. 1334. Ce Pont-neuf contient douze arches ; le sol du Pont est parti en trois, au milieu passent les carosses & les chevaux ; les deux côtés sont deux allées qui s'élevent de deux pieds plus que le milieu ; les barrieres qui sont au bout ne permettent pas qu'autres que les gens de pied y passent. Le long des allées est un accoudoir d'où l'on a vûe sur la riviere, avec des culs de lampe sur chaque pile, qui s'avancent sur l'eau. A la seconde arche du Pont du côté du Louvre, est erigée une pompe qui éleve & monte l'eau de la riviere, c'est une Samaritaine versant de l'eau à Notre-Seigneur, & au dessus un industrieux Horloge qui montre & marque les heures devant midi en montant, & après midi en descendant, avec le cours du Soleil & de la Lune sur notre horizon, par une pomme d'Ebenne ; & outre ce represente les mois & les douze Signes du Zodiaque dans six espaces en montant, & six en descendant. Elle sonne les quarts d'heure, & certaines clochettes qui sont derriere, lorsque l'heure est prête à sonner, donnent une musique agreable qui s'entend d'assés loin. Au milieu des arches où finit la pointe de l'Isle du côté des Augustins, est une excellente statuë

DE LA VILLE DE PARIS. 237

de bronze reprefentant le Roi Henri le grand à cheval, lequel a parfait le bel ouvrage de ce Pont ; & aux quatre faces du pied d'eſtal font gravées & reprefentées fur le bronze les victoires heureufes & incomparables de ce valeureux Monarque, à quoi on a travaillé ci-devant ; & dès l'an 1637, le pied d'eſtal a été découvert & clos de treilles de fer. Cette piece exquife fut envoiée de Florence par Ferdinand II, & Côme II fon fils, Grands Ducs de Toſcane, oncle & coufin de la Reine Marie de Medicis, Mere du Roi Louis XIII. Ranchin, D. rom. 2. pag. 195. Erat anno 1620, ubi primùm Lutetiam vidi, alius pons, qui vocabatur Avium, *aux Oifeaux*, quem ignis vim fenfiffe pofteà recognovi, & anno 1636 obfervavi pontem faxeum non procul ab Arfenali, necnon ligneum propè Luparam noviter conftructos.

[HH] Fontes fub fe guftaffe publicos fuprà fexdecim memorat Merula, (dd) totidemque enumerat Corrozet in append. D. tract. pag. 216. 6. nempè ; La Fontaine de la Reine, St Innocent, Maubué, du Ponceau, en la rue des Cinq-Diamants, de la Croix du Tiroir, des Halles, de la Porte-Baudet, Ste Avoie, St Martin ; du Temple, St Julien, de Paradis, de la Barre-du-Bec, de St Ladre, des Tournelles. Comme le Prevôt de Paris eut demandé à Henri IV. permiffion de lever certaine fomme fur les tuyaux des Fontaines pour traitter les Suiffes, il repartit : Il n'appartient qu'à Jefus-Chriſt de changer l'eau en vin ; il ne pouvoit fouffrir que les élemens fuffent tributaires. Le fieur de Cuifiers en fes Reflexions fur la Vie des Rois de France, pag. 402.

[II] Templa fe hic numeraffe 62. univerfim memorat ibidem Merula, D. L. 69. Sinærus D. Itin. pag. 273. plus que cent quarante Eglifes, Chapelles & Hopitaux. Charon en l'Hift. univerfelle, chap. 30. pag. 142.

[KK] Merula, D. Loco, pag. 236. L'Eglife de Notre-Dame à Paris a onze portes, dont les trois de la principale entrée font embellies de vingt-huit ſtatues de nos Rois. Elle eſt bâtie fur pilotis en l'eau, & a dans foi quarante-cinq Chapelles toutes treilliffées de fer, avec cent vingt pilliers ou colomnes dans œuvre, qui foutiennent l'édifice, lequel eſt des plus beaux de toute la Chrétienté. Il eſt long de cent foixante-quatorze pas ou enjambées, & large de foixante, fort élevé ; au dehors duquel fe voit deux tours fi hautes, que du faîte d'icelles les hommes qui font en bas ne paroiffent pas plus grands que des oifeaux, & les cloches qui y font, font fi groffes qu'il faut dix-huit ou vingt hommes pour ébranler la plus groffe, de laquelle en tems calme le fon s'entend quelquefois de fept lieues à l'entour. Charon en l'Hift. univerfelle, chap. 131. pag. 965. *Jung.* Duchefne, D. tit. chap. 5. pag. 39. Corrozet D. tr. chap. 10. fol. 60. & 61. Favyn au Theatre d'honneur, Liv. 3. pag. 563, & Ranchin D. tom. 2. pag. 201.

[LL] L'Evêque aujourd'hui Archevêque, fon Grand-Vicaire, le Doyen, le Chantre, le Chancelier de Paris, le Penitencier, l'Archidiacre de Paris, l'Archidiacre de Jofas, l'Archidiacre de Brie, le Souchantre, les cinquante Chanoines dont le Roi eſt le premier, entre lefquels font comprifes les huit Dignités ci-deffus, les fix Grands Vicaires, les dix Chanoines de St Denys-du-Pas, & les fix Chanoines de St Jean le rond & les deux Curés, les deux Chanoines de St Agnan & les deux Vicaires, les douze Enfans de Chœur, les Clercs de Matines, 140. (127 fecundum calculum Ranchini dict. pag. 201.) Chapellains fondés aux 47. (68. Ranchin.) Chapelles. Toutes ces perfonnes d'Eglife n'affiftent jamais au Service divin avec robe de foie, mais en robe de drap ; n'oferoient auffi y affiter aux principales Fêtes, finon ayant les barbes rafées. Corrozet D. tr. chap. 10. fol. 62. A.

[MM] C'eſt en cette Eglife que nos Rois viennent payer leurs vœux à leur premiere entrée, en cette Eglife que fe celebrent les offices de leurs fepultures en grand & fomptueux appareil, en cette Eglife que fe font les Affemblées des Proceffions generales où fouvent leurs Majeftés y affiftent. Duchefne D. tr. chap. 6. pag. 41.

[NN] Sacella Parisiis non pauca tredecim circiter, inter quæ primi cenſendum loci, quod in Palatio fanctum audit à D. Ludovico extructum, omnium Cifmontanorum audaciſſimum : nam facellum facello fornatico incumbit, nullis columnis mediis, fed lateralibus tantum fubfultum. Merula D. C. pag. 236.

[OO] Si credimus inventorio quod exhibet Corrozet, D. tr. chap. 12. fol. 76. & 77. ibi affervantur la Sacrée & Sainte Couronne d'épine de Notre-Seigneur; la vraie Croix; du Sang de Notre-Seigneur Jefus-Chrift; les drapeaux dont Notre-Sauveur fut enveloppé en fon enfance; une autre grande partie du bois de la fainte Croix; du fang qui miraculeufement a diftilé d'une image de Notre-Seigneur, ayant été frapée d'un Infidele; la chaîne & le lien de fer en maniere d'anneau, dont Notre-Seigneur fut lié; la Ste Touaille ou nappe en un tableau; une grande partie de la Pierre du Sepulchre de Notre Seigneur; du Lait de la Vierge Marie; le Fer de la Lance, duquel fut percé le côté de Jefus-Chrift; une autre moyenne Croix que les Anciens appellent la Croix de Triomphe, parce que les Empereurs avoient accoutumé de la porter en leurs batailles en efperance de victoire; la Robe de Pourpre dont les Chevaliers de Pilate vêtirent Jefus-Chrift en dérifion, le Rofeau qu'ils lui mirent en la main pour fceptre; l'Eponge qu'ils lui baillerent pour boire le vinaigre; une partie du Suaire dont il fut enfeveli au Sepulchre; le Linge dont il fe ceignit quand il lava & effuya les pieds à fes Apôtres; la Verge de Moïfe; la haute partie du Chef St Jean-Baptifte; les Chefs de Saints Blaife, Clement & Simon. Adde Charon en l'Hift. univerfelle, chap. 133. pag. 987.

[PP] Long-temps après que cette Chapelle eût été ainfi bâtie & enrichie, Charles V l'annoblit encore grandement; c'eft lui qui obtint du St Siege permiſſion au Treſorier d'icelle d'uſer de Mitre, Anneaux & autres ornemens Pontificaux (*excepté la Croſſe*) & donner benediction, tout ainfi qu'un Evêque celebrant le Service divin dans fes pourpris & enceinte de ce Sanctuaire où repoſent ces precieuſes marques de notre Redemption. Et pour ce que cette Chapelle eft vraiment Royale de fondation, auſſi Maître Paſquier nous apprend par ſes Recherches, que nos autres Rois la voulurent par ſucceſſion de temps honnorer des fruits & émolumens de leurs Regales. Le premier qui l'en gratifia fut Charles VII, non à perpetuité, ains pour trois ans feulement, lefquelles étant expirées, il les continua à autres trois ans par fes Patentes du 1 Mars 1432; le tout pour être employé, moitié pour le Service divin, & l'autre moitié pour l'entretenement des bâtimens & édifices; & par autres Lettres fubfequentes du 18. Avril 1458, il leur continua cet octroi pour quatre ans, portant les Lettres, que le revenu fût reçû par fes Receveurs ordinaires plus proches des lieux où écheroient les Regales, & par eux baillés au Changeur du Trefor, pour être par lui convertis à la refection & reparation des ornemens & vêtemens de lad. Ste Chapelle, ainfi qu'il feroit par les Seigneurs des Comptes ordonné. Louis XI, foudain après le decès de fon pere, voulant paffer outre par fes Lettres du 13 Septembre 1465, leur accorda, tant qu'il vivroit, le profit des Regales pour employer la moitié à l'entretennement & ornemens, vêtemens & linge de l'Eglife, & pour foûtenir les vitres d'icelle; ces Lettres furent prefentées à la Chambre, qui ne les voulut verifier tout à fait, ains les reftraignit à neuf ans par fon Arrêt du 7 Novembre 1465. Depuis ce temps on ne fit doute de leur accorder cet octroi à la vie de chaque Roi; & de fait, quafi par un vœu folemnel, tous les Succeſſeurs de Louis XI leur octroyerent à leur avenement tous ces profits, tant qu'ils vivroient, & on ne fit doute à la Chambre d'en verifier les Lettres. Charles VIII par fes Patentes du 12 Decembre 1485; Louis XII le 2 de fon Regne, 12 Juillet 1498; François I, le 18 Mars 1514; Henri fon fils, le 2 Novembre 1547, jufqu'à ce que Charles IX, par fon Edit de Moulins du 20 Fevrier 1565,

DE LA VILLE DE PARIS.

ordonna que dorefnavant tous ces fruits appartiendroient à perpetuité à la Sainte Chapelle. Cette Eglife a encore plufieurs autres prérogatives, comme de dépendre du St Siege Apoftolique, marcher de pair avec les Chanoines de Notre-Dame aux Proceffions publiques, & d'avoir fes benefices & Prebendes en la collation de nos Rois. Duchefne D. tit. chap. 7. pag. 53. & 54.

[QQ] Cœnobia pluria fuo tempore numeravit Merula, D. C. pag. 237. Viginti quatuor, fed hodie hunc excedunt numerum.

[RR] Sainte Genevieve eft Patrone generale de la Ville, Duchefne, D. tit. chap. 6. pag. 45. & eft la vraie Patrone & Garde des Parifiens, qui ont telle confiance en Dieu par les mérites & prieres d'icelle, que de toute tribulation ou neceffité, foit de maladie, pour les guerres & héréfies, foit pour avoir de l'eau du Ciel, ou pour avoir beau-temps, foit pour la famine, ou pour faire retirer la riviere de Seine quand elle eft debordée; bref, pour toute chofe dont on a affaire ils la prient, & font Proceffions publiques; efquelles ils portent fa Chaffe par hommes nuds en chemife, en grande reverence, & ne font jamais fruftrés de leurs Requêtes, ains font exaucés de Dieu. Ita confidenter, Corrozet D. tr. Chap. 3. fol. 13. A. Propter damna quæ Normanni circà tempora Ludovici III Regis intulerunt huic Monafterio, les Religieux de Ste Genevieve n'ont jamais voulu recevoir en leur Compagnie aucunes gens de cette Nation : qui s'entend des Normands Septentrionaux, & non de ceux qui font de prefent naturalifés François,) & entre leurs prieres Ecclefiaftiques continuent encore de dire celle-ci. *A furore Normannorum, libera nos Domine.* Charon en l'Hift. univerfelle, chap. 118. pag. 832.

[SS] L'Abbé ne releve en fes droits d'aucun Evêque, quel qu'il foit, mais feulement du St Siege de Rome, fi bien qu'en pompe & proceffion publique il marche du pair (côte à côte l'un de l'autre, Corrozet D. ch. 3. p. 14. A.) avec l'Evêque de Paris; & pour la plus éminente & magnifique marque de fa gloire, fe vante non de quelque corps fubalterne de Juftice Ecclefiaftique, ains d'une Chambre Apoftolique, qui donne des Arrêts & prononce les Oracles facrés aux plus grands Princes, Seigneurs & Officiers de la Couronne; Chambre égale en puiffance & fouveraineté avec celle des Primats, & Chambre dont les appels reffortent tout droit en la Cour du Pape (fans que Diocefain, ni Metropolitain, ni Primat y puiffent rien pretendre d'autorité, Corrozet D. fol. 14. A.) Il a auffi fa Juftice temporelle, tient une bonne partie de l'Univerfité fous fa Jurifdiction, (Corrozet D. p.) haute, moyenne & baffe, droits d'aubeine & épaves, Juge, Greffier, Procureur Fifcal, Sergens, & autres telles prerogatives & marques de grandeur qui lui font communes avec les autres Seigneurs qui ont droit de plein Haubert, & dont nos Rois ont noblement & glorieufement appanagé cette Maifon Royale. Et l'une des plus grandes & graves préeminences qui relevent la dignité de ce Prelat, c'eft que quand un Pape fait fon entrée dedans Paris, comme il s'eft vû du tems de nos ancêtres, il a feul l'avantage de le recevoir par cette porte murée, *Porte Papale*, qui repond en fon jardin entre les Portes St Marcel & St Jaques. Voire je dirai encore, & le dirai pour une autre excellence finguliere & une remarquable & furéminente prerogative de fa Mitre, que l'Evêque de Paris ayant été facré felon la commune coutume en l'Eglife St Victor, il eft tenu fe venir prefenter à fon Convent avant que les Chanoines de Notre-Dame le reçoivent: qu'à la fête Ste Genevieve & de l'Afcenfion il y vient en proceffion accompagné de Meffieurs de fon Chapitre, & que le Dimanche des Rameaux il ne porte en main que du buis que l'Abbé fufdit a beni de fa bouche. Duchefne D. ch. 6. p. 44. & 45.

[TT] Philippe Augufte fit bâtir ce Chateau, ce Louvre, cette Maifon Royale en l'année 1214, tant pour y mettre fes titres, pancartes & trefors, que pour y emprisonner les grands Seigneurs. Et pour ce que pour lors c'étoit l'un des plus superbes bâtimens de ce Royaume & un chef-d'œuvre, quelques-uns pensent qu'il l'appella le Louvre comme s'il eut voulu dire l'œuvre. Duchesne D. tit. chap. 16. pag. 104.

[VV] Lupariam Franciscus primus ampliare cœpit, absolvitque Henricus secundus anno 1558. Merula D. chap. pag. 238. Sous François, qui dès l'an 1529. fit raser la grosse tour du Louvre pour espacier & amplifier la Cour d'icelui Chateau, auquel il fit faire de grandes reparations & nouveaux édifices, (Corrozet D. tr. ch. 26. fol. 160. 6.) y furent pris les desseins & tirés les modeles de ce superbe bâtiment qui n'a son égal en toute la Chrétienté, & continué depuis par Henri II, & par Charles IX, pour être le sejour & demeure de leurs Majestés, bâtiment qui passe aujourd'hui en excellence & en grandeur tous les autres, soit qu'on contemple son assiette belle & autant forte qu'esprit humain se puisse imaginer, ayant au devant la riviere, & l'air libre de tous côtés. Duchesne D. chap. pag. 106.

[XX] Du premier jour que Henri IV y est entré, il a encore pour sa plus grande gloire dessigné ce qu'il a poursuivi & continué depuis, de le joindre aux Tuilleries par une gallerie qui n'a sa pareille ; grand ouvrage soit qu'on considere le bâtiment par le dessein, ou le dessein par le bâtiment. Duchesne D. pag. 106. On conte du Roi Henri IV, que comme le Roi d'Espagne desira savoir la longueur & largeur de la Gallerie du Louvre, & qu'il se douta qu'il en vouloit faire bâtir une semblable à Madrid, il dit à celui qui lui en parloit. Dites au Roi mon frere qu'il peut faire une Gallerie semblable à la mienne, mais qu'à la sienne il n'y aura jamais un Paris au bout. Louis d'Orleans aux ouvertures des Parlemens chap. 21. pag. 267.

[YY] Philippe le Bel au commencement de son Regne, & dès l'an 1286 fit en l'Isle de Paris, au même lieu où étoit l'ancienne demeure & le vieux Chateau des Rois, le Palais tel qu'il est aujourd'hui, & ordonna qu'en ce lieu seroient par Juges à ce ordonnés tous procès vuidés & jugés sans appel, non que le domicile & logis ordinaire de nos Rois ait dès lors été établi ailleurs, car les histoires sont pleines de preuves contraires, ains pour montrer l'honneur & la reverence qu'ils avoient à la Justice, ils la voulurent lors loger dans leur Palais & à la porte de leur chambre Louis XII est le premier qui quitta ce Palais aux Juges & se retira au Bailliage, encore qu'il ne fut si-tôt imité de son successeur. Duchesne D. tit. chap. 16. pag. 103. Ce magnifique Palais a force boutiques qui dépendent du Domaine du Roi ; sa grande Salle fort admirable pour sa hauteur, longueur & largeur, toute pavée de marbre blanc & noir, a des piliers & Libraires, les quatre premiers sont pour des Marchands, & autour des trois autres & de toute la Salle sont les bancs des Procureurs qu'ils achetent ou louent du Bailli du Palais pour y assigner lieu à leurs parties. Duchesne chap. 20. pag. 136.

[ZZ] La Bastille à la Porte St Antoine, excitari cœpit sumptibus Regiis anno 1369 sub Carolo quinto Rege, per Hugonem Aubriorum Præfectum Parisiensem, qui posteà Hæresos nomine in perpetuos carceres fuit relegatus. Merula D. L. p. 238. Ædificata autem fuit pour servir de deffence & de rempart de ce côté-là contre l'ennemi Anglois, mais elle a depuis été destinée pour emprisonner les grands Seigneurs que l'on enfermoit premierement au Chateau du Louvre ou à la Tour du Temple. Duchesne D. tit. chap. 18. pag. 113. & 114.

[AAA] La Tour de Billi ayant été foudroyée l'an 1538 sous le regne de François premier & les poudres embrasées, Henri II son fils & successeur fit commencer l'Arsenal par deux places comme deux grandes Halles ; & depuis lui Charles IX fit faire & parfaire cet édifice le plus fort & magnifique qu'on sache guere pour un tel usage, ensemble les loges & maisons

DE LA VILLE DE PARIS.

fons des Ouvriers qui travaillent à la fonte de l'artillerie. Duchesne D. ch. pag. 115.

[BBB] Castella sunt majus & minus, *le grand Chatelet & le petit Chatelet*. Julien l'Apostat Gouverneur des Gaules ayant planté ses pavillons & établi sa demeure à Paris, qui ne s'étendoit encore plus loin que l'Isle, fit bâtir le grand Chatelet, à ce que disent quelques-uns, pour lui servir de forteresse & recevoir là les tributs du Royaume. Mais Philippe Auguste le fit depuis rebâtir & le destina au service de la Justice. Le petit Chatelet, *ædificari cœptum tempore Caroli quinti per Hugonem Aubriotum*, au bout du Petit-Pont, pour arrêter & faire barriere à l'insolence des nourrissons de l'Université. Il a depuis été destiné pour la geolle du commun peuple. Duchesne D. cap. 18. pag. 114.

[CCC] Domus publica Parisiensium anno 1533 cœpta à fundamentis extrui sub Francisco primo. Merula D. p. L'Hotel de Ville siege des Prevôt des Marchands & Echevins fut élevé au plus haut étage de sa beauté par François premier, & embelli d'une architecture qui n'avoit guere sa pareille. Mais les malheurs du siecle auroient du tout obscurci son lustre, s'il n'eut été ces années passées rehaussé de riches embellissemens & nouvelles decorations. Il a cette derniere obligation à Messire François Miron, Conseiller du Roi en ses Conseils d'Etat & Privé, Lieutenant Civil en la Prevôté de Paris, & ci-devant Prevôt des Marchands. Paris se glorifie desormais de voir sa Maison de Ville ornée d'un grand perron, d'un beau porche, de clairs escaliers & d'une agreable face. Duchesne pag. 115.

[DDD] Il y a plusieurs Hotels en grand nombre qui sont venus en décadence & en main d'autrui par la mutation des tems. Car anciennement il n'y avoit Princes, Seigneurs, ni Prelat en France, mêmement des douze Pairs qui n'y eut son Hotel, pour ce que les Rois s'y tenoient ordinairement. Corrozet in append. D. Tr. pag. 212. ubi exhibet Catalogum illorum Palatiorum de quibus etiam agit Duchesne D. tit. ch. 17. pag. 107. Quibus tamen hodie vel accesserunt vel substituta sunt baria alia, ut *l'Hotel de Luxembourg*, vel *de la Reine*, *l'Hotel du Cardinal*, &c. ædificia per quam splendida.

[EEE] Nos Histoires remarquent que dès le tems de Clovis, Paris fut destiné pour être le Siege de l'Empire François, ce qu'ils établirent sur ce qu'ordinairement les grands Rois ont toujours tenu pour maxime d'Etat de faire leurs demeures dans les Villes capitales de leurs Royaumes; *& unde in omnia esset regimen*, dit Tacite. Bret. de la Souv. du Roi liv. 2. ch. 15. p. 315. Philippus pulcher in oratione ad populum ab Angtterrando habitam, Lutetiam appellavit *Chambre Royale*, en laquelle les Rois anciennement prenoient leurs premieres nourritures Pasquier liv. 2. des Recherches chap. 7. fol. 55. C. *Non uno autem in loco vel domo una Lutetiæ Regum sedes fuit; sed in variis pro lubitu Regum, donec tandem sola Lupara electa*. De toute ancienneté l'édifice du Palais a été le logis & le Chateau de leurs Majestés, quoique non bâti avec une telle étendue & enceinte de murailles que nous le voyons à présent, & qui selon quelques-uns ne contenoit que ce quartier, lequel encore à présent se nomme la Salle St Louis. L'Abbayie de Ste Genevieve étoit le Palais ancien de Clovis notre premier Roi Chrétien. Là il habitoit avec sa suite lorsqu'il honoroit Paris de sa presence ordinaire. Le Roi Robert & Henri premier son fils avoient leurs demeures où de present est le Prieuré St Martin des Champs : & y a en la Maison St Lazare un autre corps d'Hotel fort antique & presque tout démoli, sis le long de la chaussée St Denys derriere la grande Croix plantée au milieu du carrefour de ce Prieuré, que l'on appelle le logis du Roi; preuve certaine que quelques-uns de nos Rois ont autrefois eu là leur demeure & leur domicile, comme de fait encore l'y élisent-ils quand ils font leurs entrées à Paris. Au lieu de ce logis il y a une grande porte levée de quinze pieds ou environ de

Tome III. *Hh

la chauſſée, vis-à-vis d'une grande rue qui vient directement du fauxbourg St Martin à celui de St Lazare, au pied de laquelle chauſſée lorſque le Roi ou la Reine font leur entrée eſt dreſſé un eſcalier de quinze pieds de large ou environ qui regne juſqu'à la porte, & devant la porte un portique de ſept à huit pieds de diametre où ſe ſied ſa Majeſté ſous le dais Royal environné de ſes Princes du Sang & le Chancelier de France derriere elle pour l'aſſiſter aux reponſes qu'elle rend aux ordres de la Ville ſelon le rang qu'ils doivent tenir en ladite entrée. Après les vœux & les harangues du Chatelet, de la Cour des Aides, de la Chambre des Comptes & du Parlement, le Roi & la Reine deſcendent par la montée de ce logis Royal, qui a une de ſes iſſues au dedans du Cloître & aſſés proche de l'Egliſe, puis étant en la cour le Roi monte ſur ſon cheval de parade & la Reine ſur ſon chariot triomphant, & ſont ainſi leurs Majeſtés conduites par leur Nobleſſe en l'Egliſe de Notre-Dame où ils font leurs prieres & ſupplications. Voire comme ils ont éleü cette maiſon pour faire leur premiere entrée en leur premiere & principale Ville, & qu'ils y repoſent l'eſpace de trois jours auparavant, auſſi leur eſt-il fait de même lors qu'après leur trepas ils ſont conduits en ſomptueux appareil à leur ſepulture de St Denys, car le ſervice fait à Notre-Dame tous les Prelats de France attendent entre les deux portes du Prieuré les corps de chaque Roi ou Reine qui ſont portés par vingt-quatre Porteurs de Sel Jurés, ou comme depuis quelques ans par les Gentilshommes de leur ſervice, au devant de la grande porte de ce Prieuré, & repoſant là quelque peu de tems, les ſieurs Prelats chantent hautement le Pſeaume *De profundis* & les Oraiſons accoutumées, puis ayant tous verſé de l'eau benite ſelon le rang de leurs honneurs, ils ſont levés & portés outre en l'Egliſe de Monſieur St Denys. Je trouve encore une ancienne demeure de nos Rois en la rue St Antoine, appellée l'Hotel St Pol, & je penſe pour moi que c'étoit celui qui fut depuis appellé l'Hotel Royal des Tournelles, & que l'on commença de démolir en l'année 1564 au mois d'Août, & à vendre au plus offrant les places de ſes chambres & jardins. Après la condamnation des Templiers, le Roi Philippe le Bel s'étant ſaiſi de leurs plus belles poſſeſſions, nous liſons qu'il ſe logea en l'Hotel du Temple qui leur avoit été donné ou vendu par ſes predeceſſeurs, & fit apporter ſes treſors & chartes en la groſſe tour. C'eſt ce Philippe, lequel étant devenu Roi, au commencement de ſon regne, &c. *Cætera quæ hunc ad contextum pertinent, vide ſuprà hoc capitulo litt.* [YY] *nolo enim verba hic recitare*. Mais tant y a qu'aujourd'hui le Louvre eſt le ſejour ordinaire des Rois & le ſeul Palais où ils habitent avec leur gloire. Ducheſne D. tit. ch. 5. pag. 100 & ſuiv. *Atque hæc ſedes Regis non ſolum Lutetianis commodo eſt; ſed etiam ipſi Regi*. La plus ſevere punition des Pariſiens eſt l'éloignement du Roi; ce grand corps de Cité ne pouvant être alimenté ſans la preſence de la Majeſté Royale, à cauſe du profit & de l'abondance que ſa Cour y amene; mais d'autre part auſſi la richeſſe des Pariſiens eſt un treſor aſſuré pour le Roi, auquel ſa Majeſté peut avoir recours au beſoin, & des moyens de cette ſeule Ville, ſecourir tout ſon Royaume, à raiſon de quoi ſi les Pariſiens ont à deſirer la preſence du Roi pour s'enrichir, ſa Majeſté n'a pas moins d'interet de faire ſa reſidence ordinaire en cette admirable Cité pour entretenir ſon opulence. Scipion du Pleix au ſecond tome de l'Hiſt. generale de France pag. 610. n. 14.

[FFF] Vide ſuprà lib. 3. cap. 6. litt. DD.
[GGG] Vide ſuprà lib. 5. cap. 7.
[HHH] De quo infrà lib. ult. cap. 3.
[III] Ducheſne D. tit. ch. 21. pag. 145. & ſuiv. La Chambre des Comptes de Paris eſt la plus ancienne univerſelle & autoriſée, à l'inſtar de laquelle les autres qui ſont en France ont été créées. Ses bureaux ou ſéances ſe diſtinguent & ſont d'une autorité differente. Le grand Bureau eſt

DE LA VILLE DE PARIS.

composé de dix Presidens & de soixante-deux Maîtres des Comptes, & y a premier & second Bureau, esquels reside l'autorité & la justice de cette Compagnie. Le second Bureau est des Correcteurs, qui sont au nombre de vingt-un, prenans titre de Conseillers du Roi, comme les Maîtres, qui ont droit de recevoir les comptes déja clos, y remarquer non seulement l'erreur du calcul, mais aussi les omissions de recettes, & conferant celles des Receveurs generaux avec la dépence des Receveurs particuliers & celles des Tresoriers de l'Epargne avec la depense des Tresoriers generaux, & ainsi des autres Comptables, prenans assignation à l'Epargne, s'ils sont entiere recette de tout ce que le Tresorier de l'Epargne emploie sous leur nom : dequoi ils font rapport à la Chambre où ils sont assis avec les Maîtres pour opiner avec eux & juger les omissions verifiées ou les détentions des deniers du Roi par les Comptables. Le troisiéme Bureau est des Auditeurs, qui sont au nombre de soixante-six, & font le rapport des comptes qui sont à clore & juger en la Chambre qui les leur a commis & distribués : ils y opinent les premiers & ont voix deliberative sur chaque article, & sur les difficultés qu'ils y forment & relevent, écrivant eux-mêmes les Arrêts sur les comptes. Il y a Procureur & Avocat general du Roi, deux Greffiers & deux Notaires-Greffiers, ci-devant appellés Clercs du Roi, Changeur du Tresor, Garde des Comptes & Archives, Garde des Livres & Regîtres; un premier Huissier qui est aussi Receveur des menues necessités de la Chambre, ayant droit de *chambellage* sur tous les Seigneurs qui entrent en la Chambre pour y faire les foi & hommages des terres tenans nuement du Roi, un Receveur & Payeur des gages des Officiers, Receveurs generaux des restes des Comptes, vingt quatre Huissiers ou Messagers des Comptes pour executer les mandemens de la Chambre & les Ordonnances des Tresoriers de France. La Chambre des Comptes verifie & enregître tous appanages des enfans de France, tous Contrats de mariage des Rois & filles de France, tous dons excedents la somme de trois mille livres, les pensions, Lettres de naturalisation, remises, octrois, & generalement, toutes Chartes, Edits, Lettres Patentes & Provisions à elle adressées & concernant les finances du Roi, comme baux de fermiers & choses semblables, & procede à la reception des Tresoriers de l'Epargne, des Tresoriers des parties casuelles, de l'ordinaire des guerres, &c. des Tresoriers de France, Receveurs generaux des Finances & autres de son ressort, qui est beaucoup plus grand que celui de la Cour de Parlement de Paris. Les Comptes de la Maison du Roi, de la Venerie & Fauconnerie, Ecurie, Argenterie, de la Chambre aux deniers, de l'Epargne, de l'ordinaire & extraordinaire des Guerres, de l'Artillerie, de la Marine, du Levant & Ponant, des Ligues des Suisses & Grisons & autres, y sont vûs & jugés. Elle ne travaille que par semestres. Ranchin D. tom. 2. pag. 95. & suiv.

[KKK] Il y a plusieurs autres belles Jurisdictions en l'enceinte & cloture du Palais Royal, tant pour les Finances que pour autres polices, la Chancellerie, la Cour des Aides, laquelle selon aucuns tient son institution du Roi Louis Hutin. Henri II par Edit general regla sa Jurisdiction pour juger en dernier ressort des procès mûs pour le fait des tailles, Aides, Gabelles équivalents, &c. & generalement de tous les deniers levés par forme de subvention pour le fait des guerres ou autrement. Elle ne fut au commencement que de huit personnes, savoir un President Clerc, quatre Generaux & trois Conseillers. Il y a aujourd'hui deux Chambres, deux Presidens en chacune, vingt-six Conseillers & Generaux, un Procureur general, deux Avocats generaux, un Greffier, premier Huissier & autres Suppôts. Ranchin D. tom. 2. pag. 97. La Chambre du Tresor, la Chambre des Monnoies, le Bailliage du Palais, la Chambre des Maîtres des Eaux & des Forêts (à laquelle ressortent trois cens Officiers de trois cens Sieges

des Eaux & des Forêts de ce Royaume). La Chambre de l'Edit, la Con-
netablie & Maréchauflée & Amirauté de France à la Table de Marbre, &
la grande Panneterie. Duchesne D. ch. 21. pag. 145.

[LLL] Jurisdictiones temporales quæ Lutetiæ exercentur, has enumerat Corrozet in Append. D. tr. fol. 203. 6. La Prevôté de Paris, la Conservation, le Bailliage du Palais, le For l'Evêque, la Justice St Germain
des Prés, la Justice du Temple, la Justice St Martin des Champs, la Justice Ste Genevieve, la Justice St Benoît, la Justice St Marcel, la Justice
St Victor, la Justice de l'Hotel de Tison, la Justice St Magloire.

[MMM] Les Magistrats & Officiers de la Prevôté de Paris & du Chatelet, le Prevôt de Paris, trois Lieutenans que nous appellons vulgairement de la qualité de leurs Charges, Civil, Criminel & Particulier, un
Procureur & Avocat du Roi, douze Conseillers, le Conservateur des
privileges de l'Université, qui est le Prevôt ; les Commissaires examinateurs commis & distribués par les seize quartiers de la Ville, les Greffiers,
les Notaires, les Tabellions, les Sergens du Prevôt, nommés, les Sergens de la
douzaine, le Concierge & Guette du Chatelet, le Geollier, quatre Sergens fieffés, cent vingt Sergens à cheval, cent vingt Sergens à verge, le
Chevalier du guet avec ses Sergens. Duchesne D. tit. ch. 28. pag. 166. Corrozet in d. append. fol. 203. A.

[NNN] La Ville de Paris se vante encore pour le plus éminent & magnifique trône de sa propre & particuliere Justice, non d'un Bailli, Senechal ou Viguier, qui décide de ses causes, comme aux autres Villes du
Royaume, ains se glorifie d'un Prevôt qui rend le droit à son peuple par la
bouche de ses Lieutenans & Officiers. Duchesne ch. pag. 164. Præpositus
Parisiensium cognoscit de causis quidem civilibus & criminalibus ; undè &
duo Vicarii sunt civilium & criminalium notionum, habetque delegatos
quos vocant Auditores Castelleti, *Auditeurs du Chastelet*, qui de minutis &
levioribus causis judicant, ut de mercedibus famulorum & mercenariorum
& agricolarum usque ad quadraginta solidos summariè & de plano, & de
aliis personalibus actionibus quæ non excedunt pro sorte & expensis viginti
solidos Parisienses, non autem de realibus & hæreditariis petitionibus.
Pet. Gregor. Tholof. in Syntag. Juris univers. lib. 47. cap. 35. n. 6.

[OOO] Le Prevôt de Paris est le chef de la Justice & Police de cette
grande Ville en premier ressort, & de toute la Prevôté & Vicomté d'icelle
Ville, autant & plus remplie de peuple que la plus belle & plus grande
Province du Royaume ; Vicomté glorieusement appanagée de sept nobles
Bailliages, sans le nombre infini des Bourgs & Villages qu'elle regit. Phi-
lippe Auguste ayant fait bâtir le grand Châtelet, y établit le Siege ordinaire
& Jurisdiction de cette dignité. Duchesne D. cap. pag. 165.

[PPP] Per id tempus Præpositura Parisiensis venalis habebatur, undè
fiebat ut inopes premerentur, opulenti omnia licenter agerent, fures nullis
pœnis afficerentur. Hanc venalitatem Rex Ludovicus sanctus prohibuit,
constituto annuo stipendio ei qui Præfectus esset ; atque ita Stephanum
Boilæum Præpositum instituit qui id officium adeptus, intrà paucos dies statum Civitatis longè tranquilliorem reddidit. Ex Gaguino. Loiseau du Droit
des Offices liv. 3. ch. 1. n. 71. & suiv.

[QQQ] *Successores Ludovici sancti* baillerent tantôt cette dignité Prevô-
tale de Paris aussi-bien que celles des autres Villes à ferme à certain tems
au plus offrant & dernier encherisseur ; tantôt en garde, selon l'opinion de
ceux qui gouvernoient leurs affaires. Au premier il y avoit plus de profit,
au second plus d'honneur pour leurs Majestés. Duchesne D. chap. pag.
167.

[RRR] Ce que nous disons maintenant conferer par commission, les
anciennes Ordonnances l'appellent donner en garde, n'appellant jamais
les Prevôtés Offices, parce que c'étoient plutôt Seigneuries qu'Offices,

DE LA VILLE DE PARIS.

attendu qu'elles avoient le domaine & les émolumens de la Justice annexés ainsi que les Seigneuries, mais pourtant n'étoient-elles non plus appellées Seigneuries, pour ce qu'elles n'étoient pas données en fief ni en proprieté, ains en garde ou depôt revocable seulement. Loiseau D. liv. 3. ch. 1. n. 80.

[SSS] Ce titre de Garde est demeuré au Prevôt de Paris, qui ne s'intitule que Garde de la Prevôté de Paris, soit à cause que le reglement de la Prevôté de Paris avoit été fait separément par l'Ordonnance du Roi saint Louis, aussi que cette Prevôté est autre que les autres, attendu qu'elle ressortit directement à la Cour, soit à cause de l'éminence de la Ville capitale du Royaume, où le Roi est jaloux que aucun prenne un titre approchant de la Seigneurie, ains veut être reputé lui seul le vrai Prevôt de Paris. Et de fait, pendant la vacance de cet Office, c'est Mr le Procureur general du Roi, qui comme Prevôt de Paris au lieu du Roi, est intitulé en tous les Actes & Contrats de cette Jurisdiction ; & ainsi se pratique notoirement. Loiseau D. liv. n. 82. Titulus Custodis permansit apud Præpositum Lutetianum, qui se tantum dicit Custodem Præpositurae Lutetianae, vel quod huic Præpositurae modus separatim præscriptus fuit constitutione Regis Ludovici sancti, & quod eadem à cæteris differt quoniam ab illa directè appellatur ad Curiam Parlamenti, vel propter eminentiam hujus Civitatis quæ est metropolis Regni, in qua Rex non permittit ut quisquam sibi attribuat titulum præ se ferentem aliquem Dominatum, sed vult ipse haberi pro vero Præposito Lutetiæ. Certè ubi hoc Officium vacat, Regis Procurator generalis loco Regis, tanquam Præpositus Civitatis nominatur in omnibus Actibus & Contractibus qui fiunt in hac Jurisdictione & ita praxis est notoria.

[TTT] Vide quæ ex Loiseau *des Seig.* chap. 16. n. 63. notavi suprà H. lib. 6. c. 1. tit. 10.

[VVV] Les Prevôts des Marchands & Echevins ont la reserve du gouvernement politique, & le gouvernement des grandes & graves prérogatives de Paris. Les Historiens François en attribuent la premiere erection à Philippe-Auguste de notre Royaume. Charon en l'Hist. univ. ch. 131. p. 164. Il y avoit bien dès le tems des Merovingiens quelques Juges ou Magistrats qui avoient l'œil sur la police de cette noble Ville, & qui tenoient le siege de leur Justice, premierement & pendant le regne de Childebert I en une maison proche du Petit-Chatelet, que Gregoire de Tours appelle la Maison des Marchands & Trafiqueurs ; puis quand la Ville fut achevée du côté de la Montagne, en une autre assise près la Porte St Jaques, appellée le Parloir aux Bourgeois. Mais Philippe-Auguste éleva cette dignité à un plus haut étage de grandeur, & comme s'il l'eut nouvellement érigée, lui donna tant d'autorité, que nulle autre, quoique grande & élevée, n'égale point aujourd'hui la grandeur de son lustre. Il enrichit ces Magistrats de glorieux titres, le Président de Prevôt des Marchands, à la difference du Prevôt de Justice, que l'on qualifie simplement de Prevôt de Paris, & ses quatres Assesseurs d'Echevins de la Ville. Duchesne D. tit. chap. 30. pag. 170. & suiv.

[ZZZ] En l'an 1411, le Roi Chales VI se tenant ordinairement à Paris, octroya lettres de la reduction de la Prevôté des Marchands & Echevins aux manans & habitans de la Ville de Paris, & pour jouir perpetuellement les remit en leur maison de Ville, confirma leurs offices de Clerc, de Greffier, & des Sergens du Parloir-aux-Bourgeois, pour jouir par eux de la Jurisdiction, cohercition, connoissances, rentes, revenus, possessions, droits, honneurs, noblesse, prerogatives, franchises, libertés & privileges d'ancienneté. Corrozet D. tr. chap 19. fol. 136. 6.

[AAAA] Le Prevôt des Marchands & les Echevins (qui ne sont que quatre en nombre) sont en charge l'espace de deux ans, & peuvent être

PREUVES DES ANTIQUITE'S

continués de deux en deux ans. On élit deux nouveaux Echevins le lendemain de l'Assomption Notre-Dame, à la pluralité des voix. Ranchin D. tom. 2. pag. 194. Ont la charge des fortifications & bâtimens publics, & de tout ce qui fait pour l'ornement & l'embelissement de la Ville, tiennent l'œil à la vente du bled & du vin, au bois & au charbon, & y mettent la taxe, gardent les clefs de la Ville comme tuteurs d'icelle, commandent aux guets & sentinelles en tems de guerre, donnent le mot du guet, & départent les Passeports à ceux qui veulent sortir. Duchesne D. chap. pag. 178.

[BBBB] Quand nos Rois ou Reines font leurs premieres entrées à Paris, c'est à eux d'apporter le Ciel d'azur semé de fleurs de lis d'or, & le mettre & porter parmi la Ville par-dessus leurs Majestés. Duchesne D. pag. 148. ,, Quando Reges & Reginæ Franciæ primùm solemni pompâ in-
,, grediuntur Lutetiam, his Magistratibus competit portare Uraniscum cœ-
,, ruleum ornatum floribus liliorum aureis, totam per civitatem, quo te-
,, gantur capita Regia ,,. Le Prevôt des Marchands & les Echevins de la Ville de Paris ont seuls l'honneur d'accompagner les filles de France quand elles sortent de Paris pour aller accomplir les promesses de leurs mariages. Hilarion de Coste, tom. 1. part. 4. des Eloges & Vies des Dames Illustres en pieté, courage & doctrine, pag. 60. Es Processions & Assemblées le Prevôt des Marchands porte une robe de satin; les quatre Echevins l'ont mi-partie de rouge & de violet, & les vingt-six Conseillers de la Ville de rouge & de tanné; les Sergens de bleu & de rouge. Ranchin D. pag. 199. Tous les premiers Officiers de la Ville de Paris, savoir le Prevôt des Marchands, Echevins, Conseillers de Ville & Quarteniers, ont divers droits & presens annuels de la Communauté, consistant entre autres choses en un cent de jettons d'argent, des torches, cierges & bougies, avec leur franc-salé au Grenier à sel à Paris. Ranchin, *dicto loco*.

[CCCC] Il y a infinis Offices qui sont conferés par le Prevôt des Marchands & Echevins de Paris, mêmement les Offices de Conseillers & de Procureurs de Ville, qu'on qualifie à present de Procureur du Roi pour la Ville, & de Greffier de la Ville, & encore plusieurs petits Offices de police. Loiseau du droit des Offices, Liv. 5. chap. 7. n. 64.

[DDDD] Nul ne peut venir à la dignité de Prevôt des Marchands, ni d'Echevins, qu'il ne soit enfant des Habitans, & né en icelle Ville, ou en ses Faux-bourgs. Ranchin D. pag. 199. Afin que les Etrangers ne soient instruits aux secrets de la Ville, & que la communication d'iceux ne soit préjudiciable à la Communauté, & de mauvais exemple à la posterité. Corrozet D. tr. chap. 11. fol. 66. 6.

[EEEE] Encore y a-t-il une autre observation, qui est qu'on épluche de si près la vie de ceux qui aspirent à ces Dignités, qu'il est impossible qu'un homme y puisse parvenir, qui soit le moins du monde marqué de quelque note d'infamie ressentant denigrement de Renommée, ou qui pour quelque méfait, & fut-il leger, auroit été mis en prison. Corrozet D. fol. 66. 6. *Unde puero forte incivilori sibilo publicè lascivienti, illicò commune illud objicitur dicterium*: Tu ne seras point Prevôt des Marchands, *tu Præfecturam Mercatorum non geres*. Lansius de princip. Provinc. Europæ in orat. pro Gallia

[FFFF] Desquels six retiennent encore la qualité de Sergens du Parloir aux Bourgeois, & les quatre autres sont commis pour le fait de la Marchandise. Duchesne D. cap. 30. pag. 176.

[GGGG] Hunc numerum exprimit Corrozet in D. append. fol 703. D. Il y a à Paris seize Tribus ou Quartiers, qui possible sont ainsi appellés, pour ce qu'à present il y en a quatre fois quatre; ainsi qu'à Rome, il n'y eut du commencement que trois Tribus, puis trois fois trois : & en chacun quartier il y avoit dix dixaines ou Compagnies, lors de la pre-

DE LA VILLE DE PARIS. 247

miere Inſtitution, comme les noms le denottent; & y a encore aujourd'hui des Quarteniers & Dixéniers en chacun, qui néanmoins ſont gens de baſſe qualité ordinairement : auſſi ne font-ils que ſimples Miniſtres, au lieu qu'à Rome ils étoient les Chefs de leurs Tributs ou Dixaines. C'eſt pourquoi à Paris on ne prend pas les Quarteniers ou Dixéniers pour être Conſeillers de Ville, ains y en a d'autres qu'eux. Loiſeau du droit des Offices, Liv. 5. chap. 7. n. 10. & 11. Chacun Quartenier a ſon département & quartier en la Ville pour y ſurveiller, comme un Paſteur ſur ſon troupeau, & ceux ayant les Cinquanteniers & Dixéniers gens choiſis & de bonne reputation. Les Quarteniers ſont comme Colonels en un Regiment, & les autres comme Capitaines ou Lieutenants, chacun commandant en ſon canton avec telle induſtrie, qu'il n'y a homme ſoupçonné de quelque partialité ou de mauvaiſe vie, qu'auſſi-tôt ne ſoit reconnu, éclairé & enregiſtré, tant ſecret ſe puiſſe-t-il tenir. Corrozet D. chap. fol. 67.

[HHHH] De certains Archers, Arbalêtriers & Arquebuſiers accompagnent le Prevôt & les Echevins aux Proceſſions ſolemnelles, pour montrer la hauteur de cette Dignité, qui les met hors la preſſe des autres hommes. Les Guets, tant à pied qu'à cheval, compoſés de Bourgeois de la Ville, leur obéiſſent, & ſont toutes les nuits départis; ceux de pied par leurs Capitaines, deux ſur les Carreaux auprès le guichet de la Geole du Grand-Châtelet pour la garde des Priſonniers d'icelui, deux autres aux lieu appellé la Pierre du Grand-Châtelet, pour ſe pourmener au tour dud. Châtelet, & prendre garde qu'aucun Priſonnier n'en ſorte, deux autres en la Cour du Palais pour la garde des ſaintes Reliques, & des Priſonniers de la Conciergerie, & ſix autres auprès de la boucherie de Petit-Pont pour garder les Priſonniers du petit Châtelet, & faire barriere au courſes des Ecoliers de l'Univerſité. Leſquels couroient jadis toute la Ville. Ceux de cheval courent de côté & d'autre, & de canton en canton, pour empêcher les larcins & volleries qui ſe pourroient commettre de nuit en cette grande foreſt de Paris. Ducheſne D. chap. pag. 176. Il y a ſix-vingts Archers, ſoixante Arbalêtriers & cent Arquebuſiers, qui ſont du Corps de l'Hôtel de Ville, avec le Guet de pied & de cheval commandés par un Chef, commé Chevalier du Guet, qui a des Capitaines ſous lui. Ranchin D. pag. 199.

[IIII] Les cinquante Meſureurs de grains, les ſoixante Vendeurs de vins, les ſoixante Courtiers, les douze Jaugeurs, les Déchargeurs de vins, les vingt-quatre Crieurs de vins & Corps, les deux Pontonniers des Ports, dits de Bourgogne & de France en Grève; les deux Couretiers qui louent les chevaux aux Marchands ramenans ou amenans voiture par la riviere; les quarante Jurés Compteurs & Mouleurs de buches; les dix-huit Meſureurs & Reviſiteurs d'aux & oignons; les deux Meſureurs de noix, pommes, neſles & châtaignes; les trois Meſureurs de gueſdes; les deux Meſureurs de chaux; les deux Couretiers de graiſſe; les deux Maîtres des Ponts, & ceux de Poiſſy, Mantes, Vernon, Pontoiſe, l'Iſle-Adam, Beaumont ſur Oiſe, Creil, Pont Ste Maixance, Compiegne, & des pertuis de Combarbes & des Poſes, les Chableurs des Ponts de Corbeil, Melun, Montreau-Faut-Yonne, Sens, Villeneuve-le-Roi, & du Pertuis au Ferne. Tous ces Officiers ſont juſticiables deſdits Prevôts des Marchands & Echevins, & tenus d'obeir à leurs Ordonnances. Ducheſne D. chap. pag. 179.

[KKKK] Charles IX accrut par Edit de l'an 1562 le luſtre & la grandeur de Paris d'une Juriſdiction nouvelle, compoſée de cinq notables Bourgeois, que la pureté & netteté de vie mettoit hors de la preſſe du vice, & dont le plus ancien & capable ſe qualifioit Juge des Marchands, & les autres quatre ſimplement Conſuls, leſquels ſeroient tenus de prêter ferment à la Cour de Parlement, ainſi que les Juges ordinaires, pour à l'imitation des Conſervateurs des Foires de Lyon, Champagne & Brie,

PREUVES DES ANTIQUITE'S
& de la Bourse commune des Marchands de Thoulouze, decider & juger souverainement, & selon l'observance des Marchands, les debats & procès qui seroient formés & intentés seulement par lesdits Marchands pour le fait de leurs marchandises & denrées, sans être liés ni astraints aux subtilités des Loix & Ordonnances. Ce droit de Consulat a depuis aussi été ordonné par privilege & prerogative de grandeur à quelques-unes des meilleures Villes de ce Royaume, pour deffendre & fermer les loyaux Marchands contre l'infidelité des Banqueroutiers. Duchesne D. tit. chap. 29. pag. 169. Pour juger les differends qui arrivent entre les Marchands, & pour raison de leur negoce, il y a des justices particulieres en France établies pour en connoître sommairement sans ministere d'Avocats & Procureurs; le Juge des Marchands à Paris est assisté de quatre Consuls entre eux ordonnés par Arrêt du Parlement de Paris l'an 1563, pour être créés annuellement, avec attribution de Jurisdiction souveraine pour les questions & procès n'excedans la somme de cinq cens livres, au dessus de cette somme la Sentence peut être executée, & l'appellation en est plaidée au Parlement. Ce qui fut aussi ordonné par les Villes du ressort où pareils Juges sont établis, savoir à Orleans, Angers, Troies, Rheims, Châlons, Bourges, &c. Ranchin D. tom. 2. pag. 101. Est etiam Lutetiæ quidam alius Mercatorum Judex, dictus Baillivus Palatii, *Bailli du Palais*, qui de Propolis, seu Mercatoribus minutarum rerum, & aliarum venditarum & emptarum intra fines Palatii tantùm cognoscit. Tholosanus Syntag. Jur. lib. 47. chap. 37. n. 5.

[LLLL] Insignia sunt, *de gueules à un Navire d'argent, le chef d'azur semé de fleurs de lis d'or.* Corrozet D. tr. chap. 11. fol. 66. A.

[MMMM] Ita tradit Corrozet D. L. Merula D. L. du Haillan tom. 1. de l'Hist. de France, Liv. 9. pag. 970. Charon en l'Hist. universelle, chap. 131. pag. 964. Verum Favyn au Theatre d'honneur, chap. 1. pag. 16. docet jam dudum antiquo Druidum ævo Navem Lutetiana Insignia fuisse.

[NNNN] Ces signes donnent à entendre que Paris est la Dame de toute autre Ville de France, dont le Roi est le seul Gouverneur & Patron-Pilote. Charon L. chap. pag. 965. qu'elle est la nef d'abondance & affluance de tous biens, & tout ainsi que le Navire represente une Republique bien administrée, aussi les autres Villes se reglent selon le gouvernement & police d'icelle. ,, Corrozet D. loc. du Haillan D. L. Declarant hæc Insignia ,, Lutetiam esse Dominam, vel præcipuam omnium reliquarum civitatum ,, Franciæ, cujus Rex solus gubernator est & patronus, quod sit navis ,, abundantiæ & affluentiæ omnium bonorum; ac quemadmodum navis ,, repræsentat Rempublicam bene dispositam, ita reliquæ civitates ad nor- ,, mam hujus-ce componunt administrationem & politiam, quantùm atti- ,, net. Non nemo putat navem hanc fluctuantem ideò formari (pour exci- ,, ter le cœur des Parisiens au soin continuel des navigations) quo exci- ,, tentur Lutetianorum animi, ut navigationem sibi perpetuò curæ esse pa- ,, tiantur. Irridens hanc interpretationem, Pierre de Lancre, au Tableau ,, de l'inconstance & instabilité de toutes choses, Liv. 2. Discours 2. n. 3. ,, fol. 110. 6. ait ,, Qu'a-t-il au monde moins propre & versé en la navigation que peuple de Paris? où sont leurs vaisseaux, où sont leurs rivieres, ou leurs mers? (Est-ne mortalium ullus minus aptus ad navigationes isque illis minus exercitatus, quam populus Lutetianus? ubi sunt illius navigia, fluvii & maria) ? Favyn dicto loco, navem indè Lutetiæ olim datam putat, cùm tunc ad formam navis ædificata esset, quod etiam videtur Pasquerio.

[OOOO] Cette Ville a toujours été très-devote envers Dieu, & très-fidelle à ses Rois. Duchesne D. tit. chap. 3. pag. 25. Louis d'Orleans aux ouvertures des Parlements D. chap. 21. pag. 267.

[PPPP] Sicut Duchesne & Aurelianus nimii sunt in laudibus Lutetiæ, ita Haillanus nimius in culpatione, lib. 2. de l'etat & succès des affaires de
France,

DE LA VILLE DE PARIS.

France, pag. 111. (*Edit. Rothomag. an.* 1611.) *ait*: Les Parisiens ont toujours été les premiers & les plus grands seditieux & rebelles de la France, & qui ont aux autres Villes montré l'exemple & les preceptes de rebellion, & p. 112. les rebellions seules du peuple de Paris feroient une grande histoire ; *Et iterùm ibidem*. Le naturel des Parisiens est propre à la rebellion.

[QQQQ] Nous lisons dans Olivier de la Marche que, quand le Roi alloit anciennement en guerre, il avoit au frein de son cheval deux Bourgeois de Paris. Duchesne D. tit. chap. 3. pag. 27. En la bataille de Mont en Hainault, où le Roi Philippe le Bel déconfit les Flamands, les deux Bourgeois furent tués à ses pieds, qui étoient les Gentians dont la race vit encore & le nom. Louis d'Orleans D. chap. 21. pag. 268.

[RRRR] Les Bourgeois de Paris peuvent tenir fiefs & arriere-fiefs. *Vide apud Fontanon*, tom. 2. des Edits & Ordonnances des Rois de France, Liv. 3. pag. 1569. Clement Vaillant, de l'état ancien de France, liv. 1. chap. 12. fol. 65. 6. Heritages nobles, & tous droits noblement tenus, sans être inquietés dans la jouissance d'iceux, ni aucunement sujets au droit des francs-fiefs. Baquet du droit des francs-fiefs, chap. 18. n. 2.

[SSSS] Les Bourgeois de Paris par privilege du Roi Louis XI, sont exempts d'aller ou d'envoyer à la guerre, pour raison des fiefs qu'ils tiennent, ayant fiefs ou arriere-fiefs, sont exempts d'aller, envoyer ni contribuer au ban & arriere-ban. Fontanon D. L. Corrozet D. tr. chap. 22. fol. 145. 6. Baquet D. L. n. 3. à la charge toutefois de se tenir en habillemens deffensibles & suffisans, selon la valeur de leurs fiefs & arriere-fiefs, pour la garde & deffense de la Ville. Pierre Mathieu, Liv. 11. de l'Histoire de Louis XI, pag. 631. n. 9.

[TTTT] Jura Nobilitatis largitus est Carolus quintus, anno 1371. Merula D. C. pag. 236. & confirmarunt Reges subsequentes. Hanc verò nobilitatem non puto perfectam & omnimodam, habet Loiseau *du droit des Offices*, Liv. 1 chap. 7. n. 63. ains d'une noblesse de Ville, qui à la verité est plutôt Bourgeoisie, *atque hoc privilegium non observari*, que pour ceux qui ont été Echevins, & qu'il a été fort expressement ordonné par Edit du mois de Janvier 1577, tant pour eux que pour le Prevôt des Marchands, avec le titre & qualité de Chevalier, & que les Procureurs de la Ville qui ont servi dix ans, soient pareillement nobles, dit Ranchin, D. L. pag. 200.

[VVVV] Avoir Armoiries (Loiseau D. L.) timbrées. Charon en l'Hist. universelle, chap. 142. pap. 1066.

[XXXX] L'an 1409. Le Roi Charles VI confirma les Lettres données par son pere aux Bourgeois de Paris, touchant la jouissance & privilege de tenir fiefs & arriere-fiefs, user des droits de Noblesse, à sçavoir, selon les merites & facultés des personnes, prendre les armes de Chevalier, avoir bride d'or, éperons dorés, & autres accoustremens appartenans à l'état de Chevalerie. Corrozet D. tr. chap. 19. fol. 136. A.

[YYYY] Sont exempts de toute taille. Loiseau D. n. 63. Bret, au vingtiéme Plaidoyé, pag. 118.

[ZZZZ] Les Bourgeois de Paris ne doivent être contraints à loger par Fourrier. Corrozet. D. tr. & chap. 22. fol. 145. 6. Les Officiers du Roi, ni Gens de guerre, P. Mathieu Liv. 2. de l'Hist. de Louis XI, pag. 651. n. 9. ni autres. Baquet D. chap. 10. n. 5.

[AAAAA] Il y a Garde Bourgeoise fructuaire à Paris, & non ès autres Villes. Loiseau D. n. 63. Le Roi Charles VI par ses Lettres Patentes du 5. Aoust 1390, donna privilege aux Bourgeois de la Ville & Faux-bourgs de Paris, de jouir de la garde de leurs enfans ; & cette garde est appellée *Bourgeoise*, parce qu'elle n'appartient, & ne peut être acceptée sinon par les Bourgeois de la Ville & Faux-bourgs de Paris, soit nobles ou roturiers, & non par les Habitans des autres Villes, Bourgs & Bourgades, ou Villages de la Prevôté & Vicomté de Paris. L'autre espece de Garde qui de toute ancienneté a été reçue, est appellée Garde noble, parce qu'elle n'appartient, & ne peut être acceptée sinon par des personnes nobles de race, ou annoblis par le Roi, vivans noblement, demeurans non seulement en la Ville & Faux-bourgs de Paris, mais ès autres lieux de la Prevôté & Vicomté de Paris. Baquet Part. 1. du Droit des francs-fiefs, chap. 10. pag. 39.

[BBBBB] Les Bourgeois de Paris ne sont tenus répondre, ni ne peuvent être tirés hors des murs & clôture de Paris. Fontanon D. L. Corrozet D. chap. 22. fol. 145. 6. Loiseau des Seigneuries, chap. 14. n. 18. & extensè. Baquet au Traité des Droits de Justice, chap. 8. n. 42. & suiv. exceptionem in causis realibus. Vide apud Corbin ès Arrêts & Plaidoyers, chap. 4. pag. 34. *Porrò nec hoc silentio prætereundum*, que par un privilege special de cette Ville Royale, les causes qui la concernent en Corps de Communauté, ne peuvent être traittées ailleurs qu'en la Cour de Parlement de Paris en premiere instance, par Lettres de Charles VII de l'an 1437. confirmatives de celles de Charles V, de l'an 1324. Ranchin D. tr. pag. 200.

[CCCCC] Nul ne peut empêcher, ni retarder les vivres, marchandises qu'on ameine à Paris, ni mettre subsides nouvelles. Fontanon D. L. Corrozet D. L.

[DDDDD] Louis II permit par privilege à chacun Bourgeois de Paris, de pouvoir prendre par chacun an un septier de sel pour leurs provisions, en payant le droit du Marchand seulement, d'acquitter l'Imposition foraine, en payant six deniers pour livre au lieu de Paris, & douze deniers aux extremités du Royaume, & sans être tenus de bailler caution de la vente. P. Mathieu, D. Liv. 11. de l'Hist. de Louis XI, n. 9. pag. 651.

Pag. 504.

La Police, dont les Officiers des Villes ont entrepris de connoître, a deux parties; à sçavoir, l'Agoranomie, qui est le reglement des marchandises, & Astinomie, qui est l'execution de la menue Police, qu'on appelle proprement le fait de Police. Aussi y a-t-il quelques Villes en France dont leurs Officiers, soit par concession ou par usurpation, ont pris connoissance de l'une ou de l'autre; comme entre autres ceux de la Ville de Paris faisoient auparavant que leur Jurisdiction eut été retranchée par le Roi Charles V: & de là vient que le premier Officier d'icelle est appellé Prevôt des Marchands, d'autant qu'il connoissoit anciennement avec les Echevins du fait de Marchandise, lorsqu'il tenoit sa Justice au Parloir-des-Bourgeois, dont il tient encore la connoissance de la marchandise amenée dans Paris sur la riviere, entre les quatre Tours. Loiseau D. chap. 16. n. 62. & 63.

Pag. 504.

De cette antiquité ce docte Chancelier de l'Hopital recueillit & fit renouveller de son temps en France deux sortes de Justices, qui encore sont exercées ès Villes par les Habitans d'icelles, élus par le peuple; l'une pour l'Agoranomie qui est la Justice des Juges-Consuls des Marchands, qui premierement fut instituée à Paris en l'an 1563, puis en d'autres Villes, par concessions particulieres, & finalement par Edit general de l'an 1566. Cette Justice fut établie en toutes les bonnes Villes de ce Royaume où il y a affluence de Marchands, pour vuider les procès de Marchand à Marchand, & pour fait de Marchandise; ce que Bodin nous apprend être pratiqué de long-temps en la plupart des Villes d'Italie. Loiseau D. chap. 16. n. 63. 64. 65.

Pag. 505.

L'autre pour l'Astinomie & menue Police des Villes, instituée tant par l'Ordonnance de Moulins, art. 72. que par Edit de l'an 1572, qui de

DE LA VILLE DE PARIS.

six mois en six mois doivent choisir six personnages notables, savoir deux Officiers & quatre Bourgeois pour connoître de la Police, qui peuvent juger sans appel jusqu'à quatre sols, & executer nonobstant appel jusqu'à dix liv. Et faut noter neanmoins qu'à bien entendre, ces Justices des Consuls & des Policiers n'appartiennent pas aux Villes, ains aux Rois, qui seulement concedent aux Villes l'élection des Officiers d'icelles ; mais les émolumens lui appartiennent, comme les amendes & revenus des Greffes, & du Sceau pareillement, qui doit être aux Armes du Roi, & non des Villes. Loiseau audit chap. 16. n. 66. 67. 68.

Brantosme dit que Jean Carraciol, Prince de Melfe & Maréchal de France laissa un fils qui fut Abbé de St Victor, & Evêque de Troies, & qui rendit un très-bon service au Roi & à Paris, quand l'Empereur vint en France ; car il fit deux Regimens, l'un d'Ecoliers, l'autre de Moines, qui monterent jusqu'à dix ou douze mille hommes ; les aguerit fort bien, & donna ainsi à songer à l'ennemi, avec le Cardinal du Bellay qui étoit un homme de guerre, & grand Capitaine.

En 1450, Procession à Paris de quatorze mille petits enfans. Bonfont, fol. 257. verso. Juvenal des Ursins, en 1383. & furent tous les harnois pris ès maisons de ceux de Paris, & fut une partie portée au Louvre, & l'autre au Palais, & on disoit qu'il y en avoit pour armer deux cens mille hommes.

Journal de Charles VI & Charles VII. *Item.* En ce l'an 1448, fut faite une Procession bien piteuse le treiziéme jour d'Octobre, des enfans, des quatre Mandians, & de toutes les Ecoles de Paris, de Valletons & de pucelles, & furent nombrés à douze mille cinq cens enfans & plus, & tous vinrent aux Innocens en la grande rue St Denys, & la fut chantée une Messe.

Monsieur de Rhodez en 1590. Il se trouva dans Paris, quand il fut bloqué, deux cens trente mille personnes seulement, dont il y en avoit bien près de trente mille des payisans d'alentour qui s'y étoient refugiés : & s'en étoit retiré près de cent mille naturels Habitans ; si bien qu'en ce temps-là il n'y avoit que trois cens mille ames à Paris, & aujourd'hui on croit qu'il y en a plus de deux fois autant:

Cayer Y, pag. 17. 39. bis.

Jean Chartier dit qu'en 1438, au temps d'Eté, fut une si grande mortalité & famine à Paris, qu'on disoit qu'il étoit bien mort cinquante mille personnes : & maintenoit-on que des pauvres il en mourut autant de faim dans l'Hotel-Dieu de Paris, comme il en fit de mortalité.

Le même Jean Chartier dit qu'en 1450, Guillaume Chartier, Evêque de Paris, ordonna une procession solemnelle en l'Eglise Notre-Dame de Paris, pour remercier Dieu de la victoire de Formigny, remportée sur les Anglois, en laquelle il n'y avoit que des enfans allans à l'école hors la Cité, depuis l'âge de sept jusqu'à quatorze ans, tant mâles que femelles, les enfans des Mandians des quatre Ordres de Paris, avec tous les Maîtres d'iceux. Cette Assemblée & Congregation étoit bien estimée se monter de douze à quatorze mille enfans, lesquels partirent tous de St Innocent, portant chacun un cierge allumé, & avec eux étoient les Chapellains de ladite Eglise St Innocent, qui portoient un Reliquaire d'un des Innocens, appellé le St Innocent.

Tome III.

En 1565, il mourut à l'Hotel-Dieu soixante-huit mille malades. Peste en 1562.

Cayer A. fol. 29.

Enguerrand de Monstrelet. Le Roi Charles VI retournant à Paris de Chartres, ceux de Paris jusqu'au nombre de deux cens mille, tant hommes que femmes, vinrent à l'encontre de leur Roi.

Copie d'un Titre qui prouve les infeodations des Dixmes de Montmarin, accordées par Philippe Auguste aux Barons d'Auvergne, au retour de la Croisade où étoit St Bernard au douzième siecle en 1187.

MARTIN DE CHENESSE, dit bon Chevalier, Seigneur de Vausse, Bailli d'Usson & Montferrand, pour Monseigneur le Duc de Berri & d'Auvergne; & aussi noble Jean de Farges, Ecuyer Seigneur de Theras, Conservateur pour Monseigneur le Roi pour le fait des Reglemens de toutes causes de Justice, tant pour le fait des biens Ecclesiastiques que autres: ors que ja plusieurs Requestes auroient été presentées par devers les personnes de Nous très-Chrétien Roi de France, à cause de l'occupation de plusieurs causes qui seroient occupées tant des biens Ecclesiastiques que autres, à cause des guerres & des faits des Anglois que plusieurs autres personnes se seroient emparées de plusieurs droits qui ne leur appartenoient en aucune maniere que ce soit. A cette cause noble & puissant Seigneur Jean de Don, Seigneur & Baron de Moissat le Chastel de la Paroisse St Eustache au Diocese de St Flour, auroit dit & demandé par l'obtention d'un Paire des Lettres qu'il auroit obtenues de Monseigneur le Roi notre Sire, ou de Monseigneur le Regnant de France, à cause de la détention de la personne de Monseigneur le Roi faite par les Anglois; lesdites Lettres données & concedées le 11 Mai 1368. Et par icelles dites Lettres auroit fait dire & proposer que dans le Contrat de mariage de feu noble Edouard de Don, dit l'Epinasse son pere, & de noble Marie de Lothoin sa mere, plusieurs pactes & conventions furent faites, entre autres que ledit sieur de Don dit l'Epinasse, Seigneur dudit Moissat le Chastel & de l'Espinasse & de St Estienne & en partie du Luguet, lequel auroit donné par icelui dit Contract dudit mariage au premier enfant masle, sçavoir la Seigneurie & Chastellenie dudit Moissat le Chastel & la Seigneurie dudit l'Espinasse en la Paroisse de St Beaufire, avec les droits Seigneuriaux & dépendances d'icelles Seigneuries en precipt des autres enfans provenans dudit mariage; & d'autant que lesdits mariés n'auroient eu d'autres enfans, & que ledit Jean de Don de l'Espinasse étant demeuré en l'âge de huit ans lors du deces & trepas de sondit pere sous l'administration & tutelle de ladite noble Marie de Lothoin sa mere; & que durant sadite minorité plusieurs se seroient emparés de plusieurs choses à lui appartenantes dans lesdites Seigneuries dudit Moissat le Chastel & Seigneurie de l'Espinasse, comme aussi de ladite Seigneurie du Luguet & Seigneurie de la Rochelle Lastie; que durant sadite minorité ou que ce soit, ladite de Lothoin auroit aliéné plusieurs droits ou que ce soit plusieurs personnes, auroit donné allegation

DE LA VILLE DE PARIS.   253

encontre lesdites Lettres dudit l'Espinasse, ainsin qu'il sera déduit par le procès qu'il a intenté par devant les Requestes de Monseigneur le Roi; à quoi il y auroit eu reglement aux causes par les grands Jours d'Auvergne encontre noble puissant Seigneur Maistre Maurin de Brion, Seigneur de Mardoigne, & le Seigneur de Sienne, & Louis Lissés, pour raison de plusieurs choses occupées par iceux de ladite Seigneurie de Moissat le Chastel, sous dissimulation qu'ils disoient que lesdites choses leur étoient de long-tems acquises & non par alienation faite, comme ledit Seigneur de Mardoigne se seroit emparé de certaines dixmes du côté de celles que lui & ses predecesseurs ont accoutumé de jouir en la Paroisse de St Eustache, disant ledit Seigneur de Mardoigne qu'il y avoit part & portion, qui est un quart en toutes les dixmes de ladite Seigneurie dudit Moissat le Chastel, que les habitans de ladite Seigneurie de Moissat le Chastel lui étoient tenus à faire guet & sentinelle au Chastel & place dudit Mardoigne, ce qui auroit été justifié au contraire par ledit Seigneur dudit Moissat par anciens titres & terriers, comme aussi ledit Seigneur de Mardoigne auroit conclu encontre les manans & habitans de ladite Chastellenie dudit Moissat d'assister & prendre la cotte & chaperon au Consulaige de ladite Seigneurie dudit Mardoigne, ainsi que de tout tems & ancienneté ladite Seigneurie de Mardoigne a de coutume & droit de faire. A quoi auroit été dit & deffendu par le Seigneur dudit Moissat qui auroit pris la cause & deffence pour lesd. emphitheoses de ladite Seigneurie dudit Moissat, à quoi auroit été prouvé du contraire de ladite demande faite par lesdits Seigneurs dudit Mardoigne par devers lesdites Requestes & autre occupation faite par les Abbé & Religieux de la Chaize-Dieu & l'Abbé du Prieuré Monastique de la Nouvesselle Chilhat, pour raison d'une part & portion des cottes des dixmes de ladite Seigneurie dudit Moissat le Chastel, disant ledit Seigneur de Don, que l'alienation faite par ladite de Lothoin ne peut avoir lieu, qu'elle auroit été faite durant sadite minorité à ladite Abbayie & au sieur Abbé, que ladite Seigneurie auroit été donnée par sondit feu pere & Abbé & Religieux de ladite Abbayie de la Chaize-Dieu & de la Nouvacelle, disant que lesdites dixmes outre ladite alienation leur competoit & appartenoit de tout tems & ancienneté ce qui auroit été justifié & prouvé, au contraire leur allegation par ledit de Don de l'Espinasse auroit fait enqueste ausdites Requestes & produit un certain don & privilege Royal qui fut donné à plusieurs Princes & Barons, Chevaliers, Seigneurs & Escuyers de France, par le Roi Philippe Auguste, de très-grande memoire, lorsqu'il se croisa avec le Roi d'Angleterre, Henri Duc de Bourgogne, Philippe Comte de Flandre, Henri Comte de Champagne, Thibaut Comte de Blois, Estienne Comte de Sancerre, Gui Comte d'Auvergne; entre autres Messire Arnaud de Brion Seigneur de Mardoigne, Messire Leon de Rochefort Seigneur d'Antouze, Messire Arnaud d'Achon, Messire Jean de Murat, Louis de Pondonat, Louis de Montmorin Seigneur de la Roche & de Montboissier, Jaques de Tournemire, Leon de Dienne, Jean de Cray, le Seigneur de Beaufort, le Baron de la Tour & Dauphin d'Auvergne, qui firent le voyage d'Outre-mer pour aller conquester la Terre Sainte, qui fut en l'an 1187 & plusieurs Barons, Ecuyers de France y furent assistans. Comme ils furent de retour dudit voyage, le Roi Philippe, que Dieu soulage, donna plusieurs dons & recompenses aux Princes, Barons & Ecuyers, entre autres leur donna les dixmes de leurs terres, sçavoir de certaines Seigneuries, où feu noble Lambert de Don, Chevalier, Ecuyer l'avoit aud. voyage d'Outre-mer, ainsin que les autres Chevaliers nommés obtinrent Lettres de don desdites dixmes de sadite Seigneurie de Moissat le Chastel, où ledit Chastel dudit Moissat est assis sur la riviere d'Alanche dite la Vie, composée de plusieurs Mas & Villages de ladite Seigneurie, avec cens, rentes, Justice haute moyenne & basse du fief & hommage du Seigneur le

Duc d'Auvergne à cause de son Chastel d'Usson à cause du Mas & Village de Clauzie & l'Estrade qui s'est trouvé du fief du Seigneur d'Apchon.

Et en l'an 1208 les Princes & Barons furent envoyés encontre les heresies des Albigeois, Cahors, Narbonne, Carcassonne, Bigorre, Provence, Thoulouze, & de plusieurs autres qui étoient entachées de vice execrable de la Sodomie, & déprisoient les Commandemens de l'Eglise & la Foi & communication des Chrétiens, murmuroient & interpretoient autrement d'aprient les articles de la Foi & la blasphemoient & disoient que sous icelle nul ne pouvoit être sauvé. Et pour lors le Seigneur Roi Philippe Auguste envoya vers le Pape Innocent à conseil, lequel envoya en France le Cardinal *de sanĉta Maria in Porticu, juris peritum, bonis operibus ornatum*, qui confirma les dons que ledit Roi avoit fait des dixmes aux surnommés & autres, à la charge d'aller faire la guerre ausdites heresies. A cette cause sed. Lambert de Don se croisa pour aller encontre les Burguards dites heresies d'Albigeois; & y alla l'Abbé de Cisteaux & treize autres Abbés dudit Ordre, accompagnés des Princes & Chevaliers; & lors ledit Roi Philippe Auguste leur donna plusieurs dons & privileges: lesquels dits Burguards soutenoient que pour être sauvé il falloit croire.

„ Quod potestas Dei Patris duravit quandiu viguit Lex Mosaïca, & quia
„ scriptum est novis supervenientibus abjicerentur vetera. Postquam Chris-
„ tus venit, absoluta sunt omnia Testamenti veteris Sacramenta, & viguit
„ nova Lex, usque ad illud tempus, quo videlicet talia prædicabant. Illo
„ ergo tempore dicebant novi sinem habere & tempus sancti Spiritus ad-
„ venisse; ideò Confessionem, Baptismum, Eucharistiam & alia Sacra-
„ menta sine quibus non est salus de   non habere, sed unum-
„ quemque per gratiam sancti Spiritus tantum interiùs sine aliquo exteriori
„ actu inspiratum posse salvari. Charitatis virtutem sic ampliabant, ut id
„ quod alias esset peccatum si fieret in charitate jam non esset peccatum
„ dicebant supra, etiam adulteria cæterasque corporis voluptates in charitatis
„ nomine committebant, mulieribus cum quibus peccabant & simplicibus
„ quas decipiebant impunitatem peccati permittentes, Deum tantummodo
„ bonum & non justum prædicantes.

Et pour lors qu'ils furent de retour lesdits Barons, Chevaliers, & encontre lesdits Burguards, à cette cause ledit Roi Philippe leur donna plusieurs dons & recompenses pour avoir été assistans à faire la guerre encontre lesdites heresies & Burguards, ledit noble Lambert de Don auroit eu Lettres des dons & privileges de ses dixmes dans ladite Seigneurie & Chastellenie dudit Moissat le Chastel, comme aussi ledit noble Jean de Don, Chevalier, Ecuyer, Seigneur dudit Moissat le Chastel & de l'Espinasse, auroit lui & ses predecesseurs avec tour en la Paroisse de P. Beauzire au Diocèse de St Flour, laquelle auroit été construite forte à cause de la guerre des Anglois, ainsi qu'il a paru avoir été fait l'an 1110 à cause du passage des Anglois, pour le soutien du Chastel & Fort de l'Espinasse qui se trouve avoir été fait & construit du fief & hommage du Chastel d'Usson, outre l'oposition de noble Chapitre de St Julien de Brioude à cause de lad. Comté de Beaumont, fondement dudit Chapitre à ladite opposition par lesdits Comtes dudit Beaumont, de ce qu'ils disoient que la Justice dudit Chastel & Fort dudit l'Espinasse leur competoit & appartenoit, lequeldit de Don dit de l'Espinasse qui se tint mouvant en Justice haute, moyenne & basse aux Villages & Mases de vendaige le quart de Justice de Bois son parent & droit des langues dans la Ville de Brioude, à cause de la deffaite qui fut faite par l'assistance d'un Seigneur dudit l'Espinasse encontre les Anglois nos ennemis, lequel droit la Ville de Brioude ensemble tout ledit Chapitre Seigneur dudit Brioude lui firent dons & recompenses, & pour droit dud. vendaige & droit qu'il a eu au lieu & Paroisse de St Beauzire, ledit Seigneur en doit le fief ausdits Comtes de Beaumont, comme appert par

DE LA VILLE DE PARIS. 255

Lettres authentiquement reçues & verifiées ; & a droit ledit Seigneur de Moiffat & de l'Efpinaffe, droit de dixmes infeodées fur les affars & metairies dudit l'Efpinaffe, ainfi que lui & fes predeceffeurs ont joui de la chofe par lefdits privileges & des fufdits, avec droit de Juftice haute, moyenne & baffe, avec plufieurs autres droits & devoirs Seigneuriaux, pour cette caufe auroit dit & allegué par lefdites Lettres Royaux que durant fadite minorité plufieurs fe feroient emparés de plufieurs de fes droits, comme auroit fait Meffire Guillaume d'Apchon fur la pretention d'un fief & hommage qu'il difoit lui appartenir fur le Fort & tour de l'Efpinaffe que fur le Mas & Village dudit l'Apinede, fur certains affars, champs & prés, qu'a ledit Seigneur de l'Efpinaffe ; à quoi le corps dudit Chapitre auroit pris le fait comme de fa chofe propre, & ledit de Don dit de l'Efpinaffe auroit deffendu tant contre icelui Seigneur d'Apchon que Chapitre de Brioude, que ladite Seigneurie de l'Efpinaffe eft du fief & hommage dudit Duché d'Auvergne, avec droit de toute Juftice haute, moyenne & baffe, ledit Seigneur d'Apchon auroit fait fon apparois & demandé à caufe de la Seigneurie de Vernieres, & auroit juftifié ledit de Don & de l'Efpinaffe qu'il a droit de jouir lui & les fiens à l'avenir du droit d'ufaige, de bois & de chauffaige dans tous les bois & affars de ladite Chaftellenie dudit Vernieres, en payant un florin courant audit Seigneur d'Apchon ; & durant la minorité dudit l'Efpinaffe auroit fait mettre des fourches patibulaires au chemin fur le ruiffeau de Vialette, qui fait la feparation dudit fort de l'Efpinaffe & le Mas & Village de Malpeyras, difant qui fe tenoit mouvant dudit Vernieres; ainfi que tout eft defigné par les demandes & deffences. A cette caufe la chofe dite en ces Prefentes auroit été renvoyée pardevant le Chancelier & Confeil fecret dudit Seigneur Duc, pour être ordonné ; à quoi Lettres auront été données audit de Don, obtenues dudit Chancellier féant à Donnette, pour être ordonné ce qui s'enfuit, pour rendre à l'avenir les chofes reglées & hors de prefcription qui a été convenu par icelles Parties.

JEAN, fils du Roi de France, Duc de Berri, d'Auvergne, Comte de Mafcon, Lieutenant de Monfeigneur le Roi ès Cités & Diocèfe de Bourges, Clermont, Lyon, St Flour & Mafcon. A tous ceux qui ces prefentes Lettres verront ; Salut. Nous avons reçu l'humble fupplication de notre cher & bien amé noble & puiffant Chevalier Jean de Don & de l'Efpinaffe, Seigneur dudit lieu & Moiffat le Chaftel de notre pays d'Auvergne, fuivant l'impetration des Lettres qu'il a obtenues de notre Chancelier & Confeil fecret, féant à Donnette, le dixiéme Mars dernier, encontre le Seigneur de Mardoigne, & les Abbé de la Chaize-Dieu, & Guillaume de Ceffet, & le noble Chapitre de Brioude, & le Seigneur d'Apchon, & les habitans de la Ville de Brioude, ainfi que toutes chofes ont été dites & alleguées par après deffendues, & après que lefdites Lettres ont été approuvées être vrayement obtenues de droit. Nous avons avec meure deliberation de notre Confeil fecret, féant audit Donnette, ordonné & ordonnons que ledit Don jouira lui & fes fucceffeurs du droit de dixme en la Seigneurie dudit Moiffat le Chaftel, & le Seigneur Abbé de la Chaize-Dieu demis de fa pretention, & les habitans de la Seigneurie dudit Moiffat le Chaftel ne font tenus en aucuns droits audit Seigneur de Mardoigne. *Item* le Seigneur de Moiffat, a droit de Juftice haute moyenne & baffe dans la Seigneurie de l'Efpinaffe, à quoi ledit Chapitre a été debouté tant du droit de Juftice que du droit du fief & hommage par lui pretendus fur ledit lieu de l'Efpinaffe, non compris le Mas de l'Efpinaffe & le fief dudit Vendaige appellé la Ville. *Item* a droit de place & tumbe ledit Seigneur de l'Efpinaffe dans l'Eglife de St Julien dudit Brioude, ainfi qu'a paru & doit jouir le Seigneur de l'Efpinaffe du droit de Juftice fur tout ce qui voifine dudit Fort, du vol de

Chapon. Mandons & commandons à nos Baillifs d'Auvergne & à tous nos Officiers & Justiciers, qu'ils fassent jouir ledit de Don desdits droits. Car tel est notre plaisir. Et afin que ce soit chose ferme & stable, Nous avons fait mettre notre scel à ces Presentes. Donné en notre Ville de Montferrand le sixiéme Octobre l'an de grace 1369, signé Lyonde, avec paraphe. Et à côté est écrit, Expedition faite sous le Bailli d'Auvergne sous le fol. 108, & copie faite par Jean de Gorbeau.

Nous Hugues de Montmorin, Seigneur de Chas & de Reliat, Chevalier Conseiller & Chambellan du Roi notre Sire, & son Bailli de St Pierre de Moustier & des ressorts & exemptions d'Auvergne, Commissaire deputé en cette partie de par le Roi notre Sire en son Chastelet de Paris, & au premier autre Sergent Royal requis; Salut. Sur ce reçu avons les Lettres Royaux ausquelles ces Presentes sont sous notre scel attachées, avons par la partie de noble homme Pons de Rochefort, Ecuyer Seigneur de la Roche, nommé ausdites Lettres Patentes, requerant l'entherinement d'icelles dont nous sommes occupés dans les affaires touchant l'effet de notre Office, ne pouvans vacquer à l'execution & entherinement desdites Lettres: Et vous mandons & commandons, que vous le contenu desdites Lettres Royaux entheriniés & metiés à execution de même par ainsin & en la forme & maniere que le Roi notre Sire veut & mande par le contenu d'icelles. Mandons & commandons à tous les sujets du Roi notre Sire qu'ils ayent & ce fassent obéir. Donné sous notre scel de la Cour dudit Bailliage le premier jour de Juillet l'an 1452. Par notre commandement signé, Seguin.

Fin des Preuves.

LES COMPTES

COMPTES ET ORDINAIRES
DE LA
PREVOTE' DE PARIS.
Depuis 1399, jufqu'en 1573.

COMPTE DE LA PREVOSTE' DE PARIS,
du terme de l'Afcenfion, 1399.

UNE Maifon feant *en la rue Dame Agnez la Buchiere*, près du Carrefour du Temple.

De Nicolas Flamel, pour une petite place qui contient cinq pieds de long & deux pieds de lez, affife à l'oppofite de Marivault, à l'encontre St Jaques de la Boucherie, qu'il tient pour quatre fols parifis de rente par an, à payer au terme de l'Afcenfion. C'eft la place où ledit Nicolas Flamel a fait bâtir le petit portail de St Jaques.

De noble homme Maître Pierre Daumont, dit Hutin, Chevalier, premier Chambellan du Roi notre Sire, pour une vieille mazure couverte de vieil merrien, qui jadis fut à feu Maître Guillaume Dandrezel, Chevalier, tenant d'un côté à la cour de l'Hotel St Pol à Paris ; & de l'autre côté au jardin dudit Daumont, aboutiffant d'un des bouts à Jaques Bachelier, & d'autre à l'Hotel des Lyons du Roi notre Sire, qu'il tient à heritage, en payant chacun an audit Seigneur au jour de la Pentecofte, un chapel de rofes tant feulement. &c.

De Jean le Perrier l'aifné & Perrette fa femme, pour quartier & demi de Marêts, au lieu dit la Bruffelle, outre la porte du Temple, tenant d'une part à la clôture, *on* à la coûture du Temple, &c.

De honorable homme & fage Maître Jean de Cahours, Licentié en Loix, Procureur en Parlement, & Henriette fa femme, pour une maifon affife à Paris, *en la rue de Joy, devant l'Hotel Maître Henri de Marle, Prefident en Parlement*, tenant, &c.

Rue de la Charonnerie devant St Innocent.

Des Maîtres Provifeur & Efcoliers du College d'Oftum, fondé à Paris devant St André-des-Arcs, pour eux & pour les trois Efcoliers n'agueres ordonnés être fondés audit College, par feu honorable homme, & difcret Maître Oudart de Moulins, jadis Confeiller du Roi notre Sire, & Prefident en fa Chambre des Comptes, &c.

Des biens de Gillet Daniau Meufnier, demeurant à la Tennerie, arreſté de par le Roi, & mis par inventaire par Maître Pierre de Campignolles Examinateur, pour ce que ledit Gillet s'étoit rendu fuitif, ſur ce qu'il eſtoit ſoupçonné d'avoir mis le feu ſciemment au moulin à bled d'emprès ladite Tennerie, lequel moulin avoit été peri & ars, & ſi avoient été arſes pluſieurs perſonnes ; & lequel Gillet a été depuis executé de mort à Chartres. &c.

A Guillemin du Creux pour les dépens par lui faits & payés ; c'eſt à ſçavoir de Monſeigneur le Prevôt de Paris, à pluſieurs gens de Conſeil dudit Chaſtelet, & leurs ſequens, leſquels pour le bien de Juſtice, & que le cas le requeroit, furent à l'éxecution de la Juſtice faite le Lundy neuviéme jour de Decembre ; de Maître Jean Cimar, Convers Chrétien, demeurant à Paris, né d'Aques au Royaume d'Arragon, lequel eut la teſte coupée ès Halles de Paris, & fut eſcartellé par Juſtice, pour ce qu'il eſtoit Sortilege, Idolâtre, Ingromantien, Invoqueur d'ennemis, de paroles diffamables contre l'honneur des plus prochains du Sang Royal, & qui griefvement avoit attenté contre la Royale Majeſté : la choſe publique, grandement eſclandrée, trompeur & abuſeur. Leſquels dépens compris en ce dix-huit ſols pour le ſalaire de Mibelot le Lorrain d'avoir fait une mitre à imagerie de couleurs de certains myſteres que faiſoit ledit Maître Jean Cimar. *Item.* douze ſols pariſis pour le ſalaire de Colin Faverel Eſcrivain, d'avoir écrit de groſſes Lettres de forme en parchemin, le titre dudit Maître Jean Cimar deſſuſdit. *Item.* huit ſols pariſis pour le ſalaire de Jannin le Drapier, Meneſtrier de trompe, lequel pour la ſolemnité dudit jugement, fut jouant de la trompe durant le temps qu'on mit à executer ledit jugement, monterent à douze livres huit ſols, par compte fait, &c. Les membres dudit Cimar furent pendus ès potences des portes de Paris.

A Nicolas Roſier, Sergent à cheval du Roi notre Sire au Chaſtelet de Paris, pour ſa peine & ſalaire d'avoir été par le commandement du Prevoſt de Paris ès Villes de Neuilly, d'Argenteuil, Colombes & le Port-au-Pec, & d'illec faire venir à Paris trois bacs, pour paſſer au Port de Paris les charrettes & gens, pour ce que le grand Pont de Paris étoit depecé ; comme il le convenoit que ainſi fut fait pour la neceſſité de la choſe publique, en quoi ledit Sergent à cheval vaqua par trois jours entiers, &c.

A Maiſtre Guillaume Barrau, Secretaire du Roi notre Sire, pour avoir été par le commandement & ordonnance du Roi notre Sire, & pour le bien de Juſtice en la Ville de Fougeres au pays de Bretagne, pour prendre & ammener ès priſons du Chaſtelet de Paris, un Malfaiteur nommé Richard Bourdon, autrement dit le petit-Boudon, lequel malfaiteur avoit été mis ès priſons du Chaſtel de Fougieres, & d'icelles s'étoit eſchapé & mis en franchiſe en la Chapelle dudit Chaſtel ; lequel Secretaire l'a pris & mis hors de ladite Chapelle à très-grande diligence, peine & peril de ſa perſonne & de ſa compagnie, & icelui amené ès priſons dudit Chaſtelet de Paris, où il a été executé ; c'eſt à ſçavoir, traiſné & pendu à Montfaucon : eſquelles choſes faiſant, &c.

A Robin de Bras & Maiſtre Jean Germe, pour deux tombereaux attelés chacun de deux chevaux, par eux baillés & livrés pour faire & accomplir la juſtice faite à Paris des perſonnes de frere Pierre Toſant, & frere Lancelot Martin, à leurs vivans Religieux Auguſtins, leſquels furent executés à Paris pour leurs demerites : eſquels deux tombereaux furent menés en pluſieurs lieux & carrefours notables de Paris ; pour ce, &c.

A Guillemin de Creux & Guillemin Porret Clercs, pour leurs peines & ſalaires d'avoir écrit & doublé en parchemin, par l'ordonnance des gens du Conſeil du Roi, le procès criminel de feu Pierre Taſan & Lancelot Martin, à leurs vivans Religieux Auguſtins, executés à mort à Paris pour leurs demerites, & qui ont eu ès Halles de Paris chacun la tête couppée : lequel

DE LA PREVOTÉ DE PARIS.

double dudit procès en parchemin, qui contient neuf rolles, &c.

Compte de la Prevôté de Paris, de la Chandeleur 1399. & Ascension 1400.

Rue Merderet, près la rue Mauconseil.
Rue Audry-Malet.
Rue de la Confrairie en la Cité.
Pierre Ferrebout, Fripier.

Compte de la Prevôté de Paris, de la Chandeleur 1400. & Ascension 1401.

Rue de la Voirie, au coin de la rue Jean Gencien.
Rue Audry-Malet.
La rue neuve, qui fut jadis appellée l'Abbreuvoir-Mascon, outre & près du Pont-neuf.
Fief scis à Auteuil, appellé le Fief de la Folie-Richard-le-Large, tenu & mouvant du Roi notre Sire, lequel Fief appartient à Perrin Sacrice, demeurant audit lieu d'Auteuil.

DU CHAPITRE DES FORFAITURES, &c.

De la valeur d'une tasse d'argent que le Mardy huitiéme jour de Fevrier 1400. Guillaume de Saulx Sergent à verge du Roi notre Sire au Chastelet de Paris, rapporta & tesmoigna par son serment, que Dimanche dernier, à la requeste du Seigneur de l'Hotel où pend l'enseigne de la Rose, assis à la porte *Baudoyer*, disant qu'un jeune enfant âgé de quinze ou seize ans ou environ, si comme il sembloit apparoir de prime face, qui avoit beu & depensé en son Hostel neuf deniers, pour lesquels il lui avoit offert bailler en gage une tasse d'argent, laquelle il n'avoit voulu retenir, doutant que ledit enfant eust mal prise & emblée icelle en quelque lieu; il avoit icelle asse prise & mise en la main du Roi, & payé neuf deniers parisis audit Hoste: & ce fait, pour ce que icelui enfant se renomma de sire Jean le Flamand, disant que ladite tasse étoit à un sien Maistre, nommé Jacques Lambert, nepveu dudit le Flamand, qui icelle lui avoit baillée pour faire ses depens à Paris, jusques à ce qu'il fut venu, mena ledit enfant en l'Hostel dudit Flamand; & de là, pour ce que ledit Flamand respondit que il tenoit bien que icelui enfant fust au dessus-nommé son nepveu, dit audit Sergent d'aller avec icelui enfant qui disoit avoir un cheval appartenant audit Lambert, lequel il avoit mis & lié devant l'Eglise St Paul, & respondit des depens dudit cheval, & qu'il administreroit les depens à icelui enfant en son hostel. Icelui Sergent part de l'hostel dudit Flamand en la compagnie dudit enfant, croyant qu'il le vouloit mener où son cheval étoit lié, & en allant, lui étant près de St Antoine, *se mit en franchise* icelui enfant en l'Eglise dudit St Antoine, & pour ce retint icelle tasse d'argent, laquelle est du poids de sept onces seize estelins d'argent, si comme temoigné a été par Jean de Tenance Sergent de la Douzaine, qui icelle a fait peser par Jean Trottet Changeur; & quant est dudit cheval devant dit, n'a pû icelui Sergent avoir aucune connoissance, & avec tout ce ajourna ledit enfant, nommé si comme il disoit. Perrin Filonnet, à trois briefs jours à l'audiance du Greffe dudit Chastelet, &c.

Des biens de feu Guillemin Vauquelin, à son vivant Valet d'Estuves, demeurant à l'Orberie.

COMPTES ET ORDINAIRES.

Compte de la Prevôté de Paris, du terme de la Chandeleur, 1408.

Rue de l'Escorcherie.
Rue de la Licorne.
Rue Frogier-Lasnier.
Maison à Paris au coin de Chartron près du Cimetiere St Jean, c'est la rue des Mauvais-garçons.
En la Cité, rue de la Pomme.
La place aux Chats.
Rue lez-le-Pont aux Meusniers, près du Chastelet de Paris, à l'opposite de l'Eglise St Liefroy.
Une maison rue St Martin, faisant le coin de la rue Almaury de Roissy.

FORFAITURES.

Des biens de feu Amé de Satronne, né de la Ville de Châlons sur la Saone, noyé à Paris par Justice pour ses demerites, &c.

Du Terrier de la Ville de Paris, fait en 1505.

Hotel de l'Evesque de Beauvais étoit dans la rue du Franc-Meurier.
Dans la rue des Billettes il y avoit une ruelle, qui dès lors étoit bouchée, ce pourroit être le cul de sac qui va à Ste Croix, car il est marqué que la maison où il en est fait mention au *fol.* 50. dudit terrier, aboutit aux Religieux de Ste Croix.
Folio 55. Est dit qu'anciennement le Voyer de Paris tenoit sa Justice en la Planche-Mibrai, en la maison qui faisoit le coin du Pont-Notre-Dame. La Planche-Mibrai faisoit le coin d'une ruelle, qui fut élargie lorsqu'on bâtit le Pont-Notre-Dame.
Ruelle Jean-Chat-blanc vers la grande Boucherie; c'est un cul-de-sac.
Rue de la Tableterie, nommée anciennement rue de la Hanterie. Je crois que c'est parce que l'on y faisoit des Haches d'armes ou des Hallebardes, dont le manche est encore appellé une Hante, ce qui est d'autant plus plausible, que cette rue est au bout de celle de la Heaumerie.
L'Hotel des Barres appartenoit à l'Abbayie de St Maur. Il fut amorti par le Roi en 1364, & se nommoit en 1505, *l'Hotel St Mor.* Cela se fit parce que Charles V, ayant pris l'Hotel de St Maur pour composer partie de son Hotel Royal de St Paul, l'on acheta l'Hotel des Barres pour indemniser ladite Abbayie de St Maur.
La rue Audri-Mallet commençoit à se nommer la rue du Cocq.
Du coin de l'Eglise St Jacques de l'Hopital, jusqu'au chantier qui fait le coin de la rue Merderet.
Rue du Lion dans la rue St Denys, prend son nom d'une maison nommée l'Hotel du Grand-lion.
Rue Tireboudin.
Rue de la Confrairie.
Hotel de Bourges près St Landri, où ont logé Jean de Cambray, & Henri Cœur, fils de Jaques Cœur, Archevêque de Bourges.
Jean Dauvet President des Requestes, logeoit près St Landri, à l'Hotel des Cocquilles.
Rue des Marmousets, maison faisant le coin de la rue Champrosier.
Rue des Marmousets, maison faisant le coin de la rue du Val-d'amour. C'est Glatigny.
Dans le même quartier, rue des Aublayers, c'est où est la maison du

DE LA PREVOTE' DE PARIS.

Curé de la Magdelaine. Cette rue s'eſt depuis nommée rue de la Licorne, à cauſe d'une maiſon ou pour lors étoit l'Enſeigne de la Licorne.

Du Compte de l'Ordinaire de Paris, 1416.

DEPENSE COMMUNE.

A Caſſin la Botte Malletier, demeurant ſous le Chaſtelet de Paris, pour avoir livré ſept douzaines de boulayes neuves; c'eſt à ſçavoir, ſix douzaines pour la journée que feu Monſieur le Duc de Guyenne fut porté en terre en l'Egliſe Notre-Dame de Paris, pour bailler aux Sergens qui furent ce jour ordonnés pour garder les rues, à ce que les charrettes n'empêchaſſent leſdites rues par où devoit paſſer icelui Seigneur; & l'autre douzaine pour aſſiſter à la Juſtice qui fut faite des Maquerelles, qui furent menées par les Carrefours de Paris, tournées, brûlées, oreilles couppées au Pilori, pour chacune deſquelles douzaines a été taxé ſeize ſols pariſis, &c.

Du Compte de la Prévôté de Paris, des termes de la Chandeleur 1371, & Aſcenſion 1372.

DEPENSE COMMUNE.

A Pierre le Saulnier Charcutier, pour les dépens qu'il a livré aux Sergens qui étoient commis à épier & prendre un Meurdrier en l'Egliſe St Gervais, par mandement du Prevôt de Paris, & quittance, &c.

Du Compte du Domaine de l'Hotel de Ville 1383.

Rue de Charoli en la Cité, maiſon qui fut à l'Abbé de Lyre.
Maiſon à l'Evêque d'Auxerre, près la Porte d'Enfer, rue de la Harpe.
Au Mont-Ste-Geneviefve, l'Hotel de Jamville.
Rue aux Porrées, l'Hotel aux Eſcoliers de Rethel.
Rue St Jaques devant St Benoiſt, la maiſon aux Moines de Fremont.
Une petite logette en la rue de l'Ecorcherie, en laquelle le Prevoſt des Marchands & Eſchevins de Paris ſouloient faire leurs priſons; contenant icelle onze pieds de long, ſept pieds & quatre pouces de lez, & onze pieds de haut.
Rue St Jacques, la maiſon de l'Abbé de St Vaſt, qui à preſent eſt Eveſque de Chartres.
Même rue, la maiſon qui fut à l'Eveſque de Langres.
Maiſon & Hotel du Palais des Thermes.
Devant le Palais des Thermes, la maiſon au Comte d'Harcourt.
Rue de la Harpe, la maiſon qui eſt à preſent au Comte de Foreſt.
Rue au Foin, la grande maiſon aux Moines de Cernay.
Maiſons rue du Foin, qui de preſent ſont à Maiſtre Gervaiſe Chreſtien.
Rue Erambourg de Brie, trois maiſons, qui de preſent ſont audit Maiſtre Gervaiſe Chreſtien, toutes leſquelles maiſons ledit Maiſtre Gervaiſe a aſſemblées & miſes en une, & y a fondé eſcoles.
Rue de la Plaſtriere, la maiſon qui fut aux hoirs Grain-d'or, qui eſt enclavée ès jardins de l'Archeveſque de Sens.
Le Mont-Ste Geneviefve, l'Abbayie Ste Geneviefve, pour le fief de Roogny, ſix Oës blanches, le jour Notre-Dame en Septembre.

COMPTES ET ORDINAIRES

Du Compte du Domaine de Paris 1388, Toussaints.

DE Maistre Guillaume de la Trimoille, Chevalier, Chambellan du Roi notre Sire, pour un Hotel, nommé le Chastel de Calais, assis à Paris en la rue de la Plastriere, tenant d'une part à la maison dudit Seigneur Guillaume, & d'autre à Jean de Senlis, avec la grange & toutes les autres appartenances dudit Hostel à lui donné à heritage par ledit Seigneur, pour quarante sols parisis par an.

Du Compte de la Prevôté de Paris, du terme de la Chandeleur 1390. & de l'Ascension ensuivant 1391.

FORFAITURES.

De la vendue d'un cheval gris, qui étoit à un nommé le Camus, de Chastres; que l'on amenoit prisonnier au Chastelet de Paris, pour soupçon qu'il ne fut Larron, lequel descendit de dessus ledit cheval, & se bouta en franchise; pour quoi icelui cheval demeura acquis & confisqué au Roi.

DEPENSE COMMUNE.

A Guillaume le Fevre, François d'Argies, & Guillaume Rogier, Sergens à cheval dudit Chastelet, pour avoir mené des prisons dudit Chastelet ès prisons d'Angiers & du Mans, Estienne de Domachien Hermite, Frere Jean Lerant Cordelier, & Messire Jean Mousac Prestre, accusés d'avoir jetté poisons par les puits, fontaines & rivieres du Royaume de France: pour ce par mandement, &c.

Ledit Hermite fut amené à Paris par les mêmes Sergens, avec une femme nommée Chrestiennette, nommée la Saquette, & un nommé Jean le Fournier.

Du Compte douziéme & dernier de Jean Raguier, Receveur general des Finances du Duché de Normandie, 1480.

Deniers payés en acquit du Roy.

A Phelippot Enguerrant, Orphevre demeurant à Paris, la somme de quatre-vingt-cinq liv. cinq d. tournois, en cinquante-trois écus d'or, à luy ordonnés par ledit Seigneur cette-dite presente année, tant pour ses peines que dechet d'avoir fait un bras d'or pesant cinq cens écus d'or, pour enchasser le bras Monseigneur St Andry, lequel ledit Seigneur a fait offrir & donner à sa devotion en l'Eglise Notre-Dame de Paris, pour ce par vertu du rolle, &c.

Du Compte de la Prevôté de Paris, du terme de la Chandeleur 1399. & Ascension 1400.

DEPENSE COMMUNE.

A Maistre Girard de la Haye, Examinateur de par le Roi notre Sire au Chastelet de Paris, pour son salaire, par lui desservi à faire du commandement dudit Prevost, une enqueste à la requeste du Procureur du Roi, notredit Seigneur audit Chaftelet, fur certains procez pendans pardevant ledit Prevoft, entre ledit Procureur du Roi d'une part, & les Religieux, Prieur & Convent de l'Eglife St Eloi de Paris, pour raifon du pavement d'entour les maifons & Eglife d'iceux Religieux, *en la rue de la Saveterie*, que ledit Procureur du Roi maintient que lefdits Religieux doivent foutenir, & iceux Religieux le contraire. En laquelle enquefte font examinés dix-fept témoins; les dépofitions defquels ledit Examinateur a redigées par écrit & mis en parchemin, & contiennent dix rolles de parchemin d'original: pour ce par mandement dudit Prevoft, donné le dix-neuviéme jour de Fevrier 1399, & quittance dudit Examinateur; tout ci rendu à court quatre livres feize fols patifis.

VENTE DE CENS.

Maifon dans la rue de la Voirrie, faifant le coin de la rue Jean Gencien.

La rue de l'Abbrevoir Mafcon, s'appelloit alors, *la rue neuve, qui jadis fut appellée l'Abbrevoir Mafcon*; & fe nommoit rue neuve, parce que le pont St Michel fut d'abord nommé le Pont-neuf, & enfuite pont St Michel.

Fief affis à Auteuil, appellé le Fief de la folie Richard Le-large, tenu & mouvant du Roi notre Sire; lequel Fief appartient à Perrin Sacrice, demeurant audit lieu d'Auteuil.

Rue Froidmantel, hors la porte St Honoré derriere le Louvre.

Par le Compte de la Chandeleur 1398. & Afcenfion 1399. au chapitre des ventes de cens.

Maiftre Henri de Marle, Prefident en Parlement, demeuroit dans la rue de Joui.

Une Maifon fife rue de la Bucherie de Petit-pont, à l'oppofite de la rue aux Porrées où l'on vend le poiffon d'eau douce.

La rue Saillant-bien, prend fon nom d'une perfonne qui fe nommoit Saillant-bien, dont en 1400 il y avoit encore un Denys Saillant-bien, Chapellain fondé en l'Eglife de Paris, pour Maiftre Henri le Breton Chanoine de Paris.

Du Compte de Paris, du terme de l'Afcenfion 1353.

VENTE DE CENS.

Une Maifon feante à Paris en la rue Aleon; c'eft la rue du Lion.
Rue Chat blanc devant la Boucherie.
Rue de la Serpent.

Du Compte de l'Afcenfion 1356.

VENTE DE CENS.

Maifon feante en la rue Chartron.
Maifon feante en l'Erberie.
Maifon rue Tirevit, dans les ventes de cens de Therouenne; c'eft maintenant la rue Tireboudin.

COMPTES ET ORDINAIRES

Du Compte de l'Ascension 1358.

VENTE DE CENS.

Rue de la Buffeterie.
Rue Guernier dessus l'eau.
Rue des Prescheurs, la maison des Carneaux.

Du Compte de l'Ascension 1359.

VENTE DE CENS.

Des Executeurs du Testament de feu Maistre Girard des Courtits, jadis Chanoine de Paris.
Deux Maisons s'entretenantes, seantes l'une en la rue Mauconseil, & l'autre en la rue Merderet.

Du Compte de l'Ascension 1360.

VENTE DE CENS.

Maison seante en la rue Beaubourg, faisant le coin de la Plastriere.
Rue de la Confrairie.
Rue du siege aux Dechargeurs, aboutissant à la rue de la Ferronnerie.
Rue Anquetin le Faucheur.
Rue Jean le Comte.
Plusieurs Etaux & maisonnettes, seans à Paris vers Petit-pont, tenans d'une part à la Tournelle qui est lez le peage.
Rue du siege aux Dechargeurs, faisant le coin de la vieille place aux Pourceaux.

Du Compte de la Chandeleur 1401.

DU CHAPITRE DES FORFAITURES.

Des biens de feu amé de Satronne, né dans la Ville de Châlons sur Saone, noyé à Paris par Justice pour ses demerites, &c.

Du Compte de l'an fini à la St Jean-Baptiste 1412.

VENTE DE CENS.

La ruelle aux Bourdonnois.
Dans la rue Grenier sur l'eau, étoit une ruelle qui alloit à la rue aux Bretons. Dans le même Compte cette ruelle est nommée une Cour.
Maison sise en la rue de la Ferronnerie, faisant le coin de la rue de la Limace.
Le jardin des Arbalestriers étoit outre l'ancienne porte St Denys, joignant les anciens murs de la Ville, & aboutissant par derriere à l'Hotel d'Artois.

Du

DE LA PREVOTE' DE PARIS.

Du Compte de l'Ordinaire de Paris, fini à la St Jean-Baptiste,
1413.

DOMAINE OU RENTES NON MUABLES.

Anciennement il y avoit une place où étoit un puits public assis en la
Couroierie, lequel fut accensé à Belhommet Thurel, pour emplir ledit
puits.

Rue Dame Agnez la Buschiere près du carrefour du Temple.

D'une Maison assise à Paris devant l'Eglise St Paul, qui fût à Messire
Guy de Champdivers, & depuis à la Reine Jeanne de Bourbon, donnée à
vie par le Roi notre Sire à Jean Dutrain, pour cent sols parisis de rente
par an, si comme dit est au Compte d'Ascension 1394. lequel Jean Dutrain
est allé de vie à trepassement; après le trepassement duquel la Reine a pris
& appliqué à elle icelle maison, si comme appert par ses Lettres données le vingt-six Juin 1395, &c.

De Mr le Duc de Hollande, au lieu de feu Messire Jean de Montagu,
pour les anciens murs de la Ville de Paris, qui sont entre la rue St Antoine & la Tour qui est au bout d'icelui Hotel & jardin sur la porte de la
rue par où l'on va de l'Hotel dudit Monsieur en l'Eglise St Paul, qu'il
tient à heritage, &c.

Les anciens murs de la Ville passoient par la rue de Paradis, où il y avoit
une tour derriere la maison de Hemon Raguier, laquelle maison avoit appartenu à Messire Jaques de Bourbon.

Il y avoit aussi des anciens murs depuis la porte du Chaume jusqu'à la
porte du Temple, que Messire Nicolas Braque avoit pris du Roi à cens.

Une place joignant les grands degrés qui sont au bout de la rue de
Biévre, en venant de St Bernard à la riviere de Seine, du côté devers les
anciens murs de la Ville de Paris, &c.

Messire Pierre de la Trimoille, Chevalier, au lieu de Messire Guillaume
de la Tremoille, Chevalier, pour un Hotel nommé l'Hotel ou Chastel de
Calais, sis à Paris en la rue de la Plastriere, &c.

Messire Eustache de Gaucour, Chevalier, au lieu des heritiers de Maistre
Jean Peudrier, Maistre de la Chambre aux deniers de la Reine, pour une
tour qui est de l'ancienne muraille & fermeture de la Ville de Paris, joignant la maison dudit Messire Eustache, sise à Paris à la porte Barbette,
laquelle le Roi notre Sire lui a donnée à heritage, pourvû qu'il ne lui tourne
à prejudice ne à la chose publique, &c.

De Messire Guillaume Barrau, &c. pour certaine quantité de murs anciens de la Ville, qui sont au long de sa maison à la porte Barbette, &c.
contenant iceux seize toises ou environ, & y a quinze carneaux à lui baillés
à heritage, &c.

Il y avoit dans la rue des Marmousets une plastriere appartenant au Roi
par forfaiture.

De Denys de Belloi, Procureur au Chastelet, pour douze toises & demie des anciens murs de la Ville de Paris, qui sont à l'endroit de sa maison, emprès la porte St Martin des Champs, contenant douze carneaux
de long, &c.

De Pierre Alluart, pour une tour quarrée qui est des anciens murs de
la Ville de Paris, avec quatorze toises desdits anciens murs, assis derriere
sa maison en la rue de Paradis, depuis ladite tour jusqu'à la porte du Chaume, &c.

De Jean de l'Epine dit Hainault, pour une place vuide joignant de la
porte des Barres, à la fin des nouveaux murs de la Ville de Paris, sur la ri-

viere de Seine, en venant de l'Hotel du Roi notre Sire près des Celeſtins de Paris, contenant deux toiſes & demie de lez en tout ſens, &c.

VENTE DE CENS.

La rue du Cigne dans la rue St Denys, prend ſon nom de l'Hotel du Cigne, qui y étoit en 1413.
Hotel de la Roſe en la rue Gratte......
Rue Pieret de Therouenne.

Du ſecond Regiſtre des Confiſcations, du tems des Anglois, fol. 206. 1424.

Une maiſon ſiſe rue d'Averon, ayant iſſue en la rue Jean Thiſon.
Une maiſon ſiſe rue St Martin, faiſant le coin de la rue de la Plaſtriere. 1431. fol. 288.
Rue d'Avignon, ſe nommoit ainſi à cauſe d'une maiſon nommée l'Hotel d'Avignon qui y étoit alors.

Du Compte de la récette de Paris, pour l'année finie à la ſaint Jean-Baptiſte 1412.

CHAPITRE DE DEPENSE COMMUNE.

Commiſſion du Prevoſt de Paris du neuf Octobre 1411, portant commandement de par le Roi, aux Baillifs, Prevoſts, Capitaines, &c. qu'ils fiſſent crier & publier, que tous les Vaſſaux & Sujets du Roi portans armes, priſſent & miſſent ſur eux pour enſeignes le ſigne du ſautoir blanc & de la fleur-de-lis d'or ſur l'écu d'azur, afin que d'iceux on eut connoiſſance d'entre les ennemis dudit Seigneur portans la bande.
Un faux-monnoyeur boulli au Marché aux Pourceaux.

Du treiziéme volume des Confiſcations, du tems des Anglois, fol. 102. 1447.

L'Evêque d'Avranches, lors decedé dans le parti Anglois, avoit deux maiſons à la porte Bordelle, qui depuis 1436 étoient occupées par Madame Catherine d'Alençon, Ducheſſe de Baviere & Comteſſe de Mortaing.

Du quatorziéme volume des Confiſcations, du tems des Anglois, fol. 42. 1422.

La cour pavée lez St Jaques de la Boucherie près l'Hotel de la Corne de Cerf, lequel Hotel eſt dans la rue de la Savonnerie, de la mouvance du Fief de St Ladre de Jeruſalem.

Du dix-huitieme volume deſdites Confiſcations, fol. 91. 1423.

L'Hotel de Foreſt, ſis rue de la Harpe près la rue Pierre-Sarrazin.

DE LA PREVOTE' DE PARIS. 267

Du vingtiéme volume defdites Confifcations, fol. 109. *verſo.*

L'Hotel de la Reine Blanche fis en la rue de la Tixeranderie.
L'Hotel de Coucy au Monceau St Gervais.
L'Hotel de Berry au Monceau St Gervais.
La rue du Bon-Puits pourroit venir d'Etienne de Bon-Puits, dont les biens furent donnés par confifcation, comme il paroit au fol. 156 de ce volume, lequel avoit des maifons rue de Grenelle.

Du Compte de la Prevofté de Paris, pour un an fini à la faint Jean-Baptifte, 1413.

Deniers payés en acquit du Roi.

A Frere Guillaume de Corbigny, Prieur du Prieuré St Eloi à Paris, auquel étoit dû par le Roi notre Sire la fomme de vingt-quatre livres parifis, reftant à payer de la fomme de quarante-huit livres parifis, pour certaines terres que Mr le Prevoft de Paris, & le Procureur du Roi notre Sire au Chaftelet de Paris, avoient ja pieça pris, affis outre la porte St Antoine en la Seigneurie & Juftice dudit Prieur, pour faire voirie. De laquelle fomme de vingt-quatre livres parifis, il avoit été autrefois affigné par le Receveur de Paris, & par l'Ordonnance de Meffieurs des Comptes, fur Robin Queurel & Perrin Guerin, pieça Fermiers de la Voirie de Paris: lequel Prieur n'avoit pû être payé de ladite fomme n'en recouvrer aucune chofe pour la grande pauvreté defdits Fermiers. Pour laquelle chofe Meffieurs des Comptes & Treforiers, & par leurs Lettres données le dixiéme jour de Janvier 1412, ont de nouvel affigné ledit Prieur fur led. Receveur, & mandé par icelles audit Receveur qu'il payât à icelui Prieur ladite fomme de vingt-quatre livres parifis, pour ceci, &c.

Du vingt-uniéme Regiftre des Confifcations, du tems des Anglois,

Folio 96. *verſo.* 1423

La cour Bafile, fife devant l'Hotel de Flandres.

Folio 249.

Rue des Bouticles près la rue de la Huchette.

Du vingt-quatriéme Regiftre defdites Confifcations, fol. 219. 1423.

Hotel en la rue des Cordeliers: tenant d'une part au College de Bourgogne, d'autre part aux Religieux de Premontré, aboutiffant par derriere à l'Archevêque de Rheims.

Du Compte de la recette de Paris, pour un an fini à la faint Jean-Baptifte 1415.

RECETTE COMMUNE.

De Mre Guillaume Budé, Maiftre des garnifons de vin du Roi notre Sire, pour certaine quantité & partie d'une petite ruelle étroite contenant douze toifes & demie de long & trois pieds & demi de lé ou environ, féant derriere l'Hotel où demeure ledit Mre Guillaume, outre le chevet de l'Eglife St Gervais, & au long d'une mafure à lui appartenant, aboutiffant d'un bout à la rue aux Bretons, & d'autre part à la rue de la Mortellerie; laquelle rue eft étoupée aux deux bouts & n'y a aucun chemin par icelle; mais fert feulement de recevoir les eaux ; laquelle partie de place, c'eft à fçavoir depuis l'entrée d'icelle ruelle, qui eft devers la rue aux Bretons, tant que dure au long d'icelle ruelle la maifon dudit Mre Guillaume, en laquelle il demeure à préfent; en laquelle longueur a huit toifes un pied de long, à compter depuis ladite rue aux Bretons en defcendant vers la rue de la Mortellerie; icelle ruelle en la longueur deffus dite à lui baillée & afcenfée par le Roi notre Sire, & par fes Lettres fcellées de fon grand fcel en las de foie & cire verte, données au mois de Mai 1415, parmi & moyennant le prix & fomme de douze deniers parifis de cens, portans lods & ventes, que icelui Mre Guillaume en fera tenu rendre & payer chacun an à toujours au terme St Remi, &c.

Meffire Jean de Chanteprime, Doyen de l'Eglife de Paris, decedé nouvellement, au Compte de 1416.

Du Compte de la Prevofté de Paris pour un an, commençant à la St Jean-Baptifte 1412, & finiffant audit terme 1413.

Deniers payés en acquit du Roi.

A Frere Guillaume de Corbigny, Prieur du Prieuré St Eloi à Paris, auquel étoit dû par le Roi notre Sire la fomme de vingt-quatre livres parifis, reftans à payer de la fomme de quarante-huit livres parifis, pour certaines terres que Mr le Prevoft de Paris, & Mr le Procureur du Roi notre Sire au Chaftelet de Paris, avoient ja pieça pris, affis outre la porte St Antoine en la Seigneurie & Juftice dudit Prieur pour faire voirie, &c.

Du Compte de la Prevofté de Paris pour un an, commençant à la St Jean-Baptifte 1414, & finiffant à pareil jour 1415.

Forfaitures, Epaves & autres avantures.

De certains biens trouvés en nature de chofe en l'Hotel de feu Maiftre Jean Mourfin, à fon vivant Examinateur de par le Roi notre Sire au Chaftelet de Paris, appartenant au Roi notre Sire par confifcation & autrement duement, entre & avec les biens demeurés du decès dudit deffunt, lefquels il avoit & detenoit, ja fuft-il qu'ils appartinffent au Roi ; c'eft à fçavoir dix-neuf livres douze fols parifis des biens de Driée l'Huillier de Goneffen; qui pour fes demerites avoit été banni du Royaume de France, trouvés en l'Hotel dudit Examinateur; comme par une cedule qui étoit attachée audit fac apparut. *Item* quarante-un écus en or en deux petits ours d'or, qui avoient été trouvés en certain lieu près de l'Eglife Ste Catherine du Val-des-Ecoliers à Paris par Robert du Bois, Pionnier, & autres fes complices. *Item* foixante-dix-fept fols parifis venus de la vente de certains biens qui furent à Meffire Pierre Berart, Preftre, vendus par Robin le Breton, Sergent à verge, & Huguelin Baiffelac. *Item* quatre livres huit fols parifis appartenant à la curation des biens vaquans de feu Jean Cevaule & fa femme. *Item* foixante fols parifis qui avoient été confignés en la main dudit deffunt par Jean le Bute, pour raifon des larcins par lui faits, dont il avoit tenu franchife en l'Eglife St Jean en Grève, &c.

Sçavoir ce que c'eft que des Boullayes que l'on donnoit aux Sergens qui affiftoient à quelque execution de juftice ou entrées des Rois : Ces Boullayes étoient fournies par un Malletier.

DE LA PREVOTÉ DE PARIS.

Pour le pont Notre-Dame, voir le Compte de 1417, des termes de Touffaint, Chandeleur & Afcenfion, au chapitre des domaines ou rentes non muables au dernier article de ce chapitre.

Audit Compte il y a un chapitre d'autres œuvres faites pour une Juftice de nouveau faite près la grande Juftice de Paris outre St Laurent, ladite Juftice commencée depuis le vingt-fept Mars 1416 fur une petite montagne près l'ancienne Juftice.

Audit Compte les faux-monnoyeurs étoient bouillis dans une chaudiere dans laquelle il n'y avoit que de l'eau bouillante.

Dans ladite année la Foire du Landit dura quatorze jours entiers.

Compte de la Prevofté de Paris, depuis le jour St Jean-Baptifte 1420, & finiffant à pareil jour 1421.

Domaines ou Rentes non muables.

De Mre Guillaume Budé, Maiftre des garnifons de vin du Roi notre Sire, pour certaine partie d'une petite ruelle étroite, contenant douze toifes & demie de long, & trois pieds & demi de lé ou environ, feant derriere l'Hotel où demeure ledit Mre Guillaume, outre le chevet St Gervais, & au long d'une maifon à lui appartenant, aboutiffant d'un bout à la rue aux Bretons, & d'autre part à la rue de la Mortellerie; laquelle ruelle étoit & eft étoupée aux deux bouts & n'y a aucun chemin par icelle, mais fert feulement à recevoir les eaux; laquelle partie d'icelle, c'eft à fçavoir depuis l'entrée d'icelle ruelle, qui eft devers ladite rue aux Bretons, tant qu'elle dure au long de la maifon d'icelui Mre Guillaume, où il demeure de prefent; en laquelle longueur a huit toifes & un pied de long, à compter depuis ladite rue aux Bretons en defcendant vers la rue de la Mortellerie deffus dite, à lui baillée par le Roi notre Sire, fi comme dit eft plus à plein; &c. douze deniers parifis.

Forfaitures, Efpaves & autres avanitures.

Des biens meubles de feu Loup de Vaulx, en fon vivant Homme d'armes, & banni du Royaume pour fes demerites, & par ce advenus au Roi notre Sire; inventoriés au Chaftelet de Paris le vingtiéme jour de Fevrier 1420, à la requefte du Procureur du Roi notre Sire audit Chaftelet de Paris, par Jean Beguinot & Pierre des Portes, Notaires dudit Seigneur aud. Chaftelet de Paris, & prifés par Chiquart au long, Prifeur Juré à Paris, montant pour tout par ladite prifée, &c. Surquoi a été payé & baillé aux Religieux, Prieur & Couvent de Ste Croix de la Bretonnerie la fomme de quarante livres parifis, par l'Ordonnance dudit Prevoft, comme il appert par Lettres de Sentence ou appointemens donnés de lui le vingt-uniéme jour de Fevrier 1420, ci rendu à court : laquelle fomme leur étoit due par ledit Loup, tant pour dépenfe faite audit lieu de Ste Croix durant certain tems qu'il a tenu franchife illec, comme pour argent comptant à lui prêté par lefdits Religieux, &c.

L'Hotel de l'Evêque de Meaux près l'Hotel St Pol & devant l'Eglife St Paul.

Walefin Prevoft de Paris, logé en la rue du Temple lez St Avoye en l'Hotel qui fut à Meffire Thibaut de Chantemelle, lequel Hotel appartenoit au Roi en 1421.

Voir dans Mr du Cange, fi Falagium, Halagium *&* Stalagium *fignifient la même chofe, comme l'on s'eft fervi de ces trois mots en ce Compte comme fynonymes. Voir auffi ce que c'eft que le droit de* Hauban *qui eft dans le Hallage.*

Halles de Lagni, de St Denys, de Pontoife, de Chaumont, de Corbie, d'Aumalle, d'Amiens, de Douai, de Beauvais, la Halle aux Tifferans de Paris, les Etaux à Fouloux, Halle de Hainault pour les habitans d'Avefnes, Halle de Gonesse, des hautes Merceries, des basses Merceries, la Halle trompée, de Malines, Halle du lin, du Cordouan, les Merceries de Champeaux, la Halle aux Chaudroniers, Halle au bled, Halle aux Fripiers, Halle aux Toiles, au Chanvre, Halle de commun, Halle aux Oignons; outre cela quantité d'Etaux à Pelletiers, à Tapissiers, à Cordonniers, à Fripiers, à Chaussetiers le long desdites Halles.

Du Compte de la Prevosté de Paris, depuis la St Jean-Baptiste 1424, jusqu'à la St Jean ensuivant 1425.

L'Hotel de l'Archevêque de Rouen, fis à Paris vers les Cordeliers.
L'Hotel de l'Archevêque de Reims, confisqué parce qu'il tenoit le parti de Charles VII.
Petit gibet de bois qui avoit été fait près la grande Justice, lequel a été abbatu & démoli en cette année parce que ladite grande Justice avoit été rétablie cette même année.

ORDINAIRE DE PARIS, 1428.

Forfaitures, Espaves & Aubaines.

De la valeur & vendue d'une houpelande de drap pers fourée par le collet de penne de gris, dont Jehannette, vefve de feu Pierre Michel, femme amoureuse, fut trouvée vêtue, & ceinte d'une ceinture sur un tissu de soie noire, boucle, mordant, & huit clous d'argent, pesant en tout deux onces & demi; auquel état elle fut trouvée allant à val la Ville, outre & par dessus l'Ordonnance & deffense sur ce faite, & pour ce fut emprisonnée, & ladite robe & ceinture declarée appartenir au Roi par confiscation, en ensuivant ladite Ordonnance, & delivrée en plein marché le dixiéme jour de Juillet 1427, c'est à sçavoir ladite robe le prix de sept livres douze sols parisis, & ladite ceinture quarante sols parisis, qui font neuf livres douze sols parisis, dont les Sergens qui l'emprisonnerent eurent le quart pour ce, pour le surplus, &c.
De la valeur d'une autre ceinture sur un vieil tissu de soie noire, où il y avoit une platine & huit clous d'argent, boucle & mordant de fer blanc, trouvée en la possession de Jehannette la Neuville, pour ce emprisonnée, &c. *comme au precedent*
De la valeur d'une autre ceinture ferrée, boucle & mordant, sur un tissu de soie noire à huit clous d'argent, & d'un collet de penne de gris, trouvés en la possession de Jehannette la Fleurie, dite la Poissonniere, pour ce emprisonnée, &c. *idem.*

Du Compte de l'Ordinaire de Paris pour un an fini à la St Jean 1416.

DOMAINE NON MUABLE.

Rue Pierre-Olart.
Maison en Quiquempoit.
Rue Froidmantel derriere le Louvre, où souloient estre les Lyons du Roi.

DE LA PRÉVOTÉ DE PARIS.

De Jean de Taranne, Marchand & Bourgeois de Paris, pour l'un des côtés du Pont St Michel à Paris ; c'est à sçavoir le côté d'amont l'eau, depuis la maison Taffin-Caillart Teinturier, qui est du côté de la Cité au-dessus de l'eau ; jusqu'à une saillie de la maison qui fut à la Calabre, qui est de l'autre part dudit Pont du côté devers l'Abbreuvoir de Mascon, en & sur laquelle moitié dudit Pont ledit Tarranne a fait faire & édifier seize loges, selon la devise sur ce faite par les Maistres des œuvres du Roi notre Sire, & laquelle moitié dudit Pont a été baillée par le Roi notre Sire audit Jean Taranne aux vies de Loyset & Perinet dits Taranne, ses enfans, & au survivant d'eux deux pour le prix & somme de seize livres parisis de rente par an à payer à ladite recette de Paris aux quatre termes accoutumés, les vies durant desdits Loyset & Perinet, si comme, &c.

De Michel de Lailler pour l'autre moitié dudit Pont ; c'est à sçavoir le côté d'aval, à commencer à l'endroit & alignement de la maison Taffin-Caillart, du côté d'amont l'eau, & finissant à la saillie de la maison qui fut à ladite Calabre devers l'Abbreuvoir de Mascon du côté d'aval l'eau, en & sur laquelle moitié dudit Pont ledit Michel a fait faire & édifier seize loges, & lui a été semblablement baillé aux vies de lui & de Jeanne sa fille, pour lors âgée de huit ans ou environ, pour le prix de seize livres parisis de rente par an à payer, &c.

Une maison sise rue Pierre-Sarrazin ; aboutissant par derriere sur les jardins de l'Hotel de Bretagne.

De Mre Guillaume Budé, Maistre des Garnisons de vins du Roi notre Sire, pour certaine partie d'une petite ruelle étroite &c. à lui baillée & accensée par le Roi notre Sire, & par ses Lettres scellées de son grand sceel en las de soye & cire verte, données au mois de May 1415, parmi & moyennant le prix & somme de douze deniers parisis de cens, portans loz & ventes ; que icelui Mre Guillaume en sera tenu rendre & payer chacun an doresnavant hereditablement & à toujours au terme de St Remy ; premier terme du payement St Remy 1415. & aussi parmi le prix & somme de dix livres parisis pour une fois, qu'il en a payé audit Receveur, qui sont rendus en la recette commune du compte finissant à la St Jean Baptiste 1415. lesquelles Lettres du Roi nôtredit Seigneur sont enregîtrées en la Chambre des Comptes, comme il appert en la marge d'icelles Lettres, où il est écrit de la main de la Chambre ce qui s'ensuit.

Registrata in Camera Compotorum Parisius, libro Cartarum hujus temporis, fol. 72. & ibidem expedita de consensu Thesaurariorum, mediantibus conditionibus solvere census in serio declaratos. Scriptum in dicta Camera, die vigesimâ septimâ Maij, anno millesimo quadringentesimo decimo quinto. Signées GUINGAUT. pour ce, &c.

VENTE DE CENS.

Maison rue Audry-Mallet, où pend l'Enseigne du Cocq.
Maison sise rue Beaubourg, faisant le coin de la rue Plastriere.
De Sire Alexandre le Boursier, Conseiller & Maistre des Comptes du Roi notre Sire, pour les ventes d'une maison avec ses appartenances, seant à Paris en la rue de la vieille Tisseranderie, nommé l'Hotel à la Reineblanche, qu'il a acheté de noble Dame, Madame Catherine d'Alençon, Duchesse en Baviere, & Comtesse de Mortaing, au nom & comme Executrice de feu noble & puissant Seigneur Messire Pierre de Navarre Chevalier, jadis son mary, le prix & somme de quatre mille écus d'or, pour cecy pour lesdites ventes, trois cens livres parisis.

Du Compte de l'Ordinaire de Paris pour un an fini à la St Jean 1417.

DOMAINE NON MUABLE.

Du Prévôt des Marchands & Echevins de la Ville de Paris, aufquels le Roi notre Sire, par fes Lettres en lacs de foye & cire verte, données à Peronne au mois de Juillet 1414. ainfi fignées, par le Roi en la relation de fon Grand Confeil, auquel Meffieurs les Ducs d'Orleans, de Bourbon, de Bar & de Baviere, le Connétable, les Archevêques de Sens, de Bourges, les Evêques de Laon & de Noyon, le Chancelier de Guyenne, les Seigneurs d'Offemont & de Torchy, Meffire Collart de Colleville, Jehannet d'Eftouteville, Meffire Guillaume Coufinot, & plufieurs autres étoient. J. Villebrefme. A octroyé que pource que pour le bien de fa bonne Ville de Paris, & par fon ordonnance & congé lefdits Prevoft des Marchands & Echevins avoient fait encommencer un Pont au travers de la riviere de Seine, au-deffus du grand pont en venant du lieu dit *la Planche de Mibrai*, à la Place de St Denys de la Chartre, nommée le *Pont Notre-Dame*, & deffus & au pourpris d'icelui conftruire maifons, moulins & autres édifices à la décoration & profit de ladite Ville de Paris, & fe doubtoient iceux Prevoft des Marchands & Echevins, que aucuns des Officiers dudit Seigneur, ores ou pour le temps à venir, fous ombre d'aucuns dons à eux faits par icelui Seigneur, tant de certaine quantité de bois, comme autrement, leur vouluffent mettre aucun deftourbier ou empefchement, ès profits & émolumens d'iceux maifons, moulins & autres édifices. Ledit Seigneur eue fur ce grande & meure deliberation de Confeil, defirant la perfection dudit Pont, a voulu que iceux Pont, maifons, moulins & édifices ils puiffent faire & parfaire, & que tous les profits, rentes & revenus qui viendront defdites maifons, moulins & autres édifices qui y feront faits, foient & demeurent au profit de ladite Ville dorefnavant à toujours, & leur a donné ledit Seigneur, en tant que meftier feroit; fans ce que efdits profits, rentes & revenus, il ou fes fucceffeurs Rois de France; puiffent aucune chofe demander ou reclamer au temps à venir, pourvû toutesfois que lefdits Prevoft des Marchands & Echevins feront tenus de maintenir & fouftenir à toujours en bon & fuffifant état, à leurs propres coufts & depens, lefdits Pont & édifices; à quoi ils ont obligé, comme ci-après fera dit, toutes les rentes, revenus & biens de ladite Prevofté & Echevinage; & que fur icelui Pont ne pourroit demeurer aucuns Changeurs ne Orphevres: retenu auffi & refervé pour le Roi notredit Seigneur & fes fucceffeurs, toute Juftice & Seigneurie haute, moyenne & baffe, mere, mixte & impere en & fur ledit Pont & édifices, avec les profits qui, à caufe d'icelle écheront à toujours pour le temps à venir, & un denier parifis de cens, portant lods, ventes, faifines & amendes accoutumées entre deux Pallées dudit Pont, lequel cens ils feront tenus de payer chacun an le jour & fefte St Remy ou chef d'Octobre. Et par lefdites Lettres a mandé à Meffieurs de Parlement, des Comptes, & Treforiers, au Prevoft de Paris, & à tous les autres Jufticiers de ce Royaume, que de ce ils fiffent jouir pleinement & paifiblement lefdits Prevoft des Marchands & Echevins; comme toutes ces chofes font plus à plein declarées en deux *Vidimus* des Lettres du Roi notredit Seigneur, cy rendues à court en la fin de l'un defquelles eft contenu, que Philippes de Breban à prefent Prevoft des Marchands & les Echevins de ladite Ville de Paris, ayant agreable le don & octroy fait par le Roi notredit Seigneur à ladite Prevofté & Echevinage, ont foumis & obligé tous les biens, profits & revenus d'icelle Prevofté & Echevinage, à faire entretenir & accomplir le contenu ès Lettres

tres du Roi notre Seigneur, dont cy-deffus eft parlé de point en point, felon leur forme & teneur, aufquels deux *Vidimus* font attachées unes Lettres de Meffieurs des Comptes, & des Commiffaires ordonnés par ledit Seigneur au gouvernement de toutes fes Finances, fous l'un de leurs fignets donnés le feiziéme jour de Mars 1415, par lefquelles ils ont mandé audit Receveur, que le contenu en icelles Lettres, lefquelles font enregiftrées en la Chambre des Comptes, au livre des Chartes de ce temps au feuillet 75, & l'Original baillé à Maiftre Eftienne de Mauregart, Garde des Chartes dudit Seigneur, il en enregiftraft ou fift enregiftrer en fon compte de ladite recette & ventes   faifines & amendes, qui declarés y font avec les profits de ladite haute, moyenne & baffe Juftice, dont en icelles Lettres eft fait mention; il recueillift & reçuft chacun an dorefnavant aux termes, & ainfi qu'ils efcheront; & les rendift au Roi notredit Seigneur en fes Comptes, où & fi comme il appartiendra. Auquel Pont à dix-fept pallées, comme il appert par certification du Maiftre des œuvres femblablement cy-rendu. Pour ce icy par vertu de toutes lefdites Lettres, pour le terme St Remy 1416, pour chacune pallée un denier parifis de cens, valent pour tout dix-fept deniers parifis.

VENTE DE CENS.

Maifon fcife rue St Denys, devant & à l'oppofite de Trouffevache.

Maifon fcife au coin de la rue de Chartron près du Cimetiere St Jean, faifant icelle maifon front en la rue de la Voirerie.

Maifon fcife en la vieille Tifferanderie, tenant d'une part à la ruelle de Chartron.

Maifon au Cimetiere St Jean, faifant le coin de la rue Anquetin le Faucheur.

Ruelle aux Foulons, dans la rue de la Mortellerie.

Maifon fcife en la rue au Roi de Sicile devant le Petit-huis St Antoine, tenant d'une part à la Porcherie dudit St Antoine, d'autre, &c.

Maifon fcife au Cimetiere St Jean, où pend l'Enfeigne du Mouton, tenant d'une part aux Religieufes de Chielles, & d'autre part à l'Hotel de la Fleur-de-Lis.

Maifon en la rue de la Huchette, tenant d'une part à l'Hotel de Pontigny, aboutiffant par derriere à la riviere. L'Hotel de Pontigny eft l'Hotellerie de l'Ange.

Maifon fcife en la Place-Maubert, tenant d'une part au College de la Marche, aboutiffant par derriere, & ayant iffue en la Rue-Perdue.

OEUVRES ET REPARATIONS.

Autres œuvres faites pour une Juftice de nouvel faite près de la grande Juftice, outre Paris.

A Jean du Mont, & Urbain Riant, Charpentiers, pour avoir fait une Juftice qui fervira tandis qu'on remettra à point la grande Juftice de la bonne Ville de Paris, laquelle Juftice eft faite de quatre pans de bois de quatre potiaux cormiers, chacun de trois toifes & demie de haut, &c. Une efchelle pour ladite Juftice de quatre toifes ou environ : payé aufdits Charpentiers pour leurs peines feulement, fournitures de chables & engins pour lever ladite Juftice, douze livres parifis ; le Roy ayant fourni la charpente.

A   Maçon, pour avoir ouvré & befogné de leur meftier depuis le vingt-fept Mars 1416, en la Juftice nouvellement ordonnée être faite outre St Laurent, hors Paris, fur une petite montagne près de l'ancienne Juftice, &c. C'eft à fçavoir, pour avoir fait la vuidange & decombre de quatre grands fossés, & icelles maçonnées & emplies de moilon, de plastre cru & cuit; chacune fosse de cinq pieds de profond, & de trois pieds d'epoisse en tout sens jusques au rez des terres, & au-dessus un grand quartier de pierre de taille de Ferrot de la carriere de Notre-Dame-des-Champs, de deux & un quart de pied en tout sens, pour porter & soutenir les quatre poteaux de bois de ladite Justice, &c.

A Jacquin Chapelle, Marchand de merien, demeurant à Paris, pour avoir livré pour ladite Justice les parties de merien cy-après declarés, &c. Et premierement pour quatre grands poteaux, dont les uns avoient quatre toises & demie de long, & les autres quatre toises, & tous un grand pied de fourniture en tout sens, &c.

DEPENSE COMMUNE.

A Pierre Boudaut Sergent à cheval du Roi notre Sire, gagé & dessservi à avoir porté ès Villes de Chielles-St Bapteur, Lagny, Torcy, Gohesse, St Denys en France, Argenteuil & Poissy, certains mandemens, par lesquels on faisoit sçavoir à tous que les Etaux ordonnés ès nouvelles Boucheries à Paris, se bailleroient & delivreroient au plus offrant & dernier encherisseur, en l'Auditoire Civil dudit Chastelet, le Vendredy deuxiéme jour d'Octobre; & que s'il étoit aucun Boucher ou autre, qui iceux Etaux voulsissent mettre à prix, si allassent audit jour & heure audit Chastelet, & il y seroit reçeu.

A Gillebert Caille, Guillaume de Neuville, & Raoullin d'Amourette, Sergens à Cheval du Roi notre Sire au Chastelet de Paris, pour avoir été par le commandement de Monseigneur le Prevost de Paris, ès Villes ci-après declarées porter mandement aux Prevosts desdites Villes, faisant mention que personne ne prist autre monnoye que celle du Roi notre Sire, &c.

A Estienne le Bré maistre de la haute Justice du Roi notre Sire, la somme de cinquante-cinq sols parisis à lui ordonnée par Monsieur le Prevost de Paris être payée par ledit Receveur, pour les causes cy-après declarées. C'est à sçavoir, douze sols pour trois Maçons & leurs Aidess, qui firent le trepié pour asseoir la chaudiere où furent bouillus trois Faux-monoyeurs. Item. quatre sols parisis pour quatre sacs de plastre à faire ledit trepié, quatre sols pour celuy qui blanchit ledit trepié, avant que lesdits Maçons y voulussent ouvret; vingt sols pour un cent & demi de coterets, & un demi cent de bourrées qui furent arses ledit jour pour faire bouillir l'eau en la chaudiere; huit sols parisis pour une queue & deux muids où fut mise l'eau, lesquels, la nuit que la justice fut faite, furent mal prins & embles; trois sols pour une queue d'eau de quoi furent bouillis iceux Faux-monnoyeurs; trois sols parisis pour sa peine d'avoir été à la Justice de Paris; pour avoir osté plusieurs chaisnes étans aux poutres de ladite Justice, qui ne tenoient comme neant, & étoient en peril d'être perdues; lesquelles il a apporté en son hostel pour servir quand besoin sera. Pour ce par mandement, &c.

LE COMPTE DU DOMAINE.

Le Compte de la Voirie de Paris, étant en fin dudit Compte.

Avantures eschues en ladite Voirie.

Rue Trassenonnain.

DE LA PRÉVOTÉ DE PARIS.

Du Compte du Domaine de Paris, pour une année finie à la St Jean-Baptiste 1421.

DOMAINE NON MUABLE.

Rue Dame Agnès-la-Buschiere, près du Carrefour du Temple.

De Jean Femel, &c. Pour une place & chantier, avec une granche ehi-près l'Escholle St Germain l'Auxerrois, tenant d'une part à la Place-aux-Marchands.

Une Place vuide en la rue aux Lions, outre la Porte St Denys.

De Copin de Douay au lieu des hoirs feu Maistre Jacques de Chartres, pour une place vuide qui est emprès le petit Chastelet au bout de Petit-Pont, en laquelle fut pieça la loge où l'on reçoit la coustume du Peage de Petit-Pont, qui doit cent sols parisis par an au Roi notre Sire : & les loges qui furent Henri de Soissons, qui doivent audit Seigneur douze liv. parisis à lui baillés à heritage pour cent sols parisis par an à payer comme dessus, neant ici ne doresnavant, pour ce que des maisons qui étoient sur lesdites places, l'en a fait édifier une Boucherie neuve pour le Roi notre Sire, qui de present y est. Et toutesfois par l'Ordonnance de Nosseigneurs des Comptes faite en plein Bureau à la closture du Compte finissant au jour de St Jean-Baptiste 1419, ledit Receveur rendit ici lesdits cent sols, & les reprend cy-après en dépense, &c.

Deux petites maisons ou eschoppes entretenans, assises ès Halles de Paris devant le vieil Pilori, selon la couverture des Halles de Bruxelles & de Douay.

DOMAINE MUABLE.

Du louage de partie de la maison du Peage de Petit-Pont, donnée à vie pieça à Pierre le Coustellier au prix de cent sols par an, neant; car elle fut baillée pour faire la Tour du petit Chastelet, comme contenu est au Compte d'Ascension 1382.

Des nouveaux Orphevres de la Ville de Paris, qui doivent, quand ils sont nouvellement créés au mestier d'Orpheverie, chacun un marc d'argent, dont à la Confrairie dudit mestier appartient la moitié.

LA CONCIERGERIE DU PALAIS.

Des Merciers dudit Palais, qui chacun an ont accoustumé de bailler par forme d'estrennes le premier jour de Janvier au Concierge dudit Palais, la somme de vingt-cinq écus d'or, & une bourse brodée, neant icy, pour ce que ledit Concierge les lieve encore.

VENTE DE CENS.

Une maison scise en la Tannerie de Paris, en la place aux Cuirs où sont peintes les images de St Gervais & St Prothais.

Maison scise à Paris, faisant le coin de la rue par où l'on va à l'Hotel des Religieux de Chaaliz, au chevet de l'Eglise St Severin.

De Denys le Courtillier, l'un des quatre Libraires de l'Université de Paris.

De Jean Jumault, &c. Pour les rentes d'une maison, cour & estables, ainsi que tout se comporte, sceant à Paris en la rue Grate   près de Tire   où pend l'Enseigne de l'Ecu de Bourgogne, étant en la Censive du Roi.

TERRES TENUES EN LA MAIN DU ROI.

L'Hotel de l'Evêque de Meaux étoit en la rue St Paul devant l'Eglise.
Le Poids-le-Roi qui étoit à la rue des Lombards, appartenoit à Madame Marguerite Dannel, Dame de la Riviere; lequel poids avoit été mis en la main du Roi sur ladite Dame dès l'année 1420.
La rue des Lombards se nommoit anciennement de la Buffeterie.

OEUVRES FAITS AU PALAIS ET AILLEURS.

A Pasquier le Cocq & Jean Vinot Charpentiers, pour avoir fait pour accomplir la Justice du Roi notre Sire, faite de nouvel de la personne du borgne Tanguy, executé pour ses demerites, deux potences, chacune de deux toises de long, &c. assises l'une à la porte St Denys, & l'autre à la porte St Antoine, dehors œuvre, &c.
Vualefin Prevost de Paris demeuroit en la rue du Temple lez Ste Avoye, dans une maison appartenante au Roi, qui avoit appartenu à Mre Thibault de Chantemelle.

Compte de 1421

DEPENSE COMMUNE.

A Cassin la Botte Malletier, demeurant sous le Chastelet de Paris, pour avoir baillé & livré du commandement & ordonnance de Monseigneur le Prevost de Paris, deux douzaines & demie de boullayes, le jour que le Roi notre Sire & le Roi d'Angleterre entrerent en la Ville de Paris, dont il lui a été taxé, &c.

Extrait dudit Compte.

AUTRE RECETTE.

Des Executeurs du testament, ou ordonnance de derniere volonté de feu Barthelemy de François de Seme-la-Vieille, en son vivant demeurant à Paris, lequel par sondit testament a donné & laissé au Roi notre Sire, la somme de vingt sols parisis pour tout tel droit que audit Seigneur eut peu competer & appartenir ès biens dudit deffunt ; comme il appert par une clause extraite du testament dudit deffunt, faite sous le seing manuel de Me Jean Choart Clerc civil de la Prevosté de Paris cy-rendu à Court. Pour ce icy   vingt sols parisis.

> En la fin de ce Compte, dans le Compte du Hallage ou Estalage, est un chapitre particulier des Droits qui appartiennent au Roi notre Sire durant la Foire de St Ladre, excepté le Giet des Drapiers cy après rendu, &c.

Du Compte de la Prevosté de Paris, depuis la St Jean-Baptiste 1421, jusqu'à la Toussaint ensuivant.

VENTE DE CENS.

Une Maison scise rue de la Mortellerie, faisant le coin de la rue Dame Agnès, près la Chapelle Estienne Haudry.
Maison scise rue de la Charpenterie, à l'opposite de la rue Tirechappe.
Maison scise au Cimetiere St Jean, aboutissant par derriere en la Harengerie.

DE LA PREVOTE' DE PARIS.

Maison scise rue au Prescheur, où pend l'Enseigne du Prescheur.

FORFAITURES.

De Me Michel de la Tillaye & Jacquin Langlois, pour plusieurs heritages assis tant au Plessis-Raoul, comme en la Ville de la Boursiere, qui furent à Jean de la Haye, dit Picquer, &c.

De Pierre Rousseau, pour les Hostels grand & petit, avec les jardins, fauffayes & tout le lieu, ainsi qu'il se comporte, assis à St Marcel, qui furent au Roi de Sicile, &c.

De Laurens le Duc, pour la vendition à lui faite de tout le foin qui en cette presente année a creu au Jardin de l'Hostel d'Orleans, assis à Avieres, &c.

Extrait dudit Compte.

Recette faite par ledit Receveur de Berthault de Cramoify, Commis à la Recette du poids à peser les bleds, tant sur le Pont aux Meusniers, comme en Gréve, par l'avis & ordonnance de noble homme & sage Mre Gilles Seigneur de Clamecy, Chevalier, Prevost de Paris, & Conseiller du Roi au Chastelet de Paris; duquel Commis icelui Receveur a reçu ce qui s'ensuit.

Ce chapitre de Recette se monte à la somme de six cens cinquante-trois livres deux sols onze deniers.

DEPENSE.

A &c. Pionniers, Aides, Hotteurs, &c. pour avoir fait la decombre & vuidange des hurs des terres, gravois & netoyeures qui étoient en une place devant l'Eglise St Lieffroy, près du Chastelet de Paris, où a été édifiée & dressée une Loge de bois, pour mettre & heberger le Poids du Roi pour peser les bleds & farines; en quoi iceux Pionniers ont vacqué huit jours.

A l'égard de la charpente, elle fut prise de certain merrien cheu à terre en l'Hostel qui fut Me Jean de la Croix, assis en la rue du Four.

A Bertrand Bruneau Fondeur, demeurant à Paris, pour avoir fait & ouvré pour le Roi notre Sire, onze cens quatre-vingts livres de poids de cuivre neuf en plusieurs parties, pour servir audit Poids du Pont-aux-Meusniers & de Greve, pour peser lesdits bleds, &c.

A Adam de Salebruce Balancier quatre livres parisis, qui payés lui ont été pour sa peine & salaire d'avoir ajusté lesdits poids.

Du Compte de l'Ordinaire de Paris, pour l'année finie à la St Jean-Baptiste 1425.

RECETTE MUABLE.

De la Voirie de Paris nouvellement ordonnée à la Porte St Michel, dite d'Enfer, & St Germain des Prés, neant à present ne doresnavant, pour les causes contenues ès Comptes précedens; c'est à sçavoir, pour ce qu'elle a été adjugée aux Religieux de St Germain des Prés, environ la Saint Jean 1402.

ROUPTES DE BOIS.

De la valeur & vendue de certains Houppiers au demeurant de bois, demeurés de plusieurs arbres qui avoient été couppés & abbatus en la

Foreſt de St Germain en Laye pour faire le Parc de Meulant, où fut la Convention des deux Rois, de France & d'Angleterre, que Dieu pardoint, &c.

Eſt à noter que ce Compte fut préſenté en **1429.** *& ainſi les Rois de France & d'Angleterre, dont il fait mention, étoient decedés.*

FORFAITURES ET ESPAVES.

De la valeur & change de ſept écus & un franc à cheval trouvés dedans une bourſe boutonnée de perles, par une femme à St Paul près de la barriere, le deuxiéme jour qu'on y jouta au mois de Decembre 1424, & mis en la main du Roi notre Sire, &c. changés à vingt trois ſols pariſis chacune piece.

RECETTE POUR REGALLES.

L'Hoſtel de l'Archevêque de Rouen, ſcis vers les Cordeliers.

Oeuvres & Reparations faites en la grande Juſtice de Paris.

A   pour avoir fait en ladite Juſtice les beſognes cy-après; c'eſt à ſçavoir, avoir pellée & decouverte la terre au pourtour des murs qui font cloſture à ladite Juſtice, quarante pieds loing d'iceux murs : & ſi ont découverte & blanchie la place qui eſt dedans icelle cloſture, & auſſi ont blanchi tous leſdits murs & les pilliers & poultres d'iœlle Juſtice, tant dehors comme dedans, à chaux & à colle, &   chaux, colle, croye & eſchafaux, peines d'Ouvriers pour ce faire, &c.

A   Tailleurs de pierres & Maçons, pour avoir fait arracher pluſieurs vieux carreaux qui étoient rompus & froiſſés, tant ès pilliers corniers, comme ès pilliers eſtraiefs, & ès murs qui font cloſture au pourtour de la cloſture d'icelle Juſtice ; & en lieu d'iceux y avoir mis & aſſis quarante carreaux doubles, & un cartron de parpaings de la pierre du blanc cailloux, & rétabli pluſieurs trous qui étoient eſdits murs par dehors œuvre, & empli de plaſtre tous les joints deſdits murs, & pour avoir deſaſſis & raſſis tous les entablemens de pierre qui ſont ſur leſdits murs au pourtour de ladite Juſtice, & fait deux eſchiffes de mur qui ſont d'un côté & d'autre de l'entrée d'icelle Juſtice, & deſaſſiſes & raſſiſes les marches de taille qui ſont en icelle entrée, & deſſellées quarante-huit vieilles poultres qui ont été ôtées & deſcenduës d'icelle Juſtice, & en ſcellées quarante-huit autres qui y ont été miſes neuves, & mis deux coings de pierre en l'un des pilliers eſtraiefs, au lieu de deux autres qui étoient uſés & mangés d'eau & de gelée, dont pour ce avoir fait, ils doivent avoir, &c.

DEPENSE COMMUNE.

A Jean Thiphaine Executeur de la haute Juſtice du Roi notre Sire, la ſomme de vingt ſols, pour avoir dépendu les corps morts de la grande Juſtice de Paris, enſemble les oſſemens d'environ icelle, & iceux enterrés, afin de refaire & reparer icelle Juſtice, &c.

Audit Jean Thiphaine la ſomme de vingt-quatre ſols pariſis pour ſa peine & ſalaire d'avoir au mois de Novembre dernier paſſé dépendu & enterré les corps morts de ceux qui avoient été executés au petit gibet de bois, qui avoit été fait près de la grande Juſtice, & lequel petit gibet, après ce que les corps ont été ainſi dépendus & enterrés, a été démoli & abbattu, pour ce que la grande Juſtice a été refaite & remiſe à point, &c.

DE LA PREVOTÉ DE PARIS.

Du Compte de l'Ordinaire de Paris ; pour un an finiſſant à la St Jean-Baptiſte 1428.

DOMAINE NON MUABLE. Le dernier Article.

De l'Hotel aſſis lez la Baſtide St Antoine, appellé *l'Hoſtel-neuf*, avec ſes appartenances en rentes, vignes & terres, de ce neant, pource que le Roi notre Sire a tout ce donné à Me Jean Kemp, Archevêque d'Yorck, à ſa vie, comme contenu eſt au vingt-quatriéme feuillet du Livre des Memoriaux, ſigné I. Pour ce neant.

LA CONCIERGERIE DU PALAIS.

Des Merciers du Palais, qui chacun an ont accouſtumé bailler au Concierge dudit Palais le premier jour de Janvier, par maniere d'Eſtrennes, la ſomme de ſeize francs en or, & une bourſe brodée de perles. neant icy, pource que le Concierge dudit Palais en prend & reçoit les profits & émolumens par ſa main ; & auſſi diſent leſdits Merciers, que c'eſt un don volontaire qu'ils font audit Concierge, & ne appartient aucunement au Roi.

VENTE DE CENS.

De Nicolas Sandemer & Iſabeau ſa femme, pour les ventes d'une place vuide, où ſouloit avoir maiſons, quatre bordeaux & édifices à preſent abbatus, aſſis à Paris en la Cité en Glatigny, tenant d'une part à & d'autre part faiſant le coin d'une ruelle, par laquelle on deſcend à la riviere de Seine, du coſté devers grand Pont.
Rue Fichet Laſnier.

Reparations au Moulin de Beauté, & ailleurs.

L'Hotel du Chevalier du Guet, rue Perrin-Gaſſelin.
L'Hotel de la Marche ; rue Froidmantel.

Compte de la Voirie de ladite année ; enfin dudit Volume.

AVANTURES.

Rue Éramboure de Brie.
Maiſon ſciſe à la Pierre-au-lait, au coin de la ruelle Jean-le-Comte, à l'Image St Chriſtophle.
Rue de la Charronnerie ; à l'oppoſité de la Place-aux-chats.

Du Compte de l'Ordinaire de Paris pour un an ; fini à la Saint Jean-Baptiſte 1433.

VENTE DE CENS.

Rue de la Vannerie, au Carrefour des Recommandareſſes.
Rue au Lion, outre l'ancienne Porte St Denys.
Venerable & diſcrette perſonne, Me Jean Chuffart, Conſeiller de la Reine, & Chanoine de Paris.
Le grand Eſcuyer prenoit un droit ſur les Savetiers & Vendeurs de foin de la Ville de Paris.

COMPTES ET ORDINAIRES

Extrait dudit Compte.

AVANTURES.

De Pierre Dauffay & Jean Finet, Bibelottiers, &c.
Rue Aubry-le-Boucher.
Rue de Petit-Pont, près le Carrefour St Severin.
Rue des Arcis, faisant le coin de la ruelle St Bon.

Du Compte de l'Ordinaire de Paris, pour un an fini à la Saint Jean, 1434.

VENTE DE CENS.

Une maison scise en la Place-aux-Chats, aboutissant par derriere en la rue de la Place-aux-Pourceaux.
Masure appartenant à la Confrairie Notre Dame, fondée en l'Eglise St Gervais à Paris, aux Vendeurs de vin de la Ville de Paris, scise en la rue de la Tannerie.
Il paroist par l'Extrait de ce Compte, que l'on avoit construit une escorcherie aux Tuilleries depuis peu de temps.

Du Compte de l'Ordinaire de Paris, pour un an fini à la saint Jean-Baptiste, 1437.

VENTE DE CENS.

Maison en la rue St Germain l'Auxerrois, faisant le coin de la rue des deux Fiseaux.
Maison scise rue de la Huchette à l'enseigne de l'Arbalestre, tenant à l'Hostel de Pontigni.
Le College des Dormans, fondé à Paris en la rue du Clos-Brunel.

Rachapts, reliefs & quints de deniers.

De Mre Jean de Gaucourt, Archidiacre de Joinville en l'Eglise de Châlons, & Doyen de Paris, Seigneur de Viri & Maisons sur Seine.

Terres tenues en la main du Roi.

L'Hotel de l'Archevêque de Rouen, scis près la porte St Germain des Prés.

Du Compte de l'Ordinaire de Paris, pour un an fini à la saint Jean-Baptiste, 1438.

VENTE DE CENS.

Vigne scise à la Courtille, aboutissant par hault au chemin allant au pressoir St Martin.
Rue St Jean en Gréve.

Terres

DE LA PREVOTÉ DE PARIS.

Terres tenues en la main du Roi notre Sire.

Du louage d'une maison assise à Paris en la grande rue St Denys, en laquelle on avoit accoutumé de tenir le contoir de la boete aux Lombards, &c.

OEUVRES & REPARATIONS.

En l'Hotel de la Conciergerie de la Reine, seant à Paris en la grande rue St Antoine.

DEPENSE COMMUNE.

Nates fournies au Roi, tant en son Hotel-neuf près la Bastide St Antoine, comme au Palais, & en la Conciergerie de la Reine, où est logé Mr le Confesseur du Roi.

Extrait dudit Compte.

Deniers payés par mandement.

Refection & reparation des treilles des jardins de la Conciergerie du Palais Royal à Paris, faites en Fevrier 1437.

Du Compte de la Voirie de ladite année, étant en fin dudit volume.

Hotel d'Anjou dans la rue de la Tisseranderie.
Rue Bertault qui dort, aboutissant à la rue St Martin; elle est aussi nommée ruelle.
Jean de Hacqueville, Marchand Drapier rue St Denys, près St Leu St Gilles, à la Fleur-de-lis.
Maison appellée le Four St Benoît, rue St Jaques devant St Benoît, tenant à l'Hotel de la Hure de Sanglier.
Rue Pied-de-bœuf, près la grande Boucherie.
Maison sise au Cloître St Opportune, au coin de la rue de la Cordonnerie. C'est à présent la rue des Foureurs.

Du Compte de la Prevosté de Paris, pour un an fini à la saint Jean-Baptiste, 1417.

DOMAINE NON MUABLE.

De la Senechaussée à l'Abbé de Ste Genevieve de Paris, qui toutes fois qu'il est crée & fait nouvel Abbé d'icelle Eglise, doit au Roi notre Sire dix livres parisis.
En cette année la rue des Lombards se nommoit la rue de la Buffeterie. C'est un bout de ladite rue.
Une Isle seant en l'eau de Marne, pieça donnée à Jean de Sens, Menestrel du Roi, pour une paire de gants fauves, rendus chacun an à la recette de Paris à la St Remi.
Rue de la petite Bouclerie.
Mr le Duc de Hollande, au lieu de feu Mre Jean de Montagu, pour

les anciens murs de la Ville de Paris, qui sont entre la rue St Antoine & la tour qui est au bout de l'Hotel & jardin sur la porte de la rue par où l'on va de l'Hotel dudit Mr en l'Eglise St Paul.

Mr le Comte de Vertus au lieu de Me Guillaume Barreau, pour feu sire Nicolas de Mauregard, pour certaine quantité des murs anciens de la Ville de Paris, qui sont au long de sa maison à la porte Barbette, contenant iceux seize toises ou environ, & y a quinze carneaux.

Plastriere assise en la rue des Marmousets, appartenant au Roi par forfaiture.

Me Jaques Roussel, au lieu de Denys Belloi, Procureur au Chastelet de Paris, pour douze toises & demie des anciens murs de la Ville de Paris, qui sont à l'endroit de la maison emprés la porte St Martin des Champs, contenant douze carneaux de long.

Hotel & jardin assis en la rue St Antoine à Paris, près de la Bastide, tenant d'une part au Doyen de Paris, & d'autre part à Jean Culdoë, Bourgeois de Paris, aboutissant au jardin de petit Musse, &c. Et depuis le Roi notre Sire l'a prise & appliquée à son Hotel de petit Musse.

Noble homme Mre Pierre Dosmont, Chevalier, pour la maison qui fut à Mre Guillaume d'Andrezel, tenant d'un côté à l'Hotel St Pol, & d'autre à l'Hotel des Lions du Roi.

Jean le Chandelier, Procureur au Chastelet.

Me Pierre de Serizay, Procureur en Parlement.

DOMAINE MUABLE.

Des mailles d'or aux nouveaux Bouchers de la grande Boucherie de la Ville de Paris, *néant*, pource que durant le tems de ce present compte, l'on n'y a fait aucuns nouveaux Bouchers. Et aussi ladite grande Boucherie, environ la St Jean-Baptiste 1416, a été démolie & abbatue par l'Ordonnance du Roi notre Sire & de son grand Conseil, & leurs privileges & prerogatives adnullés.

VENTE DE CENS.

Marais hors la porte du Temple de Paris, au lieu dit la Boisselle.

Maison séant près du carrefour du Temple, en la rue de la Bretonnerie.

Maison rue de la Mortellerie, faisant le coin d'une ruelle nommée la ruelle aux Foulons.

Me Oudart Gencien, Conseiller du Roi en Parlement.

Maison rue St Denys, joignant l'ancienne porte, tenant d'une part aux vieux murs de la Ville de Paris, & d'autre part à l'Hotel du Cigne, aboutissant par derriere au jardin des Arbalestriers.

Hotel de Mre Etienne des Marais, devant St Gervais, près l'Hopital St Gervais.

Maison sise rue du Beaubourg, faisant le coin de la rue de la Plastriere.

Me Etienne de Bray, Conseiller & Me des Comptes.

DEPENSE COMMUNE.

A Etienne le Bré, Maistre de la haute Justice du Roi notre Sire, la somme de cinquante-cinq sols parisis, pour les causes ci-après ; c'est à sçavoir douze sols parisis pour trois Massons & leurs aides, qui firent le trepied pour asseoir la chaudiere où furent boulus trois faux-monnoyers. *Item* quatre sols pour quatre sacs de plâtre à faire ledit trepied ; quatre sols pour celui qui blanchit ledit trepied avant que lesdits Massons y voulussent ouvrer ; vingt sols pour un cent & demi de cotterets & un demi cent de bourées, qui

DE LA PREVOTÉ DE PARIS.

furent ars ledit jour pour faire bouillir l'eau en la chaudiere ; huit fols parifis pour une queue & deux muids où fut mife l'eau, lefquels la nuit que la juftice fut faite furent mal pris & emblés; trois fols pour une queue d'eau, dequoi furent boulus iceux faux-monnoyers, &c.

Du Compte des Confifcations de Paris, pour un an fini à la faint Jean-Baptifte, 1421.

POUR LES ANGLOIS.

Rue de la Fontaine Maubué. p. 2.

Rue de Bourthibourc. p. 2. verfo.

Maifon fife rue de la Warrerie, tenant d'une part à l'Hotel du Roi Loys, d'autre part à aboutiffant par derriere audit Hotel du Roi Loys. p. 2. verfo. C'eft l'Hotel d'Anjou, qui étoit dans la rue de la Tifferanderie.

Maifon fife à la Planche Mibrai, tenant d'une part à d'autre part à aboutiffant par derriere à la Cour Frogier. p. 3.

Maifon fife rue des Planches de Mibrai, où fouloit pendre pour enfeigne l'Image Notre-Dame; lequel Hotel a été démoli & abbatu jufqu'au rès de chauffée, pour faire le chemin du pont Notre-Dame, par l'Ordonnance des Prevoft des Marchands & Echevins de la Ville de Paris. p. 3.

Maifon fife en ladite rue en la Cour Frogier, tenant d'une part & aboutiffant par derriere à l'Hotel de la Chaire. p. 3. verfo.

Maifon fife rue St Antoine, tenant d'une part au long de la rue Regnault le Fevre. p. 4. C'eft la rue Clocheperce.

Maifon fife rue St Paul, à l'oppofite de l'Hotel des Lions. p. 4. verfo.

Rue Guérin-Boiffeau. p. 5. verfo.

Maifon fife rue St Martin, tenant d'une part à la ruelle St Fiacre, & d'autre part & aboutiffant par derriere à Bureau de Dampmartin p. 6.

La ruelle St Fiacre eft un cul de fac dans la rue St Martin devant St Mederic.

Maifon fife rue St Martin, faifant le coin de la rue Almauri de Rouffi. p. 6.

Maifon fife à la Porte de Paris ; où pend l'enfeigne des quatre Fils Aimond, tenant d'une part à la ruelle du Chat blanc. p. 6. verfo.

Maifon fife rue de la Heaumerie, faifant le coin de la rue Jean le Comte. p. 7. C'eft la rue d'Avignon.

Rue aux Lombards. p. 7. Elle s'appelloit en 1384 la rue de la Buffeterie, enfuite la rue de la Pourpointerie.

Maifon fife devant St Joffe, au coin de la rue de la Corroicrie. p. 7. verfo. C'eft la rue des cinq Diamans.

Maifon fife rue des deux Portes, aboutiffant par derriere à la rue Percée. p. 8.

Maifon fife rue de Nefle, aboutiffant par derriere aux anciens murs de la Ville de Paris, p. 8. verfo. C'eft la rue d'Orleans.

Maifon fife rue de la Tonnellerie, aboutiffant par derriere en la rue aux Prouvaires. p 8. verfo.

Maifon fife rue de la Truanderie, tenant d'un côté à la rue Merderai, p. 9. verfo.

Rue du Cigne. p. 9. verfo.

Maifon fife au bout du Pont aux Meufniers, devant St Lieffroi, pieça abbatu & démolie par l'Ordonnance du Roi, pour ce que l'on vouloit illec faire une Boucherie. p. 9. verfo.

Maifon fife en la rue St Germain l'Auxerrois, tenant d'une part à la rue des Jardins, devant la rue Thibaut-aux-dés, d'autre à aboutiffant

Tome III. *N n ij

par derriere sur la riviere de Seine. p. 10.

Maison en ladite rue St Germain l'Auxerrois, tenant d'une part à d'autre part à la ruelle au Foin, aboutissant par derriere à la riviere de Seine. p. 10.

Rue de l'Arbre-sec. p. 10.

Maison à étuves, nommée le Col de Bacon. p. 10. *verso.* C'est la rue de Sourdis.

Rue de Bethisy. p. 10. *verso.*

Rue de la Charpenterie. p. 10. *verso.* C'est une partie de la rue de Bethisy, depuis la rue Tirechappe jusqu'à la rue des Bourdonnois.

Rue de Tirechappe. p. 10. *verso.*

Rue Thibaut-aux-dez. p. 11.

Rue de la Charonnerie, aboutissant par derriere à la Halle aux Chaudroniers. p. 11. C'est une partie de la rue St Honoré, depuis la rue de la Lingerie jusqu'à la rue Tirechappe.

Rue de la Cordonnerie, faisant le coin du Cloître Ste Opportune. p. 11. *verso.* C'est la rue des Foureurs.

Maison faisant le coin de la rue aux Déchargeurs, tenant d'une part au long de la rue de la Limace. p. 12.

Rue de Marché-Palu. p. 12.

Rue de la Licorne devant le petit huis de la Magdelaine. p. 12. *verso.*

Rue du Bourc-de-Brie. p. 12. *verso.*

Maison rue du Temple, devant St Avoye, tenant d'une part à l'Hostel de Laigny, p. 13. *verso.*

Maison sise rue Jean-Molart, laquelle aboutit en la rue des Blancs-Manteaux, en laquelle maison a un jardin qui aboutit & a issue en la rue du Temple, tenant d'un côté à   d'autre à   aboutissant par derriere aux anciens murs de la Ville de Paris. Le Comte de Warvich occupoit alors ladite maison. p. 13. *verso.*

Maison sise rue de la Porte du Chaume. p. 14.

Rue Trassenonnain p. 14. *verso.*

Rue des Gravilliers, aboutissant par derriere à l'Hostel des Etuves aux femmes. p. 16.

Maison sise rue de Chasteau-Fétu, devant & à l'opposite de la rue des Prouvaires. p. 15. *verso.* C'est une partie de la rue St Honoré depuis la rue Tirechappe jusqu'à la Croix du Tiroir.

Maison rue Pavée, aboutissant par derriere en la rue de Tireboudin. p. 16.

Hotel du Papillon, sis rue Ste Geneviéve. p. 18.

Maison rue Chapon, aboutissant par derriere à la rue des Gravilliers. p. 18. *verso.*

Rue Garnier St Ladre, aboutissant par derriere aux murs anciens de la Ville de Paris. p. 21.

Maison en ladite rue Garnier St Ladre, aboutissant par derriere en la rue de Montmorenci. p. 21.

Maison en la rue de Beaubourc, aboutissant par derriere en cul-de-sac. p. 23.

Maison en la rue de la Cacherie, aboutissant par derriere à la ruelle des Bons-Enfans. p. 23. *verso.*

Rue du Figuier. p. 23. *verso.*

Maison sise à Paris outre la Porte des Beguines. p. 24.

Maison en la rue de la Charonnerie, au coin de la rue Tirechappe. p. 24. *verso.*

Rue de Garnelles. p. 24. *verso.*

Maison sise rue du Temple près la Chapelle Ste Avoye, tenant à l'Hostel de Mre Charles de Villiers, Chevalier. p. 25.

DE LA PREVOTÉ DE PARIS.

Bureau de Dampmartin, tenoit le parti du Dauphin. Il étoit fils de Simon de Dampmartin. p. 25. *verso*.

Maison sise rue Michel-le-Comte, aboutissant par derriere à la Plastriere. p. 26.

Maison sise rue Michel-le-Comte, aboutissant par derriere à la Court-au-villain. p. 26.

Maison sise en la rue aux Menestrez, aboutissant par derriere à l'Hostel de Langres. p. 26. *verso*.

Rue Simon-le-Franc. p. 26. *verso*.

Maison rue du Temple, faisant le coin de la rue Michel-le-Comte. p. 27.

Maison sise rue neuve St Merri, aboutissant par derriere à la rue Brisemiche. p. 27.

Rue de la Bretonnerie. p. 27. *verso*.

Rue des Blancs-Manteaux, p. 27. *verso*. nommée anciennement de la Parcheminerie.

Rue de la Harangerie. p. 29. *verso*.

Maison sise rue St Denys, tenant d'une part à la Boete aux Lombards. p. 29. *verso*.

Maison sise rue St Denys, aboutissant par derriere à la ruelle Jean-le-Comte. p. 30.

L'Hostel de la Boete aux Lombards & Italiens, sis en la rue St Denys près du Chastelet, appartenant au Roi notre Sire, tenant d'une part à l'Hostel de la Couronne, d'autre à Vallée, aboutissant par derriere à l'Hostel de la Table-Rollant. p. 30. *verso*.

Maison sise en la Place aux Veaux, aboutissant par derriere en la Cour Boulart. p. 31. *verso*. La Cour Boulart est dans la rue Planche-Mibrai.

Maison rue de Marivaux, tenant d'une part au long de ladite rue des Etuves. p. 32. *verso*.

Maison sise rue de Marivaux, au bout de la rue des Etuves. p. 32. *verso*.

Rue de Auberi le Boucher. p. 34. *verso*.

Rue de Quinquempoit. p. 34. *verso*.

Maison faisant le coin de la rue du Bourg-l'Abbé. p. 35.

Maison assise au Bourg-l'Abbé, près l'ancienne Porte, aboutissant par derriere à la ruelle de l'Arbalestre. p. 35. *verso*. C'est la rue de la Porte aux Peintres.

Rue de Darnestal. p. 35. *verso*.

Maison sise rue au Lion, aboutissant par derriere au grand jardin du Mé des Arbalestriers. p. 36.

Maison en la rue de la grande Truanderie, faisant le coin de la rue du Cigne. p. 36. *verso*.

Maison rue de la Saulnerie, aboutissant par derriere à une ruelle qui n'a point de bout. p. 37.

Maison rue de la Saulnerie, devant l'abreuvoir Paupin. p. 37. *verso*.

Maison rue St Germain l'Auxerrois, faisant le coin de l'abreuvoir Paupin. p. 37. *verso*.

Maison rue St Honoré, faisant le coin de la rue de Nesle. p. 38.

Rue de la Tableterie, p. 38. *verso*. nommée anciennement rue de la Hanterie.

Hostel des Faucilles, faisant le coin du carrefour près du Marché Palu. p. 38. *verso*.

Maison en la rue de la Couroierie, aboutissant & ayant issue à la ruelle St Fiacre. p. 40. C'est la rue des cinq Diamans.

Maison en la grande rue St Antoine, aboutissant par derriere aux jardins du Roi. p. 41.

Maison en la rue de la Mortellerie, laquelle fait le coin de la ruelle saint Jean. p. 43. *verso*.

Jean le Pileur, tué ès prisons du Chastelet. p. 44. verso.

Maison rue de Beaubourg, tenant d'une part au long de la ruelle St Julien, & d'autre part à la ruelle des Petits-Champs. p. 44. verso.

Rue de Bonpuits près la porte St Victor. p. 45.

Rue de Galande. p. 45.

Rue de la vieille Plastriere. p. 45.

Audry Giffart, tué ès prisons du Chastelet. p. 45. verso.

Maison sise rue de Galande, tenant d'un côté aux Ecolles de Picardie. p. 45. verso.

Maison rue des Petits-Champs, tenant d'un côté à l'Hostel de St Julien, & par derriere à la petite ruelle St Julien. p. 46.

Rue des Menestrez p. 46.

Maison rue Simon-le-Franc, aboutissant par derriere à la rue Pierre Aulart. p. 48.

Jean de Montreuil, tué ès prisons du Temple. p. 48.

Maison en la rue du grand Chantier, qui va de front au Temple, aboutissant par derriere à la Couture du Temple. p. 48.

Maison rue neuve St Merri, aboutissant par derriere en la rue Brisemiche. p. 49.

Maison rue de Joui, tenant d'un côté à l'Abbé de Chaliz. p. 49. verso.

Maison en la rue de la Bretonnerie, tenant d'une part à la rue des Cinges. p. 51.

Maison rue des Blancs-manteaux, faisant le coin de la rue des Cinges. p. 51. verso.

Rue de la Barre-du-bec. p. 51. verso.

Rue aux Nonnains-d'Yerre. p. 51. verso.

Maison rue St Antoine près la Porte, *neant*, pource que ladite maison a toujours été occupée par le Capitaine & gens d'armes de la porte St Antoine; & aussi l'on y a fait l'écorcherie pour le commun de l'Hostel de Monseigneur le Duc d'Excestre. p. 52.

Rue de la Bucherie du Petit-Pont. p. 54.

Maison rue de la Bretonnerie, faisant le coin de la rue des Billettes. p. 56.

Maison rue de la Bretonnerie, aboutissant par derriere à la rue du Plâtre. p. 56.

Granche & Hostel sis à Paris rue Crenelle St Paul. p. 56. verso.

Maison rue de la Bretonnerie, faisant le coin de la rue Prenelle St Paul; laquelle maison a été tenue & occupée durant le tems de ce compte par Monseigneur Me Philippes de Morvilliers, premier President en la Cour de Parlement, auquel le Roi l'avoit donnée. p. 57.

Maison rue des Rosiers. p. 58. verso.

Maréchal de Rieux, tenant le parti du Dauphin. p. 59. *Il demeuroit en la rue des Cinges dans la maison ci après.*

Maison rue des Cinges, aboutissant par derriere à la vieille rue du Temple. p. 59.

Maison rue des Cinges, aboutissant par derriere à la rue du Puits. p. 60.

Maison sise rue de la porte Barbette, tenant aux anciens murs de la Ville de Paris, en laquelle demeuroit Guillaume des Prez grand Fauconnier du Roi. p. 60.

Hostel de Jean Raguier, au Cloistre St Germain l'Auxerrois, tenant d'une part à l'Hostel du Doyen St Germain l'Auxerrois, aboutissant par derriere en la rue qui est devant l'Hotel de Bourbon. p 61. verso. Ladite maison occupée par Regnault Doriac, Maistre des garnisons de feu le Roi d'Angleterre, heritier & regent ce Royaume. p. 61. verso.

Maison rue des Blancs-manteaux, ayant issue en la rue de Paradix. p. 62. verso.

DE LA PREVOTE' DE PARIS.

Maison sise rue de Paradix, tenant d'une part à l'Hostel de Novion, & aboutissant par derriere au jardin dudit Hostel de Novion. p. 63.

Maison vieille rue du Temple, aboutissant par derriere aux Poulies. Ces Poulies étoient un jeu qui étoit dans la rue des Francs-bourgeois, que l'on nommoit alors la rue des Poulies à cause de cela, pag. 63. *verso*.

Maison rue des Blancs-manteaux & Parcheminerie, pag. 64.

Maison rue des Blancs-manteaux, aboutissant par derriere aux antiens murs de la Ville de Paris, pag. 64. *verso*.

Maison en la rue de la Porte Barbette, tenant d'une part à la rue des Poulies, aboutissant par derriere à la Coûture Ste Catherine, pag. 65.

Rue des Rosiers, pag. 66.

Maison rue au Roi de Sicile, faisant le coin de la rue des Escouffles, pag. 66.

Maison rue du Figuier, aboutissant par derriere à la rue des Nonnains d'Yerre, pag. 66. *verso*.

Maison rue de l'Escorcherie, aboutissant par derriere à la Huchette, pag. 66. *verso*.

Rue St Sauveur, pag. 67.

Maison scise en la rue de Tirechappe, tenant d'une part à l'Hotel de la Trimouille, pag. 67. *verso*.

Maison en la rue du Cul-de-sac, aboutissant à la rue des Bourdonnois, pag. 68. *verso*.

Grande maison & jardin derriere, scis en la rue des Bourdonnois, qui appartint à Monseigneur de la Trimouille, lequel les vendit à Jehannette Alexandre, tenant d'une part au long de la rue de la Charpenterie, & aboutissant par derriere à la rue de Tirechappe, pag. 68. *verso*. *Neant*, pource que ladite maison est occupée par Mre Jehan de la Trimouille, Seigneur de Jonvelle, Chevalier, lequel maintient ladite maison lui appartenir, pag. 68. *verso*. & 69.

Maison rue de la Charonnerie, aboutissant par derriere en Cul-de-sac, p. 69.

Maison rue des Blancs-manteaux, faisant le coin de la rue Perrenelle St Paul. p. 69.

Rue Jean-Molart. p. 70.

Maison rue St Denys, tenant d'une part au long de la rue Jean-le-Comte. p. 71. C'est la rue d'Avignon.

Rue de la Vieille-Pelleterie ou Peteterie. p. 72.

Maison rue St Antoine, ayant issue en la rue des Balais, tenant d'une part à l'Hôtel de l'Evêque d'Evreux, & aboutissant par derriere audit Evêque d'Evreux. p. 72.

Hotel de la Grande-riviere, qui fut à Mre Charles de la Riviere, Comte de Dampmartin, scis outre la Porte du Chaulme, tenant d'une part au long de la rue de Paradix, d'autre à l'Hotel des Bordes, aboutissant par derriere à l'Hostel de Novion. *Neant* pour ce que Monseigneur le Duc de Bedfort l'a tenu & occupé durant le temps de ce present Compte. p. 74. L'Hostel de Novion est l'Hostel de Nantouillet.

D'un autre Hostel qui fut audit Mre Charles de la Riviere, appellé l'Hostel de la Petite-riviere, joignant l'Hostel de Cliffon. *Neant* comme dessus. p. 74.

Rue Pastourelle. p. 74.

Maison en la rue Arnoul-de-Charonne, dont la principale issue est en la rue St Germain. p. 75.

Maisons qui appartiennent à Mademoiselle de Nantouillet, Dame de Novion. p. 76.

Maison rue de Paradis, qui appartint à ladite Damoiselle de Nantouillet, nommé l'Hostel de Novion, tenant d'une part à l'Hostel de la Riviere. p. 76.

Maison rue des Bouchers, tenant d'une part à Monseigneur Mre Jean le Clerc, Chancelier de France. p. 77. *verso.* C'est la rue de Braque.

Hoſtels qui furent & appartinrent au Comte de Panteure. p. 77. verſo.

De l'Hoſtel de Cliſſon, qui fut & appartint audit Comte de Panteure, aſſis à Paris en la rue des Bouchers, tenant d'une part, & aboutiſſant par derriere à l'Hotel de la Petite-riviere, *neant* ici, pource qu'il eſt tenu & occupé de part Monſeigneur le Duc de Clerence frere du Roi d'Angleterre, diſant à lui competer & appartenir par don à lui fait par ſondit frere, p. 77. *verſo.* L'Hoſtel de Cliſſon eſt l'Hoſtel de Guiſe, & la rue des Bouchers s'appelle la rue de Braque.

De l'Hoſtel de Blois & ſes appartenances, qui fut audit Comte de Panteure, aſſis outre les Ponts près de l'Egliſe St Hilaire. p. 77. *verſo.*

Maiſon rue du Grand-chantier, aboutiſſant par derriere à la couſture du Temple. p. 78.

Maiſon rue de la Porte-Barbette, appartenant à Monſeigneur de Thorigny, tenant d'une part à la ruelle qui va de ladite rue à la couſture Ste Catherine, & d'autre part à Monſeigneur le Duc de Bretagne, aboutiſſant par derriere à ladite rue. p. 79.

Maiſon rue de la Porte-Barbette, qui fut à Mre Guillaume Desbordes, Chevalier, tenant d'un côté aux jardins de l'Hoſtel de Novion; d'autre à la Petite-riviere, aboutiſſant par derriere à une petite rue qui aboutit devant la Chapelle Braque. p. 79. *verſo.*

Maiſons appartenantes à Mre Louis de Villiers, Chevalier, abſent. p. 80. verſo.

Maiſons qui furent à Bernard Braque abſent. p. 81.

Maiſon en la Vieille-rue du Temple, appartenant audit Braque, tenant d'une part à l'Hoſtel des Poulies, d'autre à aboutiſſant par derriere auſdites Poulies. p. 81. Ladite maiſon louée à Jean Facian Roi des Meneſtriers. p. 81.

Maiſon Vieille-rue du Temple, aboutiſſant par derriere aux Eſtuves de Bourthibourc, *neant,* parce que Mre Me Philippes de Morvilliers, premier Preſident en Parlement, l'a tenue & occupée ſans rien payer. p. 81. *verſo.*

Maiſon Vieille-rue du Temple, en laquelle maiſon a demeuré par certain temps Mre Jean du Meſnil, Prevoſt de Paris, & laquelle maiſon lui avoit été baillée par le Conſeil du Roi, lorſqu'il fut faiſt & inſtitué Prevoſt de Paris, pour ſa demeure, ſans pour ce payer aucune choſe. Cette maiſon avoit appartenu à Me Jean de Vely, abſent. p. 81. *verſo.*

Maiſons qui furent à Me Arnauld de Marle, abſent. p. 83. verſo.

Maiſon à Paris en la Vieille-rue du Temple, tenant d'une part au long de la ruelle Huguetin le Faucheur, & faiſant le coin d'icelle. p. 84. *verſo.* C'eſt la rue de la Croix-blanche, au Cimetiere St Jean.

Maiſons qui furent à Mre Olivier de Mauny, Chevalier, abſent. p. 84. verſo.

Maiſon rue des Roſiers, qui fut à Mre Olivier de Mauny, tenant d'une part à l'Hoſtel de Savigny; d'autre part aux Seigneurs de St Antoine, aboutiſſant par derriere aux jardins du Comte de Tancarville, en laquelle demeure Jean Deve, Eſcuyer, homme d'armes de la Ville de Paris. p. 84. *verſo.*

Deux maiſons entretenantes rue des Billettes, qui furent à Jean Piſdor, eſquelles deux maiſons demeure Me Nicolle de Mailly, Bailly de Giſors, qui maintient icelles lui appartenir par don à lui fait par le Roi. p. 85. *verſo.*

Maiſon rue de la Warrerie, aboutiſſant par derriere à l'Hotel de St Faron de Maulx. p. 86. *verſo.*

Maiſon rue de la Warrerie, qui fut aux Religieux, Abbé & Couvent de Faron de Meaux. p. 86. *verſo.*

Maiſon rue de la Harpe, qui fut à Jean Hermant, abſent, Me de la Chambre aux deniers de feu Monſeigneur le Duc de Berry, tenant d'une part à l'Hoſtel de Foreſt. p. 87. *verſo.*

Maiſon au Carrefour St Severin, tenant d'une part à la ruelle, ditte Saille-en-bien. p. 88.

De

DE LA PREVOTE DE PARIS.

De Me Germain Rappine, Lieutenant Civil du Prevoft de Paris, pour une maifon rue de la Warrerie, qui fut à feu Sire Miles Baillet, & depuis aux enfans de feu Sire Arnoul Boucher, aboutiffant par derriere à l'Hoftel, qui fut Tanguy du Chaftel. p. 88. & verfo.

Me Jaques de Rouen, Secretaire du Roy. p. 89. verfo.

Grande maifon rue du Four, qui fut à feu Me Jean de la Croix, tenant d'une part à l'Hoftel qui fut Meffire Charles de Lebret, jadis Conneftable de France; & d'autre part au long de la rue de la Hache, aboutiffant par derriere en la rue des Eftuves. p. 90.

D'un grand Hoftel affis à Paris en la rue de la Vieille Tifferanderie, qui fut au Roi de Sicile, appellé l'Hoftel d'Anjou, & depuis fut à Michel de Paffe, *neant*; parce qu'il a été delivré par Mrs les Commiffaires à Me Laurent Defbordes. p. 91. verfo.

D'une grande maifon fcife en la rue Barre-du-bec, qui fut à Mre Tanguy du Chaftel, faifant le coin de ladite rue, *neant*; pour ce qu'elle eft clofe. p. 92.

De Me Jean Choart, pour une maifon rue-neuve t Martin, qui fut à Jean Brode pourfuivant de Guyenne, où pend l'Enfeigne de l'Ecu de Guyenne. p. 92.

Rue-neuve St Laurent. p. 92. verfo.

Jardin & appentis devant, affis en la Coufture St Martin, en la rue-neuve St Laurent. p. 93.

Maifon qui fut à Mre Guillaume Martin, Chevalier, abfent, fcife en la rue de la Tafcherie, aboutiffant par derriere à la ruelle des Bons-enfans, p. 93. verfo.

Me Charles Culdoë abfent. p. 94.

Eft à noter que par le Traité fait par le Roi avec les Habitans de la Ville de Melun, lefdits Habitans qui avoient heritages ou rentes à Paris, en furent remis en poffeffion p. 93. verfo.

Maifon fcife à Paris rue des Prouvaires, qui fut à Me Charles Culdoë; *neant*; parce qu'elle eft occupée par Me Louis de Roberfac, Chevalier, qui dit icelle lui appartenir par don à lui fait par le Roi. p. 94. verfo.

La maifon dudit Culdoë étoit dans la rue de la Tonnellerie, & occupée par ledit Roberfac, par le même fujet. p. 95. C'eft la rue de Jean de l'Efpine.

Maifon fcife rue de la Tonnellerie, tenant d'une part à la Porte de la rue aux Toilles, & par derriere aux Halles aux Toilles. p. 94. verfo.

Jean Culdoë abfent. p. 95 verfo.

Grande maifon rue Jean Pain-molet, qui fut à Me Pierre de Lefclat; en laquelle demeure Jean Chapelain, Efcuyer, Valet de Chambre du Roi, tenant aux hoirs de feu Me Guillaume de Vitry, d'autre audit Jean Culdoë, aboutiffant par derriere à la ruelle de St Bon, *neant*; parce que ledit Chapelain dit ladite maifon lui appartenir par don du Roi. p. 96.

Maifon fcife rue de la Vieille-Tifferanderie, à l'oppofite de l'Hoftel d'Anjou, vers le coin qui va à la Porte-Baudoyer. p. 97.

Maifon rue de la Mortellerie, tenant d'une part aux Religieux du Temple. p. 98. verfo.

Maifon rue de la Mortellerie, aboutiffant par derriere aux Religieux; Abbé & Couvent de Prully. p. 99. verfo.

Maifon rue Frogier-Lafnier, qui fut à Me Pierre Ferron, tenant d'une part au College de Chavefnil, *neant*; parce que Monfeigneur Me Philippes de Morvilliers dit ladite maifon lui appartenir par don du Roi. p. 100.

Maifon rue St Denys, aboutiffant par derriere à la ruelle qui aboutit en la Heaumerie. p. 101.

Maifon rue des Prouvaires, tenant d'une part à la rue qui fait front à l'Eglife St Euftache. p. 102. verfo.

Rue d'Averon. p. 102. verfo. C'eft la rue Bailleul.

Tome III.

Trois maisons en la rue de Nesle, en l'une desquelles : c'est à sçavoir, en celle qui est du costé de l'Hostel de Behaigne, a demeuré Mre Pierre de Vendosme, Chevalier, en May & Juin 1421, sans en rien payer, disant que ladite maison lui appartenoit par don à lui fait par le Roi; & le vingt-un Juin ladite maison fut louée à Richard de St Yon. p. 103. Rue de Nesle c'est la rue d'Orleans; & l'Hostel de Behaigne est l'Hostel de Soissons.

Maison en la rue de la Mortellerie, sur laquelle les enfans de feu Mre Enguerrand de Marcougnet, absent, avoient droit de prendre quarante sols de rente, tenant d'une part au long de la ruelle St Jean, aboutissant par derriere à l'Hostel qui fut Monseigneur de Vauviller. p. 103. verso.

Jean. Larbalestre absent. 103. verso.

Maison rue des Barres, qui fut à Monseigneur de Preaux absent, tenant d'une part, & aboutissant par derriere à l'Hostel de St Paul, *neant*, parce que Mre Lourdun de Saligny, Chevalier, la tient sans en rien payer. p. 104. verso. C'est la rue des Barrez.

Maison rue St Antoine, qui fut à Guillaume Norry dit Gascart, aboutissant par derriere à l'Hostel des Tournelles. p. 104. verso.

Maison rue St Antoine, qui fut à Laurent de Relempont absent, aboutissant par derriere à la petite ruelle qui aboutit en la rue Frogier-Lasnier. Cette ruelle est la rue Grenier-sur-l'eau. p. 106. verso.

Maison rue St Paul, tenant d'une part à l'Hostel de Meaux. p. 106. verso.

Maison sur laquelle feu Jean de Tarenne prenoit vingt-neuf sols parisis de rente, scise rue St Denys devant la Trinité, tenant d'une part à Guillaume le Dur, d'autre part à la rue Perette, aboutissant par derriere à la maison Jean de Bourgogne p. 107.

Maison en la rue St Denys; faisant le coin de la rue de la Tableterie. p. 107. verso.

Maison rue de la Heaumerie, tenant d'une part à la rue Jean-le-Comte.

Maison rue Montmartre, faisant le coin de la rue de la Plastriere. p. 108. verso.

Maison rue de la Juifverie en la Cité, faisant le coin de la rue des Marmousets p. 109. verso.

De Garnier de St Yon, pour une maison à Paris rue St Jaques de la Boucherie, qui fut à feu Jean Tarenne; aboutissant par derriere à l'Hostel du Porche St Jaques, *neant*; parce que ledit de St Yon dit ladite maison lui appartenir par don du Roi. p. 110.

De Robin de St Yon, pour une maison scise rue du Porche St Jaques; qui fut à Simonnet Tarenne fils dudit Jean, tenant d'une part à l'Eglise St Jaques de la Boucherie.

Maison scise audit Porche St Jaques, tenant d'une part à l'Hostel du Curé de St Jaques de la Boucherie, d'autre part aux Religieux de Longchamps, aboutissant par derriere au grand Hostel dudit feu Jean de Tarenne. p. 110. verso.

Maison en la Savonnerie. p. 111.

Maison rue d'Arnetal devant la Fontaine-la-Reine. p. 111. verso.

Maison rue Perrin-Gasselin, aboutissant par derriere à l'Hostel de la Table-Roullant. p. 113. La rue Perrin-Gasselin est la rue du Chevalier du Guet.

Maison en la rue du Cul-de-sac joignant l'ancienne porte St Denys, qui fut à feu Guillaume Maigret, qui tenoit le parti d'Armagnac. p. 113.

Jaques du Puis tué ès prisons du petit Chastelet. p. 14.

Maison scise rue St Denys, qui fut à Jaques du Puis, nommé l'Hostel d'Ardoise. p. 114.

Maison scise rue St Denys, qui fut à Jean de Fresne absent, aboutissant par derriere, & ayant issue en la rue de la Salle-au-Comte. p. 114. verso.

Maison rue Aubery-le-Boucher, qui fut à feu Me Oudart Baillet, aboutissant par derriere à sire Jean Sanguin, laquelle maison a été baillée audit sire Jean Sanguin pour trois ans, pour huit livres par an. p. 116. verso.

Pierre d'Aronville, absent 116. verso.

Maison rue St Denys, faisant le coin de la ruelle du Cloistre Ste Opportune. p. 117. verso.

De Jean Miette Procureur au Chastelet de Paris, pour une maison qui fut à Godefroy le Febvre, scise rue du Cocq, aboutissant par derriere aux anciens murs de la Ville de Paris. p. 118.

Maison rue de Bièvre où il y a estuves. p. 119. verso.

De Baltazar Dozio, pour le louage d'une maison grande rue St Denys, aboutissant par derriere à la ruelle qui aboutit en la Heaumerie, où l'on tient les plais de Montmartre. p. 120.

Maison rue de la Heaumerie, qui fut à Allain Dionis absent, tenant d'une part au For de Mesdames de Montmartre; & d'autre part à une petite ruelle où est assis ledit For. p. 121.

De Thomassin de Herlay, Escuyer, pour une maison & jardin assis en la rue St Sauveur, qui fut audit Allain Dionis, tenant d'une part à Guillaume Sanguin; d'autre part à Agnesot veuve de feu Thomassin Simon, aboutissant par derriere à Jaques de Calais; *neant* icy; pource que ledit Thomassin de Herlay y demeure comme Concierge & Lieutenant de Mr de St Paul, qui dit icelle maison à lui appartenir par don à lui fait par le Roi. p. 121.

Maison en la grande rue St Martin, nommée l'Hostel Gaucher, qui fut à Mre Guillaume le Boutillier, & à ses enfans absens, tenant d'une part aux anciens murs de la Ville de Paris, aboutissant par derriere à la rue du Bourg-l'Abbé, laquelle maison Mre Robert de Dunquerque tient & occupe, & dit lui appartenir par don du Roi. p. 120. *bis*, verso.

Maison grande rue St Martin, appellée la maison de Clairvaux, où pend pour Enseigne la Croix-de-fer, *neant* ici; pource que ja pieça Monseigneur l'Abbé de Clairvaux bailla icelle maison à Guillaume Baquenée à sa vie seulement, moyennant quarante-trois livres parisis de rente, lequel l'a toujours tenue & occupée depuis l'entrée de Monseigneur le Duc de Bourgogne: lequel Guillaume Baquenée est decedé, par quoi ladite maison est retournée audit Monseigneur l'Abbé, comme sienne, & à lui appartenante. p. 121. *bis*, verso.

Maison grande rue St Martin; tenant d'une part au long de la rue du Cimetiere St Nicolas, aboutissant par derriere à Jean le Cirier. p. 122. verso.

Maison rue de Galande, à l'opposite de la rue au Fuerre. C'est la rue du Fouarre, où pend l'Enseigne de la Hure de Sanglier. p. 124. verso.

Maison rue St Jaques de la Boucherie, chargée de six livres de rente envers Me Jean Hutin, à cause d'une Chapelle fondée en l'Eglise St Jaques de la Boucherie. p. 125.

Maison scise rue de l'Escorcherie, qui fut à Gaultier de la Roche, tenant d'une part à Jean le Comte, d'autre à Michel Thibert, aboutissant par derriere sur le grand pont devant St Lieffroi. p. 125.

Maison rue de la Heaumerie, faisant le coin de la rue Jean-Fraillon. p. 126.

Maison rue de la Heaumerie, aboutissant par derriere à la rue d'Avignon. p. 126.

Maison rue aux Lombards, qui fut à Jean de la Cloche, aboutissant par derriere, & ayant issue en la rue Guillaume-Josse. p. 127.

Maison de la Heaumerie, qui fut à Me Raimond Raguier, *neant*; parce que Mre Jean de Villiers, Chevalier, Seigneur de l'Isle-Adam, dit icelle & autres, qui appartenoient audit Raimond, lui appartenir, & lui avoir été vendues par ledit Raimond, & aussi lui avoir été données par le Roi. p. 127. *verso.*

Maison rue Ste Geneviefve, faisant le coin de la rue Judas, tenant d'une part à l'Hostel de Bretagne, sur laquelle maison Jeanne la Gencienne prenoit quatre livres de rente. p. 128 *verso.*

Barthelemy Spifame, absent. p. 129.

Maison rue de Chasteau-festu, qui fut à Jeanne la Clercie absente, & sur laquelle Me Pierre de la Garde prenoit vingt-huit sols parisis de rente; en laquelle maison pend pour Enseigne, du Chasteau-festu, aboutissant par derriere à la rue de Bethisy. p. 131.

Maison rue de la Couroyerie, tenant d'une part au long de la rue Almaury de Roissy. p. 132.

Grande maison & jardin derriere, scis en la rue aux Oues, qui fut à Mre Remy de Merle, Chevalier, en son vivant Chancelier de France, laquelle maison est appellée la Salle-au-Comte, tenant d'une part, & aboutissant par derriere aux Religieux, Abbé & Couvent de St Magloire p. 133. *verso.*

Maison rue de la Charonnerie, aboutissant par derriere à la Halle de Beauvais. p. 136.

Maison scise sur les Agoux de Montorgueil, qui fut à Me Jean Poteau Prestre Receveur de l'Evesque de Paris, aboutissant par derriere sur les murs de Paris. p. 136. *verso.*

Maison rue Comtesse d'Artois, tenant d'un costé à Colinet de Neufville. p. 136. *verso.*

Maison rue Jean-le-Mire près la Croix-neuve, aboutissant par derriere aux anciens murs de la Ville de Paris. p. 138.

Maison rue du Four, tenant d'une part au long de la rue de la Hache, aboutissant par derriere, & ayant issue en la rue des Estuves. p. 138. *verso.*

Maison rue du Sejour du Roy. p. 138. *verso.* C'est la rue du Jour.

De Me Guillaume Sente, Secretaire du Roi, pour une maison rue des Prouvaires, qui fut à Me Jaques & Martin, dits de Caulers freres. p. 140.

Grande Maison & jardin derriere, qui fut à Mre Charles Delebret, en son vivant Connestable de France, scise en la rue du Four, aboutissant par derriere en la rue des Estuves. p. 140. *v rso.*

D'un grand Hostel scis en la rue de Nesle, appelé l'Hostel de Behaigne, où il y a plusieurs grandes cours & jardins, qui fut à Monsieur le Duc d'Orleans, duquel Hostel Me Jaques de Rouen & Colin Vaucher se disent Concierges. p. 141. C'est l'Hostel de Soissons.

De l'Hostel du Sejour d'Orleans. 141. *verso.*

Maison sous les pilliers des Halles, chargée de sept livres dix sols parisis de rente envers St Antoine des Champs lez Paris, & envers le Chapelain de la Chapelle fondée en l'Eglise St Yves à Paris par feu Mre Maurice de Triseguedi. p. 142.

Maison rue de la Charonnerie, aboutissant par derriere, & ayant issue à une petite ruelle qui aboutit en la rue des Bourdonnois. p. 142. *verso.*

Me Pierre de St Omer *absent* p. 143. *verso.*

Maison où demeuroit Vivien de Valois, Vendeur de Poissons de mer, sur laquelle Me Jaques de Rouen, & Colinet de Neufville prenoient vingt liv. parif. de rente, qu'ils pretendoient leur avoir été vendue par le Roi. p. 144.

Thevenin de Bonpuis, absent. 150. verso.

Toutes les maisons & rentes qui furent données à Jean de St Yon par la Reine, à laquelle le Roi les avoit données pour faire à sa volonté.

Maison rue des Petits-Champs, tenant d'une part au Me des Quinzevingts, aboutissant par derriere aux jardins des Bons-enfans. p. 151.

Maison rue Poillecon, c'est la rue du Pelican.

Me Michel Claustre, Conseiller du Roi en sa Cour de Parlement, qui succeda aux biens de Me Guillaume Claustre son frere. p. 153.

DE LA PREVOTE DE PARIS.

Grand Hostel assis près du College des Bons-enfans lez St Honoré, avec les jardins & louages qui furent au feu Comte d'Armagnac, *neant*; parce qu'ils ont été tenus & occupés par Monseigneur le Duc de Bourgogne, ses Gens & Officiers, qui en ont joui & pris les profits, comme appartenants audit Seigneur par don à lui fait par le Roi. p. 153. *verso*. L'Hostel du Connestable d'Armagnac fait partie du Palais Royal.

Maison rue de la Saulnerie, nommée la Table-Rolland. p. 154.

Maison joignante celle-ci-dessus, qui doit au Chapellain de la Chapelle St Georges fondée en l'Eglise de Paris, trente-sept sols parisis. p. 154.

Jean Burgault persecuté ès prisons du Chastelet de Paris, dont la sœur avoit espousé Regnault Aubriot. p. 154. *verso*.

Grand Hostel scis en la rue de Bourbon, qui fut à Monsieur le Duc d'Alençon absent, tenant d'une part à l'Hostel de Bourbon, d'autre part à l'Hostel d'Autrenant, aboutissant par derriere à la rue d'Autruche; auquel Hostel demeure Jean de Bournonville, comme Concierge, vingt-huit ans a ou environ. p. 155.

Hostel de Bourbon joignant ledit Hostel de Bourbon, auquel demeure Bertrand Vachere, comme Concierge. p. 155. *verso*.

Grand Hostel scis rue des Poulies, qui fut à Mre Guillaume de Montenay, Seigneur de Garancieres. p. 155. *verso*. Cette rue des Poulies est près du Louvre.

Maison rue des Poulies, qui fut à Jean Coignet, absent, tenant d'une part à l'Hostel de Clermont, aboutissant par derriere à l'Hostel d'Autrenant. p. 156.

De Me Jean de Thou, pour une maison rue d'Averon. p. 156.

Maison rue de l'Arbre-sec, nommée le Col-de-Bacon, qui fut à Limosin, Taillandier du Roi. p. 156. *verso*. D'autres la nomment la Cour-Baston.

Maison rue des Trois-Portes, tenant d'une part à Jean de Serify. p. 157. *verso*.

Maison rue de l'Arbre sec, tenant d'une part à Agnez, veuve de Jean Hurault, jadis Notaire du Roi au Chastelet de Paris; ladite maison appartenante à Me Robert de Thuillieres, & à sa femme & enfans; ledit Robert de Thuillieres avoit pour enfans Marion & Michelette. p. 158.

Maison rue Gloriette. p. 159. C'est la rue Baillet.

Maison appellée l'Hostel des Mailles, au carrefour St Severin, chargée envers les Chanoines de St Simphorien en six livres parisis de rente. p. 159. *verso*.

Maison rue de l'Arbre-sec, aboutissant par derriere à la rue du Cul-de-sac, qui fut à Messire Andry Marchand, Chevalier absent; laquelle Mahiet Regnault, Maistre de la Chambre aux Deniers de Monseigneur le Duc de Bourgogne, a occupé & occupe au nom de Mr le Duc de Bourgogne. p. 160. *verso*.

Maison rue de l'Arbre-sec, tenant d'une part à Thiery de Neufville. p. 161.

De Me Jean Doule, Conseiller du Roi, & general Gouverneur de ses Finances, pour une maison, jardin derriere, & autres apartenances, rue de Bethify, qui fut à Jacquet de Lailler, absent, aboutissant par derriere, & ayant issue en la rue de Gloriette. p. 161.

De Jean Marcel, Drapier, pour une maison rue des Bourdonnois, qui fut à Denisot Mauduit, dont la veuve avoit épousé Denisot du Chesne. p. 161. *verso*.

De Jean Parent, Argentier du Roi, pour une maison rue des Bourdonnois, tenant d'une part à une petite ruelle qui est nommée Cul-de-sac. p. 162.

Maison rue Perrin-Gasselin, tenant à la ruelle de la Harengerie. p. 162.

Maison rue St Honoré, tenant d'une part à la rue Jean St Denys. p. 163. *verso*.

Hostel qui fut à Mre Regnault d'Angennes, Chevalier, rue St Honoré, tenant d'une part à l'Hostel qui fut au Comte d'Armagnac, aboutissant par derriere aux murs de la Ville de Paris. Cet Hostel d'Angennes fait partie du Palais Royal. p. 164. verso.

De Me Robert Agode, Conseiller du Roi en son Parlement. p. 164. verso.

Maison rue Champ-Fleuri. p. 165.

Maison rue du Chasteau-Festu, aboutissant à la rue de Bethisy. p. 166.

Maison rue de la Charonnerie, qui fut à Pierre de Compans, absent, aboutissant par derriere à la vieille place aux Pourceaux. La vieille place aux Pourceaux est vers la rue des Déchargeurs & de la Limace. p. 168.

Maison rue de la Cordonnerie, faisant le coin d'icelle du côté de la Feronnerie, qui fut à Pierre de la Barre. p. 169

Maison rue des Lavandieres. p. 169. verso.

Maison rue des Lavandieres, qui fut au Seigneur de la Bretonniere, absent, tenant d'une part au long de la ruelle Raoul-Lavenier. p. 170.

Maison rue d'Austriche, qui fut au sire de Baqueville, tenant d'une part aux jardins du Louvre, d'autre part à l'Hostel du Comte de St Pol, aboutissant par derriere ausdits jardins. p. 170.

Grand Hostel vuide & ruineux & inhabitable, pour la plus grande partie appellé l'Hostel d'Austeriche, appartenant à Mr le Duc d'Alençon. p. 170.

Maison rue du Cocq, aboutissant à la rue Champ-Fleury. p. 170. verso.

Maison rue de Beauvais, devant & à l'opposite de la rue de Champ-Fleury, laquelle fut à Merigon du Lac, absent, aboutissant par derriere au Louvre. p. 171.

Maison rue de Beauvais, aboutissant par derriere aux jardins du Louvre. p. 171. verso.

Maison rue d'Arrondelle. p. 171. verso.

Maison rue Champ-Fleuri, aboutissant par derriere à la rue du Chantre, où demeure Mr l'Abbé de Joyenval. p. 172.

Maison rue Froid-manteau. p. 172. Il est aussi écrit Froid-mantel. p. 172. verso.

Jean Patin, Notaire du Roi au Chastelet. p. 172. verso.

Maison rue Froid-mantel, tenant d'une part au long de la rue de Beauvais, aboutissant par derriere aux jardins du Louvre. p. 172. verso.

Maison même rue Froid-mantel, aboutissant par derriere à la Cour St Nicolas du Louvre. p. 173.

Maison rue St Thomas du Louvre, tenant d'une part à l'Hostel de Torcy, aboutissant par derriere à l'Hostel de la petite Bretaigne, laquelle maison appartient à Me Jean de St Romain, Conseiller du Roi en sa Cour de Parlement. p. 173.

Maison rue St Jaques à l'enseigne de l'Escu de France, près la porte St Jaques, chargée envers le Chevecier de St Estienne des Grez en treize livres parisis de rente & de fonds de terre en deux sols parisis. p. 173. verso.

Grand Hostel rue St Jaques, appartenant au Seigneur de la Tour. Cet Hostel étoit nommé l'Hostel de Langres. p. 174. verso.

Jean Taisson precipité es prisons de Paris. p. 175. verso.

Maison rue Ste Geneviéve, faisant le coin de la rue Judas, tenant d'une part à l'Hostel de Bretagne. p. 177. verso.

Maison rue de la Seraine. p. 178. verso.

Me Pierre de Campignolles, precipité es prisons. p. 179.

Me Aimery de Vaubonlon, precipité es prisons. p. 180.

Arnault Alixandre, precipité es prisons. Me Pierre de la Rose, Greffier des Presentations de la Cour de Parlement, tuteur par Justice de Jehannin Alixandre, fils dudit Arnault. p. 180. verso.

Me Miles Dubreul & sa femme, sœur de feu Me Robert de Thuillieres. p. 180. verso.

DE LA PRÉVOTÉ DE PARIS.

Maison rue des Parcheminiers. C'est la rue de la Parcheminerie, faisant front à la rue du Bourg-de-Brie. p. 181.

Maison rue de la Harpe, faisant le coin de la rue du Palais du Therme. p. 182. C'est la rue des Mathurins.

Jean Prud'homme, Notaire du Roi. p. 182. verso.

Hostel de Besançon, qui fut à Martin Gouge, absent, assis en la rue de Villequeux, neant; parce que Mr de Montberon le tient par don du Roi. p. 183. verso.

Maison rue Pierre-Sarasin, qui fut à Me Jean Hermant, Libraire, jadis Maistre de la Chambre aux Deniers de feu Mr de Berry. p. 183. verso.

Maison rue de la Harpe, tenant d'une part à celle ci-dessus, & d'autre part à l'Hostel de Forest. p. 184.

Grand Hostel appellé l'Hostel de Forest, en la rue de la Harpe, appartenant à Jean de Malestroit, Seigneur de Doudon. Ledit grand-Hostel en avoit un autre à côté. p. 184.

Maison rue de la Harpe au coin de la rue Percée, appartenant à feu Guillaume d'Auxerre, décapité à Paris. p. 185. Ce Guillaume avoit une fille nommée Marguerite du Han. 186.

Maison rue St Severin, au coin de la ruelle St Severin, qui fut à Henri Olivier, absent; ladite maison chargée de sept livres dix sols parisis de rente envers les Chanoines de la Ste Chapelle, de soixante sols envers l'Eglise St Benoist, &c. p. 185. verso.

Hostel sis rue du Palais du Therme, qui fut à Me Guillaume Bourratier, Archevêque de Bourges, tenant d'une part au College de Clugny & à Me Philippes de Rully, & à Me Jean de la Marche d'autre part; auquel Hostel demeure le Seigneur de Bouhac, pour garder l'Hostel seulement. Ledit Hostel appartient à Me Hebert Camus, Procureur en Parlement. p. 19. p. 186. La femme de Hebert Camus étoit sœur de M. Guibert Boucher. p. 190. verso.

Maison au Cloistre St Benoist, qui fut à Me Philippes Courtois, faisant le coin des prisons audit Cloistre d'une part, & d'autre à la Communauté St Benoist. p. 186.

Maison rue de la grande Bretonnerie, près la porte St Jacques, tenant d'une part au College de Lisieux, qui fut aux Religieux de St Benoist sur Loire. p. 186. verso.

Maison rue de la Galande. p. 187.

Maison rue St Jaques, enseigne du plat d'estain, chargée de huit livres parisis de rente, que Me Raoul de la Porte prenoit pour une Chapelle à lui appartenante fondée à St Marceau. p. 187. verso.

Me Michel Claustre, Conseiller du Roi en sa Cour de Parlement, parent de Me Climent de Rillart. p. 187. verso.

Maison rue de Galande, tenant à la ruelle des trois Portes. p. 188.

L'Hostel de Garancieres en la rue de Gallande, qui fut à la Dame de Garancieres, qui fut femme de feu le Vicomte de Narbonne, du pays d'Auvergne ou de Languedoc. p. 188.

Me Nicolle de Gondecourt, précipité ès prisons. p. 188. verso.

Maison rue de Galande, faisant le coin de la rue des Rats. p. 190. verso.

Maison Place Maubert, faisant le coin de la rue Perdue. p. 191. verso.

Mre Jean de la Faye, Chevalier, absent. p. 192.

Hostel rue de Sacalie, qui fut à Me Macé Heron. p. 193. verso.

Maison en la rue de Petit-Pont, nommée la Bucherie de Petit-Pont. p. 194

Maison rue des Sept-voyes, faisant le coin de la rue des Lavandieres. p. 194. verso.

Maison en la Bucherie du Petit-Pont, faisant le coin à l'opposite de la rue des Rats, sur laquelle Pierre de Berry, qui fut precipité ès prisons à

Paris prenoit cent fols Parifis de rente. p. 194. verfo.

Me Jean de la Porte, Examinateur de par le Roi notre Sire au Chaftelet de Paris. p. 195.

Pierre Gentien, jadis Treforier de France, abfent.

Pierre Gentien, Drapier, demeurant rue de la Charonnerie p. 196. derriere le Cimetiere faint Innocent.

Hoftel en la rue du Port St Bernard fur la riviere de Seine près l'Eglife St Bernard, qui fut à Mr le Cardinal de Bar. p. 195.

Hoftel appartenant au Comte de Vendofme, prifonnier en Angleterre, fcis en la rue de Bièvre, néant; attendu que ledit Comte dès long-tems eft & a été prifonnier audit pays. p. 195. verfo.

Autre Hoftel en ladite rue, nommée le Chaftel-mal-garni, appartenant audit Comte de Vendofme. p. 195. verfo.

Autre Hoftel rue de Bièvre, qui fut à l'Abbé de St Denys, dernier trepaffé, Armagnac, joignant ledit Hoftel de Maugarny. p. 196.

Maifon rue du Bon-Puits près St Victor, faifant le coin de la rue Traverfine, aboutiffant à la rue des Anglois. p. 197.

Maifon rue du Bon-Puits, qui fut à Mre Guillaume Beaujeu dit de Han, decapité à Paris. p. 197.

Maifon rue Ste Genevieve, faifant le coin devant la Croix Hemon. p. 197.

Hoftel rue Ste Genevieve, qui fut à Me Jaques Gelu, abfent, Archevêque de Tours, tenant d'une part au College de l'*Ave-Maria*, & d'autre part à la rue du Mouftier. C'eft la rue des Preftres. p. 197. verfo.

Hoftel de Marly rue des Sept-voyes, à l'oppofite du College Montagu. p. 197. verfo.

Grand Hoftel rue de la Chartriere, au deffus du Clos-Bruneau, qui fut à Me Jean de Londe, tué ès prifons. p. 198.

Hoftel-neuf appartenant audit Me Jean de la Londe, fcis en la rue St Hilaire, faifant le coin du College de Thou, qui eft des appartenances du grand Hoftel ci-deffus. p. 198.

Maifon qui fut à Me Yves Henri Breton, rue St Hilaire, tenant d'une part à la ruelle Goffelin. p. 198.

Maifon rue des Noyers, faifant le coin de la rue des Anglois, qui fut à Me Guillaume de Fourches, tué ès prifons du Chaftelet. p. 198. verfo.

Maifon rue de la vieille Plaftriere, faifant le coin de ladite rue du côté de l'Hoftel de Rouen, p. 198. verfo, appartenant à Mre Jean de Goneffe, abfent.

Maifon rue des Poitevins, tenant à Me Jean de Chalons, Procureur en Parlement, qui fut à Me Jean de Courbes, precipité ès prifons. p. 199. verfo.

Hoftel d'Alégre. p. 200.

Maifon rue Pierre-Sarazin, qui fut à Me Pierre de Seriffay. p. 200.

Maifon rue Percée, qui fut à Mre Jean de Bonafons. p. 200.

Maifon rue Poppée, faifant le coin du chevet de la rue St André, tenant d'une part à Me Henri Rouffeau, Avocat en Parlement. p. 200. verfo.

Maifon rue Pouppée, qui fut à Me Simon de Cramault, Cardinal de Poitiers. p. 200. verfo.

Maifon rue des Sachettes, qui fut à Me Oudart Correl, tué ès prifons; avec un petit jardin qui eft des appartenances du petit Mouton en la rue St André des Arts. p. 201. La rue des Sachettes eft la rue du Cimetiere St André.

Maifon rue St André, aboutiffant & ayant iffue à la rue des Deux-Portes. p. 201.

Maifon rue des Sachettes, tenant d'une part au College de Boiffy, qui fut à Lorin Mal-molu. p. 201. verfo.

maifon

Maifon rue des Deux-Portes, qui fut à Me Guillaume Laillier, tenant d'une part au Cimetiere de St André des Arts. p. 202.

Deux maifons qui furent à Me Pierre Nantron, tué ès prifons, fcifes en la rue St André des Arts, tenant à l'Hoftel faifant le coin du chevet St André des Arts. p. 202.

Jean Colletier, Examinateur du Roi notre Sire au Chaftelet de Paris. p. 202. verfo.

Hoftel des Efcureux qui fut à Me Hugues Grimault, Doyen de Bourges, tenant aux louages du College d'Autun, fcis en la rue St André, à l'op-pofite de la rue du chevet St André. La rue du chevet St André eft l'entrée de la rue Hautefeuille jufqu'à la rue du Cimetiere St André. p. 202. verfo.

Maifon rue St André des Arts, faifant le coin de la rue Villequeux, qui fut à Me Girard de Montagu, en fon vivant Evêque de Paris, nommé l'Hoftel d'Arras, donnée à loyer à Pierre Rouffeau, pour quarante livres par an. p. 203.

Maifon rue St André des Arts, tenant d'une part aux louages de l'Ho-tel du Comte d'Eu. p. 203.

Maifon rue de l'Hoftel d'Angiers, qui fut à Me André Cotin, en laquelle demeure Me Guillaume Cotin, Confeiller du Roi en fon Parlement, & Clement de Fouquembergue, Greffier de laditeCour. p. 203. verfo.

Deux pignons de maifon rue St André des Arts, & fept pignons de maifon entretenans, fcis en la rue du College St Denys, qui furent à Me Benoift Pidalet, *néant*; parce que Me Etienne de Bray, Confeiller du Roi en fa Chambre des Comptes, & Henri Rouffeau, Avocat en Parlement, tuteurs & curateurs des enfans dudit Benoift, ont loué lefdites maifons. p. 204. La rue du College St Denys eft la rue des Auguftins.

De Me Guillaume de Port, Bailli de Melun, pour un Hoftel fcis rue du College St Denys, qui fut à Me Pierre Frefnel, jadis Evefque de Lifieux, de fon conqueft. p. 204. *verfo.*

Hoftel de Laon rue Pavée, près des Auguftins, lequel Hoftel on dit eftre donné par le Roi à Monfeigneur de Therouenne, qui le tient & occupe. p. 204. *verfo.*

Appentis rue d'Arondelle. p. 205.

Jaques de Rouen, Notaire & Secretaire du Roi. p. 207.

Maifon fcife rue du Cerf près de la Monnoie. p. 208.

Maifon rue des Etuves, qui aboutit en la grande rue St Martin. p. 209.

Rue Me Aimery le Rouffay. p. 211.

L'Hoftel d'Ardoife, fcis rue de la Mortellerie, fur laquelle feue Jeanne la Gencienne prenoit quatre livres parifis de rente. p. 211. verfo.

Maifon fcife rue de la Cité. p. 212.

Maifon rue du Franc-meurier, aboutiffant en la rue de la Bretonnerie, qui fut à Me Raimond Raguier. p. 212. verfo.

Maifon rue Hanquetin le Faucheux, aboutiffant au Cimetiere St Jean. p. 212. verfo.

Maifon rue de la vieille Pelleterie. p. 214.

Rentes qui furent à Pierre Gencien, jadis general Maiftre des Monnoies du Royaume de France. p. 214.

Maifon rue des Fontaines. p. 215. verfo.

Maifon en la Coufture St Martin. p. 215. verfo.

Maifon rue de la Licorne, à l'oppofite du petit huis de l'Eglife de la Magdelaine, fur laquelle Jean de la Haye du Piquet & fa femme, prenoient trente-quatre fols parifis de rente. Ce Jean de la Haye dit Piquet eft celui qui eft caufe du nom du Pleffis Piquet, village près Sceaux. Ce village étoit nommé le Pleffis Raoul, & depuis que Jean de la Haye l'eut acquis, il fut nommé le Pleffis Raoul, dit Piquet, ce qui paroît dans tous les Comptes du Domaine de ce tems-là. p. 216. verfo.

Tome III. *Pp

Du Compte des Confiscations de Paris ; depuis le vingtiéme Decembre 1423, jusqu'à la St Jean 1427.

Ce Compte n'a point de commencement. Il y manque dix Cahiers.

Du onziéme Cahier.

Carrefour Guillory.
Guillaume Coffry Procureur au Chaftelet.
Rue des Pouliës, près la porte Barbette.
Le Chafteau Maugarny rue de Bièvre.
Mr l'Evefque de Therouenne, Chancelier de France.
Rue Parcée, près la rue St Antoine.
Rue Sans-chef, à l'oppofite de l'Eglife St Antoine. C'eft le Cul-de-fac qu'on a ouvert pour faire la rue de Fourcy au bout de la rue des Non-nains-d'hiere.
Rue d'Avignon.
Rentes qui furent à Dame Jeanne la Gencienne, venues au Roi parce que les heritiers font abfens, fur lefquels les hoirs Damoifelle Luce la Gen-cienne, veuve de feu Me Nicolle de Biencourt, en fon vivant Confeiller du Moi notre Sire, prennent le quint.
Maifon rue St Martin, faifant le coin de la rue Almaury de Moifly.
Jean Lozet Procureur au Chaftelet.
Eftienne Binot jadis Procureur du Chaftelet.
Mue Aubery-le-Boucher.
Maifon rue Almaury de Moifly, tenant d'une part au long de la rue de la Couroierie.

Du douziéme Cahier.

Maifon en la rue du Cerf près de la Monnoie.
Maifon faifant le coin de l'Abbreuvoir-Poupain, rue St Germain l'Auxe-rois.
Maifon de Jean Hebert Megiffier, affife fur la riviere de Seine, faifant le coin d'une petite ruelle, appellée la rue des Deffichaulx.
Mue du Franc-meurier, tenant d'une part au Cimetiere St Jean. C'eft la rue de Moucy.
Maifon & Plaftriere appartenant à François Chanteprime, en la rue de la Mortellerie près du Carrefour du Barbel.
Maifon qui fut à feu fire Milles Baillet rue de la Voirerie, tenant d'une part à ladite Gencienne, d'autre à Me Pierre Gencien.
Maifon en la rue des Commandereffes près du Carrefour Guillory. C'eft la rue de la Couftellerie en cet endroit.
Maifon rue Froidmantel derriere la cuifine du Commun du Louvre.

Du treiziéme Cahier.

Maifon au Mont Ste Geneviefve, où eft l'image St Martin, tenant d'une part à l'Hoftel de Bretagne, & d'autre part à la rue Judas.
Maifon rue Montmartre près des foffés de Paris, aboutiffant au foffé du Roi.
Maifon rue des anciens Auguftins, outre la porte de Montmartre.
Maifon rue de Coq-Heron.
Maifon joignant les anciens murs de Paris, fcife en la rue de la Com-teffe d'Artois, à l'oppofite de l'Hoftel Mr de Bourgogne.

DE LA PREVOTE' DE PARIS.

Maifon fcife devant l'Hoftel de Flandres en la rue du Bouloir, tenant d'une part à Meffieurs Laurens de la Mongetie.

Maifon rue Jean-le-Mire.

Maifon rue des Eftuves près l'Hotel de Behaigne, qui appartient à Mé Noel Boulengier, Examinateur au Chaftelet de Paris, faifant le coin de la rue d'Orleans.

Maifon rue St Denys outre le Ponceau.

Maifon rue de la Truanderie, faifant le coin de la rue de Marderay.

Maifon à Demoifelle Jaqueline de Charly, rue de la Morrellerie.

Maifon en la Cité, faifant le coin de la grande porte du Palais, tenant d'une part à la ruelle St Eloy.

Maifon rue St Germain l'Auxerois, faifant le coin de la rue Thibaut-aux-dez, qui appartient à Jean du Bois Notaire au Chaftelet de Paris.

Maifon rue de Malle-parolle.

Maifon rue du Chafteau-feftu.

Eftuves de Cop-de-bafton, rue de l'Arbre-fec.

Maifon rue de la Bufcherie de Petit-pont.

Maifon à la porte St Honoré, aboutiffant à l'Hoftel de Clermont, fur laquelle Me Regnault Freron abfent, prenoit cent fols parifis de rente. Les heritages dudit Freron furent donnés par le Roi à Jean Morgant, Efcuyer Anglois. Pierre Canteleu Treforier de France, y prenoit quatre livres parifis de rente.

Maifon rue de la Licorne.

Maifon appartenant à Me Pierre Agode, Confeiller au Parlement, fcife rue St Honoré, faifant le coin de la rue de Nefle, fur laquelle Me Guillaume Grefle, Notaire & Secretaire du Roi, avoit le tiers de trente-deux fols parifis de rente.

Maifon rue de Champ-flory.

Du quatorziéme Cahier

Hoftel de Chafteau-feftu en la rue St Honoré.

Maifon rue St Martin devant la Planchette.

Regnault de Thumery Changeur.

Maifon rue des Lavandieres, fur laquelle le Seigneur de la Bretonniere avoit une rente; tenant à la ruelle Raoul-Lavenier.

Pierre Gencien abfent.

Maifon rue St Jaques, tenant d'une part à l'Hoftel de Langres, qui fut au fire de la Tour.

Mre Jean Brezille, Chevalier.

Ledit Hoftel de Langres fut donné par le Roi en   à Me Charles de Poitiers, Evefque de Langres.

Maifon rue Galande, au coin de la rue aux Rats, fur laquelle Mre Thiery-le-Comte, Chevalier, abfent, avoit trente-huit fols parifis de rente.

Maifon devant la grande porte du Palais, faifant le coin de la rue de la Vieille-Draperie.

Maifon rue de la Harpe, tenant d'une part à la rue Percée

Maifon rue Ste Geneviefve outre les Ponts, faifant le coin de la rue Judas, tenant d'une part à l'Hoftel de Bretagne, & d'autre part à ladite rue Judas.

Me Pierre de la Rofe, Notaire & Secretaire du Roi.

Maifon rue de la Harpe, tenant d'une part à l'Hoftel de Foreft, fur laquelle Jean de Maleftroit, Seigneur de Dodon, abfent, prenoit quarante fols parifis de rente.

Milles du Breuil, dont la femme étoit fœur de Me Robert de Tuillieres.

Maison rue Gallande près de la Place-Maubert, tenant à la ruelle des Trois-portes.

Me Thiebaut Thieffart, Conseiller au Parlement.

Maison rue aux Parcheminiers outre les Ponts, tenant d'une part à l'Hostel de l'Abbé de Cernay.

Maison faisant le coin de la rue Perdue, scise à la Place-Maubert, sur laquelle Jean de Bretagne, Mareschal de Tanguy du Chastel, prenoit soixante sols parisis de rente.

Me Jean de la Faye, Chevalier absent.

Me Hugues de Druy, Conseiller du Roi.

Du quinziéme Cahier.

Maison rue des Trois-portes près la rue des Rats.

Maison rue de la Buscherie, faisant le coin de la rue des Rats.

Maison rue d'Arondelle, faisant le coin de ladite rue du costé du Pont-neuf. C'est le Pont St Michel.

Maison outre l'ancienne porte St Denys, appartenant à Me Jean Choart, faisant le coin de la rue au Lion.

Maison rue St Martin, faisant le coin de la rue aux Oes.

Maison rue St Jaques, sur laquelle Me Raoul de la Porte prenoit huit livres parisis de rente, à cause d'une Chapelle ou benefice qu'il avoit à St Marcel lez Paris.

Marguerite de Tuillieres, mere de feu Me Robert de Tuillieres.

Maison rue St Antoine près de la porte Baudoyer, faisant le coin de la vieille rue du Temple.

Me Baude Desbordes, Secretaire du Roi.

Geneviefve la Bourdonne, femme de feu Simon Bourdon, dont la fille avoit épousé Messire Simon Davy, Chevalier, la fille duquel Davy épousa Pierre Chevreuil, Escuyer.

Girard Desquay, Escuyer.

Maison rue des Deux-escus, faisant le coin d'icelle rue, & de la rue du Four.

Estuves du Cop de Baston, rue du Fossé St Germain.

Maison au lieu dit la Fosse-aux-Chiens.

Maison rue Perrin-Gasselin.

Maison rue des Lombards.

Hugues Bousoulart Examinateur au Chastelet de Paris.

Me Thomas Petit Procureur au Parlement.

Maison rue Dame Agnès la Bouchiere.

Maison rue Traversine, près la porte St Victor, derriere les murs de Navarre.

Maison rue Daveron.

Du seiziéme Cahier.

Heritages scis à Stains, qui furent à Feu Adam de Neufville, Escuyer.

Messire Hector des Marres, absent.

Jean de Goudonvilliers, dit le Borgne Touquin.

Pierre du Fay, & Damoiselle Blanche du Fay sa fille.

Me Girard le Cocq, Advocat en Parlement.

Guillaume des Dormans avoit épousé la fille de Nicolas de Villetain.

Me Simon Davy Chevalier, dont la femme étoit fille de Simon Bourdon, & de Genevievfe sa femme.

Tous les biens de Jean Gencien absent, furent donnés par le Roi, par ses Lettres du trente Mars 1421. à Pierre le Clerc, l'un de ceux de l'en-

DE LA PREVOTE' DE PARIS.

trée. C'eſt ce Pierre le Clerc, nommé autrement Perrinet le Clerc, qui eſtoit fils du Quartinier de la porte de Buſſy, qui ayant pris ſous le chevet du lit de ſon pere pendant la nuit, les clefs de la porte de Buſſy, introduiſit les Bourguignons dans Paris.

Les biens de la Dame de Giac furent donnés à Me Jean de Liſle.

Du dix-ſeptiéme Cahier.

Maiſon rue Trouſſenonnain, faiſant le coin de la rue du Cimetiere St Nicolas.

Maiſon au coin de la rue des Graveliers.

Guillaume de la Halle Notaire au Chaſtelet.

Thomas de Herlay, Eſcuyer, qui avoit épouſé la fille de Pierre Emery. Rue Guernier St Ladre.

Meſſire Amy la Mache.

Meſſire Jean Bezille, Chevalier.

Maiſon rue Michel-le-Comte, qui fut à Mre Pierre de la Roche-Rouſſe, Chevalier, abſent, chargée envers Mre Jean Purgeret, à cauſe de ſa Chapelle fondée en l'Egliſe St Pierre-aux-Bœufs, en quarante ſols pariſis de rente.

Rue Giefroy Langevin.

Jean de la Noe Notaire au Chaſtelet.

André Giffart, occis à Paris.

Maiſon rue des Meneſtrels, qui fut à Jean Verdelet Meneſtrel du Roi, abſent.

Me Euſtache Lombart, Secretaire du Roi.

Me Jean de Droſay, Secretaire du Roi.

Maiſon rue Fontaine-Maubué, dont l'entrée eſt en la rue du Temple.

Mre Morlet de Bethencourt, Chevalier.

Maiſon rue Fontaine-Maubué, faiſant le coin de la rue Beaubourg.

Guillaume de Roüville, Procureur au Chaſtelet.

Maiſon rue Fontaine-Maubué, aboutiſſant par derriere à la rue Pierre-au-lart.

Hugues le Cocq, ayant la garde des enfans de lui & de feu Damoiſelle Jeanne de Langres jadis ſa femme.

Jean de Montereul, occis à Paris.

Me Jean Rapiout, Advocat du Roi en ſa Cour de Parlement.

Maiſon rue Fontaine Maubué, chargée envers les Quinze-vingts de Paris, à cauſe de Jean de Chaſtenay, en quatre livres pariſis de rente, & encore en vingt-ſix ſols pariſis de rente, à cauſe de Thevenin Gillebert.

Maiſon rue du Temple, qui fut à Mre Thibaut de Chantemerle, Chevalier, tenant d'une part à Mre Thomas de Plevron, Chevalier, aboutiſſant par derriere en Cul-de-ſac.

Maiſon rue du Temple, tenant d'une part à l'Hoſtel de l'Abbé de Lagny.

Huguelin Saubertier, Eſcuyer.

Maiſon rue neuve St Merry, aboutiſſant par derriere à la rue Briſſemiche.

Du dix-huitiéme Cahier.

Guillaume le Baveux, Eſcuyer.

Me Jean de Verres, Chevalier.

Me Philippes de St Germain, Procureur en Parlement.

Mre David de Brimeu, Chevalier.

Thomas Bordet, Eſcuyer Anglois.

Maiſon rue de la Bretonnerie, tenant d'une part à la rue des Cinges, qui fut à Me Philippes de Corbie.

COMPTES ET ORDINAIRES

Me Jean de Rivel, Notaire & Secretaire du Roy.
Mre Galleran de Montigny, Chevalier, occis à Paris.
Maison rue de la Bretonnerie, faisant le coin de la rue Pernelle de St Pol.
Me Pierre Boulanger, Secretaire du Roi.
Me Jean le Begue, Notaire & Secretaire du Roi, & Greffier de la Chambre des Comptes.
Maison & demeure de Me Pierre l'Orfevre, en la rue de la Bretonnerie devant l'Eglise Ste Croix.
Mre Guillaume de Sens.
Jean Bernard, Escuyer Anglois.
Maison qui fut au Mareschal de Rieux absent, scise rue des Cinges.
Me Philippes de Corbie.
Me Jean de l'Espine, Notaire & Secretaire du Roi, & Greffier Criminel en la Cour de Parlement.
Me Jean Millet, Notaire & Secretaire du Roi.
Maison rue des Cinges, qui fut à Jean Raguier, chargée envers la grande Confrairie-aux-Bourgeois, en vingt sols parisis de rente.
Me Baude Desbordes, Notaire & Secretaire du Roi.
Jean le Mire Chauffecire du Roi.
Me Hector des Mares, absent.
Maison rue des Blancs-manteaux, au coin de la rue Pernelle-St-Pol.
Mc Hue de Lannoy, Chevalier.
Maison où demeuroit Jean de la Haye dit Picquet, scise en la rue de Molart, aboutissant par derriere aux anciens murs de la Ville de Paris, donnée à Mr de Warvic, avec tous ses autres heritages. Mr de Warvic y logeoit. La rue Molart s'appelle la rue Picquet, ou le Cul-de-sac de Novion dans la rue des Blancs-manteaux.

Du dix-neuviéme Cahier.

Maison qui fut à Hemonet Raguier, scise rue des Blancs-manteaux, tenant à l'Eglise des Blancs-manteaux, laquelle maison a été occupée par la Reine, avec tous les autres heritages dudit Hemonet, lequel avoit encore trois maisons dans la rue de Paradis, occupées par la Reine par la même raison.
L'Hostel de la Grande-riviere, scis outre la porte du Chaume, tenant d'une part au long de la rue de Paradis, & d'autre part à l'Hostel Desbordes, occupée par Mr le Regent de France, lequel y a mis son sejour & Concierge.
L'Hostel de Clipson, appartenant au Comte de Penthievre, scis en la rue des Bouchers, près l'Hostel de la Riviere.
Thomas Carnavalet Breton le louoit.
Mre Raoul le Saige, Chevalier, occupoit l'Hostel de Clisson.
Mre Jean Poupan, Chevalier Anglois, Chancelier de Mr le Regent, a occupé ledit Hostel.
Mr le Regent a occupé ensuite ledit Hostel.
Mr Andry du Mor Prestre, Chapelain du Roi.
L'Hostel de la Petite-riviere qui appartenoit au Comte de Dampmartin, scis rue des Bouchers, tenant d'une part à l'Hostel de Clisson, & d'autre part à l'Hostel Desbordes, *neant*; parce que ledit Hostel est occupé par Mr le Regent, avec l'Hostel de la Grande-riviere.
Grand Hostel scis rue du Plastre, qui fut à Me Pierre l'Orfevre.
Maison scise rue aux-Deux-portes, aboutissant à la Cousture du Temple.
Jardin scis à la Cousture-Barbin, qui fut à Henri le Jars.
Maison scise rue Pastourelle.

Grande Granche avec un petit Hoſtel ſcis en la rue Pernelle de St Paul, qui fut à Me Pierre l'Orfevre. C'eſt la rue de l'Homme-armé.

Hoſtel qui fut à Me Jean de Monſtrereul, occis à Paris, ſcis en la rue du Grand-Chantier qui va au Temple, tenant d'une part à Jean Spifame, & d'autre à Me Jean Rapiout, aboutiſſant par derriere à la Couſture du Temple. Me Jean Rapiout étoit Advocat du Roi au Parlement.

Maiſon & jardin qui fut à Me Guillaume Caſſinel, Chevalier, ſcis rue du Grand-Chantier, tenant d'une part à Jean Deſpernon; d'autre part au Seigneur Dupleſſis, Chevalier, aboutiſſant par derriere à la Couſture du Temple ; ladite maiſon chargée envers Pierre de Vaudetar, en neuf livres pariſis de rente.

Maiſon qui fut à Me Raoul Caſſinel, Chevalier, ſcis rue du Grand-Chantier, tenant d'une part au Prieur de Pomponne, & d'autre à Gontier Vaudetar.

Maiſon ſciſe en ladite rue, qui fut au Seigneur de Craquem, occupée par Frere Jean Bridaut Commandeur du Temple.

Trois Corps-de-logis en la même rue, qui furent à un Lombard, nommé Leochin.

Maiſon ſciſe rue de Paradis, faiſant le coin d'icelle, tenant d'une part au long de la rue de la porte Barbette, aboutiſſant par derriere à l'Hoſtel de Novion; ladite maiſon fut à Henri de Liſac abſent, *neant*; parce qu'elle a été occupée par Mᵉ Andry de Valins, Chevalier, durant ſa vie, & après ſon trepas par Mr l'Evêque de Noyon, Preſident de la Chambre des Comptes, qui y entra à la St Jean 1426.

L'Hoſtel de Novion, qui fut à Mademoiſelle de Nantouillet, ſcis rue de Paradis, tenant d'une part à l'Hoſtel de la Grande-riviere. Je crois que l'Hoſtel de Novion eſt l'Hoſtel où demeure Mr le Lieutenant civil le Camus.

Mr de Chaſtillon a occupé l'Hoſtel de Novion, lequel il prétend lui appartenir à cauſe de ſa femme.

Hoſtel de Thorigny, ſcis en la rue de la porte Barbette, qui fut au Seigneur de Thorigny, tenant d'une part à l'Hoſtel de la Reine-Blanche, & d'autre part à une petite ruelle qui va à la Couſture Ste Catherine, aboutiſſant par derriere à ladite Couſture ; ladite maiſon vendue à Philippes de Bouſſac Apoticaire, & à ſa femme.

Maiſon qui fut à Mre Guillaume Deſbordes, Chevalier, & depuis à Aubert le Fevre, ſciſe en la rue de la Porte-Barbette, tenant d'une part aux louages de l'Hoſtel de Novion, & d'autre à la Petite-riviere.

Du vingtiéme Cahier.

Maiſon qui fut à Meſſire Louis de Villers, Chevalier, & depuis à ſon fils, abſent, ſcis en la rue de la porte Barbette.

Maiſon qui fut à Jean le Blanc, abſent, ſciſe rue de la porte Barbette, tenant d'une part aux enfans de feu Jean Chanteprime, & d'autre à une petite ruelle qui va à la Couſture Ste Catherine, appellée la rue des Poulies, *neant*; parce que ladite maiſon a été occupée par la Reine, pour certaine ſomme d'argent, en quoi ledit Jean le Blanc étoit tenu envers elle, enſemble ſes heritages aſſis hors Paris.

Louages qui ſont des appartenances de l'Hoſtel de Rieux, ſcis en la vieille rue du Temple, aboutiſſant par derriere audit Hoſtel de Rieux, lequel eſt dans la rue des Cinges.

Me Jean le Picart.
Me Lucien du Croquet, Conſeiller du Roi en ſa Cour de Parlement.
Mre Thomas de Thiboutot, Chevalier.
Jean Merlin Ecuyer.

Maison scise vieille rue du Temple, qui fut à Me Jean de Velly, tenant d'une part à Jacquet Marcadé, Ecuyer, & d'autre à Mademoiselle de Culant, laquelle maison fut baillée à louage à Madame Elizabeth de Ferriere, Dame de Givry, pour soixante livres parisis de rente le sept Juillet 1422, avec les louages de ladite maison, scis en la rue au Roi de Sicile.

Maison, qui fut à Jean Borde, poursuivant de Guyenne, scis en la rue neuve St Martin, tenant d'une part à Me Jean Chouart, Bailly de Maulx.

Maison & jardin, scis à la Cousture St Martin.

Me Gregoire Ferrebouc, Secretaire du Roi, & l'un de ceux qui firent l'entrée aux gens de Mr de Bourgogne en cette Ville de Paris, auquel le Roi fit don de deux cens livres parisis de rente.

Berthe du Cigne Lombard absent.

Maison qui fut à Me Arnauld de Marle, scis vieille rue du Temple, tenant d'une part à Mademoiselle la Marcadée, & d'autre part à l'Hostel Jean Chanteprime.

Maison qui fut à Philippon Chanteprime, en la vieille rue du Temple, laquelle est occupée par Me Evrart & Jean Chanteprime, freres, heritiers & executeurs de feu sieur François Chanteprime.

Maison qui fut à Me Gontier Col, occis à Paris, scise rue vieille du Temple, tenant à la ruelle au Roi de Sicile, laquelle Jean Spifame, Ecuyer, dit lui appartenir à cause de sa femme, fille dudit Me Gontier.

Maison qui fut à Me Jean de Velly, absent, en la vieille rue du Temple, chargée envers St Jaques de l'Hospital en quarante sols parisis; envers la veuve de Me Yves Darien, en quarante sols parisis de rente, qu'elle a donnée pour la fondation d'une Chapelle fondée en l'Eglise St Jean en Gréve; envers Notre-Dame de Paris en dix livres parisis de rente.

Me Jean Tillart, Examinateur.

Me Jean de Lyons, Curé de St Benoist le bien tourné.

Maison qui fut à Me Jean le Picart, absent, en la rue des Rosiers; laquelle maison a été donnée par le Roi à la vie de Messire Thomas Thiboutot, avec la maison dudit le Picart, vieille rue du Temple.

Grange en la rue des Rosiers, qui fut au Comte de Tancarville, faisant le coin de la rue des Escoufles, louée à Jean le Picart, demeurant au Pont de Charenton.

Maison qui fut à Mre Olivier de Mauny, Chevalier, scis en la rue des Rosiers à l'opposite de la rue des Juifs, tenant d'une part à l'Hostel de Savigny, & d'autre aux Seigneurs de St Antoine.

Maison qui fut à Bernard Braque, scis en la vieille rue du Temple, tenant d'une part à l'Hostel des Poulies, aboutissant par derriere ausdites Poulies.

Maison qui fut aux enfans de Me Pierre Blanchet, scise rue de Bourgthiboust, tenant d'une part à Mademoiselle Jeanne de Voisines, en laquelle demeure Me Jean Porcher, Conseiller du Roi notre Sire.

Grand Hostel qui fut à Me Remond Raguier, scis rue de Bourgthiboust, aboutissant en la rue du Franc-meurier, neant; parce que Mr l'Evêque de Therouenne, Chancelier de France le tient & occupe avec les autres maisons dudit Me Remond, dans ladite rue sans en rien payer.

Maisons qui furent à Guillaume Pidoë, absent, scises rue des Billettes, dans lesquelles demeure sire Benoist le Coustellier, Conseiller & Maistre de la Chambre des Comptes du Roi notre Sire.

Me Guillaume Lorrin, Procureur en Parlement.

Me Marie la Giffarde, veuve de feu Mre Jean des Essars, jadis Chevalier.

Maison qui fut aux Religieux de St Faron de Meaulx, scise en la rue de la Voirerie, neant; parce que lesdits Religieux sont en l'obéissance du Roi.

Jean de Godonvilliers.

Du

DE LA PREVOTE' DE PARIS.

Du vingt-uniéme Cahier.

Maison qui fut à sire Milles Baillet, scise rue de la Voirerie, chargée envers Me Pierre du Boz, Chapelain de St Martin des Orges, fondée en l'Eglise St Germain des Prés, de vingt sols parisis de rente.

Me Germain Rapine, Avocat au Chaftelet de Paris.

Maison qui fut à Me Jean de la Croix en ladite rue de la Voirerie donnée à rente à Mahiet Rousseau, Procureur de Simon de la Croix, frère & heritier dudit feu Me Jean de la Croix, à vingt-cinq livres parisis de rente.

Maison en ladite rue, qui fut aux enfans de feu sire Arnoul Boucher, tenant d'une part à Pierre de Ladehors, Orfevre.

Me Thomas Petit, Procureur au Parlement.

Hostel appellé l'Hostel de la Barre-du-Bec, scise en la rüe de la Barre-du-Bec, tenant d'une part à une ruelle qui va à Ste Croix; laquelle advint au Roi par confiscation de Tanneguy du Chastel, Chevalier. Cette ruelle est bouchée, & il y a du bâtiment au dessus; elle étoit près la Fontaine qui tient au logis de Mr Dapoigny; ledit Hostel chargé envers les Chartreux de douze livres parisis de rente, & envers le College de Dormans de vingt-huit livres parisis de rente, adjugée par Decret ausdits Chartreux & College de Dormans.

Girard, Avocat Notaire du Roi au Chastelet.

L'Hostel du Beuil, qui fut au Seigneur du Beuil, scis en la rue de la Barre-du-Bec.

Sire Jean Guerin, Conseiller & Maistre de la Chambre des Comptes du Roi notre Sire.

Maison en la rue de la Tacherie, qui fut à Mre Guillaume Martin, Chevalier, absent.

Estienne Baisclat, Notaire au Chastelet.

Maison rue Jean-pain-molet, qui fut à Jean Culdoë, laquelle Loys Culdoë, pretend lui appartenir.

Messire Jean Pulegny, dit Chapellain, Chevalier.

L'Hostel qui fut au Roi de Sicile, appellé l'Hostel d'Anjou, & depuis fut à Michel de Passe, scis en la rue de la vieille Tixeranderie, tenant d'une part au long de la Poterie, aboutissant par derriere en la Voirerie, chargé envers la grande Confrairie aux Bourgeois en quarante sols parisis de rente envers le Chapellain Mr St Jean, fondé à St Germain l'Auxerrois; ledit Hostel loué à Me Laurent des Bordes Notaire & Secretaire du Roi. Les armes d'Anjou sont encore au dessus de la porte de la Maque, qui faisoit partie de cet Hotel.

Maison en ladite rue, qui fut à Alexandre le Boursier, tenant d'une part à Mademoiselle de Poupaincourt.

Jean Laubertier, Escuyer.

Maison en la rue de la Mortellerie, chargée envers la grande Confrairie aux Bourgeois en trente sols parisis de rente.

Deux maisons entretenans, qui furent à Guillaume du Greil dans la rue de la Mortellerie, tenant d'une part aux Religieux du Temple, aboutissant par derriere sur la riviere, chargées envers l'Eglise de Paris pour les anniversaires en six livres parisis de rente, envers la grande Confrairie aux Bourgeois en douze sols parisis, envers un Chapellain de la Chapelle Etienne Haudry, en quarante sols parisis.

Damoiselle Agnez, veufve de Gilles du Quesve.

Me Pierre Ferron avoit beaucoup de maisons dans la rue de la Mortellerie.

Sire Michel de Lailler, Conseiller & Maistre de la Chambre des Comptes du Roi notre Sire.

Tome III.

Jean de Diffy, Ecuyer.
Maifon du Mouton rue de la Mottellerie, chargée envers le Chapellain de la Chapelle St Michel & St Antoine, fondée en l'Eglife Notre-Dame de Paris, en fept livres parifis de rente, envers le Chapellain de la Chapelle aux Commis, fondée en la Chapelle Etienne Haudry, en cent fols parifis de rente.
Mademoifelle veufve de Thomas de Milly.
Mre Baude de Vauvillers, Chevalier.
Mre Enguerrand de Marcoingnet.

Du vingt-deuxiéme Cahier.

Marcelet Teftat, Treforier de la Reine.
Hoftel de Coucy devant St Gervais.
Maifon rue Frogier-Lafnier qui fut à Me Pierre Ferron, tenant d'une part à Me Henri de Monftracul, & d'autre part au College de Chavefnil, laquelle maifon, jardin & louages, ont été & font occupées par Me Philippes de Morvilliers, premier Prefident du Parlement, fans en rien payer, laquelle maifon n'appartenoit point audit Ferron, mais aux Religieux de Pruilly, qui depuis l'ont donné audit Prefident. C'eft l'Hoftel de Pruilly qui eft dans la rue Geoffroi-Lafnier.
Maifon rue des Barres près St Paul, qui fut au Scigneur de Preaulx, tenant d'une part à l'Hoftel de St Pol.
Mre Lourdin de Saligny, Chevalier.
Un Chevalier Anglois, foi-difant Seigneur de Preaulx.
Rue Jean d'Efpaigne.
Maifon rue St Antoine, tenant d'une part à l'Hoftel qui fut à Mre Guichart Dauphin, chargée envers le Pardon du Haut-pas en trente fols parifis.
Maifon qui fut à Meffire Riou de Ricourt, dit Riolet, Chevalier abfent, fcife rue St Antoine à l'oppofite de l'Hoftel des Tournelles, aboutiffant par derriere & ayant iffue en la rue de Petit-muffe.
Jacquet Chalivary, Efcuyer.
Maifon en la rue St Antoine, qui fut à Me Jean Chanteprime, à l'oppofite de l'Eglife Ste Catherine du Val-des-Ecoliers, dont jouiffent les heritiers dudit Jean de Chanteprime.
Maifon en ladite rue, qui fut à Mre Galleran de Montigny, Chevalier, lequel fut occis à Paris; tenant d'une part à l'Hoftel Guillaume d'Orgemont, & d'autre part à Guillaume Gouvernes, aboutiffant à l'Hoftel du Porc-épi.
Maifon qui fut à Me Miles Chaligaut, fcife rue St Antoine, tenant d'une part à l'Hoftel d'Evreux, aboutiffant & ayant iffue en la rue des Balais, chargée envers le Chapellain de St Germain l'Auxerrois, en quatre livres parifis de rente.
Maifon en ladite rue près la porte Baudoyer, qui fut à Me Guillaume Clizain, chargée envers deux Chapelles de l'Eglife Notre-Dame de Paris, en quatre livres parifis de rente. Les Religieux de St Eloi fe difent hauts-Jufticiers de ladite rue St Antoine.
Maifon à la porte Baudoyer, chargée envers Mre Guy Poucin, Chapellain de la Chapelle St Jean-Baptifte, fondée en l'Eglife Ste Croix en la Cité, en huit livres dix fols parifis de rente.
Maifon qui fut à Laurens Rolempont, fcife rue St Antoine, tenant d'une part à Jean Beguinot, Notaire du Roi notre Sire au Chaftelet de Paris, & aboutiffant par derriere à la petite ruelle, chargée envers Me Jean de la Porte, Examinateur du Chaftelet, neveu de Jean de la Porte, Drapier, en quatre fols parifis de rente, envers la Chapelle Ste Marguerite, fondée à Paris en dix fols parifis.

DE LA PREVOTÉ DE PARIS.

Maison qui fut à Jean Davignon, Menestrel du Roi, scise en la rue St Paul, tenant d'une part à l'Hostel de Meaux.

Maison qui fut à Jean le Fevre dit Verjus, scise en la rue des Jardins.

Maison qui fut à Me Pierre Dargeuse, scise en la rue de Jouy, tenant d'une part à l'Abbé de Chalis.

Place vuide outre la porte des Beguignes, joignant l'Hostel du Roi appellé St Pol, tenant d'une part à la Fruiterie du Roi, aboutissant par derriere au logis de Mr de Bourgogne. Les Beguines étoient où sont les Filles de l'*Ave Maria*, qui y furent mises par Louis XI, & les Beguines supprimées. Il y avoit là une porte de la Ville, & l'on y voit encore une des tours de la Ville qui leur sert de chaufoir.

Me Pierre Drobille, Procureur en Parlement.

La veufve de feu Jean Pijart, la femme Gauvain des Loys, & la veufve de feu Jaques Dourdin, sœurs, filles de feu Simon Bruny.

Maison scise rue St Denys à l'enseigne de la Fleur-de-lis, chargée envers l'Eglise de Paris en quatre livres.

Du vingt troisiéme Cahier.

Maison qui fut à Alain Dyonis, absent à l'enseigne de l'Ecu de Guyenne, ayant issue en la rue de la Heaumerie, en une partie de laquelle les Orphelins ont autrefois demeuré, chargée envers l'Evesque de Paris en un sol parisis de fonds de terre, & envers Jean de Hacqueville, Drapier, en dix sols parisis de rente.

Maison scise rue St Denys nommée la maison d'ardoise, chargée envers le Curé de St Pierre des Arcis en quatre livres parisis de rente, envers l'Hostel-Dieu St Gervais en cinquante sols parisis, envers les Religieux St Magloire en quarante sols parisis, & envers l'Eglise St Jaques de l'Hospital en septante livres deux sols huit deniers parisis de rente.

Maison & jardin & plusieurs louages qui furent au Comte de Dampmartin, absent, scise rue St Martin, tenant d'une part aux anciens murs de la Ville de Paris, & d'autre part aux hoirs ou ayant cause de feu sire Mahieu de Linieres, jadis Seigneur de la Chambre des Comptes du Roi notre Sire à Paris. Ladite maison a été occupée pendant le tems de ce compte par Mre Roulland de Dunquerque, Chevalier, Conseiller & Chambellan de Mr le Duc de Bourgogne.

Maison & jardin derriere, nommée la maison de Clairvaux, scise rue St Martin, en laquelle pend la Croix de fer, *néant*; parce que la proprieté de ladite maison appartient aux Religieux de Ruigny. C'est en cette maison qu'on a fait depuis le cul de sac nommé encore à present la rue de Clairvaux; dans laquelle maison les Abbez de Clairvaux logeoient quand ils venoient à Paris.

Maison rue St Martin, faisant le coin de la rue du Cimetiere St Nicolas, tenant d'une part au long d'icelle rue, chargée envers les hoirs de feu Nicolas Flamel en quarante-huit sols parisis de rente. Ce Nicolas Flamel étoit Maistre Ecrivain & demeuroit dans la rue des Ecrivains au coin de la rue de Marivaux. L'on pretend qu'il avoit trouvé la Pierre Philosophale; mais ce qui le fit devenir riche tout d'un coup, fut que les Juifs qui furent pour lors chassés du Royaume de France, le reconnoissant honnête homme, lui confierent ce qu'ils avoient de plus pretieux, & qu'il employa après leur sortie à bâtir plusieurs portails d'Eglise entre autres le petit portail de St Jaques de la Boucherie, qui est vis-à-vis la rue de Marivaux, dont il acheta la place du Domaine moyennant de rente, & le portail de Ste Geneviefve des Ardens. Il a fait aussi construire quelque chose au Cimetiere St Innocent; sur quoi il faut voir du Beuil. Il fit aussi bâtir & fonda un Hopital dans la rue de Montmorancy.

Maison scise rue St Martin, où souloit pendre le gros Tournois, tenant d'une part à la maison Mre Jean Chalemart, chargée envers le Chapitre de Paris en sept sols parisis, & envers Mre Jean de Veres, Chevalier, en quatre livres parisis de rente.

Maison & louages qui furent à l'Abbé de Nineuve, scise en la rue saint Martin, chargée envers l'Eglise de Paris en douze livres parisis de rente, & envers la Communauté de ladite Eglise en quatorze sols parisis de rente.

Maison du Chapeau rouge en ladite rue, chargée envers l'Eglise Notre-Dame de Paris en dix livres parisis.

Maison en ladite rue, chargée envers St Ladre lez Paris en   de fonds de terre; laquelle maison fut donnée à rente à Me Jean Petit, Procureur en Parlement.

Maison qui fut à Me Pierre le Gayant, occis à Paris, scise en la rue des Assis, aboutissant par derriere à la rue de Marivaux, chargée envers Mre Thiery le Comte, Chevalier, en vingt-quatre livres parisis de rente.

Maison scise en la rue des Assis, aboutissant par derriere à la rue de la Tacherie, chargée envers l'Eglise Notre-Dame de Paris, en quatre livres dix sols parisis de rente.

Du vingt-quatriéme Cahier.

Maison qui fut à Jean Tarenne, scise rue St Jaques de la Boucherie, de laquelle maison Garnier de St Yon, Echevin & Bourgeois de Paris, jouit & l'occupe par vertu d'un don qu'il dit lui avoir été fait par le Roi.

Maison qui fut à Simon Tarenne, absent, scise rue du Porche St Jaques, aboutissant à l'Eglise St Jaques de la Boucherie. C'est la rue du Crucifix St Jaques.

Maison scise rue de la Place aux Veaux, tenant d'une part à Michel Thibert, aboutissant sur Grand-Pont.

Maison scise rue de la Heaumerie, faisant le coin de la rue Jean Fraillon. C'est la rue qui va de la rue de la Heaumerie à la rue d'Avignon. On appelle aussi cette rue la rue Vitrognon.

Me Jean Colletier, Examinateur de Paris.

Me Georges de Marc, Secretaire du Roi.

Maison scise rue de la Couroierie, qui fut à Bureau de Dampmartin, fut donnée avec les autres maisons dudit Dampmartin par le Roi à Mre Raoul de Neuville, Chevalier, à sa vie seulement. La rue de la Couroierie est la rue des Cinq-Diamans.

Maison scise rue de la Couroierie, faisant le coin de la rue Almaury-de-Roissi, tenant à la Mestricolle. La rue Almaury-de-Roissi est la rue Ognart.

Rue Aubery-le-Boucher.

Maison scise rue de Quinquempoix, tenant à Guillaume de Bar, Procureur au Chastelet.

Maison scise rue de Quinquempoix, chargée envers St Ladre lez Paris en quarante-cinq sols parisis de rente.

Jean du Fossé, Procureur au Chastelet.

Me Barthelemy Destourbes, Procureur en Parlement.

Grande maison, qui fut à Mre Henri de Marle, jadis Chancelier de France, scise rue aux Oës en une ruelle où il n'y a qu'une entrée, tenant d'une part aux jardins de St Magloire.

Rue de Bourg-l'Abbé.

Maison qui fut à Huguette de Nivelle, fille amoureuse, scise rue de Darnestal.

Rue Huleu.

DE LA PREVOTÉ DE PARIS.

Du vingt-cinquiéme Cahier.

Maison rue St Sauveur, chargée envers l'Evêque de Paris, en une serise de fonds de terre, si comme on dit; laquelle maison a été donnée à Me Guy Guillebault, Tresorier de Mr le Duc de Bourgogne.

Nicolas du Ru, Huissier au Parlement.

Maison qui fut à Pierre Emery, occis à Paris, aboutissant par derriere à la rue Tireboudin; laquelle maison a été delivrée à Thomas de Herlay, Ecuyer, qui a épousé la fille dudit Emery.

Maison & jardin qui fut à Regnault Pisdoë, Changeur, absent, scis en la rue de Montorgueil.

Maison & deux jardins qui furent à Messire Jean Posteau, absent, scis sur les égouts de Montorgueil, aboutissant par derriere sur les murs de Paris; ladite maison donnée à rente à Me Guillaume de Neelle, Notaire & Secretaire du Roi, laquelle Me Guillaume Charpentier Physicien disoit lui appartenir.

Maison scise rue Montmartre à l'opposite de la rue Jean le Mire.

Mre Guillaume Boqueton, Chevalier Anglois.

Deux maisons qui furent à Me Guillaume le Tur, absent, scis rue des Prouvaires ayant issue en la rue du Jour, lesquelles appartiennent à present à Mr l'Evêque de Tournai, qui a acquis le droit du douaire de la veufve de Ducy, envers lequel lesdites maisons étoient chargées en soixante livres de rente.

Maison scise en la rue Montorgueil, aboutissant à la rue du Jour, qui furent à Me Jean de la Croix, chargée envers la Confrairie de la Magdelaine, fondée en l'Eglise St Eustache, en dix sols parisis de rente; ladite maison donnée à rente à Me Jaques de Rouen, Notaire & Secretaire du Roi.

Mre Louis de Robersac, Chevalier Anglois.

Me Guillaume Gente, Secretaire du Roi.

Me Jean de Conflans, Notaire & Secretaire du Roi.

Maison qui fut à Me Jean Chasteigner, scise rue du Four, tenant d'une part au long de la rue de la Hache, aboutissant par derriere, & ayant issue en la rue des Estuves, chargée envers la Chapelle St Lienard fondée en l'Eglise St Eustache, en cent sols parisis.

Me Laurent Calot, Notaire & Secretaire du Roi.

Grande maison toute démolie, qui fut à Me Jean de la Croix occis à Paris, scise rue du Four, tenant d'une part à l'Hostel qui fut Mre Charles Dalebret jadis Connestable de France; & d'autre part au long de ladite rue de la Hache, aboutissant par derriere en ladite rue des Estuves.

Ledit Me Jean de la Croix avoit un frere nommé Simon de la Croix.

Madame d'Angodeson.

Confrairie de la Magdelaine fondée en l'Eglise St Eustache.

Grande maison qui fut à Mre Charles Delebret & depuis à son fils, aboutissant par derriere à la rue des Estuves, occupée depuis par Mre Claude de Chastelus.

Grand Hostel nommé l'Hostel de Behaigne, où il y a plusieurs cours, jardins & édifices qui furent à Mr d'Orleans, sceant en la rue de Nesle, &c. Ledit Hostel fut donné au Seigneur de Willeby, Chevalier Anglois, à lui & à ses hoirs masles.

Trois maisons entretenans, qui furent à Mre Louis de Cepoy, scises en la rue de Nesle, aboutissant par derriere aux anciens murs de la Ville de Paris, lesdites maisons delivrées à Pierre de St Aubin, ayant la garde des enfans de lui & de feue Damoiselle Jeanne de Cepoy jadis sa femme fille dudit Me Louis.

Louages scis rue de la Tonnellerie, qui furent à Me Charles Culdoe, tenant d'une part à la Porte-aux-Toiles, aboutissant par derriere aux Halles aux Toiles.

Grand Hostel & jardin qui fut à Me Charles Culdoe, scis rue de la Tonnellerie, aboutissant par derriere, & ayant issue à la rue des Prouvaires. La rue de la Tonnellerie sont les pilliers des Halles qui sont devant la rue Tirechappe.

Mre Louis de Robersac, Chevalier Anglois.

Roulland Nuz, occis à Paris.

Maison sous les pilliers des Halles, chargée envers les Executeurs de Mre Morice Triquedy, pour fondation d'une Chapelle fondée par ledit Chevalier en l'Eglise St Yves à Paris, en trente-deux livres parisis de rente.

Du vingt-sixiéme Cahier.

Maison rue des Prescheurs à l'Enseigne des Cinges, chargée envers la Confrairie de la Magdelaine, fondée en l'Eglise St Eustache, en quatre livres parisis.

Maison rue des Prescheurs, qui fut Me Pierre de St Omer, chargée envers le Chapitre de l'Eglise Notre-Dame de Paris, en cent onze sols parisis de rente.

Jacob de Warcy & sa femme, occis à Paris.

Me Gregoire Ferrebouc, Notaire & Secretaire du Roi.

Maison qui fut à Me Guillaume Claustre Advocat en Parlement, scise rue Poilecon. C'est la rue de Pelican, chargée envers les Quinze-vingts en vingt sols parisis de rente.

Maison rue de Merderey, chargée envers les Quinze-vingts de Paris de quatorze sols parisis de rente.

Maison scise rue des Petits-champs, faisant front devant la Croix qui est en ladite rue, tenant d'un costé au long d'icelle rue des Petits-champs, & d'autre costé au long de la rue Baizile. La rue Baizile est la rue du Bouloir.

Du vingt-septiéme Cahier.

Louages dependans du grand Hostel au Comte d'Armagnac, scis en ladite rue des Petits-champs, neant ; parce que le Concierge dudit Hostel les tient au nom de Mr le Duc de Bourgogne, & à la marge est écrit : *Ista domus quæ fuit Comiti Arminiaci, data fuit Domino Comiti de Charolois.* L'Hostel d'Armagnac étoit dans la rue St Honoré, & fait partie du Palais Royal. Ces louages dont est fait cy mention, étoient des dépendances de cet Hostel.

Rue Jean-le-Mire.

Me Pierre le Gayant, occis à Paris.

La maison dite la Table-Rolland, scise rue de la Saulnerie.

Maison à deux pignons scise rue St Germain l'Auxerrois, chargée envers les Quinze-vingts de Paris en soixante quinze sols parisis.

Guillaume Hemonnet Notaire du Chastelet.

Thomas de Herlay, Escuyer, avoit épousé la fille de Pierre Emery.

Maison scise rue St Germain l'Auxerrois, tenant d'une part à la rue des Jardins devant la rue Thibaut-aux-dez.

Maison scise rue St Germain l'Auxerrois, qui fut à Jean Gaude, aboutissant par derriere aux Louages qui furent audit Gaude, assis en la rue Arnoul de Charonne.

Maison qui fut à Jean Raguier, absent, scise rue du Fossé St Germain, devant l'Hostel de Bourbon, en laquelle est la Barbe d'or, tenant d'une part à la place du Cloistre St Germain.

DE LA PREVOTE' DE PARIS.

Un grand Hoftel appellé l'Hoftel d'Alençon, auquel a plufieurs grandes Sales & édifices, fcis rue devant l'Hoftel de Bourbon, tenant d'une part à l'Hoftel de Bourbon, & d'autre part à l'Hoftel d'Oftrenant, & à Mre Gilles de Clamecy, aboutiffant par derriere à la rue d'Autriche ; lequel Hoftel, avant ce Compte, fut loué à Jean de Bournonville ; & depuis à Agnès, veuve dudit Jean de Bournonville.

Cet Hoftel d'Alençon eft la maifon où étoient les Poulies, qui ont donné le nom à la rue des Poulies. Enguerrand de Marigny, qui demeuroit dans la rue d'Autriche à l'Hoftel d'Autriche, acheta cette maifon qui étoit au derriere de l'Hoftel d'Autriche, pour l'agrandir, & accroître fes preaux & galleries ; il fit boucher les portes qui étoient à ladite maifon du cofté de la rue des Poulies. Après la mort d'Enguerrand de Marigny Louis Hutin donna l'Hoftel d'Autriche, tel que ce Seigneur l'avoit poffedée, à Philippes Comte de Valois, fon fils aifné, en 1315, un peu après l'Afcenfion, qui depuis fut Philippes le Long, & refta uni à la Couronne jufqu'en 1328, que Philippes, pour lors Roi de France, furnommé de Valois, le donna à Charles Comte d'Alençon, fon frere, d'où cet Hoftel fut nommé l'Hoftel d'Alençon. Ce qui paroît par une information faite au fujet de cette maifon des Poulies, en l'an 1333, au fujet d'une rente de quatre livres parifis, due à une Religieufe de Poiffy fur cette maifon qui avoit appartenu à fes anceftres, d'où Enguerrand l'avoit acquife, & laquelle rente le Comte d'Alençon refufoit de payer.

L'Hoftel de Bourbon fcis en la rue du Foffé St Germain, tenant d'une part à l'Hoftel d'Alençon, *neant*; parce que Mr de Bourbon eft prifonnier en Angleterre, & que cet Hoftel eft occupé par Mr le Regent.

Hoftel qui fut à Mre Guillaume de Montenay, Seigneur de Garancieres, fcis en la rue des Poulies, tenant d'une part à Mre Gilles de Clamecy, aboutiffant par derriere à l'Hoftel de Bourbon, chargée envers le Chapelain de la Chapelle Ste Anne, fondée en l'Eglife de Notre-Dame de Paris, en

Maifon fcife rue des Poulies, tenant d'une part à Mre Gilles de Clamecy, & d'autre part à l'Hoftel de Clermont, aboutiffant par derriere à l'Hoftel d'Oftrevent ; laquelle maifon a été occupée, avant ce Compte, par Mr de Courcelles, Chevalier, auquel le Roi en a fait don.

Maifon qui fut à Mre Pierre Bochet, en fon vivant Prefident en Parlement, tenant d'une part au long de la rue des Poulies, qui fut louée à Me Robert de Bailleux, Clerc de la Chambre des Comptes du Roi noftre Sire.

Maifon qui fut à Simonnin de Champeaux, dit le Singe, abfent, fcife en la rue d'Averon, chargée envers l'Eglife Notre-Dame de Paris, en quatre livres parifis de rente.

Grande maifon qui fut à Jean Raguier, & à Aveline fa femme, fcife au Cloiftre St Germain l'Auxerrois, tenant d'une part à l'Hoftel du Doyen de St Germain l'Auxerrois, aboutiffant par derriere, & ayant iffue en une rue qui eft devant l'Hoftel de Bourbon.

Maifon fcife rue de l'Arbre-fec, qui fut à la Poulaine, abfente, aboutiffant par derriere, & ayant iffue en la rue d'Averon.

D'une maifon ou étuves à homme, qui fut à Limofin, abfent, fcife rue de l'Arbre-fec, chargée envers les Quinze-vingts de Paris, en foixante-dix fols parifis de rente, envers le Chapelain de la Chapelle St Rigobert, fondée en l'Eglife Notre-Dame de Paris, en douze fols parifis.

COMPTES ET ORDINAIRES.

Du vingt-huitiéme Cahier.

Maison & plusieurs louages qui furent à Mre Andry, Marchand, absent, scis en la rue de l'Arbre-sec, aboutissant par derriere en la rue de Cul-de-sac; laquelle fut donnée par le Roi, le huitiéme Octobre 1422, à Mr le Duc de Bourgogne.

Maison scise rue de Gloriette, qui fut à Me Robert de Tuillieres, aboutissant par derriere au grand Hostel dudit Tuillieres.

Maison qui fut à Jean Gaude, scise en la rue Arnoul de Charonne.

Maisons entretenans ensemble, qui furent à Me Robert de Tuillieres, scises rue de Bethisy, des appartenances de la maison cy-dessus.

Grande maison qui fut à Jaques de Lailler, scise en la rue de Bethisy, aboutissant par derriere, & ayant issue en la rue Gloriette, laquelle maison a été donnée à Mre Jean de Luxembourg.

L'Hostel de la Tremoille scis rue des Bourdonnois, tenant d'une part au long de la rue de la Charpenterie, aboutissant par derriere en Tirechappe; ladite maison a été occupée par Mre Jean de la Tremoille, Chevalier, Seigneur de Jonvelle, frere dudit Seigneur de la Tremoille, disant icelle lui appartenir de droite ligne.

Grande maison qui fut à Regnault Pisdoë, scise en la rue des Bourdonnois, tenant d'un costé, à la veuve de feu Me Jean Maillard; d'autre costé à Guillaume Sanguin, aboutissant par derriere aux hoirs de feu Denys de Paillard, ladite maison donnée à Mre Jean de Hameforde, Chevalier Anglois.

Maison qui fut à Jaqueline, veuve de Nicolas Braque; absente, scise rue des Estuves près la Croix du Tiroir, donnée à Guillaume de Montquin Prevost de Pontoise.

Maison scise rue St Honoré, tenant d'une part au long de la rue Jean-St-Denys.

Maison qui fut à Liger Poulain, scise rue St Honoré à l'opposite des Quinze-vingts, aboutissant par derriere, & ayant issue sur les murs de la Ville de Paris, chargée envers les Quinze-vingts en cinquante sols parisis de rente, neant; parce que ledit Liger fut decapité à Bapaume, comme Bourguignon, & ne tenoit ladite maison que à sa vie des Quinze-vingts, & après son trepas est revenue ausdits Quinze-vingts.

Grande maison, &c. qui fut à Mre Regnault d'Angennes, scise en la rue St Honoré, tenant d'une part à l'Hostel qui fut au Comte d'Armagnac, aboutissant par derriere sur les murs de la Ville de Paris, laquelle maison a été donnée à Hervé le Drouais.

Grand Hostel nommé l'Hostel du Comte d'Armagnac, scis rue St Honoré, joignant les Bons-enfans, tenant d'un costé ausdits Bons enfans, & d'autre à l'Hostel d'Angennes, aboutissant par derriere sur les murs de la Ville de Paris, neant; parce qu'il est occupé au nom de Mr de Bourgogne.

Maison scise rue du Chasteau-festu, chargée envers l'Eglise Nostre-Dame de Paris en dix livres parisis de rente

Tous les heritages de Simonin le Pec furent donnés par Lettres du vingt-sixiéme Avril, après Pasques 1425, aux quatre Trompettes de Monseigneur le Regent Duc de Bedfort, à leurs vies.

Grande maison scise rue du Chasteau-festu, qui fut à Jean Pinagot, aboutissant par derriere aux maisons qui étoient à Mre Jean de Saulx, jadis Chancelier de Mr de Bourgogne.

Maison scise rue du Chasteau-festu, où pend l'Enseigne du Chasteau-festu, qui fut à Jeanne la Clarcie, absente, tenante d'un part à Me Bureau Boudrac, Clerc de la Chambre des Comptes du Roi notre Sire, aboutissant par derriere à la rue Bethisy; laquelle maison fut donnée à rente à Jean de St Yon.

Du

DE LA PREVOTE' DE PARIS.

Du vingt-neuviéme Cahier.

Maison scise rue de la Charonnerie, aboutissant par derriere, & ayant issüe à une petite ruelle qui aboutit en la rue des Bourdonnois.

Maison scise rue de la Charonnerie, aboutissant par derriere à la Halle de Beauvais.

Maison rue de la Ferronnerie, tenant d'une part à la porte qui va à la Halle de Beauvais & à celle aux Chaudronniers, aboutissant par derriere à ladite Halle.

Maison qui fut à Denisot Duchesne, & à Catherine sa femme, à cause d'elle; par-avant femme de Jean Mauduit, scise rue de la Ferronnerie, aboutissant par derriere au grand Hostel qui fut audit Mauduit.

Maison scise rue de la Ferronnerie, où pend l'Enseigne du Chevalier-au-Cigne, chargée envers la Chapelle St Pierre & St Paul, fondée en l'Eglise Notre-Dame de Paris, en vingt sols dix deniers parisis de rente.

Maison scise rue de la Ferronnerie, aboutissant par derriere à la vieille place aux Pourcéaux.

Maison scise rue de la Ferronnerie, faisant le coin de la rue du siege aux Deschargeurs.

Maison scise rue de la Ferronnerie, où pend l'Enseigne du Mouton, chargée envers les Quinze-vingts de Paris en soixante sols parisis; ladite maison adjugée par decret à Jean de Hacqueville, Jean de Grandville, & Adam Brunel.

Quatre maisons scises rue de la Cordonnerie, qui furent à Estienne de Bonpuis, en l'une desquelles, où est l'Image Notre-Dame, demeuroit Jean Poly Pelletier pour douze livres tournois de loyer par an; & par Lettres du Roi du septiéme Mars 1424, tous les heritages dudit Bonpuis furent donnés à Henri Gregori, Anglois, à sa vie.

Maison rue de la Cordonnerie, faisant le coin d'icelle rue du costé de la Ferronnerie.

Maison scise rue de la Tableterie, faisant le coin d'icelle, tenant d'une part au long de la rue de la Harangerie, chargée envers le Chevecier de Notre-Dame de Paris en cinquante sols parisis.

Maison scise rue Perrin-Gasselin, tenant d'une part à la ruelle de la Harangerie.

Maison scise rue Perrin-Gasselin, aboutissant par derriere à la Table-Roullant.

Hostel de Bacqueville scis en la rue d'Autriche, tenant d'une part aux jardins du Louvre, & d'autre part à l'Hostel du Comte de St Pol, aboutissant par derriere aux jardins du Louvre.

L'Hostel d'Autriche scis en ladite rue d'Autriche, & appartenoit au Duc d'Alençon, tenant d'une part à l'Hostel de Bacqueville, & d'autre part à l'Hostel de Clermont, aboutissant par derriere à Mre Gilles de Clamecy, Chevalier, & au grand Hostel d'Alençon. Ledit Hostel donné à Mre Gilles de Clamecy.

Maison scise rue du Cocq, aboutissant par derriere à la rue de Champ-Fleuri.

Du trentiéme Cahier.

Maison scise rue du Cocq, aboutissant par derriere aux anciens murs de la Ville de Paris.

Rue de la Plastriere.

Maison qui fut à Merignon du Lac Lombard, absent, scis rue de Beauves, à l'opposite de Champ-Fleuri, aboutissant par derriere au Louvre.

Maison scise rue Champ-Fleuri, aboutissant par derriere à la rue du Chantre.

Maison scise rue Froid-mantel, chargée envers les Quinze-vingts de Paris en quatre sols parisis de rente. Ladite maison & tous les autres heritages qui furent à Jean Valin, furent donnés à Jean Bouton, Escuyer Anglois, à sa vie.

Jean Patin Notaire au Chastelet.

Maison scise rue Froid-mantel, tenant d'une part au long de la rue de Beauves, aboutissant par derriere aux jardins du Louvre.

Maison scise rue Froid-mantel, tenant d'une part à une Granche appartenant à l'Eglise St Thomas du Louvre, aboutissant par derriere à ladite Eglise St Nicolas du Louvre.

Louages dépendans de l'Hostel de la Marche, tenant d'une part audit grand Hostel de la Marche.

Maison qui fut à Pierre Thomere, Valet de Chambre de Mr le Duc de Bourbon, scise rue St Thomas du Louvre, tenant d'une part à l'Hostel de Torcy, aboutissant par derriere à l'Hostel de la petite Bretagne, vendue par ledit Pierre à Me Jean de St Rommain, Conseiller du Roi en sa Cour de Parlement.

Hostel qui fut au Seigneur de Torcy, scis rue St Thomas du Louvre, tenant d'une part à St Thomas du Louvre, aboutissant par derriere à l'Hostel & terres de la Petite-Bretagne.

Grand Hostel qui fut au Comte de la Marche, scis rue St Thomas du Louvre, aboutissant par derriere à la rue Froid-mantel, *neant*; parce qu'un nommé Jolibois l'a tenu, comme Concierge du Comte de la Marche, d'Angleterre.

L'Hostel de l'Image St Yves, qui fut à Mre Yves François, scis rue St Jaques, tenant d'une part à l'Hostel de l'Evesque de Senlis, chargée envers Me Miles Dangueil, Conseiller & Me de la Chambre des Comptes du Roi notre Sire.

Hostel de Langres qui fut au Seigneur de la Tour, lequel Hostel avoit été donné à Mre Jean Brezille, & ensuite donné par le Roi, le quatriéme Novembre 1424, à Mre Charles de Poitiers Evesque de Langres, du consentement dudit Me Jean Brezille.

Me Jean de Cassan Medecin.

Michelet Climent, occis à Paris.

Maison scise rue St Jaques, qui fut à Me Pierre de Champignolles, occis à Paris, chargée envers les Quinze-vingts de Paris en soixante-dix sols parisis de rente.

Maison qui fut à Miles du Breuil, jadis Notaire du Roi au Chastelet de Paris, & à sa femme & enfans, absens, scise rue de la Parcheminerie, louée autrefois à Laurent Dure, Examinateur de par le Roi notre Sire, au Chastelet de Paris.

Maison scise rue de la Parcheminerie, faisant le coin de la rue de Bourg de Bric.

Maison scise rue de la Parcheminerie, faisant le coin d'une petite ruelle, en allant à St Severin.

Maison qui fut à Me Jean de Crespy, dont partie appartient à Me Macé Heron à cause de sa femme, niece dudit de Crespy, & l'autre partie appartient à Jean de Serisy, scise rue de la Parcheminerie, *neant*; parce que avant ce Compte, la partie de Me Macé Heron & sa femme fut donnée à Jean Dieu-Part, l'un de ceux qui fit l'entrée en cette Ville de Paris aux Gens de la Reine & de Mr de Bourgogne, sur un don de deux cens livres parisis de revenu à lui fait par le Roi.

Maison qui fut à Me Guillaume Bourratier, Archevesque de Bourges, scise rue du Palais du Therme, tenant d'une part au College de Cluny,

DE LA PRÉVOTÉ DE PARIS.
donnée à Mr Hebert Camus, Procureur en Parlement.

Du trente-uniéme Cahier.

Maison scise rue du Palais du Therme, faisant le coin des prisons, où Cloistre St Benoist, tenant d'une part à l'Hostel desdites prisons, & d'autre part à l'Hostel de la Communauté de l'Eglise St Benoist.

Hostel & louages qui furent à l'Abbé St Benoist sur Loire, scis en la rue de la grande Bretonnerie, près la porte St Jaques, tenant d'une part à l'Hostel du College de Lisieux.

Me Robert des Tuillieres, occis à Paris.

L'Hostel de Garancieres, qui fut à la Dame de Garancieres, jadis femme du Vicomte de Narbonne, scis en la rue de Gallande, donné à rente à Me Gilles de Moulins, Audiancier de la Chancellerie de France.

Maison qui furent à Me Guibert Boucher, scises rue St Julien, delivrées à Me Hebert Camus, Procureur en Parlement.

Jean Gaude, occis à Paris.

Me Andry Courtevache, Me de la Chambre des Comptes du Roi notre Sire.

Deux maisons entretenans, & jardin derriere, qui furent à Me Martin Gouge, Evesque de Clermont, absent, scis rue de la Harpe, tenant d'une part aux Cordeliers de Paris, & d'autre au College de Justice.

Guillaume de Folletemps, l'un de ceux qui firent l'entrée en cette Ville de Paris aux Gens de la Reine & de Mr de Bourgogne.

Hostel de Forest, qui fut à Jean Malestret, Breton, chargé envers le Chapitre de Notre-Dame de Paris en dix-huit livres parisis de rente. Ledit Hostel scis rue de la Harpe.

Maison scise rue St Severin, qui fut à Marguerite de Han, fille de Guillaume d'Auxerre, absente, chargée envers les Quinze-vingts de Paris en six livres huit sols huit deniers parisis.

Me Hugues de Druy, Conseiller du Roi.

Maison en laquelle a Estuves à femme, scise rue de la Huchette, où est l'Enseigne des deux Bœufs, faisant le coin de ladite rue, près de l'Abbreuvoir du Pont-neuf.

Maison scise rue de la Buscherie de Petit-Pont, qui fut à Me Guillaume de Tuillieres, absent, louée à Regnault le Moine, Scelleur & Garde du scel du Chastelet.

Guillemin Bourdin l'un de ceux qui firent l'entrée aux Gens de la Reine & de feu Mr le Duc de Bourgogne.

Maison scise rue de la Buscherie, qui fut à Jean Hemon, Breton, absent, heritier de feu Gieffroi le Tort.

Hostel de Bar, qui fut au Cardinal de Bar, scis rue des Bernardins sur la riviere de Seine, faisant le coin de la rue de Bièvre, tenant d'une part & d'autre, & aboutissant par derriere au jardin de l'Eglise des Bernardins; lequel Hostel a été tenu & occupé par Mr de Montberon, Chevalier. Je crois qu'il y a faute de Clerc en ce Compte, & qu'au lieu du *coin de la rue de Bièvre*, il faut lire, *la rue des Bernardins*. 1°. Parce que le jardin des Bernardins n'est pas du costé de la rue de Bièvre. 2°. Parce que cet article est timbré au dessus, *Rue des Bernardins*.

Du trente-deuxiéme Cahier.

L'Hostel qui fut au Comte de Vendosme, scis rue de Bièvre, tenant d'un costé à l'Hostel des Estuves, aboutissant par derriere à la rue St Nicolas du Chardonneret; lequel Comte de Vendosme étoit prisonnier en Angleterre.

Mr de Villeby, Chevalier, lequel se dit être Seigneur de la Comté de Vendosme, par don du Roi & de Mr le Regent de France tient & occupe l'Hostel de Vendosme cy-dessus.

Hostel appellé Chasteau Maugarny, qui étoit au Comte de Vendosme, scis en la rue de Bièvre.

Maison rue de Bièvre, tenant d'une part au Chasteau-Maugarny, & d'autre aux louages du College de Chenac.

Maison scise rue du Puis près la Porte St Victor, faisant le coin de la rue Traversine, aboutissant en la rue Alixandre Langlois.

Maison scise en ladite rue de Bonpuis, qui fut à Guillaume de Beaujeu, dit de Han, décapité en cette Ville de Paris.

Maison qui fut à Pierre Emery, occis à Paris, scise rue Ste Geneviève. Ladite maison donnée par le Roi à Thomas de Hellay, Escuyer, qui a épousé la fille dudit Pierre Emery.

Maison scise rue Ste Geneviève, faisant le coin devant la Croix-Hemon.

Maison qui fut à feu Me Jaques Gelu, Archevesque de Tours, scis rue Ste Geneviève, tenant d'un costé au College de l'Ave-Maria; d'autre part à la rue du Moustier. C'est la rue des Prestres.

L'Hostel de Marly, devant & à l'opposite du College de Montagu.

Maison qui fut à Mre Guy, Abbé de Langlay, absent, scise rue Ste Geneyiève, appellé l'Hostel de la Goustiere, aboutissant en la rue des Almandiers.

Maison scise rue des Sept-voyes, faisant le coin de la rue des Almandiers.

Maison qui fut à Me Jean de la Londe, occis à Paris, scise en la rue Chartiere.

Maison qui fut au même, scise rue des Sept-voyes, faisant le coin de la rue du College de Thou, qui est des appartenances de la maison precedente.

Maison qui fut à Me Yves Henri Breton, absent, scise rue St Hilaire, tenant d'une part à la ruelle Josselin, & d'autre part à l'Ecu de Bretagne.

Hostel de Blois qui fut au Comte de Pointhieure, scis rue St Hilaire, faisant le coin d'icelle rue.

Maison qui fut à Me Guillaume des Friches, qui fut occis à Paris, scise en la rue des Noyers, faisant le coin de la rue des Anglois, chargée envers la Confrairie aux Bourgeois en trente sols parisis, envers le College de Cerbonne en quarante sols parisis de rente; ladite maison delivrée aux executeurs du testament dudit des Friches.

Maison qui fut à Me Nicolle de Fondrecourt, qui fut occis à Paris, scise rue du Plastre, chargée envers l'Eglise de Paris en dix livres huit sols huit deniers, tant de fonds de terre comme de rente.

Maison en ladite rue, joignante à la precedente, qui fut audit de Gondrecourt, chargée envers l'Eglise de Paris en douze sols parisis de fonds de terre.

Maison scise rue vieille Plastriere, qui fut à Guillaume d'Auxerre, chargée envers la Confrairie Mr St Memer, en l'Eglise St Severin à Paris en soixante sols parisis de rente.

Maison scise rue vieille Plastriere, faisant le coin de ladite rue du côté de l'Hostel de Rouen.

Maison scise rue des Poitevins, faisant le coin de la rue du Pet.

L'Hostel d'Alégre qui fut au Seigneur d'Alégre & de Torsel, absent, scis rue des Poitevins, lequel Hostel a été occupé avant ce present compte par le Comte de Richemont, jusqu'à ce qu'il s'est absenté de cette Ville de Paris, & depuis par le Comte de Suffald, Anglois, auquel le Roi l'a donné.

DE LA PREVOTE' DE PARIS. 317.

Maifon qui fut à Me Pierre de Serifay, Procureur en Parlement, abfent, fcife rue Pierre-Sarazin.

Du trente-troifiéme Cahier.

Maifon qui fut à Henriet Hazart, Chevaucheur de feu Mr de Berri, fcife en la rue de la Serpente, laquelle maifon eft des dépendances de l'Hoftel de l'Image St Yves dans la rue de la Harpe.

Jean Preudomme, Notaire du Roi au Chaftelet de Paris.

Maifon fcife rue Percée, laquelle Regnault Savin, Procureur au Chaftelet, dit lui appartenir.

Maifon & jardin derriere fcis en la rue Poupée, faifant le coin de la rue du Chevet St André, qui a été occupée par Me Henri Rouffel, Advocat en Parlement, qui dit icelle lui appartenir par achat.

Hoftel qui fut à Me Simon de Arnault, Cardinal de Poitiers; fcis en la rue Poupée, avec plufieurs maifons & un jardin appartenant audit Hoftel, lequel avant ce dit compte a été occupé par Me Jaques Branlart, Confeiller du Roi notre Sire en fa Cour de Parlement, qui dit icelui lui appartenir par don du Roi.

Maifon qui fut à feu Me Oudart Correl, Procureur en Parlement, qui fut occis à Paris, fcife rue St André des Arcs.

Maifon qui fut à Me Maurice Hubert, Procureur en Parlement, abfent, fcife rue des deux Portes derriere St André.

Grange & jardin fcis rue des deux Portes, qui fut à Guillaume de Laillier, abfent, tenant d'une part au Cimetiere St André; de laquelle maifon avoit eu le gouvernement Me Eftienne des Portes, Confeiller du Roi en fa Cour de Parlement, ainfi que des autres maifons dudit Guillaume.

Maifon en ladite rue des deux Portes, qui fut à Me Junien le Febvre, Advocat en Parlement.

Maifons qui furent à Me Pierre Nantron, occis à Paris, fcifes en la rue St André des Arcs, tenant à l'Hoftel faifant le coin de la rue qui eft au chevet St André.

Me Hugues Grimault, Doyen de Bourges.

Maifon dans la rue St André, qui fut à Oudart Correl nommée l'Hoftel du petit Mouton, aboutiffant & ayant iffue en la rue des deux Portes.

L'Hoftel d'Arras qui fut à Me Girard de Montagu, en fon vivant Evêque de Paris, fcis en la rue St André, faifant le coin de la rue de Billequeux, *néant*; parce que durant ce compte le Comte de Salifbury l'a tenu & occupé, difant à lui appartenir par don du Roi. Et à la marge eft écrit: *Ifta domus fuit data per Dominum Regem Domino Thomæ de Monte-acuto, Comiti de Salisbury, per Litteras Domini Regis in filo ferico & cera viridi, Sigillatas datas Rhothomagi in menfe Martii 1422, quæ fuerunt regiftratæ in libro Chartarum incepto 15 Martii 1408. Dictus de Salisbury obiit, & occupat dictam domum Dominus Ludovicus de Luceburgo, Cancellarius Franciæ; & ideo fciatur an de propria domo habuerit donum, quia non regiftratur in libro chartarum.*

L'Hoftel de Eu, appartenant au Comte d'Eu, prifonnier en Angleterre, fcis en la rue St André des Arcs.

L'Hoftel du Sejour d'Orleans, fcis rue St André des Arcs.

Trois Hoftels joignans, qui furent à Mademoifelle de Reillac, abfente, fcis en ladite rue St André des Arcs.

Maifon qui fut à Me Benoift Piedalet, jadis Procureur en Parlement, fcife en ladite rue St André des Arcs, devant & à l'oppofite du Sejour d'Orleans.

Rue du College St Denys, Hoftel qui fut à l'Evêque de Lizieux, fcis en ladite rue, tenant d'une part aux louages de l'Hoftel du Comte d'Eu.

Maifon fcife rue du College St Denys, faifant le coin de ladite rue, tenant d'une part audit College St Denys.

L'Hostel de Nesle qui fut à feu Mr de Berry, scis sur la riviere de Seine près des Augustins.

Hostel de Laon, qui fut à l'Evesque de Laon, scis en ladite rue des Augustins, *neant*; parce que pendant le tems de ce compte il a été occupé par Monseigneur l'Evêque de Therouenne, Chancelier de France, disant à lui appartenir par don du Roi.

Maison faisant le coin de la rue Pavée, du côté des Augustins, tenant d'une part à l'Hostel de Laon.

Hostel de Besançon qui fut à Me Martin Gouge, Evêque de Clermont en Auvergne, scis en ladite rue, *n ant*; parce que pendant ce compte il a été occupé par Mre Gui le Bouteiller, Chevalier, qui dit en avoir don du Roi.

Rue d'Arondel.

Rue Haute-feuille.

Hostel de Reims & appartenances, ci-devant occupé par Mr le Tresorier de Reims, à present Evêque de Paris, depuis le premier Mars 1421, jusqu'au terme de St Jean 1426.

Un des louages dudit Hostel qui étoit devers l'Hostel de Premontré, étoit occupée par une nommée Catherine de Lannoy, que le Comte de Suffolk, qui logeoit à l'Hostel d'Alégre, qui étoit vis-à-vis, fit sortir pour son mauvais gouvernement & les noises qui y étoient souvent.

QUARTIER DE LA CITÉ.

Maison qui fut à Colin Beaugendre, occis à Paris, scise rue de la vieille Pelleterie, ladite maison vendue par sa veufve à Robin Belin, Procureur au Chastelet.

Plusieurs corps de logis qui furent à l'Abbé du Moustier-Arraine, dependant du grand Hostel dudit Abbé, scis en la rue de la vieille Pelleterie.

Grand Hostel qui souloit appartenir audit Abbé de Moustier-Arraine, scis en la rue Gervaise-Laurent, tenant d'une part à l'Eglise St Pierre des Assis, & d'autre part ayant issue en la rue de la vieille Pelleterie.

Rue des Marmouzets, grand Hostel qui fut à Messire Jean Jouvenel, Chevalier, assis en une petite ruelle en descendant en Glatigny, aboutissant par derriere à Glatigny, chargé envers les Religieuses de Poissy à cause de Sœur Marie, fille dudit Jouvenel, en vingt-quatre livres parisis de rente, à la vie de ladite Marie.

Maison qui fut à Aleaume Cachemarée, scise rue des Marmouzets, tenant d'une part au long de la rue du Val-d'amour, dite de Glatigny, & d'autre part à la petite ruelle de l'Image Ste Catherine, aboutissant par derriere audit Mre Jouvenel; au gouvernement de laquelle est commis Me Gilles le Beau, Clerc de la Chambre des Comptes du Roi.

Maison qui fut à Me Jean Heraut, absent, scise rue des Marmouzets, à l'opposite de l'Hostel desdits Marmouzets.

Du trente-quatriéme Cahier.

Maison qui fut à feu Damoiselle Isabeau la Girarde, veufve de feu Messire Jean de Montagu, jadis Chevalier, & Président en Parlement, scise rue des Marmouzets, tenant d'une part aux louages qui furent au boiteux d'Orgemont.

Rue St Christophle, maison qui fut à Me Guillaume le Picart, absent, scise rue St Christophle, faisant le coin de la rue St Pere-aux-bœufs, laquelle avoit été ci-devant louée à Me Pierre le Bon, Prêtre Chapellain en l'Eglise Notre-Dame de Paris, qu'il quitta à la St Remi 1424.

Maison de pierre de taille, qui fut à Me Regnaut Freron, absent, scise

DE LA PREVOTÉ DE PARIS.

rue St Chriftophle, *neant*; parce qu'elle a été donnée par le Roi à Jean Gilles, l'un de ceux qui firent l'entrée en cette Ville aux gens de feu Mr le Duc de Bourgogne, fur un don de deux cens livres parifis de rente, & à Jean Morgan, Ecuyer Anglois, & pendant le tems de ce compte, par Mre Simon Morhier, Chevalier, Prevoft de Paris.

Rue de l'Homme-fauvage, trois maifons entretenans, qui appartenoient audit Me Regnault Freron, fcifes en ladite rue de l'Homme-fauvage, dépendans dudit grand Hoftel.

Rue de la Licorne.

Rue de Marché-Palu.

Rue de la Kalande.

Maifon qui fut à Gervaife de Merilles, fcife rue de la Calandre, à l'oppofite de la rue de la Savaterie, chargée envers les Doyen, Abbé, Prevoft & Confreres de la grande Confrairie aux Bourgeois & Bourgeoifes de Paris, en quarante fols huit deniers parifis de rente, fur laquelle maifon le fils dudit Merilles prend la moitié.

Maifon qui fut à Catherine du Vivier, veufve de Me Pierre Dangeul, abfente, fcife rue de la Calandre, où pend pour enfeigne la Cloche, aboutiffant par derriere fur la riviere de Seine, *neant*; parce que Me Thibaut du Vivier fon frere l'a occupée, difant icelle lui appartenir.

Maifon qui fut à Simon Chapon, occis à Paris, fcife rue de Champfleury.

L'Hoftel du Roi Louis, fcis à St Marcel lez Paris, où il y a jardins, tenant d'une part à l'Hoftel de Coupeaux, & d'autre à l'Eglife St Medard, *neant*; parce que avant ce compte ledit Hoftel a été bailié à Mre Jean le Clerc, Chancelier de France, pour en jouir par maniere de provifion, fous ombre d'un don à lui fait par le Roi de la fomme de mille livres parifis de rente à heritage, & par Lettres de Mrs des Comptes du huitiéme Mai 1424, lui a été baillée en fon affiette, comme appert par la copie de ladite affiette, collationnée par Me Guillaume Marefcot, Greffier des Requeftes du Palais.

L'Hoftel de Garancieres avec le jardin derriere, qui fut à Mre Guillaume de Montenay, Chevalier abfent, fcis à St Germain-des-Prés, près de l'Eglife St Sulpice.

Hoftel & jardin qui fut à Jean Tarennes, & depuis à fa femme & enfans, abfens, fcis à St Germain-des-Prés.

Deux Hoftels & jardins qui furent à Jean Riou, dit de la Chapelle, abfent, fcis à St Germain-des-Prés.

Maifon, jardin, foffe à poiffons & colombier, fcis à la Villette faint Laurens, qui furent à Jaques de Brunetot, delivrés à Bertrand David, Efcuyer, qui a époufé la fille dudit Brunetot.

Le Clos des Quinze-vingts.

Maifon & jardin fcis au Clos des Quinze-vingts, hors la porte St Honoré, qui fut à Simon le Pec, duquel tous les heritages furent baillés par le Roi aux quatre Trompettes de Monfeigneur le Regent, par Lettres du vingt-fixiéme Avril 1425, expediées en la Chambre des Comptes le trente dudit mois; ladite maifon chargée envers les Quinze-vingts en cinquante fols parifis de rente.

Maifon qui fut à Jean Gaude, à l'enfeigne du Cigne, fcife rue faint Germain l'Auxerrois près la place aux Marchands.

Du trente-cinquiéme Cahier.

Hoftel du Chafteau-feftu, fcis rue St Honoré, qui fut à Jeanne la Clarcye.

Hoftel de Torigny, fcis outre la porte Barbette, tenant d'une part à l'Hoftel de la Reine Blanche; ledit Hoftel de Torigny donné à Mre Jean Bezilles, par Lettres du R

Tous les heritages d'Alexandre le Bourfier font donnés à Hugues de Saubertier, Ecuyér.

Maifon qui fut à Me Milles Chaligaut, fcife rue St Antoine, tenant d'une part à l'Hoftel de l'Evefque d'Evreux.

Maifon fcife rue de la Plaftriere qui fut à Yvonnet le Charpentier & à fa femme.

Maifon qui fut à Laurent de Roulempont, fcife à la porte Baudoyer, chargée envers la Chapelle Ste Marguerite, fondée en l'Eglife Notre-Dame de Paris, en dix fols parifis envers Ifabeau de Breban & Mre David de Brimeu, Chevalier, en quarante fols parifis.

Quatre Hoftels entretenans, qui furent à Jean Raguier, fcis rue du Foffé St Germain, defquels a joui Mre Jean Faftolf, Chevalier Anglois, fous ombre d'un don du Roi qu'il difoit en avoir.

Maifon fcife rue de la Voirerie, qui fut à feu Me Jean de la Croix, adjugée à Simon de la Croix, fon frere & heritier, *neant*; parce que par Lettres du Roi du treize Mars 1424, expediées par la Chambre le vingt-un dudit mois, ladite maifon a été donnée à Me Raoul Pardrier, Notaire & Secretaire du Roi.

Maifon qui fut à Jean de Vefly, fcife en la vieille rue du Temple, étant en la cenfive de Me Jean Porcher, & des hoirs de feu Mre Germain Paillard, jadis Evêque de Luxon, tenant d'une part à Jaques Marcadé & à une ruelle, laquelle fut baillée à Dame Elizabeth de Ferrieres, Dame de Guery, pour foixante livres parifis de rente.

Maifon qui fut à Hemouet Raguier, fcife en la vieille rue du Temple; *neant*; parce que tous les heritages dudit Hemonet font baillés à la Reine, qui en jouit.

Maifon qui fut à Jean Raguier, fcife rue des Cinges près des Blancs-manteaux, donnée par Meffieurs les Commiffaires à Me Raoul Veret, chargée envers la grande Confrairie aux Bourgeois en vingt fols parifis, *neant*; parce qu'environ l'an 1424 ledit Me Raoul Veret s'eft abfenté de Paris, & après fon départ fes biens ont été faifis, à la requefte de Monfeigneur le Chancelier de France, qui maintient iceux biens à lui appartenir par confifcation, à caufe de fondit Office de Chancelier, pour caufe du crime par lui commis.

Maifon & appartenances, qui fut à Me Jean Chaftigner, fife rue du Four, tenant d'une part à Meffieurs Martin & Jaques de Caulers, freres.

Maifon qui fut à Me Jean Virgilles, fcife rue du Temple, *neant*; pource que tous les heritages dudit Virgilles ont été baillés à Me Baudes des Bordes, Notaire & Secretaire du Roi, par don à lui fait par le Roi.

L'Hoftel de la Table Rolland, fcis en la rue de la Saulnerie près la porte de Paris, qui fut à Me Pierre Coufinot, abfent, chargée envers Mademoifelle Catherine la Remonde, veufve de Pierre Oger, en foixante-dix fols parifis de rente, & envers les hoirs de feu Me Pierre le Gayant en foixante livres parifis de rente.

Maifon qui fut à Alexandre le Bourfier, fife devant le grand huis de St Jean en Gréve, donnée audit Saubertier.

Maifon qui fut à Mre Jean Potau, Preftre, fcife fur les égouts de Montorgueil, outre les portes de la Comteffe & de Montmartre, donnée par Meffieurs les Commiffaires à Me Guillaume de Nefle, pour huit livres parifis, lequel n'en a pû jouir à caufe de l'oppofition formée par Me Guillaume Charpentier, Phyficien, qui dit icelle lui appartenir par achapt fait par lui dudit Potau.

DE LA PREVOTÉ DE PARIS.

Du trente-sixiéme Cahier.

Maison qui fut à Mre Regnault d'Angennes, Chevalier, scise rue St Honoré.

Maison scise rue St Martin, qui fut à Me Estienne B   où pend l'enseigne du gros Tournois, chargée envers le Chapitre de Paris en sept sols parisis envers Mre Jean Veres, Chevalier, ou ses hoirs, en quatre livres parisis, & envers Mre Jean de Veres, Prestre en quatre livres parisis.

Maison scise rue de la Feronnerie, qui fut à Jean Mauduit, & depuis à Denys Duchesne, à cause de sa femme, donnée avec les autres maisons dudit Duchesne, à Jean Achedin, Roger Brom, Jean Brachet, & Guillaume Graffenailles, Trompettes de Mr le Regent à leurs vies.

Maison qui fut à Me Bertault de la Borde, en son vivant Maistre de la Chambre aux deniers du Duc d'Orleans, scise en la rue de la Boucherie du Temple.

Maison qui fut à Thomas de Waffy, à cause de sa femme, scise rue St Honoré.

Maison qui fut à Thomas Philippes, scise rue de la Mortellerie à l'enseigne St Jaques, chargée envers la grande Confrairie aux Bourgeois en trente sols parisis.

Oudinet de Neufville, prenoit cinquante sols parisis de rente, sur la maison de Perrin le Normand, à la Bocherie de Petit-Pont.

Maison qui fut à Me Jean Haudry, scise rue Geoffroi-Langevin, bailléé à Mre Morelet de Bethencourt, Chevalier.

Maison qui fut à Jean Mauduit, & depuis à Denys Duchesne, à cause de sa femme, scise rue de la Feronnerie, où est l'enseigne du Chevalier au Cigne, chargée envers la Chapelle St Pierre & St Paul, fondée en l'Eglise Notre-Dame de Paris, en vingt sols parisis; envers les Executeurs du testament de Jean Mauduit, pour sa Chapelle fondée à St Germain l'Auxerrois en douze livres parisis.

Maison qui fut à Simonet le Pec, scise rue St Honoré, à l'enseigne du Croissant, chargée envers l'Eglise Notre-Dame de Paris, en dix livres parisis; envers Jean Giffart, Seigneur du Coac, en trente sols parisis.

Maison qui fut à Mre Louis de Villers, Chevalier, & depuis à son fils, scise rue du Temple, outre la porte Barbette, donnée à Mre Jean de St Germain, Chevalier, par Lettres du Roi du dix-neuf Juin 1424.

Du trente-septiéme Cahier.

Rue des Noyers.

Maison scise rue Simon-le-Franc, qui fut à Me René de Boulegny, chargée envers Me Hugues le Cocq, comme ayant la garde des enfans de lui & de feue Damoiselle Jeanne de Langres, jadis sa femme, en soixante & dix sols parisis.

Place vuide n'agueres appartenant à Jacotin le Roi, joignant l'Hostel de St Pol, qui fut delivrée par mesdits sieurs les Commissaires à Charlot du Moustier, Concierge de l'Hostel du Roi.

Maisons qui furent à Jean Brodo, dit Guyenne, Herault, assises en la Cousture St Martin.

Rue St Sauveur.

Maison qui fut à Me Jaques Gelu, Archevesque de Tours, scise devant le Cimetiere Ste Genevielve.

Maison de la Goutiere, qui fut à Mre Guy, Abbé de Longlay, scise rue des Almandiers au Mont Ste Genevielve.

Maison qui fut à la Dame de Garancieres, scise rue Galande, donnée à Mre Guy de Bar, Chevalier.

Maison qui fut à Thomas du Han, scise rue St Severin devant l'Eglise, chargée envers les Quinze-vingts en six livres huit sols huit deniers de rente.

Maison qui fut à Mre Pierre Brochet, en son vivant Président au Parlement, scise au Fossé St Germain, faisant le coin de ladite rue, qui fut baillée par mesdits sieurs les Commissaires le vingt-six Aoust 1423, à Me Robert de Bailleul, pour quinze livres quinze sols parisis de rente.

Maison qui fut à Mre Guillaume de Montenay, scise rue des Poulies, tenant d'une part à Mre Gilles de Clamecy, donnée par mesdits sieurs les Commissaires à Guillaume l'Estendart, Escuyer, pour dix livres parisis de rente.

Maison qui fut à Gilles de Vitry, scise rue des Deux-Portes, près la petite Savoye.

Jardin qui fut à Hervy le Jars, contenant environ deux quartiers de terre, scis sur les égousts de la Cousture du Temple au lieu dit le Clos Boivin, donné par lesdits Commissaires à Regnault de Champigny, lequel n'a voulu dudit bail, parce que ledit jardin ne contient que demi quartier & l'on le lui donnoit pour deux quartiers.

De Perrin Blondot, pour un jardin qui fut à Thevenin Courtin, scis à Paris en la rue Jean-d'Espagne.

De Me Jean Petit, Procureur en Parlement, pour une maison qui fut à Me Philippes de Paris & sa femme, scise rue St Martin devant la Fontaine Maubué; & pour un autre Hostel scis au Pré St Gervais, avec environ vingt à trente arpens de terres labourables, &c. Un Hostel scis à saint Cloud, &c.

De Me Georges de Marc, pour une maison qui fut à Me Aimery, Marchand, scise rue Simon-le-Franc, chargée envers les Quinze-vingts; à cause de Jean de Chastenay, en quatre livres douze sols parisis de rente; & pour Thevenin Gilbert en trente-six sols parisis.

Du trente-huitiéme Cahier.

De sire Jean Guerin, pour un Hostel qui fut au Seigneur de Bueil, scis près la Barre-du-Bec, baillé à Me Estienne de Normant, Procureur en Parlement, au nom dudit Guerin.

De Jaquet Chalmary, Escuyer, pour une maison qui fut à Mre Rion de Ricourt, dit Riolet, Chevalier, scis rue St Antoine devant & à l'opposite des Tournelles.

De Me Guillaume de Nesle, pour une maison qui fut à Simonet du Bois, scise rue Grenier St Ladre.

De Me Jaques Cardon, pour un jardin qui fut à Berthe du Cigne, scis à la Cousture St Martin, aboutissant d'un bout à la grande rue St Laurent, & d'autre bout aux égousts de Paris, neant; parce que la rente fut baillée à Me Georges de Marc, Notaire & Secretaire du Roi, par Lettres de don du Roi du quatre Avril 1423 avant Pasques, expediées en la Chambre des Comptes le douze dudit mois.

De Me Jaques Viart, pour une maison qui fut à Bureau de Dampmartin, scise rue St Martin devant le Chasteau, laquelle maison fut donnée avec tous les autres heritages dudit Bureau, scis à Paris en la Couroierie à Mre Raoul de Neufville, Chevalier, à sa vie.

De Guillaume des Prés, Escuyer, pour un Hostel qui fut à la veuve Jean de Chanteprime, scis outre la porte Barbette.

De Me Jean de Drosay, Secretaire du Roi, pour un Hostel & jardin qui fut à Jean Verdelet, scis à la rue des Menestrels.

DE LA PREVOTE' DE PARIS.

De Richard de l'Espine, pour un Hostel qui fut à Me Guy de Dampmartin, & depuis à ses hoirs, scis rue St Antoine, lequel a été donné par le Roi à Mre Berart de Montferrand, Chevalier, pour lui & ses hoirs masles à heritage, par Lettres du seizième Novembre 1425.

De Jaquin Mamerot, Escuyer, pour un Hostel & jardin scis rue des Deux-portes derriere St André, qui furent à Me Maurice Hubert.

Messire Hector des Marets.

Me Baude Desbordes, Notaire & Secretaire du Roi.

Fabien Beraut, Controlleur des Consiscations.

Me Jean Sauvage,   de Mr le Prevost de Paris.

Heritages hors Paris.

Maison qui fut à Oudart Gencien, scise à Romainville, donnée par le Roi à Me Estienne Bureau, Notaire & Secrétaire du Roi, par Lettres du mois de Juillet 1425.

Jean de la Noë, Notaire au Chastelet.

Du trente-neuviéme Cahier.

Marie la Giffarde, veuve de feu Mre Jean des Essars.

De Reverend Pere en Dieu, Monseigneur l'Evêque de Beauvais, pour un Hostel, cour, &c. scis à St Cloud.   Il est fait mention de la Maladerie de St Cloud.

Hostel qui fut Mre Louis du Poule, Chevalier, scis devant le Cloistre de l'Eglise St Marcel.

Me Jean Tillart, Examinateur au Chastelet.

Du quarantiéme Cahier.

De Pierre Baille, pour quatre arpens de vigne, en ce compris un jardin qui fut du vieil Hostel de Bourbon, scis à St Cloud.

Fouques Rozieres, Notaire au Chastelet.

Le Pressoir Jean-à-l'avoine à la Croix-Faubin; sur le chemin qui va de St Denys au Pont de Charenton.

Mre Jean le Clerc, Chevalier, n'agueres Chancelier, pour un Hostel à la Ville-l'Evêque que le Roi lui avoit donné en Octobre 1421, lequel fut à Me Miles Chaligaut & sa femme.

Me Pierre Boulanger, Notaire & Secretaire du Roi.

Jean d'Avignon, Menestrel du Roi, maison à la Folie-Regnault, au terroir de Charonne.

Sire Garnier de St Yon, Eschevin de Paris.

Du quarante-uniéme Cahier.

Me Gregoire Ferrebouc, Secretaire du Roi.

Pierre de St Aubin, tuteur des enfans mineurs de lui & de Damoiselle Jeanne de Sepoy, jadis sa femme, fille de Me Louis de Sepoy.

Hostel & terres scis à Chaillot, qui furent à Jean Tarenne, donnés le vingt-huit Avril 1427, par le Roi au Comte de Salisbury.

Un arpent de terre entre le Roule & Chaillot, aboutissant par le bout d'en bas aux égousts de Paris.

Hostel de Nijon scis à Chaillot, qui appartenoit au Duc de Bretagne, donné au Comte de Salisbury par les Lettres dattées ci-dessus.

Guillaume le Muet, Changeur du Tresor.

Me Robert de Tuillieres.

Mre Jean de l'Isle Prestre, l'un de ceux qui fit l'entrée aux Gens de la

Reine & de Mr de Bourgogne.

Antoine Por, dit Tristan, Escuyer.

Hostel Rouge, Fief & Justice haute, moyenne & basse, scise à Fontenay-sur-le bois, donné à Jean Dieu par l'un de ceux qui fit l'entrée aux Gens de Mr de Bourgogne, avec la Terre & Seigneurie de Villemonble, dont ledit Fief est tenu.

Hostel, cour, &c. scis à la Varenne St Maur, qui furent à Pierre Poulart, absent, donnés à Me Gregoire de Ferrebouc, l'un de ceux qui fit l'entrée en cette Ville de Paris aux Gens de Mr de Bourgogne, & depuis donnés à Guillaume le Muet Changeur du Tresor, & enfin à Thomas Langueil & Thomas Gargatte à leurs vies.

Vigne à Montmartre, qui fut à Mre Henri de Merle, où ses hoirs, absent.

Vigne scise au terroir de Montmartre, qui appartenoit au Heraut, celui qui se dit Roi.

Deux Hostels, vignes, terres, prés, saulsayes, cens, rentes; autre Hostel où on tient les plaids & prisons, scis à Charenton, deux moulins sur le Pont dudit lieu, qui furent à Me Oudart, Jean, Benoist, & Pierre, dits les Genciens, donnés à Sire Jean de Pressy.

Moulin, appellé le Moulin de Charenton, saussayes, cens & basse Justice, qui fut à Mre Jean Jouvenel, absent, donnés à Me Philippes de Morvilliers, premier President du Parlement, par le Roi.

Deux Hostels, Justice haute, moyenne & basse, &c. Autre Hostel nommé l'Hostel St Fiacre, trois gors, &c. scis entre St Maur & Charenton, qui furent à Me Pierre Feron & sa femme, absens, dont jouit Mr le President.

Jean Bernard, Escuyer.

Me Jean de la Croix, occis à Paris.

Mathieu Hola, l'un de ceux qui firent l'entrée aux Gens de Mr de Bourgogne, eut les heritages qui furent à Jean de la Croix, scis à Bonoeil ou Bonneuil, & Gentilli.

Du quarante-deuxiéme Cahier.

Hostel nommé la Tour de Mesly; scis à Mesly près Notre-Dame du Mesche, qui furent à Henri du Vivier & Catherine sa sœur, donnés à Guillemin Bourdin, l'un de ceux qui firent l'entrée aux Gens de Mr de Bourgogne en cette Ville de Paris.

Me Philippes de Nanterre, Tuteur des enfans de Me Philippes de Corbie.

Maison, cour, colombier, &c. scis à Pierrefite, qui furent à Me Regnault Freron, absent, donnés à Jean Gilles, l'un de ceux qui firent l'entrée en cette Ville de Paris aux Gens de Monsieur de Bourgogne.

Le bois de Richebourg, qui fut à Mre Simon Davy, Chevalier, & à sa femme, scis à Pierrefite, dont partie est tenue en Fief de Mr de Montmorancy, donné par le Roi à Girard Desquay, Escuyer, pour partie de recompense de sa terre de Normandie, pour lui & ses hoirs masles venans en ligne, excepté Henri Desquay son fils & sa posterité.

Hostel de Poitronville & dépendances, scis à la Cour neuve, qui fut à Pierre & Bureau, dits les Bouchers, freres, absens, donnés à Mre Jean de l'Isle, l'un de ceux qui firent l'entrée aux Gens de Mr de Bourgogne, & depuis ont été occupés par Perrinçt le Clerc, l'un de ceux de ladite entrée.

Hostel & dépendances scis à la Villette St Ladre, qui furent à Me Regnault Freron, donnés à Jean Gilles, l'un de ceux de ladite entrée, & à Jean Morgan, avec les autres heritages dudit Freron.

Hostel de la Pointe & appartenances scis à Duigny, appartenant à Jaquet de Lailler.

DE LA PREVÔTE DE PARIS.

Hoſtel du Litart, Fief & dépendances, ſcis à Cercelles, qui fut à Mre Jean Braque, Chevalier, donné par le Roi à Albert Roſengarden Anglois, Watequin Wales Anglois, & Adenet Tixerrand, dit Chapellier, à quoi s'eſt oppoſé Jean Broutin, Changeur.

Vingt arpens de terres labourables, ſcis à Mory lès Mitry, qui furent à Guillaume le Tur, abſent, donnés à Jean Parent.

Hoſtel & ſes dependances ſcis à Mitry en France, qui furent à Me Jean de Veſly, donné à Perinet le Clerc, l'un de ceux qui firent l'entrée aux Gens de Mr de Bourgogne en cette Ville de Paris.

Du quarante-troiſiéme Cahier.

Terres ſciſes à Mitry, qui furent à Deniſe, veuve de Sire Miles Baillet, abſente, données à James Houtar, Anglois.

Vingt-deux arpens de bois, ſcis au terroir de la Queue en Brie, avec le péage dudit lieu, qui furent à Me Guillaume des Eſſars, Chevalier, & à Jeanne la Gencienne, chargés envers le Curé de la Queue en quinze ſeptiers de bled & trois ſeptiers d'orge, & la part de la Gencienne en ſix ſeptiers de bled.

La Terre & Seigneurie du Tremblay, qui fut à ſire Miles Baillet, & depuis à ſes hoirs, abſents, & ne doit pour relief que la bouche & les mains, avec le quint denier, ſi ce n'eſt perſonne privilegiée; leſdits heritages donnés par le Roi à James Houtar, Anglois.

Jean de la Motte, Eſcuyer, pour une maiſon, colombier, &c. ſcis à St Denys en France, qui furent à Jaques Dupuis.

St Ladre lès St Denys en France.

Prés tenus en Fief de la Dame de Gouſſainville, ſcis aux environs de St Denys en France.

Autres Prés audit St Denys, tenus en fief de ſire Michel de Lailler Me des Comptes.

Hoſtel de la Briche, ſcis ſur le chemin de Pontoiſe, étang, jardin, &c. donnés à Mre Pierre de Fontenay & à ſes hoirs.

Hoſtel, Cens, Juſtice, &c. ſcis à Dueil, qui furent à Me Simon David, Chevalier, donnés à Girard Deſquay.

Moulin, l'Eſtang du Chaufour, Prés, baſſe Juſtice à cauſe dudit Moulin, ſcis entre St Brice & Eſcouen, qui furent à Me Bureau Boucher, abſent, donnés par le Roi à Mre Jean le Clerc.

Hoſtel, cour, &c. ſcis à St Gracien, qui furent à Guillaume de Lannoy, abſent.

Hoſtel, &c. ſcis à Belloy en France, qui furent à Pierre Gencien, à cauſe de ſa femme.

Maiſon, Cens, &c. ſcis à Bonneuil, qui furent à Mre Pierre de Harſi-court, Chevalier, abſent, donnés par le Roi à Me Jean de Rigle.

Hoſtel, &c. ſcis à Bonneuil, qui fut à Jaques le Renvoiſie, donné à Guillemin Bourdin, l'un de ceux qui firent l'entrée aux Gens de Mr de Bourgogne en cette Ville de Paris.

Moulin à l'eau ſcis à Bonneuil, qui fut à Me Regnaut Freron, donné à feu Jean Gilles, l'un de ceux qui fit l'entrée aux Gens de Mr de Bourgogne en cette Ville.

Du quarante-quatriéme Cahier.

Hoſtel, Cens, &c. ſcis à Garges, qui furent à Jean Dupuis, donnés le vingt-ſeptiéme Fevrier 1413, à Mre Jean de Thoiſy, Eveſque de Tournay, en payement de mille francs à lui dus par le Roi, pour ſes gages de Conſeiller du Roi.

Hoſtel, Preſſoir, &c. ſcis à Garges, qui furent à Me Bureau Boucher, donnés à Mre Jean le Clerc.

La Mairie & Prevoſté de Garges, qui furent à Madamoiſelle Jeanne la Tachiere, qui fut renduë à ladite Damoiſelle, excepté la Juſtice qui eſt demeurée en la main du Roi.

Maiſon, &c. à Garges, qui fut à Miles Chaligaut, abſent.

Hoſtel, cens, rentes, &c. ſcis à Garges, qui furent à Jean de Garges, abſent, deſquels Girault Deſquay a joui pendant quelque-temps par don du Roi.

Guillaume des Prés, Eſcuyer.

Maiſon & terres à Garges, qui fut à Bureau de Dampmartin & ſa femme.

Michel de Valois, Eſcuyer.

Heritages, Rentes & Juſtice, que Charlot le Leu, & les enfans Jean de Garges, abſents, avoient en ladite Ville de Garges, & de Setains, à eux échus comme heritiers de Adam de la Neufville, donnés à Girard Deſquay.

Seize arpens de terre à Setains, qui furent à Mre Simon David, Chevalier.

Hoſtel & heritages qui furent aux hoirs Mre Guillaume le Botelier, ſcis à Louvres.

Hoſtel, &c. ſcis à Merly-la-Ville, qui furent à Me Jean de Vitry, donnés par le Roi à Guillaume Boudin, & à Mr de Courcelles, Chevalier.

Hoſtel au Bois-de-la-Preſſe, avec la Juſtice, &c. ſcis à Merly-la-Ville, qui furent à Mre Jean Jouvenel, Chevalier, abſent ; & autres heritages auſſi à lui, ſcis à Roiſſy, donnés à Mathieu Holla, l'un de ceux qui firent l'entrée aux Gens de Mr de Bourgogne en cette Ville de Paris.

Me Guillaume Gente, Secretaire du Roi.

Mé Philippes de Ruilly, Treſorier de la Ste Chapelle.

Mre Jaques de Villers, Chevalier.

Thomas Logue, Eſcuyer.

Du quarante-cinquiéme Cahier.

Maiſon & heritages à St Cloud, qui furent à Simon Tarenne, occupés par Me Jean de Preſſy, Chevalier, & depuis donnés à Mr l'Archevêſque de Rouen, pour ſes gages.

Heritages ſcis à Sevre, qui furent à Mre Amy la Mache, Preſtre.

Vignes & autres heritages ſcis à Rueil, qui furent à Mre Jean Jouvenel, chargés envers les Religieux de St Denys en France, en dix livres pariſis de rente.

Heritages que Mé Guillaume le Bouteiller avoit à Guyencourt, donnés à Mre Jean Brezilles.

Heritages ſcis à Chatou, qui furent à Jean Gaude, reçus par Mre Colart de Mailly, Chevalier Seigneur dudit lieu, pour les arrerages que leſdits heritages lui devoient.

Robinet de Baudricourt, Eſcuyer.

Heritages, &c. que Mre Guillaume Caſſinel, Chevalier, avoit à Romanville, donnés à Marcelot Teſtart, Treſorier de la Reine, chargés envers la Maladerie du Roole en un muid de bled de rente, envers la Chapelle St Thomas de Cantorberie, fondée en l'Egliſe de Paris, en ſept liv. pariſis de rente.

Me Oudart Geneien.

Heritages à Romainville, qui furent à Jeanne, veuve de Me Raoul Briſoul, donnés à Jean Gilles, l'un de ceux qui firent l'entrée en cette Ville aux Gens de Mr de Bourgogne.

DE LA PREVOTE' DE PARIS.

Vingt arpens de bois à Montfermail, au lieu dit Couldroye, qui furent à Jaques l'Empereur, absent, donnés par le Roi à Mre Jean le Clerc.

Hostel, &c. qui fut à Alexandre le Boursier, absent, scis à Veres, donné à Mre Michel le Maçon, l'un de ceux qui firent l'entrée aux Gens de Mr de Bourgogne en cette Ville de Paris.

Heritages scis à Pomponne, qui furent à Mre Guillaume Cassinel, Chevalier.

Hostel, &c. scis à Bucy St Martin, qui fût à Jaques l'Empereur, donné à Mre Jean de Pulegny, Chevalier, par don du Roi.

Du quarante-sixiéme Cahier.

De la Terre & Seigneurie de Champigny, qui furent à Mre Charles de la Riviere, Chevalier, absent, donnés avec tous les autres heritages dudit de la Riviere à Mr de Salisbury.

Me Girard le Cocq, Advocat en Parlement.

Heritages de Jaques l'Empereur, à Torcy en Brie & ès environs, donnés à Mre Jean le Clerc, Chevalier, n'agueres Chancelier de France.

Heritages d'Alexandre le Boursier, scis à Torigny, Dampmars, &c. donnés à Mre Michel le Maçon, l'un de ceux qui firent l'entrée en cette Ville aux gens de Mr de Bourgogne.

Heritages de Jean de la Haye, dit Piquet, & sa femme, scis à Meudon, la Boursseliere & le Plessis-Raoul, donnés à Me Michel de la Tillaye, & Jaquin Langlois, pour trois ans; & ensuite donnés par le Roi, le vingt-cinq Septembre 1423, à Guillaume de Dangueil, Escuyer.

Heritages qui furent à Bernard Braque, scis à Fontenay lès Bagneux & Chastillon, donnés à Mre Jaques Pesnel, Chevalier.

Heritages qui furent à Me Charles Culdoe, scis à Chastillon, donnés à Mathieu Hola, & à Me Pierre de Fontenay, Chevalier.

Heritages qui furent à feu Pierre Emery, scis à Yssie, donnés par le Roi à Thomas de Hellay, Escuyer, & à Damoiselle Jeanne sa femme, fille dudit feu Pierre Emery.

Heritages qui furent à Mre Simon de Bucy, Chevalier, scis à Vaugirard, donnés à Mathieu Hola, l'un de ceux qui firent l'entrée en cette Ville aux Gens de Mr de Bourgogne, & depuis rendus audit de Bucy.

Heritages qui furent à Mre Thiery-le-Comte, Chevalier, scis à Vitry, donnés à Guillaume de Folle-temps, l'un de ceux qui firent l'entrée en cette Ville aux Gens de Mr de Bourgogne.

Du quarante-septiéme Cahier.

Heritages qui furent à Me Jean de Vitry, scis à Vitry; donnés à louages à Me Bureau Bousdrac, Clerc de la Chambre des Comptes.

Heritages scis à Vitry, qui furent aux Religieux de St Lomer de Blois, neant; parce que Mrs l'Archidiacre de Tierarche, & Me Pierre d'Orgemont, sont commis au gouvernement d'iceux.

Heritages qui furent à Me Pierre d'Angueil, & à Damoiselle Catherine du Vivier sa femme, scis à Vitry & ès environs, donnés par le Roi à Albert Rosengardin.

Me Philippes de Morvilliers, premier President du Parlement.

Heritages scis à Choisy, qui furent à Me Pierre de Lesclat, donnés à Mre Jean de Pulegny, dit Chapelain, Chevalier.

Heritages de Mre Jaques le Brun, scis à Paloisel, donnés par le Roi à Jean le Baveux, Escuyer, Capitaine de Mont-l'hery.

Heritages & Seigneurie, scis à Athis-sur-Orge, qui furent à Mr de Montenay, Chevalier, & à ses hoirs, absents, donnés à Guillaume de Folle-

temps, l'un de ceux qui firent l'entrée aux Gens de Mr de Bourgogne.
Me Milles Dangueil, Me des Comptes.

Heritages fcis à Laï, qui furent à Jean le Blanc, donnés avec tous les autres heritages dudit le Blanc, à la Reine.

Heritages fcis à Juifsy & Grigny, qui furent au Vicomte de Tremblay, abfent, donnés à Mre Jaques Pefnel, à fa vie.

Heritages fcis audit lieu de Gevify, qui furent à Jean de la Cloche, abfent, donnés à Mademoifelle de Gaillon.

Vigne qui fût à Me Raimond Raguier, fcife au terroir de Gentilly, près de Biceftre, au lieu dit *le Mont de Sinaï*.

Du quarante-huitiéme Cahier.

L'Abbé de Mouftier-Araines avoit trois arpens & un quartier de vigne à Arcueil.

Heritages fcis à Arcueil, qui furent à Hemonet Raguier, dont la Reine jouit.

Heritages à Arcueil, qui furent à Me Charles Culdoe, abfent, chargés avec l'Hoftel dudit Culdoe, fcis rue des Prouvaires, en quatre-vingt livres parifis de rente, donnés à Mr de Rance, & enfuite à Eftienne Floifemer, à fa vie.

Maifon, &c. qui furent à Me Pierre Ferron & fa femme, fcis à Arcueil, donnés à Me Philippes de Morvilliers.

Hoftel & heritages qui furent à Bernard le Mire, fcis à Arcueil, chargés envers l'Eglife Notre-Dame de Paris, en feize ou dix-huit feptiers d'huile par an.

Mre Pierre de Fontenay Chevalier.
Guillaume des Prés, Efcuyer.
Mre Simon Morhier, Chevalier, Prevoft de Paris.

Heritages fcis à Vanves, qui furent à Jean Tarenne, donnés à très-Reverend Pere en Dieu, Mre Monfeigneur l'Archevefque & Cardinal de Rouen, Confeiller du Roi, en payement de fes gages.

Moulin à papier & heritages, fcis à Effonne, qui furent à Jean le Maiftre, dit le Boffu.

Six vingts arpens de bois fcis à Chevry, qui furent à Alexandre le Bourfier, donnés à Hugues Sauberthier.

Barthelemy Piremont, Efcuyer, heritier de feu Mre Jean du Bois, Chevalier.

Heritages à Cramoyau, qui furent à Mre François de l'Hofpital, Chevalier, abfent, donnés à Mre Jean le Clerc, Chevalier, n'agueres Chancelier de France.

Heritages à Soify-fur-Seine, qui furent à Mre Simon David, Chevalier.

Maifon, grange, &c. fcis à Garges, qui furent à Jaques Dupuis, donnés par le Roi à Mr l'Evefque de Tournay, pour recompenfe de la fomme de mille francs qu'il lui devoit payer pour fa penfion ou gages de mille francs par an.

Hoftels, &c. fcis à Vanves & St Cloud, qui furent à feus Jean & Simon Tarenne, donnés par le Roi à Reverend Pere en Dieu Mre Jean, Cardinal & Archevefque de Rouen, en payement de la fomme de mille livres à lui due pour fes gages, comme en la partie precedente.

Reverend Pere en Dieu, Monfeigneur l'Evefque de Beauvais, Confeiller du Roi notre Sire.

Feu Me Philippes Dupuis, & Damoifelle Jeanne fa fœur, veuve de Jean de la Haye, dit Piquet, pour une maifon fcife à Paris rue d'Averon, d'une part; & Nicolas Dupuis, Adam Dupuis en leurs noms, Me Guillaume

DE LA PREVOTE' DE PARIS.

Iaume Lefcot, comme ayant le bail & garde des enfans de lui & de feue Gencienne Dupuis fa femme, fille de feu Jean Dupuis.

Du quarante-neuviéme Cahier.

Rue de la Porte, à la Comteffe d'Artois.
Rue St Laurent, à la Coûfture St Martin.
Jaques Perdriel & Me Simon fon frere, heritiers par benefice d'inventaire de feue Gillette, veuve de Me Gaucher Chanteprime..
De Madame Marie de Paillart, veuve de Mre Amaury d'Orgemont en fon nom, & comme ayant la garde des enfans mineurs de feu Mre Charles Dannoy, & de Madame Dorville fa femme, & auffi de Madame Jeanne de Paillart Dame de Pacy, toutes fœurs & heritieres de feu Me Denys de Paillart, la fomme de fix cens cinquante-quatre livres un fol dix deniers parifis, en quoi lefdites Dames ont été condamnées envers le Roi, pour les trois quints de la fomme de quatorze cens livres tournois de la monnoie courante, l'an 1414 & 1415, comme appartenante au Roi par la confifcation de Alyps de Biencourt, veuve de Me Denys Paillart furnommé, abfente, & tenant le parti contraire du Roi; laquelle fomme de quatorze cens livres avoit été baillée audit feu Me Denys, au Traité du mariage de lui & d'icelle Alyps, pour convertir en heritages pour ladite Damoifelle Alyps, & ne fut point employée. Lefquelles Dames ont maintenu, par le procès fur ce fait, que Mre Milles de Paillart, Chevalier, & Madame Darcis leur fœur, étoient auffi heritiers, chacun pour un quint, dudit feu Me Denys, comme elles: fur quoi fut ordonné que icelui Mre Milles & Dame Darcis, feroient appellés par-devant mefdits fieurs les Commiffaires, à la Requefte du Procureur du Roi illec; &c.
Me Goulas de Mouy, en fon vivant Chevalier.
Noble-homme Mre Englebert d'Enghien, Chevalier.
Eftienne Teffon, Notaire au Chaftelet.
Jean Prud'homme, Notaire au Chaftelet.
Les Livres de Mre Jean Jouvenel, trouvés en la garde de Frere Pierre de Bar, Religieux de l'Abbayie Ste Geneviefve, au Mont de Paris, & Prieur de Roiffy en Parifis, membre de ladite Abbayie; lefquels livres furent baillés à Mr le Regent par Lettres du Roi, entre lefquels étoit une Bible, trouvée en la poffeffion de Frere Jean Gambelin, Religieux des Chartreux, prifée vingt livres parifis.
Jean Boute, Notaire au Chaftelet.
Henri le Roi, Notaire au Chaftelet.
Guillaume Poret, Notaire au Chaftelet.
Girard Acart, Notaire au Chaftelet.
Jean Dars, Notaire au Chaftelet.
Meubles trouvés en l'Hoftel de Mre Louis de Vendofme, fcis à Paris en la rue de Bièvre.
Guillaume de la Halle, Notaire au Chaftelet.
Meubles trouvés en l'Hoftel du Comte de la Marche, fcis à Paris en la rue St Thomas du Louvre.
Meubles trouvés en l'Hoftel du Seigneur de Torcy, fcis à Paris en la rue St Thomas du Louvre.
Jean François, Notaire au Chaftelet.
Rue des Jardins près St Paul.
Pierre de Foullies, Notaire au Chaftelet.
Nicaife Goujon, Notaire au Chaftelet.
Guillaume Hemonnet, Notaire au Chaftelet.
Eftienne Vazelat, Notaire au Chaftelet.

COMPTES ET ORDINAIRES

Jeanne, veufve de Jaques d'Espernon, demeurante en l'Hostel de André d'Espernon.

Regnault de Thumery, Changeur, frere de la femme de Me Henri Camus, absent & banni du Royaume.

Messire Simon Morhier, Chevalier Seigneur de Villers & Garde de la Prevosté de Paris, pour le relief & quint denier de la terre du Mesnil Aubery, qu'il a acquise des heritiers de feue Blanche de Poupaincourt, ledit quint denier appartenant au Roi par confiscation en cette partie des enfans de feu le Vicomte d'Assy & de leurs terres & Seigneuries, desquels ladite terre du Mesnil Aubery est tenue en fief, desquels biens l'administration a été faite par Mre Eustache de Conflans, Chevalier, qui a épousé leur mere; lesquels Mre Eustache, sa femme, & lesdits enfans, ont toujours tenu le parti contraire au Roi; ledit quint denier donné audit Simon Morhier par le Roi, par ses Lettres du premier Octobre 1424, & par deliberation de Mr le Regent Duc de Bedfort.

Mre Charles de Pressy.

Mre Louis de Bourbon, Comte de Vendosme, tenant le parti contraire au Roi.

Me Quentin Massue, Conseiller & Maistre des Requestes de l'Hostel du Roi.

Me Laurens Calot, Notaire & Secretaire du Roi.

Me Georges de Marc, Notaire & Secretaire du Roi.

Me Nicolle Fraillon,
Me Pierre de Marigny, } Conseillers & Maistres des Requestes de l'Hotel du Roi.
Me Hugues Rapioust,
Me Jean de Mailly,

Jean de Pressy, Tresorier de France

Me Baude des Bordes, Secretaire du Roi.

Jean de St Yon, Tresorier de France en 1423.

Mr l'Evesque de Tournay, Conseiller du grand Conseil du Roi.

Mre Pierre de Fontenay, du grand Conseil du Roi.

Mr l'Evesque de Beauvais, Conseiller du grand Conseil du Roi.

Du cinquante-uniéme Cahier.

Me Hugues Rapioust, Commissaire sur le fait des confiscations.

Mre Simon Morhier, Chevalier; commis à la garde des clefs des portes de Paris.

Me Simon de Champluisant,
Jean de Pressy, } Commissaires sur le fait des confiscations.
Jean de St Yon,

Monseigneur l'Archevesque de Rouen, Conseiller du grand Conseil du Roi.

Simon Tarenne, fils de Jean Tarenne.

Adam des Vignes, Huissier du Parlement, qui amena Adam de Bragelonne, prisonnier de la Ville de Sens à Paris.

Sire Jean Guerin, Maistre des Comptes.

Mre Roger de Breauté, Chevalier.

HENRI, par la grace de Dieu, Roi de France & d'Angleterre: A tous ceux qui ces presentes Lettres verront; SALUT. Comme és mois d'Octobre & Novembre 1411, pour subvenir à plusieurs grandes charges que feu notre très-cher Seigneur & aïeul le Roi Charles, dernier trepassé, avoit lors à supporter pour le fait de ses guerres & autrement en maintes manieres, plusieurs Chevaliers, Chambellans & autres Officiers de notredit feu Seigneur & aïeul, & de notre très-cher cousin le Duc de

DE LA PREVOTÉ DE PARIS.

Bourgogne, aufquels Dieu pardonne ; c'eſt à ſçavoir le ſire de Rebois, Lourdin de Saligny, feu Pierre des Eſſars, feu Pierre Seigneur de la Vieuville, Jaques de Courtiamble, feu le ſire de Rond, feu le ſire du Bos & Dannequin, Regnier Pot, feu le ſire de Helly, Morlet de Bethencourt, Jean Dunkerke, David de Brimeu, feu Jean de Guiſtelle, & feu Antoine de Craon, & Pierre de Fontenay, Chevaliers; feu aîné de Viry, Eſcuyer, Jean de Preſſy, Jean Chozat, Joſſeran Fripier, Jean des Poilettes, Jean de Vellery, Philippes Joſſequin, Robert de Bailleux, & pluſieurs autres, ſe fuſſent à la requeſte de notredit feu Seigneur & aïeul & par le commandement & ordonnance de lui & de notredit feu couſin de Bourgogne, obligés par Lettres faites & paſſées ſous le ſcel du Chaſtelet de Paris ; pour trouver & faire hative finance, ainſi que beſoin en étoit, envers Louis de Bourbon, lors Comte de Vendoſme, & pluſieurs autres, en la ſomme de ſoixante & ſept mille cinq cens francs ou environ ; laquelle ſomme fut convertie & employée par ledit Jean de Preſſy, lors Treſorier des guerres de notredit feu Seigneur & aïeul au payement du Comte d'Arondel, & de pluſieurs autres gens d'armes, qui lors ſervoient notredit feu Seigneur & aïeul au fait de ſes guerres, ſous le gouvernement de notredit feu couſin ; entre leſquelles Lettres & obligations, l'une eſt & appartient audit de Bourbon, montant à la ſomme de quatre mille écus d'or, qui valent 4500 livres dont a été payé par ledit de Precy en deux parties treize cens vingt-cinq livres, ainſi en eſt encore dû du reſte trois mille cent ſoixante & quinze livres. Et il ſoit ainſi que ledit de Bourbon, envers lequel les deſſus nommés obligés s'obligerent pour les cauſes & par la maniere dite, ait toujours & de tout tems tenu & favoriſé le parti damnable de feu Bernard de Armagnac, & de ſes alliés & complices, qui follement & par leur coulpe cauſée de convoitiſe damnable avoient empriſ contre raiſon & à la très-grande déplaiſance de notre-dit feu Seigneur & aïeul le gouvernement & adminiſtration de cedit Royaume de France, & de preſent en continuant & perſeverant de mal en pis, ledit de Bourbon eſt continuellement au ſervice de Charles, ſoi-diſant, Dauphin de Viennois, & de ſes complices, rebelles, déſobéïſſans, ennemis & adverſaires de Nous & de notred. Royaume de France, en quoi il a encouru & encourt chacun jour crime de leze-majeſté ; & par ainſi ladite obligation & dette de trois mille cent ſoixante & quinze livres, Nous ſoit deuement & raiſonnablement acquiſe & confiſquée, tellement que Nous en pouvons comme de notre propre choſe ordonner & diſpoſer à notre bon plaiſir. Nous eu regard & conſideration aux choſes deſſus dites, & ſur icelles eu avis & meure deliberation avec notre très-cher & très-amé oncle Jean, Regent notredit Royaume de France, Duc de Bedfort, & autres de notre grand Conſeil, par l'avis d'iceux, avons voulu & ordonné, & par ces Preſentes de grace ſpeciale, pleine puiſſance & autorité Royale, voulons & ordonnons, que ladite obligation & ſomme de trois mille cent ſoixante & quinze livres qui en reſte à payer, comme dit eſt, les deſſus nommés & autres obligés en icelle, & chacun d'eux, leurs hoirs, ſucceſſeurs & ayant cauſe, ſoient & demeurent à toujours-mais, quittes, paiſibles, & pour pleinement & entierement acquittés & déchargés envers Nous ; ſans ce que par Nous, nos Succeſſeurs, Officiers & Serviteurs, ledit de Bourbon ne autres, leur en ſoit ou puiſſe être aucune choſe demandée, ni que aucune contrainte ſoit pour ce faite ſur eux, leurs ſucceſſeurs ou ayant cauſe, en quelque maniere que ce ſoit ; ains voulons & Nous plaiſt, ladite obligation être de nul effet ou valeur, &c. DONNÉ le ſeptiéme jour de Septembre à Paris, l'an de grace mil quatre cens vingt-quatre, & de notre regne le ſecond. Ainſi ſigné par le Roi en ſon Conſeil, tenu par Mr le Regent Duc de Bedfort ; BORDES.

Du cinquante-deuxiéme Cahier.

A Sœur Jeanne des Essars, Abbesse de l'Humilité Notre-Dame de Long-champ lez St Cloud, la somme de cent douze sols parisis, payés pour les termes de Noel 1423 & Pâques 1424, à cause de 11 liv. 4 sols parisis de rente, que Sœur Marguerite la Gencienne, Religieuse de ladite Abbayie, & fille de feu Me Oudart Gencien, a droit de prendre par chacun an sur les heritages de feue Dame Jeanne la Gencienne sa grande mere, & sur ceux dudit feu Me Oudart son pere, &c.

Me Jean le Begue, Notaire & Secretaire du Roi.

Reverend Pere en Dieu Monseigneur l'Evesque & Comte de Beauvais, Conseiller du Roi notre Sire, & commis de par icelui Seigneur à l'Office d'Aumosnier, la somme de cinquante livres à prendre sur les biens de Me Henri Camus, absent, Maistre & Administrateur de l'Hospital de St Germain en Laie.

Jean Tabary, Escuyer, pere de Jaquet Tabary, absent.
Me Jaques Roussel, Clerc de la Chambre des Comptes.
Me Jaques Burges, Conseiller du Roi.
Jeanne de Lailler, mere de sire Michel de Lailler.
Me Pierre de Priere, Chapellain de la Chapelle perpetuelle de Notre-Dame, fondée en l'Eglise St Pere-aux-bœufs à Paris, pour quarante sols de rente à lui deue à cause de ladite Chapelle, sur une maison scise rue Michel-le-Comte.

Hostel du Roi à Cachant.

Du cinquante-troisiéme Cahier.

Mre Fortin de Lisiers, Chevalier.
Jean Bonnet, Escuyer.
Blandiche de Sevestre, Escuyer.
Watelet de Tillemont, Escuyer.
Jean de la Vigne, Escuyer.
Jean de Sens, Escuyer.
Et autres, tant Advocats, que Varlets d'armes & Bourgeois, prisonniers au Chastelet, amenés des prisons de Melun, Meaux & Pacy.

Thevenin de Neufville, prisonnier au Chastelet, lequel étoit de la garnison de Melun lorsqu'elle fut prise par force; lequel Thevenin s'échappa des prisons, & fut depuis repris pour autres cas, auquel on donne dans ce compte le pain du Roi, attendu sa grande necessité.

Reparations faites.

A l'Hostel d'Anjou vers le coin de la rue de la Poterie, un mur neuf, &c. Cet Hostel étoit dans la rue de la Tixeranderie.

Me Pierre Robin, Sergent d'armes & Maçon general du Roi.

A l'Hostel appellé le Sejour d'Orleans, scis en la rue St André des Arcs, dans lequel il y avoit un jeu de paulme, preau & jardin.

Du cinquante-quatriéme Cahier.

A l'Hostel d'Alençon dans la rue des Poulies, joignant l'Hostel de Bourbon, dans lequel étoit une écurie du corps, grandes étables, plusieurs cours, jeu de paulme, deux galleries, jardin, maison du Concierge, &c.

Mre Jaques de Chasteler, lors Tresorier de l'Eglise de Rheims, & Maitre de la Chambre des Comptes du Roi à Paris, & de present Evesque de Paris, avoit occupé l'Hostel de Reims lez la porte St Germain des Prés, jusqu'au terme St Jean 1426, pendant lequel il a fait faire plusieurs reparations audit Hôtel, auquel il y avoit gallerie, jardin qui étoit près le jardin du College Mignon & du College de Bourgogne : il y avoit aussi un Preau, une Chapelle, un Oratoire & plusieurs louages.

Du cinquante-cinquiéme Cahier.

Venerable & discrete personne Me Thomas Josselin, Maistre du College de Sées, fondé à Paris en la rue de la Harpe.

Mre Simon Morhier, Chevalier Seigneur de Villers, & Garde de la Prevosté de Paris, &c. Est fait mention que le Roi lui avoit donné les terres de Joigny & de Marueuil, qui lui étoient de nulle valeur, & pour raison de quoi il avoit procès en Parlement, que le Roi lui avoit retranché la somme de mil livres, que ses predecesseurs Prevosts de Paris, avoient chacun an outre leurs gages ordinaires; qu'il a fait plusieurs lointains & dangereux voyages par l'ordre du Conseil du Roi, tant en Arragon comme ailleurs, où il avoit été détroussé, sans en avoir receu aucune recompense, &c.

Du cinquante-sixiéme Cahier.

Très-haute & puissante Dame Madame la Duchesse de Bedfort. Maison scise rue des Juifs derriere St Antoine le petit.
Me Laurent Calot, Notaire & Secretaire du Roi.
Mre Guillaume de Lorme.
Me Raoul Belon, Conseiller au Chastelet.
Mre Englebert d'Enghien, Chevalier.
Dame Isabelle de Moy, mere de Mre Jean de Moy, dit Galehaut, Chevalier, & Mre Jean de Moy, dit Goulart, fils d'icelle Dame, absens.
Me Philippes du Puis, & Damoiselle Jeanne, sa sœur.

Du cinquante-septiéme Cahier.

Fabien Berault, Controlleur de la recette des Confiscations.
Guillaume d'Orgemont.
Me Jean Doubs Sire, Examinateur au Chastelet de Paris, & Greffier de la Chambre & Auditoire de Messieurs les Commissaires sur le fait des Confiscations.
Me Jaques Thieffart, Advocat, & Estienne de Noviant, Procureur du Roi sur le fait d'icelles Confiscations.
Me Pierre d'Orgemont.
Me Jaques Cardon, Examinateur au Chastelet.
Me André Courtevache, Clerc des Comptes.
Me André le Preux, Examinateur au Chastelet.

Du cinquante-huitiéme Cahier.

La Comtesse de Roussi, heritiere de feu Mr l'Evesque de Noyon.
Noble-homme Mre Miles de Paillart, Chevalier, adjourné en la Ville de Mursault.
Madame d'Arcis, adjournée en la Ville d'Assy sur Aube.
Mre Englebert d'Enghien, Chevalier, adjourné ès Villes & Chasteau de Ramern & Pigne.
Marguerite la Boularde & Pasquette sa fille, que l'on dit être tous heritieres de feu Oudin Boulart.
Jean Dars, Greffier de la Chambre desdites Confiscations.

COMPTES ET ORDINAIRES.

Me Pierre le Boulangier, Notaire & Secretaire du Roi, Greffier desd. Confiscations.
 Jean du Couseil, Notaire au Chaftelet.
 Digne de Troyes, Notaire au Chaftelet.
 Regnault Thumery, Changeur & Bourgeois de Paris.
 Girard de Byencourt, Escuyer, demeurant à Byencourt à quatre lieues d'Abbeville, dont Alips ou Alifon de Byencourt étoit sœur, laquelle avoit épousé Me Denys de Paillart.

Du cinquante-neuviéme Cahier.

 Estienne Tesson, Notaire au Chaftelet.
 Jean Preud'homme, Notaire au Chaftelet.
 Hugues de la Varenne, Notaire au Chaftelet.
 Jean Culdoë, demeurant en la rue Jean-pain-molet.
 Nicaife Goujon, Notaire au Chaftelet.
 Pierrat de Foulies, Notaire au Chaftelet.
 Me Jean Tillart, Commiffaire au Chaftelet.

Du foixantiéme Cahier.

 Honnorable homme & fage Me Pierre de Marigny, Confeiller & Maiftre des Requeftes de l'Hoftel du Roi.
 Me Thomas Fufier, Confeiller du Roi & Maiftre des Requeftes de l'Hoftel du Roi.
 En 1433 la Foire St Germain duroit dix-fept ou dix-huit jours, & commençoit le Mardi de la quinzaine de Pâques.
 Les métiers qui étoient fujets à faire le guet la nuit à Paris, étoient les Tanneurs, Bourciers, Megiffiers, Baudroyeurs & Sueurs. Les Sueurs font les Couturiers, au compte de 1434. Lefquels payoient chacun an en trois femaines une fois; à fon tour, cinq fols parifis, & dix hommes pour faire le guet ès carrefours de Paris.
 En 1434 est fait mention d'une écorcherie nouvellement faite & conftruite ès Tuilleries lez Paris hors la porte St Honoré.
 Sçavoir ce que c'eft qu'un Biblotier. C'eft un faifeur & mouleur de petites images de plomb, qui fe vendent aux Pelerins & autres. Cela eft uni aux Miroitiers.

Du Compte de l'Ordinaire de Paris, 1436.

 La Foire St Ladre commençoit le jour des Morts, & duroit dix-fept jours.
 La taille du pain & du vin de la Ville de Paris, nommée la ceinture de la Reine, qui fe leve de trois ans en trois ans, de la St Remy jufqu'à Quafimodo.
 Le temporel de l'Evefché de Meaux eft en ce Compte mis en la main du Roi; à caufe que Me Pafquier de Vaulx, Evefque de Meaux, tenoit le parti des Anglois. L'Hoftel dudit Evêque étoit scis en la rue St Paul.
 Idem de l'Hoftel de l'Archevefque de Rouen, qui étoit scis à Paris près la porte St Germain des Prés, à l'oppofite de l'Hoftel de Rheims.

DE LA PREVOTÉ DE PARIS.

Du Compte de l'Ordinaire de Paris pour un an fini à la St Jean. 1438.

Deniers payés en acquit du Roi.

Au Prieur de St Eloi de Paris, lequel à cause de sondit Prieuré, a droit de prendre chacun an au terme St Jean, sur l'Hostel de l'Evesché de Meaux, assis à Paris en la rue St Paul, la somme de sept livres parisis, qui payée lui a été par ledit Receveur, pour chacun des ans finis a la St Jean 1436, 1437, 1438 & 1439, comme par la quittance de Me Gilles Huet, Maistre des Arts, commis de par ledit Prieur à recevoir les cens & rentes d'icelui Prieuré, donnée sous son seing manuel le Jeudi vingt-uniéme jour de Janvier audit an 1439, cy rendue, servant en ce present chapitre pour la somme de sept livres parisis, pour l'an de ce compte, & pour le surplus sur le compte ensuivant, pour ce cy sept livres parisis.

Rue Bertault-qui-dort, aboutissant à la rue St Martin.
Rue Pied-de-beuf près la grande Boucherie.
Rue de la Cordonnerie, au Cloistre St Opportune. C'est la rue des Foureurs.

Du Compte du Domaine de Paris 1439.

Terres tenues en la main du Roi.

Du louage d'une maison assise en la grande rue St Denys, en laquelle on avoit accoutumé de tenir le Comptoir de la Boëte aux Lombards, baillée & delivrée du jour de Pâques 1436, jusqu'à six ans ensuivant, &c. Nicolas de Neufville, Receveur des Aides de Paris.

A Collin Feucher, Jean Bayart, Sergens à verge, & Jean Vaillant, Sergent à cheval du Roi notre Sire au Chastelet de Paris, Procureurs & Gouverneurs de la Communauté des Sergens à verge & à Cheval du Roi nostre Sire audit Chastelet, la somme de dix livres parisis, laquelle somme a accoutumée être payée chacun an pour supporter les frais du disné qui chacun an se fait le jour de Carême-prenant, au retour du guet que Mr le Prevost de Paris, son Lieutenant Criminel, aucuns des Examinateurs dudit Chastelet, lesdits Sergens à cheval & à verge, font chacun an ledit jour de Carême-prenant, au tour & parmi ladite Ville de Paris ainsi que de toute ancienneté est accoutumé de faire; laquelle somme de dix livres, &c.

Ledit Collin Feucher est ensuite qualifié Tourmenteur-Juré dudit Chastelet.

Du Compte du Domaine de Paris 1454.

Forfaitures, Espaves, &c.

De la vente faite par Me Girard Collectier, Examinateur, &c. de certains biens meubles appartenans au Roi notre Sire, pour la confiscation de Jean Plausson, n'agueres tenant franchise ès fauxbourgs de Beauvais en l'Eglise St Jaques, &c.

Dans la dépense commune est fait mention de la Foire St Laurent, qui commençoit la veille St Laurent, à la garde de laquelle assistoit un Examinateur du Chastelet, & plusieurs Sergens, tant à verge que de la Douzaine, qui y faisoient garde la veille & le jour de St Laurent, par ordonnance du Prevost de Paris; pour quoi leur étoit faite une taxe pour chacun, pour la dépense de leur disné & soupé.

Est fait pareillement mention que pendant la Foire du Landy, qui se tenoit entre la Chapelle & St Denys, il y avoit des Sergens commis par le Prevost de Paris à la garde de la Chapelle St Denys pendant douze jours, ausquels on donnoit aussi une taxe.

Du Compte du Domaine de Paris, pour un an fini à la St Jean-Baptiste 1439.

DOMAINE MUABLE.

La Boëte aux Lombards étoit de quatre deniers pour livre.

VENTES DE CENS.

De Me Henri Thiboust, Maistre ès Arts & en Medecine, Chanoine & Penancier en l'Eglise de Paris, pour quarante sols parisis de rente sur l'Hostel des Trois-Rois en la rue St Jaques, qu'il a acquis de Colin Gourdin, dit Lormoye, Tailleur de robes, &c.

Hostel de l'Arbalestre dans la rue de la Huchette, tenant du costé de Petit-Pont à l'Hostel de Pontigny, & du costé du Pont St Michel à l'Hostel des Bœufs, &c. A l'Arbalestre il y avoit estuves pour hommes, & aux Bœufs estuves pour femmes.

Rue de la Pierre-au-lait, dite des Escrivains.

Maison scise rue Frogier-Lasnier, aboutissant par derriere à la rue de la Guespine.

Me Jean Chuffart, Doyen de St Germain l'Auxerrois.

Maison scise rue de la Voirerie, faisant le coin de la rue du Franc-meurier. C'est la rue de Moucy, tenant d'un costé tout au long, & aboutissant à l'Hostel de Beauvais, & d'autre part aussi tout au long à ladite rue du Franc-meurier.

Maison scise rue au Fuere, achetée des Religieux de l'Eglise Notre-Dame, de l'Ordre de St Guillaume, dit les Blancs-manteaux de Mont-rouge & de Paris, fondés à Paris en la rue des Parcheminiers.

Maison scise rue, que l'on disoit la Porte-Boucleriere, & de present communement appellée la rue-neuve outre le Pont St Michel. C'est la rue de la vieille Bouclerie.

OEUVRES ET REPARATIONS.

Oeuvres & reparations faites en l'Hostel qui fut à l'Archevesque de Rouen, assis à l'opposite de l'Hostel de Reims, près de la porte St Germain des Prés.

Une épauletée de murs, faite devers les murs de la Ville, &c.

Item. Une autre épauletée de murs, faite devers le Cimetiere St André des Arcs.

DEPENSE COMMUNE.

A Colin Feucher, Tourmenteur-Juré audit Chastelet, qu'il paya comptant le premier jour de Septembre 1438. pour un grand sac de traillis, où fut mis le corps mort de feu le Me des Ponts de Paris, cedit jour executé pour ses demerites ès Halles de Paris, cinq sols parisis. *Item.* Pour une demi-lame ferrée, où sa teste fut mise & fichée en l'eschafaut, deux sols huit deniers parisis. *Item.* Le jour St Michel ensuivant, pour une autre demi-lame, où fut mise la teste de feu Me Jaques de Rouen, cedit jour executé à mort audit eschafaut, deux sols huit deniers parisis. *Item.* Le troisiéme

DE LA PREVOTE' DE PARIS. 337

me jour de Decembre enfuivant, pour une braye neuve baillée à Robinet l'Ermite, de la garnifon de Compiegne, cedit jour executé efdites Halles, qui n'en avoit point, deux fols parifis. *Item* Pour une demi-lame ferrée, où fut fichée fa tefte audit efchafaut, deux fols huit deniers parifis; & pour un fac où fon corps fut mis & pendu au gibet, cinq fols parifis.

Du Compte de l'Ordinaire de Paris, 1454.

Hoftel de Guyenne, fcis à St Ouen, donné à Henri le Fevre, Examinateur au Chaftelet, pour lui, fes hoirs & ayant caufe, pour foixante fols parifis de rente payables au Domaine, aux termes accoûtumés, & d'employer aux reparations audit lieu dans deux ans prochains, la fomme de deux cens livres parifis, pour une fois payée par Lettres de la Chambre des Comptes, du feize Octobre 1456.

VENTE DE CENS.

Des Maiftres & Gouverneurs de la Confrairie du Pere, du Fils & du St Efprit, & de la fainte proceffion qui fe fait tous les Lundis au tour du Cimeterie des Saints Innocens à Paris, pour & au nom d'icelle Confrairie, &c.

Maifon rue St Antoine, faifant le coin de Thiron.

Maifon rue St Denys, tenant d'une part, & faifant le coin de la rue par où l'on va fur les murs de Paris, d'entre les Portes St Denys & Montmartre.

De Sire Guillaume Coulombel, Eflu de Paris, maifon fcife en la Cité au bout du Parvis Noftre-Dame, devant l'Eglife St Chriftophle, tenant d'une part à prefent à une maifon faifant le coin de la petite ruelle devant St Chriftophle, appartenant à la fille feu Mre Denys de Chailly, & d'autre à une maifon faifant le coin de la rue St Pere aux Boeufs, appartenant à l'Eglife de Paris.

De Simonet de Dampont, Patiffier, demeurant à Paris, pour les ventes & faifines de quarante fols parifis de rentes, par lui rachetées le vingt-un Decembre, au moyen des Ordonnances Royaux des Maiftres & Gouverneurs de la grande Confrairie aux Bourgeois de Paris, pris fur fa maifon, affife en Pirouet en Therouenne.

Maifon rue de la Lanterne, faifant le coin de la rue Gervaife-Laurent. Guillaume du Mouftier, Notaire du Roi notre Sire au Chaftelet de Paris.

Rachats, Reliefs, & quints deniers.

Me Budé, Audiancier de la Chancellerie de France.
Me Jean du Brual, Confeiller du Roi en fa Cour de Parlement.

Aubaines, Forfaitures, & Confifcations du Chaftelet.

Confifcation de Jean Plauffon, n'agueres tenant franchife ès fauxbourgs de Beauvais en l'Eglife St Jaques.

RECETTE COMMUNE.

De honnorable homme & fage, Me Pierre Amer, Clerc du Roi notre Sire en fa Chambre des Comptes à Paris, pour une mazure où jadis étoient logées de bonnes Dames, affis à Paris en la Parcheminerie des Blancsmanteaux.

Tome III.   *V u

COMPTES ET ORDINAIRES

Terres tenues en la main du Roi.

Maifon rue St Denys, en laquelle on avoit accoûtumé de tenir le Comptoir de la Boëte aux Lombards.

OEUVRES & REPARATIONS.

Hoftel appartenant au Roi, fcis au Palais Royal à Paris, où demeure à prefent Mr l'Evefque de Châlons, auquel Hoftel il y avoit deux Galleries, Chapelle & jardin.

Il y avoit au Chaftelet plufieurs prifons, entre autres une nommée le Puis, la Gourdaine, Oubliettes, la Boucherie, les Chaifnes, Beauvais, le Berceau, la Griefche, Paradis.

Du Compte de la Voirie de ladite année.

Avantures, &c. de ladite Voirie.

Rue Jean-le-Comte, dit d'Avignon.
Rue des Poulies. C'eft la rue des Francs-Bourgeois.

Du Compte de l'Ordinaire de Paris, pour l'an fini à la faint Jean, 1474.

DOMAINE NON MUABLE.

Dans la rue du Lion vers St Jaques de l'Hofpital, eftoit l'Hoftel du Grand-Lyon, & l'Hoftel du Petit-Lyon.

Maifon fcife en la rue de la petite Borvellerie.

Rue aux Savetiers ès Halles de Paris.

Place vuide joignant la Porte des Barres en la fin des nouveaux murs de la Ville de Paris, fur la riviere de Seine, près de l'Hoftel du Roi, joignant des Celeftins de Paris, contenant deux toifes & demie en tous fens.

Mafure où étoit une maifon appellée le For-le-Roi, affife à Paris en la rue St Germain l'Auxerrois, devant le For-l'Evefque.

Maifon rue St Denys, ayant iffue en la rue Jean-le-Comte, dite d'Avignon.

De Mre Robert Deftouteville, Chevalier, Prevoft de Paris, & Dame Ambroife de Lore fa femme, pour une maifon affife dans le pourpris du Palais-Royal à Paris, dans la rue appellée Galilée. Appert que le Roi avoit donné tout le revenu du Palais à Me Jean de la Driefche, Prefident des Comptes.

Places à vendre œufs, fromages & autres denrées, affife à Petit-pont, joignant de la Chapelle Ste Agnès contre l'Hoftel-Dieu de Paris, baillée & delivrée par les Treforiers de France aux Me Freres & Gouverneurs dudit Hoftel-Dieu, avec les autres places affifes devant le Portail d'icelui Hoftel-Dieu, pour en jouir à toujours moyennant huit fols parifis de rente payables à Noel, dont le premier terme de payement commence à Noel 1463, à la charge de les paver & fouftenir de reparations dues & convenables, &c.

Me Pierre Bezon, Procureur au Chaftelet.

De Guerin le Grouin, auquel le Roi a donné tous les biens qui appartinrent à feu Mre Jean le Bourfier, Chevalier, Seigneur d'Efternay, à l'exception d'un jardin qu'il avoit à Rouen, dont le Roi a voulu difpofer ailleurs à fa volonté.

DE LA PRÉVOTÉ DE PARIS.

Me Pierre l'Orfévre, Conseiller & Maistre des Comptes du Roi.
Me Simon Radin, Conseiller du Roi sur le fait de la Justice du Tresor.
Me Gilles le Cornu, Notaire & Secretaire du Roi, & Changeur de son Tresor.
Ruelle Thomas-d'Assy, scise à Paris en la rue du Temple.
Les Isles Jaques Saillambien, dans la riviere de Seine vers Vitry.
Maison rue au Maire, aboutissant par derriere à St Martin-des-Champs.
Maison scise à la Villette St Ladre.
Maison scise à la Chapelle-St-Denys.
Me Antoine Ysome, Notaire & Secretaire du Roi.
Saulsoye en la riviere de Seine, à l'endroit de Clichy & d'Asnieres, tenant d'une part à Jaques Saillambien.
Evrard de Migennes, jadis Fourier du feu Roi Charles-le Quint.
Damoiselle Jeanne de Lailler.

Du Compte de la Prevosté de Paris pour un an fini à la St Jean-Baptiste 1440.

VENTE DE CENS.

Maison scise rue de Bethisy, faisant le coin de la rue du Cerf, & grange tenant à ladite maison, assise en ladite rue du Cerf, à l'opposite de l'Hostel de Sire Michel de Lailler en la censive de l'Evesché de Paris.
Maison scise rue de l'Escorcherie de Paris, aboutissant & ayant issue par derriere sur ladite rue de l'Escorcherie devers la riviere de Seine, & a son entrée sur le grand Pont par une étroite allée.
Jean le Bourcier, fils de sire Alexandre le Bourcier, & de Damoiselle Nicolle la Fritiere, sa femme.
Confrairie de la Ste Trinité, du Pere, du Fils & du St Esprit, fondée en l'Eglise des Saints Innocens à Paris, par les Marchands Fripiers de la Ville de Paris.

FORFAITURES.

De la vente des biens-meubles de feues Jannette la Bonne-Valette, & Marion Bonnecoste n'aguerres ensouyes vives lès la Justice de Paris pour leurs demerites, &c. dont ont été ostées, distraits & rendus à plusieurs personnes plusieurs desdits biens, comme à eux appartenans, & qui mal pris & emblés leur avoient été par lesdites femmes, &c.

Compte de la Prevôté de Paris, 1441.

DÉPENSE COMMUNE.

A Jean du Moulin, Sergent à Verge, & Tourmenteur-Juré du Roi notre Sire au Chastelet de Paris, la somme de soixante-quinze sols huit deniers parisis, pour avoir par lui quis & livré les choses qui s'ensuivent, dès le Samedy quinziéme jour du mois d'Octobre dernier passé, parce que cedit jour Lancelot de Habatis, natif du pays d'Italie, fut ars & bruslé pour ses demerites au marché aux Pourceaux, c'est à sçavoir, pour douze boulayes de cuir espaisses, du prix de douze sols parisis; deux cens & demi de coterets & bourrées, tout bois sec & du meilleur, chacun cent l'un parmi l'autre, quatorze sols parisis qui valent trente-cinq sols parisis; pour Fuerre, douze deniers parisis; pour une solive faisant attache, deux sols huit deniers parisis; pour le Charetier qui mena ce que dit est de Grève en ladite Place aux Pourceaux, deux sols parisis: & outre au retour de

Tome III.   *Vu ij l'execution dudit feu Lancelot, qu'il étoit tard, le Lieutenant Criminel de mondit fieur le Prevoft, plufieurs Examinateurs & autres, qui lui avoient tenu compagnie, jufqu'au nombre de neuf ou dix perfonnes, defpendirent en l'Hoftel & Taverne de Michau Piau Tavernier, demeurant aux Quatre-fils-Aymond à la Porte de Paris, au difné vingt-quatre fols parifis; montant le tout à foixante-quinze fols huit deniers parifis.

A Pierre Penneverre, Sergent à cheval du Roi notre Sire au Chaftelet de Paris, Maiftre & Gouverneur avec autres pour cette prefente année de la Confrairie Mr St Louis, aux Sergens à cheval & à verge, la fomme de fix liv. parifis, faifant la plus grande partie de la fomme de dix liv. parifis, qui taxée & ordonnée leur a été par mondit fieur le Prevoft en la prefence du Procureur du Roi notredit Seigneur au Chaftelet de Paris, pource que de toute ancienneté a été accoûtumé être baillée & payée aux Procureurs des Communautés defdits Sergens, pour fupporter la defpenfe que lefdits Sergens font au difné qui fe fait chacun an au retour de l'Affemblée, monftre & reveue que Mr le Prevoft, fes Lieutenants, les Examinateurs, Sergens à cheval & à verge du Chaftelet, font chacun an à-val la Ville de Paris jour du Carême-prenant, laquelle fomme de fix livres parifis a été payée audit Penneverre par ledit Receveur, par vertu des Lettres de mondit fieur le Prevoft, du feptiéme Fevrier 1440. & quittance dudit Penneverre cy-rendue à Court, pour ce fix livres parifis.

Domaine de Paris, 1442.

VENTE DE CENS.

De Me Dreux Budé, Notaire & Secretaire du Roi, pour une maifon fcife rue de Long-pont, qu'il a acheté de Hugues de la Varenne Notaire au Chaftelet.

En fin duquel Compte eft un Cahier des Recettes des Baffes merceries, terme de St Remy & Noel 1436.

Des Ayans-caufe de feu Jean Mallet, à caufe des heritages qui furent Mre Jean de Dormans, affis près de la Chapelle-St-Denys en France, & de prefent à un nommé Jean Girard, à caufe de fa femme fille des Dormans.

Domaine de Paris, 1445.

VENTE DE CENS.

Me Pierre de Morvilliers, demeuroit à l'Hoftel de Preully, dans la rue Geoffroi-Lafnier, nommée la rue Frogier-Lafnier.

Aubaines, Forfaitures, &c.

Rue Guillaume Poirée.
Rue d'Efpagne. C'eft vers la Baftille, la rue Jean-Beaufire.

RECETTE COMMUNE.

Des Maiftres & Gouverneurs de la Conception Notre-Dame aux Tondeurs de la Ville de Paris, &c.

Reparations aux Halles.

On refit de neuf au Pilori l'échafaut qui fait faillie hors dudit Pilori, auquel on perce les langues.

DE LA PREVOTE' DE PARIS.

Extrait dudit Compte.

Deniers payés par mandement du Roi.

Me Robert Maliere, Maiftre des Comptes, Treforier des Cartes & Privileges, auquel le Roi par Lettres données à Bourges le trente Août 1440, donne cinq cens livres de gages pour la Charge de Treforier defdites Cartes & Privileges, à recevoir fur diverfes recettes de Domaine & autres.

Deniers payés en acquit du Roi.

Meffire Jean Barré Chapellain de la Chapelle fondée en l'Eglife de Paris pour la Reine Marguerite, huit livres parifis.

Au Greffe de l'Hotel de Ville il y a un Regiftre qui contient les Reglemens de la Marchandife, au folio 8 duquel font les Ordonnances pour les Maçons, Tailleurs de pierre, Plâtriers & Morteliers, d'où pourroit venir le nom de la rue de la Mortellerie.

Compte du Domaine de Paris, 1443.

En la fin dudit Compte, avant celui du Hallage, eft un chapitre intitulé : C'eft la declaration de certaines vignes & terres appartenantes à l'Hoftel de Mr le Duc de Guyenne nommé le Pont-Perrin, fceant à Paris près la Baftille St Antoine, dont les noms des perfonnes qui icelles vignes & terres tiennent, font ci-deffous nommés, & doivent les aucuns d'eux payer la rente que elles doivent à l'Orme St Gervais à Paris, le jour St Remi, & les autres à la St Martin d'hiver, fur peine de l'amende en tel cas accoutumé, & fous les conditions contenues ès Lettres fur ce faites, lefquelles font au trefor de mondit Sieur le Duc.

Jean de Rieux, Maiftre du Pont & Bourgeois de Paris, &c.

Du Compte de 1448.

VENTE DE CENS.

Rue de Maldeftour.
Rue Gilles Chat-blanc.
Maifon fcife dans la rue de la vieille Tifferanderie, faifant le coin de la rue des Garnifons, en allant au petit huis du St Efprit de Gréve.
Rue Quiquetone.
Hotel-Dieu St Euftache fcis rue Quiquetone.
Rue de la Gipecienne.

DEPENSE COMMUNE.

A Colin Feucher, Sergent à verge & Tourmenteur-Juré du Roi notre Sire au Chaftelet de Paris, la fomme de vingt-trois fols parifis, pour avoir livré par le commandement de Mr le Prevoft de Paris, pour ardre & mettre en cendres au marché aux Pourceaux lès Paris, une nommée Catherine la Prevoftelle, en fon vivant demeurant à Paris près Ste Opportune, condamnée au Chaftelet le Samedi veille de la Trinité derniere paffée, pour certain meurtre par elle commis en la perfonne d'un fien gendre, &c.

COMPTES ET ORDINAIRES

Du Compte de la Prevosté de Paris, 1449.

VENTE DE CENS.

Rue de Long-pont.
Maison, mazure, &c. scis à Notre-Dame des Champs devant le Puits, tenant d'une part au jardin du Roi notre Sire.

De honorable homme & sage Me Dreux Budé, Notaire & Secretaire du Roi notre Sire & Audiancier de la Chancellerie, pour les ventes & saisines de vingt livres tournois de rente constitués sur un grand Hostel où il demeure, scis derriere le chevet St Gervais, tenant d'une part par devers la riviere de Seine à l'Hotel des Barres, auquel est demeurant Mr l'Abbé de St Maur, & d'autre part à l'Hostel de Me Philippes de Nanterre, laquelle rente il a racheté de Me Jean Aguenin, Conseiller du Parlement, Guy Aguenin, Avocat au Chastelet de Paris, & de Mre André Aguenin, Prestre Bachelier en Droit Canon, Chanoine de St Merri, en leurs noms, & Damoiselle Jeanne Porchiere, femme de Me Guillaume le Duc, stipulant & soi-disant fort en cette partie de Guillemin Aguenin, Ecolier, étudiant en l'Université de Paris; iceux Me Jean, Guy & André, comme representans les personnes de feus Me Jean Aguenin & Damoiselle Jeanne de la Porte.

Cette maison de Dreux Budé, aboutissant par derriere à la ruelle aux Bretons, comme il est porté dans l'article suivant.

Du Compte de la Prevosté de Paris, 1447.

VENTE DE CENS.

Maison scise ès Halles de Paris devant le Marché aux Porrées, où pend l'enseigne des Gands, tenant d'une part à la ruelle du Four St Martin, aboutissant par derriere ès Halles aux Fripiers.

Maison scise rue de la Feronnerie, ayant issue en la vieille place aux Pourceaux.

Maison scise rue de Jean Pimolet & de St Bon, aboutissant par derriere au lieu où est de present la Cour pavée, où il avoit accoutumé d'y avoir Preau.

Arnoul de Longueville, Notaire.

Robert de Senlis, Procureur General au Chastelet de Paris, & Catherine Erambourg sa femme, la sœur de laquelle se nomme Marie Erambourg, & avoit épousé Pierre de Villers, Sergent de la Douzaine.

Me Nicole Savary, Notaire & Secretaire du Roi, & Greffier de la Chambre des Comptes.

Me Jean Hebert, Notaire & Secretaire du Roi, & Damoiselle Jeanne Guerine sa femme.

Me André le Pellé, Conseiller du Roi en sa Cour de Parlement.

Jean Langlois, Notaire au Chastelet.

Du Compte de la Prevosté de Paris, à la St Jean, 1450.

VENTE DE CENS.

Me Jean de Grant-rue, Clerc du Roi en la Chambre des Comptes.
M.
Rue de Maudestour.
Jean de Clichy, Notaire au Chastelet.

DE LA PRÉVOTÉ DE PARIS.

DOMAINE DE PARIS, 1451.

VENTE DE CENS.

Jean Talence, Notaire & Secretaire du Roi.
Me Pierre de Morvilliers, Conseiller du Roi en sa Cour de Parlement.
Jean Pincon & Jean Charretiers, Marchands & Bourgeois de Paris; & Thomas Thibouft, Vendeur de Vins, Maiftres & Gouverneurs de la Confrairie de la Conception Notre-Dame, fondée en l'Eglife St Gervais à Paris.

Maifon où eft l'enfeigne de la Fleur-de-lis, fcife à Notre-Dame des Champs lès Paris, aboutiffant par derriere aux clos de Bourbon; ladite maifon chargée en deux muids de mere-goutte.

Me Robert des Roches, Maiftre des Comptes, & Damoifelle Jeanne de Fée; fa femme.

Me Henri Thiboult, Docteur en Medecine.
Noble-homme Me Guillaume Baftart, Confeiller au Parlement.
Jean de Longueval, dit le Clerc, Ecuyer.

Maifon fcife rue St Jaques Paroiffe St Severin, tenant d'une part à l'Hoftel de la Cloche, d'autre part aux appartenances de la Cloche-perce, aboutiffant par derriere à un Hotel que l'on dit le College d'Allemagne.

College St Vaaft d'Arras, fondé à Paris dans la rue des Murs lez la porte St Victor.

Rue Frogier-Lafnier.
Me Pierre Maillard, Notaire & Secretaire du Roi.
Maifon fcife rue St Denys au coin de la rue de la Charonnerie; devant l'huis du Cimetiere des Sts Innocens.

Rue de la Lanterne en la Cité, faifant le coin de la rue Gervaife-Laurens.

Un arpent d'Ifle, fcis en la riviere de Seine, au lieu que l'on dit Champalart, aboutiffant à l'Ifle St Germain des Prés, en la cenfive du Roi.

Maifon fcife à Notre-Dame des Champs lès Paris, de la franchife de la Conciergerie du Palais Royal à Paris, dite de Murcaux en la cenfive de ladite Conciergerie.

Maifon entre l'ancienne porte St Denys à l'enfeigne de la Croix blanche, tenant d'une part à une maifon qui fait le coin de la rue au Lion à l'enfeigne des trois Rois.

Me Simon le Bourrelier, Notaire & Secretaire du Roi, & Greffier de la Chambre des Comptes.

Du Compte du Domaine de Paris, pour une année finie à la St Jean-Baptifte, 1446.

En fin duquel eft un Compte des amendes, &c.

Du chapitre d'autres deniers venus par le moyen de certaines aubaines, forfaitures & confifcations, &c.

Du dix-huitiéme jour d'Août 1445.

De la vente & délivrance faite à Colin Diguet, Marchand Fripier demeurant à Paris, des biens cy-après declarés advenus au Roi notre Sire, par la confifcation de feu noble-homme Mr Philippes de Valois Baftard de

Vertus, n'agueres exécuté à mort pour ses demerites en la Comté de Valois, & qui inventoriés avoient été par deux Notaires du Chastelet de Paris, & vendus audit Diguet les sommes qui s'ensuivent; c'est à sçavoir, &c.

VENTE DE CENS.

L'Hotel de Chastillon devant St Gervais.

De Jaspar Bureau, Ecuyer, Maistre de l'Artillerie du Roi, & Capitaine de Poissy, pour une rente qu'il prenoit sur une maison, qui jadis fut & appartint à feu noble Dame Madame Marie de Passy, en son vivant Chevalier, Dame de Bry sur Marne, & de present appartenant à noble homme Mre Robert de Chastillon, Chevalier, fils desdits deffunt & Seigneur dudit Bry sur Marne; icelle maison assise devant l'Eglise St Gervais, aboutissant à l'Hotel-Dieu St Gervais.

Dans ce Compte je trouve pour la premiere fois la rue *Geoffroy-Lasnier*; au lieu que dans les precedens on l'appelloit rue *Frogier-Lasnier*.

Rue Gilles-chat-Blanc. Ailleurs on trouve rue *Jean-Chat-blanc*.

FORFAITURES, &c.

Vente d'une petite ceinture, boucle, mordant, & quatre petits clouds d'argent, trouvés en la possession de Guyenne la Frogiere, femme amoureuse, déclarés appartenir au Roi par confiscation.

L'Hostel de Calais est l'Hostel d'Espernon, aujourd'hui l'Hostel d'Ervart, & avant que d'être l'Hostel d'Espernon, on le nommoit l'Hostel de Flandres.

DEPENSE COMMUNE, folio 248.

A Jean du Moulin, Sergent à verge, &c. la somme de   pour avoir quis à ses dépens trois chaînes de fer, pour attacher contre un arbre assés près du Bourg-la-Reine, & là pendre & étrangler trois larrons-brigands, condamnés à mort pour leurs demerites, & une échelle neuve où lesdits trois larrons furent montés par le bourreau, qui les executa & mit à mort, &c.

Par ce Compte il paroît que le jeu de dez étoit deffendu, & qu'il y eût plusieurs personnes emprisonnées pour y avoir contrevenu.

Il étoit pareillement deffendu aux Barbiers de travailler les jours de Fêtes, & y en a un comdamné en l'amende de cinq sols parisis envers le Roi & le Maistre Barbier du Roi ou son Lieutenant, pour avoir fait la barbe le jour de l'Annonciation de Notre-Dame en Mars 1445, auquel jour on avoit établi le service de l'Annonciation Notre-Dame; desquels cinq sols parisis il y a trois sols pour le Maistre Barbier, & deux sols pour le Roi.

Compte de la Prevosté de Paris, 1447.

DOMAINE MUABLE.

Me Nicole de Sailly, Clerc du Roi en sa Chambre des Comptes.

VENTE DE CENS.

Hopital & Confrairie de Mr St Jaques l'Apôtre, fondé à Paris en la grande rue St Denys outre l'ancienne porte.

Maison scise rue de la Feronnerie, ayant issue en la vieille place aux Pourceaux.

Me Pierre de St Amant, Clerc du Tresor du Roi, pour une maison scise
rue

DE LA PREVOTE' DE PARIS.

rue Jean-Pimolet & de St Bon, aboutissant par derriere au lieu où est de présent la Cour pavée, où il y avoit ordinairement un Preau.

Arnoul de Longueville, Notaire.

Robert de Senlis, Procureur General au Chastelet, & Catherine Erambourg sa femme. Marie d'Erambourg sœur de ladite Catherine, avoit épousé Pierre de Villiers, Sergent de la douzaine au Chastelet.

Me Nicole de Savary, Notaire & Secretaire du Roi, & Greffier de la Chambre des Comptes.

Me Jean Hebert, Notaire & Secretaire du Roi, & Damoiselle Jeanne Guerine sa femme.

Me André le Pellé, Conseiller au Parlement.

Jean Langlois, Notaire du Roi au Chastelet.

Rue Gilles-chat-blanc.

Gilles Poart, Procureur General au Chastelet.

DEPENSE.

Nicolas de Carrefour, Notaire au Chastelet.

Me Jean de Longuejoe, Conseiller & Avocat du Roi au Chastelet.

Jean de la Varenne, Notaire au Chastelet.

EXTRAIT.

Deniers payés par mandement du Roi.

Me René de Bouligny, Conseiller du Roi, Maistre des Comptes, ci-devant Tresorier de France.

Compte de la Prevosté de Paris, 1448.

DOMAINE NON MUABLE.

Me Jean Cheneteau, Greffier de la Cour de Parlement.

VENTE DE CENS.

Me Guillaume de la Haye, Conseiller du Roi & son Avocat au Chastelet, & Damoiselle Marie de Poupaincourt sa femme, pour une rente sur une maison scise rue de la Tisseranderie, qui fut à Messire Jean de Poupaincourt, Chevalier.

Damoiselle Marguerite de Paillart, veuve de Me Etienne de la Charité, Maistre des Requestes.

Rue des Garnisons.

Rue Quiquetonne. Maison en ladite rue, tenant d'une part à l'Hotel-Dieu St Eustache.

Odart Bataille, en son vivant Notaire au Chastelet.

Denys Bataille, Notaire au Chastelet.

Me Etienne de Novion, Procureur du Roi en la Chambre des Comptes.

Maison scise rue de la Cossonnerie, à l'enseigne St Michel, qui fut à la grande Confrairie aux Bourgeois de la Ville de Paris, donnée à rente par Me Girard Gehe, Curé de St Côme, Abbé de ladite grande Confrairie, Me Pierre de Breban, Conseiller du Roi en sa Chambre des Generaux, Doyen de ladite grande Confrairie; sire Michel Culdoë, Bourgeois de Paris, Prevost d'icelle grande Confrairie, pour quatre livres parisis de rente.

COMPTES ET ORDINAIRES

Deffunt Me Pierre de Marigny, Maiſtre des Requeſtes.
Venerable & circonſpecte perſonne Me Jean Chuffart, Chancelier & Chanoine en l'Egliſe Notre-Dame de Paris, Doyen de St Germain l'Auxerrois, Docteur & Regent à Paris en la Faculté de Decret.

FORFAITURES, &c.

Rue de la Gipecienne.

RECETTE COMMUNE.

Maiſon qui fut à feu Mre Thomas de Pleuron, en ſon vivant Chevalier, ſciſe rue du Temple, près l'Egliſe Ste Avoye, ayant iſſue par derriere en la rue de cul-de-ſac, advenue au Roi par aubaine.

DEPENSE COMMUNE.

Colin Eveillart, Clerc du Procureur du Roi au Chaſtelet, & Notaire au Chaſtelet.
A Colin Seuchier, Sergent à verge & Tourmenteur-Juré au Chaſtelet, la ſomme de trente-trois ſols, pour ardre & mettre en cendres au marché aux Pourceaux lès Paris, une nommée Catherine la Prevoſtelle, en ſon vivant demeurant près Ste Opportune, condamnée par le Prevoſt de Paris & ſes Lieutenans au Chaſtelet, le ſamedi veille de la Trinité derniere paſſée, pour certain meurtre par elle commis en la perſonne d'un ſien gendre.

Dons & Remiſſions.

Jean Chenart, Notaire au Chaſtelet.

Compte de la Prevoſté de Paris, 1449.

VENTE DE CENS.

Maiſon ſciſe rue St Denys outre l'ancienne porte, tenant d'une part à une maiſon ſciſe en la rue au Lion, aboutiſſant en partie en ladite rue au Lion.
Pierre Bonni, Notaire au Chaſtelet.
Jean de Varenne, Notaire au Chaſtelet, pour une maiſon ſciſe rue de Long-pont.
Me Jean Mortis, Chantre & Chanoine de la Ste Chapelle du Palais Royal à Paris, & Vicaire general tant au ſpirituel qu'au temporel de Mr le Treſorier d'icelle Ste Chapelle, Jean de Chaumont, Jean Cheneteau, Antoine Caille, Jean le Peintre, Jean de Neufville, & Thomas Gerſon; tous Chanoines d'icelle Ste Chapelle.
Maiſon ſciſe à Notre-Dame des Champs, tenant d'une part au jardin du Roi notre Sire.
De Me Dreux Budé, Notaire & Secretaire du Roi, & Audiancier de la Chancellerie, pour une rente de vingt livres, conſtituée ſur la maiſon où il demeure derriere le chevet St Gervais, tenant vers le côté de la riviere à l'Hotel des Barres où demeure l'Abbé de St Maur, & d'autre part à l'Hotel de Me Philippes de Nanterre, laquelle rente il a rachetée de Me Jean Aguenin, Conſeiller du Parlement, Guy Aguenin, Licentié en Decret & Avocat au Chaſtelet de Paris, Mre André Aguenin, Prêtre Bachelier en Droit-Canon & Chanoine de l'Egliſe St Merry à Paris, en leurs noms, & Damoiſelle Jeanne Porchier, femme de Me Guillaume le Duc, comme ſtipulant & faiſant fort de Guillaume Aguenin, Ecolier, étudiant en

DE LA PREVOTÉ DE PARIS.

l'Université de Paris ; iceux Mes Jean, Guy & André, comme representans les personnes de feus Me Jean Aguenin, & Damoiselle Jeanne de la Porte.

Il paroît par l'article qui suit ce precedent, que la maison de Dreux Budé aboutissoit par derriere à la rue des Bretons, qui étoit une ruelle fermée, qui passoit de la rue Grenier-sur-l'eau à la rue de la Mortellerie.

FORFAITURES.

Me Jean de Longueville, Lieutenant Civil.
Etienne Musteau, Roi des Ribaux, demeurant rue des Juifs, decedé en Fevrier 1448.
Rue sans-chef.

RECETTE COMMUNE.

Jardin scis rue Audry-Mallet, tenant d'une part à l'Hotel de Me Simon de Compans, d'autre part aux Religieuses de Jarsy ; aboutissant par derriere à une petite ruelle qui n'a point de bout, qui est joignant l'Hotel de la Reine Blanche.
Mre Pierre de Thuillieres, Chevalier.

Terres tenues en la main du Roi.

Mre Jaques de Chastillon, en son vivant grand Pannetier de France ; ladite charge donnée par le Roi à Mre Antoine de Chabannes, Comte de Dampmartin.

Extrait du Compte.

DEPENSE.

Me Agnant Violle, Avocat en Parlement.

Deniers payés par mandement du Roi.

Guillaume de la Halle, Notaire au Chastelet.

Compte de la Voirie.

AVANTURES.

Me Jean Valengier, Secretaire du Roi.
Me Jean Catin, Procureur du Roi au Chastelet.

Compte de la Prevosté de Paris, 1450.

VENTE DE CENS.

Me Jean de Grand'rue, Clerc du Roi en sa Chambre des Comptes.
Rue Maudestour.

Maison scise rue St Denys à l'enseigne du Cocq-blanc, scise entre les rues Perrin-Gasselin & de la Tableterie, vendue par les Abbé, Doyen & Prevost de la Confrairie aux Bourgeois de la Ville de Paris, pour quatre livres parisis de rente.

Damoifelle Catherine Bataille, veuve de André Luce, Ecuyer, fon mari.
Jean de Clichy, en fon vivant Notaire au Chaftelet.
Rue Frogier-Lafnier.
Maifon fcife rue St Antoine, ayant iffue en la rue de Tiron.
Rue de la Pierre au lait. Maifon en ladite rue près de l'Eglife St Jaques de la Boucherie, à l'oppofite de la ruelle du porche St Jaques, à l'enfeigne du Barillet, tenant d'une part à l'Hotel de l'Image St Nicolas, qui fut à feu Nicolas Flamel, & de prefent à Ancel Chardon, & d'autre part à un Hotel où pendoit l'enfeigne du Gril.
Me Nicole de Sailly, Clerc du Roi en fa Chambre des Comptes.

Rachats, reliefs & quints-deniers.

Venerable & difcrette perfonne Me Pierre Halle, Grand-Vicaire en l'Eglife de Paris.

Rentes à heritages.

Pierre d'Orgemont, Ecuyer Seigneur de Monjay & de Chantilly.
Me Jean des Effarts, Chevalier.
Sire Michel de Lailler, Maiftre des Comptes, & Guillemette fa femme.
Me Guillaume Dauge, Docteur en Medecine, Chapellain de la Chapelle fondée en l'Eglife de Maubuiffon près Pontoife.
Les hoirs de Mre Baude de Vauvillers, Chevalier.
Me Jean Fromont, Clerc du Roi en fa Chambre des Comptes, heritier de Damoifelle Jeanne Lefcrivaine, en fon vivant fille de feu Robert Lefcrivain.
Jean & Ifabelle de Hacqueville, heritiers de feu Jean du Mouftier.
Mre Jean le Breton, Chevalier.
Mre Louis de Bohan, Chevalier Seigneur de la Rochette, Chaftelain du Louvre.

EXTRAIT.

Simon de Montigny, Ecuyer.
Guillaume de la Halle, Notaire au Chaftelet.

Dons & Remiffions.

Gilles Dazincourt, Ecuyer Seigneur de Fontenay en France.
Thomas Boivel, Notaire au Chaftelet.

Compte de la Voirie de ladite année.

AVANTURES.

Maifon au Marché aux Poirées faifant l'un des coins de la rue du Four St Martin.

DE LA PREVOTE' DE PARIS.

Compte de la Prevôté de Paris, 1451.

VENTE DE CENS.

Jean Talence, vivant Notaire & Secretaire du Roi.
Me Pierre de Morvillers, Conseiller du Roi en sa Cour de Parlement.
Maison scise à Notre-Dame des Champs, aboutissant par derriere au Clos de Bourbon.
Me Robert des Roches, Maistre des Comptes.
Me Henri Thiboult, Docteur en Medecine.
Noble-homme Mr Me Guillaume Bastart, Conseiller, &c.
Jean de Longueval, dit le Clerc, Ecuyer.
Maison rue St Jaques, où est l'enseigne des trois Rois de Cologne, aboutissant par derriere à un Hotel qu'on dit le College d'Allemagne.
Jeannette de Talence, femme de Jean Bellin, Procureur general au Chastelet de Paris, qui eut une fille nommée Denyse, qui se porte heritiere de feu Me Jean de Talence, Secretaire du Roi. C'est pour retire par retrait lignager une maison.
Maison scise en la Grève, tenant d'une part aux Religieuses, Abbesse & Couvent de Long-champ, vendue par Me Nicole Desicom, Maistre ès Arts, Licentié en Droit-Canon, Maistre du College St Wast d'Arras, fondé à Paris en la rue des Murs lès la porte St Victor.
Rue Frogier-Lasnier.
Me Pierre Maillard, Notaire & Secretaire du Roi.
Maison rue St Denys, faisant le coin de la rue de la Charonnerie, devant l'huis du Cimetiere St Innocent. Cela fait voir que la rue de la Feronnerie se nommoit aussi quelquefois la Charonnerie, comme aussi on a quelquefois nommé la rue de la Coutellerie la rue des Recommandaresses; quoique à proprement parler la rue des Recommandaresses ne soit que le haut de la rue vers la Planche-Mibraï.
Maison scise à Notre-Dame des Champs lès Paris, de la Franchise de la Conciergerie du Palais Royal à Paris, dite des Mureaux.
Me Simon le Bourrelier, Clerc Notaire & Secretaire du Roi, & Greffier de la Chambre des Comptes.

DE'PENSE A HERITAGE.

Louis, Charles & Jean, dits de Marcongnet, enfans de feue Damoiselle Jeanne, jadis femme de Jean le Breton, & depuis femme Enguerrand de Marcongnet, Chevalier.
Sire Michel Lailler, en son vivant Maistre des Comptes, & Guillemette sa femme.
Me Jean Fromont, Clerc du Roi en la Chambre des Comptes, heritier de Damoiselle Jeanne Lescrivaine, en son vivant fille & heritiere de feu Robert Lescrivain.
Les hoirs Mre Jean le Breton, Chevalier, & les enfans de Damoiselle Jeanne de Serise, & de Mre Enguerrand de Marcongnet.

GAGES D'OFFICIERS.

Olivier de la Ville-Robert, Ecuyer, Garde du Guet de nuit de la Ville de Paris.

COMPTES ET ORDINAIRES
DEPENSE COMMUNE.

Il paroît qu'il y eut grande faute de Beſtial à Paris, & que par ordre du Prevoſt de Paris l'on envoya Me Guillaume de Culan & Nicolas Roſuel, Commiſſaires au Chaſtelet, en Brie, où il y en avoit quantité que les Marchands vouloient amener à Paris pour les vendre plus cher.

EXTRAIT.
DONS & REMISSIONS.

Thomas Boinel, Notaire au Chaſtelet.

Du Compte de la Prevôté de Paris, 1452.
RACHATS, RELIEFS, &c.

Me Pierre Paillart, Conſeiller du Roi en ſa Cour de Parlement, Archidiacre d'Auxerre, & Chanoine de Paris, Seigneur de Piſſecoq en Brie.

Damoiſelle Catherine du Vivier, veuve de Me Pierre Dangeul, Secretaire du Roi.

RECETTE COMMUNE.

Me Hugues Buynard, Clerc du Roi en la Chambre des Comptes.
Maiſon dite le For-le-Roi, rue St Germain l'Auxerrois, devant le For-l'Evêque.

DEPENSE COMMUNE.

L'Hotel de Calais, ſcis à Paris près l'Hotel de la Trimouille.
Mre Guillaume Couſinot, Chevalier, Bailli de Rouen.

Extrait du Compte.
DEPENSE.

Me Jean Bureau, Conſeiller du Roi & Treſorier de France.
La dépenſe des habits des Enfans de Chœur de la Ste Chapelle du Palais à Paris y eſt compriſe.
Thomas Baynel, Notaire au Chaſtelet.
Me Pierre Couſinot, general Conſeiller du Roi ſur le fait des Aides, & auparavant Procureur General du Roi.

VENTE DE CENS.

Noble-homme Mc Thibault de Vitry, Conſeiller du Roi en ſon Parlement, Grand Treſorier d'Angers & Chanoine de Paris.

La grande Confrairie acquit en cette année vingt ſols pariſis de rente de la Communauté des anciens Chapellains de l'Egliſe Notre-Dame de la Fontaine, ſur une maiſon ſciſe devant la grande Boucherie, où eſt pour enſeigne les quatre Fils Aymond, tenant d'une part à la ruelle Jean-chat-blanc.

Hotel ſcis rue de la Serpente devant l'Hotel de la Serpente, appellé l'Hotel de Feſcamp, tenant d'une part au petit Hotel de Baïeux.

La Confrairie du Pere, du Fils & du benoiſt St Eſprit, & de la Proceſſion que l'on fait tous les Lundis de l'an autour du Cimetiere des Sts Innocens.

DE LA PREVOTÉ DE PARIS.

Martin de la Planche, Notaire au Chaftelet.
Raoul Guillier, Procureur du Roi au Chaftelet.
Maifon fcife rue neuve Notre-Dame devant la rue aux Coulomsk
Pierre de Rouffeville, Notaire au Chaftelet.

Du Compte de l'Ordinaire de Paris, 1454.

VENTE DE CENS.

Damoifelle Jeanne Porchier, veuve de honorable-homme & fage Mé Guillaume le Duc, Confeiller du Roi & Prefident en fa Cour de Parlement, & honorable-homme & fage Me Guillaume le Duc, dit Aguenin, arriere-fils defdits deffunt & veuve.

Maifon en la rue St Antoine au coin de Tiron.

Maifon fcife rue St Denys à l'enfeigne de l'Image Notre-Dame; tenant d'une part, & faifant le coin de la rue par où l'on va fur les murs de la Ville de Paris, d'entre les portes St Denys & Montmartre.

Sire Guillaume Colombel, Efleu de Paris, pour une rente fur une maifon fcife au bout du Parvis Notre-Dame, devant l'Eglife St Chriftophle, tenant d'une part à prefent à une maifon faifant le coin de la petite ruelle devant St Chriftophle, appartenant à la fille de feu Mre Denys de Chailly, & d'autre à une maifon faifant le coin de la rue St Pere-aux-beufs; appartenant à l'Eglife de Paris; ladite rente acquife par ledit Colombel, de Damoifelle Jeanne de Montmorancy.

Mre Charles de Hermanville, Chevalier.

Rue de Pirouet-en-Therouenne.

Guillaume du Mouftier, Notaire au Chaftelet.

RACHATS & RELIEFS.

Eftienne Geneft, Ecuyer, pour un Fief fcis à Buffy St Martin.
Me Dreux Budé, Audiancier en la Chancellerie de France.
Me Jean du Breuil, Confeiller au Parlement, pour la Terre de Brimai en Brie.

FORFAITURES.

Vente des meubles de Jean Planffon, n'agueres tenant franchife ès fauxbourgs de Beauvais en l'Eglife St Jaques.

RECETTE COMMUNE.

Pierre Amer, Clerc du Roi en fa Chambre des Comptes, pour une mazure où jadis étoient les loges des Bonnes-Dames, affife à Paris en la Parcheminerie des Blancs-manteaux.

REPARATIONS.

En un Hoftel appartenant au Roi, fcis au Palais-Royal à Paris; où demeure à prefent Mr l'Evefque de Chalons.

DEPENSE COMMUNE.

Catherine en fon vivant femme de Jehan Langlois, Procureur au Chaftelet, arfe & bruflée pour fes demerites au Marché-aux-Pourceaux.

Jehan de l'Affife, Efcuyer, ferviteur de Mr le grand Senefchal de Normandie.

EXTRAIT.

DEPENSE.

Noble homme Mre Jehan de Mailly, Chevalier, Seigneur d'Auvillers, & Chambellan du Roi notre Sire.

Jehan de Montregniere, Escuyer, serviteur, demeurant en la compagnie de noble homme Guy de Nesle, Seigneur d'Offemont.

VOIRIE.

AVANTURES.

Honorable homme & saige, Me Simon le Bourrelier, Greffier de la Chambre des Comptes, & Receveur general de Normandie.
Me Jehan de Longuejoue, Advocat du Roi au Chastelet.
Maison scise en la rue des Poulies outre la Porte du Chaulme.

COMPTES D'AMENDES.

Du vingt-quatre Octobre.

De la Communauté des Gantiers de Paris, qui sont sept seulement pour besogner cette saison d'Hiver par nuit en leurs maisons sans offence, par composition faite avec le Procureur du Roi au Chastelet d'une part, & le Maire de Bourbon d'autre part, vingt-deux sols parisis, moitié au Roi, & l'autre moitié audit Maire.

Le Maire de Bourbon estoit le Lieutenant de la grande Chambrerie de France, qui appartenoit à Mr de Bourbon, & avoit inspection sur plusieurs mestiers.

AUTRE COMPTE D'AMENDES.

Plusieurs personnes condamnées pour le jeu de Paulme, dont le quart appartient aux Sergens.
Autres condamnées pour le jeu du Tringlet.
Autres condamnées pour le jeu de Boule.
Autres condamnées pour le port de Dague.
Plusieurs femmes condamnées pour le port de ceinture d'argent.
Autres condamnées pour le jeu de Déz.
Autres condamnées pour le jeu de Billes.
Autres condamnées pour le jeu des Vachettes.
Amandes du Maistre-Juré des Barbiers de Paris.

Cens deus à Notre-Dame des Champs.

Maison tenant d'une part à l'Hostel Monseigneur de Bourbon.
Maison tenant d'une part au Jardin du Roi.
Maison tenant d'une part aux Chartreux de Paris.
Masure qui fait le coin de la ruelle qui va à Notre-Dame-des-Champs.

Le territoire de Notre-Dame-des-Champs s'étendoit fort loin dans la campagne; & il y a un article où est fait mention du Commandeur du Haut-pas, pour cinq quartiers de terre au terroir de Notre-Dame-des-Champs, tenant d'un côté aux terres de la Maladerie de la banlieue de Paris, aboutissant à la ruelle des Sablons.

Et

DE LA PREVOTE' DE PARIS.

Et un autre article audit Commandeur pour des vignes scises au Clos des Perruchaux.

Me Adam des Champs, Clerc du Roi en la Chambre des Comptes.

Un article du Maistre de la Maladerie de la banlieue de Paris, pour heritages y specifiés.

L'Abbé de Chaaliz pour sa grange, nommée la Granche de Chaaliz.

Rentes d'avoines & gelines deus à l'Ourcines.

Du Compte de l'Ordinaire de Paris, 1455.

DOMAINE NON MUABLE.

Noble homme Mre Pierre de Tuillieres, Chevalier, Conseiller du Roi en sa Cour de Parlement.

Maison scise devant l'Eglise St Pol, qui fut à Mre Guy de Champ-divers, & depuis à la Reine Jehanne de Bourbon, donnée par le Roi à Jehan Durant, lequel est decedé; duquel la Reine Isabelle, derniere decedée, a prise & appliquée à elle ladite maison en 1415. Laquelle maison est vulgairement appellée l'*Escurie de la Reine*, laquelle le Roi, par Lettres données au Montils lès Tours, le onziéme Juillet 1451, a donnée à la Reine. Elle est au coin de la rue-neuve St Paul.

Me Pierre Domont, Chevalier, au lieu de Mr Jaques Domont, Chevalier, premier Chambellan du Roi notre Sire, pour une masure qui fut à Me Guillaume d'Andrezel, tenant d'un côté à l'Hostel St Pol, & d'autre à l'Hostel des Lions du Roi.

Me Jehan Doulzsire, Greffier Civil de la Prevosté de Paris.

Me Jehan Cheneteau, Greffier de la Cour de Parlement.

Mre Pierre de Tuillieres, Chevalier.

Me Raoul du Refuge, Conseiller du Roi, Me des Comptes, & Damoiselle Denyse Raguiere, femme de Jehan le Vasseur, la fille de laquelle ledit Refuge avoit épousé.

VENTE DE CENS.

Me Jean Longuejoë, Conseiller & Advocat du Roi au Chastelet.

Noble homme Alixandre Vertjus, Receveur des Aides à Provins, & Damoiselle Marie de Hemery sa femme.

Me Guillaume de Paris, Conseiller du Roi en sa Cour de Parlement.

Guillemin Rat, Escuyer, Vicomte de Baïeux.

Jean le Mareschal, Escuyer, demeurant à Pontoise.

Me Denys de Sabrenaiz, Maistre ès Arts & en Theologie, Arceprestre & Curé de l'Eglise Parochiale de Mr St Severin.

Me Jaques Bailly, Greffier de la Cour de l'Official du Chancelier de l'Eglise Notre-Dame de Paris, & Guillemette sa femme.

Maison scise rue de la Tannerie, devant la grande place, où est l'enseigne de l'Escu de France, ayant issue sur la riviere de Seine.

La ruelle Jehan des Vignes dans les Halles vers la Tonnellerie.

Maison scise rue du Cigne, faisant le coin d'icelle, devant & à l'opposite du petit huis de St Jaques.

Maison rue du Cigne, où souloit pendre l'enseigne du Cigne.

Despense à heritages, Freres Chartreux.

Me Jehan Cheneteau, Notaire du Roi, & son Greffier en la Cour de Parlement, à present Chapelain des Religieuses de Poissy.

Mre le Duc de Brebant.

Tome III.

COMPTES ET ORDINAIRES
RENTES A HERITAGES.

Marie la Giffarde veuve de Mre Jehan des Essars Chevalier, ayant la cause de feue Marie la Marcelle, veuve de Me Jehan du Ruit, au lieu de Nicolas Marcel.

Aux Tresorier & Chanoines de la Ste Chapelle du Palais Royal à Paris, au lieu de Genevieve, veuve de Moelin, pour la fondation des Heures fondées par feu le Roi Charles en son testament en la Ste Chapelle dudit Palais, quarante-huit livres six sols parisis.

DEPENSE COMMUNE.

A Jehan Collet Trompette de la Ville de Paris, la somme de quinze sols pour ses peines d'avoir crié & publié à son de trompe parmi les carrefours de la Ville de Paris, pour une fois, les portages des dagues, & les Ordonnances faites sur les femmes amoureuses, & aussi pour avoir publié par deux fois les Halles de Champeaux.

Deniers payés par mandement du Roi.

Noble homme Jehan Bastard Foucault, Escuyer, & Damoiselle Marguerite Davaynes sa femme.
Thomas Hoston dit Parquier, Escuyer.

AMENDES DES MESTIERS.

De Robinette Doysemont, Isabeau, femme Jehan Climent, & Jehanne, femme Jean Ferrebouc, pour leur entrée d'avoir été passées & reçues maistresses Farfaresses de franges & rubans de fil & de soie, appellée Doreloterie.

De Gillette, veuve d'Estienne Moireau, pour son entrée d'avoir été passée & reçue maistresse Ouvriere du mestier de Dorloterie, c'est à sçavoir de faire franges & rubans.

AMENDES DU GREFFE CRIMINEL.

Plusieurs condamnés pour port de Dague.
Autres condamnés pour le jeu de Boule.
Autres condamnés pour le jeu de Paulme.
Autres pour le jeu des Merelles.
Autres pour le jeu des Dez.

A la fin de ce Volume est un Compte intitulé: Compte de Jehan Coignart, commis par honnorables hommes & sages, Me Pierre Clentin, & Henri Delivre, Conseillers du Roi notre Sire en sa Cour de Parlement, Me Jehan Amien Auvart, Examinateur de par le Roi notredit Seigneur au Chastelet de Paris, Jehan Asselin, Jehan de St Benoist, Me Bertrand le Prevost, Procureur en ladite Cour de Parlement, Pierre de Rueil, & Oudin Sante, & par leurs Lettres de Commission données sous leurs seings manuels, le vingtiéme jour de Juillet l'an 1454, cy-rendues, & devant incorporées à recevoir la somme de deux mille huit cens soixante liv. neuf sols parisis par eux assis & imposés sur les Detempteurs des heritages qui étoient affectés, obligés & hypotequés envers le Roi notredit Seigneur en la somme de cent cinquante livres parisis de rente par chacun an, à cause des Halles des Basses-merceries de la Ville de Paris, à la requeste desdits Detempteurs; pour être & demeurer quittes & dechargés à toujours desdites rentes & hypoteques, & des arrerages qu'ils en pouvoient devoir

DE LA PREVOTÉ DE PARIS.

au Roy notredit Seigneur. Ladite assiette faite par lesdits Commissaires au moyen & par vertu de deux paires de Lettres Patentes octroyées ausdits Detempteurs par feu le Roi Charles dernier trepassé, que Dieu absoille; les unes faisant mention du Traité à eux fait par ledit Seigneur, & lesquelles leur sont demeurées pour leur décharge, & les autres à eux adressant pour faire ladite assiette de & pour les causes à plein contenues, specifiées & declarées en icelles deux paires de Lettres, qui furent données à Montils lès Tours, le deuxiéme jour de May l'an 1454, & depuis ont été confirmées par le Roi notre Sire, par ses Lettres données à Tours le dixiéme jour de Fevrier, l'an 1461, semblablement ci-dessus incorporées. Ce present Compte rendu à Cour par ledit Receveur, en la maniere qui s'ensuit.

Damoiselle Guillemette de St Yon, demeurant à Villeneuve-le-Roi, fille de feu Pierre de St Yon, jadis Maistre des Bouchers de Paris.

Me Pierre Galye, Eschevin de la Ville de Paris.

Les Filles-Dieu de Paris, à cause d'une Chapelle fondée par sire Imbert de Lyons.

Me Denys de Dampmartin, au lieu de feu Simon de Dampmartin, Agnès la Benedicitée sœur dudit Simon, Philipot & Jehan dits les Vieils, la femme feu Jehan Brun sœur dudit Simon, & ladite Benedicitée, heritiers en partie de feu Gieffroi de Dampmartin.

La veuve de feu Me Bureau Boudrac, heritiere de feu Me Philipes de Ruilli, au lieu des heritiers sire Philippes Giffart, demeurant près de la Croix de Tyroer, près du Chasteau-festu.

Estaux qui furent à Mre Philippe de Ruilly, à cause de sa mere Girard Giffard, la femme feu Mre Pierre des Essars, la femme feu Me Jehan de la Marche, Me Bureau Boudrac à cause de sa mere & son frere.

Me Jehan Collectier, Examinateur au Chastelet.

La Cour-Robert, rue-neuve St Merry.

La rue du Chantre, outre la Porte St Honoré.

Pierre de Beauvais, Escuyer, au lieu de feu Jehan de Beauvais, à cause de sa femme fille de feu Gieffroy, Este de feu Jehan Este.

Messire Denys de Lorriz.

Sire Jehan Culdoë, jadis Prevost des Marchands.

Me Jehan de Poupaincourt, Advocat en Parlement, Seigneur de Sarcelles, au lieu de feue Dame Parenelle veuve de Me Jehan de Poupaincourt, jadis President en la Cour de Parlement.

Du Compte de la Prevôté de Paris, 1457.

VENTE DE CENS.

Haute & puissante Dame Madame Marguerite d'Orleans, Comtesse d'Estampes & de Vertus, pour les ventes de l'Hostel-neuf près la Bastille St Antoine, à elle adjugé par les Maistres des Comptes le vingt-troisiéme Juillet 1456; sauf que si le plaisir du Roi étoit de le retenir, il le pourra prendre toutes & quantes fois que bon lui semblera; & sera ladite Dame tenue le lui laisser, en payant la prisée d'icelui.

Maison scise rue de Chartron.

Maison scise rue du Siege-aux Deschargeurs, faisant le coin de la rue de la Cordonnerie.

Maison scise rue de la Feronnerie, devant la place aux Chats, ayant issue & aboutissant par derriere à la vieille place aux Pourceaux.

Damoiselle Huguette de Vielz-Chastel, veufve de Me Estienne Bru-

Tome III.   * Y y ij

COMPTES ET ORDINAIRES

neau, & Marie Brunelle leur fille, sœur de Philippe Bruneau aussi leur fils.

Maison scise rue de la Harpe, faisant le coin de la rue de la Serpente, aboutissant par derriere à Me Jehan Bouquart, Evesque d'Avranches.

Maison scise rue de Sac-à-lye.

Pierre Choart, Notaire au Chastelet, & Jaques Choart son frere.

Maison scise rue St Denys, faisant le coin de la Charonnerie.

Me Estienne B   , Secretaire du Roi.

Me Girart Colletier, Examinateur au Chastelet.

Maison scise en la rue de Pirouët-en-Therouenne, chargée de quatre livres de rente envers les Religieux, Abbé & Couvent de St Magloire de Paris, & à la Confrairie aux Bourgeois d'icelle Ville.

Maison scise rue St Denys au coin de la Cossonnerie.

Maison scise rue de la Vennerie, faisant le coin de la ruelle par où l'on va en la rue de la Tennerie.

Noble homme Hue des Vignes, Escuyer.

RACHATS, RELIEFS, &c.

Michault Boulart, Pierre Jouen, & Jehan Vanderan, Laboureurs à Bruyere le Chastel, pour en qualité de roturiers posseder le Fief de Verville, qui leur appartenoit à cause de leurs femmes, sœurs & heritieres de feu Jehan de Villers, Escuyer, Seigneur dudit Fief mouvant de Montlhery.

Damoiselle Marguerite de Paillart, veufve de Me Jean du Drac, sœur & heritiere de feu Me Jehan de Paillart, Arcediacre d'Auxerre, pour le Fief de Pissées, mouvant de Torcy.

Adam de Cuisse, Escuyer, Seigneur de Neuf-moustier & de la Chapelle-Halloys, à cause de sa femme, sœur & heritiere de feu Jaques de Villers.

Guy de Levis, Escuyer pour le relief de la Chastellenie de Magny Lessart, n'aguerre à lui advenue par don à lui fait par Philippes de Levis, Archevesque d'Aug, son oncle, mouvant de la Vicomté de Paris.

Damoiselle Katherine de Pontville, veuve de Pierre du Fossé.

Noble-homme Mre Jehan, Seigneur & Baron de Montmorancy, pour le relief du Fief de Pleuvon, scis à Torcy en Brie, à lui appartenant à cause de Madame Marguerite d'Orgemont sa femme, lequel fut à Mre Thomas Passaigne, Chevalier Seigneur dudit lieu.

FORFAITURES & CONFISCATIONS.

Plusieurs articles de ceintures à usage de femmes, ferrées de boucle, mordant & cloux d'argent, declarés appartenir au Roi par confiscation de plusieurs femmes amoureuses qui portoient lesdites ceintures parmi Paris, outre les Ordonnances sur ce faites.

Robert de la Motte, Notaire au Chastelet.

Pierre Basanier, Notaire au Chastelet.

Me Jehan Mautant, Examinateur au Chastelet.

Me Joachin Jouvelin, Conseiller au Parlement.

RECETTE COMMUNE.

Jehan de Ploisy, Escuyer, Seigneur de Roissy en parisis.

DEPENSE COMMUNE.

Me Jean Colletier, Examinateur au Chastelet.

A   pour ses peines d'avoir été de cette Ville de Paris jusqu'à la Ville de St Cloud, pour ce qu'il étoit venu à la connoissance de Mr le Pre-

DE LA PRÉVOTÉ DE PARIS.

voſt de Paris, par un homme Ladre de la Maladerie du Roolle, que en la Ville de St Cloud en certain lieu, illec avoit certaine finance muffée en terre, qui appartenoit & qui y avoit été miſe & muffée de long-tems par aucuns Anglois, ennemis & adverſaires du Roi, lequel　a fait faire audit St Cloud pluſieurs tranchées & foſſés pour querir & cercher ladite finance, qui point n'a été trouvée.

Une nommée Ermine Valancienne, condemnée à être enfouie toute vive ſous le Gibet de Paris, pour ſes demerites.

Une nommée Louiſe, femme de Huguet Chauffier, enfouie audit lieu; & l'on faiſoit une foſſe de ſept pieds de long à cet effet.

Me Nicolas Roſnel, Examinateur au Chaſtelet.

Mre Jehan Danglade, Chevalier Gaſcon, priſonnier au Chaſtelet.

Me Henri de la Cloche, Procureur du Roi au Chaſtelet.

Me Eſtienne Chevalier, Treſorier de France.

EXTRAIT.

Deniers payés par mandement du Roi.

Noble-homme Jehan Baſtart Foucault, Eſcuyer, & Damoiſelle Marguerite Daveſne ſa femme.

Thomas Hoſton, dit Parquier, Eſcuyer.

GAGES EXTRAORDINAIRES.

Madame de la Roche-Guyon, premiere Dame d'honneur de la Reine de France, à laquelle le Roi par Lettres du ſix Mars 1454 a donné la garde de la place de Corbeil.

VOIRIE.

AVANTURES.

Maiſon ſciſe en la rue qui va de St Denys de la Chartre en la rue du Val-d'Amours.

AMENDES DES MESTIERS.

Pluſieurs qui ont payé pour avoir acquis la franchiſe de faire & exercer le haut-ban des Meſtiers de Pelleterie & Freperie neuf & vieux.

Gillebert de Condette, Eſcuyer.

De la Communauté des Cordonniers de Paris pour les heures du Roi notre Sire, écheues en cette preſente ſemaine penneuſe, en enſuivant l'Ordonnance dudit Meſtier, pour ce trente-deux ſols pariſis. C'eſt du Jeudi quatorze Avril. C'eſt la même choſe dans les autres Compres.

Du Compte du Domaine de Paris 1458.

VENTE DE CENS.

Maiſon ſciſe au bout de Petit-Pont, devant & à l'oppoſite de la rue du Sablon, tenant d'un côté à Martial d'Auvergne ayant iſſue par derriere à une petite ruelle par laquelle l'on deſcend à la riviere de Seine.

Maiſon ſciſe rue de la Tennerie, tenant à l'Hoſtel du Poids-du-Roi, aboutiſſant par derriere à la riviere.

Maiſon ſciſe rue du Monceau St Gervais, devant & à l'oppoſite du Chaſtel de Coucy, tenant à l'Hoſtel Rolland.

Mre Jehan le Damoisel, Chevalier, Conseiller au Parlement.

Jehan le Gendre, Marchand Drapier, Bourgeois de Paris.

La grande Confrairie acquit par decret du Chastelet du vingt-septiéme Juillet dernier, quatre maisons sur le pont St Michel, au bout en allant à la rue de la Harpe, du côté devers Petit-Pont.

Damoiselle Jeanne la Gencienne, veufve de sire Arnoul Boucher.

Maison scise rue de la Vennerie, faisant le coin de la ruelle par où l'on va en la Tannerie.

Guillaume de la Haye, fils de Guillaume de la Haye.

Noble-homme Jehan le Boursier demeurant à Beaucaire, fils & heritier de feue Damoiselle Collete la Fortiere sa mere.

Me Arnault de Marle, President en Parlement.

Noble-homme Jehan le Mareschal, Escuyer.

RACHATS, RELIEFS, &c.

Damoiselle Pacquette, veufve de Jehan le Boutillier, Escuyer, pour un Fief scis à Giencourt.

Noble-homme & saige Me Dreux Budé, Conseiller, Treforier & Garde des Chartres du Roi, Audiancier de la Chancellerie de France, & Seigneur d'Yerre, pour un Fief scis à Gentilly nommé la Tour-carrée.

Feu Mre Adam de Cambray, Chevalier, premier President au Parlement.

Geoffroi de Beauvez, Escuyer, fils émancipé de Pierre de Beauvez & de Damoiselle Macée la Clemente sa femme.

Honorable-homme & saige Me Jehan Budé, Clerc Notaire & Secretaire du Roi.

Honorable-homme & saige Me Robert de Montmirel, Clerc du Roi en sa Chambre des Comptes, pour les Fiefs & Seigneuries de la Vaudaire Forqueux & le Briat, mouvant de Poissy, & autres Fiefs mouvans du Chastelet.

Simon Aurillet, Escuyer, demeurant à Essey près la Ferté-sur-Aube.

Noble-homme Jehan de Baudricourt, Escuyer.

Mre Regnault de Roquemont, Chevalier.

FORFAITURES, &c.

Une ceinture confisquée sur une femme amoureuse, qui fut emprisonnée pour le port d'icelle.

Terres tenues en la main du Roi.

Le Fief de Pissecoq en la Chastellenie de Torcy, qui fut à Me Jehan Paillart, delivré à Damoiselle Marguerite de Paillart, veufve de Me Jehan Dudrac, sœur & heritiere dudit Me Jehan Paillart.

La grande Chambrerie de France, étant en la main du Roi par la mort de Monseigneur le Duc de Bourbon.

GAGES D'OFFICIERS.

Jean de Harlay, Escuyer, Garde du Guet de nuit de la Ville de Paris.

Philippe de la Tour, Escuyer, auquel le Roi notre Sire par ses Lettres données le vingt-sept Septembre 1455, a donné ledit Office de garde du guet de nuit de la Ville de Paris, nonobstant qu'il ne fût point Chevalier, dont l'original est en la Chambre des Comptes; en la fin duquel est transcrit l'institution dudit Philippe de la Tour, par Arrest du Parlement par

DE LA PREVOTÉ DE PARIS.

lui fur ce obtenu à l'encontre de Jehan de Harlay, Efcuyer, foi-difant avoir droit audit Office.

Me Henri le Fevre, Examinateur au Chaftelet, & Garde de la maifon des Quinze-vingts aveugles de Paris.

Me Jehan Bureau, Treforier de France, Concierge de l'Hoftel & Tour de Beauté fur Marne.

OEUVRES & REPARATIONS.

Oeuvres & reparations faites à caufe d'un nouveau Gibet fait outre la Paroiffe St Laurent, appellé le Gibet de Montigny.

Ledit Gibet n'agueres fait de neuf près de la grande Juftice de Paris.

Premierement pour avoir refait les fondemens qui portent les piliers, qui autrefois avoient fervi, lefquels fondemens étoient tous démolis.

DEPENSE COMMUNE.

Pierre Bafennier, Notaire au Chaftelet.

Eft fait mention que dans ce tems il faifoit plus cher vivre à Paris que de coutume, à caufe de la peftilence d'*Epidimie*, qui lors avoit cours en cette Ville, & mêmement du vin qui étoit fort cher & coutoit douze deniers parifis la pinte.

Jean Mignon, Efcuyer, demeurant à Champs fur Marne.

EXTRAIT.

GAGES EXTRAORDINAIRES.

Madame Perrette de la Riviere, Dame de la Roche-Guyon, Dannéel & de Rochefort, premiere Dame d'honneur de la Reine de France, ayant la garde de Corbeil.

VOIRIE.

AVENTURES.

Maifon fcife rue des Lombards, faifant l'un des coins de la rue Guillaume-Joffe.

Maifon fcife rue St Jaques de la Boucherie, faifant le coin de la rue de Liraigne.

AMENDES DES MESTIERS.

Jehan de la Croix, Tabourin, condamné en feize fols parifis, où le Roi des Meneftrelz & la Confrairie dudit métier prend la moitié.

AMENDES CRIMINELLES.

Plufieurs condamnés pour le jeu de dez.

Femmes amoureufes condamnées pour le port de leurs ceintures.

DOMAINE DE PARIS, 1459.

RENTES DE CENS.

Mres Laurent Pourtrel, Jehan Gaillard, Jehan Gibellain, Antoine de Montignac, Mre Jehan Gaze, Prestre, & Mre Richard Viart, tous Prestres, Chapellains des Chapelle ou Chapellenie fondée en la Chapelle de Passy en l'Eglise St Gervais à Paris par feux Jaques de Passy, ses parens & amis.

Me Jehan-Picart, Archidiacre de Meaux.

Jehan le Gendre, Marchand Drapier & Bourgeois de Paris, pour une rente sur une maison faisant le coin de la rue de la Feronnerie & de la rue aux Déchargeurs, appartenante audit le Gendre, & Isabelle sa femme.

Maison scise en la rue de Pirouet-en-Therouenne, faisant le coin de la ruelle de Montdestour.

Grand Hostel de l'Abbayie de Barbeau.

Maison scise en la rue aux Prescheurs, joignant d'un côté à l'Hostel où pend pour enseigne les Prescheurs, & d'autre part faisant le coin de la rue de Montdestour.

Louis Raguier, Evesque de Troyes, acheta des heritages à Gonesse de Guillaume de la Chambre, Docteur en Medecine.

RACHATS, RELIEFS, &c.

Nobles-hommes Jehan Bastart Foucault, & Nicolas de Marceilles, Escuyers, pour les deux quartes parties de la Terre & Seigneurie de Maisons sur Seine, à eux appartenant à cause de leurs femmes, femmes, sœurs & heritieres de feu Jehan Davesne, mouvant de Poissy. La femme de Foucault se nommoit Marguerite Davesne.

FORFAITURES, &c.

Plusieurs épées & dagues confisquées au Roi sur plusieurs personnes qui en ont été trouvées les porter parmi Paris, tant de jour comme de nuit, & dont aucuns pour ce ont été emprisonnés, les autres non.

Une petite épée garnie de foureau, trouvée de nuit en la possession de Bernard de Foing, déclarée appartenir au Roi, à l'occasion de ce qu'il avoit été trouvé la portant par la Ville outre heure & sans congié.

Une robe courte de drap gris, sur le tenné, fourée de penne blanche fort usée ; une vieilles chausses rempiecées de drap violet, & un pourpoint de fustaine tel quel, dont Marguerite femme de Pierre de Rains, avoit été trouvée vêtue & habillée, déclarée appartenir au Roi, &c.

Me Jehan du Four, Examinateur, pour sa peine d'avoir vacqué en plusieurs manieres, tant à mettre les biens en arrêt, & iceux inventorier, comme pour avoir mis & redigé par écrit les confessions de Jaquet Tirement & autres ses complices, tenant franchise en l'Eglise des Augustins, & autres, pour informer Justice, &c.

Une ceinture ferrée de boucle, mordant & cloes d'argent doré, pesant deux onces & demie, avec une surceinte aussi ferrée de boucle, mordant & clos d'argent doré, un *Pater noster* de corail, tels & quels à boutons, & un *Agnus Dei* d'argent, des heures à femme telles quelles, à un fermoir d'argent doré, & collet de satin fourré de menu vair, tel quel, advenus au Roi notre Sire par la confiscation de Damoiselle Laurence de Villers, femme amoureuse, constituée prisonniere pour le port d'icelles, &c.

Il y a en ce chapitre beaucoup d'articles de dagues & de ceintures.

DEPENSE

DE LA PREVOTÉ DE PARIS.

DEPENSE COMMUNE.

Me Jehan Avin, Conseiller au Parlement.
Me Jehan Bezon, Conseiller au Parlement.
La procession du St Sacrement de St Germain l'Auxerrois, avoit coutume de passer par la cour de l'Hostel de Bourbon le jour de la Feste-Dieu; & le Duc de Bourbon fournissoit des torches à ladite procession, desquelles la dépense se prenoit sur la grande Chambrerie, laquelle l'année de ce Compte étoit en la main du Roi, lequel fit la dépense desdites torches.
Me Girard Lecoq, Conseiller du Roi en son tresor.
Mre Jehan Danglades, Chevalier Gascon, prisonnier au Chastelet.

VOIRIË.

AVANTURES.

Maison scise en la rue de l'Herberie, faisant l'un des coins de la rue aux Feures.

AMENDES CIVILES.

Me Thomas de la Fontaine, Notaire Apostolique.
Me Hugues Langlois, Notaire Apostolique.

Me Raoul Varnesse,
Me Jehan Angot,
Me Jehan Loiseux,
Me Jean Preud'homme, } Tabellions Apostoliques.
Me Denys le Conte,
Me Philippes Escotart,

AMENDES CRIMINELLES.

Jeu de dez condamnés.
Femmes condamnées pour le port de ceintures.
Amendes de la Jurisdiction du Maistre-Juré des Barbiers de la Ville de Paris.

Compte du Domaine de Paris, 1460.

RENTES DE CENS.

Jehan le Bourcier, Escuyer, Maistre d'Hostel du Roi de Secille.
Me Jehan de Vallengelier, Notaire & Secretaire du Roi.
Pierre de Vallengelier, Chaufecire du Roi.
Me Jehan Fromont, Correcteur des Comptes.

RACHATS, RELIEFS, &c.

Noble-homme Richart de St Merry, Escuyer, pour un Fief mouvant de Torcy.

FORFAITURES & AUBEINÈS.

Une robe de drap gris retourné, doublée de blanchet, de laquelle Jehanne la Saillarde, femme amoureuse, avoit été trouvée vêtue, & pour icelle emprisonnée, déclarée appartenir au Roi, &c.

COMPTES ET ORDINAIRES.

Femmes emprisonnées pour le port de ceintures.
Plusieurs harnois declarés avenus au Roi durant la Foire du Landit. Ces harnois consistent en épées & dagues.
Ceinture appartenant à Agnès la Petite, qui combien qu'elle fût mariée est de vie dissolue, & comme telle a plusieurs fois été emprisonnée, de laquelle ceinture elle a été trouvée ceinte, & la portant parmi Paris.
Berthelemi Haultbert, du pays de Poulaine. & Nicolas Prine, Teinturier, du pays de la haute Allemagne, puis n'agueres essorillés & bannis de ce Royaume.
Il n'étoit permis de porter dagues ni épées à Paris de jour ni de nuit.
Julien Paris, en son vivant Notaire au Chastelet, bastard & natif hors du Royaume.

RECETTE COMMUNE.

Me Jehan Amyart, Examinateur au Chastelet.
Frere Jehan Foullon, Prieur de l'Hospital St Jean de Jerusalem de Poissy.

Dépense à heritage.

Me Jehan Cheneteau, Protonotaire du Roi & son Greffier en sa Cour de Parlement, à present Chapellain des Religieuses de Poissy.
Pierre d'Orgemont, Escuyer Seigneur de Montjay & de Chantilly.
Marie la Giffarde, veufve de Mre Jehan des Essarts, en son vivant Chevalier.

DEPENSE COMMUNE.

Un homme condamné à être bouilli au marché aux Pourceaux, pour ses demerites, & son corps mené & pendu au gibet de Paris. Est à noter qu'au retour des executions, les Officiers qui avoient assisté venoient diner ensemble, pour quoi il est passé une somme dans la dépense. L'on employe aussi quatre sols parisis donnés à un Cordelier qui avoit confessé le Criminel.
Un nommé Jehan Fanouel, Orfevre, boullu en une chaudiere d'eau pour ses demerites au marché aux Pourceaux, & furent faites douze boulayes qu'il convint avoir pour faire serrer le grand nombre de peuple qui avoit été à l'execution dudit deffunt ; & ensuite le Lieutenant Criminel, les Examinateurs & autres allerent dîner ensemble.
Me Jehan Choart, Avocat & Conseiller au Chastelet.

EXTRAIT.

VOIRIE.

AMENDES CRIMINELLES.

Jeu de dez deffendu.
Ceintures deffendues aux femmes amoureuses.

DU DOMAINE DE PARIS, 1461.

Voyés la derniere page.

DE LA PRÉVOTÉ DE PARIS.

VENTE DE CENS.

Hoſtel de la Corne-de-Cerf en la rue de la Huchette, vendu le dix-huit Avril 1460 par Mr le Cardinal Eveſque de Coutances.

Me Nicole Chapelle, Avocat au Chaſtelet.

Me Robert le Moine, Notaire au Chaſtelet, & Catherine ſa femme, heritiere avec ledit Nicole Chapelle, de feu Henri de la Chapelle.

Maiſon ſciſe ès Halles de Paris devant la Fontaine, faiſant le coin & ayant iſſue en la rue Jean-Vingne.

Thieri Choart, Marchand Orfevre, acquiert un quart de maiſon ſciſe rue aux Feurres, les trois autres quarts appartenans, ſavoir les deux quarts à Michelle, veufve de Jehan Choart, & l'autre quart à Thieri Choart, lequel quart ledit Thieri Choart a acquis de Michel Choart ſon frere.

Maiſon ſciſe rue des Barres, faiſant le coin de la rue Garnier-ſur l'eau.

Les Maiſtres & Gouverneurs de la Confraire de la Conception Notre-Dame, fondée en l'Egliſe St Honoré par les Marchands Bourreliers de la Ville de Paris.

Damoiſelle Perette Doſſy, veufve de Ambroiſe de Monteurain.

Atteriſſement ou jonchere, ſcis en la riviere de Seine devant la place & grands jardins de l'Hoſtel de Mr de Bourgogne.

Place vuide où ſouloit avoir maiſon ſciſe au bout du pont de bois appellé pont St Michel.

Me Jehan Fromont, Clerc du Roi en la Chambre des Comptes.

RACHATS, &c.

Simon de Maintenon, dit de la Ville-neufve, Eſcuyer, comme procureur de Damoiſelle Perenelle de Villepereur pour le relief de la moitié de la terre de Bethmont, à elle advenue par le deceds d'une ſienne ſœur.

Noble-homme Jehan Sanguin, Eſcuyer, pour le Fief du Pleſſis, ſcis à Poiſſy, & autres à lui écheus par le deceds de Guillaume Sanguin.

Noble-homme Antoine de Marcoignet, Eſcuyer, pour un Fief ſcis à Paris en la rue de la Harpe, tenu & mouvant du Roi à cauſe de ſon Chaſtelet, duquel il a fait la foi & hommage, à lui écheu par le deceds de Jehan Marcoignet ſon pere.

Simon de Maintenon, dit de la Ville-neufve, pour le relief de la Seigneurie de Goupillieres & Villepereur, mouvant de Poiſſy, à lui écheu par le deceds de Guillaume de la Ville-neufve ſon pere.

Damoiſelle Marie de Mouveul, veufve de Pierre Danglaiz, en ſon vivant Eſcuyer.

Jehan le Boutillier, Eſcuyer.

FORFAITURES.

Habits confiſqués au profit du Roi, & les femmes qui les portoient empriſonnées.

Harnois deffendus & confiſqués au profit du Roi.

Ceintures confiſquées ſur femmes amoureuſes, & elles empriſonnées pour port d'icelles.

REPARATIONS,

L'Hoſtel du Chantier du Roi étoit en la rue de la Mortellerie ſur le bord de l'eau, lequel fut jetté à bas par les grands vents le jour de la mi-Aouſt, lequel fut refait de neuf à l'endroit de l'arche du pont de Sens.

Loge devant St Leufroi, nommée le Poids-au-bled.

Reparations faites en l'Hostel d'Alençon, étant à present en la main du Roi, par confiscation de Mre Jehan, n'aguerres Duc d'Alençon. Cet Hostel étoit dans la rue d'Autriche & perçoit dans la rue des Poulies près l'Hostel de Bourbon.

DE'PENSE COMMUNE.

Dans ces années il paroît plusieurs dépenses faites pour chercher en certains endroits tant dans Paris qu'ailleurs, de la finance qui y avoit été cachée à ce qu'on disoit, mais rien n'y a été trouvé.

Regale de l'Evêché de Paris donnée par la Chambre des Comptes au Doyen & Chapitre de Paris; ladite Regale ouverte par le deceds de Me Denys du Moulin, en son vivant Evesque de Paris.

En ce Compte est compté des quatre torches qui se donnoient par le Duc de Bourbon le jour de la Feste-Dieu pour accompagner la procession du St Sacrement, & aussi du vin, viandes, fruit, & autres menus frais, pour déjeuner les gens d'Eglise pendant la station & reposement fait illec, ainsi qu'il est accoutumé faire chacun an aux dépens & des deniers venans de la grande Chambrerie de France, laquelle a été pour l'an de ce Compte, tenue en la main du Roi.

EXTRAIT.

Dons & Remissions.

Les gens de Mr d'Alençon étoient prisonniers en la Conciergerie du Palais, & furent delivrés par le Roi à son joyeux advenement à la Couronne.

L'Hostel d'Alençon devoit à St Germain l'Auxerrois quinze deniers parisis de fonds de terre.

DOMAINE NON MUABLE.

Me Raoul du Refuge, Conseiller & Maistre des Comptes, & Damoiselle Denyse Raguiere sa femme.

Me Jehan de Grand'rue, Clerc du Roi en sa Chambre des Comptes, pour l'Hostel de l'Estang sous Merly, qui fut à Mre Jehan de Montagu.

Noble-homme Mre Charles Rapioust, Escuyer Seigneur de Livri & Corberon.

Mre Blanchet Braque, Chevalier.

Jehan des Essars, Escuyer, heritier de feue Madame de Embleinville.

Dépense à heritage.

Louis, Charles & Antoine de Marcoignet, enfans de Damoiselle jadis femme de feu Jehan le Breton, & depuis de Enguerrand de Marcoignet, Chevalier. Elle se nommoit Jehanne de Cerisay.

Feu sire Michel Laillier, Maistre des Comptes.

Mre Baude de Vauvillier, Chevalier.

Gages d'Officiers. Cottes des Sergens du Louvre.

Jaspar Bureau, Maistre de l'Artillerie du Roi.

DE LA PREVOTE' DE PARIS.

Me Jean Bureau, Treforier de France, Concierge de l'Hoftel & Tour de Beauté fur Marne.

Jafpar Bureau, Efcuyer, Seigneur de Villemomble, Capitaine du Louvre.

DOMAINE DE PARIS, 1462.

VENTE DE CENS.

Noble homme fire Jehan l'Huillier, Efcuyer, Seigneur de Quinquampoix.

Me Jehan le Boulangier, Confeiller du Roi, & préfident en fa Cour de Parlement.

RACHAPTS, RELIEFS, &c.

Meffire Jehan de Vandofme, Chevalier, Vidame de Chartres, pour la tierce partie du pont de Maifons fur Seine, à lui advenu par le deceds de feu Charles de Vandofme fon pere.

Alixandre Verjus, Efcuyer, pour la Seigneurie d'Artis, affis à Chaulme en Brie.

Me Guillaume de Vitry, Confeiller du Parlement, pour la terre de Maule-fur-Mauldre, mouvant de Poiffy.

CONFISCATIONS.

Ceintures de femmes amoureufes, & icelles emprifonnées pour les avoir portées.

Epées, Dagues, & autres pareils inftruments deffendus de porter, tant de jour que de nuit.

Gages du Maiftre des Eaux & Forefts.

Mr Jean, Seigneur de Montauban, Confeiller, Chambellan du Roi, Grand-Maiftre des Eaux & Forefts du Royaume de France, au lieu de Mr Philippe de Melun, Chevalier, par Lettres du Roy le troifiéme Aouft 1461.

GAGES D'OFFICIERS ORDINAIRES.

Mre Robert d'Eftouteville, Chevalier, Seigneur de Beyne, Baron d'Yvry & de St Adrien en la Marche, Confeiller, Chambellan du Roi, & Garde de la Prevofté de Paris.

Jaques de Villiers, Seigneur de l'Ifle-Adam, Confeiller & Chambellan du Roi, Garde de la Prevofté de Paris, au lieu dudit d'Eftouteville, par Lettres du Roi du trente Aouft 1461.

Me Jehan Dauvet, Procureur General du Roi.

Me Jehan de St Romain, Procureur General du Roi, au lieu dudit Dauvet, par Lettres du Roi du troifiéme Septembre 1461.

Philippes de la Tour, Efcuyer, Garde du guet de nuit de la Ville de Paris.

Jehan de Harlay, auffi Efcuyer, Garde dudit guet de nuit, par Lettres du Roi notre Sire données à Avefnes en Henault le troifiéme Aouft 1461, le *Vidimus* defquelles collationné à l'Original en la Chambre des Comptes, eft cy-rendu, au dos duquel eft écrit : Du mandement de Noffeigneurs des Comptes. Par lequel eft mandé audit Receveur, que des deniers de fa Recette il paye audit Jehan de Harlay les dix fols parifis de gages pour jour, & vingt fols parifis pour robe, aux termes & en la maniere accoutumée,

COMPTES ET ORDINAIRE.

à commencer du jour de son institution, qui fut le dix-neuf Aoust 1461; de laquelle institution Alardin de Cande, au nom & comme Procureur de Mre Philippe de la Tour, Chevalier, appella en la Cour de Parlement, ainsi que plus à plein lesdites Lettres de *Vidimus* le contiennent pour ceci &c.

Presque tous les Officiers eurent des Lettres de confirmation dans cette année, on furent changés.

OEUVRES ET REPARATIONS.

Reparation faite en un Hostel du Roi lès les Tournelles.

EXTRAIT.

DEPENSE.

Me Pierre Guy, Conseiller au Parlement.
Le Roi fit acheter à Paris en vaisselle d'argent environ onze cens marcs.

Deniers payés par mandement du Roy.

Jehan Coustain, Escuyer, Seigneur de Navilly, Capitaine du Chastel & Place du Bois de Vincennes, par Lettres du quatorze Aoust 1461.
Jehan Drouin, Escuyer, auquel le Roi donne tous les revenus de Mont-l'hery, par Lettres du septiéme Septembre 1461.

GAGES A VOLONTE'.

Me Jehan Choart, Lieutenant Civil, par Lettres du onze Septembre 1461.

GAGES EXTRAORDINAIRES.

Mre Jaques Raoul, Capitaine de Corbeil, au lieu de Madame de la Roche-Guyon, par Lettres du neuf Septembre 1461.

DONS ET REMISSIONS.

Sire Nicolas de Louviers, Conseiller & Maistre des Comptes.
Me Guillaume de Vitry, Conseiller au Parlement.
Me Jehan de Badouvilliers, Notaire & Secretaire du Roi, & Greffier de la Chambre des Comptes.

Deniers payés en acquit du Roi.

Mre Jaspar Bureau, Chevalier, Maistre de l'Artillerie du Roi, & Capitaine du Louvre.
Mre Jean Bureau, Chevalier Concierge de l'Hostel de Beauté.

VOIRIE.

AVANTURES.

Maison scise rue de la Vieille-Draperie, faisant le coin par où l'on va à Nostre-Dame-des-Voutes.

DE LA PRÉVOTÉ DE PARIS. 367

AMANDES CIVILES.

Le Roi des Meneſtrels & la Confrairie dudit meſtier, prenoit la moitié des amendes des Meneſtriers.

La grande Chambrerie prenoit les deux tiers des amendes ſur les Gantiers, & le Roi l'autre tiers.

Il y eut un grand nombre de Maiſtres reçus en tous meſtiers, pour le joyeux avenement du Roi, qui prirent Lettres du Roi à cet effet.

Iſabeau la Tierrye, Ouvriere de doreloterie.

AMANDES CRIMINELLES.

Pluſieurs condamnés pour jurement.
Autres pour jeu de Dez.
Femmes condamnées pour le port de ceintures.

Du Compte de l'Ordinaire de Paris, 1463.

VENTE DE CENS.

Maiſon ſciſe en la Vieille-Tixeranderie, faiſant le coin d'une petite ruelle par laquelle l'on va de ladite rue de Vieille-Tixeranderie au Martray St Jean, tenant d'une part à un Hoſtel où jadis ſouloit pendre l'enſeigne de la Heuſe, qui appartint à la Confraire de la Conception Noſtre-Dame aux Marchands & Vendeurs de vins à Paris, fondée en l'Egliſe St Gervais, & de preſent appartient à Jean Raguier, comme l'on dit : aboutiſſant par derriere à un grand Hoſtel, qui appartenoit à feu Me Jehan de Bethify, & depuis à Me Jehan Tuillier, ou à la Damoiſelle de Brugeres, comme l'on dit, appellée l'Hoſtel du Pet-au-Diable, &c.

Me Hugues Aliquet, Notaire & Secretaire du Roi, & Greffier Criminel de la Cour de Parlement.

Maiſon ſciſe rue des Barrés, derriere le Cimetiere St Gervais.

Me Gilles Huet, Notaire au Chaſtelet.

Confrairie de Madame Ste Marie Magdelaine, fondée en l'Egliſe St Euſtache à Paris.

Maiſon ſciſe en la rue de la Tennerie, tenant d'une part à un Hoſtel où ſouloit être le poids au bled, aboutiſſant par derriere à la riviere de Seine.

Me Jehan Sanguin, Chevalier.

Noble homme Mathieu de Haucourt, Eſcuyer, & Damoiſelle Jeanne de Chailly ſa femme, pour une rente qu'ils prenoient ſur une maiſon ſciſe en la Cité devant l'Egliſe St Chriſtophe, tenant d'une part, & aboutiſſant par derriere en partie à une maiſon où ſouloit pendre pour enſeigne la Douloire, & d'autre part à une petite ruelle par laquelle l'on va de St Chriſtophe en la rue de Champroſay.

RACHATS, RELIEFS.

Me Jean Dumoulin, Chevalier, pour le fief de Laval en la Chaſtellenie de Tournant, qu'il a acquis par échange pour bois & Vaugrigneuſe de Mont-l'Hery à lui appartenant par don que lui en a fait feu Mre Jaques de Montmor, Chevalier.

Gilles Ingrée, Eſcuyer, tuteur de Jeanne Foucaude fille de Jehan Foucaud, Eſcuyer, & Marguerite d'Aveſne ſa femme, heritiere par benefice d'inventaire de feu Mre Euſtache de Gaucourt, Chevalier, pour la haute

COMPTES ET ORDINAIRES

Juſtice de Buy lès Guiſy, mouvant de Corbeil & de Mont-l'Hery.

Charles de Goudonvilliers, pour le fief de Touquin mouvant de Tournant.

Me Guillaume Brinon, Procureur en Parlement, pour l'Hoſtel de Guiſencourt, mouvant de Chaſteaufort, par lui acquis de Jehan de Montigny, Eſcuyer.

Noble homme Antoine de Sauſſay, Eſcuyer, pour le fief du Fort de Praeſles, mouvant de Tournant.

Me Guillaume de Culan, Examinateur au Chaſtelet, pour le fief d'Atrilly mouvant de Tournant.

FORFAITURES.

Pluſieurs empriſonnés pour port de Dagues, harnois & ceintures, & ſurceinte.

Terres tenues en la main du Roi.

Me Jean Bernier, Chevalier, pour un fief ſcis à Vaulx en la Chaſtellenie de Mont-l'Hery.

GAGES D'OFFICIERS ORDINAIRES.

Jaques Villiers, Seigneur de l'Iſle-Adam, Conſeiller, Chambellan du Roi, Garde de la Prevoſté de Paris, au lieu de Mre Robert d'Eſtouteville.

Me Jehan de St Romain, Procureur general du Roi, au lieu de Me Jean Dauvet.

Jean de Harlay, à preſent Garde du guet de nuit de la Ville de Paris.
Cottes aux Sergens du Louvre.

Me Jehan Chauſſon, Garde de la maiſon de Quinze-vingts Aveugles de Paris, au lieu de Guillaume Champion aux gages de dix-huit livres cinq ſols pariſis par an.

Me Denys le Mercier, Licentié en Loix & en Decret, à preſent Garde de ladite maiſon des Quinze-vingts Aveugles de Paris, au lieu dudit Me Guillaume Champion, par Lettres du Roi du quatriéme Juin 1462, pour raiſon de quoi y eut procès aux Requeſtes de l'Hoſtel du Roi, entre Me Jean Chauſſon d'une part, & ledit Me Denys le Mercier d'autre, où fut donné Sentence au profit dudit Denys le Mercier, de laquelle fut appellé par ledit Chauſſon en la Cour de Parlement, & par Arreſt du troiſiéme Juin ledit office fut adjugé audit le Mercier.

Mre Jehan Bureau Treſorier de France, Concierge de l'Hoſtel & Tour de Beauté ſur Marne.

Mre Jaſpar Bureau, Chevalier, Seigneur de Villeſmomble, Capitaine du Louvre.

DEPENSE COMMUNE.

Publication faite par les Carrefours de la Ville de Paris, touchant les Foires de Genève qui doreſnavant ſe tiendront à Lyon.

A Jean le Plaſtrier Sergent, &c. pour avoir quis & brûlé, une attache de bois, pluſieurs chaiſnes & crampons de fer, avec cinq cens, quèbourées que cotterets, pour faire l'execution d'une nommée Jehanne de l'Eſpine, en ce compris douze ſols pariſis qu'il a payé aux matrones qui ont viſité ladite Jehanne, pour ce qu'elle ſe diſoit être Pucelle, & cinquante-deux ſols pariſis pour pluſieurs boulayes pour faire ſerrer le Peuple,

DE LA PREVOTÉ DE PARIS.

ple, & la depense du difner faite par le Procureur du Roi notre Sire audit Chaftelet, le Lieutenant Criminel & autres Officiers, cinquante-deux fols.

Il y avoit un Advocat qui alloit tenir le fiege de la Foire St Ladre, pendant les dix-fept jours qu'elle tenoit, il étoit nommé par Mr le Prevoft de Paris.

Michel Choart Sergent à cheval au Chaftelet.

EXTRAIT.

DEPENSE.

Mre Antoine de Chabanne, Comte de Dammartin, prifonnier en la Conciergerie avec fon Clerc, & deux Huiffiers de la Cour de Parlement depuis le neuviéme Août 1462, jufqu'au dix-neuf dudit mois.

Mre Pierre Becart, Chevalier, Treforier de France.

Audry Bafador natif d'Efpagne, donné en garde au Geollier du Chaftelet par Me Martin Bellefaye, Confeiller au Parlement.

Me Jean Egret, Procureur du Roi en fa Chambre des Comptes.

Provifions achetées par le Receveur du Domaine par Ordonnance du Roi en la Baftille St Antoine, pour la provifion de ladite place, au mois de Janvier 1462.

Noble homme Mre Charles de Meleun, Chevalier, Confeiller, Chambellan du Roi, & Bailly de Sens.

Jehan des Prés, Henri Ballifet, & Jean Petit, dit Barbervoine, tous Bouchers demeurans à Paris, lefquels pour fournir à certains frais & depens qu'il étoit neceffité de faire, afin d'obvier à certaines entreprifes faites par les Bouchers de la grande Boucherie de Paris contre le Roi notre Sire, pour raifon de la Boucherie du vieil Cimetiere St Jean fe font traits par devers nos Seigneurs des Comptes; lefquels pour confideration du contenu en certaine Requefte par lefdits Bouchers à eux prefentée, ont ordonné & appointé, que les Procureurs du Roi & Receveurs de Paris, fiffent faire l'enquefte, & pourfuiviffent le procès encommencé contre lefdits de la grande Boucherie aux depens d'icelui Seigneur, &c.

Deniers payés par mandement du Roi.

Jehan Droin, Efcuyer, auquel le Roi par Lettres du feptiéme Septembre 1461, a donné tous les profits & revenus de Montlhery, fa vie durant.

Deniers payés par mandement, &c.

Mre Bertrand de Beauveau, Chevalier, Seigneur de Preffigny, & Prefident en la Chambre des Comptes.

Deniers payés par mandement de Noffeigneurs des Comptes.

Mre Jehan Bouffiquault, Preftre, Chevecier de la Ste Chapelle du Palais Royal à Paris; Mre Jehan Parnet Maiftre des Enfans de Chœur de la Ste Chapelle, & Damoifelle Marie Padbon ayant la garde des Lions du Roi notre Sire, étant en fon Hoftel de St Pol à Paris, aufquels Charles VII affigna la fomme de fix cens foixante-dix livres tournois fur la recette des Aides à Paris; fçavoir neuf vingts livres pour le Luminaire de la Ste Chapelle; deux cens quarante livres pour la nourriture & entretenement des Enfans de Chœur, & deux cens cinquante livres pour la nourriture & garde des Lions, lefquelles fommes le Roi Louis XI, à fon advenement à la Couronne Royaux, l'Etat de ses Finances, avoit ordonné être ostés dudit Etat, & être payés sur son Domaine à Paris, ainsi que par Mre Jehan du Bar, Chevalier, Maistre des Comptes a été raporté à Nosseigneurs des Comptes.

VOIRIE.

AVANTURES.

Maison scise rue St Martin, faisant le coin de la ruelle Almaury de Roissy.

AMENDES CIVILES.

Me Louis Sanguin fils, & soi disant Procureur de Mre Jean Sanguin, Chevalier, son pere, & ses consorts, pour la renonciation d'un fol appel par lui fait de certaine Sentence donnée contre lui au profit de Me Jehan Cheneteau Greffier du Parlement.

AMENDES CRIMINELLES.

Condamnés pour port de Dagues.
Pour juremens.
Femmes pour port de ceintures.
Jugement rendu par Me Jehan de Longueil Président des Requestes du Palais, Commissaire en cette partie.
Condamnés pour le jeu de Dez.
Jehanneton du Buisson condamnée en quinze sols quatre deniers parisis pour le port de deux Pastenotes.
Rue Frogier-Lasnier.

Du Compte de l'Ordinaire de Paris, 1464.

DOMAINE NON MUABLE.

Me Adam des Champs, Clerc du Roi en sa Chambre des Comptes.
La Confrairie de la Conception Notre-Dame aux Tondeurs de Paris.
Me Pierre de Morvilliers, fils & heritier de feu Mre Philippe de Morvilliers.
Heritiers de Mre Pierre de Thuillieres, Conseiller du Parlement.
Mre Jaques Perdriel, jadis Maistre de la Chambre, aux deniers de la Reine.
Mre Pierre Domont, Chevalier, au lieu de Mre Jaques Domont, Chevalier, premier Chambellan du Roi.
Me Dreux Budé, au lieu de Mre Guillaume Budé Maistre des Garnisons du Roi.
Heritiers de Me Jean Doubz-sire, Greffier Civil de la Prevosté de Paris.
Me Jehan Andrault, Clerc du Roi en sa Chambre des Comptes.
Me Henri le Febvre, Examinateur au Chastelet.
Mre Robert d'Estouteville, Chevalier, Prevost de Paris, & Madame Ambrois de Loré, sa femme.

GONESSE.

Me Nicaise de Bailli, Greffier du Tresor.

DE LA PREVOTE' DE PARIS.

POISSY.

Me Jehan de Grand-Ruë, Clerc du Roi en sa Chambre des Comptes.

TRIEL.

Me Nicolle de Sailli, Clerc du Roi en sa Chambre des Comptes.

LIVRY.

Me Charles Rapiouft, Escuyer, Seigneur de Livry & Courberon.

MONSTERCIEL.

Me Pierre l'Orfevre, Conseiller du Roi en sa Chambre des Comptes.

CORBEIL.

Me Blanchet Braque, Chevalier.
Me Jehan Auvart, Examinateur au Chastelet de Paris.

DOMAINE MUABLE.

VENTE DE CENS.

Maison au bout du Petit-pont, faisant le coin de la ruelle du Sablon.
Sire Jehan de Hacqueville, Marchand Drapier & Bourgeois de Paris.
Maison scise rue de St Jean en Grève, à l'opposite de la principale porte par où l'on va en l'Eglise St Jehan, ayant issue en la rue de la Mortellerie.
Me Jaques Barre, Archidiacre de Gastinois en l'Eglise de Paris, & Conseiller au Parlement, pour les ventes d'une maison scise en la rue de la Colombe près du Cloistre de l'Eglise de Notre-Dame.
Guillaume le Valois n'agueres Vendeur de poissons de mer ès Halles de Paris, & Raouline sa femme, fille de Thomas Riouft.
Chapelle St Bernard, fondée en l'Eglise St Jean en Grève.
Me Jean Sanguin, Chevalier; Me Louis Sanguin, & Claude Sanguin, qui vendent une maison scise rue de la Mortelletie, aboutissant sur le Quai des Ormes de la Rivière.
Sire Jaques de Hacqueville, Marchand Bourgeois de Paris.
Me Philippes Jayer, Licentié ès Loix, Conseiller au Chastelet, acheté de Mre Geoffroy Falourdel Prestre, Curé de Nogent l'Artault, & Chanoine de Montmorancy, comme Procureur de noble personne Mr Jean, Seigneur & Baron de Montmorency, & de Dame Marguerite d'Orgemont sa femme; & aussi comme Procureur de noble homme Mre Pierre d'Orgemont, Chevalier, Seigneur de Montjay & de Chantilly, frere d'icelle Dame Marguerite, une rente de vingt-deux livres huit sols deux deniers à prendre sur la boëte au poisson de mer des Halles de Paris, appartenantes au Roi.

RACHATS, RELIEFS, &c.

Noble homme Mre Michel d'Estouteville, Chevalier, Seigneur de Moyon, & Madame Marie de la Roche sa femme, pour la Terre & Seigneurie de Rochefort en Iveline, mouvante du Chastelet de Paris, par eux acquise de Madame Perrette de la Riviere, Dame de la Roche-Guyon, dont il a fait la foy & hommage au Bureau de la Chambre des Comptes entre les mains de Mr Bertrand de Beauvau, Chevalier, President en icelle.

Me Dreux Budé, Conseiller, Treforier & Garde des Chartes du Roi,

& Audiancier en la Chancellerie, pour la terre de Merly-la-Ville près de Louvres en Parisis, mouvant de Gonesse, qu'il a acquise de noble homme Mre Jehan de Chastillon, Chevalier.

Noble homme Me Jehan Budé, Notaire & Secretaire du Roi, pour une rente sur la terre de Merly-la-Ville, par lui acquise de Jehan Auger, Escuyer.

Damoiselle Pernelle de Villepreux, veuve de Pierre du Puis Ecuyer, pour les terres de Bethencour, Poucy & Tressencourt, mouvans de Poissy, à elle échues, sçavoir la moitié du fief de Poucy par le trepas de Damoiselle Jehanne de Villepreux sa sœur.

Noble homme Louis de Morainvillier, Escuyer, pour une rente sur la terre de Maule-sur-Mauldre, qu'il a acquise de Me Guillaume de Vitry, Conseiller au Parlement.

Mre Jehan de Montenay, Chevalier, Seigneur de Garencieres.

FORFAITURES.

Plusieurs harnois, dagues & épées.
Ceintures de filles amoureuses.

RECETTE COMMUNE.

Me Jaques Fournier, Conseiller au Parlement.

Terres tenues en la main du Roi.

Mre Jehan Berniel, Chevalier, avoit un fief à Vault en la Chastellenie de Montlhery.

DE'PENSE A HERITAGE.

Mre Jehan Barbedienne, Chapelain des Aveugles de Paris, fondé par Mr St Louis au Grand-Autel de l'Eglise des Quinze-vingts, seize livres parisis par an.

Me Eustache Millet, Conseiller au Parlement.

La veuve & heritiers de Nicolas Laisné, à cause d'elle fille de feu Mre Jehan de Clamecy, heritiere en partie de feu Mre Estienne de Bray, au lieu de Mre Estienne la Borgne & sa femme.

Les hoirs Mre Baude de Vauvieleres, Chevalier.

Mre Jean Fromont, Conseiller & Correcteur des Comptes, heritier de Damoiselle Jeanne Lescripvaine, fille & heritiere de Robert Lescripvain.

POISSY.

Perrette & Jehanne, enfans de Huet de Villepreux, & Damoiselle Marguerite jadis sa femme.

DEPENSE A VIE.

GAGES ORDINAIRES. *Cottes.*

Me Denys le Mercier, Licentié en Loix & en Droit, & Garde de la maison des Quinze-vingts aveugles de Paris.

Mre Jehan Bureau, Tresorier de France, Concierge de l'Hostel de Beauté-fur-Marne.

Me Pierre Bureau, Chevalier, Concierge dudit lieu de Beauté, au lieu dudit Jean Bureau son pere.

DE LA PREVOTÉ DE PARIS.

REPARATIONS.

Une Gallerie qui traverse la rue St Antoine, pour aller de l'Hostel du Roi près des Tournelles en l'Hostel-neuf.

Gallerie faite de neuf, servant pour aller de l'Hostel du Roi près des Tournelles, en l'Hostel de Madame d'Estampes, dit l'Hostel-neuf.

Un Ecu de France peint à huile de fin or & azur, mis & assis sur l'entrée de la porte de l'Hostel du Roi près des Tournelles, peint par Jean de Boulogne, dit de Paris.

En l'Hostel de la Reine près St Paul, reparations des Galleries dudit Hostel où est le grand Preau de la Fontaine-au-Lion, sous laquelle gallerie étoient les Ouvriers, Tailleurs de pierre & images, besognans de marbre & de pierre, la sculpture de feu le Roi Charles dernier trépassé. C'est Charles VII.

Avoir refait deux huisseries étant ès jardins, par lesquelles l'on vient de l'Hostel-neuf dedans l'Hostel des Celestins, & de-là en l'Eglise; lesquelles le Roi a ordonné être refaites, lequel les avoit fait rompre & dépecer en sa presence, pour venir audit Hostel-neuf en ladite Eglise des Celestins.

Jardins du Palais, on en a relié d'ozier, redressé les berceaux, treilles & pavillons, & ébourjonné, &c.

DEPENSE COMMUNE.

Me Pierre Quatre-livres, Greffier Civil de la Prevosté de Paris.

EXTRAIT.

DEPENSE.

Me Antoine de Chabannes, prisonnier en la Bastille.

Me Arnouil Boucher, Maistre des Comptes, pour avoir vû & visité plusieurs Procès, Lettres, Informations & Enquestes pour le Roi, & d'icelles fait son rapport au Bureau, & avoir vû plusieurs vieils rolles de Comptes & Livres étant en ladite Chambre, touchant le fait des Regales de Bretaigne, & autres droits Royaux audit Duché; & ce qui en a été trouvé, porté devant le Roi à Pontoise, où il a été l'espace de sept jours.

Me Estienne Chevalier, Conseiller & Maistre des Comptes du Roi, & Tresorier de France.

Deniers payés par mandement du Roi.

Me Jehan de Cerasenis, Auditeur de la Rote, & Orateur Apostolique; cinquante-neuf livres douze sols parisis pour la depense faite par lui, ses gens & chevaux en cette Ville de Paris, depuis le quatriéme Aoust 1463, jusqu'au penultiéme dudit mois, laquelle dépense le Roi avoit ordonné être payée par ledit Receveur.

GAGES EXTRAORDINAIRES.

Me Pierre de Ladehors, Lieutenant Criminel de la Prevosté de Paris.

Me Nicolle de la Chapelle, Licentié ès Loix, Commis à l'exercice dudit Office de Lieutenant Criminel, par Lettres du Roi du huit Octobre 1463.

COMPTES ET ORDINAIRES

Me Henri Mariette, Commis à l'exercice dudit Office de Lieutenant Criminel, par deliberation du Conseil des Officiers du Roi au Chaftelet, par Lettres faites sous le sceau Royal de la Prevofté de Paris le sixiéme Mars 1463. Il fut ensuite pourveu dudit Office par Lettres du Roi du trentiéme Mars.

Dons & Remissions.

Me Jehan Prevoft, Notaire & Secretaire du Roi, pour les quints, &c. de Merly-la-Ville, qu'il a acheté de Mre Jehan de Chaftillon.

Le tonnerre tomba à Goneffe la veille du St Sacrement 1463, pour quoi fut remis seize livres cinq sols quatre deniers parisis à trois Laboureurs, sur ce qu'ils devoient au Roi de bleds audit lieu.

Antoine Sanguin, Escuyer.

AMENDES CIVILES.

Du vingt-neuviéme & dernier jour de Fevrier.

De Jehan Vroise, Souffletier & Lanternier, pour avoir acquis la franchise dudit Meftier, par don à lui fait par la Reine de France, le huitiéme Janvier dernier passé.

Pierre l'Escuyer, Chauderonnier, pour son entrée d'avoir été reçeu Maiftre audit Meftier à cause de la Reine de France, par ses Lettres données le vingt-sept Fevrier dernier.

Un Pourpointier, *idem*.

Du Mardy sixiéme Mars.

Un Hucher qui a acquis la franchise par don à lui fait par Mr le Duc de Berri, par ses Lettres du deux dudit mois de Mars.

Un Chauffetier, *idem*, par Lettres de Mr de Berri.

Un Paticier, un Coufturier, *idem*, par Lettres de Mr de Berri.

Plufieurs autres de differents meftiers, par Lettres du Duc de Berri, & par la Reine.

Isabeau la Paynette, Dorelotiere, pour sa maitrise dudit meftier de Dorelotiere, par mondit sieur de Berri. *Est à remarquer que dans tous les Comptes je n'ai vu que des femmes reçues au métier de Doreloterie, c'eft à dire, Faiseuse de franges & de rubans, tant de fil que de soie.*

Jean Gironin Fevre, pour la maitrise dudit meftier de Fevre, & Ouvrier de Blancs-faillans, à lui donnée par la Reine de France.

AMENDES CRIMINELLES.

Aiglet de Soins, Escuyer, & Hutin de Mailly, Escuyer, condamnés chacun en cent livres parifis d'amende envers le Roi.

Condamnés pour le jeu de Dez.

Du Compte de l'Ordinaire de Paris, pour l'année finie à la saint Jehan-Baptifte, 1466. Folio 408.

A tous ceux qui ces presentes Lettres verront, Robert d'Eftouteville, Chevalier Seigneur de Beyne, Baron d'Ivri & de St Andrieu en la Marche, Conseiller, Chambellan du Roi notre Sire, & Garde de la Prevofté Paris. SALUT sçavoir faisons, que Nous l'an de grace 1465 le Vendredi treiziéme jour du mois de Decembre, veifmes ung volume ou cayer de

DE LA PRÉVÔTÉ DE PARIS. 375

parchemin contenant 31 feuillets, defquels les trente étoient écrit d'un côté & d'autre, & du 31 & dernier feuillet n'y avoit écrit que la moitié ou environ de la premiere page d'icelui dernier feuillet, en la fin de laquelle premiere page duquel dernier feuillet étoient plaqués en cire vermeille, comme il apparoît cinq fignets de cinq de Noffeigneurs des Comptes du Roi notre Sire à Paris; parmi lequel volume ou cayer de parchemin étoient ennexées une Lettre d'amortiffement en forme de Chartres, octroyées par le Roi notre Sire, fignées de fa main & fcellées de fon fcel en laz de foie & cire verte; & dedans icelui volume ou cayer de parchemin étoient & font tranfcrites & incorporées lefdites Lettres d'amortiffement en forme de Chartre, la declaration des cens, rentes & autres revenus & appartenances de l'Hoftel de Viceftre, & le confentement, enterinement & expedition d'icelles Lettres de Chartre & amortiffement fait fur icelles par nofdits Seigneurs les Gens des Comptes du Roi notre-dit Seigneur à Paris; duquel volume ou cayer de parchemin, dedans lequel font entre autres chofes incorporées, comme dit eft, lefdites Lettres d'amortiffement la teneur eft telle. Les Gens des Comptes du Roi notre Sire à Paris; A tous ceux qui ces prefentes Lettres verront, Salut. Comme le mois de Decembre dernier paffé de la partie des Doyen & Chapitre de l'Eglife de Paris, nous eût été requis l'enterinement des Lettres patentes du Roi notre-dit Seigneur, en forme de Chartre, & fignées de fon nom, parmi lefquelles ces Prefentes font ennexées fous le fcel de la Prevofté de Paris, & dont la teneur s'enfuit. Loys, par la grace de Dieu Roi de France, fçavoir faifons à tous prefens & à venir, Nous avoir reçue l'humble fupplication de nos chers & bien amés les Doyen & Chapitre de l'Eglife de Paris, contenant que par feu notre oncle le Duc de Berri, fut ja pieça donné & tranfporté à ladite Eglife & à eux les Hoftel, terres, vignes, jardins, cens, rentes, revenus, appartenances & appendances de Viceftre lès Gentilly, jufqu'à la valeur de huit-vingts livres parifis de rente, lequel don & tranfport feu notre très-cher Seigneur & pere, que Dieu abfoille, ratifia, conferma & approuva depuis, & avecques ce en tant que meftier étoit, donna & amortit aufdits Supplians & à ladite Eglife lefdits Hoftel, terres, vignes, jardins, cens, rentes, revenus & appartenances de Viceftre, ainfi que plus à plain eft contenu & qu'il peut apparoir par fes Lettres en forme de Chartre, defquelles la teneur s'enfuit. CHARLES, par la grace de Dieu Roi de France, fçavoir faifons à tous prefens & à venir, Nous avoir receue l'humble fupplication de nos chers & bien-amés les Doyen & Chapitre de l'Eglife de Paris, contenant que combien que feu notre oncle le Duc de Berri leur eût donné, cedé & tranfporté l'Hoftel, terres, vignes, jardins, cens, rentes, revenus, appartenances & appendances de Viceftre lès Gentilly jufqu'à la valeur de huit-vingts livres parifis de rente & au deffous, pour certains Obits & Services folemnels être faits en ladite Eglife pour notre-dit oncle & nos predeceffeurs & les fiens, ainfi que ces chofes peuvent plus à plain apparoir par les Lettres de notre-dit oncle, defquelles la teneur s'enfuit: JEHAN, fils le Roi de France, Duc de Berri & d'Auvergne, Comte de Poitou, d'Eftampes, de Boulogne & d'Auvergne, fçavoir faifons à tous prefens & à venir, que Nous confiderans la fragilité humaine de ce monde, & que les trefors qui y font proufitent peu à la fin à ceux qui les ont, & par efpecial quand ils ne les diftribuent ou ordonnent être diftribués deuement & en bonnes œuvres, & auffi que ung chacun doit defirer à fon pouvoir de faire fon trefor en la Cour Celeftial, où il n'y a teignes ne autre vermine qui les puiff démolir ne defgafter, & pour la très-grant & finguliere devotion que avons eu tout le cours de notre vie, & non fans caufe, & avons encore à l'Eglife Cathedrale de Notre-Dame de Paris, laquelle nous avons toujours reputée & tenue notre Mere Eglife, tant pour occafion de ce que nous avons été baptifé du St Crefme prins & confacré en icelle, comme pour ce qu'elle est & a été fondée, douée & honorée par nos Seigneurs & progéniteurs Rois de France, dont Dieu ait les ames, & en laquelle a très-noble College de Chanoines, Chapellains, Vicaires & autres gens d'Eglise, qui jour & nuit font continuellement très-devotement le Divin Service en icelle, lequel nous defirons de tout notre cuer être continué & augmenté, & auffi que les Doyen & Chapitre de ladite Eglife non ingrats mais reconnoiffans aucuns dons de joyaux & Reliques en vaiffelle en or & argent, garnies les aucuns de pierreries & autrement, par nous données à diverses fois à ladite Eglife, lefquelles ils reputent de très-grant devotion, eftimation & valeur, de leurs propres mouvemens affemblés en leur Chapitre ont ordonné & pieça commencé de faire & celebrer tous les Jeudis des Quatre-tems de l'an une Meffe folemnelle du St Efprit pour nous durant notre vie; & après notre trepas la convertiront en quatre Obits folemnels pour le remede & falut de notre ame; confiderant auffi la grant charge que lefdits Doyen, Chapitre & autres gens de ladite Eglife auront pour occafion de ce à fupporter le tems à venir, & que fuppofé que iceux joyaux fuffent de plus grant valeur qu'ils ne font, toutes voyes ne leur feront-ils d'aucuns revenus de rentes annuelles, Nous les voulant relever fur ce comme raifon eft, & afin qu'ils & leurs fucceffeurs foient plus enclins de continuer lefdits Services, à icelle Eglife & aufdits Doyen & Chapitre, pour eux, leur fucceffeurs & ayans caufe, & autres gens & ferviteurs d'icelle, qui font à prefent & feront pour le tems à venir avons donné, cedé & tranfporté, donnons, cedons & tranfportons de notre certaine fcience & propre mouvement par ces Prefentes, l'Hoftel, terres, vignes, jardins, cens, rentes, revenus, appartenances & appendances de Viceftre lès Gentilli jufques à la valeur de huit-vingts livres parifis de rente & au deffous; lefquels Hotel & autres chofes deffus exprimées, nous avons acqueftées de nos propres deniers & nous appartenoient paravant cette prefente donnation, ceffion & tranfport: pour d'iceux Hoftel, terres, vignes, jardins, cens, rentes, revenus, appartenances & appendances de Viceftre joyr & ufer paifiblement, perpetuellement & à toujours par lefdits Doyen & Chapitre, leurs fucceffeurs & ayans caufe, promettant en bonne foi & en parole de fils de Roi, avoir & tenir ferme, garentir, enteriner & loyaument accomplir les chofes ci-deffus écrites, & chacune d'icelles, fans aller ne fouffrir aller ou venir autre povoir à l'encontre par nous ne autres, en quelque maniere que ce foit, ores ne pour le tems à venir, & renonçans à toutes exceptions, lettres, impetrations, difpenfations & abfolutions données ou à donner, & à tout ce generalement qui tant de fait comme de droit, de uz, coutume, comme autrement, nous pouroit aider ou valoir à venir ou dire contre ces prefentes Lettres ou le contenu d'icelles, & au droit difant generale renonciation non valoir; & en ce faifant les deffufdits & leurs fucceffeurs, nous ont promis en bonne foi, font & feront tenus de faire dire, celebrer & continuer durant notre vie lefdites quatre Meffes du St Efprit pour nous, & après notre trepas lefdits quatre Obits perpetuellement & à toujours en la maniere que dit eft, fauf que l'un defdits Obits plus prochain du jour de notredit trepas fera mué, fait, celebré audit jour, fe il n'eft pour aucune folemnité ou autre caufe neceffaire ou convenable empêchié, & en ce cas au plus prochain jour après non empêchié, aufquels Obits & chacun d'eux feront tenus lefdits Doyen & Chapitre, Chapellains & autres ferviteurs de ladite Eglife d'être en Cuer dès avant la fin de l'Epiftre jufques à la fin de la Meffe, & femblablement aux Vigiles, ainfi & par la maniere & fur les peines que l'on a accoutumé de faire quand on fait ou celebre en ladite Eglife les Obits de Monfieur le Roi Charles, qui Dieu pardoint, & avecque ce feront tenus lefdits du Chapitre chacun an à toujours de porter à proceffion, eux revestus de chappes de foie, tenant chacun en fa

main

main un rameau de bois vert le jour St Philippe & St Jaques premier jour de Mai, l'Eglise semée d'herbe verte, parmi où autour de ladite Eglise, ainsi qu'ils ont commencé & ja continué par plusieurs années, le chef dudit St Philippe; & pareillement au jour de Toussaints le St Tableau garni de grant nombre de moult precieuses Reliques, excepté qu'ils ne seront pas tenus de porter lesdits rameaux, ne de semer leurdite Eglise d'herbe verte audit jour de Toussaints, mais bien devront être revêtus de chappes de soie, jaçoit ce que à ce tems ayent accoutumé de porter leurs chappes noires de drap de laine; lesquels Chef & Tableau avons entre les autres joyaux & reliquaires dont dessus est faite mention donnés à ladite Eglise, & voulu lesdites processions être faites par la maniere que dit est, ausquelles avons été par aucunes années presens en notre personne; & à greigneur seureté, roboration & fermeté des choses dessus dites, avons supplié très-humblement à Monsieur le Roi, & encore supplions par ces Presentes, que de sa grace & benignité, en tant qu'il aime l'accomplissement du desir & de la devotion que nous avons en cette matiere pour le salut & remede de notre ame, lui pleust avoir agreable, conserver & approuver le don, cession & transport dessus dits, & donner liberalement à nous & ausdits de Chapitre le admortissement dudit Hostel & appartenances, sans en prendre ou exiger aucune finance, & que ce soit ferme chose estable & durable à toujours mais, avons fait mettre notre scel à ces Presentes, sauf en autres choses notre droit & l'autrui en toutes. DONNE' à Paris en notre Hostel de Neelle au mois de Juin l'an de grace 1416, ainsi signé par Monsieur le Duc, l'Archevesque de Bourges, l'Evesque de Paris Bernard d'Armignac, Mre Jehan de la Roche-Choart, Robert d'Estampes, Me Jehan L'homme-Dieu, Me Estienne le Brun, Jehan du Pré l'aîné, & plusieurs autres presens. Erard néanmoins notre Procureur, ou autres nos Officiers, pretendans lesdits Hostel, terres, vignes, jardins, cens, rentes, revenus, appartenances & appendances de Vicestre, à nous appartenir, & autres pretendans avoir eu don ou aucun octroi de nous de ou sur lesdites choses, ont mis ou s'efforcent mettre empêchement ausd. Supplians qu'ils ne joyssent d'icelles choses, & pour ce nous ont moult humblement supplié, que attendu le contenu esdites Lettres, il nous plaise, iceulx don cession & transport ainsi fait par notre-dit oncle, avoir agreable, les approuver & confermer, & en tant que métier seroit, de nouvel leur donner & delaisser, en leur octroyant liberalement l'admortissement desdits Hotel & appartenances, sans en prendre ne demander d'eux aucune finance, & en leur empliant sur tout ce notre grace. Pourquoi Nous ces choses considerées & mêmement la très-grant & singuliere devotion que nous avons toujours eu & avons à ladite Eglise, laquelle est fondée en l'honneur de la benoiste Vierge Marie, le très-grant & notable Service Divin, qui toujours y a été si notablement celebré, & encore est chacun jour, & mêmement que lesdits Obits & Services ordonnés par notredit oncle y sont solemnellement continués, ainsi que sommes deument acertenés, & lesquels faudroit cesser, se par nous ne leur étoit pourveu sur les choses dessus dites, à iceulx Supplians; pour ces causes, & mêmement afin que l'Office Divin & les Obits & les Services dessus-dits y puissent être continués à l'honneur de Dieu & de sa glorieuse Mere, & que soyons participans esdits Offices, Services, prieres & bienfaits de ladite Eglise, lesdits don, cession & transport à eux fait par notredit oncle desdits Hostel, terres, vignes, cens, rentes, revenus, appartenances & appendances de Vicestre, en la forme & maniere dessus dite, ayant fermes & agreables, iceux avons ratifié, approuvé & confermé, ratifions, approuvons & confermons par ces Presentes tout selon la teneur desdites Lettres, & de notre plus ample grace, certaine science, pleine puissance & autorité Royale, avons d'abondant & de nouvel en tant que métier seroit, donné, octroyé, delivré & transporté, donnons, octroyons, delivrons & transportons par ces mêmes Presentes lesdits Hostel, lieu, terres, vignes, jardins, cens, rentes, revenus, appartenances & appendances quelconques dudit Vicestre, jusques à la valeur dessus dite, pour en joyr & user par lesdits Supplians & ladite Eglise, & les tenir, posseder & exploiter, & en faire & disposer doresnavant pleinement & paisiblement à toujours comme de leur propre chose ; & oultre de nos grace, puissance & autorité dessus dites, avons admorti & admortissons ledit Hostel de Vicestre & autres choses dessus dites ausdits Supplians & à ladite Eglise, pour faire & continuer lesdits Services : voulant & leur octroyant que doresnavant lesdits Supplians & leurs successeurs en ladite Eglise, tiennent & possedent lesdits Hostel, cens, rentes, revenus & autres choses dessus dites, comme admorties & à Dieu dediées, sans ce que par nous ou nos successeurs, ou par nos Officiers ou Commis & deputés de par nous, ou autres, de quelque autorité qu'ils usent, ils soient ou puissent être jamais contraints à icelles mettre hors de leurs mains, comme non admorties, ne pour ce, ne à l'occasion de ce present admortissement, en payer quelconque finance, laquelle telle que pour cause de ce que dit est, pourroit être dûe à nous, nous avons quitté, remis & donné, quittons, remettons & donnons par ces Presentes ausdits Supplians & à ladite Eglise, & sur ce avons imposé & imposons silence perpetuel à notredit Procureur & à tous autres nos Officiers. Si DONNONS EN MANDEMENT par ces mêmes Presentes, à nos amés & feaulx les Gens de nos Comptes & Tresoriers, & les Generaulx & Conseillers ou Commissaires sur le fait & gouvernement de nos finances & des nouveaux acquests, au Prevost de Paris, & à tous nos autres Justiciers, Commissaires & Officiers, ou à leurs Lieutenans, presens & à venir, & à chacun d'eux, si comme à lui appartiendra, que de nos presens, grace, ratification, approbation, confirmation, transport, admortissement, octroi, quittance, don, & autres choses dessus dites, ils fassent, souffrent & laissent joyr & user pleinement & paisiblement lesdits Supplians, sans les troubler, molester ou empêcher, ne souffrir être troublés, molestés ou empêchés en aucune maniere au contraire, nonobstant quelconques loix, droits, statuts, édits, coutumes, usages, stils, ordonnances, mandemens ou deffences faits ou à faire au contraire ; & afin que ce soit chose ferme & estable à toujours, nous avons fait mettre à cesdites Presentes notre scel, sauf en autres choses notre droit, & l'autrui en toutes. DONNE' à Paris le trentiéme jour de Septembre l'an de grace mil quatre cens quarante-un & de notre regne le dix-neuviéme, ainsi signé sur le repli desdites Lettres au dessus de la queue & sur la marge d'enhault, par le Roi, les Comtes d'Eu & de la Marche, l'Evesque de Clermont, l'Admiral, & autres plusieurs presens, CHALIGAUT. Et au dessous de ladite queue & sur ledit repli étoit écrit, *Collation est faite* ; & à la fin & au bout de ladite marge sur ledit repli étoit écrit *Visa*. En nous requerans par lesdits Supplians que leur voulsissions ratifier & approuver le contenu esdites Lettres dessus transcrites. Pourquoi nous ces choses considerées, & en faveur de ladite Eglise de Paris, & du Divin Service qui y est fait & celebré solemnellement & continuellement nuit & jour, & afin que soyons toujours participans ès prieres & oraisons qui y sont faites, lesdits don, ratification, confirmation & admortissement, avons loué, ratifié, approuvé & confermé, louons, ratifions, approuvons & confermons de grace speciale, pleine puissance & autorité Royale par ces Presentes, & de notre plus ample grace, certaine science & liberale munificence, avons d'abondant & de nouvel en tant que mestier seroit, donné, octroyé, delivré, transporté & admorti, donnons, delivrons, transportons & admortissons par ces mêmes Presentes, lesdits Hostel, lieu, terres, vignes, jardins, cens, rentes & revenus, appartenances & appendances de Vicestre, en la forme & maniere dessus dite, pour en joyr & user par lesdits Supplians & leurs successeurs

DE LA PREVOTÉ DE PARIS.

en icelle Eglise jusqu'à ladite somme de huit-vingts livres parisis de rente ou revenu chacun an, tout par la forme & maniere que par nosdits oncle & pere leur a été octroyé, sans que à jamais ils ne leursdits successeurs soient ou puissent être contraints à icelles mettre hors de leurs mains, ne pour ce payer aucune finance à nous ne aux nostres, laquelle pour les causes dessus dites en tant que mestier seroit, leur avons quittée, remise & donnée, quittons, remettons & donnons par ces Presentes, signées de notre main, & sur tout avons imposé & imposons silence perpetuel à notre Procureur. SI DONNONS EN MANDEMENT à nos amés & feaulx les Gens de nos Comptes & Tresoriers, au Prevost de Paris, & à tous nos autres Justiciers, Officiers, & Commissaires commis & à commettre sur le fait des francs-fiefs & nouveaulx acquests, ou à leurs Lieutenans, presens & à venir, & à chacun d'eux si comme à lui appartiendra, que de nos presens, grace, confirmation, admortissement & approbation, facent, seuffrent & laissent lesdits Supplians & ladite Eglise de Paris joyr & user pleinement & paisiblement, sans leur faire, mettre ne donner, ne souffrir être fait, mis ou donné aucun détourbier ou empêchement au contraire, ains se aucun détourbier ou empêchement leur avoit été ou étoit fait, mis ou donné, qu'ils l'ôtent ou fassent ôter & mettre sans delai à pleine délivrance; & afin que ce soit chose ferme & stable à toujours, nous avons fait mettre notre scel à ces Presentes, sauf en autres choses notre droit & l'autrui en toutes. DONNÉ à Rouen au mois de Novembre l'an mil quatre cens soixante-quatre & de notre regne le quatriéme, ainsi signé sous le repli desdites Lettres, LOYS; & sur ledit repli, par le Roi le Comte de Comminge, le sire du Lan & autres presens, J. BOURRE; & au dessous sur ledit repli étoit écrit, *Collation est faite*, *Visa*, *Contentor* DORCHERE. En témoin de ce nous avons mis à ces presentes Lettres de transcrit ou *Vidimus* le scel de ladite Prevosté de Paris. Ce fut fait l'an & jour dessus premiers dits, ainsi signé N. EVEILLART. Auquel entherinement nous n'eussions aucunement procedé, pour ce que par les comptes anciens de la Recette ordinaire de Paris & autrement, nous a apparu que l'Hostel de Vicestre lès Gentilli, dont mention est faite esdites Lettres de Chartes, n'étoit pas de l'acquêt de mondit sieur de Berri, comme le contient son don incorporé en icelles Lettres de Chartes, & que supposé que ainsi fût, si étoient lesdits don & admortissement en grande diminution du Domaine du Roi notre Seigneur, responsif à sadite Recette de Paris, laquelle ne peut à beaucoup près fournir à ses charges ordinaires; & de ces choses & autres à ce servans, eussions averti le Roi notredit Seigneur, lequel par ces Lettres closes iteratives, nous eût écrit & mandé expressément expedier lesdites Lettres de Charte, nonobstant lesdites objections & autres qu'on eût pû faire au contraire. Veue par nous laquelle rescription répondante à nosdits avertissemens, nous afin de proceder en la matiere plus seurement, eussions commis notre frere & compaignon Me Arnoul Boucher, Licentié en Loix, Conseiller & Maistre desdits Comptes, pour aller & soi transporter sur ledit lieu de Vicestre, & icelui & lesdites appartenances voir & visiter, & soi informer de l'état & valeur d'iceulx, & sur tout ce qui faisoit à voir & enquerir, appellés avecques lui les Procureur & Receveur ordinaires du Roi notredit Seigneur, en ladite Prevosté de Paris, ou leurs Substituts, ainsi qu'il est accoutumé faire en tels cas. Lequel Me Arnoul Boucher, au fait de ladite information, tant sur les points de notredite commission, comme sur la situation, état & valeur desdites appartenances, dont lesdits Doyen & Chapitre lui ont baillé la declaration par les singulieres en cette forme. S'ensuit la declaration des cens, rentes & autres revenus & appartenances de l'Hostel de Vicestre près Paris, qui jadis fut & appartint à feu Prince de très-noble memoire Monseigneur le Duc de Berri & de Auvergne, que baillent par devers vous Nosseigneurs des Comptes du Roi notre Sire à

Paris, & vous Monſeigneur Me Arnoul Boucher, Conſeiller & Maiſtre deſdits Comptes, Commiſſaire en cette partie, Meſſeigneurs les Doyen & Chapitre de l'Egliſe de Paris, à ce que les Lettres confirmatoires & invocatoires par eux obtenues du Roi notredit Seigneur, du don de l'Hôtel & appartenances dudit Viceſtre, conferſé par le feu Roi Charles VII de bonne memoire, cui Dieu pardoint, à eulx fait par ledit feu Duc de Berri, dudit Hoſtel, cens, rentes, revenus & appartenances dudit Viceſtre, leur ſoient enterinées, & que en icelles enterinant délivrance leur en ſoit faite par vous noſdits Seigneurs, à pur & à plein, ainſi que le Roi notredit Seigneur veult & le mande par ſeſdites Lettres, proteſtant des choſes deſſus dites, bailler plus ample declaration ſe métier eſt.

Et premierement en la Ville d'Arcueil, &c. tout le detail y eſt.

Sçavoir faiſons que veue par Nous à bonne & meure deliberation lad. information, le procès verbal deſdits Me Arnoul Boucher, Procureur & Receveur, oy avecque ce le raport à nous ſur ce fait de bouche par icelui Me Arnoul Boucher, & conſideré le contenu eſdites Lettres de Charte, & le deſir ſingulier & fervent que le Roi notredit Seigneur monſtra avoir à l'enterinement & execution d'icelles, ainſi qu'il nous eſt apparu par ſeſdites reſcriptions & autres ſubſecutives & reiteratives, nous, ſans préjudice de tout droit & intereſt d'autrui, conſentons, autant comme en nous eſt l'enterinement & l'expedition deſdites Lettres de Charte, ſous les conditions, & aux charges qui s'enſuivent. C'eſt à ſçavoir, que leſdits Doyen & Chapitre, ne leurs ſucceſſeurs en ladite Egliſe, ne pourront vendre aliener, eſchanger ne mettre hors de leurs mains, par quelque maniere que ce ſoit, ledit Hoſtel de Viceſtre, ne le circuit & pourpris d'icelui, ne les démolir ou faire démolir, & que toutes les fois qu'il plaira au Roi notredit Seigneur, ou à ſes Succeſſeurs Rois de France les ravoir & reprendre en leurs mains, faire le pourront franchement & quittement ſans ce qu'ils ſoient tenus en faire ne bailler aucune recompenſe audit Doyen & Chapitre, ne à ladite Egliſe de Paris, & auſſi que outre & par deſſus les quatre Obits & deux Proceſſions dont ils ſont chargés chacun an aux jours, & ainſi qu'il eſt à plein declaré eſdites Lettres de Charte, ils ſeront tenus dire & celebrer chacun an en ladite Egliſe une Meſſe haute ſolemnelle du St Eſprit le jour & feſte St Louis, ou mois d'Aouſt, ſe bonnement faire ſe peut, ſinon le plus prochain jour après que poſſible ſera durant la vie du Roi notredit Seigneur, pour la ſanté de lui, & proſperité de ſon Royaume; & après ſon deceds de ce ſiecle, au lieu de lad. Meſſe un Anniverſaire perpetuel ledit jour, ou le plus prochain après enſuivant, comme dit eſt, le plus ſolemnellement que faire ſe pourra, & ainſi qu'il affiert au Roi pour le ſalut des ames de lui & de ſes très-nobles predeceſſeurs & ſucceſſeurs Rois de France, & de ce faire & accomplir bailleront leurs Lettres obligatoires par devers nous dedans le premier jour de Juin prochain venant. Si donnons en mandement au Prevoſt de Paris, auſdits Procureur & Receveur du Roi notredit Seigneur en ladite Prevoſté, & à tous ſes autres Officiers Juſticiers, & Commiſſaires commis & à commettre ſur le fait des Francs-fiefs & nouveaulx acqueſts, ou à leurs Lieutenans preſens & à venir, & à chacun d'eux, ſi comme à lui appartiendra, que du contenu eſdites Lettres de Charte ils ſeuffrent & permettent leſdits Doyen & Chapitre de Paris & leurs ſucceſſeurs en ladite Egliſe, joyr & uſer, ſelon notre preſente expedition, paiſiblement & ſans aucun deſtourbier ne empeſchement. Lequel ſe fait leur eſtoit aucunement au contraire, ils reparent ou faſſent reparer & remettre ſans delai au premier eſtat & deu: en temoing de ce nous avons fait ſceller ce preſent volume de parchemin contenant trente-un feuillets écrits, y compris celui des ſcel & contreſcel de ladite Prevoſté de Paris, pendant en un las de ſoie paſſé parmi leſdits feuillets, & icelui ſigné de nos ſignets, le deuxiéme

DE LA PREVÔTE' DE PARIS. 381

jour de Mai 1465. Et au deſſous deſdits ſignets en la page dudit feuillet eſtoit écrit : *Collation eſt faite*, ainſi ſigné. J. DE BADOUILLIER. Et ſi eſtoit eſcrit en la marge de la ſeconde page du pénultiéme feuillet dudit volume ou cayer de parchemin, au deſſus & à l'endroit de ces mots, *& de ce faire & accomplir bailleront leurs Lettres obligatoires, &c.* ce qui s'enſuit. *Tradiderunt Litteras obligatorias de quibus hic cavetur, quæ regiſtrantur libro Cartarum hujus temporis, una cum Litteris Regis Cartæ præſcriptis, foliis 142, & ſequentibus; uſque ad centeſimum quadrageſimum ſextum incluſive*, ainſi ſigné, J. BADOUILLIER. Avecque cé veiſmes ledit jour de Vendredi treiziéme jour dudit mois de Decembre aud. an 1465, une Commiſſion donnée de notre anteceſſeur Prevoſt de Paris, ſcellée du ſcel de ladite Prevoſté de Paris, adreſſant à Me Guillaume Boucher, Examinateur audit Chaſtelet, parmi laquelle Commiſſion eſtoit annexée la relation ſur ce faite par ledit Me Guillaume Boucher, ſignée, comme il apparoiſt, de ſon ſeing manuel, & ſcellée de ſon ſcel en cire vermeille ſur ſimple queue, leſquelles Commiſſion & Relation étoient auſſi annexées parmi ledit volume ou cayer de parchemin, & d'icelles la teneur s'enſuit, & par ordre, & premierement de ladite Commiſſion.

JACQUES DE VILLIERS, Seigneur de l'Iſle-Adam, Conſeiller & Chambellan du Roi notre Sire, & Garde de la Prevoſté de Paris, Commiſſaire en cette partie, à noſtre amé Me Guillaume Boucher, Examinateur de par le Roi notredit Seigneur au Chaſtelet de Paris, ſalut & dilection. Veu le Mandement de Noſſeigneurs les Gens des Comptes du Roi notredit Seigneur à Paris, adreſſant à nous & aux Procureur & Receveur d'icelui Seigneur à Paris, ſcellé du ſcel de ladite Prevoſté de Paris. Veues auſſi les Lettres du Roi notredit Seigneur en double queue & cire verte, en forme de don & octroi fait par le Roi notredit Seigneur aux Doyen & Chapitre de l'Egliſe de Paris, au deſſous & en la fin de la marge duquel mandement, auquel ſont incorporées leſdites Lettres Royaux, ces Preſentes ſont annexées; & pource que nous, leſdits Procureur du Roi & Receveur de Paris, ne pouvons bonnement vacquer ne entendre à mettre à execution le contenu audit mandement, obſtant certaines occupations des beſognes & affaires d'icelui Seigneur: Nous, par ces Preſentes, vous mandons, & par vertu du pouvoir à nous donné & commis en cette partie, commettons que au lieu de nous & deſdits Procureur & Receveur du Roi notredit Seigneur, vous icelui mandement mettés à execution due de point en point, ſelon ſa forme & teneur, ainſi que mandé nous eſt de faire par icelui, & de ce que fait en aurés, nous faites rapport & relation par écrit; de ce faire vous donnons pouvoir, mandons à tous les Juſticiers, Officiers, & Sujets du Roi notredit Seigneur, par vertu dudit pouvoir, requerons tous autres que à vous en ce faiſant ſoit obei. DONNE' ſous le ſcel de ladite Prevoſté de Paris, le Mardi dix-huitiéme jour du mois de Juin, l'an 1465. Comme ainſi ſigné, P. Quatre-livres. Et d'icellé Relation, la teneur eſt telle. A Noble-homme & ſaige, Mr le Prevoſt de Paris, ou à votre Lieutenant Guillaume Boucher, Examinateur de par le Roi notre Sire au Chaſtelet de Paris, honneur & reverence. Chier Sire, plaiſe vous ſçavoir que par vertu de certaines vos Lettres de Commiſſion à moi adreceans, annexées au deſſoubz & en la fin de la marge du mandement de Noſſeigneurs les Gens des Comptes du Roi notredit Seigneur à Paris, adreceans à vous & aux Procureur & Receveur d'icelui Seigneur, & auquel ſont incorporées les Lettres dudit Seigneur en forme de Charte, ſcellé en las de ſoie & cire verte, du don & octroi fait par icelui Seigneur à venerables & diſcrettes perſonnes Meſſeigneurs les Doyen & Chapitre de l'Egliſe de Paris, des Hoſtel, terres, vignes, jardins, cens, rentes, revenus, appartenances & appendances de Viceſtre lès Gentilly, dont mention étoit & eſt plus à plein faite eſdites Lettres de Charte & mandement de noſdits Seigneurs des Comptes; parmi lequel mandement, & auſſi parmi vosdites Lettres de Commission, ceste moye presente Relation est annexée, & en mettant à execution pour & au lieu de vous & desdits Procureur & Receveur du Roi, ledit mandement de nosdits Seigneurs des Comptes, ainsi que mandé m'étoit & est par vosdites Lettres de Commission : Je, l'an de grace 1465, le Vendredi vingt-unième jour de Juin, me suis transporté ès lieux ci-après declarés, & illec ès presences des personnes ci-après nommées, je meis en possession desdits Hostel, terres, vignes, jardins, cens, rentes, revenus, appartenances & appendances de Vicestre, lesdits Doyen & Chapitre pour en joyr par eux & leurs successeurs, & ausquels je permets & ay permis qu'ils en joyssent & usent pleinement & paisiblement, ainsi que contenu est esdites Lettres de Charte, & selon le contenu de l'expedition sur ce faite par nosdits Seigneurs des Comptes ; c'est à sçavoir, esdits lieux de Vicestre & de Gentilly, ès personnes de venerables & discrettes personnes Messeigneurs Me Thomas de Courcelles Doyen, Jehan Bastart Chantre, Vincent de Croces, Mathurin Texier, Guillaume Sohier, Jean du Pleiz, Chanoines, & Messire Antoine Lantié Beneficier en ladite Eglise de Paris ; presens Loys Souldry, Perrot de la Riviere, Fermiers pour le Roi desdits Hotel & appartenances de Vicestre ; Jehan Mevat, Jehan de Murat, Adenet de la Porte, Samsot le Vielz, Perrette Lauberde & autres, en la Ville d'Arcueil ès personnes desdits Me Guillaume Sohier & Antoine Lantié, presens lesdits Loys Souldry & Perrot de la Riviere, Dryon la Brus, Jehan le Blanc, Robine femme Michault Poteau, & autres ; en la Ville de Victry ès personnes d'iceulx Me Guillaume Sohier, & Mre Antoine Lantié, presens Guillot Huet & Gillet Chambellan aussi Fermiers desdits Hotel & appartenances de Vicestre, Jehan Boneau, Jehan Goyer le jeune, Jehannette de St Denys & autres ; & en la Ville d'Ivry ès personnes des dessus nommés, Me Guillaume Sohier & Mre Antoine Lantié, presens Jehan Marin, Jehan Noblet, Jehan Eurle, Macé Roseau, Pierre le Gal & autres ; & en ce faisant je feis & ay fait commandement de par le Roi notredit Seigneur, & vous aux dessus nommés presens, & tous autres en general, que desdits Hostel & appartenances de Vicestre ils laissassent & seuffrissent, laissent & seuffrent lesdits Doyen & Chapitre joyr & user paisiblement sans aucun destourbier ou empeschement, & mesmement & par special ausdits Loys Souldry, Perrot de la Riviere, Guillot Huet & Gillet Chambellan Fermiers dessus nommés, ausquels je feis & ay fait inhibition & deffence de par le Roi notredit Seigneur, & vous que doresnavant ils ne se entremeissent ni entremettent en aucune maniere d'iceulx Hostel & revenus, ne d'en aucune chose cueillir, lever ne recevoir, au moins sans le congié, licence ou permission desdits Doyen & Chapitre, ou leurs Procureurs, Commis ou Préposés pour eux : à quoi ils me repondirent qu'ils se garderoient de meprendre, & tout ce que dit est ; chier Sire, vous certifie-je être vray, témoing mes scel & seing manuel cy-mis, l'an & jour de Vendredi dessusdit, & au dessous sur la marge étoit écrit, *Relation*. Ainsi signé G. Boucher. Et avec ce que dit est, étoit encore écrit sur le repli ou marge desdites Lettres de Charte au dessous de la queue de l'Original d'icelles ce qui s'ensuit.

Expedita in Camera Compotorum, & ibidem Registrata libro Cartarum hujus temporis, folio 144. *& sub conditionibus & oneribus latiùs declaratis in expeditione Præsentibus annexa. Actum in dicta Camera, secundà Maii* M. CCCC. LXV. Ainsi signé, A. Boucher. Et au dos d'icelui Original, au dessus dudit las de soie étoit aussi écrit, *Registrata*. En temoing de ce, nous à ce present Transcript ou *Vidimus* avons mis le scel de ladite Prevosté de Paris avec Lettres : ce fut fait l'an & jour dessus premiers dits, signé DE DICY, avec paraphe.

Collation faite de ce present Vidimus ou Transcript ausdits Volume & Lettres dessus transcriptes, dont dessus est touché, DE DICY, avec paraphe. Et par moi PETIT, avec paraphe.

DE LA PREVOTÉ DE PARIS.

Du Compte du Domaine de Paris, 1466.

Tranfcript des Lettres Patentes du Roi, par lefquelles il donne à Valentin de la Roque, Efcuyer, homme d'Armées de fon Ordonnance, la Prevofté de Corbeil, fa vie durant, données à Tours le vingt-deuxiéme Avril 1465.

Copie d'un *Vidimus* de deux Lettres du Roi, par les premieres defquelles le Roi donne à Mre Robert d'Eftouteville, Chevalier, l'Office de Prevoft de Paris que poffedoit au jour du deceds du Roi Charles VII, le fire de l'Ifle-Adam, Chevalier, lequel par ces prefentes Lettres eft revoqué, données à Paris le pénultiefme Octobre 1465. Et par les autres Lettres appert que fous ombre de certaines oppofitions faites en Parlement par ledit fieur de l'Ifle-Adam, Chevalier, à ce que ledit Mre Robert d'Eftouteville ne fut reçu audit Office, jufqu'à ce qu'il eut été reçu en ladite oppofition, Meffieurs du Parlement ont différé de le recevoir : fur quoi eft mandé à Mre Jehan Dauvet, premier Prefident de Thouloufe, & au premier Confeiller de la Cour à Paris, que nonobftant ladite oppofition & autres oppofitions ou appellations, & fans prejudice d'icelles ils le mettent en poffeffion & faifine dudit Office. Lefdites Lettres dattées de Paris, le fixiéme Novembre 1465.

Copie des Lettres Patentes, par lefquelles le Roi a donné en efchange à Antoine de Chabannes, Comte de Dampmartin, les Terres & Seigneuries de Gournay-fur-Marne, Goneffe & Crecy en Brie, à l'encontre des Chaftel, Terre & Seigneurie de Blanquefort près Bordeaux, & dépendances ; lefdites Lettres dattées de l'oft du Roi devant la Ville du Pont-de-l'Arche, le Mercredy huitiéme Janvier 1465, prefens Mre Guy de Laval, Chevalier, Seigneur de Gauve, Mre Louis de Laval, Chevalier, Seigneur de Chaftillon, & Mre Jehan Dangennes, auffi Chevalier, Seigneur de Rambouillet : au bas defquelles eft la ratification du Roi dattée du même lieu le douze dudit mois & an, regiftrées au Parlement pour Crecy & Gournay feulement, avec modification, & à charge de vuider plufieurs oppofitions, &c. Ce qui eft à remarquer, eft que ces Lettres d'efchange font, A tous prefens & à venir, & par confequent doivent être fcellées en cire verte, & fans datte du jour, mais feulement du mois, & cependant l'on y a mis la datte du huit Janvier ; ce qui peut provenir du peu d'experience du Secretaire qui les a dreffées.

Copie des Lettres Patentes par lefquelles le Roi donne à Mre Robert d'Eftouteville, Chevalier, Prevoft de Paris le revenu des Greffes & des Auditeurs d'Embas du Chaftelet de Paris, pour en jouir fa vie durant, dattées de Paris le pénultiefme Octobre 1465.

Lettres Patentes du Roi, par lefquelles il abolit la Jurifdiction de la Foire St Ladre, & ordonne que icelle Foire ne foit dorefnavant exercée, & que ce qui a accouftumé être levé à l'Eftape en Grève, durant les dix-fept jours que icelle Foire a cours ; c'eft à fçavoir, douze deniers parifis pour Charette, & deux fols parifis pour Chariot, ne fera plus levé. Lefdites Lettres dattées de Paris le troifiéme Aouft 1465.

Eft fait mention dans lefdites Lettres que les Rois fes predeceffeurs avoient uni & appliqué à leur Domaine la Foire que les Prieur & Freres de l'Eglife St Ladre lès Paris fouloient faire tenir & feoir, chacun an par dix-fept jours après le jour de Touffaints, & que fefdits predeceffeurs avoient fait tenir ladite Foire ès Halles de Paris ; pour laquelle regler & entretenir fous bonne juftice & police, ils avoient ordonné un Prevoft par devant lequel les Marchands & Frequentans ladite Foire avoient leur recours pour l'expedition des caufes & debats qui y étoient meus, & à cause des marchés & autres querelles qu'ils avoient ès mettes de ladite Foire ; laquelle Foire depuis long-temps est discontinuée & n'a aucun cours: pourquoi n'est besoin de tenir èsdites limites aucune jurisdiction, & que neanmoins les Receveurs du Domaine ont toujours donné à ferme au plus offrant, ladite Prevosté nommée. la Prevosté de la Foire St Ladre, ce qui causoit plusieurs exactions que ledit Prevost ou ses Commis ont levé sur les Changeurs, Epiciers, Drapiers, Pelletiers & autres frequentans les limites de ladite Foire, & en place de Grève se sont faits plusieurs grands abus & exactions, sur quoi il abolit le tout

DOMAINE NON MUABLE. Folio 67.

Louages de seize maisons sur le Pont Notre-Dame du côté d'aval l'eau, qui devoient au Roi seize livres parisis de rente, advenues au Roi par le decès de Damoiselle Jehanne de Lailler.

DOMAINE MUABLE.

De l'émolument des petits penniers du Poisson de Mer des Halles de Paris, c'est à sçavoir de tous penniers qui sont trouvés trop petits ès mains des Vendeurs dudit Poisson de Mer d'icelles Halles de Paris, par celui qui se nomme Garde, & qui est commis par le Roi à mesurer tous les penniers du Poisson de Mer qui est vendu èsdites Halles ; lequel droit du Roi est tel, que quand un pennier est trouvé trop petit par ladite Garde, il appartient au Roi les deux parts, & au Marchand le tiers seulement. Mais depuis certain tems en-ça, c'est à sçavoir en Mai 1460, fut appointé par les Gens & Officiers du Roi au Chastelet de Paris, que jusques à six ans, & par maniere de provision, jusqu'à ce qu'autrement en fût ordonné, que tous les petits penniers des Poissons de Mer qui seroient emmenés à Paris, seroient marqués, & ou cas qu'ils seront trouvés trop petits & qu'il ne tiendront la mesure du Roi contenue ès Ordonnances Royaux, seront tenus payer pour le droit de Marcaige, c'est à sçavoir de huit penniers, se ils les emmenent ; quatre sols parisis ; de sept, de six, de cinq & du quart autant ; & de trois de deux & de un aucune chose n'en seront tenus payer non à un seul Marchand : mais quand plusieurs Marchands en emmeneront chacun un, deux ou trois, on en prendra selon les Ordonnances, comme dit est plus à plein au Compte fini à la St Jean-Baptiste 1461 ; desquels émolumens ledit Receveur fait cy recette pour l'an de ce Compte de la somme de trente-quatre livres huit sols parisis franchement net au Roi, &c.

VENTE DE CENS.

Me Jehan Berthelot ou Verthelot, Conseiller au Parlement.

Me Guillaume de Melun, Notaire & Procureur en Cour d'Eglise.

Noble-homme Mre Pierre de Morvilliers, Chevalier, pour une maison scise en la rue des vieilles Poulies, tenant d'une part aux ayant cause de feu Me Guillaume Budé. La rue des vieilles Poulies est le Cul-de-sac de la rue Geoffroi-Lasnier.

Noble-homme Mre Pierre de Morvilliers, n'agueres Chancelier de France, pour une maison scise rue St Antoine, en la censive du Roi & de l'Abbé de Thiron.

RACHATS, RELIEFS, &c.

Noble-homme Charles Dalonville, Escuyer, pour la terre de la Roe en Linois, mouvant de Montlheri.

Noble

DE LA PRÉVOTÉ DE PARIS.

Noble-homme Me Jehan le Prevoſt, Notaire & Secretaire du Roi, Contrôleur de la Recette generale de ſes Finances ſur & de la riviere de Seine & d'Yonne, pour le Fief de Hanches, mouvant de Poiſſy, lequel Fief étoit venu au Roi par droit d'aubeine, par le decès de feu   le Clerc, dit Poupart.

Me Jehan de St Romain, Procureur general du Roi, pour le Fief de Roquemont, mouvant de Torcy, qu'il a acquis de Damoiſelle Perrette de Douy, veufve de Me Guillaume Romain.

FORFAITURES.

Dagues, &c. venduë.
Point de ceintures.

RECETTE COMMUNE.

Nicolas de Neufville, pour un Etail aſſis à la Porte Baudoyer, faiſant le cinquiéme à commencer par devers la Croix, pour en jouir ſa vie durant & de Catherine ſa femme.

Dudit Nicolas de Neufville, pour une autre place à vendre marée, aſſiſe à ladite Porte Baudoyer, faiſant la dixiéme à commencer par devers la Croix.

RENTES À HERITAGES.

Me Pierre Lorfevre, Maiſtre des Comptes.

DEPENSE A VIE.

Mre Guillaume Couſinot, Chevalier, auquel le Roi par ſes Lettres données à St Pourçain le deux Juin 1465, a donné l'Office de Concierge du Palais Royal à Paris, que ſouloit tenir le Seigneur de Haut-Bourdin, étant lors en la diſpoſition d'icelui Seigneur, pour ce que ledit de Haut-Bourdin a delaiſſé ſon ſervice & prins par voie de fait ou autrement ſa place de Mortaigne.

Jehan le Boutillier, Eſcuyer, Sergent & Garde de la garenne de Glandas dans la foreſt de Lage.

Gages du Maiſtre des Eaux & Foreſts.

Mre de Montauban, Conſeiller, Chambellan du Roi, & Grand-Maiſtre des Eaux & Foreſts du Royaume de France, au lieu de Mr Philippes de Melcun, Chevalier.

Mre Richart de la Palu, Chevalier, Maiſtre des Eaux & Foreſts ès pays de France, Champagne & Brie, au lieu de mondit ſieur de Montauban, par Lettres données à Honnefleu le vingt-trois Decembre 1465 ; depuis lequel don, & aſſés toſt après, ledit Mr de Montauban eſt allé de vie à trepas: & s'eſt ledit Mre Richart de la Palu trait devers le Roi, & lui a requis que le don dudit Office qui fait lui avoit été par mondit ſieur de Montauban, lui fût par lui confirmé, ce qui lui a été octroyé par le Roi, par ſes Lettres données à Mehun ſur Loire le dix-huitiéme Avril 1466.

Gages d'Officiers ordinaires.

Jaques de Villiers, Eſcuyer, Seigneur de l'Iſle-Adam, Conſeiller, Chambellan du Roi, & Garde de la Prevoſté de Paris.

Mre Robert Deſtouteville, Chevalier, à preſent Prevoſt de Paris, au lieu dudit Jaques de Villiers, par Lettres du Roi. Elles ne ſont dattées en ce Compte, mais seulement sa prise de possession & institution, qui fut le sept Novembre 1465.

Me Jehan de St Romain, Procureur general.

Jehan de Harlai, Garde de l'Office du Chevalier du Guet de nuit en la Ville de Paris.

Autres Gages, folio 235. *verso.*

François Meriodeau, Clerc Civil du Chastelet de Paris.

Henri Perdriel, à present Clerc Civil dudit Greffe, au lieu dudit François Meriodeau, par don à lui fait par le Roi, par ses Lettres patentes données à Paris le dix-sept Juillet 1465.

Gacien Meriodeau, n'agueres Clerc Criminel dudit Chastelet.

Me Pierre le Basenier, Notaire au Chastelet, à present Clerc Criminel audit Chastelet, au lieu dudit Gacien Meriodeau, par don à lui fait par le Roi, par ses Lettres données à Paris le trente Juillet 1465.

Folio 236.

Mre Pierre Bureau, Chevalier, Seigneur de Montglat, Tresorier de France & Capitaine & Concierge de l'Hostel & Tour de Beauté sur Marne.

Jehan Perdriel, Escuyer, Concierge de l'Hostel des Loges en la forest de Laye.

Mre Jaspart Bureau, Chevalier, Seigneur de Villemomble, Capitaine du Chastel du Louvre à Paris.

Mr le Comte de St Pol, Connétable de France, à present Capitaine du Chastel du Louvre, au lieu dudit Mre Jaspart Bureau, par Lettres du Roi, données à Paris le cinq Octobre 1465.

Henri Perdriel, auquel le Roi par ses Lettres Patentes a donné l'Office de Garde du Parc de Ste Jamme, que souloit tenir Me Guillaume Boucher, au lieu de Jehan Varre. Ledit Perdriel fut institué audit Office le treize Mai 1465.

REPARATIONS, Folio 446 *verso.*

Reparations faites en la Bastille en une chambre où étoit lors prisonnier un Prestre, au dessous de la chambre où est Mr le Compte de Dampmartin.

Portes & fenêtres fermées en l'Hostel St Pol, par où l'on entroit de l'Hostel du Roi en celui de la Reine.

Serrure servant à l'huis par où l'on va de l'Hostel de la Reine en la grant court où l'on fait les joustes, où sont les pierres à canon.

Il y avoit à l'Hostel St Pol une tournelle pour l'horloge.

Plusieurs canons affutés à la Bastille.

Reparations de la loge où l'on pesoit le bled, près St Leufroi & le Chastelet.

A la grant Justice de Paris furent attachées & clouées cinquante deux chaînes de fer pour servir à pendre & étrangler les malfaiteurs qui en icelle ont été & seront mis par Ordonnance de Justice.

DEPENSE COMMUNE. Folio 264 *verso.*

Asceline, femme de Thomas Doulcet & Belet, fille de Perrin Tonneret, amenées prisonnieres de Tournan à Paris au Chastelet, pour avoir mis le feu au village de Presle en Brie.

Me Jehan Potin, Examinateur au Chastelet, pour avoir été lui & six Charpentiers rompre & mettre jus pour la sureté & garde de cette Ville de Paris le Pont de St Mor.

Cordages fournies pour tendre cinq tentes & deux pavillons que le Roi

DE LA PREVOTÉ DE PARIS.

avoit envoyé querir pour servir en son ost étant devant le Pont-de-l'Arche & ailleurs où il lui a plû.

Frais du procès fait à Gillet Soulart, executé pour ses demerites à Corbeil. Premierement pour avoir porté le procès dudit Gillet en la Ville de Paris; & icelui avoir fait voir & visiter par gens de Conseil, vingt-deux sols parisis. *Item* pour trois pintes de vin qui furent portées au gibet, pour ceux qui firent les fosses pour mettre l'attache & la truye, pour ce deux sols parisis. *Item* pour l'attache de quatorze pieds de long ou environ, deux sols parisis. *Item* à Henriet Cousin, Executeur des hautes Justices, qui a executé & brûlé ledit Gillet Soulart & la truye, pour deux voyages qu'il est venu faire en la Ville de Corbeil, pour ce six livres douze deniers parisis. *Item* pour trois pintes de vin qui furent portées à la Justice pour ledit Henriet & Soulart, avec un pain, pour ce deux sols un denier parisis. *Item* pour la nourriture de ladite truye & icelle avoir gardée par l'espace de onze jours au prix chacun jour de huit deniers parisis, valent ensemble sept sols quatre deniers parisis. *Item* à Robinet & Henriet dits les Fouquiers fretes pour cinq cens de bourées & coterests pris sur le port de Morsant & iceux faire amener à la Justice de Corbeil, pour arrivage & achat pour chacun cent, huit sols parisis, valent ensemble quarante sols parisis; toutes lesquelles parties montent ensemble à neuf livres seize sols cinq deniers parisis.

Extrait du Compte.

DEPENSE. Folio 266. *verso.*

Deffenses faites à son de trompe de jouer à jeux deffendus. Ils ne sont point exprimés.

Deniers payés par mandement du Roi.

Valentin de la Roque, Huissier-d'armes du Roi, auquel le Roi par ses Lettres données à Tours le vingt-un Avril 1465 après Pâques, a donné la Prevôté de Corbeil pour la tenir en garde sa vie durant, aux gages de cent livres, expediées par la Chambre pour deux ans seulement; surquoi ledit Valentin s'est trait par devers le Roi, lequel lui a donné cent cinquante livres outre les cent livres ci-dessus, aussi sa vie durant, expediées par la Chambre des Comptes pour cinq ans seulement.

Gages d'Officiers extraordinaires.

Henri Mariette, Lieutenant Civil Criminel de la Prevosté de Paris.
Mre Jaques Rouault, Chevalier, Capitaine de Corbeil.
Sire Jehan Lhuillier, Capitaine dudit lieu, au lieu dudit Mre Jaques Rouault, par Lettres du Roi données à Paris le seize Octobre 1465, par lesquelles le Roi donne audit Jehan Lhuillier ledit Office, pour en jouir par lui & Philippes Lhuillier & le survivant d'eux deux.

DONS & REMISSIONS. Folio 276.

Philippes Brunel, Escuyer.

Folio 279.

A Guillaume Lallemant, fils de feu Jehan Lallemant & de Jehanne sa femme, depuis femme de Jehan Cappe, dit Boucher, pour avoir baillé une grant tente que on disoit appartenir aux hoirs de feu Poton de Saintrailles, laquelle le Roi a fait prendre pour tendre en son ost étant à l'opposite de

COMPTES ET ORDINAIRES

Yvri sur la riviere de Seine par Lettres du Roi du deuxiéme Septembre 1465.

VOIRIE.

AVENTURES. Folio 385. *verso*.

Est fait mention de la separation d'entre la censive du Roi à la pointe St Euftache, & le Fief Jomgny, étant à Me Quentin Tuleu, Procureur en Parlement.

Noble Dame Jehanne Braque, veuve de Mre Pierre de Tuilliers, en son vivant Chevalier.

Folio 308.

Amortiffement, fondation & ratification du don fait par le Duc de Berri à l'Eglife de Notre-Dame de Paris, du Chef St Philippes, Tableau St Sebaftien & Hoftel de Viceftre, à certaines conditions, le tout transcrit tout au long, avec les biens appartenans audit Hoftel de Viceftre, en forme de terrier, signé en fin en bonne forme.

AMENDES CIVILES. Folio 425.

De Robin Chief-de-ville, Haubergier, pour son entrée d'avoir été paffé & receu Maiftre audit métier.

De Jehan Mabonne le jeune, Boucher, pour son entrée d'avoir été paffé & reçu Maiftre audit métier, par don à lui fait par Madame Yolant de France, Ducheffe de Savoie & Princeffe de Piemont.

Il y a plufieurs autres reçus Maiftres en divers métiers, par don de ladite Princeffe, donné à Mante en 1464.

Eft à remarquer que les deniers d'entrée des métiers de Baudroyers, Megiffiers, Tanneurs, Sueurs & Bourfiers, n'appartenoient point au Roi, mais aux Fermiers defdits cinq métiers.

Anne femme de Guillaume de Soiffy, du métier de Dorloterie, pour la Maiftrife dudit métier, à elle donnée par Madame la Princeffe de Piemont, par fes Lettres données à Mante le dix-neuf Octobre 1464.

Mre Jaques de Beaufort, Chevalier, & Victor Chochart, Efcuyer, stipulans pour Anne de la Roche, pour la renonciation d'un fol appel, donné au profit de Jaques Roquernorel, Efcuyer.

Folio 434.

De la Communauté des Cordonniers de Paris la fomme de trente-deux fols parifis qu'ils doivent au Roi notre Sire, chacun an, en la femaine penneufe, à caufe des Heures dudit Seigneur, pour ceci trente-deux fols parifis.

AMENDES CRIMINELLES. Folio 439.

Cinq femmes condamnées pour port de leurs ceintures.
Condamnés pour le jeu de Dés.

Du Compte de l'Ordinaire de Paris pour l'année 1467.

Vidimus des Lettres Patentes du Roi, par lefquelles il donne à Me Jehan de la Driefche, Confeiller & Maiftre des Comptes & Treforier de France, l'Office de Concierge du Palais Royal à Paris, & avec ce la fomme de

DE LA PREVOTE' DE PARIS.

douze cens livres tournois, à l'avoir & prendre fur le Domaine par maniere de penfion tant qu'il tiendra ledit Office de Concierge, datées d'Orleans le vingt-trois Novembre 1466.

Eft fait mention efdites Lettres que le fire de Hault-Bourdin avoit poffedé ledit Office de Concierge à plus grand gages & penfion.

Vidimus des Lettres Patentes par lefquelles le Roi donne à Thomas de Hofton, natif d'Ecoffe, la Terre & Seigneurie de Torcy en Brie, pour en jouir fa vie durant, & ce en recompenfe de la Chaftellenie de Gournai, que le Roi lui a ôtée, & baillée en échange à Monfeigneur le Comte de Dampmartin, datées de Montargis le treize Juin 1466.

Eft fait mention aufdites Lettres que Charles VII avoit donné Gournai audit Hofton, à caufe que à l'affault de la derniere prife de Meaulx faite fur les Anglois, ledit Hofton étoit entré le premier en ladite Ville, où il avoit été mutilé & bleffé en plufieurs endroits de fon corps.

Copie d'un Brevet paffé pardevant G. Huet & P. Guillemeau, Notaires au Chaftelet de Paris, par lequel appert les gors de Beauté fur Marne & de St Antoine appartenans au Roi, avoir été baillés à Colin Befu, pour en jouir de la Touffaints 1466 jufqu'à la St Jehan-Baptifte 1467; & dudit jour St Jehan jufques à huit ans après enfuivans, moyennant le prix porté audit Brevet paffé le treize Decembre 1466.

Vidimus des Lettres Patentes par lefquelles le Roi a octroyé à Monfeigneur Me Jehan de la Driefche, Prefident en fa Chambre des Comptes, Treforier de France & Concierge du Palais, de prendre par fes mains tous les droits, rentes & revenus des louages des maifons, étaulx & autres lieux, & autres chofes appartenans au Roi, étant dans le pourpris & cloture du Palais, tant qu'il tiendra ledit Office de Concierge, à quelque fomme qu'ils montent. Donné au Quefnoi le dix-huit Octobre 1468.

RECETTE.

VENTE DE CENS.

Jehan l'Orfevre, Efcuyer, Chaftelain de Pont-Ste-Maixance.
Adam Doujan, Clerc au Greffe du Chaftelet de Paris.
Des Marguilliers de St Innocent, pour une rente fur une maifon où jadis avoit Halle, appellée la Halle aux Bourgeois, habitans & Pelletiers de la Ville de Goneffe; & depuis ce ladite maifon a été appellée le petit Palais, affife en la rue de la Tonnellerie, faifant le coin d'icelle rue.
Rue Giefroi-Lafnier.
Mre Pierre le Cocq, Preftre Curé de Chambrai.
Me Jaques Rebours, Notaire au Chaftelet.
Jehan le Gendre, Marchand Tenneur & Bourgeois de Paris, pour une maifon fcife rue de la Tennerie.
Des Maiftres & Gouverneurs de l'Eglife & Hofpital St Jaques fondée à Paris, pour une rente fur une maifon fcife en la rue au Lion.
Ancelot de la Dehors, Tonnelier.
Jehan le Maire, Sergent & Concierge de l'Hoftel de Ville de Paris.
Damoifelle Ambroife Lefcuyere, fille de Me Jehan Lefcuyer.
Maifon fcife rue de la Mortellerie, tenant d'une part fur la ruelle de Long-pont.
Maifon fcife rue Audri-Mallet.
Jehan Thomas, Notaire au Chaftelet.
Rue du vielz fiege aux Déchargeurs.
Jehan de Calais, Notaire au Chaftelet.
Gilles Huet, Notaire au Chaftelet.

Me Jehan de Badouiller, Notaire & Secretaire du Roi, & Greffier en sa Chambre des Comptes.
Martin de la Planche, Notaire au Chaſtelet.
Me Pierre Boucher, en ſon vivant Notaire & Secretaire du Roi.

Rachats, Reliefs, & quints deniers.

Jehan le Roi, Eſcuyer, pour le Fief St Remi, ſcis à Ver le grand, qui n'agueres fut à feu François Talbot, fils de feu Jehan Talbot, & depuis à Iſabeau ſa tante, à lui venu à cauſe de Damoiſelle Iſabelle ſa femme, fille de feu Copin Talbot.

Me Jaques Olivier, Procureur en Parlement, pour la Terre & Seigneurie de Leuville, Fief de Mons & de la Poitevine, mouvans de Montl'heri, qu'il a acquis de Jehan Alart de Courtalari, Eſcuyer, & de Damoiſelle Jehanne de Germigny ſa femme, par don qu'ils lui en ont fait.

Jehan du Bois, Eſcuyer, fils de feu Guillaume du Bois, pour la Terre de Verneuil en Brie, mouvant de Tournant, à lui écheue par le trepas de ſondit pere.

Macé Deſprés, Eſcuyer, pour la Terre du Moncel & Fief de Oſibel, mouvant de Tournant, par lui acquis de Pierre de la Grigne, Eſcuyer, & Damoiſelle Denyſe de Monteuglant ſa femme, à cauſe d'elle.

Noble-homme Loys de Culam, Eſcuyer, pour la Terre de Bernai, & ſix à ſept vingts arpens de bois, qui furent à feu Robert Pellerin, à lui venus par faute d'hoir, à cauſe de la haute Juſtice de Bernai, mouvant de Tournant.

Charles de Goudonvilliers, Eſcuyer, pour la Terre & Seigneurie de Touquin, mouvant de Tournant.

Me Pierre Poignant, Conſeiller du Roi, pour le Fief d'Atiz ſur Orge, mouvant de Montl'heri.

Me Dreux Budé, Conſeiller, Treſorier & Garde des Chartes du Roi, & Audiancier de ſa Chancellerie de France, pour une rente qu'il a acquis ſur la Terre de Monſtereuil ſur le Bois de Vincennès, tenue en fief du Chaſtelet, qu'il a acquis de Thomas Boutin, & Dame Jehanne Lorfevre ſa femme.

Me Hugues Maillart, Licentié ès Loix & Avocat au Chaſtelet de Paris, pour le Fief de Lalcu, ſcis à Triel, mouvant de Poiſſy, & autres choſes qu'il a acquis de Pierre le Picart & Robert Cobert, heritiers de feu Jehan le Picart, en ſon vivant heritier de feue Damoiſelle Guillemette de St Seveſtre, & femme de feu Nicolas Queſnel.

Dépenſe à vie.

Mre Guillaume Couſinot, Chevalier, Concierge du Palais Royal à Paris.

Me Jehan de le Drieſche, Conſeiller, Maiſtre des Comptes, Treſorier de France, & de nouvel retenu par le Roi audit Office de Concierge, par ſes Lettres données à Montargis le dix Aouſt 1466.

Dépenſe à volonté.

Me Henri de la Cloche, Procureur du Roi au Chaſtelet.
Me Jehan Longue-joë, Avocat du Roi au Chaſtelet.
Me Yves de la Tillage, Avocat du Roi au Chaſtelet, au lieu dudit Longue-joë, par Lettres du Roi données à Orleans le trois Janvier 1466.
Me Michel Pied-de-fer, Avocat du Roi au Chaſtelet.

DE LA PREVOTE' DE PARIS.

Gages des Officiers de Forests.

Jehan de Beranjon, Escuyer, Gruyer de la forest de Livri.
Me Antoine Raguier, Gruyer de la garenne de Rouvroi lès St Cloud.
Estienne Tillet, Gruyer de la forest de Senart.
Jehan Daiz, Gruyer de ladite forest au lieu dudit Tillet.
Jehan Perdrier, Escuyer, Gruyer de la Forest de Laye.
Mre Richart de la Palu, Maistre des Eaux & Forests du Roi ès pays de France, Champagne & Brie.
Mre Loys de Laval, Chevalier, Seigneur de Chastillon, & general Maistre desdites Eaux & Forests, par Lettres du Roi ; elles ne sont point datées.

Cottes aux Sergens du Louvre.

Mre Jaspar Bureau, Chevalier, Maistre de l'artillerie du Roi.
Gilbert Acle, Escuyer, Concierge du bois de Vincennes.
Me Denys le Mercier, Garde de la maison des Quinze-vingts Aveugles de Paris, au lieu de Me Guillaume Champion.
Henri Perdriel, Clerc Civil du Chastelet.
Me Pierre le Basennier, Clerc Criminel du Chastelet.
Mre Pierre Bureau, Chevalier, Seigneur de Montglat, Tresorier de France & Concierge de l'Hostel & Tour de Beauté sur Marne.
Jehan Perdriel, Escuyer, Concierge de l'Hostel des Loges en la forest de Laye.
Robert de Meleun, Oiseleur du bois de Vincennes.
Pierre de Meleun, Oiseleur du bois de Vincennes, au lieu dudit Robin de Meleun son pere.
Mr le Comte de St Pol, Connétable de France, à present Capitaine du Chastel du Louvre.
Henri Perdriel, Garde du Parc de Ste Jame & des quatre Etangs de Raize

DEPENSE COMMUNE.

Me Jehan Potin, Examinateur au Chastelet.
Les Maistres & Gouverneurs des Confrairies St Martin & St Loys aux deux cens vingt Sergens à cheval & à verge du Roi au Chastelet, pour le diné au retour de la chevauchée que l'on fait tous les ans par la Ville de Paris, tant par mondit sieur le Prevost, ses Lieutenans, le Procureur du Roi, les Examinateurs & lesdits Sergens, dix livres parisis.

EXTRAIT.

Deniers payés par mandement du Roi.

Valentin de la Roque, Huissier-d'armes du Roi, auquel le Roi par ses Lettres datées de Tours le vingt-un Avril 1465, a donné la Prevosté de Corbeil sa vie durant.
Ythier Bellon, homme-d'armes de la Garde du Roi, auquel le Roi par ses Lettres datées d'Orleans le vingt Novembre 1466, a donné la Prevosté & sous-Baillie de Poissy.
Mre Jaspar Bureau, Chevalier, Maistre de l'artillerie du Roi, auquel le Roi par ses Lettres, données à Orleans le douze Decembre 1466, a donné tout le revenu & profit de la Chastellenie & du pont de Poissy, en recompense de la Capitainerie du Louvre.
Me Jehan de la Driesche, Tresorier de France, & Concierge du Palais

COMPTES ET ORDINAIRES

Royal à Paris, auquel le Roi par ses Lettres, données à Orleans le vingt-trois Novembre 1466, a donné entre autres choses le revenu de la geolle du Palais Royal à Paris sa vie durant.

GAGES EXTRAORDINAIRES.

Me Henri Mariette, Lieutenant Criminel.

Sire Jehan Luillier, Capitaine de Corbeil, au lieu de Mre Jaques Rouault.

Mre Antoine, Seigneur de Rubempré, Chevalier Capitaine dudit lieu de Corbeil, au lieu dudit sire Jehan Luillier, par Lettres du Roi données à Amboise le seize Avril 1467.

Dons & Remissions.

A Jehan Valet, &c. Fermiers des terres & champars de Gonesse appartenans au Roi, ausquels par ses Lettres données à Paris le dix Octobre 1467, il a remis dix muids sept septiers de grain pour aider à supporter les pertes qu'ils eurent en l'année commençant au jour St Jehan-Baptiste 1465 à la venue des Bourguignons & autres gens de guerre qui y demeurerent l'espace d'un mois, qui pillerent, gâterent & detruisirent tous leurs biens tant bleds que autres, & tellement qu'il ne leur demeura rien.

Diminution faite à Jehan de Maisieres, Fermier de la geolle du Chastelet, par Lettres du Roi données à Paris le vingt-un Octobre 1467, tant à cause de la pestilence & mortalité qui a eu cours en cette Ville de Paris & ès environs, tellement qu'il a été contraint mettre hors des prisons de ladite geolle plusieurs prisonniers étant audit Chastelet sans en être payé : comme aussi au joyeux avenement de la Reine en cette Ville de Paris, qui fit delivrer plusieurs prisonniers sans aucune chose payer audit Fermier.

La veuve & heritiers de Me Helie de Torrettes, en son vivant premier President de Parlement.

Deniers payés en acquit du Roi.

Honorable homme & saige Me Jehan de Badouiller, Notaire & Secretaire du Roi, & Greffier en sa Chambre des Comptes.

Jehan de Beranjon, Escuyer, Gruyer de la forest de Livri en Lannoi.

Sensuit aucuns articles touchant le Domaine de la Recette ordinaire de Paris, & les déliberations faites sur iceulx par Messeigneurs des Comptes, & Tresoriers.

Premierement de toute ancienneté le Roi prent sur chacun Cervoisier de la Prevosté & Vicomté de Paris, quatre livres parisis par an pour leur brassin payables entre la St Andry & Kasimodo, & avec ce par apointement fait dès l'an 1383, chacun desdits Cervoisiers doit audit Seigneur six livres parisis pour leur avoir donné congié de vendre à deux deniers parisis la pinte & au dessus ; & aussi lui doit chacun vendeur de Cervoise à Cabaret, cent sols parisis par an. Toutes-voyes les Procureur & Receveur qui ont été depuis long-temps en ça, ont de ce composé avec lesdits Cervoisiers & Vendeurs, & leur ont moderé lesdites sommes à vingt sols, trente sols ou quarante sols parisis, ce que faire ne pouvoient : sur quoi pour pourvoir à l'interest du Roi a été deliberé & ordonné par mesdits Seigneurs des Comptes & Tresoriers, que desormais eux inconsultés, lesdites compositions ne fassent plus, & que lesdits Cervoisiers & Vendeurs payent chacun

DE LA PREVOTE' DE PARIS.

cun an les sommes dessus déclarées doresnavant.

Item. Quand aucun pennier de poisson de mer est trouvé trop petit par le Commis à ce, le Roi y prent les deux parts, & le Marchand le tiers seulement; en quoi le Roi souloit avoir profit de plus de deux cens livres parisis par an, & de present n'en a pas quarante livres parisis. Laquelle diminution procede de ce que pieça les Vendeurs & Marchands de poisson de mer baillerent requeste à Messeigneurs des Comptes qui lors étoient, par le contenu de laquelle ils maintenoient le Marquage desdits penniers être au dommage du Roi & de la chose publique, requerants icelui être aboli, ou tenir en suspens jusques-à long-temps. Sur quoi leur fut baillé mandement de la Chambre, adressans au Prevost de Paris ou à son Lieutenant, & aux Advocats & Procureur du Roi audit Chastelet, pour eulx informer sur ledit contenu, & renvoyer l'information avec leurs avis en ladite Chambre, pour icelles veues en ordonner au surplus; mais sans faire ladite information, quoique soit sans la renvoyer, comme mandé estoit, ledit Prevost de Paris ou sondit Lieutenant, au mois de Mai, l'an 1460. donna sur ce un appointement du consentement desdits Advocats & Procureur, contenant que par maniere de provision, & jusqu'à ce qu'autrement en soit ordonné, tous les petits penniers de poissons de mer amenés à Paris, seront marqués; & ou cas qu'ils ne tiendront la mesure declarée ès ordonnances Royaux, les Marchands payeront pour le Marquage de huit penniers quatre sols parisis, de sept, de six, de cinq & de quatre autant; & de trois, de deux & d'un appartenant à un Marchand, n'en sera rien payé; mais quand plusieurs Marchands en ameneront chacun trois ou deux, ils payeront comme dessus. Sur quoi a été deliberé par mesdits Seigneurs, que lesdits Marchands & Vendeurs feront entre cy & le jour de Chandeleur prouchainement venant pour tous delais, faire ladite information par ledit Lieutenant Civil & non à autre, afin que icelle veue ils puissent proceder à la decision de la matiere ou autrement, ainsi qu'ils verront être à faire. *Item.* Les amendes arbitraires qui escheront par-devant ledit Prevost de Paris, ou ses Lieutenans Civil & Criminel, se tauxent sans appeller le Receveur de Paris, & à tart lui en baille-t-on l'extrait du Registre de la taxation; par quoi il ne le peut recouvrer, & à cette cause en sont plusieurs reprinses en deniers rendus & non reçeus ès Comptes de ladite Recepte. Sur quoi a été deliberé & ordonné par mesdits Seigneurs que desormais lesdites amendes ne soient taxées sans appeller ledit Receveur, & que on procede à ladite taxation en toute diligence, & que incontinent icelle faite, le rolle en soit baillé audit Receveur pour les faire venir ens.

Item. A pareillement été deliberé que doresnavant les baulx des Fermes de ladite Recepte se fassent au grand Auditoire dudit Chastelet & non ailleurs, & qu'au regard des grosses Fermes qui ont accoustumé être baillées le jour ou le lendemain de la St Jehan-Baptiste; que les baulx s'en fassent par le Prevost de Paris ou son Lieutenant, presents les Advocats, Procureur & Receveur du Roi; & quant aux autres baulx que à iceux faire soit toujours present ledit Procureur & l'un desdits Advocats, se tous ny peuvent être; & que dedans un mois au plus tard après lesdits baulx faits ils les signent de leurs seings manuels, & les baillent audit Receveur.

Item. Aussi a été deliberé que ledit Receveur ne reçoive plus aucune enchiere, tiercement ne doublement sinon present ledit Procureur du Roi, ou que incontinent il le lui fasse sçavoir, à ce qu'il en fasse Registre.

Item. Affin qu'on puisse mieux avoir connoissance des acquisitions qui se font & feront en ladite Prevosté & Vicomté de Paris, tant des possessions nobles que non nobles, mouvans du Roi, & y garder son droit pour les quintz & requintz, ventes, saisines & amendes, deliberé est par mesdits Seigneurs, que desormais le *Vidimus* des Lettres de toutes les acquisitions se rendront sur les Comptes de ladite Recepte des temps & années d'icee ui, & s'il advient qu'aucunes d'icelles acquisitions soient mouvant en partie du Roi, & en partie d'autres Seigneurs, en ce cas le Receveur n'en pourra composer, mesdits Seigneurs inconsultés.

Item. Pour ce que par ci-devant quand aucunes acquisitions ont été faites des choses tenues en censive du Roi esdites Prevosté & Vicomté, les acquerans sont venus déprier dedans la huitaine, & sous ombre dudit dépry ont tenu & possedé leursdits acquests, sans payer les ventes, saisines, & s'aucuns les ont payés long-temps après au grand prejudice du Roi & retardement de ses deniers, deliberé & ordonné a esté sur ce par mesdits Seigneurs, que lesdits depry n'auront plus de lieu, & que lesdites ventes & saisines se payeront dedans la huitaine de la vendition sur peine de l'amende ; & seront les choses vendues prisées & mises en la main du Roi, sans en faire délivrance jusques à plein payement d'icelles ventes, saisines & amendes.

Item. Deliberé a été par mesdits Seigneurs, que desormais ne se feront par le Receveur de Paris nuls baulx de loges, eschopes, estaulx & aubaines, confiscations, ne autre chose de ladite Recette, à toujours, à vie ne à temps, qui passe neuf ans, & que ceulx qu'il fera pour ledit temps de neuf ans ou au dessoubz, se feront audit Auditoire du Chastelet, presens ledit Procureur du Roi & lesdits Advocats, ou l'un d'eux, à charge de rente annuelle, & de soustenir les lieux, sans ce que on en poteigne argent pour une foiz, comme fait a été cy-devant ; & s'aucuns veulent avoir lesdites loges, eschopes, estaulx, aubaines, confiscations ou autres choses, à toujours, à vie, ou autre plus long-temps que lesdits neufs ans, ils en pourront bailler requeste à mesdits Seigneurs, ou ledit Receveur les en pourra avertir, affin d'en ordonner, ainsi qu'ils verront être à faire pour le bien & profit du Roi.

Item. Par les Comptes de ladite Recepte de Paris rendus & clos, se trouve que plusieurs baulx ont été ci devant faitz, tant des loges de Changeurs & Orfevres sur le Pont, comme les eschopes des Halles, & autres lieux, aux vies du Preneur & de leurs femmes & enfans, ou d'un autre tiers en payant aucune somme par an, & à charge de soustenir les lieux; & combien que lesdits baulx soient contracts reciproques esquelles ne doit avoir claudicat, toutes-voyes, la pluspart des Preneurs, ou leurs Ayans-cause ont renoncé & renoncent chacun jour ausdites prises avant l'expiration d'icelles, & se font lesdites renonciations pardevant ledit Prevost de Paris ou son Lieutenant, present ledit Procureur, qui proteste de les debatre, dont toutes-voyes n'est plus jamais parlé : pour quoi à la conservation du droit du Roi a esté deliberé, dit & declairé par mesdits Seigneurs lesdites renonciations être nulles & non recevables ; & que nonobstant icelles lesdits Preneurs & leurs Ayans-cause soient contraints reaument & de fait à payer les rentes, & faire les reparations, tout selon le contenu de leurdite prise.

Item. Affin que le Receveur de Paris, present & à venir, puisse mieulx avoir connoissance des amendes, forfaitures, & autres choses qui escheront en sa Recepte, & repondre des faitz d'icelle : ordonné est par mesdits Seigneurs que doresnavant il, soit ou homme pour lui, au Chastelet à tous les jours plaidoyables, tant matin que après disné.

Item. Que ledit Procureur du Roi, & aussi ledit Receveur, chacun en droit soi, poursuivent diligemment les faitz & droitz du Roi, & les procez qui le touchent & toucheront, meuz & à mouvoir audit Chastelet, & que esdits procez soit faite & donnée briefve expedition en bonne justice.

Fait & deliberé au Bureau en la Chambre desdits Comptes, le dix-neuviesme jour de Decembre, l'an 1469.

DE LA PREVOTE' DE PARIS.

VOIRIE.

AVANTURES.

Maison scise rue des Recommandaresses.

AMENDES CIVILES.

Les Prevost des Marchands & Eschevins de la Ville de Paris, pour la renonciation d'un fol appel par eux fait d'une Sentence donnée contre eulx au profit des Quinze-vingts de Paris.

AMENDES CRIMINELLES.

Gieffroy Fortier condamné en douze deniers parisis pour jurement, où la Fabrique St Eustache aura la moitié.
Plusieurs condamnés pour le jeu de dez.

Du Compte de l'Ordinaire de Paris, 1470.

Provisions de Simon de Neufville, Receveur de Paris, au lieu de Jehan de Tenremonde, données à Tours le septiéme Fevrier 1469.
Vidimus des Lettres Patentes du Roi ; par lesquelles il donne de nouveau à Pierre du Buisson & sa femme, l'Hostel du Val-la-Reine & ses dependances, scis en la Prevosté de Corbeil, à perpetuité, qui leur avoit été fait par le feu Roi à la requête de la Reine, & où ils avoient été confirmés par le Roi Louis XI, à son joyeux avenement à la Couronne; ledit nouveau don fait à cause qu'ils étoient troublés dans la jouissance dudit Hostel par le Receveur de Paris, sous ombre de la revocation generale que le Roi avoit faite de l'alienation de son Domaine; lesdites Lettres de don dattées de Amboise le premier Avril 1468, avant Pasques.
Vidimus sous le scel de Valentin de la Roque, Escuyer, Seigneur de Villepescle, Huissier-d'Armes du Roi, & Garde de la Prevosté de Corbeil, des Lettres Patentes, par lesquelles le Roi octroye à Mre Antoine Seigneur de Rubempré, Chevalier, de prendre par ses mains tous les revenus du Domaine de la Ville de Corbeil, excepté ceux de la Prevosté dudit lieu. Lesdites Lettres données de nouvel à cause de la revocation de l'alienation faite du Domaine, dattées de Compiegne le vingt-deuxiéme Juillet 1468.

DOMAINE MUABLE.

Jehan Cayn Orfevre de la Ste Chapelle du Palais-Royal à Paris, pour la quarante-quatriéme forge, sur quoi la Ste Chapelle prend six livres parisis, & le Roi quatre livres parisis, *néant*; pource qu'il visite & remet à point les Reliquaires de ladite Ste Chapelle.
Un fief appellé Helbic, assis ès Halles de Paris, où de present a greniers & maisons, appellés vulgairement les dix greniers ; c'est à sçavoir, l'un haut, l'autre bas, que les Eslus au poisson de mer ont fait édifier, comme dit est au Compte d'Ascension 1410, affermés & baillés aux personnes & en la maniere qui s'ensuit, &c.
Les cinq mestiers de la Ville de Paris sont Tenneurs, Megissiers, Baudroyeurs, Boursiers & Sueurs.

COMPTES ET ORDINAIRES

VENTE DE CENS.

Maifon fcife rue de la Voirerie, devant l'Hoftel de l'Evêque de Beauvais.

Nicolas de Neufville, Vendeur de poiffon de mer ès Halles de Paris, heritier, à caufe de fa femme, de feu Guillaume le Gras.

Maifon fcife rue de l'Efcorcherie, aboutiffant par derriere, & ayant iffue à la Cour-aux-bœufs fur la riviere de Seine.

Maifon fcife rue des Barrés, faifant le coin de la rue Guernier fur l'eau.

Maifon fcife à Notre-Dame-des-Champs en la Grand-rue, en la Franchife des Treforier & Chanoines de la Ste Chapelle du Palais-Royal à Paris, appellé les Frans-mureaulx.

Jehan le Maire, Sergent & Concierge de l'Hoftel de la Ville de Paris.

Noble-homme Me Jehan le Prevoft, Notaire & Secretaire du Roi.

Rachats, reliefs & quints-deniers.

Valentin de la Roque, Efcuyer, Huiffier-d'Armes du Roi, pour une rente fur la Prevofté de Corbeil.

Jehan Ferrebouc, fils de feu Pierre Ferrebouc, en fon vivant Sergent à cheval au Chaftelet, pour un fief fcis à Lagny-fur-Marne, en la rue du Pont devant l'Eglife St Pol.

Charles Dumefnil-Simon, Efcuyer, fieur de Maupart, pour les fiefs de Bethmont, Treffencourt le Grant & Poucy à lui échu par le deceds de Jehan Dumefnil-Simon fon pere, mouvant de Poiffy.

Louis de Behene, pour la Seigneurie de Bruyeres-le-Chaftel, & partie de celle de St Yon, à lui échu par le deceds de fon pere, mouvant de Montlheri.

Me Jehan Henri, Confeiller au Parlement, & Prefident des Enqueftes; pour le fief de la Blenne, fcis à Vitry-fur-Seine, qu'il a acquis de Jaques Bezon, Efcuyer, demeurant à Bourges.

NOUVEAUX ACQUESTS.

Jehan Miftricolle, Notaire & Secretaire du Roi.

Terres tenues en la main du Roi.

La Seigneurie de Pomponne qui fut à Mre Guillaume Caffinel.

OFFICIERS DE FORESTS.

Henri de la Riviere, Efcuyer, Gruyer de la Foreft de Lage, au lieu de Jehan Perdrier.

Cottes aux Sergens du Louvre.

Mre Louis, Seigneur de Curfol, Chevalier, Maiftre de l'Artillerie du Roi.

Gilbert Acle, Efcuyer, Concierge du Bois de Vincennes.

Henri Perdrier, Clerc Civil du Chaftelet.

Me Jehan le Cornu, Clerc Criminel du Greffe du Chaftelet.

Me Jehan du Mont-Geneval, Maiftre des œuvres de Maçonnerie du Roi. Le Roi lui permet de faire defservir ledit Office par autre que par lui, pendant un temps porté en ce Compte.

DE LA PREVOTE' DE PARIS.

EXTRAIT.

DEPENSE.

Deniers payés par mandement du Roi.

Demoiselle Marie Sohier, femme de Me Jehan Prevost, Notaire & Secretaire du Roi, à laquelle le Roi par ses Lettres Patentes données aux Montils lès Tours, le vingt-sixiéme Mars 1466, a donné tous les droits, profits, revenus & émolumens qui lui pouvoient compéter à cause de la Prevosté de Triel, en recompense des gages & pension que ladite Damoiselle souloit prendre d'icelui Seigneur, qui étoient de vingt écus d'or par chacun mois.

Charles du Buz, Escuyer d'Escurie du Roi, auquel le Roi par ses Lettres Patentes, données à la Motte-Desgry le vingt-un Aoust 1467, a donné les Capitaineries de Tournant en Brie & Chasteau-fort, & tous les revenus des Terres & Seigneuries desdits lieux.

Olivier le Mauvais, Valet de Chambre du Roi, auquel le Roi par ses Lettres Patentes, données aux Montils-lès-Tours le troisiéme Janvier 1468, a donné à lui & à sa femme la somme de dix livres parisis sur une place & lieu assis à Paris près du lieu appellé la Place-aux-Marchands.

GAGES EXTRAORDINAIRES.

Mre Antoine, Seigneur de Rubempré, Chevalier, Capitaine de Corbeil, au lieu de feu Sire Jehan Lailler.

Me Robert Fessier, créé & ordonné de nouvel Advocat du Roi extraordinaire au Chastelet, par ses Lettres données à Rouen le treisiéme Juin 1467, pour exercer ladite charge, avec l'Office de Conseiller & Procureur dudit Seigneur en la Jurisdiction de Court-d'Eglise. Son institution est du deux Juillet 1467.

Dons & Remissions.

Me Jehan le Prevost, Notaire & Secretaire du Roi, & Controlleur de la Recepte generale des Finances, sur & de-là les rivieres de Seine & d'Yonne.

Du Compte de l'Ordinaire de Paris, 1471.

Manquent sept Cahiers au commencement.

VENTE DE CENS.

Maison scise rue St Denys, joignant la Porte-aux-Peintres tenant d'une part tout au long des anciens murs de Paris.

Guillaume du Moustier, Notaire au Chastelet.

Guillaume Poitevin, Marchand Mercier, a acquis cinq sols six deniers parisis de rente sur un demi-arpent de Vigne à la Courtille, au lieu dit Vaugobert, de Me Denys le Mercier, Vincent Thuault, Jehan le Nostre, Jehan des Moulins, Regnault Gervais, Andry Guyot & Lorin du Quesnoy, Freres & Religieux de l'Hospital de la Congregation des Quinze-vingts aveugles de Paris, fondée par le feu Roi St Louis, le prix & somme de soixante sols parisis.

Hostel des Trois-piliers scis à Paris en la rue de Grève, sur laquelle

COMPTES ET ORDINAIRES.

Me Guillaume Saleman acquit huit livres parisis de rente, au mois d'Octobre 1470, de Me Pierre le Roi, Maistre du College de St Vaast d'Arras, fondé à Paris : lesdits Me Jehan le Roi, Me Jehan Tueleu Procureur en Parlement, & Frere Jehan Varluisel, comme Procureurs de l'Archevesque de Lyon, Abbé Commendataire de l'Eglise & Monastere dudit St Vaast d'Arras, Patron souverain & Commendateur des bourses dudit College.

Guillaume Courtin, Chauffecire à la Chancellerie, pour une maison scise à la rue d'Entre-deux-portes.

Mre Andry Giffart Prestre, Chanoine de l'Eglise St Thomas du Louvre à Paris.

Mre Robert de Montervilliers Prestre, Chanoine St Thomas du Louvre à Paris, Procureur & Receveur dudit Chapitre.

Me Nicole le Mire, Bachelier en Decret, Chanoine St Thomas du Louvre.

Morelet du Museau, Controlleur du Grenier à Sel establi à Sancerre.

Jehan le Maire, Sergent & Concierge de l'Hostel de la Ville de Paris, pour une rente sur une maison scise rue Jehan-de-Lespine, qu'il a acquise en Fevrier 1470, de Me Robert l'Allemant, Procureur en Parlement, Jehan Pion dit Poitevin, & Estienne Sergent, Bourgeois de Paris, tous au nom & comme

Parroissial de St Germain-le-Vieil à Paris.

Jehan Dancre, Escuyer, & Simone Jodouyne sa femme.

Estienne Bouchard, Escuyer, & Damoiselle Denise Giencourt sa femme, qui s'estoient donnés & rendus leurs corps & tous leurs meubles & immeubles & heritages aux Religieuses, Prieure & Convent de l'Eglise Mr St Louis de Poissy.

Lucas Maulevault, Notaire au Chastelet.

Maison scise ès Halles de Paris devant le Pilori, faisant le coin de la rue Jehan-Vuigne.

Maison scise en la rue de Marché Palu devant la rue-neuve Nostre-Dame, aboutissant par derriere au Presbytere de St Germain-le-vieulx, sur laquelle Guillaume Brisse, Marchand Espicier, avoit acquis une rente de dix sols six deniers parisis de Me Philippe de St Yon, Advocat au Chastelet, heritier seul & pour le tout de Philippe de St Yon son oncle.

Maison de la Tour-Rolland, contenant trois corps de maisons, Chantier à bois, Cour, &c. scise en la place de Grève, faisant le coin de la riviere de Seine par devers la rue de la Tennerie.

Henri Thibert, Proprietaire d'une maison scise rue de la Ferronnerie à l'enseigne de l'Escu de Bourgogne, à lui venue par le deceds de Gillette de Troyes sa mere.

Mathurin Pelletier, Jehan de Boulogne, Marchands, Jehan Gontier & Jehan Senault, Vendeurs de vins, Maistres & Gouverneurs de la Confrairie de la Ste Conception Nostre-Dame, fondée & desservie en l'Eglise St Gervais à Paris.

Gervaise Larcher, Vendeur de poisson de mer ès Halles de Paris, pour quatorze livres treize sols un denier parisis de rente sur la Recepte Ordinaire de Paris, par lui acquis en 1471, Jehan de la Folie, auquel ladite rente appartenoit de son propre par le deceds de Me Gilles de la Folie son pere, en son vivant Greffier de la Chambre des Monnoies du Roi à Paris.

Un quartier & demi de Vigne, scis au terroir de Paris sur le chemin de la Porte-blanche.

Me Jehan Mistricolle, Notaire & Secretaire du Roi.

Pierre Guillemeau, Notaire au Chastelet.

Maison scise en la rue St Landry sur la riviere de Seine, tenant d'une part à une maison qui appartient à Me Jehan Dauvet, Conseiller du Roi

DE LA PREVOTE' DE PARIS.

& premier Prefident en fa Cour de Parlement, (il eft enterré à St Landry), & d'autre part aux Curé & Marguilliers de ladite Eglife, aboutiffant & ayant iffue fur la riviere de Seine.

Sire Jehan de Hacqueville, Marchand Drapier.

Rachats, Reliefs & quints deniers.

Nicolas de Neufville, Vendeur de poiffon de mer ès Halles de Paris, pour la moitié par indivis d'un fief fcis ès Halles de Paris, nommé le fief d'Helbic, mouvant du Chaftelet, qu'il a acquis de Jehan Rigault, Efcuyer, demeurant à Troyes en Champagne, duquel il a fait foi & hommage, & donné fon adveu à la Chambre des Comptes.

Honorable homme & faige, Me Guillaume de Vitry, Confeiller du Roi en fa Cour de Parlement, pour la Seigneurie de Goupilliere, mouvant de Poiffy, qu'il a eue par efchange d'Antoine de Villeneuve.

Guillaume le Carlier, Efcuyer, Seigneur du Couldray, pour la Juftice haute, moyenne & baffe dudit Couldray, Repenty, Lesmurs, Soify & Bataille, fcis en la Vicomté de Paris, mouvant de Corbeil.

Me Pierre Turquant, Auditeur au Chaftelet, pour la Seigneurie d'Ermanviller, mouvant de Tournant, dont il a acquis la moitié de Me Jehan de Paupaincourt, & l'autre lui appartient à caufe de fa femme.

Forfaitures & Efpaves.

Les biens-meubles demeurés du decès de Guillemette Louvelle, decedée fans hoir ne aucun heritier apparent, appartenans au Roi par aubaine, montent à vingt-neuf livres dix-fept fols un denier parifis : fur quoi il faut diminuer ce qui a été payé ; fçavoir à Jehan Claquin, Sergent à verge, qui par l'ordonnance dudit Examinateur paya aux Officiers de Mr l'Evefque de Paris, pour avoir Lettres d'enterrer ladite deffuncte en terre fainte, nonobftant qu'elle fut decedée *inteftat*, fix fols parifis.

De la vente d'une robe noire fangle à ufage d'homme, d'un chapeau & d'une cornette, tout vieilz, dont Jehanne la Thibaude fut trouvée faifie & veftue, & en cet état amenée prifonniere au Chaftelet de Paris, le vingt-un May dernier, declarés acquis & confifqués au Roi.

Il paroît par ce Compte que les chofes volées ou trouvées étoient gardées au Châtelet pendant quarante jours, pour fçavoir fi elles feroient reclamées ; après quoi elles étoient declarées appartenir au Roi, & on les vendoit à fon profit.

Une bourfe de cuir noir, trouvée fur les degrés de l'Eglife du Sepulchre en la rue St Denys, en laquelle avoit 23 fols parifis en monnoye, tant en grands blancs, targes, petits blancs & doubles tournois, que lyars à Leigle & autres, avec mailles d'un tournois les deux, & deniers parifis.

Depenfe, Salaires & Penfions.

Me Robert Feffier, Procureur du Roi en Cour d'Eglife.

Me Jacq Charmolue, Procureur du Roi en Cour d'Eglife, au lieu dudit Me Robert Feffier, par Lettres du Roi données le vingt-cinq Aouft 1470, inftitué le huit Septembre audit an.

Gages des Officiers des Eaux & Forefts.

Jacques le Maire, Gruyer de la garenne de Rouvray lès-St Cloud.
Henri de la Riviere, Efcuyer, Gruyer de la foreft de Laye.

COMPTES ET ORDINAIRES

GAGES D'OFFICIERS ORDINAIRES.

Girardin Regnaudot, Huissier de la Chambre de la Reine, auquel le Roi par ses Lettres Patentes données à Amboise le dixiéme Novembre 1469, a donné l'Office de Sergent à cheval du Guet, comme vacant par la mort de Nicolas Guyot.

REPARATIONS.

A   Maçon, pour avoir fait pour le Roi ès Halles des Basses-merceries, où l'on tient le jeu de Paulme, une cheminée & astre en une loge en laquelle les Joueulx de Paulme se retraient pour eux déchausser & chauffer, &c. Cette Halle étoit joignant la Halle aux draps à détail.

En cette année on rompit les murs des Egouts étans près de la grande rue St Antoine, pour asseoir un pont dormant, qui porte les sablieres sur & au travers desdits Egouts : ce qui marque que les Egouts n'étoient pas alors voutés de pierre, comme à present.

L'eschafaut du Pilori fut fait tout neuf.

A   Charpentier, pour avoir fait hastivement, par l'Ordonnance de Justice, quatre potences de bois, lesquelles ont été mises & assises hors la Ville, & près des quatre maitresses Portes de Paris.

A   & à   la somme de trente-neuf sols parisis, qui due leur étoit par le Roi, pour avoir, par l'Ordonnance de Me Estienne Chevalier, Tresorier de France, transmué du lieu en autre, la sepulture du Roi Loys, qui étoit sous les galleries de l'Hostel de St Pol à Paris, appartenant audit Seigneur, & icelle mise en la Tour carrée, étant audit Hostel, pour être plus seurement avec une pourtraiture de pierre de taille en façon & semblance d'un petit Seigneur, assis sur un petit cheval, & en armes, &c.

Reparations des deux Tournelles étant au Palais sur la riviere de Seine, appellées l'une la Tournelle civile, & l'autre la Tour criminelle.

A Martin Gentiel Maçon & Tailleur de pierre, & Estienne Hinselin Huchier & Menuisier, la somme de neuf livres quatre deniers parisis, qui due leur étoit par le Roi, pour avoir par eux & leurs Aides été querir en l'Hostel de la Reine à St Pol, & mené seurement en la grant salle du Palais la representation du Roi nostredit Seigneur, qui à present est, & icelle avoir montée & assise au pillier étant en ladite salle près du lieu où est la representation de feu le Roi Charles son pere, cui Dieu pardoint, &c.

Reparations des murs de pierre de taille & moeslon, qui sont l'un entre la Ste Chapelle & la prison du Tresorier d'icelle Ste Chapelle, & l'autre où pend pour le present la Grande-porte étant sur le pavé devant la Chambre des Comptes.

DEPENSE COMMUNE.

A Laurent le Quentier dit Riolle, Sergent à cheval du Roi notre Sire au Chastelet de Paris, la somme de trente-deux sols parisis pour ses peines, salaires & dépens de s'estre allé hastivement de jour & de nuit ès Villes de Senlis & de Compiegne porter Lettres de par mondit sieur le Prevost aux Prevosts desdites Villes, faisant mention que de par le Roi l'en preinst & arrestast tous les vins & autres marchandises que l'en pourroit trouver allans en pays de Flandre & Picardie, &c.

Me Mathieu de Nanterre, Conseiller du Roi & President en sa Cour de Parlement, fournit de petites carpes pour l'estang du bois de Vincennes,

DE LA PREVOTE DE PARIS.

nes, lesquelles il fournit de sa maison de Monstreuil.

EXTRAIT.

AUTRE RECETTE.

Jehan des Prés & Colin Robert, Bouchers demeurans à Paris, lesquels par Sentence donnée & prononcée par Me Guillaume Algrin, Conseiller du Roi en sa Cour de Parlement, Antoine Disomme, Notaire & Secretaire du Roi, & Pierre Boitel, Commissaire en cette pattie, le Vendredy quinziéme jour de Fevrier 1470, ont été condamnés payer au present Receveur, pour trente-quatre milliers de seiches en plusieurs parties, étans trouvés, & par iceux confessés être en leurs maisons, sans avoir été descendues ès Halles de Paris, qui est contre les Ordonnances faites sur le fait du Poisson de mer, & par ce declarés confisqués au Roi, pour par ledit Receveur être vendues au profit du Roi, &c.

De la somme de trente-deux escus d'or dix sols parisis, restans à payer de cent vingt escus venus & issus de la vente de vingt queues de vin d'Orleans, qui furent à Huart Naye, demeurant à Bethune appartenant au Roi par confiscation, parce que ledit Naye est & se tient ès pays & obéissance de Charles, soi disant Duc de Bourgogne, & désobéissant sujet du Roi, &c.

DEPENSE.

A Me Gilles Dorin, Clerc du Roi notre Sire en sa Chambre des Comptes, la somme de vingt livres, à lui tauxée par Messieurs les Tresoriers de France, sur & tant moins de son voyage qu'il fait presentement par l'Ordonnance du Roi au pays de Languedoc, auquel ledit Seigneur l'envoye pour faire l'assiete de quatre mille livres tournois; & d'icelle faire delivrance à Mr le Comte du Perche, ainsi & par la maniere & forme que notredit Seigneur lui a chargé & ordonné.

A Thomas Comtresse, Sergent à verge au Chastelet, la somme de vingtsix sols, qui due lui estoit par le Roi pour la vente & delivrance d'une épée fine, qui delivrée a été à Me Henri Cousin, Executeur de la Haute-Justice, pour servir au fait de ladite Justice.

Deniers payés par mandement du Roy.

Damoiselle Marie Sohier, femme de Me Jehan Prevost, Notaire & Secretaire du Roi.

Charles du Buz, Escuyer d'Escurie du Roi, auquel ledit Seigneur par ses Lettres données à la Motte d'Egry, le vingt-un Aoust 1467, a donné les Capitaineries de Tournant-en-Brie & Chasteaufort, avec les revenus desdites terres, par maniere de pension.

Olivier le Mauvais, Valet de Chambre du Roi, auquel ledit Seigneur par ses Lettres données au Montils lès Tours, le troisiéme Janvier 1468, a donné à lui & à sa femme la somme de dix livres parisis, à quoi une Place & lieu assis à Paris à l'Escolle St Germain, près du lieu appellé la Place aux Marchands.

GAGES A VOLONTE.

Simon de Neufville, Receveur de Paris.
Me Jehan Choart, Lieutenant Civil.

COMPTES ET ORDINAIRES
GAGES EXTRAORDINAIRES.

Me Henri Mariette, Lieutenant Criminel.
Me Pierre de la Dehors, à present Lieutenant Criminel.
Me Robert Feffier créé de nouvel & eftabli par le Roi Advocat extraordinaire du Roi au Chaftelet, pour ledit eftat exercer enfemble avec celui de Procureur du Roi en la Jurifdiction de Cour d'Eglife.

DONS ET REMISSIONS.

Le Roi donne à Guillaume le Prince cent efcus d'or vieux, appartenans au Roi, trouvés en la maifon dudit Guillaume le Prince, par Lettres données au Montils lès Tours, le neuviéme Octobre 1470, expediées par les Tréforiers de France, le quatre dudit mois.

A Olivier le Mauvais, premier Barbier & Valet de Chambre du Roi, il lui donne une fomme provenant de la vente de vingt queues de vin d'Orleans, confifquées fur Ahuart Naye demeurant à Bethune, pays de l'obéiffance de Charles, foi difant Duc de Bourgogne, rebelle & défobéiffant fujet du Roi, & fur d'autres demeurans à Auxerre, & tenant ledit parti, &c.

Richart de la Riviere, Efcuyer, & Me Pierre Garnier, aufquels le Roi par fes Lettres données à Noyon, le feiziéme Fevrier 1470, a donné tous les biens-meubles qu'on pourroit trouver & fçavoir appartenir à Jehan Coulonp & Jehan Buletel, tenant le parti de Charles de Bourgogne, rebelle & défobéiffant fujet du Roi.

Deniers payés en acquit du Roi.

Me Ymbert Luillier, Clerc du Roi notre Sire en fa Chambre des Comptes.

VOIRIE.

AVANTURES.

Maifon commencée, fcife rue St Victor, faifant le coin d'une rue par laquelle l'en va aux Bernardins, & eft l'image St Nicolas au coin de la rue aboutiffant par derriere au lieu par où fouloit paffer la riviere de Bièvre.

Me Andry Robinet, Confeiller du Roi en fa Cour de Parlement, Hoftel à lui appartenant, fcis en la rue St Victor, ou pend pour enfeigné l'Homme Sauvage, fur le derriere duquel Hoftel, du cofté qui eft repondant fur un ru où anciennement fouloit paffer la riviere de Bièvre, l'on lui permet de faire certain ouvrage de maçonnerie en maniere de voute, &c.

Me Pierre Quatre-livres, Notaire au Chaftelet, pour une maifon à lui appartenant, fcife rue St Denys outre & près la Fontaine du Ponceau.

AMENDES CIVILES.

Me Scellier & Lormier.
Me Eftenfier, dont la moitié appartient aux Jurés dudit meftier.
Me Deffier.

DE LA PREVOTE DE PARIS.

AMENDES CRIMINELLES.

Jehan Deffunt condamné en six deniers pour jurement. Plusieurs sont condamnés pour jurement, & tous les autres on n'en dit pas la cause.

Compte de l'Ordinaire de Paris, 1472.

RECETTE.

DOMAINE NON MUABLE.

De la veuve & heritiers de feu Jaques Choart, en son vivant Chaussetier, pour une maison scise devant St Denys de la Chartre, qui fut à Me Yves Petit.

Me Jehan Rougeau, Clerc du Roi notre Sire en sa Chambre des Comptes.

Mre Pierre de Morvilliers, Chevalier, fils & heritier de feu Mre Philippe de Morvilliers, aussi en son vivant Chevalier.

Me Mathurin Baudet, Procureur du Roi notre Sire aux Generaulx.

Feu Mre Pierre de Thuillieres, en son vivant Chevalier, Conseiller du Roi en sa Cour de Parlement.

Mre Jehan Valengelier, Notaire & Secretaire du Roi, à cause de Michelle sa femme, jadis femme de feu Jehan Langlois, en son vivant Notaire au Chastelet.

Me Martin Picart, Conseiller & Maistre des Comptes du Roi, au lieu de Philippe de Foilleuse, fils & heritier de feu Jehan de Chantemerle, en son vivant Chevalier, au lieu de feu Mre Thibault de Chantemerle aussi Chevalier.

Me Guillaume Perier, Docteur en Medecine.

Me Jehan Avin, Conseiller du Roi en sa Cour de Parlement.

Me Antoine Raguin, en son vivant Conseiller & Tresorier des guerres du Roi notre Sire.

Me Robert d'Estouteville, Chevalier, Prevost de Paris, au lieu de Mr le Connétable Me Jehan de Montagu.

Feu Mre Blanchet Bracque, Chevalier.

Jaques Choart, Drapier.

Louis de la Tremoille, au lieu de feu Mre Pierre de la Tremoille, Chevalier, pour un Hostel nommé l'Hostel de Calais, scis en la rue tenant d'une part à l'Hostel de Senlis.

Damoiselle Marie Pedebon, veuve d'Estienne d'Orgemont.

Mre Pierre Domont, Chevalier, au lieu de Mre Jaques Domont, Chevalier, pour une maison qui fut à Mre Guillaume Dandrezel, tenant à l'Hostel de St Pol.

Me Dreux Budé, au lieu de feu Guillaume Budé, Maistre des Garnisons du Roi, pour une ruelle.

Hostel scis à Paris près la Bastide St Antoine, appellé l'Hostel neuf, lequel est occupé par le Roi.

Me Jehan Andrault, Clerc du Roi en sa Chambre des Comptes.

Me Raoul du Refuge, Conseiller & Maistre des Comptes du Roi.

Jean Ravenel, Escuyer.

Feu Mre Jehan le Bourfier, Chevalier, Seigneur de Sternai.

Me Pierre Lorfevre, Conseiller & Maistre des Comptes.

Me Simon Radin, Conseiller du Roi sur le fait de la Justice au Tresor,

COMPTES ET ORDINAIRES

Feu Me Nicaife de Bailli, en fon vivant Greffier du Trefor du Roi notre Sire.

Me Jehan de Grand'rue, Clerc du Roi notre Sire en fa Chambre des Comptes.

Me Nicole de Sailly, Clerc du Roi en fa Chambre des Comptes.

Me Jehan le Prevoft, Notaire & Secretaire du Roi, auquel le Roi par fes Lettres données à Tours le feptiéme Avril 1467 avant Pâques, a donné la moitié de la Terre de Livri en Lanois, à lui appartenante par droit d'aubeine, à caufe du decès de Collette du Val, femme de Me Hugues Rapiouft, l'autre moitié appartenant à Me Charles Rapiouft, comme heritier dudit feu Me Hugues Rapiouft.

Euftache de Monteville, Efcuyer, fils & heritier per benefice d'inventaire de feu Nicolas de Monteville.

Me Henri Birche.

Frere Jehan Foulon, Prieur de St Jehan de Jerufalem en l'Ifle de Corbeil.

Jehan des Effars, Efcuyer, heritier de deffunte Madame de Amblainville.

DOMAINE MUABLE.

La Foire St Germain des Prés, qui commence chacun an le Mardi de la quinzaine de Pâques & dure dix-huit jours entiers.

La Boucherie du Cimetiere St Jean étoit compofée de fix étaux, & par Arreft du Parlement du deuxiéme Avril 1465 fut ordonné qu'on abbatroit trois defdits étaux, & que les trois autres feroient baillés par le Roi à trois Maiftres Bouchers de la grande Boucherie de Paris, aux conditions y portées; ce que le Roi approuve par fes Lettres Patentes données à Amboife le vingt-huit Aouft 1471, par lefquelles il donne à toujours lefdits trois étaux aux Maiftres-Jurés Bouchers de la Communauté de ladite grande Boucherie, aux conditions portées par ledit Arreft, qui font de tuer & exercer ledit fait de Boucherie felon les coutumes des autres Maiftres, en payant par eux au Receveur de la Recepte du Domaine de Paris par an pour chacun defdits trois étaux, vingt livres parifis feulement, & entretenir ladite Boucherie de toutes reparations neceffaires.

VENTE DE CENS.

Jehan de Moucy, Drapier.

Me Jaques Tefte & fa femme, fille de Me Pierre Amer.

Me Simon Malingre, Huiffier de la Chambre des Comptes, heritier & legataire de feu Me Jehan Bouffiquault, Preftre & Chevecier de la fainte Chapelle du Palais.

Me Jehan Avis, Docteur en Medecine, & Catherine fa femme.

Maifon fcife rue du vieil fiége aux Dechargeurs, acquife de Damoifelle Antoinette de la Barre, veuve de Pierre de Beaumont.

Nicolas Potier, Marchand & Bourgeois de Paris.

Guillaume des Champs, Peintre, pour une maifon fcife rue St Denys, près la porte aux Peintres, tenant d'une part à une maifon qui fait le coin de la rue Mauconfeil, & d'autre à Pierre des Bruyeres, Peintre.

Maifon fcife rue St Denys à la Sellerie près du Chaftelet de Paris, entre les rues   & de la Tableterie.

Rachat fait le penultiéme Octobre 1471 par Michel le Loutre, Marchand, de Me Jehan de Vaudetar, Doyen de la grande Confrairie aux Bourgeois de Paris, fire Jehan Chenart, Prevoft de ladite grande Confrairie, & Jehan Charpentier, Procureur d'icelle, de quarante fols parifis de rente, que ladite grande Confrairie prenoit fur l'Hoftel dudit le Lou-

DE LA PREVOTE' DE PARIS.

tre en la rue de la Huchette, tenant d'une part à l'Hoftel de Pontigny. Ce Jehan Chenart étoit Garde de la Monnoie de Paris.

Damoifelle Marie Bouchier, veuve de Me Arnoul de Marle.

Me Pierre Brulart, Me Simon Radin, & Me Jehan Turquam, tuteur, & aux biens & perfonne de Germaine, Jehan & Genevieve frere & fœurs, tous enfans mineurs de Me Pierre Brulart & de feu Denyfe Dourdifné jadis fa femme.

Me Jehan Richard, Preftre, Chapelain perpetuel de la Ste Chapelle du Palais Royal à Paris, pour une maifon fcife à Notre-Dame des Champs, en la franchife de Mureaulx, fur laquelle eft dû un muid de vin de rente à la Ste Chapelle, & trente fols patifis envers les Chanoines de St Meri.

Maifon fcife rue St Germain l'Auxerrois, faifant le coin d'une ruelle hommée la ruelle aux deux Fuzeaux.

Maifon fcife rue St Denys, faifant le coin de la rue de la Charonnerie, devant le grand huis des Sts Innocens.

Jaques Ciraffe, Pierre de Duy, & Guillaume le Jay, Maiftres & Gouverneurs, de l'Eglife, Hofpital & Confrairie Monfeigneur St Jaques, Apoftre, fondée à Paris en la grande rue St Denys, pour onze parifis de rente donnée à ladite Confrairie par Jehan Turgis le jeune & Guillemette fa femme, Bourgeois de Paris, fur un Hoftel où pend l'enfeigne de la Chaffe fcis à la porte Baudoyer, fur l'Hoftel de la Fleur-de-lis fcis au Cimetiere St Jean tenant aux deux Torches, fur un autre Hoftel fcis rue des Fontaines près du Temple, & fur plufieurs autres heritages.

Lorin Duquefnoi, Procureur & Receveur du Maître, Miniftre, freres & fœurs des Quinze-vingts de Paris, Jehan Lenoftre & Renault Germain, Jurés de l'Hoftel & Congregation defdits Quinze-vingts.

Rue Geoffroi-Lafnier.

Me Jehan Richard, Preftre Chapelain de la Ste Chapelle du Palais Royal à Paris, pour heritages fcis en la franchife des Mureaulx.

Maifon fcife au haut du Clos Bruneau, tenant d'une part à la maifon & jardin de St Jean Latran, donnée à loyer à rente à Colin Robinet, Marchand Bonnetier, par Frere Antoine Vigier, Preftre, Prieur de l'Eglife au Prieuré Notre-Dame des Champs lès Paris, membre dépendant de l'Eglife & Abbayie de Mermouftier de l'Ordre de St Benoift, ftipulant & faifant fort de Guyot Vigier, Efcuyer, Maiftre & Adminiftrateur de l'Hoftel-Dieu de Notre-Dame des Champs, coufin germain dudit Prieur, ledit bail fait en 1471.

Rachats, Reliefs & quints deniers.

Lion Mulot, Efcuyer, pour la Seigneurie Doribel & du Palis, mouvant de Tournant, par lui acquis de Macé Deprez, & Damoifelle Thomaffe de Gieuffroy fa femme, à la chage de payer trente fols de rente à noble Pierre de la Grigue, Efcuyer, & Damoifelle Denyfe de Montauglant fa femme.

Noble-homme Berthin de Silly, Efcuyer, Maiftre d'Hoftel du Roi, Seigneur de la Roche-Guion, pour la Seigneurie du Train, faifant la tierce partie du Domaine de Rochefort, mouvant du Chaftelet de Paris, à lui appartenant à caufe de Dame Marie, Dame de la Roche-Guion, fa femme.

Damoifelle Robinette de l'Enfernat, veuve de Philippe Hardi, tutrice de fes enfans, pour l'Hoftel de la Grange, mouvant de Tournant en Brie, dont elle a fait hommage, auquel elle a été reçue par Mre Jaques de Walpergne, commis à la garde des fceaux du Roi. Ladite Robinette & noble Louis de la Roque fon mari, ont donné le dénombrement de ladite Terre le vingt-fix Janvier 1472.

Denys Poulain, fils & heritier de Jehan Poulain, pour une rente qu'il a

COMPTES ET ORDINAIRES

achetée de noble-homme Euſtache Manteville, Eſcuyer, Seigneur d'An-
noy lès Bondis, ſur tous les biens dudit Manteville.

RECETTE COMMUNE.

Rue Jean-le-Comte dite d'Avignon.

Dépenſe à heritage.

Mre Jehan Barbedienne, Preſtre Chapellain des Aveugles de Paris, fon-
dés par Mr St Louis, au grand Autel de l'Egliſe deſdits Quinze-vingts.
Me Jehan Hue, Curé de St André des Arts à Paris, au lieu de Me Tho-
mas de Courcelles.
Me Euſtache Milet, Conſeiller du Roi en ſa Cour de Parlement.
Marie la Giffarde, veuve de Mre Pierre des Eſſars, Chevalier.
Gervaiſe Larcher, Vendeur de poiſſon de Mer ès Halles de Paris.
Me Jehan la Piete, Clerc du Roi en ſa Chambre des Comptes.
Me Pierre Lorphevre, Conſeiller & Maiſtre des Comptes.
Me Guillaume Daulge, Docteur en Medecine, Chapellain de la Cha-
pelle   fondée en l'Egliſe de Maubuiſſon lès Pontoiſe, par Marguerite
de Beaumont.
Mre Baude de Beauvillier à cauſe de ſa femme.
Les Freres de la Charité Notre-Dame, où Dieu fut boulu, dits Billetter
à Paris.
Charles de Mauregard, Docteur en Medecine.

Gages à vie.

Me Jehan de la Drieſche, Conſeiller du Roi, Preſident en la Chambre
des Comptes, Treſorier de France & Concierge du Palais Royal à Paris.

Dépenſe à volonté.

Me Henri de la Cloche, Procureur du Roi au Chaſtelet.
Me Robert Seſſier, à preſent Procureur du Roi au Chaſtelet, au lieu
dudit de la Cloche.
Me Yves de la Tillage, Avocat du Roi au Chaſtelet.
Me Michel Pied-de-fer, Avocat & Conſeiller du Roi au Chaſtelet.

Salaires & Penſions.

Me Jaques Charmolue, Procureur du Roi en Cour d'Egliſe.

Dépenſe pour les Eaux & Foreſts.

Henri de la Riviere, Eſcuyer, Gruyer de la Foreſt de Laye.
Noble-homme Louis, Seigneur de la Palu, Maiſtre & Enqueſteur des
Eaux & Foreſts.

GAGES D'OFFICIERS ORDINAIRES.

Mre Robert d'Eſtouteville, Chevalier, Garde de la Prevoſté de Paris.
Simon de Neufville, Receveur de Paris.
Me Jehan de St Romain, Procureur general du Roi.
Jehan de Harlai, Garde de l'Office du Chevalier du Guet de nuit de la
Ville de Paris.

Cottes aux Sergens du Louvre.

DE LA PREVOTE DE PARIS.   407

Mre Louis, Seigneur de Cruſſol, Chevalier, Maiſtre de l'Artillerie du Roi.

Gobert Cadiot, Maiſtre de l'Artillerie du Roi, auquel le Roi par ſes Lettres Patentes données à Xaintes le dernier jour de Mai 1472, a donné ledit Office de Maiſtre de ſon Artillerie, que ſouloit tenir Helyon le Graving dernier poſſeſſeur, lequel pour aucune cauſe en a été decharge; & cependant a été icelui Office regi & gouverné pour le differend des Parties par Mre Louis, Seigneur de Cruſſol, par Lettres dudit Seigneur données à Amboiſe le dernier jour de Janvier 1469, & juſqu'à ce que ledit Seigneur y ait pourvû ledit Cadiot par ſeſdites Lettres, par vertu deſquelles a été mis en poſſeſſion dudit Office le quinze Juin enſuivant 1472 par Mr Guy, Eveſque & Duc de Langres, Pair de France, ayant la garde du ſcel du Roi notre-dit Seigneur, ordonné en l'abſence du Grand.

Gilbert Acle, Eſcuyer, Concierge du bois de Vincennes.

Henri Perdriel, Clerc Civil de la Prevoſté de Paris.

Me Jehan le Cornu, Clerc Criminel du Greffe du Chaſtelet.

Me Pierre Bureau, Chevalier, Seigneur de Montglat, Treſorier de France, Concierge de l'Hoſtel & Tour de Beauté ſur Marne.

Mr le Comte de St Pol, Conneſtable de France, Capitaine du Chaſtel du Louvre à Paris.

OEUVRES ET REPARATIONS.

A Philippe Brille, pour avoir peint & doré la table du caré du Cadran de l'Orloge du Palais avec les quatre Evangeliſtes qui ſont autour du Cadran, & pour ce faire avoir quis & livré or, azur & autres étoffes qu'il y a convenu, dont il a eu par marché à lui fait la ſomme de douze livres, écus d'or.

A   Charpentier, pour reparations à lui faites en deux Tournelles étant au Palais du côté de la riviere de Seine, l'une appellée la Tour Civile & l'autre la Tour Criminelle.

A   Maçon, pour avoir remué & mis de place à autre la portraiture d'une Lezarde étant au Palais, & l'avoir aſſiſe contre la cheminée au deſſus du ſiege de Me Guillaume Brinon, Procureur en Parlement.

Reparations faites en la petite cour où ſe tiennent les mules prèdes degrés par où l'on monte au grand Parc du Chaſtelet de Paris, près du cellier dudit Chaſtelet.

Jehan le Fevre dit d'Arras, Peintre demeurant à Paris, la ſomme de cent ſeize livres huit deniers pariſis, pour avoir par lui peint & doré d'or fin les armes du Roi notre-dit Seigneur & l'écu d'azur à trois Fleurs-de-lis d'or, avec un Ange qui tient ledit écu & la couronne deſſus dorée d'or fin, & tout ce par lui fait par l'ordonnance & commandement de Noſſeigneurs les Treſoriers de France, & lequel écu a été mis & aſſis ſur la porte ſur rue de l'Hoſtel dudit Seigneur, aſſis en la grande rue St Antoine à Paris près de la Baſtide.

Jehan Lozier dit des Jeux, Tailleur d'images, pour avoir fait, taillé & livré un écu de pierre du franc d'Ivry, aux armes du Roi notre-dit Seigneur de trois Fleurs-de-lis & couronne avec un Ange qui tient ledit écu & couronne faite à feuillage, & tout comme par l'Ordonnance de Noſſeigheurs les Treſoriers de France, &c. Lequel écu a été mis & aſſis ſur la porte de l'Hoſtel dudit Seigneur ſitué à Paris près la Baſtide St Antoine quatre livres huit ſols pariſis.

A   Charpentier, pour avoir fait un pont dormant au travers du Ru par où vient l'eau de Bagnolet & de Charonne à l'étang du bois de Vincennes, entre les vignes de Montreuil & de la Piſſotte, nommé le Ru orgueilleux, lequel pont il étoit beſoin de faire pour paſſer les gens qui alloient & venoient à Paris à l'endroit du chemin.

COMPTES ET ORDINAIRES

Il paroît qu'il y avoit deux étangs à Vincennes, sçavoir un grand étang qui est celui qui subsiste, & le petit étang qui étoit près les Bons-hommes, & parce que le grand étang étoit à sec & tari à cause de la grande secheresse, l'on pêcha le poisson qui y étoit & fut mis dans le petit étang.

DEPENSE COMMUNE.

A Henri Cousin, Executeur de la haute Justice, pour avoir été à Gonesse battre & essoriller un criminel.

A Jehan Coulart, Libraire, pour avoir relié cinq volumes ou Registres du Chastelet, appellés l'un le Livre rouge, l'autre le Livre blanc, & autres Registres, où sont contenues & enregistrées les Ordonnances des Metiers & de la Police de la Ville de Paris, étant en la Chambre du Procureur du Roi notre Sire au Chastelet, qui étoient mangés & rongés des rats, & tellement vieulz & caduques qu'ils se gâtoient & dommageoient par faute de relier & remedier.

Extrait dudit Compte.

DEPENSE.

A plusieurs Hostelliers, Tavernlers, Bouchers, Poissonniers, Boulangers, & autres personnes, demeurant tant à Poissy, St Germain en Laye, Triel, St Cloud, ès environs, ausquels de l'Ordonnance de Nosseigneurs des Comptes & Tresoriers de France, écrite en l'état de cette recette de l'année dont ce present compte fait mention en ce present chapitre, a été payé par le Receveur de cette recette la somme de cinquante-deux livres treize sols quatre deniers parisis, qui dûe leur étoit pour avoir par eux quis & livré, c'est à sçavoir les uns pain, vin, chair, poisson, & les autres feu, lits, chandelle, & autre dépense faite par Maistres Jehan Belin & Jehan Polin, Examinateurs de par le Roi notre Sire au Chastelet de Paris, & commis par les gens du Conseil du Roi notredit Seigneur, à mettre en la main du Roi notre-dit Seigneur, les Terres & Seigneuries de Poissy, St Germain en Laye & Triel, & autres lieux dépendans de ce, lesquels lieux le Vidame d'Amiens tenoit en sa main & recevoit les profits & revenus d'iceulx à son profit, sous ombre de certain don qu'il disoit avoir du Roi notre-dit Seigneur, lequel n'étoit expedié par Nosseigneurs des Comptes & Tresoriers, ainsi qu'il appartient. Et à cette cause iceulx Examinateurs, pour faire le contenu en leurdite commission, accompagnés de plusieurs Archers & Arbalestriers du nombre ordinaire de la Ville de Paris, Sergens à cheval de la douzaine & à pied du Guet de nuit de la Ville de Paris, & autres gens & Officiers dudit Seigneur, étant en tout jusqu'au nombre de trente personnes ou plus, se transporterent audit lieu de St Cloud, pour faire & prendre leurs conclusions, & d'illec ausdits lieux de St Germain, Poissy, Triel, partans de la Ville de Paris le Samedy huitiéme jour du mois d'Aoust 1471, ausquels lieux en mettant à execution par lesdits Commissaires leur commission, & aussi tant par ledit nombre de gens que leur chevaux, en allant, sejournant, que retournant à Paris, que par le nombre de vingt Archers & Arbalestriers de la Ville de Paris, qui tinrent & demeurerent en garnison en Chastel & place dudit St Germain, pour la garde d'icelui, depuis ledit huitiéme jour d'Aoust jusqu'au vingt-septiéme jour dudit mois ensuivant, pour ce qu'il avoit été trouvé par lesdits Commissaires sans garde; auquel jour ledit Chastel fut remis par lesdits gens du Conseil du Roi notre Sire ès mains dudit Vidame, fut dépendu ladite somme de cinquante-deux livres treize sols quatre deniers, &c.

Jehan

DE LA PREVOTÉ DE PARIS.

Jehan d'Ailly, Chevalier, Vidame d'Amiens, Seigneur de Piqueny, de Rayneval & de la Broye.

Deniers payés par mandement du Roi.

Jehan Droin, Escuyer, auquel le Roi par ses Lettres Patentes données à Paris le septiéme Septembre 1461, a donné tous les revenus de la Chastellenie de Montl'hery.

Valentin de la Roque, Huissier-d'armes du Roi notre Sire, auquel par ses Lettres Patentes, données à Tours le vingt-un Avril 1465 après Pâques, il a donné la Prevosté de Corbeil sa vie durant.

Ythier Beslon, Homme-d'armes de la garde du corps du Roi, lequel par ses Lettres Patentes données à Orleans le vingt Novembre 1466, il a donné la Prevosté & soubz-Baillye de Poissy.

GAGES A VOLONTÉ.

Simon de Neufville, Receveur de Paris.
Me Jehan Choart, Lieutenant Civil.
Me Pierre Lamy, à present Lieutenant Civil, au lieu dudit Choart, par Lettres du Roi expediées par Nosseigneurs des Comptes & Tresoriers de France depuis le vingt-neuviéme jour d'Octobre 1471 qu'il fut institué audit Office.

GAGES EXTRAORDINAIRES.

Me Pierre de la Dehors, Lieutenant Criminel.
Me Robert Fessier, créé de nouvel par le Roi, Advocat au Chastelet, pour icelui Office exercer ensemble avec celui de Conseiller & Procureur dudit Seigneur en la Jurisdiction de Cour d'Eglise.

DONS & REMISSIONS.

Deniers payés en acquit du Roi.

Me Jehan la Pite, Clerc du Roi notre Sire en sa Chambre des Comptes.
Me Jaques Teste, Clerc du Roi en sa Chambre des Comptes.

Compte du Hallage.

Estaux à Merciers es Halles de Champeaulx.

Michel Choart, pour le premier Estal contre la Halle aux Poirées.
Ledit Michel Choart, pour la troisiéme place ensuivant, qu'il tient aux vies de Thiery & Poncet, dits Choarge.
La veuve de feu Pierre le B

Censives des Maisons sous la Halle St Denys.

Me Pierre Brulart, Notaire & Secretaire du Roi.
Charles Culdoë.

Estaux à Toille.

Damoiselle Antoinette de Maignat, au lieu de Me Pierre de Maign.

COMPTES ET ORDINAIRES

Estaux à Pelletiers.

Gervaise Larcher, Vendeur de Poisson de Mer & sa femme, à cause d'elle, fille & heritiere en partie de feu Gervaise Bonnet, qu'ils tiennent aux vies de Guillaume & Pierre Bonnet son frere, & un autre Estal qu'ils tiennent aux vies de Guillemin & Lyonnet, dits Bonnets, & un autre Estal aux vies de lui & de Jean Larcher ses fils.

Estaux à Chaussetiers.

Denys de Thumery, Marchand & Bourgeois de Paris, pour un Estal qu'il tient aux vies de lui, Laurent & Estienne ses enfans.
Jaques Choart, Bourgeois de Paris, pour un Estal qu'il tient aux vies de lui & de Jeanne sa femme.

Compte de la Voirie.

Estaux en la Fromagerie.

Nicolas de Neufville, Marchand de Poisson de Mer.

Estaux en la rue au Feure.

Michault Choart, au lieu de Chrestien Choart.
Guillaume Lejay, pour un Estal qu'il tient aux vies de lui & de Marion sa femme.
Pierre de Gastinne, Esguilletier, pour un Estal aux vies d'Olive sa femme & Jehanne sa fille.
Jehon Danetz, Drapier.

Estaux assis en plusieurs lieux.

Feue Damoiselle Jaqueline de Marle, veuve de Me Pierre Buffiere, Conseiller au Parlement.
Jehan de Baventin, Drapier.
Simon Lejay, Epicier.
Me Andry Robinot, Conseiller au Parlement.

AVANTURES.

Me Jehan le Mazurier, Docteur en Medecine.
Maison scise rue aux Oes, du côté de la rue du Bourg-l'Abbé.
Me Martin de Fresnes, Curé de St Nicolas des Champs.
Maison scise rue de la Licorne derriere la Magdelaine.
Robert Turgis, Marchand Bourgeois de Paris.
Me Pierre Quatre-livres, Notaire au Chastelet.

AMENDES CIVILES.

Gentil Giroul, & Damoiselle Robine sa femme, condamnés en mille liv. tournois & cent marcs d'argent.
François de la Ruelle, Marchand Drapier, condamné en trois onces & demi d'argent, à dix-huit sols neuf deniers parisis chacune once, valent soixante & cinq sols sept deniers, & à six sols parisis, dont le Prieur de St Ladre y a le tiers, la Confrairie desdits Jurés un autre tiers, reste au Roi l'autre tiers.

DE LA PREVOTE' DE PARIS.

Louis de Cavillon, & Damoiselle Marie de St Justien sa femme.
Savoir ce que c'est que Maistre & Juré Esteuffier? Je crois que c'est Faiseur d'Esteufs à jouer.
Mre Regnault de Honcourt, Chevalier, & Me Ferry de Mailly.

AMENDES CRIMINELLES.

Jehan, Seigneur de Molac.

DOMAINE DE PARIS, 1462.

DOMAINE MUABLE. Folio 198.

En ce chapitre est fait mention de tous les Comptes où il est justifié que Vicestre est du Domaine du Roi, & dans lesquels il en est fait recette à son profit, ensemble des divers dons qu'il en a fait de tems à autre à diverses personnes, jusqu'au tems que cette Terre fut mise entre les mains de Messieurs du Chapitre de Notre-Dame, par le don qui lui en avoit été fait par le Duc de Berry, ce qui fut en 1466. Ce qui fait connoître que cette Terre étant du Domaine, le Duc de Berry n'avoit pû la donner: & c'est la raison pour laquelle lors de l'enregistrement des Lettres d'amortissement de cette Terre, accordées par le Roi Louis XI au Chapitre de Paris, la Chambre y apposa la condition, *à la charge que lorsque le Roi voudra retirer ladite Terre, faire le pourra, sans pour ce être tenu les recompenser.* Il est fait aussi mention dans ce chapitre, comme en 1346 cette Terre étoit venue au Roi par la cession qui lui en avoit été faite par Amedée Comte de Savoie. L'Arrest qui est à la marge est fort étendu sur ce sujet, & ordonne que ladite Terre sera mise en la main du Roi, tant à cause que Louis XI n'a pû la mettre hors de ses mains étant de son Domaine, qu'à cause de la revocation & réunion du Domaine faite par Charles VIII lors regnant; surquoi faut remarquer que ce compte n'est jugé qu'en 1488, & par consequent après la mort de Louis XI.

VENTE DE CENS.

Maison scise au vieil Cimetiere St Jehan, aboutissant par derriere à la rue de Chartron.

Chapelle de la Ste Trinité, fondée en l'Eglise St Gervais à Paris par feu Jehan de Pacy.

Maison scise au port St Bernard devant la rue Perdue, tenant par derriere à la tour dudit St Bernard à une grange que l'on dit appartenir à un nommé Chubere, &c.

Me Guillaume de Meleun, Notaire & Praticien en la Cour de la Conservation des Privileges Apostoliques de l'Université de Paris.

Frere Denys Lemoine, Religieux, & Procureur de l'Hostel-Dieu de Paris.

Maison scise au Martray St Jehan en Grève, où est contre le mur l'image Notre-Dame, faisant le coin d'une ruelle par laquelle l'on va dudit Martray en la rue de la vielz Tixeranderie.

Noble-homme Jaques de Thumery, Escuyer, Esleu de Paris.

Maison scise en la rue du Siege-aux-Deschargeurs.

Maison scise à Paris dedans la Cour du Haut-pas près la Porte St Jaques, tenant d'un côté tout du long aux murs de l'Eglise St Estienne des Grez.

Jehan le Prestre, Marchand Epicier & Bourgeois de Paris, neveu de Jehan Foucault, aussi Marchand Epicier & Bourgeois de Paris; lequel

Tome III.

COMPTES ET ORDINAIRES

Foucault donne à son neveu en consideration des bons offices qu'il lui rendus, & en consideration de ce que ledit Leprestre son neveu doit épouser Clementine, fille de Jehan Cottart, Marchand Orfevre & Bourgeois de Paris, une maison scise rue de la Fromagerie.

Damoiselle Jehanne le Clerc, veuve de Me Jehan Choart, en son vivant Lieutenant Civil.

Jehan de Moucy, Marchand Drapier & Bourgeois de Paris.

Feu Pierre le B   , en son vivant Marchand Cordonnier & Bourgeois de Paris.

Sire Henri de Paris, Jehan Volant, Hugues Ferret l'aisné, & Jehan Roland, tous Marchands & Bourgeois de Paris, au nom & comme Maistres & Gouverneurs de l'Eglise & Hospital du St Sepulchre de Jerusalem, fondé à Paris en la grant rue St Denys.

Me Jaques Rebours, Procureur general de la Ville de Paris, & Katherine de Breban sa femme.

Maison scise rue de la Feronnerie près la place aux Chatz, aboutissant & ayant issue par derriere en la rue de la vieilz place aux Pourceaux, autrement dite la rue de la Limace.

Les Maistres, Ministres, Freres & Sœurs de l'Hostel, Hospital & Congregation des Quinze-vingts Aveugles de Paris, pour quatre livres de rente sur la maison du Pot d'étain, scise en la rue de la Cossonnerie ; laquelle rente ils acquirent le trois Mai 1473.

Maison scise en la rue de Pirouet-en-Therouenne.

Noble-homme Jehan Dugard, Receveur des Aydes pour le Roi à Amiens.

Maison scise en la rue de Maudestour, faisant front de la Chanvoirie.

GONNESSE.

Me Jehan le Prevost, Notaire & Secretaire du Roi.

Rachats, Reliefs, & quints deniers.

De Guillaume Morhier, Escuyer, pour l'acquisition faite par feue Dame Katherine de Gauve, en son vivant femme de feu Mre Simon Morhier, & mere dudit Escuyer.

D'un Fief assis à Vaux sur Ourge, qui fut à feu Mre Guillaume Bernier, Chevalier, mouvant de Montl'hery, par elle acquis de Dame Katherine Bernier, en son vivant veufve de Mre Antoine de Brise, Chevalier, escheu audit Escuyer par le trepas de ladite feue Katherine de Gauve.

Terres tenues en la main du Roi.

La Seigneurie de Pomponne, qui fut à Mre Guillaume Cassinel.

Dépense à heritage.

Me Eustache Milet, Conseiller du Roi en sa Cour de Parlement.

Rentes à heritage deües pour maisons prises en accroissement du Palais, &c.

Me Pierre Lorfevre, Conseiller & Maistre des Comptes.

Me Guillaume Daulge, Docteur en Medecine, Chapellain de la Chapelle fondée en l'Eglise de Maubuisson lès Pontoise, par Marguerite de Beaumont.

Marc de Janeillegac & Jehanne Culdoë sa femme, fille de sire Michel Culdoë.

A Mre Baude de Beauviller, à cause de sa femme, au lieu de feu Jehan de Passy.

DE LA PREVOTE' DE PARIS.

Me Charles de Mauregard, Docteur en Medecine.
Guillaume de Villetain, Escuyer, Seigneur de Gif, Vicomte de Chasteaufort.
Me Nicole Chapelle, Maistre & Administrateur de la Maladerie saint Ladre de Corbeil, au lieu de Hervé du Pressoir.

Dépense à vie.

Bertrand de Pontachier, premier Huissier du Parlement.

Dépense à volonté.

Me Robert Fessier, Procureur du Roi au Chastelet.
Me Yves de la Tillaye, Avocat du Roi au Chastelet.
Me Michel Pied-de-fer, autre Avocat du Roi au Chastelet.

Salaires & Pensions.

Me Jaques Charmolüe, Procureur du Roi en Cour d'Eglise.

Dépense pour les Eaux & Forests.

Henri de la Riviere, Escuyer, Gruyer de la Forest de Laye.
Noble-homme Louis, Seigneur de la Palu, Maistre & Enquesteur des Eaux & Forests du Roi ès pays de France, Champagne & Brie.

Gages d'Officiers ordinaires.

Mre Robert Destouteville, Chevalier, Garde de la Prevosté de Paris.
Simon de Neufville, Receveur du Domaine de Paris.
Jehan de Harlay, Escuyer & Garde de l'Office de Chevalier du guet de nuit de la Ville de Paris.
Me Jehan de St Romain, Procureur general du Roi.
Cottes aux Sergens du Louvre.
Gilbert Acle, Escuyer, Concierge du bois de Vincennes.
Me Denys le Mercier, Garde de la maison des Quinze-vingts Aveugles de Paris.
Jehan Dubois, Escuyer de cuisine du Roi, Garde du scel du Chastelet de Paris.
Geoffroi Dubois, Chaufecire du Roi au Chastelet.
Me Jehan le Cornu, Clerc Civil du Greffe du Chastelet.
Henri Perdrier, Clerc Criminel du Chastelet.
Mre Pierre Bureau, Chevalier, Seigneur de Montglat, Tresorier de France, & Concierge de l'Hostel & Tour de Peaut. sur Marne.
Mr le Comte de St Pol, Connétable de France, à present Capitaine du Chasteau du Louvre.

OEUVRES & REPARATIONS.

Reparations faites tant au Ru de la Pissotte, par où va & coule l'eau au grand étang du bois de Vincennes, nommé le Ru orgueilleux, comme à un vielz qui est joignant de la porte de la Conciergerie dudit bois.
Pour un porche de bois neuf en la Chambre du Roi en son Hostel des Tournelles à Paris, où couche de present Mr de Monglat.
Reparations faites au Colombier de l'Hostel des Tournelles.
Reparations faites en la chambre de Mademoiselle Grand audit Hostel

des Tournelles, & en la chambre nommée la Garderobe, où se mettent les harnois & armeures du Roi: & avoir repris l'encoigneure du mur & pignon de la rue Jehan-beau-sire.

Autres reparations à la Fontaine dudit Hostel.

Reparations faites au Colombier de la Bastille, lequel étoit dessous les arches entre la Bastide & la Basse-cour.

Reparations à la grosse Tour de Vincennes, où l'on met les prisonniers.

A Pierre le Charron, Charon demeurant à Paris, la somme de neuf liv. dix-huit sols parisis, pour avoir fait une grande chaise de bois, entée sur un gros trouchet de bois pour être plus ferme, laquelle a été mise sur la terrasse du Pilory ès Halles, servant pour executer & décapiter un nommé Claude de Margotz qui étoit perclus de ses membres, & lequel pour ses demerites avoit été condamné à ce souffrir audit Pilory. *Item* Pour une grosse eschelle forte, de deux pieds de largeur & de dix pieds de long à gros eschelons, servant pour monter de dessus ladite terrasse sur l'eschafaut où sont décapités les malfaicteurs. *Item*. Pour six grandes eschelles neuves pour la Justice de paris ; au lieu de six autres qui étoient pourries. *Item* A six Caquins de St Innocent qui ont descendu lesdites eschelles dudit chariot, & icelles portées à forces & hallées à cordes en la Justice, & mises debout. *Item*. A Henri Cousin, Executeur de ladite Justice, pour avoir livré un couvre-chef, un coq, une mousle & un cousteau-couperet, servant pour la justice qui a été faite d'un nommé
natif de Tournay, lequel par Arrest du Parlement fut condamné à avoir le poing coupé en cette Ville, au lieu où il avoit commis le malfait, & depuis fut pendu à ladite Justice. *Item*. Pour deux lances de sapin, chacune de deux toises de long, & ferrées au bout, servans à ficher audit Pilory pour mettre les testes dudit de Margotz & Pierre Leu, aussi illec décapité, &c.

DEPENSE COMMUNE.

Furent faits à Paris cinquante-quatre cris & proclamations, depuis le Lundy vingt-six Octobre 1472, jusqu'à Dimanche treiziéme Mars 1473, ensuivant.

Jehan de Chartres, Capitaine des Arbalestriers de la Ville de Paris, pour avoir été avec huit Arbalestriers à St Germain-en-Laye & ès environs; querir le payement de plusieurs Fermiers qui devoient grant somme de deniers à la Recepte ordinaire de Paris, qui étoient empeschés par le Vidame d'Amiens ou les siens ; pris le Chasteau de St Germain-en-Laye, & demeuré illec en garnison pour seureté d'icelui.

Pierre Braque, Capitaine des six-vingts Archers de la Ville de Paris, pour avoir été avec neuf Archers de ladite Ville à St Germain-en-Laye, &c. *idem* que le precedent.

Me Jehan Raoul, Examinateur au Chastelet.

Aux Sergens à verge, pour avoir été à Senlis, Amiens, Meaulx & Meleun, porter Lettres missives aux Baillis d'icelles Villes, pour faire recherche & monstre generale de tous les Nobles & autres, tenans fiefs Nobles en fief ou arriere-fief esdits Bailliages.

A   Sergent à verge, envoyé dès le mois de Decembre 1471, au Village de la Mancelliere en Normandie, pour s'informer si l'on pourroit trouver Jehan Giroult & Damoiselle Robine sa femme, qui par Sentence du Prevost de Paris avoient été condamnés en mille livres tournois d'une part, & cent marcs d'argent d'autre, auquel lieu il a sçeu qu'ils s'étoient absentés de Normandie par pauvreté, & que leurs enfans mendioient leurs vies, & n'avoient aucuns biens, &c.

Denys Cousin, fils de Henriet Cousin, Maistres des Hautes-œuvres de la Ville de Paris.

DE LA PREVOTE' DE PARIS.

EXTRAIT.

Deniers payés par mandement du Roi.

Pierre Cleret, Efcuyer, Homme-d'Armes de l'Ordonnance du Roi, auquel le Roi par fes Lettres données à Ardelay en Poitou, le vingt-deux Decembre 1472, a donné la Terre & Seigneurie de Torcy, fa vie durant.
Me Olivier le Mauvais, Barbier du Roi notre Sire.

GAGES A VOLONTE'.

Simon de Neufville, Receveur du Domaine de Paris.
Me Pierre Lamy, Lieutenant Civil.

DONS ET REMISSIONS.

VOIRIE.

À VANTURES.

Maifon fcife rue de la Comteffe d'Artois.
Maifon fcife rue de la Bouclerie.
Maifon fcife rue St Denys, faifant le coin de la rue aux Lombards.

Du Compte du Domaine de Paris 1474.

DOMAINE NON MUABLE.

Folio 35.   Me Mathurin Baudet, Procureur du Roi notre Sire aux Generaux.
36 verfo.   Me Pierre de Tuillieres, en fon vivant Confeiller du Roi en fa Cour de Parlement.
39 verfo.   Me Martin Picart, Confeiller & Maiftre des Comptes.
40   Me Pierre Quatre-livres, Notaire au Chaftelet.
47   Damoifelle Marie Piedebou, veuve d'Eftienne d'Orgemont.
58 verfo.   Jehan Andrault, Clerc du Roi en fa Chambre des Comptes.
61   Me Pierre l'Orfevre, Confeiller & Maiftre des Comptes.
   Me Raoul du Refuge, Confeiller & Maiftre des Comptes.
67   Mre Robert d'Eftouteville, Chevalier, Prevoft de Paris, & Dame Ambroife de Lore fa femme.
75   Mre Jehan le Bourcier, Chevalier, Seigneur d'Efternay.
verfo.   Me Simon Radin, Confeiller du Roi fur le fait de la Juftice du Trefor.
77 verfo.   Me Gilles le Cornu, Notaire & Secretaire du Roi notre Sire, & Changeur de fon Trefor, pour une petite ruelle contenant douze toifes de long ou environ, fur quatre pieds & demi de lé, nommée *la Ruelle Thomas d'Affy*, affife à Paris en la rue du Temple.
86 verfo.   Me Antoine Yfoine, Notaire & Secretaire du Roi.
115   Me Nicolle de Sailly, Clerc du Roi notre Sire en fa Chambre des Comptes.
124 verfo.   Mre Blanchet Bracque, Chevalier.
   Frere Jehan Folon, Prieur de St Jehan de Jerufalem en l'Ifle de Corbeil.
135 verfo.   Jehan des Effarts, Efcuyer, heritier de deffunte Madame de Amblainville.

191	Philippes Brunel, Escuyer.
268 *verso.*	Me Aignen Violle, Lieutenant general de Mr le Maistre des Eaux & Forests du Roi.

275. *verso.* VENTE DE CENS.

	Me Jehan du Four n'agueres Examinateur au Chastelet, & Collette sa femme.
278	Maison scise rue St Denys, près de la premiere & ancienne porte, nommée la Porte-aux-Peintres.
288 *verso.*	Maison scise rue de la Huchette, où pend pour enseigne les Bœufs, où l'on tient estuves à femme, tenant d'une part à l'Hostel de l'Arbalestre où sont estuves aux hommes, & d'autre part faisant le coin de l'Abrevoir de Mascon.
288 *verso.*	Maison scise rue de la Tennerie près l'escorcherie.
289	Maison scise rue de la Place-aux-veaux, faisant le coin de la rue du Moulin.
292	Maison scise au vieux Cimetiere St Jean, ayant issue en la rue Chartron.
Idem.	Maison scise rue Anquetin-le-Faucheux près du Cimetiere St Jehan.
verso.	Maison scise rue de Long-pont.
294	Me Antoine Disome, Notaire & Secretaire du Roi, & Damoiselle Sebille de Roffey sa femme.

303. *Terres tenues en la main du Roi.*

	La Terre & Seigneurie de Pomponne, qui fut à Mre Guillaume Cassinel
305 *verso.*	Fief en la Chastellenie de Montl'hery, qui fut à Mre Jehan Bernier, & appartenant à Guillaume Morhier, Escuyer, à cause de Katherine de Gauve, veuve de Mre Simon Morhier, & mere dudit Escuyer, laquelle l'avoit acquis.
326	Me Guillaume Dauge Docteur en Medecine, Chapelain de la Chapelle fondée en l'Eglise de Maubuisson lès Pontoise.
Idem.	Marc de Jaheillac & Jehanne Culdoë sa femme, fille de sire Michel Culdoë.
332 *verso.*	Les Freres de la Charité-Notre-Dame, où Dieu fut boulu, dits des Billettes.
338	Maladerie St Ladre, lès Corbeil, soixante livres parisis.
341	Maladerie de Gournay-sur-Marne, vingt sols parisis.
346	Me Robert Fessier, Procureur du Roi au Chastelet.
Idem.	Me Yves de la Tillaye, Advocat du Roi au Chastelet.
Idem.	Me Michel Pied-de-fer, Advocat du Roi au Chastelet.
Idem.	Me Robert Pied-de-Fer, Advocat du Roi au Chastelet, au lieu dudit Michel Pied-de-fer son Pere, par Lettres données le neuf Septembre 1468, par lesquelles le Roi donne ladite charge au survivant d'eux deux.
verso.	Me Jaques Charmolue, Procureur du Roi en Cour d'Eglise.
348 *verso.*	Me Olivier le Dain, à present Sergent & Gruyer de la Garenne de Rouvray, au lieu de Jaques le Maire, par Lettres du Roi données à Freteval le dix-sept Decembre 1473.
350	Henri de la Riviere, Gruyer de la Forest de Laye.
351	Noble homme Louis, Seigneur de la Palu, Maistre & Enquesteur des Eaux & Forests du Roi ès pays de France, Champagne & Brie.

GAGES

DE LA PREVOTE' DE PARIS.

GAGES D'OFFICIERS ORDINAIRES.

352   Mre Robert d'Eſtouteville, Chevalier, Garde de la Prevoſté de Paris.
Idem.   Simon de Neufville, Receveur du Domaine de Paris.
Idem.   Jehan de Harlay, Eſcuyer & Garde de l'Office de Chevalier du Guet de nuit de la Ville de Paris.
Idem.   Me Jehan de St Romain, Procureur general du Roi.
365 *verſo.*   Guillaume Bournel, Eſcuyer, Maiſtre de l'Artillerie du Roi, au lieu de feu Gobert Cadiot, par Lettres du quinze Aouſt 1473, dattées de la Delivrante.
Idem.   Gilbert Acle, Eſcuyer, Concierge du Bois de Vincennes.
Idem.   Me Olivier le Mauvais, à preſent Concierge dudit Bois, au lieu dudit Gilbert Acle, par Lettres données à Gergeaule le troiſiéme Novembre 1473.
367   Me Denys le Mercier, Garde de la Maiſon des Aveugles de Paris.
verſo.   Jehan Dubois, Eſcuyer de Cuiſine du Roi, Garde du ſcel du Chaſtelet de Paris.
368 *verſo.*   Me Jehan le Cornu, Clerc Civil du Greffe du Chaſtelet de Paris.
369   Henri Perdrier, Clerc Criminel du Greffe du Chaſtelet de Paris.
Idem.   Huguet Regnault, à preſent Clerc Civil du Greffe du Chaſtelet de Paris, au lieu dudit Me Jehan le Cornu, par Lettres données à Senlis le onze Fevrier 1473.
verſo.   Mre Pierre Bureau, Chevalier, Seigneur de Monglat, Treſorier de France, Concierge de l'Hoſtel & Tour de Beauté-ſur-Marne.
370   Henri de la Riviere, Concierge de l'Hoſtel des Loges en la Foreſt de Laye.
verſo.   Mr le Comte de St Pol, Conneſtable de France, Capitaine du Chaſtel du Louvre.

372. OEUVRES ET REPARATIONS.

376   Par Ordonnance de Mre Pierre Bureau, Chevalier, Treſorier de France, furent faits deux penneaux de verre blanc neufs au Comptouer de Madame de Montglat. *Item.* En la chambre de Madame Grant, quatre penneaux de verre en ſon Comptouer. *Item.* Autres verres placés en la Gallerie des Courges, & en la grant ſalle du Roi. *Item.* En la ſalle baſſe, où l'on boit & mange. *Item.* En la chambre du Roi remis un penneau de verre, & fait un Eſcu aux Armes du Roi.
384 *verſo.*   Pour avoir mis à point à l'Hoſtel des Tournelles ſix penneaux de verre blanc, à l'endroit où eſt la Cage de fer. *Item.* Pour avoir fait & livré par le Commandement du Roi, le jour des Montres, quatre Eſcuſſons aux Armes dudit Seigneur, enchapeſſés de chapeaux de roſes tout à l'entour.
389   Chambre de Mr de Montglat, Concierge de l'Hoſtel des Tournelles.
396   Reparations du toit des eſtables des Pourceaux, étans en la Conciergerie de Vincennes.
399   Reparations faites en une eſtable, faite de neuf pour loger les Pourceaux noirs du Roi.

418   COMPTES ET ORDINAIRES

420 *verso*. Pour avoir fait arracher ès Bois de Bondis & Val-de-Galie, environ trois mille Chesneaux avec la racine, & coupé certaine grande quantité de pieux, chacun de la hauteur d'un homme, & le tout amené par charroi en la Conciergerie du Bois de Vincennes, & plantés par l'Ordonnance de Me Olivier le Mauvais, Concierge dudit lieu, au Parc dudit Bois, entre la Cave & l'Eſtang d'icelui Bois; & avoir apporté certaine grande quantité d'eſpines, dont ont été armés au pourtour leſdits arbres & pieux, pour empeſcher les Dains & Lapins de les brouter; & avoir foſſoyé de foſſés le Parc où étoient plantés leſdits Cheſnes, contenant deux cens arpens ou environ; & au deſſus d'icelui fait une grande haye de pieux & d'eſpines, & au plantage deſdits Cheſnes, ſemé grande quantité d'avoine, laquelle a été miſe aux pieds d'iceux pour faire pluſtoſt prendre la racine.

427 *verso*. Noble homme Jean de Grainville, Eſcuyer.

430 *verso*. Mandements portés à Gournay, Torcy, Poiſſy & St Germain-en-Laye par ordre & commandement du Roi, touchant les Nobles deſdits lieux, tant ceux qui furent envoyés pour être veues en montres & habillement de guerre, le vingt-cinq Octobre lors dernier paſſé, par Charles du Bus, Eſcuyer. *Ce Charles du Bus étoit Eſcuyer d'Eſcurie du Roi.*

443   Pierre Cleret, Eſcuyer, auquel le Roi par ſes Lettres Patentes a donné tout le revenu de la Chaſtellenie de Torcy en Brie.

Idem. Me Olivier le Mauvais, Valet de Chambre du Roi, auquel le Roi par ſes Lettres Patentes données aux Montils lès Tours, le troiſiéme Janvier 1468, a donné à lui & à ſa femme, la ſomme de dix livres pariſis, à quoi une place & lieu aſſis à Paris à l'eſcolle St Germain, près dudit lieu appellé la Place-aux-Marchands, a été baillée, &c.

443 *verso*. Giraulme de Cambray, Eſcuyer, Eſchançon ordinaire du Roi, auquel le Roi par ſes Lettres Patentes données au Pleſſis-du-Parc, le huitiéme Decembre 1473, a donné la ſomme de huit cens liv. par maniere de penſion, à prendre ſur les émolumens des Greffes, Civil & Criminel, & Auditoires du Chaſtelet, que tenoit alors à ferme Me Jehan Cornu.

GAGES A VOLONTE'.

445   Simon de Neufville, Receveur du Domaine de Paris.

Idem. Me Pierre Lamy, Lieutenant Civil de la Prevoſté de Paris.

Idem. Me Jehan le Villain, à preſent Lieutenant Civil, au lieu dudit Lamy, par Lettres du Roi données à Senlis le ſeize Fevrier 1473, inſtitué audit Office le vingt-un dudit mois & an.

GAGES EXTRAORDINAIRES.

446   Me Pierre de la Dehors, Lieutenant Criminel de la Prevoſté de Paris.

Idem. Me Olivier le Daing, Commis & ordonné de nouvel par le Roi à la Garde & Fort du Chaſtel du Pont de St Cloud, pour en jouir ſa vie durant, aux gages de cent livres tournois par an ſuivant ſes Lettres Patentes données à la Victoire lès Senlis, le dix-neuf Juin 1463, inſtitué le quatre Janvier audit an.

DE LA PREVOTE' DE PARIS.

DONS & REMISSIONS.

447 *verſo.* Mre Charles de Beaumont, Chevalier.
449 *verſo.* Don à Me Olivier le Daing de la moitié de toutes les amendes, en quoi ceux qui ont pris & ravis les Connins du Bois de Vincennes appartenans au Roi, feront condamnés par Lettres données au Pleſſis-du-Parc lès Tours, le ſept Decembre 1473.

Deniers payés en acquit du Roi.

451   A Mre Jehan Dieu, Chapellain de la Chapelle St Michel du Palais-Royal à Paris, auquel ledit Receveur, par l'exprès Commandement & Ordonnance de bouche à lui faite par le feu Roi Louis, que Dieu abſoille, a baillé & delivré la quantité de deux muids de vin, que ledit Chapellain a droit de prendre chacun an au Cellier dudit Seigneur, à cauſe de la fondation de ſadite Chapelle, ainſi que par le *Vidimus* la fondation peut apparoir, laquelle eſt cy-rendue. Et depuis, ledit feu Roi Louis par ſes Lettres Patentes données au Pleſſis-du-Parc lès Tours, le dixiéme jour de Novembre l'an 1476, a mandé & enjoint à Mrs des Comptes, allouer & employer en la dépenſe des Comptes dudit Receveur, ce qu'il avoit baillé & bailleroit audit Mre Jehan Dieu, & autres Chapellains ſucceſſeurs en icelle Chapelle. Ledit vin à eux ordonné pour ladite fondation; lequel ledit Seigneur lui a voulu être continué, nonobſtant que par les Comptes anciens des Receveurs qui ont été par cy-devant, n'appert aucunement que pour ledit vin aucune choſe ait été payée auſdits Chapellains predeceſſeurs, &c.

A la marge eſt fait mention des Lettres de fondation, & que cette partie eſt paſſée pour le temps de Louis XI ſeulement.

Compte du Hallage.

Cenſives de maiſons ſous la Halle St Denys.
Me Pierre Brullart, Notaire & Secretaire du Roi.

ORDINAIRE DE PARIS, 1475.

DOMAINE NON MUABLE.

16 *verſo.* De Me Pierre Morin, Conſeiller du Roi notre Sire, auquel ledit Seigneur par ſes Lettres Patentes données à Sablé le ſixiéme Septembre 1473, a donné, cedé & tranſporté & delaiſſé pour lui, ſes hoirs, ſucceſſeurs & ayans-cauſe, certaine mazure, jardin, avec le pourpris du lieu, ainſi qu'il ſe comporte & extend de toute partie en long & en large, aſſis à Paris auprès de l'Egliſe St Euſtace, nommé le Séjour du Roi, tenant pardevant à la rue de Montmattre; d'un coſté à l'Hoſtel du Cigne-rouge, une ruelle entre deux; & de l'autre coſté ſortiſſant à une ruelle nommée la Plaſtriere, avec tous les droits, cens, rentes, revenus, appartenances & appendances deſdites maſure & jardin, en quelque eſtimation qu'ils ſoient, audit Seigneur appartenant à cauſe de ſon Domaine: avec ce lui a cedé & tranſporté tout tel droit, nom, ſeigneurie, raiſon & action qui lui peut competer & appartenir pour

quelque cause & en quelque maniere que ce soit ; pour iceux lieux à quelque valeur qu'ils soient, & à quelque somme qu'ils puissent monter, avoir, tenir posseder, exploiter par ledit Me Pierre Morin, sesdits hoirs successeurs & ayans-cause, doresnavant, perpetuellement & à toujours, & autrement en faire & disposer comme de leur propre chose & heritage ; en payant les charges, & faisant les droits & devoirs, s'aucuns en sont pour ce deus, & où, & ainsi qu'il appartiendra. Auxquelles Lettres sont attachées une Lettres de Nosseigneurs les Gens des Comptes, & Tresoriers dud. Seigneur, données sous leurs signets le premier jour de Fevrier 1474, par lesquelles appert après ce que ès presences des Procureur & Receveur ordinaire de Paris, ledit pourpris auciennement appellé le Sejour du Roi, a été veu, visité & mesuré par les Maistres Maçons & Charpentiers-Jurés dudit Seigneur, & prisé à la somme de seize livres treize sols quatre deniers parisis de rente annuelle, rachetable au prix des Ordonnances Royaux, ou deux cens livres parisis d'argent comptant pour une fois, eu égard à la situation d'icelui lieu, à la ruine & desolation en quoi il est dès pieça, & aux grandes somptueuses reparations qu'il y conviendroit faire pour le mettre en état & valeur. Et aussi consideré que le Roi notredit Seigneur a, pour l'expedition desdites Lettres de don, escrit & mandé bien expressement par plusieurs fois, ont consenti l'entherinement d'icelles Lettres de don, à la charge de rendre & payer à la Recepte ordinaire de Paris chacun an perpetuellement & franchement aux termes d'icelles, également la somme de vingt sols parisis de rente par ledit Me Pierre Morin, sesdits hoirs successeurs & ayans-cause, & pourveu que nonobstant ledit don, la Justice & Jurisdiction du Grand-Escuyer de France se tiendra & exercera dedans le pourpris, au lieu & ainsi qu'il est accoustumé, comme tout ce est plus à plein contenu esdites Lettres du Roi notre Sire, & consentement de Nosseigneurs des Comptes & Tresoriers, le *Vidimus* desquelles est cy-rendu à Court, laquelle somme de vingt sols parisis se payera chacun an à cette Recepte aux quatre termes à Paris accoustumés. Premier terme de payement commençant au jour de Pasques 1475, & deslors en avant d'an en an, sous les conditions dudit bail, &c.

90   Honorable homme Me Antoine Ysome, Notaire & Secretaire du Roi.

105 *verso*. Me Jehan de Grand'rue, Clerc du Roi en sa Chambre des Comptes.

118 *verso*. Me Nicole de Sailly, Clerc du Roi en sa Chambre des Comptes.

129   Religieuse & honneste personne Frere Jehan Folon, Prieur de Jerusalem en l'Isle de Corbeil.

142   Jehan des Essars, Escuyer, heritier de deffunte Madame de Amblainville.

158 *verso*. Lambert Hotman, pour le vingt-quatriéme Change sur le Pont aux Changeurs.

190   Rentes & revenus de la Foire St Ladre, qui commence chacun an le lendemain de la Feste aux Morts, & dure dix-sept jours entiers.

191   Exploits de la Foire St Germain des Prés, qui commence chacun an le lendemain de la quinzaine de Pâques & dure dix-huit jours entiers.

195   Fief appellé le Fief d'Elbic, assis ès Halles de Paris, où de present a grenier & maison, appellés vulgairement les Dix-greniers;

DE LA PREVOTE' DE PARIS.

c'eſt à ſçavoir l'un haut & l'autre bas, que les Eſlus ſur le fait de la marchandiſe du poiſſon de mer ont fait édifier, comme dit eſt au Compte d'Aſcenſion 1410, en la maniere qui s'enſuit : Nicolas de Neufville pour un Grenier, ſigné &c.

307   Frere Jehan Cappet, Prieur de St Ladre lès Paris.
307 verſo.   Euſtache de Manteville, Eſcuyer, Seigneur d'Aulnoy.

VENTE DE CENS.

320   Gilles Godin, Notaire au Chaſtelet.
321   Maiſon ſciſe rue St Denys, tenant d'une part à la rue des Trois viſages.
322   Maiſon ſciſe en la rue qui eſt entre l'Egliſe St Gervais & St Jehan en Grève, appellée la rue du Monceau St Gervais, vendue par noble Dame Guye des Mouſtiers, Dame de Lambres & de Beaumont lès Douay, veuve de feu Mre Mathieu des Vertus, Chevalier, Seigneur deſdits lieux.
323   Maiſon ſciſe rue St Denys outre l'ancienne porte, aboutiſſant, & ayant iſſue en la rue du Lyon.
330   Mre Jehan le Damoiſel, en ſon vivant Chevalier.
330 verſo.   Maiſon ſciſe en la rue par laquelle on va du pavé de la Place-Maubert à la Tournelle des Bernardins, faiſant le coin d'icelle rue du coſté du pavé de ladite Place Maubert, & aboutiſſant par derriere à la riviere de Seine.
331 verſo.   Noble homme & ſaige Me Guillaume Allegrin, Conſeiller du Roi en ſa Cour de Parlement, & Damoiſelle Guillemette de Bonny ſa femme.
Idem.   Guillaume le Carrelier, dit de St Jehan, Eſcuyer, Seigneur de Couldrai ſur Seine lès Corbeil, tant en ſon nom que au nom & comme heritier par beneficed'inventaire de feu Jehan le Carrelier ſon pere auſſi en ſon vivant Eſcuyer ; ledit Guillaume le Carrelier & Jehan Joigny, Eſcuyer, au nom & comme Procureurs de Damoiſelle Mahiette de Bougainville, veuve dudit deffunt Jehan le Carrelier.
332 verſo.   Les Maiſtres & Gouverneurs de la Confrairie du Pere, du Fils & du St Eſprit, & de la ſainte Proceſſion que l'on fait tous les Lundis de l'an au tour du Cimetiere des Sts Innocents à Paris, aux Marchands-Freppiers de la Ville de Paris.
333 verſo.   Me Hugues Maillard, Procureur du Roi au Treſor.
333   Noble homme Me Artus de Cambrai, Conſeiller du Roi en ſa Cour de Parlement, heritier de feu Mre Adam de Cambrai en ſon vivant, & premier Preſident en ſa Cour de Parlement, & Dame Charlotte Alixandre ſa femme, ſes pere & mere en ſon nom, & comme ſe faiſant fort en cette partie de ſes freres & ſœurs.
339 verſo.   Maiſon ſciſe rue St Chriſtophe à l'oppoſite de ladite Egliſe St Chriſtophle, appartenant à venerable & diſcrete perſonne Mre Girard Touſſaints Preſtre, Curé de l'Egliſe Ste Marine en la Cité de Paris, faiſant le coin d'une petite ruelle qui va à Champroſe.
345   Me Pierre Cheron Preſtre, Maiſtre ès Arts, & Me du College des Bons-enfans.

Rachats, Reliefs & quints deniers.

351   Pierre le Prince, Controlleur de la Chambre-aux-Deniers, a-

COMPTES ET ORDINAIRES

422   quiert les Fiefs & Seigneuries de la Bretonniere, Norville & le Couldray-Liziart, mouvans de Montl'heri.

354 verso.   Me Pierre de Lailly, Receveur General des Finances, fur & deça les rivieres de Seine & d'Yonne.

355   Maison scise Rue-au-maire, tenant d'une part du costé pardevers l'Eschelle St Nicolas des Champs, à un Hostel où pend l'Escu de France, aboutissant par derriere aux murs St Martin-des-Champs.

DEPENSE.

368   Me Guillaume Bourdin Prestre, Chapellain des Aveugles de Paris, fondés par Mr St Louis au Grand-Autel des Quinze-vingts de Paris.

verso.   Me Jehan Hue de St Andry des Arts.

369   Mre Guillaume du Vivier Chanoine en l'Eglise Notre-Dame de Poissy.

374   Me Eustace Milet, Conseiller du Roi en sa Cour de Parlement.

375 verso.   Marie la Giffarde veuve de Me Pierre des Essarts, Chevalier, ayant le droit de Marie la Marcelle veuve de Me Pierre de Ruit, au lieu de Nicolas Marcel.

376   Gervais Larcher, Vendeur de poisson de mer ès Halles de Paris.

378   Me Pierre l'Orfevre, Conseiller & Me des Comptes.

Idem.   Me Guillaume Daulge, Docteur en Medecine, Chapellain de la Chapelle de   fondée en l'Eglise de Maubuisson lès Pontoise par Marguerite de Beaumont.

385 verso.   Guillaume de Villetain, Escuyer, Seigneur de Gif, Vicomte de Chasteausort.

393   Me Nicole Chapelle, Maistre & Administrateur de la Maladerie St Ladre de Corbeil, par an soixante livres parisis.

397 verso.   La Maladerie de Gournay-sur-Marne, par an vingt   parisis.

398 verso.   Bertrand de Pontachier, premier Huissier de la Cour de Parlement.

405 verso.   Me Olivier le Dain Gruyer de la Forest de Rouvray lès St Cloud.

409. verso.   Noble homme Louis, Seigneur de la Palu, Maistre & Enquesteur des Eaux & Forests du Roi ès pays de France, Champagne & Brie.

425 verso.   Guillaume Pournel, Escuyer, Maistre d'Hostel du Roi, & Maistre de l'Artillerie.

Idem.   Me Olivier le Dain, Concierge du Bois de Vincennes.

427   Me Denys le Mercier, Garde de la Maison des Quinze-vingts-Aveugles.

Idem.   Jehan Dubois, Escuyer de Cuisine du Roi, Garde du scel du Chastelet de Paris.

verso.   Me Philippes Harsant, au lieu dudit Me Jehan Dubois par Lettres du Roi données à   le   jour de 14 pour ses gages, depuis le vingt-sept Juillet 1474, jour de son Institution.

428 verso.   Hugues Regnault à present Clerc Civil du Chastelet de Paris, au lieu de Me Jehan le Cornu, par Lettres données à Senlis le onze Fevrier 1473.

429   Henri Perdrier, Clerc Criminel du Greffe dudit Chastelet de Paris.

429 verso.   Mre Pierre Bureau, Chevalier, Seigneur de Montglat, Tresorier de France, Concierge de l'Hostel & Tour de Beauté-sur-Marne.

DE LA PREVOTÉ DE PARIS.

430   Henri de la Riviere, Concierge de l'Hoftel des Loges en la Foreft de Laye.

verfo.   Mr le Comte de St Pol, Conneftable de France, Capitaine du Chaftel du Louvre.

OEUVRES ET REPARATIONS.

416 *verfo.* Pour trois Carquans affis par autorité de Juftice, l'un en la place des Halles devant le Pilori, l'autre en la place de Grève devant l'Hoftel de Ville, & l'autre en la Place-Maubert où fe vend le pain, fervans à mettre & attacher par Juftice ceux qui jureront & maugreront le nom de Dieu, de la Vierge Marie & les Saints de Paradis.

DEPENSE COMMUNE.

453 *verfo.* Aux Clercs & Communauté du Chaftelet de Paris la fomme de dix livres parifis, qui ordonnée & tauxée leur a été par Monfeigneur le Prevoft de Paris, en la prefence du Procureur du Roi notre Sire, pour leur aider à fupporter les grans & fomptueux frais qu'ils ont foutenu & fouffert durant l'année de ce prefent Compte, pour les jeux qui par eux ont été joués fur l'efchafaut devant ledit Chaftelet en icelle année, comme par ladite taxation, requefte & quittance de Pierre de Henault Receveur de ladite Communauté d'iceulx Clercs, appert. Et à la marge eft efcrit.

> *Legatur pars ad Burellum, quia non eft folitum in Caftelleto ludicra expenfis Domini Regis facere. Vifa taxatione tranfeat pro ifta vice, fed non folvat de cætero fimiles, Receptor, fub pœna radiationis, ordinatione Dominorum.*

455 *verfo.* A Guillaume Frete la fomme de quatre livres quatre fols parifis pour fes peines & falaires d'avoir nourri & alimenté les Couloms des deux Coulombiers de l'Hoftel des Tournelles durant les mois de Decembre, Janvier & Fevrier de l'année de ce prefent Compte, & pour ce a donné fept fextiers d'orge.

456 *verfo.* A   pour avoir été par Ordonnance du Prevoft de Paris ès Villes de Tournant, &c. porter les mandemens touchant les Nobles, & autres tenans fiefs & arriere-fiefs, pour iceux faire publier, à ce que en toute diligence ils paroiffent pour aller fervir le Roi notredit Seigneur au fait de fa guerre.

Idem. A Mary Bureau pour certain voyage qu'il a fait par Ordonnance du Roi, partant de cette Ville de Paris aller en plufieurs Villes des pays de Limofin, Poitou & Xaintonge, pour en icelles prendre & faire charger certain nombre d'Artillerie, & la conduire jufqu'en la Ville de Bordeaux, pour d'illec être menée en la Ville de Baïonne pour la tuition & deffenfe d'icelle Ville.

457   A Adam Tenon Commis à la garde des fceaux de la Prevofté de Paris, pour l'argent, façon & graveure defdits fceaux de la Prevofté de Paris qui ont été faits neufs, pource que les autres precedents pour leur antiquité & caduqueté ne pouvoient plus bonnement fervir, douze livres parifis.

Idem. En cette année ont été faits par Ordonnance de Juftice à fon de Trompe par les Carrefours de Paris, cinquante-fix cris.

EXTRAIT.

462 verso. Me Jehan le Prevoſt, Notaire & Secretaire du Roi, auquel ledit Seigneur par ſes Lettres données au Pont de Samois le quatriéme Octobre 1474, a donné la Prevoſté de Goneſſe en recompenſe de ſoixante livres pariſis, que Damoiſelle Marie Sohier ſa femme prenoit ſur la Prevoſté de Triel.

465 verso. Damoiſelle Marguerite veuve de Me Gilles Boulart Docteur en Medecine, fille de feu Jehan de Marcognet, & Damoiſelle Jehanne Gencienne ſa femme, à laquelle le Roi, pour conſideration de ſa viduité, & de la grant charge de onze petits enfans, a par ſes Lettres miſſives adreſſées à Noſſeigneurs les Treſoriers de France, données le ſixiéme Mars 1474, ſignées de ſa main, octroyé de prendre ſur cette Recepte cent livres pariſis en recompenſe de partie des arrerages à elle dus à cauſe de vingt-une livres dix ſols pariſis qu'elle a droit de prendre chacun an ſur ladite Recepte.

467 Eſt fait pareille mention qu'au Compte de 1474, pour Meſſire Jehan Dieu, Chapellain de la Chapelle de St Michel du Palais à Paris, pour deux muids de vin fondés par Louis XI.

verso. Pierre le Breton, Maiſtre-d'Hoſtel du Roi.

COMPTE DE LA VOIRIE.

AVANTURES.

Yvon Allot Marchand Sauſſiſſier.

Ambrois, Artur, & Jeroſme de Cambrai freres, pour une ſaillie à une maiſon à eux appartenant, ſciſe rue Pompée.

Maiſon ſciſe rue du Mouton en deſcendant de l'Hoſtel d'Anjou en Gréve, où pend pour enſeigne le Coq.

Maiſon ſciſe rue St Jaques, faiſant le coin de la rue du Palais du Therme.

Nicolas du Hamel Mercier, & Thomaſſe Corneille veuve de Me Pierre Choart

Les hoirs ſire Milles Baillet jadis Treſorier de France, pour le jardin de la Barre-du-Bec, approprié à l'Hoſtel dudit Treſorier, & à l'Hoſtel feu Arnoul Bouchier en ſon vivant Notaire & Secretaire du Roi, & Controlleur de ſon Audiance.

Veuve & Heritiers de Mre Simon Charles, en ſon vivant Chevalier & Preſident des Comptes.

Amendes de la Prevoſté de Paris.

Denys le Gay pour ſa Maiſtriſe de Hault-bannier, & meſtier de Pelleterie & Freperie.

DOMAINE DE PARIS, 1476.

Eſt à noter que par tous les Comptes du Domaine de Paris, il paroiſt que toutes les fois qu'il eſt créé un nouvel Abbé de Ste Genevieve, il doit dix livres pariſis à la Recepte du Domaine du Roi, & ce droit eſt dans le Chapitre des Domaines non muables, ſous le nom de la Senechauſſée à l'Abbé de Ste Genevieve de Paris.

DE LA PRÉVOTÉ DE PARIS.

38 Me Martin Picart, Conseiller, Maistre des Comptes, au lieu de Mre Philippes de Fouleuse, en son vivant fils & heritier de feu Jehan de Chantemarle, Chevalier, pour une place vuide scise rue du Temple hors les anciens murs.

42 Me Jehan Avin, Conseiller du Roi en sa Cour de Parlement.

44 Jaques Choart Drapier.

44 verso. Louis de la Trimouille, au lieu de Mre Pierre de la Trimouille, en son vivant Chevalier, pour son Hostel nommé l'Hostel de Calais, assis en la rue de la Plastriere, tenant d'une part à l'Hostel dudit de la Trimouille, & d'autre part à l'Hostel de Senlis, avec la grange & appartenances dudit Hostel.

50 Me François de Ferrebourg, Scribe de la cour de l'Official de Paris.

51 Me Pierre l'Orfevre Maistre des Comptes, & Damoiselle Gefrine Baillet, sa femme.

52 Me Dreux Budé, au lieu de feu Guillaume Budé, en son vivant Maistre des Garnisons du Roi notre sire, pour une petite ruelle seant derriere l'Hostel où demeure ledit Budé, au chevet St Gervais.

58 Feu Me Jehan Andrault, en son vivant Clerc du Roi nostre Sire en sa Chambre des Comptes.

60 verso. Philippes Brunel, Escuyer, sieur de Grigny, au lieu de Me Raoul du Refuge, jadis Conseiller & Maistre des Comptes.

61 Me Mathieu Savary, jadis Clerc du Roi notre Sire en sa Chambre des Comptes.

62 Un bout de petite ruelle à cul-de-sac, appellée la rue de Cul-de-Pet emprès la Roye, ayant issue par l'autre bout en la rue Gieffroy-Langevin, contenant icelui bout de ruelle cinq toises cinq pieds de long, en ce compris l'épaisseur du mur que Me Jehan James fit faire pour clore ladite rue au bout pardevers ledit cul-de-sac.

66 Mre Robert d'Estouteville, Chevalier, Prevost de Paris, & Dame Ambroise de Loré sa femme, pour une maison scise dans le pourpris du Palais-Royal à Paris, en la rue appellée Gallilée, qu'ils tiennent à leurs vies.

73 verso. Jehan le Bourcier, en son vivant Seigneur de Sternay.

76 verso. Me Gilles Cornu, Notaire & Secretaire du Roi, & Changeur de son Tresor, pour la ruelle Thomas d'Assy, scise en la rue du Temple.

103 Me Jehan de Grant-rue, Clerc du Roi en sa Chambre des Comptes.

116 Me Nicolle de Sailly, Clerc du Roi en sa Chambre des Comptes.

VENTE DE CENS.

292 Me Guy Avrillot, Notaire & Secretaire du Roi, & Paquette Jubert sa femme, pour un grand Hostel où de present a plusieurs corps d'Hostel, Chambres, Sales, Cours, Puits, Jardin, Preau, Galleries, Chapelles, édifices, lieux & appartenances, scis en la rue Jehan-pain-molet & de St Bon, tenant d'une part en partie du costé de la rue des Assis à un Tonnellier, & en autre partie à la rue St Bon, tenant d'autre part du costé du Catrefour Guillory en partie a un Hostel appartenant à Mademoiselle la Boudraque, & en autre partie à un Hostel assis à la rue de la Poterie, appartenant à Marguerite de St Amant veuve de Me Henri des Dauves, Clerc du Roi en sa Chambre des Comptes; & en

COMPTES ET ORDINAIRES

core en l'autre partie à l'Hostel des hoirs de feu Me Jehan Jouvelin & à ladite Eglise de St Bon, lequel Hostel ledit Avrillot & sa femme acquirent le septiéme Juillet 1475, de Me Jehan Nyelle, Clerc du Roi en son Tresor, & Jehanne de Dauves sa femme, le prix de trois mille livres tournois.

293   Maison scise à Notre-Dame des Champs, aboutissant par derriere au Clos Monseigneur de Bourbon.

294   Maison scise rue St Denys, faisant le coin de la rue au Cigne.

verso. Noble-homme Mre Geuffroi Cueur, Chevalier, Esleu de Paris pour des heritages & terres par lui acquis au terroir Notre-Dame-des Champs le vingt-neuf Juillet 1475 de Mre Fleury de Mailly, Chevalier, Seigneur de Chalemas.

298   Maison scise en la rue des Barres, faisant le coin de la rue Grenier-sur-l'eau.

304   Maison scise rue St Jean en Greve, qui fut au Chapellain de la Chapelle St Lienard fondée en l'Eglise St Jean en Grève.

305 *verso.* Jehan Tronson, Marchand Drapier Bourgeois de Paris.

306   Honorable-homme & sage Me Jehan de Bidaut, Notaire & Secretaire du Roi pour une maison scise vieille rue du Temple, faisant le coin de la rue Anquetin-le-faucheur, & tenant à l'Hostel des Religieuses de Chelles Ste Bapteur.

Idem. Jehan Danetz, Procureur au Chastelet.

Idem. Honneste-femme Catherine la Mairesse, veuve de Me Jehan le Clerc le jeune, en son vivant Secretaire du Roi & Greffier de la Chambre des Aydes.

verso. Jehanne, fille d'honneste & sage Me Jehan de Bidaut, Notaire & Secretaire du Roi & Greffier de sa Chambre des Aydes à Paris; & de feue Lienarde Rabache, jadis sa femme.

308 *verso.* Maison scise rue Mauconseil, devant & à l'opposite de l'huis de l'Eglise St Jaques de l'Hospital, tenant en partie au jardin de l'Hostel de Bourgogne, aboutissant aux anciens murs de la Ville.

309   Hemon Bourdin, Epicier, Guillaume Bourdin, Drapier, Jehan Bourdin, aussi Epicier, Jehan Doré, Marchand de bestail, & Jehanne sa femme, à cause d'elle, sœur desdits Hemon, Guillaume & Jehan, tous enfans de feu Guillaume Bourdin, Marchand Hostelier & Bourgeois de Paris, & de feue Jehanne jadis sa femme, & heritiers chacun pour un cinquiéme dudit feu Guillaume Bourdin leur pere, & aussi heritiers chacun pour un quart de ladite feue mere, & la veufve de feu Estienne Bourdin, en son vivant fils & heritier pour l'autre cinquiéme dudit feu Guillaume Bourdin.

313   Venerable & discrete personne Me André Aguenin, Prestre Bachelier en Decret & Chanoine de l'Eglise St Merry à Paris, & Chapellain de la Chapelle St Bon, fondée à Paris, pour l'acquisition par lui faite d'une rente sur une maison scise rue & devant l'Eglise St Christophle en la Cité, faisant le coin d'une ruelle allant de la rue Champrose à ladite rue St Christophle.

315   Me Girard Lecocq, Archidiacre de Beaulne, Avocat au Parlement.

316 *verso.* Thomas Gobelin, Marchand Bonnetier & Bourgeois de Paris, pour les ventes d'une maison scise à Petit-Pont a l'opposite de l'Hostel-Dieu de Paris, où pend pour enseigne l'Empereur, qu'il acquit de Thomasse, veufve de feu Andry Musnier, en son vivant l'un des quatre Libraires-Jurés en l'Université de Paris, & de honorable homme & saige Me Philippes Musnier, Examinateur de par le Roi notre Sire au Chastelet de Paris, fils desdits deffunt & veufve.

DE LA PREVOTE' DE PARIS.

323. Noble-homme Jehan Dargny, Efcuyér.
340. Mre Guillaume Bourdon, Preftre Chapellain des Quinze-vingts Aveugles de Paris, fondée par Monfieur St Louis au grand Hoftel de l'Eglife des Quinze-vingts.
346 verfo. Mre Nicolas Briffault, Chapellain de la Chapelle fondée en l'Eglife St Jaques aux Pellerins, par an vingt-cinq livres parifis.
347. Me Euftace Milet, Confeiller du Roi en fa Cour de Parlement.
348 verfo. Mre Guillaume Chadeffon, Chapellain de la Chapelle fondée en l'Eglife des Celeftins à Paris à l'Autel Notre-Dame nommée la Chapelle des Barres.
349 verfo. Gervais Larchier, Vendeur de poiffon de mer ès Halles de Paris.
352 verfo. Me Guillaume Dauge Docteur en Medecine, Chapelain de la Chapelle fondée en l'Eglife de Maubuiffon lès Pontoife, par Marguerite de Beaumont.
Idem. Marc de Jancilhac ayant le droit à caufe de Jehanne Culdoë fa femme, fille de fire Michel Culdoë, au lieu de Me Michel Mignon.
357. Jehanne & Ifabel dits de Hacqueville, heritiers de feu Jehan du Mouftier.
358. Me Gilles Brulart, au lieu de Louis Charles & Antoine, dits de Marcougnet, par an trente fols parifis, advenus & efchus audit Me Gilles Brulart & Marguerite de Marcougnet fa femme, à caufe d'elle.
361. Guillaume de Villetain, Efcuyer, Seigneur de Gif, Vicomte de Chafteaufort.
381. Me Robert Feffier, n'aguerres Procureur du Roi au Chaftelet de Paris, jufqu'au dernier jour de May 1476, qu'il alla de vie à trepaffement.
Idem. Me Pierre de Quatre-livres Licentié en Loix, à prefent Procureur du Roi au Chaftelet de Paris, au lieu de Me Robert Feffier par Lettres Patentes données à Lyon fur le Rhofne, le cinquiéme Juin 1476; de laquelle charge il a été mis en poffeffion en plein jugement, en la prefence des Avocats & Confeillers du Roi au Chaftelet, le dixhuitiéme Juin enfuivant audit an.
verfo. Me Yves de la Tillaye, Advocat du Roi au Chaftelet.
Idem. Me Robert Pied-de-fer, autre Advocat du Roi au Chaftelet.
382. Me Jaques Charmolue, Procureur du Roi en Cour d'Eglife.
385. Me Olivier le Dain, Gruyer de la Foreft de Rouvray lès St Cloud au lieu de Jaques le Maire.
406 verfo. Henri de la Riviere, Huiffier de la Chambre des Comptes.
Idem. Denys le Mercier, Garde de la Maifon des Quinze-vingts aveugles de Paris.
407. Me Philippes Herfant, Notaire & Secretaire du Roi, & Garde du fcel du Chaftelet.
410. Huguet Regnault, Clerc Criminel du Greffe du Chaftelet de Paris.
Idem. Henri Perdriel, n'aguerres Clerc Civil dudit Chaftelet.
Idem. Jehan Regnault à prefent Clerc Civil dudit Chaftelet, par Lettres Patentes données à Senlis le fixiéme Novembre 1475, au lieu dudit Perdriel, & fut inftitué & mis en poffeffion le huit dudit mois & an.
412. Mre Jehan de la Driefche, Chevalier, Confeiller du Roi, Prefident, Clerc en fa Chambre des Comptes, Treforier de France, & Capitaine du Louvre à Paris.
425 verfo. Pour avoir quis de l'Ordonnance des Gens du Roi audit Cha-

Tome III. *HHh ij*

ſtelet, certaine quantité de boullayes de cuir blanc neuves, leſquelles ont été baillées à pluſieurs Sergens à verge audit Chaſtelet, pour ſervir à faire faire la voye & chemin, & à ſerrer la grant multitude de peuple qui étoit parmi les rues de Paris, au Palais & en la place de Grève, le jour que le Comte de St Pol, Conneſtable de France, fut décapité par Juſtice.

Pour avoir fait de neuf une grande Cage de bois de groſſes ſolives, membreures & ſablieres, contenant neuf pieds de long ſur huit pieds de lé, & de hauteur ſept pieds entre deux planchers, liſſée & boujonnée à gros boujons de fer, laquelle a été aſſiſe en une Chambre, étant en l'une des Tours de la Baſtide St Antoine à Paris par devers la porte dudit St Antoine, en laquelle Cage eſt mis & detenu priſonnier, par le Commandement du Roi notredit Seigneur, l'Eveſque de Verdun, (*Guillaume de Harancourt*). Fut employé à ladite Cage quatre-vingt ſeize ſolives de couche, & cinquante-deux ſolives debout, dix ſablieres de trois toiſes de long, & furent occupés dix-neuf Charpentiers pour écarir, ouvrer & tailler tout ledit bois en la cour de la Baſtille pendant vingt jours. Il y avoit à cette Cage deux cens vingt gros boujons de fer, les uns de neuf pieds de long, les autres de huit, & les autres moyens, avec les rouelles, pommelles & contrebandes ſervans auſdits boujons, peſant tout ledit fer trois mille ſept cens trente-cinq livres, outre huit groſſes équieres de fer ſervant à attacher ladite Cage, avec les crampons & cloux peſans enſemble deux cens dix-huit livres de fer, ſans compter le fer des treillis des feneſtres de la chambre où elle fut poſée, des barres de fer de la porte de la chambre & autres choſes, revient à trois cens dix-ſept livres cinq ſols ſept deniers. Et fut payé outre cela à un Maçon pour le plancher de la chambre où étoit la Cage, vingt-ſept livres quatorze ſols pariſis, parce que le plancher n'euſt pû porter cette Cage à cauſe de ſa peſanteur, & pour faire des trous pour poſer les grilles des feneſtres ; & à un Menuiſier la ſomme de vingt livres deux ſols pariſis, pour portes, feneſtres, couches, ſelle percée, & autres choſes ; plus, quarante-ſix ſols huit deniers pariſis à un Vitrier pour les vitres de ladite chambre. Ainſi monte la dépenſe, tant de la chambre que de la Cage, à la ſomme de trois cens ſoixante-ſept livres huit ſols trois deniers pariſis, qui étoit une ſomme conſiderable alors, puiſque le muid de plaſtre n'eſt compté qu'à vingt ſols pariſis, qui aujourd'hui vaut ſept livres tournois.

A Denys Aubert Maçon & Tailleur de Pierre, & Nicolas Euvard Tumbier demeurant à Paris, la ſomme de ſoixante livres pariſis à eux due par le Roi, pour avoir fait de leurs meſtiers les ouvrages qui s'enſuivent ; c'eſt à ſçavoir, ledit Denys une Colomne de pierre de liais en façon de pilier, contenant douze pieds de hault, baſe & chapiteau, & icelle aſſiſe en la place de Grève : en laquelle a une Epitaphe inſerée dedans ladite Colomne, contenant certains mots & dits de feu Louis de Luxembourg, jadis Conneſtable de France : dont il doit avoir par marché fait avec lui, &c. *Item*. Audit Nicolas Euvard Tumbier, auquel par marché fait avec lui, eſt deu la ſomme de dix livres pariſis, pour avoir par lui quis & livré le laton pour ladite Epitaphe, engravé dedans icelle les mots & dits que le Roi notredit Seigneur avoit ordonné être mis, & aſſeoir ladite Epitaphe dedans ladite Colomne à agraffe de cuivre, &c.

DE LA PREVOTÉ DE PARIS.

DEPENSE COMMUNE.

448   A Henriet Coufin, Maiftre Executeur des Hautes-œuvres de la Juftice de Paris, la fomme de foixante fols parifis, à lui tauxée & ordonnée par Monfeigneur le Prevoft de Paris, &c. pour avoir achepté puis n'agueres de l'Ordonnance de mondit Sieur le Prevoft, une grande épée à feuille, fervant à executer & décapiter les perfonnes qui par Juftice font condamnés pour leur demerites, & icelle fait garnir de foureau & de ce qui y appartient: & pareillement a fait remettre à point & rabiller la vieille épée qui s'étoit éclatée & ébrechée en faifant la juftice de Mre Louis de Luxembourg, comme plus à plein peut apparoir, &c.

453 verfo.   Un Sergent à Cheval, envoyé par le Prevoft de Paris en toute diligence en la Ville de Montl'heri, par Lettres dudit Prevoft du treize Juillet 1475, potter le mandement touchant les Nobles dudit lieu, à ce qu'ils partiffent incontinent, & vinffent devers lui, quelque part qu'il fuffent, pour aller fervir le Roi au fait de fa guerre.

454 verfo.   Tranfcrit & reliage du Regiftre vert, contenant les Lettres Royaux des Criées du Regiftre blanc, nommé le Regiftre des Affifes de la Prevofté & Vicomté de Paris, & le premier Volume des Ordonnances de la Chambre du Procureur du Roi audit Chaftelet.

457   Un nommé Caute Caftellen, prifonnier en l'Hoftel de Ville de Paris, mené & conduit par commandement du Roi par les Archers de Ville, en la Ville & Fort de Meulenc.

464   Damoifelle Marguerite de Marcoignet, veuve de Me Gilles Brulart, en fon vivant Docteur en Medecine, fille de feu Jehan de Marcoignet, & de Damoifelle Jehanne Gencienne fa femme.

VOIRIE.

AVANTURES.

De Michel Rat, Hoftelier & Bourgeois de Paris, pour une place qui n'eft de nul profit au Roi, contenant quinze pieds de long fur cinq pieds de large, étant derriere la maifon dudit Michel Rat, affife en la Cité de Paris en la rue de la Calande, où pend pour Enfeigne l'Efcu de France, aboutiffant par derriere aux eftuves de l'Image St Michel devant le Palais; laquelle place lui a été baillée à titre de Cens, moyennant deux deniers parifis de cens portans vente, &c. payables à la Recepte de Paris au terme St Remy: premier payement commençant au jour St Remy prochain, & fera tenu ledit Preneur de tenir & maintenir ladite place en bon état, & fi ne pourra faire chofe préjudiciable à autrui, ne à la chofe publique.

Maifon en la rue de la Heaulmerie, faifant le coin de la ruelle de Vitrugnon.

Maifon fcife rue de Galandes près de la rue du Feure.

Maifon fcife rue Aubry-le-Boucher, faifant le coin des rues Aubery-le-Boucher & Trouffevache.

Guillaume de Hangeft, Chevalier, Seigneur d'Arzillieres & de Dampierre, pour une maifon qui lui appartient, fcife devant le port à l'Archevefque de Sens près le Chantier du Roi.

Maifon fcife rue de la Corne, derriere la Magdelaine.

Me Pierre Andry, Greffier aux Eflus à Paris, & Jehan Andry fon frere, pour une maison à eux appartenant, scise en la rue de Chartron au bout de la Voirerie devant la porte du Cimetiere St Jehan en Grève, faisant le coin de ladite rue.

Maison scise en la vieil-Tixeranderie devant l'Hostel d'Anjou.

HALLAGE.

Me Pierre Brulart, Notaire & Secretaire du Roi.

AMENDES CIVILES.

Me François Hallé, Archidiacre de Paris.
Des Quinze-vingts de Paris, pour la composition à eux faite par les Gens & Officiers du Roi au Chasteler, des biens demeurés du deceds de feu Mre François Raffes, en son vivant Prestre, lequel dès long-temps avant son trépas s'étoit donné & rendu ausdits Quinze-vingts avec tous ses biens, ausquels Quinze-vingts en a été faite délivrance & main-levée, moyennant qu'ils payent au Roi la somme de soixante-douze sols parisis.

AMENDES CRIMINELLES.

Alain Huault & Pierre Huault, Drapiers.
Guillaume le Coigneux, Potier d'estain.

DOMAINE DE PARIS, 1478.

17   Guillaume Lecoc, Epicier, au lieu de Me Jehan Rougeau, Clerc du Roi en la Chambre des Comptes.

Idem. Feu Me Adam des Champs, en son vivant Clerc du Roi en sa Chambre des Comptes.

49 *verso.* Feu Mre Pierre de Thuillieres, Chevalier, Conseiller du Roi en sa Cour de Parlement.

54   Me Martin Picart, Conseiller du Roi, Maistre des Comptes.

59   Me Jehan Avin, Conseiller du Roi en sa Cour de Parlement.

61 *verso.* Jaques Choart, Drapier.

85   Philippes Brunel, Escuyer, Seigneur de Grigny, au lieu de Me Raoul du Refuge, jadis Conseiller du Roi, Maistre des Comptes.

95   Les Maistres, Freres & Sœurs de l'Hostel-Dieu de Paris, pour une place à vendre œufs & fromage, assise à Petit-Pont, joignant la Chapelle Ste Agnès contre l'Hostel-Dieu.

115 *verso.* De Guillaume Alixandre, Historieur, pour un Hostel appellé l'Hostel de Navarre, & ses appartenances, assis à Paris devant & à l'opposite de la Chapelle Braque, qui fut & appartint à feu Mr Jaques d'Armagnac, en son vivant Duc de Nemoux; advenu & écheu au Roi notre Sire par la forfaiture & confiscation dudit deffunt, baillé à titre de louage audit Guillaume Alixandre, comme au plus offrant & dernier encherisseur, pour en jouir du jour de St Remi 1477 jusqu'à quatre ans ensuivant finis & accomplis, moyennant le prix & somme de six livres huit sols parisis de loyer pour chacune desdites quatre années; outre & par dessus les autres charges dont ledit Hostel & ses appartenances sont chargées, que ledit Alixandre en sera tenu de rendre & payer au Roi notre-dit Seigneur à sa Recette ordinaire de Paris aux quatre termes à Paris accoutumés, &c.

118   Me Pierre Lorfevre, Maistre des Comptes, & Damoiselle Geufrine Baillet sa femme.

DE LA PREVOTE' DE PARIS. 431

139   Me Jehan de Grant-rue, Clerc du Roi en sa Chambre des Comptes, pour un Hostel nommé l'Hostel de Marly, qui fut à Mre Jehan de Montagu, scis en la Chastellenie de Poissy.

152 verso.   Me Nicole de Sailly, Clerc du Roi en sa Chambre des Comptes.

167 'verso.   Mre Planchet Bracque, Chevalier.

195 verso.   Lambert Hotment, pour le vingt-quatriéme Change que souloit tenir Jaques Cœur.

269 verso.   Estienne le Bergier, pour une Isle assise en la riviere de Seine, tenant d'une part à la Conciergerie & d'autre part à la pointe du Palais, qu'il souloit tenir pour huit sols parisis par an, à payer au terme de Pâques, comme par les Comptes precedents appert.

VENTE DE CENS.

337   Venerable & discrete personne Mre Pierre Lecocq, Prestre Chapellain de la Chapelle St Denys & St Georges, fondée en l'Eglise de Notre-Dame de Paris.

338   Simon de Grant-rue, fils & heritier de feu sire Jehan de Grant-rue, en son vivant Clerc des Comptes du Roi nostre Sire.

338 verso.   Me Jehan Levielz, Chapellain de la Chapelle Notre-Dame de St Denys, fondée en l'Eglise de St Yves à Paris, dont Mr l'Evêque de Paris est collateur ordinaire d'icelle Chapelle.

341 verso.   Noble-homme Jehan de la Haye, Escuyer, Serviteur du Roi notre Sire, pour une maison & jardin scis au chef St Landry, joignant d'un côté à une ruelle descendant dudit chef St Landry à la riviere de Seine, d'autre côté à une maison appartenant aux heritiers de feu Me Jehan Dauvet, d'un bout derriere à ladite riviere de Seine, & d'autre bout par devant à une maison descendant dudit chef St Landry au lieu appellé le Port St Landry, que led. de la Haye acquit le cinquiéme Avril 1476 avant Pasques, d'honneste femme Jehanne de la Haye, au nom & comme procuraterese d'honorable homme Mathurin Cailleau, Bourgeois de Paris son mary.

344 verso.   Jehan de Santeuil, Potier d'étain, & Philippete sa femme, pour une maison scise rue Cossonnerie à l'enseigne du Moustier.

347   Jehanne Jayer, veuve de Hugues Bureau, Receveur ordinaire de Paris, & Jaspart Bureau leur fils.

350   Maison scise en la Place de Gréve appellée anciennement la Tour Raollant, faisant le coin de la riviere de Seine devers le pont Notre-Dame.

353   Me Jehan Lhuillier, Avocat en Parlement, fils de sire Arnault Lhuillier, Tresorier de Carcassonne.

357   Pierre Boyvin, Jehan Moulle, Jehan Chouet & Jehan Hutin, tous Marchands Tenneurs & Bourgeois de Paris, au nom & comme Maistres & Gouverneurs de la Confrairie de St Gervais & St Protais, fondée en l'Eglise de St Gervais à Paris.

360 verso.   Maison scise rue St Germain l'Auxerrois, faisant le coin de la ruelle aux deux Fuzeaux.

364 verso.   Noble-homme Renault Rappie, Escuyer, Valet de chambre du Roi, Seigneur d'Asnieres, d'Estrines & de Neufville en Artois.

Rachats, Reliefs, & quints deniers.

366 verso.   Noble-homme Guillaume de Montmorancy, Escuyer, pour le relief de la Terre & Seigneurie de Montmorancy, assise en la Prevosté & Vicomté de Paris, mouvant en fief du Roi à cause

du Chaſtelet de Paris, à lui nouvellement écheu par don & tranſport à lui fait par noble-homme feu Jehan, n'agueres Seigneur dudit lieu de Montmorancy ſon pere, de laquelle il a fait hommage le vingt-huit Octobre 1473.

367. Me Robert Thiboult, Avocat en Parlement, & Damoiſelle Odette Baillet ſa femme, pour le quint & requint denier de la Seigneurie de Bretigny, mouvant de la Chaſtellenie de Montl'hery qu'ils ont achetée de noble-homme Robert de Martigny, & Damoiſelle Jaqueline Morine ſa femme, dont il a fait la foi & hommage à la Chambre des Comptes.

369 verſo. Damoiſelle Fleur-de-lys Augier, veuve de feu Pierre de Grand-Roue, pour le relief d'un Hoſtel ſcis à Touſſus, mouvant de Chaſteau-fort, dont elle a fait l'homage à la Chambre le 6. Avril avant Paſques 1478, lequel Hoſtel lui eſt écheu par droit de ſucceſſion de feu ſire Jehan Augier ſon pere, par partage fait avec ſes autres freres & ſœurs.

370 verſo. De Jehan Simon, Eſcuyer, pour le relief de la grange Gaucheron, à lui appartenant à cauſe de ſa femme, mouvant de Tournant en Brie, dont il a fait homage à la Chambre le vingt-ſix Janvier 1477.

371. Antoine de Cuiſſe, Eſcuyer, pour le relief de la Seigneurie de Neuf-Mouſtier, mouvant de Tournant en Brie, à lui écheu par le decès de ſa mere, dont il a fait homage à la Chambre.

372. Me Clerambault de Champanyes, Notaire & Secretaire du Roi, pour les quints, requints & arriere-quints du Fief, terre & Seigneurie d'Attilly en Brie, mouvant de Tournant en Brie, qu'il acheta le dix-ſept Mai 1475, de Guillaume de Culans, Clerc, moyennant quatre cens écus d'or, & à la charge de cent ſols pariſis de douaire que Marguerite de Thumery a droit de prendre chacun an ſa vie durant, ſeulement ſur ledit Fief, dont ledit Clerambault a fait homage à Mr le Chancelier le vingt-quatre Mai 1475.

390 verſo. Mre Guillaume Bourdin, Preſtre Chapellain des Quinze-vingts Aveugles de Paris, fondé par Monſeigneur St Louis au grand autel de l'Egliſe des Quinze-vingts.

391. Me Jehan Hue, Curé de St André des Arts, au lieu de Me Thomas de Courcelles.

400 verſo. Mr Louis, Seigneur de Graville & de Montagu, Admiral de France.

Idem. Gervais Larcher, Vendeur de Poiſſon de Mer ès Halles de Paris.

450 verſo. Guillaume Boumel, Eſcuyer, n'agueres Maiſtre de l'Artillerie du Roi.

452. Mre Guillaume Cholet, Chevalier, à preſent Maiſtre de l'Artillerie du Roi, par Lettres données au Pleſſis-du-Parc lès Tours le ſeptiéme Decembre 1477, inſtitué audit Office ledit jour.

452 verſo. Me Henri de la Riviere, Huiſſier de la Chambre des Comptes.

454 verſo. Me Jaques Paluan, Chirurgien-Juré.

455. Mre Jaques de Luxembourg, Chevalier, Seigneur de Richebourg, Capitaine de la Tour & Chaſtel de Beauté ſur Marne, au lieu de Mre Pierre Bureau, Chevalier, Seigneur de Montglat, par Lettres données au Pleſſis-du-Parc le deuxiéme Fevrier 1477, inſtitué le vingt Mars enſuivant.

Idem. Mre Philippe de Wauvein, Chevalier, Seigneur de St Venant, Capitaine du Chaſtel du Louvre, au lieu de Mre Jehan de la Brieſche, par Lettres données au Pleſſis-du-Parc lès Tours le huitiéme

DE LA PREVOTE' DE PARIS.

huitiéme Janvier 1477, inſtitué audit Office le ſixiéme Février enſuivant.

OEUVRES & RÉPARATIONS.

A Jehan Marchand, Charpentier de la grand'congnée, & Noël Arroger, Couvreur, demeurant à Paris la ſomme de trente-cinq livres quatorze ſols dix deniers pariſis à eulx deue pour avoir fait au Pilori ès Halles de Paris les ouvrages qui s'enſuivent. C'eſt à ſçavoir audit Jehan Marchand pour avoir fait l'échafault & coupeteſte dudit Pilori qui étoit tout pouri; enſemble fait un échafault en façon d'allée dont on venoit des greniers de la Halle au poiſſon juſques ſur ledit Pilori, & par deſſus lequel Mr de Nemours paſſa pour être éxecuté ſur ledit échafault dudit Pilori; en quoi faiſant a vaqué lui ſixiéme trente ſix journées d'ouvrier, qui à quatre ſols pariſis par jour eſt la ſomme de ſept livres quatre ſols pariſis; & pour ce faire a livré les matieres qui s'enſuivent: c'eſt à ſçavoir trente-ſept chevrons tant de quatre toiſes de long que de trois toiſes & demi de lé, au prix de deux ſols quatre deniers pariſis la piece, valent quatre livres ſix ſols quatre deniers pariſis. Item quatre ſolives chacune de treize pieds de long, dont les trois ont ſervi à faire les têtes des trois tretraux ſervans audit échafault, & l'autre a été ſciée d'arrête pour faire les marches à la montée du coupeteſte, au prix chacune de deux ſols huit deniers pariſis piece, pour ce dix ſols huit deniers pariſis. Item pour trente-huit ais pour couvrir icelui échafault, à douze deniers pariſis la piece, pour ce quatre livres trois ſols pariſis. Item pour douze épaules pour ſervir audit coupeteſte au prix de ſeize deniers pariſis la piece, pour ce ſeize ſols pariſis. Item pour avoir ſié leſdites ſolives ſeize deniers pariſis. Item pour la chariage deſdits ais, chevrons & ſolives la ſomme de douze ſols pariſis. Item pour une ſabliere ſix ſols pariſis. Item pour huit livres de chevilles à chantignolle & à goutiere & deux livres de clouds qui ont été employés à cheviller & clouer les marches du coupeteſte & les ais dudit coupeteſte & échafault, pour ce dix ſols pariſis. Item audit Jehan Marchand la ſomme de quarante-deux ſols huit deniers pariſis, par lui payée à Denys Lubareau, Maçon, pour avoir par lui & ſon aide vacqué ſix journées & livré douze ſacs de plâtre pour aſſeoir ledit échafault, démolir l'allée de la gallerie deſdits greniers par où l'on paſſoit ſur ledit échafault & retablir icelle. Item à lui la ſomme de quarante-deux ſols deux deniers pariſis qu'il a payée à Pierre Philippart, Maiſtre des Hautes-œuvres, pour avoir abbatu l'échafault de bois étant audit Pilori pour en refaire un neuf pour ſervir à ladite execution dudit Duc de Nemours, & pour avoir abbatu les tuyaux où le ſang coule audit échafault, blanchi iceux tuyaux avec les appuis & le pavement d'icelui échafault, & pour avoir nettoyé les chambres des Halles où ledit Duc de Nemours fut mené confeſſer, & icelles chambres arroſer de vinaigre, & livré deux ſommes de cheval de bourées de genièvre pour brûler eſdits greniers pour ôter le goût de la marée que leſd. chambres & greniers ſentoient. Item à lui la ſomme de 12 ſ. pariſis pour douze pintes de vin, pain blanc & poires que ledit Jehan Marchand a delivré pour faire boire Mrs du Parlement & Officiers du Roi étant eſdits greniers pendant que le Duc ſe confeſſoit. Item à lui la ſomme de ſoixante & quatorze ſols pariſis, tant pour avoir par lui livré des ſarges de pers pour tendre leſdites chambres &

COMPTES ET ORDINAIRES

greniers, ensemble les appartemens desdits greniers, comme pour avoir livré six quartiers de saiette à doubler le carreau sur lequel ledit Duc fut executé, & aussi le harnois de drap noir sur le cheval sur lequel ledit de Nemours monta depuis la Bastide St Antoine jusques ès Halles, & audit Noel Arroger, couvreur de tuilles, la somme de neuf livres six sols parisis, pour avoir livré deux milliers de tuilles au prix de cinquante sols parisis le millier, douze livres de soudure & seize sacs de plâtre qui ont été employés à mettre & reparer la Halle couverte qui avoit été rompue & cassée la tuille par le grand peuple de gens qui étoit sur ledit jour que ladite execution fut faite, dont en le faisant ledit Noel Arroger a vaqué & son aide chacun seize jours, comme par certification, &c.

467 verso. Est à noter que la chambre du Roi & autres étoient nattées de nattes.

499. Pierre Cleret, Escuyer, homme d'armes de l'ordinaire du Roi, auquel ledit Seigneur par ses Lettres données à Ardelay en Poitou le vingt-deuxiéme Decembre a donné la Terre & Seigneurie de Torcy, en la maniere que la tenoit feu Thomas Haston.

AMENDES CIVILES.

Pour la franchise & saisine du métier de Saucissier & Chaircutier.
Guillaume Heron, Boulanger.

AMENDES CRIMINELLES.

Pierre de St Yon, Boucher.

AUBEINES, FORFAITURES & CONFISCATIONS.

Un arpent & demi de vigne au terroir de Piquepuce.
Des profits & revenus de l'Hostel de Navarre, assis à Paris en la rue des Bouchers du Temple, à l'opposite de la Chapelle Bracque, appartenant au Roi notre Sire par la confiscation de feu Mre Jaques d'Armignac, en son vivant Duc de Nemours & Comte de la Marche; lequel Hotel a été baillé à louage du jour de St Remi 1477 jusqu'à un an ensuivant à Me Guillaume Alixandre pour six livres huit sols parisis par an, outre les charges foncieres & anciennes à payer aux quatre termes, premier payement commençant à Noel audit an, dont échet en l'année de ce compte ledit terme de Noel & Pasques 1478, montant à soixante-quatre sols parisis, dont c'y n'est faite aucune recette pour ce que le Receveur de Paris en tiendra compte en son compte ordinaire de la Recette de Paris au chapitre des aubeines, forfaitures & confiscations, pour ce *néant*.

VOIRIE.

1 verso. Nicolas de Neufville, Vendeur de Poisson de Mer ès Halles de Paris, & Bourgeois de Paris.

2 verso. Michault Chouart au lieu de Chrestien Chouart.

10 verso. Damoiselle Guillemette Gencienne, heritiere de feu sire Jehan Gencien son frere, pour une saillie faite en sa maison au travers de la rue de la Mortellerie. *Dans la rue de la Mortellerie il y a une maison qu'on nomme encore la Cour Gencien.*

12. Des ayans cause de feue Damoiselle Jacqueline de Marle, veuve de feu Me Pierre Buffiere, en son vivant Conseiller du Roi notre

DE LA PREVOTE' DE PARIS.

Sire en sa Cour de Parlement, pour une saillie sur rue au devant de la porte de leur maison en la rue du Foin, faisant l'un des coins de la rue Erambourg, qui les tiennent à heritage, &c.

13 *verso.* De honorable homme & saige Me André Robinet, Conseiller du Roi notre Sire en sa Cour de Parlement, pour certains maçonnages faits en sa maison rue St Victor.

16   La place de la Croix du Trahouer.

17 *verso.* Charlot de Neufville, Epicier.

AVANTURES.

20   Maison scise en la Place Maubert, faisant le coin de la rue des Trois-Portes.

Rentes du Hallage.

Censives de Maisons sous la Halle.

Sire Michel Culdoë, fils de feu Me Charles Culdoë.
Jehan d'Aubray, Marchand Toillier, Marie de la Fontaine sa femme, Perrette & Marguerite ses filles.
Me Simon Malingre, Clerc du Roi notre Sire en sa Chambre des Comptes.
Jaques Chouart & Jehanne sa femme, pour un Estal qu'ils tiennent à vie.
Pierre Guillemeau, Notaire au Chastelet.
Heritiers de Thomas de Creilg & Marguerite sa femme, pour un Estal qu'ils tiennent à leurs vies.
Jehanne veuve de Guillaume Danetz, en son vivant Chaussetier.

Boiste au Poisson de Mer.

Gervais Larcher, Vendeur de Poisson de Mer ès Halles de Paris.

DOMAINE DE PARIS, 1479.

Compte des Grains.

Les ayans cause de feu Baude de Vauvilliers, Chevalier, à cause de sa femme, fille de feu Jaques de Passy.
Jehan Desprez, Escuyer.
Damoiselle Jehanne Ratault, jadis femme de feu Charles de Montmorancy.

VENTE DE CENS.

305 *verso.* Maison scise rue St Martin, faisant le coin de la rue Guerin-Boisseau.

309   Maison scise rue de la Pierre-au-lait.

309 *verso.* Damoiselle Coulombe de Bonney, veuve de Me Renault des Dormans, en son vivant Conseiller du Roi & Maistre des Requestes de son Hostel, & auparavant femme de feu Me Robert des Moulins, au nom & comme ayant le bail, garde, gouvernement & administration des enfans dudit deffunt des Moulins son premier mari & d'elle.

310 *verso.* Maison scise en la rue de la Chanvoierrie, faisant le coin de ladite rue & de celle de Maudestour.

Tome III.

COMPTES ET ORDINAIRES

314 verso. Noble femme Jehanne de Dannes, veuve de Me Charles de Mauregard, en son vivant Docteur en Medecine & Bourgeois de Paris.

Rachats, Reliefs & quints deniers.

316 verso. Damoiselle Fleur-de-lis Auger, veuve de Pierre de Grant-rue, ayant l'administration des enfans dudit deffunt & d'elle, pour plusieurs Fiefs à elle écheus de la succession de feu Jehan Auger son pere, dont elle a fait homage à la Chambre le seizième Septembre 1478.

317 verso. Jehan le Roi, Escuyer, pour un Fief assis à Ver-le-grand, à lui appartenant de son conquest, par lui fait tant de Damoiselle Isabelle Callebotte sa mere, comme de Perette Callebotte sa tante, sœur de ladite Isabelle, dont il a fait homage en la Chambre & donné aveu & dénombrement.

318 Amanyon de Garlande, Escuyer, pour le Fief de la Roue en Linois qu'il a acquis de noble homme Charles d'Allonville, Escuyer, Seigneur d'Oisonville, & Damoiselle Bertranne de Rochebourg, sa femme, dont il a fait hommage entre les mains de Mr le Chancelier.

EAUX & FORESTS.

359 Antoine des Essarts, Escuyer, Seigneur de Thieux, à present Maistre general Reformateur des Eaux & Forests ès pays de France, Champagne, Brie, & ès Bailliages de Vermandois, au lieu de noble homme Louis, Seigneur de la Palu, par Lettres Patentes données à Thouars le deuxième Janvier 1477, institué par le grand Maistre des Eaux & Forests de France le deuxième Mars 1478.

GAGES D'OFFICIERS.

verso. Mre Robert d'Estoutteville, Chevalier, & Jaques d'Estoutteville son fils, Garde de la Prevosté de Paris.

368 Mre Jehan de la Choletiere, Chevalier, Maistre de l'Artillerie du Roi.

369 Me Denys le Mercier, Garde de la Maison des Quinze-vingts Aveugles de Paris.

verso. Me Philippe Hersant, Garde du scel du Chastelet de Paris.

371 Mre Jaques de Luxembourg, Chevalier, Capitaine & Concierge de l'Hostel & Tour de Beauté sur Marne.

371 verso. Mre Philippe de Waurin, Chevalier, Seigneur de St Venant, Chastelain du Chastel du Louvre à Paris.

OEUVRES & REPARATIONS.

378 A Jehan Chevrin, Maçon, pour avoir assis par l'ordonnance du Roi une Croix & Epitaphe près de la Grange du Roi, au lieu où l'on appelle le fossé des trahisons, derriere St Antoine des Champs.

380 Il paroît qu'il y avoit une basse-cour à la Bastille dans laquelle on nourrissoit des Paons.

387 Un pont dormant reparé, servant à l'Hostel des Tournelles pour passer & repasser le Roi pour aller & venir de l'Hostel des Tournelles en l'Eglise Ste Catherine du Val-des-Ecoliers.

388 Il paroît que dans le ciment & chaux dont on se servoit pour

DE LA PRÉVOTÉ DE PARIS.

paver & mettre au joint des pierres, l'on y mettoit aussi de l'huile, ce que j'ai déja trouvé en d'autres comptes, dont je n'avois fait aucune note.

389 — Près la Halle aux Draps il y avoit un Jeu de paulme nommé le Jeu de paulme d'entre deux Halles.

390 *verso*. On mettoit a Vincennes des prisonniers dans la grosse tour.

392 — Pour avoir livré deux douzaines d'escabelles pour la chambre du Roi.

verso. A Nicolas le Comte, Verrier, pour avoir mis des roses & écussons sur les armes du Roi. *Item* pour avoir fait & livré une couronne neuve avec deux roses & filatieres de bordures de couleurs, icelles peintes & cuites, &c.

397 *verso*. Jehan Chevoin, Sergent à cheval du Roi notre Sire audit Chastelet la somme de dix livres parisis à lui due pour avoir été à diverses fois de l'ordonnance & commandement de mondit sieur le Prevost de Paris durant les années finies au jour de St Jehan-Baptiste 1476, 1477 & 1478, porter à toute diligence tant de jour que de nuit ès Villes de Corbeil, Tournant en Brie, Torcy, Gournay sur Marne, Gonesse, Poissy, St Germain en Laye, Chasteau-fort & Montl'hery, qui sont les Chastellenies de la Prevosté & Vicomté de Paris, les cris, publications & autres mandemens qui avoient été envoyés par le Roi en son Conseil, pour faire crier ban & arriere-ban, afin de assembler les nobles & autres gens de guerre, pour aller au service dudit Seigneur à ses guerres & affaires, selon le contenu esdits mandemens, ainsi qu'il est accoutumé faire d'ancienneté, comme par autre mandement de mondit sieur le Prevost.

398 — Mre Jehan Ratier, Chevalier, Seigneur de Anycuil & de Montracher en haut pays de Limosin, pour une amende de deux cens livres parisis, à laquelle il avoit été condamné au Chastelet le seize Janvier 1478, lesdites terres furent saisies par le Prevost de Paris, qui y envoya un Sergent exprès qui fit les significations à Louise, veuve de Mathurin Raton, mere dudit Mre Jehan Raton.

VOIRIE.

AVANTURES.

Honorable homme Me Michel Soly, Procureur en Parlement, pour une maison scise rue des Lombards.

Maison scise rue Geoffroy-l'Angevin, faisant le coin de la ruelle du Cul-de-pet.

AMENDES CIVILES.

Colin Huault, Bonnetier, pour son entrée audit métier.
Simon Sanguin, Chauffetier, pour son entrée audit métier.
Furent portés à Arras un Reliquaire, & un autre à Bethune, par l'Ordonnance du Roi.
Martin Gouge, Chauffetier, pour son entrée audit métier.
Gilles de Granville, Escuyer.
Jehan Richevillain, Mercier, pour son entrée audit métier.

AMENDES CRIMINELLES.

Amendes de la Jurisdiction du Maistre des Barbiers.

COMPTES ET ORDINAIRES

Aubaines, Espaves & Confiscations.

Me Jaques de St Yon, Advocat au Chastelet.

DOMAINE DE PARIS, 1480.

30   La veuve & heritiers de Jaques Choart Drapier.
39   Les heritiers de Me Adam des Champs, en son vivant Clerc du Roi en sa Chambre des Comptes.
verso.   Me Guillaume Picart, Général des Finances du Roi.
42   La veuve & heritiers de Me Pierre de Morvilliers, Chevalier, fils & heritiers de feu Mre Philippes de Morvilliers.
43 *verso*. Feue Marie de la Porte, femme de Me Mathurin Baudet, Procureur du Roi aux Généraux.
54   Me Jehan Amin, Conseiller du Roi en sa Cour de Parlement.
55   Dreux Raguier, fils & heritier de feu Me Antoine Raguier.
70   Feu Me Robert Fessier, Procureur du Roi au Chastelet.
73   Feu Me Jehan Andrault, Clerc du Roi en sa Chambre des Comptes.
75   Jaques Hesselin, Controlleur du Grenier à Sel de Paris.
verso.   Philippes Brunel, Escuyer, Seigneur de Grigny.
77   De Me Jehan la Pite & sa femme, à cause d'elle, au lieu de Me Mathieu Savary, jadis Clerc des Comptes du Roi notre Sire.
91 *verso*. Me Simon Badin, Conseiller du Roi sur le fait de la Justice du Tresor.
92 *verso*. Honorable homme Me Gilles Cornu, Notaire & Secretaire du Roi, & Changeur du Tresor.
98 *verso*. Honorable homme Me Antoine Isome, Notaire & Secretaire du Roi.
102 *verso*. Une piece de terre contenant quatre arpens, en laquelle on souloit faire Voirie, scis hors les murs de la Ville de Paris, joignant les fossés entre les portes St Denys & celle de Montmartre, aboutissant d'un bout & faisant pointe pardevers ladite porte St Denys, où est assise une potence de bois servant à pendre les membres de ceux qui sont executés par Justice.
132   Me Nicolle de Sailly, Clerc du Roi notre Sire en sa Chambre des Comptes.
135   Me Jehan Dailly, Vidame d'Amiens.
143   Mre Jehan de Neufchastel, Chevalier, Seigneur de Montagu en Bourgogne.

VENTE DE CENS.

310 *verso*. Nicolas le Prestre, Marchand Tenneur demeurant à Paris, pour les ventes de vingt sols parisis de rente par lui racheptées des Prieur, Freres & Sœurs de St Ladre lès Paris, qui avoient droit de les prendre sur une maison scise rue de la Tennerie, où est l'Enseigne du Dauphin.
311 *verso*. Honorable homme & saige Me Gieffroy le Mercier, Tresorier de Bourbonnois, & Agnès la Gadine sa femme.
312 *verso*. Me Hugues de Bailly, Advocat au Chastelet.
313 *verso*. Rogier Flexel, Marchand Mercier demeurant à Paris, & Mahiette sa femme.
322 *verso*. Honorables hommes sires Nicolas Potier, Jaques Croquet & Gi-

DE LA PREVOTÉ DE PARIS.

    rard Rousseau, Maistres & Gouverneurs des Eglise, Hospitaux & Confrairie Monseigneur St Jaques à Paris.

Idem. Rue de la Limace, anciennement appellée la Vieille Place-aux-Pourceaux.

326 *verso.* Honorables personnes Me Jehan Herbert, Seigneur d'Aussonvilliers, & Conseiller du Roi notre Sire, & Damoiselle Jehanne Guerin sa femme.

Idem. Simon Alegrain, Escuyer, Seigneur du Couldray lès le bois en la Chastellenie de Montl'hery, & Damoiselle Marguerite Anteleu son accordée par mariage, âgée suffisamment, usant & jouissant de ses droits, & neanmoins authorisée d'icelui Escuyer pour vendre une maison à Paris audit Herbert susnommé.

328 Honorables hommes sires Nicolas Potier, Jaques Croquet, Girard Rousseau, Marchands & Bourgeois de Paris, & Jehan Daniel Notaire au Chastelet, au nom & comme Maistres & Gouverneurs des Eglise, Hospital & Confrairie de St Jaques-de-l'Hospital fondé à Paris en la Grant-rue St Denys.

329 Me Pierre Jouvelin, Conseiller du Roi, & Correcteur en sa Chambre des Comptes, dont la femme étoit sœur & heritiere de feue Artures Fromont.

Rachats, reliefs & quints-deniers.

330 Honorable homme Me Jehan Guesdon. Clerc du Roi notre Sire en sa Chambre des Comptes, à cause d'un fief nommé le fief de Joy, scis en la Paroisse de Praëfles, & au terroir d'environ, mouvant de Tournant en Brie, dont il a fait hommage à la Chambre le deuxiéme Aoust 1479.

Gages des Officiers des Forests.

385 Olivier le Dain, à present & de nouvel Gruyer de la Forest de Senart, au lieu de Jehan Daiz, dernier paisible possesseur; lequel Olivier le Dain fut institué audit Office le dix-septiéme Aoust 1479.

388 Noble homme Antoine des Essarts, Seigneur de Thieux, Me & Enquesteur des Eaux & Forests du Roi notre Sire en pays de France, Champagne & Brie.

399 *verso.* Mre Jehan de la Cholletiere, Chevalier, n'agueeres Maistre de l'Artillerie du Roi, decedé le cinquiéme Decembre 1479. Mre Geffroy de Courcillon son gendre & heritier.

Idem. Galiot de Genoilhac, Escuyer, Seigneur de Brussac, Conseiller du Roi, & à present Maistre de son Artillerie, au lieu dudit de la Cholletiere, par Lettres données à Condé le cinquiéme Decembre 1479, institué audit Office par Mr le Chancelier le quatorze dudit mois.

OEUVRES ET REPARATIONS.

428 *verso.* En l'année 1480, fut construite à la Bastille une grande Salle dans la Basse-cour, pour mettre grande quantité de piques que le Roi avoit fait faire pour les affaires de guerre, hallebardes & autres bastons.

431 *verso.* Philippes Luillier Capitaine de la Bastille.

452 Henri Hanacque, Escuyer d'Escurie du Roi notredit Seigneur, auquel ledit Seigneur par ses Lettres Patentes données à

COMPTES ET ORDINAIRES

Solomes le sept Septembre 1479, expediées par Messieurs des Comptes le cinquiéme Octobre ensuivant, a donné tout le revenu, profit & émolument de la Boucherie de Gloriette près Petit-Pont, que souloit prendre par cy-devant Regnault Rappie, par don dudit Seigneur, &c.

VOIRIE.

Damoiselle Guillemette la Gencienne, heritiere de feu Sire Jehan Gencien son frere, pour une saillie faite en sa maison au travers de la rue de la Mortellerie.
Me André Robinet, Conseiller du Roi en sa Cour de Parlement.
Me Jaques Erlant, Notaire & Secretaire du Roi, Receveur & Payeur des gages des Presidents, Conseillers & autres Officiers de la Cour de Parlement.
Maison scise rue du Temple, aboutissant par derriere à un Cul-de-sac, nommée la ruelle de Bœuf & Oué.

DOMAINE DE PARIS, 1481.

COMPTE DES GRAINS.

Damoiselle Jehanne Ratault, veuve de Charles de Montmorancy, au lieu de Damoiselle Jehanne la Mairesse femme de feu Philippe Grancourt, fille & heritiere de feu Nicolas de Passy.

DOMAINE NON MUABLE.

La veuve & heritiers de feu Jaques Choart, Drapier & Chaussetier.
Jehan Rougeau, Clerc du Roi en sa Chambre des Comptes.
Feu Me Adam des Champs, en son vivant Clerc du Roi en sa Chambre des Comptes.
Feu Marie de la Porte, en son vivant femme de Mathurin Baudet, Procureur du Roi aux Generaux.
Me Martin Picquart, Conseiller & Maistre des Comptes.
Me Jehan Avin, Conseiller au Parlement.
Me Simon Radin, Conseiller du Roi sur le fait de la Justice du Tresor.

GONNESSE.

Feu Me Nicaise de Bailly, en son vivant Greffier au Tresor du Roi notre Sire.

TRIEL.

Me Nicolle de Sailly, Clerc du Roi en sa Chambre des Comptes.

DOMAINE MUABLE.

Jehan le Clerc, Garde de la Monnoie du Roi.
Une Chambre au Palais, étant en une Tour appellée la Tour-carrée, au bout de la gallerie, étant sur la Conciergerie dudit Palais, par où l'on va de la gallerie des Merciers en la Salle verte.

VENTE

DE LA PREVOTE' DE PARIS.

VENTE DE CENS.

Honorable homme Jaques Boulin, Marchand, Bourgeois de Paris.

Honorables hommes Jaques Croquet & Jehan Daniel, Maiftres & Gouverneurs de l'Eglife, Hofpital & Confrairie Monfeigneur St Jaques-aux-Pelerins, fondée à Paris en la grande rue St Denys.

Les Maiftres & Gouverneurs de la Confraire Meffeigneurs St Chriftophe, St Lienard & St Lyé, fondée en l'Eglife St Euftache à Paris.

Jehan Tronfon, Marchand Drapier & Bourgeois de Paris.

Jehan le Gallois, Guillaume de Silly, Thibault Champin, Thomas Groffier, Martin Billourt & Pierre Huault, Maiftres & Gouverneurs de la Confrairie de la Ste Trinité, fondée en l'Eglife des Sts Innocents aux Fripiers de Paris.

Maifon fcife ès Halles de Paris, tenant d'une part & faifant le coin de la rue Jean-Vigne; & d'autre part à Gervais l'Archier, aboutiffant pardevant efdites Halles.

Guillaume Diguet Notaire au Chaftelet, & Greffier Civil de la Prevofté de Paris.

Damp Euftache de Serffeval Souprieur, Damp Pierre Mauffart Hoftelier, & Damp Anthoine du Glane, Religieux de St Martin des Champs à Paris, & Denys Charpentier, Procureur de venerable & difcrette perfonne Me Jehan Louvet, Vicaire de très-Reverend Pere en Dieu Monfieur le Cardinal d'Eftouteville, Prieur Commendataire dudit Prieuré. Damp Jehan Petit, Religieux & Penitencier de ladite Eglife.

Les Maiftres & Gouverneurs de la Confrairie Notre-Dame-des-Vertus, fondée en l'Eglife St Honoré à Paris aux Boureliers de la Ville de Paris.

Noble homme Nicolas de Bergerat, Efcuyer, Seigneur de Maulineres.

Baudet le Breton Ceinturier, & Nicolas Cardon Teinturier, Marguilliers de l'Eglife St Barthelemi en la Cité de Paris, en Mars 1480.

Honorable homme Guillaume Courtin, Chaufecire de la Chancellerie de France.

Me Euftache Milet, Confeiller du Parlement.

Marie la Giffarde, veuve de Mre Pierre des Effarts, Chevalier.

Mr Louis de Graville & de Montagu, Amiral de France.

Gervais Larcher, Vendeur de poiffon de mer ès Halles de Paris.

Me Guillaume Daulge, Docteur en Medecine, n'agueres Chapellain de la Chapelle St Nicolas, fondée dedans le Cimetiere de l'Eglife de Maubuiffon lès Pontoife.

Marc de Janeilhac, à caufe de Jehanne Culdoë fa femme, fille de firé Michel Culdoë.

Noble homme Antoine des Effarts, Seigneur de Thieulx, Maiftre & Enquefteur des Eaux & Forefts du Roi notre Sire, ès Pays de France, Champagne & Brie.

GAGES D'OFFICIERS ORDINAIRES.

Noble homme Jaques d'Eftouteville, Efcuyer, Garde de la Prevofté de Paris.

Simon de Neufville, Receveur du Domaine de Paris.

Me Jehan de St Romain, Procureur General du Roi.

Jehan de Harlai, Efcuyer, Garde de l'Office de Chevalier du Guet de nuit de la Ville de Paris.

Cottes aux Sergens du Louvre.

Galliot de Geneilhac, Efcuyer, Seigneur de Bruffac, Maiftre de l'Artillerie du Roi.

Tome III. *KKk

COMPTES ET ORDINAIRES

Mre Philippes Waurrin, Chevalier, Seigneur de St Venant Chastelain & Capitaine du Chastel du Louvre à Paris.

OEUVRES ET REPARATIONS.

L'Horloge du Palais fut racommodée, & fut dépensé cent livres tournois pour cela.

A Jehan Fourbault Peintre demeurant à Paris, la somme de six livres parisis, qui due lui étoit pour avoir besogné de son mestier, à avoir pourtrait en six petits Drapelets le Prince d'Orange, Seigneur d'Argueul & le sieur de Fiennes, contenant huit Drappels environ trois pieds en quarré qui mis & attachés ont été par l'Ordonnance dudit Seigneur, tant à l'Hostel de la Ville, le Palais & Chastelet, dont les deux furent dessirés au prix de vingt sols parisis chacun Dradelet, par marché fait, &c.

A Nicolas Potier, Marchand & Bourgeois de Paris, pour du plomb & matieres qu'il a fourni pour la refection des tuyaux des Fontaines du bois de Vincennes.

A l'Hostel des Tournelles avoir fait un mur tout de neuf, faisant la cloture d'un petit jardin où sont les Pruniers de l'Hostel du Roi du costé de la Bastide St Antoine. Avoir fait un gelinier pour mettre la poullaille ; avoir renduit les murs de la Chapelle, mis & assis deux esviers de pierre de taille, contenant ensemble huit pieds & demi de long. *Item*. En la Gallerie aux Courges mis dix-sept penneaux avec deux escussons aux armes du Roi. *Item*, en la Grand-Chambre à Ville six penneaux. *Item*, ès Chambres & Galleries vers les grands jardins quinze penneaux. *Item*, pour deux penneaux de verre peints à Couronnes semées de Fleurs-de-lis. *Item*, en la Salle des Escossois un penneau, & en icelui mis un escusson aux armes du Roi ; une gasche en la Chambre aux Estuves, une grille de fer à l'esvier du Colombier, deux gonds à fische servans à l'huis qui vient dudit Hostel des Tournelles en la garenne.

A Vincennes avoir fait trois verges servans à pendre un ciel servant en la Chambre du Roi. *Item*, dix crampons servant à la couche de bois étant en la Chambre du Roi, & pour autres crampons servans en la Chambre où est Mr du Perche. *Item*, pour onze chevilles à pendre les Arbalestres du Roi.

Une bréche faite au mur du Parc de Vincennes du costé de la Maladerie de Fontenay.

DEPENSE COMMUNE.

A Nicolas le Sage Epicier, pour avoir livré quatre torches pour conduire les Lieutenans Civil & Criminel, Procureur du Roi & autres Officiers au Chastelet de Paris, qui furent par les Colleges pour prendre certains Escoliers & autres malfaicteurs qui étoient assemblés en grand nombre, & avoient commis certaines bateures & autres excès à aucuns des Sergens à verge dudit Chastelet, & autres qui s'en étoient venus plaindre à Justice.

Les Aubaines s'enregistroient en la Chambre Criminelle du Chastelet, & en furent faits des Extraits qui furent mis ès mains de Mr Me Philippes le Begue, Conseiller du Roi notre Sire, & President en sa Chambre des Comptes, Commissaire dudit Seigneur en cette partie.

EXTRAIT.

Pierre Cleret, Escuyer, Homme-d'armes de l'Ordonnance du Roi, auquel ledit Seigneur par ses Lettres Patentes données a Ardelay en Poitou,

DE LA PREVOTE' DE PARIS.

le vingt-deux Decembre 1472, la Terre & Seigneurie de Torcy, en la maniere que la tenoit feu Thomas Hofton, qui la tenoit à vie.

Henri Hannoque, Efcuyer d'Efcurie du Roi, auquel ledit Seigneur par fes Lettres Patentes données à Solonnes le fept Septembre 1479, a donné tout le revenu de la Boucherie Gloriette près Petit-pont, que fouloit prendre par-cy-devant Regnault Rapie.

Un nommé Gilles Comte de Lefinepart, natif d'Allemagne, étant en l'Hoftel de Nicolas de Ruffanges, Tailleur de la Monnoie à Paris, mené & conduit devers le Roi pour aucunes charges que le Roi lui vouloit bailler, ainfi que mandé avoit été par ledit Seigneur à Me Nicolle Chapelle Commis du Lieutenant Civil du Chaftelet de Paris.

GAGES A VOLONTÉ.

Simon de Neufville, Receveur de Paris.

Me Jehan le Villain, Licentié ès Loix, Lieutenant Civil du Chaftelet de Paris.

A fire Simon de Neufville prefent Receveur, auquel le Roi par fes Lettres Patentes fcellées en double queue, fignées de fa main, & de Mé Macé Picot fon Secretaire fignant en fes Finances, au Pleffis-du-Parc lès Tours le dixiéme Novembre 1476, par lefquelles, & pour les caufes & confiderations contenues en icelles, & pour les agreables fervices que ledit Receveur a faits audit Seigneur en fondit Office, & ailleurs en plufieurs autres manieres; & auffi en faveur des grands fervices que feu Me Jehan de Landes dit Boucaudry fon oncle, duquel il eft heritier feul & pour le tout, en fon vivant Confeiller & Maiftre des Comptes du feu Roi Charles VII, que Dieu abfoille, font encore deues à icelui deffunt plufieurs reftes & fommes de deniers à caufe de fes gages & droits deffervis audit Office, dont ledit deffunt n'a été aucunement payé ne fatisfait, a voulu, confenti & permis que les fommes de deniers qui feront trouvées eftre dues audit deffunt, & qui ne lui auront été payées, foient allouées, deffalquées, deduites & rabatues fur les reftes & fins des Comptes, que cedit prefent Receveur peut & pourra devoir à caufe de fadite Recepte, &c.

Andry Herart, en fon vivant Clerc des Comptes, & Commis au payement des gages de Meffeigneurs des Comptes.

Compte du Hallage.

La veuve & heritiers de feu Chreftien Choart, pour le troifiéme Eftail enfuivant, contenant Eftal & demi qu'ils tiennent aux vies de Thiery & Poncet, dits Chouarts.

De la veuve de Pierre le B

Eftaux à Chauderonniers affis en la Halle aux Chauderonniers, de nouvel réedifiés, &c.

Damoifelle Antoinette de Meignac, au lieu de Me Pierre de Meignac.

Me Simon Malingre, Clerc du Roy notre Sire en fa Chambre des Comtes.

Pierre Guillemeau, Notaire du Roi au Chaftelet de Paris.

Guillaume Nicolas, Procureur au Chaftelet de Paris, heritier en partie de feu Guillaume Nicolas fon pere.

Me Loys de St Yon, Maiftre Boucher en la grant boucherie de Paris.

COMPTES ET ORDINAIRES

Compte de la Voirie.

Nicolas de Neufville, Vendeur de Poisson ès Halles de Paris.
Michault Chouart, au lieu de Chrestien Chouart.
Hugues de Neufville, au lieu de Nicolas de Neufville son pere.
Damoiselle Guillemette la Gencienne, heritiere de feu Jehan Gencien son frere.
Les ayans-cause de feue Damoiselle Jaqueline de Marle, veuve de feu Me Estienne Buffiere, en son vivant Conseiller du Roi notre Sire en sa Cour de Parlement.
Simon le Jay, Espicier.
Honorable homme & sage, Me Andry Robinet, Conseiller du Roi nostre Sire en sa Cour de Parlement.

AVANTURES.

Maison scise rue St Martin, faisant le coin de la rue du Cimetiere St Nicolas.

AMENDES CIVILES.

Estienne le Breton, Ouvriers de Blancs-taillans, pour son entrée d'avoir été reçeu & passé Maistre audit mestier, par vertu des Lettres de Madame Anne, fille aisnée du Roi de France.
Jehan de Bangis Bibelottier, pour une amende de cinq sols parisis, où les Jurés-Ceinturiers prennent le tiers.
De Simon Aubert condamné à huit sols parisis d'amende envers le Roi notre Sire pour le fait de pigeons, à cause d'une fenestre trouvée en sa maison, dont Nicaise la Joye Denonciateur a eu le quart, montant deux sols parisis; ainsi demeure net au Roi six sols parisis. Il y a plusieurs articles semblables.
Michel Choart, Ceinturier
Estienne le Camus, Pelletier.
De   Aprentits, &c. sur lesquelles sommes montans ensemble quarante-huit sols parisis, a été pris & payé la somme de dix-huit sols parisis pour herbes, vert & bottes de May, qui ont été portés ès Hostels de Nosseigneurs les Presidents & autres Conseillers du Roi nostredit Seigneur en sa Cour de Parlement, qui furent la veille de Pentecoste dernierement passée delivrer les Prisonniers du Chastelet de Paris, au lieu de chapeaulx & bouquets de roses qu'ils ont accoustumé avoir, à faire ce que dit est, desquels on n'a pû finer pour la saison d'hiver qui a été longue, &c.

AMENDES CRIMINELLES.

Pierre Yver Plastrier, demeurant en la rue des Menestrels.
Mahiet de la Ruelle demeurant en la rue Tireboudin.
Amendes des prisonniers élargis.
Amendes de la Jurisdiction du Maistre-Juré des Barbiers.

Aubaines, Forfaitures & Confiscations.

Un nommé Jehan Sohier, Nattier, fut convaincu d'avoir volé un Calice d'argent, rompu en deux pieces, pesans ensemble sept onces deux gros, vendu au profit du Roi sept livres onze sols quatre deniers.
Cinq pieces de viels harnois tels quels, declarés appartenir au Roi à l'occasion des emprisonnements de plusieurs personnes.

DE LA PREVOTE' DE PARIS.

ORDINAIRE DE PARIS, 1484.

COMPTE DES GRAINS.

Fol. 6. verf. Me Jaques Erlant, Sommelier de la Chambre des Comptes.
Mes Jaques de Coitier & Eftienne de Veft, fubfecutivement Concierges du Palais Royal à Paris.

7   La veufve & heritiers de feu Charles de Montmorancy, au lieu de Damoifelle Jehanne la Maireffe, femme de feu Philippes de Giencourt, fille & heritiere de feu Nicolas de Pacy.

DOMAINE NON MUABLE.

20   La veufve & heritiers de feu Jaques Choart, en fon vivant Drapier & Chauffetier.

27   Guillaume Lecocq, Epicier, au lieu de Me Jehan Rougeau, Clerc du Roi notre Sire en fa Chambre des Comptes.

Idem. Les heritiers de feu Me Adam des Champs, en fon vivant Clerc du Roi en fa Chambre des Comptes.

verfo. Me Guillaume Picart, General des Finances du Roi.

29   Sire Germain Bracque.

32 *verfo.* Les heritiers de feu Mre Pierre de Thuillieres, en fon vivant Chevalier & Confeiller du Roi notre Sire en fa Cour de Parlement.

35 *verfo.* Me Martin Picart, Confeiller & Maiftre des Comptes, au lieu de Mre Philippes de Fouleufe, en fon vivant fils & heritier de feu Jehan de Chantemarle, en fon vivant Chevalier.

37   Me Guillaume Perier, Docteur en Medecine.

39   Me Jehan Avin, Confeiller du Roi en fa Cour de Parlement.

40   Dreux Raguier, fils & heritier de feu Me Antoine Raguier.

43   Feu Mre Philippes de Gaucourt, en fon vivant Chevalier, pour les hoirs de feu Mre Jaques Perdrier, jadis Maiftre de la Chambre aux deniers de la Reine.

46 *verfo.* Me François Ferrebourg, Praticien en Cour d'Eglife & Scribe de la Cour de l'Official de Paris.

47 *verfo.* Me Pierre Lorfevre Confeiller & Maiftre des Comptes à Paris, & Geufrine Baillet fa femme.

48. *verfo.* Me Jehan Budé, fils & heritier de feu Me Dreux Budé, au lieu de feu Guillaume Budé, en fon vivant Maiftre des Garnifons du Roi.

52   La veufve & heritiers de feu Me Robert Feflier, en fon vivant Procureur du Roi au Chaftelet de Paris.

verfo. Les heritiers de feu Jehan Doulx fire, en fon vivant Greffier Civil de la Prevofté de Paris.

54   Les heritiers de feu Me Jehan Andrault, en fon vivant Clerc du Roi en fa Chambre des Comptes.

56 *verfo.* Philippes Brunel, Efcuyer, Seigneur de Grigny, au lieu de Me Raoul du Refuge, jadis Confeiller & Maiftre des Comptes.

57   Me Jehan Lapite & fa femme à caufe d'elle, au lieu de Me Mathieu Savary, jadis Clerc des Comptes du Roi notre Sire à Paris.

58   Une petite ruelle à cul-de-fac appellée la rue de Cul-de-pet, emprès la Roye, ayant iffue par l'autre bout en la rue Geuffroi-l'Angevin.

61   Venerable & difcrete perfonne Me Pierre de Cerifay, Con-

COMPTES ET ORDINAIRES

seiller du Roi notre Sire en sa Cour de Parlement & Doyen en l'Eglise St Germain l'Auxerrois.

verso. Me Simon Radin, Conseiller du Roi sur le fait de la Justice du Tresor.

74 Me Pierre Morin, Conseiller du Roi.

75 Honorable homme Me Antoine Dysome, Notaire & Secretaire du Roi.

81 Les Hostels d'Artois, de l'Estoille & du grand Lyon, avoient été donnés par Louis XI à Jehan Fouchaux, & depuis à Sixte d'Allemagne, mais cela fut reuni au Domaine par la revocation qu'en fit Charles VIII.

90 Les heritiers de feu Me Nicaise de Bailly, en son vivant Greffier du Tresor du Roi notre Sire.

95 Me Jehan de Grant-rue, Clerc du Roi notre Sire en sa Chambre des Comptes.

105 *verso.* Me Nicole de Sailly, Clerc du Roi en sa Chambre des Comptes.

DOMAINE MUABLE.

132 *verso.* Damoiselle Jeanne Culdoë, veufve de deffunt Marc de Janeilhac.

195 Robin Possepain, Mercier, demeurant à Paris, pour un Estal assis au Palais en la gallerie du Palais, joignant de la porte du beau Roi Philippes qu'ils tiennent aux vies de lui, de Jaqueline sa femme & Estienne leurs fils.

252 Me Leon Tudert, Licencié en Loix, Lieutenant general de Monseigneur le Maistre des Eaux & Forests du Roi notre Sire ès pays de France, Champagne & Brie.

VENTE DE CENS.

269 Honorable homme Maistre Jehan le Moine, Clerc du Roi notre Sire en sa Chambre des Comptes.

273 *verso.* Honorable homme & sage Me Jehan Luillier, Conseiller general du Roi sur le fait de la Justice des Aydes à Paris, pour les parts & portions que Me Philippe Luillier, Advocat du Roi en sa Cour de Parlement, & sire Arnault Luillier, Conseiller du Roi & Tresorier de Carcassonne, frere, oncle & pere dudit Me Jehan Luillier, avoient en une maison scise à Paris rue Andry-Mallet, autrement dit du Cocq, tenant d'une part à une maison appartenante à l'Abbaye de Jarcy, & d'autre à la maison de Me Guillaume de la Haye, President des Requestes du Palais Royal à Paris, aboutissant par derriere à une ruelle sans bout, nommée la ruelle Violette, &c.

274 Maison scise en la rue de Pirouet-en-Therouenne, faisant le coin de la rue de Maudestour.

281 *verso.* Jehan le Prestre, Marchand Epicier & Bourgeois de Paris.

282 *verso.* Isles en la riviere de Seine à l'endroit de Vitry, dont une est nommée l'Isle Tacquet-Saillembien.

283 Maison scise rue St Denys outre la porte aux Peintres, faisant le coin de la rue au Lion.

286 Honorable homme & saige Me Jehan du Breuil, dit de l'Isle, Licentié en Loix & Seigneur de la Vergre.

DE LA PRÉVOTE' DE PARIS.

Rachats, Reliefs & Quints-deniers.

288 verso. Honorable homme & faige Me Guillaume le Tinquetier & Damoiselle Perette de Roolet sa femme, pour la Terre & Seigneurie de Champagne, mouvant de Chailly près Longjumeau, à lui écheu à cause de sa femme, & dont il a fait homage à la Chambre le vingt-trois Fevrier 1481, ensemble pour la Terre de Balify.

289   Jehan de Geresme, Escuyer, pour le Fief, Terre & Seigneurie de Mendegris, mouvant de Tournant en Brie, dont il a fait homage à Mr le Chancelier, à lui écheu par le trepas de feu Jehan de Geresme son pere, Seigneur dudit lieu.

Dépense à heritage.

301   Damoiselle Marie de Marcougnet, veufve de feu Me Gilles Boulart, au lieu de Louis & Antoine dits de Marcognets, à cause de Marguerite de Marcognet sa femme.

302   Me Emery Olivier, au lieu de Pierre de Rugeres & de Mre Guillaume Bourdin, Prestre Chapellain des Quinze-vingts Aveugles de Paris, fondés par Monseigneur St Louis au grand Autel de l'Eglise des Quinze-vingt Aveugles

verso. Me Jehan Hue, Curé de St Andry des Arcs, au lieu de Me Thomas de Courcelles.

309   Marie la Giffarde, veufve de feu Mre Pierre des Essarts, en son vivant Chevalier, ayant le droit de Marie la Marcelle, veufve de Mre Pierre de Rive, au lieu de Nicolas Marcel.

verso. Guillaume Molinet à cause de Marie Larcher sa femme, au lieu de Gervais Larcher, Vendeur de Poisson de Mer ès Halles de Paris.

311 verso. Me Jehan Lapite, Clerc du Roi en sa Chambre des Comptes néant cy ; parce que le Roi au mois d'Août 1478 lui bailla à ferme la Boucherie de Beauvais à Paris, pour en jouir durant les vies de lui, sa femme, & Me Nicole Lapite son frere, pour le prix de trois cens livres par an, à commencer du jour St Jehan-Baptiste 1485, & non plutôt, parce qu'elle étoit baillée à autres qui l'avoient à tenir jusqu'audit jour, au moyen de quoi ledit Lapite a quitté le Roi de dix-sept livres dix sols parisis de rente qu'il avoit droit de prendre en trente-cinq livres parisis de rente sur le Domaine, & de tant dechargé ledit Domaine, ensemble des arrerages qui lui en étoient dûs.

Idem. Me Pierre Lorfevre, Conseiller du Roi & Maistre des Comptes.

15   Jehanne & Isabelle dits de Hacqueville, heritieres de feu Jehan du Moustier.

Dépense à vie.

129 verso. Mre Louis de Hallewin, Chevalier, Capitaine de Montl'hery.
130   Mre Yvon Dufou, Chevalier, Concierge du Chastel de St Germain en Laye.

verso. Mre Antoine de Beauvau, Chevalier Sieur de Precigny, à present Bailli & Concierge du Palais Royal à Paris, au lieu de Mre Jaques de Coithier.

331   François Brezille, Escuyer, à present Capitaine de Corbeil, au lieu de Mre Jehan de Neuf-Chastel, par Lettres Patentes du

COMPTES ET ORDINAIRES

Roi, données à Blois le cinq Fevrier 1483, à commencer du vingt dudit mois qu'il fut institué en icelui Office.

verso. Me Pierre Quatre-livres, Procureur du Roi au Chastelet.
Idem. Me Yves de la Tillaye, Advocat du Roi au Chastelet.
332 *verso.* Me Robert Pied-de-fer, autre Advocat du Roi au Chastelet.
Idem. Me Jaques Charmolue, Procureur du Roi en Cour d'Eglise.

DEPENSE DES EAUX ET FORESTS.

334   Louis du Guet, Capitaine de St Cloud, à present Gruyer de la Forest de Rouvray lès St Cloud, au lieu de Me Olivier le Dain.

335   Me Olivier le Dain, Varlet de Chambre & Barbier du Roi, & Jehan le Ber, n'agueres Gruyers de Senart, & Jaques Marcel, demeurant à Paris, au lieu dudit le Ber, à present Gruyer de ladite Forest au lieu dudit le Ber.

336   Mre Yvon Dufou, Chevalier, à present Gruyer de la Forest de Laye, par Lettres de don dudit Office.

337 *verso.* Anthoine des Essarts & Estienne de Vest, en cettedite année subsecutivement Maistres & Enquesteurs des Eaux & Forests du Roi ès pays de France, Champagne & Brie, par Lettres de don dudit Office audit de Vest.

GAGES D'OFFICIERS ORDINAIRES.

338 *verso.* Noble-homme Jaques d'Estoutteville, Escuyer, Garde de la Prevosté de Paris.
Idem. Simon de Neufville, Receveur du Domaine de Paris.
Idem. Me Jehan de St Romain, Procureur general du Roi.
Idem. Jehan de Harlay, Escuyer & Garde de l'Office de Chevalier du guet de nuit de la Ville de Paris.

Cottes aux Sergens du Louvre.

348   Galiot de Genoilhac, Escuyer sieur de Boussac, Maistre de l'Artillerie du Roi.

verso. Me Olivier le Dain, Varlet de Chambre du Roi & Concierge du Bois de Vincennes, pour ses gages depuis la St Jehan-Baptiste 1483, jusqu'au sept Septembre ensuivant audit an inclus qu'il fut destitué.

Idem. Louis, Seigneur de Graville, Concierge dudit Bois, au lieu dudit Olivier le Dain, par Lettres Patentes du Roi, données à Amboise le huit Septembre 1483, pour ses gages depuis le huit Septembre qu'il fut institué jusqu'au vingt-neuf Novembre ensuivant.

Idem. Mre Gilbert du Puy, Chevalier, Concierge dudit Bois, au lieu dudit de Graville, par Lettres Patentes du Roi données à Baugency le quinze Novembre audit an, pour ses gages depuis le vingt-neuf Novembre qu'il fut institué jusqu'à la St Jehan-Baptiste 1484.

349   Guillaume Dupont, Escuyer, Seigneur de Gratin, Lieutenant & Garde du Chastel & Conciergerie du Bois de Vincennes, pour Mre Gilbert du Puys sieur de Vatan.

350   Me Jaques Herlant, Notaire & Secretaire du Roi, & Huissier de la Chambre des Comptes.

Idem. Me Denys le Mercier, Garde de la Maison des Aveugles de Paris.

verso. Me Regnault Chasteau, Garde du scel du Chastelet de Paris.

351 *verso.*

DE LA PREVOTE' DE PARIS.

351 *verso.* Me Hugues Regnault, Clerc de l'Auditoire Criminel du Chaftelet de Paris.

Idem. Jehan Regnault, Clerc de l'Auditoire Civil dudit Chaftelet.

352 Mre Jaques de Luxembourg, Capitaine & Concierge de l'Hoftel & Tour de Beauté fur Marne.

Idem. Me Guillaume Dubois, à prefent Concierge de l'Hoftel des Loges en la Foreft de Laye, par Lettres Patentes du Roi données à Orleans le trois Decembre 1483.

353 Mre Philippes de Waurrin, Chevalier, Seigneur de St Venant, Chaftelain & Capitaine du Chaftel du Louvre à Paris; lequel a donné procuration pour recevoir fes gages à noble-homme Philippes Dauftrel, Efcuyer.

OEUVRES ET REPARATIONS.

359 Philippot Avrillot, Oblat des Celeftins, pour vingt-fept toifes de tuyaux de plomb fervans à faire venir l'eau des champs en cette Ville de Paris ès fontaines tant du Roi en fon Hoftel des Tournelles, qu'ès Celeftins & ailleurs à l'environ, pour avoir fait fouder plufieurs trous aux vieux tuyaux, &c.

360 *verso.* Les grands degrés de la grande Cour du Palais, refaits de neuf & la maçonnerie fous la pierre de marbre qui eft affife au bout defdits degrés.

365 Il y avoit au Louvre trois tours du côté de la rue Froid-mantel.

DEPENSE COMMUNE.

369 Juftice faite de Andry le Rouge & Jehan Brazé, pour leurs demerites, l'un pendu au gibet qui a été fait près du Moulin à vent fur le chemin de St Denys, & l'autre lès Ville-Juifve près la Saulfaye, en dépenfe eft employé pour chaifnes, crampons & crochets de fer douze fols parifis, pour onze Coquins qui ont porté lefdites potences, échelles & claye dix-huit fols parifis; pour une claye fur laquelle ils ont été traînés deux fols parifis, pour faire boire lefdits Coquins à St Marcel deux fols parifis; &c. *Item* pour deux torches qui furent brûlées à l'execution de ladite Juftice audit lieu, pour ce qu'il étoit nuit, feize fols parifis. Pour deux autres torches pour une amende honorable faire audit Chaftelet, &c feize fols parifis. *Item* pour le déjeuner des Officiers avant qu'ils allaflent à l'execution de ladite Juftice dix fols parifis.

370 *verso.* A Sergens, pour s'être tranfportés en toutes les Chaftellenies Royales de la Prevofté & Vicomté de Paris, &c. pour affembler les Nobles, Gens d'Eglife & Bourgeois defdits lieux, pour les faire comparoir à certain jour & competant devant le Prevoft de Paris en la Ville de Paris touchant le fait des trois Etats, en accompliffant le bon plaifir du Roi.

371 *verso.* A Sergens, pour s'être tranfportés parmi cette Ville de Paris, pour faire le commandement à plufieurs Nobles, Gens d'Eglife, & autres Bourgeois de cette-dite Ville de Paris pour le fait des trois Etats, felon le contenu ès Lettres envoyées par le Roi.

372 *verso.* A Me Pierre Quatre-livres, Procureur du Roi audit Chaftelet, pour fes peines d'avoir pris, faifi & empêché tous les dons & alienations du Domaine, faits par le feu Roi Louis en la Prevofté & Vicomté de Paris.

373 A Regnault Chafteau, Garde du fcel de la Prevofté de Paris, la fomme de 3 liv. 8 f. parifis pour la dépenfe de bouche de Mre

COMPTES ET ORDINAIRES

les Officiers de la Justice du Chastelet, par eux faite en l'Hostel de l'Epée à St Denys en France, les Vendredi vingt-sept, Samedi vingt-huit & Dimanche vingt-neuf jours de Juin 1483, en faisant durant lesdits trois jours les processions par l'ordonnance du Roi audit lieu de St Denys.

Idem. Audit Chasteau pour la perte de l'essai d'un bœuf que les Officiers de la Justice dudit Chastelet ont fait acheter au marché de Paris le prix de douze livres, & icelui fait tuer & revendre à détail en la Boucherie de Beauvais, suivant le certificat de Me Christophle de Carmonne, Lieutenant Civil dudit Chastelet.

verso. A lui pour la dépense de bouche faite par Me Jehan de la Porte, Lieutenant Criminel, & Pierre Quatre-livres, Procureur du Roi, Guillaume Diguet, Greffier audit Chastelet, & plusieurs Examinateurs & Sergens dudit Chastelet, au dîné au retour du gibet de Paris, où furent executés & pendus, Jehan Hugot & Martin Portier.

Dépense de l'Extrait.

375 verso. Guillaume du Pont, Escuyer sieur de Gratin, Lieutenant de Messire Gilbert du Puys, Chevalier, Seigneur de Vatan, Capitaine & Concierge du Bois de Vincennes.

376 verso. Jehan Pregent, Organiste, pour aller de la Ville de Paris à Tours devers le Roi.

DONS ET MODERATIONS.

verso. Le Roi Louis XI par ses Lettres Patentes en forme de Chartes, avoit donné & amorti plusieurs membres & partie du Domaine de Paris, pour la fondation du College de l'Eglise St Jehan du Montils lès Tours, dont les Doyen, Chantre & Chanoines ont joui jusqu'au trepas dudit Roi Louis XI. Après lequel trepas le Roi Charles VIII par ses Lettres Patentes en forme de revocation generale, données à Amboise le vingt-deux de Septembre 1483, a mandé aux Tresoriers de France de reprendre & faire mettre en sa main toutes les parties qui étoient de son Domaine au jour du trepas du Roi Charles VII son aïeul, qui avoient été données & alienées par ledit feu Roi Louis XI son pere; sur quoi lesdits Doyen, Chapitre & Chanoines, obtinrent d'autres Lettres Patentes du Roi datées de Beaugency le douze Novembre 1483, par lesquelles le Roi mande ausdits Tresoriers de laisser jouir lesdits Doyen, &c. desdites choses jusqu'à la St Remi precedente, dont ils receurent jusqu'audit terme St Remi 1483 la somme de neuf cens livres tournois, outre la somme de trois cens quinze livres quatorze sols deux deniers oboles tournois qu'ils avoient reçu l'année precedente. Ce que Louis XI leur avoit donné n'est point exprimé.

377 verso. Louis XI avoit pareillement donné par ses Lettres Patentes en forme de Chartes aux Doyen & Chapitre de l'Eglise Collegiale & Chapelle Royale Notre-Dame de Clery, les Boucheries de Gloriette, du Cimetiere St Jehan, les fermes de la coutume du pied fourché, le revenu des Auditoires basses du Chastelet de Paris, & l'émolument du scel dudit Chastelet, dont ils ont joui jusqu'à ladite revocation; après laquelle ils obtinrent Lettres Patentes datées d'Amboise le treize Octobre 1483, par lesquelles le Roi les maintient en ladite jouissance jusqu'au terme St Michel dernier passé, de quoi ils receurent trois cens vingt-sept livres parisis.

DE LA PREVOTÉ DE PARIS.

378 verso. Le même Roi Louis XI avoit encore donné à deux Chapellains Royaux & six Vicaires ou Chantres, pour dire chacun jour en la Ste Chapelle du Palais Royal à Paris, une Messe en l'honneur de St Jehan-Baptiste, le revenu des fermes du Jeu de paulme d'entre deux Halles à Paris, la coutume du Poisson de Mer ès Halles de ladite Ville, & le hallage & étalage d'icelle, dont ils ont joui comme les cy-dessus, & obtinrent ensuite Lettres de Charles VIII, datées de Blois le trois Novembre 1483, par lesquelles il leur accorde tout ce qui peut estre deu desdites fermes jusqu'au dernier Octobre audit an, dont ils eurent trois cens cinquante livres parisis.

379 verso. Le même Louis XI avoit aussi donné à noble-homme Jaque d'Estoutteville, sieur de Beyne, Baron d'Yvry & de St Andry en la Marche, Conseiller & Chambellan du Roi, & Garde de la Prevosté de Paris, les revenus des Greffes Civil & Criminel de ladite Prevosté de Paris, dont il fut depossedé par lesdites Lettres de revocation generale, sur quoi il obtint Lettres de Charles VIII, datées à Blois le cinq Novembre 1483, par lesquelles il lui donne tous les profits desdits Greffes jusqu'au terme de Toussaints de ladite année, à l'exception de la somme de trois cens soixante-dix livres seize sols huit deniers, qui par l'Ordonnance du Roi a été donnée au Procureur des Doyen & Chapitre de l'Eglise St Jehan de Montils lès Tours, pourquoi ledit n'eut que trois cens vingt livres parisis.

380 verso. Ledit Prevost de Paris avoit encore obtenu de Louis XI le revenu des Greffes Civil & Criminel des Auditoires d'embas dudit Chastelet dont il fut dépouillé par l'Edit de revocation, sur quoi il obtint nouvelles Lettres de Charles VIII, dattées du Bois de Vincennes le quatriéme May 1484, par lesquelles le Roi lui donne outre ses gages & autres bienfaits qu'il pourroit avoir de lui, la somme de douze cens livres tournois par maniere de pension, à commencer du premier Janvier dernier passé, des deniers du revenu desdits Greffes Civil & Criminel.

381 verso. Louis XI avoit pareillement donné à Mre Jehan de Neufchastel, Chevalier, Seigneur de Montagu en Bourgogne, le revenu du Domaine de la Chastellenie de Corbeil, dont il fut depossedé par l'Edit de revocation cy-dessus, sur quoi il obtint Ordonnance des Tresoriers de France, portant que le Receveur du Domaine lui payeroit tous les arrerages eschus jusqu'au jour du deceds dudit Roi Louis XI, dont il reçut la somme de cent quarante-neuf livres huit deniers parisis.

382 Me Jaques Coictier, Conseiller du Roi, & Vice-President en la Chambre des Comptes à Paris, prétendoit des droits sur le revenu de la Chastellenie de Poissy, Triel, Ste James & St Germain en Laye, sur la Conciergerie du Palais, avec le revenu de la Geolle, les estaux, loges, eschoppes & maisons étant tant dedans que dehors la Cloture du Palais qu'il disoit lui appartenir par don à lui fait par Louis XI, & dont il n'avoit reçeu aucune chose pour les termes de St Remy, Toussaints, Noël, Chandeleur, Pasques & Ascension de l'année finie à la St Jean-Baptiste 1484, au moyen de la revocation generale des dons faits par ledit Roi Louis XI, sur quoi fut composé avec ledit Jaques Coictier par la Chambre des Comptes à la somme de cent francs parisis.

382 Me Simon Bureau, Conseiller & Maistre des Comptes du Roi notre Sire, avoit aussi obtenu de Louis XI des Lettres Patentes en forme de Charte, par lesquelles il lui faisoit don du revenu

COMPTES ET ORDINAIRES

de huit estaux de la Boucherie de Beauvais en recompense de là Terre & Seigneurie dudit Bureau, étant en la Terre & Seigneurie de Luzarches, laquelle de l'Ordonnance du Roi fut prise & donnée à Mrs de l'Eglise St Cosme & St Damien dudit lieu de Luzarches; desquels estaux ledit Bureau a joui jusqu'au trépas dudit Roi Louis XI : après quoi au moyen de la revocation generale cy-dessus, lesdits estaux ont été reunis au Domaine; sur quoi il a obtenu Ordonnance des Tresoriers de France pour ordonner au Receveur du Domaine de laisser jouir ledit Bureau du profit desdits estaux pour le terme de St Remy 1483 seulement, parce que lesdits Srs de St Cosme & St Damien de Luzarches avoient reçeu le revenu de sadite Terre & Seigneurie de Luzarches, jusqu'audit terme St Remy.

383 Louis XI par ses Lettres Patentes données à Bonaventure lès Chinon, le dix-neuf Decembre 1479, avoit ordonné à Mrs des Comptes & Tresoriers de France, de maintenir les Religieux, Abbé & Convent de St Denys en France en la possession & jouissance du droit, nommé le Botage de St Denys, qu'ils disent leur avoir été donné par ses predecesseurs, sous lequel Botage sont compris plusieurs Branches, Fermes & Coustumes, à les avoir & prendre, ou les deux parts d'icelles par eux ou leurs Commis, depuis le jour de St Denys jusqu'au jour St André ensuivant, ainsi qu'il est porté en une Sentence du Tresor, & certain Arrest de Parlement confirmatif d'icelle, sans avoir égard à l'appel interjetté par le Procureur du Roi au Tresor à l'execution dudit Arrest; en consequence desquelles Patentes, le sept Octobre ensuivant 1480, les Gens des Comptes, après qu'il leur est apparu desdites Sentences Arrest & execution d'iceux, seulement ont consenti qu'ils jouissent du Botage, de la Boiste au poisson, sous la reserve faite au Roi durant ledit temps declaré en la Sentence, suivant les Registres & Ordonnances sur ce faits étans audit Tresor & au Chasteler; & au regard des autres branches specifiées en icelle Sentence, hormis ce qui est pareillement reservé au Roi & le droit d'autrui, le profit d'icelle sera pour ledit temps recueilli & reçeu par deux Prud'hommes, dont les Gens du Roi deputeront l'un, & lesdits Religieux l'autre; & ledit profit qui en viendra audit temps, sera parti en trois, au Roi le tiers, & aux Religieux les deux tiers, pour le terme seulement escheu en l'année desdits Comptes, & sans tirer à consequence, sauf à les restituer au Roi, si par discution d'erreur que maintient ledit Procureur proposer, est dit que faire se doive. Et quand lesdits Religieux montreront à mesdits sieurs des Comptes les don & confirmation du don dudit Botage, dont ils se vantent par leursdites Lettres, & que ledit Seigneur veut par icelles qu'ils en fassent apparoir, ce qu'ils n'ont fait : & quant au surplus de ladite Sentence pour le temps à venir, le tout par eux veu, & gardant le Domaine dudit Seigneur, & aussi entretenant les dons & confirmations qui leur apparoistront avoir été faits par les Rois de France à leurdite Eglise & les droits d'icelle, ils feront ce qu'il appartiendra. Et avec ce mesdits sieurs des Comptes par autres Lettres du vingt-deux Aoust 1481, après qu'il leur est apparu de la Recepte du Compte que Frere Gabriel Cholet, Commandeur de ladite Eglise de St Denys en France, en a été faite pour lesdits Religieux, & de par eux pour ledit terme seulement, montant cent cinquante-deux livres parisis des Fermiers y declarés; c'est à sçavoir de Andry Paroisser, Fermier

DE LA PREVOTE DE PARIS.

des Fermes du Treillis du Chastelet, & du Tonlieu des draps de la Ville de Paris ; Robert d'Orleans Fermier du peage de Petit-pont, & du fruit & esgrin de ladite Ville ; Jehan Angot Fermier du cuir & cordouen ; Antoine Gervais Fermier de la Freperie, Pelleterie & Lingerie de ladite Ville ; Jehan de Villetart, dit de la Cabre, Fermiers de la Coustume des huiles & gresses ; Guillaume Brasier Fermier de la Coustume du Pied-fourché d'icelle Ville, tous en l'année de ce present Compte ; Guillaume Brasier Fermier de la Coustume du pain ; ledit Brasier Fermier de la Coustume du bled, tous Fermiers desdites Fermes durant cettedite année.

384 verso. A Jaquet Collin Fermier des Cabarets à Bierre, fut diminué de sa ferme à cause de l'abondance des vins de cette année, & que ceux d'Arrast s'en retournerent.

385 Fut pareillement diminué au Fermier du Tabellionage de Gonesse, en consideration de ce que Louis XI avoit distrait & mis hors de ladite Prevosté trois des principaux Villages ; c'est à sçavoir la Ville de Roissy en Parisis, & autres Villages : & avec ce il y avoit eu si grande mortalité en ladite Prevosté, que ladite Ferme n'avoit pas valu le quart de la somme à quoi il la tenoit.

verso. Il paroist par l'article suivant que la peste & mortalité avoit fait mourir en ladite Prevosté plus de six ou huit cens personnes. La peste fut aussi fort grande à Poissy, Ste James & autres lieux des environs.

389 verso. Mre Louis de Hallewin, Chevalier, Seigneur de Piennes, auquel Louis XI avoit fait don de la Chastellenie de Montl'heri, à en prendre le revenu par ses mains.

390 Me Olivier le Dain, Valet de Chambre & Barbier du Roi ; auquel le Roi Louis XI par ses Lettres Patentes données au Montils lès Tours, le troisieme Janvier 1478, a donné à lui & à sa femme la somme de dix livres parisis sur une place scise à l'escolle St Germain, appellée la Place-aux-Marchands, appartenant à present à sire Germain le Marle.

390 verso. Me Estienne Petit, Notaire & Secretaire du Roi, auquel le Roi Louis XI avoit donné la Chastellenie de Torcy.

GAGES A VOLONTE'.

392 Simon de Neufville Receveur du Domaine de Paris.
Idem. Me Jehan le Villain, & Christophe de Carmonne Licentié en Loix, subsecutivement Lieutenans Civils de la Prevosté de Paris.

GAGES EXTRAORDINAIRES.

verso. Me Jehan de la Porte, Lieutenant Criminel de la Prevosté de Paris.

HALLAGE, 1484.

Des Habitans & Drapiers de la Ville de Lagny-sur-Marne, pour leur Halle appellée la Halle de Lagny, assise ès Halles de Paris au bout de la Halle St Denys.

Des Habitans & Drappiers de la Ville St Denys en France, pour leur Halle assise ès Halles de Paris du costé devers la Tonnellerie.

Des Habitans & Drapiers de la Ville de Pontoise, pour leur Halle appellée la Halle du Commun, assise ès Halles de Paris.

Des Habitans & Drapiers de la Ville de Corbie, pour leur Halle appellée la Halle du Commun.

COMPTES ET ORDINAIRES

Des Habitans & Drapiers de la Ville de Chaumont, pour leur Halle assise en la Halle du Commun.

Des Habitans & Drapiers de la Ville d'Aumalle, pour leur Halle appellée la Halle d'Aumalle, assise en ladite Halle du Commun.

Des Habitans & Drapiers de la Ville d'Amiens, pour leur Halle appellée la Halle d'Amiens.

Des Habitans de la Ville de Douay, pour leur Halle, appellée la Halle de Douay, assise au dessus des Greniers à Coustes.

De la Halle de Beauvais scise ès Halles de Paris près la Halle aux Tisserans; *neant*, parce que les Maires, Pairs & Commune fondés de procuration, renoncent à ladite Halle, elle a été mise en vente, mais nul n'en a voulu donner profit au Roi. Elle étoit près le jeu de Paulme d'entre deux Halles.

De la Halle aux Tixerans de la Ville de Paris, joignant la Halle de Beauvais, & sous une même couverture. Elle commençoit à la porte de ladite Halle, faisant issue aux Basses-merceries où les Pelletiers vendent à l'opposite de la Halle aux Lingeres; *neant*, pour l'empeschement des chariots de l'Artillerie du Roi qui y ont été mis par l'Ordonnance du Roi, & y sont encore de present en ladite Halle.

Des Foulons de draps de la Ville de Paris, pour deux estaux à Foulons qu'ils ont le long de la Halle aux Tixerands du costé devers la Halle de Beauvais.

Des Habitans & Drapiers de la Ville d'Avesnes en Henault, pour leur Halle assise en la Halle du Commun.

Les Habitans & Drapiers de la Ville de Gonesse, pour leur Halle appellée le Petit-Palais, assise au bout de la Tonnellerie.

De la Halle Trompée, assise ès Halles de Paris.

Des Collecteur des Hautes-merceries sur les Sueurs.

La Halle aux-Chaussetiers.

La Halle des Basses-merceries louée cent liv. parisis par an, c'est à sçavoir le Jeu de Paulme quatre-vingts livres parisis par an.

La Halle de Malines.

La Halle au Lin & Chanvre.

Est à noter que chaque Drapier qui mettoit draps en vente esdites Halles, devoit trois oboles parisis chaque Samedi.

Les Vieilles Halles de Champeaux.

La Halle aux Merciers entre la Halle aux Fripiers & la Halle aux Tapissiers.

Estaux à Merciers assis ès Halles de Paris, ès Halles de Champeaux sur la Ganterie, dits les Merciers de Champeaux.

Le premier & second, à commencer au bout de la montée de la Place-aux-chats adossés contre la Lingerie; elle alloit aussi entre les Halles aux draps à détail, les Basses Merceries & les Halles de Beauvais.

La Halle aux Poirées.

La veuve & heritiers de feu Chrestien Choart, pour un Estal qu'ils tiennent aux vies de Thiery & Poncet, dits Choarts.

Estaux à Chauderonniers assis en la Halle aux Chauderonniers, de nouvel réédifiée. Elle étoit vers la Halle au Cordouen, adossée contre la Ferronnerie, près la Halle de Beauvais & la Lingerie.

Censives des maisons sous la Halle St Denys.

Estaux à toille à commencer à un petit huis qui vient de la Tonnellerie en la Halle aux toilles, & vers la Halle au bled.

La Halle aux Filandriers.

Estaux qui sont contre la Halle où l'on vend cuir.

La veuve & heritiers de Jehan d'Aubray, pour un Estal audit lieu, qu'ils tiennent aux vies de Marie de la Fontaine, Perrette femme de Ja-

DE LA PREVOTÉ DE PARIS. 455

ques Besnard, fille dudit deffunt, de feu Simone Brunelle sa premiere femme; & de Marguerite d'Aubray fille dudit deffunt.

De Jehan Moineau, pour un Estal ou Hayon portatif assis ès Halles de Paris à l'opposite de la Halle du cuir à poil.

Estaux nommés l'Engronnerie.

Me Simon Malingre, Clerc du Roi en sa Chambre des Comptes.

Greniers à Coustes assis en la Halle au bled.

Estaux à Pelletiers assis en la Ganterie vers les Tapissiers, contre la Halle aux draps près la Halle du Jeu de Paulme.

La veuve & heritiers de Gervaise Larcher.

Autres Estaux à Pelletiers, assis en la Halle aux Frepiers & ailleurs.

Hemonet Bourdin, Espicier.

Estaux à Tapissiers scis ès Halles de Paris, joignant la Ganterie.

Estaux à Frepiers.

Estaux à Chaussetiers scis ès Halles de Paris vers les Tapissiers & la Halle aux draps à détail, & celle aux toilles.

Hugues de Compans, Drapier & Chaussetier.

Les heritiers de Jaques Choart, pour un estal que ledit deffunt tenoit aux vies de lui & de Jehanne sa femme.

Jehan de Compans, Chaussetier.

Estaux à Cordonniers scis ès Halles de Paris près la Halle aux Savetiers, & contre les Estaux à toille & ailleurs.

Piere Guillemeau, Notaire au Chastelet.

Guillaume Nicolas, Procureur au Chastelet, heritier de feu Guillaume Nicolas son pere.

Rue Jehan Beausse. Ce nom vient d'un nommé Jehan Beausse qui est nommé en ce Compte, de Pierre Dupuis au lieu de Jehan Beausse pour un autre Estal, &c.

Compte de la Boiste au Poisson de mer de la Ville de Paris, 1484.

Gervais Larcher, Vendeur de poisson de mer ès Halles de Paris.

Nicolas de la Chesnaye, Maistre-d'Hostel du Roi.

Un Estal ou Hayon portatif.

Me Louis de St Yon, Maistre Boucher en la grant Boucherie de Paris.

La Halle du Poisson de mer.

La Halle couverte.

Du Compte de la Voirie de Paris, 1484.

Michault Choart, au lieu de Chrestien Choart, pour deux Estaux, &c.

Hugues de Neufville, pour un Estal à vendre poisson de mer qu'il tient aux vies de lui & de Jehanne Lombart sa femme.

Jehan Lombart, Espicier.

Damoiselle Guillemette la Gencienne, heritiere de feu sire Jehan Gencien son frere; pour une saillie faite en sa maison rue de la Mortellerie. Cette maison se nomme à present la Cour Gencien.

Les heritiers de feu Me André Robinet, en son vivant Conseiller du Parlement.

AVANTURES.

AUVENTS.

Thomasse Courtille, veuve de Pierre Choart.

COMPTES ET ORDINAIRES
Guillaume Courtin, Chaufecire de la Chancellerie.

AMENDES CIVILES.

Claude de Santeuil, Potier d'estain.
Il y avoit en ce temps-là des Buffetiers & des Binbeblotiers; sçavoir ce que c'est.
Guillaume Pinon reçeu Me Pelletier-Foureur de Robes.

EXTRAIT

Du Compte du Domaine de Paris, 1485.

Ensuite de la dépense de l'Extrait, après l'état final & avant le Compte du Hallage, font transcrites les pieces suivantes.

Copie d'un certain Procès & fulmination de Lettres Apostoliques, faisant mention comment les Religieuses, Abbesse & Convent de Ste Claire de l'Ave-Maria à Paris, sont quittes & exemptes de tous droits Parrochiaux & autres, que le Curé de St Paul pretendoit en leur Eglise & Convent: auquel Procès sont inserées & transcrites une Lettre Royaux d'admortissement, contenant que le Roi & sa Recepte ordinaire de Paris, est demeurée dechargée de quatorze livres parisis de rente, que ledit Curé y prenoit auparavant ; lesquelles Lettres d'admortissement ledit Curé a receues & les a eues pour agreable, ainsi qu'il est contenu audit Procès, dont la teneur s'ensuit.

PETRUS DE CERISAY, in legibus Licentiatus, Consiliarius Domini nostri Regis in sua suprema Parlamenti Curia Parisius, nec non Decanus Ecclesiæ Collegiatæ sancti Germani Antissiedorensis Parisius, Judex seu Commissarius & Executor à sanctissimo in Christo Patre & Domino nostro Domino Alexandro, divinâ Providentiâ Papa Sexto, ad infrà scripta commissus & deputatus venerabili & discreto viro Magistro Carolo *Dubec*, Consiliario supremi Domini nostri Regis in sua Curia Parlamenti Parisius, Rectorique moderno Parochialis Ecclesiæ sancti Pauli Parisiensis, ac futuris Rectoribus ejusdem Parochialis Ecclesiæ sancti Pauli, omnibusque aliis & singulis ad quos nostræ præsentes Litteræ pervenerint, salutem in Domino. Apostolicis firmiter obedire Mandatis Litteras ipsius Domini nostri Papæ in carta scriptas sub annulo Piscatoris clausas, formam breves continentes, nobis de parte Religiosarum Abbatissæ & Conventus Monialium sanctæ Claræ de l'*Ave-Maria* Parisiensis coram Notariis publicis infrà scriptis præsentatas, cum reverentia & honore debitis, Noveritis nos recepisse & illas aperuisse formam sequentem continentes superscripto earumdem Litterarum Apostolicarum ab extrà venerabili fratri Episcopo dilectis filiis Archidiacono majoris ac Decano sancti Germani Parisius, Ecclesiarum & eorum & in margine superiori ALEXANDER Papa sextus, venerabilis frater & dilecti filii SALUTEM. Exponi nobis fecerunt dilectæ in Christo filiæ Abbatissa & Conventus Monasteri Moniali de l'*Ave-Maria* Parisiensis, & dilectus filius Carolus *Dubec*, Rector Parochialis Ecclesiæ sancti Pauli Parisiensis, quod olim qui se invicem molestabant coram certis Judicibus secularibus, illarum possessorio nonnullorum juriumque dictus Carolus, ratione dictæ Ecclesiæ sancti Pauli in Ecclesia die Parochia dictæ Ecclesiæ fundati habere prætendebant, ad evitandas ejusmodi molestias illarum incommoda, parcendumque laboribus & expensis, intervenientibusque communibus amicis eorum incerto & amicabiles compositores tunc expressos; exorta inter eos controversia ejusmodi compromisso

DE LA PRÉVOTÉ DE PARIS.

misso hujusmodi in eos sponte susceptio Abbatissa & Conventu per earumque Procuratorem præfatum coram eis respectivè comparentibus & consentientibus eorum æquum tulerunt super præmissis per quod ipsa jura seu illorum verum annuum valorem dicto Ca   existenti Rectori dictæ Ecclesiæ sancti Pauli sub certis modo & forma adjudicar quibusdam publicis instrumentis desuper confectis plenius dicitur contineri ad nobis   curarunt, ut compromisso & arbitramento prædictis ac omnibus & singulis indictis   pro eorum substantia firmiori robur Apostolicæ confirmationis adjicere aliasque in præmissis   providere de benignitate Apostolica dignaremur. Nos igitur qui votis personarum quarumlibet Ecclesiasticarum libenter annuimus hujusmodi supplicationibus inclinati discretioni vestræ   ac mandamus, quatenus vos vel duo aut unius vestrum compromissum & arbitramentum prædicta & prout illa concernunt omnia & singula in illis contenta, quatenus sunt honesta, authoritate nostra approbare & confirmare curetis, suppleatisque omnes & singulos deffectus, si qui forsan intervenerint in eisdem, & si confirmatione approbationem ac suppleционem hujusmodi per vos vigore præsentium fieri contingerit, mandetis ac faciatis eadem authoritate arbitramentum prædictum perpetuis futuris temporibus inviolabiliter observari; contradictores per censuras Ecclesiasticas & alia juris opportuna remedia applicatione postposita compescendo, nonobstantibus constitutionibus & ordinationibus Apostolicis ac Monasterii & Ordinis prædictorum juramento, confirmatione Apostolicâ vel quâvis firmitate alia roboratis, statutis quoque & consuetudinibus, cæterisque contrariis quibuscumque. DATUM ROMÆ apud sanctum Petrum sub annulo Piscatoris die decima-octava Martii 1494, Pontificatûs nostri anno secundo, sic signatum   Crothon. Recepimus præterea eodem contextu de parte Religiosarum   binas Litteras pergameneas, unam scilicet sex sigillis in cera rubea impressis cum caudis duplicibus pergameneis ac signis manualibus circonspectorum & discretorum virorum Dominorum & Magistrorum Roberti Thiboust, Consiliarii & Præsidentis in dicta Curia Parlamenti, Roberti Briçonnet, & Nicolai de Hacqueville, etiam Consiliariorum & Præsidentium Enquestarum ejusdem Curiæ, Stephani Poncher, etiam Consiliarii Domini nostri Regis in eadem Curia, & Christophori de Carmonne, Procuratoris generalis dicti Domini nostri Regis in ipsa Curia, nec non Magistri Petri de Cerisay, sigillatam & signatam, etiam verò coram duobus Notariis Castelleti Parisiensis confectam, quarum Litterarum tenores sequuntur.

A TOUS CEUX QUI CES PRESENTES LETTRES VERRONT, Robert Thiboust, Conseiller du Roi notre Sire & President en sa Cour de Parlement, Robert Briçonnet, & Nicole de Hacqueville, aussi Conseillers & Presidens des Enquestes de ladite Cour, Pierre de Cerisay & Estienne Poncher, aussi Conseillers dudit Seigneur en ladite Cour, & Christophle de Carmonne, Procureur general d'icelui Seigneur en ladite Cour, éleus arbitres & amiables compositeurs par Me Charles Dubec, aussi Conseiller en ladite Cour, Curé de la Cure & Eglise Parochiale de St Paul de cette Ville de Paris, & les Religieuses Abbesse & Convent de Ste Claire du Monastere appellé l'*Ave Maria*, fondé en cette-dite Ville de Paris, scitué & assis ès fins, mettes & limites de ladite Cure, pour discuter, décider & déterminer de certains droits pretendus par ledit Curé de St Paul en l'Eglise dudit Monastere, & pourpris d'icelui; SALUT. Comme en ensuivant ladite élection & submission comparant pardevant Nous ledit Me Charles Dubec susdit en personne d'une part, ait dit & exposé que les oblations tant d'or, d'argent, cire, que autres choses quelconques, faire inhumation & sepulture des trepassés, ministrer les Sacremens, & autres droits Parochiaulx lui competer & appartenir èsdites Eglise & Monastere, requerant lui être par Nous adjugés : & lesdites Religieuses, Abbesse & Convent aussi comparans par Frere Nicole Guillebert, Religieux, Frere Mineur, deputé par les Vicaire, General & Provincial de France sur les Freres Mineurs appellés de l'Observance, à la direction & conduite desdites Religieuses, Abbesse & Convent & de leurdit Monastere ayent dit au contraire, qu'elles à cause de leur profession, regle & maniere de vivre, & autrement deuement étoient exemptes dudit Curé & de toute jurisdiction Episcopale, & mêmement du consentement de Reverend Pere en Dieu l'Evesque de Paris, & non seulement elles, mais aussi les Religieux Freres Mineurs & leurs serviteurs deputés à leur conduite pour les informer en l'observance de leur Regle, leur administrer les Sts Sacremens, & toutes autres necessités & affaires pour leur substantation procurer, immediatement sujettes au St Siege Apostolique, en telle maniere que lesdits Curé & Evesque, ne autre Ordinaire quelconque n'ont que voir ne que connoître en leurdite Eglise, Monastere, leurs personnes & biens quelconques ; requerans être absous desdites impetitions & demandes dudit Curé, lui offrant payer ce que de droit convient lui payer ; à l'occasion duquel differend dès longtemps a s'étoit meu & intenté procès entre lesdites parties en ladite Cour, lequel procès ledit Curé de St Paul qui à present est, comme le reprenant, pour & au lieu de Me Jehan Rousset son predecesseur Curé de ladite Cure de St Paul, entendoit, comme il disoit, poursuir, & étoient lesdites parties en voie d'entrer in involution de procès, pour lesquels éviter, à l'exhortation du Roi notredit Seigneur, pretendant, comme il disoit, interest en ladite matiere, & par le moyen d'aucuns amis ils nous auroient éleus arbitres & amiables compositeurs pour decider de leurdit differend, comme dit est ; au moyen de laquelle submission & élection avons appointé que chacune desdites parties mettroient & produiroient par devers Nous ce que bon leur sembleroit pour justifier des droits par eux pretendus. En ensuivant lequel appointement icelles parties ont mis & produit devers Nous tout ce que bon leur a semblé, entendant & concluant par chacune d'icelles aux fins & conclusions par elles prises & éleues, & Nous requerant droit leur être fait sur lesdits differends, ou autrement les appointer ainsi que verrions être à faire par raison ; & en ensuivant ladite fulmination & la puissance par elle à Nous donnée & pour faire & accomplir ce que dit est, de laquelle submission la teneur s'ensuit & est telle. Pardevant Jehan de la Varenne & Pierre Jacquet, Notaires du Roi notre Sire au Chastelet de Paris, furent presens & comparurent personnellement Religieuse Sœur Barbe Leconte, Abbesse, Nicolle Geoffroy, Agnez Viote, Katherine Leclerc, Michelle Jehanne Boucherc, Jehanne Morelle, Philippe Gaulthiere, Katherine de la Planche, Perette Preudguillemine des Has, Jehanne de Nozay, Françoise Gebert, Jehanne Dreuse, Margarite Estiennette Berarde, Perette Constante, Anne Quarée, Colletto Marie Bertholome de Bla Thibault Claire Edmond, Perete Pagesse, Olive Couronne, Glaudine Fanetiere C Margarite Ravasse, Margarite Oudeberde, Ysabeau Porcher, Perette Matiere, Magdelaine Philippe de Loyac, Julienne la Grasse, Louise de Sens, Margarite Cordeliere, Jehanne de Paris & Marie Orpheline, Religieuses Professes de l'Ordre de SteClaire du Monastere nommé vulgairement l'*Ave-Maria* fondé à Paris, faisant & representant toutes les Religieuses dudit Monastere appellées capitulairement en la forme & maniere dudit Ordre, lesquelles de leurs bons grés pour mettre fin à leur pouvoir ès procès & differends pendans en la Cour de Parlement entre de l'Eglise & Paroisse St Paul, fondée à Paris d'une part, & elles d'autre part, pour & plusieurs droits tant de oblations que d'autres, que ledit Curé pretend à cause de sadite Cure avoir & dudit Monastere, & pour lesquels procès & differends finir & terminer entre lesdites parties,

DE LA PRÉVOTÉ DE PARIS.

plusieurs grans & notables personnages, s'étoient & se sont entremis, pour sur ce les accorder & appointer, mesmement le Roi notre Sire, lequel voulant la fondation dudit Monastere faite par feue la Reine Charlote sa mere être entretenue, & pour la confirmation des droits que il & ses predecesseurs avoient audit Monastere, a fait incliner lesdites Parties à élire par eux avec lui en cette partie arbitres & amiables compositeurs, c'est à sçavoir nobles hommes & saiges Maistres Robert Thiboust, Conseiller du Roi nostredit Seigneur en ladite Cour, & President en la Chambre des Enquestes, sur ce prins & élu par le Roi notredit Seigneur, & nobles & discretes personnes Me Pierre de Cerisay & Estienne Ponchier, aussi Conseillers dudit Seigneur en icelle Cour, prins & élus par ledit Curé, reconnurent & confesserent avoir de leur part prins & élus nobles hommes Mes Nicole de Hacqueville, Conseiller dudit Seigneur en icelle Cour & aussi President en ladite Chambre des Enquestes, & Christophle de Carmonne, pareillement Conseiller & Procureur general d'icelui Seigneur, ausdits Ordonnance, Jugement & arbitrages: lesquels six arbitres ou amiables compositeurs cy-dessus nommés ainsi prins & éleus que dit est, lesd. Abbesse & Religieuses se soumettent & condescendent par ces Presentes & promettent ce que par lesdits arbitres ou amiables compositeurs sera fait & de ce que dit est sentencié, jugé & ordonné & appointé, tenir & entretenir & avoir agreable à toujours, comme Arrest de Cour de Parlement, sans jamais faire ou venir contre, sur peine de perdition de cause, pourvû toutes voies que ledit Curé sera tenu de sa part promettre pardevant lesd. arbitres, ou ailleurs où il appartiendra, tenir & entretenir à toujours ledit Jugement & arbitrage d'iceux arbitres, touchant ce que dit est dessus, sur semblable peine de perdition de cause, & par la maniere que lesdites Religieuses l'ont promis, passé & accordé par cesdites Presentes. Fait l'an 1491 le Mardi dix-septiéme jour d'Avril avant Pasques, ainsi signé Varenne, Jacquet; & au dos de la submission est contenu ce qui s'ensuit. Fut present noble & discrete personne Me Charles Dubec, Conseiller du Roi notre Sire en sa Cour de Parlement, & Curé de l'Eglise St Paul, fondée à Paris, lequel après ce qu'il lui étoit & est apparu du compromis passé par les Abbesse & Religieuses du Monastere de l'*Ave Maria* fondé à Paris sur le procès & differends qui étoient & sont pendans en la Cour de Parlement, pour raison des droits tant des oblations que autres que ledit Curé pretend à cause de sadite Cure avoir en l'Eglise dudit Monastere, contenu & par la maniere designée au blanc de ces Presentes, & aussi pour consideration de ce qu'il disoit le Roi notre Sire avoir requis de passer compromis en foi soumettant en arbitrage, touchant ce que dit est, pour finer & terminer lesdits procès & differends, confesse soi être submis, condescendu & rapporté par ces Presentes, se soubmet & condescend & rapporte de tous iceux procès & differends ausdits Ordonnance, Jugement & arbitrage des six arbitres & amiables compositeurs dénommés audit blanc, desquels il confesse avoir prins & élû de son côté Me Pierre de Cerisay & Estienne Ponchier, en icelui blanc nommés, & promet ledit Curé de St Paul par cesdites Presentes, sur ce tenir & entretenir le jugement & arbitrage d'iceux six arbitres comme Arrest de Parlement, sur peine de perdition de cause, & tout selon le contenu dudit blanc, promettant, &c. obligeant & renonceant. Fait & passé le Mercredi dix-huitiéme jour d'Avril l'an 1491 avant Pasques, ainsi signé comme dessus Varenne & Jacquet.

SÇAVOIR FAISONS, que vûes par Nous les productions desdites parties & tout ce qu'elles ont voulu dire & alleguer pardevant Nous, & consideré tout ce qui faisoit à voir & considerer en cette partie, Nous pour le bien, paix, union & concorde des parties, avons sentencié, ordonné & appointé, ordonnons, sentencions & appointons, que lesdites Religieuses, Abbesse & Couvent, pour ce qu'elles ne sont capables de tenir ne possesder heritage ne rente quelconque selon leur regle & profession, bailleront en deniers comptant audit Me Charles Dubec, comme Curé de ladite Cure & Eglise Parrochial de St Paul la somme de quatre cens livres tournois pour une fois payée, pour icelle convertir & employer en douze livres parisis de rente annuelle au profit de ladite Cure à toujours perpetuellement, laquelle somme il sera tenu prendre toutes & quantes fois que lesdites Religieuses, ou d'autres de par elles, la lui bailleront ou presenteront; & aussi icelles Religieuses seront tenues procurer Lettres d'admortissement desdites douze livres parisis de rente dudit Seigneur au profit de ladite Cure, comme dit est, & partant lesdites Religieuses, Abbesse & Couvent & leurs successeurs dudit Monastere, demeurent & demeureront à toujours franches, quittes & exemptes de tous lesdits droits Parrochiaux & autres quelconques, que ledit Me Charles Dubec, comme Curé susd. & ses successeurs Curés, eussent peu ou pourroient prendre & reclamer sur elles & leurdite Eglise, personnes, Monastere, Religieux & serviteurs susdits, à cause des oblations, sepultures, inhumations, ministrations de Sacremens de Ste Eglise & autres droits quelconques sans rien excepter ni reserver: ce nonobstant ledit Curé n'est prohibé ne empéché en cas que aucuns de ses Parroissiens éliroient leur sepulture audit Monastere de Ste Claire, lever ou prendre ce que lui peut competer & appartenir de droit & coutume louable, à cause desdites sepultures, sur sesd. Paroissiens, leurs heritiers ou executeurs, ainsi que font en cas semblable les autres Curés de cettedite Ville de Paris, quand leurs Paroissiens élisent leur sepulture ailleurs qu'en leur Eglise ou Cimetiere Parochial, soit en lieu exempt ou non exempt; toutefois ledit Curé & ses successeurs Curés ne pourront pretendre aucun droit sur ce qui sera legué ou donné par ordonnance testamentaire ausdites Abbesse & Religieuses de Ste Claire, ou offert en leurdite Eglise & Monastere de l'*Ave-Maria* à cause desdites sepultures; & de ce que ledit Curé de St Paul & ses successeurs Curés, n'ayent occasion de douter que ou tems à venir on veuille édifier un Couvent de Freres audit Monastere en son prejudice, avons ordonné & ordonnons que oud. Couvent & Monastere appellé l'*Ave-Maria*, y aura ordinairement six Religieux Prestres dudit Ordre & Observance, & au dessous, ainsi qu'il fut ordonné au commencement de leurdite fondation avec nombre competent d'autre Freres Laiz Convers ou Oblats de l'Ordre de Mr St François, necessaires pour parcevoir leurs aumônes & les ministrer & servir en toutes leurs autres necessités, ainsi que la qualité dudit Ordre Ste Claire le requiert; & aussi pourront recevoir & loger les freres dudit Ordre allans & venans par obedience en cette Ville de Paris, ainsi que charité le requiert, & ad ce qu'ils soient plus honnestement & religieusement audit Monastere avec leursdits Freres que ailleurs. Laquelle notre Sentence, avis & ordonnance lesdites parties comparans comme dessus, ont émologuée en notre presence; & neanmoins seront tenues icelles passer en ladite Cour, & sans dépens d'un côté & d'autre, avec pouvoir & faculté à chacune desdites parties faire ratifier & approuver notredite Sentence par autorité Ecclesiastique, ordinaire ou Apostolique, afin que pour le tems à venir ceux qui succederont ausdites parties ne puissent icelles empêcher ou contrevenir. En temoih desquelles choses nous avons signé ces Presentes de nos seings manuels, & scellé de nos sceaux le dernier jour de Avril l'an 1492 après Pasques. *Sic signatum supra plicam*, R. Thiboust. R. Briconnet. N. de Hacqueville. P. de Cerisay. E. Poncher. de Carmonne.

DE LA PREVOTE' DE PARIS.

Quittance du Curé de St Paul de la somme de quatre cens livres.

A TOUS CEUX QUI CES PRESENTES LETTRES VERRONT. Jaques d'Eftouteville, Chevalier Seigneur de Beyne & de Blainville, Baron d'Yvry & de St Andry en la Marche, Conseiller Chambellan du Roi notre Sire, & Garde de la Prevosté de Paris. SALUT, sçavoir faisons que pardevant Guillaume Charron & Pierre Jaquet, Notaires du Roi notre-dit Seigneur, de par lui établis au Chastelet de Paris, fut present & comparut personnellement noble & discrette personne Me Charles Dubec, Conseiller du Roi nostre. Seigneur en sa Cour de Parlement, & Curé de l'Eglise Parochiale de St Paul fondée à Paris, lequel de son bon gré & de sa certaine science, sans contrainte ou induction, sur ce bien advisé, conseillé, pourvû & deliberé, si comme il disoit, confessa avoir eu & reçu des Religieuses, Abbesse & Convent de Ste Claire, du Monastere appellé l'*Ave-Maria*, fondé à Paris ès fins, mectes & limites de ladite Cure, par les mains de Jehan Baudin, Marchand Bourgeois de Paris, comme Procureur desdites Religieuses, Abbesse & Convent, la somme de quatre cens livres tournois monnoie courante à present, que par Sentence & appointement donnés en ce present an 1492 ; par nobles hommes & saiges Me Robert Thiboust, Conseiller dudit Seigneur & President en sadite Cour de Parlement, Robert Briçonnet & Nicole de Hacqueville, aussi Conseillers d'icelui Seigneur & Presidens des Enquestes de icelle Cour de Parlement, Pierre de Cerisay & Estienne de Poncher, pareillement Conseillers dudit Seigneur en la susdite Cour, & Christophle de Carmonne, Conseiller & Procureur general dudit Seigneur ; eleus arbitres & amiables compositeurs par lesdits Curé & Religieuses, sur le different qui étoit entre lesdites parties touchant les droits que ledit Curé pretendoit en l'Eglise & Monastere desdites Religieuses, Abbesse & Convent, ainsi que plus à plein étoit & est contenu esdites Lettres de Sentence & appointement, lesdites Religieuses, Abbesse & Convent ont été tenus payer audit Curé de St Paul pour une fois ; pour icelle somme de quatre cens livres tournois employer en douze livres parisis de rente annuelle au profit de ladite Cure à toujours perpetuellement, & desquelles douze livres parisis de rente lesdites Religieuses furent tenues par iceux Sentence & appointement procurer Lettres d'amortissement du Roi notre-dit Seigneur au profit d'icelle Cure, aussi par la maniere & sous les conditions & clauses contenues esdites Lettres de Sentence & appointement ; de laquelle somme de quatre cens livres tournois qui payée, comptée & nombrée fut & a été audit Curé par ledit Jehan Baudin, audit nom procuratoire, en la presence desdits Notaires, en cent écus d'or au soleil, quatre-vingt-cinq écus & demi d'or à la couronne, vingt-cinq écus vieilz, huit lyons, & le surplus en autre or & monnoie ayant cours de present, ledit Me Charles Dubec, Curé dessusdit, se tint & tient à bien content payé & agréé, & en quitta & quitte à toujours ; promit & promet acquitter en son propre & privé nom lesdites Religieuses, Abbesse & Convent envers & contre tous, & si confessa & confesse icelui Me Charles Dubec, Curé, avoir eu & receu desdites Religieuses, Abbesse & Couvent, par les mains d'icelui Baudin audit nom, une Lettre d'amortissement du Roi notre-dit Seigneur, desquelles la teneur s'ensuit :

CHARLES, par la grace de Dieu, Roi de France. Sçavoir faisons à tous presens & advenir, comme ainsi soit que certains Commissaires qui ont été de notre consentement ordonnés & deputés pour connoistre, juger & decider du Procès qui étoit pendant entre les Religieuses de l'Ordre Madame Ste Claire, du Convent & Monastere nommé l'*Ave-Maria*, en notre bonne Ville de Paris d'une part, & le Curé de l'Eglise Parrochiale de Mr St Paoul en ladite Ville de Paris d'autre part, pour raison des oblations & autres droits Parrochiaulx que icelui Curé prétendoit avoir droit de prendre en l'Eglise dudit Convent & Monastere, ayent par leur Sentence diffinitive ordonné & appointé, que en payant & fournissant par lesdites Sœurs ou autre pour elles, la somme de quatre cens livres tournois, affin de la convertir & employer en l'acquisition de douze livres parisis de rente annuelle & perpetuelle, pour bailler & assigner audit Curé de St Paoul & ses successeurs Curés, icelles Sœurs & leurdite Eglise seront & demeureront à toujours quittes & exemptes envers ledit Curé & ses successeurs desdites pretendues oblations & droits parrochiaux quelconques, & Nous & nos successeurs Rois quittes & dechargés de la somme de quatorze livres parisis de rente que ledit Curé avoit droit de prendre par chacun an sur les Exploits de notre Prevosté de Paris, à cause de la fondation que Mr St Louis, notre glorieux Progeniteur, fit premierement dudit Convent de l'*Ave-Maria*. En ensuivant laquelle Sentence Nous avons commandé & ordonné faire fournir, bailler & delivrer des deniers de nos Finances ladite somme de quatre cens livres tournois, pour faire ladite acquisition & assiette audit Curé de St Paoul desdits douze livres parisis de rente, le plustost que faire se pourra, & par ce soit besoin indempner & admortir icelle rente, à ce que ledit Curé ou sesdits successeurs la puisse tenir sans être contraints à en vuider leurs mains. Nous CES CHOSES CONSIDERE'ES, & mesmement que ledit lieu anciennement appellé l'*Hostel des Beguines*, fut, comme dit est, premierement acquis, érigé & fondé par mondit Sieur St Louis notre Progeniteur, qui constitua & établit ladite rente de quatorze livres parisis à ladite Cure de St Paoul, moyennant certaines Messes & autre divin Service que ledit Curé étoit tenu faire & celebrer en la Chapelle dudit *Beguignage*, selon ladite fondation. Consideré aussi la fervente devotion que feue notre très-chere Dame & mere, que Dieu absoille, avoit audit Ordre & Religion de Ste Claire, laquelle par autorité Apostolique à elle commise, fonda, institua & établit de notre consentement & autorité, ledit lieu & *Hostel de Beguignage*, en Monastere & Convent de Sœurs Religieuses dudit Ordre de Ste Claire, pour en icelui icelles resider & demeurer à toujours perpetuellement, celebrans le divin Service selon leur Regle & Profession ; voulans lesdites Sœurs de Ste Claire être & demourer franches, quittes & exemptes de toutes querelles, procès & questions, en maniere qu'elles soient preservées de tous troubles, inquietations & perturbations que s'en peuvent ensuir, & toutes autres œuvres mondains arriere mises, puissent avoir le cœur & esprit tant plus appareillé à vertueusement elles maintenir au service de Dieu, selon l'Ordonnance & Institution de leurdite Profession. Pour ces causes, & specialement affin que lesdites Sœurs soient plus enclines à prier Dieu notre Créateur pour les ames de notredite feue Dame & mere leur Fondaresse, & autres nos Predecesseurs, pour la bonne prosperité de Nous, la paix & tranquillité de notre Royaume, & que soyons de plus en plus participans en leurs merites, prieres & Oraisons, & autres considerations à ce Nous mouvans, avons ladite rente de douze livres parisis, laquelle sera acquise & acheptée de ladite somme de quatre cens livres tournois, que Nous avons pour ce ordonné bailler de nosdites Finances, comme dessus est dit, indempnée & admortie, indempnons & admortissons de notre pleine puissance, grace speciale & autorité Royale par ces presentes audit Curé de St Paoul, & sesdits successeurs Curés ; voulant & octroyant qu'ils & chacun d'eux, en droit soi, la puisse tenir, posseder, prendre & percevoir, quelque part qu'elle leur soit constituée, assise ou assignée, en heritage toutes voyes roturier, & hors fief noble, comme admortie, & à Dieu & à l'Eglise donnée & dediée, sans ce qu'elles puissent être contraintes en

DE LA PREVOTE DE PARIS.

vuider leurs mains, ores ne pour le temps à venir, en quelque maniere ne pour quelconque cause que ce soit, ne tenus pour ce nous payer aucune finance ou indempnité ; & laquelle finance nous avons ausdites Sœurs & Curé quittée, donnée & remise, donnons, quittons & remettons de la grace & autorité que dessus, par cesdites presentes signées de notre main, moyennant ce que Nous & notredite Recepte de Paris, seront & demeureront quittes & deschargés de ladite somme de quatorze livres parisis de rente que prenoit ledit Curé sur lesdits Exploits de notredite Prevosté de Paris, & lesdites Religieuses, Abbesse & Convent, & leurs successeresses dudit Monastere, aussi demeurent & demeureront à toujours franches, & quittes & exemptes de tous lesdits droits Parrochiaux, & autres droits quelconques que ledit Curé & ses successeurs Curés dudit St Paoul, eussent peu ou pourroient prétendre sur elles, leurdite Eglise ou Monastere, à cause des oblations, sepultures, inhumations, administrations de Sacremens de Ste Eglise, & tous autres droits quelconques sans rien excepter ne reserver, ainsi qu'il a été dit & jugé par ladite Sentence. SI DONNONS EN MANDEMEMT par cesdites Presentes à nos amés & feaulx Gens de nos Comptes & Tresoriers, au Prevost de Paris, & à tous nos autres Justiciers & Officiers, & à leurs Lieutenans presens & à venir, & à chacun d'eulx, si comme à lui appartiendra, que de nos presens amortissement, grace, don & choses dessusdites, ils fassent, souffrent & laissent lesdites Sœurs & Curé de St Paoul &, leurs successeurs, joyr & user pleinement, paisiblement & à toujours perpetuellement, sans leur faire, mettre ou donner, ne souffrir être fait, mis ou donné aucun contredit ou empeschement au contraire ; lequel se fait, mis ou donné leur étoit, fassent oster & mettre incontinent & sans delay au neant, & au premier estat & deû, en deschargeant notredite Recette de Paris desdites quatorze livres parisis de rente, que ledit Curé de St Paoul souloit prendre sur lesdits Exploits de Chastelet, comme dessus est dit. Et par rapportant ces Presentes ou *Vidimus* d'icelles fait sous Royal pour une fois, & reconnoissance desdits Curé, Abesse & Convent sur ce suffisante seulement; Nous voulons celui ou ceux de nos Receveurs, à qui ce pourra toucher, en être tenus quittes & deschargés par nosdits Gens des Comptes sans difficulté : CAR TEL EST NOSTRE PLAISIR, nonobstant quelconques Ordonnances, restrictions, mandemens ou deffences à ce contraires ; & affin que ce soit chose ferme & stable à toujours, avons fait mettre notre scel à cesdites Presentes, sauf en autres choses notre droit, & l'autrui en toutes. DONNE' à Paris au mois de May, l'an de grace 1492, & de notre Regne le neuviéme, ainsi signé sous le reply desdites Lettres, CHARLES, & sur ledit repli étoit escrit : Par le Roi, les sires DE MYOLANS, DE PIENNES, DE GRIMAULT, & autres presens, & signé, ROBINEAU. Etoit encore escrit sur icelui repli au bas desdites Lettres, *Visa*; & au dessous, *Contentor gratis*; & signé BOUCHER. Desquelles Lettres d'admortissement ledit Me Charles du Bec Curé, se rint & tient aussi bien content, & en quitta & quitte lesdites Religieuses, leurdit Procureur & tous autres ; & par tant en ce faisant, ledit Me Charles du Bec, Curé dessusdit, quitta & quitte lesdites Religieuses & leurs successeresses, de tous droits Parrochiaux & autres, que il & ses successeurs Curés de ladite Eglise leur eust peu ou pourroient au temps à venir demander à cause d'icelle Cure, en quelque maniere que ce soit ; & ledit Jehan Baudin audit nom procuratoire, & comme soi faisant fort desdites Religieuses; & par lesquelles il promet faire ratifier, quand besoin & requis en sera, promit & promet à icelui Curé le acquitter & ses successeurs Curés de ladite Cure, de tous divins Services & autres charges que ils pourroient être tenus faire audit lieu de l'*Ave-Maria*, aussi en quelque maniere que ce soit. Lesquelles quittances, promesses, convenances, & toutes & chacunes les choses dessusdites en ces presentes Lettres contenues & escriptes, lesdites Parties ès noms & qualités que dessus, chacune en droit soi, promisdrent & jurerent par les foi & serment de leur corps, pour ce par eulx & chacun jurés & baillés personnellement en la presence desdits Notaires, avoir agreable les tenir fermes & estables à toujours, sans jamais à nul jour aller, venir, faire ou dire, contre par eux ou l'un d'eux, ne par autre en aucune maniere, soit par voie d'erreur, ignorance, decepvance ne autrement, comment que ce puisse être. rendre & payer à plein & sans procès, l'une partie à l'autre, tous coutz, frais, missions, depenses, dommages & interests qui faitz & encourus seront par l'un d'eux, au deffault & par la coulpe de l'autre à l'occasion des choses dessusdites, ou aucunes d'icelles non faites, tenues & non accomplies; obligeant quant à ce l'une d'icelles Parties esdits noms à l'autre, & chacun en droit soi tous leurs biens, mesmement ledit Me Charles du Bec, tous ses biens & ceux de ladite Cure, & icelui Jehan Baudin les biens d'icelles Religieuses, Abbesse & Convent, leurs revenus & temporels, & tous tant meubles comme immeubles presens & à venir que ils soubzmirent & soubmettent pour ce du tout à la Jurisdiction & contrainte de ladite Prevosté de Paris, & de toutes autres Justices & Jurisdictions, où trouvés seront par le contenu en cesdites Presentes du tout accomplir & enteriner; & renoncerent en ce faisant expressement par leurdit serment & foi, à toutes exceptions de deception, deceval, de fraude, d'erreur, lezion, circonvention, d'ignorance, de decepvance à tout aide de Droit escrit & non escrit, Canon & Civil; à tous Us, Stils, Coustumes, Privileges & Franchises de Villes, pays & lieux; à action en fait, à condition sans cause, ou pour non juste cause; à tous baratz, cautelles, cavillations, raisons, deffenses, oppositions; à toutes Lettres d'Estat, de grace, respits, reliefs, impetrations, dispensations, absolutions données & à donner; & à toutes autres choses generalement quelconques que l'en pourroit dire contre ces Lettres, leur contenu & effet; & au Droit disant generale renonciation non valoir: mesmement icelui Jehan Baudin au nom que dessus; à tous droits, statuts, privileges, libertés & franchises, faitz, & donnés & introduits pour les femmes, & en leur faveur. En temoing de ce Nous à la relation desdits Notaires, avons mis le scel de ladite Prevosté de Paris à ces Lettres, qui passées furent & accordées doubles, l'an 1492, le Vendredy trentiéme & dernier jour du mois de Novembre. *Sic signatum infrà plicam*, G. CHARRON, P. JACQUET. *Et super plicam earumdem Litterarum sunt talia descripta verba*: Collation est faite du Transport, &c. POST quarum quidem Litterarum præinscriptarum presentationem & receptionem fecimus de parte dictarum Abbatissæ & Conventûs debita cum instancia requisiti, quatenus compromissum & arbitramentum prædicta, & prout illa concerunt omnia, & singula in illis contenta, quatenus erant honesta, authoritate Apostolicâ approbare & confirmare curaremus, & vellemus juxta traditam per præfatum sanctissimum Dominum nostrum Papam, per easdem Litteras nobis formam. UNDE NOS PETRUS, Decanus, Judexque seu Commissarius, & Executor præfatus, attendens hujusmodi requisitionem fore justam, rationabilem & juri consonam: viso diligenter, & attento tenore Litterarum præinsertarum, compromissum & arbitramentum prædicta, & prout illa concerunt omnia & singula in illis contenta, quatenus erant & sunt honesta, authoritate Apostolicâ prædicta approbavimus & confirmavimus, & harum nostrarum Litterarum in serie approbamus & confirmamus, supplentes omnes & singulos deffectus, & qui forsan intervenerunt in eisdem, quæ omnia & singula, ac præinsertas Litteras, & hunc nostrum præsentem processum, & contenta in eisdem vobis universis & singulis quibus nostræ præsentes Litteræ, seu præsens noster processus dirigitur, intimamus, insinuamus ac notificamus, ac ad vestram & cujuslibet

DE LA PREVOTE' DE PARIS.

cujuslibet vestrum deducimus, & deduci volumus per Præsentes, vosque nihilominùs magistrum Carolum du Bec, & vestros in dicta Parrochiali Ecclesia sancti Pauli Parisiensis successores, omnesque alios & singulos supradictos, quibus nostræ præsentes Litteræ diriguntur, tenore Præsentium requirimus & monemus, primo, secundo, tertio, & peremptorum, communiter & divisim, ac vobis & vestrum cuilibet in solidum, in virtute sanctæ Obedientiæ, & sub Excomunicationis pœna districtè præcipiendo mandamus quatenus postquam præmissa ad vestram, & cujuslibet vestrum notitiam devenerint, & postquam pro parte Abbatissæ & Conventûs hujusmodi requisiti fueritis, seu quilibet vestrum requisitus fuerit, arbitramentum prædictum perpetuis futuris temporibus inviolabiliter observetis, & ab aliis, quantum in vobis est observari faciatis. Cæterum, quia forsan imposterum circa ulteriorem executionem præmissorum requiremus personaliter intendere nostris aut aliis arduis negociis, propedie universis & singulis Dominis Abbatibus, Prioribus, Præpositis, Decanis, Archidiaconis, Cantoribus, Succentoribus, Thesaurariis, Sacristis & Canonicis, tum Cathedralium quam Collegiatarum Ecclesiarum, etiam in quibuscumque aliis Dignitatibus, Personatibus vel Officiis constitutis, Archipresbyteris, Rectoribus Ecclesiarum, Vicariis, Capellanis & Beneficiatis, perpetuis Curatis & non Curatis, Presbyterisque, Notariis, Clericis ac Tabellionibus publicis quibuscumque per Civitatem & Diœcesim Parisiensem, & alibi ubilibet constitutis, & eorum cuilibet in solidum sub ulteriori executione præmissorum facienda vices nostras, donec eas ad nos specialiter & expressè duxerimus revocandas, quos & eorum quemlibet in solidum eisdem authoritate & honore requirimus & movemus, primo, secundo, tertio, & peremptorium, communiter & divisim eisdem nihilominus, & eorum cuilibet in virtute sanctæ Obedientiæ, etiam sub excommunicationis pœna districtè præcipiendo, mandamus quatenus ipsi & eorum singuli qui super hoc, ut præmittitur, fuerint requisiti, seu fuerit requisitus; ita tamen quod alter alterum non expectet, nec unus pro alio se excuset, ad vos omnes & singulos supra dictos, personasque & loca, alia de quibus ubi, quando & quoties expediens fuerit, & de parte dictarum Religiosarum, Abbatissæ & Conventûs Monasterii Ordinis sanctæ Claræ, vulgariter dicti *de l'Ave-Maria*, Parisiensis, aut earum Procuratorum sive Procuratoris, fueritis requisiti, seu alter vestrum fuerit requisitus, personaliter accedant seu accedat, & præfatas Litteras Apostolicas, & hunc nostrum præsentem processum, ac omnia & singula in eis contenta vobis communiter aut divisim legant, intiment, & fideliter publicare procurent, faciantque authoritate nostrâ Apostolicâ arbitramentum prædictum, perpetuis futuris temporibus inviolabiliter observari, nonobstantibus omnibus & singulis quæ prælibatus sanctissimus Dominus noster Papa per suas præinsertas voluit nonobstare, & nihilominus omnia alia & singula nobis in hac parte commissa exequantur juxta prædictarum litterarum Apostolicarum, & præsentis nostri processus vim, formam continentis & tenorem. Ita tamen quod dicti Subdelegati nostri, vel quicumque alius, seu alio nichil in præjudicium dictarum Abbatissæ & Religiosarum dicti Monasterii *de l'Ave-Maria*, vel Procuratoris earum valeant actemptare, quomodolibet in præmissis, nec in processibus per nos habitis, aut sententiis per nos latis, absolvendo vel suspendendo aliquid immutare. In cæteris autem quæ eisdem Abbatissæ & Religiosarum præfati Monasterii *de l'Ave-Maria*, nocere possint, ipsis & eorumcuilibet, & quibuslibet aliis potestatem omnimodam denegamus; & si contingat nos super præmissis in aliquo procedere, de quo nobis potestatem reservavimus, non intendimus propterea commissionem nostram hujusmodi in aliquo revocare, nisi de revocatione ipsa specialem & expressam in nostris Litteris fecerimus mentionem, præfatas quoque litte-

Tome III, *NNn

ras Apostolicas, hujusmodique nostrum processum, ac omnia & singula hujusmodi negocium tangentia velimus penès ipsas Abbatissam & Religiosas vel Procuratorem earum remanere, & non per vos aut aliquem vestrum, seu quemcumque alium, ipsis invitis, & contra earum voluntatem quomodolibet detineri: contrarium vero facientes præfatis nostris sententiis prout in his scriptis latè sunt dicta, Canonicâ monitione præmissâ, ipso facto volumus subjacere. Mandamus tamen copias fieri de præmissis eam pertinentibus, & habere debentibus quidem sumptibus & expensis, absolutionem vero omnium & singulorum qui præfatas nostras sententias, aut earum aliquam incurrerint seu incurrerit, quoquomodo nobis vel Superiori nostro tantummodo reservamus; per processum autem nostrum hujusmodi nolumus nec intendimus nostris in aliquo præjudicare Collegiis, quominus ipsi, vel eorum alter, servato tamen hoc nostro processu in hujusmodi negocio procedere valeant, prout eis vel eorum alteri visum fuerit expedire. In quorum omnium & singulorum fidem & testimonium præmissorum sigillum nostrum unà cum signis & subscriptionibus Notariorum publicorum subsignatorum, & subscriptorum præsentibus nostris Litteris fecimus & jussimus apponi. Datum & actum Turonibus in domo nostræ pro hoc tempore residentiæ, in qua pendet pro intersigni Imago B. Marthæ, super magno vico Villæ Turonensis, die vigesimâ sextâ mensis Maii, anno Domini 1494. *Et au dessous desdites Lettres est escrit ce qui s'ensuit.* Et ego Franciscus Jaret, Clericus Turonensis Diœcesis, in Legibus Licentiatus, & in Jure Canonico Bachalarius, publicus authoritate Apostolicâ, Curiæque Metropolitanæ Turonensis Notarius ; quia præinsertarum Litterarum Apostolicarum sub forma breve præsentationi, receptioni, requisitioni, Censurarum fulminationi, compromissi & arbitramenti præinsertorum confirmationi & approbationi, præsentisque processus petitioni & decreto, & aliis omnibus & singulis, dum sic ut præmittitur, dicerentur, agerentur & fierent unà cum venerabili Connotario subscripto, præsens interfui, eaque sic fieri vidi & audivi ; idcircò huic præsenti publico instrumento processum in se continenti, manu alterius fideliter scripto signum & subscriptiones meas apposui consuetas, in fidem, robur & testimonium veritatis omnium & singulorum præmissorum, requisitus & rogatus. Et ego Christianus Flamigi, Presbyter Noviomensis Diœcesis, in Artibus Magister, publicus Apostolicâ & Imperiali authoritatibus Notarius; quia prædictarum Litterarum Apostolicarum in forma brevis, præsentationi, receptioni, requisitioni, Censurarum fulminationi, compromissi confirmationi ac approbationi, præsentisque processus petitioni & decreto, & omnibus & singulis, dum sic ut præmittitur, dictum Dominum Judicem dicentur, agerentur & fierent unà cum venerabili Notario suprascripto, præsens interfui, eaque omnia & singula sic fieri vidi & audivi, & in notam sumpsi ; idcircò hoc præsens publicum instrumentum, manu alterius fideliter scriptum, unà cum sigilli dicti Domini Judicis appensione, & Notarii supra scripti subscriptione, subscripsi publicam, & in hanc publicam formam redegi, signoque & nomine meis solitis & consuetis signavi in fidem & testimonium omnium & singulorum præmissorum requisitus & rogatus. *Auquel Procès dessus transcript est pendant le scel dudit Doyen de St Germain.*

Collatio præsentis Copiæ facta fuit cum originali processu dicto signato & sigillato, ut supra cavetur : etiam facta fuit Collatio ad originalibus Litteris Regiis admortisamenti duodecim librarum parisiensium, transcriptis in dicto processu, in Camera Compotorum Domini nostri Regis, Parisius die vigesimâ octavâ Septembris 1507, per nos Auditores Regios ibi, signé Ripaut & C. Fontenay, avec paraphe.

DE LA PREVOTE' DE PARIS.

Carmes establis par St Louis au lieu où sont maintenant les Celestins.

LUDOVICUS, Dei gratiâ, Francorum Rex. Noverint universi præsentes pariter & futuri, quod cùm nos divini amoris intuitu pro salute animæ nostræ, necnon & pro remedio animarum inclytæ recordationis Regis Ludovici genitoris nostri, & Reginæ Blanchæ genitricis nostræ, ac aliorum antecessorum nostrorum, in perpetuum concessissemus Fratribus de Ordine Beatæ Mariæ de Monte Carmelo, domum quandam ad habitandum, sitam Parisius in Parrochia sancti Pauli; in qua domo ex ordinatione dilectissimi & fidelis nostri Episcopi Parisiensis, & interveniente consensu Presbyteri Parrochialis sancti Pauli, necnon Abbatis & Conventûs Fossatensis, & Prioris sancti Eligii Parisiensis Ecclesiæ, Cimiterium ædificare valerent, ne forte imposterum ex adventu & remanencia dictorum Fratrum, quantùm ad oblationes, obventiones & alia jura Parrochialia dictus Parrochialis Presbyter se gravatum : nos in recompensationem prædictorum de assensu Presbyteri Parrochialis, qui nunc est, eidem & successoribus suis in perpetuum concedimus, ut ipsi habeant quatuor libras parisienses singulis annis, in Præpositura nostra Parisiensi percipiendas, medietatem videlicet ad Purificationem Beatæ Mariæ, & aliam medietatem ad festum omnium Sanctorum. Quod ut ratum & stabile permaneat in futurum, præsentes Litteras sigilli nostri fecimus impressione muniri. Actum Parisius anno Domini 1259, mense Septembri.

DATUM per copiam. Universis præsentes Litteras inspecturis. Frater humilis, Abbas Monasterii Fossatensis, totiusque Conventûs ejusdem loci, salutem in Domino. Notum facimus nos Litteras Religiosi viri Johannis Prioris sancti Eligii Parisiensis vidisse & inspexisse, in hæc verba. UNIVERSIS Præsentes Litteras inspecturis, J. humilis Prior sancti Eligii Parisiensis, salutem in Domino. Noveritis quod nos volumus & concedimus quod Fratres de ordine Beatæ Mariæ de Monte Carmeli habeant & possideant in perpetuum pacificè & quietè in Manu-mortua, domum quandam, sitam Parisiis in terra nostra, in Parrochia sancti Pauli, quam domum emerunt à Philippo Buketry, & quod in ea Ecclesiam ædificare, divina celebrare valeant, & infrà clausuram suam habeant Cimiterium & Campanam, recompensationem etiam quadraginta solidorum parisiensium annui redditus, quam Ludovicus, Dei gratiâ, Rex Francorum illustrissimus, fecit nobis & successoribus nostris pro admortisatione dictæ domûs, & recompensatione quatuor librarum annui redditûs, quam idem Rex fecit Presbytero sancti Pauli & ejus successoribus pro adventu & remanencia dictorum Fratrum in dicta Parrochia. Approbamus, concedimus ordinationem quam Reverendus Pater R. Dei gratiâ, Parisiensis Episcopus, fecit inter ejus Presbyterum & ejus successores, & Fratres suprà dictos ; & promittimus nos omnia suprà dicta, & singula observare, & contrà de cætero non venire : in cujus rei memoriam & testimonium præsentes Litteras sigillo nostro fecimus sigillati. Datum anno Domini 1259, mense Februarii. Præmissa autem omnia & singula, velut præmissa sunt, ad petitionem dicti Prioris & Fratrum prædictorum, volumus, laudamus pariter & approbamus, in cujus rei testimonium sigilla nostra Præsentibus duximus apponenda. Datum anno Domini 1259, mense Februarii. Actum Parisiis anno Domini 1353, primâ die Aprilis, sub sigillo venerabilis & discreti viri Religiosi Fratris Johannis, Prioris Parisiensis Fratrum Beatæ Mariæ in Conventu Parisius Beatæ Mariæ de Monte Carmeli.

Tome III. *NNn ij*

Accord entre les Celestins & le Curé de St Paul.

IN NOMINE DOMINI. *Amen.* Per hoc præsens publicum instrumentum, cunctis pateat evidenter, quod cum inter venerabilem & discretum virum Dominum Johannem Meynardi, Presbyterum, Curatum Parochialis Ecclesiæ sancti Pauli Parisiensis, suo & dictæ Ecclesiæ suæ nominibus, ex una parte; & Religiosos, Priorem & Fratres seu Conventum Celestinorum Parisius, Ordinis sancti Benedicti secundum instituta sancti Petri Confessoris, ex altera. Dudum lis seu controversia ac materia quæstionis orta fuisset, super eo quod dictus Dominus Johannes, nominibus prædictis, dicebat ac asserebat quod ipsi Religiosi infrà limites & metas Parochiæ suæ, in loco videlicet ubi nunc degunt mansionem & domicilium sibi elegerunt, ibidemque Ecclesiam ac eorum Monasterium ac magna plura & notabilia ædificia ædificaverant & construxerant, ipso Curato non vocato & penitùs inconsulto, imò hoc posse tenùs contradicente & deffendente; & insuper quòd ipsi Religiosi, à tempore dictæ ædificationis, citrà videlicet prædecessorum ipsius Curati & suo temporibus, plura Parochianorum dicti Curati & aliorum deffunctorum corpora à sua Parochia assumpserant & in eorum Ecclesia, Monasterio seu Cimeterio ad sepulturam Ecclesiasticam & inhumationem detulerant seu permiserant, procuraverant, & fecerant deferri & sepeliri ac etiam inhumari, inter quæ fuerant & adhuc sunt Dominorum Milonis Montel, Oliverii Ducroc, Presbyterorum, Hannequin de Camera, Johannis Messagerii, Johannis Marchant, familiarium Reverendissimi in Christo Patris Domini Archiepiscopi Senonensis, & Alexandri de Suessione, & plurium aliorum cadavera seu corpora in dicto eorum Monasterio, Ecclesia seu Cimeterio inhumari, licet aliqui ipsorum sepulturam suam apud dictos Religiosos minimè elegissent, & oblationes & emolumenta quæ ratione funeralium prædictorum dicto Curato debebant pertinere, receperant & converterant in usus suos; quæquidem oblationes & emolumenta ascendere possunt, juxta communem æstimationem, ad summam ducentarum librarum Turonensium, & insuper quod ipsi Religiosi temporibus retrò actis ultrà funeralia prædicta, plures alias oblationes tam in pecunia quam in cera & aliter infrà eorum usibus convertendas, licet de jure communi ad ipsum Curatum debuissent & debeant pertinere, quæquidem oblationes & alia ultrà funeralia prædicta ascendunt juxta communem æstimationem ad summam mille librarum tutonensium, quòdque deffuncto Johanni Olo, Pullario Domini nostri Regis dum viveret, Sacramenta Ecclesiastica, videlicet Eucharistiæ & Extremæ-Unctionis, ministraverant, & in eorum Ecclesia corpus ejus fecerant & permiserant inhumari. Et quia dictus Curatus dicebat & asserebat præmissa omnia & singula facta esse & fuisse in sui & Ecclesiæ suæ præjudicium non modicum & gravamen, propter hoc Sedem Apostolicam consuluit, à qua obtinuit Rescriptum dirigens venerabili & discreto viro Officiali Parisiensis, qui auditis partibus prædictis & conclusionibus dicti Curati, concludentibus ex præmissis, & petentis restitutionem dictorum corporum inhumatorum si commodè fieri posset sibi & Ecclesiæ suæ fieri, necnon oblationum & emolumentorum prædictorum sub valore & æstimatione antè dictis, pluribusque rationibus hinc indè tam dilatorum quam declinatorum propositis juris ordine servato, in processu Sententiam interlocutoriam tulit pro dicto Curato & contra Religiosos antè dictos. Cùmque à dicta Sententia pro parte Religiosorum fuisset ad Sedem Apostolicam appellatum, & coram venerabili & discreto viro Magistro Hugone Fabri, sacri Palatii Auditore, Judice à Sede Apostolica super hoc delegato, super ipsa appellationis causa aliquamdiu litigatum, tandem die datæ præsentium coram Reverendo in Christo Patre Domino Aymento, Dei gratiâ Parisiensi Episcopo, in præsentia mei Notarii publici & teftium infrà scriptorum ad hæc vocatorum & rogatorum personaliter constituti, dictus Curatus ex una parte, & Frater Johannes de Nogent, Prior dicti Conventus Celestinorum, ex altera, recognoverunt & confessi fuerunt ex eorum & cujuslibet ipsorum spontanea voluntate super omnibus & singulis debatis, litibus & controversiis suprà dictis, de præcepto & ordinatione Domini nostri Regis, ac mediante consilio Reverendissimi in Christo Patris & Domini Domini Johannis, titulo sanctorum quatuor Coronatorum Presbyteri Cardinalis, ad evitandum litium & controversiarum anfractus invicem pacificasse, transegisse, convenisse, ac etiam concordasse, pacificaveruntque, transegerunt, convenerunt & concordarunt invicem, modo & forma qui sequitur ; & primò quòd dictus Curatus pro omnibus & singulis oblationibus tam in pecunia quam in cera, & pro omnibus juribus & emolumentis, quæ tam ratione funeralium deffunctorum prædictorum & aliorum quorumcumque temporibus retroactis in dicto Monasterio, Ecclesia, seu Cimeterio Religiosorum prædictorum sepultorum, omnibusque aliis & singulis petitionibus & demandis, quæ dictus Curatus tam suo quam prædecessorum suorum nominibus, pro toto tempore præterito usque ad presens, eisdem Religiosis occasione præmissorum, petebat & petere poterat, esto quod sibi competerent & competiissent ut dicebat, nec non pro omnibus & singulis missis, custibus, dampnis, sumptibus, expensis, deperditis, & interesse quos quas & quæ occasione litis hujusmodi & in profecutione ipsius sustinuit idem Curatus usque nunc, & de quibus ipsos Religiosos prosequi potuisset si succumbuissent in causa eosdemque Religiosos & successores suos & omnes illos quorum interest & intererit, in futurum quittavit & absolvit, ac quitos perpetuò propter hoc penes ipsum voluit remanere mediantibus centum florenis auri, vocatis vulgariter *Francs* dicugno dicti Domini nostri Regis, quos dictus Curatus recognovit & confessus est realiter recepisse & habuisse à Religiosis supra dictis, ipsosque Religiosos & eorum successores de dictis centum francis auri quittavit; pactum expressum solemni stipulatione vallatum faciendo de dicta summa ulterius non petendum ac exceptione dictæ summæ per ipsum non receptæ & non numeratæ, speique numerationis & receptionis futuræ ejusdem renuncians specialiter & expressè transegerunt : quæ insuper convenerunt & concordaverunt invicem, quòd quatuor libræ parisienses annui & perpetui redditûs qui dudum assignati fuerunt super recepta Parisiensi prædecessorum dicti Curati ratione dictæ Ecclesiæ suæ prædictæ in recompensationem oblationum quæ tunc fiebant in domo seu Ecclesia tunc fundata & sita in eodem loco ubi nunc sita est Ecclesia Celestinorum prædictorum, qui tunc vocabatur domus seu Ecclesia de Barretis, quosque quatuor libras dicti Celestini à dicto Domino nostro Rege ex dono se obtinuisse dicebant de cætero dicto Curato & successoribus suis perpetuò remanebunt, absque eo quòd dicti Religiosi & eorum successores in eisdem à modo valeant aliquod jus reclamare ; quam quidem transactionem, pactum, conventiones & concordiam suprà scriptam, eo modo quò superius exprimuntur, dictus Curatus suo & Ecclesiæ suæ, & dictus Prior suo Prioratusque & Conventus ac Fratrum suorum pro quibus se ingessit, quoad hoc nominibus, promiserunt per fidem suam, propter hoc in manibus mei Notarii publici vice nomine, & ad opus omnium & singulorum quorum interest vel intererit, solemniter stipulantibus corporaliter præstitam, juraveruntque quilibet ipsorum in verbo Sacerdotis tenere, complere & inviolabiliter observare, & nunquam contra facere vel venire verbo aut facto per se vel per alium occultè vel palàm ; quod si contra fecerint vel venirent, voluerunt quod parti contravenienti omnis judicialis actio præcludatur, tamque temerè venienti contra suum proprium juramentum, se quoad omnia & singula supra dicta firmiùs & pleniùs ad implenda & tenenda, Curatus & Prior supra dicti, nominibus quibus suprà, quibus ex sua parte & omnia bona sua Ecclesiæque & Prioratus prædictorum, unus, alius & uterque, michi Notario publico infrà scipto ut suprà, stipulanti specialiter & efficaciter obligando sub omni juris & facti renunciatione pariter & curatela, de quibus omnibus & singulis uterque ipsorum voluit & petiit sibi fieri publicum instrumentum per me Notarium publicum infrà scriptum. Acta fuerunt hæc Parisius in domo Episcopali & in Camera dicti Reverendi Patris, anno Domini millesimo trecentesimo septuagesimo-secundo, secundum usum Ecclesiæ Gallicanæ, indictione undecima die vicesima mensis Decembris, Pontificatûs sanctissimi in Christo Patris & Domini nostri Domini Gregorii, divinâ providentiâ Papæ undecimi anno secundo, præsentibus Reverendo Patre Domino Aymerico, Dei gratiâ Episcopo Parisiensi suprà nominato, ac venerabilibus & discretis viris Magistris Johanne Talary, Archidiacono de Pontivo in Ecclesia Ambianensi, Nicolao *le Vernis*, in utroque jure Licentiato, Officiali Parisiensi, & pluribus aliis testibus ad hæc vocatis specialiter & rogatis.

Et ego Johannes Barbitonsor, dictus de sanctis, Belvacensis Diœcesis Clericus, Apostolica & Imperiali authoritate publicus Notarius qui dictis transactioni, paci, conventioni & concordio, ac omnibus & singulis suprà scriptis, dum ut præmittitur, agerentur & fierint, una cum prænominatis testibus præsens fui, eaque fieri vidi & audivi, præmissa in notam recepi, de qua nota hoc præsens publicum instrumentum extrahi & grossari per alium feci, pluribus aliis negotiis occupatus, ipsumque publicavi, & in hanc publicam formam redegi, signoque meo solito signavi requisitus in testimonium veritatis, omnium & singulorum præmissorum rasura superiùs facta, in his vocabulis unctionis propter hoc Ambianensis approbans quantum possum.

Et nos Officialis Parisiensis ad relationem dicti Notarii publici, cum in his & majoribus fidem indubiam adhibemus, quia etiam præsentes fuimus in præmissis, ad majorem confirmationem veritatis huic præsenti publico instrumento sigillum Curiæ Parisiensis duximus apponendum. Datum anno & die prædictis.

Collatio præsentis Copiæ facta fuit cum Litteris originalibus in Camera Compotorum Domini nostri Regis Parisius, die secunda Octobris 1507. Signé RIPAULT, avec paraphe.

Procès-verbal touchant l'Hostel de Beautreillis.

Du troisiéme Avril 1554.

De l'Ordonnance de Me Belot, & Briçonnet, deux de Messieurs les Commissaires, pour visiter les logis, cours, jardins, jeu de paulme & appartenances de l'Hostel de Beautreillis, faisant front pardevant sur la rue St Antoine, & de l'un des côtés tout au long à la rue du Petit-Musse, pour sçavoir leur disposition & mesure, quelle chose on peut faire pour la decoration de la Ville, combien de places à bâtir, &c.

L'Hostel de Beautreillis se consiste sur le devant de la rue St Antoine, en commençant d'un grand corps de logis fait depuis vingt-cinq ans, & qui a demeuré inutile & non parachevé, outre lequel se rencontre les cours, mazure, gallerie & corps d'Hostel à demi-ruinés, le grand jardin qui s'elargit & tourne par derriere les maisons qui sont assises en ladite rue St Antoine jusqu'en la rue du Petit-Musse, avec le jeu de paulme aboutissant contre le Cimetiere de l'Eglise de St Paul. Le front devant lesdits lieux sur ladite rue St Antoine, contient onze toises quatre pieds de largeur en la maison du Commissaire de l'Artillerie *Raconis*, jusqu'à la maison de Guil-

DE LA PRÉVOTÉ DE PARIS.

laume Lauvent, Guillaume Rault & autres, sur treize toises & demie largeur ou profondeur depuis ladite rue St Antoine jusqu'au commencement & entrée du jardin du jeu de paulme.

Ledit jeu de paulme contient quatorze toises & demie de largeur profondeur, outre lesdites treize toises & demie depuis lesdites treize toises & demie jusqu'au Cimetiere de l'Eglise de St Paul, sur cinq toises deux pieds de largeur à prendre après l'encoigneure dudit Cimetiere, & pour équarir le jardin.

Le jardin contient depuis la rue du Petit-Musse jusqu'au jeu de paulme, entrant en icelui jeu de huit pieds après l'encoigneure dudit Cimetiere, à prendre le long de l'arrasement des maisons scises rue St Antoine, aboutissant sur ledit jardin, quarante-neuf toises cinq pieds de large au bout dudit jardin contre les logis baillés à feu Mr de Boncœur, Me Jean Bouin & Guillaume de St Jorre. icelui jardin contenant trente-sept toises & demie de large, & par le milieu & travers dudit jardin depuis la rue du Petit-Musse jusqu'au Cimetiere St Paul quarante-quatre toises aussi de large : & quant à la longueur dudit jardin il contient le long de la rue du Petit-Musse depuis une maison que tient Jehan Thevenin, jusqu'audit feu de Boncœut, cinquante-huit toises, & le long du Cimetiere St Paul & du jeu de paulme dessusdit; ledit jardin ne contient que cinquante-une toises deux pieds & environ de la rue qui se fera ci-après declarée cinquante-trois toises.

Dans lesquels lieux on peut faire pour la décoration de la Ville trente-sept places à bâtir, sçavoir.

Du côté de la rue St Antoine trois places.

Quant au jardin de Beau treillis, faut faire une rue qui prendra depuis la rue St Antoine jusqu'à une rue nommée la rue neuve St Paul de vingt-un pieds de large entre deux murs, qui se prendra vis-à-vis & à l'opposite d'une rue qui ne contient que dix-huit pieds de largeur, dont y a une maison au coin sujette pour ladite rue.

Pour percer laquelle rue faudra prendre le lieu d'une cour & mazure & petite maison appartenante à l'Eglise St Paul, scise entre ledit jardin & ladite rue St Antoine, ne contenant que dix pieds & demi de large sur la profondeur de treize toises & demie, sera fait deux rangs de places entre ladite rue, qui sera percée le long dudit jardin & la rue du Petit-Musse; sçavoir l'un du côté du Petit-Musse & l'autre du côté de la rue qui sera percée, & du rang du côté du Petit-Musse douze places, & l'autre côté de ladite rue qui se fera neuve depuis icelle rue jusqu'au Cimetiere St Paul, & à la premiere place sur ladite rue St Antoine, qui est aujourd'hui l'endroit du jeu de paulme, se feront onze places, dont les dix premieres à commencer de la rue St Antoine auront chacune trente pieds de largeur sur ladite rue.

HOSTEL DES LIONS, 1522.

A NOSSEIGNEURS DES COMPTES.

S. H. Amé de Regno, premier Huissier de la Chambre du Roi notre Sire. Comme ledit Seigneur par ses Lettres Patentes expediées de Vous, nosdits Seigneurs, ait fait don audit Supliant d'une maison, appellée *la Maison des Lions*, assise en ceste Ville de Paris près St Paul, ses appartenances & dépendances, pour en jouir sa vie durant seulement, toutefois au moyen de ce que ladite maison est fort caduque, en laquelle il est besoin faire plusieurs grandes reparations, même icelle faire bastir & édifier tout de neuf, icelui don lui est de petite valeur; davantage seroit icelle maison en voye & danger de tomber en ruine & décadence sans faire icelles grandes reparations, lesquelles ledit Supliant ne sçauroit bonnement faire qu'il ne lui en coutast beaucoup plus qu'il n'en pourroit avoir cy-après, attendu qu'il ne la tient que à sa vie durant seulement. A cette cause, desirant seulement ledit Supliant soi habiter & loger en cettedite Ville, il seroit content icelle prendre a titre de Cens & Rente a toujours, & icelle faire refaire & bastir tout de neuf à ses dépens, ou y faire telles autres reparations requises & necessaires; tellement que ledit Cens & Rente, à quoi lui seroit baillée ladite maison, y pourroit doresnavant être pris & perçu par chacun an; & en ce faisant, renoncer à son droit de viage. Se votre plaisir étoit sur ce lui en faire Bail, qui seroit pour le profit du Roi notredit Seigneur, & augmentation de son Domaine.

Ce considere', il Vous plaise bailler & delivrer audit Supliant ladite Maison, ses appartenances & dépendances, pour en jouir à toujours, moyennant onze deniers parisis de Cens, & quatre livres parisis de rente par chacun an, qui est tel & semblable prix à quoi avés fait Bail à Jaques Rombaix, d'une autre maison joignant à icelle, ou autres charges que vos nobles discretions adviseront, & Vous ferés bien. Et autant de ladite Requeste est escrit. *Committuntur Magistri Johannes Villon & Johannes Teste, Regis Consiliarii, suorumque Compotorum Magistri ad visitandum loca, vocatis Magistris operum, & referetur. Actum ad Burelium, vigesimâ tertiâ Decembris 1522.* Et est encore escrit : *Auditâ relatione Commissariorum, & visa apretiatione Magistrorum operum, proclametur domus more solito, & super hoc fiat mandatum ordinatione Dominorum. Actum ad Burelium, Thesaurariis Franciæ existentibus, duodecimâ Januarii 1522.* signé DE LA CROIX.

A Nobles hommes & sages Mrs, Mes Jehan Villon, Teste, Conseillers du Roi, & Maistres en sa Chambre des Comptes à Paris, Commissaires en cette partie, Guillaume de la Ruelle, general Maistre des Oeuvres de Maçonnerie du Roi notredit Seigneur, & Jehan le Comte, Charpentier Juré d'icelui Seigneur en l'Office de Charpenterie, honneur, service & reverence avec due obéissance. Messieurs, plaise vous sçavoir que de votre Ordonnance & commandement à nous fait de bouche, les Mardi trente, & Mercredi trente-un Decembre 1422, nous sommes transportés en un Hostel, nommé *l'Hostel des Lions*, assis à Paris en la rue St Paul, & ayant issue en *l'Hostel de la Cour de la Reine*, & d'autre part à pour voir & visiter ledit Hostel, tant pour sçavoir en quoi il se consiste, & quelle longueur & largeur contiennent les corps d'Hostel, édifices, cours, jardin & appartenances d'icelui; comme à sçavoir ledit Hostel peut valoir d'argent comptant pour une fois; lequel Hostel nous avons veu & visité, ainsi qu'il appartient, & avons trouvé que ledit Hostel se consiste en corps d'Hostel, édifices, cours & jardins cy-après declarés, lesquelles contiennent les longueur & largeur dont cy-après sera fait mention, ainsi & en maniere qui s'ensuit.

Et premierement avons trouvé que ledit Hostel se consiste en un corps d'Hostel à pignon sur ladite rue St Paul, auquel il y a sellier au-dessous, sallette & allée au rès de chaussée, chambre & grenier au dessus, contenant quatre toises cinq pieds & demi de long, à prendre du dedans au dehors œuvre sur rue, sur treize pieds & demi de lé à prendre par dedans œuvre. *Item.* Une viz sur rue en forme d'enclave, contenant huit pieds & demi en tous sens. *Item.* En un édifice outre ledit corps d'Hostel, couvert en comble & en appentis, auquel il y a petite sallette au rès de chaussée, chambre, gallerie & grenier au-dessus, contenant dix-sept pieds un quart de long sur treize pieds & demi de lé à prendre par dedans œuvre, un petit retrait à costé. *Item.* En une cour ensuivant, contenant cinq toises de long sur vingt pieds de lé, en laquelle cour y a viz de cinq pieds dedans œuvre. *Item.* En un corps d'Hostel outre ladite cour, du costé de l'Eglise St Paul, auquel y a sallette au rès de chaussée, chambre & grenier

DE LA PREVOTÉ DE PARIS.

nier au-dessus, contenant trois toises deux pieds de long, compris une époisse, sur neuf pieds de lé à prendre par dedans œuvre. *Item.* En un petit édifice couvert en forme d'appentis, auquel y a petite estable contenant quinze pieds & demi de long sur douze pieds de lé, compris l'allée joignant. *Item.* En un autre corps d'Hostel il y a puits & viz, deux sallettes au rès de chauffée, chambre & grenier au-dessus, contenant cinq toises un pied & demi de long sur quinze pieds de lé, à prendre du dedans au-dehors œuvre. *Item.* En une cour outre ledit corps d'Hostel de six toises trois pieds & demi de long sur cinq toises un pied & un quart de lé, compris la gallerie & montée étant en ladite cour. *Item.* En un corps d'Hostel de six toises trois pieds,& demi de long sur cinq toises un pied un quart de lé, compris la gallerie & montée étant en ladite cour. *Item.* En un corps d'Hostel à un desdits costés de ladite cour,auquel il y a deux chambres au rès de chauffée, chambres & greniers au-dessus, de six toises demi pied de long sur quatorze pieds de lé. *Item.* Un grand édifice appliqué à estables, & greniers au-dessus, contenant six toises & demi de long sur neuf pieds & demi de lé. *Item.* En un jardin derriere, contenant dix-neuf toises deux pieds de long sur dix-huit toises & demi de lé, à prendre par dedans œuvre. Et si avons prisé & estimé, prisons & estimons ledit Hostel à la charge du cens, que ce peut debvoir seulement la somme de mille livres tournois, argent comptant pour une fois : & nous semble, & est avis que ledit Hostel y seroit assés vendu, eu égard à l'assiette d'icelui, aux grandes reparations qui y sont à faire ; & mêmement que lesdirs corps d'Hostel & édifices d'iceux sont en ruine & decadence, & ne sont de longue durée. Et tout à vous certifions être vray, & avoir été par nous lauïaument fait à nos povoirs, tesmoings nos seings manuels cy-mis l'an & jour dessusdit. Signé LE COMTE & DE LA RUELLE.

ORDINAIRE DE PARIS, 148*e*.

DOMAINE NON MUABLE.

Fol. 35   Sire Germain Bracque.
36 *verso.*   Les heritiers feue Marie de la Porte, en son vivant femme de Me Mathurin Baudet, Procureur du Roi aux Generaux.
86 *verso.*   Les Hostels d'Artois, de l'Estoille & du Grand-Lion, reunis au Domaine par Charles VIII, par la revocation des dons faits par Louis XI son pere.
89   Me Bertrand l'Orfevre, fils de Me Pierre l'Orfevre Maistre des Comptes
118 *verso.*   Eustache de Menteville, Escuyer, fils & heritier par benefice d'inventaire de feu Nicolas de Menteville.

DOMAINE MUABLE.

211   De Pierre Chenart, Sonneur de cloches au Palais à Paris, Guillaume Lescot & sa femme, pour une maison assise en la Cour du Palais devant la Chambre des Comptes, sur les degrés par où l'on va aux galleries de la Chambre de la Reine, &c.

EAUX & FORESTS.

260 *verso.*   Me Leon Tudart, Lieutenant general de Mr le Maistre des Eaux & Forests ès pays de France, Champagne & Brie.
263   Me Jean le Moine, Clerc du Roi en sa Chambre des Comptes.

COMPTES ET ORDINAIRES

VENTE DE CENS.

267 *verso.* Jehanne Thumery, veuve de Me Jehan le Cornu, en son vivant Prevost de l'Hostel du feu Roi Louis, dernier trepassé, & Greffier de la Prevosté de Paris.

268 *verso.* Jehan Parfait, Marchand Drapier, Bourgeois de Paris, & Denyse sa femme, pour une maison scise en la rue Chartron, dite des Mauvais-garçons.

272 *verso.* Honorable femme Jehanne, veuve de Jaques Choart, en son vivant Drapier & Bourgeois de Paris.

274   Noble homme Jehan de Paris.

274 *verso* Honorable homme & saige, Me Jehan Mesme, Notaire & Secretaire du Roi.

275   Honorable homme Jehan le Lievre, Marchand & Bourgeois de Paris.

280   Noble homme Antoine Sanguin, Escuyer.

281   Maison scise en la rue de la Barillerie devant les murs du Palais, faisant le coin de la ruelle des Estuves St Michel.

verso. Philippes Foucault, Marchand & Bourgeois de Paris,

Idem. Honorable homme & saige Me Jehan de Ruel, Licentié en Loix, Conseiller & Auditeur du Roi notre Sire des Causes au Chastelet de Paris.

284 *verso.* Honorable homme Jehan de la Porte, Procureur au Chastelet de Paris.

Idem. Me Jehan Mesme, Notaire & Secretaire du Roi, Jehan Mesme Bourgeois de Paris

Charles Garnier Procureur au Chastelet, au nom & comme tuteurs & curateurs de Me Guy Mesme, Maistre ès Arts, Estudiant en l'Université de Paris.

Rachats, Reliefs, & quints deniers.

288   Antoine de Chevry & Marie du Bois sa femme, auparavant femme de Charles de Gondonvilliers, & au nom & comme ayant le bail & garde des enfans dudit Gondonvilliers & d'elle, pour le Relief de la Terre & Seigneurie du Chastel de Touquin, mouvant de Tournant en Brie, dont il a fait hommage à la Chambre, le douze Octobre 1484.

verso. Louis de Villiers, Escuyer, Seigneur de Charlemaison près Provins, pour le Relief des Fiefs de le Sergent, du Fief du Petit-Muce, du Fief de Culevert, & du Fief de la Bourgongnerie, mouvant de Tournant en Brie, dont il a fait hommage entre les mains de Monsieur le Chancelier, le treize Juillet 1484. Lesdits Fiefs eschus audit Louis de Villiers par le trepas de Pierre de Villiers, & de feu Jehanne de Ponville jadis sa femme, ses pere & mere.

301   Me Emery Olivier, au lieu de Mre Guillaume Bourdin Prestre, Chapelain des Quinze-vingts aveugles de Paris, fondés par Mr St Louis au Grand-Autel de l'Eglise des Quinze-vingts.

Idem. Me Jehan Hue Curé de St Andry des Arts, au lieu de Me Thomas de Courcelles.

307 *verso.* Guillaume Molinet, à cause de sa femme fille de Gervais Larcher, Vendeur de Poisson de mer ès Halles de Paris.

328 *verso.* Mre Yvon du Fou, Chevalier, Concierge de St Germain-en-Laye.

DE LA PREVOTÉ DE PARIS.

329   Mre Antoine de Beauvau, Chevalier, Seigneur de Precigny, Bailly & Concierge du Palais-Royal à Paris.
verso. François Bozille Capitaine de Corbeil.
333   Louis du Gué, Capitaine de St Cloud, Gruyer de la Forest de Rouvray, au lieu de Me Olivier le Dain.
336   Mre Estienne de Vest, Conseiller & Me Enquesteur des Eaux & Forests du Roi és pays de France, Champagne & Brie.
verso. Noble homme Jaques d'Estouteville, Escuyer, Garde de la Prevosté de Paris.
Idem. Me Jehan de Nanterre, Procureur General du Roi.
355 *verso.* Galliot de Janoillac, Escuyer, Seigneur de Bouffac, Maistre de l'Artillerie du Roi.
Idem. Mre Gillebert du Puy, Chevalier, Concierge du Bois de Vincennes.
356 *verso.* Me Jaques Herbault, Notaire & Secretaire du Roy, & n'agueres Huissier de la Chambre des Comptes.
357   Marc Seresme, à present Huissier de la Chambre des Comptes, au lieu dudit Me Jaques Herbault, par Lettres dattées de Montargis le dix-neuf Decembre 1484.
357 *verso.* Me Denys le Mercier, Garde de la Maison des Aveugles de Paris.

OEUVRES ET REPARATIONS.

369 *verso.* Paveur de grés & de rabot, pour plusieurs ouvrages de grés & de rabot.
373 *verso.* Reparations faites en la Conciergerie du Palais, où demeure Mr de Precigny President des Comptes.
382 *verso.* Reparations faites au Pont-au-Change, lequel étoit fondu du costé de l'Horloge du Palais.
390   Une petite Justice faite de neuf prés la Justice de Montfaucon, le Lundy septiéme Fevrier 1485. Est fait mention de la Justice nommée de Montigny, dont les pierres, furent employées à faire ladite nouvelle Justice; il fut mis à ladite Justice quatorze chaisnes de fer pour y servir.

DE'PENSE COMMUNE.

400   A Jehan Fourbault Peintre, demeurant à Paris, la somme de quatorze livres quatre sols parisis, pour ses peines & salaires d'avoir fait plusieurs ouvrages de son métier ou ministere, qui a été fait devant le Chastelet à la premiere entrée du Roi nostredit Seigneur en cette Ville de Paris.
402   Me Philippes Cordon, Examinateur de par le Roi au Chastelet de Paris, la somme de six livres parisis, pour ses peines d'avoir été par Ordonnance de Justice à Melun, & és Ports & passages sur la riviere de Seine, & illec environ, pour faire venir & examiner en cette Ville du bois pour la provision d'icelle Ville.
403 *verso.* A   Sergens à verge, pour leurs peines d'avoir été par Ordonnance de justice és Villes de Montl'heri, Corbeil, Tournant, Torcy, Gournay, Gonesse & Poissy, porter le *Vidimus* du Mandement envoyé par le Roi, pour publier que nul ne fut si osé ni hardi de faire assemblée, ne soi armer sans congé du Roi, &c.
Idem Aux Maistres & Gouverneurs des Communautés des onze-

vingts Sergens à verge & à cheval du Chastelet, la somme de quatorze livres, sçavoir dix livres de tauxation ordinaire, & quatre livres de crue pour les despens du disné de la monstre du Mardy du Caresme-prenant.

404 *verso.* A pour avoir vacqué à plusieurs & diverses journées, tant à assembler les gens desdits dix-sept métiers, & aller en leurs maisons, & leur faire commandement d'eux trouver audit Chastelet, pour sçavoir d'eux leur exemption, & pourquoi ils ne faisoient ledit guet assis, qui de toute ancienneté se faisoit, & depuis avoit été discontinué au moyen de ce que la pluspart desdits métiers se disoient être exempts ; comme aussi faire nettoyer les boues parmi les rues de cette dite Ville de Paris, & aussi avoir été presens à ouvrir certains Chantiers de bois, & être presens à voir vendre icelui bois par Ordonnance de Justice ; & aussi derechef avoir assemblé les gens desdits dix-sept métiers, & iceux fait venir audit Chastelet, ensuivant certains Arrests de la Cour puis n'agueres intervenus touchant ledit guet, par lequel il est mandé leur enjoindre ledit guet.

405 Furent faites trois roues, qui furent posées, une ès Halles, l'autre à la porte Baudoyer, & la troisiéme à la Place-Maubert, pour y battre les larrons qui y sont condamnés ; & fut fait aussi un gibet joignant le grand gibet, qui est en danger de choir & tomber de jour en jour.

406 Fut fait le Tableau de bois qui fut mis en la Chambre Civile du Chastelet.

verso. Fut fait un lit couvert de cuir, doublé de toille & de bourre, & ledit lit mis en la Chambre de la question du Chastelet, sur lequel sont mis les Patiens que l'on met à la question du Chastelet.

410 Un disné pour le Lieutenant Criminel, le Procureur du Roi, & plusieurs Examinateurs & Sergens, au retour de la justice faite au gibet de Paris de Jehan Hugot & Martin Potier.

414 Est fait mention des Estats n'agueres tenus en la Ville de Tours.

EXTRAIT DU COMPTE.

DONS & MODERATIONS.

421 Bernard de la Paillette, Escuyer, n'agueres detenu prisonnier en la Conciergerie du Palais.

422 *verso.* Les Religieux de St Denys en France, pour le Botage de St Denys, comme au Compte precedent.

424 *verso.* Gabriel de la Boudiniere, Escuyer, Pennetier du Roi, & Garde des Groffres de sa Chambre, pour le recompenser d'aucuns estaux de la Boucherie de Beauvais, que ledit Seigneur lui avoit donnés, la somme de cent livres.

GAGES A VOLONTE'.

Simon de Neufville, Receveur de Paris.

Idem Me Christophe de Carmone, Licentié en Loix, Lieutenant Civil de la Prevosté de Paris.

GAGES EXTRAORDINAIRES.

426 Me Jehan de la Porte, Lieutenant Criminel de la Prevosté de Paris.

DE LA PRÉVOTÉ DE PARIS.

427 verso. Appert qu'en 1467 l'on prit des Religieux de St Martin une piece de terre contenant deux arpens, scituée hors la Voirie de Paris hors la porte St Denys, & cette piece fut employée à faire la Voirie.

COMPTE DU HALLAGE.

La veuve & heritiers de feu Gervaise Larcher.
Hugues de Compans, Drapier & Chauffetier, pour un estal aux vies de lui & Catherine sa femme.
Les heritiers de feu Jaques Choart, pour un estal aux vies de lui & de Jehanne sa femme.
Jehan de Compans Chauffetier, pour un estal aux vies lui & de Jehanne sa femme & Noel leur fils.
Pierre Guillemeau, Notaire au Chastelet, & Jehanne sa femme.
Georges Pilleur Bourgeois de Paris, Mattine sa femme, & Michel Pilleur son frere.
Guillaume Nicolas, Procureur au Chastelet.
Les ayans cause de feu Pierre le B   & Collette sa fille.

Compte de la Boiste au Poisson de Mer.

Jehan le Prestre, Epicier.
Gervais Larcher, Vendeur de Poisson de Mer ès Halles de Paris, & Simon son fils.
Nicolas de la Chesnaye, Maistre-d'Hostel du Roi.
Me Louis de St Yon, Me Boucher en la grande Boucherie de Paris.

COMPTE DE LA VOIRIE.

Michault Choart, au lieu de Chrestien Choart.
Me Hugues Aligret, & Isabeau sa femme, auparavant femme de feu Pierre Duché.
Les heritiers de Simon Bureau, & Allenette sa femme.
Hugues de Neufville, pour un estal à vendre poisson de mer, & Jehanne Lombard sa femme.
Jehan Lombard, Epicier.
Simon le Jay, Epicier.
Les heritiers de feu Me André Robinet, Conseiller du Roi en sa Chambre de Parlement.

AVENTURES.

Maison scise rue des Marmousets, devant & à l'opposite d'un Hostel où pend pour Enseigne les Marmousets. Ledit premier Hostel faisant le coin d'une ruelle qui descend devant l'Hostel de Mr de Tresnel.
Jehan Jaloux, Drapier.
Guillaume Courtin, Chauffecire de la Chancellerie.

AMENDES CIVILES.

Jehan Seguin, reçeu Me Potier de terre, au moyen du chef-d'œuvre qu'il en a fait.

ORDINAIRE DE PARIS, 1487.

COMPTE DES GRAINS.

Fol. 6 verf. Marc Cenaine, Sommelier de la Chambre des Comptes.
    Idem. Mre Antoine de Beauveau, Chevalier, Seigneur de Preſſigny, Concierge du Palais Royal à Paris.
    8 Mre Baude de Vauville, à cauſe de ſa femme, fille & heritiere de feu Jaquet de Pacy.

DOMAINE NON MUABLE.

19   Jehan de Rueil, tant en ſon nom que comme tuteur légitime des enfans de lui & de feue Damoiſelle Jehanne de Neufville ſa femme, heritiers de feu Simon de Neufville & de ladite feue Jehanne leur mere.
21 *verſo.* La veufve & heritiers de Jaques Choart, en ſon vivant Drapier-Chauſſetier.
40   Me Jehan Ami, Conſeiller au Parlement.
50   Me Jehan Budé, fils & heritier de feu Me Dreux Budé au lieu de feu Guillaume Budé, en ſon vivant Maiſtre des Garniſons du Roi notre Sire pour un bout de ruelle, &c.
58   Jaques Heſſelin, Controlleur du Grenier à ſeel de Paris.
39 *verſo.* Philippes Brunel, Eſcuyer, Seigneur de Grigny.
77   Me Pierre Morin, Conſeiller au Parlement.
86. *verſo.* Honorable femme Gillette Hennequin, veufve de Jaques de Hacqueville, pour une maiſon appellée le Sejour du Roi, ſciſe près du Pont de Charenton.
94   Feu Me Nicaiſe de Bailly, Greffier du Treſor.

DOMAINE MUABLE.

194 *verſo.* Robin Pouſſepain, Mercier.
229   Charles du Buz, Eſcuyer, Seigneur de Lardy & de Bretigny.
257 *verſo.* Honorable homme & ſage Me Leon Thudere, Licentié en Loix, Lieutenant general de noble homme Eſtienne du Veeſt, Chevalier, Seigneur de Savigny ſur Orge, Conſeiller & Chambellan du Roi, & Maiſtre des Eaux & Foreſts dudit Seigneur ès pays de France, Champagne & Brie.
270 *verſo.* Me Jehan Lemoine, Clerc du Roi en ſa Chambre des Comptes.

VENTE DE CENS.

282   Maiſon ſciſe rue de l'Eſcorcherie, ayant iſſue en la Cour-aux-Bœufs ſur la riviere de Seine.
284   Guillaume Guyon, Marchand Drapier & Bourgeois de Paris, & Catherine de Ladehors ſa femme.
    verſo. Guillaume du Souchay, Blenet Seguier, & Jehan Lelivre, Maiſtres & Gouverneurs de l'Egliſe & Hoſpital du St Sepulchre de Jeruſalem, fondé à Paris en la grant rue St Denys.
291   Maiſon ſciſe au Port St Landry, faiſant le coin de la ruelle St Landry.
292 *verſo.* Denys le Breton, Changeur.
294   Nicolas le Preſtre, Tenneur demeurant à Paris.

DE LA PREVOTÉ DE PARIS. 479

verso. Maison scise rue de la Barillerie devant les murs du Palais Royal à Paris, tenant d'un côté à la ruelle aux Estuves, par derriere ausdites Estuves.

295 *verso.* Chapelle de Coquatrixe, fondée en l'Eglise St Gervais à Paris, lequel Chapellain prend quinze livres parisis de rente, sur une maison scise aux Halles à l'enseigne de la Lamproie.

296 Honorable homme & sage Me Jehan Advis, Docteur Regent en la Faculté de Medecine en l'Université de Paris, & Catherine sa femme.

verso. Jehan de la Barre, Procureur en Parlement, & Macé Enjorrant sa femme.

300 *verso.* Me Jaques Teste, Jehan Maciot, & Jehan de la Planche, Marguilliers de St Germain l'Auxerrois.

301 Nicolas le Boulanger, Marchand Mercier.
304 Maison scise rue du Grand-Lion.
305 Maison scise rue de Charteron, en laquelle pend pour enseigne les Mauvais-Garçons. Cette maison fut acquise le six Fevrier 1487 par Jehan Julien, Hostelier; ce qui fait voir que c'étoit un Cabaret ou Hostellerie.

verso. Maison scise en la rue du Siege-aux-Déchargeurs.

306 Hemon Bourdin, Epicier & Apoticaire, en son nom & comme tuteur avec Pierre Metivier des enfans mineurs dudit Hemon & Claude sa seconde femme.

verso. Damoiselle Marguerite Viron, femme de Jehan Alaemtre, Escuyer, demeurant à Esponne.

Rachats, Reliefs & quints deniers.

307 Noble homme Mre Jehan de Boulainviller, Chevalier, Gouverneur de la Comté de Clermont en Beauvoisis, pour raison d'un Fief à lui appartenant à cause de sa femme, scis à Sevre près St Cloud, mouvant du Roi à cause de sa Terre de Chailliau dont il a fait hommage.

308 Noble homme Mre Philippes de Comine, Chevalier, Seigneur d'Argenton, auquel le Roi Louis XI avoit donné la Terre & Seigneurie de Chailliau.

DEPENSE A VIE.

547 Mre Yvon Dufou, Chevalier, Concierge du Chastel de saint Germain en Laye.

Idem. Mre Antoine de Beauveau, Chevalier, Seigneur de Pressigny, Bailly du Palais Royal à Paris.

verso. Mre Antoine de Chabannes, Comte de Dampmartin, Capitaine de Corbeil.

SALAIRES ET PENSIONS A VOLONTÉ.

348 *verso.* Me Jaques Charmolue, Procureur du Roi en Cour d'Eglise.
353 Dreux Raguier, Escuyer, Enquesteur des Eaux & Forests du Roi notre Sire, ès pays de France, Champagne & Brie.

verso. Noble homme Jaques d'Estouteville, Chevalier, Garde de la Prevosté de Paris.

Idem. Simon de Neufville, Receveur du Domaine.
Idem. Jehan de Nanterre, Procureur general du Roi.
Idem. Jehan de Harlay, Escuyer, Garde de l'Office de Chevalie

COMPTES ET ORDINAIRES
du Guet de nuit de la Ville de Paris.

Cottes aux Sergens du Louvre.

366   Galiot de Genoilhac, Chevalier, Seigneur de Bruſſac, Maiſtre de l'Artillerie du Roi.

verſo.   Mre Louis de Graville, Chevalier, Conſeiller & Chambellan du Roi, Admiral de France, Concierge du Bois de Vincennes.

367   Me Denys le Mercier, Garde de la Maiſon des Aveugles de Paris.

368   Me Regnault Chaſteau, Garde du ſcel du Chaſtelet de Paris.

369   Mre Jaques de Luxembourg, Chevalier, Capitaine & Concierge de l'Hoſtel & Tour de Beauté ſur Marne.

370   Mre Philippes de Vaurin, Chevalier, Seigneur de St Venant, Capitaine du Chaſtel du Louvre à Paris.

OEUVRES ET REPARATIONS.

379 *verſo.* Il y avoit une allée pavée de pavé à uſage de rabot, qui alloit de la Conciergerie, c'eſt-à-dire du logis où demeure le premier Preſident, en la riviere de Seine du côté pardevers les Auguſtins; ce doit être pour aller à l'Iſle des Treilles, ou bien un égout pour les eaux de ladite maiſon.

380 *verſo.* Me Louis de Villiers, Chanoine de la Ste Chapelle, demeuroit dans la rue de Galilée. C'eſt la rue où eſt l'entrée du logis de Mr le premier Preſident. Sa maiſon fut toute rebâtie.

391   Me Adam de Villers, Doyen de St Aignan d'Orleans, & Chanoine de la Ste Chapelle du Palais. Je crois que c'eſt le même que le precedent, parce que l'on donne la même qualité au precedent.

393   Ecurie faite de neuf en l'Hoſtel des Lions près St Paul de quatre toiſes de long & onze pieds de large.

401 *verſo.* Pluſieurs cloiſons, planches & trapes, faites pour enfermer les lions d'emprès St Pol.

411   Boulevers faits de neuf à la pointe du Palais & à l'Hoſtel de ladite pointe où ſont les Etuves. C'étoit du côté de St Germain de l'Auxerrois.

416   Le Pilory rétabli.

       Le grand Pont de Paris rétabli en pluſieurs façons, de Charpenterie, de   , &c.

439 *verſo.* Furent viſités & eſtimés certains Maretz, ſçis près la porte du Temple, qui furent appliqués à la Voirie.

440 *verſo.* Ordonnances envoyées à Corbeil, Montl'hery, Poiſſy & ſaint Germain en Laye, pour faire punir certains Gens de guerre, Laquais, Pietons & autres qui pilloient le pays.

Idem.   À Robinet Waleran & Huſſon-le-voir, Serruriers, Thiery de Mer, Lanternier, Jehan Moubon, Pierre Helliot, Marchands Ferrons, & Ancelot Robineau, Boulangier, qui ont donné les choſes cy-après déclarées aux Marotz, gens oiſifs & vacabonds, qui ont beſogné tant en une grande place qui eſt derriere le Chaſtelet de Paris, comme ailleurs en pluſieurs lieux de cette Ville de Paris, pour le bien & utilité de la choſe publique. Premierement auſdits Serruriers dix livres huit ſols pariſis, pour vingt-ſix fers qui ont été appliqués auſdits Marotz, & eſquels ils ont été enfermés, ferrés, par Ordonnance de Juſtice, au prix de huit ſols pariſis chaque fer; audit Thiery de Mer ſoixante ſols pariſis pour vingt-huit hottereaux, vingt pelles, une eſcoppe, ſept plats, dix-huit cuillers & deux ſceaux tout de bois; auſdits Moubon

DE LA PREVOTE DE PARIS.

bon & Heliot trente deux sols parifis pour feize pics & hoyaux qu'ils ont baillé aufdits Marotz; & audit Robineau trente-deux sols parifis pour la paye du pain que lefdits Marotz ont eu en faifant lefdits ouvrages.

441 Les Sergens pour leur diné au retour de la chevauchée qu'ils font de toute ancienneté le jour de Carefme-prenant feize livres parifis, fçavoir dix livres parifis qu'ils ont accoutumé d'avoir, & fix livres parifis de creue eu égard à la cherté des vivres qui étoit pour lors.

445 & 450 verfo. Plufieurs enfans trouvés fur le pavé de Paris, donnés à des nourrices à nourrir par Ordonnance de Juftice.

447 verfo. Artus le Sommelier, Efcuyer, Lieutenant du Capitaine du Chaftel & Donjon du Bois de Vincennes.

448 verfo. A Mahiet Thoreau, premier Portier du Bois de Vincennes, pour avoir fervi audit Office de Portier en l'année que le feu Roi Louis XI fit detenir prifonnier audit Chafteau Mr du Perche par l'efpace d'un an durant, lequel lui a falu être plus fujet & être plus foigneufement jour & nuit à la garde de ladite porte, en grand danger de fa perfonne, &c.

449 verfo. Le Procureur du Roi au Chaftelet alla en divers lieux de la Prevofté & Vicomté de Paris faire démolir les fourches patibulaires, carquans, échelles, & autres marques de haute Juftice, attendu que le Roi LouisXI avoit accordé à plufieurs droit de haute Juftice, qui fut revoqué par Edit de revocation generale de tous dons de portion du Domaine alienée depuis le deceds de Charles VII que fit publier Charles VIII à fon avenement à la Couronne.

452 verfo. Me Morelet de Mufeau, Commis à la recepte & payement des gages & droits de Meffieurs les Prefidens, Confeillers & autres Officiers de la Chambre des Comptes.

Extrait du Compte.

DONS ET MODERATIONS.

456 Fut faite diminution au Geollier du grand & du petit Chaftelet, à caufe de la cherté des vivres pendant cette année.

457 verfo. A la Communauté des Tixerans de Draps de la Ville de Paris, à caufe de la Halle nommée les Blancs-manteaux étant près la Halle de Paris, à eux baillée de long-tems, pour y détailler & vendre leurs draps & autres chofes, dont ils furent contraints par le Roi bailler les clefs defdites Halles ès mains de ceux qui avoient la charge des chariots de l'artillerie & camp du Roi, dès le jour de St Jehan-Baptifte 1486.

458 verfo. La coutume des bleds de l'Arche du grand Pont de Paris, nommé la Lettre du Liage.

461 verfo. Mre Antoine de Chabannes, Comte de Dampmartin, & grand Maiftre d'Hoftel de France.

GAGES A VOLONTE'.

462 Simon de Neufville, Receveur du Domaine de Paris.
Idem. Me Chriftophle de Carmonne, Licentié ès Loix, Lieutenant Civil.

COMPTES ET ORDINAIRES
GAGES EXTRAORDINAIRES.

463 *verso.* Me Jehan de la Porte, Lieutenant Criminel.

Deniers payés en acquit du Roi.

Compte de la Voirie.

Michault Choart, Ceinturier.
Feu Me Andry Robinet, en son vivant Conseiller au Parlement.

Compte du Hallage.

La veufve & heritiers de feu Jehan Daubray, pour un estal qu'ils tiennent aux vies de Marie de la Fontaine-Perette, femme de Jaques Benard, fille dudit deffunt & de feue Simonne Brunelle sa premiere femme, & Marguerite Daubray fille dudit deffunt.
Hugues de Compans, Drapier & Chauffetier.
Jehan de Compans, aussi Chauffetier.
Jehan Brisson, Cordonnier.
Jehan le Prestre, Epicier.
Nicolas Loisel & sa femme, à cause d'elle, auparavant femme de Noel Ance, aussi Epicier.
Nicolas de la Chesnaye, Maistre d'Hostel du Roi.

ORDINAIRE DE PARIS, 1488.

Folio 6 — Marc Cename, Sommelier de la Chambre des Comptes.
Idem. Mre Antoine de Beauveau, Chevalier, Concierge du Palais Royal à Paris.
20 *verso.* Les heritiers de Messire Jehan de Gaillon, Chevalier, Seigneur de Massy, pour la Terre de Massy, que souloit tenir Mre Jehan de Garencieres, jadis Seigneur de Croissy, & depuis la veufve de Mre Thedual de Curvoisien, dit Bourgeois, à cause d'elle.
23 *verso.* La veufve de Jaques Choart, Drapier-Chauffetier.
31 — Guillaume Lecocq, Epicier.
48 *verso* Louis de la Trimoulle, au lieu de Mre Pierre de la Trimoulle, Chevalier.
51 — Me Guillaume Longuejoë, au lieu de feu Me Jehan Longuejoë l'aîné.
verso. Les heritiers de Me Jehan Longuejoë.
53 — Mre Pierre Domont, Chevalier, au lieu de Mre Pierre Domont, aussi Chevalier.
63 — Philippes Brunel, Ecuyer, Seigneur de Grigny, au lieu de Me Raoul du Refuge, jadis Maistre des Comptes.
88 — Me Pierre Morin, Conseiller du Roi en sa Cour de Parlement, pour l'Hostel du Sejour du Roi scis à Paris près St Eustache.
89 — Robin Asselin, Megissier, & sa femme, fille de Guillaume Boucher, en son vivant Boucher.
96 — Me Martin Bellefaye, Conseiller du Parlement.
115 *verso.* Charlotte d'Amboise, Prieure de Poissy, pour deux arpens que souloit tenir à vie feue Madame Marie de France, en son vivant Religieuse de Mr St Louis de Poissy, lesquels deux arpens

DE LA PREVOTE' DE PARIS.

Charles VIII donna audit Prieuré, par ſes Lettres dattées de Clery le vingt-huit Novembre 1484.

123 verſo.	Me Jehan le Moine, Clerc des Comptes du Roi notre Sire.
124	Me Nicolas de Sailly, Clerc des Comptes du Roi notre Sire.
131	Feu Mre Blanchet Braque, en ſon vivant Chevalier.
Idem.	Jehan Petitpié, pour un jardin à Corbeil.
153	Henry Perdrier, Changeur.
158	Denys le Breton, Changeur.
164	Pierre Chevalier, Orphevre.
167	Jehan le Gendre, Orphevre.
172	Hugues Benoiſe, Orphevre.
173	Lucas Leroy, Ecuyer.
201 verſo.	Place à vendre poiſſon ſous le petit Chaſtelet, adoſſée contre les murs d'icelui du côté de la Boucherie de Gloriette, appellé le Trou-punetz.
208	Robin Pouſſepain, Mercier.
210 verſo.	Philippes Leſchaſſier & Thomaſſe ſa femme, fille de feu Jehan Coctarr.
280	Les Maiſtres Gouverneurs de la Confrairie Mr St Claude, fondée en l'Egliſe St Jaques de l'Hoſpital à Paris.
282	Me Henry Courtin, Licentié en Loix, Advocat en Parlement.
283 verſo.	Maiſon ſciſe rue de St Honoré devant le Chaſteau de Feſtu.
286	Martin Quignon, Notaire du Roi notre Sire, & Procureur au Chaſtelet de Paris.
287	Robert Coſſart, Drapier.
288	Jaques Deſſoubz-le-Mouſtier, Drapier-Chauſſetier, & Genevieſve Demy ſa femme, fille de feu Jehan Demy, & de feue Marie Juing ſa premiere femme.
	Thomas Danes, Drapier, & Yſabeau ſa femme, ſœur de ladite Genevieſve Demy, & auſſi fille de feu Jehan Demy, & de ladite Marie ſa premiere femme.
293	Me Jehan le Meſme, Notaire & Secretaire du Roi, en ſon nom; Jehan Meſme, Bourgeois de Paris, & Charles Garnier, Procureur au Chaſtelet, au nom & comme tuteur & curateur de Me Guy Meſme, Maiſtre ès Arts, étudiant en l'Univerſité de Paris.
296	Maiſon, court, jardin & appartenances, appellée l'une des maiſons des Francs-mureaulx ſciſe à Notre-Dame des Champs lès Paris.
297 verſo.	Rue Regnault-le-Fevre.
301	Sires Nicolas Ferret, Jehan Gouget & Jehan le Jay, Marchands & Bourgeois de Paris, Maiſtres & Gouverneurs de l'Egliſe, Hoſpital & Confrairie Mr St Jaques, fondée à Paris en la grant rue St Denys.
305	Maiſon ſciſe rue des Preſcheurs, chargée de quatre livres pariſis de rente envers le Maiſtre, Freres & Sœurs des Quinze-vingts Aveugles de Paris, & de quarante ſols pariſis envers Me Didico Maralon, à cauſe de ſa Chapelle St Jaques l'Apôtre, fondée en l'Egliſe deſdits Quinze-vingts.
309	Maiſon ſciſe rue de l'Erberie à l'enſeigne de St Chriſtophle.
310	Maiſon ſciſe à Petit-Pont où pend l'enſeigne de l'Empereur, qui fut à feu Thomas Gobelin, Marchand Bonnetier.
verſo.	Rue de Pirouet-en-Therouenne près les Halles.
316	Jehan Lelievre, Jaques Croquet & Simon Barbedor, Bourgeois de Paris, Maiſtres & Adminiſtrateurs de l'Egliſe & Hoſpital du

484   COMPTES ET ORDINAIRES

St Sepulchre de Jerusalem, fondée à Paris en la grande rue saint Denys.

319   Honorable homme Jehan Charpentier, Notaire du Roi notre Sire & Greffier au Chastelet de Paris.

RACHAPTS, RELIEFS, &c.

521   Noble homme Mre Estienne de Vest, Chevalier, Conseiller, Chambellan du Roi notre Sire, Capitaine & Bailli de Meaulx & Seigneur de Savigny sur Orge, pour le rachapt des Terres & Seigneuries de Viry, Torigny & Orengy, haute, moyenne & basse Justice, terres, prés, &c. scises près ledit lieu de Savigny, mouvans de Corbeil & Montl'hery; lesquelles terres ledit de Vest acquit le quinziéme Janvier dernier de noble homme Richart de St Marcy, Escuyer, Seigneur de Guiercheville, au nom & comme curateur de Jehan de St Marcy son fils, & de Damoiselle Jehanne Foucault sa femme, & se faisant fort dudit Jehan de St Marcy son fils, dont les hommages ont été faits par les personnes suivantes; sçavoir au Bureau de la Chambre par Jehan Foucault, Escuyer, en son nom, & de Marguerite d'Avesnes sa femme, Damoiselle, à cause d'elle, fille & heritiere de feu Jehan d'Avesnes & Colaye de Garcourt, aussi Damoiselle, sa femme, en leurs vivans heritiers de feu Me Jehan de Gaucourt, Archidiacre de Joinville en l'Eglise de Chalons, frere & heritier par benefice d'inventaire de feu Eustache de Gaucourt, en son vivant Chevalier & Seigneur de Viry, le trois Juin 1457; pour ledit Richart de St Marcy, audit nom & comme curateur donné par Justice à la personne & biens dudit Jehan de St Marcy son fils, & de Jehanne Foucault, Damoiselle, icelui Jehan heritier par benefice d'inventaire de feue Marguerite d'Avesnes, Damoiselle, son aïeule, jadis femme de Jehan Foucault, en son vivant fille & heritiere de feu Jehan d'Avesnes & de Colaye de Gaucourt, Damoiselle, sa femme, icelle Colaye en son vivant niepce & heritiere de feu Me Jehan de Gaucourt, Archidiacre de Joinville en l'Eglise de Chalons, qui fut frere & heritier par benefice d'inventaire de feu Eustache de Gaucourt, en son vivant Chevalier, Seigneur de Viry, Thorigny & Orengy, à la personne de Mr le Chancelier le septiéme Decembre 1473; & par ledit Mre Estienne de Vest, Chevalier, aussi à la personne de Mr le Chancelier le neuviéme Avril 1488.

824   Noble Damoiselle Marie de l'Hospital, veufve de feu Hutin Lestendart, en son vivant Escuyer, Maistre d'Hostel du Roi notre Sire, pour le rachapt d'un Fief scis à Liverdis en Brie, appellé la moitié de la grand dixme de Liverdis, mouvant de Tournant, dont elle a fait hommage à la Chambre le vingt-six Juin 1487, ledit Fief à elle écheu par le partage fait avec les heritiers dudit deffunt.

DEPENSE.

846   Me Guillaume Molinet, à cause de Marie Larchier sa femme, au lieu de Gervais Larchier, Vendeur de Poisson de Mer ès Halles de Paris.

355 verso.   Guillaume de Villetain, Vicomte de Chasteau-fort.

393   Jaques Marcel, à present Garde du scel du Chastelet de Paris, au lieu de Me Regnault Chasteau, par Lettres Patentes données à Ancenys le dixiéme Aoust 1487, institué audit Office par le Prevost de Paris le dix-huitiéme desdits mois & an.

DE LA PRÉVÔTÉ DE PARIS.

395   Huguet Regnault, Clerc de l'Auditoire Criminel.
    Idem.   Clerc de l'Auditoire Civil.
396   Loys de Graville, Admiral de France, à présent Capitaine & Concierge de l'Hostel & Tour de Beauté sur Marne, au lieu de Mre Jaques de Luxembourg, Chevalier, par Lettres données à Chasteau-briant le vingt-quatre Aoust 1487.

DEPENSE COMMUNE.

441   Sergens envoyés pour porter Mandement du ban & arriere-ban à Torcy, Gournay, Montl'hery & Poissy au mois de Janvier dernier.
    Idem.   A Chasteau-fort.
441 *verso.*   Blenet Seguier, pour deux sirops & un clystere par lui livrés pour Jehan des Fossés, Prisonnier faux-monnoieur.
442   A Gaultier, qui a fourni & livré aux Officiers des gands le jour de Caresme-prenant pour la chevauchée.
443   Sergens allés à Blois pour mettre à execution un Arrest du Parlement, portant ordre d'adjourner audit lieu à son de trompe & cri public Me Denys le Mercier, à comparoir en personne en la Cour de Parlement, sur le profit d'un deffault, sur peine de confiscation de corps & de biens, & d'être atteint & convaincu des cas à lui imposés à l'encontre du Procureur general en ladite Cour.
444   Pareille publication faite en vertu du même Arrest à Montmorancy & Escouan, contre Guillaume, Seigneur de Montmorancy; les terres de Montmorancy & autres furent ensuite saisies.
446   Reliage du Registre rouge & du Registre vert en la Chambre du Procureur du Roi au Chastelet.
447   Fut faite une copie du Terrier de la Chastellenie de Torcy, qui fut mise au Greffe du Chastelet pour servir au recouvrement des droits du Roi.
    verso.   Un Examinateur envoyé en la Chastellenie de Montl'hery & Chasteau-fort, pour informer sur le contenu en certaines Lettres missives du Roi touchant le fait des Ducs d'Orleans, de Bretaigne & Comte de Dunois.
448   Autre envoyé à Corbeil & Brie-Comte-Robert, pour informer de ceux qui se sont trouvés en Bretaigne, & tiennent le parti contraire au Roi.
448 *verso.*   Autre envoyé à Villepereux, Montfort-l'Amaury, Poissy & St Germain en Laye, pour sçavoir quels heritages les Ducs d'Orleans, de Bretaigne & de Dunois & autres avoient esdits lieux & la valeur & estimation d'iceux.
449 *verso.*   Idem en la Chastellenie de Gonesse.
452   Fourniture de la tapisserie de la Chambre Civile du Chastelet, laquelle est persemée de fleurs-de-lis jaunes, qui par deliberation du Conseil du Chastelet avoit été ordonné y être mise pour l'honneur du Roi & la décoration de sa Justice, soixante-douze livres parisis.
    verso.   Martin Lutet, Chevaucheur d'écurie du Duc d'Orleans, & Bernard du Puys, Serviteur du Seigneur d'Albret, Prisonniers au Chastelet de Paris depuis le premier Novembre 1487 jusqu'au trois Janvier ensuivant audit an.
453   Aux onze-vingts Sergens à cheval & à verge du Chastelet, la somme de seize livres parisis, sçavoir dix livres parisis qu'ils ont accoutumé avoir chacun an le jour de Caresme-prenant, &

454	six livres parifis de creue, eu égard à la cherté de vivres qui est à prefent pour fubvenir aux frais du dîné & chevauchée qu'on a accoutumé de faire chacun an audit jour de Carefme-prenant en la compagnie d'icelui Prevoft de Paris & les Officiers d'icelui Seigneur audit Chaftelet.
454	Les nobles & non-nobles tenans fiefs & arriere-fiefs en la Prevofté de Paris comparurent le Samedi vingt-trois Fevrier 1487 pardevant le Prevoft de Paris & les Commiffaires à ce ordonnés de par le Roi, aufquels étoit enjoint par iceulx d'être & comparoiftre à St Denys en France le vingt-quatre de Mars audit an, montés, armés & habillés, ainfi qu'ordonné leur avoit été & qu'ils avoient promis de faire aux Commiffaires envoyés par ledit Prevoft aux Prevofts des Chaftellenies de Poiffy, Chafteau-fort, Corbeil, Tournant en Brie & Torcy.
455	A Simon Chamenay, Notaire & Procureur de la Communauté des foixante Notaires du Chaftelet de Paris, feize livres parifis à lui ordonnée par le Prevoft de Paris, par deliberation des Advocats & Procureur du Roi au Chaftelet, pour le rembourfer de pareille fomme qu'il a avancé des deniers de ladite Communauté & employé par l'Ordonnance du Prevoft de Paris pour l'échafault myftere & autres frais qu'il convint faire l'an 1483 à la venue de la Reine de France à fon entrée faite en cette Ville de Paris.
456	A Pierre Defmons, Receveur de la Communauté des Clercs du Chaftelet, la fomme de huit livres parifis à lui tauxée par le Prevoft de Paris en prefence & du confentement du Procureur du Roi audit Chaftelet, pour fubvenir aux frais faits par ledit Pierre Defmons au dîné le jour de St Nicolas, auquel ledit Prevoft de Paris, Procureur du Roi & autres Officiers dudit Seigneur audit Chaftelet étoient.
459	Guillaume Michel, Notaire & Clerc Criminel de la Prevofté de Paris.
verfo.	Me Jehan Badouilliers, Notaire & Secretaire du Roi, & Greffier de la Chambre des Comptes.
459 & 460 verfo.	Procès criminel fait par le Lieutenant Criminel, par l'Ordonnance des Gens des Comptes, à un accufé d'avoir falfifié lettres, & contrefait le feing dudit Badouilliers & les fignets des Gens des Comptes.
479	Mre Antoine de Chabannes, Comte de Dampmartin, & grand Maiftre d'Hoftel de France.
482	Simon de Neufville, Receveur de l'Ordinaire de Paris.
Idem.	Me Chriftophle de Carmonne, Licentié ès Loix, Lieutenant Civil de la Prevofté de Paris.
483	Me Jehan de la Porte, Lieutenant Criminel de la Prevofté de Paris.
485	Me Pierre Quatre-livres, Confeiller & Procureur du Roi au Chaftelet de Paris.
486	Une piece de terre contenant deux arpens ou environ, fcife hors la Porte St Denys, où l'on fait de prefent la nouvelle Voirie, appartenant aux Mathurins de Paris, & fur laquelle ils avoient droit de prendre quarante fols parifis par an.

VOIRIE.

Michault Choart, Ceinturier.
Simon Lejay, Epicier.
Feu Me Andry Robinet, en fon vivant Confeiller au Parlement.

DE LA PREVOTE' DE PARIS.

HALLAGE.

Me Simon Malingre, Clerc du Roi en sa Chambre des Comptes.
Denys Thumery, pour un Estal à Chausfetier, qu'il tient aux vies de Laurent & Estienne de Thumery ses enfans.
Roger Roze, Chausfetier, au lieu de Marguerite de Thumery, veufve de Guillaume de Culant, & auparavant veufve de Philippes le Courtillier.

DOMAINE DE PARIS, 1489.

GRAINS.

Fol. 7 verso. Mre Antoine de Beauveau, Chevalier, Concierge du Palais-Royal a Paris.

DOMAINE NON MUABLE.

21 *verso.* Feu Mre Jehan de Gaillon, Chevalier, Seigneur de Massy.
23 La veuve de feu Jehan le Lievre, vivant Marchand Bourgeois de Paris.
24 *verso.* La veuve de feu Jaques Choart, en son vivant Drapier & Chausfetier.
32 *verso.* Guillaume le Cocq, Epicier.
33 *verso.* Feu Me Adam des Champs, Clerc du Roi en sa Chambre des Comptes.
verso. Me Guillaume Picart, General des Finances du Roi.
42 Me Martin Picart, Conseiller du Roi & Me des Comptes.
44 *verso.* Me Guillaume Perrier, Docteur en Medecine.
47 Dreux Raguier, fils de feu Me Antoine Raguier.
49 *verso.* Louis de la Trimoulle, au lieu de Mre Pierre de la Trimoulle, Chevalier.
51 Damoiselle Marie Pedebon, veuve d'Estienne d'Orgemont.
64 Feu Me Jehan Andrault, Clerc du Roi en sa Chambre des Comptes.
66 Jaques Hesselin, Controlleur du Grenier à sel de Paris.
verso. Philippes Brunel, Escuyer, Seigneur de Grigny.
74 *verso.* Jehan Chastel, Poissonnier d'eau douce, pour une vigne à Villejuifve.
79 *bis.* Me Pierre l'Orfevre, Maistre des Comptes.
Idem. Me Simon Radin, Conseiller au Tresor.
80 Feu Me Gilles Cornu, Notaire & Secretaire du Roi.
83 *verso.* Me Pierre Morin, Conseiller du Roi en sa Cour de Parlement, pour l'Hostel du Séjour du Roi.
83 *bis.* Robin Asselin Megissier, & sa femme fille de Guillaume Boucher, en son vivant Boucher de la Boucherie du Temple.
84 Me Antoine Ysome, Notaire & Secretaire du Roi.
85 Me Simon Radin, Conseiller au Tresor.
89 Jehan Luillier, Marchand demeurant à Paris.
90 Me Mathurin Bellefaye Conseiller au Parlement.
107 Feu Me Jehan de Grant-rue, Clerc du Roi en sa Chambre des Comptes.
117 *verso.* Me Jehan le Moine, Clerc des Comptes du Roi notre Sire.
118 Me Nicolle de Sailly, Clerc du Roi en sa Chambre des Comptes.
134 *verso.* Me Jehan de Montangles, Chevalier.

488   COMPTES ET ORDINAIRES

279 *verso*.   Thiery Choart, Marchand Orphevre, Bourgeois de Paris, & Bonne de Tronçay sa femme.
282   Jehan le Prestre, Marchand & Bourgeois de Paris.
283   Oudart Clerebourg, general Maistre des Monnoies du Roi notre Sire.
verso.   Noble femme Damoiselle Jehanne de Noviant, veuve de feu sire Jehan des Vignes, en son vivant Esleu de Paris.
286   Honorable homme Jaques le Lievre, Marchand Bourgeois de Paris.
287   Maison scise rue de la Verrerie, faisant le coin de la rue Andry Mallet.
288   Nicolas le Clerc, Marchand Drapier, Bourgeois de Paris.
289   Maison scise au vieil Cimetiere St Jehan, aboutissant en la rue de Chartron.
290   Honorables hommes Jehan Goujet, Jehan le Jay & Philippes Foucault, Marchands & Bourgeois de Paris, Maistres, Gouverneurs & Administrateurs de l'Eglise, Hospital & Confrairie de Mr St Jaques de l'Hospital, fondée à Paris.
292   Honnorable femme Jehanne de Malleville, veuve de Nicolas Hurault Marchand Pelletier, & Bourgeois de Paris.
293 *verso*.   Honorable homme & saige Me Girard le Cocq, Licentié ès Loix, Conseiller du Roi sur le fait de la justice de son Tresor à Paris.
294   Simon Sanguin, Marchand Drapier, Chaussetier & Bourgeois de Paris.
295   Maison scise rue de la Cossonnerie à l'Image St Eustache, chargée envers le Chapelain de la Chapelle Ste Catherine, fondée en l'Eglise St Germain-le-vieil à Paris, de quatre livres parisis de rente.
297   Maison scise rue de la Barillerie, faisant le coin de la rue des Estuves.
298   Noble homme Ambrois de Chasteaupers, Escuyer, Seigneur de Gressy en France.
verso.   Les heritiers de feu Jehan le Maire, en son vivant Concierge de l'Hostel de la Ville de Paris.
319   Me Emery Olivier & Mre René Dumont, au lieu de Mre Guillaume Bourdin Prestre, successivement Chapelains des Quinze-vingts aveugles de Paris, fondés par Monseigneur St Loys au Grand-Autel des Quinze-vingts aveugles de Paris, comme appert par le *Vidimus* des Lettres de Collation dudit Mre René Dumont, duement expediées & verifiées par la Chambre des Comptes.
verso.   Me Jehan Hué & Ambrois de Cambray, successivement Curés de St Andry des Arts.
328 *verso*.   Me Jehan la Pitte, Clerc du Roi en sa Chambre des Comptes.
346 *verso*.   Mre Yvon du Fou, Chevalier, Concierge du Chastel de St Germain-en-Laye.
Idem.   Mre Antoine de Beauveau, Chevalier, Seigneur de Prenguy, Bailly & Concierge du Palais-Royal à Paris
Idem.   Mre Estienne de West, Chevalier, Bailly de Meaux, Presidentlay des Comptes, & Concierge dudit Palais, au lieu dudit Beauveau.
347   Mre Gilbert de Chabannes, Chevalier, Capitaine de Corbeil.
348   Me Pierre Quatre-livres, Procureur du Roi au Chastelet.
Idem.   Me Yves de la Tillaye, Advocat du Roi au Chastelet.
Idem.   Me Robert Pied-de-fer, autre Advocat du Roi au Chastelet.
verso.   Me Jaques Charmolue Procureur du Roi en Cour d'Eglise.

DE LA PREVOTE' DE PARIS.

350 Fleuri de Bellemarin, Escuyer, Gruyer de la Forest de Livry en Launoy.

351 Louis du Gué, Escuyer, Gruyer de la Forest de Rouvray.

354 Dreux Raguier, Maistre & Enquesteur des Eaux & Forests ès pays de France, Champagne & Brie.

verso. Noble homme Jaques d'Estouteville, Escuyer, Chevalier, Garde de la Prevosté de Paris.

Idem. Simon de Neufville, Receveur de Paris.

Idem. Me Jehan de Nanterre, Procureur General du Roi.

Idem. Jehan de Harlay, Escuyer & Garde de l'Office de Chevalier du guet de nuit de la Ville de Paris.

366 Mre Galées de Genoilhac, Chevalier, Seigneur de Brussac, & Maistre de l'Artillerie du Roi.

verso. Mre Louis de Graville, Chevalier, Conseiller & Chambellan du Roi, & Concierge du Bois de Vincennes.

367 *verso.* Me Denys le Mercier, Garde de la Maison des Aveugles de Paris.

368 *verso.* Jaques Marcel, Garde du Scel du Chastelet, au lieu de Me Regnault Chasteau.

370 *verso.* Mre Louis de Graville, Admiral de France, Capitaine & Concierge de l'Hostel & Tour de Beauté sur Marne.

371 *verso.* Mre Philippes de Vauvrin, Chevalier, Seigneur de St Venant, Capitaine du Chastel du Louvre à Paris.

400 *verso.* Jean Parfait, Drappier.

402 Un Sergent allé à Provins, Meleun, Estampes, Montfort & Mante, pour faire publier pour le Roi la Monstre des Francs-Archers desdites Elections, à peine d'amendes & confiscations. *Idem.* A Estampes, *fol.* 405. *verso.*

verso. Fiacre de Herville, Escuyer, Seigneur de Palaiseau.

403 Aux Clercs du Chastelet, pour ce qu'ils ont payé à plusieurs Gens d'Eglise, & autres qui ont fait & celebré le Service Divin la veille & le jour St Nicolas d'Esté en l'année de ce Compte, & pour subvenir aux frais du disné qui fut fait ledit jour audit Chastelet, auquel assisterent les Gens & Officiers du Roi, pour ce dix livres parisis.

405 Aux Sergens pour la Chevauchée faite le jour de Caresme-prenant à l'ordinaire; sçavoir, dix livres parisis qu'ils ont accoustumé avoir chacun an, & six livres parisis eu égard à la cherté des vivres.

verso. Noble homme Artus le Sommelier, Escuyer, Seigneur de Cour-palay, Lieutenant du Capitaine du Chasteau du Bois de Vincennes.

406 Me Charles d'Orgemont, Notaire au Chastelet.

Idem. Lettres envoyées par le Roi, pour faire publier le Ban & Arriere-ban.

407 Joachim de la Dehors prisonnier au For-l'Evesque où il avoit été transferé du Chastelet, pour maladie.

408 Inventaire fait par Mre Pierre Bureau, Seigneur de Montglat, Tresorier de France, & Me Pierre l'Orfevre & François Boursier, Conseillers du Roi, Maistres des Comptes des meubles du Roi, étant au Chasteau de Vincennes.

409 Essay fait par Ordonnance du Prevost de Paris, par des Boulangers & autres gens des bleds de France, Xaintois & Beausse, en presence des Officiers du Chastelet, & des Prevost & Echevins, & Procureur du Roi de la Ville de Paris, pour mettre ordre & police sur le pain que font & cuisent les Boulangers de

Tome III. *QQq

COMPTES ET ORDINAIRES

490   cette Ville.
       Mre Jehan de Chabanne, Comte de Dampmartin, Baron de
420   Thoux & de Thouffy.
  verfo. Feu Antoine de Chabannes, Chevalier, Comte de Dampmartin,
       Grand-Maiftre d'Hoftel de France, pere dudit Jehan de Chabannes.
       Me Chriftophle de Carmone, Licentié ès Loix, Lieutenant
422   Civil de la Prevofté de Paris.
  verfo. Me Jehan de la Porte, Lieutenant Criminel.
  Idem.   Noble homme Mre Gilbert de Chabannes, Chevalier, Sei-
       gneur de Curton, de nouvel créé par le Roi Capitaine du Cha-
       ftel & Ville de Corbeil, au lieu de François Bezille.
427   Nicolas de la Chefnaye, Confeiller & Maiftre d'Hoftel du Roi.

VOIRIE.

Hugues de Neufville, & Catherine fa fœur.
Simon le Jay, Efpicier.
Feu Me Andry Robinet, en fon vivant Confeiller du Parlement.

HALLAGE.

Me Simon Malingre, Clerc du Roi en fa Chambre des Comptes.

ORDINAIRE DE PARIS, 1490.

Ce Compte eft rendu par Damoifelle Ifabelle Malenfant, veuve de
feu Me Jehan de Rueil, Me Charles Michon Confeiller du Roi au Trefor, fire Hugues de Neufville Marchand & Bourgeois de Paris, tuteurs
& Curateurs des enfans mineurs dudit feu Me Jehan du Rueil, & de
feue Damoifelle Jehanne de Neufville, jadis fa premiere femme, feule
fille & heritiere de feu fire Simon de Neufville, en fon vivant Receveur ordinaire de Paris.
52   Me François Ferrebourg, Praticien en la Cour d'Eglife, &
       Scribe de la Cour de l'Official de Paris.
62   Jaques Heffelin, Controlleur du Grenier à fel de Paris.
82   Me Pierre Morin, Confeiller au Parlement, pour le Sejour
       du Roi près St Euftache.
147   Damoifelle Jehanne Culdoë, veuve de deffunt Jehan de Ja-
       neilhac, pour le deuxiefme Change que tenoit Pierre de Ja-
       neillac.
149   Thibault Fernicle, Orfevre.
204   Pierre du Rueil, & Jehan du Rueil fon frere.
260   Noble homme Mre Jaques de Coiétier, Chevalier, Confeil-
       ler du Roi, Vice-Prefident en fa Chambre des Comptes, & Sei-
       gneur d'Aulnoy.
277   Reverend Pere en Dieu, Monfeigneur Antoine de Breon,
       Abbé de St Antoine de Vienne, Commandeur de Bailleul en
       Flandres & de Paris, pour & au nom de l'Eglife St Antoine-le-
       petit à Paris, pour la faifine d'une maifon fcife rue St Antoi-
       ne, près du bout de la rue de Jouy, où fouloit pendre l'Image
       Ste Catherine, acquife le deuxiéme Juin 1488, par venerable &
       difcrette perfonne Frere Gilles de Voiry Preftre, Commandeur
       de St Antoine de Brifée en Dauphiné, & de Nevers, Procureur
       dudit Reverend Pere en Dieu Mr Antoine de Breon, acceptant
       le don de ladite maifon fait par Jaqueline, veuve de feu Philip-

DE LA PREVOTE' DE PARIS.

pe du Siege, auparavant femme de feu Roger l'Heureux, vivans Barbiers & Bourgeois de Paris, par donnation entre vifs à ladite Eglife St Antoine-le petit; icelle femme fe refervant l'ufufruit fa vie durant, à la charge de trois Meffes baffes par femaine ; l'une le Jeudy pour les Trepaffés ; l'autre le Mercredy, du St Efprit; & la troifiéme le Vendredy, de la Paffion de Notre Seigneur, à l'heure de neuf heures ; & aura ladite Jaqueline fa fepulture en ladite Eglife.

278 *verfo.* Jehan Richer, Marchand Drapier, Bourgeois de Paris.
279 Roger Flexel, Marchand & Bourgeois de Paris.
280 Maifon fcife rue du Lion, vendue à Jehan de Laiftre, Marchand Mercier & Bourgeois de Paris, par venerables & difcrettes perfonnes Me Simon Michel Chanoine de l'Eglife de Paris, Guillaume Mefnager Procureur & Receveur, Gilles Hunc, Guillaume Pommier, Guillaume de Nizon, Jehan le Vieilz, François Baudouyn, Guillaume Pille, Pierre du Breuil, Medart le Fevre, Nicolle Regnier, Jehan Chauvin, Jaques le Maiftre, Jehan Gardon, Pierre Deleftre, Germain Grier, Hugues de Race, Jehan Hiver, Pierre le Gay, Jehan Brenedent, Gilles Saichait, Guillaume Laffellier, Guy de Chaftillon, Enguerrand Maloifie, Jehan Vieil, Jehan Mauchauffe, Jehan Nefferon, Jehan Grizet, Macé Gory, Jehan Maugendre, Jaques le Clerc, Jehan Mauchauffe, Guillaume Chiefdeville, Jehan François, Eftienne Langlois, Euftache Maillard, Guillaume de Bauvain, Regnaud de Marenges, & Jehan Carré, tous Preftres Beneficiers en ladite Eglife de Paris, Confreres faifans & reprefentans la plus grande & faine partie de tous les autres Confreres de la Confrairie Mr St Auguftin, fondée en l'Eglife Notre Dame de Paris.
281 Maifon fcife rue St Denys devant l'Eglife du Sepulchre, tenant d'une part à Guillaume Pinon, Drapier.
282 Rogerin Flexel.
283 Jaques Boiffanfoif Marchand, Bourgeois de Paris.
284 Maifon fcife rue de la Voirerie, faifant le coin de la rue André-Mallet, dite du Cocq.
 verfo. Jaques Boifau feu, Marchand demeurant à Paris.
285 Confrairie de la Conception Notre Dame, fondée en l'Eglife St Gervais.
291 *verfo.* Maifon fcife rue St Denys, où pend pour Enfeigne les Singes, aboutiffant par derriere à l'Hoftel du Cigne, fcis en la rue Renault-le Fevre, & tenant d'un cofté, & ayant iffue en la rue de Thiron.
295 Archer fous la charge de Mr le grand Baftard de Bourgogne.
296 Jehan le Preftre, Efpicier aux Halles.
297 Honorable homme Mathurin le Pelletier, Marchand Bourgeois de Paris.
 Idem. Jehan Tronfon, Marchand Drapier à la Place aux Chats.
 Idem. Maifon fcife rue de la Ferronnerie, ayant iffue en la rue de la Place aux Pourceaulx.
 Idem. Me Adam Doujan, Greffier de la Prevofté de Paris.
299 Alain Huault, Marchand Drapier.
300 Frere Gilles de Vorcy Preftre, Bachelier en Decret, Commandeur des Hoftels, Eglifes & Commanderies de St Antoine des Bufes, & de St Antoine-le-Nevers, au nom & comme Procureur du Reverend Pere en Dieu, Mr Antoine de Brion, Abbé de l'Eglife & Abbayie de St Antoine dedans Paris.
302 Hemon Bourdin Efpicier, tuteur, avec Pierre Motimier, des

Tome III.   * QQq ij

enfans mineurs dudit Hemon, & de feue Glaude la Feronde fa femme.

verfo. Me Charles Saligaut, Notaire & Secretaire du Roi, & Seigneur de Crofne.

505 *verfo.* Noble homme fire Jaques le Roy, Confeiller & Receveur general des Finances fur & outre les rivieres de Seine & Yonne, pour une maifon fcife rue de la Tixeranderie, faifant le coin, & ayant iffue à une ruelle appellée Brulette, aboutiffant par derriere à l'Hoftel de la Reine-Blanche, appartenant à l'Evefque de Beziers, qu'il acquit de noble homme Jehan de Clinchamp, Efcuyer, Seigneur de Moft, au nom de Damoifelle Françoife Sufleau fa femme, auparavant femme de Me Philippes Herfant, en fon vivant Notaire & Secretaire du Roi, & de noble homme & faige Me Guillaume Sufleau Advocat en Parlement, au nom & comme tuteur & curateur, avec la Damoifelle fa fœur, de Anne Herfant fille mineure dudit deffunt Me Philippes Herfant, & de ladite Damoifelle.

511 Me Guillaume Lallemand, Maiftre ès Arts, Licentié en Decret, Chapellain perpetuel du St Efprit en Grève.

512 Damoifelle Ifabel Dontrefques, femme de noble homme Jehan de Fatinant..

514 Les Chartreux de Paris acquirent un Fief au Pleffis-Aufoult, mouvant de Tournant en Brie, & un autre Fief appellé le Donjon-feu-Aufoult, fcis en Brie, mouvant de Jouy-le-Chaftel, de noble homme Guillaume Godefroy, Efcuyer, à la charge d'un Anniverfaire par chacun an le vingt-troifiéme May, pour le falut de l'ame dudit Godefroy, fes pere & mere, parens & bienfaicteurs, à commencer le vingt-troifiéme May 1487, & continuer ainfi pendant la vie dudit Godefroy, & après fa mort, au jour de fon deceds, & auffi d'être participant & affocié à leurs prieres & bonnes œuvres, en l'Eglife defquels il a efleu fa fepulture ; & auffi à la charge que lefdits Chartreux donneront audit Godefroy chacun an, fa vie durant, en fa maifon fcife rue St Germain l'Auxerrois, deux muids de bon bled froment de leur creu, & un muid d'avoine mefure de Paris, un caque de verjus, quarante moules de buches, quarante livres de chandelle de fuif, & cinquante livres tournois de rente viagere ou penfion, fix muids de vin, fçavoir ; trois du creu de Villeneufve-le-Roi, dont deux de vin vermeil, & un blanc; & trois autres de bon vin clair & net, payables dedans quinze jours ou trois femaines après vendanges, & auffi moyennant cinq cens livres tournois que lefdits Religieux en ont payé audit Godefroy defquels Fiefs, Appollin le Jeune, donné au Roi par lefdits Religieux pour homme vivant & mourant, a fait la foi & hommage le vingt-fix Juin 1487.

515 *verfo.* Noble homme & fage Me Nicolle Violle, Confeiller du Roi, & Correcteur en fa Chambre des Comptes, pour le Relief & quint denier des Fiefs d'Aigremont, Tillieres & Archers, & quatre-vingt feize arpens de bois mouvans de Poiffy ; lefquels Fiefs appartenoient cy-devant à feu Me Pierre Poignant l'aifné, Confeiller & Maiftre des Requeftes de l'Hoftel du Roi, & à prefent audit Violle, à caufe de Damoifelle Catherine Poignant, fille & heritiere en partie dudit Poignant, dont ledit Violle a fait hommage le penultiefme Octobre dernier.

528 Me René Dumont, au lieu de Mre Guillaume Bourdi Preftre, Chapellain des Quinze-vingts.

567 *verfo.* Me Jehan de Nanterre n'agueres Procureur General du Roi,

DE LA PREVOTE' DE PARIS.

pour ſes gages depuis la St Jean-Baptiſte 1489, juſqu'au vingt-cinq Janvier enſuivant audit an, qu'il reſigna ledit Office au profit de Me Chriſtophle de Carmonne, ſous reſervation que ledit de Nanterre auroit, ſa vie durant, la moitié des gages.

Idem. Me Chriſtophle de Carmonne à preſent Procureur General du Roi, au lieu dudit de Nanterre, pour ſes gages depuis le vingt-cinq Fevrier 1489, juſqu'à la St Jehan 1490 ; lequel de Carmonne fut receu, & fit ſerment au Parlement ledit jour vingt-cinq Fevrier.

379 Me Denys le Mercier, Garde de la Maiſon des Aveugles de Paris.

380 Huguet Regnault, Clerc des Greffes, Criminel & Civil du Chaſtelet de Paris.

381 Mre Louis de Graville, Admiral de France, Capitaine & Concierge de l'Hoſtel & Tour de Beauté ſur Marne.

397 Chaiſnes faites à la Juſtice de Paris au Marché aux Pourceaux.

Idem. Eſchelles faites à la Juſtice de Montfaucon, à la petite Juſtice près Montfaucon, & barrieres faites & gardes au Marché aux Pourceaux, pour Mr le Lieutenant Criminel & pour les Gens du Conſeil.

verſo. Un homme bruſlé au Marché aux Pourceaux, par Arreſt du Parlement.

407 Dix livres à la Communauté des Clercs du Chaſtelet, pour les dépens de pluſieurs gens d'Egliſe & autres, qui ont celebré ſolemnellement le Service Divin, la veille & jour St Nicolas d'Eſté, en une Chapelle étant au grand Parc de l'Auditoire Civil dudit Chaſtelet ; & pour le diſné qui fut fait ledit jour au Chaſtelet, où aſſiſterent les Officiers dudit Chaſtelet.

410 On eſpendoit au Chaſtelet de l'herbe verte, depuis le premier May juſqu'à la fin du mois d'Aouſt, tant ès Auditoires, Civil & Criminel, qu'en la Chambre du Conſeil ce qui ſe trouve dans tous les anciens Comptes de la même maniere.

411 Une femme bruſlée au Marché aux Pourceaux, & le diſné des Officiers du Chaſtelet qui ont aſſiſté à ladite execution.

412 Publication pour les Francs-fiefs & nouveaux Acquets.

413 *verſo.* Le diſné pour les Sergens le jour de Careſme-prenant à l'ordinaire, ſeize livres pariſis.

414 Lettres Patentes portans deffences à tous Gens de guerre, ou contrefaiſant les Gens de guerre, de ſejourner ès bonnes Villes, ne ès Villages circonvoiſins d icelles, publiées dans la Prevoſté de Paris à ſon de Trompe.

415 Guillaume de Lannoy, Berger, bruſlé au Marché aux Pourceaux hors la porte St Honoré, & les Officiers du Chaſtelet déjeuſnerent au Chaſtelet avant ladite execution.

416 *verſo.* Joachim de la Dehors, & autres ſes complices priſonniers au petit Chaſtelet pour pluſieurs grands crimes, échapés des priſons, & repris.

418 Eſcritures faites par Jehan le Clerc, Advocat & Conſeiller au Chaſtelet pour le Roi contre le Grand Eſcuyer de France, touchant la maiſon du Séjour du Roi.

419 *verſo.* Pluſieurs Enfans-trouvés nourris aux dépens du Roi.

420 *verſo.* Me Jehan de Bethiſy, Examinateur du Roi au Chaſtelet.

421 Eſcritures contre l'Evéque de Paris. *Item.* Contre l'Abbé & Convent de St Denys en France, pretendans avoir droit de Botage, & contre les Abbés & Convent de St Magloire touchant le Fief de Therouenne qu ils avoient uſurpé.

429 Mahé Fedy, Eſcuyer, Lieutenant de St Germain en Laye.

494   COMPTES ET ORDINAIRES
436   Me Christophle de Carmonne, Conseiller, Procureur General du Roi, & n'aguerres Lieutenant Civil de la Prevosté de Paris, & Jehan Luillier aussi Conseiller du Roi, & à present Possesseur dudit Office de Lieutenant Civil de ladite Prevosté.
440   Me François de Montmirail, Conseiller & Correcteur des Comptes.
518   Me Morelet de Museau, Commis à la recette & payement des gages & droits de Nosseigneurs les Presidents, Conseillers & autres Officiers de la Chambre des Comptes.

VOIRIE.

4   Michel Choart, Ceinturier, pour deux estaux en la rue au Feure.
6 verso.   Les hoirs Simon Bureau, & Haiette sa femme.
12   Hugues de Neufville, & Catherine sa sœur.
20   Simon le Jay, Espicier.
21   Les heritiers de Me Andry Robinet, en son vivant Conseiller au Parlement.
27 verso. Martin Gouget, Drapier.

DOMAINE DE PARIS, 1491.

Fol. 7 vers. Me Estienne de Vest, Concierge du Palais-Royal à Paris.
9   Mre Baude de Vauvilliers, à cause de sa femme, fille & heritiere de Jaques de Passy.
23   Ce Compte est rendu au nom de Damoiselle Isabeau de Malenfant, veuve de Me Jehan du Rueil, en son vivant Lieutenant Civil de la Prevosté de Paris, & de Me Charles Michon, Conseiller du Roi au Tresor, & sire Hugues de Neufville, Marchand Bourgeois de Paris, tuteurs & Curateurs des enfans mineurs dudit feu Me Jehan du Rueil, & de Damoiselle Jehanne de Neufville jadis sa premiere femme, seule fille & heritiere de feu sire Simon de Neufville, en son vivant Receveur ordinaire de Paris.
24   Feu Mre Jehan de Gaillon, Chevalier, Seigneur de Massy.
169 verso. Thibault Fernicle, Orphevre.
229   Robin Poussepin, Mercier demeurant à Paris.
231   Philippes Leschassier & Thomasse sa femme, fille de Jehan Coctart, & Thomasse sa femme, pour un autre estal assis au Palais.
242   Pierre Chenart, Sonneur de cloche au Palais.
307   Maison scise ès Halles devant le Pilory, faisant le coin de la rue Jehan-vigne.
311 verso. Le Chapelain de la Chapelle de Notre-Dame du Treillis, fondée en l'Eglise St Jehan en Grève, a droit de prendre cent sols parisis sur une maison scise rue de la Tixeranderie, où pend pour Enseigne le Cheval blanc.
312   Maison rue St Antoine à l'Enseigne des Cinges, tenant à la rue Regnault-le Fevre & à l'Hostel de Tiron, où sont plusieurs louages appropriés d'ancienneté à Bordeaux, étans des appartenances de ladite maison des Cinges.
314   Noble homme Ambroise de Chasteaupers, Escuyer, Seigneur de Gressy en France.
316   Jaques Boissansoif, Marchand demeurant à Paris.
Idem.   Maison scise rue St Jehan en Grève, faisant le coin de la ruelle aux Poissons.

DE LA PREVOTÉ DE PARIS. 497

318 verso. Confrairie de Notre-Dame de Liesse, fondée en l'Eglise du St Esprit à Paris.

319   Jehan le Fevre, Jehan Farqueval, Jehan Calas & Bertheloc Passart, Maistres & Gouverneurs de ladite Confrairie de Notre-Dame de Liesse.

Idem. Monastere de St Guillaume des Blancs-manteaux.

verso. Frere Mathieu de Roues Prieur dudit Monastere, Josse Dupré Procureur, Martin Denous, Jehan Dune, Jehan du Cracq, Jehan Bellart, Pierre de Herlant & Jehan Fabry, tous Prestres; Jehan Boullart, Diacre; Jehan Dumont, Olivier de Savoye, & Pierre Sore, tous Religieux Profès de ladite Eglise & Monastere dudit St Guillaume des Blancs-manteaux.

320   Jehan Douche, Jaques Rousselin, & Jehan Aubertin, Marguilliers de l'Eglise & Fabrique de St Innocent.

322   Venerable & discrette personne Me Jaques Mesnard, Prestre, Chanoine de l'Eglise St Jaques de l'Hospital à Paris.

verso. Chapelle Ste Marguerite fondée en l'Eglise Ste Opportune.

323   Venerable & discrette personne Me Gilbert Fournier, Docteur en Theologie.

verso. Noble homme sire Jehan de Harlay, Chevalier du Guet de nuit de la Ville de Paris, & Damoiselle Louise Luillier sa femme.

324   Chapelle St Leonard fondée en l'Eglise St Eustache à Paris.

326   Pierre Huault, Marchand Frepier, Bourgeois de Paris.

328   Sœurs Katherine Turquant Maistresse, Collette la Charonne, Guillemette Collot, Jaquette de Fromentieres, Agnès la Herme, Agnès de la Fontaine, Jehanne de la Tarme, Henriette la Gaultiere, & Gauchere la Violette, toutes Bonnes-femmes de la Chapelle Estienne Hauldry à Paris.

329   Chapelle St Pierre St Paul, fondée à Paris derriere le Grand-Autel Mr St Gervais.

330   Maison scise à Notre-Dame-des-Champs, en la franchise des Francs-mureaux.

330 verso. Maison scise clos de la franchise des Murcaux, chargée envers les Chanoines & Tresorier de la Ste Chapelle du Palais-Royal à Paris, d'un muid de vin de mere-goute, tenant dix-huit septiers de vin chault, ou seise septiers de vin clair froid de rente chacun an en la saison de vendanges; & envers les Quinze-vingts Aveugles de Paris, de quarante sols parisis de rente.

334 verso. Noble homme Robert Baron, Escuyer, & Collette sa femme.

340   Honorable homme & saige Me Jaques Chevalier, Conseiller & Maistre des Comptes, pour la Terre & Seigneurie de Montreuil sur le bois de Vincennes, mouvant du Roi à cause du Chastelet de Paris, à lui écheue par la succession de feue sa mere, fille de feu Me Dreux Budé, en son vivant Audiancier de la Chancellerie de France, son grand pere, que autrement par adjudication par decret & Arrest de la Cour de Parlement.

342 verso. Honorable homme & saige Me Jehan de la Porte, Lieutenant Criminel de la Prevosté de Paris.

DEPENSE.

350   Me Fouques des Arcis, à present Chapellain, au lieu de Me Jehan Osmont, n'agueres l'un des deux Chapellains de la Chapelle St Nicolas, fondée en l'Eglise Notre-Dame de Paris, pour la Reine Marguerite, douze livres dix sols parisis par an.

COMPTES ET ORDINAIRES

Idem. Mre Guillanme de Borran, autre Chapellain de la Chapelle St Nicolas, fondée en ladite Eglife Notre-Dame de Paris pour la Reine Marguerite, douze livres dix fols parifis.

verſo. Me Jehan de Charances, Chapellain de la Chapelle Ste Genevieſve en l'Eglife Notre-Dame de Paris, au lieu de Me Eſtienne Gaſtelier, & de Mre Jehan Villepoix, quarante fols parifis.

Idem. Me Jehan Gibelin, Preſtre Chapellain de la Chapelle St Jehan, fondée en l'Eglife Notre-Dame de Paris, au lieu de Jehan de Poncy, quinze livres parifis.

351   Le Chapitre de Paris, pour les anniverſaires du Roi Philippes & Louis, cent fols parifis.

352   Le Chapitre de Paris pour Eſtienne de Maſſy, cent fols parifis. A lui pour les anniverſaires des Rois Philippes & Louis, ſur les Changes & Forges aſſiſes ſur le grand Pont de Paris, & ſur les Eſtaux à Poiſſon ſous le petit Chaſtelet de Paris, vingt-ſix livres parifis.

356   Me René Dumont, au lieu de Me Emery Olivier, au lieu de Mre Pierre de Rongieres, Preſtre Chapellain des Quinze-vingts Aveugles de Paris, fondés par Monſeigneur St Louis, au grand Autel des Quinze-vingts Aveugles, par an ſeize livres parifis.

Idem. Me Ambrois de Cambray, Curé de St Andry des Arts, au lieu de Me Jehan Hue.

357   Mre Guillaume du Vivier, Chapellain en l'Eglife Notre-Dame de Paris, pour Me Jaques Bernard, ſoixante fols parifis.

360   Me Nicole Lemire, l'un des deux Chapellains de la Chapelle fondée à l'Autel St Jaques en l'Eglife Notre-Dame de Paris, par an trente & une livres parifis.

verſo. Me Jehan Colombel, autre Chapellain de ladite Chapelle St Jaques, fondée en l'Eglife Notre-Dame de Paris, trente & une livres parifis.

Idem. Me François Tardy, l'un des Chapellains de la Chapelle ſaint Eutrope, fondée en l'Eglife Notre-Dame de Paris, pour Martin des Eſſars, quinze livres parifis.

Idem. Me Gilbert Lefrecte, autre Chapellain illec, quinze livres parifis.

Idem. Me Simon Villot, Chapellain de la Chapelle St Denys & St Georges, fondée en l'Eglife Notre-Dame de Paris, au lieu de Pierre Lefevre, dit Couſin, vingt-quatre livres parifis par an.

361 *verſo.* Me Henri Gives, au lieu de Me Pierre Marie, l'un des Chapellains de la Reine Marguerite, fondés à l'Autel St Michel & St Antoine en l'Eglife Notre-Dame de Paris, par an douze livres dix fols parifis.

Idem. Me Jehan de Grune, Preſtre Chapellain illec, au lieu de Me Jaques Eſperon, douze livres dix fols parifis par an.

363 *verſo.* Me Artus de Vaudetart, Chantre & Chanoine en l'Eglife Notre-Dame de Paris, & Chapellain de la Chapelle St Fiacre en l'Hoſtel des Loges près la Foreſt de Laye, au lieu de Me Guillaume Fillon, vingt-quatre livres parifis.

366 *verſo.* Me Thomas Vivien, au lieu de Mre Guillaume Trouvé, Preſtre Chapellain de la Chapelle St Jaques, fondée en l'Eglife Notre-Dame de Paris, au lieu de Mrë Jéhan Jaquet, pour Me Nicole de Paſſy, par an douze livres dix fols parifis.

371   Me Jehan Papot, Chapellain de la Chapelle Ste Catherine, fondée en l'Eglife Notre-Dame de Paris, par an neuf livres dix fols parifis.

Idem. Six Chapellains fondés en la Ste Chapelle du Palais Royal à Paris

DE LA PRÉVOTÉ DE PARIS.

  Paris, au lieu de Michelle, fille de Regnault Gaultier Lointier, cinquante & une livres dix-neuf fols six deniers parifis.

374 Le Chapellain de la Chapelle St Michel, fondée en l'Eglife Notre-Dame de Paris, au lieu de Me Jehan Langronois, pour Jehan Merchin, par an quarante fols parifis.

375 Le Chapitre de Paris quatre livres parifis, pour Me Efpart de Crefpy, pour les places fous le Chaftelet.

381 *verfo.* Mre Jehan Niceron, Preftre Chapellain de la Chapelle St Thomas de Cantorbie, fondée en l'Eglife Notre-Dame de Paris, au lieu de Me Robert Boutin, pour Me Henri le Brun, au lieu de Mre Jehan Chanterel, treize livres parifis.

Idem. Me Girard Coufin, au lieu de Mre Pierre Boucher, Chapellain illec, treize livres parifis.

389 *verfo.* Le Chevecier de l'Eglife Notre-Dame de Paris, par an vingt fols parifis.

392 *verfo.* Mre Louis de Halwin, Chevalier, Seigneur de Piennes, n'agueres Capitaine de Montl'hery.

393 Mre Guillaume de Poitiers, Chevalier, Seigneur de Clerieu, à prefent Capitaine dudit Montl'hery, pour le tems par lui deffervi depuis le vingt-huit Novembre 1490.

verfo. Mre Raoul de Lannoy, Chevalier, Concierge du Chaftel de St Germain en Laye.

395 Mre Eftienne de Veft, Chevalier, Concierge du Palais-Royal à Paris.

verfo. Mre Gilbert de Chabannes, Chevalier, Capitaine de Corbeil.

404 *verfo.* Honorable homme Dreux Raguier, Me Enquefteur des Eaux & Forefts du Roi notre Sire ès pays de France, Champagne & Brie.

420 *verfo.* Galeot de Janoillac, Maiftre de l'Artillerie du Roi notre Sire.

Idem. Mre Louis de Graville, Chevalier, Confeiller & Chambellan du Roi, & Concierge du Bois de Vincennes.

421 *verfo.* Me Denys le Mercier, Garde de la Maifon des Aveugles de Paris.

423 Mre Louis de Graville, Admiral de France, Capitaine & Concierge de l'Hoftel & Tour de Beauté fur Marne.

425 Mre Philippes de Vaurin, Seigneur de St Venant, n'agueres Capitaine du Chaftel du Louvre à Paris, jufqu'au dix-neuf Mai 1491, qu'il fut déchargé dudit Office.

Idem Mre Jehan de la Grutufe, Chevalier, Seigneur des Pierres, à prefent Capitaine du Chaftel du Louvre, au lieu dudit de Vaurin, par Lettres Patentes du Roi, données au Montils lès Tours le dix-neuf Mai 1491, inftitué audit Office par le Lieutenant Criminel de la Prevofté de Paris le Lundi trente Mai audit an.

OEUVRES ET REPARATIONS.

440 Il paroift qu'il y avoit un fecond jeu de paulme dans les Halles.

452 Jehan Balagny, Commis, de ce prefent Receveur. Il étoit Sergent au Chaftelet.

453 Le difné qui eft accoutumé faire par chacun an le jour faint Laurent, où ont affifté les Lieutenant Criminel, le Procureur du Roi, plufieurs des Confeillers du Chaftelet, les Greffier, Commiffaires, Crieur, Trompette & plufieurs Sergens qui illec étoient établis & ordonnés pour la garde de la Juftice & droits du Roi. Il eft fait mention de ce difné dans tous les anciens com-

	COMPTES ET ORDINAIRES
	ptes; employé ici pour onze livres treize sols six deniers parisis.
verso.	Il en fut fait autant à Bagnolet par les mêmes le premier jour de Septembre, jour de St Leu St Gilles, pour le jour de la feste dudit Bagnolet, où fut dépensé huit livres onze sols trois deniers parisis.
454	Idem à Bagneulx le vingt-un Septembre jour de la feste de St Eblanc, huit livres quatre sols trois deniers parisis.
456 verso.	Me Jaques de Bruges, Docteur en Medecine.
457	Information faite à la requeste du Procureur du Roi du Chastelet, touchant toutes les Justices subalternes de cette Ville de Paris. Autre Information touchant l'Hostel du Sejour du Roi, assis joignant l'ancienne porte de Montmartre en cette Ville de Paris, pour produire en certain procès que le Procureur du Roi au Chastelet a contre Mre Pierre d'Urfé, Chevalier, soi disant grand Escuyer de France.
460	Joachin de Ladehors, prisonnier au Chastelet, pour certains grands crimes & délits par lui commis.
verso.	Information contre aucuns du Village de Chasteau-fort, qui avoient déchiré, arraché & foulé aux pieds le cri du ban & arriere-ban, que le Prevost de Paris avoit fait publier au carrefour & attacher au poteau dudit lieu de Chasteau-fort.
Idem.	Le disné de Caresme-prenant à l'ordinaire seize livres parisis.
462	Anglois arrêtés à Orleans chargés de lettres, lesquelles lettres furent envoyées au Roi.
463	Les deux Justices de la Ville de Paris sises à Montfaucon, & l'autre tout auprès, subsistoient encore en cette année.
Idem.	Les vingt-huit, vingt-neuf, trente & trente-un Mars, furent publiés le ban & arriere-ban à Melun, Corbeil, Estampes & Montl'hery.
465 verso.	Fut fait en parchemin le livre bleu, pour servir à la chambre du Procureur du Roi au Chastelet, pour enregistrer plusieurs Ordonnances & Edits Royaux. Item furent reliés le livre noir & le livre vert. Fut aussi acheté un livre en papier couvert de parchemin, pour enregistrer les rapports des Jurés des métiers.
468	Le Lieutenant Criminel, deux Examinateurs, plusieurs Greffiers & autres Officiers du Chastelet ont été au Landit près saint Denys le huit du mois de Juin le jour de la beneisson de la foire dudit Landit, faire le cri que l'on a accoutumé faire chacun an audit lieu pour la conservation des droits du Roi en ladite foire, cinquante-cinq sols huit deniers parisis. Cet article est employé dans tous les comptes precedens, & c'étoit l'usage que dans tous les Villages où le Roi avoit la haute Justice l'on faisoit un pareil cri le jour de la feste du lieu.
verso.	Me Philippes Roger, Chirurgien-Juré du Roi, pour ses salaires d'avoir par Ordonnance de Justice depuis quatre ou six ans visité & appareillé, tant de jour que de nuit, plusieurs corps morts qui ont été apportés au Chastelet, tant suffoqués en la riviere; autres qui ont été frapés de glaives; les autres precipités; comme autres prisonniers navrés & mutilés en plusieurs parties de leurs corps, & donné les medicamens, &c.
469	Plusieurs enfans trouvés à Paris, délaissés de leurs peres & meres, nourris par des nourrices aux dépens du Roi; & pour ce dépensé pendant un an commençant à la St Jehan 1490 & finissant à pareil jour 1491, la somme de vingt-six livres huit sols parisis.

DE LA PREVOTÉ DE PARIS.

verso. Le Commis de ce Comptable, & dix Sergens commis par le Prevoſt de Paris, pour la garde de la foire du Landit, qui cette année a duré dix-ſept jours entiers, pourquoi ont dépenſé à l'hoſtellerie de Thomas Gomets, à la Chapelle St Denys, pendant ledit tems, la ſomme de dix livres onze ſols pariſis; employé de même aux autres comptes.

474 *verſo.* Me Jaques Chevalier, Conſeiller Maiſtre des Comptes.

476 *verſo.* Perette Froment, veufve de Pierre Morin, en ſon vivant Treſorier de feu Mr de Guyenne, dernier trepaſſé, Fermiere du revenu de la Terre & Seigneurie de Gournay ſur Marne.

479 Mre Jehan de Chabannes, Comte de Dampmartin, Baron de Tour & de Touſſy, pour le revenu du domaine de Gournay ſur Marne, réuni & mis en la main du Roi, par le trepas de feu Antoine de Chabannes, Chevalier, Comte de Dampmartin, grand Maiſtre d'Hoſtel de France, auquel ledit Domaine avoit été donné pour en jouir ſa vie durant ſeulement; ledit Jehan de Chabannes fils dudit Antoine.

480 Simon de Neufville, Receveur de Paris.

Idem. Me Jehan Luillier, Lieutenant Civil de la Prevoſté de Paris.

481 Me Jehan de Laporte, Lieutenant Criminel de la Prevoſté de Paris.

483 Me Pierre Quatre-livres, Conſeiller & Procureur du Roi au Chaſtelet.

484 Noble homme Louis du Gué, Eſcuyer, Capitaine du Pont de St Cloud, Maiſtre de la Garenne du Roi, dite de Rouvray.

verſo. Fleury de Bellemain, Eſcuyer & Garde de la Foreſt de Bondis.

485 Louis Dahuille, Clerc des Comptes du Roi, & Pierre de Gives, executeurs du teſtament de feu Mr Me Antoine de Beauveau, Chevalier, Seigneur de Preſſigny, Preſident des Comptes, Bailly & Concierge du Palais-Royal à Paris.

491 *verſo.* Me Adam Tenon, Notaire & Secretaire du Roi.

492 *verſo.* Le froid fut très-rude cet hiver & fort long, enſorte que les Dains & Conils du Bois de Vincennes ſe mouroient de froid.

493 *verſo.* Sangliers au Parc de Vincennes, que le Roi a voulu y être nourris.

VOIRIE.

5 La veufve de feu Michault Choart, en ſon vivant Ceinturier.

verſo. Eſtal que tenoit Denys Daveſnes, aux vies de Olive, femme de Pierre de Gaſtine, & Dame Jehanneton   de ladite Olive.

Les hoirs de feu Simon Bureau, & Alnette ſa femme.

19 *verſo.* La veufve & heritiers de feu Simon Lejay, en ſon vivant Epicier, pour la franchiſe & ſaiſine de pouvoir faire un caveau en ſon Hoſtel rue de la Tonnellerie.

31 *verſo.* Les heritiers de feu Me André Robinet, en ſon vivant Conſeiller au Parlement.

40 *verſo.* Simon Sanguin.

42 *verſo.* Lambert Hoctement, Orfevre demeurant à Paris, pour la franchiſe de faire une ſaillie en ſon Hoſtel ſur le grand Pont du côté d'aval-l'eau, tenant d'une part à Jehan Meſſier, Chaſublier.

43 Claude Fraguier, Marchand Drapier & Bourgeois de Paris, pour la franchiſe de faire en un Hoſtel, à lui appartenant, ſcis rue St Honoré, faiſant le coin de la rue Tirechappe, un auvent.

COMPTES ET ORDINAIRES
HALLAGE.

42. La veufve de Chreſtien Choart, pour un Eſtal qu'ils tiennent aux vies de Thiery & Poncet, dits Choart.
49 verſo. La veufve de Antoine Caſtille, pour un Eſtal à Frepier.
53. Eſtienne de Lahaye.
54 verſo. Macé l'aîné, au lieu de Girard Tronſſon.
63 verſo. Denys Thumery, pour le ſecond Eſtal à Chauſſetier, qu'il tient aux vies de Laurent & Eſtienne de Thumery ſes enfans.
64 verſo. Hugues de Compaings, Drapier-Chauſſetier.
67 verſo. Les heritiers de Jaques Choart, pour un Eſtal qu'il tenoit aux vies de lui & de Jehanne ſa femme.
Idem. Les heritiers de Jehan de Compaings, en ſon vivant Chauſſetier.
68 verſo. Les heritiers de Pierre Guillemeau, en ſon vivant Notaire au Chaſtelet.
71. Les heritiers de feu Jehan Briſſon, pour un Eſtal qu'il tient aux vies de Martine ſa femme & Georges Pilleur.
73. Jehan Briſſon, Cordonnier.
80 verſo. Guillaume Nicolas, Procureur au Chaſtelet, heritier en partie de feu Guillaume Nicolas ſon pere.

BOETE AU POISSON.

90 verſo. Jehan Lepreſtre, Epicier.
92. Marguerite, veufve de Jehan Lejay.

DOMAINE DE PARIS, 1492.

Ce Compte eſt rendu par les mêmes que le precedent.
23. La veufve de Jaques Choart, en ſon vivant, Drapier-Chauſſetier, pour une maiſon aſſiſe ſur le bout du Pont Notre-Dame près St Denys de la Chartre.
27. Robin Yon, Epicier.
34. La veufve de Mre Pierre de Morvilliers, Chevalier, fils de Mre Philippes de Morvilliers, auſſi Chevalier.
36. Sire Germain de Marle.
41. Me Pierre Quatre-livres, Notaire au Chaſtelet.
44 verſo. Guillaume le Seneſchal, Drapier.
46 verſo. La veufve de feu Jaques Choart.
64. Philippes Brunel, Eſcuyer, Seigneur de Grigny, au lieu de feu Me Raoul du Refuge, jadis Conſeiller & Maiſtre des Comptes.
89. Jehan Luillier, Marchand demeurant à Paris.
91. Honorable femme Gillette Hannequin, veufve de Jaques de Hacqueville, pour l'Hoſtel du Sejour du Roi ſcis près le Pont de Charenton.
102 verſo. Les heritiers de Me Nicaiſe de Bailly, en ſon vivant Greffier du Treſor.
208. Robin Pouſſepin, Mercier demeurant à Paris, pour un Hoſtel en la Gallerie du Palais.
220. Pierre Cheſnard, Sonneur de cloches au Palais.
272. Me Jean de Marle, Licentié en Loix, Advocat en la Cour de Parlement, & Lieutenant general, pour noble homme Dreux Raguier, Eſcuyer, Seigneur de Thionville, Maiſtre & Enqueſteur

DE LA PREVOTE' DE PARIS.

des Eaux & Forefts du Roi notre Sire ès pays de France, Champagne & Brie.

VENTE DE CENS.

287 Honorable homme & faige Me Jehan Advis, Confeiller & Medecin du Roi notre Sire, pour les ventes d'une maifon fcife grande rue St Jaques, laquelle maifon Jehan Efchars, Marchand Apoticaire & Bourgeois de Paris, acquit & achera pour & au nom dudit Me Jehan Advis & de fes deniers le vingt-deux Janvier 1490, de Germaine de la Varenne, àgée de dix-huit ans, fille de Jehan de la Varenne, Notaire au Chaftelet, & de feu Jehanne Boucher fa premiere femme, ladite Germaine lors fiancée de Jehan Moireau, Bateur d'or.

290 verfo. Maifon fcife au Cimetiere St Jehan, aboutiffant en la rue de Chartron.

291 Rue Geoffroy-Lafnier.

292 Honorable homme & faige Me Jehan de Rueil, Confeiller & Auditeur du Roi au Chaftelet de Paris, & Damoifelle Jehanne de Neufville fa femme.

293 Jehan Richer, Marchand Drapier-Chauffetier & Bourgeois de Paris.

verfo. Me Guillaume Moulinet, Procureur en la Chambre des Comptes, & Marie Larcher fa femme, fille de feu Gervais Larcher & Denyfe Bonnet fa femme, à prefent femme de Jehan Bourgeois, Marchand Bourgeois de Paris.

294 Guillaume Marcel, Orfevre & Bourgeois de Paris.

295 Marguerite Bertin, veufve de Guillaume Pouffepin, demeurant à Paris.

309 verfo. Maifon fcife à Notre-Dame des Champs en la grande rue, en franchife des Treforier & Chanoines de la Ste Chapelle du Palais-Royal à Paris, appellée les Francs-Mureaulx. Il y a en cette maifon une redevance annuelle envers la Ste Chapelle d'un muid de vin, de dix-huit feptiers de vin doux, ou feize feptiers de vin pur.

310 verfo. Philippes Lepreftre, Bonnetier & Bourgeois de Paris.

311 verfo. Maifon fcife rue de la Vannerie, tenant à une ruelle par laquelle l'on defcend de ladite rue de la Vannerie en la rue de la Tannerie.

332 Me René Dumont, Preftre Chapellain des Quinze-vingts Aveugles de Paris, fondé par Mr St Louis au grand Autel defd. Quinze-vingts.

verfo. Me Ambrois de Cambray, Curé de St Andry des Arts.

368 Me Jaques Charmolue, Procureur du Roi notre Sire en Cour d'Eglife.

389 Mre Louis de Graville, Chevalier, Confeiller, Chambellan du Roi & Concierge du Bois de Vincennes.

390 verfo. Jehan de Laigle, n'agueres Garde de la Maifon des Aveugles de Paris, depuis la St Jehan-Baptifte 1491, jufqu'au vingt-quatre Janvier enfuivant qu'il fut deftitué dudit Office.

Idem. Me Jehan Mazalon, à prefent Maiftre & Adminiftrateur de la Maifon des Quinze-vingts Aveugles de Paris, au lieu dudit de Laigle, par Lettres Patentes du Roi données à Paris le neuf Mars 1491, au moyen defquelles il a été inftitué audit Office par Noffeigneurs de la Cour de Parlement, le onziéme Avril enfuivant.

COMPTES ET ORDINAIRES

393 *verso.* Mre Louis de Graville, Admiral de France, Capitaine & Concierge de l'Hoftel & Tour de Beauté fur Marne.

394 Mre Jehan de la Grutufe, Chevalier, Seigneur des Pierres, Capitaine du Chaftel du Louvre à Paris.

420 Poulie de cuivre fervant à la prifon de la foffe au Chaftelet, pour devaler les prifonniers.

verso. Carcan mis à la Porte Baudoyer, ayant un écu de France & trois fleurs-de-lis.

421 Noble homme Mre Pierre Bureau, Chevalier, Seigneur de Montglat, Confeiller du Roi & Treforier de France.

428 *verso.* Informations faites par Ordonnance du Prevoft de Paris, touchant le poids du Roi.

430 *verso.* La Ville de Parpe-la-ville en Vermandois, faifie & mife en la main du Roi, laquelle appartenoit à Micquelot Damerval, banni de ce Royaume de France.

433 Le diné des Sergens le jour de Carefme-prenant, à l'ordinaire feize livres.

435 Adam Clement & Jehan Fouquet, prifonniers, transferés par deliberation de Confeil & Ordonnance du Prevoft de Paris, des prifons du Chaftelet ès prifons de Gentilli & St Maur des Foffés, avant l'entrée de la Reine notre fouveraine Dame.

436 Pierre de Montmorel, Barbier-Juré du Roi notre Sire au Chaftelet, pour avoir coupé les cheveux de plufieurs Maraulx étans efdites prifons.

449 *verso.* Mre Guillaume de Thouars, Chevalier, Seigneur de Mortingue, lequel avoit été prifonnier en la Conciergerie du Palais-Royal à Paris durant fept mois, pendant lequel tems il a dépenfé foixante écus d'or valant quatre-vingt-quatre livres parifis.

450 Philippes Brunel, Efcuyer, Seigneur de Grigny, Fermier du Peage de Charenton & Maumoulin, & de la Prevofté de Tournant en Brie.

verso. Jehan de Lifle, Efcuyer, homme-d'armes du pays de Dauphiné, lequel avoit été prifonnier durant dix ans ou environ ès prifons du grand & petit Chaftelet.

451 *verso.* Jaques de Chaftillon, Efcuyer.

461 *verso.* Maifon & jardin feis en la rue Jehan-Beaufire, acquife par le Roi, & appliquée à l'ufage de fon Hoftel des Tournelles.

465 *verso.* Information faite à l'encontre de l'Abbaÿe de St Denys en France, touchant les Gruries de St Germain-en-Laye & de Bondis.

467 Me Pierre de Neufbourg, Confeiller du Roi en fa Cour de Parlement, Me Denys de Hacqueville, Advocat en ladite Cour, adjoint avec ledit de Neufbourg, Me Jehan de Marle, auffi Advocat en icelle Cour, Subftitut du Procureur general dudit Seigneur, faifant certaine enquefte pour ledit Seigneur contre l'Abbé de St Denys en France, touchant le droit de Paiffon des forefts de St Germain-en-Laye & Bondis.

468 Mahi & Felix, Efcuyer, Lieutenant du Capitaine de St Germain-en-Laye.

verso. Terrier de Paris fait en cette année.

469 Hoftel du Beautreillis appartenant au Roi.

Idem. Réunion du Chaftel de Biceftre au Domaine fur le Chapitre de Paris.

verso. Réunion de Livry au Domaine.

469 Jehan du Creftin, Efcuyer, Garde de l'Hoftel du Roi au Bois de Vincennes.

DE LA PREVOTE' DE PARIS.

471   Philippes Dufour, Examinateur au Chaftelet, commis à faire faire le myftere qui a été fait audit Chaftelet à l'entrée de la Reine, la fomme de cent livres parifis.

verfo. Jehan Guillonet, Nicolas Seguier, Nicolas Brulart & Guerard Alart, Clercs de Me Pierre Parent, Notaire & Secretaire du Roi, & Changeur de fon Trefor.

Ifabeau Malenfant, Damoifelle, veufve de feu Me Jehan du Rueil, en fon vivant Confeiller du Roi & Lieutenant Civil de la Prevofté de Paris, auparavant Receveur ordinaire de Paris, & les heritiers dudit deffunt, enfans mineurs de lui & de feue Jehanne de Neufville, auffi Damoifelle, fa premiere femme, fille & heritiere feule & pour le tout de feu Simon de Neufville, auffi Receveur de Paris, fçavoir ledit de Neufville pendant fept années écheues au jour St Jehan-Baptifte 1498, & ledit de Rueil cinq années écheues au jour St Jehan-Baptifte 1503. Ce font des Lettres datées du penultiéme Aouft 1513.

Morelet de Mufeau, Confeiller & Argentier du Roi notre Sire, & n'agueres commis par lui à tenir le compte & faire le payement des frais extraordinaires de fes guerres. C'eft une quittance qu'il donne à ladite de Malenfant & à Me Charles Michon, Confeiller au Trefor, tuteur & curateur des enfans mineurs heritiers dudit deffunt Me Jehan de Rueil & de feue Damoifelle Jehanne de Neufville fa premiere femme, fille & heritiere feule & pour le tout de feu Simon de Neufville, en fon vivant Receveur de Paris, de la fomme de dix mille livres, dont ledit Seigneur Roi a compofé avec ladite veufve & heritiers pour tout ce qui fe trouvera lui être dû par la fin des comptes qu'ils ont à rendre tant du tems dudit feu de Neufville que de celui dudit de Rueil, à caufe de la Recette ordinaire de Paris, fuivant les Lettres Patentes cy-deffus; ladite quittance datée du vingt-quatriéme Decembre 1513.

HALLAGE.

54 *vrrfo.* Simon Sanguin.

39   La veufve & heritiers de Jehan Daubray, pour un Eftal fcis contre la Halle où l'on vend cuir, qu'ils tiennent aux vies de Marie de la Fontaine, Perette femme de Jaques Befnard, fille dudit deffunt & de Simonne Brunelle fa premiere femme, & de Marguerite Daubray fille dudit deffunt.

54 *verfo.* La veufve & heritiers d'Antoine Caftille, pour un Eftal.

70   Denys Thumery, pour le fecond Eftal à Chauffetier, qu'il tient aux vies de Laurent & Eftienne de Thumery fes enfans.

71   Hugues de Compaings, Drapier-Chauffetier, & Catherine fa femme.

74   Les heritiers de feu Jaques Choart, & Jehanne fa femme.

Idem. Les heritiers de feu Jehan de Compaings, Drapier-Chauffetier.

79 *verfo.* Georges Pileur, Peretre fa femme, & Michel Pileur fon frere.

BOETE AU POISSON.

101   Jehan Lepreftre, Epicier.

107 *verfo.* Feu Gervais Larcher, Denyfe fa femme, & Simon leur fils.

VOIRIE.

13	Hugues de Neufville, & Catherine sa femme.
14	Hugues de Neufville, & Jehanne Lombard sa femme.
16	Jehan Lombard, Epicier.
21 verso.	Feu Simon Lejay, Epicier.
30 verso.	Me Fleurent Hamelin, Greffier de Mr de Paris.

ORDINAIRE DE PARIS, 1493.

Ce Compte rendu par les mêmes que le precedent.

46 verso.	Guillaume le Seneschal Drapier, & sa femme, auparavant femme de feu Collin Dupont.
47	La veuve feu Me Jehan Amyn, Conseiller au Parlement.
48	Dreux Raguier, fils de feu Me Antoine Raguier.
149	Les heritiers de Me Jehan Bourée Prestre, Tresorier du Vivier en Brie.
181	Jehan de la Fosse, Orphevre.
183 verso.	Hugues Benoise, pour la quarante-cinquiéme forge sur le Pont-aux-Changeurs.
221 verso.	Robin Poussepin, Mercier au Palais.
223 verso.	Philippes Leschassier & Thomasse sa femme, fille de feu Jehan Coctart, au lieu dudit Jehan Coctart & Thomasse sa femme, pour un estal au Palais.
301 verso.	Maison scise rue du Moncel St Gervais, aboutissant par derriere à l'Hostel-Dieu St Gervais.
306 verso.	Me Jehan Charron, Advocat au Chastelet de Paris, Henri Berthelot & Jehan Montbon, Marchands & Bourgeois de Paris, au nom & comme Marguilliers de l'Oeuvre & Fabrique de St Gervais à Paris.
307	Pierre Belin, Marchand & Bourgeois de Paris.
310 verso.	Honorable homme & saige Me Philippes Turquant, Conseiller du Roi en sa Cour de Parlement.
311	Me Jehan Prevost, Notaire & Secretaire du Roi.
313	Miles Lombard, Marchand Espicier.
315	Jaques Phelippes, Marchand demeurant à Paris.
317	Maison scise rue du Grand-lion.
318	Jehan le Picart, Marchand Pelletier & Bourgeois de Paris.
320	Noel Robert, Regnault Jacquinet, Guillaume Langlois, Nicolas Bonnommeau & Jehan Noël, tous Frepiers, Maistres & Gouverneurs de la Confrairie aux Frepiers en l'Eglise des Sts Innocents à Paris.
321	Jehan de Lespinay, Marchand Bourrelier demeurant à Paris.
322	Noble Damoiselle Martine Boucher, veuve de feu noble homme Me Regnault de Marle, en son vivant Conseiller du Roi, & President en son Parlement, pour un Hostel nommé l'Hostel du Marleau, scis rue St Denys près la Cossonnerie.
323	Raoul de Hacqueville, Jehan Eschars & Me Robert Morellon, Marguilliers de l'Oeuvre & Fabrique de St Severin à Paris.
324	Venerable & discrete personne Me Francois Clement Prestre, Curé de Wissoulz, & Receveur de la Temporalité de l'Evesché de Paris.
Idem.	Feu sire Jaques de Hacqueville.
326	Maison scise rue Oignat.

DE LA PREVOTE' DE PARIS.

341   Noble homme Philippes de Lyon, Escuyer.

343 *verso.*   Honorable homme Nicolas le Vigneron, Grenetier du Grenier à sel de Paris, pour un fief scis en la Chastellenie de Torcy en Brie, mouvant dudit Torcy; & pour sept arpens de Pré près Gournay, mouvant de Gournay, à lui escheus à cause de sa femme par le deceds de Me Hector Turgis son frere, dont il a fait homage à la Chambre le treize Octobre 1492. Ce Hector de Turgis étoit Conseiller au Chastelet.

362   Me René Dumont, au lieu de Me Emery Olivier & de Mre Pierre de Rongeres Prestre, Chapelain des Quinze-vingts Aveugles de Paris fondés par Mr St Loys au Grand Hostel des Quinze-vingts Aveugles.

Idem.   Me Ambrois de Cambray, Curé de St Andry des Arts.

371 *verso.*   Me Artur de Vaudetar, Chantre & Chanoine en l'Eglise de Paris, Chapelain en la Chapelle St Fiacre, fondée en l'Hostel des Loges près la Forest de Laye.

380   Me Pierre Jouvelin & sa femme à cause d'elle fille, & heritiere en partie de feu Artur Fromont. Ce Pierre Jouvelin étoit Correcteur.

400 *verso.*   Mre Guillaume de Poitiers, n'agueres Capitaine & Garde du Chastel de Montl'heri, pour ses gages depuis la St Jehan-Baptiste 1492, jusqu'au premier Aoust ensuivant, qu'il resigna ledit Office à Amanion de Galande.

Idem.   Amanion de Galande, à present Capitaine & Garde du Chastel de Montl'heri, par Lettres Patentes données à Estampes le premier Aoust 1492, institué audit Office par le Prevost de Paris, le treize desdits mois & an.

401 *verso.*   Mre Raoul de Lannoy, Chevalier, Concierge du Chastel de St Germain en Laye.

Idem.   Mre Estienne de Vest, Chevalier, Concierge du Palais Royal à Paris.

402   Mre Gilbert de Chabannes, Capitaine de Corbeil.

403   Me Pierre Quatre-livres, Procureur du Roi au Chastelet de Paris.

Idem.   Me Yves de la Tillaye, n'aguerres Advocat du Roi au Chastelet, pour ses gages depuis la St Jehan-Baptiste 1492, jusqu'au dix-sept Novembre ensuivant audit an jour de son trépas.

verso.   Me Francois Goyet, à present Advocat du Roi au Chastelet, au lieu dudit de la Tillaye, par Lettres Patentes données à Tours le dix-neufviéme Novembre 1492, institué audit Office par Mr le Prevost de Paris le dixiéme Decembre audit an.

404   Me Robert Pied-de-fer, Advocat du Roi au Chastelet.

415 *verso.*   Jehan de Harlay, Escuyer & Garde de l'Office de Chevalier du Guet de Nuit de la Ville de Paris, pour ses gages & robes, &c. Toutefois le Roi par ses Lettres Patentes données à Paris le douziéme Fevrier 1492, pour les considerations y contenues a donné & octroyé ledit Office au survivant dudit Jehan de Harlay, & de Noble homme Jehan le Boutillier, sans ce que par la mort du premier decedant ledit Office puisse être dit vacant ne impétrable, & que au survivant en convienne avoir autres Lettres dudit Seigneur, ne prendre autre institution ne possession, ainsi qu'il appert par le *Vidimus* desdites Lettres, par vertu desquelles ledit le Boutillier a été institué audit Office par Monseigneur le Prevost de Paris.

429 *verso.*   Galeot de Janoilhac, n'agueres Maître de l'Artillerie du Roi, pour ses gages depuis la St Jehan-Baptiste 1492, jusqu'au jour de son deceds.

429 *verso.*   Me Guynot de Louziere, Chevalier, à present Maître de l'Ar-

Tome III.

COMPTES ET ORDINAIRES

tillerie du Roi, au lieu & par la mort de Galeot de Jahoillac, par Lettres Patentes données à Creil le vingt-un Avril 1493, au moyen desquelles il a été institué audit Office par Messeigneurs les Mareschaux de France, le septiéme Mai ensuivant audit an.

430   Mre Loys de Graville, Chevalier, Conseiller & Chambellan du Roi, & Concierge du Bois de Vincennes.

432   Jehan Mazalon, Garde de la Maison des Aveugles de Paris.

435   Mre Loys de Graville Admiral de France, Capitaine & Concierge de l'Hostel & Tour de Beauté sur Marne.

452   Aux Sergens pour le disné du jour de Caresme-prenant, seize livres à l'ordinaire.

458   Nourritures d'Enfans trouvés aux dépens du Roi.

469   Simon de Neufville Receveur de Paris.

Idem.   Me Jehan Luillier Lieutenant Civil.

470 *verso.*   Me Jehan de la Porte Lieutenant Criminel.

473   Me Pierre Quatre-livres, Conseiller & Procureur du Roi au Chastelet.

480 *verso.*   Me Thomas Bohier, Secretaire des Finances du Roi.

483   Jehan Grillonet, Nicolle Seguier, Nicolas Brulart, & Guerard Allart Clercs, pour leurs peines & salaires d'avoir dressé, minuté & grossoyé à diverses fois plusieurs Lettres, tant Patentes que Clauses, tant pour faire aller les gens de pied qui ont puis n'agueres été mis sus sous leurs Capitaines, devers les Gouverneurs & Lieutenans Generaux, pour leur obeir & les employer au fait de la guerre, où & ainsi que par eux sera dit, mandé & ordonné; que semblablement pour plusieurs instructions, despesches d'Ambassadeurs & reponses de Lettres par eux faites cettedite année.

verso.   Me François Goyet, Advocat du Roi au Chastelet.

483 *verso.*   Simon Assailly, Clerc & Secretaire de feu Monseigneur le Chancelier; pour ses salaires d'avoir escrit continuellement jour & nuit depuis dix-sept ans en ça, tant du temps du feu Roi Loys, que Dieu absoille, que depuis l'advenement du Roi notre Sire qui est à present, sous feu Me Pierre Doriolle, Chevalier, lors Chancelier de France, & aussi sous mondit Seigneur le Chancelier dernier trepassé, plusieurs Expeditions d'Ambassadeurs, Instructions, Memoires, Articles, Traittés, Alliances, Lettres Patentes & Missives, Reponses & autres Escritures touchant le profit & utilité dudit Seigneur & de son Royaume, ainsi que les affaires y sont survenues; & pour ce faire, avoir fourni à ses propres coustz & dépens de papier & parchemin, salaire & stipendié les Clercs qui lui ont aidé à faire plusieurs d'icelles Expeditions, dont il n'a eu aucune recompense, pour ceci vingt livres parisis.

484 *verso.*   Me Guillaume Molinet, Procureur du Roi notre Sire en sa Chambre des Comptes, tant pour avoir fait & minuté l'inventaire des Lettres touchant les Traités & accords faits à Estaples près Boulogne-sur-la-mer, entre les Ambassadeurs du Roi notre Sire, & ceux du Roi Henri d'Angleterre, & en avoir fait faire trois doubles en parchemin, que aussi pour plusieurs autres Escritures par lui faites par Ordonnance de la Chambre, &c. cy vingt livres parisis.

HALLAGE.

Denys Thumery, pour le second Estal à Chaussetiers, qu'il tieht aux

DE LA PREVOTE' DE PARIS.

vies de Laurent & Eftienne de Thumery fes enfans.

Hugues de Compans, Drapier-Chauffetier.

Robert Coffart Chauffetier, pour un Eftal qu'il tient aux vies de lui & de Perette fa femme.

Eftienne Falais Chauffetier, au lieu de Jehan le Gendre Drapier, au lieu de Jehan Danes, pour un Eftal à Chauffetier qu'il tient aux vies de Jehan le Gendre, & de Pierre le Gendre fon fils.

Feu Jaques Choart Drapier, & Jehanne fa femme.

Jehan de Compans l'aifné, pour deux Eftaux qu'il tient aux vies de lui & de Jehan Compans fon neveu, au lieu de Jaques Belocier & Jehanne fa femme.

Les heritiers de feu Jehan Charpentier, en fon vivant Procureur au Chaftelet, & Phelippes fa femme, & Marion leur fille.

La veuve de Jehan Briffon Cordonnier.

Guillaume Phelippes, Baudroyeur.

Guillaume Nicolas, Procureur au Chaftelet.

La veuve de Pierre le B.

Les hoirs Jehanne veuve de Guillaume Danetz pour quatre Eftaux qu'ils tiennent aux vies de Thomas & Robert Danetz, enfans defdits deffunts.

BOETE AU POISSON.

Jehan le Preftre, Epicier.

Denyfe Bonnet, femme de Jehan Bourgeois, & auparavant femme de Gervais Larcher, pour une maifon qu'elle tient aux vies d'elle, Marie & Benoift Larcher fes enfans.

La veuve & heritiers de feu Gervais Larcher, Marchand Vendeur de Poiffon de mer, pour une maifon qu'ils tiennent aux vies de Denyfe, veuve dudit Larcher, & de Simon fon fils.

Un hayon à vendre vieilz fouliers. C'eft une efchope portative.

VOIRIE.

La veuve de feu Michault Choart, en fon vivant Ceinturier.

Hugues de Neufville, pour un Eftal affis contre les murs du Cimetiere St Gervais, qu'il tient aux vies de lui & de Catherine fa femme.

Ledit Hugues de Neufville, pour un autre Eftal qu'il tient audit lieu aux vies de lui & de Jehanne Lombard fa femme.

Michel de la Barre, Marchand demeurant à Paris, Perette fa femme, & Catherine leur fille, pour une place à vendre poiffon de mer, fcife à la porte Baudoyer.

Eft à noter que dans les anciens Comptes l'on dit la Porte Baudoyer, mais depuis 1488 ou envrion on efcrit l'Apport Baudoyer.

Marguerite Charonne, fille de feu Guillaume Charron, Jaqueline fa femme, à prefent femme de Jehan Aubery, pour une place à vendre œufs & beure, fcife & adoffée contre la Croix de l'Apport de Paris, tenant d'une part du cofté de St Gervais à Jehan Sanglier, & d'autre part audit Jehan Aubery.

Les heritiers de Jehan Lombart, Epicier.

Les heritiers de feu Simon le Jay, en fon vivant Epicier, rue de la Tonnellerie.

Feu Me André Robinet, Confeiller au Parlement.

Jehan Huault, Drapier.

ORDINAIRE DE PARIS, 1494.

Folio 6. Noble homme Mre Eftienne de Weft, Chevalier, Senechal de Baucaire, & Concierge du Palais-Royal à Paris.

17 Ce Compte eft rendu par les mêmes que le precedent.

66 Phelippes Brunel, Efcuyer Seigneur de Crigny.

96 Les Hoftels du Roy & de la Reine, appellés l'Hoftel St Paul, fcis à Paris près l'Eglife dudit St Paul, affermés par Mrs les Treforiers de France, par Bail du onziéme Janvier 1493, à Me Jehan de Fontenay pour fix années commencées à la St Jehan lors derniere paffées; fçavoir pour la premiere année quarante-huit livres huit fols, & pour chacune des cinq autres, foixante livres parifis.

156 *verfo*. Thibault Fernicle, Orphevre, & Catherine de Crevecœur fa femme.

159 *verfo*. Eftienne Benoift & Guillemette la Chevaliere fa femme, le vingt-quatriéme Change.

182 *verfo*. Marguerite la Nyvoife, veuve de Pierre Hannequin, en fon vivant Orphevre.

202 Eftaux à vendre poiffon de mer & autres denrées, fcis fous le Petit-Chaftelet, comptant le Trou-punais, affermés à Albert Choart pour trois ans comme au plus offrant, pour quatre-vingt onze livres par an. *Nota*. Le Trou-punais étoit adoffé contre les murs du Chaftelet du cofté de la Boucherie de Glorïette.

208 Robin Pouffepin Mercier, pour un Eftal au Palais près la porte du beau Roi Philippes, en la Gallerie.

209 *verfo*. Philippes Lefchaffier, & Thomaffe fa femme, fille de Jehan Coctart & Thomaffe fa femme.

276 Maifon fcife rue Guerin-Boiffeau.

289 Guillaume Mufnier, Marchand Drapier, Bourgeois de Paris.

280 Jaques le Lievre, Marchand Bourgeois de Paris.

282 Maifon fcife rue Andry-Mallet, dite la rue du Cocq.

283 Me Henry Courtin, Advocat en Parlement.

314 *verfo*. Meffire René Dumont, Chapelain des Aveugles de Paris, fondés par Mr St Louis au Grand-Hoftel de l'Eglife des Quinze-vingts.

320 Le Pitancier de l'Eglife St Germain-des-Prés avoit droit de prendre vingt-cinq fols parifis de fonds de terre par an fur une maifon appartenant au Roi fcife à Paris près les Auguftins, tenant d'une part à la ruelle & jardin de l'Hoftel St Denys, laquelle maifon a été nouvellement acquife par le Roi, de Mre Louis de Hallevin, Seigneur de Piennes, & Jehanne de Gaftille fa femme.

321 *verfo*. Me Guillaume du Moulinet, Procureur du Roi en fa Chambre des Comptes, à caufe de fa femme, heritiere de feu Gervaifot Larcher, Vendeur de Poiffon de mer ès Halles de Paris.

343 *verfo*. Simon Sanguin, Gruyer de la Foreft de Livry & Lannoy, par la refignation de Fleury de Bellemarin inftitué audit Office le vingt-fept Novembre 1493.

346 Jehan du Bucher, Gruyer de la Foreft de Laye, au lieu & par le trepas de Pierre le Lou, inftitué audit Office le dixiéme May.

360 Mre Guyot de Louzieres, Chevalier, Maître de l'Artillerie du Roi.

DE LA PREVOTE DE PARIS.

361   Jehan Mazalon, Garde de la Maison des Aveugles de Paris.
370   Un difné fait chés Jehan du Fay Tavernier, aux Examinateurs du Roi, plufieurs Sergens & autres, qui avoient affifté en la Compagnie de Mr le Lieutenant Criminel, du Procureur du Roi, & aucuns Confeillers du Chaftelet, prefens à publier les Edits & Ordonnances faites par le Roi touchant les Invocateurs, Jureurs & Blafphemateurs du Nom de Dieu & des Saints de Paradis.
373 verfo.   Jaques de Bruges, Docteur en Medecine.
375   Depenfe des Enfans-trouvés.
   Le Difné des Sergens le jour de Carefme-prenant, augmenté cette année jufqu'à dix-huit livres parifis, à caufe de la cherté des vivres.
376   Fiacre de Harville, Efcuyer, Seigneur de Paloifel.
383 & verfo.   Jehan Langlois dit Divry, declaré heretique, & comme te bruflé au Marché-aux-Pourceaulx hors la Porte St Honoré; & avant l'execution fait faire un desjeuné au Chaftelet à plufieurs Confeillers qui à grand nombre ont affifté à lui faire fon procès au Chaftelet, à plufieurs Sergens, & aux Cordeliers qui ont converti & confeffé ledit Jehan Langlois. Ledit Langlois eut le poing couppé, & fut traifné au fupplice fur une claye.
383 verfo.   Un nommé Guillemet du Vivier, amené prifonnier au Chaftelet, fe plaint de ce que l'on l'a diftrait du Cimetiere St Pierre de Montdidier par le Prevoft dudit lieu; fur quoi par Ordonnance du Prevoft de Paris, furent faites informations de ladite diftraction par le Procureur du Roi à Roye, qu'il envoya au Chaftelet.
384   Marguerite, veuve de Gauvain Houel Verrier, bruflé au Marché-aux-Pourceaulx, & pour le difné de ladite femme, & plufieurs Officiers qui ont affifté à l'ouïr & interroger.
404   Me Leonard Baronnat, Maiftre des Comptes.
406   Me Geuffroy le Maiftre, de nouvel créé par le Roy, par fes Lettres Patentes du onze Juillet 1493, en l'Office de Garde & Juge de la Prevofté de Montl'hery, inftitué audit Office le vingt dudit mois & an.
   A Me Morelet du Mufeau, Commis à la Recepte & payement des gages & droits de Nosfeigneurs les Prefidents, Confeillers, & autres Officiers de ladite Chambre, la fomme de cent livres parifis pour leurs droits à eux octroyé par le Roi pour ce prefent Compte.
   Cet article eft toujours employé depuis 1477, & n'eft en 1487.

HALLAGE.

41 verfo.   La veuve d'Antoine Caftille, pour un Eftal & demi, faifant front à la Halle aux Frepiers.
62   La veuve & heritiers de Pierre le B   pour un demi Eftal qu'ils tiennent aux vies de Guillemette femme dudit le B

VOIRIE.

23   La veuve de Simon le Jay, Efpicier.
24 verfo.   Les heritiers de Me André Robinet, Confeiller au Parlement.
26   Denyfe Bonnet, à prefent femme de Jehan Bourgeois, & auparavant femme de feu Gervais Larcher, vivant Vendeur de poiffon de mer ès Halles de Paris.
33   Nicolas de la Blaru, Treforier de Languedoc.

COMPTES ET ORDINAIRES
AMENDES CIVILES.

Guillaume Diguet Notaire au Chaftelet, & Greffier Civil.
Plufieurs Maiftres en divers métiers, receus par don de Mr le Dauphin.
Jehan demeurant à Cormeilles, condamné en dix fols parifis d'amende, pour avoir blafphemé Notre-Seigneur, dont le tiers appartient à St Germain-l'Auxerois, le tiers aux Denonciateurs, & l'autre tiers au Roi.
Philippes Meufnier, natif de Meaulx, Me Efpicier à Paris
Cardin de Neufville, Varlet Bonnetier, condamné le vingt-huitiéme Septembre.
Me Jehan Mauger, Promoteur en Cour d'Eglife, condamné le deuxiéme Fevrier par Sentence du Prevoft de Paris, au profit de Me Guy du Chafteau, Docteur en Medecine, envers le Roi à vingt livres parifis.
Mathieu Pradon Maiftre Dinandinier & Chauderonnier à Paris.
Thomas Pinon Ceinturier, le quatriéme Mars.

AMENDES CRIMINELLES.

Beaucoup condamnés pour blafpheme, prefque tous font condamnés pour blafpheme.
Jehan Ferrand Clerc, condamné en dix livres parifis d'amende, & rendu à l'Official, à la charge.
Noel Lefcripvain, condamné en dix fols parifis, pour avoir porté un Bracquemard, & en dix fols pour blafpheme.
Guillaume des Dormans, condamné le cinquiéme Mars, en vingt fols parifis d'amende envers le Roi.
L'Evefque & Comte de Noyon, Pair de France, & Prieur de St Denys de la Chartre.
Il y a plufieurs Efpaves à la fin de ce Volume, comme anneaux & argent monnoyé, trouvés fur le pavé.

ORDINAIRE DE PARIS, 1495.

Le Compte rendu par les mêmes que les precedens.

20   La veufve & heritiers de Jehan Lelievre, en fon vivant Marchand & Bourgeois de Paris.

verfo. La veuve de Jaques Choart, Drapier-Chauffetier.

28 *verfo.* Guillaume le Cacq, Epicier.

85   Les Hoftels du Roi & de la Reine, appellés l'Hoftel St Paul près l'Eglife St Paul.

89 *verfo.* Perette, veufve de Jaques le Cacq, pour la dixiéme maifon fur le Pont St Michel.

90 *verfo.* Jehan Gillet, Drapier.

142   Me Robert Thibouft, Confeiller du Roi & Prefident en fa Cour de Parlement, pour une maifon & jardin, deux gords, & environ deux arpens de terre, fcis au terroir de Gournay fur Marne, que le Roi par fes Lettres Patentes en forme de Chartes données à Lion au mois de Mai 1494, a érigé en Fief, lefdites Lettres regiftrées en la Chambre des Comptes le dix-fept Juin audit an, à la charge de faire foi & hommage au Roi & en donner adveu & dénombrement, à payer les droits & devoirs à chacune mutation de Seigneur & d'homme felon la coutume du pays; & auffi à la charge de payer chacun an audit lieu de Gournay un chapeau de rofes à quatre rangées, qui fervira à porter le corps de Notre-Seigneur Jefus-Chrift le jour & fefte de fon Sacrement;

DE LA PRÉVOTÉ DE PARIS.

& auſſi moyennant que certaine place aſſiſe devant la maiſon d'icelui Thibouſt, jouxte le pont d'icelui lieu de Gournay, en laquelle eſt ſcis & fiché le poteau de la Juſtice d'icelui Seigneur illec, ſera & demeurera au profit & utilité dudit Seigneur, du conſentement dudit Thibouſt, auquel elle appartenoit, & tenoit d'icelui Seigneur à douze deniers pariſis de cens.

214 Pierre Chenart, Sonneur de cloches au Palais.
267 Me Dreux Raguier, Eſcuyer, Seigneur de Thionville, Conſeiller du Roi, Maiſtre & Enqueſteur des Eaux & Foreſts ès pays de France, Champagne & Brie.
273 Jehan Pincebourde, Pierre Belin, & Guillemin Damon, Bourreliers demeurant à Paris, Maiſtres & Gouverneurs de la Confrairie de Notre-Dame des Vertus, fondée par les Maiſtres Bourreliers de la Ville de Paris en l'Egliſe St Honoré à Paris.
275 Jehan Bourgeois & ſa femme, auparavant femme de feu Gervais Larcher.
Idem. Maiſon ſciſe rue des Preſcheurs, laquelle doit quarante ſols pariſis de rente à la Chapelle St Jaques l'Apoſtre, fondée en lad. Egliſe des Quinze-vingts de Paris.
278 verſo. Honorable homme & ſaige Me Chriſtophle de Carmonne, Procureur general du Roi, Me Martin Cintin, Notaire & Secretaire du Roi, Adam Moſle, Marchand & Bourgeois de Paris, Marguilliers de l'œuvre de la fabrique de Mr St Gervais à Paris, pour vingt-deux livres huit ſols deux deniers pariſis de rente annuelle à prendre ſur la Boete & Coutume du poiſſon de mer ès Halles de Paris, appartenant au Roi, qu'ils acquirent audit nom de Marguilliers le dix-ſept Novembre de noble-homme Mary Bureau, Eſcuyer, Seigneur de Verneuil & Vernouillet.
284 Honorable homme & ſaige Me Louis Clercbourg, Licentié en Loix, fils & heritier de feu ſire Jehan Clercbourg, en ſon vivant Conſeiller general & Maiſtre des Monnoyes.
286 Guillaume Daubray, Marchand Bourgeois de Paris.
287 Jaques Daubray, Bourgeois & Marchand de Paris.
288 Venerable & diſcrete perſonne Me Gillebert Fournier, Preſtre Docteur en Theologie, heritier de feue Amelot, veuve de feu Adam Fournier, en ſon vivant Bourgeois de Paris.
289 verſo. Rue de Chartron.
307 verſo. Mre René Dumont, Chapellain de la Chapelle des Aveugles de Paris, fondée par Mr St Louis au grand Autel des Quinze-vingts.
321 verſo. Iſabel Fromont, veuve de Me Pierre Jouvelin; il étoit Correcteur des Comptes.
325 verſo. Guillaume de Villetain, Eſcuyer, Seigneur de Gif, Vicomté du Chaſteau-fort.
332 verſo. Me Jehan Giborne, Maiſtre Adminiſtrateur de la Maladrerie de Corbeil, decedé le vingt-trois Septembre 1494.
333 verſo. Me Charles Coulon, Maiſtre & Adminiſtrateur de ladite Maladrerie, par le deceds dudit Me Jehan Giborne, depuis le dix-huit Novembre 1494, qu'il fut reçu en ladite Maitriſe par Mr le Prevoſt de Paris en ſon Lieutenant.
340 Me François Goyet, Advocat du Roi au Chaſtelet.
357 Jehan Mazalon, Garde de la Maiſon des Aveugles de Paris.
358 verſo. Hugues Regnault, Clerc du Greffe Civil & Criminel du Chaſtelet.
362 verſo. Me Nicole Robillet, Examinateur au Chaſtelet, & deux autres particuliers, pour leurs peines & ſalaires d'avoir été par l'Ordon-

COMPTES ET ORDINAIRES

nance du Prevoſt de Paris en la Chambre des Generaux, & en icelle éralonner & adjouſter le poids de trente-deux marcs dud. Chaſtelet, & icelui diminué juſques à un grain.

Idem. Me Renault le Couvreur, Procureur du Roi à Roye, pour pluſieurs voyages par lui faits par l'Ordonnance du Prevoſt de Paris, en faiſant par le Procureur du Roi au Chaſtelet de Paris, mettre à execution certaines Lettres Royaux, pour à la requeſte dudit Procureur du Roi au Chaſtet prendre au corps Pierre Labillé & ſes autres alliés.

366 *verſo.* Aux onze-vingts Sergens pour le dîné du jour de Careſmeprenant, dix livres d'ancienneté & ſix livres de creue pour la cherté des vivres.

369 *verſo.* Nourriture des Enfans-trouvés.

370 *verſo.* Le Procureur du Roi & pluſieurs Examinateurs & Sergens ſe tranſportent par Ordonnance du Prevoſt de Paris ſur le lieu où eſt la Juſtice & fourches patibulaires de St Denys en France, & pour la conſervation des droits du Roi font démolir & abbatre quatre piliers de pierre que les Religieux de St Denys avoient fait de nouvel édifier.

376 *verſo.* Simon de Neufville, Receveur ordinaire de Paris.

Idem. Me Jehan Luillier, Lieutenant Civil.

377   Me Jehan de la Porte, Lieutenant Criminel.

379   Me Pierre Quatre-livres, Conſeiller & Procureur du Roi au Chaſtelet.

384   Me Olivier le Roux, Conſeiller & Maiſtre des Comptes.

385 *verſo.* Me Pierre Quatre-livres, Procureur du Roi au Chaſtelet, envoyé par Ordonnance de Meſſieurs des Comptes & Treſoriers de France, ès mettes & limittes de la Prevoſté de Paris, pour faire abbattre & démolir pluſieurs autres Juſtices données & alienées par le feu Roi Louis à pluſieurs perſonnes & les rejoindre & unir au Domaine dudit Seigneur, ainſi qu'elles étoient auparavant leſdits dons & alienations, & en enſuivant la revocation dudit Domaine.

387   Adenet Sanatt, Jardinier du jardin de la Reine étant au Bois de Vincennes.

Idem. Artus le Sommelier, Eſcuyer, Lieutenant du Bois de Vincennes.

Idem. Me Nicole Pié-de-fer, Advocat au Chaſtelet, & Prevoſt & Garde pour le Roi de la Prevoſté de Tournant en Brie.

390   Mre Mery Damboiſe, Chevalier de l'Ordre de St Jehan de Jeruſalem, & Grand-Prieur de France.

verſo. Me Nicole Quatre-livres, Advocat du Roi au Chaſtelet.

HALLAGE.

13 *verſo.* La veuve Chreſtien Choart, pour un Eſtal qu'elle tient aux vies de Thierry & de Poncet, dits Choarts.

16 *verſo.* La veuve & heritiers de feu Pierre le B

Eſtaux à Chauſſetiers.

Denys Thumery, pour un Eſtal qu'il tient aux vies de Laurent & Eſtienne de Thumery, ſes enfans.

Hugues de Compaings, Drapier-Chauſſetier, pour un Eſtal qu'il tient aux vies de lui & de Catherine ſa femme.

Marguerite de Thumery, veuve de Guillaume de Culant, & auparavant

DE LA PREVOTE DE PARIS.

vant veuve de Philippes le Courtillier.

Les heritiers de feu Jaques Choart, pour un Eftal aux vies de lui & de Jehanne fa femme.

Guillaume Nicolas, Procureur au Chaftelet, heritier en partie de feu Guillaume Nicolas fon pere.

Les heritiers de feue Jehanne, veuve de Guillaume Danetz, pour quatre Eftaux qu'ils tiennent aux vies de Thomas & Robert Danetz, enfans defd. deffunts.

Compte de la Boëte au Poiffon de Mer.

Jehan le Preftre, Epicier, demeurant en la rue de la vieille Fromagerie.

Denyfe Bonnet, femme de Jehan Bourgeois, & auparavant veufve de Gervais Larcher, Vendeur de Poiffon de Mer, pour un Eftal qu'elle tient à fa vie & à celle de Simon Larcher fon fils.

Compte de la Voirie.

3	La veufve Michault Choart, en fon vivant Ceinturier.
5 *verfo.*	Les hoirs de feu Simon Bureau, & Annette fa femme.
12 *verfo.*	Hugues de Neufville, pour un Eftal qu'il tient aux vies de lui & de Catherine fa femme.
13 *verfo.*	Hugues de Neufville deffus-nommé, pour un autre Eftal, qu'il tient aux vies de lui & de Jehanne Lombard fa femme.
14	Jehan Aubery & Jaqueline fa femme.
14 *verfo.*	Marguerite Charonne, fille de feu Guillaume Charon, & Jaqueline fa femme, à prefent femme de Jehan Aubery.
	La veuve de Jehan Lombard, Epicier.
22	Les heritiers de feu Simon le Jay, Epicier.
23	Les heritiers de feu Me André Robinet, Confeiller au Parlement.
25	Marie & Benoift Larcher, enfans de feu Gervais Larcher, en fon vivant Marchand de Poiffon de Mer ès Halles de Paris, & de Denyfe Bonnet, à prefent femme de Jehan Bourgeois.
31 *verfo.*	Me Gilles Courtin, Efleu de Paris.

AMENDES CIVILES.

Jehan Pouffepain & Guillaume de Verdet, Orfevres, condamnés chacun en cent fols parifis d'amende envers le Roi, pour raifon d'un anneau d'or auquel il y avoit une pierre fauffe teinte de fang de dragon, par eux mife en œuvre, acquife & confifquée & vendue au profit dudit Seigneur le prix de quatre livres feize fols parifis. Sur lefquelles amendes les Jurés-Orfevres ont eu le tiers, & dix-huit fols parifis aux Greffier & Sergens qui ont fait le procès-verbal & les diligences d'ancrer lefdites amendes; ainfi refte au Roi la fomme de onze livres neuf fols quatre deniers parifis.

Jehan de Paris, Bachelier, Charpentier de la grand'coignée.

Jehan Jolis, Ceinturier, condamné en feize fols parifis d'amende, pour raifon de onze ceintures de fil de lin & de foie, confifquées, qui ont été vendues huit fols parifis, dont les Jurés ont eu la moitié, refte audit Seigneur douze fols parifis.

Jehan Saintot, dit Alixandre Varlet, Tondeur.

Confifcation de plufieurs tiffus de fil & foie.

Jaques Barthelemy, Procureur au Chaftelet, condamné en cinq fols parifis d'amende, pour l'infolence par lui faite en l'Auditoire Civil devant la plaidoirie.

Guinet de Chasteau-neuf, Escuyer, Seigneur de Pierre-brune.
Pauler Boust Varlet, Bonnetier, condamné en dix sols parisis d'amende pour avoir blasphémé Notre-Seigneur, le tiers à l'Eglise où a été fait ledit blasphême, l'autre tiers au dénonciateur; ainsi reste au Roi trois sols quatre deniers parisis.

AMENDES CRIMINELLES.

Amende pour blasphême à appliquer selon l'Ordonnance.

DOMAINE DE PARIS, 1496.

17	Ce Compte est rendu par Damoiselle Isabeau de Malenfant, veuve de Me Jehan du Rueil, en son vivant Lieutenant Civil de la Prevosté de Paris, Me Charles Michon, Conseiller du Roi au Tresor, tuteur & curateur des enfans mineurs dudit deffunt Me Jehan du Rueil, & de feue Damoiselle Jehanne de Neufville jadis sa premiere femme, seule fille & heritiere de feu Simon de Neufville, en son vivant Receveur de Paris; & de Me Jehan du Rueil, Advocat en Parlement, fils & heritier dudit deffunt Me Jehan du Rueil & de ladite Jehanne de Neufville.
21	La veuve de Jaques Chouart, Drapier-Chaussetier.
22	La veuve de Raoulet Chouart.
29	Guillaume le Cacq, Epicier.
Idem.	Feu Me Adam Deschamps, Clerc du Roi notre Sire en sa Chambre des Comptes.
30	Feu Me Guillaume Picart, General des Finances du Roi notre Sire.
Idem.	Feu Me André Courault, Conseiller du Roi en sa Chambre des Comptes.
43 verso.	Feu Me Jehan Annin, Conseiller au Parlement.
44	Dreux Raguier, fils & heritier de feu Me Antoine Raguier.
45	Feu Jaques Chouart.
76	Me Pierre de Cerisay, Conseiller au Parlement & Doyen de St Germain l'Auxerrois.
77	Me Pierre Lorfevre, Me des Comptes.
Idem.	Me Simon Radin, Conseiller au Tresor.
78 verso.	Loys le Roger, Vendeur de Poisson de Mer ès Halles de Paris.
82	Me Pierre Morin, Conseiller au Parlement, pour l'Hostel du Sejour du Roi près St Eustache.
83 verso.	Me Antoine Disome, Notaire & Secretaire du Roi.
91 verso.	Honorable femme Gillette Hannequin, veuve de Jaques de Hacqueville.
94 verso.	La veuve de Me Gilles Cornu, Notaire & Secretaire du Roi.
98	Perette, veuve de Jaques le Cacq, pour la dixiéme maison sur le Pont St Michel qu'elle tient à louage.
16	Feu Me Jehan le Grand-rue, Clerc du Roi en sa Chambre des Comptes.
126 verso.	Me Jehan Lemoine, Clerc des Comptes du Roi notre Sire.
127 verso.	Me Nicole de Sailly, Clerc du Roi en sa Chambre des Comptes.
134 verso.	Jehan Petit-pied, pour un jardin assis au fauxbourg de Corbeil.
149	Me Robert Thibout, Conseiller au Parlement, pour ce qu'il tient à Gournay, en fief du Roi, à la charge d'un chapeau de roses à quatre rang.ees pour servir tous les ans à porter le corps de Notre-Seigneur Jesus-Christ le jour de la feste du St Sacrement,

DE LA PREVOTE' DE PARIS. 515
& à la charge d'en payer les droits à chaque mutation de Seigneur.

157   Thibault Frenicle & Catherine de Crevecœur fa femme, pour le onziéme change du grand Pont.

159 verfo. Pierre le Clerc, pour le vingt-huitiéme change du grand Pont.

160   Marguerite la Amoifine, veuve de Pierre Hennequin, en fon vivant Orfevre.

165 verfo. Jehan de Ladehors, Changeur, pour le cinquante-troifiéme change.

168   Pierre Chevalier, pour la huitiéme forge fur le grand Pont.

175 verfo. Martin Sanfom, Orfévre, pour la trente-feptiéme forge fur le grand Pont.

176   Jehan Sanfom, pour la quarantiéme forge.

194   Maifon fcife rue de la Tonnellerie au bout du Jeu de paulme d'entre deux Halles.

215 verfo. Simon Godefroy & Perette fa femme, pour un Eftal en la gallerie du Palais, qu'il tient à vie de lui, fa femme, & Nicolas leur fils.

Idem. Robin Pouffepain, Mercier, pour un autre Eftal audit lieu.

217 verfo. Philippes le Chaffeur & Thomaffe fa femme, fille de feu Jehan Cotart, au lieu dudit Jehan Cotart & Thomaffe fa femme.

301 verfo. Honorable homme & faige Me Charles de Bidant, Notaire & Secretaire du Roi & Greffier de la Juftice des Aides, fils de Me Jehan de Bidant, Notaire & Secretaire du Roi & Greffier de la Juftice des Aides, pour une maifon fcife en la vieille rue du Temple, faifant le coin de la rue Anquetin-le-faucheur, tenant d'une part à l'Hoftel occupé par Me Michel Saligot, aboutiffant par derriere à un Hoftel appartenant aux Religieufes de Chelles Ste Bapteur. *Item* pour une autre maifon fcife vieille rue du Temple tenant d'une part à l'Hoftel ci-deffus, d'autre à l'Hoftel qui fut à feu Colin Tuart à Jehan Danetz, Procureur au Chaftelet & de prefent à Pierre le Lorain. *Item* un jardin audit lieu, &c. Jehan de Bidant & honorable femme Catherine la Mairefſe, veuve de Me Jehan le Clerc, & le furvivant d'eux jouiront leur vie durant de ladite maifon.

308 verfo. Maifon fife dans la rue aux Pefcheurs, aboutiffante par derriere à l'Hoftel Guy le Picart étant en la rue de la Coffonnerie.

310   Les Prieur, Maiftres, Docteurs en Theologie & Efcoliers du College de Sorbonne à Paris, pour les heritages ci-après, fçavoir moitié d'une grande maifon où eft pour enfeigne le Lion d'or en la rue des Marmouzets faifant le coin de la rue de Glatigny, aboutiffant par derriere en la rue par laquelle on va de ladite rue à St Denys de la Chartre. *Item* la moitié d'un grand jardin & étables fceant devant & à l'oppofite de ladite maifon & en icelle rue des Marmouzets, tenant d'une part en la rue des Oublies, dite de la Lanterne, aboutiffant par derriere en une ruelle nommée la ruelle de Pampignon. *Item* des vignes fcifes au terroir de Fontenai lès Bagneux, &c. Lefdites chofes declarées dans les Lettres de don faites par Jehan de Cambrai auxdits du College de Sorbonne, paffées pardevant deux Notaires, fous le fcel du Chaftelet, le penultiéme Mars 1495 avant Pafques, &c.

311 verfo. Me Fouques Lemaire, Bourgeois de Paris, acquiert une maifon fcife rue Pirouet-en-Therouenne, de Philippe Mannot & Marie fa femme, auparavant femme de feu Pierre Huault, Jehan Lejay, Philippes Foucault, Marchands Bourgeois de Paris, au nom & comme tuteurs & curateurs donnés par Juftice à la per-

Tome III.   *TTt ij

sonne & biens de Marguerite Huault, mineure dans ce tems, fille de ladite Marie & dudit deffunt.

514 Place vuide en la rue aux Fripiers.
verso. Me Guillaume de Mauregard, Advocat en Parlement.

515 Honorable homme Anguerant Herbert, Apoticaire & Bourgeois de Paris, pour une piece dite audessous du Pont à l'Anglois, qu'il acquit de noble femme Damoiselle Jehanne Guerin, veuve de Me Jehan Herbert, Conseiller du Roi & General de ses Finances.

verso. Maison au bout du Petit-Pont où pend pour enseigne les trois Cornets, chargée de cent sols parisis envers la Chapelle de Ste Foy fondée en l'Eglise de Paris, & douze sols envers la Chapelle Ste Croix fondée en l'Eglise St Yves à Paris.

516 Honorable homme Simon Baudequin, Notaire au Chastelet, & de Jehanne de Bonnin sa femme, & Pierre Bonnin, aussi Notaire au Chastelet, pour plusieurs terres, vignes, &c. que Perette Bras-de-fer, veuve de Guillaume Belin, Marchand Bourgeois de Paris, a donnés, cedés & transportés audit Baudequin sa femme, & Pierre Bonnin.

517 Guillaume Verret, Marchand Cordonnier, pour l'acquisition d'un Hostel dit de Chasteau-festu, où souloit pendre pour enseigne le Dauphin scis rue St Honoré.

518 *verso.* Guillaume Beguin, Marchand Potier d'étain, pour une maison scise sous les piliers des Halles, où est l'enseigne de l'Escu de Bretagne & des trois Corbillons, chargée de douze livres dix sols parisis envers le Chapellain de la Chapelle Notre-Dame & saint Maurice, fondée en l'Eglise St Yves à Paris, & sept livres dix sols parisis envers les Religieuses de St Antoine des Champs.

520 *verso.* Jehan Petit, Procureur en Parlement, acquit le Fief, Terre & Seigneurie de Bucy St Martin en Brie près Lagny sur Marne, mouvant de Torcy, qu'il acheta de Emery de Hugues, Escuyer, & Damoiselle Marguerite Brulart sa femme, moyennant huit cens écus d'or couronnés.

535 Me René Dumont, Chapellain de la Chapelle des Aveugles de Paris, fondée par Mr St Louis au grand Autel des Quinze-vingts.

verso. Me Robert Lalongre, Curé de St Andry des Arts, au lieu de Me Ambrois de Cambray.

889 Amanion de Galande, Escuyer, Capitaine de Montl'hery.
Idem. Mre Raoul de Larmoy, Chevalier, Concierge du Chastel de St Germain en Laye.
verso. Mre Estienne de Veest, Chevalier, Concierge du Palais à Paris.
Idem. Jehan de Lalande, Capitaine de Corbeil.

869 Me Pierre Quatre-livres, Procureur du Roi au Chastelet.
Idem. Me François Goiet, Advocat du Roi au Chastelet.
Idem. Me Robert Pied-de-fer, autre Advocat du Roi au Chastelet.
verso. Me Jaques Charmolue, Procureur du Roi en Cour d'Eglise.
Idem. Jehan du Rueil, Conseiller au Chastelet.

870 Me Jehan Poncet, Conseiller au Chastelet.
verso. Me Hugues Maillart, Conseiller au Chastelet.
Idem. Me Gilles le Lievre, Conseiller au Chastelet.
Idem. Me Jehan le Clerc, Conseiller au Chastelet.
verso. Me Jehan Pillois, Conseiller au Chastelet.
Idem. Me Robert Pied-de-fer, Conseiller au Chastelet.
Idem. Me Nicole Ponart, Conseiller au Chastelet.

DE LA PRÉVOTÉ DE PARIS.

	Idem.	Me Pierre Miette, Conseiller au Chastelet.
	Idem.	Me Dreux Longuejoue, Conseiller au Chastelet.
371		Me Charles Guesdon, Conseiller au Chastelet.
	Idem.	Me Artus Deschamps, Conseiller au Chastelet.
	verso.	Simon Sanguin, Gruyer de la Forest de Livry en Lannoy.
372		Louis du Gué, Gruyer de la Forest de Rouvray lès St Cloud.
373		Jaques Marcel, Gruyer de la Forest de Senart, au lieu de Jehan le Vert.
374		Jehan du Buschet, Gruyer de la Forest de Laye.
375	*verso.*	Honorable homme Me Dreux Raguier, Maistre & Enquesteur des Eaux & Forests du Roi ès pays de France, Champagne & Brie.
376		Noble homme Jaques d'Estouteville, Escuyer, Garde de la Prevosté de Paris.
376		Simon de Neufville, Receveur du Domaine de Paris.
	Idem.	Me Christophle de Carmonne, Procureur General du Roi.
	Idem.	Jehan de Harlay, Escuyer Garde de l'Office de Chevalier du guet de nuit de la Ville de Paris.
385	*verso.*	Me Guyot de Lonziere, Chevalier, Maistre de l'Artillerie du Roi.
386		Mre Louis, Seigneur de Graville, Chevalier, Conseiller, Chambellan du Roi notre Sire, & Concierge du Bois de Vincennes.
387	*verso.*	Jehan Mazalon, Garde de la Maison des Aveugles de Paris.
390		Mre Louis de Graville, Admiral de France, Capitaine & Concierge de l'Hostel & Tour de Beauté sur Marne.
391		Mre Jehan de la Grutuse, Chevalier, Seigneur des Pierres, Capitaine du Chastel du Louvre.
392		L'appartement du Roi au Chasteau de Corbeil fut reparé cette année.
404	*verso.*	Me Aleaume Maugarny, Medecin-Juré du Roi au Chastelet de Paris.
405		Nourriture d'Enfans-trouvés.
407	*verso.*	Guillaume Michel, Greffier Criminel de la Prevosté de Paris.
410		A Marguerite la Merciere, Marchande de roses & autres fleurs, demeurante à Paris, pour avoir quis & livré quatre douzaines & demie de bouquets de Giroufflées au prix de douze sols parisis pour la douzaine, avec sept bouquets escripts de giroflées de cinq sols parisis la piece, & un grand plein bassin de violette, de roses blanches de quatre sols, qu'il a convenu avoir parce qu'il n'étoit encore nulles roses vermeilles, qui valent ensemble quatre livres treize sols parisis; lesquels ont été distribués à Mrs les Presidens & Conseillers de la Cour de Parlement, & autres Officiers du Roi, la veille de la feste de la Pentecôte derniere passée, qui étoient audit Chastelet de Paris, pour la delivrance des prisonniers qui étoient audit Chastelet, comme d'ancienneté a été accoutumé de faire.
412		Le disné des onze-vingts Sergens le jour de Caresme-prenant n'est employé en ce compte que pour dix livres parisis.
413	*verso.*	Un homme pendu à Gif pour crime de rapt.
421	*verso.*	Me Jehan Petit, Procureur du Roi sur le fait des Eaux & Forests de France, Champagne & Brie, Seigneur de Bucy saint Martin.
422		Guyon de Vaubergue, l'un des pensionnaires du Roi, auquel par ses Lettres Patentes données à Senlis le penultiéme Mai 1493 il a donné la somme de trois cens livres parisis à prendre sur le Domaine de Paris.

518   COMPTES ET ORDINAIRES

  verso. Simon de Neufville, Receveur.
  Idem. Me Jehan l'Huillier, Lieutenant-Civil, jusqu'au douze Mai 1496, qu'il resigna sondit Office.
423 Me Aligret, Lieutenant-Civil de ladite Prevosté, au lieu dud. l'Huillier, depuis le vingt-six Mai 1496.
  verso. Jehan de Laporte, Lieutenant-Criminel.
434 Un homme battu par l'Executeur de la haute-Justice dans les carrefours de Poissy jusqu'à sang, & une oreille coupée tout jus.
435 *verso.* Robert Sureau, Escuyer, Prevost & Garde de Corbeil.
438 *verso.* Me Geoffroi le Maistre, Licentié en Loix, Conseiller du Roi notre Sire & Prevost en garde de Montl'hery.

HALLAGE.

4 Me Nicole Gilles, auquel les Gens des Comptes & Tresoriers de France ont donné l'entrée des degrés & moitié de la Halle de Douay, moyennant vingt-quatre sols de rente.
15 La veuve & heritiers de feu Pierre le B , la veuve s'appelloit Guillemette. 57 *verso.*
27 La veuve & heritiers feu Jehan d'Aubray, pour un Estal assis contre la Halle où l'on vend cuir, qu'ils tiennent aux vies de Marie de la Fontaine, de Perette, femme de Jaques Besnard, fils dudit deffunt, & de feue Simonne Bonnelle sa premiere femme, & de Marguerite d'Aubray sa premiere femme.
36 *verso.* La veuve & heritiers d'Antoine Castille.

BOETE AU POISSON.

54 *verso.* Jehan Leprestre, Espicier.

VOIRIE.

13 Hugues de Neufville & Catherine sa femme.
14 *verso.* Jehan Auberg & Catherine sa femme, pour une place scise près la Croix de la porte Baudoyer devant la petite ruelle qui va au Cimetiere St Jehan.
22 La veuve de Simon Lejay, en son vivant Espicier rue de la Tonnellerie.
23 Feu Me André Robinet, Conseiller au Parlement.
29 Marion femme de Jehan Judas.

ORDINAIRE DE PARIS, 1497.

GRAINS.

Fol. 1 Jehan Després, Escuyer, heritier de feu Jehan de Laigny.
  Ce Compte est rendu par Damoiselle Isabeau de Malenfant, veuve de feu Me Jehan de Rueil, en son vivant Lieutenant Civil de ladite Prevosté de Paris; Me Charles Michon, Conseiller du Roi notre Sire en son Tresor, Tuteur & Curateur des enfans mineurs dudit feu Me Jehan du Rueil, & de feue Damoiselle Jehanne de Neufville, jadis sa premiere femme, seule fille & heritiere de feu Simon de Neufville, en son vivant Receveur ordinaire de Paris; Me Jehan de Rueil, Advocat en Parlement, fils & heritier dudit feu Me Jehan du Rueil & de ladite Jehan-

DE LA PREVOTÉ DE PARIS.

me de Neufville, & noble homme Me Guillaume Bourgeois, Conseiller du Roi notre Sire en sa Cour de Parlement, heritier en partie, à cause de Marie de Rueil sa femme, de feu Anne de Rueil, fille & heritiere en partie dudit feu Me Jehan de Rueil.

verso. Heritiers de feu Me Jehan Gaillon, Chevalier, Seigneur de Massy.

23   Feu Jehan le Lievre, vivant Marchand Bourgeois de Paris.
24   Feu Jaques Choart, en son vivant Drapier Chaussetier.
25   La veuve de Raoulet Choart.
32 *verso.* Guillaume le Cocq, Epicier.
Idem. Feu Me Adam Deschamps, Clerc du Roi notre Sire en sa Chambre des Comptes.
33 *verso.* Feu Me Guillaume Picart, General des Finances du Roi.
34   Feu Me André Courault, Conseiller du Roi en sa Chambre des Comptes.
36   Sire Germain Bracque.
40   Les heritiers de feu Mre Pierre de Tuilliers, Chevalier & Conseiller du Roi en sa Cour de Parlement.
46 *verso.* Me Guillaume Perrier, Docteur en Medecine.
49   Feu Me Jehan Avin, Conseiller au Parlement.
Idem. Hannequin Bracques, & Marion sa femme.
50   Feu Mre Blanchet Bracque, Chevalier.
51   Pierre Chouart.
52   Louis de la Trimoille, au lieu de Mre Pierre de la Trimoille, Chevalier, pour son Hostel, nommé l'Hostel de Calais, scis à Paris en la rue de l'Asterier, tenant d'une part à l'Hostel dudit de la Trimoille, & d'autre part à l'Hostel de Senlis.
56   Mre Pierre Daumont, Chevalier, au lieu de Mre Pierre Daumont aussi Chevalier.
59   Me François Ferrebourg, Praticien en la Cour d'Eglise, & Scribe de l'Official de Paris.
60   Me Pierre l'Orfevre, Maistre des Comptes.
61   Me Jehan Budé, fils & heritier de Me Dreux, au lieu de feu Guillaume Budé, en son vivant Maistre des Garnisons du Roi notre Sire.
65 *verso.* Feu Me Robert Fessier, en son vivant Procureur du Roi au Chastelet.
70 *verso.* Jaques Asselin, Controlleur du Grenier à sel de Paris.
71   Philippes Burel, Escuyer, Seigneur d'Errigny, au lieu de feu Me Raoul du Refuge, Maistre des Comptes.
88   Me Pierre Morin, Conseiller au Parlement, pour l'Hostel du Sejour près St Eustache.
119 *verso.* Feu Me Jehan le Grant-rue, Clerc du Roi en sa Chambre des Comptes, pour l'Hostel de Marly, scis en la Chastellenie de Poissy.
119   Me Jehan le Moine, Clerc des Comptes.
130   Me Nicolle de Sailly, Clerc du Roi en sa Chambre des Comptes.
136 *verso.* Jehan Petit-pied, pour un Jardin au Faux-bourg de Corbeil.
144 *verso.* Guillaume des Prez, Escuyer.
Idem. Mre Jehan de Montangles, Chevalier.
150   Me Robert Thiboust, Conseiller du Roi, & President en sa Cour de Parlement, pour un Fief assis à Gournay.
159   Pierre le Clerc, pour le vingt-huitiéme Change.
verso. Marguerite la Garmoise, veufve de feu Pierre Hennequin, en son vivant Orphevre, pour les trente-un & trente-deux Changes.

COMPTES ET ORDINAIRES

320
363   Jehan de la Dehors Changeur, pour le cinquante-troisiéme Change.

165   Pierre Chevalier, pour la huitiéme Forge.

214 verso. Robin Poussepin, Mercier.

305   Michel Foucault & Colin Foucault freres, Marchands-foulons de draps demeurant à Paris, pour l'acquisition par eux faite d'une maison scise rue de la Licorne, tenant d'une part à un jardin qui appartient à feu Me Ambrois de Cambray, & d'autre part au Comptoir de la grande Confrairie aux Bourgois, & à l'Eglise du Presbytere de la Magdelaine, aboutissant par derriere à une petite ruelle qui a issue en la rue de Champrose. (La rue de Champrose est apparement la rue des Canettes.) Il y avoit une ruelle près ledit Presbytere, qui venoit dans la rue de la Juifverie.

306 verso. Me Adam Doujan, Greffier Civil de la Prevosté de Paris.

307   Simon Pacquot Manouvrier, demeurant par tout, & non ayant résidence.

310   Honorable homme Nicolas Chevalier, Marchand Drapier, & Bourgeois de Paris, pour l'acquisition d'une maison scise rue St Denys, faisant le coin de la rue de la Truanderie.

verso. Guillaume Michel, Notaire & Greffier de la Prevosté de Paris.

311   Jehan Jaloux, Marchand Drapier & Bourgeois de Paris.

312   Maison aux Halles, faisant le coin du costé de la Ganterie à la ruelle du Four-St-Martin, aboutissant par derriere à la Halle de la Friperie de Paris.

342   Me Robert le Loigne, Curé de St Andry des Arts à Paris.

360 verso. Jehanne Isabelle de Hacqueville, heritiere de feu Jehan du Moustier.

364   Au Grand Prieur du Temple, pour la Voirie en laquelle l'on meine les gravois & immondices aux champs, la somme de soixante-quatorze sols parisis par an.

404   Hugues Regnault, Clerc du Greffe Civil & Criminel.

410 verso. Extraits faits par ordonnance du Prevost de Paris de toutes les Ordonnances, cris & constitutions faites sur le fait de tous & chacun les vivres & vitailles de la Ville de Paris; sçavoir, les Ordonnances de la chair & bestail, du poisson de mer, du poisson d'eau douce, des bleds, de tous grains, des foings, feures, boulangiers, taverniers, & d'autres mestiers; ensemble les cris & constitutions depuis faites sur icelles ordonnances, lesquelles ont par ledit Prevost de Paris été envoyées au Roi notre Sire, en ensuivant les Lettres Missives du Roi, &c.

411   La Confrairie aux Onze-vingts Sergens, pour le disné de Caresme-prenant, à cette année quinze livres parisis, sçavoir dix liv. parisis d'ancienneté, & cinq livres d'augmentation.

verso. Douze chaisnes de fer de trois pieds & demi de long chacune, mises à la Justice patibulaire de Paris.

412 verso. Lettres Missives du Prevost de Paris, signées de l'un de ses Greffiers, envoyées en diligence ès Chastellenies de Chasteaufort & Tournant en Brie, pour faire crier & publier ban & arriereban, à ce que tous Nobles tenans fiefs & arriere-fiefs, fussent prests & appareillés & en armes, selon la nature de leurs fiefs & arriere-fiefs.

413 verso. Arrest de Parlement par lequel est mandé aux Baillifs de Meaux, Melun, Sens, Auxerre, Mante, Senlis & autres Justiciers & Officiers du Roi, de faire publier & crier certaine Ordonnance faite par icelle Cour touchant le bois étant sur les Ports des rivieres

de

DE LA PRÉVOTÉ DE PARIS.

de Seine, Yonne & ailleurs.

414   Pierre de Montmorel Barbier-Juré du Roi notre Sire au Châtelet, pour ses peines & salaires d'avoir puis un an en ça veu, visité, pensé & appareillé plusieurs prisonniers du Chastelet, tant hommes que femmes, des blessures & maladies à eux faites & advenues ès prisons, visiter les aucunes s'ils avoient couronne, rès plusieurs maraulx, & fait plusieurs autres œuvres.

verso.   Marguerite la Mercière Marchande de roses, pour trois douzaines & demi de bouquets de giroflées à douze sols parisis la douzaine; sept grands bouquets de giroflées escripts de quatre sols parisis piece, & un grand plein bassin de fleurs de violettes, de roses blanches & vermeilles de quatre sols parisis ledit bassin, qu'il a convenu avoir, parce qu'il n'étoit encore nulles roses vermeilles, lesquels ont été distribués à Messieurs les Présidents, Conseillers & autres Officiers de la Cour de Parlement de la Fête de la Pentecoste, 1497.

418   Nourritures d'Enfans-trouvés.
verso.   Guillaume Michel, Greffier Criminel de la Prevosté de Paris.
419   Blaise Gallois, Lieutenant general de la Prevosté de Gonesse.
verso.   Me Nicolle Pied-de-fer, Advocat au Chastelet de Paris & Prevost de Tournant en Brie.
426 *verso.*   Me Jehan Aligret, Lieutenant Civil de la Prevosté de Paris.
435   Me Olivier le Roux, Conseiller & Maistre des Comptes.
Idem.   Geoffroi le Maistre, Licentié en Loix, Garde de la Prevosté pour le Roi à Montl'heri.
Idem.   Me Henri Courtin Sous-Bailly, Prevost & Garde de Poissy, Triel, St Germain en Laye & Ste Jame.
436   Me Jehan Catin, Prevost de la Chastellenie de Chasteau-fort.
Idem.   Jehan de la Haye, Clerc & Commis du Greffier du Tresor, pour plusieurs escritures par lui faites tant pour la reunion du Domaine du Roi, qu'autres choses.
Idem.   Me Robert Bonnot, Examinateur au Chastelet, Commis par le Prevost de Paris pour faire venir du bois à Paris.

HALLAGE.

4   Nicolle Gilles est employé comme au Compte precedent.
14   La veuve de Chrestien Chouart, pour un Estal qu'elle tient aux vies de Thiery & Poncet, dits les Chouarts.
16 *verso.*   La veuve & heritiers de feu Pierre le B
27   Damoiselle Antoinette de Maignac, au lieu de Me Pierre de Maignac.
Idem.   Simon Sanguin.
29   Jehan Daubray.
32 *verso.*   Me Simon Malingre Clerc du Roi en sa Chambre des Comptes, pour un Estal à Fripier assis en la Grongnerie, où pend pour Enseigne le Puys, à lui de nouvel donné par Mrs des Comptes pour en jouir par lui, ses hoirs en droite ligne seulement.
37   La veuve & heritiers de feu Gervais Larcher, au lieu de Guillaume Bonnet, pour un demi Estal à Pelleterie seis en la Ganterie, qu'ils tiennent aux vies de Guillaume Bonnet & Pierre Bonnet freres.
38   La veuve & heritiers de feu Gervais Larcher, au lieu des veuves & heritiers de feu Gervais Bonnet, pour un Estal assis à l'opposite de la Lingerie, qu'ils tiennent aux vies de Guillemin & Lionnet, dits Bonnets.

Tome III.   *V V u

COMPTES ET ORDINAIRES

43   La veuve & heritiers de feu Antoine Castille, pour un Estal à Fripier.
Idem. Hemonet Bourdin, Epicier.
46   Lionnet Bonnet, au lieu de feu Gillet Bonnet.
54.   Denys Thumery, pour le second Estal à Chaussetier, qu'il tient aux vies de Laurent & Estienne de Thumery ses enfans.
verso. Hugues de Compans, Drapier-Chaussetier, au lieu des hoirs feu sire Hugues Ferret, au lieu de Oudin de Neufville pour un autre Estal assis audit lieu, qu'il tient de present aux vies de lui & de Catherine sa femme.
56 *verso.* Estienne Falon Chaussetier, au lieu de Jehan le Gendre Drapier, au lieu de Jehan Danetz, pour un Estal assis illec qu'il tient aux vies de Jehan le Gendre, & de Pierre le Gendre son fils.
Idem. Roger Rose Chaussetier, au lieu de Marguerite Thumery veuve de Guillaume de Culan, & auparavant femme de Philippes le Courtillier, pour des Etaulx audit lieu qu'il tient aux vies de ladite veuve, & de Simon le Courtillier.
Idem. Melon Drouin Chaussetier.
57   Les heritiers de Jaques Chouart, & Jehanne sa femme.
63 *verso.* Guillaume Philippes, Baudroyeur, fils & heritier de feu Robin Philippes, au lieu de Jehan Bergereau, Baudroyeur, heritier en partie dudit Robin Philippes l'aîné.
65   Guillaume Nicolas, Procureur au Chastelet.
67   Guillemette, veuve de Pierre le B
69 *verso.* Les heritiers de feue Jehanne, veuve de Guillaume Danetz, qu'ils tiennent aux vies de Thomas & Robert Danetz, enfans desdits deffunts.

BOETE AU POISSON.

74   André Yon Epicier, Robert Yon Epicier.
verso. Jehan Leprestre, Epicier, au lieu de Jehan Foucault.
76 *verso.* Denyse Bonnet, femme de Jehan Bourgeois, & auparavant veuve de Gervais Larcher.

VOIRIE.

3   La veuve de Michault Chouart, Ceinturier.
4 *verso.* Feu Me Hugues Aligret.
21   La veuve & heritiers de feu Simon le Jay, en son vivant Epicier, rue de la Tonnellerie.
22   Feu Me André Robinet, Conseiller du Roi en sa Cour de Parlement.
24   Marie & Benoist Larcher, enfans du feu Gervais Larcher, Vendeur de poisson de mer ès Halles de Paris, & de Denyse Bonnet femme en secondes nopces de Jehan Bourgeois.

ORDINAIRE DE PARIS, 1498.

GRAINS.

Ce Compte rendu par les mêmes que le precedent.
Lettres de Messieurs des Comptes du vingt-six Aoust 1496, par lesquelles ils ont promis à Adam Petit, Marchand Poissonnier de la Ville de Paris, d'édifier deux Estaux à vendre poisson de mer, contre sa maison scise

DE LA PREVOTE DE PARIS.

près Petit-pont à l'Enseigne du Papillon, en payant de rente quatre sols parisis Me Jehan de Hacqueville, Maistre des Comptes.

Lettres de Mrs des Comptes du premier Fevrier 1496, par lesquelles ils ont donné à Thomas Broffart Escrivain, & à Collette sa femme, une maison scise en la cour du Palais devant la Chambre des Comptes, sur les degrés par où l'on monte pour aller aux Galleries & en la Chambre de la Reine, pour en jouir leur vie durant & survivant d'eux seulement, pour vingt-quatre sols parisis par an, & d'entretenir ladite maison en bon & suffisant estat.

19	Mre Baude de Vauvillier, Chevalier, & sa femme à cause d'elle, fille & heritiere de feu Me Jaques de Paffy.
Idem.	Jehan Desprez, Escuyer, heritier de feu Jehan de Laigny.
32	Les heritiers de feu Mre Jehan de Gaillon, Chevalier, Seigneur de Maffy.
35	La veuve de Jaques Chouart, Drapier-Chauffetier.
36	La veuve de Raoulet Chouart, pour un Estal aux Halles.
43 verso.	Guillaume le Cacq Epicier, au lieu de Me Jehan Rougeau, Clerc du Roi en sa Chambre des Comptes.
44	Les heritiers de feu Me Adam des Champs, Clerc du Roi en sa Chambre des Comptes.
verso.	Les heritiers de feu Me Guillaume Picard, General des Finannances du Roi.
45	Les heritiers de feu Me André Courault, Conseiller du Roi en Chambre des Comptes.
47	Feu Germain Bracque.
60 verso.	Louis de la Tremoille, au lieu de Meffire Pierre de la Tremoille, Chevalier, pour son Hostel nommé l'Hostel de Calais, scis à Paris en la rue de la Plastriere, tenant d'une part à l'Hostel dudit de la Tremoille, & d'autre part à l'Hostel de Senlis.
62 verso.	Damoiselle Marie Piedebon, veuve d'Estienne d'Orgemont.
63	Le Tresorier & Chanoine de la Ste Chapelle du Palais, au lieu des Maistres & Gouverneurs de la Confrairie Mr St Denys aux Arbalestriers de la Ville de Paris, pour une place & jardin sceant en la rue St Denys outre l'ancienne porte. (C'étoit le jardin où anciennement les Arbalestriers s'exerçoient.)
63 verso.	Feu Me Philippe de Gaucourt, Chevalier.
65 verso.	Mre Pierre Domont, Chevalier, au lieu de Mre Pierre Domont auffi Chevalier.
68 verso.	Me Jehan l'Orfevre, Me des Comptes, Geufrine Baillet sa femme.
70	Me Jehan Budé, fils & heritier de Me Dreux Budé, au lieu de feu Guillaume Budé, en son vivant Me des Garnisons du Roi.
78	Maison ou mazure appellée le Fort-le-Roi, scise rue St Germain devant le Fort-l'Evêque.
82	Me Mathurin Savary, jadis Clerc des Comptes.
101	Me Antoine Disome, Notaire & Secretaire du Roi.
105	Jaques Saillembien.
107	Jehan l'Huillier, Marchand Bourgeois de Paris, & Jehanne sa femme.
109	Gillette Hennequin, veuve de Jaques de Hacqueville, pour le Sejour du Roi près le Pont de Charenton.
110	Maison scise rue Jehan Beausire près la porte St Antoine, aboutiffant par derriere au jardin de l'Hostel des Tournelles.
verso.	La veuve de Me Gilles le Cornu, Notaire & Secretaire du Roi, & Changeur du Tresor, pour une petite ruelle, nommée la Ruelle Thomas d'Affy, scise en la rue du Temple.

COMPTES ET ORDINAIRES

114   Feue Damoiselle Jehanne de Lailly.
      Perette, veuve de Jaques le Cacq, pour la dixiéme maison sur le Pont-St-Michel du côté d'aval l'eau, qu'elle tient à louage pour six ans.
125   Feu Me Nicaise de Bailly, en son vivant Greffier du Tresor.
141 *verso.* Me Jehan le Moine, Clerc des Comptes.
142 *verso.* Me Nicolle de Sailly, Clerc du Roi en sa Chambre des Comptes.
163 *verso.* Me Robert Thiboust, Conseiller du Roi, & President en sa Cour de Parlement.
225   Robin Poussepin, Mercier au Palais.
227   Philippes Leschassier, & Thomasse sa femme, fille de feu Jehan Coctart, au lieu dudit Jehan Coctart & de Thomasse sa femme, pour un Estal en la Gallerie du Palais.
244 *verso.* Charles du Buz, Ecuyer sieur de Lardy, pour le fief de Bretigny.
295   Honorable homme Me Jehan le Moine, Clerc du Roi en sa Chambre des Comptes.
301   Noble homme Urbain Captaigne, & Damoiselle Jehanne de Thuillieres.
   verso. Maison scise à la Pierre-au-lait à l'Enseigne de l'Image St Martin, chargée de soixante sols parisis de rente envers les Quinzevingts aveugles de Paris, & huit livres parisis de rente envers la Fabrique de l'Eglise St Jaques de la Boucherie.
303   Maison scise rue Guerin-Trousseau.
305 *verso.* Maison scise rue de la Huchette, tenant d'une part à la ruelle du Trou-punais, par derriere à la riviere de Seine.
310 *verso.* Honorable homme Denys Barthelemy, Marchand Bourgeois de Paris, pour deux maisons par lui acquises de Vincent de la Piereuse, Marchand Bourgeois de Paris, & de Marie l'Huillier sa femme, scise rue St Denys devant l'Eglise du Sepulchre.
312 *verso.* Maison scise rue du Long-pont près St Gervais, à l'Image St Jean.

RACHATS.

      Noble homme Jehan de Mineray, Escuyer, Sieur Danazay, Conseiller & Maistre d'Hostel du Roi, Vicomte de Rouen, pour le quint denier des Fiefs de Grez, Maroie, Combieux, Armanvilliers, Petit-musse, &c. mouvans du Roi à cause de Tournant en Brie, par lui acquises de noble homme Michel du Chastenée, Escuyer, Sieur du Feuillet, Conseiller & Maistre d'Hostel du Roi.
317 *verso.* Gilles Spifame, Escuyer, pour l'acquisition par lui faite des Fiefs de Montelon & St Souze, mouvans de Montl'hery.
334   Me Robert la Loigne Prestre, Curé de St Andry des Arts à Paris.
346 *verso.* Me Jean la Pite, Clerc du Roi en sa Chambre des Comptes.
349   Isabel Fromont, veuve de Me Pierre Jouvelin. Il étoit Correcteur des Comptes.
      Est à noter que tous les Officiers prirent des Lettres de confirmation de leurs Offices ; même Guillaume Pajot pour l'Office de Questionneur & Tourmenteur du Chastelet de Paris, les Portiers du Palais, le Serrurier, le Canonier du Bois de Vincennes, & autres petits Offices.
368 *verso.* Amanion de Galande, Escuyer, Capitaine du Chastel de Montl'heri, confirmé par Lettres données à Paris le sixiéme Juillet 1498.
369   Mre Raoul de Lannoy, Chevalier, Concierge du Chastel de

DE LA PRÉVÔTÉ DE PARIS.

St Germain-en-Laye, par Lettres données à   le
1498.

    verso. Mre Eſtienne Weſt, Chevalier, Concierge du Palais à Paris ;
par Lettres données à Villiers-coſterets, le quatriéme Juin 1498.

370   Jehan de la Lande, Capitaine de Corbeil.

    verso. Me Pierre Quatre-livres Procureur du Roi au Chaſtelet, confirmé par Lettres données à   le   1498.

371   Me François Goyot, Advocat du Roi au Chaſtelet, confirmé par Lettres données à   le   1498.

    verso. Me Robert Piedefert autre Advocat du Roi au Chaſtelet, confirmé par Lettres données à   le   1498.

Me Jaques Charmolue Procureur du Roi en Cour d'Egliſe, confirmé par Lettres données à Compiegne le dixiéme Juin 1498.

Tous les Conſeillers du Chaſtelet eurent Lettres de confirmation.

376   Simon Sanguin, Gruyer de la Foreſt de Livry en Lannoys ; confirmé par Lettres données à Senlis le dix-ſept Juin 1498.

378   Louis du Gué, Gruyer de la Foreſt de Rouvray lès St Cloud, confirmé par Lettres données à   1498.

381 *verso.* Jaques Marcel, Gruyer de la Foreſt de Senart, confirmé par Lettres données à   1498.

382   Jehan du Buſchet de la Foreſt de Laye, confirmé par Lettres données à Senlis le ſeiziéme Juin 1498.

387   Honorable homme Me Dreux Raguier, Maiſtre Enqueſteur des Eaux & Foreſts, confirmé par Lettres du   1498.

388   Noble homme Mre Jaques d'Eſtouteville, Chevalier, Garde de la Prevoſté de Paris, confirmé par Lettres données à 1498.

    Idem. Simon de Neufville Receveur de Paris, confirmé par Lettres données à   1498.

    verso. Me Jehan l'Huillier, Procureur-General du Roi, confirmé par Lettres données à Blois le treiziéme Avril 1497 avant Paſques, decedé le ſeiziéme Juin 1498.

389   Jehan de Harlay, Eſcuyer, Chevalier du Guet de nuit de la Ville de Paris, confirmé par Lettres données à Compiegne le onziéme Juin 1498.

413 *bis.* Mre Guyot de Lonziere, Chevalier, Maiſtre de l'Artillerie du Roi, confirmé par Lettres données à Villiers-coſterets le cinquiéme Juin 1498.

    verso. Mre Louis, Seigneur de Graville, Chevalier, Conſeiller, Chambellan du Roi, Concierge du Bois de Vincennes, confirmé par Lettres données à   1498.

416   Jehan Mazalon, Garde de la Maiſon des Aveugles de Paris, confirmé par Lettres données à Paris le quatriéme Aouſt 1498.

422   Mre Louis de Graville, Admiral de France, Capitaine & Concierge de l'Hoſtel & Tour de Beauté ſur Marne, confirmé par Lettres données à .   1498.

425   Mre Jehan de la Gruthuſe, Chevalier, Seigneur des Pierres, Capitaine du Chaſtel du Louvre, confirmé par Lettres données à Senlis le dix-ſeptiéme Juin 1498.

431   Le Poids du Roi à Corbeil, racommodé.

434   Renault Collart, Sergent à verge au Chaſtelet de Paris, pour avoir été par l'Ordonnance du Prevoſt de Paris, ſuivant la déliberation du Conſeil du Chaſtelet, porter devers le Roi en la Ville de Moulins l'élection touchant l'Office de Lieutenant Criminel n'agueres vacant, ainſi qu'il appert par le mandement de Paris ſous le ſeing, le vingt-ſixiéme Octobre 1497.

verso. Me Jehan Pillois, commis par deliberation du Conseil à tenir le Siege Criminel.

435 verso. Me Anceaulme Mangarny, Docteur en Medecine, Medecin du Chaftelet.

436 verso. La Confrairie des onze-vingts Sergens, pour le difné de Carefme-prenant feize liv. parifis; fçavoirdix liv. parifis d'ancienneté, & fix livres parifis d'augmentation pour la cherté des vivres.

437 Andry le Guet Sergent, envoyé à Efnay fur la riviere d'Efcolle près Milly en Gatinois, à Choify, St Germain & autres lieux, pour prendre au corps Guillaume Sencourt, Claude de Bievre, le fieur de Beaulne & leurs complices, pour les excès & voies de fait par eux commis en une Eglife en faifant le Service Divin de Dieu, où ils battirent & navrérent plufieurs des Paroiffiens jufqu'à grande plaie & effufion de fang dans ladite Eglife ; tellement qu'il convint aux Preftres laiffer à faire ledit Service, lefquels accufés il ne pût prendre : mais lui fut dit qu'ils faifoient leur refidence à Verneul près Chaftillon fur Marne, auquel lieu il alla ; mais ne les ayant pas trouvés parce qu'ils s'étoient abfentés, ce qui fit qu'il les ajourna à trois briefs jours à comparoiftre en perfonne à l'Auditoire du Greffier du Chaftelet, fur peine de banniffement de ce Royaume, de confifcation de corps & de biens, & d'être atteints & convaincus des cas à eux impofés.

439 Trois Voleurs d'Eglife & de maifons pendus fur le chemin de Chafteau-fort, à l'execution defquels affifterent un Examinateur, le Greffier & plufieurs Sergens du Chaftelet en la Compagnie du Prevoft, Procureur du Roi & autres Officiers de la Chaftellenie de Chafteau-fort le vingt-deuxiéme Mai, & pour la dépenfe, tant de bouche que de leurs chevaux, eft employé fix livres cinq fols parifis. Ils furent pendus à trois potences, éloignées d'une lieue l'une de l'autre.

441 Marguerite le Mercier, Marchande de rofes, pour quatre douzaines, & huit chapeaux de rofes vermeilles à huit fols parifis la douzaine, trois douzaines & demie de bouquets de rofes à fix fols la douzaine, huit bouquets de violette écrits à quatre fols parifis la piece, & un grand plein baffin de fleurs pour couvrir la table, qui ont été diftribués à Meffieurs les Prefidens & Confeillers de la Cour de Parlement & autres Officiers du Roi, la veille de la fefte de la Pentecofte derniere paffée, qui étoient affemblés au Chaftelet pour la delivrance des prifonniers qui étoient audit Chaftelet, comme d'ancienneté a été coutume de faire.

445 verso. Nourritures d'Enfans-trouvés.

452 Gilles Spifame.

452 Simon de Neufville, Receveur de Paris.

Idem. Me Jehan Alygret, Lieutenant Civil, confirmé par Lettres données à   le   1498.

454 Me Jehan de la Porte n'agueres, Lieutenant Criminel, decedé le premier jour de Septembre 1497.

Idem. Me Jehan Pilloys, commis par Mr le Prevoft de Paris, par fes Lettres du fix Septembre 1497, pour exercer l'Office de Lieutenant Criminel de la Prevofté de Paris, vacant par le trepas de Me Jehan de la Porte, & d'icelui jouir jufqu'à ce que autrement en fut ordonné ; lequel Office il a defervi depuis ledit jour, jufqu'au Mardy quatorziéme Novembre fuivant.

verso. Me Jehan Papillon, Licentié en Loix, pourvu par le Roi Charles VIII de l'Office de Lieutenant Criminel, au lieu dudit

DE LA PREVOTÉ DE PARIS. 527

de la Porte, par Lettres données à Tours le vingt-deux Octobre 1497, dont il a pris possession le quatre Novembre suivant, confirmé audit Office par Lettres données à Compiegne le dix Juin 1498.

464. Me François Goyet, Advocat du Roi au Chastelet, pour avoir vaqué comme Substitut & commis par le Procureur general du Roi, pour comparoir pardevant Me Jehan Brinon, Conseiller du Parlement, en la procedure faite à l'execution de certain Arrest de la Cour, donné entre les Religieux, Abbé & Couvent de Lagny sur Marne & ledit Procureur general.

verso. Blaise Galloys, Juge & Garde de la Prevosté de Torcy en Brie, & Maire de Dampmartin.

465 *verso.* Robert Sureau, Juge ordinaire & Garde de la Prevosté de Corbeil, confirmé par Lettres données à Compiegne le huit Juin 1498.

466. Me Geoffroy le Maistre, Juge & Garde de la Prevosté de Montl'hery, confirmé par Lettres données à Senlis le 17 Juin 1498.

Idem. Me Jehan Catin, Prevost & Garde de la Chastellenie de Chasteau-fort.

verso. Henri Coffineau, pourvû de l'Office de Juge & Garde de la Prevosté de Tournant en Brie, vacant par la resignation de Me Nicole Pied-de-fer, par Lettres de provision données à Moulins le vingt-deux Juin 1497.

467 *verso.* Guillaume le Sueur, Greffier des Monnoies.

468. A Me Jehan la Piete, Clerc du Roi notre Sire en sa Chambre des Comptes, la somme de vingt livres tournois, à lui taxée & ordonnée par Nosseigneurs desdits Comptes, par leurs Lettres de taxation données sous leurs signets le quatre Juillet 1498, tant pour avoir fait & composé le mystere qui a été fait & joué de par ladite Chambre à l'entrée du Roi notre Sire n'agueres fait en cette Ville de Paris, comme pour soi être entremis de l'execution d'icelui, en quoi faisant il a longuement vaqué, comme appert par lesdites Lettres de taxation, &c.

469. Frere Lyevin de la Tente, Religieux de l'Ordre de St Augustin, à present Liseur en Theologie au Convent dudit Ordre en cette Ville de Paris, auquel le Roi par ses Lettres Patentes données au Donjon en Bourbonnois le deux Août 1497, a donné tous les biens meubles qui furent à feu Cornille de Cherisée, n'agueres decedé, appartenans au Roi par droit d'aubeine, parce qu'il étoit étranger & decedé sans hoirs habiles à lui succeder, & ce pour lui aider à s'entretenir à l'étude, acquerir ses degrés en cette Ville, fournir à ses necessités, & qu'il soit plus enclin à prier & interceder envers notre Createur pour ledit Seigneur; il eut seulement quarante livres patifis sur lesdits biens. Ce Cornille de Cherisée étoit de Zelande, & étoit doüé de maladie dangereuse; son nom étoit Paperet & étoit natif de Ziriezée en Zelande.

HALLAGE, 1498.

Nicole Gilles, pour l'entrée des degrés & montées de la Halle de Douay, du côté de la Halle de Malines, &c.

La veuve de Chrestien Chouart, un Estal tenu aux vies de Thiery & Poncet dits Chouarts.

La veuve de Pierre le B   : Elle s'appelle Guillemette, comme il paroît ailleurs.

COMPTES ET ORDINAIRES

Simon Malingre, Clerc du Roi en sa Chambre des Comptes.
La veuve & heritiers de Gervais Larcher, au lieu de Guillaume Bonnet.
La veuve & heritiers de Gervais Larcher, au lieu des veuve & heritiers de feu Gervais Bonnet.
La veuve & heritiers de feu Antoine Castille.
Denys Thumery, pour le second Estal à Chauffetier, qu'il tient aux vies de Laurent Thumery, enfans.
Hugues de Compans, Drapier-Chauffetier, au lieu des hoirs feu sire Hugues Ferret, au lieu de Houdin de Neufville, pour un Estal à Chauffetier qu'il tient aux vies de lui & de Catherine sa femme.
Estienne Fallon, Chauffetier, au lieu de Jehan Legendre, Drapier, au lieu de Jehan Danetz, pour un Estal assis illec, qu'il tient aux vies de Jehan Legendre & de Pierre Legendre son fils.
Roger Roze, Chauffetier, au lieu de Marguerite Thumery, veuve de Guillaume de Culan, & paravant femme de Philippes le Courtillier, pour un Estal qu'il tient aux vies de ladite veuve & de Simon le Courtillier, Drapier.
Jehan Pasquier, Chauffetier, Bourgeois de Paris, pour l'Estal que souloit tenir à leurs vies Jaques Chouart & Jehanne sa femme.
Guillaume Nicolas, Procureur au Chastelet.
Feue Jehanne, veuve de Guillaume Danetz, pour quatre Estaux tenus aux vies de Thomas & Robert Danetz, enfans desdits deffunts.

BOËTE AU POISSON.

André Yon, Espicier. Robert Yon, Espicier.
Jehan Leprestre, Espicier.
Denyse Bonnet, à present femme de Jehan Bourgeois, & auparavant femme de Gervais Larcher, pour une maison qu'elle tient aux vies d'elle, Marie & Benoist Larcher ses enfans.
Nicolas de la Chesnaye, Maistre d'Hostel du Roi.
La veuve de Gervais Larcher, Marchant Vendeur de poisson de mer, pour un Estal tenu aux vies de Denyse, veuve dudit Larcher, & Simon leur fils.

VOIRIE, 1498.

La veuve & heritiers de Michaut Chouart, Ceinturier.
Hugues de Neufville, pour un Estal qu'il tient aux vies de lui & de Catherine sa femme.
Hugues de Neufville, pour un autre Estal qu'il tient aux vies de lui & de Jehanne Lombart sa femme.
Jehan Aubry, & Jaqueline sa femme.
La veuve & heritiers de Jehan Lombard, Espicier.
Georges Pilleur & Perette sa femme, & Michel Pilleur son frere.
Feue Jaqueline de Marle, veuve de Me Estienne de Bouffiere, pour sa maison scise rue du Foin, faisant l'un des coins de la rue d'Ambourg.
Guillaume Lejay.
La veuve de Simon Lejay, Espicier rue de la Tonnellerie.
Feu Me   Robinet, Conseiller au Parlement.

DE LA PREVOTE' DE PARIS.

Dattesde plusieurs Lettres de confirmation pas exprimées en cet Extrait, 1498.

A Paris le dix-sept Juillet 1498.
A Senlis le dix-sept Juin.
   le dix Juin.
A Compiegne le dix Juin.
A Compiegne le onze Juin.
A Paris le dernier Juin.
A Compiegne le neuf Juin.
Paris le six Juillet.
Paris le cinq Juillet.
Paris le six Aoust.
A Compiegne le douze Juin.
Au Bois de Vincennes le sept Mai de la même année.
A Blois le quatorze Avril 1497.
A Paris le dix Juillet.
A Amboise le douze Avril 1497 avant Pasques.
A Paris le sept Juillet 1498.
A Paris le vingt-sept Aoust.
A Paris le treize Juillet de la même année.
A Thoury en Beauce le treize Fevrier 1497, Charles VIII.
A Paris le quatre Juillet 1498.
A Paris le sept Septembre.
A Senlis le vingt-un Juin.
A Paris le dix-huit Juin.
A Orleans le vingt-cinq Avril.
A Senlis le vingt Juin 1498.

1354.

Extrait d'un rouleau en parchemin contenant quatre peaux de parchemin; intitulé.

Menues mises du dix-huitiéme jour de Decembre l'an 1354, que la monnoie fut muée en l'Hostel, jusqu'au premier jour de Juillet ensuivant 1355.
   Le Prieur d'Aquitaine, Admiral de France; (c'est Jehan de Nanteuil).
   Jehan de Ponponne, Pennetier le Roi.
   Mr Hugues Bonny, Maistre d'Hostel.
   Mr Aubert de Hangest, Chambellan du Roi, par don dudit Seigneur, aux Enfans de Chœur de Notre-Dame de Paris, qui porterent l'eau benite en l'Hostel Me Martin de Melon où le Roi étoit, un denier d'or à l'écu, rendu à Jehan Doinville, Escuyer d'Escurie du Roi qui l'avoit prêté, à la relation Jehannet Chubert, Valet de porte, Dimanche onziéme jour de Janvier, illec dix sols parisis.
   Guyot de la Riviere, Huissier de salle de Mr le Dauphin.
   Enguerrant du Petit-cellieu, Tresorier du Roi.
   Pierre de Paray, Maistre d'Hostel demeurant à Machereville en Beauce.
   Mr Guy de Leuse, Maistre d'Hostel.
   Jehan Doignon, Escuyer du Dauphin.
   Me Jehan le Cacq, Maistre de la Chambre aux deniers du Roi.
   Mr Regnault de Giry.

Jaquet Duchar, Valet de garderobe Mr le Dauphin, pour ses dépens faits en allant de Becoisel en Brie du commandement dudit Seigneur à Paris, pour faire faire robes, linges pour nos jeunes Seigneurs, en demeurant illec & en retournant à cour à Becoisel dessusdit, &c.

Macé de Frepus, Barbier & Valet de chambre de Mr le Dauphin.

Mr Lambert de Sommenoire, pour treize grosses plumes de cigne & six petites ponces, achetées par lui pour nos jeunes Seigneurs le Lundi vingt-troisiéme Fevrier, le Dauphin à Dannemois cinq sols parisis.

Bernard Fromaut, Tresorier du Roi.

Mr Jehan de Floregny, Maistre d'Hostel du Dauphin, à Floregny Renseus.

Don fait par le Roi à   qui joua des basteaux devant le Roi, un denier d'or à l'escu, le trois Mars à St Denys en France, dix sols parisis.

Baudet de Luilly, Sergent d'armes.

Mr Nicolas Bracque.

Henry de Triancourt, Chevaucheur.

Mr Jehan de Chastillon, grand Maistre d'Hostel, étant à Dampmartin en Gouelle.

Mr Guy de la Roche, Chambellan du Roi.

Mr Jehan Dandresel.

Chiart de Beaulion, Sergent d'armes.

Thevenin le Moine, Queux le Roi.

Mr Valeran de Luxembourg.

Mre Grace de la Buigne, premier Chapellain du Roi.

Gautier Petit, Changeur du Tresor à Paris, pour envoyer plusieurs lettres à plusieurs Barons & Nobles-hommes en Bretagne.

Sire de Cany & sire de Sichy, Maistres Fauconniers du Roi.

Bertaut le Boulanger, Chapellain du Roi.

Jehan Dubois, Menestrel de bateaux, qui joua devant le Roi en venant de l'Abbayie de Chartap   à Hedin, quinze sols parisis.

Mre Jehan de Chief-de-ville, Chapellain de Mr le Dauphin à Verneuil en Perche.

Lettres de Mr le Dauphin au Comte de Harcourt, à Mre Godefroy & Louis de Harcourt en Normandie.

Autres lettres dudit Seigneur aux Seigneurs de Meval, de Bailleuil, de Plaines, de Graville, & plusieurs autres Chevaliers en Normandie.

Mr Jehan de Bray, Maistre d'Hostel de nos jeunes Seigneurs.

Colin de Montl'hery, Joueur de batiaux, qui joua devant le Roi le vingt-huit Mars à Notre-Dame de Boulogne, douze sols parisis.

Huet des Plantes, Venneur du Roi en la Forest de Brotonne.

Don du Roi à un pauvre petit Mercier, pour accroistre sa Mercerie, seize sols parisis.

Simon Baudry, Chanoine de Lizieux, auquel Mr le Dauphin envoya lettres.

Lettres de Mr le Dauphin aux Seigneurs de Tournebu, à Mre Amaury de Meuline, Robert de Nuefbourg sire de Livenot, Loys sire de Thibouville, Guillaume de Bailleuil & Jehan Bigot.

Mre Jehan de Henaut sire de Beaumont.

Baudet de Vastenoy, Chevaucheur.

Guy de Ligny & Damoiselle de Ligny à Orguignault en Flandres.

Bernard l'Epicier de Tournay, pour teille sirée, un coffret, & pour corde achetée de lui pour enveloper, mettre & lier plusieurs lettres du Roi ouvertes, qui furent envoyées au Tresor à Paris Samedy vingt-cinquiéme jour d'Avril, le Roi à Tournay, huit sols parisis.

Mre Amaury de Meuline.

Me Jehan Cacq, Maistre de la Chambre aux deniers, qui demeura derriere pour payer la dépense de l'Hostel à Tournay, Samedy deuxiéme Mai, six sols parisis.

DE LA PREVOTÉ DE PARIS.

Simon de Baigneux, Vicomte de Rouen.
Lettres de Mr le Dauphin à la Comteffe d'Alençon à Eftampes.
Mr Guy de Leufe, Chevalier, Maiftre d'Hoftel de Mr le Dauphin.
Hennequin de Goumennes, Meneftrel de vielle, qui joua devant le Roi.
Guillaume Racine, autre Meneftrel de vielle, qui joua devant le Roi.
Mr Jehan Dandrezel, pour don du Roi aux petites Moines Novices du Cloiftre de la Prieuré de Lyons en Santois, (c'eft en Santeres), dix-huit fols parifis.
Guery Aubergeon, Valet tranchant du Roi.
Lettres de Mr le Dauphin à Mr le Duc de Bourbon au Pont Ste Maixance.
Autres Lettres à Mr d'Anjou, à Mr Gilles d'Efpagny, Chevalier & Maiftre de l'Hoftel de Mr le Dauphin.
Mre Perceval de Varannes, Chevalier, Maiftre de l'Hoftel de Mr le Dauphin, à Varennes en Brie.
Lettres au Comte de Valentinois, au Gallois de la Baulne, & à Mre Henri de Montigny, Chevaliers.
Lettres de Mr le Dauphin au Comte d'Haucourt, & Mre Louis & Guillaume de Harcourt, & au fire de Preaux à Rouen.
Mre Jehan des Granches, Chevalier & Maiftre d'Hoftel du Roi, en fa maifon près Melun.
Jehan Lecourt, fuivant devers le Roi des Ribaux Mr le Dauphin.
Mr Pierre de Saquainville, Chevalier.
Jehan de Thamcourt, Efcuyer de Mr le Dauphin.
Mre Jehan Dandrezel, Chambellan du Roi.
Jehan de Crufille, Chambellan Mr Jehan de France.
Lettres de Mr le Dauphin aux de Vaudemont & de Joigny, & aux fires de Trainel & de Montmorancy.
Mr Eimare du Pleffis à Peoneville en Normandie.
Mr Jehan le Cacq, Maiftre de la Chambre aux deniers du Roi.
Lettres de Mr le Dauphin au Maiftre des Arbaleftriers, au fire de Preaux, de Guerarville & de Ste Bauve, à Mr Pierre de Saquainville, Chevalier.
Autres aux fire de Freauville, de St Martin, d'Emeral en Caux & en la Comté d'Eu.
Autres au Marefchal d'Audrehan vers Caen.
Autres à Mre Henri de Ferieres à Vernon.
Jehannin le Truant, Aide de la Penneterie du Roi.
Mre Simon Baudry, Chanoine de Lizieux.
Mr Jehan de Rié, Chevalier.

Ordinaire de Paris, pour l'année finie à la faint Jehan-Baptifte,
1502.

Fol. 34 verf.   Ifle en la riviere de Marne, donnée à heritage à Jehan de Sens Meneftrel du Roi, pour une paire de gands par an à la St Remi.
57   Me François Ferrebourg, Praticien en Cour d'Eglife & Scribe de la Cour de l'Official de Paris.
58   Philippes Brunel, Efcuyer Seigneur de Grigny.
63   Jaques le Pitre, Marchand Orphevre.
94   Jehan Chevrin, Maçon & Garde de la Voirie de Paris.
96   Hoftels d'Artois, de l'Eftoille & du grand Lyon, defquels le Roi a fait don.
Idem.   Hoftels du Roi & de la Reine, appellés l'Hoftel St Pol, affis

Tome III.   * XXx ij

532 COMPTES ET ORDINAIRES

    à Paris près l'Eglise des Celestins, affermés à titre de louage à Me Jehan de Fontenay.

98 Jehan Hennequin, Marchand Bourgeois de Paris, demeurant en la rue des Arcis.

105 *verso*. Regnault Mauve, Orphevre, & Isabeau sa femme.

111 *verso*. Mre Jehan Guyon, Prestre Curé de Gonesse.

124 Heritages de Poissy, tenant d'une part & d'un bout au chemin du Roi, d'autre part au long du Cimetiere dudit lieu & à la Maladrerie.

143 Mre Jehan Boutte, Prestre, Tresorier du Vivier en Brie.

149 *verso*. Guillaume Dolu, Orphevre & Affineur.

150 Me Jehan Bonnetz & Jehanne Laperire sa femme, auparavant femme de feu Antoine Champin, fils dudit deffunt & de ladite Jehanne; Jehanne Guillemette Bonnetz, fille dudit Me Jehan Bonnetz, & de ladite Jehanne sa femme.

194 *verso*. Nicolas Videme & Guillaume Buisson, qui comme étrangers ont été reçus Maistres & créés nouveaux Orphevres en cette Ville de Paris.

295 Honorable homme Jehan l'Escuyer, Marchand Drapier Bourgeois de Paris, pour une maison scise en la rue de la Feronnerie, aboutissant par derriere & ayant issue à la vieille Place aux Pourceaux, où pend pour enseigne la clef d'or, qu'il a acquis de Jehanne de Malleville, veuve de Nicolas Burault, Pelletier

297 Me Jehan de Longuejoue, Advocat au Parlement, pour le relief du Fief du Breuil, à lui appartenant à cause de Damoiselle Jehanne du Drac sa femme.

307 *verso*. Mre Simon Quentin, Prestre, à present Chapellain de la Chapelle St Jehan, fondée en l'Eglise de Paris, ainsi qu'il appert par ses Lettres de collation, reçu le six Aoust 1501.

309 *verso*. Mre Jehan Marpelier, à present Chapellain de la Chapelle des Bons-Enfans de la Porte St Victor.

318 *verso*. Mre Geoffroy le Barbier, Prestre, à present Chapellain de la Chapelle de St Didier, fondée au Chastelet de Paris au lieu de Mre Louis Drouet, decedé le ; ledit le Barbier mis en possession de ladite Chapelle le seize Novembre 1501.

329 *verso*. Mre Guillaume Sanchart, à present Chapellain de la Chapelle Notre-Dame, fondée en l'Hostel-Dieu de Poissy ; ledit Sanchart mis en possession de ladite Chapelle le cinq Juillet 1601.

347 Mre Pierre Bense, Prestre, à present Chapellain de la Chapelle fondée au Chastel de Torcy, suivant les Lettres de collation du premier Mars 1501, au lieu de Me Giraud du Tillay, Prestre.

350 Mre Gilbert Foubert, au lieu de Mre Pierre de Verneuil, Prestre Chapellain de la Chapelle St Michel, fondée au Palais Royal à Paris, pour Mre Charles, jadis Roi de Sicile, Duc d'Anjou & Comte du Maine.

350 *verso*. Mre Raoul de Lannoy, Chevalier, auquel le Roi par ses Lettres Patentes données à Lion le dix-sept Octobre 1501, a donné l'Office de Bailli & Concierge du Palais, que souloit tenir feu Mre Estienne de West, vacant par son trepas, decedé le six Octobre 1501. Et parce que ledit de Lannoy étoit pour lors hors de ce Royaume pour les affaires du Roi, au moyen de quoi il n'eût pû faire le serment dudit Office ni prendre possession d'icelui, le Roi par ses Lettres Patentes l'en a relevé, voulant qu'il soit entierement payé des gages dudit Office, à commencer du jour qu'il en fit le don.

DE LA PRÉVOTÉ DE PARIS.

553   Me Jehan Pouillet, au lieu de Me Jaques Charmolue, Procureur du Roi en Cour d'Eglise.

363   Me Jehan Burdelot, Procureur general du Roi.

406 *verso.* Huit grandes échelles neuves mises en la Justice patibulaire de Montfaucon.

409   Un pilier & carcan posé près l'Eglise St Christophe en la Cité, où fut attaché Guillaume Dubois, Valet Boucher le jour de Pasques dernier, pour blasphemes de Dieu par lui faits & commis, & icelui gardé durant qu'on disoit la Grand'Messe depuis huit heures jusqu'à onze.

411   Deux échelles neuves mises au petit Gibet.

415   Nourriture d'enfans exposés, donnés à nourrir à des nourrices par autorité de Justice.

verso. Mre Jehan de la Gruthuse, Prestre, Seigneur de Marlou près Clermont en Beauvoisis.

415   Me Jehan Poncet, Conseiller du Roi en son Chastelet, pour avoir vaqué depuis le dix du present mois jusqu'au vingt-trois dudit mois à l'exercice de l'Office de Lieutenant Criminel, à quoi il avoit été commis par la promotion de l'Office de Conseiller en la Cour de Parlement, à quoi Me Jehan Papillon, n'agueres Lieutenant Criminel, avoit été pourvû, suivant la quittance dudit Poncet le vingt-deux Decembre 1501.

417   Deffenses de chasser à arbalestres, rais ni autres engins, ni voler à quelque vol que ce fût, sur peine d'encourir l'indignation du Roi & d'être puni par Justice.

418 *verso.* Robert Cousin, l'un des quatre Maistres de la Confrairie Mr St Louis aux onze-vingts Sergens à verge, vingt livres parisis pour le disné du jour de Caresme-prenant au retour de la chevauchée.

419   Jaques Dulac, Executeur des hautes œuvres de la Ville, Prevosté & Vicomté de Paris.

423   Jehan Robert, Clerc au Chastelet, dix livres parisis pour subvenir aux frais du disné fait le jour St Nicolas audit Chastelet où étoient plusieurs Conseillers & Officiers dudit Chastelet & aucuns des Praticiens d'icelui Chastelet.

424 *verso.* Jehan Chardon, pour avoir n'agueres porté en diligence devers le Roi étant en la Ville de Blois, les certifications des Curés des Paroisses de cette Ville, touchant les malades de peste & de ceux qui étoient entachés de ladite maladie esdites Paroisses, suivant les Lettres missives dudit Seigneur qu'il avoit envoyées à cet effet, cy quatre livres un sol.

427   Me Jehan Bochard, Conseiller au Parlement.

Idem. Pierre du Broullart, Escuyer Seigneur de Montjay.

435   Me Jaques Disome, Advocat au Parlement, & Lieutenant general de Mr le grand Maistre & general Reformateur des Eaux & Forests du Royaume de France.

436   A Jehan Marchant & Pierre Gringoire, Compositeurs & Charpentiers, qui ont fait & composé le mystere fait au Chastelet de Paris à l'entrée de Mr le Legat, ordonné des personnages, iceux revestus & habillés ainsi que audit mystere étoit requis, & pareillement d'avoir fait les échafaults qui étoient à ce necessaires, & pour ce faire, fourni le bois, cent livres.

verso. Aux Religieuses de l'Hostel-Dieu vingt livres parisis, pour avoir du linge pour leur accoustrement, & pour secourir plusieurs pauvres malades survenant de jour en jour audit Hostel-Dieu, & aussi à la charge de prier Dieu pour le Roi & pour la Reine.

COMPTES ET ORDINAIRES

437. Feu Me Pierre Parent, Tresorier de France, fit le dixiéme Septembre 1501 & jour suivant, l'inventaire de tous les meubles étant au Chaftel du Bois de Vincennes.

440. Aux Religieufes des Filles-Dieu la fomme de vingt livres, pour leur aider à faire conftruire & bâtir leur Eglife & autres édifices neceffaires de leur Convent pour les loger, à ce qu'elles foient plus enclines & attentives à prier Dieu pour la fanté & profpérité du Roi.

verfo. Me Pierre Bourcier, Procureur du Roi, fur le fait des Eaux & Forefts.

444 *verfo.* Diminutions faites à plufieurs locataires du Pont St Michel pour caufe de la réfection ou reparation que l'on faifoit en icelui Pont en 1501 pendant huit mois.

447. Me Gilles Maillart, à prefent Lieutenant Criminel de la Prevofté de Paris, au lieu de Me Jehan Papillon, par Lettres Patentes du Roi données à Blois le quatorze Décembre 1501, reçu le vingt-deux dudit mois.

449. A Jehan Marchand, Charpentier de la grand'coignée & Pierre Gringoire, Compofiteurs, cent livres, pour avoir fait & compofé le myftere fait au Chaftelet à l'entrée de Mr l'Archiduc, ordonné des perfonnages, iceux revetus & habillés ainfi qu'en myftere étoit requis, & pareillement d'avoir fait les échafaus qui étoient à ce neceffaires.

verfo. A eux la fomme de cinquante livres parifis, pour accomplir le myftere qui fe devoit faire à l'entrée de la Reine de France lefquels ont fait & preparé la plus grande partie du myftere, pour parfaire & accomplir quand le bon plaifir fera à ladite Dame faire ladite entrée ; ainfi que lefdits Marchand & Gringoire fe font obligés pardevant deux Notaires.

HALLAGE.

Melon Drouyn, Chauffetier.

BOETE AU POISSON.

Pierre le Barbier, Marchand Efpicier.

Ordinaire de Paris pour l'année finie à la St Jean 1503.

Rendu par Damoifelle Ifabeau de Malenfant, veuve de feu Me Jehan du Rueil, en fon vivant Receveur de cette Recette, par Me Charles Michon, tuteur & curateur de Jaques, Euftache & Antoinette de Rueil, enfans mineurs dudit de Rueil, & Me Jehan de Rueil Advocat en Parlement, Me Guillaume Bourgeois, Confeiller du Roi en fa Cour de Parlement, heritier en partie, à caufe de Marie de Rueil fa femme, de feue Anne de Rueil en fon vivant auffi fille & heritiere dudit deffunt ; & par noble homme François de Trenche-Lyon, Efcuyer, Seigneur d'Ermenonville lès Galardon au Pays Chartrain, en fon nom à caufe de feue Damoifelle Anne de Rueil jadis fa femme.

80 *verfo.* Feu Henri le Vaft Notaire au Chaftelet, & fa femme heritiere de feu Me Jaques Belocier, Drapier.

140. Jean Petitpied, pour un jardin fcis au Fauxbourg de Corbeil.

172 *verfo.* Michel Pijart, pour la neuviéme Forge fur le grand Pont.

297. Mre Nicolle Coyon Preftre, Chanoine en l'Eglife Notre-Dame de Poiffy.

299. Mre Guy le Bouteillier, Chevalier, Seigneur de la Bouteille-

DE LA PRÉVOTÉ DE PARIS.

rie, pour le rachat de la Terre & Seigneurie de Vaulx fur Auge, à lui efcheue par le trepas de feu Guillaume Mortier, Seigneur dudit Vaulx fur Auge.

356 — Me Bureau Boucheu, Procureur du Roi au Chaftelet.
verfo. Me Jehan Pouillet, Procureur du Roi en Cour d'Eglife.
389 *verfo.* Reparations au jeu de paulme de la halle.
427 — Chevauchée des Sergens le jour de Carefme-prenant à l'ordinaire & le difné, vingt livres parifis.

Publication faite à fon de trompe, portant deffenfes à tous Hofteliers de prendre des hoftes & gens logeans chés eux aucune belle chere, mais comprent par le menu ce que les gens auront eu.

Idem. Avoir publication portant ordre à tous Gens de guerre de fe retirer inceffamment à leurs enfeignes & garnifons, fous peine de l'indignation du Roi.

431 — Eftienne Brefolles & Jehan de la Croix, Clercs au Chaftelet de Paris, pour le difné du jour de St Nicolas feize livres parifis.
432 *verfo* Me Pierre le Bourcier Procureur du Roi fur le fait des Eaux & Forefts, pour plufieurs efcritures, inventaires & autres chofes faites par lui & un Advocat, en l'abfence de Me Jaques de Thou, en certain procès entre le Roi & un nommé Jaques de Bouyn.

433 — Jaques de Rohan, Seigneur de Leftang.
438 — Aux pauvres Filles Pénitentes de la Ville de Paris, la fomme de vingt livres parifis à eux taxée & ordonnée par Mrs les Tréforiers de France par leurs Lettres de taxation données fous l'un de leurs fignets, du vingt-quatre Decembre 1502, en pitié & aumofne pour avoir du bled pour leurs vivres & autres leurs pauvres neceffité, afin qu'elles prient Dieu pour la bonne profperité & fanté du Roi, de la Reine, & des Princes & Seigneurs de leur fang.

444 — Me Jehan de Hacqueville, Confeiller du Roi & Maiftre des Comptes.
Idem. Deffenfes à tous Braffeurs de la Ville, Prevofté & Vicomté de Paris, de braffer ni tranfporter aucuns grains hors ladite Prevofté & Vicomté, à peine de confifcation & amende.
447 — Me Gilles Maillart, Lieutenant Criminel.

BOETE AU POISSON.

Gervais Larcher, Vendeur de poiffon de mer, demeurant ès Halles de Paris, & Simon fon fils, & Jehan Larcher fon autre fils.

VOIRIE.

Albert Chavart.
Ifaac Aubry, Marchand, & Jaques Aubry fon fils.
Hugues de Neufville, & Jehanne Lonchaud fa femme, pour un Eftal.

Ordinaire de Paris, pour un an fini à la St Jean 1505. Me Jehan Tefte, Receveur & Voyer ordinaire.

Fol. 34 ver. Me Nicolle de Buffy, Advocat en Parlement.
84 *verfo.* Me Denys Marcel, Notaire & Secretaire du Roi.
86 *verfo.* Pierre Quicquel Orphevre.
87 — Jehan Hebel Orphevre, Marion fa femme, Thomas & Jehanne leurs enfans.

COMPTES ET ORDINAIRES

146 *verso.* Les heritiers de feu Me Robert Thibouft, President en la Cour de Parlement.

224 Robert Pouſſepain, Marchand Mercier au Palais, Jaqueline ſa ſa femme, Jean & Eſtienne ſes enfans.

226 Pierre Pouſſepain, Annette & Jehanne ſes ſœurs, pour un Eſtal au Palais.

237 Me Pierre Traignac, Clerc du Greffe Criminel de la Cour de Parlement.

312 Honorable homme Claude Choart, Marchand & Bourgeois de Paris, pour la quarte partie d'une maiſon ſciſe à Petit-Pont, où pend pour Enſeigne l'Empereur, aboutiſſant par derriere à la riviere de Seine, laquelle il acquit le vingt-quatriéme Juillet 1504, de honnorable homme Jean Boudin, Receveur des Aydes en l'Election de Coutances & Carantan; & Felix Foy Marchand Orphevre, tuteurs & curateurs des enfans mineurs dudit Bodin & Iſabeau de Plançon ſa femme. Eſt à noter que cette maiſon eſt vis à vis le Portail de l'Hoſtel-Dieu, & porte encore la même Enſeigne.

314 Noble homme Me Jehan de la Bretonniere, Conſeiller du Roi en ſa Chambre de la Juſtice des Aydes à Paris.

Idem. Noble homme Jean Jeanvier, Valet de Chambre du Roi, & Receveur des Aydes & Tailles en l'Election de Beauvais, comme Procureur de noble homme Pierre le Brun, Seigneur de la Thomaſſiere, Valet de Chambre ordinaire du Roi.

317 Jean Girault, Marchand-Drapier.

334 Mre Pierre le Gault, & Mre Pierre Leſtore, ſucceſſivement Chapellains de la Chapelle St Nicolas, fondée en l'Egliſe de Paris par la Reine Marguerite, de douze livres dix ſols Pariſis par an.

verſo. Mre Nicolle Breſſeau à preſent Chapellain de ladite Chapelle, au lieu dudit Pierre Leſtore.

348 Mre René Dumont, Chapellain des Quinze-vingts aveugles de Paris, fondés par Monſeigneur St Louis au Grand-Autel deſdits Quinze-vingts.

351 *verſo.* Mre Jaques Dumouſtier à preſent Chapellain de la Chapelle fondée au Chaſtel de Meaux, au lieu de Jehan Dumouſtier dernier poſſeſſeur d'icelle Chapelle, depuis le vingt-cinquiéme jour d'Avril 1505, qu'il prit poſſeſſion.

354 *verſo.* Mre Jaques Petit à preſent Chapellain de l'Oratoire du Roi au Palais Royal à Paris, au lieu de Mre Guillaume Poitevin, depuis le onziéme Avril 1505 après Paſques qu'il prit poſſeſſion.

Idem. Mre Richard Alexandre autre Chapellain illec, au lieu de Mre Guillaume Billon.

355 Mre Thomas le Bouvier, au lieu de Mre Alain Grenet Chapellain de la Chapelle fondée en l'Egliſe St Jaques-aux-Pelerins.

356 Mre Noel Duval, au lieu de Mre Guillaume Hardy, Chapellain de la Chapelle Royale fondée en l'Egliſe de la Ste Chapelle derriere le Grand-Autel, par le Roi Philippes de Valois & Jeanne ſa femme, en l'honneur de Mr St Venant, à la charge de celebrer chacune ſemaine ſept Meſſes, s'il n'y a juſte empeſchement en la perſonne, & ſinon le Treſorier y doit pourvoir aux deſpens dudit Chapellain, vingt-ſix livres pour ſon gros, à prendre ſur la Boëtte au bled, dont la collation appartient au Roi.

367 Mre Jean Guillepin à preſent Chapellain de la Chapelle St Martin, fondée en l'Egliſe Ste Geneviefve du Mont de Paris, pour Jean Pariſer, depuis le huitiéme Avril 1500, qu'il prit poſſeſſion.

DE LA PREVOTE' DE PARIS.

368   Mre Jean Sauvage, Recteur de l'Eglise St Barthelemi à Paris, au lieu de Mre Robert Poitevin.
380   Me Pierre Marie, Maistre & Administrateur de la Maison Maladrerie St Ladre lès Corbeil, au lieu d'Hervé du Pressoir.
382 verso.   Mers Leon Dauffay Prestre, & Pierre Warnier, successivement n'agueres Chapellains de la Chapelle Ste Agnès, fondés en l'Eglise St Eustache à Paris par Mr de Valois, depuis la St Jean-Baptiste 1504, jusqu'au vingt-deuxième Novembre ensuivant audit an, auquel jour ledit Warnier résigna ladite Chapelle au profit de Pierre Hodebert.
383 verso.   Mre Robert Laër à present Chapellain de la Chapelle fondée au Chastel de Torcy, au lieu de Mre Pierre Banse, depuis le premier jour d'Avril 1505 qu'il prit possession.
386 verso.   Ythier d'Aultry à present Capitaine de Montl'hery, au lieu d'Amanion de Garlandes, par Lettres Patentes non dattées, pour ses gages depuis le vingt-septième Fevrier 1504, auquel jour il fut institué en sondit Office. Ledit Amanion de Garlandes deceda le penultiéme jour de Janvier 1504.
388   Mre Jean de Karquelevent, Chevalier, Capitaine des Ville & Chastel de Corbeil par Lettres Patentes du Roi données à Amboise le troisiéme jour de Decembre 1508, auquel Office il fut receu, & fit le serment ès mains de Mr le Chancelier le treiziéme dudit mois. François du Fou heritier seul dudit Karquelevent, pour être payé de tous les gages qui étoient deus audit Karquelevent depuis son instalation audit Office, jusques à son trepas arrivé le douze Novembre 1509.
389 verso.   Me Jean Poulet, Procureur du Roi en Cour d'Eglise.
393   Jean Auger à present Gruyer de la Forest de Senart, au lieu d'Estienne Duchier qui lui resigna ledit Office le quinziéme Janvier 1504.
394   Jean du Bucher Gruyer de la Forest de Laye, au lieu de Pierre le Lou.
397 verso.   Me Jean Burdelot, Procureur General du Roi.
Idem.   Girardin de Landrefay, Escuyer & Garde de l'Office de Chevalier du Guet de nuit de la Ville de Paris.
415   Mre Paoul de Benserade, Chevalier, à present Maistre de l'Artillerie du Roi.
Idem.   Mre Louis de Graville, Admiral de France, Capitaine du Bois de Vincennes.
420 verso.   Me Louis de Graville, Admiral de France, Capitaine & Concierge de l'Hostel & Tour de Beauté sur Marne.
421   Jean du Buschet, Escuyer, Concierge de l'Hostel des Loges en la Forest de Laye.
422   Louis le Pappe, Escuyer, Sergent & Garde de la Garenne du Bois de Vincennes.
Idem.   Mre de la Gruthuse, Chevalier, Capitaine du Chastel du Louvre à Paris.
430   Reparations faites en l'Hostel des Tournelles, une toise de mur laquelle étoit tombée & diminuée pour la force des gens qui y passoient, ou lieu dit la Cousture, &c.
438 verso.   Mes Jean Marchand & Pierre Gregoire cent livres, pour par eux avoir fait les eschafaux, & fait faire le mistere sur la porte dudit Chastelet de Paris à l'entrée de Madame la Reine, qui fut par elle faite en cette Ville de Paris, quis & livré par eux les habillemens & autres choses necessaires appartenantes pour ledit mistere.

Tome III.   * Y y y

439 verso. A neuf Sergens à verge vingt-quatre livres dix-huit sols parisis, pour avoir mené cinq prisonniers étans audit Chaftelet au lieu d'Efcure, & iceux gardé audit lieu jufqu'à ce que la Reine eut fait fon entrée, & defpeché les Prifonniers étans audit Chaftelet, & depuis iceux ramenés en icelui Chaftelet.

440 Jean de Corbie, Clerc au Greffe Criminel du Chaftelet de Paris, quatre livres parifis, pour avoir befoigné avec le Lieutenant Criminel à faire certaines informations touchant les noifes & debats qui furent faites en la Cour du Palais en faifant la Proceffion du Recteur, & icelles informations avoir groffoyées & mifes au net.

441 Le difné des Sergens & Officiers du Chaftelet le jour de Carefme-prenant eft tiré en ce compte à vingt livres parifis, fans dire pour quoi il eft augmenté.

441 verso. Honorable homme & fage Me Anceaulme Maugarny, Docteur en Medecine.

442 verso. Me Jean Pilloys, Confeiller du Chaftelet, qui pendant deux mois & plus a travaillé à defpefcher les Prifonniers étans audit Chaftelet, pour & en l'abfence du Lieutenant Criminel, abfent de la Ville de Paris durant ledit temps, par le commandement du Roi.

verso. Informations faites contre plufieurs mauvais garçons reibleurs, qui marchoient de jour & de nuit parmi la Ville de Paris armés & embaftonés.

450 verso. Lonage des tapis qui ont fervi les veilles des quatre Feftes de l'an aux Prefidents & Seigneurs du Parlement, qui font venus au Chaftelet à la delivrance des Prifonniers.

456 Louis de la Cheine, Empereur de Galilée, vingt-cinq livres tournois, à lui & à fes Supôts Clercs, frequentans la Chambre des Comptes, pour plufieurs Extraits par eux faits en la Chambre des Comptes, & pour fubvenir à plufieurs dépens que faire leur a convenu & conviendra durant cette année pour les affaires dudit Empire.

verso. Joffe de Nailly, Sommelier ordinaire du Roi, & Commis à la garde de l'Hoftel des Tournelles.

457 verso. A pour avoir été par Ordonnance des Secretaires Treforiers de cette Ville de Paris, à Senlis & Pontoife porter Lettres aux Prevofts & Receveurs ordinaires defdits lieux touchant la mort de Madame la Ducheffe de Berry, à ce que lefdits Prevofts & Receveurs euffent à faire recepte du Domaine de ladite Prevofté de Pontoife, dont ladite Dame jouiffoit auparavant fon trépas.

461 Mes Nicolle Charmolue, Antoine Heffelin & Regnault Sevin, Advocats en Parlement.

462 Me Robert Turquan, Confeiller au Parlement.

Idem. Me Euftache l'Huillier, Maiftre des Comptes.

Idem. Dreux Ragnier, Efcuyer, Confeiller du Roi, Maiftre des Eaux & Forefts de Pays de France, Champagne & Brie.

471 verso. Aux Religieux de St Germain des Prés cinquante fols parifis pour les arrerages des deux années finies à la St Jean-Baptifte 1505, à eux deus à caufe de vingt-cinq fols de cens & rentes que lefdits Religieux ont droit de prendre chacun an fur la maifon de Pyennes affife à Paris près des Auguftins; laquelle maifon a été acquife par le feu Roi Charles VIII, dernier decedé.

Me Jehan Sevin Procureur Général du Roi aux Eaux & Forefts.

DE LA PREVOTÉ DE PARIS.

VOIRIE.

24 Feu Me André Robinet, Conseiller au Parlement.

Ordinaire de Paris pour un an fini à la St Jean-Baptiste 1506, rendu par Me Jehan Teste, Receveur & Voyer de Paris.

Fol. 26. La veuve de Jaques Chouart, Drapier.
46 verso. Me Gilles l'Huillier, Advocat en Parlement.
58 Feu Jehan Lombard, Espicier.
68 Philippes Brunel, Escuyer, Seigneur de Grigny.
81 Me Simon Badin, Conseiller au Parlement.
86 verso. Le Sejour du Roi, tenant d'une part à la rue Montmartre; d'un côté à l'Hostel du Cigne rouge, une ruelle entre deux, & d'autre côté fortissant à une ruelle nommée la Plastriere.
87 verso. Me Antoine Disome, Notaire & Secretaire du Roi.
94 verso. Les Hostels du Roi & de la Reine, appellés l'Hostel St Pol, assis à Paris près les Celestins, que tenoit cy-devant à louage Me Jehan de Fontenay, depuis le jour de Pasques 1499, jusqu'à six ans après ensuivants, pour soixante livres parisis par an écheus au terme de Pasques 1505; depuis lequel temps ils sont demeurés à louer à cause que Mrs les Tresoriers de France n'ont pû vaquer à en faire le Bail jusqu'au vingt-huit Novembre audit an 1505: après quoi ils ont composé avec Jehan de la Haye dit Bellegarde, auquel ils ont fait Bail desdits Hostels pour les termes de St Jehan, St Remy & Noel 1505, moyennant la somme de vingt livres pour le tout. Ensuite fut fait bail à Jaques d'Authun plus offrant & dernier Encherisseur, qui fit sa declaration pour ledit de la Haye, moyennant quarante-deux livres parisis par an pendant dix ans à commencer au lendemain de Noel, y compris la Salle, nommée la Salle aux Bourdons, étant en haut près de la Chapelle de la Reine, & aussi la Salle par bas qui a coustume de servir au fait de l'Artillerie du Roi.
97 verso. Me Denys Marcel, Notaire & Secretaire du Roi.
153 verso. Mre Jehan Burré Prestre, Tresorier du Vivier en Brie.
178 verso. Jehan de la Dehors, Changeur, pour le cinquante-troisiéme Change qu'il tient à louage.
verso. Hugues Rosnel, Changeur, pour le cinquante-quatriéme Change.
202 Nouveaux Orphevres receus à Paris, sçavoir Pierre Maçon, qui, comme étranger, a été receu Maistre, & passé nouvel Orphevre à Paris.
248 Pierre Poussepain, pour un Estal au Palais, comme aux Comptes precedents.
317 verso. Me Pierre Hennequin, Advocat en Parlement; Seigneur de Mathau.
335 verso. Mre Jehan Lyon, Escolier estudiant en l'Université de Paris, Clerc de l'Eglise Monsieur St Germain l'Auxerrois.
336 Rue Geoffroy Lasnier.
verso. Noble homme Mary Bureau, Escuyer, Seigneur de la Houssaye, & Jaspart Bureau, Seigneur en partie de Forsery.
337 Honorables hommes Regnault Locquet, Estienne Etegin, & Denys Balet, au nom & comme Maistres & Gouverneurs de la Confrairie Mr St Claude, fondée à Paris en l'Eglise St Jaques de l'Hospital.

339   Nicolas le Camus, Marchand Apoticaire, Bourgeois de Paris.
340   Maison faisant le coin des rues des Deux-portes & du Lyon.
Idem. Noble homme Philippes de Ronchault, Seigneur de Plaisance près le Bois de Vincennes.
345 *verso.* Jaques Encuvel, Escuyer, Queux ordinaire du Roi notre Sire, & Damoiselle Jehanne Braque sa femme, demeurant à Vaulmartin en la Paroisse de Saint-nom au Val de Galie.
413   Me Pierre Marie, Maistre & Administrateur de la Maison & Maladerie St Ladre lès Corbeil, au lieu de Hervé du Pressoir, par an au terme de Toussaint soixante livres parisis.
419 *verso.* Ythier d'Autruy, Capitaine de Montl'hery.
420   Jaques de Tinteville, Capitaine & Concierge du Chastel de St Germain-en-Laye.
421   Me Jehan de Karquelevent, Chevalier, Capitaine de Corbeil.
422   Me Bureau Boucher, Procureur du Roi au Chastelet.
Idem. Me Robert Piedefer, Advocat du Roi au Chastelet.
Idem. Me François Goyet, autre Advocat du Roi au Chastelet.
verso. Me Jehan Poulet, Procureur du Roi en Cour d'Eglise.
425   Simon Sanguin, Gruyer de la Forest de Livry en Lannoy.
426   Me Simon Lemoine, Gruyer de la Forest de Rouvroy.
432   Noble homme Jaques d'Estouteville, Chevalier, Garde de la Prevosté de Paris.
Idem. Me Jehan Bourdelot, Procureur General du Roi.
Idem. Grinardin de Laudefay, Escuyer & Garde de l'Office de Chevalier du Guet de nuit de la Ville de Paris.
451   Me Paul de la Beussetade, Chevalier, à present Maistre de l'Artillerie du Roi.
Idem. Me Louis de Graville, Admiral de France, Capitaine du Bois de Vincennes.
456   *Idem,* Capitaine & Concierge de l'Hostel & Tour de Beauté sur Marne.
467   Reparations faites ès Hostels du Roi, nommés la Cour-la-Reine, & l'Hostel St Paoul.
473 *verso.* Une attache faite au Marché-aux-Pourceaux, où fut executée & bruslée une nommée Jehanne Bouzin, qui avoit tué & fait mourir son enfant; & fut faite une Barriere au tour de ladite attache, fut bruslé cinq cens bourrées ou cotterets, & un carteron de gluys de feure.
477   Prisonniers étant tant au Chastelet de Paris, qu'au Chasteau du Louvre.
verso. Oreille couppée par l'Executeur de la haute Justice.
486   Pour   de la Cour de Parlement, & autres Officiers du Roi, la veille de la fête de la Pentecôte dernier passé, qui étoient assemblés au Chasteau du Louvre pour la delivrance des Prisonniers étans aud. Louvre, ainsi qu'il a été accoustumé de faire d'ancienneté.
489   Louage de la tapisserie qu'il a convenu avoir aux veilles des quatre bonnes Festes solemnelles, pour les Presidents & Conseillers de la Cour de Parlement, qui viennent au Chastelet delivrer les Prisonniers.
495   Me Guillaume Dignet, Procureur du Roi au Tresor.
verso. Aux Clercs du Chastelet seize livres parisis, en recompense de la somme de vingt-cinq livres tournois qu'ils disent avoir mise & frayée pour le disné qui a été fait le jour & fête de S Nicolas en May dernier passé, aux Lieutenans, Conseillers, Advocats, Procureur du Roi, & autres Officiers dud. Seigneur aud. Chastelet.

DE LA PREVOTÉ DE PARIS.

499   Thomas Maupille, Capitaine du nombre des soixante Arbaleſtriers ordonnés par le Roi à Paris.
verſo.   Me Bertrand Lorfevre, Maiſtre des Comptes.
502 *quater*   Me Jehan Fraguier, Clerc du Roi en ſa Chambre des Comptes.
503   Me Jehan du Rueil, Lieutenant Civil.
508 *verſo.*   Me Gilles Maillart, Lieutenant Criminel.
510 *verſo.*   Me Jehan Quatre-livres, à cauſe de Marie Luillier ſa femme, auparavant femme de Guyon de St Benoiſt; & Girard le Tirant, comme tuteur & curateur de Françoiſe Luillier mineure d'ans, fille & heritiere, avec Jehanne Luillier femme de Me Roger Gouël, Procureur du Roi à Rouen, de feus Me Imbert Luillier; & Françoiſe de Marigny jadis ſa femme, & encore ledit le Tirant, comme Procureur deſdits Gouël & ſa femme, heritiers dudit feu Guyon de St Benoiſt, fils de feu Jaques de St Benoiſt, Eſcuyer, Capitaine d'Arras.

HALLAGE.

21   Me Simon Malingre, Clerc des Comptes du Roi.
47 *verſo.*   Hugues de Compans, Drapier-Chauſſetier.
60 *verſo.*   La veuve de Pierre le B   , pour un Eſtal qu'elle tient à la vie de Collete, fille de Pierre le B

BOETE AU POISSON.

71 *verſo.*   Me Guillaume du Moulinet, à cauſe de ſa femme, fille de feu Gervais Larcher.
73   Mes Benoiſt & Nicolas Larcher freres, Gervais & Euſtache du Moulinet leurs neveux, pour une loge que tenoit Gervais Larcher pere deſdits Benoiſt & Euſtache, aſſis ès Halles de Paris près la garde au Poiſſon de mer, baillé auſdits Benoiſt, Nicolas, Gervais & Euſtache, par les Treſoriers de France.

VOIRIE.

2 *verſo.*   Albert Chouart, pour une place ſous la Halle à la marée en la vieille Fromagerie, pour y vendre en une partie de ladite place ſeulement, harens ſalés en cacque.
3 *verſo.*   Feu Michault Chouart, en ſon vivant Ceinturier.
6 *verſo.*   Yſac Aubry, Marchand demeurant à Paris.
15 *verſo.*   Hugues de Neufville, pour un Eſtal aux vies de lui & de Jehanne Lombard ſa femme.
25 *verſo.*   La veuve de Jehan Leſcalopier, pour une gallerie étant en travers de la rue des Noyers, pour aller d'une maiſon en l'autre.
27 *verſo.*   Feu Me André Robinet, Conſeiller au Parlement.

Compte de l'Ordinaire de Paris 1507.

Me Jehan Teſſe, Receveur & Voyer.
Folio 42   Me Nicolle de Buſſy, Advocat en Parlement.
58   Guillaume le Navairois, Receveur des Barrages de la Ville de Paris.
71   Feu Jaques Heſſelin, Controlleur au Grenier à Sel de Paris.
79   Jehan Chaſtel, Poiſſonnier d'eau douce.
333 *verſo.*   Maiſon ſciſe à la Grève rue de la Mortellerie, qui doit huit livres quatre deniers de rente au Chapellain de la Chapelle de St Mathieu, fondée en l'Egliſe St Yves à Paris.

COMPTES ET ORDINAIRES

335 Honorable homme Jehan Turgis, Marchand Drapier Bourgeois de Paris, pour l'acquisition par lui faite de la part que Nicolas Trousson avoit, & qui lui étoit écheue à cause de Colette Turgis, en son vivant femme de Jehan Trousson l'aîné, une maison scise rue de la Feronnerie à l'enseigne de l'Escu de Bourgogne.

336 Maison scise rue de la petite Truanderie à l'enseigne du Sagittaire à l'image St Jaques, chargée envers les Gouverneurs de l'Eglise St Jaques de l'Hospital aux Pelerins, de douze livres parisis de rente.

Idem. Venerable & discrete personne Me Nicole Montouyn, Maistre & Administrateur de l'Eglise & Hospital de Ste Catherine, fondée en la grande rue St Denys à Paris.

337 Deux maisons s'entretenantes, scises rue de Marchépalu, faisant front de la rue de Sablon près l'Hostel-Dieu, où pend pour enseigne l'Image St Nicolas, tenant d'une part à Me Marcial Dauvergne l'aîné, & d'autre part aux hoirs de feu Gregoire Paraige, aboutissant par derriere à une petite ruelle qui va en la riviere de Seine, chargée de dix livres parisis de rente vers le Chapellain de la Chapelle St Jehan-Baptiste, fondée en l'Eglise de Paris, laquelle maison il acquit de Me Robert Masurier, Docteur en Medecine.

338 Hugues Huault, Marchand & Bourgeois de Paris, & Jehanne le Maistre sa femme, pour une maison scise rue de la Mortellerie, qu'ils acquirent de Jehan le Maistre, Marchand Bourgeois de Paris, & de Pierre le Maistre.

339 verso. Me Guillaume Fusée, Procureur en Parlement.

340 Religieuse & discrete personne Frere Jehan Hubert, pour une Isle en la riviere de Marne près Beauté, appartenant aux Religieux, Prieur & Convent des Bons-Hommes du Bois de Vincennes, laquelle il a acquise de Colin Cauchon

Idem. Nicolas Leprestre, Marchand demeurant à Paris, pour une maison scise rue St Denys, outre la Porte aux Peintres, faisant le coin tout au long de la rue du Lion.

341 Un Estal à Fripier vendu par Catherine Turquam, Maistresse; Guillemette Collot, Jaquette de Fromentieres, Gauchere Violette, Nicolle la Moinesse, Jehanne la Vallée, Huguette le Mercier, Catherine du Perrier, & Simonne de Vielzmont, toutes Bonnes-Femmes de la Chapelle Estienne Hauldry.

356 verso. Christophe Marcel, Homme d'armes du Roi, & Jehan Marcel son frere, demeurant à Paris.

358 verso. Noble homme Me Fleurimont Robertet, Conseiller du Roi notre Sire & Tresorier de France, & Secretaire des Finances dudit Seigneur, pour l'acquisition par lui faite de Mr Edmond de Prie, Baron de Buzançois & Comte de Dammartin, & de Damoiselle Avoye de Chabannes sa femme, des Terres & Chastellenies de Villemonble en la Prevosté de Paris, mouvant du Chastelet de Paris, pour six mille livres, dont il a fait hommage au Roi entre les mains de Mr l'Evesque de Paris, commis à la garde du scel ordonné en l'absence du grand, comme appert par les Lettres Patentes dudit hommage, données à Gennes le douze Mai.

359 Mre Emard de Prie, pour le rachapt du Comté de Dammartin, pour raison du mariage fait dudit de Prie avec l'une des filles du feu Comte dudit Dammartin.

396 Isambert du Puiz, Abbé de Notre-Dame du Chages lès Meaux.

DE LA PRÉVOTÉ DE PARIS.

408 verso. Me Pierre Marie, Maître & Administrateur de la Maison & Maladrerie St Ladre lès Corbeil, au lieu de Hervé du Pressouer.
415 verso. Ithier Dautry, Capitaine de Montl'hery.
416 Louis de Rouville, à présent Capitaine, Garde & Concierge du Chaftel St Germain en Laye, au lieu de Jaques de Tinteville, par Lettres Patentes données à Bourges le troisiéme Mars 1506.
417 Mre Raoul de Lannoy, Chevalier Bailli & Concierge du Palais Royal à Paris.
verso. Mre Jehan de Karquelevent, Chevalier Capitaine de Corbeil.
427 Me Jehan Burdelot, Procureur general du Roi.
453 Reparations faites en l'Hoftel du Chevalier du Guet.
462 Défenses faites à tous Orphevres de forger ni fabriquer vaisselle d'argent en quelque façon sorte & maniere, ne pour quelconque personne que ce soit ou puisse être, tant soient les personnes privilegiées ne d'autorité, sinon qu'ils eussent expresse licence & congié du Roi.
Idem. Publication du ban & arriere-ban.
466 Le disné des Sergens le jour de Carefme-prenant quinze livres parisis.
477 verso. Inventaire fait à St Germain en Laye par un Tresorier de France, des biens meubles étant audit Chaftel après le trepas de feu Jaques de Tinteville, decedé le deux Fevrier, grand Veneur de France & Capitaine dudit Chaftel.
479 Antoine Rebours, Clerc du Roi notre Sire en son Tresor.
verso. Me Jehan Sevin, Procureur general du Roi notre Sire ès Eaux & Forests.
481 Mathurin Richard, Prevoft de Tours & Fournier ordinaire du Roi.
491 Me Gilles Maillart, Lieutenant Criminel.
494 Jehan Hue, Escuyer.
495 Jehan Mesnart, Chevaucheur d'Escurie du Roi notre Sire.
496 verso. Reparations faites à l'Hoftel de Nesle appartenant au Roi, lequel Hoftel étoit occupé par Jehan de Lahaye, & ensuite fut occupé par Mre Guido Pagnino, Peintre du Roi, auquel en fut fait bail par les Tresoriers, suivant la volonté du Roi expliquée par Mr le President Nicolaï, lors Maistre des Requestes.

COMPTE DU HALLAGE.

37 Pierre Huault, Fripier.
48 verso. Hugues de Compans, Drapier, & Catherine sa femme.
Idem. Pierre de Compans, Drapier & Chauffetier.
50 Robert Coffart, Chauffetier, & Perette sa femme.
verso. Meulon Drouyn, Drapier Chauffetier.
Idem. Hugues Sveftre, Procureur au Chaftelet.
Idem. Feu Jaques Chouart, & Jehanne sa femme.
51 Jehan Compans l'ainé, & Jehan de Compans le jeune son neveu.
51 verso. Feu Jehan Charpentier, Procureur au Chaftelet, Philipafte sa veuve, & Marion leur fille.
59 Feu Pierre de Creil, pour un demi Eftal.
Idem. Guillaume Nicolas, Procureur au Chaftelet.
60 verso. La veuve de Pierre le B   & Colette sa fille.

COMPTES ET ORDINAIRES
VOIRIE.

5. Mes Bénoist & Nicolas Larcher, freres, Gervais & Eustache du Moulinet leurs neveux, pour une boutique que tint Pierre du Buz, qui fut à Nicolas de Neufville.

verso. Albert Chouart, pour une place dont une partie sert à vendre des harangs sallés en cacque, &c.

8. Isaac Aubry, Marchand demeurant à Paris, au lieu des heritiers de Hugues Alligret, Marchand demeurant à Paris, au lieu des heritiers de Hugues Alligret, pour un Estal qu'il tient à sa vie & à celle de Jaques Aubry son fils.

20. Hugues de Neufville & Jehanne Lombard sa femme.
21 *verso.* Jehan Haubry & Jaqueline sa femme.
30. La veufve & heritiers de feu Me Jehan Lescalopier.
31. Feu Simon Lejay, Espicier.

ORDINAIRE DE PARIS, 1508.

Folio 89. Me Pierre Morin, Conseiller au Parlement, pour l'Hostel du Sejour du Roi, tenant d'une part à la rue de Montmartre, d'un côté à l'Hostel du Cigne rouge, une ruelle entre deux, & l'autre côté sortissant à une ruelle nommée la ruelle de la Plastriere.

99. Me Denys Marcel, Notaire & Secretaire du Roi.

verso. Me Jehan Belin, Notaire au Chastelet, pour la permission de construire un Moulin en la riviere de Seine à l'opposite de l'Hostel & jardin du Port à l'Anglois.

113 *verso.* Me Eustache Allegrin, Conseiller du Roi & General sur le fait de la Justice des Aides à Paris.

137. Richard de Gronchet, Capitaine de Ste Jame.
142. Jehan Petit pié, pour un jardin assis au fauxbourg de Corbeil
192. Thibaut Haultemant, Orphevre, pour la quarante-uniéme Forge.

317. Honorable homme Me Pierre Hennequin, Advocat en Parlement.

336. Me Jehan Batevel, Licentié en loix, Prevost de Montdidier.
339. Jehan Choart, Marchand & Bourgeois de Paris, pour une maison par lui acquise par decret en la rue de la Feronnerie, faisant le coin de la rue des Bourdonnois.

340. Venerable & discrete personne Mre Raymond le Maistre Prestre Vicaire de Villejust, pour une maison qu'il a acquise scise à Montl'hery en la rue aux Juifs.

342. Honorable femme Françoise Binet, veuve de Guillaume Daubray, vivant Marchand Teinturier de soie, fil & toile, Bourgeoi de Paris.

351 *verso.* Gilles Caujon & Pierre de Voisins, Escuyers, & Pierre Bironneau, Praticien en Cour laye, tant en leurs noms que de Marguerite Fleurance & Jaqueline Milly, leurs femmes, heritieres de feu Hervé de Milly, pour le relief de la Terre de Stainville, à eux appartenant à cause de leursdites femmes, mouvant de Montl'hery.

352. Mre Emar de Prie, Chevalier Seigneur de Buzançois, pour le rachat de la Chastellenie de Villemomble, mouvant du Chastelet de Paris, advenue audit de Prie par le mariage fait dudit de Prie & de l'une des filles du feu Comte de Dammartin.

369

DE LA PREVOTE DE PARIS.

369   Mre Robert la Toigne, Prestre Curé de St Andry des Arcs, au lieu de Mre Thomas de Courcelles.

378 verso.   Marie la Giffardiere, veufve de Mre Pierre des Essars, en son vivant Chevalier.

391   Guillaume de Villetain, Escuyer Seigneur de Gif, & Vicomte de Chasteau-fort.

399   Me Pierre Marie, Maistre Administrateur de la Maison & Maladrerie St Ladre lès Corbeil, au lieu de Hervé du Pressouer.

404   Ythier Dautry, Capitaine de Montl'hery.

    verso.   Loys de Rouville, Capitaine & Concierge du Chastel de St Germain en Laye.

    Idem.   Mre Raoul de Lannoy, Chevalier, Bailli & Concierge du Palais Royal à Paris.

407 verso.   Me Bureau Boucher, Procureur du Roi au Chastelet.

408   Me Jehan Poullet, Procureur du Roi en Cour d'Eglise.

416   Me Jehan Burdelot n'agueres Procureur general du Roi, decedé le dix-neuf Mars 1507.

    verso.   Me Guillaume Roger, à present Procureur general du Roi, au lieu dudit Burdelot, par Lettres de provision datées de Lion le vingt Mai 1508, institué audit Office le trois Juin 1508.

431 verso.   Jehan Tambonneau, Garde des petits engins de l'Artillerie du Roi.

432   Jaques Marcel, Garde du scel de la Prevosté de Paris.

443 verso.   Reliage des Registres noir & rouge de la Chambre du Procureur du Roi au Chastelet.

449   Un Larron essorillé à Poissy.

451   Robine Mesnart condamnée par Arrest du Parlement à être brulée au Marché aux Pourceaux, pour avoir tué son enfant nouveau né, & icelui jetté dans un retrait d'aisemens, à quoi furent brulés cinq cens bourées & cotterets & douze gluyes de feure.

    verso.   Aux Sergens de Paris pour leur disné, quinze livres parisis.

472 verso.   Me Jehan Vyon, Licentié en loix, Lieutenant à Meulant du Bailli de Mante & dudit Meulant.

474 verso.   Me Antoine Rebours, Clerc du Roi notre Sire en son Tresor.

476   Oudin Gaveron, Sergent à verge au Chastelet, tant pour le recompenser de la perte qu'il a eu de ce que durant le tems que le Siege de la Jurisdiction tant Civile que Criminelle du Chastelet de Paris fut transferé au Chastel du Louvre, au moyen de l'éminent peril de ruine & de démolition qui étoit audit Chastelet, il convint mener la plupart des prisonniers dudit Chastelet au petit Chastelet, & y faire la question pour y gehenner & questionner les criminels, parce qu'il n'y avoit pas lieu convenable audit Louvre pour tenir tous lesdits criminels enfermés ne seur pour faire ladite question, pour le danger des poudres à canon étant audit Louvre, & n'y osoit-on faire feu, tellement que pendant un an & plus ledit Gaveron n'a pû avoir que bien peu de profit de ladite Geolle, &c.

476 verso.   Me Nicole Quatre-livres, Advocat du Roi au Tresor.

478 verso.   La garde, nourriture & entretenement de deux cens maraulx, gens vagabons & de vie dissolue, pris & emprisonnés ès prisons du Chastelet de Paris, pour mener & conduire aux galeres au service du Roi.

En fin de ce Compte sont plusieurs transcrits, dont le premier sont des Lettres Patentes en forme de Chartes, par lesquelles le Roi donne au Treforier & Chapitre du Vivier en Brie nommés, les étangs du Vivier & le moulin à bled moulant de l'eau issant d'iceux deux étangs scitués & joignans ladite Chapelle, avec tous les revenus, profits, circonstances & dépendances, sur lesquels lesdits Tresorier & Chanoines ont droit de prendre par chacun an onze livres sept sols quatre deniers parisis, à la charge par lesdits Tresorier & Chanoines de dire & celebrer par chacune semaine en ladite Chapelle du Vivier une Messe de Notre-Dame à la devotion du Roi, à ce que ladite glorieuse Dame veuille toujours interceder envers notre Sauveur & Redempteur Jesus-Christ son fils, & aider à la reconciliation & direction de ses affaires, & aussi à la charge que le Roi demeurera quitte desdits onze livres sept sols quatre deniers parisis de rente, qui étoient dus audit Chapitre sur le Domaine; lesdites Lettres données à Beauvais le vingt-sixiéme Mars 1470, signées sur le repli Loys, & sur lesdits replis par le Roi Me Guillaume Compaing & autres presens Flament, & scellées de cire verte à laz de soie; lesdites Lettres registrées en la Chambre le six Mars 1471, après information faite par Me Simon Bureau, de l'ordonnance de la Chambre, pour jouir par lesdits du Chapitre desdits deux étangs & moulin pendant l'espace de trente ans, qu'ils feront les reparations & rendront le tout en bon état au bout desdits trente ans, & de celebrer les Messes mentionnées ausdites Lettres.

Lettres d'amortissement données par le Roi audit Chapitre desdits étangs & moulin, données au Plessis-du-Parc le neuf Septembre 1481, signées par le Roi, l'Evesque d'Alby, le Protonotaire d'Amboise, Me Charles de Pontoz, & autres presens.

Requeste presentée à ladite Chambre pour registrer lesdites Lettres d'amortissement.

Enregistrement desdites Lettres en la Chambre le dernier Mars 1481 avant Pasques.

HALLAGE.

49 verso. Feu Jehan Charpentier, Procureur au Chastelet.
57   Feu Pierre de Creil.
   Idem.   Guillaume Nicolas, Procureur au Chastelet.
58 verso. L'on a commencé à changer le nom de Pierre le B   en celui de Pierre le Hongre.
61   Rue Jehan de Beausse.

BOETE AU POISSON.

69 verso. Me Guillaume du Moulinet, à cause de sa femme, fille de feu Gervais Larcher, pour une maison scise rue de la Fromagerie, faisant la quatriéme à commencer au coin de la Tonnellerie, où pend pour enseigne la Croix d'or.
70   Simon Lejay.
   Idem.   Pierre Andrenas & sa femme, à cause d'elle, paravant femme de feu Jehan de la Boue.
73 verso. Robin Seguin.

VOIRIE.

3 verso.   Albert Chouart.
4 verso.   Jaques Aubry, Marchand de Peaux & Corroyeur demeurant à Paris, au lieu de feu Michault Chouart, en son vivant Ceinturier.
7   Isaac Aubry, Marchand demeurant à Paris, & Jaques Aubry son fils.
19 & 20   Hugues de Neufville & Jehanne Lombarde sa femme.
21 verso. Jehan Aubery & Jaqueline sa femme.

DE LA PREVOTE DE PARIS.

28 verso. Les heritiers de feu Me Jean Lescalopier.
29   Les heritiers de feu Simon Lejay, en son vivant Espicier sous la Tonnellerie.
30 verso. Feu Jehan Gouppil, Bourgeois de Paris.

Ordinaire de Paris pour un an fini à la St Jean 1509.

Folio 39   Me Nicole de Buffy, Advocat en Parlement.
46   Me Jehan le Marefchal, Advocat au Chaftelet.
111 verso. Me Denys Marcel, Notaire & Secretaire du Roi.
112 verso. Mre Guy Pagneny, Imager & Peintre du Roi, pour une portion de la maifon de Nefle, laquelle lui a été donnée pour le tems de trente années.
143   Richart de Grouchet, Capitaine de Ste Jame.
155   Mre Jehan Bourue, Preftre Treforier du Vivier en Brie.
190 verso. Mre Jehan Bouguier, Preftre Chanoine de Chartres, au nom & comme tuteur & curateur de Nicolas le Flameng, fils mineur d'ans de Germain le Flameng & de deffunte Catherine Bouguier, jadis fa femme.
231 verso. Philippes Lefchaffier & Thomaffe fa femme, pour un Eftal en la Gallerie des Merciers du côté de la cour du Palais.
233 verso. Pierre Pouffepain, pour un autre Eftal en ladite Salle des Merciers, qu'il tient aux vies de lui, Annette & Jehanne fes fœurs.
304   Noble homme Philippes Lenrouillé.
323 verso. Feu Me Guillaume de Lahaye, Confeiller du Roi, & Prefident aux Requeftes du Palais.
326   Venerable & difcrete perfonne Mre Raimon le Maiftre, Preftre, Maiftre ès Arts, pour une maifon qu'il a acquife à Montl'hery.
329 verso. Venerable & difcrete perfonne Mre Nicole Menard, Preftre, Vicaire perpetuel en l'Eglife Notre-Dame de Poiffy.
339   Mre Loys, Seigneur de Graville, de la Roue & Admiral de France, pour le relief de la Terre & Seigneurie de la Roue, par lui acquife de noble homme Pierre du Monceau, Efcuyer, Seigneur du Bois-Herpin, en fon nom & comme procureur de noble Damoifelle Jehanne de Garlande fa femme, & Loys du Monceau, Efcuyer Seigneur de la Ronge près Eftampes, auffi en fon nom & comme procureur de noble Damoifelle Anne de la Garlande fa femme, icelles Damoifelles Jehanne & Anne de Garlande fœurs, filles de feu noble homme Amanion de Garlande, en fon vivant Efcuyer du Couldroy, & Damoifelle Bertranne la Louvelle fa femme, ladite Terre de la Roue mouvant de Montl'hery, dont il a fait hommage ès mains de Mr le Chancelier le vingt-quatre Septembre 1508.
340 verso. Noble homme Guillaume de St Marry, Efcuyer, Capitaine de Lagny fur Marne, pour le relief du Fief de Boiftron, à lui baillé par échange par Guillaume Marchand, Drapier & Bourgeois de Paris, mouvant de Tournant en Brie.
360 verso. Mre René Dumont, Preftre Chapellain des Quinze-vingts Aveugles de Paris, fondés par Mr St Loys au grand Autel defdits Quinze-vingts.
    Idem. Mre Robert Laloigne, Preftre Curé de St Andry des Arcs, au lieu de Mre Thomas de Courcelles.
371 verso. Marie la Giffardiere, veufve de Mre Pierre des Effarts, Chevalier.
376 verso. Marie de Janaillac & Jehanne Culdoye fa femme.

Tome III.   *ZZz ij

396	Me Pierre Marie, & Me Loys Dalbiac, successivement Maitres & Administrateurs de la Maison & Maladrerie de St Ladre lès Corbeil, au lieu de Hervé du Pressouer, inventaire fait des biens étant en ladite Maladrerie, par Ordonnance du Prevost de Paris & caution donnée par ledit Dalbiac.
404 *verso*.	Me Bureau Boucher, Procureur du Roi au Chastelet.
Idem.	Me Robert Pied-de-fer, Advocat du Roi au Chastelet.
Idem.	Me François Goyet, autre Advocat du Roi au Chastelet.
405	Me Jehan Poullet, Procureur du Roi en Cour d'Eglise.
412	Me Guillaume Roger, Procureur general du Roi.
Idem.	Grignardin de Landiesay, Escuyer & Garde de l'Office de Chevalier du guet de nuit de la Ville de Paris.
440	Philippes Lenroulle, Escuyer Seigneur de Genestroy.
446	Antoine Lebel, Prevost & Garde pour le Roi à Beaumont sur Oyse.
447 *verso*.	Un Sergent se transporte dans toutes les maisons des personnes redevables au Guet du Roi, & mit par écrit leurs noms & surnoms.
448	Herbe verte repandue au Chastelet ès Chambres Civile & Criminelle depuis le premier Mai jusqu'au dernier Aoust. Il est de même dans tous les Comptes precedens.
verso.	Actace Dalbiac, Conseiller au Parlement.
449	Les Sergens pour leur disné au retour de la chevauchée du jour de Caresme-prenant, ou disnent les Officiers du Chastelet dix livres parisis.
452	Me Simon de Machault, Examinateur du Chastelet.
453	Me Martial d'Auvergne, Examinateur au Chastelet.
455	Deux carquans, l'un au Mont Ste Geneviefve, l'autre en la rue aux Oes, deplantés & portés au Chastelet.
472 *bis*.	Me Estienne Leblanc, Greffier en la Chambre des Comptes, pour avoir donné par ordre de la Chambre des Comptes les sommes qui ensuivent ; sçavoir aux quatre Ordres Mendians chacun cent sols tournois, aux Religieux de Nigeon soixante & dix sols, aux Religieuses des Filles repenties cent sols, à l'*Ave-Maria* soixante & dix sols, aux Blancs-Manteaux soixante & dix sols, aux Billettes soixante & dix sols, aux Religieuses du Val-de-Grace quatre livres, montant en tout à cinquante livres tournois, pour avoir dit en chacun de leurs Monasteres & Convent une grande Messe, & fait processions à l'entour de leur Eglise, & plusieurs autres prieres & oraisons pour la prosperité & santé du Roi & de son Royaume ; & en outre pour avoir payé ausdits Religieux Billettes & de Ste Croix à chacun la somme de sept livres dix sols tournois, & aussi aux Chapellains, Chantres & Enfans de Chœur de la Ste Chapelle dix livres tournois, pour avoir assisté avec nosdits Seigneurs des Comptes à la procession par eux dernierement faite en l'Eglise Notre-Dame de Paris, pour prier pareillement Dieu pour la prosperité dudit Seigneur & de son Royaume étant de present delà les Monts à la conqueste de son Duché de Milan.
491	Jehan de Harbouville, Escuyer sieur des Maretz.
492	Aux Freres Prescheurs à Paris, tant pour leur aider à vivre que subvenir aux reparations de leur Eglise où ils sont de present réédifier & reparer, à ce qu'ils soient plus enclins à prier Dieu pour la bonne prosperité & santé du Roi, lequel est de present hors de son Royaume pour le recouvrement de ses pays & terres de Milan usurpés par les Venitiens, huit livres parisis.
verso.	Aux Religieux & Convent de l'Ordre de St François à Paris

DE LA PREVOTE' DE PARIS.

sept livres dix sols, aux Freres Prescheurs sept livres dix sols, aux Religieux Prieur & Convent des Carmes sept livres dix sols, aux Convent des Augustins sept livres dix sols, aux Religieux & Convent de St Guillaume des Blancs-Manteaux de cette Ville de Paris cent sols; lesquelles sommes leur ont été ordonnées par Nosseigneurs les Tresoriers de France, en pitié & aumône pour leur aider à vivre & avoir leurs necessités, & aussi en consideration que le Vendredy vingt-cinq Mai dernier passé, lesdits Religieux allerent en procession en l'Eglise Mr St Germain l'Auxerois, & delà tous ensemble en l'Eglise Mr St Victor lès Paris, en laquelle fut chantée une grande Messe bien devotement & honorablement, & fait plusieurs Prieres & Oraisons pour & à l'intention du Roi même, afin de lui donner victoire & le preserver lui & les Seigneurs du sang & de son armée, étant delà les monts pour le recouvrement de ses terres & Villes dépendans du Duché de Milan usurpées par les Venitiens; en laquelle procession assisterent les Officiers dudit Seigneur & Praticiens du Chastelet de Paris: & à Thibault, Marchand Espicier, quatorze livres tournois à lui dû pour vingt-quatre torches pesantes chacune une livre de cire qu'il a livrées, lesquelles ont été portées ardentes en faisant ladite procession, & ce fait sont demeurées ausdites Religions; qui est au prix de cinq sols dix deniers tournois la livre de cire; & à Me Jehan de Calais, Greffier dudit Chastelet trente-cinq sols tournois, qu'il a baillé pour le déjeuné donné aux Enfans & Novices desdits Religions audit lieu de St Victor.

493 *verso.* Huguet de Neufville, Vendeur de poisson de mer, pour un caque de hareng donné par aumône aux Minimes de Nigeon.

Idem. Me Pierre Boursier, Procureur du Roi aux Eaux & Forests.

HALLAGE.

44 *verso.* Jehan Parmentier, Cordonnier demeurant à Paris.

BOETE AU POISSON.

61   Elargissement de l'entrée & porte de la Halle au bled du côté de la pointe St Eustache.

ORDINAIRE DE PARIS, 1510.

Fol. 47   Me Gilles Luillier, Advocat en Parlement.
50   Feu Me Antoine Gontier, Advocat en Parlement.
175 *verso.* Thibault Haulteman Orphevre, pour la quarante-uniéme forge.
248   Mre Mathieu Taupin Prestre, Chanoine du Bois de Vincennes.
329 *verso.* Jehan Aubin, Escuyer, Seigneur de Vignolles.
348   Mre René Dumont, Prestre Chapelain des Quinze-vingts Aveugles de Paris, fondés par Mr St Louis au Grand-Autel desdits Quinze-vingts.
365 *verso.* Me Jaques Olivier, Conseiller du Roi, & President au Parlement.
410 *verso.* Mre Jehan de Karquelevent, Chevalier, nagueres Capitaine de Corbeil, decedé le douziéme Novembre 1509. François du Fou est son seul heritier.
417   Mre François Baraton, Chevalier, Seigneur de Montgaugier,

COMPTES ET ORDINAIRES

à present Capitaine de Corbeil, par Lettres Patentes du Roi données à Blois le vingt-septiéme Decembre 1509, a prefté serment ès mains de Mr le Chancelier le dernier Decembre audit an.

428   Noble homme Jaques d'Eftouteville, Chevalier, n'agueres Garde de la Prevofté de Paris, decedé le quatriéme Septembre 1509. Gillette de Cactivy, fa veuve, a reçû fes gages de cette année, tant en fon nom, que comme ayant la garde de Charlotte & Marie d'Eftouteville fes filles

Idem.   Noble homme Jaques de Couligny, Chevalier, à prefent Garde de la Prevofté de Paris, par Lettres Patentes données à Clery le vingt-deuxiéme Octobre 1509, inftitué audit Office le dix-neufviéme Novembre fuivant.

449 *verfo.*   Une chambre & falle de l'Hoftel des Tournelles appartenant au Roi, furent nattées, & y fut employé vingt-fix toifes de nattes, pour la venue du Roi qui a logé audit Hoftel durant le mois de Mars.

454 *verfo.*   Publications à fon de trompe dans les Chaftellenies de la Prevofté & Vicomté de Paris, portant deffenfes à tous Bohemiens, autrement appellés Egyptiens, de ne entrer, venir, frequenter en la Ville, Vicomté & Prevofté de Paris, fur peine de confifcation de corps & de biens; & autres peines y portées.

462   Pour le difné au retour de la Chevauchée du Mardi-gras, payé dix livres parifis.

482 *bis*   A Me Eftienne le Blanc, Greffier en la Chambre des Comptes, foixante-quinze liv. tournois pour pareille fomme qu'il a donnée par ordre de la Chambre aux Religieux cy-après; fçavoir aux quatre Ordres Mendians à chacun cent fols; aux Religieux de Nigeon foixante-dix fols; aux Religieufes de Filles repenties cent fols; à l'Ave-Maria foixante-dix fols; aux Blancs-manteaux foixante-dix fols; aux Billettes foixante-dix fols; aux Religieufes du Val-de-grace quatre livres, & aufquels nofdits Seigneurs des Comptes l'ont ordonné pour avoir dit en chacun de leurs Monafteres & Convents une Grand'Meffe, & fait proceffions à l'entour de leur Eglife, & plufieurs autres Prieres & Oraifons pour la fanté & profperité du Roi notre Sire, & de fon Royaume; & en outre, pour avoir payé aufdits Religieux des Billettes & de Ste Croix, à chacun la fomme de fept livres dix fols; & auffi aux Chapelains, Chantres & Enfans de Chœur de la Ste Chapelle, la fomme de dix livres, pour avoir affifté avec eux à la proceffion dernierement faite en l'Eglife de Notre-Dame de Paris, pour prier pareillement Dieu pour la profperité dudit Seigneur & de fon Royaume, étant de prefent de-là les monts, & à la conquefte de fon Duché de Milan.

482 *ter*   Me Jehan Fraguier, Clerc & Auditeur du Roi en fa Chambre des Comptes, & Me Euftache Luillier, Confeiller & Maiftre des Comptes.

492   Aux pauvres Filles penitentes dix livres parifis, en pitié & aumofne pour leur aider à vivre & avoir du pain, dont ils ont grand neceffité & fouffrette, ainfi qu'ils ont remontré à Noffeigneurs les Treforiers, & auffi à ce qu'ils foient de plus en plus enclines à prier Dieu pour la bonne fanté & profperité du Roi & de la Reine.

Idem.   A Huguet & à Neufville, Vendeur de poiffon de mer, fix livres quinze fols pour l'achapt d'un caque de harens qu'il a donné par ordre de Noffeigneurs les Treforiers aux Filles penitentes de cette Ville de Paris en pitié & aumofne, pour leur

DE LA PREVOTE DE PARIS.

subvenir à aider à vivre, mesmement durant le Caresme prochain venant, à ce que de plus en plus elles soient enclines à prier Dieu pour la bonne santé & prosperité du Roi & de la Reine, payée par quittance de Sœur Jehanne Bordiere, Mere des Filles pénitentes.

494. Jehan Passavant Tapissier, demeurant à Paris, douze livres à lui dues; sçavoir sept livres pour les louages de plusieurs pieces de tapisseries, livrées & tendues en deux chambres de l'Hostel des Tournelles, pendant que le Roi notre Sire y a été dernierement logé, & cent sols pour la recompense de deux Banquiers qui ont été perdus.

verso. Aux Religieux Minimes de Nigeon lès Paris, dix livres à eux ordonnés par Nosseigneurs les Tresoriers en pitié & aumosne, tant pour leur subvenir & aider à vivre, comme à faire recouvrir le clocher de leur Eglise, lequel par fortune de tonnerre a puis n'agueres été decouvert en partie, & fort endommagé; & aussi à faire parachever aucuns édifices & reparations necessaires encommencés à faire à leur Convent, à ce qu'ils soient de tant plus enclins à faire Prieres & Oraisons envers Dieu le Createur pour la bonne santé & prosperité du Roi notre Sire, & de la Reine.

ORDINAIRE DE PARIS, 1511.

96 *verso.* Me Denys Marcel, Notaire & Secretaire du Roi.
97 Me Jehan Belin, Notaire au Chastelet.
109 *verso.* Me Eustache Allegrin, Conseiller & General sur le fait de la Justice à Paris.
126 Me Guillaume de Sailly, Clerc du Roi notre Sire en sa Chambre des Comptes.
133 Richard du Grouchet, Capitaine de Ste Jame.
134 *verso.* Eustache de Manteville, Escuyer, fils & heritier par benefice d'inventaire de feu Nicolas de Manteville.
166 *verso.* La veuve de Guillaume Marcel, Orphevre.
176 Thibault Haulteman Orphevre demeurant à Paris, pour la quarante-uniéme forge.
194 Pierre Belin, Drapier-Chaussetier.
209 *verso.* Marc le Sage, Boucher de la boucherie de Beauvais.
210 *verso.* François le Sage, pour le septiéme Estal de ladite boucherie.
253 Mre Mathieu Taupin Prestre, Chanoine du Bois de Vincennes.
321 Honorable homme Robert Cossart, Marchand Drapier, Bourgeois de Paris.
341 *verso.* Honorable homme Jehan Turgis, Marchand Drapier & Bourgeois de Paris.
346 *verso.* Noble homme Philbert de Vitel, Seigneur du Palais lès Tournant, & Procureur du Roi audit lieu.
351 *verso.* Venerable & discrete personne Mre Guillaume Coudurier Prestre, Chanoine en l'Eglise Notre-Dame de Paris.
354 Rue de la vieille Fromagerie vis-à-vis la rue des Bourdonnois.
355 Mrs Dreux Budé & Martin Courtin, Notaires & Secretaires du Roi, comme ayant le droit, à cause de leurs femmes, filles de feu Denys de Thumery.
356 *verso.* La ruelle de la Poissonnerie, scise en la rue de Buscherie, par laquelle on va à la riviere de Seine.
357 Maison à l'enseigne du Papillon près Petit-pont, tenant d'une

COMPTES ET ORDINAIRES

352   part au bout de la Poiſſonnerie.

358 *verſo.* Honorable homme Jehan Trouſſon Marchand Drapier, Bourgeois de Paris, pour une maiſon en la rue de la Feronnerie, qu'il acquit de Jehan Colbert, Marchand, Bourgeois de Paris, & Collette ſa femme, de lui ſuffiſamment authoriſée le trentiéme Octobre 1482.

359 *verſo.* Guillaume Chouart, Marchand Drapier demeurant rue de la Feronnerie.

361   Honorable homme Philippes le Gendre, Marchand Drapier, Bourgeois de Paris.

362   Honorable honorable ſire Henri le Beſgue, Echevin de la Ville de Paris, & Marguerite Chevart ſa femme.

363   Maiſon ſciſe rue St Jean près la Grève. C'eſt la rue du Martroy ſous l'arcade.

370 *verſo.* Honorable homme ſire Raoullequin-le-feron, Marchand Bourgeois de Paris.

372   Les Abbé, Doyen & Prevoſt de la grande Confrairie aux Bourgeois de Paris, fondée en l'Egliſe de la Magdeleine, pour l'acquiſition par eux faite de quarante-trois livres de rente ſur les trois parts, dont les quatre font le tout d'une maiſon ſciſe en la grande rue St Jaques, où eſt l'enſeigne de St Nicolas, de laquelle Me Guy Rigaudeau, Notaire au Chaſtelet, eſt à preſent detempteur & proprietaire; laquelle rente leſdits de la grande Confrairie acquirent de honorable homme Philibert Thomas, Marchand Drapier, le Jeudy trentiéme Juillet 1506, pour la ſomme de mille livres, ſavoir ſix cens liv. comptant, & quatre cens livres que Thomas donna & aumoſna à ladite grande Confrairie, tant afin d'être participant, lui, ſa femme & ſes enfans, aux Meſſes, Services & prieres qui ſe font en icelle; & auſſi que leſdits Abbé, Doyen & Prevoſt lui promirent le recevoir avec eux, comme l'un des Confreres d'icelle grande Confrairie.

375   Gaſcien le Pelletier, Marchand Drapier & Chauſſetier, Bourgeois, pour les ventes d'une maiſon ſciſe rue de Pirouet en Therouenne.

verſo. Jehan Puleu, Marchand Epicier, Bourgeois de Paris.

Idem. Noble homme Baſtien de la Grange, Seigneur de Belloys en France, & d'Ermenonville lès Goneſſe en partie.

377 *verſo.* Honorable homme Claude Angran, Marchand-Pelletier, Bourgeois de Paris, pour une maiſon ſciſe rue St Denys, qu'il acquit de honorable homme & Seigneur, Me Antoine Diſome, Conſeiller du Roi notre Sire en ſon Treſor à Paris, & Damoiſelle Catherine Doujan ſa femme.

379 *verſo.* Honorable homme Me Henri de Larche, Notaire au Chaſtelet.

381 *verſo.* Honorable homme & ſeige Me Loys Burgenſis, Docteur en Medecine, Conſeiller du Roi notre Sire & ſon Medecin ordinaire, Seigneur de Goguier près Blois, pour le rachapt d'un Fief nommé le Fief de la Blemye, ſcis à Vitry, mouvant du Chaſtelet. Autre Fief nommé le Fief de la Tour, autrement le Fief de Dommiers, mouvant du Fief de Blemye, & à preſent joint & uni audit Fief de la Blemye, & autres hetitages y énoncés, leſquels ledit de Burgenſis acheta de noble & diſcrette perſonne Mre Jehan Henri Preſtre, Chanoine d'Evreux, Seigneur de Broulard lès ledit Evreux, en ſon nom & comme Procureur de Me Michel Henri, Pierre Henri, Robert Henri, Jehanne Henri, Guillaume Gouget & Jehanne Henri ſa femme, Jehan de Tourneton

DE LA PREVOTÉ DE PARIS.

neton & Marion Henri sa femme, Jehan le Franc & Simonne Henri sa femme, & de Gillon Enguerren, veuve de feu Jehan Brosse demeurant à Verneuil, moyennant trois mille livres.

401. Mre René Dumont Prestre, Chapelain des Quinze-vingts.
414 verso. Les Gouverneurs de la Chapelle de Braque.
419 verso. Me Jaques Olivier, Conseiller du Roi, & President en la Cour de Parlement.
422 verso. Me Christophe du Refuge, & Jehanne Jouvelin sa femme.
423. Me Guillaume de Bonnevie, General des Monnoies, Anne de Mauregard sa femme, & Jeanne de Mauregard, veuve de Jehan Rebours.
Idem. Me Jehan de Poncher, Conseiller du Roi, & Tresorier des guerres, ayant droit de Adam Pompon, Marie de Mauregard sa femme.
Idem. Me Guillaume Bonneuil, au nom & comme tuteur & curateur des enfans mineurs d'ans de feu Me Richard Giffer, & de Genevieve de Mauregard sa femme.
444 verso. Me Nicole Charmolue, à present Procureur du Roi notre Sire en la Cour d'Eglise, eu lieu de Me Jehan Poulet, par Lettres Patentes dattées de Lyon le septiéme Juin 1510, en vertu desquelles il a été mis en possession le Lundy vingt-troisiéme Decembre ensuivant.
455. Noble homme Jaques de Couligny, Chevalier, Garde de la Prevosté de Paris.
Idem. Me Guillaume Rogier, procureur Genéral du Roi.
470. Jaques Marcel, Garde de scel de la Prevosté de Paris.
483. Un Criminel condamné à mort par le Prevost de Tournant, renvoyé sur le lieu pour être exécuté par Sentence du Lieutenant Criminel du Chastelet, étant à la potence en appelle au Parlement ; & son procés veu, la Sentence fut confirmée.
486 verso. Me Jehan de la Place, Conseiller au Parlement.
489 verso. Un Sergent se transporte par ordonnance du Prevost de Paris à Massy, Paloisel, Beins, Chevreuse, Marcoussis, Longemel, Rueil, la Ferté-sur-Joire, qui sont distants de Paris de quinze lieues, Meaux, Lizy-sur-Ourcq, Thieux, Dommartin, Luzarches, Baillet en France, Montmorency, St Denys en France, & St Maur-des-fossés ; & esdits lieux avoir signifié & fait sçavoir de par le Roi, & ledit Prevost de Paris, aux Seigneurs, Dames, Abbés, Convents & Chapitres des lieux dessusdits, qu'ils comparent Jeudy prochain vingt-septiéme Mars à Paris, afin de voir par Me Thibault Bailler, President en la Cour de Parlement, & Roger Barmne, Advocat dudit Seigneur en ladite Cour, Commissaire en cette partie, publier, decreter & arrester les Coutumes generales & locales de la Prevosté & Vicomté de Paris, suivant les Lettres du Roi.
490 verso. Le disné des Sergens au retour de la Chevauchée le jour de Caresme-prenant, dix livres parisis.
494. Noble homme Nicolas Daufreville, Seigneur de Maizieres, accusé de fausse Monnoie, & Damoiselle Helenne de Karadas sa femme.
verso. Baude Bouret, Orphevre, accusé de fausse Monnoie, lequel est gardé une nuit & le lendemain jusqu'à midi en l'Eglise du Sepulchre à Paris, où il s'étoit retrait & tenoit franchise pour crainte des Sergens qui le vouloient prendre ; de laquelle Eglise de Sepulchre ledit Bouret avoit été extrait & amené prisonnier avec sa femme, qui aussi chargée ès prisons du Chastelet. Cet

COMPTES ET ORDINAIRES

Orphevre étoit complice du sieur d'Aufreville.

499 A Jaques Rousseau Tapissier, la somme de huit livres huit sols parisis à lui ordonnée par le Prevost de Paris, pour avoir par lui quis & livré toute la tapisserie de haute lice, buffets, tables, chaires, bancs, formes, jusqu'au nombre de trois douzaines, qu'il a convenu avoir pour tendre & parer la grande salle de l'Evesque de Paris pour l'espace de six jours entiers; dedans laquelle salle assisterent Mr Me Thibault Baillet, President en la Cour de Parlement, Me Roger Barmne, Avocat du Roi en ladite Cour, Commissaires delegués par le Roi notre Sire pour arrester les Coutumes generales & locales de la Prevosté & Vicomté de Paris, en ensuivant les Lettres Patentes du Roi notre Sire, où estoient presens plusieurs Prelats, Gens d'Eglise, les Lieutenans Civil & Criminel dudit Prevostde Paris, & Eschevins de la Ville de Paris, ensemble les Officiers & Praticiens des Chastellenies de ladite Prevosté de Paris, & les Gens nobles d'icelle.

500 verso. Noble homme Louis de Hangest, Grand Escuyer de la Reine, demeurant à Disne.

514 verso. A Guillaume Senechal dix livres tournois pour la dénonciation par lui faite d'une bourse trouvée par un jeune homme, en laquelle il y avoit soixante-onze livres tournois, laquelle devoit appartenir au Roi par droit d'aubeine : & laquelle bourse ledit Senechal avoit mis ès mains du Receveur du Domaine, pour quoi lui fut donnée ladite somme de dix livres tournois pour recompense.

520 verso. A Jehan de la Forge Empereur de Galilée & ses Supots Clercs, frequentans la Chambre des Comptes.

522 bis v. Un Sergent des Tresoriers de France trouver Madame la Regente au mois d'Octobre, qui lors étoit en la Ville de Lyon avec le Grand-Conseil du Roi.

530 Pierre Francisque de Noce, Escuyer d'Ecurie ordinaire du Roi, & Capitaine du Chastel de Montl'hery, auquel le Roi, par ses Lettres dattées de Valences le sixiéme Juillet 1511, a donné les gages dudit Office de Capitaine, échus depuis le trépas de feu Ythier d'Autry son predecesseur audit Office de Capitaine, qui fut le vingt-un Juillet 1510, jusqu'au jour de son institution audit Office, combien qu'il n'ait été pourveu dudit Office que jusqu'au dernier Juin 1511.

En fin de ce Compte est une Requeste presentée à la Chambre par Me Jehan Teste, Conseiller du Roi, Maistre ordinaire en sa Chambre des Comptes, & auparavant Receveur ordinaire de Paris.

VOIRIE.

15 verso. Jehan de la Bretesche, Marchand Poissonnier, demeurant à Paris.
17 verso. Hugues de Neufville, & Jehanne Lombarde sa femme.
18 verso. Jehan Aubry, & Jacqueline sa femme.
28 Feu Me André Robinet, Conseiller au Parlement.

DE LA PREVOTE' DE PARIS.

Ordinaire de Paris pour un an fini à la St Jean-Baptiste 1511, includ & finissant audit jour 1512 exclus.

Me Jehan Teste, Receveur.

Fol. 25   Les Hostels d'Artois, de l'Estoille & du Grand-Lion, scis à Paris donnés par le Roi au Roi des Romains, pere de l'Archiduc d'Autriche, ainsi qu'il appert par un Registre du Greffe de la Chambre des Comptes, cotté T.

35 *verso*.   Rue-percée à l'Hostel de Nesle, au quartier de la rue de la Harpe.

36   Messire Guy Pagneny, Imagier & Peintre du Roi notre Sire, comme ayant droit par transport de Jehan de la Haye, dit de la Garde, pour partie & portion de la maison de Nesle, en laquelle demeure ledit Pagneny, tant maisons, granges, masures, tours, caves, cours, jardins, & autres lieux appartenans au Roi notredit Seigneur, excepté la maison & logis où se tient ledit Me Guy Pagneny, baillé audit de la Garde par Mrs les Tresoriers, pour en jouir durant le tems & terme de trente ans, moyennant le prix & somme de vingt livres tournois payables aux quatre termes accoutumés, aux charges & conditions à plein déclarés au Compte fini 1507.

63 *verso*.   Les heritiers de feu Me Estienne Lombart, Procureur en Parlement.

124 *verso*.   Rue de la Buffetterie.
   Idem.   Rue de la Plastriere.

125 *verso*.   Rue de Quinquampoit, Me Jehan Poncet, Conseiller au Parlement.

127   Rue des Lombards.

128 *verso*.   Rue des Andigoys.

129 *verso*.   Ruelle de Cul-de-sac, appellée la rue du Cul-de-pet, maison en ladite ruelle, ayant issue en la rue Geoffroy-l'Angevin.

131   Rue Jehan-Beausire, maison en ladite rue, aboutissant par derriere aux jardins des Tournelles.

135   Rue Jehan-Sarazin, maison en ladite rue, aboutissant par derriere sur les jardins de l'Hostel de Bretagne.

141   Hostel d'Anjou, rue de la Tixeranderie.

144 *verso*.   Me Girard le Cocq, pour une mazure, où à present a maison, appellée le Fort-le-Roi, assise à Paris en la rue St Germain-l'Auxerrois devant le Fort-l'Evesque.

145   Sire Germain de Marle, pour une place ou chantier, avec une granche joignant d'icelle, scise à l'Ecole de St Germain l'Auxerrois, tenant d'une part à la place aux Marchands.

156   Me Gilles l'Huillier, Advocat en Parlement.

322 *ter*.   Nobles personnes Me Jehan le Prevost, Clerc & Auditeur du Roi notre Sire en sa Chambre des Comptes; & Damoiselle Justine Lotin sa femme, pour des heritages scis à Gonesse, qui appartinrent à feu Me Jehan de Grand-rue, en son vivant aussi Clerc & Auditeur en ladite Chambre des Comptes, lesquels heritages ledit Prevost & sa femme acquirent de noble homme Antoine de Grand-rue, Controlleur du Grenier à Sel de Mante.

527 *verso*.   Noble homme Philibert de Vitel, Escuyer, sieur du Paliz lès Tournant, & Procureur du Roi audit Tournant.

831   Me Roger Barme, Conseiller & Advocat du Roi en sa Cour

COMPTES ET ORDINAIRES

de Parlement, pour le quint denier de la Terre & Seigneurie de la haute maison de Chestainville près Chastres sous Montl'hery, mouvant dudit Montl'hery, que ledit de Barme a n'agueres acquis par decret du Chastelet.

verso. Me Nicolle Charmolue, Advocat en Parlement, Seigneur de Garges, pour le quint denier d'un Fief scis à Garges, auquel appartient tout droit de haute Justice, Voirie & connoissance de Nobles dudit Village & terroir de Garges, mouvant de la Chastellenie de Gonesse, lequel Fief fut à Me Guillaume Charmolue, & depuis à Me Jehan Versoris, Advocat au Chastelet de Paris, duquel Versoris ledit Me Nicolle de Charmolue a de present le droit par acquisition que l'on a fait dudit Versoris, & dont il a fait hommage en la Chambre des Comptes le seiziéme Janvier 1510, & donné son adveu le dernier Fevrier ensuivant.

332 Me Nicolle Violle, Conseiller du Roi notre Sire, & Correcteur de ses Comptes, pour le relief de la Terre d'Athis-sur-Orge, mouvant de Montl'hery, eschuë audit Violle par le deceds de Me Pierre Poignant, Conseiller au Parlement.

369 Me Jaques Olivier, Conseiller du Roi, & President en la Cour de Parlement de Paris.

372 Frere Pierre Hanguyne, Religieux, à present de St Eloy, ainsi qu'il appert par les Lettres de collation pour le temps par lui desservi audit Benefice, le septiéme Avril 1511, avant Pasques.

392 Pierre Francisque de Noce, à present Capitaine du Chastel de Montl'hery, au lieu de feu Ythier d'Autry, par Lettres Patentes du Roi données à Romans le dernier Juin 1511; par vertu desquelles il a fait le serment ès mains de Mr le Chancelier, & mis en possession le seiziéme Juillet ensuivant.

393 *verso.* Me Bureau Boucher, Procureur du Roi au Chastelet.

394 *verso.* Me Nicolle Charmolue, n'agueres Procureur du Roi en Cour d'Eglise, jusqu'au dix-huit Mars 1511.

Idem. Me Denys Dessoubz-le-four, à present Procureur du Roi en Cour d'Eglise, au lieu dudit Nicolle Charmolue, par Lettres Patentes données à Blois le dix-huitiéme Mars 1511, dont il prit possession le quinziéme Avril 1512, après Pasques.

408 Noble homme Jaques de Couligny, Chevalier, n'agueres Garde de la Prevosté de Paris, pour le temps par lui desservi depuis le jour St Jehan 1511, jusqu'au quatorze Mai 1512; lequel jour il alla de vie à trepas en la Ville de Ferrare.

419 *verso.* Mre Paoul de la Benserade, Chevalier, n'agueres Maistre de l'Artillerie du Roi, decedé le dix-huitiéme Avril 1511. Sa veuve étoit Jehanne de Ligny, Dame de Rieu, ayant la garde de ses enfans.

449 Noble homme Philippes de Courcelles, Escuyer, Seigneur de St Remy près Dreux.

452 *verso.* Le disné des Sergens & Officiers du Chastelet au retour de la Chevauchée le jour de Caresme-prenant, est à seize livres parisis.

453 *verso.* Plusieurs Sergens envoyés en Gatinois & Brie, à Montigny près Trillebardoul, qui appartenoit à feu Me Michel Boulanger, Conseiller au Parlement, pour prendre au corps Mes Robert & Jehan Boulanger freres, enfans dudit Michel, & cinq ou six autres.

462 Me Jehan de Harlus, Advocat du Roi en sa Chambre des Comptes.

DE LA PREVOTÉ DE PARIS.

verso. Voyage fait au mois d'Octobre dernier passé en la Ville de Clery près Orleans, en laquelle étoit Mr le Chancelier de France avec le Roi.

467 Aux Religieuses de Ste Claire de l'Eglise de l'Ave-Maria à Paris, la somme de dix livres par eux taxée, &c. en aumosne, pour leur aider à parfaire le pavé qui leur convient faire le long des murs de leur Eglise & Monastere en la rue des Fauconniers, à quoi lesdites Religieuses sont contraintes pour le bien de la Ville, au moyen de quoi leur convient faire de grands frais, même pour rétablir & mettre à pente & hauteur competans les égouts & vuidanges des eaux de leur Monastere, ayant chute en ladite rue, & à ce qu'elles soient plus enclines à prier Dieu pour la santé & prosperité du Roi notre Sire, & de la Reine & du Royaume.

verso. Plusieurs Sergens au Chastelet commis pour garder la Halle couverte où l'on vend le poisson de mer, pour empescher qu'aucun ne montast sur la couverture de ladite Halle, le vingt-sixiéme Janvier, pendant une execution qui fut faite ledit jour à ladite Halle, d'un homme qui fut pendu à une potence devant ladite Halle, afin que la charpenterie de ladite Halle ne fut gastée.

469 *verso.* Me Jehan de la Place, Conseiller au Parlement.

473 Me Jehan Thersault, premier Huissier en la Cour de Parlement à Paris.

487 Me Jehan de Rueil, n'agueres Lieutenant Civil de la Prevosté de Paris, decedé le sixiéme Decembre 1511.

verso. Me René de Beanne, à present Lieutenant Civil de la Prevosté de Paris, au lieu de feu Me Jehan de Rueil, par Lettres Patentes données à Blois le seiziéme Mars 1511, en vertu desquelles il a été mis en possession le vingt-quatriéme dudit mois & an.

493 Aux Religieuses du Convent des Filles penitentes à Paris, la somme de dix livres tournois pour leur subvenir & aider à achepter du harang & autres provisions pour vivre durant ce present Caresme, à ce que de tant plus elles soient enclines à faire prieres & oraisons envers Dieu le Createur, pour la bonne santé & prosperité du Roi notre Sire & de la Reine.

verso. Me Anthoine Rebours, Clerc au Tresor du Roi.

547 Les hoirs feu Michel Baillet, pour le jardin de la Barre-du-Bec.

HALLAGE.

13 Pierre Belin, Drapier & Chaussetier.
14 Feu Simon le Jay, Epicier.
22 Jaques Aubry, Marchand de peaux & Corroyeur, demeurant à Paris.

Ordinaire de Paris pour un an fini à la St Jean-Baptiste 1513.

Fol. 65 *verso.* Feu Me Estienne Lombart, Procureur en Parlement.
67 Me Louis Tillet, Huissier en la Cour de Parlement.
133 La veufve de feu Me Antoine Gontier, Advocat en Parlement, pour l'Hostel de Calais scis rue de la Plastriére, tenant d'une part à l'Hostel de la Trimoille, & d'autre part à l'Hostel de Senlis, lequel Hostel de Calais a appartenu à Mre Pierre de la Tremoille. C'est aujourd'hui l'Hostel d'Hervart.

COMPTES ET ORDINAIRES

134   Me Jehan Poncet, Conseiller au Parlement.
137   Rue des Andigois.
     verso.   Damoiselle Marie Beauvalet.
     Idem.   Me Jehan Anjorrant.
138   Me Loys Anjorrant.
140   Me Denys Marcel, Notaire & Secretaire du Roi.
144   Rue Jehan-Sarrazin. C'eſt la rue Pierre-Sarrazin.
145   Hugues de Neufville, pour un Eſtau à vendre poiſſon de mer, qu'il tient aux vies de lui & de Jehanne ſa femme.
166   Me Gilles Luiller, Advocat en Parlement.
237   Mre Jehan Bourre, Preſtre, Treſorier du Vivier en Brie.
337   Noble homme Me Jaques Charmolue, Notaire & Secretaire du Roi & Changeur de ſon Treſor, pour une maiſon ſciſe rue de la Voirerie, faiſant le coin de la Barre-du-bec, aboutiſſant par derriere à Me Bureau Boucher, Procureur du Roi au Chaſtelet; laquelle maiſon il acquit de nobles perſonnes Me Jehan Amyot, Licentié ès Loix, Seigneur de Cunere, Damoiſelle Iſabelle le Foreſtier ſa femme, Martin le Cerf, Seigneur de la Bigotiere, Damoiſelle Marie le Foreſtier ſa femme, & Jaques de Faverolles Seigneur de Roconnel, & Damoiſelle Jehanne le Foreſtier ſa femme, leſdites Damoiſelles ſœurs; pour la ſomme de onze cens cinquante livres, dont il fait declaration au profit de Me Simon Machault, Examinateur au Chaſtelet, auquel il ne fait que preter ſon nom.
339 *verſo.*   Noble & diſcrete perſonne Me Jehan Parent, Notaire & Secretaire du Roi, & l'un des quatre Notaires de la Cour de Parlement.
342 *verſo.*   Maiſon ſciſe rue de la Charonnerie, tenant d'une part à Simon Sanguin, aboutiſſant par derriere au vieil Marché aux Pourceaux.
343 *verſo.*   Maiſon ſciſe rue de la Barillerie devant le Palais, où pend pour enſeigne les Bergeres, qui appartient à Feret Mathieu Rigoulet & ſa femme, tenant d'une part à Gervais Coignard, & d'autre part à Jehan Courtin, vendue par Guillaume Bergier, Marchand Patiſſier Bourgeois de Paris, & Jehanne ſa femme.
345 *bis.*   Honorable perſonne Marguerite Larcher, veufve de Dominique Quinette, Marchand Bourgeois de Paris, & Guillaume Quinette, fils dudit deffunt & d'elle, pour pluſieurs heritages ſcis en la Prevoſté de Goneſſe, qui appartinrent à Damoiſelle Marie Benois, veufve de Jehan le Bouteiller, Eſcuyer Seigneur de la Bouteillerie & de Roquemont, Jehan le Bouteiller, fils aîné & heritier preſomptif dudit deffunt, & Guyon le Bouteiller, fils puiſné d'icelui deffunt, leſdits heritages vendus au Chaſtelet par decret du vingt-ſix Janvier 1512.
356 *verſo.*   Me Jehan Ruzé, Conſeiller du Roi & Receveur general de ſes Finances en la Charge d'outre Seine.
408   Mre Leon James, Preſtre, Maiſtre & Adminiſtrateur de la Maladrerie de Gournay ſur Marne.
410 *verſo.*   Jaques de la Rochette, Eſcuyer, à preſent Capitaine du Chaſtel de Montl'hery, au lieu de Franciſque de Noce, ledit de la Rochette pourvû par Lettres Patentes données à Blois le onze Novembre 1512, lequel fit ſerment ès mains de Mre Jehan Nicolas, Chevalier Conſeiller du Roi & premier Preſident en ſa Chambre des Comptes, le quinziéme Avril 1513, & fut mis en poſſeſſion dudit Office le vingt-trois Mai ſuivant par Geoffroy le Maiſtre, Garde de la Prevoſté de Montl'hery, ſuivant la com-

DE LA PRÉVÔTÉ DE PARIS.

miſſion à lui adreſſée par ledit Nicolas, & lui furent baillées les clefs dudit Chaſteau.

411 *verſo.* Mre Florimont Robertet, Chevalier, à preſent Bailly & Concierge du Palais, au lieu de Mre Raoul de Lannoy, decedé le quatre Avril après Paſques 1513, ledit Robertet pourvû par Lettres données à Blois le quinze Avril 1513, duquel Office il n'a encore fait le ſerment, mais eſt payé par autres Lettres Patentes.

412 *verſo.* Mre Pierre Balſac, Chevalier Seigneur d'Antregues, à preſent Capitaine de Corbeil, au lieu de Mr François de Baraton, Chevalier Seigneur de Montgauguier, lequel reſigna ſondit Office le vingt-ſix Decembre 1512 audit Piere de Balſac, qui en fut pourvû par Lettres Patentes données à Blois ledit jour vingt-ſix Decembre 1512, & en fit le ſerment ès mains de Mr l'Eveſque de Paris à ce commis, le douze Janvier ſuivant audit an.

414 Me Denys Deſoubz-le-four, Procureur du Roi en ſa Cour d'Egliſe.

423 Noble homme Gabriel, Seigneur d'Alaigre, Chevalier, à preſent Garde de la Prevoſté de Paris, au lieu de feu Jaques de Couligny, par Lettres Patentes données à Blois le premier jour de Mars 1512, lequel fit ſerment en la Cour de Parlement le vingt-trois Mars audit an, & en la Chambre des Comptes le neuf Avril 1513 après Paſques.

436 *verſo.* Mre Jaques de Janoilhac dit Galiot, à preſent Maiſtre de l'Artillerie du Roi, au lieu de feu Mre Paoul de Benſerade, par Lettres Patentes données à Blois le ſeize Mars 1512, lequel fit ſerment le ſeize Mars de ladite année entre les mains du Roi.

443 *verſo.* Mre Adrien de Hangeſt, Chevalier, à preſent Capitaine du Chaſtel du Louvre à Paris, au lieu de feu Mr de la Gruthuſe, decedé le huit Aouſt 1512, lequel de Hangeſt fut pourvû par Lettres Patentes données à Blois le dix-neuf Aouſt audit an 1512, dont il fit ſerment ès mains de Mr l'Eveſque de Paris, commis à la garde du ſcel de la Chancellerie de France le ſeptiéme Octobre ſuivant.

469 *verſo.* Pont de Poiſſy rebâti de neuf, & a coûté par marché fait vingt-un mille deux cens livres.

483 Un Sergent envoyé au Village de Riz à ſix lieues de Paris, pour informer de certaine quantité d'or qu'on dit avoir été trouvée par un nommé Jehan Demy Salmon en l'Hoſtel de Fremont Paroiſſe de Riz, où il eſt demeurant; duquel Demy Salmon tous les biens furent ſaiſis & mis en la main du Roi.

485 *verſo.* Mre Jehan Dumoulin, Chevalier Capitaine du Chaſteau de Melun, aſſigné pour être confronté à Damoiſelle Marguerite de la Riviere, priſonniere au Chaſtelet, & renvoyée par Arreſt du Parlement pour lui faire ſon procès. Dans l'article ſuivant elle eſt nommée Marguerite de la Place & accuſée de la mort de ſon mary.

487 *verſo.* Le diſné des Sergens au retour de la chevauchée du jour de Careſme-prenant, dix livres pariſis.

488 *verſo.* Un Larron condamné à avoir les oreilles coupées.

489 Me Pierre Pelieu, Conſeiller au Parlement.

490 *verſo.* Deux meurtriers condamnés par le Juge-Garde des Sousbaillies de Poiſſy, Triel, &c. à être pendus au gibet de Poiſſy; leſquels ſe ſeroient laiſſés & ſoufferts mener juſques auſdites fourches, & eux étant illec ſe ſeroient portés pour appellans de la Sentence contre eux donnée, pour reverence duquel appel ladite execu-

560   COMPTES ET ORDINAIRES

tion n'auroit été faite. L'article suivant est semblable d'une femme.

491 *verso.* Me Jehan de la Place, Conseiller au Parlement.
492   Me Jehan Lecocq, Conseiller au Parlement.
498   Me Robert Thiboust, Conseiller au Parlement.
515 *verso.* Me Simon Teste, Clerc & Auditeur du Roi notre Sire en sa Chambre des Comptes.
516   Feu Me de Sansac, en son vivant Clerc & Auditeur du Roi notre Sire en sa Chambre des Comptes.
518   Me Jehan Charpentier, Advocat au Chastelet.
    verso. Me Pierre Hennequin, Lieutenant general du Seigneur de Thionville, & Maistre Enquesteur des Eaux & Forests du Roi ès pays de France, Chanpagne & Brie.
524   Me Jehan Sevin, Procureur general du Roi ès Eaux & Forests.
522   Pierre de Maumont, Bastard de St Quentin, à present Prevost en Garde de la Prevosté de Corbeil, au lieu de feu Noel de Lalande, par Lettres données à Blois le vingt-sept Juin 1512, institué audit Office par le Prevost de Paris le cinq Juillet suivant.
524 *verso.* Pierre de Thumier, Orphevre, commis à la garde des saintes Reliques de la Ste Chapelle du Palais, quand elles sont deffermées & mises sur le grand Autel.
528 *verso.* Le Pont St Michel retabli en partie pour le grand danger où il étoit.
530   Gabriel, Seigneur & Baron d'Alaigre, Prevost de Paris, au lieu de feu Jaques de Couligny, Seigneur de Chastillon, decedé le dix-neuf Mai 1512.
532   Noble homme Mre Adrien de Hangest, Chevalier Seigneur de Genly, & Capitaine du Chastel du Louvre à Paris, au lieu du feu Seigneur de la Gruthuse, decedé le huit Aoust 1512, par Lettres données à Blois le dernier Fevrier 1512, & institué audit Office le sept Octobre après ensuivant, auquel jour il fit le serment.

HALLAGE.

12   Me Estienne Richart, Procureur en Parlement, & Geneviefve de Hacqueville sa femme.
32 *verso.* Albert Chouart.
73 *verso.* Pierre de Compans, Drapier-Chaussetier, pour trois Estaux qui furent à Hugues de Compans.
87 *verso.* Perette le Gendre, veufve de Simon le Courtillier, Drapier-Chaussetier.

Compte de la Prevôté de Paris, pour l'année finie à la St Jean-Baptiste 1513. Rendu par Me Jehan Teste, Receveur & Voyer ordinaire.

Me Gabriel d'Alegre, Chevalier, Prevost de Paris.
Fol. 7 vers. Me Mouclet de Mouseau, Sommelier de la Chambre des Comptes.
    Idem. Noble-homme Me Raoul de Lannoy, Chevalier, n'agueres Concierge du Palais Royal à Paris, decedé le quatre Avril 1513 après Pasques. Quittance de Jehanne de Poix sa veufve, ayant la garde-noble de François de Lannoy, fils mineur dudit deffunt & d'elle.

Noble

DE LA PREVOTE DE PARIS.

28 Noble homme Me Florimont Robert, Chevalier, à préfent Bailly & Concierge du Palais, au lieu dudit feu Mr Raoul de Lannoy, par Lettres Patentes du Roi données à Blois le quinziéme Avril 1513, & par autres Lettres Patentes données au Bois de Vincennes le vingt-un Juin 1514, expediées par Mrs les Treforiers de France le vingt-huit dudit mois, le Roi ordonne que ledit Robertet foit payé entierement des gages & droits appartenans audit Office, à commencer du jour du don dudit Office, jufqu'au jour de fon inftitution, tout ainfi que s'il avoit fait le ferment inftitué en icelui.

36 Rue du Foin, feue Jaqueline de Marle, veufve d'Eftienne Bouffieve, pour une faillie faite en fa maifon en la rue du Foin faifant l'un des coins de la rue Erambourg.

Idem. Mre Guy Pagnery, Imager & Peintre du Roi, ayant droit par tranfport de Jehan de la Haye dit de la Garde, pour portion de la maifon de Nefle, en laquelle demeure ledit Pagnery, &c.

67 Mes Dreux & Nicolas Comteffe, Notaires.

75 Pierre Pouffepin, pour un Eftal au Palais, qu'il tient aux vies de lui, Annette & Jeanne fes fœurs.

76 Philippes Lefchaffier, pour un Eftal au Palais, qu'il tient aux vies de lui & de Thomaffe fa femme.

101 Pierre Hennequin pour le trente-deuxiéme Change fur le grand Pont de Paris.

107 Michel Pijart, pour la neuviéme Forge fur le grand Pont de Paris.

112 Rue de la Buffeterie.

132 *verfo.* Feu Me Antoine Gontier, Advocat en Parlement, pour l'Hotel de Calais, fcis en la rue de la Plaftriere entre l'Hoftel de la Tremoille & l'Hoftel de Senlis.

Idem. Mre Pierre Morin, Confeiller au Parlement, pour une mazure & jardin fcis près l'Eglife de St Euftache, nommé le Sejour du Roi.

134 Rue de Quinquampoit. Me Jehan Poncet, Confeiller du Roi en fa Cour de Parlement, au lieu des heritiers de feu Me Guillaume Picart, General des Finances du Roi.

135 *verfo.* Rue des Lombards.

137 Rue des Andigois.

140 Rue Jehan Beaufire. Me Denys Maucel, Notaire & Secretaire du Roi.

144 La Porte des Barres.

Idem. Rue Jehan Sarrazin.

339 Me Jaques de Saintyon, Notaire au Chaftelet.

Compte de l'Ordinaire de Paris pour une année finie à la faint Jean-Baptifte 1514.

Folio 172 *verfo.* Me Gilles Luillier, Advocat en Parlement.

206 *verfo.* Me Euftache Allegrin, Confeiller & General de la Juftice des Aides à Paris.

250 Noble homme Philippes Lenrouillé, Efcuyer Seigneur de Geneftay en Brie.

255 *verfo.* De la Voirie de Paris à mener les gravois & immondices aux champs, *neant*; pour ce que nul ne les a mis à prix, au moyen de l'Edit fait de ne mener lefdits gravois & immondices hors les murs de ladite Ville, & iceux mettre dedans & au long defdits

	murs pour la fortification d'icelle Ville.
273 *verso*	Simon de Saintyon, reçu Boucher, au lieu de feu Pierre de Saintyon son pere.
337	Noble homme Mre Jehan de Gouy, Chevalier, & sa femme, auparavant femme de Defeu Seigneur de Ponceaux.
338 *verso*	Maison scise rue de la Ganterie. C'est partie de la rue de la Lingerie.
339	Jehan Pasquier, Capitaine des Archers de la Ville de Paris.
Idem.	Jehan de la Chamberonniere, Seigneur des Essarts la Bruyere, Orphevre Bourgeois de Paris.
341	Nicolas Leprestre, Marchand Tanneur demeurant à Paris.
347	Me Jehan Morelot, Notaire & Secretaire du Roi, & Guyonne le Picard sa femme.
355	Damoiselle Daufine Dancondare, veufve de Marc Cenesme, Seigneur de Luzarches, & Jehan Cenesme leur fils, pour l'acquisition faite par ledit feu Marc Cenesme du Chastel & Seigneurie d'Ablon, mouvant du Chastelet de Paris.
Idem.	Des enfans de feue Damoiselle le Solmarie, veuve de feu Me Clerambault de Champanges, pour le relief & rachapt du Fief & Seigneurie d'Atilly, mouvant de Tournant en Brie.
verso.	De Mre Florimont Robertet, Chevalier Seigneur de Brolz, Tresorier de France, pour le relief de l'acquisition par lui faite de la Seigneurie de Villemomble, par lui acquise de Edmont de Brie, Sieur & Baron de Busançois, Comte de Dammartin, & sa femme.
381	Me Jehan de Soubz-le-four, Advocat en Parlement.
387	Me Jaques Olivier, Conseiller du Roi & President en la Cour de Parlement.
389 *verso.*	A Frere Pierre Hanguyne, Secretain du Prieuré St Eloy, par an vingt sols parisis.
402 *verso.*	Me Louis d'Albiac, n'agueres Maistre & Administrateur de la Maison & Maladrerie de St Ladre lès Corbeil, par an soixante livres parisis; lequel resigna ladite Maladrerie le troisiéme jour de Novembre 1513 au profit de Me Jaques d'Albiac, lequel en eut Lettres de collation du Roi données à Corbie ledit jour, & mis en possession par Mr le Prevost de Paris le dix-huit dudit mois, à la charge de faire faire fidele inventaire des biens meubles de ladite Maladrerie, pour d'iceux bailler caution suffisante & en rendre bon compte quand & à qui il appartiendra; ce qui a été fait, & a été ledit Louis d'Albiac caution.
414 *verso.*	Mre Jehan Dannebault, Chevalier, à present Gruyer de la Forest de Livry en Lannoy, au lieu de Simon Sanguin, decedé le , par Lettres du Roi données à Amiens le vingt-cinq Aoust 1513, mis en possession le dix-neuf Septembre suivant.
415	Dreux Enjourant, à present Gruyer de ladite Forest, au lieu de Mre Jehan Dannebault, par Lettres Patentes données à Vincennes le neuviéme Juin 1514, mis en possession le dix-neuf dudit mois & an.
447 *verso.*	Mre Guillaume de Bonnaire, Prestre, Concierge & Garde du Chastel du Louvre à Paris, sous le sieur de Genlis, Capitaine dudit lieu, pour reparations faites au Louvre, entre-autres quatre écussons neufs de verre mis aux verriers de la Chapelle, aux armes du Roi & de la Reine & de Mr & de Madame de Genlis. *Item* pour peindre à l'huile l'image St Jean-Baptiste étant en ladite Chapelle qui étoit fort caducque. *Item* pour un Benoistier. En ladite Chapelle il y avoit un Oratoire où il y avoit une cheminée. *Item*

DE LA PREVOTE' DE PARIS. 363

pour faire étouper & boucher une grande porte & huisserie en l'Oratoire en la basse-cour du Chasteau du côté de la maison de Bourbon entre les maisons de la basse-cour & celles des Filles qui ne sont point repenties.

455 Guy le Maistre, Greffier de la Chastellenie de Chasteau-fort.
462 *verso.* Le disné des Sergens au retour de la chevauchée du jour de Caresme-prenant dix livres parisis.
465 Me Pierre Pellieu, Conseiller au Parlement.
469 Une potence à deux pilliers dressée au Marché aux Pourceaux, où fut Boulu Baude Bouret, Faux-monnoyeur, le Samedi vingt-deux Avril 1514 après Pasques.
474 *verso.* Herbe verte semée tant ès Parc Civil, Chambre Criminelle, que en la Chambre du Procureur du Roi au Chastelet au mois de Mai, Juin, Juillet & Aoust.
482 Aux pauvres Filles Penitentes de cette Ville de Paris, la somme de quinze livres tournois, à eux taxée le quatre Octobre 1513, en pitié & aumône, pour leur subvenir & ayder à vivre & avoir du bois pour leur chauffer, & autres provisions necessaires; à ce que d'autant plus elles soient enclines à prier Dieu notre Createur, & la benoiste Vierge Marie, pour la bonne santé & prosperité du Roi notre Sire & de la Reine, pour la paix du Royaume.
  Me Pierre Hennequin, Lieutenant general du Maistre des Eaux & Forests ès pays de France, Champagne & Brie.
Idem. Me Nicole Pichon, Greffier Civil de la Cour de Parlement.
verso. Me Nicole Herbelot, Conseiller du Roi Maistre des Comptes.
Idem. Sergens mis le vingt-sept Janvier 1514 à garder que le peuple ne passât par dessus le Pont aux Changeurs, au moyen de l'éminent peril qui étoit pour lors en icelui Pont pour cause des glaçons qui passoient par dessous.
490 Julien Clatet & Jehan de Fauville, Fouriers ordinaires du Roi notre Sire, qui durant le mois de Septembre dernier 1514 ont été de cette Ville de Paris en la Ville d'Abbeville, pour conduire en seureté & accompagner ceux qui portoient au Roi notre Sire aucunes bagues qu'on avoit envoyé querir à Blois pour presenter à la Reine à son nouvel avenement.
491 Au mois de Juillet Mr le Chancelier étoit à Nantes avec le Roi.
496 *verso.* Pont St Michel en peril retabli en la plus grande partie des pieux & pallées & élargi du côté d'amont, les dix premieres maisons du côté d'amont abbatues & retablies, surquoi diminution fut faite aux locataires desdites maisons.
504 *verso.* En 1507 environ le mois de Mai, le Chastelet étant en peril du côté de St Leufroy où étoient les prisons criminelles, pour quoi la Jurisdiction & la geolle & prisonniers dudit Chastelet furent transportés au Chasteau du Louvre, pendant qu'on feroit audit Chastelet les reparations necessaires, pour lesquelles faire furent bouchées certaines voutes étant sous icelui, dont une appartenoit à l'Abbayie St Victor, & fut le Chastelet accru d'autant, & y furent faites quatre nouvelles prisons. Cette voute étoit venue à St Victor en 1303 par Bertran Hesselin, Bourgeois de Paris, qui leur avoit donné huit livres de rente à prendre sur icelle, qui lors appartenoit à Jaques Espernon & aux heritiers de Jehan de Meulant, à la charge de plusieurs prieres, & Agnès fille & executrice dudit deffunt Bertran Hesselin ceda aussi audit St Victor quarante sols parisis de rente sur deux voutes tenant l'une à l'autre sous ledit Chastelet pour le prix de vingt livres,

Tome III. *BBbb ij

COMPTES ET ORDINAIRES

& le nommé Tireverge detempteur de ladite voute ayant renoncé à la proprieté d'icelle au profit desdits Religieux, ils en ont toujours joui depuis.

HALLAGE.

11 Me Estienne Richard, Procureur au Parlement, & Genevielve de Hacqueville sa femme.
74 Pierre de Compans, Drapier & Chauffetier.
77 Jehan de Compans l'aîné, pour deux Estaux qu'il tient aux vies de lui & de Jehan Compans le jeune son neveu.

Du Compte des Confiscations de la Ville de Paris, depuis la St Jehan-Baptiste 1427, jusqu'à Noel 1434.

Du Cahier intitulé Piquet.

Me Richard de Chancoy, President au Parlement.
Hugues le Cocq, Conseiller au Parlement.
Jehan de Voton, Conseiller au Parlement.
Thomas Fassier, Maistre des Requestes.
Jehan Rapiou, Advocat du Roi au Parlement.
Guy Lejay.
Jehan de St Yon, Escuyer.
Jehan de Bordeaux, Conseiller du Parlement.
Tous Conseillers & Commissaires sur le fait des Confiscations, nommés en differens tems, jusqu'au vingt-quatre Janvier 1431 que la Commission fut revoquée, & tout renvoyé pardevant Mre Simon Mortier, Chevalier, Prevost de Paris.
Toutes les rentes & la maison où demeuroit Jehan de la Haye, dit, Piquet, scise dans la rue Maulart, depuis nommé de son nom la rue Piquet, & enfin la rue de Novion, ou cul-de-sac des Blancs-Manteaux, furent donnés par le Roi au Comte de Warvicq, par ses Lettres dattées de la Ste Chapelle quatorze Septembre 1425.
Maison de Mre Pierre Racherousse, Chevalier, qui fut à Mre Guichart le Dauphin, scise en la rue Michel-le-Comte.
Guillaume d'Orgemont, & Damoiselle Marguerite de Ste More.
Damoiselle Jehanne la Marcelle, femme separée de Sire Andry du Moulin, heritiere de feu Louis d'Orleans, Seigneur de Noisy-le-sec.
Maison scise en la rue du Temple près l'Eschelle.
Maison scise rue Pastourelle.
Rue de Bourgtibourg.
Rue des Rosiers.
Maison scise rue de la Voirerie tenant à l'Hostel d'Anjou.
Maison scise rue de la Planche-Mibray en la Cour-Frogier, tenant à l'Hostel de la Chaere.
Pierre Gauchier, Chirurgien du Roi.
Maison scise rue des Jardins, appartenant à Mr Regnault Binel, Chevalier.
Maison appartenante à Me Jehan Miron, scise rue St Antoine à l'opposite des Tournelles.
Maison scise rue Regnault-le-Fevre.
Maison scise rue St Paul à l'image Notre-Dame à l'opposite de l'huis des Lyons.
Maison qui fut à Me Jehan Desahures, Advocat au Chastelet, scise

DE LA PREVOTÉ DE PARIS.

rue St Denys, où pend l'enseigne de la Nonnain qui ferre l'oie.

Maison scise rue Guerin-Boisseau.

Maison scise rue St Martin près la Planchette à l'enseigne des quatre Fils-Aimond.

Maison scise rue St Martin, faisant le coin de la rue Almaury-de-Poissy.

Maison scise rue St Martin, tenant d'une part à la ruelle St Fiacre, & d'autre à Bureau de Dampmartin.

Ruelle du Chat-blanc.

Rue d'Avignon.

Maison rue de la Heaumerie, faisant le coin de la rue Jehan-le-Comte.

Maison scise rue des Lombards.

Maison scise rue Auberi-le-Boucher, faisant le coin de la rue de la Couroierie.

Maison scise rue des deux Petites-Portes près l'Hostel de Mr de Bourgogne, aboutissant par derriere à la rue Percée.

Rue Pavée près l'Hostel de Bourgogne.

Maisons scises rue de Nesle, aboutissant par derriere aux anciens murs de la Ville de Paris.

Maison scise rue St Germain l'Auxerois à l'opposite du For-l'Evesque, aboutissant par derriere à Mademoiselle de Voisine.

Maison scise rue St Germain l'Auxerois, tenant d'une part à la rue au Foin, aboutissant par derriere à la riviere.

Maison scise rue St Germain l'Auxerois, tenant d'une part à la rue des Jardins, aboutissant par derriere à la riviere.

Maison de Me Gregoire de Ferrebouc, Secretaire du Roi, scise rue de Bethisy, aboutissant par derriere aux hoirs feu Me Jehan de Saulx.

Maison scise rue de la Charpenterie.

Maison de Guillaume le Breton en la rue de la Cordonnerie, faisant le coin du Cloistre Ste Opportune.

Maison scise rue de la Limace, faisant le coin de la rue aux Déchargeurs.

Maison scise devant St Leufroy, au bout du Pont aux Meusniers.

Maison scise rue de la Licorne en la Cité, au chef de l'Eglise de la Magdelaine.

Me Pierre de la Rose, Greffier des Presentations de la Cour de Parlement.

Maison scise rue du Bourg-de-Brie.

Maison faisant le coin de la rue Marché-Palu & de la rue des Herbiers en la Cité.

Maison scise rue neuve St Merry, aboutissant par derriere en la rue de Brisemiche.

Maison scise rue St Antoine, aboutissant par derriere à la Grange saint Eloy.

Maison scise rue Jehantian, qui fut à Damoiselle Jehanne Morval.

Maison scise en la Savonnerie, faisant le coin de la rue d'Avignon.

Maison scise en la rue St Denys devant le Ponceau St Denys.

Maison scise rue de la Huchette où pend pour enseigne la Huchette.

Jardin scis en Froid-mantel, tenant tout au long de la rue de Froid-mantel, & d'autre part tout au long à une maison appellée la Cuisine du Louvre, ayant entrée à un bout repondant devers les murs de Paris, lequel lieu on souloit appeller l'Hostel des Lions.

Damoiselle Jehanne Dupuis, veufve de Jehan de la Haye dit Piquet, auparavant veufve de Nicolas Boulart.

Mre Ami la Marche.

Maison scise rue Garnier St Ladre, aboutissant par derriere en la rue de Montmorancy.

COMPTES ET ORDINAIRES

Du Cahier de Me Jehan Virgile.

Maison scise en la rue Beaubourg, qui aboutit par derriere à la rue de Cul-de-sac.
Mre Rozier de Breauté.
Mre Guillaume Martin, Chevalier.
Maison scise rue de la Tacherie, aboutissant par derriere à la ruelle des Bons-Enfans.
Maison scise rue de la Charonnerie, faisant le coin de la rue Tire-Chape.
Maison scise outre la Porte des Beguines, près du carrefour de Bercy, à l'opposite de la Fauconnerie du Roi.
Maison scise rue des Nonnains-d'Yeres, aboutissant par derriere au jardin de l'Archevesque de Sens.
Mre Guillaume Piquet.
Sire Michel Lailler, Conseiller & Maistre des Comptes.

Du Cahier de Alixandre le Boursier.

Maison scise en la rue des Escosses, appellée le Four-aux-chevaux, faisant le coin de ladite rue.
Maison scise rue de la vieille Tixeranderie, à l'opposite de l'Hostel de la Reine Blanche.
Philippe d'Orgemont.
Jehan de Goudonvilliers & Genevesve de Meaux sa femme, qui eurent pour seule heritiere Jehanne de Goudonvillers leur fille, ladite Genevesve remariée à Pierre le Mercier.

Du Cahier de Waroust.

Me Mathurin Waroust.
Maison scise au Carrefour du Temple, faisant le coin de la rue-neuve St Merry.
Maison scise rue des Cinges, tenant d'une part à l'Hostel du Mareschal de Rieux.

Du Cahier de Chaligault.

Me Miles Chaligault.
Guillaume d'Orgemont.
Maison scise rue de Darnetal, faisant le coin de la rue de Bourg-l'Abbé.
Maison en la Cité, faisant le coin de la rue de Coquatrix, assise près des Marmousetz.
Maison scise rue St Denys devant l'huis des Sts Innocents, faisant le coin de la rue de la Charonnerie.
Autre maison faisant le coin de la Feronnerie.
Maison scise rue de la Monnoie, tenant d'une part à la rue du Cerf.
Me Jehan de Conflans, Notaire & Secretaire du Roi.
Le Moulin Basset sur la riviere d'Orge assés près de Montl'hery, appartenant à Mre Thomas de Bertigny, Chevalier.
Maisons, granches & jardins scis aux carrieres de Charenton, unis & joints à l'Hostel de Mr de Bourgogne audit lieu.
Me Guillaume Sizain.
Me Bertaul de la Borde.
Sire Milles Baillet.
Me Jehan de la Croix.
Rue du Chasteau-festu.

DE LA PREVOTE' DE PARIS.

Me Charles Culdoë, & Gilles la Couvaude sa sœur.
Damoiselle Jehanne Dargis.
Me Jehan Bernard & Eustache Tirecoq, Chapelains de la Chapelle St Michel & St Antoine, fondés en l'Eglise Notre-Dame de Paris pour cent dix sols parisis de rente sur une maison scise devant l'Eglise St Jehan en Grève, qui fut à ladite Damoiselle Dargis.
Damoiselle Isabelle de St Benoist.
Mre Enguerrand de Mercongnet.
Maison scise rue de la Mortellerie, tenant d'une part aux moulins du Temple, & d'autre part à une petite ruelle qui descend à la riviere de Seine.

Du Cahier les Bouchers, fol. 36 verso.

Me Pierre & Bureau, dits les Bouchers, freres, fils de sire Arnoul Boucher.
Maison scise rue des Lavandieres.
Maison scise rue St Germain-le-vieil, tenant d'une part & aboutissant à ladite Eglise de St Germain.
Maison scise au Cloistre St Merry, faisant le coin de Baillehac.
Maison scise rue St Severin, tenant d'une part à une petite ruelle sans bout, appellée la ruelle Saillembien.
Maison scise rue de la Juifverie en la cité, tenant d'une part à la Pomme de Pin.
Maison scise rue de la Juifverie en la Cité, tenant d'une part au long de la rue des Maillés, & d'autre part aboutissant par derriere à l'Eglise de la Madelaine.
Maison scise rue du Mont St Hilaire.
Maison scise rue St Jaques, tenant à la ruelle de Froid-manteau, par où l'on va en Cloubreneau.
Maison scise à la Barre-Pisdoë en la rue des Lavandieres.
Maison scise rue de la Courroirie.
Maison scise en Grève, faisant le coin de la rue St Jehan.
Maison scise au Carrefour Guillori.
Maison scise rue des Commandaresses.
Maison scise rue Quinquempoit, faisant le coin de la rue sans bout.
Damoiselle Jehanne de Chastillon.
Maison scise rue Jehan-le-Mire.
Maison scise rue de l'Arbre-sec, tenant d'une part & aboutissant par derriere aux estuves du Cop-de-baston.
Trois maisons scises en la rue des Lavandieres, dont les deux sont assises en la rue Jehan Lointier.
Rentes de Me Pierre Ferron.
Mre Eustache de Laistres, en son vivant Chancelier de France.
Maison scise rue des Blancs-manteaux, faisant le coin de la rue de la Porte du Chaulme.
Mre Philippes de Morvilliers, premier President en Parlement.
Jehanne Gencienne, Dame de Charenton en partie.
Mre Jehan de Pressy, Chevalier.
Rentes de Me Philippes Dupuis, frere de Jehanne Dupuis femme de Jehan de la Haye, dit Piquet.
Maison scise rue de la Mortellerie, faisant le coin de la rue Frogier-Lasnier.
Rentes de Me Louis de Cepoy.
Rentes de Rolland de Rollempont.
Jehan de Resson Escuyer, heritier de la femme dudit de Rollempont.
Rentes de Jehan Tarenne.

Maison scise rue St Denys, à l'opposite de la Fontaine de la Reine, tenant d'une part à la rue Percée, outre l'ancienne porte.

Me Jehan de Clerc, Chevalier.

Quartier du Marois scis outre la porte Montmartre audit lieu de la Porte-neuve, tenant d'une part au fossé du milieu.

Maison scise rue de la Charpenterie.

Me Guillaume Duval, Secretaire du Roi.

Maison scise rue des Deux-escus.

Rentes de Me Oudart Baillet.

Marais appartenant à Bertrand David, Escuyer, scis entre la porte St Denys & St Ladre, aboutissant à la chauffée d'entre St Ladre & Paris.

Rentes de Jaques Gossclin.

Maison scise rue de Bièvre, tenant d'une part à l'Hostel de Vendosme, & d'autre part à la ruelle St Bernard.

Rentes de Me Remon Raguier.

Maison scise rue des Juifs, tenant d'un côté à Colinet de Harlay.

Maison scise rue Percée près de la rue St Antoine.

Maison scise rue Sans-chef, à l'opposite de l'Eglise St Antoine.

Maison scise rue des Pollies près de la porte Barbette, aboutissant aux anciens murs de la Ville de Paris.

Le Chastel Maugarni scis en la rue de Bièvre, aboutissant à l'Hostel du College de Senart.

Rentes hors Paris qui furent audit Remon Raguier.

Rentes de Dame Jehanne la Gencienne.

Damoiselle Luce la Gencienne, veuve de Me Nicolle de Biencourt, Conseiller au Parlement.

Maison scise rue de Beaubourg près de la porte Nicolas-Yderon, tenant à ladite porte.

Maison scise en la rue Amaulry de Roissy, aboutissant par derriere à la rue de la Couroirie.

Maison scise rue Troussevache.

Maison scise en la rue de la Croix du Tirouer.

Maison scise rue du Cerf près de la Monnoie.

Maison scise sur la riviere de Seine, faisant le coin de l'Abbreuvoir Paupin.

Maison sur la riviere de Seine, faisant le coin d'une petite ruelle, appellée la rue des deux Fiscaux.

Maison scise rue du Franc-meurier, tenant d'une part au Cimetiere St Jehan.

Maison scise rue Anquetin le Faucheux.

Maison scise rue au Roi de Cezille.

Me Jehan Longuejoë, Advocat au Chastelet.

Guillaume de Buymont, premier Huissier de la Cour de Parlement.

Maison scise au Carrefour Guillory.

Maisou scise en la rue des Commandaresses près le Carrefour Guillory. C'est la rue de la Coustellerie.

Maison scise rue du Froimantel, derriere la cuisine du Commun du Louvre.

Maison scise outre les ponts en la rue de Gallende.

Maison scise au Mont Ste Geneviefve, tenante à la rue Judas.

Rentes qui furent à Me Jehan Chastigner.

Maison & jardin assis en la rue des anciens Augustins outre la porte de Montmartre.

Maison scise en la rue de Coqueheron.

Maison joignant les anciens murs de Paris, assise en la rue de la Comtesse d'Artois, à l'opposite de l'Hostel de Mr de Bourgogne.

Maison

DE LA PRÉVÔTÉ DE PARIS.

Maifon fcife en la rue du Boulouer.
Maifon fcife en la rue Jehan-le-mire près de la Croix-neuve.
Noel le Boullengier, Examinateur au Chaftelet.

Fol. 72 verſ Maifon en la Cité, faifant le coin de la grande porte du Palais, tenant d'une part à la ruelle St Éloy, & d'autre à l'Hoftel de la Seraine.

27 *verſo.* Maifon fcife en la rue de Maleparolle.
Rentes de Gilet de Vitry, abfent.

73 Rentes de Thevenin de Bonpuis, abfent.
Maifon fcife rue de Chafteau-feftu.

verſo. Rentes de Thibault de Vitry, abfent.
Les Eftuves du Coq-de-bafton, fcifes en la rue de l'Arbre-fec.
Rentes de Michel de Vitry, abfent.

74 Rentes de Me Robert de Tuillieres.
verſo. Maifon fcife en la rue de Petit-pont.
Maifon fcife en la rue de la Bucherie de Petit-pont.

75 Rentes de Me Regnault Freron, abfent.
Maifon en la rue de la Licorne.
Me Pierre de Chanteleu, Confeiller en la Chambre des Comptes du Roi.

verſo. Rentes de Eftienne Buignet, abfent.
Me Robert Agode, Confeiller au Parlement.
Maifon fcife rue St Honoré, faifant le coin de la rue de Nefle.
Maifon fcife en la rue du Champ-fleury.
Rentes de Catherine du Vivier, abfente.

76 Maifon fcife rue St Martin devant la Planchette.
Rentes du Seigneur de la Bretonniere.

verſo. Maifon fcife en la rue des Lavandieres, tenant à la ruelle Raoul Lavenier.

77 Rentes de Me Couftil Mulat.
verſo. Rentes du fire de la Tour.
Rentes de Jean Tapiffier, abfent.

78 Rentes de Me Nicolas du Vielz-feuillay.
Maifon fcife en la rue des Parcheminiers outre les ponts.

verſo. Maifon en la rue Ste Genevielve outre les ponts, faifant le coin de la rue Judas.
Rentes de Arnault Alixandre.
Rentes de Jehan Hauldry.

79 Rentes des Hoirs feu Nicolas de Mauregard.
Mauregard & Damoifelle Gilles de Coquatrix, jadis fa femme, laquelle trepaffa l'an 1431, & lui ont fuccedé Charles & Andri, & enfans de feu Me Pierre de Mauregard, & Andriet & Gillette, enfans de feu Me Jaques Deffous-l'ourme, & de Catherine de Mauregard jadis fa femme; iceux Me Pierre & Catherine de Mauregard, enfans & heritiers de deffunt fire Nicolas de Mauregard & Damoifelle Gilles de Coquatrix.

verſo. Rentes de Jehan de Maleftroit, Seigneur Dodon, abfent.
Maifon fcife rue de la Harpe, tenant à l'Hoftel de Foreft.
Rentes de Milles de Brueil.

80 Rentes de Me Clement de Rillac.
Maifon fcife rue de Galende près de la Place-Maubert, tenant d'une part à la ruelle des Trois-portes.
Me Thiebaut Thieffart, Confeiller du Roi en fa Cour de Parlement.
Rentes de Meffire Thiery le Comte, Chevalier.

verſo. Maifon en la rue de Galende, faifant le coin de la rue aux Rats.

Tom III. *C C c c

COMPTES ET ORDINAIRES

81 Mre Guillaume le Comte, Sous-Doyen de Chartres, frere dudit Thiery le Comte.
Rentes de Guillaume d'Auxerre.
Rentes de Me Jehan Col.
verso. Rentes de Jehan de Bretaigne, Mareschal de Tanguy du Chastel, absent.
Rentes de Mre Jehan de la Faye, Chevalier.
82 Rente de Me Anthoine Grezic.
verso. Maison scise rue de la Huchette, en une petite ruelle qui descend sur les bousticles.
Rentes de Me Guillaume de Tuillieres.
83 *verso.* Maison des Estuves aux femmes, scise en la rue de la Bucherie, tenant d'une part à l'Hostel-Dieu de Paris, & d'autre part
84 faisant le coin de l'Auchet qui va sur la riviere de Seine.
verso. Maison rue St Martin, faisant le coin de la rue aux Oës.
Maison appartenante à Me Jehan Choart, scise outre l'ancienne porte, faisant le coin de la rue au Lion.
85 Rentes de Me Jehan de Lyon.
Rentes de Me Raoul de la Porte
Rentes de Denys de Chailly, absent.
Maison scise rue de la Fontaine-Maubué.
Rentes de Gervaisot de Mezilles.
86 Rentes de Jehan de Montigny, absent.
Rentes de Guillaume de Houdonvillers.
Rentes de Jehan le Blanc, absent.
Rentes de Marguerite de Tuillieres   Robert de
Tuillieres Eschançon au Roi.
verso. Rentes de Everard de Maugerne & sa femme.
Maison scise rue St Antoine près la porte Bauldoyer, faisant le coin de la vieille rue du Temple.
Rentes de Me Jehan de Marnal & ses enfans.
Rentes de Genevieve la Bourdonne, en son vivant femme de
87 feu Simon Bourdon, demeurant à St Denys, appartenante au Roi par confiscation de Mr Simon David Chevalier & sa femme, fils desdits feus Bourdon & Genevieve
Pierre Chevrel, Escuyer, avoit épousé la fille de ladite Genevieve Bourdon.
Maison scise en la rue des Deux-écus, faisant l'un des coins d'icelle rue du côté de la rue du Four. Cela justifie que la rue des Deux-écus ne s'etendoit que depuis la rue de Nesle, aujourd'hui la rue d'Orleans, jusqu'à la rue du Four; & depuis la rue du Four jusqu'à la rue des Prouvaires, s'appelloit la rue de la Hache.
Maison scise rue au Fossé-St-Germain.
Estuves du Coq-de-baston.
Maison scise rue des Lombards.
Maison scise rue de la Charronnerie.
Maison scise rue Dame Agnès la Buschere.
verso. Maison en la rue Traversine près la porte St **Victor**, derriere les murs de Navarre.
89 Maison scise rue d'Averon.
Rentes scises hors de Paris.
verso. A Denys de Chailly, absent.
Jehan Gencien, absent.
Me Guillaude Doujan.
90 Jehan l'Huillier, absent.
verso. Mre Hector des Marais, absent.

DE LA PREVOTÉ DE PARIS.

  Jehan de Goudonvilliers, dit le le Borgne-Touquin.
  Oudinet Deuxnoix, abfent.
90 bis Jehan de Merlé.
  Jehannequin Choifel.
  Pierre de Fay, & Jehanne de Fay fa fille.
verfo. Damoifelle de la Barre.
  Me Girard le Coq.
  Jacquet Guerard.
  Guillaume Midalaë, abfent.
  Nicolas de Villetain.
91 Jaques Dupuis.
verfo. Me David Simon, Chevalier, abfent, & fa femme, fille de feu Simon Bourdon, & de Geneviève jadis fa femme.
  Adam de la Neufville.
92 Pierre Pinçon & fa femme.
  Mre Jehan de Pueffy, Chevalier.
92 bis. Les moulins qui furent jadis à Me Hugues Reftore fur la riviere de Seine, près de la rue de la Tennerie.
92 ter Jehan de Hangeft.
verfo. Maifon faifant le coin des grande & petite Truanderie.
93 Maifon fcife rue Trouffenonnain, faifant le coin de la rue du Cimetiere St Nicolas.
  Maifon fcife rue des Gravilliers, faifant le coin de ladite rue.
verfo. Guillaume de la Halle, Notaire au Chaftelet.
  Maifon fcife rue Chapon, aboutiffant par derriere à la rue des Gravilliers.
94 Maifon fcife rue Garnier St Ladre, qui fut à Georges Mauduit, abfent.
  Me Guillaume de Neauville.
  Guillaume Sanguin.
verfo. Maifon qui fut à Mre Pierre de la Rocheroufle, Chevalier, abfent, fcife en la rue Michel-le-Comte.
  Damoifelle Catherine la Marcelle.
95 Colinet le Pelletier; abfent.
  Rue Gieffroy-l'Angevin.
  Rue de la Fontaine-Maubué.
  Rue de Beaubourg.
verfo. Jehan de la Noë, Notaire au Chaftelet.
  Jehan le Pilleur, Sergent de la Douzaine, occis à Paris.
  Andry Giffart, occis.
96 Maifon qui fut à Jehan Verdelet, Meneftrel du Roi, fcife en la rue des Meneftrels.
  Maifon en la rue de la Fontaine-Maubué, dont l'entrée eft dans la rue du Temple.
verfo. Mademoifelle la Brochiere.
97 Maifon en la rue de la Fontaine-Maubué; faifant le coin de la rue Beaubourg.
  Maifon en la rue de la Fontaine-Maubué, aboutiffant par derriere à la rue Pierre-au-lait.
  Mademoifelle de Bouconnal.
  Me Hugues le Cocq, ayant la garde des enfans mineurs de lui & de feue Damoifelle Jehanne de la Dores, jadis fa femme.
verfo. Maifon en la rue de la Fontaine-Maubué, chargée envers les Quinze-vingts en quatre livres douze fols parifis, à caufe de Jehan Chaftenay; & encore envers eux, à caufe de Thevenin Gillart, en vingt-fix fols parifis de rente envers Thomas de Her-

Tome III,   *CCcc ij

lay, Efcuyer, à caufe de fa femme, en quarante fols parifis de rente.
Mre Thibault de Chantemerle, Chevalier.
Mre Thomas de Plemont, Chevalier.
Maifon fcife rue du Temple, ayant iffuë au Cul-de-fac.

98 Maifon en la rue neuve St Merry, aboutiffant par derriere à la rue Brifemiche.

verfo. Mre Jehan de Vèves, Chevalier.
Me Jehan de la Porte, Examinateur au Chaftelet de Paris.
Le Vicomte d'Acy.
Mre David de Brimeu, Chevalier.
Mre Nicolle Bourdel, Chevalier Anglois.

99 Me Jehan l'Huillier, Advocat en Parlement.
Maifon fcife rue de la Bretonnerie, faifant le coin de la rue des Cinges.
Mademoifelle de Montigny, mere de Jehan de Montigny.

verfo. Mre Galleran de Montigny, Chevalier.

100 Maifon rue de la Bretonnerie, faifant le coin de la rue Pernelle St Pol, donnée à Mr de Chaftillon, pour en jouir par lui & fes hoirs mâles.

verfo. Me Jehan Haguenin, fecond Prefident en la Cour de Parlement.

101 Maifon du Marefchal de Rieux en la rue des Cinges.

verfo. Maifon fcife rue des Cinges, faifant le coin de ladite rue, tenant d'une part à l'Hoftel de Rieux, & d'autre part au long de la rue des Blancs-manteaux.

102 Jehan le Mire Chaufecire du Roi.
Mre Hector des Mares.

verfo. Maifon de Jehan de la Haye dit Piquet, fcife en la rue Molart. Il avoit une autre maifon dans la rue de Paradis, qui aboutiffoit à celle-ci.

103 Maifon qui fut à Hemonnèt Raguier, abfent, en la rue des Blancs-manteaux, tenant d'une part à l'Eglife des Blancs-manteaux, aboutiffant par derriere à la rue de Paradis. Tous les heritages dudit Hemonnet furent donnés à la Reine qui les tenoit & occupoit.

verfo. Maifon fcife à la rue du Chaulme.

104 L'Hoftel de Cliffon appartenant au Comte de Peintieve, fcis en la rue des Bouchers près de l'Hoftel de la riviere. Cet Hoftel étoit occupé par Mr le Regent. C'eft l'Hoftel de Guife.
Maifon qui fut à Mr Berthault de la Borde, fcis en la rue des Bouchers, tenant à Mre Andry du Mor Preftre, Chapellain du Roi, donnée à Mr de Rance pour lui & fa femme & leurs hoirs en directe ligne, fi aucuns en ont, & mâles de Marguerite de Fontenay fœur Rance, & femme de Mre Jehan de Courcelles.

verfo. Me Guillaume Viguier, Notaire & Secretaire du Roi.
L'Hoftel de la petite Riviere appartenant au Comte de Dampmartin, fcife en la rue des Bouchiers, tenant d'une part à l'Hoftel de Clipfon. Cet Hoftel étoit occupé par Mr le Regent avec l'Hoftel de Clipfon.

105 Maifon fcife en la Coufture-Bourbin.
Maifon fcife rue Paftourelle.

verfo. Une Grange & un petit Hoftel fcis à Paris rue Pernelle près la rue de l'Homme-armé.
Rue du grand Chantier qui va de front au Temple.

DE LA PREVOTÉ DE PARIS.

Un petit Hoſtel & jardin derriere, qui fut à Me Jehan de Monſtreul, en ſon vivant Prevôſt de l'Iſle, qui fut occis à Paris, ſcis en la rue du grand Chantier, tenant d'une part à Jehan Spifame, & d'autre part à Me Jehan Rapiout, aboutiſſant par derriere à la Couture du Temple.

Maiſon qui fut à Mre Guillaume Caſſinel, Chevalier ſciſe rue du grand Chantier.

106 Maiſon qui fut à Henry de Liſſac, ſtiſe en la rue de Paradis & faiſant le coin d'icelle rue, tenant d'une part au long de la rue de la Porte Barbette. Elle étoit occupée par Mr l'Eveſque de Noyon.

verſo. Hoſtel appellé l'Hoſtel de Noviant, qui fut à Mademoiſelle de Nantouillet, ſcis rue de Paradis, tenant d'une part à l'Hoſtel de la grande Riviere, donné à Mre Guillaume de Hongre-fort.

Hoſtel de Thorigny, ſcis en la rue de la Porte Barbette, tenant d'une part à l'Hoſtel de la Reine Blanche, & une petite ruelle qui va à la Couture Ste Catherine, aboutiſſant par derriere à ladite Couture; lequel Hoſtel a été occupé par Mr Crezille, Chevalier, & depuis donné par le Roi à Mr Jehan Poupain.

Maiſon ſciſe en ladite rue de la Porte Barbette, qui fut à Mre Guillame des Bordes, Chevalier, occupée par Mre Hemon de Belle-Hanap.

107 Maiſon à Mre Louis de Villiers, Chevalier, & depuis à ſon fils, ſciſe en ladite rue de la porte Barbette, laquelle a été donnée à Mre Jehan de St Germain.

Maiſon qui fut à Jehan le Blanc, ſciſe en la rue de la Porte Barbette, tenant d'une part aux enfans Jehan Chanteprime, & d'autre à une petite ruelle qui va à la Couſture Ste Catherine, appellée la rue des Poulies.

verſo. Maiſon qui fut aux enfans Jehan Chanteprime, ſciſe rue de la porte Barbette, tenant d'une part aux anciens murs de Paris. Louages des appartenances de l'Hoſtel de Rieux ſcis en la vieille rue du Temple, tenans d'une part & aboutiſſans audit Hoſtel de Rieux.

Maiſon qui fut à Me Guillaume le Picart, ſciſe en la vieille rue du Temple, donnée à vie à Mre Thomas de Thiboutot, Chevalier.

108 Maiſon qui fut à Hemonet Raguier ſciſe vieille rue du Temple, aboutiſſant par derriere aux Poulies;ladite maiſon donnée à la Reine.

verſo. Maiſon & louages qui furent à Me   de Guinguant ſciſe vieille rue du Temple, faiſant le coin de la Bretonniere, aboutiſſant par derriere aux eſtuves de Bourtibourg.

Mademoiſelle de Culant.

Eliſabeth de Ferriere.

109 Pierre Baille Treſorier de Mr le Regent, Duc de Betheford.

verſo. Maiſon ſciſe vieille rue du Temple, chargée envers St Jaques de l'Hoſpital en quarante ſols pariſis, envers la veuve de feu Me Yves Derien en quarante ſols pariſis de rente, qu'elle a donnés pour la fondation d'une Chapelle qu'elle a fondée en l'Egliſe St Jehan en Grève, envers Notre Dame de Paris en dix livres de rente, envers les bonnes femmes de la Chapelle Eſtienne Haudry en treize ſols pariſis, envers Mademoiſelle de Curlant en quatre livres pariſis de rente qui de preſent appartiennent à Denyſette Chanteprime, envers Auguſtin Yſtarre en douze livres pariſis de rente, &c.

110 Grange qui fut au Comte de Tancarville, ſciſe en la rue des Rozieres, faiſant le coin de la rue des Eſcouſles.

Maison qui fut à Mre Olivier de Maury, Chevalier, scise en la rue des Rosiers à l'opposite de la rue des Juifs, tenant d'une part à l'Hostel de Savigny.

verso. Rue au Roi de Cezille.

Me Jehan Choart, Bailli de Meaux.

Maison scise en la Cousture St Martin.

111 Bernard Maufect, occis à Paris avec les autres après l'entrée faite par les Gens de Monseigneur de Bourgogne, auquel une sienne fille, nommée Jehannette, succeda par vertu de l'abolition.

verso. Maison qui fut à Me Remon Raguier, aboutissant en la rue du Franc-murier, laquelle Monseigneur le Chancelier tient & occupe.

112 *verso.* Maison qui fut à Milles Baillet, scise rue de la Voirrerie, chargée envers Mre   Dubois, Chapellain de St Martin

113 des Orges fondé en l'Eglise St Germain des Prés, en vingt sols parisis de rente.

verso. Maison qui fut à Michel de Passe, scise rue de la Voirerie, tenant d'une part à l'Hostel d'Anjou.

114 Hostel du Bueil qui fut au Seigneur du Bueil, scise à Paris rue de la Barre-du-Bec, tenant d'une part à Mademoiselle l'Escripvaine.

Rue de la Tacherie.

Rue Jehan Pain-molet, Maison qui fut à   en la censive du Chapitre de Paris, & chargée envers eux de quarante sols parisis de rente.

verso. Maison en ladite rue qui fut audit Jehan Culdoe, en la censive du Chapitre de Paris, & chargée envers lui en quarante sols parisis de rente.

115 Rue Vennerie, le Carrefour Guislory & des Commandaresses.

Hostel qui fut au Roi de Cicille, scise en la rue de la vieille Tixeranderie, tenant d'une part à la rue de la Poterie, aboutissant par derriere à la rue de la Voirerie. C'étoit l'Hostel d'Anjou, nommé maintenant la Maque.

verso. Me Pierre de Canteleu, Tresorier de France.

Chapelle St Jehan en l'Eglise St Germain l'Auxerrois, a cinquante-cinq sols parisis de rente sur l'Hostel de Sicille.

Alexandre le Boursier avoit sa maison en la rue de la vieille Tixeranderie.

116 *verso.* Deux maisons scises rue de la Mortellerie, aboutissant par derriere à la riviere de Seine, chargée envers l'Eglise de Paris pour anniversaire en six livres parisis de rente, envers la Confrairie aux Bourgeois en douze sols parisis de rente.

117 De Laillier, Conseiller du Roi & Maistre

119 Maison scise rue des Barrés près St Pol, tenant d'une part à l'Hostel St Pol.

120 *verso.* Rue Jehan d'Espagne. C'est la rue Jehan Beausire à la Porte St Antoine.

L'Hostel des Tournelles alloit jusqu'à la rue d'Espagne. Il paroît par ce Compte que le Regent, qui étoit le Duc de Betheford, & qui demeuroit à l'Hostel des Tournelles, s'appropria plusieurs maisons & jardins de cette rue pour joindre à cet Hostel.

120 Messire Riou de Ricourt dit Riolet, Chevalier, avoit sa maison scise rue St Antoine à l'opposite de l'Hostel des Tournelles, ayant issue en la rue de Petit-musse.

121 Mre Gallerand   , Chevalier, qui fut occis à

DE LA PRÉVOTÉ DE PARIS.

Paris, avoit une maison scise rue St Antoine, tenant d'une part à l'Hostel Guillaume d'Orgemont, l'Hostel d'Evreux rue St Antoine près la rue des Balais.

verso. Jehan Beguinot, Notaire.

122 Jehan d'Avignon, Menestrier du Roi, sa maison scise rue St Pol, tenant d'une part à l'Hostel de Meaux.

verso. Jehan le Fevre dit Verjus, sa maison scise rue des Jardins.
Maison à Me Pierre d'Argense, scise en la rue de Jouy, tenant d'une part à l'Abbé de Chaaliz.

127 Me Mathieu de Lignieres, Seigneur de la Chambre des Comptes.

128 Maison scise rue St Martin, tenant d'une part à l'Hostel de appartenant à l'Abbé de Nyeuve, ou Ninieuve.
Mre Jehan de Voës, Chevalier.

129 Jehan Spifame.
Regnault le Moine, Scelleur du Chastelet.

verso. Mre Emery le Court, Chevalier.
Maison scise rue des Arcis, à l'enseigne des Gands, aboutissant par derriere en la rue de la Tacherie, chargée envers l'Eglise Notre-Dame de Paris en quatre livres parisis de rente.
Me Jehan Chouart.

131 Maison faisant le coin de la rue Jehan Fraillon en la rue de la Heaumerie.

verso. Maison scise rue de la vieille Monoye, qui fut à Barthelemy Spifame, absent.

133 Maison qui fut à Bureau de Dampmartin, scise en la rue de la Courroyerie.

verso. Maison en ladite rue, faisant le coin de la rue Amaury de Roissy, tenant d'une part à la Mistricolle.
Debar, Procureur au Chastelet.

134 *verso.* Jehan du Fossé, Procureur au Chastelet.

135 *verso.* Rue de Darnetal.

136 Maison scise rue St Sauveur, tenant d'une part à Guillaume Sanguin.

verso. Maison scise rue Pavée, aboutissant par derriere à la rue Titre-Boudin.

137 Regnault Pifdoë, Changeur, absent.

verso. Mre Guillaume Bouqueton, Chevalier.

138 Maison scise rue des Prouvaires, qui fut à Guillaume le Tur, dont a joui l'Evesque de Tournay.

139 Me Charles Cudoë, absent.

verso. Enguerrand de Thumery.
Mre Barthelemy de Deherpes.
Me Jehan de Conflans, Notaire & Secretaire du Roi, & Greffier de Messeigneurs des Comptes.

140 Maison scise en la rue du Four, tenant d'un lés à la rue de la Hache.
Me Jehan de la Croix qui fut avis à Paris; sa maison scise rue du Four, tenant à l'Hostel de Mre Charles d'Albret de France, aboutissant par derriere en la rue des Estuves.

verso. L'Hostel dudit Mre Charles d'Albret, qui fut depuis à son fils, tenant d'une part à celui de Jehan de la Croix, aboutissant par derriere à la rue des Estuves, duquel Hostel jouit le Seigneur de Chastelus.
L'Hostel de Bochaigne rue de Nesle, lequel Hostel fut à Mr d'Orleans, scis en ladite rue, donné par le Roi à Monseigneur

COMPTES ET ORDINAIRES
de Villebic.

141 verso. Raoulant Miz, occis à Paris.
Mre Morisse de Triqueti, Chevalier.

142 verso. Me Guillaume Chizain, absent.
Mre Estienne Parisot Prestre, Chapelain de la Chapelle de Ste Marguerite, fondée en l'Eglise du Sepulchre.
Jacob de Vartis & sa femme, occis à Paris. Sa maison fut donnée à sa fille.
Maison qui fut à Denys Mariette, scise en ladite rue de Marderay en laquelle étoient Estuves à femmes.
Maison en la rue Mauconseil qui fut audit Mariette, en laquelle étoient estuves à hommes.
Maison scise en la rue de la Comtesse d'Artois.
Heritages qui furent à Estienne de Pompuis, absent.
Maison qui fut à Me Guillaume Chaustier, en son vivant en Parlement, scise en la rue de Poilecon, tenant d'une part à Me Nicaise le Meusnier. Cette rue s'appelle à present la rue du Pelican.

144. Maisons rue des Petits-champs, dont la moitié fut à Estienne de Bonpuis, absent, & l'autre moitié à Jehanne veuve de Jehan de Louvres & à ses enfans, que ledit Jehan de Louvres acheta de Jehan le Gracieux, dit Guerart ; lesdites maisons, aboutissant par derriere aux Jardins des Bons-Enfans.

verso. Louages & dépendances du Grand Hostel du Comte d'Armagnac, scis en la rue des Petits-champs, desquels jouit Monseigneur de Bourgogne.
Maison qui fut à Me Jehan Papinot, absent, scise rue Jehan le Mire, tenant au jardin de Mademoiselle l'Amoureuse.

145. Forge qui fut à Thomas de Boissy, absent, scise rue du bout du Pont-aux-Meusniers.
Maison nommée la Table-Roulant, scise rue de la Saulnerie.

verso. Jehan Burgault, absent.
Pierre Emery, occis à Paris.

146. Maison scise rue St Germain de l'Auxerrois, aboutissant par derriere à la rue Arnoul de Charonne.

verso. Maison qui fut à Jehan Raguier, absent, scise rue du Fossé St Germain devant l'Hostel de Bourbon, tenant d'une part à la rue du Cloistre St Germain l'Auxerrois.
Hostel appellé l'Hostel d'Alençon, tenant à l'Hostel d'Austrenan, aboutissant par derriere à l'Hostel d'Autriche, occupé par Mr le Regent.

147. L'Hostel de Bourbon scis rue du Fossé St Germain, occupé par Mr le Regent.
Hostel qui appartient à Mre Guillaume de Mo , Chevalier Seigneur de Garencienes absent, scis à Paris en la rue des Pollies, tenant d'une part à Gilles de Clamecy, Chevalier, d'autre part au Doyen & Chapitre St Germain l'Auxerrois, aboutissant par derriere à l'Hostel de Bourbon, adjugé à Jehan de Clamecy & ses enfans.
Maison scise en la rue des Poulies, tenant d'une part à l'Hostel de Clermont.

verso. Maison scise en la rue d'Averon.
Me Philippes du Puys, qui fut occis à Paris.

148. Jehan Raguier, & Ameline sa femme.
Maison en la rue de l'Arbre-sec, ayant issue en la rue d'Averon, Mre Andry Marchand, Chevalier, absent.

Me

DE LA PREVOTE DE PARIS.

verso.	Me Thiery de Neufville.
	Maison scise rue Gloriette.
	Maison scise rue Arnoul de Charonne.
152	Maison qui fut à Me Robert de Thuillerie, scise rue de Bethisy.
	Maison scise rue de Bethisy, ayant issue à la rue Gloriette.
verso.	Maison scise rue aux Bourdonnois, tenant à une ruelle qui n'a point de Cul-de-sac.
151	Hostel de la Trimoille scis en la rue aux Bourdonnois, tenant au long de la rue de la Charpenterie.
	Rue Thibault-aux-dez.
verso.	Rue des Etuves près la Croix du Tirouer.
	Mre Gilles de Clamecy.
	Guilaume de la Halle, Notaire au Chastelet.
152	Hostel scis rue St Honoré qui fut à Mre Regnault d'Angennes, Chevalier absent, tenant d'un côté à l'Hostel qui fut au Comte d'Armagnac, aboutissant par derriere sur les murs de la Ville de Paris.
	Hostel au Comte d'Armagnac scis rue St Honoré joignant les Bons-Enfans, tenant d'une part au College des Bons-Enfans, & d'autre part à l'Hostel de Mr Regnault d'Angennes, aboutissant par derriere sur les murs de la Ville de Paris.
	Maison scise rue du Chasteau-Festu.
152 bis verso.	Mre Jehan de Saulx, en son vivant Chancelier de Mr de Bourgogne.
	Maison scise rue du Chasteau-Festu, tenant d'une part à Me Bureau Housdrac, Clerc de la Chambre des Comptes, aboutissant par derriere à la rue de Bethisy.
153	Maison scise rue de la Charonnerie, aboutissant par derriere à une petite ruelle qui aboutit en la rue de
156	Maison scise au Cloistre Ste Opportune, faisant le coin de la rue de la Cordonnerie.
verso.	Maison scise rue de la Cordonnerie, faisant le coin d'icelle rue du côté de la Feronnerie.
	Maison scise rue des Lavandieres.
157	Maison scise rue de la Tableterie.
	Maison scise rue Perrin-Gasselin: c'est la rue du Chevalier du Guet.
158	Hostel de Bacqueville donné à Mre Jehan , Chevalier Seigneur d'Aubeville, & à Madame Isabelle sa femme, fille & heritiere de feu Mre Charles de Boissel, Chevalier, trepassé à la bataille d'Azincourt. Son Hostel étoit dans la rue St Germain l'Auxerrois.
	Hostel d'Autriche scis en la rue d'Autriche, qui fut au Comte d'Alençon, tenant d'une part à l'Hostel de Bacqueville & d'autre à l'Hostel de Clermont, aboutissant par derriere à Mre Gilles de Clamecy Chevalier, & au grand Hostel d'Alençon, ledit Mre Gilles de Clamecy en jouit.
verso.	Rue de la Plastriere.
	Maison scise rue de Beauvais qui fut à Merigot Dulac, absent, aboutissant par derriere au Louvre, adjugée à Mre Jehan Potier, Chanoine de St Benoist.
159	Maison scise rue de Froid-manteau.
verso.	Jehan Patin, Notaire au Chastelet.
160	Maison dépendante du grand Hostel de la Marche, scis en la rue Froid-mantel, donnée à Mre Jehan Salvain, Chevalier.

Tome III.   * DDdd

COMPTES ET ORDINAIRES

Pierre Thomere, Valet de Chambre de Mr le Duc de Bourbon.

Maison scise rue St Thomas du Louvre, tenant d'une part à l'Hostel de Torcy, aboutissant par derriere à l'Hostel de la petite Bretagne.

verso. L'Hostel de la Marche, scis rue St Thomas du Louvre, aboutissant & ayant issue en la rue de Froid-manteau.

Quartier d'outre les Ponts.

161. Maison scise rue St Jaques, tenant d'une part à l'Hostel de l'Evesque de Senlis.

Hostel de Langres, appartenant au Seigneur, scis en la rue St Jaques, donné à Mr Charles de Poitiers, Evesque de Langres.

verso. Maison en ladite rue qui fut à Me Jehan Cassan, en son vivant Medecin.

Michelet Climent, occis à Paris.

162. Mr Pierre de Champignoles, occis à Paris.

Miles de Brueil, Notaire au Chastelet, occis à Paris.

verso. Maison rue de la Parcheminerie, faisant front à la rue du Boure-de-Brie.

Maison en ladite rue faisant le coin d'une petite ruelle allant à l'Eglise St Severin.

163. Rue du Palais du Therme où étoient les prisons de St Benoist.

verso. Rue grande Bretonnerie près la Porte St Jaques.

Hostel appartenant à l'Abbé de St Benoist sur Loire, scis en la rue de la grande Bretonnerie près la Porte St Jaques, tenant d'une part à l'Hostel du College de Lizieux.

164. L'Hostel des Maillets, scis au carrefour St Severin, faisant le coin de la rue St Julien.

verso. L'Hostel de Garancieres qui appartint à la Dame de Garancieres, jadis femme du feu Vicomte de   du pays d'Auvergne, scis en la rue de Galande, donné à Mre Guy de Bar.

165. Jehan Gaude, occis à Paris.

166. Me Andry Courte-vache Conseiller du Roi en la Chambre des Comptes.

verso. Maisons scises rue de la Harpe, appartenant à Mre Evesque de Clermont, absent, tenant d'un côté aux Cordeliers de Paris, & d'autre au College de Justice.

Hostel de Forests, scis rue de la Harpe.

167. Jehan Prud'homme, Notaire au Chastelet.

verso. La maison des deux Bœufs, en laquelle a Estuves à femme, scise rue de la Huchette, faisant le coin de ladite rue près l'abrevoir du Pont-neuf.

Rue Sac-Alye.

168. *verso.* Maison scise rue de la Bucherie, faisant le coin de la rue saint Julien.

Me Estienne Grosset, Maistre des Requestes de l'Hostel du Roi.

169. L'Hostel de Bar, appartenant au Cardinal de Bar, absent, assis sur la riviere de Seine, faisant le coin de la rue des Bernardins.

L'Hostel du Comte de Vandosme, scis en la rue de Bievre, aboutissant par derriere à la rue St Nicolas du Chardonnet.

Hostel appellé le Chasteau Maugarny, qui appartenoit au Comte de Vandosme, scis en la rue de Bievre.

verso. Le College de Senart. Je crois que c'est le College St Michel.

Rue St Victor.

DE LA PREVOTÉ DE PARIS.

170 Maison scise rue du Bon-puis près la Porte St Victor, faisant le coin de la rue Traversine, aboutissant en la rue Alexandre-Langlois.

Mre Guillaume du Han, décapité en cette Ville de Paris.

verso. Maison scise rue Ste Genevieve, qui fut à Pierre Emery, qui fut occis à Paris.

Thomas de Herlay.

Maison scise rue Ste Geneviefve, faisant le coin devant la Croix Hemon.

Maison qui fut à Me Jaques Gelu, Archevesque de Tours, scise rue Ste Genevieve, tenant d'une part au College de l'*Ave-Maria*, d'autre part à la rue du Moustier.

171 L'Hostel de Marly, scis devant & à l'opposité du College de Montagu.

Maison qui fut à Jehan Hamon, Breton, scis en la rue des Sept-voyes.

Rue Chartiere.

Maison qui fut à Me Jehan de Lalonde, scis en la rue des Sept-voies, faisant le coin de la rue du College de Thou.

Maison qui fut à Me Yves Henri, Breton, scis en la rue saint Hilaire.

Hostel nommé l'Hostel de Blois, qui fut au Comte de scis en la rue St Hilaire, faisant le coin de ladite rue.

172 Maison qui fut à Me Miole, qui fut occis à Paris, scis en la rue du Plastre.

verso. Me Jehan Boutelier, Drapier.

Me Hebert Camus, Procureur en Parlement.

Rue vieille Plastriere.

173 Maison qui fut à feu Me Jehan de Combes, occis à Paris, scis en la rue des Pottevins, faisant le coin de la rue du Pet.

L'Hostel d'Aligre, qui fut au Seigneur d'Aligre, & de D Toizel, absent, scis en la rue des Pottevins, *néant* ; parce qu'elle a été occupée par Mr le Comte de Suffalk, & depuis l'a transporté à Mr le Regent avec les autres terres que ledit de Suffalk avoit en France.

verso. Maison qui fut à Pierre de Cerisay, Procureur au Parlement, absent, scis en la rue Pierre-Sarrazin.

Maison scise rue de la Serpente, qui fut à Henriet, Chevaucheur de Mr de Berri, absent ; au gouvernement de laquelle Me Preud'homme, Notaire au Chastelet, a été commis.

174 Rue Percée.

Me Jehan Rabateau, absent.

Maison qui fut à Me Simon de Poitiers, scis en la rue Poupée, laquelle a été long-tems occupée par Me Jaques Blanlart.

verso. Maison qui fut à feu Me Oudart Courtel, Procureur en Parlement, qui fut occis à Paris, scise en la rue St André des Arts.

175 Maison qui fut à Me Morice , Procureur au Parlement, rue des deux Portes près le Cimetiere de St André des Arts.

Richard de Chaucey, President en , auquel le Roi par ses Lettres du onze Decembre 1429, donne pour lui & ses hoirs masles, une maison scise rue des deux Portes, qui fut à Me Julien en Parlement.

Maison qui fut à Me Hugues Grimault, Doyen , scis en la rue St André des Arts, tenant d'une part aux Escoliers du College d'Autun.

Tome III.

L'Hostel d'Arras, qui fut à Me Gerard de Montagu, jadis Evesque de Paris, scis en la rue St André des Arts, faisant le coin de la rue de Ville   , de laquelle maison le Comte de Jaly-Fleury a joui pendant sa vie, & depuis son trepas Me Louis de Luxembourg, Evesque de Therouenne, Chancelier de France.

L'Hostel d'Eu, qui appartient au Comte de   Angleterre, scis en ladite rue St André des Arts.

Maison scise rue St André des Arts, ayant issue en la rue des Sachettes.

Hostel de Vendosme, assis à Paris devant l'Hostel à l'Archevesque de Rouen.

Trois Hostels qui furent à   de Beillac, scis rue St André des Arts, tenant d'une part aux hoirs feu Me Pierre de Breban, en son vivant Clerc des Comptes du Roi notre Sire, d'autre part faisant le coin de la rue de quoi le Sejour d'Orleans.

Feu Benoist Piedalet, en son vivant Procureur du Parlement.

Rue du College St Denys. C'est la rue des Augustins.

Hostel qui appartenoit à l'Evesque de Lizieux, scis en la rue du College St Denys.

Hostel de Nesle qui fut à Mr de Berri, scis sur la rivière de Seine près de

L'Hostel de Laon, qui appartenoit à l'Evesque de Laon, absent, scis près l'Eglise des Augustins.

Maison qui fut à Me Jehan Mengin, faisant le coin de la rue Pavée du côté des Augustins, tenant d'un côté à l'Hostel de Laon cy-dessus declaré.

L'Hostel nommé de Besançon, qui fut à Me Martin Gouge, Evesque de Clermont en Auvergne, absent, donné par le Roi à Mre Guy le Bouteiller, pour lui & ses hoirs masles en droite ligne.

Rue d'Arondelle.

Gervais Merlin, Barbier feu Mr de Berri, absent.

Maison appartenante audit Gervais Merlin, donnée à rente à Mre Guy de la Roche, Prestre.

L'Hostel de Rheims qui fut vuide jusqu'au vingt Octobre 1427 au gouvernement duquel furent commis Mre Jehan Hutin, Doyen de Rheims, & Mre Jehan de Goutout, Chanoine de Rheims, le vingt-un Novembre 1428.

L'Hostel de Chaslons, scis à Paris derriere le Cimetiere de St Nicolas des Champs, confisqué par la rebellion & absence dudit Evesque.

L'Hostel de Troyes scis en la rue de Bievre, qui fut à l'Evesque de Troyes.

Plusieurs corps de maisons qui appartenoient à   Monstieras l'aîné, dépendant du grand Hostel dudit Abbé, scis en la rue de la vieille Pelleterie.

Rue Gervais-Laurent.

Maison qui appartint à Mre Jehan Jouvenel, Chevalier, scis en une petite ruelle en descendant en la rue de Glatigny, sur laquelle sœur Marie, fille dudit Jouvenel, Religieuse à Poissy, prenoit une rente sa vie durant.

Maison qui fut à   Caihilmarre, scise en la rue des Marmousets, tenant au long à la rue du Val-d'Amour, dite de Glatigny, d'autre part à la petite ruelle de l'image Ste Catherine, par derriere audit Mre Jehan Jouvenel.

Autre maison qui fut à feue Damoiselle Isabelle Girarde,

DE LA PRÉVOTÉ DE PARIS.

veuve de Mre Jehan de Montagu, jadis Chevalier & Président au Parlement, scis en la rue des Marmousets, tenant d'une part aux heritages qui appartenoient à feu le Boiteux d'Orgemont.

180 Rue St Christophe.

Maison qui fut à Me Guillaume le Picart, absent, scise rue St Christophe, faisant le coin de la rue St Pierre-aux-Bœufs.

Maison à Me Regnault Freron, scis en la rue St Christophe.

verso. Maison appartenant audit Freron, scise en la rue de l'Homme sauvage, dépendant de la maison dudit Freron ci-dessus declaré.

Autre Maison appartenant audit Freron, scise rue de la Licorne.

181 Maison qui fut à Gervaisot de Meusle, scise rue de la Kalende à l'opposite de la rue de la Savaterie.

Maison qui fut à Catherine   Me Pierre d'Angeul, scise en ladite rue de la Kalende, où pend pour enseigne la Cloche, aboutissant par derriere à la riviere de Seine.

Rue de Champ-fleuri.

Maison qui fut à Simon Chapon, occis à Paris, scise rue de Champ-fleuri.

Hostel nommé Hostel du Roi Loys, scis à St Marcel lès Paris, donné par le Roi à Mre Jehan le Clerc, Chevalier.

L'Hostel de Garencieres, avec le jardin derriere, qui fut à Mre Guillaume de Montenai, Chevalier absent, scis à St Germain des Prés près l'Eglise de St Sulpice.

182 L'Hostel qui fut à Jean Tarennes, & depuis à la femme & à ses enfans absens, assis à St Germain des Prés.

L'Hostel qui fut à   dit de la Chapelle, absent, scis à St Germain des Prés.

Maison qui fut à Pierre Dogier, absent, scise à St Germain des Prés.

Maison, jardin & fosse à Poisson, scise en la Vilette St Laurent, qui fut à Jaques Burnetat, de laquelle delivrance a été faite à   , Escuyer, qui a épousé la fille dudit Burnetot.

183 Baux faits par les Commissaires sur le fait des confiscations, d'une maison qui fut à Jehan Garde, à l'enseine du Cigne, assise en la rue St Germain l'Auxerrois près la Place aux Marchands.

verso. Maison, Cour & jardin, scis au Clos des Quinze-vingts, qui fut à Simonnet le Pec, chargée envers les Quinze-vingts en cinquante sols parisis de rente, donnée à Martin Vallée, poursuivant d'armes, pour douze livres parisis par an.

184 L'Hostel de Chasteau-festu, scis à Paris rue St Honoré, qui fut à Jehanne la Clercie.

verso. L'Hostel de Torigny, scis entre la Porte Barbette, donné à Mre Jehan Brezille, & depuis à Jehan   , Chevalier, pour lui & ses hoirs mâles.

Maison qui fut à Jehan de la Haye, dit Picquet, scis à Paris, en la rue de Maulart.

185 Maison qui fut à Me Miles Chaligaut, scise en la rue St Antoine, à l'enseigne de la Levriere, donnée à Karles de Boulagre, Trompette, pour sa vie seulement.

Gilles de Montouvilliers, Chapellain en l'Eglise St Germain l'Auxerrois.

Maison qui fut à Raoulant de Rolempont, scise en la Porte Baudoyer, chargée envers la Chapelle Ste Marguerite, fondée en l'Eglise Notre-Dame de Paris, en dix sols parisis.

COMPTES ET ORDINAIRES

Rue du Fossé St Germain.

186. Feu Mre Germain Paillau, en son vivant Evesque de Luxon. Dame Elizabeth de Ferrieres, Dame de Guinoy.

verso. Rue des Cinges près des Blanc-manteaux.

187 *verso.* Hostel nommé Hostel de Table-Raoulant, scis en la rue de la Saulnerie, près de la Porte de Paris, qui fut à Me Pierre Cousinot, absent.

188. Maison qui fut à Alexandre le Boursier, scise à Paris devant le grand huis de St Jean en Gréve.

Maison qui fut à Mre Jehan Poteau, Prestre, scise sur les agouz de Montorgueil, entre les Portes de la Comtesse & de Montmartre.

Gillet Profart, Orphevre.

verso. Maison qui fut à Me Robert de Tuillieres, scis en la rue de l'Arbre-sec.

189. Rue de la Vennerie.

Maison qui fut à Miles Baillet & depuis aux enfans de fire Arnoul Boucher, heritiers dudit feu Miles Baillet, scise rue de la Voirerie.

verso. Maison qui fut à Mre Regnault d'Angennes, Chevalier, scise en la rue St Honoré, donnée par le Roi à Mre Simon Mortier, Chevalier, Prevost de Paris, pour lui & ses enfans mâles.

190. Me Jehan de la Porte, Examinateur.

Mre Jehan de Veres, Chevalier.

191. Deux louages qui furent à Me Charles Culdoë, scis en la rue de la Tonnellerie.

192. Rue des Prouvoires.

Maison qui fut à Me Jehan le Picard, scise rue de la Bretonnerie.

verso. Sire Michel de Laillet, Conseiller & Maistre de la Chambre des Comptes.

193. Maison qui fut à Me Bertault de la Borde, en son vivant Maistre de la Chambre aux deniers du Duc d'Orleans, scise en la rue de la Boucherie du Temple, donnée à Mr de Rance & sa femme & leurs hoirs en ligne directe, & au deffaut aux enfans mâles de Marguerite de Fontenay, sœur dudit Seigneur de Rance, & femme de Mre Jehan de Courcelles.

verso. Oudinet de Neufville.

194. Mre Morelet de Bethencourt.

195 *verso.* Maison qui fut à Mre Loys de Villiers, Chevalier, scise en la vieille rue du Temple outre la Porte Barbette.

196. Maison qui fut à Me Regnier de Boutigny, scise rue Simon-le-Franc.

Me Hugues le Cocq, tuteur de ses enfans, & de feue Damoiselle Jehanne de Langres, jadis sa femme.

verso. Deux Maisons qui furent à Jehan Brode, dit Guyenne, Herault, scises en la Couture St Martin.

Me Jehan Choart.

Rue St Sauveur.

197. Forge à Orphevre qui fut à Thomas de Boissy & sa femme, scise au tour du Pont devant la Porte aux Meusniers, donnée à Perrin Bienvenue, Orphevre.

verso. Maison qui fut à Guillaume d'Auxerre, scise au bout du Petit-Pont à l'opposite de l'Hostel-Dieu, donnée à rente à Isabelle, veuve de Guillaume Raguier.

Maison qui fut à Me Jaques Gelu, Archevesque de Tours,

DE LA PREVOTE' DE PARIS.

scise devant le Cimetiere Ste Genevieve.

198 Maison dite la Goutiere, qui fut à Mre Guy, Abbé Langlay, scise en la rue des Amandiers au Mont Ste Genevieve.

Maison qui fut à la Dame de Garencieres, scise en la rue de Galande.

verso. Maison qui fut à Mre Pierre Bouchet, en son vivant President au Parlement, scise au Fossé St Germain, faisant le coin de la rue.

199 Rue des Polyes.
200 Maison & jardin qui fut à Gillet de Vitry, scise en la rue des deux Portes près de la petite Savoie.

Jardin qui fut à Henri le Jars, assis sur les agouz de la cloture du Temple, au lieu dit le Clos Boivin.

verso. Jardin qui fut à Thevenin Courtin, scis à Paris en la rue Jehan d'Espagne.

201 Jehan de Gaverelles, Sergent à verge, pour une maison qui fut à Pierre Pincon, scise en la rue St Julien le Pauvre lès le carrefour St Severin.

Me Jehan Petit, Procureur en Parlement.

202 *verso.* Hostel qui fut au Seigneur de Bueil, scis près de la Barre-du-Bec, qui fut donné à Me Estienne de Mouvant, Procureur en Parlement, au nom de sire Jehan Guerin.

203 Me Guillaume de Neesle, pour une maison scise rue Grenier St Ladre.

Me Jaques Caudon, Examinateur au Chastelet.

verso. Maison où est l'enseigne du Chariot, scise en la rue de la Charonnerie, qui fut à Gaultier de la Roche & Mahault sa femme.

204 Guillaume de Prez, Escuyer, pour un Hostel qui fut à Jehan de Chanteprime, scis outre la Porte Barbette.

verso. Nicolas Garnier, Vendeur de Poisson de Mer, pour deux jardins en la rue St Laurent en la Couture St Martin.

Me Georges de Marc, Secretaire du Roi.

205 Me Jehan de Drosay, Secretaire du Roi, pour un jardin qui a été à Jehan Verdelet, Menestrel, scis en la rue des Menestrels.

Hostel qui fut à Me Guy de Dampmartin, scis rue St Antoine, donné à Mre Berrart de Montferran, Chevalier.

Jacquin Maingrot, Escuyer, pour un Hostel scis rue des deux Portes derriere St Andry des Arts, qui fut à Me Morice.

206 Jehan de Granville, Drapier.

Autres Baux de Maisons par Mr le Prevost de Paris, rue du Bourg-l'Abbé.

Me Jehan Sauvage, Lieutenant Civil.

207 Maisons qui furent à Mre Andry du M   , Chapellain du Roi, absent.

Rue des Bouchers.

verso. Guillaume Vigier, Notaire & Secretaire du Roi.

Mre Thomas de Tiboutet, Chevalier.

208 Jehan Josse, Orphevre.

Mre Loys de Robessart, Chevalier.

Mre Jehan de Villiers, Chevalier Seigneur de l'Isle-Adam.

Maison scise rue Jehan Lemire.

verso. Me Miles de Breuil, en son vivant Notaire du Roi.

209 Maison scise en la rue de la Porte du Chaulme.

211 verso. L'Evesque de Beauvais avoit une maison de plaisance à saint Cloud.
212. Hostel qui fut à Mre Loys de Poule, Chevalier, scis devant le Cloistre de l'Eglise Collegiale de St Marcel lès Paris.
verso. Me Jehan Tillart, Examinateur au Chastelet.
215. Le vieil Hostel de Bourbon scis à St Cloud.
Fouques de Rozieres, Notaire au Chastelet.
218 verso. Jehan Hacqueville, Marchand Drapier demeurant à Paris.
219. Me Jehan Bezon, Advocat au Chastelet.
verso. Nicolas de Lorme, Escuyer demeurant à Paris.
220. Me Pierre le Boulenger.
221 verso. Me Pierre Cauteleu, grand Tresorier de France.
222. Jehan d'Avignon, M   du Roi, absent; heritages à la Folie Regnault au terroir de Charonne.
Me Loys de Cepoy &   de St Aubin, ayant la garde des enfans mineurs de lui & de feue Damoiselle Jehanne de Cepoy, jadis sa femme.
223 verso. Le Chastelet de Nijon scis à Chailliau, qui appartenoit au Duc de Bretagne, donné à Mr Sailly-Bury pour sa vie, qui mourut le troisiéme Novembre 1428, & depuis le Duc de Bretagne en a toujours joui.
224 verso. Mre Jehan de Courcelles, Chevalier.
225 verso. Heritages scis à Montmartre, qui souloient appartenir au Herault de celui qui se dit Dauphin.
226. Deux Hostels, Fiefs, Moulins & autres heritages scis à Charenton, qui furent à Me Oudart, Jehan, Benoist & Pierre dits les Genciens, freres, absents, donnés par le Roi à Mre Jehan de Pressy, Chevalier.
verso. Me Jehan de la Croix occis à Paris.
227. Nicolas de Grand'rue, absent.
Mre Simon David, Chevalier, & sa femme, fille de Jehanne le Bourdonne.
Me Bureau Boucher & Pierre Boucher, freres absents.
229 verso. Mre Jehan Bracque, Chevalier, possedoit l'Hostel de Luat, avec Justice & Fief à Cercelles. & tenoit le parti du Roi d'Angleterre, il demeuroit lors à Lisle en Flandres.
230. Denyse, veuve de sire Miles Baillet.
verso. Les ennemis du Roi, c'est-à-dire les gens du Dauphin, vinrent en 1428 ou 1429 à grande compagnie au pays de France, c'est vers Mitry, & gâterent tous les gagnages dudit pays, & mêmement audit lieu de Mitry, & plusieurs se retrayrent à Paris & laisserent le pays pour le fait de la guerre.
231. Mre Jehan de Paligny dit Chapelain.
232. Martin Troussevache, demeurant à Noisy-le-sec, commis à gouverner les heritages scis audit lieu, qui furent à Me Jehan Chastelain.
verso. Vingt-deux arpens de bois au terroir de la Queue en Brie, & le peage dudit lieu, qui furent à Mre Guillaume des Essarts, Chevalier.
234 verso. La Seigneurie de Belloy en France, appartenoit à Pierre Gencien, à cause de sa femme.
Mademoiselle de Grais, fille de Madame Ameline Dubois.
235. Mre Pierre de Haisicour, Chevalier absent.
verso. L'Evesque de Tournay acheta une maison à Garsus, qui fut à Jaques Dupuis.
236. La Mairie & Prevosté de Gareches, qui appartenoit à Damoiselle Jehanne Tachiere.   238 verso.

DE LA PREVOTE' DE PARIS.

230 *verso.* Mre Guillaume le Bouteillier, absent, avoit des heritages à Louvres, qui furent donnés à Garnier de St Yon.

Mre Jehan Jouvenel, Chevalier absent, avoit un Fief à Merly la Ville & à Roissy, qui furent donnés à Mathieu Helu.

verso. Feu Me Jehan Romain & Me Henri Romain son fils aîné, absent, & Me Guillaume Romain son autre fils.

240 Fief qui fut à pauvre de Hez, scis au Plessis Gassot, saisi par Me Philippe de Ruilly, comme mouvant de lui.

La Ville de Lacy a été inhabitée pendant tout le tems de ce Compte à cause de la guerre.

verso. Les heritages de Simon Tarenne, scis à St Cloud, vendus à l'Archevesque de Rouen.

243 Heritages, cens & rentes que Mre Guillaume de Cassinel, Chevalier, avoit à Romainville, chargés envers la Maladrerie du Roolle d'un muid de bled de rente par an, envers Me Estienne de Bray en dix-huit livres parisis de rente, envers la Chapelle St Thomas de Cantorbie fondée en l'Eglise de Paris en sept livres parisis de rente, envers les Religieuses de Poissy en seize livres parisis de rente a la vie de sœur Catherine de Cassinel, & envers Madame Marie de Paillart, Dame d'Orgemont, en cent vingt-huit livres parisis de rente.

Me Oudart Gencien avoit des heritages à Romainville.

verso. Heritages que Pierre de Nantouillet avoit à Vaujour près Chielles, occupés par Mademoiselle de Nantouillet & Mr de Troicy qui l'a épousée.

244 *verso.* Heritages que Mre Charles de la Riviere, Chevalier absent, avoit à Champigny, donnés par le Roi à Mr de Salisbury, qui en a joui sa vie durant.

246 *verso.* Heritages que Jehan de la Haye dit Piquet & sa femme avoient ès Villes de Meudon, la Bourseliere & le Plessis-Raoul, donnés par le Roi à Guillaume de Dangueil, Escuyer.

247 Heritages que Pierre Gencien avoit à Meudon, donnés par le Roi à Jehannet Dieupart.

verso. Heritages que Bernard Bracque avoit à Fontenay lès Bagneux.

Heritages qui furent à Me Charles Culdoë, absent, scis à Chastillon, furent à Me Charles & Jehan Culdoë pour les deux cinquiémes seulement, & les trois autres cinquiémes à Gilles la Couraude & Loys Culdoë, Pierre de Landre, & aux enfans de Mre Nicole Raoulin & de Marie de Landre sa premiere femme, & à Jehanne de Landre, veuve de Jehan Dupré, & à Me Girard le Cacq, comme ayant la garde des enfans de lui & de Jehanne de Landre, jadis sa femme, tous heritiers de Me Michel Mignon.

248 Me Jaques Viart, Examinateur au Chasteler de Paris.

Maison scise rue Jehan Lointier, avec le corps de maison qui est entre la cour d'icelle maison & la rue Guillaume Porrée, & une autre maison à l'Image Notre-Dame & la rue Bertin-Poirée, qui aboutit à la gallerie de ladite premiere maison.

verso. Barthelemi Spifame, absent, dont les heritages, scis à Issy, furent donnés à Thomas Longueil & Thomas Gargatte, Anglois.

249 *verso.* Mre Thierry le Comte, Chevalier, & Me Guillaume le Comte, Chevalier, son frere.

250 Guillaume Pouet, Notaire au Chastelet.

verso. Me Pierre Dangueil, & Damoiselle Catherine du Vivier, absents.

251 Heritages que feu Mre Jaques le Brun, Chevalier, avoit à

Tome III. *EEee

COMPTES ET ORDINAIRES

Paloisel, & dont Jehan le Baveux, Escuyer, a joui jusqu'à son trepas, qui fut environ la St Remy 1430, & depuis donnés par le Roi à Thomas Burgho, premier Ecuyer Anglois.

252   La Seigneurie d'Athis, qui fut à Mr de Montenay, Chevalier, donnée à Guillaume de Folle-temps.

Me Miles d'Angoul, Conseiller & Maître de la Chambre des Comptes du Roi notre Sire.

253   Le Vicomte de Tremblay, absent, ses heritages scis à Gevisy, donnés à Mre Jaques Pesnel, & depuis saisis à la Requête de Jehan Dupuis, Escuyer, Seigneur en partie de Gevisy, Mons, & Athis-sur-Orge.

255 verso. L'Abbé de Monstier-Araine avoit des heritages à Arcueil.

256   Feu Andry du Moulin, en son vivant Général Maître des Monnoies.

Hotel & heritages, qui furent à Bernard le Mire, scis à Arcueil, chargés envers l'Eglise Notre-Dame de Paris en seize ou dix-huit sextiers d'huile par an, saisis par le Chapitre de Paris. Lambert Kachelin est commis au gouvernement d'iceux.

258   Partie d'un Moulin & heritages scis à Essonnes, qui furent à Jehan le Maistre, dit le Bossu, fils de Jehan le Maistre.

verso. Mre Jehan Bouzilles, Chevalier.

259   Heritages scis à Crantoyan, qui furent à Mre François de l'Hopital, Chevalier.

Mre Simon David, Chevalier.

Heritages qui furent à Me Michel de la Tillaye, lequel s'absenta de la Ville de Paris, & se rendit ennemi du Roi environ le mois de Septembre 1429. dont tous les heritages, comme confisqués, furent donnés par le Roi à Me Raoul Parquier, Notaire & Secretaire du Roi, par Lettres du vingt-cinq Septembre 1429.

260   Heritages qui furent à Jaques Perdriel, lequel environ Pâques 1430, s'absenta de Paris, comme coupable de certaine conspiration qui fut lors machinée par lui & autres, de faire entrée aux ennemis en la Ville de Paris; pour laquelle cause il fut depuis banni, & tous ses biens confisqués au Roi, qui furent donnés à Mr le Bastard de Clerance, excepté l'Hostel de Paris, qui a été reservé par Mrs des Comptes: ces Lettres du don sont dattées de Noyon le troisiéme Mai 1430.

Heritages de Regnault Savin, lequel, comme coupable de la conspiration cy-dessus, fut décapité environ Pasques 1430, & ses heritages, scis rue Michel-le-Comte, confisqués.

verso. Heritages de Me Jehan de Montfort executé, comme coupable de ladite trahison, situés en la rue de la Plastriere, tenant d'une part à Mr de St Georges, & d'autre part à Pierre Girault, Receveur des Aides.

Jehan Piece, Notaire au Chastelet.

261   Me Marc de Soras, Archidiacre de Tirache, Conseiller & Maistre des Comptes du Roi notre Sire.

Heritages qui furent à Michau Piau, banni comme coupable de ladite trahison; sçavoir un cellier où ledit Michau faisoit sa foulerie, scis à Puteaux.

Heritages qui furent à Me Jehan de la Chapelle, pareillement executé comme coupable de la trahison; lesquels heritages furent donnés par le Roi à Mre Jehan de Villiers, Chevalier, Seigneur de l'Isle-Adam, par Lettres du Roi du treiziéme Avril 1429, registrées aux charges des oppositions faites par Catherine la Ba-

DE LA PRÉVOTÉ DE PARIS.

'taille, veuve dudit de la Chapelle, & par fire Michiel de Lail 1er, Confeiller & Maiftre des Comptes. Ladite veuve par fon Contrat de Mariage étoit douée de foixante livres parifis de rente, fur quoi intervint Arreft de Parlement, le vingt-troifiéme Janvier 1430, qui adjugea à ladite veuve tous les heritages fcis à Paris, & adjuge audit Seigneur de Villiers tous les heritages fcis hors de Paris.

262   Heritages qui furent à Jaques le François, dit le Boudrain, Tailleur de robbes, executé comme coupable d'icelle trahifon.
263   Heritages qui furent à Jehan de Grant-rue, fcis à Paris, entreautres un jeu de Paulme fcis en la rue de la Vieille-Monnoie.
264 *verfo.*   Heritages qui furent à Thevenin Taffin, lequel pour fes demerites a été executé à Paris.
266   Le Baftard de St Paul, Seigneur de Montmoranci.
    Robert Bloiret, & Damoifelle Marie Dubois fa femme.
verfo.   Jehan Gencien demeurant à Paris rue Geoffroi-Lafnier.
    Mre Guillaume Borratier, en fon vivant Archevefque de Bourges, avoit plufieurs heritages fcis outre & près la porte St Michel à Paris, qui furent donnés à l'Hoftel-Dieu de Paris, parce que ledit Archevefque tenoit le parti du Dauphin.
268   Me Hugues Rapiart, Confeiller & Maiftre des Requeftes de l'Hoftel du Roi.
    Me Robert de Bailleul, Clerc des Comptes, lequel dès le vingt-fixiéme Aouft 1423, prit une maifon qui fut à Me Pierre Rochet, en fon vivant Prefident en Parlement, fcife au Foffé-St-Germain, faifant le coin de la rue.
    Sire Jehan Guerin, Confeiller & Maiftre des Comptes du Roi, pour un Hoftel qui fut au Seigneur de Bueil, fcis près de la Barre-du-Bec, qui lui fut donné le vingtiéme Novembre 1423.
verfo.   Mre Henri Dumas Preftre, Chapellain du Roi Charles, ce bien-amé. C'eft Charles V.
269   Lambert Kathelin, qui tenoit l'Hoftel de l'Abbé du Mouftier-Araine, fcis dans la rue de la vieille Pelleterie, pour huit livres dix fols parifis de rente, outre neuf fols de fond de terre.
    Mre Michel de Frefure.
270   Guillaume Buimont, Huiffier du Parlement.
    Nicole Borvatier, Archevefque de Bourges. Je crois qu'il y a erreur, c'eft Guillaume.
271   Jaques de Vaux, Notaire du Roi au Chaftelet de Paris.
verfo.   Me Jehan de Tourneur, Chevalier.

Recepte d'Amende, &c. depuis le dixiéme Septembre 1429, *jufqu'au vingt quatre Janvier* 1431.

272 *verfo.*   Pierre Feuchiere, Efcuyer.
273   Mre Jehan Daunoy dit le Galois, Chevalier.

Recepte des deniers provenans des confifcations par-devant le Prevoft de Paris.

275 *verfo.*   De certains harnois & armures qui furent à Mre Charles d'Eftouteville, revient de net au Roi 78 livres parifis.

AUTRE RECETTE.

276 *verfo.*   Hugues de la Varenne, Notaire au Chaftelet de Paris.
    Des Habitans de St Denys, par l'Ordonnance de Mr le Re-

Tome III,   *EEee ij*

COMPTES ET ORDINAIRES

gent, à cause de quelque composition, traitté & accord fait entre mondit Sieur le Regent, pour & au nom du Roi & aucuns desdits Bourgeois & Habitans, pour le fait de l'entrée faite par les ennemis & adversaires du Roi en ladite Ville de St Denys, & pour toutes autres choses quelconques, en quoi lesdits Bourgeois, Manans & Habitans dudit lieu St Denys pourroient être en courous envers le Roi notredit Sire, & mondit Seigneur le Regent, à cause d'icelle entrée & des dépendances ; pour lesquelles causes lesdits Habitans revinrent à certaine somme de deniers avec mondit Sieur le Regent, sur laquelle ledit Receveur reçût d'iceux Bourgeois & Habitans la somme de douze cens saluts du prix de vingt-deux sols parisis pièce. Pour ce ci 165 liv. parisis.

De Me Clement de Fouquembergue, Greffier de Parlement, par le commandement & ordonnance de Mr le Chancelier de France, presens Mrs Jehan de Pressy, Seigneur du Mesnil, & Tresorier de France, le vingt-deuxième Janvier 1429, la somme de dix-neuf cens quatre-vingts-dix livres tournois, des deniers n'agueres delivrés à Paris audit Me Clement, par Hennet de Gouldry, Marchand, demeurant à Paris, à la Requeste de l'Official & Vicaire de l'Evesque d'Auxerre, comme de deniers venus & issus dudit Evesque, & appartenant au Roi notre Sire, parce que ledit Evesque tient le parti des ennemis dudit Seigneur. Pour ce 252 livres parisis.

277   Juliotte, femme de Collin Primault, veuve en premieres noces de Guillaume le Febvre.

Le septiéme Novembre 1433, furent condamnés Jehan Chandinne & Guillaume Dacomplices, de Jehan Trottes, qui avoit promis tenir la paix finale du Royaume de France & d'Angleterre, & ne faire chose préjudiciable au Roi ; lequel traitre-toutes-voies fut consentant de certaine trahison & entrée, que lui & autres vouloient faire aux ennemis dedans Paris, &c.

278 verso.   Denisot Poulain, fils de Jean Poulain, & de Michelette, ses pere & mere.

Mre Denys de Chailly, Chevalier.

AUTRE RECETTE.

281   Mre Jehan de Monfort, executé à Paris pour ses demerites.
verso.   L'Abbé séculier de l'Eglise St Spire de Corbueil, tenoit le parti du Dauphin.

Biens qui furent à feu Me Anthoine du Molin, fils de feu Albett du Molin & Catherine Col, Damoiselle, jadis sa femme, & depuis femme de Jehan Spifame, Escuyer.

Regnaud de Thumery.

282   Me Jehan Choart, Procureur du Roi au Chastelet.

Hostel de louages, qui furent à l'Evesque de Langres, scis en la grand-rue St Jaques ; lequel, après le deceds dudit Evesque, fut mis en la main du Roi, environ la St Jehan 1433.

Robert des Masques, jadis Receveur des Aides à Rouen, qui devoit à Mre Jehan d'Arcourt, Chevalier, lors Capitaine de Rouen, cinq cens livres tournois.

verso.   Hugues de la Varenne, Notaire au Chastelet.

Pierre de Linnieres, étant en la Ville de St Denys quand le Roi Charles y étoit, qui fut l'an 1429.

283   Perrin Gillon, fils de feu Me Jehan Gillon, en son vivant

DE LA PRÉVÔTÉ DE PARIS.

Clerc du Roi en sa Chambre des Comptes.
Me Pierre de Canteleu, Conseiller & Maistre des Comptes du Roi, & Tréforier de France.

DEPENSE.

284 *verso*. Hostel de Bar près du Port St Bernard.
Me Pierre de Servillier, Charpentier general du Roi.
285 *verso*. Me Pierre Robin, Sergent d'Armes, & Maçon general du Roi notre Sire.
287   Hostel de Blois scis au Mont St Hilaire, dont le jardin étoit , & y avoit un mur dudit Hostel, qui faisoit clôture sur la rue qui est au chevet de l'Eglise St Hilaire ; il y avoit aussi un jeu de Paulme dans cet endroit : dans ce même Hostel il y avoit Chapelle & Preau.
288   Jaques Richer, Huicher, pour ouvrages de son mestier de hucherie, comme comptouer, les celles, marches, apuis & banc.
Recherches faites par ordre du Conseil du Roi, en certaines cacheres denoncées ès Hostels de Mre Jehan Jouvenel, & Maistre Remon Raguier, *idem*, *folio* 301.
verso. Me Jaques le Vaillant, general Maistre de Maçonnerie du Roi.
292 *verso*. L'Hostel de Troyes assis en la rue de Bièvre.
294 *verso*. Andry de Lion, Orfevre.
Hostel de Vandosme scis à Paris lès les Hostels des Archevesques de Rouen & de Rheims.
295   L'Hostel de Bar scis à Paris au coin de la rue St Bernard.
verso. Sejour d'Orleans en la rue St Andry des Arcs lès la porte de Bissy, où il y avoit jardin, galleries, jeu de Paulme, Chapelle & autres commodités.
296 *verso*. L'Hostel de St Benoist-sur-Loire, scis en la rue aux Bretons lès la porte St Jaques.
298   Me Adam Deschamps, Clerc des Comptes du Roi, sçavoir pour ses gages de six sols par jour pendant les mois d'Octobre, Novembre 1435, contenant quatre-vingts-douze jours, vingt-sept livres douze sols parisis ; pour ses droits d'écriture dudit temps, trente livres parisis par an ; pour un quart d'an sept livres dix sols parisis ; & pour son mantel dudit terme cent sols parisis ; monte en tout quarante livres deux sols.
Me Robert de Bailleux, Clerc desdits Comptes.
verso. Mre Jehan de Pressy, Chevalier, Conseiller du Roi, Seigneur du Mesnil, & l'un des Treforiers Generaux, Gouverneur des Finances du Roi en France.
299   Me Jehan de Lespine, Notaire du Roi notre Sire, & Greffier en l'Audiance de Messieurs les Commissaires sur le fait des confiscations.
300   Me Guy Villet, Advocat du Roi en la Chambre & Auditoire des confiscations.
Me Jehan Tillart, Examinateur au Chastelet, & Procureur du Roi en ladite Cour & Auditoire.
301 *verso*. Me Jehan Sauvage, Licentié en Loix, Advocat au Chastelet.
Me Jehan de Longuejoë, & Guillaume de la Haye, Advocats du Roi au Chastelet, & Louis Gallet Examinateur au Chastelet.
verso. Me Jaques de Thiossart Advocat en Parlement, & Substitut du Procureur General en la Cour des Requestes du Palais.
303   Jehan de St Sauveur, n'agueres Controlleur du Grenier à Sel à Melun.

COMPTES ET ORDINAIRES

verso. Guillaume Bouillon, Clerc, à present Chapellain de la Chapelle Ste Catherine, fondée au College de Navarre, au lieu de Me Jehan David, inftitué le vingt-quatriéme Avril 1433.

504 *verso.* Jehan du Confeil & Pierre Choart, Notaires au Chaftelet.
505 Mre Jehan de Houfforde, Chevalier.
Mre Jehan Baftard de St Pol.
Mre Louis de Preffy, Chevalier.
verso. Philippot de Molant, Maiftre de l'Artillerie du Roi.
506 *verso.* Mre Jehan de Mailly, Evefque de Noyon, Prefident en la Chambre des Comptes.
Mre de l'Ifle-Adam, Capitaine de la Ville de Paris. C'eft de Villiers l'Ifle-Adam.
Mr Laurent Callot, Notaire & Secretaire du Roi.
507 Giraud de Toulonjon, Capitaine de Corbueil.
Me Pierre de Marigny, & Hugues Rapiouft, Maiftres des Requeftes de l'Hoftel du Roi ; Mre Simon Morhier, Chevalier, Prevoft de Paris ; Me Touffaint Baujart, Confeiller au Parlement; Jehan Larcher, Lieutenant Criminel ; Me Lucian de Croquet, Confeiller au Parlement.
Garnier de St Yon.
Jehan Narjo, Treforier des Guerres.
verso. Me Jehan Bureau, Examinateur au Chaftelet.
Jehan Guerin, Confeiller & Me des Comptes du Roi notre Sire.
Jehan de Belloy, Efcuyer.
508 Jehan Baillard, Chevalier, Capitaine de Montl'hery.
Miles de Saulx, Efcuyer, Commis à la garde & confervation de la Ville de Corbeil, après la rebellion de la Ville de Melun.
verso. Guillaume Vignier, Notaire & Secretaire du Roi.
Jehan Angolant & fes Compagnons, commis en 1429 à faire les efcoutes hors Paris.
Me Thomas de la Marche, Confeiller au Parlement.
509 Me Bureau Bousdrac, n'agueres Clerc de la Chambre des Comptes.
Me Robert de Bailleux, Clerc du Roi en la Chambre des Comptes.
Ambaffadeurs envoyés à Corbeil pour le fait du Roi notre Sire.
verso. Me Guillaume Vignier, Notaire & Secretaire du Roi.
510 Pierre de St Amant, Receveur de Paris.
Gilles de Clamecy, Confeiller du Roi, & autres, pour certain voyage par eux fait devers le Cardinal de fainte Croix en 1433.
Mathieu Bouquin, Chapellain de la Chapelle de St Vincent, fondée en l'Eglife St Denys.
verso. Me Jehan Milet, Notaire & Secretaire du Roi.
Mre Jehan de Preffy, Chevalier, Confeiller, Treforier & General Gouverneur des Finances du Roi.
Proceffion faite par les Freres Prefcheurs de Paris en la Ste Chapelle Royale en 1434.
Mre Jaques Caignet, Chapellain de la Chapelle St Antoine, fondée au Palais en la Chapelle baffe.
Me Jaques le Duc, Prefident au Parlement.
Mr l'Evefque de Paris, Mre Gilles de Clamecy, Chevalier, & autres Confeillers du Roi, fur un voyage par eux fait pour le Roi à Corbueil par devers Monfeigneur le Cardinal de Ste Croix, Legat du Pape, en 1434.

DE LA PREVOTE' DE PARIS.

311   Mre Simon Morhier, Chevalier, Prevoſt de Paris & Capitaine de Montl'hery.

Mathieu Bouquet, Chapellain de la Chapelle St Vincent, fondée en l'Egliſe de St Denys en France.

Me Guillaume de Beſze, Conſeiller au Parlement.

verſo.   Me Mathieu Courtois, Conſeiller au Parlement.

Guillaume de Ferrieres, Capitaine de Brie-Comte-Robert.

Me Marc de Foras, Conſeiller & Me des Comptes.

Me Jehan Thieſſard, Notaire & Secretaire du Roi.

312   Regnault le Clerc, Jaquet Rat, Alard de Condette, Gaultier Gaſſonin, Adam des Vignes, Nicolas du Ru, & Jaques de Buimont, tous huiſſiers du Parlement.

verſo.   Jehan Courtois, Epicier.

Lambert Kathelin, Huiſſier du Parlement.

Etienne Cainteſſe & Daniel de Calgren, Notaires au Chaſtelet.

Jehan François, Notaires au Chaſtelet, pour copie du Contrat de mariage d'entre Me Guillaume le Clerc, & Damoiſelle Marie de la Charité ſa femme.

Ordinaire de Paris pour un an fini à la St Jean. 1515.

Folio 25   Le Pont Notre-Dame commençant à la Planche-Mibray, & finiſſant à la Planche St Denys de la Chartre.

Idem.   Les Hoſtels d'Artois, de l'Etoile & du grand Lion, dont le Roi a fait don au Roi des Romains pere de l'Archiduc d'Autriche, comme il appert par un Regiſtre étant au Greffe de la Chambre des Comptes.

87   Mre Guy Pagueny, Imager & Peintre du Roi, ayant droit par tranſport de Jehan de la Haye, dit de la Garde, pour partie de la maiſon de Neſle, en laquelle demeure ledit Pagueny, tant maiſons, granges, maſures, tours, caves, cours, jardins, & autres lieux appartenans au Roi, excepté la maiſon & loges où ſe tient ledit Mre Guy Pagueny, baillés audit de la Garde par Meſſieurs les Treſoriers de France, pour en jouir pendant trente ans moyennant vingt livres tournois payables aux quatre termes accoutumés.

69   Me Louis du Tillet, Huiſſier en la Cour de Parlement.

84 *verſo.*   Me Jehan Pagevin, Huiſſier du Roi en ſa Cour de Parlement.

114   Thibault Haulteman, Orphevre, pour la quarante-uniéme forge ſur le grand Pont.

131 *verſo.*   Rue de la Buffeterie: c'eſt une partie de la rue des Lombards.

132   Hoſtel de Calais, ſciſe en la rue de la Plaſtriere, tenant d'une part à l'Hoſtel de la Tremoille, & d'autre part à l'Hoſtel de Senlis.

136   Me Jehan Poncet, Conſeiller au Parlement, au lieu des heritiers de Guillaume Picart, General des Finances, pour deux maiſons aſſiſes en Quinquempoix.

136   Rue des Andigois.

137   Rue de Cul-de-pet, ayant iſſue par un bout à la rue Geoffroy-Langevin.

139 *verſo.*   Me Jehan Berthelot, Conſeiller au Parlement, pour une galerie de communication à deux maiſons ſciſes dans une ruelle appellée Dame Agnez, du côté de la vieille rue du Temple.

141   Sire Louis de Graville, Admiral de France.

243	La Porte des Barres.
Idem.	Rue Jehan-Sarrazin: c'est la rue Pierre-Sarrazin.
249	Damoiselle Guillemette la Gencienne, heritiere de site Jehan Gencien son frere, pour une saillie faite en sa maison rue de la Mortellerie.
253	Sire Germain de Maile, pour une place & grange scise à l'Escole St Germain l'Auxerrois, tenant d'une part à la Planche aux Marchands.
	Rue de Froid-mantel derriere le Louvre.
265	Me Gilles Luillier, Advocat en Parlement.
269	Me Antoine Disome, Notaire & Secretaire du Roi.
266 verso.	Nouveaux Bouchers de Paris, Nicolas d'Auvergne, Antoine Thibert, Jehan Savary, Simon de Saintion, & Estienne de la Dehors.
326 verso.	Me Germain Duval, Notaire & Secretaire du Roi.
330	Rue Grattecon.
369	Me Guillaume du Moulinet, à cause de Marie Larcher sa femme, au lieu de Gervais Larcher, Vendeur de Poisson de Mer ès Halles de Paris.
398 verso.	Jaques de la Rochette, Escuyer, auquel le Roi par ses Lettres dattées de Paris le neuf Janvier 1514 a continué & confirmé l'Office de Capitaine du Chastel de Montlheri, qu'il a tenu cy-devant du vivant du feu Roi Louis dernier decedé, en tant qu'il pourroit être vacant par son nouvel advenement à la couronne.
401 verso.	Me Denys de Soubz-le-four, confirmé Procureur du Roi en Cour d'Eglise.
450	Jehan Mazalon, confirmé par Lettres dattées de Paris le douze Janvier 1514 en l'Office de Maistre & Garde de par le Roi en la Maison des Aveugles de Paris, qu'il a exercée du vivant & jusqu'au trepas du Roi Louis, & exerce encore ladite confirmation pour le joyeux advenement à la couronne dudit Seigneur Roi.
470 verso.	Reparations faites au Pont du Chasteau de Corbeil pour le passage du Roi & de la Reine en Mars ou Avril 1515.
Idem.	Ouvrages de Menuiserie depuis un an en ça au Chasteau de St Germain en Laye à la venue du Roi & de la Reine lorsqu'ils furent épousés audit lieu.
474	On essorilloit en ce tems-là les malfaicteurs.
478 verso.	Par Ordonnance du Prevost de Paris, & suivant la deliberation du Conseil l'on mene & garde seize prisonniers du Chastelet de Paris au Chasteau de Seve, lesquels prisonniers ou partie d'iceux s'étoient rendus au Chastelet de Paris à l'entrée de la Reine pour avoir delivrance & expedition de leurs personnes, & lesquels prisonniers ou partie d'iceux sont larrons, meurtriers & épieurs de chemins, & ont été gardés six jours & six nuits, & ramenés au Chastelet. Au folio 481 il y a quatre autres prisonniers menés aussi à Sevre pour même cause.
480	Le disné des Sergens le jour de Caresme-prenant, dix livres parisis.
489 verso.	Claude Guidon, bruslé au marché aux Pourceaux; le Pilori racommodé.
492 verso.	Reparations faites en Mai & Juin au Chasteau de St Germain en Laye, pour la venue du Roi, de Monsieur & de Madame.
493	Me Jehan de Harlus, Advocat du Roi en la Chambre des Comptes.
495 verso.	Publications faites à son de trompes à Corbeil, Poissy, &c.

que

DE LA PREVOTÉ DE PARIS.

que tous Hommes d'armes & Archers des Ordinaires, étant en la Prevôté & Vicomté de Paris, dont les garnisons sont en Bourgogne, ayent à s'y retirer en toute diligence.

498   Me Pierre Hennequin, Lieutenant du Maiftre des Eaux & Forests.

500   Me Jaques Chevrier, Conseiller au Parlement.

504   On ne pouvoit trouver harnois pour mener des pierres à l'Hoftel des Tournelles, où l'on travailloit jours de feste & jours ouvriers, à cause de la grande cherté du foin à Paris.

519   Mre Florimond Robertet, Chevalier Seigneur de la Guierche, Conseiller du Roi & Tresorier de France, Bailli & Concierge du Palais Royal à Paris, auquel le Roi par ses Lettres Patentes signées de sa main, & de Me Nicolas de Neuville, Secretaire de ses Finances, données à Paris le dix-sept Mars 1514, expediées par les Gens des Comptes le vingt-un dudit mois, & par les Tresoriers de France le vingt-neuf, pource que à cause dudit Office de Bailli, ses predecesseurs Baillis & Concierges avoient plusieurs beaux droits, préeminences, privileges, franchises & libertés, & entre autres avoient accoutumé d'ancienneté de donner & disposer des sieges, bancs, étaux, loges, & autres places étant ès grande salle & gallerie aux Merciers, cours & autres lieux au dedans de la cloture dudit Palais, & d'iceux sieges en prenoient & appliquoient à leur profit les loyers, revenus & émolumens par dons & octrois des Rois de France. Toutefois sous ombre d'aucuns baux à vie, à tems, ou autrement faits, ce present Receveur prent & reçoit lesdits loyers, revenus & émolumens de la plupart desdits étaux, sieges & places, au grand prejudice & diminution des droits & preéminence dudit Office de Bailli & Concierge, en faveur & consideration des très-grands, louables & recommendables services qu'il a faits tant à feus les Rois Charles & Louis, derniers decedés, à l'entour de leurs personnes, que audit Seigneur, auparavant & depuis son advenement à la couronne ès plus grands & principaux affaires de son Royaume, fait & continue chacun jour; lui a de son propre mouvement, grace speciale, puissance & autorité Royale, donné & octroyé la somme de six cens livres parisis, à prendre par les mains du Receveur de Paris des deniers de sa recepte tant qu'il tiendra & aura ledit Office de Bailli & Concierge dudit Palais seulement, à compter du jour & datte des Lettres de don à lui fait dudit Office de Bailli & Concierge par ledit feu Roi Louis, par maniere de don ou bienfait, tant au lieu des droits & préeminences dessusdites, qu'en renumeration de ses services, & sans que ce puisse tourner à consequence pour ses successeurs audit Office à l'avenir, & ce outre les autres dons, gages, pensions qu'il peut avoir ou aura à l'avenir, &c.

528   Me Jehan le Clerc le jeune, Clerc & Auditeur du Roi notre Sire.

530 verso.   Me Dreux Budé, Seigneur de Villiers en Brie, Conseiller du Roi & Tresorier de ses Chartres.

531 verso.   Me Germain de Marle, General des Monnoies du Roi notre Sire.

533 verso.   Me Pierre le Gendre, Chevalier Seigneur d'Alaincourt, Conseiller du Roi & Tresorier de France.

534   A Jehan Marchand, Charpentier, & Pierre Gregoire, Historien & Facteur, demeurant en cette Ville de Paris, la somme de cent quinze livres parisis, à eux ordonnée par les Tresoriers de France, par leur Lettre du quatorze Novembre 1514, pour avoir

COMPTES ET ORDINAIRES

suivant la bonne & louable coutume, & qu'il est decent faire aux entrées des Rois, Reines & Enfans de France en cette Ville de Paris à l'honneur & louange & exaltation de leurs personnes & decoration de ladite Ville, fait faire les échafaux, composé les mysteres, habits des personnages, loué tapisseries & salarié les Chantres, Menestriers & autres personnes pour servir aux mysteres qu'il a convenu faire à l'entrée de la Reine faite en cette Ville le cinq de ce present mois au devant du portail du Chastelet de Paris, qui est le principal Siege de la Jurisdiction ordinaire; lequel mystere a été bien & honnestement fait & accompli, & au grand nombre de personnages faisans ledit mystere qu'il a convenu audit Marchand & Gregoire salarier, les vestir & accoustrer selon la qualité des personnes qu'ils representoient, &c.

535   A eux cent quinze livres parisis pour leurs peines, salaires & vacations, d'avoir fait, devisé & composé le mystere qui a été fait à la Porte de Paris, pour la decoration de l'entrée du Roi notre Sire, qui fut faite en cette Ville de Paris le quinziéme jour de ce present mois de Fevrier, ainsi qu'il est accoutumé faire d'ancienneté, comme pour les recompenser des frais par eux faits en accoustremens de draps de soye, échafaux, engins & autres choses qui leur a convenu avoir pour agréer ledit mystere.

536 *verso.* Me Jaques de la Barde, Conseiller au Parlement.
538 *verso.* Me Seraphin du Tillet, Commis au payement des Officiers de l'Hostel du Roi.

Compte du Hallage, 1515.

Folio 11   Me Estienne Richard, Procureur en Parlement, & Genevieve de Hacqueville sa femme.
29   Mes Benoist & Nicolas Larcher, freres, Gervais & Eustache du Moulinet leurs neveux, pour une boutique qui fut à Nicolas de Neufville.

Ordinaire de Paris pour l'année finie à la St Jean 1517.

Folio 146   Me Jehan Poncet, Conseiller au Parlement.
153 *verso.* Me Jehan Berthelot, Conseiller au Parlement.
167 *verso.* Me Nicolle de Bussy, Advocat en Parlement.
182 *verso.* Me Gilles Luillier, Advocat en Parlement.
187 *verso.* Me Simon Radin, Conseiller au Parlement.
192   Guillotte Hennequin, veuve de Jaques de Hacqueville.
218 *verso.* Me Eustache Allegrin, Conseiller & General sur le fait de la Justice des Aides à Paris.
222   Me Jehan Ruzé, Conseiller du Roi, & Receveur general de ses Finances, en la charge d'outre Seine.
350   Noble homme & sage Me Pierre Michon, Conseiller & Auditeur du Roi notre Sire en sa Chambre des Comptes, pour l'acquisition par lui faite d'une maison dans la rue de Voirrerie, où souloit pendre pour enseigne le Mont St Michel, tenant d'un côté à l'Hostel de St Pharon.
verso. Jardins scis à Paris en la rue de Gratecon.
351   Maison scise rue du Temple du côté de St Avoye, aboutissant par derriere en la rue du Becq à one, laquelle repond en la rue neuve St Merry.

DE LA PREVOTÉ DE PARIS.

355 *verso.* Me Jehan Balue, sieur de Villepreux, Chanoine de l'Eglise St Germain de l'Auxerrois, & Curé de St Eustache à Paris.

Me Giraud le Cocq, Conseiller au Parlement, & Damoiselle Etiennette Balue sa femme ; Mre Christophe du Refuge, Chevalier, Correcteur en la Chambre des Comptes, au nom & comme Procureurs de Mr Charles Bastard d'Alençon, & de Dame Balue sa femme, & de Mre Jehan Balue, Chevalier, sieur de Goix, Escuyer ordinaire du Roi notre Sire.

356 Honorable homme & saige Me Benoist Laucher, Conseiller du Roi sur le fait de la Justice des Aides, pour une maison & eschopes scises aux Halles de Paris, joignant la Poissonnerie, lesquelles ne se pouvoient partager ni diviser entre ledit Larcher & Me Guillaume du Moulinet Procureur du Roi en la Chambre des Comptes, & Gervais Larcher Bourgeois de Paris, auroit été licitée au Chastelet le vingt-sixiéme Avril 1516, & seroit demeurée audit Benoist Larcher pour quatorze cens livres.

verso. Maison scise rue des Marmousets, tenant d'une part aux hoirs Me Guy Arbalestre. Les armes de l'Arbalestre sont aux vitres du Maistre-Autel la Magdelaine, avec un chapeau à cordons au dessus de l'Ecu comme les Evesques, d'autres gommes, & une Epitaphe dans une Chapelle à main gauche du Maistre-Autel.

358 Damoiselle Jaqueline Avice, ou Amer, veuve de noble homme Me Jaques Teste, en son vivant Clerc & Auditeur ordinaire du Roi en sa Chambre des Comptes.

verso. Honorable femme Denyse de la Varenne, veuve de Jehan le Lievre Bourgeois de Paris.

359 Me Estienne Desfriches, Advocat en Parlement, sieur Destains en partie.

verso. Maison scise rue des Changeurs, faisant le coin de la Feronnerie. C'est la rue des Déchargeurs, & c'est la faute Copiste.

Idem. Nobles femmes Guillemette Luillier, veuve de noble homme Me Jehan Aligret, en son vivant Lieutenant Civil de la Prevosté de Paris, & Gillette Luillier, veuve de Me Bertrand Ripault, en son vivant Clerc & Auditeur du Roi en sa Chambre des Comptes.

362 Pierre de Moucy, Marchand Bourgeois de Paris.

364 *verso.* Maison scise rue des Prescheurs, où souloit pendre l'enseigne de la Sellette, chargée de cinq francs dix sols parisis de rente envers le Chapellain de la Chapelle de St Pierre-le-Martyr, fondée en l'Eglise Notre Dame de Paris.

370 Honorable homme Jaques Aubry, Marchand & Bourgeois de Paris.

372 *verso.* Mre Antoine le Viste, Chevalier, Seigneur de Fresne, Conseiller du Roi, Maistre des Requestes ordinaire de son Hostel, & premier President du Parlement de Bretagne.

Idem. Damoiselle Philippe de Bailly, femme de Me Jehan de la Place, Conseiller au Parlement, tant en son nom que comme ayant la garde-noble de Engilbert, & Cosme Clausse ses enfans, & de feu Me Jehan Clausse.

386 *verso.* Me André des Asses, Conseiller au Parlement, pour les droits Seigneuriaux des Fiefs, dits Hanches, scis à Triel, mouvans de Thiery, par acquest de Robert de Cuisant, Escuyer, sieur du Perron, & Damoiselle Geneviève de Lommoy sa femme.

417 *verso.* Me Guillaume du Moulinet, à cause de Marie Larcher sa femme, au lieu de Gervais Larcher, Vendeur de poisson de mer és Halles de Paris.

Tome III. * F F f f ij

441   Me Jaques d'Albiac, Maiftre & Adminiftrateur de la Maladrerie de St Ladre lès Corbueil, decedé le quatorziéme Septembre
1516, a pour Executeur de fon teftament Me Charles d'Albiac.

Idem. Me Philippe Chefneau, à prefent Maiftre & Adminiftrateur
de ladite Maladrerie de St Ladre lès Corbueil, au lieu dudit Me
Jaqucs Albiac, prit poffeffion le huitiéme Septembre 1516

457 *verfo.* Jehan le Bouteillier, Efcuyer, Garde de l'Office de Chevalier du Guet de nuit de la Ville de Paris.

473   Mr Louis de Graville, Admiral de France, Capitaine du Bois
de Vincennes, decedé le   1516.

verfo. Mr Guillaume, Seigneur & Baron de Montmorancy, à prefent
Capitaine du Bois de Vincennes, au lieu dudit feu de Graville,
par Lettres Patentes données à Amboife le dernier Octobre 1516,
dont il a fait ferment ès mains de Mr le Chancelier, le vingt-
deux Novembre enfuivant.

479   Le même Mr de Montmorancy eft auffi fait Capitaine & Concierge de l'Hoftel & Tour de Beauté-fur-Marne, au lieu dudit
deffunt de Graville, par Lettres de même datte, & ferment comme deffus.

493 *verfo.* Me Antoine Rebours, Receveur de Sens.

498   Depenfe du dîné fait Mercredy dernier aux Lieutenant Criminel, Procureur du Roi, Confeillers dudit Seigneur, Commiffaire,
Greffier, Crieur, Sergens & autres Officiers du Roi au Chaftelet
de Paris, au retour du cri qui a été fait par ordonnance de la
Cour de Parlement en plufieurs lieux parmi cette Ville de Paris,
touchant la Paix faite entre l'Empereur & le Roi notre Sire;
auquel dîné a été dépenfé douze livres parifis, comme par cette
certification apert, datée du Samedy dixiéme Janvier 1516.

499   Dîné des Sergens le jour du Carefme-prenant, dix livres parifis.

500   Plufieurs Sergens qui par ordonnance de la Cour avoient conduit au Chafteau de Sevre, au moyen de l'entrée de la Reine,
dix prifonniers des prifons du Chaftelet, tous larrons, voleurs
& meurtriers, pour iceux être gardés jufqu'à ce que ladite Dame
ait fait fon entrée, pendant lequel tems lefdirs Sergens y ont
vaqué douze jours & douze nuits, par certification du vingt-
quatriéme May 1517.

503   Me Henri de Lievre, Seigneur de Sevre, par ordonnance des
Treforiers de France, du onziéme Decembre 1517, pour dix
prifonniers, meurtriers, latrons, qui furent détournés à l'entrée
de la Reine Marie, & menés du Chaftelet au Chafteau dudit
Sevre, & pour les garder quatorze perfonnes.

508 *verfo.* Publications faites par ordonnance du Prevoft de Paris dans
tous les Bailliages de ladite Prevofté, portant ordre à tous Gens
de guerre des ordonnances du Roi, de fe retirer en leurs garnifons & fous leurs enfeignes.

510 *verfo.* Me François le Febvre, Advocat du Roi en fa Chambre des
Comptes.

511 *verfo.* Mre Pierre de la Vernade, Chevalier, Seigneur de Brou,
Confeiller & Maiftre des Requeftes ordinaire du Roi.

517 *verfo.* Mre Nicolle Vyon, Chanoine de l'Eglife Notre-Dame de Poiffy,
pour fon falaire d'avoir mis & redigé par écrit le nombre des
tombereaux de terre, gravois & fablon, qu'il a convenu avoir
fur le pont de Poiffy, qui puis n'aguerre a été fait de neuf, &c.
feize livres parifis.

532 *verfo.* Me Pierre Gregoire, Compofiteur & Hiftorien, & Jehan
Marchand Maiftre Juré Charpentier, cent livres parifis, pour par

DE LA PRÉVOTÉ DE PARIS. 597

eux avoir fait faire le myſtere qui a été fait devant le Chaſtelet le jour que la Reine a fait ſon entrée en cette Ville de Paris, ſuivant le devis & marché fait avec eux par le Lieutenant Criminel, Procureur du Roi & Greffier audit Chaſtelet, attaché à l'Ordonnance des Treſoriers de France ſous l'un de leurs ſignets le vingtiéme May 1517.

535. Me Jehan de la Cheſnaye, notaire & Secretaire du Roi, Vicomte de Carentan.

536. Me Nicolle le Maiſtre, Preſident en la Cour de Parlement, pour le rembourſement de ce qu'il avoit preſté au feu Roi Louis dernier decedé, dans ſes grands & urgens affaires. 280 liv. pariſis.

verſo. Me Jaques Diſome, Lieutenant general du Grand-Maiſtre des Eaux & Foreſts à la Table de Marbre à Paris.

537. Dame Jeanne de Graville, fille & heritiere de feu Mr Loys ſieur de Graville, Admiral de France.

538 *verſo.* Mre Jehan le Bouteillier, Chevalier, ſieur de Moucy, & Capitaine du Guet de nuit à Paris.

HALLAGE.

17 *verſo.* La veuve de Simon le Jay, en ſon vivant Epicier.
28 *verſo.* Jaques Aubry, Marchand de Peaux & Corroyeur, demeurant à Paris.
30 *verſo.* Henri Pajot, Chandelier de ſuif.
31 *verſo.* Iſaac Aubry, Marchand demeurant à Paris.
34 *verſo.* Me Benoiſt & Nicolas Larcher, freres, Gervais & Euſtache du Moulinet leurs neveux, pour une boutique qui fut à Nicolas de Neufville.
75. Jehan Philippes, Chauffetier.
76 *verſo.* Pierre de Compans, Drapier Chauffetier.
77 *verſo.* Nicolas Drouyn, Marchand Drapier.
79. Jehan de Compans l'aîné, & Jehan de Compans le jeune, Sonneur.
90 *verſo.* Guillaume Nicolas, Procureur au Chaſtelet.

BOETE AU POISSON.

99. Andry Yon, Epicier.
 verſo. Robin Yon.
103 *verſo.* Me Guillaume du Moulinet, à cauſe de ſa femme, fille de feu Gervais Larcher.

ORDINAIRE DE PARIS, 1518.

Fol. 24 *v.* De la Senechauſſée de l'Abbé de Ste Geneviève de Paris ; qui doit toutefois qu'il eſt créé de nouvel d'icelle Abbayie en l'Egliſe du Roi notredit Seigneur, dix livres pariſis, dont en eſt cy-fait recepte ſous le nom de frere Guillaume le Duc, Abbé d'icelle Abbayie, dix livres pariſis.

96 *verſo.* De Jehan Trudaine, au lieu de Pierre du Buiſſon, Orphevre, pour le trente-troiſiéme Change ſur le grand pont, pour en jouir depuis Paſques 1507, juſques à vingt ans après enſuivants, moyennant neuf livres pariſis par an.

125 *verſo.* Me Euſtache Allegrain, Conſeiller & General ſur le fait de

la Justice des Aides.

236 verso. Noble homme Philippes Leuraville, Escuyer, Seigneur de Genestay en Brie.

324. Sebastien de sainte Beufve, Bedel de l'Université, & Bourgeois de Paris.

326 verso. Nicolas Hennequin, Marchand & Bourgeois de Paris.

331 verso. Me Jaques de St Yon, Notaire au Chastelet.

333 verso. Maison scise en la rue Gratecon, faisant le coin de la rue Percée.

336 verso. Noble homme Jehan de Paris, Escuyer, Seigneur de Boissy en Mulcien.

337 verso. Maison scise en la rue du Marché-Palu, faisant le front de la rue du Sablon près l'Hostel-Dieu de Paris, où pend pour enseigne l'Image St Nicolas, tenant d'une part aux hoirs feu Martial d'Auvergne, Procureur en Parlement, aboutissant par derriere à une petite ruelle, par laquelle on va à la riviere de Seine.

338. Maison scise rue de la Ferronnerie près la place aux chars, qui fut & appartint à feu Jehan Colbert, Marchand & Bourgeois de Paris, où pend pour enseigne la Croix verte.

verso. Me Guillaume d'Auvergne, pour une maison scise à l'opposite de la rue neuve Notre-Dame, en laquelle pend pour enseigne la Corne de Cerf, tenant d'un côté aux hoirs Nicolas Lamy, Drapier, que ledit Guillaume d'Auvergne acquit de Louis d'Auvergne son frere.

340. La rue la Limace, anciennement appellée la vieille place aux Pourceaux.

345 verso. Noble femme Marie le Picart, veuve de Me Denys de Hacqueville, Advocat en Parlement, tant en son nom que comme ayant la garde & administration de Denys de Hacqueville, fils dudit deffunt & d'elle.

Me Nicolle de Hacqueville, Advocat en ladite Cour.

349. Ruelle sans bout, nommée la ruelle où gist le Chat blanc, devant la grande boucherie.

352. Maison scise près de l'Eglise St Gervais, faisant le coin de la rue du Port St Gervais, autrement dite de Long-pont.

355. Me Guillaume Roze, Notaire du Roi notre Sire, & Procureur au Chastelet de Paris, & Marguerite Chouart sa femme.

356. Nicolas l'Avocat, Marchand & Bourgeois de Paris, pour une maison scise rue St Denys, entre la rue au Ferre & de la Cossonnerie, où pend pour enseigne la Couronne. (Origine de Mrs l'Avocat).

358. Jaques Gobelin, Marchand Drapier, & Bourgeois de Paris, pour une maison qu'il a acquis, scise rue de la Ferronnerie, moyennant douze cens cinquante livres tournois, & deux aulnes d'écarlatte à six livres l'aulne.

379 verso. Noble homme & sage Me Gilles Maillard, Conseiller du Roi notre Sire, & Lieutenant Criminel de la Prevosté de Paris. Est parlé dans cet article de feu Me Hugues Maillard, & de noble homme Adrien Auger, Escuyer, Seigneur d'Aubervilliers en partie, & de Damoiselle Jehanne le Moine sa femme.

394 verso. Mre Pierre de Chasteaupers Prestre, Chanoine de Paris, pour l'acquisition par lui faite au terroir de Chevremont.

404. Damoiselle Louise d'Orgemont, veuve de Raoulant de Montmorancy, pour le relief du Fief des Champs, à elle advenu par le trepas de Me Guillaume d'Orgemont son frere.

verso. Me Jehan de Versoris, Advocat au Chastelet de Paris, pour

DE LA PRÉVOTÉ DE PARIS.

le relief de portion du Fief de Buſſy-St-Martin, à lui appartenant par eſchange fait avec la veuve & heritiers de noble homme Jean l'Enfant, Chaufecire de la Chancellerie de France.

405   Damoiſelle Marguerite de Balu, veuve de Guillaume de l'Iſle, Seigneur de Mativault, & Marie de Balu ſa ſœur, femme d'Euſtache de la Tigerneve, Eſcuyer, Seigneur de Lieuſeurs, pour le relief de la Seigneurie de Bandeville, mouvant de Montl'hery à elles appartenant par le trepas de Triſtan de Balu.

verſo. Jean de Morainvilliers, Eſcuyer, Seigneur dudit lieu & de Montainville, pour le relief de la Seigneurie d'Herbeville à lui appartenant, au moyen de l'eſchange fait avec noble homme Jaques d'Eſtouteville, Chevalier, Seigneur de Beine & de Blainville, Conſeiller & Chambellan du Roi, & Garde de la Prevoſté de Paris.

406 *verſo.* Me Jean Maillart, Huiſſier ordinaire des Requeſtes du Palais à Paris, auquel le Roi, par ſes Lettres données à Paris le vingtiéme Mars 1509, a donné tous les droits Seigneuriaux qui lui étoient eſchûs par le trépas de feu Jean l'Enfant, Chaufecire de la Chancellerie, frere de la femme dudit Maillard; & auſſi par le trépas de Jeanne l'Enfant, fille dudit deffunt, à cauſe de la terre & Seigneurie de Buſſy-St-Martin près Lagny, advenue & eſchûe audit Maillart, à cauſe de ſadite femme, & à Louiſe Roberde & Marie l'Enfant, toutes ſœurs dudit deffunt, & tante de ladite Jeanne ſa fille, & à la veuve dudit deffunt.

408   Me Roger Gouel, Eſcuyer, ſieur de Villeneuve en Athie, pour la grurie de la Foreſt d'Artre, annexée avec le Fief de Villeneuve, ſeant en la Paroiſſe de Villiers en Athie, & du droit de Chaſſe en icelle Foreſt à lui appartenant à cauſe de Jeanne l'Huillier ſa femme.

verſo. Gilles le Bouvier, Marchand Apoticaire, Bourgeois de Paris, pour le relief du Fief de Bonvarlet, ſcis à Vitry près Paris, lequel Fief lui a été vendu par Me Louis de Harlay, trois cens trente-ſix livres.

425   Mre René Dumont Preſtre, Chapellain de la Chapelle St Remy, fondée en l'Egliſe des Quinze-vingts Aveugles de Paris, par Mr St Louis au Grand-Autel deſdits Quinze-vingts.

443   Me Jaques Olivier, Conſeiller du Roi, & Preſident en ſa Cour de Parlement.

460   Me Philippes Cheſneau, Maiſtre & Adminiſtrateur de la Maiſon & Maladrerie de St Ladre de Corbeil.

498   Mre Guillaume, Seigneur & Baron de Montmorancy, Capitaine du Bois de Vincennes, & Capitaine de Beauté ſur Marne, *Folio* 505.

500   Jean de la Cheſnaye, Garde du ſcel de la Prevoſté de Paris.

507   Mre Adrien de Hangeſt, Chevalier, Capitaine du Chaſtel du Louvre.

525   A Me Pierre Couſteau, Examinateur au Chaſtelet, ſoixante-dix-huit ſols tournois, pour s'être tranſporté le jour que le feu fut mis au Pilory, & que feu Fleurent Bazart, lors Executeur de la Haute-juſtice, fut brulé dedans ledit Pilory, accompagné de pluſieurs Sergens audit Pilory, pour faire éteindre le feu, & faire ceſſer l'excès & effort qu'on faiſoit en icelui, & où en ce faiſant, fit prendre partie des delinquants, meſmement un nommé Loſtiere Boulanger, qui fut l'un de ceux qui mit ledit feu; lequel depuis a été condamné à être pendu, & avoir par lui informé des cas deſſuſdits: en quoi faiſant ledit Couſteau, a frayé & mis

COMPTES ET ORDINAIRES

trente-huit sols tournois, tant pour les Gagne-deniers qui porterent l'eau audit Pilory; pour huit toises de cordes pour tirer le corps dudit Fleurent hors d'icelui Pilory, que aux Sergens qui assisterent avec lui pour faire serrer le peuple; que aussi pour une civiere pour porter le corps dudit Fleurent hors d'icelui Pilory; & pour deux torches qu'il convint achepter pour entrer dedans icelui Pilory; & quarante sols tournois, tant pour la vacation dudit Cousteau & ses Clercs, que pour avoir fait information d'icelui cas.

526. Le disné des Sergens le jour de Mardy-gras, dix livres parisis.
533. Vol fait en l'Hostel du Roi, appellé les Loges, en la Forest de St Germain en Laye.
535 *verso*. Me François le Fevre, Advocat du Roi en sa Chambre des Comptes.
559. Me Jaques Acarie, Tresorier des oblations & devotions du Roi.
562. Mre Jehan le Bouteillier, Chevalier, sieur de Moucy, & Capitaine du Guet de nuit à Paris.

HALLAGE DE PARIS.

31 *verso*. Me Benoist & Nicolas Larcher, freres, Gervais & Eustache du Moulinet leurs neveux, pour une boutique que tint Pierre du Buz, qui fut Nicolas de Neufville.

BOETE AU POISSON.

Me Benoist Larcher, Conseiller du Roi notre Sire sur le fait des Aides à Paris, pour une place faisant l'un des quatre Estaux à vendre poisson de mer, assis ès Halles de Paris.

Compte de l'Ordinaire de Paris pour un an fini à la St Jean-Baptiste 1519.

Au commencement de ce Compte sont des Transcrits jusques au *folio* 76, qui concernent Limours, pour la haute Justice, scel aux Contrats & Tabellionages dudit lieu, que le Roi avoit donné à noble homme & sage Me Jehan de Poncher, Seigneur de Champfreau & de Limours, Conseiller du Roi & Tresorier de ses guerres, pour décharger la Recepte du Domaine de Paris de la somme de sept livres dix sols parisis de rente, que ledit Poncher avoit droit d'y prendre chacun an; & encore à la charge que ledit Poncher & ses heritiers payeront tous les ans à ladite Recepte de Paris la somme de cinquante sols parisis; lesquelles sept livres dix sols parisis ledit Poncher avoit acquis de noble homme Adam Pompon, Escuyer, sieur de Bondousle, & Marie de Mauregard sa femme, dont cent sols appartenoient du propre de ladite Mauregard, à elle eschû par le trépas & succession de Me Andry de Mauregard, Tresorier du Dauphiné, par partage fait avec ses coheritiers; & cinquante sols parisis que lesdits mariés, ayant droit de Charles de Mauregard, aussi heritier en partie dudit deffant Andry de Mauregard, avoient droit de prendre sur ladite Recepte de Paris; lesdites deux rentes montant ensemble à sept livres dix sols parisis, faisant moitié de quinze livres parisis de rente, que ledit Andry de Mauregard avoit droit de prendre sur ladite Recepte.

Fol. 21 v. Lettres d'Eschange faites entre le Roi d'une part, & Mre Nicolas

DE LA PREVOTE DE PARIS. 601

Nicolas de Neufville, Chevalier, Seigneur de Villeroy, Secretaire des Finances, & Audiancier de France. Le Roi donne audit de Villeroi Chanteloup, & ledit Villeroi donne au Roi la maison & jardin appellée les Tuillieres à Paris. Donné à Paris le douziéme Fevrier 1518. Le pretexte est que Louise de Savoie étoit malade au Palais des Tournelles, à cause de l'humidité & de la proximité des Egoûts ; & que depuis quelques jours qu'elle étoit allé demeurer dans la maison des Tuilleries, elle s'étoit bien trouvée, & étoit en bonne santé.

25   Me Jehan Vivien, Maistre des Comptes, fit les informations pour cet eschange.

31 verso.   Serment de fidelité de Me François de Poncher, pour l'Evêché de Paris, fait à St Germain-en-Laye le quatriéme Avril 1518 avant Pasques, registré en la Chambre des Comptes le onziéme desdits mois & an avant Pasques.

35   Reconnoissances de quelques particuliers proprietaires de onze arpens de terre labourables scises à Dampmart, redevables envers le Roi en dix-sept sols parisis de droit Seigneurial, lesdites reconnoissances passées le vingt-cinquiéme Septembre 1518.

37 verso.   Autres reconnoissances de trois arpens, tant terres que vignes, scises audit terroir de Dampmart sous la Fontaine aux Bergers, chargés de six sols six deniers envers le Roi.

39 verso.   Autres reconnoissances de sept quartiers de terres audit terroir, chargés de trois sols six deniers envers le Roi.

41   Autres reconnoissances de huit arpens de terre en quatre pieces audit terroir, chargés de vingt sols parisis de droit Seigneurial envers le Roi.

43   Autres reconnoissances de trois quartiers de Saussaye, nommés la Saussaye-Turquam, chargés envers le Roi de dix sols parisis de droit Seigneurial tous les ans.

45   Autres reconnoissances de huit arpens audit terroir, chargés envers le Roi de vingt sols parisis de droit Seigneurial tous les ans.

46 verso.   Autres reconnoissances de demi arpent & demi quartier de vigne audit terroir, chargés de quatre sols parisis de rente envers le Roi.

48 verso.   Autre reconnoissance de neuf perches de vigne audit terroir, chargées de sept sols parisis de rente envers le Roi.

50   Autre reconnoissance d'un arpent de terre scis en Mallepeine au terroir de Dampmart, chargée envers le Roi de deux sols six deniers parisis de droit Seigneurial de rente.

52   Autre Declaration de deux arpens de terre scis près la Fontaine-aux-Bergers, au terroir de Dampmart, chargés envers le Roi de deux sols huit deniers parisis de droit Seigneurial, payables chacun an.

54   Autre Declaration de cinq quartiers de terre assis en Malle-Espine au terroir de Dampmart, chargés envers le Roi en deux sols huit deniers parisis par an de droit Seigneurial.

55 verso.   Autre Declaration de sept quartiers de terre scis sur la Fontaine du Vivier de Blay au terroir de Dampmart, chargés envers le Roi en cinq sols parisis de droit Seigneurial chaque année.

58   Lettres de Nosseigneurs des Comptes données sous leurs signets le deuxiéme Janvier 1511, par lesquelles ils ont baillé à Toussaint Maillard une loge sous la septiéme maison étant sous la

COMPTES ET ORDINAIRES

02 Halle de Douay, à commencer au coin de la rue de la Tonneilerie, moyennant deux deniers parifis de Cens, portans lods & ventes, & fept fols parifis de rente par an.

61 verfo. Copie de deux Lettres Patentes du Roi, l'une à Amboife au mois de Novembre 1516, par lefquelles le Roi donne, cede, & tranfporte à Mre Jaques de Genoilhac, Chevalier, Grand-Maiftre & Capitaine de fon Artillerie, partie de l'Hoftel de St Pol à Paris près les Celeftins, moyennant quatre mille livres pour une fois payé, douze deniers parifis de Cens, & quatre livres tournois de rente annuelle & perpetuelle.

85 Les fecondes Lettres données à Paris le vingt-deuxiéme Novembre 1518, par lefquelles après que ledit Genoilhac a fourni audit Seigneur lefdits quatre-mille livres, eft mandé à Noffeigneurs des Comptes de proceder à la verification des premieres Lettres.

87 verfo. Enregiftrement fait en la Chambre le dix-feptiéme Decembre 1518, defdites Lettres cy-deffus.

69 Ordonnance de la Chambre des Comptes au Receveur de Paris, pour laiffer jouir ledit de Genoilhac de ladite portion de l'Hoftel de St Paul, datte du penultiefme Decembre 1518.

70 Ordonnance des Treforiers de France au Receveur de Paris à même fin, dattée du huitiéme Janvier 1518.

70 verfo. Adjudication faite en la Chambre des Comptes de ladite portion de l'Hoftel de St Paul audit Genoilhac le huitiéme Juin 1519.

A laquelle a été mis le fceau du Chaftelet le vingt-neuviéme Juillet audit an 1519.

145 verfo. Me Louis du Tillet, Huiffier en la Cour de Parlement.

261 Guillette Hennequin, veuve de Jaques de Hacqueville, pour une maifon & jardin fcis près le Pont de Charenton, appellé le Séjour du Roi.

439 verfo. Grande maifon contenant plufieurs corps-de-maifons, fcife dans les rues de la vieille Tixeranderie, Gencien & de la Voirerie, ladite maifon nommée l'Hoftel des Cocquilles, qui appartint à feu noble homme Me Jaques Louet, en fon vivant Confeiller & General du Roi fur le fait de fes Aides, tenant tout au long de ladite rue Gencien (c'eft celle qu'on nomme la rue des Cocquilles), vendue par Damoifelle Françoife Louet veuve de noble homme & faige Me Jehan le Clerc, Advocat en Parlement, tant en fon nom que fondée de procuration de Damoifelle Catherine Louet fa fœur, veuve de feu noble homme Me Leon Tudart, en fon vivant Lieutenant General en Poitou pour le Roi.

543 Geoffroy de Vaites, Efcuyer, fieur de Beauvoir & d'Arcis; laquelle terre des Arcis il avoit acquis de Damoifelle Nicolle Verjus, veuve de Jehan le Maire, Efcuyer, & de Macé le Maire, neveu dudit Jehan le Maire, qui l'avoient eu par donation qui leur avoit été faite par Alexandre Verjus & fa femme, pere & mere de ladite Nicolle.

543 Me Jehan Bochart, Advocat en Parlement, pour l'acquifition de la terre & Seigneurie de Boitron, par lui acquife de Guillaume de St Merry, Efcuyer.

606 verfo. Me Bureau Bouchier, n'aguères Procureur du Roi au Chaftelet, decedé le vingt-huitiéme Novembre 1518. La Quittance eft donnée par Damoifelle Catherine de Cricy, fa veuve.

Idem. Me Jaques Chambret, à prefent Procureur du Roi au Chaf-

DE LA PRÉVOTÉ DE PARIS.

telet, au lieu de Me Bureau Boucher, par Lettres données à Paris le vingt-neuviéme Novembre 1518, dont il a prefté ferment le seiziéme Fevrier suivant.

631 *verso*. Me Jehan Mazalon, Maiftre & Garde de par le Roi en la maifon des Aveugles de Paris, jufqu'au huitiéme Octobre 1518, qu'il refigna fondit Office.

632 Philippe Bellehaiche, à prefent Maiftre & Garde de par le Roi en la maifon des Aveugles de Paris, au lieu dudit Mazalon, par Lettres du Roi donnés à Rennes le huitiéme Octobre 1518, mis en poffeffion le vingt-fixiéme dudit mois.

644 *verso*. Vifite faite par un Maçon & un Charpentier, en la Salle St Louis au Palais, pour vifiter les Planchers de ladite Salle, & les lieux convenables pour y affeoir les efchafaux pour la venue de l'Ambaffade d'Angleterre.

656 Publications faites à tous nobles & fujets au ban & arriereban de la Prevofté & Vicomté de Paris, de fe tenir prêts en leurs maifons, montés & armés pour partir & aller fervir le Roi, quand fon bon plaifir feroit de les mander.

667 *verso*. Etienne le Fevre, Treforier & Receveur Général des Finances de l'Empire de Galilée, pour lui aider à foutenir & fuporter les frais qu'il lui a convenu & conviendra faire, tant pour les gafteaux, jeux & eftats faites à l'honneur & éxaltation du Roi à la fefte des Rois, que pour autres affaires; & auffi pour extraits faits touchant le Domaine, par Lettres de taxation des Treforiers de France, du vingtiéme Janvier 1518.

769 Me Jaques Chambret, Procureur du Roi au Chaftelet de Paris, auquel le Roi par fes Lettres dattées de Monftreuil, le dixiéme Juin 1520, a donné les gages échus depuis le vingt-neuviéme Novembre 1518, que mourut Me Bureau Boucher fon predeceffeur, jufqu'au quinziéme Fevrier fuivant, que ledit Chambert fut inftitué.

DEPENSE COMMUNE.

Antoine Rigault, Commis à faire les frais du Procès pendant entre le Procureur du Roi contre le Treforier de Touloufe, depuis le premier Octobre 1519, jufqu'au dernier Mars 1522.

Me Michel Hubert Commis au payement des Morte-payes, commis par le Roi à garder les bêtes fauvages de la Foreft de Bievre.

Domaine de Paris pour l'année finie à la St Jehan-Baptifte, 1520.

Tranfcrit des Lettres Patentes données à Blain le vingt-deuxiéme Aouft 1518., par lefquelles le Roi donne à Mre Angel de Montfort, Comte de Campobas, l'eftat & office de Garde & Concierge d'une portion de la maifon appellée la Cour-la-Roine & fes appartenances, fituée en cette Ville de Paris entre les Eglifes de St Paul & les Celeftins, à tenir ladite Conciergerie aux mêmes droits & honneurs que les avoient en leurs vivans feu Antoine du Cartier, Maiftre-d'Hoftel du Roi, & fes predeceffeurs.

168 Trente-deux liv. parifis de rente à prendre fur la terre de Fontenay-lès-Louvres en Parifis, efchangés par le Roi avec Mre Jean Bureau, en fon vivant Chevalier, Treforier de France, à l'encontre de quarante livres tournois de rente que ledit Mre Jean Bureau avoit de fon conqueft par lui fait de Guillaume de Haulte-cour, & Denyfe de Haulte-cour fa fœur, qui avoient droit de les prendre chacun an fur le trefor du Roi à Paris.

361 Maifon acquife par les Adminiftrateurs de St Jaques de l'Ho-

COMPTES ET ORDINAIRES

604   pital, scise rue de la Herbe, nommée l'Hostel des Carneaux où
          il y a un jeu de Paulme appellé Gravelles, auquel Hostel pend
          pour enseigne Langle, laquelle maison ils acquirent de noble
          homme Antoine Boisserie, Escuyer, Procureur du Roi en la
          Chancellerie de Corbeil, pour la somme de mille cinquante liv.
          tournois.

864 verso.   Henri Lescalopier, Marchand Epicier, Bedel de la Nation de
          Normandie en l'Université de Paris, pour deux maisons, dont
          une au Cimetiere St Jean ayant issue par derriere en la rue
          Chattron, dite des Mauvais-garçons, qu'il achepta de Claude
          Lescalopier, Marchand Epicier demeurant à Cusset en Auvergne.

493   Sentence du Prevost de Paris, confirmée par Arrest du Parle-
          ment, par laquelle un nommé Jehan Petit, dit Grand-Jehan,
          Cordelier, Compagnon de guerre, natif de Meaux, convaincu
          de port d'armes, force publique, assemblée illicite, rebellions
          & désobeissance commis par lui & ses complices, au Prieuré
          de St Jehan en l'Isle lès Corbeil, est condamné au fouët, ban-
          nissement perpetuel du Royaume, & confiscation de biens.

ORDINAIRE DE PARIS, 1521.

303 verso.   Me Landry Maceil ou Maccu Prestre, Boursier du Collegé
          du Cardinal le Moine à Paris, & Seigneur du Fief des Bordes
          en Gastinois.

302   Vitres mises au Louvre, lesquelles avoient été rompues durant
          le temps que feu le sieur de Nevers y a fait séjour.

309   Deux Faux-monnoyeurs condamnés à être boulus au Marché-
          aux Pourceaux; & à cet effet a été mise une grosse fontaine
          de cuivre à la chaudiere, laquelle fut mise sur un fourneau de
          pierre; fut brûlé un cent de bois de gros compte, une douzai-
          ne de bourées, une douzaine de cotterests, & un gluy de feure.

537   François Gobe, Escuyer, Archer de la Garde-du-corps du
          Roi notre Sire, Jeanne de Villiers sa femme, & Antoine Go-
          be leur fils, ausquels le Roi par Lettres dattées de Blois le dou-
          ziéme Avril 1520, a donné la Conciergerie & demeurance de
          la maison du Petit-Nesle, située en cette Ville de Paris, con-
          sistant en maisons, cours, jardins & autres appartenances, avec
          tous les droits, profits, revenus & émolumens qui en dépendent, a
          presté serment le septiéme May : lequel Hostel étoit lors occupé
          par Jean Valentin.

25   Vente faite aux Celestins d'un Estal & maison en la Bouche-
          rie de Gloriette, pour douze cens livres.

39 verso. L'Abbayie Ste Geneviève au Mont de Paris, pour quatre-vingt
          livres tournois de rente à prendre sur la ferme des Estaux à
          vendre poisson de mer sous le Petit-Chastelet du côté de l'Hostel-
          Dieu, pour mille livres.

62   Des Chartreux lès Paris, pour soixante livres parisis de rente
          sur la Boucherie du Cimetiere St Jean à Paris, moyennant mille
          livres.

ORDINAIRE DE PARIS, 1522.

487 verso. *Nota.* Que le Roi donne à Gaspart de Colligny, Chevalier,
          Seigneur du Chastillon, par ses Lettres dattées de Lyon le si-
          xiéme May 1520, auquel le Roi Catholique prenoit sur les treil-
          lis du Chastelet à Paris, montant à cent trente-deux livres six
          sols dix deniers parisis, à commencer du jour de l'ouverture de

DE LA PREVOTE' DE PARIS.

la guerre, pour le recompenser de quatre mille deux cens livres de rente appartenant audit Colligny, que le Roi Catholique a fait saisir, comme étant à un sujet du Roi; laquelle recompense a été payée à Louise de Montmorancy, veuve dudit Gaspart; sçavoir cent douze livres seize sols patisis, échûs depuis l'ouverture de la guerre, qui fut le vingt-un Aouft 1521, certifié par Anne de Montmorancy, sieur de la Richepot, Marefchal de France & Chevalier de l'Ordre, jusqu'au vingt-troisiéme Juin ensuivant 1522.

565   Reparations puis n'agueres faites au Chasteau de St Germain-en-Laye par ordonnance du Roi, pour la venue dudit Seigneur, de la Reine & Madame, où a été travaillé en extrême diligence, jour & nuit, Festes & Dimanches au mois de Decembre & Janvier 1521.

598   Pierre Perrier, Maistre Peintre, pour avoir peint & doré les deux grands Cadrans de l'Horloge du Chastelet; avoir fourni or, azur & huile, & autres Couleurs.

603 verso. Un Faux-monnoyeur boullu au Marché-aux-Pourceaux.

610 verso. Publication faite dans les Chastellenies & Bailliages de la Prevosté de Paris, que tous hommes-d'armes & Archers des Ordonnances du Roi, qui sont des Compagnies qui sont de là les monts, ayent à eux retirer en leurs garnisons dedans le jour de Pasques prochain, sur peine de perdre leur place, & être puni corporellement. Autre Cri; que tous gens de guerre des Ordonnances du Roi, tant deça que delà les monts, eussent à se rendre & retirer en leurs garnisons & sous leurs Enseignes, quelque part qu'elles soient, tant deça que delà les monts, de maniere qu'ils y soient; sçavoir, ceux établis au delà les monts, dans un mois après la publication desdites Lettres; & les autres, quinze jours après, sur peine d'être cassés. Autre Cri; que tous Nobles & autres sujets à ban & arriere-ban de ce Royaume, se tiennent prests, montés & armés, en leurs maisons, pour partir d'icelles, & aller servir le Roi dedans le dixiéme Aouft lors prochain ensuivant, au lieu & ainsi qu'il leur seroit mandé & fait à sçavoir par le Roi, sur les peines en tel cas requises, sans toutefois se mettre aux champs, ni vivre à la charge du peuple.

Item. Commander à tous Capitaines, Lieutenans, Enseignes, Guidons, hommes-d'armes & Archers des Compagnies des ordonnances du Roi, tant deça que delà les monts, qui étoient en leurs maisons & hors de leurs garnisons, qu'ils eussent à se retirer incessamment en leur Compagnie, sur peine de perdre leur solde, argent & chevaux, & être punis corporellement.

Idem. Les Filles converties & penitentes de la Ville de Paris, pour subvenir à leurs necessités durant cette presente année, finissant le dernier Decembre prochain, cent livres tournois.

660   Les Tresorier & Chanoines de la Ste Chapelle du Palais-Royal à Paris, pour l'entretennement de leur Pain de Chapitre durant cette presente année, finissant le dernier Decembre prochain, cent vingt livres tournois.

DOMAINE DE PARIS, 1523.

Fol. 2.   Transcrit des Lettres du Roi en forme de Chartes, données à St Germain-en-Laye en Fevrier 1522, par lesquelles il separe & éclipse de la Justice & Jurisdiction de la Prevosté de Paris, la connoissance de toutes les causes & matieres de la conserva-

COMPTES ET ORDINAIRES

toire des privileges Royaux, donnés & octroyés à l'Université de Paris en premiere instance, dont le Prevoft de Paris ou fon Lieutenant, ont cy-devant connu & accouftumé de connoiftre, comme Confervateurs des Privileges Royaux de ladite Univerfité : laquelle Juftice & Jurifdiction de ladite confervatoire, fera dorefnavant tenue & exercée féparément par un Bailly, ou par fon Lieutenant, que pour ce faire ledit Seigneur a créé, érigé & établi, avec un Advocat, Procureur, Greffier & Huiffiers de ladite Jurifdiction, enfemble des Sergens qui feront advifés être neceffaires pour faire les Exploits des Sentences, Jugemens & autres Actes en icelle Jurifdiction ; aufquels Eftats & Offices ledit Seigneur pourvoira cy-après de bons perfonnages & fuffifans, à tels gages & droits que cy-après fera ordonné aux Offices où il efcher gages, avec telles authorités, prérogatives qui feront requifes efdits Eftats ; & à icelle Jurifdiction dudit Bailliage fe joindront les douze Confeillers, par ledit fieur nouvellement créés & érigés en ladite Prevofté, pour vacquer, affifter & fervir à l'expedition des procès, matieres & affaires en ladite Cour du Bailly, en la forme & maniere qu'il étoit mandé faire en ladite Prevofté.

5   Lettres de Provifions de l'Office de Bailly en la Ville & Cité de Paris, de nouveau créé & érigé pour Mre Jean de la Barre, Chevalier, Seigneur de Vevetz, & du Pleffis-du-Parc lès Tours, Confeiller, Chambellan du Roi, & premier Gentilhomme de fa Chambre, en datte du dix-huitiéme Mars 1522. Il prend la qualité de Bailly de Paris, & Confervateur des Privileges Royaux de l'Univerfité. Il fut reçu au Parlement le dix-neuviéme Mars audit an, fans préjudice des oppofitions.

7   Edit de Création donné à Fontainebleau au mois d'Aouft 1523, du Bailliage de Paris, & pour tenir la Cour & Jurifdiction dudit Bailliage, un Bailly, un Lieutenant, un Advocat, un Procureur, douze Confeillers, un Audiancier, un Sous-Audiancier & douze Sergens, pour être dits & nommés les douze Sergens de la Douzaine du Bailly de Paris, aufquels Officiers le Roi a donné les gages qui s'enfuivent, pour leur être payés par le Receveur ordinaire de Paris ; fçavoir audit Bailly quatre cens livres parifis, au Lieutenant deux cens cinquante livres parifis, au Procureur du Roi deux cens livres parifis, à l'Advocat vingt livres parifis, à chacun des douze Confeillers vingt livres parifis, aufdits Audiancier & Sous-Audiancier, à chacun douze livres trois fols quatre deniers parifis, & aufdits Sergens, à chacun d'eux dix-huit livres cinq fols parifis, & au Receveur de Paris pour fes peines de faire ledit payement, cent livres parifis par an, outre fes autres gages. Regiftré en la Chambre, le onziéme Decembre 1523.

11   Lettres de Provifions de Receveur du Domaine & Voyer de Paris, données à Lyon le feiziéme May 1522, à Me Germain Tefte, cy-devant Clerc & Auditeur des Comptes, que par cy-devant a exercé Me Jean Tefte dernier poffeffeur & vacant par la promotion dudit Jean Tefte en l'Office de Confeiller & Maiftre des Comptes Lai ordinaire, vacant par le trépas de Me Eftienne Petit, en fon vivant Chevalier, lequel Germain Tefte a prefté le ferment en la Chambre, le douziéme Juin enfuivant.

13 verfo.   Copie des Lettres Patentes données à St Germain-en-Laye le treiziéme Mai 1523, par lefquelles & pour les caufes y conte-

DE LA PREVOTE' DE PARIS.

nues, narration faite des criées & proclamations faites de la maison des Lyons appartenante au Roi, scise à Paris près l'Eglise St Paul, le Roi veut être fait bail & delivrance d'icelle maison à amé de Resne, premier huiffier de fa Chambre, à perpetuité, à la charge de quatre livres parifis de rente, & douze deniers parifis de cens, portant lods & ventes & faifine. L'enregiftrement est à la charge de douze livres parifis de rente outre lesdits douze deniers de cens, & à la charge de bâtir ladite maison, & de la mettre en état que l'on en puiffe tirer lesdits cens & rente fans diminution ; lequel enregiftrement eft dû vingt-neuviéme Mai audit an.

300 *verſo*. Me Juvenal des Urfins, Seigneur de Roiffy, pour la haute Juftice de Roiffy, fans préjudice de la moyenne & baffe, que ledit des Urfins prétend lui appartenir ; ladite haute Juftice à lui vendue par les Commiffaires ordonnés par le Roi pour la vente & alienation de fon Domaine, le quinziéme Juin 1522, moyennant deux cens quarante livres tournois.

638 *verſo*. Louis Vente, Treforier & Receveur General de l'Empire, vingt livres parifis pour lui aider à fupporter les frais qu'il lui a convenu faire aux Rois, en enfuivant les bonnes couftumes & ordonnances dudit Empire, &c. L'Empire eft la Jurifdiction des Clercs de la Chambre des Comptes, comme la Bazoche au Palais ; on l'appelle l'Empire de Galilée.

Compte de l'Ordinaire de Paris 1523.

Folio 9. Tranfcript des Provifions des douze Confeillers du Baillage de Paris, nouvellement créés. Manque le premier cahier.

Jean Morin, l'un defdits Confeillers du Baillage, pourveu le douziéme Juillet 1523.

Me Denys Rubentel, autre Confeiller dudit Baillage, pourveu le quatorziéme Juillet 1523.

Me Jaques Nogentel, *idem*, pourveu le vingtiéme Juillet 1523.

Me Martin Bragelongue, autre *idem*, pourveu le vingt-cinquiéme Juillet 1523.

Me Thomas Brageloigne, pourveu le neuviéme Aouft 1523.

Me Martin Ravault, pourveu le vingt-cinquiéme Juillet 1523.

Me Jean Vialart, pourveu le onziéme Juillet 1523.

Me François Goyet le jeune, pourveu le onziéme Aouft 1523.

Me Denys Avy, pourveu le vingt-neuviéme Juillet 1523.

Me Antoine Bochart, pourveu le quatorziéme Juillet 1523.

Me Jean Bagereau, pourveu le feiziéme Juillet 1523.

47 *verſo*. Leon de Tichon, Controlleur du Domaine de la Ville, Prevofte & Vicomté de Paris, créé de nouveau, pourveu le douziéme Juillet 1523.

551. Deux particuliers brûlés vifs au cimetiere St Jean, où fut employé trois cens de gros comptes du prix de foixante-quatre fols parifis ; quatre cens bourrées & coterefts de foixante fols parifis ; treize gluis de feure ; & deux boteaux de foin de huit fols parifis ; en poudre de foulfre dix fols parifis ; aux Chartiers qui ont mené le bois, foin & feure, Jurés & Bailleurs, huit fols parifis.

559 *verſo*. Un Faux-monnoyeur boulu au Marché-aux-Pourceaux.

DOMAINE DE PARIS, 1525.

Edit de création de l'Office de Lieutenant particulier, & premier Conseiller au Bailliage de Paris, outre les Officiers créés audit Bailliage aux gages de cent soixante livres par an, par Letttres dattées de Lyon le vingt-sixiéme Octobre 1523, & par autres Lettres du vingt-huitiéme desdits mois & an. Le Roi donne ledit Office de Lieutenant particulier à Me François Boisleve, lequel est refusé par le Bailli de Paris, & le vingt-huitiéme Octobre 1524. Lettres de commission de Madame Louise de Savoie au Parlement, pour le recevoir, nonobstant le refus dudit Bailly, du vingt-troisiéme Janvier, Arrest du Grand-Conseil sur l'opposition faite par les Officiers du Bailliage de Paris à la reception dudit Boileve, par lequel est ordonné qu'il sera reçû, datte du quatre Juillet 1527, prise de possession dudit Boileve du trente Juillet 1527, installé par noble homme Me Guy de Breslay, Conseiller au Grand-Conseil, Executeur dudit Arrest, & payé de ses gages du jour du refus dudit Bailly à sa reception; relief d'adresse à la Chambre des Comptes sur ladite création du vingt-deuxiéme Octobre 1430. Registrées en la Chambre, le quinze Novembre ensuivant.

542   François d'Assy, condamné par Arrest du Parlement à être brûlé tout vif en la place de Grève, comme Boute-feu, pour avoir mis le feu à la Ville de Troies.

Fol. 541.*v.*   Un petit garçon pendu par dessous les esselles.

542   Cinq potences mises dans le Palais par ordre du Bailly du Palais.

542 *verso.*   Un Malfaicteur fustigé, & une oreille coupée.

566 *verso.*   Me Antoine du Bourg, à present Lieutenant Civil de la Prevosté de Paris, par Lettres Patentes données à Bordeaux le douziéme Avril 1526, a presté serment le septiéme Mai ensuivant, au lieu de feu Me Louis Rusé, decedé le vingt-quatriéme Janvier 1525.

ORDINAIRE DE PARIS, 1527.

555   Noble homme François Andras, Seigneur de Changy près Nevers, logé en l'Hostellerie du Grand-Cornet près l'Eglise de St Jean en Grève, tué par François du Chastel, Joachim du Chastel, Charles du Chastel, Guillaume Clauseau & François Yssot; lesquels du Chastel furent condamnés à être décapités, par Arrest, en place de Grève; ledit Clauseau pendu, & ledit Yssot, dit le Laquais, à être brûlé à un poteau, & attaché en ladite Grève. Ledit Yssot fit amende honorable, lesdits du Chastel furent ensuite mis au gibet de Montfaucon; leurs têtes furent mises sur des pieux, celle de François en la place de Grève devant l'Hostel de Ville, celle de Joachim hors la porte St Jaques, & celle de Charles hors la porte St Antoine.

571   Un Faux-monnoyeur bouilli au Marché-aux-Pourceaux.

572 *verso.*   Publication de Paix faite à son de trompe à Paris, le deuxiéme Juillet 1526.

574   Meurtre commis en la personne de Me Jean de Salva, neveu de Mre Jean de Salva premier President.

DOMAINE DE PARIS.

Idem.   Henri le Riche, Barbier, pour la permission de bâtir en une ruelle

DE LA PREVOTÉ DE PARIS.

ruelle anciennement nommée la Barilliere, fcife en la Cité de Paris, entre la rue de la Calandre & le bout du Pont St Michel, aboutiffant devant la rue de la Barillerie, par où l'on fouloit paffer d'ancienneté de ladite rue de la Barillerie, à aller par derriere en la riviere de Seine. Une gallerie ou Chambre au-deffus du rés de chauffée en hauteur competante, contenant quatre toifes de long fur trois pieds de large.

500 verfo. Me Jaques le Sieur, à prefent Maiftre & Enquefteur des Eaux & Forefts du Roi notre Sire ès Pays de France, Brie & Champagne, par Lettres de Madame, mere du Roi, Regente en France, données à St Juft-fur-Lyon le vingt-fixiéme Decembre 1525, a prefté ferment ès mains de Monfieur le Chancelier, le dix-neuviéme Janvier fuivant, au lieu de Charles Tiercelin.

501 verfo. Mre Jean de la Barre, Chevalier, Comte d'Eftampes, à prefent Garde de la Prevofté de Paris, par Lettres du Roi données à Bordeaux le dix-feptiéme Avril 1526, a fait ferment au Parlement le premier Juin enfuivant audit an, au lieu de noble homme Gabriel, Baron & Seigneur d'Alegre.

641 Par Arreft du Parlement, Auguftin Dorelot, Vigneron, natif d'Auxerre, pour le fait par lui commis en l'Eglife St Jean en Grève, fut condamné à avoir le poing coupé, ars & brûlé tout vif en une potence mife en la place de Grève. La dépenfe eft de fix moufles de bufche, quarante-deux fols; Charretier quatre fols; deux cens bourrées & cofterets, trente-deux fols; pour les Crocheteurs qui les ont portés, quatre fols; aux Jurés & Bailleurs, deux fols; une torche de deux livres pefant, dix fols huit deniers, pour faire amende honorable devant Mr de Paris; en poudre à canon & autres drogues, douze fols; pour le tombereau où il fut mené, cinq fols; au traifneau & claye où il fut traifné, quatre fols; pour une bourfe, une lafniere & un reftraintif, où ledit poing coupé fut mis pour l'étancher, fix fols; deux perches de bois, deux fols; le tout parifis.

ORDINAIRE DE PARIS, 1528.

664 Un homme decapité au Pilori, & fa tête mife au bout d'une lance, & fon corps mené le lendemain pendre au gibet.

666 Publication à fon de trompe, le vingt-feptiéme Aouft 1527, de la paix entre le Roi de France & le Roi d'Angleterre.

ORDINAIRE DE PARIS, 1529.

413 verfo. Mre Jean de Salva, Chevalier, Confeiller du Roi, & premier Prefident en fa Cour de Parlement, pour le Quint de l'acquifition par lui faite des Terres, Seigneuries & Chaftellenies de Villiers & Driffon, & la maifon de Belebat près la Ferté-Aleps, qu'il acquit de Reverend Seigneur Mr Baudouyn Doignies, Protonotaire du St Siege Apoftolique, & Me Jean Carpentier, au nom & comme Procureurs de Mr Philippes de Croy, Marquis d'Afcot.

641 Pierre Pommerelle, Maiftre des hautes œuvres, fix livres tournois, qu'il a debourfé pour l'achapt par lui fait d'une épée qu'il a convenu achetter aux dépens de Juftice, pour executer les malfaéteurs condamnés à être decapités.

Tome III.   *HHhh

COMPTES ET ORDINAIRES

544 Une potence mife fur le chemin près la Croix des Trahifons.
547 *verfo.* Me Jean Souchet parent de l'Ambaffadeur de l'Empereur, detenu prifonnier au Chaftelet, depuis le quinziéme Decembre jufqu'au dixiéme Juin 1529 ; lequel prifonnier n'étoit de l'ordonnance, mais de l'exprès commandement du Roi, à taifon de deux fols fix deniers par jour.
548 *verfo.* Tefmoins confrontés à Claude Claudion prifonnier au Chaftelet, pour raifon de l'outrage & excès qu'on dit par lui avoir été commis à l'image Notre-Dame, qui étoit derriere l'Eglife du petit St Antoine à Paris.
549 *verfo.* Ledit Claude Claudion, ou Gaudon, a été amené prifonnier de Marly-la-Ville, accufé de plufieurs blafphêmes par lui proferés contre ladite Image de Notre-Dame.

Il y a plufieurs prifonniers pour blafphêmes contre Dieu, la Vierge & les Saints.

553 Confrontations de témoins à Laurent Porcher prifonnier au Chaftelet, pour l'offence faite la nuit du premier jour de Juin dernier, à l'Image Notre-Dame derriere le Prieuré St Antoine en cette Ville de Paris.
verfo. Ledit Laurent Porcher amené des prifons de Corbeil avec fa femme & fa mere au Chaftelet, pour plufieurs blafphêmes par lui proferés contre l'honneur de Notre-Seigneur & de la Vierge.

ORDINAIRE DE PARIS, 1530.

Au commencement eft un tranfcrit d'un Extrait des Regiftres du Parlement, des Lettres Patentes du Roi données à Lezignen au mois d'Avril 1529 avant Pafques, par lefquelles le Roi donne & cede à Mre François Defcars, Chevalier, Seigneur de la Vauguyon, les Chafteaux, Terres & Seigneuries de Tournant, Torcy en Brie, & Montl'heri en la Prevofté de Paris, & Fontenay-le-Comte, compris le Comté de Luxonnois, évalués; fçavoir, Tournant, Torcy & Montl'heri, à onze cens foixante-deux livres onze fols onze deniers oboles tournois, charges deduites ; & ledit Fontenay-le-Comté, compris la traite de Luxennois à dix-neuf cens foixante-treize livres huit fols fept deniers oboles tournois, charges deduites, moderées à caufe des frais de Juftice & autres caufes, à douze cens livres tournois ; & encore la Terre & Chaftellenie d'Uffon en Auvergne, membres en dépendans, excepté le Chaftel & place d'icelui, que le Roi pourra retenir, fi bon lui femble, que ledit Defcares a accepté pour huit cens livres tournois de rente. Ledit tranfport fait pour & à l'encontre des Chaftellenies de Carency, Buquoy, Bonimeres & Ais en Gouelle, appartenant audit fieur Defcares, & par lui baillées à l'Empereur pour la rançon du Roi & delivrance de Meffieurs fes enfans. Ledit fieur Defcars eft qualifié dans les Lettres, Baron de St Germain fur Vienne, & Sénéchal de Bourbonnois, tant en fon nom que comme fe faifant fort de Ifabeau de Bourbon, fa femme.

Eft à noter que les Arrefts mis fur ce Compte font en François, & eft le premier celui de 1529, les autres font en Latin.

607 *verfo.* Me Mathieu Macheco, Huiffier en la Cour de Parlement, pour le Quint de l'acquifition par lui faite du Fief & Terre de Pacy près Auteuil, qui fut jadis à Jean Petit, & depuis à Me Pierre Danes, Advocat en la Cour.
608 *verfo.* Me Guillaume Prud-homme, Confeiller du Roi, Notaire & Secretaire General des Finances, pour le Quint de l'acquifition par lui faite de la Terre & Seigneurie de Fontenay en Brie, par

DE LA PREVOTÉ DE PARIS.

lui acquife de Denys de St Merry, Efcuyer.

509. Me Mathieu Gallet, Seigneur de la Hulmes, Clerc au Greffe Civil de la Cour de Parlement, pour le Quint de l'acquifition du fief de Chapponnal, fcis dans le Bourg de Poiffy, confiftant en dix fols dix deniers parifis de Cens, portans lods, ventes, &c. fur plufieurs maifons fcifes au Marché & Bourg de Poiffy, mouvant de Poiffy : ledit fief par lui acquis avec un autre fief fcis à Triel, nommé le fief l'Amoureux, autrement le fief qui fut David-le-muet, s'étendant fur plufieurs Paroiffes, mouvant des Religieufes de Poiffy ; le tout acquis de Me Mathieu le Turc, Confeiller du Roi, Lieutenant du Bailly de Vermandois.

637. Me Pierre du Poncel, n'agueres Preftre, dégradé pour le meurtre par lui commis ès perfonnes de deffunts Mre Antoine de Comtes, Curé de Meru, & de Michel Pouffart fon ferviteur, condamné à être trainé fur une claye au cul d'un tombereau, depuis le Chaftelet jufques devant le College d'Autum, & illec tenant une torche de cire du poids de deux livres, faire amende honorable, & avoir le poing coupé, & de là mené en Greve, & être brulé & ars tout vif.

645. Me Romain Martineau, Examinateur, envoyé en la Ville de Corbeil & ès environs par déliberation du Confeil, pour informer de ce que le Confeil avoit été averti que quelques Marchands & Boulangers de Paris alloient achetter des bleds dans les granges des Laboureurs, & alloient au-devant de ceux qui amenoient du bled à Paris, ce qui étoit caufe de la cherté des bleds, & préjudiciable au bien public.

En ce temps-là l'on brûloit les voleurs de grands chemins.

649. Me Gilbert de Hadicq, Notaire au Chaftelet de Paris, pour dépenfe qu'il a payée par ordre du Prevoft ; premierement pour le cri de la Paix publiée le Mercredi dix-huitiéme du mois d'Août 1529, fur la pierre de Marbre de la Cour du Palais, & par les Carrefours de Paris, entre le Pape, le Roi, l'Elu Empereur Roi de Caftille & de Germanie, le Roi d'Angleterre & le Roi de Hongrie & de Boheme, fuivant l'ordre du Roi ; fçavoir, à Michel Bailly, Marchand de draps de foye, pour fix aulnes un quart de taffetas violet azuré de Gennes renforcé, pour faire les bannieres de fix trompettes qui ont fervi à faire ledit cri & publication de Paix, dix livres dix-huit fols neuf deniers tournois, qui eft au prix de trente-cinq fols l'aulne ; audit Bailly pour vingt-un aulnes de frange d'or & de foie pour fervir aufdites bannieres, cent dix fols trois deniers ; à Jean le Sourd, Couturier, pour avoir taillé lefdites bannieres, & y avoir coufu lefdites franges, & avoir livré quatre aulnes de ruban de foie pour attacher lefdites bannieres aufdites trompetes, trente-quatre fols tournois ; à Leon Bachet, Peintre, pour avoir peint & doré lefdites bannieres, & en chacune d'icelles appofé trois fleurs-de-lis d'or d'un côté, & de l'autre côté une Salamandre femée de feux, douze livres tournois ; à Michel Gaultier, Pierre Giboin, Bertrand Braconnier, Jaques Maffue, Guillaume le Beau & Jaques de Laval, pour avoir affifté à cheval à ladite publication de Paix, & fonné lefdites trompettes, quatre livres dix fols tournois, qui eft chacun quinze fols tournois, montant le tout à trente-quatre livres treize fols tournois.

On coupoit encore les oreilles aux Malfacteurs.

652 verfo. Me Pierre l'Ormier, Examinateur, paye vingt-huit livres dix-huit fols parifis, par l'ordre du Prevoft de Paris, pour le difné

COMPTES ET ORDINAIRES

612 qui fut fait en l'Hotel des Carneaux le Mercredi dix-huitiéme Aoust 1529, aux Lieutenant Criminel, Commis du Lieutenant Civil de la Prevosté de Paris, Advocats, Procureur du Roi, Conseillers & Examinateurs au Chastelet, & autres qui assisterent au cri & publication faite ledit jour sur la Pierre de Marbre en la Cour du Palais, & par les Carrefours de Paris, de la Paix d'entre N. S. P. le Pape, le Roi notre Sire, très-Chrétien, l'Esleû Empereur Roi de Germanie & de Castille, le Roi d'Angleterre & le Roi d'Hongrie & de Boheme, suivant le Commandement du Roi.

667 verso. Me Jean Morin; à present Lieutenant Criminel par Lettres données à Nogent sur Seine le vingt-huitiéme Decembre 1529, au lieu de feu Me Gilles Maillard, a fait le serment le Samedi douziéme Fevrier ensuivant, avec Lettres de compatibilité du quatriéme Janvier, pour tenir ledit Office de Lieutenant Criminel, & celui de Lieutenant General du Bailly de Paris.

671 Me Oronce Finé, tenant lecture ordinaire des Actes liberaux en l'Université de Paris, auquel le Roi fait don de deux cens cinq livres tournois, tant en faveur de sadite lecture ordinaire, qu'afin qu'il puisse parachever & reduire à vraie correction un Livre par lui composé sur les Arts Mathématiques.

ORDINAIRE DE PARIS, 1531.

Copie des Lettres Patentes datées de Lezignen en Avril 1529 avant Pâques, par lesquelles le Roi cede & transporte à Mre Antoine du Bois, Evêque de Beziers & Abbé de St Lucien, les Terres, Seigneuries, Villes & Chasteaux, pontenages, portes & hauts passages qui ensuivent, sçavoir Corbeil, Bois de Senart, Gournai, Poissy, Triel près Paris, &c. pour la somme de huit mille cinq cens soixante & quatorze livres tournois de rente; ledit transport fait à l'encontre des Terres de Querdes, Viendques, Pihen & autres terres assises au pays de Flandres & Hainault cédées par ledit sieur de Beziers à l'Empereur ou ses deputés pour partie de la rançon du Roi & delivrance de Messieurs ses enfans; lesdites Lettres registrées au Parlement le vingt-un Avril 1530 après Pasques.

Copie des Lettres Patentes datées de Coignac en Fevrier 1519 par lesquelles il cede & transporte à Messire Nicolas de Neuville, Chevalier Seigneur de Villeroi, pour lui, ses hoirs & ayant cause & à toujours la maison & jardin où pend pour enseigne le Cocq, scise rue d'Austruche en payant les cens & rentes ou autres devoirs anciens & accoutumés si aucuns sont dûs.

Lesdites Lettres exposent que son amé & feal Conseiller Nicolas de Neuville, Chevalier Seigneur de Villeroi, Secretaire de ses Finances, & Audiancier de la Chancellerie de France, lui a exposé que depuis peu il a fait bâtir à Paris un beau & somptueux logis & maison, cour, jardins, étables, greniers, &c. le derriere de laquelle maison & jardins repond en une petite rue nommée la rue d'Autriche assise derriere la maison de Bourbon, où il y a plusieurs petits porches & méchantes maisons où ci-devant se tenoient femmes de méchante & dissolue vie tenant bordeaux; & d'autant que ladite rue est à l'écart & en lieu peu frequenté & habité de gens, s'y retirent rufiens, paillards, larrons & autres mauvais garçons, dont plusieurs meurtres, batteries, pilleries, scandales & autres inconveniens sont cy-devant advenus en ladite rue; pour à quoi obvier ledit de Villeroi a acheté la plupart des maisons de ladite rue & fait chasser d'icelle lesdites femmes & autres méchantes gens, entre lesquelles maisons il y a une maison & jardin de petite valeur, où pend pour enseigne le Cocq, que

DE LA PREVOTÉ DE PARIS. 613

l'on dit appartenir au Roi & être de son domaine, & que néanmoins n'a été de memoire d'homme d'aucun profit au Roi ni à ses predecesseurs ni valeur à son domaine ; ladite maison tenant d'une part audit de Villeroi à cause de l'acquisition qu'il a faite de Me le Grand, Procureur au Chastelet, d'autre part à la basse-cour du Louvre & autres maisons voisines acquises par ledit de Villeroi, lesquelles maisons il a intention de faire batir & édifier une partie pour la commodité de sadite maison, & l'autre partie pour y faire loger gens de bien, artisans & autres de bonne & honnête vie, afin que sadite maison soit en plus grande honnêteté & seureté.

Transport fait au Roi par ledit de Neufville de quatre livres parisis de rente, faisant partie de quatorze livres treize sols onze deniers de rente, que ledit de Neufville a droit de prendre sur la Recepte ordinaire de Paris, pour par lui demeurer quitte envers le Roi de pareille rente, à quoi il tenoit la maison cy-dessus, le vingt-sixiéme Juillet 1540.

422   Me Germain de Marle, Notaire & Secretaire du Roi, Seigneur de Tilloy en France, pour une maison scise rue de la vieille Tixeranderie, faisant le coin, & faisant issue à une petite ruelle appellée Volette, aboutissant par derriere à l'Hotel de la Reine-blanche, de present appartenant à Me Robert Dauvet ; ladite maison acquise par ledit de Marle de Me Jaques le Roi, Notaire & Secretaire du Roi.

575   Trois Trompettes qui ont assisté à publier par la Ville de Paris de nettoyer les rues & abattre les auvents, pour l'entrée de la Reine. Six Trompettes qui ont assisté ensemble ledit jour de l'entrée, dès trois heures du matin, à publier par ladite Ville qu'on eut à nettoyer les rues, ayant assisté ledit jour sur l'échafaut devant le Chastelet, à jouer durant que la Reine, les Princes & Gentilhommes passoient. Quatre Trompetes qui ont depuis assisté à publier au Palais les deffences aux Clercs & Pages de ne faire noises ne porter d'armes, sur peine de la hart. Trois Trompettes qui ont assisté le quatriéme Juillet dernier à publier au Palais & sur le Pont-au-change les deffences aux Clercs & Orphevres, de ne faire noises ne porter d'armes sur peine de la hart. Trois Trompettes qui ont assisté à publier par ladite Ville les ordonnances faites pour le peril de la peste.

567 verso.   Lettres Patentes dattées de Fontainebleau le douziéme Juillet 1531, publiées par deux diverses fois dans les sept Chastellenies de la Prevosté de Paris, par lesquelles le Roi deffend à tous Genevois, de quelque qualité ou condition qu'ils fussent, le fait & trafic de marchandise en son Royaume, & à ses sujets de ne trafiquer avec eux en quelque façon ou maniere que ce soit : voulant en outre que toutes & chacunes les marchandises & manufactures venant d'iceux Genevois & autres qui se disent leurs sujets, n'entrent en ses Pays, terres & Seigneuries, à peine d'amende arbitraire, & confiscation de leurs marchandises.

577   Deux hommes condamnés à être brulés vifs devant l'Hostel de Bourbon, pour avoir tué un homme au marché aux moutons près le Louvre, & executés ; sçavoir un le vingt-troisiéme Juin & est employé du pain & du vin pour lesdits patiens, & l'autre le vingt-cinquiéme dudit mois.

578   Une femme brûlée le dix-neuviéme Juillet au Marché-aux-Pourceaux, pour avoir jetté son enfant dedans les retraits. Ladite femme a été portée par un Crocheteur depuis le Palais jusqu'au Chastelet, parce qu'elle étoit malade.

579   Un homme brûlé le dernier Juillet en la place de Grève, pour plusieurs vols & homicides par lui commis près Chartres.

614   COMPTES ET ORDINAIRES

581 *verso.* Amende honnorable faite par un Fauffaire, puis fuftigé par les Carrefours de Paris au cul d'une charette.

585   Il étoit de couftume de donner pain & vin aux patiens en fortant de la prifon pour être executés.

593   Quarante-neuf prifonniers transferés des prifons du Chaftelet, & menés au Chaftel de Sevre près St Cloud, pour éviter l'entrée de la Reine.

595 *verso.* Publication faite à Paris le cinquiéme Juillet, de la redemption de Meffieurs les enfans de France.

596   Quinze autres prifonniers transferés des prifons du Chaftelet, & menés au Chafteau de Sevre pour être detournés à l'entrée de la Reine, auquel lieu de Sevre ils ont été gardés dix-huit jours.

598   Noble homme Henri de Livre, Seigneur de Sevre, pour feize prifonniers menés au Chafteau dudit Sevre pour caufe de l'entrée de la Reine, & auffi pour quarante-quatre compagnons Brodeurs, qui par ordre du Roi avoient été mis prifonniers au Chaftelet, tous lefquels prifonniers avoient été transferés dudit Chaftelet audit Chafteau de Sevre.

599   Fourniture de bois pour l'Hotel de Nefle, ou de prefent fe tient le Bailliage de Paris.

613   A deux Menuifiers, pour avoir, fuivant la bonne & louable couftume & qu'il eft decent, fait aux entrées des Rois, Reine & enfans de France en cette Ville de Paris, à la louange & exaltation de leurs perfonnes & décoration de ladite Ville, fait faire les efchafaux, compofé les misteres, habits des personnages, loué tapifferies, falerié les Chantres, Meneftriers & autres perfonnes, pour avoir fervi aux misteres qu'il a convenu faire à l'entrée de la Reine faite en cettedite Ville le   jour
de   dernier paffé, au devant du Portail du Chaftelet de Paris, qui eft le principal Siege de la Jurifdiction ordinaire, lequel mistere a été bien & honneftement fait & accompli, & en grand nombre de perfonnages faifans ledit mistere, &c. cent quinze livres parifis.

ORDINAIRE DE PARIS. 1532.

Dans les tranfcrits qui font au commencement dudit Compte, eft fait mention de deux Eftaux appartenans aux Religieufes de Longchamp, fcis fous le Chaftelet de Paris, qui leur appartenoient à caufe de la dotation & fondation de leur Eglife.

Provifions pour Me Louis le Blanc de l'Office de Receveur ordinaire, & Voyer de la Prevofté & Vicomté de Paris, au lieu de Me Germain Tefte, dattées de Paris le quatriéme Septembre 1531, reçu le feptiéme defdits mois & an.

427 *verso.* Maifon aboutiffante aux hoirs de feu Me François de Montmirail, Confeiller du Roi & Correcteur en fa Chambre des Comptes, vendue par Damoifelle Jeanne de Railly, veuve de Me Louis de Montmirail, Confeiller du Roi general fur la Juftice des Aides à Paris, Me Eftienne de Montmirail, Confeiller du Parlement, & Me Louis de Montmirail, Advocat en Parlement, Curé de St Barthelemi.

512   Guillaume Pouffepin, Sergent à verge & Audiancier au Baillage de Paris, par Lettres dattées d'Argentan le vingt-uniéme Mars 1531, a prefté ferment le troifiéme May enfuivant 1532, à la place de Nicolle Bonnault, decedé.

553   A Lienard de la Chaume par ordonnance du Prevoft de Pa-

DE LA PRÉVÔTÉ DE PARIS.

ris, pour avoir fait faire un engin appellé Brodequins, servant à la question aux prisonniers qui y sont mis, vingt sols.

555 *verso*. A lui soixante-dix-neuf sols parisis pour oster les potences & corps pendus, avec plusieurs têtes & quartiers attachés à icelles, tant hors la porte St Antoine, bois de Vincennes, que le hastelet; St Quentin devant St Denys, & iceux fait mener pour être mis en terre, tant au Cimetiere de St Quentin, qu'au Cimetiere de St Paul à Paris pour obvier au gros air & infection qui pouvoit advenir au grand multitude de peuple qui étoit au convoi du corps de Madame, mere du Roi, qu'on a apporté de St Maur à St Antoine des Champs, & d'illec à Notre-Dame de Paris, pour illec faire ses obseques & funerailles, ainsi qu'il avoit été ordonné par le Roi.

567 Appert que le Baillage de Paris tenoit sa Jurisdiction en l'Hotel de Nesle.

571 Me Pierre Carrel, Examinateur au Chastelet, pour ses peines d'avoir par ordonnance de Mre Pierre Lizet, Conseiller du Roi premier President en sa Cour de Parlement, & Mre Jean Briçonnet, Chevalier, aussi Conseiller du Roi & President en sa Chambre des Comptes, été informer sur la pauvreté & necessité de plusieurs petits enfans, qui journellement sont portés en l'Hotel-Dieu de Paris, lesquels pour le gros air qui est audit Hostel-Dieu, meurent & n'en échapent point; de quoi il a donné son procès-verbal ausdits sieurs Presidents, pour sur icelui en mander leur avis au Roi, à ce que provision y soit donnée, la somme de neuf livres douze sols parisis, payée audit Carrel sur l'ordonnance des Tresoriers de France, du quatriéme Avril 1532 après Pasques.

verso. Nicolle Chambon, Examinateur ordinaire du Roi au Chastelet de Paris, & plusieurs Sergens, pour avoir vacqué un jour entier à prendre prisonniere Marie Quatre-livres, qui étoit cachée en la Religion de St Antoine des Champs, & d'illec l'avoir amenée en la Religion des Filles pénitentes, où illec ils l'avoient gardée ledit jour, jusques à sept heures du soir.

573 Decret de prise-de-corps contre noble homme Jean de Mailly, Escuyer, Seigneur dudit lieu.

581 Guillaume Rousseau, Empereur de l'Empire de Gallilée, & Suppôts d'icelui Clercs en la Chambre des Comptes, vingt-cinq livres Parisis, aux frais & charges dudit Empire; mesmement aux dances morisques, mommeries & autres triomphes que le Roi veut & entend être faites par eux pour l'honneur & recreation de la Reine.

ORDINAIRE DE PARIS, 1533.

426 Noble Damoiselle Marie Cueur, veuve de noble homme Me Eustache l'Huillier, Seigneur de St Mesmyn, Conseiller du Roi, Maistre ordinaire en sa Chambre des Comptes, pour une maison par elle acquise, & en son nom par noble homme & sage Me Jean l'Huillier, Seigneur de Boulencourt, Conseiller du Roi & Maistre ordinaire de ses Comptes, scise en la rue de la Voirerie, vendue par Me Pierre Dapestigny, Seigneur de Chennevierres sur Marne, Conseiller du Roi, General de ses Finances, & Damoiselle Claude de Bidault sa femme.

459 Mre Milles Dillieres, Evêque de Lusson, & Philippes de Herville, Escuyer, Seigneur de la Grange-Dubois, tuteur & cura-

COMPTES ET ORDINAIRES

teur des enfans mineurs de feu Fiacre de Herville, Seigneur de Paloiseau, pour le rachapt de la terre de Courtabeuf, mouvant de Montl'hery, acquise par ledit deffunt de Dame Anne de Mauze, femme, separée de Mre Jean de Femuchon, Chevalier, Seigneur de Channycol.

572 verso. Les brodequins pour donner la question, furent faits aux dépens du Roi.

574 verso. Les Lieutenant Civil & Criminel, Procureur du Roi au Chastelet, le Receveur du Domaine, & le Controlleur de ladite Recepte, avoient chacun quatre livres de bougie du prix de seize blancs la livre.

577 verso. Pierre Romain, dit l'Escuyer, fut traisné sur la claye, & brulé au Marché-aux-pourceaux le premier Octobre 1532. pour avoir volé l'argent du Roi près Corbeil.

584. Le quatriéme Juillet fut publié à Paris, & au Parvis Notre-Dame, l'Ordonnance & deffense du Parlement, de n'imprimer, ou faire imprimer les Epistres de St Paul en François.

Idem. Deffences de chauffer les estuves, ni de nourrir pourceaux en la Ville & fauxbourgs de Paris, pour le danger de la Peste. Deffences aux Gens de Finances de porter les habits à eux deffendus.

588 Le dix-sept Janvier 1532, publication de deffences aux Gentilhommes & autres, de quelque estat qu'ils soient, de ne porter armes, faire assemblées, querelles ni combats, sans permission du Roi.

verso. Publication de permission de porter masques par la Ville de Paris jusques au jour de Caresme-prenant ; ladite publication faite le sixiéme Fevrier 1532.

Domaine de Paris pour l'année finie à la St Jean 1534.

516 verso. Mre Jean Destouteville, Chevalier, Seigneur de Ville-leon, à present Conservateur des Privileges Royaux de l'Université de Paris, au lieu de feu Mre Jean de la Barre, decedé le sixiéme Fevrier 1533, par Lettres dattées de Paris le premier Mars 1533, a presté le serment le cinquiéme desdits mois & an, est qualifié Garde de la Prevosté de Paris, au lieu dudit de la Barre.

564 verso. Un homme tourné au Pilori, lequel étoit essorillé d'une oreille, & avoit épousé deux femmes.

565 & Un autre pendu devant le Louvre, pour avoir dérobé le ciel du
578 vers. Roi, qui étoit de drap noir & d'argent trait, qui avoit été tendu en la grande Salle dudit Chasteau pour le festin que le Roi y vouloit faire.

569 Publication du Ban & Arriere-ban.

573 verso. Ordonnance faite par le Parlement, & publié le seiziéme Septembre dernier pour éviter le danger de la peste.

579 verso. Une femme brulée au Cimetiere St Jean, pour poison donné par elle à son mari.

580 Montre faite par le Prevost de Paris en la Ville de Corbeil, le dix-septiéme Mai dernier, des Gentilhommes tenans fiefs & arriere-fiefs en la Vicomté & Prevosté de Paris, suivant les Lettres du Roi, & la publication faite par les Carrefours de Paris & ailleurs.

verso. Me Philippe de Flesselles, Docteur en Medecine à Paris, pour avoir vacqué un an durant, fini au mois de Janvier 1533, pendant trois ou quatre jours de la semaine, même durant le

temps

DE LA PRÉVOTÉ DE PARIS. 617

tems & cours de la maladie de peste à voir & visiter les prisonniers dudit Chastelet.

585   Le papier terrier de Dampmart fait & mis en parchemin, n'est point en la Chambre des terriers.

Mres Simon Chenu, & Nicolas de Chamenay Nottaires au Chastelet, pour avoir enregistré, reçû & passé les titres nouveaux & reconnoissance pour le fait du papier terrier du Roi, où ils ont vaqué avec le Controlleur du Domaine & le Procureur du Roi au Tresor, les Mercredis & Vendredis ordinaires au fait dudit papier terrier, depuis le Vendredi premier Aoust 1533, jusqu'à la fin du mois de Fevrier ensuivant, montant au nombre de neuf-vingt-douze personnes.

Domaine de Paris pour une année finie à la St Jean 1535.

Coppie de la retrocession faite au Roi par Mre Antoine du Bois Evesque de Bezieres, & Abbé Commandataire de St Lucien de Beauvais, le 7 Decembre 1533, des Terres & Seigneuries de Poissy, Triel, Forest de Senart, Chaumont en Bassigny, que le Roi lui avoit donné en échange des Terres dudit Evesque situées en Boulonnois & ailleurs, cedés par le Roi à l'Empereur pour partie de la rançon du Roi & des Enfans de France.

Autre retrocession faite par le même le cinquiéme Fevrier 1534, au Roi des Terres & Seigneuries de Corbeil, Gournay près Paris, & Neuf-Chastel, Mortemer, & St Laëu en Normandie, en recompense des Terres dudit Evesque données à l'Empereur pour le mesme sujet.

Bail à perpetuité fait par les Gens des Comptes le deux Janvier 1511, à Jean le Prestre Marchand Epicier, d'une loge en la rue de la vieille fromagerie, moyennant deux deniers parisis de cens portant lods & ventes, & six livres parisis de rente annuelle & perpetuelle.

504   Reverend Pere en Dieu Mre Pierre Fihol Archevêque d'Aix, pour l'acquisition d'un grand Hostel scis proche le Pont St Landri, en la rue du Port St Landry, tenant du costé de St Landry à l'Hostel de Bourges, & par derriere à la riviere, qu'il achepta de Mres Pierre Lescot Seigneur de Lissy & Procureur General en la Cour des Aydes, Leon Lescot son fils Conseiller au Parlement.

507 verso.   Jaques le Gros Marchand de Draps de soye Bourgeois de Paris, pour l'acquisition par lui faite de partie d'une maison scise sur le Petit-Pont, devant & à l'opposite de l'Hostel-Dieu, où pend pour Enseigne le Signe de la Croix (c'est aujourd'hui l'Enseigne des quatre vents) tenant la totalité à François Choart, d'autre à Noel de Here.

512 verso.   Noël de Haire Marchand, Bourgeois de Paris, fils & heritier en partie de feue Perrette Paraige, pour l'acquisition faite par ladite Perrette de portion d'une maison scise sur le Petit-Pont, où pend pour Enseigne Hercules, tenant d'un costé à l'Hostel du Signe de la Croix, & d'autre à l'Hostel des trois Cornets.

646   On épandoit encore de l'herbe verte ès Grand Parc, Chambre Civille & Criminelle du Chastelet, pendant les mois de May, Juin, Juillet & Aoust.

651   Morice Jonas Chevalier Capitaine de Galeres, Seigneur & natif dudit lieu de Jonas, traisné sur une claye depuis le Chastelet jusqu'au Pilori de cette Ville, & illec décapité, son corps mis

Tome III.   *IIii*

COMPTES ET ORDINAIRES

618

en quatre quartiers, attachés & pendus aux quatre principales portes de cettedite Ville, sa tête portée à Marseille fichée en une lance au Port d'icelle Ville de Marseille.

684 verso. Me Nicolas Picart, Nottaire & Secretaire du Roi, Commis à tenir le compte & faire le payement des frais de l'édifice & bastiment que n'a guerres a ordonné le Roi estre fait à Villiers-Cotterests.

Domaine de Paris pour l'année finie à la St Jean 1536.

Transcrit de la Commission de Me Nicolas Seguier commis par les Tresoriers de France par leurs Lettres du huit Fevrier 1535, à exercer l'office de Receveur ordinaire & Voyer de la Ville de Paris, pour l'absence de Me Louis le Blanc Receveur & Voyer, lequel est absent.

Ensuite de quoi sont les Provisions du Roi pour ledit Nicolas Seguier, dattées de Cremieu le vingt-trois Fevrier 1535, & a presté serment le six Mai 1536.

473. Me Louis du Bellay Conseiller au Parlement, pour l'acquisition par lui faite de la moitié de la Terre & Seigneurie de Thorigni criée sur Denys de St Marry, Escuyer, Seigneur de Quercheville.

597. Publication faite à Paris le Samedi 30. Octobre 1535, de l'Arrest de la Chambre des Vacations, par lequel est ordonné que les petits enfans qui sont & seront cy-après enrollés en l'aumosne étant en âge & capables d'apprendre mestier, y seront mis a y demeurer en la maniere accoutumée, & pour iceux obliger, a été créé & ordonné Curateur par ladite Chambre Mre François Goyet Advocat du Roi au Chastelet.

verso. Publication faite le Vendredi troisiéme Mars 1535, des Lettres Missives du Roi, par lesquelles estoit mandé à tous Gentilshommes & Archers de sa maison, & de Messieurs ses enfans, de se retirer à Lyon, & les hommes d'armes & Archers des Ordonnances sous leurs Enseignes.

Idem. Publication faite le Samedi quatre Mars 1535, pour le ban & arriere-ban; laquelle assemblée se tint aux Tournelles.

606. Quatre personnes executées à mort à la Place Maubert à une roue.

608. Amende honorable faite le dix-huit Juillet 1535, devant l'Eglise St Merri par deux personnes pour avoir mangé de la chair le Vendredi.

610. Une femme brûlée au Cimetiere St Jean pour homicide.

611. Un homme condamné à être brûlé après avoir esté étranglé, pour plusieurs larcins & homicides. Il ne fut brûlé, mais seulement pendu.

612. Un homme traisné sur une claye depuis le Chastelet jusqu'à Notre-Dame, pour illec faire amende honorable, & ensuite mené au Marché aux pourceaux, pour y être brûlé vif le Vendredi quatre Fevrier 1535, pour blasphêmes.

643. Lazarre Grimaldy de Sena, n'a guerres Tresorier de feu Seigneur Maximilien Sforce, créancier dudit Maximilien de la somme de 8082 livres 4 sols tournois, comme est contenu ès Sentences ou Arrest des Commissaires ordonnés par le Roi à la liquidation des dettes actives & passives dudit feu Maximilien, lequel payement le Roi veut être preferé à tous autres.

DE LA PREVOTÉ DE PARIS.

Domaine de Paris pour l'année finie à la St Jean 1537.

Coppie du Bail fait par Mrs des Comptes à perpetuité le deux Janvier 1511, à Me Guillaume de Moulinet Procureur General du Roi en la Chambre des Comptes, & Marie Larcher sa femme, d'une loge assise en la Halle au bled, designée audit Bail, moyennant deux deniers de cens, & cinquante sols parisis de rente perpetuelle.

592 *verso.* Jean de Saintyon fils de Me Adrien de Saintyon, Christophle de Saintyon fils de Me Jean de Saintyon l'aisné; & Pierre de la Dehors fils de Claude de la Dehors receus & passés Maitres Bouchers en la Ville de Paris.

667 *verso.* Publication faite dans les neuf Chastellenies de la Prevosté de Paris des Lettres Missives du Roi, à ce que tous Gentils-hommes tant des 200 Ordonnances de son Hotel & Archers de ses Gardes, que autres couchés ès états de sa maison & de Mrs ses enfans, eussent à eux trouver avec leurs grands chevaux & harnois en la Ville de Lyon dedans la mi-Caresme.

671 Lettres Patentes données à Chantilly le trois Fevrier 1536, touchant les nobles Sujets au Ban & arriere-Ban de la Prevosté de Paris. Et Lettres Missives données à Compiegne le premier Mars ensuivant, touchant les Gens de Guerre de ses Ordonnances.

672 Le Mardi troisiéme Mai 1536, publication des Lettres Patentes du Roi, & de l'Ordonnance du Prevost de Paris, portant deffences à qui que ce soit, de porter ou envoyer hors du Royaume or ni argent à peine de confiscation de corps & de biens.

672 *verso.* Publication faite le Lundi dix-neuf Juin 1536, des Lettres Patentes du Roi touchant le Ban & arriere-Ban, par lesquelles estoit commandé à tous les Nobles & sujets audit Ban & arriere-Ban de la Prevosté de Paris, de se trouver le vingt-quatre dudit mois de Juin en l'Hotel des Tournelles rue St Antoine. Et le vingt-quatre dudit mois fut publié de l'Ordonnance du Prevot de Paris, commandement à tous les Nobles & autres, sujets audit Ban & arriere-Ban, que Lundi prochain ils fussent en l'Hotel des Tournelles, pour d'illec marcher & aller au Pays de Picardie, sous la charge & conduire de Mre Guillaume de Virbande Seigneur de la Sauffoye.

673 Le Mercredi vingt-trois Août 1536, publication des Processions generales.

verso. Le Jeudi quatorze Decembre 1536, publication de l'Ordonnance par laquelle estoit enjoint mettre des chandelles ardentes aux fenestres.

674 Le dix-huit Decembre 1536, publication de l'Ordonnance par laquelle est enjoint à tous de faire rompre la glace étant devant leurs huis.

676 *verso.* Plusieurs Prisonniers menés de la prison du Chastelet au Chasteau de Sevre pendant l'entrée du Roi d'Ecosse faite en cette Ville de Paris; frere Jean-Baptiste Palmoisin étoit du nombre des prisonniers, & y furent gardés huit jours.

712 Les Clercs de l'Empire de Galilée avoient 20 livres parisis pour les gasteaux qu'ils distribuoient la veille & jour des Rois ès maisons de Mrs les Presidens & Mes des Comptes, Tresoriers & Generaux des Finances.

COMPTES ET ORDINAIRES

750. Me Simon Chenu & Antoine Trouvé Nottaires au Chaftelet, commis pour affister à la confection du papier terrier du Domaine du Roi.

751. Guillaume de l'Arche & François de l'Arche Nottaires au Chaftelet, qui ont pareillement travaillé à la confection du papier terrier.

752. Reparation du Palais des Tournelles & Lices d'icelui pour le logement du Roi d'Ecoffe.

Domaine de Paris pour l'année finie à la St Jean 1539.

Transcrit du Contract passé pardevant Jean Alienard, & Fourcy Gontier Nottaires Royaux en la Ville, Gouvernement & Prevosté de Peronne le quinze Avril 1539, par lequel venerable & scientifique personne Mre Philippe Ingry Doyen de l'Eglise de Bruxelles, Chancelier de l'Ordre de la Toison d'or, Conseiller d'Etat de l'Empereur, & prude homme, & sage Me Guillaume Hangurard President du Conseil d'Artois, Jean de Warenghien, & Jean Carrute Mes de la Chambre des Comptes à Lisle, & Thomas Mulier General de la Monnoie de l'Empereur, tous Procureurs dudit Empereur, lesquels audit nom ont revendu & transporté à noble homme Charles du Bois Ecuyer, Seigneur Desguesdes heritier de feu Mre Antoine du Bois Evesque de Beziers, Mre Jaques du Chemin Seigneur du Quesnoy, au nom & comme Procureur de noble homme sieur Alpin de Bethune, Seigneur & Baron de Baye, & encore audit du Chemin & Jean de Bressac, au nom & comme Procureur de Mre François d'Escars, Chevalier, Seigneur de la Vauguyon, c'est à scavoir audit sieur Desguerdes, les terres & Seigneuries du Bois Noyelles, le Val-Gamechives, Maresguels, le Hein & Lenteuil, scis en la Chastellenie de Lisle : audit du Chemin & Passac Procureurs dudit sieur Descars, les Terres & Seigneuries de Cavenchy, Bucquoy, Aix, Engouelle, & Bonegnyes, scises au Comté d'Artois, & encore audit du Chemin comme Procureur dudit de Bethune les haults Bois lez Haurincourt, Justice, appartenances, & dependances scituées au Cambresis, ci-devant vendues par led. Sr Evesque de Beziers, Descars & Bethune audit sieur Empereur à faculté de rachapt perpetuel pour & en l'acquit du Roi pour la somme de 2595, échus deux tiers d'écu & six sols six deniers de rente, scavoir sur les Terres dudit feu Evesque de Beziers pour 617 écus d'or, un tiers & deux sols tournois, les tiers dudit sieur Descars pour 1526 écheus deux tiers deux sols tournois, & lesdits hauts bois appartenant audit de Bethune pour 451. écus d'or de rente que le Roi avoit promis bailler en terres à l'Empereur, pour d'icelles Terres & Seigneuries jouir par lesdits sieurs Desguerdes, Descars & de Bethune, moyennant la somme de 519 6 écus deux tiers d'écu, un quart & un sol tournois, qui a été payée aux Procureurs dudit sieur Empereur en écus d'or soleil, moyennant quoi lesdits sieurs Desguerdes, du Chemin & Passac esdits noms ont vendu au Roi les Terres & Seigneuries & autres choses cy-après déclarées ; scavoir ledit sieur Desguerdes, le Comté & Vicomté de Chaumont en Vexin, la Terre & Seigneurie de Roye en Picardie, les Procureurs dudit sieur Descarts, les Maisons, Chasteaux, Chastellenies de Tournant & Torcy en Brie, Montlhery en la Prevosté de Paris, Fontenay-le-Comte, & Traitte de Poicton, & Usson en Auvergne ; le Procureur dudit de Bethune, 1200 livres tournois de rente sur le Grenier à sel de Sezanne, lesquelles terres & rentes le Roi leur avoit donné en échange de celles qu'ils avoient donné à l'Empereur, ainsi qu'il est plus au long déclaré esdites Lettres, étant en la sixiéme liasse des acquits rendus sur le Comte du Tresorier de l'Epargne de l'année finie 1539.

72. Les Jacobins pour une ruelle jointe la vigne St Estienne des

DE LA PREVOTÉ DE PARIS.

Grès, en laquelle ils ont édifié maisons & Jardins au bout de la Tour devant leur Eglise.

676 verso. Me Jean Frolo Auditeur des basses Auditoires du Chastelet, condamné pour l'homicide par lui commis en la personne de Rabet Emangart Sergent à verge au Chastelet, à estre pris & apprehendé où il seroit, & par figure à faire amende honorable au parvis dudit Chastelet, ce fait traisné sur une claye depuis le Chastelet jusques devant l'Hotel dudit deffunt, devant lequel avoir le poing coupé, & d'illec traisné jusqu'au Pilori, & avoir la teste coupée, son corps pendu au gibet de Paris. A Estienne le Febvre Peintre pour avoir fait ladite figure, quatre livres huit sols parisis. Pour une torche pesant deux livres de cire, douze sols parisis. Pour une chemise froncée pour mettre sur ladite figure, huit sols parisis. Pour une paire de chausses noires pour mettre sur ladite figure, vingt sols parisis. Pour le louage d'une Robe de drap noir doublée pour les paremens de demie ostade & bordée à l'entour d'avocat, avec un pourpoint de velours noir, douze sols parisis.

687 Une oreille fichée à un poteau au Marché aux pourceaux.

692 Le quatorze Juillet 1538, fut publiée à Paris la treve faite entre le Roi & l'Empereur.

verso. Deffences faites par le Roi par Ordonnance dattée de Chastillon sur Loin le neuviéme Mai publiée à Paris le vingt-deux dudit mois 1539, à toutes personnes de quelque condition que ce soit, d'aller en armes déguisés & masqués par le Royaume.

743 verso. Me Pierre Chambiges Maistre des Oeuvres du Roi au Bailliage de Senlis, pour les formes & portraicts que le Roi a commandé lui faire de certains bastimens que ledit Seigneur entend, & délibere édifier en son Hotel & environs de Nesles à Paris pour la fondation du College des trois Langues.

767 verso. Me André Guillard Seigneur du Mortier, Maistre des Requestes, & Mre Antoine de Lamet Chevalier, Seigneur dudit lieu, Conseiller du Roi, & General de ses Finances, Commissaires ordonnés pour la vente du Domaine du Roi hors la Ville de Paris en la Charge & Generalité d'outre Seine, Yonne & Picardie jusqu'à 150000. livres tournois.

770 Masure & lieux appellés l'Ecurie du Roi, assis devant l'Hotel St Paul.

778 Deniers payés par ordonnances & mandemens des Commissaires ordonnés par le Roi à faire l'inventaire du Tresor de ses Chartes à Paris.

MONTRE DES SERGENS

Qui se faisoit le Mardi-gras, ordonnée pour le lendemain de la Trinité.

Du VI. Vol. des Bannieres du Chastelet de Paris, fol. 39. verso.

Lettres du Roi du dernier Decembre 1558 par lesquelles la Montre des Sergens à Cheval & à Verge, sera faite le lendemain de la Feste de la Trinité.

H Enry par la grace de Dieu Roi de France; à tous ceux qui ces presentes Lettres verront, salut. Comme de la part de la Communauté des onze-vingt Sergens à cheval du Chastelet de Paris, nous eust en notre privé Conseil dès le quatorze Juin 1557, esté presenté Requeste contenant : que de toute ancienneté pour la décoration de notredit Chastelet, qui est la principale & plus ancienne de toutes les Justices ordinaires de notre Royaume, & autres bonnes considerations, deffunts nos predecesseurs Rois de bonne & louable mémoire que Dieu absolve, avoient par Statut & ordonnance expressément voulu & ordonné Montre generale estre faite par le Corps de notredit Chastelet chacun an, le jour de Mardi-gras dans notre Ville de Paris, à laquelle Montre seroient tenus eux trouver & assister tous les Officiers dudit Chastelet, specialement les Sergens tant à cheval fieffés qu'à verge dudit Chastelet, afin de connoistre & sçavoir, s'il y avoit aucunes plaintes pour en faire la punition par notre Prevost de Paris leur Juge ordinaire selon le merite du cas ; ce qui auroit toujours depuis ledit temps esté continué & entretenu jusqu'à present, que plusieurs desdits Sergens à cheval & la plus grande partie d'iceux demeurans & residens hors notredite Ville, Prevostés, Baillages & Senechaussées de notre Royaume, comme Touraine, Anjou, Poitou, le Maine, Berry, Picardie, & autres lieux lointains d'icelle Ville de Paris, s'excusent de venir & assister à ladite Montre ledit jour de Mardi-gras, tant à raison de ce que les jours sont courts, la grande distance des lieux de leurs demeures, du mauvais tems qu'il fait ordinairement en cette saison, pour l'affluence des eaux, gelées, glaces dont quelquefois leur étoit advenu grands inconveniens à leurs personnes & chevaux ; & aussi parce que ledit jour de Mardi-gras est un jour de recreation auquel plusieurs personnes inutiles & en habits dissimulés, leur ont par cy-devant fait plusieurs excès & outrages faisant leurdite Montre, dont aucun d'eux seroient à raison de ce decedés, & au moyen de quoi ils nous auroient humblement fait supplier & requerir avoir égard à ce que dit est, & obvier que lesdits Sergens à cheval demeurans hors notredite Ville, n'ayent plus d'occasions eux d'excuser de comparoistre chacun en ladite montre, notre plaisir soit de transmuer à tel autre jour convenable qu'il nous plairoit, pour y estre doresnavant faite & continuée, ainsi qu'il auroit esté accoustumé faire audit jour de Mardi-gras. Laquelle Requeste veue en notredit privé Conseil eussions des-lors renvoyée pardevers notredit Prevost de Paris ou sondit Lieutenant, pour sur le contenu en icelle lui ensemble notre Procureur & Officiers dudit Chastelet nous donner & envoyer leur avis, pour icelui veu en ordonner ce que de raison. Ce qu'ils auroient fait ; & par ledit avis trouvé que sous notre bon plaisir ladite Montre se devoit faire & transmuer doresnavant par chacun an le lendemain de la Feste de Trinité, & que tant pour donner crainte, & toujours tenir les habitans de Paris en notre obéissance, que pour donner force à notre justice, il fût enjoint ausdits Sergens à cheval & à verge, de porter en faisant ladite Montre toutes sortes de bastons & armes, & eux tenir au meilleur équipage qu'ils pourront. Lequel avis ils auroient avec ladite Requête & Lettres sur icelle expediées, renvoyé pardevers nous & notredit privé Conseil, nous requerans humblement lesdits Supplians sur ce leur pourvoir & impartir nos grace & liberalité ; Sçavoir faisons que après avoir fait voir ladite Requeste & avis de nosdits Officiers du Chastelet, avons dit & déclaré, disons, declarons & ordonnons, voulons & nous plaist de notre certaine science, pleine puissance & authorité Royale par ces presentes que ladite Montre qui avoit accoustumée estre faite ledit jour de Mardi-gras soit doresnavant faite par chacun an le lendemain de la Feste de Trinité auquel jour nous l'avons transmuée & transmuons, à laquelle Montre lesdits Supplians se trouveront au meilleur équipage qu'ils pourront. Si donnons en mandement par ces presentes à notredit Prevost ou sondit Lieutenant que nos presentes Déclaration, vouloir & intention, ils fassent lire, publier & enregistrer au Siege de notredite Prevosté, & par tout ailleurs où il appartiendra, à ce qu'ils n'en puissent pretendre cause d'igno-

DE LA PREVOTE' DE PARIS.

rance, & du contenu lefdits Supplians & leurs fucceffeurs efdits eftats & offices jouir & ufer pleinement & paifiblement faifant ou faifans ceffer tous troubles & empefchemens au contraire, contraignant à y fatisfaire & obéir tous ceux qu'il appartiendra par les voyes & contraintes qui pour ce feront requifes, nonobftant oppofitions ou appellations quelconques, & fans préjudice d'icelles; pour lefquelles ne voulons eftre differé : Car tel eft notre plaifir; en témoin de ce nous avons fait mettre notre Scel aufdites prefentes. DONNE' à Paris le dernier jour de Decembre l'an de grace 1558 & de notre Regne le douziéme, ainfi *signé* par le ROI, Me Martin Fumée Maiftre des Requeftes ordinaire de l'Hotel, prefent de Laubefpine, & fcellé fur double queue du grand Sceau, & au dos eft écrit ce qui s'enfuit.

Leues & publiées en jugement en l'Auditoire Civil du Chaftelet de Paris, en la prefence & du confentement des Advocats & Procureur du Roi audit Chaftelet, & ordonnée être enregiftrées es Regiftres ordinaires d'icelui Chaftelet, pour en jouir par les impetrans felon le contenu en icelles. Fait le Samedi dix-huit Fevrier 1558. Ainfi figné, GOYER.

DOMAINE DE L'HOTEL DE VILLE DE PARIS. 1573.

Extrait du compte 17 de Me François de Vigny Receveur du Domaine de la Ville de Paris, de receptes & dépenfes par lui faites à caufe des rentes & revenus de ladite Ville, pour une année commençant au jour & Fefte St Jean-Baptifte 1572, & finiffant à femblable jour & Fefte de St Jean-Baptifte l'an revolu 1573, ce prefent compte rendu à cour par

Me Jean le Charron Prevoft, Seigneur d'Every-le-Pleffis en Brie, Confeiller du Roi en fon Confeil privé, & Prefident en la Cour des Aides à Paris.

Me Guillaume le Clerc,
Me Nicolas l'Efcalopier,
Receveur & Payeur de Meffieurs du Parlement.
Me Jean de Bragelogne,
Sieur de Villejuifve.
} Efchevins.

Me Robert Danés.
Me Claude Perrot Procureur du Roi de ladite Ville.
Me Claude Bachelier, Greffier.

RECEPTE.

Menus cens & fonds de terre payables à la St Remi, rue de la Vannerie.

Me Denys Rubentel Advocat au Chaftelet de Paris, rue St Jaques.

Me Jaques l'Huillier Chanoine de St Germain de l'Auxerrois, au lieu de feu Mre l'Huillier Evefque de Meaux.

Me Jean Richer Confeiller en la Confervation, & Procureur aux Efleus de Paris, à caufe de Jeanne Turpin fa femme, & encore comme tuteur des enfans mineurs de feu Pierre Mereffe, grand Bedel de la Nation de France, premier mari de ladite Turpin.

L'abbé de Richelouin pour fa maifon enfuivant tenant à celle de la cage, & aboutiffant par derriere au College de Calvy.

Me Jaques Barthommier Confeiller au Parlement, & Me Pierre Barthommier Chanoine de Chartres, au lieu des heritiers de feu Me Pierre Barthommier Auditeur des Comptes.

COMPTES ET ORDINAIRES

Carrefour St Severin.

Me Jean Charpentier Elû en l'Election de Paris, heritier de feu Me Jean Charpentier son frere.

Rue de Petit Pont.

Me Jean la Biche, Procureur au Chastelet de Paris, à cause de Catherine l'Escalopier sa femme, fille & seule heritiere de feue Guillemette de Mineray, seule heritiere de feue Jeanne de Minerai sa sœur, jadis femme de feu Me Jean de la Porte Procureur au Chastelet.

Damoiselle Charlotte du Hacqueville veuve de Jaques Vignacourt.

Rue St Severin.

Damoiselle Charlotte de Berry, veuve de Me Bureau Boucher Procureur du Roi au Chastelet de Paris, & auparavant veuve de Me Jean Gaillard, sa mere.

Damoiselle Marie Anthonis, veuve de Me Germain Chastelier, Conseiller au Parlement.

Me Florent l'Huillier Advocat en Parlement, au lieu de Charlotte Godin veuve de Florent l'Huillier Nottaire, qui fut fille & heritiere de feu Gilles Godin.

Me Jean Dupré Nottaire au Chastelet.

Mr Raymond d'Orleans Nottaire au Chastelet de Paris en son nom, & Me Jean la Biche Procureur au Chastelet, comme tuteur avec Me Guillaume Champin aussi Procureur au Chastelet, de Marie de Nevers, fille & seule heritiere de feu Jean de Nevers Nottaire au Chastelet, qui étoit heritiere de feu Me Jean de Calais aussi Nottaire au Chastelet.

Place du bout du Pont St Michel.

Me Jean Boreau Nottaire au Chastelet, & Dame sa femme.

Rue de Poitevins.

Me Pierre de Valles Procureur au Parlement, en son nom & comme tuteur d'Anne de Valles sa sœur, fille mineure de feu Nicolle de Valles Procureur au Parlement leur pere.

Rue de la Barre.

Me Nicolle Brulart Advocat en Parlement, à cause de Damoiselle Jeanne Ferron, fille de Jean Ferron Procureur en Parlement.

Rue de Hautefeuille.

L'Archevesque de Reims pour une maison qui est enclavée en ses jardins estant en l'endroit des maisons neuves, qui n'agueres furent édifiées, & jadis furent aux hoirs Grain-d'or.

Mre François d'Alegre Chevalier, Comte de Joigni, & Seigneur de Precy, pour sa maison qui fut à Mr de Poitiers, faisant le coin de la ruelle des Deux-portes.

Rue du Palais des Thermes.

Me Emond l'Enfant Conseiller au Parlement.

Rue aux Maffons.

Du Comte d'Harcourt pour sa maison faisant le coin de ladite rue aux Maffons assise devant le Palais des Thermes. (C'est la maison du President le Maistre).

Rue de la Harpe.

De l'Evesque d'Auxerre pour sa maison scise en la rue de la Harpe près la porte St Michel, joignant une maison appartenante à la Ville en laquelle est demeurant Pierre d'Artois, tenant d'une part au College d'Harcourt, & par derriere à l'allée des murs de la cloture d'icelle Ville.

De Laurent le Blanc Procureur au Chastelet, pour son Hotel qui fut au Comte de Forest, & depuis au Duc de Bretaigne.

André Grillart Seigneur du Mortier, Conseiller du Roi, Maistre des Requestes ordinaire de son Hotel, pour sa maison faisant le coin de la rue du Foin.

Me

DE LA PRÉVOTÉ DE PARIS.

Me Olivier Darquinvilliers, Advocat au Chastelet.

Me Guillaume Verforis, au lieu de Me Guillaume Verforis, pere, pour sa maison, tenant d'une part & d'autre à Me Nicole Verforis.

Me Nicole Verforis, au lieu de Me Guillaume Verforis son pere, pour sa maison, où souloit pendre pour enseigne la Barbe d'or, tenant à la maison de Me Guillaume Verforis son frere.

Me Jean Verforis, Advocat au Chastelet de Paris, Me Guillaume Verforis, Advocat au Parlement; ledit Me Guillaume Verforis au lieu de Me Louis de Tillet, Huissier en la Cour de Parlement, pour une maison tenant d'une part à celle de la Barbe d'or, d'autre part à Me Jean Guibert, Correcteur des Comptes, & pour autre maison scise en la rue des Enlumineurs dite Erambourg de Brie.

Rue du Foin.

Me Charles Grillart, Conseiller du Roi & premier President en sa Cour de Parlement, pour une maison faisant le coin de la rue Erambourg de Brie.

Dudit Charles Grillart pour une maison qui fut à Me Guy de Marle.

Grève.

Les heritiers de feu Germain de Marle, pour la douve des égousts de ladite Ville du côté des terres de l'Eglise de l'Abbaye St Magloire entre le Roulle & le Ponceau de Challeau, où ledit deffunt de Marle a fait planter une Saulsaye.

Me Nicole Prevost, Conseiller au Parlement & President ès Enquestes.

Gros Cens appartenans à ladite Ville, qui se payent aux quatre termes ordinaires, sçavoir St Remi, Noel, Pasques & St Jean.

Carrefour St Seurrin.

Me Jean Charpentier, Eleu en l'Election de Paris, heritier de feu Me Adam Charpentier son frere, au lieu de Me Denys Charpentier, Procureur au Chastelet, leur pere.

Rue de Petit-Pont.

Me Nicolas de Livré, Notaire & Secretaire du Roi, & Marguerite de Livré sa sœur.

Rue de la Huchette.

Les Religieux, Abbé & Couvent de Clervaux & Diocèse de Langres, pour leur Hotel assis en ladite rue.

Rue de Hautefeuille.

Mre Jean d'Alégre, Comte de Joigny & Seigneur de Precy, au lieu de feu Seigneur d'Alégre, pour une maison assise en ladite rue, qui fut jadis à Mr de Poitiers, faisant le coin d'une petite ruelle appellée la rue des deux Portes, tenant d'une part à Me Jean de Longueil.

Les Ecoliers du College de Laon, pour une maison scise en ladite rue faisant le coin de la rue des deux Portes, aboutissant par derriere à l'Hotel de Forest.

Bout du Pont Notre-Dame devant St Denys de la Chartre.

Thibault Hotman, Marchand Orfévre Bourgeois de Paris, demeurant au bout du Pont Notre-Dame au coin de la rue de la vieille Pelleterie.

Rue de la Mortellerie.

Les Maîtres, Freres & Sœurs de la Confrairie de Notre-Dame de Liesse.

Rue André Mallet, c'est la rue du Cocq.

La veuve & heritiers feu Me Jaques Rebours, pour une maison où pend pour enseigne le Cocq.

COMPTES ET ORDINAIRES
Rue St Denys.

Maison joignant la Fontaine la Reine, faisant le coin de la rue d'Aventure.

Rue Montorgueil.

Guillaume Pouffepin, Marchand & Bourgeois de Paris.

Autre Recepte de gros Cens dûs ès rues de la Vennerie, St Jaques de la Boucherie, &c.

Rue de la Vennerie.

Me Louis de St Yon, Notaire au Chaftelet, tuteur de Robert Bachelier, & Louife Herpin femme dudit St Yon, & Jean Gourlin Marchand Pelletier.

Rue St Jaques de la Boucherie.

Jaques Heron, Marchand Bourgeois de Paris, en fon nom; Jaques Turgis à caufe de fa femme; ledit Heron & Turgis tuteurs des enfans mineurs de feu Macé Heron & Gilette Nicolas fa premiere femme; & encore ledit Jaques Heron & Louife Charpentier, veuve & femme en fecondes noces dudit Macé Heron, tuteur des enfans mineurs dudit deffunt & d'elle.

Maifons & loges de Petit-Pont du côté d'amont.

Jean de Flexelle, Marchand Bourgeois de Paris, pour la huitiéme maifon, à commencer contre le petit Chaftelet, par bail du vingt-troifiéme Juillet 1573.

Le côté d'aval l'eau.

Me Guillaume de Marfeille, Confeiller du Roi, Auditeur en fa Chambre des Comptes, au lieu de feu Guillaume de Marfeille, Seigneur de Maifons, & Damoifelle Thierie le Clerc, fa femme.

Marguerite Lefchaffier, veuve de Pierre Aurillot, Marchand, & auparavant femme de Jean Brunault, en fon nom à caufe de fon douaire, comme tutrice de Françoife Broiffart, fille de feue Marie Brumval & Raoulquin Lyon, à caufe de Jeanne Brumval & Pierre Chamberon.

Charles le Gros & François Choart, Marchands Bourgeois de Paris, au lieu de feu Claude Choart & Pierre Patier, pour leurs maifons fur ledit Petit-Pont vis-à-vis de l'Hotel-Dieu de Paris, en l'une defquelles qui appartient audit Choart, pend pour enfeigne le Signe de la Croix, & aujourd'hui les quatre Vents.

François Choart, Noel de Heres, & Jaques le Gros, Marchands Bourgeois de Paris, pour une place vulgairement appellée le Caignart, étant fous leurs maifons efquelles ils font demeurans, affifes ladite place étant inutile & de nul profit à ladite Ville, contenant dix toifes de long fur la largeur de leurs maifons, avec deux arches joignantes lefdites places, qui contiennent chacune cinq toifes ou environ, fur trois toifes de large.

De Jean de Richevillain, Marchand de draps de foie, Bourgeois de Paris, pour le deffous de la quatriéme arche de Petit-Pont qui contient fix toifes & demi de large, joignant la maifon dudit Richevillain, fcife fur le Petit-Pont à l'oppofite de la grande porte de l'Hotel-Dieu de Paris, pour fous ledit arche qui eft haut exaucé faire une foufpendue pour y mettre des provifions, de la hauteur d'une autre foufpendue qui eft commencée du côté du Pont St Michel fans faire préjudice ni deterioration au bien public, & fans empêcher le cours de l'eau.

Jaques le Gros, Jaques le Cocq, Gilles Rouffelet, Noel de Heres & François Choart, Marchands demeurans devant ledit Hotel-Dieu, pour

DE LA PREVOTE' DE PARIS.

la permission de faire clore une place & quai de la riviere près ledit Petit-Pont du côté d'aval étant derriere leurs maisons; contenant neuf toises en quarré ou environ, pour éviter aux infections, villenies, jeux, volleries & autres méchancetés qui se faisoient ordinairement audit lieu par larrons, voleurs & coupeurs de bourses, qui chacun jour se cachoient audit lieu & mêmement la nuit: audit article est fait mention de Claude de Heve, Philippe de Heve son frere & Giles de Heve, ensans de Noel de Heve.

Pont Notre Dame, le côté d'Amont.

Marguerite Succevin, veuve de Pierre Ricouart l'ainé Marchand Libraire Juré en l'Université de Paris.

Le côté d'aval.

Marie Laurent, veuve de Pierre Ricouart le jeune.

Bonaventure Cousin, Marchand Orfévre, & Agnès Danes sa femme.

Nicolas de Monthere, Marchand Orfévre à Paris.

Jeanne Hennequin, veuve de Jaques Plamont, Marchand Maître Chapelier à Paris, & Michel Plamont son fils

Recepte de cent livres de rente cedée à la Ville en plusieurs parties par Me Nicolas Lhuillier, Seigneur de St Mesmin & de Boulencour, President en la Chambre des Comptes, en faveur de ce que la Ville lui a accordé de prendre de l'eau de la grosseur d'un pois du tuyau de fontaine qui coule en la rue de Paradis, pour faire une fontaine de reservoir en sa maison dans son jardin, tant pour sa commodité que pour le public: sa maison étoit assise rue de Braques lequel Lhuiller avoit droit de François Raymond, Conseiller au Parlement, qui avoit droit par transport de Robert Sanguin, Seigneur de Fontenai-le-bel, qui avoit droit par transport de Damoiselle Anne de Corbie, veuve de Me Jean Sanguin, Seigneur de Fontenai-le-bel, Eleu de Paris, ses pere & mere, & de Damoiselle Marie Lhuillier, veuve de Me Claude de Thudert, Conseiller & Maistre des Comptes, qui avoit aussi droit par transport dudit Me François Remond.

Recepte des Portes & Places étant le long des murs de l'ancienne cloture de la Ville.

Devant les Boutiques.

Nicolas Charpentier, Marchand Orfévre Bourgeois de Paris, pour l'Hotel du Parloir aux Bourgeois de ladite Ville de Paris, à elle appartenant, sis entre l'Eglise St Leufroi & le grand Chatelet, où pend pour enseigne le Benoistier, ayant droit & transport de Guillaume Don, Orfévre, du bail à lui fait le vingt-cinq Janvier 1537, par les Prevost des Marchands & Echevins par Arrest du Parlement du dix-neuf Janvier audit an.

Simon Carat à cause de sa femme, & auparavant veuve de Simon Aqueton, pour une maison appartenant à ladite Ville, appellée la maison de la marchandise de sel à Paris, près & joignant les boutiques de l'apport de Paris, contenant quinze toises & demi ou environ sur douze pieds de large par devant & vingt & un pieds & demi par derriere en la riviere de Seine, tenant d'un côté sur ladite riviere, audit Carat, & d'autre part au bout des Marchands de poisson d'eau douce.

Gilles de Goui, Sergent à cheval au Chastelet, pour une petite maison assise près & joignant le Louvre, avec la Tour nommée Jean de Lestang qu'il tient à sa vie seulement.

La veuve de Me Jean de la Bretonniere, Conseiller du Roi en la Cour des Aides, pour cinq toises cinq pieds de large des anciens murs de la Ville au derriere des Filles repenties, c'est l'Hotel de Soissons.

Me Guillaume le Cocq, Conseiller & Medecin ordinaire du Roi.

Ancienne Porte St Honoré.

Me Helie Dodeau, Controlleur de la maison de la Reine mere du Roi, pour une maison scise rue de Richebourg dite du Cocq.

Reverend Pere en Dieu Mre Louis Guillard, Evêque de Chartres, pour sept toises de long des anciens murs de la Ville, étant derriere une maison à lui appartenante assise en la rue d'Orleans.

La Porte Coquillart abbatue.

Me Jean Gontier, Advocat en Parlement.

Me Mathieu Coignet, Conseiller du Roi, Maistre des Requestes ordinaire de son Hostel, sa maison scise rue du Sejour devant la Croix neuve St Eustache.

Les Religieux, Abbé & Couvent de Royaumont, pour une partie des anciens murs & d'une tournelle à l'endroit de deux petites maisons entre ladite Porte Coquillart & la Porte Montmartre en la rue Jean le Mire.

Ancienne Porte Montmartre tirant vers la Porte St Denys.

Jaques Lombard, Epicicier, au lieu de Jean Lombard, Marchand demeurant en un Hostel joignant la Porte Comtesse d'Artois, qu'on appelle la Garde-de-Dieu.

Ancienne Porte St Denys dite la Porte aux Peintres.
La Porte du Bourg-l'Abbé abbatue avec les autres fausses Portes.
Ancienne Porte St Martin tirant vers la Porte du Temple.

Me Jaques le Picart, Advocat en Parlement.

Les heritiers feu Jean Beauroy pour un jardin scis en la rue de Beauboug dite la fausse Porte Nicolas le Vigneron, tenant d'une part aux anciens murs de la Ville du côté devers les champs.

La veuve de Martin Picart au lieu de la veuve Mre Robert de Marle, Chevalier & President en la Cour de Parlement.

Me Guillaume le Jars, Conseiller du Roi & Tresorier de sa maison.

La vieille Porte du Temple démolie.

Me Antoine Porte, Conseiller du Roi & General des Monnoies.

Les heritiers de Me Nicole Balue.

Me Jean le Picart, Notaire & Secretaire du Roi, dans la rue des Blancmanteaux.

La Porte Barbette abbatue.

Me François le Roux, Conseiller au grand Conseil, pour son Hostel, nommé vulgairement l'Hostel de Tancarville.

Les heritiers de feu Monseigneur le Reverendissime Cardinal de Sens, Messire Jean Bertrand, Chevalier Conseiller en son grand Conseil, & Garde des Sceaux de la Chancellerie de France, pour une grande place de murs où souloient être anciennement les butes des Arbalestriers, de present appliquée en jardin, &c. joignant la Closture Ste Catherine derrierre l'Hostel de Savoisy près les rues faites de neuf en ladite Ville.

La Damoiselle Dauvigny, veuve de Me Jean de Vignencourt, Conseiller du Roi en sa Cour de Parlement.

Elle au lieu de Michel Brunet, en son vivant Conseiller au Parlement, pour une place vague appartenante à ladite Ville, scise au long de la Closture Ste Catherine, tenant d'une part aux murs & jardins de l'Hostel d'Evreux, &c.

Me Guillaume le Gentilhomme, Advocat en Parlement, pour une portion des anciens murs commençant à la rue St Antoine vis-à-vis Ste Catherine, confinant avec une tour, & finissant où souloit avoir une poterne, vulgairement appellée la Porte St Paul, & l'autre portion desdits murs, où d'ancienneté & à present y a colombier, en tirant à une terasse ou Tour, & d'icelle jusqu'à une autre Tour ou Poterne, appellée la Poterne des Veignes, étant près l'Hostel de l'Abbayie de Barbeau, de laquelle on descend par degrés joignant l'Hostel de l'*Ave Maria* près une Tour & contigu la Tour des Veignes au jeu de paume, où pend pour enseigne la Croix noire, jusqu'à une Tour du coin, en laquelle a accoutumé être la chaîne traversant la riviere de Seine, &c. Laquelle portion de muraille contient environ cent seize toises de long, que led.t Gentilhomme a prises de ladite Ville, au nom & comme se faisant fort de Pierre de Balsac, Seigneur & Baron d'Entragues & de feue Damoiselle Jeanne de Graville sa femme, & lesquels ledit Gentilhomme a depuis pris pour lui ses hoirs & ayant cause, &c.

La Tour étant esdits anciens murs de l'Hostel de Barbeau, à l'endroit du Chantier du Roi, est occupée par le Maître des Oeuvres du Roi tenant ledit Chantier.

Pierre Drouin, Marchand demeurant à Paris pour une maison étant sur l'arche de pierre du pont l'Archevêque vis-à-vis la riviere de Seine, aboutissant à l'Hotel du Chantier du Roi.

Jean Beaufils, Pêcheur, pour une place assise à Paris devant les ormes du Pont de l'Archevêque joignant la maison de Pierre Beaufils, aboutissant par derriere à la maison qui fait le coin du chemin de l'abrevoir de l'arche du pont l'Archevêque.

Autre Recepte à cause des nouveaux murs.

La Tour de bois près le Louvre, laquelle la Ville a reprise pour y mettre les poudres de ladite Ville.

La porte neuve tirant vers la porte St Honoré.

Me François Ymbert Notaire au Chastelet, pour la permission à lui donnée par lesdits Prevost des Marchands & Echevins, de construire & édifier un moulin à vent sur la butte de terre & platte-forme assis près le marché aux moutons, & la tour du bois de cette Ville de Paris.

La porte St Honoré tirant à la porte Montmartre.

Nicolas Hervé, Marchand Epicier demeurant à Paris.

La porte Montmartre jusqu'à la porte St Denys.

La porte St Martin.

La porte du Temple, jusqu'à la Porte St Antoine.

Me Pierre Pichon le jeune, Notaire & Secretaire du Roi, pour une maison joignant la porte St Antoine, faisant le coin de la rue Beausire.

La porte St Antoine, jusqu'au lieu où étoit la Tour de Billy.

Moulin à vent construit sur le Boulevert, commencé à faire de neuf contre la porte St Antoine, & l'Hotel d'Ardoise.

Me Jean Poisle, Conseiller au Parlement, pour une pattie des murs de l'ancienne clôture de la Ville avec une tour, étant desdits anciens murs qui sont au bout du jardin de la maison dudit Poisle, scise rue St Antoine, qui sont clôture & separation de son jardin & des jardins des voisins, le tout de treize toises de long ou environ.

Devant le lieu & place où étoit la tour de Billy, en revenant dedans la Ville, au long de la riviere de Seine, jusqu'à la porte des Barres, icelle porte comprise.

Jean de Villemos pour la demeurance de la Tour de Billy; *néant*, parce que la Tour est du tout ruinée & démolie de fonds en comble, pour la foudre & tonerre qui illec passa.

Les Capitaines, Maistres & Gouverneurs de la Confrairie des cent Arquebusiers de la Ville de Paris, pour une place étant au long des murs près la riviere de Seine à la porte des Celestins, entre la grange de l'Artillerie de ladite Ville & place où étoit la Tour de Billy; *neant*, parce que le Roi a pris la place pour y faire grange pour son Artillerie, comme il est dit au Compte fini 1548.

De Jean le Jay, pour une maison joignant la porte des Barres du côté du lieu où étoit ladite Tour de Billy.

Les portes & tours étant devant St Marcel, Notre-Dame des Champs & St Germain des Prés.

La tour St Bernard jusqu'à la porte St Victor.

Simon Grignon, Passeur d'eau, demeurant à la Tour St Bernard, lequel a pris de ladite Ville à titre de loyer, ladite Tour St Bernard, dite la Tournelle, &c.

La porte St Victor, en tirant à la porte Verdeilles.
La porte Bourdelle, en tirant vers la porte St Jaques.
La porte St Jaques, en tirant vers la porte St Michel.
La porte St Michel, en tirant à la porte St Germain des Prés.

Me Guillaume Moulevault, Conseiller du Roi en sa Cour de Parlement.

La porte St Germain des Prés, en tirant à la porte de Bussy.

Me Charles de Dormans, Conseiller au Parlement.

Damoiselle Philippes le Clerc, veuve de Me Guillaume Bourgeois, Conseiller au Parlement.

La porte Bussy, en tirant à la porte de Nesle.

Le logis de la porte de Bussy, avec les allées des murs depuis ladite porte jusques à l'Hostel de Nesle, & deux tours étant esdits murs; ensemble un appenti édifié en l'allée d'enbas, baillé par ladite Ville aux Capitaines & Archers d'icelle, dès le seiziéme Mars 1558, pour y édifier, bâtir & entretenir buttes & autres choses necessaires & convenables pour l'exercice du jeu de l'arc.

Augustin Bouguier, pour le logis sur lesdits Murs, où se souloient tenir les gens du guet de nuit, avec un jardin, &c. joignant ledit Nesle.

Les Tours & porte de Nesle assise au long de la riviere, depuis ladite tour cy devant declarée, jusqu'au bout du Pont St Michel.

Baltasar Bordier, Marchand, Bourgeois de Paris, pour la Tour dite de Nesle, chambre, cellier, jardin, terrasse, & autres petits édifices joignant ladite Tour, qu'il a pris de ladite Ville à titre de loyer, du jour de Pasques 1571, jusqu'à neuf ans ensuivants, moyennant trente livres tournois par chacune desdites neuf années.

Georges Regnier, Marchand, Bourgeois de Paris, pour un Corps-de-garde que ladite Ville a fait bâtir près ladite Tour de Nesle, auquel on faisoit le Guet durant les troubles étans lors en ce Royaume, qu'il a pris à loyer pour neuf ans du jour de St Remy 1563, pour huit livres tournois de loyer.

Me Etienne Petit, Notaire & Secretaire du Roi.

Rue St Martin.

Me François Duclos, Procureur au Chastelet, pour une maison à ladite Ville appartenante, faisant le coin de la rue de la Baudroirie, qu'il a pris à rente du jour de Pasques 1565, jusqu'à neuf ans, pour vingt livres tournois. C'est où est la fontaine Maubué.

Rue de la Traverse.

Me Jean Morelet du Museau, pour une ruelle d'environ huit pieds de large, ayant entrée sur ladite rue de la Traverse en la Couture du Temple, en laquelle rue sort le passage de tuyau, tant pour aller au vieil regard de la fontaine de ladite Ville, étant en icelle rue, que à un regard qui est de present en ladite Cloture du Temple près de ladite rue, icelle ruelle assise en l'un des jardins des hoirs feu Yves de Tallard d'une part, laquelle ruelle icelui du Museau tient de ladite Ville à faculté de la Cloture, à la charge de y donner passage pour les fontaines d'icelle Ville, quand mestier sera, &c.

DE LA PREVÔTÉ DE PARIS.

Rue de Bièvre.

Catherine Petit, veuve de Claude Pean, pour une place & portion d'égoust de l'ancien cours de Bièvre, contenant quatre toises de longueur ou environ, & neuf pieds de large, depuis ladite rue, jusques & joignant, & contigu la maison de ladite veuve; laquelle portion d'égoust étoit remplie d'ordures & immondices que le mur, faisant la separation du College de Senac & portion d'égoust, étoit tombé dedans icelui, qui engendroit merveilleusement infection d'air, & empuantoit toutes les maisons du quartier, dont ordinairement advenoit peste & autres maladies contagieuses en icelui quartier, que ladite veuve a pris d'icelle Ville, &c.

Me Pierre de Hodicq, Docteur, Regent en la Faculté de Theologie, Curé de l'Eglise Paroissiale de St Jean en Grève à Paris.

Damoiselle Catherine le Lieur, veuve de Me Philippe Maillard, Notaire & Secretaire du Roi; Me Etienne Fleuri, Conseiller au Parlement, & Mathieu Longuet, Notaire & Secretaire du Roi, à cause de leurs femmes.

Guillaume & Claude Choart, Marchands, se faisant fort de leurs autres coheritiers de feu Jeanne le Roi leur mere.

Me Barnabé Brisson, Advocat en la Cour de Parlement, & Advocat des causes de l'Hotel de Ville en toutes Jurisdictions.

Me Benoist Perrin, Notaire & Secretaire du Roi, & Advocat au Conseil.

FEU DE LA St JEAN. 1573.

La dépense contenue en un Rolle, montant à cent trente-cinq liv. deux sols tournois; sçavoir un grand arbre, à l'entour duquel a été levé ledit feu, contenant dix toises de haut, vingt-cinq livres; pour l'avoir fait charrier depuis les Celestins au lieu de Grève, quarante sols. Item, pour quatre contrefiches, chacune de seize pieds de longueur, à raison de quinze sols piece, soixante sols. Item, pour la peine des Charpentiers qui ont percé ledit arbre, fait les renches, & icelui levé, vingt-sept livres dix sols tournois. Item, pour la roue & le tonneau, trente sols Item, pour une voye de menu compte pour faire les renches, quatre livres dix sols. Item, pour cinq cens de bourées & deux cens de coterests, au feur de trente-sept sols six deniers le cent de bourées, & cinquante sols le cent de coterests, valent treize livres deux sols six deniers. Item, pour dix voyes de gros bois, trente-cinq livres. Item, pour le chariage depuis les Celestins en Grève, dix sols la voye, & un sol pour le chargeage, soixante sols tournois. Item, pour les Debardeurs qui ont porté les bourées, coterests, & entassé le bois de moulle, trente sols. Item, aux Jurés qui ont compté ledit bois de moulle, bourées & coterests, quatre sols six deniers. Item, pour le moulinet & la perche, vingt-six sols tournois. Item, aux autres Debardeurs qui ont accoustré les bourées & coterests à l'entour dudit arbre, vingt sols tournois. Item, pour les Manœuvres qui ont fait le trou, douze sols tournois. Item, au Cordier, pour quarante-huit toises de corde de teil, à quinze deniers la toise, soixante sols. Item, pour dix-huit livres de menue corde de chanvre, à trois sols la livre, cinquante-quatre sols tournois. Item, pour un grand chableau d'escharpe pesant quarante livres, à trois sols la livre, six livres. Item pour vingt-cinq gluys de feure, à dix-huit deniers pour gluys, trente-sept sols tournois. Item, pour une livre de clouds, trois sols. Somme totale, six-vingts quinze livres.

Jaques Hemon le jeune & Claude Bouchandon, Maistres Joueurs d'instrumens à Paris, tant pour eux que leurs compagnons aussi Joueurs d'instrumens de la grande bande, sept livres tournois, pour avoir par eux & leursdits compagnons joué de leurs instrumens, en la maniere accoustumée ledit jour, à la solemnité du Feu fait en la place de Grève la veille de la St Jean-Baptiste.

A Claude Lambert, veuve de Nicolas Chaumery, Bouquetiere de la Ville de Paris, quarante-quatre livres tournois, pour avoir fourni tous les bouquets, chapeaux de rose & grandes-escharpes à ladite Ville, le Mardi vingt-troisiéme Juin 1573, veille de la St Jean-Baptiste, à la solemnité du Feu de la St Jean, en la maniere tel jour pour chacun an accoustumée.

Aux six-vingts Archers de ladite Ville qui ont assisté à ladite place de Grève en la maniere accoustumée, pour y faire serrer & retirer le peuple pour éviter la presse, trente sols tournois.

Aux cent Arbalêtriers de ladite Ville pareille somme de trente sols tournois.

Aux cent Arquebusiers de ladite Ville semblable somme de trente sols tournois.

Aux dix Sergens de ladite Ville, qui ont assisté devant Messieurs audit feu, quarante sols tournois. A celui qui a pris le moulinet, & icelui porté audit Hotel de Ville, *neant*.

A Michel Noiret, Trompette Juré du Roi notre Sire, huit livres parisis, tant pour lui que pour six autres Trompettes, pour avoir par eux, suivant l'ordonnance & commandement de mesdits Sieurs, sonné de la Trompette le Dimanche septiéme jour dudit mois de Juin audit an, à la solemnité du Feu mis en la place de Grève, pour la joyeuse élection de Monsieur, frere du Roi, au Royaume de Pologne.

A Gilles Amyot, Maistre Cordier de la Ville de Paris, neuf livres trois sols tournois, pour certaine quantité de corde & chanvre, qu'il a par le commandement de mesdits Sieurs fourni & livré pour le feu artificiel fait la vigile de St Jean audit an, dont il n'avoit eu aucun salaire, suivant le certificat de Mathurin Houdre, Artillier de la Ville.

A Olivier Turmier, Me Artillier à Paris, douze livres dix sols tournois pour avoir fourni un baril d'artifice avec lances à feu trois douzaines de fusées six douzaines de gros doubles petards, & cinq douzaines & demi de doubles fusées, pour la solemnité du feu de St Jean fait à la place de Grève la vigile dudit jour vingt-troisiéme Juin audit an, en la maniere a tel jour chacun an accoustumée.

A Jean Durand, Capitaine de l'Artillerie de ladite Ville de Paris, trente-sept livres cinq sols six deniers, pour les frais qu'il lui a convenu faire amener en la place de Grève les pieces d'Artillerie, boüetes & arquebuses à crocq par lui tirées à la solemnité du feu de St Jean fait à la Grève le vingt-troisiéme Juin audit an en la maniere accoustumée, & icelle Artillerie fait remener en l'Arsenal de ladite Ville.

A Lucas Pommereux, l'un des Commissaires des quais de la Ville, cent sols parisis, pour avoir fourni durant trois années finies à la St Jean 1573, tous les chats qu'il falloit audit feu, comme de coustume ; même pour avoir fourni il y a un an, où le Roi y assista, un Renard pour donner plaisir à Sa Majesté, & pour avoir fourni un grand sac de toile où étoient lesdits chats.

A Michel Noiret, Trompete Juré du Roi, six livres parisis, pour avoir par lui & cinq autres Trompettes sonné & assisté au feu solemnel fait en la place de Grève la vigile de St Jean, 1573.

A Jean de la Bruyere, Marchand, Bourgeois de Paris, trois cens quinze livres cinq sols six deniers, tant'pour six torches de cire jaune de quatre livres piece, à douze sols la livre, qu'il a fourni à mesdits Sieurs & au Greffier de ladite Ville, & une torche de cire blanche de deux livres, à quinze sols la livre, par lui livrée pour le Roi; ladite torche garnie de deux poignées de velours rouge, le jour & vigile de St Jean audit an

1572.

DE LA PREVOTÉ DE PARIS.

1572, pour allumer le feu en la place de Grève en la maniere accoustumée; ensemble pour vingt-quatre livres de dragées musquées de plusieurs sortes, à vingt-cinq sols; douze livres de confitures seiches, à cinquante sols tournois; quatre livres de camichons, à cinq sols; quatre grandes tartes de Massepins, à soixante sols; trois grandes armoiries de sucre Royal, dorées à vingt-cinq sols; le tout pour servir à quatre plats, dressés tant au grand Bureau qu'au petit Bureau au retour du feu; pour donner la collation au Roi, Messieurs ses freres, & leurs compagnies; deux livres & demi de sucre fin pour mettre sur les cresmes & fruits, & pour la quantité de deux cens cinquante-sept livres de dragées assorties, mises en bouëtes, tant pour donner à plusieurs Seigneurs & Dames, amis de mesdits sieurs, pour les droits de mesdits sieurs & des Officiers de ladite Ville, en la maniere accoustumée, à quinze sols la livre.

Droits d'hypocras deus à Mrs les Prevost des Marchands & Eschevins, & autres Officiers de ladite Ville, aux vingt-quatre Conseillers, & seize Quarteniers, chacun an d'ancienneté ès jours de la Toussaints, St Martin, Noël, les Rois, la Chandeleur, & Caresme-prenant.

Au Maçon, pour avoir fait quatre murs entre les arceaux de la cour de l'Hotel de Ville, faites de plastres & moilon, pour le banquet que l'on a fait au Roi le dixième Aoust 1570, audit Hotel de Ville, fait deux grands contre-cœurs de grais, & cinq petits murs de plastre & moilon pour dresser les cuisines en la cour dudit Hotel pour ledit banquet.

VOYAGES ET TAXATIONS.

A François Jacob, Maistre-d'Hotel & Maréchal-des-logis de la Ville de Paris, pour avoir fait les logis des Archiers & Soldats levés en ladite Ville sous la charge de Chevalier du Guet d'icelle Ville, pour obvier aux seditions & émotions populaires, depuis le premier Janvier audit an 1572.

Aux dix Sergens de ladite Ville de Paris, pour leurs peines, salaires & vacations d'avoir assisté mesdits Sieurs à cheval & en housses avec leurs robes mi-parties, à aller au devant du Roi de Navarre jusques au fauxbourg St Jaques, le Mardi huitiéme Juillet qu'il arriva en cette Ville de Paris, que pour quelques autres vacations par eux faites; pour avoir pareillement assisté mesdits Sieurs, avec leurs robes mi-parties, & porté le present fait par ladite Ville & par mesdits Sieurs audit Sieur Roi de Navarre, étant logé au Louvre.

A Jean Foucher, Archer de Ville, dix-huit liv. quinze s. tournois, pour ses peines & vacations d'avoir vacqué avec les Fourriers du Roi, de la Reine, & de Monsieur frere du Roi, à la délivrance du bois qui étoit sur les ports & ès maisons de cette Ville; avoir vacqué sur le Pont Notre-Dame à recouvrer les Sexenies & Ecussons y apposés pour l'entrée du Roi; avoir vacqué à l'Evesché de Paris à l'entrée de la Reine, & le lendemain.

A Mathieu Foucher, Sergent de ladite Ville, pour avoir vacqué à plusieurs Ordonnances de ladite Ville, & à une autre Ordonnance pour recouvrer des chevaux & charrettes pour mener le bagage de l'Admiral d'Angleterre.

A Pierre du Ru, Jean Ragueneau, & Guichard Grand-Remy, Capitaine des Archers, Harquebusiers, & Arbalestriers, Pistolliers de ladite Ville, pour avoir par eux assisté depuis un an en ça à plusieurs processions, tant generales que particulieres qui ont été faites en ladite Ville.

A Pierre du Ru, Capitaine des cent Archers de ladite Ville de Paris, pour son remboursement de pareille somme de quarante-cinq liv. quatorze sols tournois, par lui mise & frayée de l'Ordonnance de mesdits Sieurs, depuis le vingtiéme Decembre 1571, jusqu'au Dimanche vingt-troisiéme jour du mois enfuivant, en la dépenfe de bouche, tant pour lui que pour fa compagnie, & leurs chevaux ès logis & hoftelleries de Jean du Mef- nard, Maiftre du heaume de la rue la Mortellerie.

Perrette de Lorme, Guillaume Loyer Maiftre de la Lanterne, & Ga- briel Riboult Maiftre Rotiffeur, lors de la démolition faite par le com- mandement du Roi de la piramide & croix étant en la rue St Denys, pour éviter toute émotion & fedition populaire.

Aux Sergens de ladite Ville de Paris, cinquante livres tournois, pour leurs peines d'avoir affifté mefdits fieurs en leurs robes mi-parties au *Te Deum*, & à la Grand-Meffe qui fut dite & celebrée en l'Eglife Notre-Dame de Paris, pour remercier Dieu de la Victoire obtenue par les Catholiques à l'encontre des Turcs, & pour plufieurs vacations par eux faites en leurfi- dites robes, à porter plufieurs prefens, tant à Monfeigneur le Maréchal de Montmorancy, à l'Admiral d'Angleterre, logés au Louvre, que au- tres, & pour autres vacations & dépenfes par eux faites pendant la dé- molition & tranflation de la piramide de la rue St Denys.

A Jean Popineau Sergent de la Ville, &c. pour avoir été par commiffion de Meffieurs à Argenteuil & St Denys en France, faifir le bois y étant, & donné affignation par devant mefdits fieurs aux Marchands à qui appar- tenoit ledit bois.

A Jean Raguenau, Pierre du Ru, & Guichard Grand-Remi, Capitai- ne des Arbaleftriers, Piftolliers, Archers & Arquebufiers de ladite Ville de Paris, trente-fix livres, qui eft à chacun douze livres, pour avoir par eux, fuivant le commandement de mefdits fieurs & leurs compagnies, été le Lundi précedent au mariage du Roi de Navarre, depuis le matin juf- ques à trois heures après minuit en armes, tant pour avoir accompagné mefdits fieurs à aller audit mariage, depuis l'Hotel de ladite Ville jufques à Notre-Dame de Paris, & de ladite Eglife jufques au Palais, que auffi pour avoir fait garde audit Palais & Pont-au-change ladite nuit jufques à trois heures du matin.

A François Jacob, ancien Maiftre-d'Hoftel de ladite Ville de Paris, quinze livres tournois, en confideration des peines & fervices par lui faites ès feftins, difnés & banquets de ladite Ville au mariage du Roi de Navarre, & de Madame, fœur du Roi.

Aux Fourriers du Roi, dix-huit livres quinze fols tournois, tant en faveur du mariage de Madame, fœur du Roi, avec le Roi de Navarre, ainfi que de tout tems & ancienneté on a accouftumé leur faire aux ma- riages des enfans de France.

A Jean Ragueneau, Pierre du Ru, & Guichard Grand-Remy, Capi- taines des cent Arbaleftriers, Archers & Arquebufiers de ladite Ville, pour leurs peines, falaires & vacations d'avoir avec leurfdites Compa- gnies accompagné mefdits fieurs à la proceffion generale qui fut faite le quatriéme Septembre audit an en ladite Ville, vingt-quatre livres parifis.

Aux Foffoyeurs du Cimetiere des Sts Innocents, quinze livres tour- nois, à eux ordonnés par mefdits fieurs, par leurs Lettres de Mandement du neuviéme Septembre 1572, pour avec leurs compagnons Foffoyeurs au nombre de huit, fuivant l'Ordonnance & Commandement de mefdits fieurs, avoir enterré les corps morts qui étoient ès environs du Couvent de Nigeon, pour éviter toute infection & mauvais air en ladite Ville & ès environs.

Aux dix Sergens de ladite Ville, pour leurs peines, falaires & vaca- tions d'avoir affifté mefdits fieurs, veftus de leurs robes de livrée, à la Meffe de la reduction, dite & celebrée en l'Eglife Notre-Dame de Paris, le premier Vendredi d'après Pafques 1572, ainfi qu'il eft par chacun an à tel jour accouftumé.

Aux Foffoyeurs du Cimetiere des Sts innocents, vingt livres, à eux

DE LA PRÉVOTÉ DE PARIS.

ordonnés par les Prevost des Marchands & Eschevins ; par leur Mandement du treiziéme Septembre 1572, pour avoir enterré depuis huit jours onze cens corps morts ès environs de St Cloud , Auteuil & Challuau.

A Jean Denife, dit de Bourges , premier Huiffier de la Chambre de la Reine, mere du Roi, dix livres tournois , à lui ordonnés par mefdits fieurs, pour fes étreines du premier jour de l'an 1572, en confideration de plufieurs fervices par lui faits à ladite Ville depuis un an en ça.

A Jean Chofmet & fes compagnons, Trompettes du Roi, huit livres tournois, par Ordonnance defdits fieurs du dixhuitiéme Septembre 1572, pour avoir affifté avec leurs trompettes à la Proceffion generale dernierement faite en cette Ville , & pour cette fois & fans tirer à confequence.

A Jean Ragueneau, Capitaine des cens Arbaleftriers & Piftolliers, Pierre du Ru Capitaine des cent Archers, & Guichard Grand-Remy Capitaine des cent Arquebufiers, dix-huit livres tournois, à eux ordonnés par lefdits fieurs, le dix-huitiéme Septembre 1572, pour les montres par eux faites les premiers jours du mois de Mai 1571 & 1572, à raifon de foixante fols chacun , en la maniere accouftumée.

A Nicolas Sugert, Maiftre Paffeur d'eau à Paris, dix livres tournois, par Ordonnance du treiziéme Septembre 1572, pour l'Ordonnance de mefdits fieurs, avoir lui douziéme rangé le bac du port de Choify, les deux batteaux du port à l'Anglois, & fait ferrer par la riviere plufieurs autres batteaux pour empefcher le paffage d'icelle riviere.

A Nicolas le Roux, Patenoftier, fix livres tournois, ordonnés par mefdits fieurs le vingt-quatriéme Septembre 1572, pour avoir été occupé par leur ordre depuis le vingt-neuviéme Aouft audit an , jufqu'au vingt-troifiéme Septembre fuivant, à aider à penfer les prifonniers qui étoient en l'Hoftel de Ville.

A Jean Popineau, Sergent de ladite Ville de Paris, cent trente livres huit fols huit deniers, à lui ordonnés par lefdits fieurs le dernier Octobre 1572, &c. Pour pareille fomme par lui employée aux frais , louage, occupation , charroi & voiture des deux batteaux foncets qu'il a fait mener & conduire par leur ordre en la riviere d'Oife , jufqu'à Creil & Compiegne, & iceux fait charger de bois & menues denrées, & amené en ladite Ville de Paris & autres lieux, où il a été dechargé par l'Ordonnance de mefdits fieurs , &c.

Aux dix Sergens de l'Hoftel de Ville de Paris, cent vingt-cinq livres, qui eft à chacun douze livres dix fols , par ordonnance du quatriéme Novembre 1572, pour recompenfe des frais qu'il leur a convenu faire à bien & honneftement les veftir & habiller en leurs robes mi-parties, que pour leurs peines & vacations d'avoir affifté & accompagné mefdits fieurs au mariage qui a été fait le dix-huitiéme Aouft 1572, de Madame Marguerite, fœur du Roi, & du Roi de Navarre en l'Eglife Notre-Dame de Paris, &c.

A Michel Noiret, Trompette-Juré du Roi , vingt livres , pour avoir par Ordonnance de mefdits fieurs avec cinq Trompettes , affifté & fuivi la compagnie de mefdits fieurs à l'entrée du Legat de Notre-Saint Pere le Pape , faite en ladite Ville de Paris le vingt-troifiéme Novembre audit an 1572, & encore le lendemain accompagné avec un même nombre de Trompettes aucuns de mefdits fieurs , au prefent qui fut fait audit Seigneur Legat.

A Me Bonaventure Heverard, Commis aux affaires du Roi & de ladite Ville de Paris, quatre-vingt livres parifis, par Ordonnance du dernier Janvier 1573, pour avoir depuis un an en ça fait pour le Bureau le Regiftre & Chronique , contenant les entrées des Princes , Legats , Cardinaux , Evefques, Ambaffadeurs , Pompes funebres , Affemblées & Déliberations du Confeil.

Tome III.

Jean Jacquet, Beuvetier de la Ville, douze fols parifis pour fes peines, falaires & vacations de plufieurs fervices par lui faits à ladite Ville durant les mois de Novembre & Decembre 1571, Aouft, Septembre & Octobre 1572, où il a vacqué extraordinairement pour le fervice de ladite Ville, tant durant ledit tems de la tranflation de la croix & piramide de la rue St Denys, que de l'execution de la volonté du Roi faite audit mois d'Aouft, enfemble pour la juftice & execution de feus Bricquemault & Cavaigne, & aux voyages d'Auteuil & Meudon.

A Touffaint Poullain, Me Queux à Paris, vingt-trois livres, pour le difné fait par mefdits fieurs aux Cordeliers, le jour de la St François 1572.

A Frere Girard Thuillier, Religieux du Couvent de St François à Paris, quatre livres parifis, à lui ordonnés par mefdits fieurs, par provifion & fans tirer à confequence, en confideration de ce qu'il dit chacun jour la Meffe en l'Hoftel de ladite Ville.

Un voyage fait par les fieurs Prevoft des Marchands, & de Bragelongne Echevin, à Fontainebleau vers le Roi, pour faire remontrance à Sa Majefté touchant la fomme de cent cinquante mille liv. demandée par Sa Majefté en don à cette Ville de Paris, fuivant la refolution de l'Affemblée generale fur ce dernierement faite en l'Hoftel de ladite Ville, pour ce deux cens vingt-cinq livres quatre fols fix deniers parifis.

Ledit Prevoft des Marchands & ledit Bragelongue eurent foixante-cinq livres tournois pour leurs vacations dudit voyage.

Etienne Toulouze, Archer du Guet, feize livres tournois, pour un voyage par lui fait vers Mr de Montmorancy, & Mr le Clerc l'un des Echevins, étant lors en Picardie pour faire venir des bleds à Paris pour la provifion de ladite Ville.

Autre voyage vers le Roi à Fontaine-bleau par lefdits Prevoft des Marchands, Bragelongne Echevin, & Perrot Procureur du Roi & de ladite Ville, pour faire entendre à Sa Majefté la refolution de l'Affemblée derniere faite en l'Hoftel de Ville, pour raifon des cent cinquante mille livres tournois, qu'il demande en don à ladite Ville de Paris, trois cens quatre-vingts onze livres fept fols tournois, & pour les fufdits fieurs Prevoft, de Bragelongne & Perrot, quatre-vingts cinq livres tournois.

Quatre-vingt-quinze livres pour un voyage fait de Paris à Chaalons, par Me Nicolas l'Efcalopier, Echevin ; deux hommes & trois chevaux pour faire recherche des bleds, étant audit lieu & ès environs
& trente livres tournois pour ledit fieur Lefcalopier.

A Jean Durand, Maiftre de l'Artillerie de ladite Ville de Paris, vingt-deux livres huit fols trois deniers tournois, pour avoir fait amener en la place de Grève l'Artillerie tirée le Dimanche feptiéme Juin 1573, au feu de joye qui y fut fait ledit jour, pour la joyeufe élection de Monfeigneur le Duc d'Anjou, frere du Roi, au Royaume de Pologne, & fait ramener icelle Artillerie en l'Arfenal de ladite Ville.

A Jean Vaudarnant demeurant à Paris, cent quarante-trois livres neuf fols fix deniers, pour fon remboursement de pareille fomme, par lui debourféc en un voyage fait de la Ville de Paris en Picardie par Me Guillaume le Clerc Echevin de ladite Ville, accompagné de Me Etienne Conillet, Commiffaire au Chaftelet de Paris, Simon Fagan premier Lieutenant du Guet, quatre hommes & fept chevaux, pour faire lever les arrefts & deffenfes faites fur le tranfport des bleds par les Officiers de Picardie, & ce en vertu d'un Arreft du trentiéme May audit an, donné de Mrs tenans la Police generalle de ladite Ville ; auquel voyage ils ont vacqué depuis, & compris le Lundy premier Juin audit an, jufqu'au Mercredy dixiéme jour dudit mois, & pour ledit le Clerc, Echevin, vingt livres parifis.

DE LA PREVOTE' DE PARIS.

A Jean Durant, Capitaine de l'Artillerie de la Ville de Paris, vingt-une livre dix-neuf fols tournois, à lui ordonnée le dixiéme Juillet 1573, pour pareille fomme par lui dépenfée par l'Ordonnance de mefdits fieurs, pour les frais de la diftribution de vingt-cinq milliers de poudre à canon de menue grenée, faites ès mains de Mr de Raconis, Controlleur & Garde de l'Artillerie, & ce pour le fervice du Roi, & pour avoir icelles poudres tiré & dechargé des magafins de ladite Ville.

A Pierre Gilbert, ferviteur du Concierge de l'Hoftel de ladite Ville de Paris, fix livres parifis, pour fes peines, falaires & vacations d'avoir pendant l'année 1573, fait plufieurs fervices à ladite Ville, comme à la défaite des Huguenots, à la défaite de Bricquemault & de Lavaigne, & auffi au feu fait devant l'Hoftel de ladite Ville pour la louange de Monfeigneur frere du Roi, élcu Roi de Pologne, & autres chofes.

A Me Jean le Charon, Prevoft des Marchands, Me Nicolas Lefcalopier, Jean de Bragelongne, Echevins, & Claude Perrot Procureur du Roi & de ladite Ville, vingt-deux livres dis fols ; fçavoir audit Prevoft dix livres tournois, audit Lefcalopier cinq livres tournois, audit de Bragelongne cinquante fols, & audit Perrot cinq livres, pour deux voyages par eux faits en Cour vers le Roi, les vingt-quatriéme & dernier jour de Juillet 1573, pour affaires concernant ladite Ville : lefdits fieurs Prevoft, Lefcalopier & Perrot pour deux jours & ledit de Bragelongne pour un jour.

Dépenfe faite pour aucunes affaires de ladite Ville.

A Pierre Rouffeau, Me Tapiffier à Paris, douze livres tournois, par Ordonnance de mefdits fieurs du quatorziéme Juillet 1572, pour marchandifes de fon état par lui fournies à louage en l'Hoftel de laditeVille, le jour du mariage du Roi notre Sire.

A Me Olivier Benoift, Preftre, Miniftre de l'Hopital du St Efprit en Grève, pour avoir dit & celebré en la Chapelle dudit Hopital une Meffe du St Efprit à Notte, avec Diacre, Soudiacre, Choriftes & Orgues, le feiziéme Aouft, jour de l'élection, defdits fieurs Prevoft des Marchands & Efchevins de ladite Ville, ainfi que de couftume.

A Me Jean Quetin, Concierge de ladite Ville de Paris, quatre cens foixante-dix-huit livres fix fols tournois, pour neuf cens Jettons d'argent aux armes de ladite Ville, pefants enfemble treize marcs & demi, à raifon de vingt livres tournois le marc, tant pour argent que façon, valans enfemble deux cens foixante-dix livres. Neuf cens Jettons de latton à vingt-cinq fols le cent, valent onze livres cinq fols. Dix bourfes, l'une de velours cramoify rouge, pour fervir à mettre le fcel de ladite Ville, & neuf bourfes de velours vert pour mettre lefdits jettons d'argent, à raifon de trente-cinq fols tournois, valent enfemble dix-fept livres dix fols. Neuf bourfes de cuir blanc pour les jettons de latton, à deux fols fix deniers piece, valent vingt-deux fols fix deniers. Neuf grandes écritoires de cuir doré à layettes & fecrets, doublés de fatin vert de Burges, à neuf livres dix fols piece, valent enfemble quatre-vingts cinq livres dix fols tournois. Neuf étuis à trebuchet, & neuf étuis à lunettes, à vingt fols piece, valent dix-huit livres. Neuf trebuchets garnis de leurs poids, à trente fols piece, valent treize livres dix fols. Quatre douzaines & demi de lunettes de criftal, à quatre fols piece, valent dix livres feize fols. Neuf rames de grand papier, à cinquante-fept fols fix deniers la rame, valent vingt-cinq livres dix-fept fols fix deniers. Quatre cens & demi de plumes d'Hollande, à cinquante fols le cent, valent onze livres cinq fols. Dix-huit Canivets, dix-huit racloirs emmanchés de brefil, à fix fols piece, valent dix-vres feize fols. Dix-huit poinçons auffi emmanchés de brefil, à trois fols piece, valent deux livres quatorze fols ; le tout revenant à ladite premiere somme de quatre cens soixante-dix-huit livres six sols tournois : lesquelles choses ont été par lui delivrées ; sçavoir au Prevost des Marchands, deux cens jettons d'argent, deux cens jettons de latton, deux bourses de velours vert, & deux bourses de cuir blanc pour lesdits jettons, & ladite bourse de velours cramoisy servant à serrer ledit scel, deux rames de papier, un cent de plumes, quatre canivets, quatre racloirs & quatre poinçons, deux grandes écritoires, deux étuis à trebuchet garnis de leurs poids & balances, deux étuis à lunettes, & douze lunettes ; & à chacun desdits Echevins, Procureur, Greffier & Receveur, un cent de jettons d'argent, un cent de jettons de latton, une bourse de velours vert, une bourse de cuir blanc, une rame de papier, demi cent de plumes, une grande écritoire, deux canivets, deux racloirs, deux poinçons, un étui à trebuchet garni de balances & poids, un étui à lunettes & six lunettes, le tout pour leur droit en la maniere accoustumée.

A Jean Jaques, Beuvetier de ladite Ville cent trente-cinq livres dix-huit sols six deniers tournois, pour la dépense par lui faite en l'Hostel de Mademoiselle du Moulin, au retour du mariage de Madame, sœur du Roi, au Roi de Navarre, où mesdits Seigneurs assisterent avec Messieurs les Conseillers, Quarteniers & bon nombre de Bourgeois de ladite Ville.

Audit Jean Jaques trois cent quatre-vingt-quinze livres six sols dix deniers, pour le diné qui fut fait le Vendredi onziéme Avril 1572 audit Hostel de Ville au retour de la Messe de la reduction d'icelle Ville, celebrée ledit jour en la maniere à tel jour par chacun an accoutumée.

Audit Jean Jacques soixante-onze livres seize sols, pour un diné fait à la Foire St Laurent le onziéme Aoust, où mesdits sieurs assisterent pour le fait de la Justice que ladite Ville a à cause du bétail à pied fourché.

Audit Jean Jaques, trois cens dix livres douze sols, pour un diné fait le seize Aoust audit an en procedant à l'élection dudit sieur Prevost des Marchands & deux Echevins d'icelle Ville, au lieu de ceux qui avoient fait leur tems.

Audit Jean Jaques, cent vingt-neuf livres dix sols six deniers, pour un diné fait en l'Hostel de Ville par mesdits sieurs les Prevost des Marchands & Echevins, Conseillers, Quarteniers & Bourgeois de ladite Ville au retour de la Procession generale qui fut faite de l'Eglise Notre-Dame à Ste Geneviève par le commandement du Roi le quatriéme Septembre 1572.

Quatre-vingt-seize livres, pour trente-deux sceaux neufs de cuir, garnis de leurs ences de cuir, à raison de soixante sols chacun, qui ont été distribués à Me Martin Damart, sire Pierre le Gris & Jean le Comte, Quarteniers de ladite Ville, pour subvenir aux inconveniens du feu qui pourroit advenir en leursquartiers, & seureté des Bourgeois de ladite Ville.

Au Couvent des Cordeliers de Paris vingt-deux livres dix sols, pour avoir été par un des Religieux dudit Couvent, celebré la Messe ordinaire en la Chapelle dudit Hotel de Ville pour le Roi, pendant une demie année écheue le dernier Decembre.

A Mre Charles Do, Chevalier de l'Ordre du Roi, Seigneur de Baillet en France, quatre-vingt livres tournois, sçavoir soixante-dix livres pour le louage cy-devant par lui fait en ladite Ville des écuries par lui acquises & qui souloient être des Tournelles, suivant le bail par lui fait à ladite Ville pour demie année écheue à Noel 1572, & dix livres pour ladite demie année, pour l'occupation faite par ladite Ville, du consentement & bail verbal du retour du logis en potence, où est une viz à l'étable reservée par ledit sieur Do, lesquelles écuries & retour delogis sont appliqués par ladite Ville à mettre & dresser les moulins tant à bled qu'à poudre à canon.

A Pierre Duhamel, Linger, douze livres dix sols, pour le linge, vaisselle & autres choses de sondit état par lui fourni tant le lundi vingt-sept

DE LA PREVOTE' DE PARIS.

Octobre 1572 que Bricquemault & Cavaigne furent executés à mort, pour couvrir les collations du Roi & Reine & Messieurs ses freres & autres, faites ledit jour en l'Hostel de ladite Ville, que au diné fait audit Hostel de Ville le jour que Mr le Legat fit son entrée en icelle Ville.

A Me Pierre le Fort, Maistre Coffretier & Doreur sur cuir, treize livres dix sols, pour avoir de l'ordonnance de Mr Marcel, lors Prevost des Marchands fourni & donné le seize Janvier 1572, un grand coffre couvert de veau rouge doré par tout & rehaussé d'argent & de noir doublé de satin vert aux armoiries de ladite Ville, les portans & archers dorés, duquel a été fait present par les sieurs predecesseurs Prevost des Marchands & Echevins à Mr le Premier President de Thou.

A Me Nicole Boudier, Prestre Vicaire de l'Eglise Paroissiale Mr St Jean en Grève, dix livres quinze sols pour une Messe solemnelle dite & celebrée en ladite Eglise en 1573, pour l'obtention de la victoire à l'encontre des ennemis de Dieu en ladite Eglise, & pour la conservation de Monsieur, frere du Roi & sang de France, avec procession à l'entour de ladite Eglise, joué des orgues & sonné la grosse cloche de ladite Eglise durant la celebration d'icelle Messe.

A Jean Jaques, Beuvetier de ladite Ville, 433 livres 6 deniers, pour la dépense du banquet de la reduction fait en l'Hostel de ladite Ville, le Vendredi vingt-six Mars 1573, sçavoir à Pierre du Hamel, Linger de ladite Ville, vingt livres; à Pierre Baudieu, Cuisinier, douze livres; à Rolland le Febvre, Orphevre, cinq livres; à Jean cinq livres; à Jean Quiquebœuf, porte-chappe, cinquante-deux livres huit sols; audit Jean Jaques pour le pain & vin cent quatre livres trois sols; à Guillaume Pellé, Patissier, dix-neuf livres douze sols; à Jean Bernard, pour le Poisson de mer, cent livres six deniers; à Guyonne Camnet, pour le poisson d'eau douce cent vingt livres.

A Me Jean le Charron, Prevost des Marchands, trente-trois livres neuf sols six deniers, pour son remboursement de pareille somme par lui & aucuns Commissaires du Chastelet de Paris, donné en aumône, suivant l'Ordonnance de mesdits sieurs les Commissaires de la Police generale le six Juin 1573, à plusieurs pauvres necessiteux qui se sont retirés en la Ville de Paris pour la cherté des vivres.

A François Jacob, Maistre d'Hostel de ladite Ville, quarante-six livres neuf sols, pour pareille somme par lui déboursé de l'ordonnance de mesdits sieurs, en la dépense du diné fait en l'Hostel de ladite Ville lors de l'entrée de Mr le Legat, faite en ladite Ville le Dimanche vingt-trois Novembre 1572, où étoient Messieurs les Conseillers, Quarteniers & aucuns Bourgeois de ladite Ville.

A Aubin Olivier, demeurant à Paris quatre-vingt livres, sçavoir pour quinze medailles d'argent quarante-cinq livres pour avoir refait le sceau & cachet de ladite Ville cinq livres, pour avoir fait les piles pour les jettons d'argent & de laton trente livres, lesquelles medailles qui ont été faites pour memoire du jour de St Barthelemi, en a été distribué à mesd. sieurs les Prevost des Marchands, Echevins, Procureur, Receveur & Greffier d'icelle Ville en la maniere accoutumée en tel cas.

A Jean Quiquebœuf, Porte-chappe de ladite Ville de Paris, deux cens quarante livres, pour marchandises de son état par lui fournies, & pour les services faits tant par lui que par ses gens audit Hostel de Ville le Vendredi onziéme Avril jour de la reduction des Anglois de ladite Ville ès mains des François, le Lundi vingt-troisiéme Juin veille de St Jean-Baptiste, Samedi seize Aoust jour de l'élection de Mrs les Prevost des Marchands & deux Echevins, Lundi dix-huit dudit mois d'Aoust jour du mariage des Roi & Reine de Navarre, quatriéme jour de Septembre jour de la Procession faite par le Roi où assista le Roi notre Sire, où fut porté la Chasse Madame Ste Geneviève, le tout en l'année 1572.

Aux Religieux, Prieur & Couvent des Celestins à Paris, deux livres dix sols, tant pour payer la Confrairie de ladite Ville en la Chapelle des dix mille Martyrs, que pour faire & renouveller les quatre grands sieges d'icelle Ville étant en quatre nefs de cuivre en ladite Chapelle des dix mille Martyrs en la maniere accoutumée.

A Jean Jacques, Beuvetier de l'Hostel de Ville, cent quatre vingt-cinq livres huit sols pour les frais d'une collation faite audit Hostel de Ville le vingt-trois Juin 1573, veille de St Jean, où assisterent les Ambassadeurs de Pologne & d'Angleterre pour voir le feu fait en la Place de Grève ledit jour en la maniere accoutumée.

DONS & AUMOSNES.

A Frere Robert Lohier, Religieux du Couvent des Cordeliers, cinq livres, pour lui servir à avoir un habit, en consideration de ce qu'il a dit & celebré la Ste Messe & Passion en l'Hotel de ladite Ville.

Arrerages de Rentes au denier douze.

Damoiselle Marie le Picart, veuve de Me Jean le Bouleur, Conseiller & Advocat du Roi ès Requestes de l'Hostel, heritiere seule & pour le tout au lieu de feue Damoiselle Marie des Assers sa mere & de feue Dame Marguerite Celletier, veuve de Me André des Asses, Conseiller du Roi en sa Cour de Parlement son aïeule maternelle.

Me Guillaume Leclerc, Advocat en Parlement, ayant droit par transport de Me Guillaume Dubois, Procureur au Parlement, & Magdelaine Leroi sa femme, fille & heritiere de feu Me Pierre Leroi, Notaire au Chastelet de Paris.

Me Pierre de Longueil, Conseiller du Roi en sa Cour de Parlement, ayant droit par transport de Me Jaques Garnier, qui avoit eu le droit de Damoiselle Catherine Lelicur, veuve de Me Philippes Maillart, Notaire & Secretaire du Roi.

Jean Quentin, Notaire au Chastelet de Paris, ayant droit par transport d'Aignan Tardif, Marchand Bourgeois de Paris.

Damoiselle Marguerite Gentian, veuve de Me Charles d'Argilliers, Ecuyer sieur de Mouceaulx, tant en son nom que comme tuteur & curateur des enfans mineurs dudit deffunt & d'elle, lequel deffunt avoit eu le droit par transport de Me François Balehan, lequel avoit aussi droit par transport d'Antoine Gasteau.

Me François Chavenon, Advocat au Parlement, ayant droit par transport de Jean & Pierre Canaye, heritiers de feue Gillette Langlois leur tante, veuve de Nicolas Crequerel, ayant auparavant eu le droit de Philbert Canaye, heritier de ladite deffunte Gillette Langlois, ladite rente écheue audit Philbert Canaye par partage fait avec ses coheritiers d'icelle deffunte.

Me Guillaume Leclerc, Advocat en Parlement, à cause de Damoiselle Anne le Picart sa femme, fille & heritiere de feue Catherine Turquam, veuve de Regnaud le Picart, Notaire & Secretaire du Roi, comme heritiere de feu Me Nicolas le Picart, Conseiller du Roi & General en sa Cour des Aides; & encore ayant droit par échange & partage fait entre lui & Me Jaques Chevalier, Auditeur des Comptes, pareillement heritier dudit deffunt le Picart & Jaques le Bruslart, Ecuyer, au nom & comme pere & tuteur de Jeanne Bruslart sa fille & de feue Damoiselle Catherine le Picart jadis sa femme, aussi heritiere de ladite deffunte Turquam.

Damoiselle Isabeau Bourdin, veuve de Me Nicolas Bruslart, Conseiller

&

DE LA PREVOTE' DE PARIS.

& Procureur general du Roi en sa Cour de Parlement, tant en son nom que comme procuratrice de Me Nicolas Bruslart, Abbé de Melinois & Prieur de Couvaille, Me Denys Bruslart, Conseiller du Roi en sa Cour de Parlement, Me Louis Alleaume sieur de Verneuil, Advocat en la Cour, à cause de Marguerite Bruslart sa femme, & aussi comme tutrice des autres enfans mineurs dudit deffunt & d'elle, vingt livres tournois, pour l'année de ce compte, à cause de pareille somme constituée sur le Domaine de la Ville à deffunte Marie Barin, veuve de François Broffart, laquelle rente fut donnée & leguée à Nicolle Bruslart fille desdits deffunt & veuve, par ladite deffunte Barin.

Me Vincent Maupeou, Notaire au Chastelet, ayant droit par transport de Me Pierre Hamelin, Procureur au Parlement, & de Foi Sarde, sa femme.

Damoiselle Magdelaine de Ville-neuve, veuve de Pierre Leclerc, Conseiller du Roi aux Eaux & Forests au Siege de la Table de marbre du Palais, tant en son nom que comme tutrice & curatrice des enfans mineurs dudit deffunt & d'elle, lequel deffunt avoit droit par transport de Jeanne Vevelie, veuve de Me Pierre Alexandre, Procureur en Parlement.

Pierre Guillebert, sieur de Lardenay, Commissaire ordinaire des Guerres, à cause de Marie Savignac sa femme, fille & heritiere en partie de deffunte Denyse Brethe, veuve de feu Me Jean de Savignac, Receveur general des Boëtes des Monnoies de France, auquel Gilbert audit nom par partage fait entre lui & Me Jean de la Barre, Advocat au Parlement, & Damoiselle Philippes de Savignac sa femme, aussi fille & heritiere en partie de ladite Denyse Brethe, avoit eu le droit par transport de Me Pierre Brethe, Greffier des Auditeurs du Chastelet, lequel avoit eu droit par transport & échange de Damoiselle Catherine Coiffart, veuve de Me Mathurin le Camus, qui avoit droit par transport de Me Hugues Pouffepin, Eleu pour le Roi à Dourdan, lequel l'avoit par échange de Joseph de Segueville, Marchand Bourgeois de Paris.

Anne Hotman, veuve de Guillaume Pichonnat, Marchand Bourgeois de Paris, ayant droit par transport de Me Philippes de Flexelles, Docteur Regent en la Faculté de Medecine en l'Université de Paris.

Nicolas des Cordes, Escuyer sieur du Bic, fils & heritier en partie de deffunt Nicolas des Cordes & Claude Danes ses pere & mere, auquel est écheu la rente de   par partage fait avec ses coheritiers, à laquelle deffunte Claude Danes ladite rente appartenoit, comme heritiere de feu Jaques Danes, Marchand Bourgeois de Paris son pere.

Nicolas Girard, Eleu de Paris, à cause d'Isabeau Laurens sa femme, fille de feu Jean Laurens & de Anne Nicolas, ayant le droit de ladite Nicolas.

Damoiselle Renée Nicolaï, veuve de Me Jean Luillier, sieur de St Mesmyn & de Boulancour, Conseiller du Roi & President en sa Chambre des Comptes, & auparavant veuve de Me Dreux Hennequin, sieur d'Acy, Conseiller du Roi & premier President de ses Comptes, au nom & comme tutrice des enfans mineurs dudit deffunt & d'elle, pour une rente sur ladite Ville constituée à deffunt Jaques le Cocq, duquel ladite Nicolaï a eu le droit.

Geneviève Godard, veuve de Nicolas le Peuple, Marchand Orphevre Bourgeois de Paris, heritiere en partie de feu Guillaume Godard & Geneviève Landry, ses pere & mere.

Pierre le Fer, Marchand, Bourgeois de Paris, par partage entre lui & Jaques Paluau, aussi Marchand Bourgeois de Paris, tuteur de Marguerite & Geneviève le Fer, sœurs dudit Pierre le Fer, des biens de la succession de feu Jean le Fer & Jeanne Palluau leurs pere & mere.

COMPTES ET ORDINAIRES

Michel du Ref, Marchand Bourgeois de Paris, ayant droit par transport de Joseph de Vigny, Escuyer Seigneur dudit lieu, qui avoit droit par transport de Anne Duval, veuve de Me Gervais du Moulinet, Conseiller & Procureur general en la Chambre des Comptes à Paris, tant en son nom que comme executrice du Testament dudit deffunt, lequel avoit droit par transport de feu Me Claude Duval, fils & heritier en partie de feue Louise Bec de Lievre, veuve de Me Denys Duval, Notaire & Secretaire du Roi, auquel Claude Duval, ladite rente étoit advenue & écheue par partage fait avec les heritiers de ladite deffunte.

Marguerite Testart, veuve de Toussaint le Thu, Marchand Bourcier à Paris, heritiere de deffunctes Marie & Marguerite Gentil ses niéces, filles de feu Jean Gentil Romain Leleu, Maistre Cellier à Paris, en son nom à cause de Guillemette Fontaine sa femme, Pierre Testart & Nicolas Testart, Maistres Orphevres à Paris, tant en leurs noms que comme heritiers de feus Martin & Thomas Testart leurs freres, Jean Hachet, Maistre Rubannier-Tissutier, à cause de Nicole Regnier sa femme, & Marcel Regnier son frere, tant en leurs noms que comme lesdits Jean Hachet sa femme, & Marcel Regnier, ayant le droit de Catherine Testart, mere de ladite Regnier, Denys Boulemer, Maistre Rotisseur à Paris, en son nom à cause de Marie Regnier sa femme, auparavant veuve de Gilles de Launay, aussi donataire de deffunt Jean Testart, & encore ledit Boulemer, comme ayant acquis le droit de Martin Donne, Maistre Brodeur à Paris, & Marguerite le Revendeur sa femme, donnataire dudit deffunt Jean Testart, ladite rente constituée à feu Pierre Engard.

Me Germain Duval, Conseiller du Roi, en sa Cour de Parlement à Paris, ayant droit par transport de Me Baptiste de Machault, Conseiller en ladite Cour, lequel avoit eu droit par retrocession de Me Jean le Prevost, aussi Conseiller en ladite Cour; ledit de Machault fils & heritier de deffunte Louise Bureau, veuve de Me Simon de Machault, & par partage fait avec ses coheritiers.

Autres Rentes pour le recouvrement de douze mille livres pour les fortifications des Villes frontieres de Picardie, &c.

Philippes Alnequin, ayant droit par transport de feu Jean Alnequin son pere, Escuyer, sieur de la Tasniere.

Autres Rentes constituées en 1555.

Me François Dalesso, Maistre des Comptes à Paris, ayant droit par transport de Me François de Vigny, present Receveur du Domaine de ladite Ville, lequel a droit par declaration faite à son profit par Me Barnabé Brisson, Advocat en la Cour de Parlement qui avoit droit par transport de Claude Genton, Ecuyer Seigneur des Bordes n'aguerres Prevost de l'Hostel du Roi.

Autres Rentes constituées en 1559.

Me Gilles Lendormy, Chanoine en l'Eglise Notre-Dame de Paris, ayant droit par transport de Gilles Leroi, Marchand Bourgeois de Paris.

Chanoines & Chapitre Notre-Dame de Paris, ayant droit par transport de Me Gilles Lendormi, ci-devant nommé.

Rentes constituées au grand Prieur de France, à cause de la démolition des Moulins du Temple sur la riviere.

Frere Pierre de la Fontaine, grand Prieur de France & Commandeur du Temple.

DE LA PREVOTE' DE PARIS.

Les Doyen, Prevoſt & Confreres de la grande Confrairie aux Bourgeois de Paris, pour douze ſols pariſis que ladite Confrairie prenoit tous les ans ſur leſdits Moulins aſſis entre le Port au foin & le Port au vin, abbatus par Arreſt du Parlement.

Rentes conſtituées en 1565 pour rembourſement d'aucunes maiſons pour le paſſage & commodité des rues.

Jean d'Auvergne, veuve de Claude Nicolas, Marchand Orphevre à Paris, & Pierre Nicolas ſon fils, ayant droit par tranſport de François & Jean de Marle, auſſi Marchands Orphevres, pour retranchement d'une maiſon dudit de Marle, ſciſe rue St Jaques de la Boucherie.

Anne Gillot, veuve d'Aubin le Verdier, Marchand Bourgeois de Paris, ayant droit par tranſport de Jean Boulanger, Marchand Orphevre à Paris, tant en ſon nom que comme tuteur de Catherine Boulanger, fille mineure de lui & de feue Geneviève de Marle ſa femme, pour une maiſon retranchée audit Boulanger, en ladite rue, où pend pour enſeigne l'épée, faiſant le coin de la rue de la Savonnerie.

Paſquier de la Noue, Jean Laiſné, Ambroiſe Bourdereul, & Claude Doublet, Marchands Bourgeois de Paris, Executeurs du Teſtament de deffunte Anne Gillet, cy-devant nommée.

Claude Parent, veuve de Nicolas Paulmier, Marchand Bourgeois de Paris & executrice de ſon teſtament, pour le retranchement de ſa maiſon où eſt l'enſeigne de la Croix de fer dans la rue de la haute Vennerie.

Rentes conſtituées en 1567 juſqu'à dix mille livres de rente au denier douze, pour fortifications, frais de la guerre, &c.

Me Achilles de Harlai, Seigneur de Beaumont, Conſeiller du Roi & Preſident en ſa Cour de Parlement à Paris, au nom & comme pere & tuteur de Chriſtophe de Harlai ſon fils & de deffunte Damoiſelle Catherine de Thou ſa femme, ayant droit par tranſport de Mre Chriſtophe de Thou Seigneur du Cely, Conſeiller du Roi en ſon privé Conſeil & premier Preſident en ſa Cour de Parlement.

Me Jerôme de Varade, Conſeiller Notaire & Secretaire du Roi & ſon Medecin ordinaire, au nom & comme tuteur de Germain & Jean de Varade, enfans mineurs de feu Me Jaques de Varade, Conſeiller au Parlement, & de Damoiſelle Michelle Vaillant de Guelis, leurs pere & mere.

François de Cugnac, Eſcuyer ſieur de Dampierre de Neſle & de Heronville, ayant droit par declaration de feu Mre François de la Ferté, Chevalier de l'Ordre du Roi & Capitaine de ſa Garde Françoiſe, & Dame Marie de l'Hoſpital ſa femme, de lui autoriſée, lequel avoit droit par tranſport de Me Guillaume de Maulevaut, Conſeiller au Parlement à Paris.

Me Pierre de Sire, Conſeiller au grand Conſeil, en ſon nom à cauſe de Damoiſelle Marie Deluc ſa femme, auparavant veuve de Me Guillaume Berthelemi, Conſeiller du Roi Controlleur general de l'Extraordinaire des guerres.

Rente payée par Sentence des Commiſſaires députés du Parlement, ſur la tranſlation accordée par le Roi à la Ville des Boucheries & Poiſſonneries du Petit-Pont appellées Gloriette au Quai neuf St Michel.

Me Michel le Mercier, Chapellain de la Chapelle Notre-Dame la Giſant à Paris, cent livres par an ſuivant la ſuſdite Sentence du trois Juillet 1572 pour son dédommagement, laquelle translation fut faite au jour St Remi 1568.

Aux Prevost des Marchands, les quatre Echevins, Procureur du Roi & Receveur deux mille cent livres tournois, que le Roi leur a donné pour acheter armes & chevaux pour la seureté de leurs personnes, & pour reconnoître si les rondes, sentinelles & guets de la nuit sont bien disposés & exactement faits suivant la volonté du Roi comme leurs predecesseurs ont fait en cas semblables.

Extrait du dix-huitiéme Compte de Me François de Vigny, Receveur du Domaine de la Ville de Paris, tant pour lui que pour la veuve & heritiers de feu Me François de Vigny son pere pour l'année finie au jour St Jean 1574.

Me Jean le Carton, Conseiller du Roi en son privé Conseil & President en la Cour des Aides à Paris, Prevost des Marchands.

Me Jean de Bragelongue,
Me Robert Danes,
Sire Jean le Jay,   } Echevins.
Me Jean Perdrier,

Me Claude Bachelier, Greffier.

Menus cens & fonds de terre, payables à la St Remi.

Rue de la Vennerie.

Martin Testart, Orphevre, au lieu de François Marmars & de Damoiselle Mathurine Daubert sa femme, fille & heritiere de feu Mathurin Daubert & Damoiselle Marie Merault sa femme, qui fut aussi fille & heritiere de deffunt Pierre Merault.

Petit-Pont du côté d'aval l'eau.

Me Guillaume de Marzeilles, Seigneur de Maisons sur Seine, heritier de feu Me Louis de Marzeilles son pere, Advocat en Parlement.

Marguerite Leschassier, veuve de Pierre Orillot, en son nom & comme tutrice de François Brissart & de feue Marguerite Bonnal, Toussaint Bonnal & Raoulequin Lion, Marchand, à cause de Jeanne Bonnal, au lieu de feu Pierre Orillot.

Le Mont Ste Geneviève.

Le College de la Marche, dit anciennement le College de Rethel.

L'Abbé de Ste Geneviève, pour son fief de Rosnai à la Notre-Dame de Septembre six Oyes blanches.

Rue St Jaques.

Feu Me Jaques Chevrier, Conseiller au Parlement, & Marie le Cerf sa femme, heritiere de feu Guillaume le Cerf.

Rue de Petit Pont.

Feu Me Pierre Duval, Tresorier des menus plaisirs du Roi, au lieu de feue Damoiselle Marie Duval, veuve de Pierre de Valois, Seigneur de Cormeilles.

Rue St Severin.

Catherine Belin, veuve de Me Jaques Regnot, Commissaire au Chastelet, au lieu de Me Jean Belin, pour une maison scise en ladite rue à l'enseigne du Moulinet, tenant d'un côté à la rue Salembien, aboutissant par derriere à la rue des Jardins, & par devant sur ladite rue St Severin.

Maison scise en la rue Collin-Pochet, autrement dite la rue St Severin.

Rue de l'abrevoir de Mascon, dite la vieille Boucherie, à commencer le long de la rue de la Huchette, c'est ce qu'on appelle à present la rue de la vieille Bouclerie: elle est aussi dans la suite de ce chapitre nommée vieille Bouclerie.

DE LA PREVOTE' DE PARIS.

Jeanne de Valles, veuve Me Etienne de Villemor, Procureur au Châtelet.

Jean Nicolas, Mefureur de fel; fils & feul heritier de feu Me Jean Nicolas fon pere, Advocat en Parlement, au lieu de Marie Mignon, veuve dudit deffunt Nicolas.

Rue de la Barre, faifant le coin de la rue des Poitevins.

L'Hoftel de Fefcamp.

Rue du Palais des Thermes.

L'Hoftel de Harcourt, dit de Lorraine, appartenant de prefent à Me Gilles Lemaiftre, Prefident en la Cour de Parlement.

Pont Notre-Dame le côté d'amont.

Jean Paffart, Marchand Mercier, pour la dix-feptiéme maifon du Pont Notre-Dame.

Pierre de Compans, Marchand, vingt-quatriéme Maifon.

Jaques Langlois, Orfevre, & Marguerite de Reims fa femme.

Le côté d'aval.

Jean Segueville, Marchand Mercier.

Philippes Andrenas, Marchand Quinquailler.

Places le long des murs de l'ancienne clôture devant les boutiques.

La Confrairie Notre-Dame du Marché à Paris près Creteil & St Honoré aux Marchands Vendeurs de bétail à pied fourché au Marché de Paris, pour une place vuide à l'endroit de l'arche murée, de nouvel édifiée entre la Tour du bois & le Guichet de devant le Louvre, en laquelle ils ont fait édifice joignant & contre la muraille.

La Porte Coquillart abbatue avec les autres fauffes portes.

Damoifelle Jeanne Sanguin, veuve de Jean Grief, Notaire & Secretaire du Roi.

Ancienne Porte Montmartre, tirant vers la Porte St Denys.

La veuve & heritiers de François Choart, Lieutenant Civil, au lieu de Jean Leclerc l'aîné, pour une allée defdits murs étant derriere le jardin dudit Choart contre la Porte Montmartre, à la Porte de la Comteffe d'Artois.

La Confrairie St Denys aux foixante Arbaleftriers de ladite Ville de Paris, pour une tour & allée au long & à l'endroit du jardin defdits Arbaleftriers.

Autre Recepte à caufe des nouveaux murs.

La Porte Montmartre jufqu'à la Porte St Denys.

Me Michel le Comte, Advocat en Parlement, en fon nom à caufe de Catherine Choart fa femme, & comme tuteur des enfans mineurs de feu Claude Chauvet & de ladite Choart.

Jean Ragueneau, Capitaine des cent Arbaleftriers Piftoliers de la Ville de Paris, pour une maifon, cour & jardin fcis près la Porte Montmartre.

Porte St Michel tirant à la Porte St Germain des Près.

Les Cordeliers, pour une allée étant derriere le long du jardin de l'infirmerie dudit Couvent & le long des murs de ladite Ville, laquelle allée faifoit ci-devant partie du jardin des Arbaleftriers d'icelle, laquelle partie de jardin a été par Arreft de la Cour de Parlement adjugée à ladite Ville de Paris, contenant vingt-cinq toifes de long fur vingt pieds de large au bout où étoit la butte defdits Arbaleftriers qui a été ôtée.

Porte St Germain des Prés tirant à la Porte de Buffy.

Jean de Lancet, Valet de chambre de Monfeigneur frere du Roi.

Hugues le Comte, Efcuyer demeurant au fauxbourg St Germain.

Guillaume de Harlai, Marchand, demeurant à St Germain des Prés.

Tours & Porte de Nesle.

Me   Commissaire au Chastelet, & Magdelaine Bernard sa femme, fille & heritiere de feu Me Gilles Bernard, Notaire & Secretaire du Roi.

Autre Recepte des deniers des Baux nouveaux.

Damoiselle Jeanne Sanguin, veuve de Me Jean Goret, Notaire & Secretaire du Roi.

GAGES D'OFFICIERS.

Me Pierre Coquemol, Prestre habitué en l'Eglise Notre-Dame de Paris, commis par ladite Ville à allumer & tenir ardente la Chandelle qui est en ladite Eglise sur un pulpitre à l'endroit de l'Image Notre-Dame près le chœur d'icelle, laquelle chandelle est mise par chacun an aux dépens de ladite Ville.

Me François d'Auvergne, Conseiller au Tresor, & Lieutenant en ladite Prevosté des Marchands.

Me Jean Sanguin, Conseiller aux Eaux & Forests, & Lieutenant en ladite Prevosté.

Me Philippe Hemon, Advocat au Chastelet, Pensionnaire de ladite Ville.

Me Girard Lugoly, Docteur ès Droits, Advocat & Procureur au Grand-Conseil du Roi, & Procureur des causes de ladite Ville au Grand-Conseil, au lieu de Me Pierre Lugoly son frere.

Au Serrurier, pour trois livres de grands cloux pour attacher les ais pour faire les haults dais pour mettre le Roi en la grande vieille salle le jour que se fit l'Assembiée pour l'emprunt de six cens mille livres.

Au Charpentier, pour avoir, le quatorziéme Aoust 1570, que le Roi fist au souper que mesdits sieurs firent, fait une grande partie du haut dais dedans la grande salle.

VOYAGES ET TAXATIONS.

Me Claude Perrot, Procureur du Roi de ladite Ville, & Pierre Huissain, Maistre des œuvres de ladite Ville, soixante-livres, à chacun d'eux trente livres, pour leurs peines, salaires & vacations d'avoir vacqué depuis le quinziéme Avril, jusqu'au vingt-sixiéme dudit mois 1573, à l'éxecution d'une commission du vingt-septiéme Mars audit an, pour visiter les porte-eaux de Chaulny, Pont Ste Maixance & Creil.

A Jean Ragueneau & Pierre du Ru, Capitaines de cent Arbalestriers, Pistolliers & Archers de ladite Ville, pour leurs peines, salaires & vacations, d'avoir par eux assisté avec chacun trente hommes de leur nombre, par chacun jour de marché par l'espace de deux mois & demi ou environ, depuis les cinq heures du matin jusqu'au soir ès places des Halles, Maubert, ports de Grève & St Germain l'Auxerrois, à la distribution des bleds & pain étant èsdites places & ports, & pour éviter qu'il ne s'y fit aucun tumulte, &c. quarante livres parisis.

Louis Personnier, Substitut du Procureur du Roi & de ladite Ville.

Aux dix Sergens de ladite Ville, pour avoir assisté, vêtus de leurs robes de livrée, au Salut de la Conception dit & celebré en l'Eglise St Gervais la surveille de Noel audit an, en la maniere accoustumée.

Me Jaques le Coigneux, Procureur des causes de ladite Ville ès Cours de Parlement, des Aides, Requestes du Palais & Tresor.

A Claude Gaudart, Bourgeois de Paris, pour s'être transporté de

DE LA PREVOTE' DE PARIS. 647

l'Ordonnance defdits Echevins exprès de cette Ville de Paris le long de la riviere d'Oife, à sçavoir Ponthoife, Beaumont Creil, Compiegne, Noyon & Chaulny, pour faire avaller en toute diligence les batteaux chargés de bleds, avoines, & autres marchandifes en cette dite Ville de Paris, pour la provifion d'icelle, & éviter à la cherté des vivres qui pourroit avenir en ladite Ville, à quoi il a vacqué cinq jours entiers.

Hector Gedoin, Commis à la Recepte des deniers pour la fortification nouvelle d'icelle Ville, pour un voyage fait à Fontainebleau, le Roi y étant, à caufe de ladite nouvelle fortification, depuis le vingt-cinquiéme jufques au vingt-neuviéme May 1573.

Jean Bergeon, Juré-Vendeur de vin en la Ville de Paris, pour avoir par lui vacqué de l'Ordonnance defdits Efchevins par l'efpace de quatre jours, à aller jufques ès Villes de Senlis & autres lieux à cheval, dès le mois de Juillet dernier, pour faire amener en cettedite Ville, le plus de bleds qu'il fera poffible pour la fourniture & provifion de ladite Ville.

Voyage du Procureur du Roi à Villiers-Coterefts où étoit le Roi, pour pourvoir à la cherté des bleds de cette année 1573; ledit voyage depuis le quinziéme Octobre jufqu'au vingt-troifiéme dudit mois.

Autre voyage dudit Procureur du Roi de ladite Ville à Villiers-Coterefts, pour obtenir plufieurs commiffions & Lettres Patentes pour empefcher les traittes & tranfport de bleds hors le Royaume, faire caffer les erremens d'iceux, lever le double de la fortification pour en employer les deniers, tant en achat de bleds jufques en Pologne, Dantzic, que pour entretenir les pauvres valides ladite année 1573.

François le Roi, Clerc du Procureur du Roi de ladite Ville, pour un voyage par lui fait à cheval de la Ville de Paris jufqu'à Clermont en Beauvoifis, pour porter & communiquer aux Lieutenant des Eaux & Forefts, & autres Officiers dudit lieu, les Lettres Patentes de don que le Roi a fait à ladite Ville de quatre-vingts pieds d'arbres en la Foreft dudit Clermont, pour remonter l'Artillerie de ladite Ville, afin d'icelles Lettres verifier, & en accorder la jouiffance, &c.

Me Jaques Sanguin, Lieutenant de ladite Ville.

Me François d'Auvergne, Lieutenant de ladite Ville.

Nicolas Angot, Maiftre Barbier-Chirurgien, pour avoir penfé & medicamenté plufieurs Soldats bleffés & navrés, tant à la bataille St Denys, que autres prifonniers ès prifons de ladite Ville pendant les troubles paffés.

Nicolas de la Rouë, pour un voyage fait par lui à Senlis, Noyon, Compiegne, Ham & St Quentin, porter certaines Lettres, & donner advertiffement auxdites Villes de la mort du feu Roi, à quoi il a vacqué depuis le Dimanche lors dernier, jufqu'au Samedy huitiéme Mars audit an.

A trois Couriers & un homme de pied, qui ont affifté en divers endroits, le trentiéme Mai que le feu Roi Charles alla de vie à trepas, porter nouvelles & Lettres miffives defdits Efchevins pour le fervice de ladite Ville & bien public; fçavoir, à Rouen, Amiens, Orleans & St Quentin.

Georges Lafnier, Sergent de ladite Ville, & Simon Perceval, Clerc du Greffier d'icelle, pour avoir été par l'ordre defdits Echevins, avec Me Jaques Perdrier l'un d'iceux, en ladite Ville de St Denys en France le douziéme Juin, & illec fait publier par Pafquier Roffignol, Juré-Commis du Roi, accompagné de fa trompette, prefents & du confentement des Lieutenant, Procureur & Efchevins fufdits d'icelle Ville dudit St Denys, certaines deffenfes faites de par la Reine, mere du Roi, Regente en France, de ne laiffer fortir hors ladite Ville de St Denys aucuns chevaux de fervice, excedans la valeur de vingt écus, fans congé ou permiffion de ladite Dame ou defdits Echevins, & iceux vendus à aucunes perfonnes de

quelque eftat, qualité ou condition qu'ils foient pendant la Foire du Landit, fans avoir bonne connoiffance d'eux, & qu'ils fuffent Catholiques;
lefquelles ordonnances & deffenfes auroient été fignifiées par ledit Lafnier auxdit Lieutenant, Procureur & Echevins de ladite Ville, & d'icelles à eux baillées copies, & affichées aux Carrefours de ladite Ville St
Denys, & fignifiées aux Marchands de chevaux d'icelle, y étant.

Pierre Dangers, Peintre, pour avoir peint
noir à huile la table étant au Boulevert de la porte St Antoine, & fait les
lettres de l'écriture étant en   de fin or à huile.

Un Sergent de la Ville va le long de la riviere de Marne, depuis Paris
jufqu'à Lagny, faire commandement à tous Mariniers, Voituriers par
eau, & toutes autres perfonnes ayant batteaux fur ladite riviere, bacqs,
nacelles & paffe-chevaux, de les faire avaller en diligence en ladite Ville
de Paris.

A Jean le Trot, l'un des Chantres de la Ste Chapelle, dix livres parifis, tant pour lui que pour fes Compagnons Chantres, pour avoir par
eux chanté à la Meffe & Service fait aux Cordeliers de cette Ville, le
Lundy cinquiéme jour de Juillet audit an, pour le feu Roi Charles; auquel Service lefdits Echevins ont affifté avec les Colonels & Capitaines
de cettedite Ville de Paris.

Aux dix Sergens de l'Hoftel de Ville, pour la vacation & dépenfe par
eux faite de l'Ordonnance verbale defdits Echevins pendant trois jours,
aux fervice & enterrement du feu Roi Charles dernier decedé.

Aux dix Sergens de l'Hoftel de ladite Ville, pour avoir affifté avec
leurs robes mi-parties à l'arrivée des Ambaffadeurs de Pologne, & porter les prefents, tant auxdits Ambaffadeurs que à plufieurs autres, & affifté à plufieurs Proceffions, Meffes, & Services, depuis le mois d'Aouft
1573, jufqu'au vingt-fixiéme May enfuivant.

Dépenfe pour les affaires communes de ladite Ville.

Jean Jaquet, Beuvetier de l'Hoftel de ladite Ville, deux cens trente-
fix livres quatorze fols trois deniers, pour un banquet fait audit Hoftel
de Ville le Dimanche feptiéme Juin 1573, que la Châffe Ste Geneviève
fut defcendue & portée en Proceffion, où lefdits Echevins avoient affifté,
& au feu de joye fait devant l'Hoftel de ladite Ville, pour la joyeufe nouvelle de l'élection du Roi de Pologne, frere du Roi.

Gabriel Pynot, Marchand de bled demeurant à Melun, cent foixante-
quinze livres feize fols fix deniers, pour neuf fepticrs de bled froment
par lui vendus à ladite Ville de Paris, à raifon de dix-huit livres le fep-
tier, & convertis en pain pour bailler aux pauvres valides travaillans aux
foffés, au moyen de la neceffité & cherté du bled de ladite année, fuivant l'Ordonnance de la Police; comme auffi pour les façons, mouliture
& déchet defdits neuf fepticrs, reftans de deux muids livrés par ledit
Pynot.

Jean des Cordes, fils de Nicolas des Cordes, &c. comme au compte
précedent, excepté qu'au compte précedent c'eft Nicolas & non Jean.

Romain le Leu, Maiftre Colletier-Giptier à Paris, tant en fon nom,
que comme ayant droit par tranfport de deuxiéme Mars 1574, de Marguerite Teftart, veuve de feu Touffaint le Thu: elle eft au compte précedent.

Ambroife Bourdereul, Bourgeois de Paris, en fon nom à caufe de Marguerite le Verdier fa femme, fille & donnataire en partie de feue Anne
Gillot, veuve d'Aubin le Verdier: ladite Gillot eft employée au compte
précedent.

Guillaume Martin, Auditeur des Comptes, ayant droit par tranfport de
Claude

DE LA PRÉVÔTÉ DE PARIS.

Claude Parent, veuve de Nicolas Paulmier, laquelle est au compte précedent.

Dans une information faite en 1383, pour Guillaume Macé, Fermier de Petit-Pont, est fait mention des commotions arrivées en la Ville de Paris le premier Mars 1381, & que pendant deux mois il n'arriva aucunes denrées à Paris par la crainte que les Marchands avoient des gens d'armes qui étoient logés dans les villages près Paris, & qu'il y avoit environ six ans que ledit Petit-Pont fut abatu pour être racommodé, & que cependant les marchandises passoient en un bac près la Tour de Nesle.

Dans ladite information est fait mention de la construction du Pont St Michel, nouvellement faite, & est nommé le Pont-neuf, qui fut achevé à la St Jean-Baptiste 1382.

Dans ladite information, abrevoir de Maſcon auprès dudit Pont-neuf.

Etienne de Villarciaux, Mareſchal, auprès dudit Pont-neuf.

Fondation de la Chapelle du Bois de Vincennes, & privileges d'icelle octroyés par le Roi Charles V en Novembre 1379, regiſtrés au Parlement le quinziéme Janvier 1380.

Ordonnance du Roi Charles VI, aboliſſant la couſtume d'aucuns pays de ce Royaume, de ne bailler le Sacrement de Confeſſion aux condamnés à mort par Juſtice, datté du douziéme Fevrier 1396.

Décharge de sept-vingts-dix livres de rente & arrerages, pour raison de la Halle aux baſſes merceries en la Ville de Paris, moyennant la ſomme de deux mille livres tournois, & autres conditions du deuxiéme May 1454. Ordonnances de Charles VII au Parlement, verifiées en la Chambre des Comptes le treiziéme Juillet 1458.

Lettre du Roi Louis XI, par laquelle il donne armoiries à Olivier le Mauvais qu'il a annobli, & lui ôte le ſurnom de Mauvais, voulant qu'il ſoit ſurnommé le Daim, en Octobre 1474.

Don fait par Louis XI, aux enfans de Chœur de l'Egliſe de Paris d'une bourſe au College de Navarre, pour en faire étudier l'un d'eux, de ſorte qu'elle en ſoit toujours remplie, en Janvier 1474.

Lettre de Louis XI, par laquelle il donne le Monaſtere des Beguines ſcis près les Celeſtins à Paris, aux filles & femmes du Tiers-Ordre de St François, & ordonne qu'il ſoit dorenavant appellé l'*Ave Maria*, en Mars 1471.

Don fait par Louis XI à l'Abbayie St Denys en France, du peage du Petit-Pont, & meſurage du bled & avoine à Paris, de l'Hotel & revenu de Savecoin près St Denys, avec exemption de Chancellerie, celle de la Prevoſté de Paris, & autres ſcels Royaux, en Decembre 14 2

Don par ledit Roi à Me Jaques Cottier ſon premier Medecin, & Vice-Préſident des Comptes des Offices de Concierge & Bailli du Palais à Paris, la Geollerie, maiſons, jardins, droits & devoirs d'iceux, les bancs & eſtaux, tant deſdits lieux & ſales du Palais, qu'à l'entour d'icelui, & étoit auparavant Bailli & Concierge Me Jean de la Drieſche, auquel ledit Roi l'oſta, datté de Septembre 1482. Lettres de confirmation par ledit Roi, en Novembre ſuivant.

Octroy du Roi Louis XII à la Ville de Paris, ſur le bétail & piedfourchu durant quatre années, pour la conſtruction du Pont-Notre-Dame, du vingtiéme Fevrier 1501. Autre *idem*, du troiſiéme Novembre 1505, pour trois ans ; de ſept ſols ſur chaque priſe de ſel, du quinziéme May 1506. Autre ſur le poiſſon de mer pour un an, du vingt-ſixiéme Aouſt 1511.

Participation des oraiſons & ſuffrages de tout l'Ordre de St François, & permiſſion d'en porter l'habit à la mort, octroyé aux gens du Parlement de Paris, par François Gilles, Dauphin d'Auvergne, General dudit

Tome III. *NNnn*

Ordre, daté du vingt-septiéme Janvier 1502.

Octroi fait par Louis XII, pour accroiftre & augmenter le Chaftelet de Paris, des amendes du Parlement & Prevofté de Paris, le vingt-troifiéme Decembre 1506.

Tranflation du Baillage de Paris du lieu de Nefle au petit Chaftelet, en Aouft 1523.

Reformation de la Ste Chapelle du Palais à Paris, en Janvier 1520.

Permiffion du Roi, que Frere Mathieu Amory, Docteur en Theologie, Religieux de l'Ordre des Freres Prefcheurs, exerce la charge d'Inquifiteur de la Foi, le trentiéme Mai 1526.

Inftitution des Enfans-Dieu près le Temple à Paris, à la Requefte de la Reine de Navarre, fœur de François I, en Janvier 1536.

Lettres de Louis XII, du vingt-neuviéme Mai 1506, par lefquelles il donne à Antoine de Luxembourg fon coufin, Confeiller & Chambellan, la garde de la maifon & Hoftel de Nefle près les Auguftins, pour s'y loger, tant qu'il plaira audit Seigneur Roi; & ce en confideration de ce que le Comte de Ligny, frere dudit de Luxembourg, tenoit en fon vivant ledit Hoftel par don que le Roi lui en avoit fait, auquel ledit de Ligny avoit fait quelque corps de maifon & édifice.

Le Duc de Guyenne, tant qu'il vefquit, poffeda l'Hoftel-neuf affis près la Baftille St Antoine; le Roi Charles VI donna enfuite ledit Hoftel, après la mort dudit Duc de Guyenne, à Mr le Duc d'Orleans fon frere, lequel promit de ne jamais rien plus demander pour fon appanage, étant content de ce qu'il poffedoit. Le dix-huitiéme Octobre 1425, Charles VII revoqua tous les dons & alienations faites de fon Domaine jufqu'alors, ledit Hoftel-neuf fut vendu par Mr le Duc d'Orleans, frere de Charles VI, à feu Mr de Guyenne, la fomme de dix mille écus.

Sentence des Eleus de Paris fur le fait des Aides, du troifiéme Fevrier 1506, par laquelle en confequence de l'appointement donné en la Chambre des Comptes le quatorziéme Janvier précedent, entre les Religieux, Abbé & Convent de St Germain des Prés de Paris d'une part, & le Procureur du Roi en la Chambre, d'autre, touchant la publication & confirmation des privileges de la Foire St Germain, par lequel appointement étoit ordonné que la Foire fe tiendra cette année prefente, par maniere de provifion, & fans préjudice des droits du Roi, tout ainfi, & par la forme & maniere, & aux charges qu'ils l'octroyerent & ordonnerent l'année précedente; & Ordonnance faite par la Chambre le dix-feptiéme Janvier 1505, par laquelle étoit ordonné aux Eleus de faire élection de deux hommes feurs & folvables, pour faire inventaire de la venue & vente des draps qui feront amenés en ladite Foire, fur quoi lefdits Eleus ont nommé Jean Guyot & Robert le Saige, qui autrefois avoient fait la même chofe.

Par une Ordonnance de la Chambre de l'année 1543 du quinziéme Novembre, appert qu'une mafure en difpute entre Louis le Vigneron, Herault d'armes du titre de Normandie, & Me Nicolas le Sueur, Advocat en Parlement, & Damoifelle Helenne Porte fa femme, heritiere de Me André Porbe, Confeiller de la Cour; laquelle mafure étoit fituée au Parvis de l'Eglife St Paul près ladite Eglife, étoit appellée les Ecuries de la Reine.

Le Bois de Boulogne, nommé en 1469 la Foreft ou la Garenne de Rouvray, fut brûlé en ladite année par le Vacher du Village de Boulogne, lequel fit du feu dans la partie du Bois où les Habitans dudit Village avoient leurs ufages, & le feu fe communiqua dans les bois du Roi, dont il y eut plus de cent arpens brûlés.

Par une Requefte prefentée en Janvier 1536, par les Abbé, Doyen, Prevoft & Confreres de la grande Confrairie des Nobles, Bourgeois &

DE LA PREVOTE DE PARIS.

Gens d'Eglise de cette Ville de Paris, aux Commissaires commis à ouïr les comptes des Decimes octroyés au Roi par Notre-Saint-Pere le Pape, pour avoir main-levée de quelques loyers saisis sur eux pour des Decimes à quoi ils n'étoient tenus, attendu que ce n'est point un benefice, dont ils furent déchargés. Ils exposent que *dès le temps de Mr St Denys, pour accroistre & augmenter la foi en ce Royaume, & par spécial en cette Ville de Paris, ledit benoist Saint eust fondé une Confrairie en cettedite Ville de gens d'Eglise & gens mariés, & ordonna que les gens d'Eglise seroient tenus associer, & associerent lesdits gens mariés à leurs bienfaits spirituels, & lesdits gens mariés associerent lesdits gens d'Eglise en leurs biens temporels, & nourissoient lesdits gens d'Eglise, & a coustume ladite Confrairie par bien long-temps, & jusques à ce que la foi croissant en ce Royaume, les Rois & nobles Ducs ont voulu estre de ladite Confrairie, & y associer leurs femmes, & y fondé plusieurs beaux services qui s'y font encore, & continuent par chacun jour : & est ladite Confrairie tellement creue & augmentée, que depuis y a soixante-douze freres d'Eglise, soixante-douze freres Lays, & soixante-douze femmes, dont le Roi notre Sire est le Chef quant aux gens Lays, & la Reine quant aux femmes, &c.*

Dans la vie de Ste Aure, faite par Jaques Quetif, Bourgeois de Paris, & imprimée en 1625, il paroist *folio* 48, que Ste Croix de la Cité étoit l'Infirmerie de la maison où étoit Ste Aure ; & que depuis ayant été separée dudit Monastere environ l'an 956, il avoit été fondé pour Hopital, sous l'invocation de St Hildevert.

Seconde liasse de l'inventaire des Titres de Forests. *Fol.* 12.

Lettres scellées en cire verte, dattées du mois de May 1321, par lesquelles les Religieuses de Poissy ont donné par eschange à Jean, Comte de Forest, une place scise à Paris rue de la Harpe, appellée le Cimetire des Juifs, tenant à la maison Richard de la Galie, & à la grange de Denyse, veuve de Guillaume de Balon, d'autre part à la maison du Comte, qui fut à Hamont, Patissier, & aux maisons feu Geoffroi Menignien, Me Gaudichart, Medecin, Me Jean Gaulart, aboutissant par bas aux maisons des enfans Guillaume Sire de Fury, & de Me Raoul Fultrie, & par haut à ladite rue de la Harpe ; & a le Comte de Forest delaissé auxdites Religieuses la terre de la Picardie au Diocèse de Meaux, & par lesdites Lettres le Roi, comme fondateur, a ratifié ledit eschange, cotté 44.

Item. Une Lettre scellée en cire verte, signé *Maillardus*, du mois d'Aoust 1311, par lesquelles le Roi Philippes, pour s'acquiter de plusieurs arrerages de rente envers les Dames de Poissy, montant à mille livres, leur auroit transporté une place appellée le Cimetiere des Juifs, qu'il leur a amortie, se reservant la Haute-Justice, cottée 46.

Copie de ladite Lettre.

PHILIPPUS, Dei gratiâ, Francorum Rex. Notum facimus universis præsentibus & futuris, quòd cùm nos Religiosis mulieribus Conventui Sororum beati Ludocici Pisciatensis, in certa summa pecuniæ pro arreragiis certorum reddituum per nos eisdem Sororibus assignatorum teneremur. Nos plateam vocatam Cimeterium Judæorum sitam Parisiis, prout se comportat, & eam tenere solebant Judæi, prædictis Sororibus tradimus, assignamus & consignamus per præsentes, pro pretio mille librarum turonensium parvorum, deducendorum de summa pecuniæ in qua eisdem, ut dictum est, tenebamur, volentes & concedentes expressè quòd dictæ Sorores plateam prædictam cum omnibus suis juribus & pertinentiis, habeant, teneant & possideant in perpetuum pacificè & quietè, absque coactione vendendi, vel extra manum suam ponendi seu præstandi propter hoc nobis, vel quibuscumque nostris successoribus, financiam qualem-

Tome III. * N N n n ij

cumque, retenta nihilominus nobis & ipsis successoribus omnimoda alta & bassa Justicia, in eadem nostro, etiam in aliis, & alieno in omnibus jure salvo. Quod ut ratum & stabile perseveret, præsentes Litteras sigilli nostri fecimus impressione muniri. Actum Livriaci, anno Domini millesimo trecentesimo undecimo, mense Augusto. *Sur le repli à la queue*, per Dominum Regem. Z. *Maillardus, avec un las de soye verte.*

Extrait de l'ancien Registre vert du Chastelet. *Folio* 147.

Ce sont les cas & ordonnances faites par Hugues Aubriot, Garde de la Prevosté de Paris depuis qu'il vint à Paris, du dix-huitiéme Septembre 1367.

Item. A été crié que toutes femmes de vie dissolüe tenans bordel en la Ville de Paris, aillent demeurer & tenir leurs bordeaux ès places & lieux publics à ce ordonnés & accoustumés, selon l'ordonnance de St Louis; c'est à sçavoir, à l'Abreuvoir de Mascon, en la Bouclerie, en la rue de Froidmantel près du Clos-Brunel, en Glatigny, en la Cour-Robert de Paris, en Baillehoë, en Tyron, en la rue Chapon & en Champ-flory.

Item Si lesdites femmes de vie dissoluë, ou aucunes d'icelles, sont doresnavant trouvées, demeurant & tenant bordel en ladite Ville, autre part que ès rues dessus declarées, les Sergens du Roi les pourront prendre & emmener en prison ou Chastelet de Paris, à la simple assertion ou complainte de deux des voisins, ou d'autres femmes, où aucunes d'icelles demeureront; & la verité sçeue, seront boutées & mises hors ladite Ville, & prendront & auront les Sergens sur leurs biens huit sols parisis, pour leur salaire.

Voyés sur ce sujet les Registres du Parlement, du vingt-huitiéme Juin 1379, & vingt-quatriéme Janvier 1386.

Arrest du Parlement du quatorziéme Juillet 1480, pour faire deloger les femmes de vie deshonneste des rues des Cannettes, & autres voisines, & aller demeurer ès anciens bordeaux, & rues à ce ordonnées d'ancienneté.

L'entrée de la rue de Glatigny s'appelloit l'entrée du Val d'amour.

De la vingt-uniéme liasse des Adveux de Bourbonnois.
Cotte 2522.

Adveu de la Terre du Breuil, rendu par Marguerite de Montluçon, le vingt septiéme Septembre 1498.

Item in & super qualibet uxore maritum suum verberante unum tripodem. Item in & super filia communi, sexus videlicet viriles quoscumque cognoscente, de novo in Villa Montisucii eveniente, quatuor denarios semel, aut unum bombum, sive vulgariter *Pet*, super Pontem de Castro Montisucii solvendum.

Du Compte de la Tresorerie & Recette ordinaire de Beaucaire & Nismes, rendu par Antoine Boiseau, pour l'année 1540.
Folio 130.

De emolumento duorum hospiciorum in quibus sit Lupanar, affirmato pro tribus annis finiendis ad sanctum Joannem-Baptistam 1530, Ludovico Clucheri, firmente pretio pro toto 15 s. ascendit pro anno præsenti tertio & ultimo dictorum trium annorum per dictum compotum. 5 s.

DE LA PREVOTE' DE PARIS.

De alio hospicio in quo similiter fit Lupanar, *nichil*, quia comprehenditur cum proxime præcedenti. *nichil*.

Au Compte de pareille charge 1526. Fol. 48. *verso*.

De loquerio hospiciorum videlicet à quodam hospicio in quo fit Lupanar, affirmato pro tribus annis finiendis ad sanctum Joannem-Baptistam 1528; Petro Raimondi, pretio pro toto 15 s. anno præsenti primo dictorum trium annorum per dictum compotum. 5 s.

Au Compte de pareille charge. 1531.

De emolumento duorum hospiciorum in quibus fit Lupanar, *nichil hic*, quia non fuerunt superexactorum, *ideo hic nichil*.

Du Compte des Confiscations de Paris, pour une année finie à la St Jean. 1421.

Compte premier de Magloire le jeune, Clerc commis par Raoul Crochetel, Receveur de Paris, à cueillir & recevoir les rentes des maisons écheues l'an 1421, que possedoient les bannis & soupçonnés du meurtre de feu Monseigneur de Bourgogne, &c.

Une Maison qui fut à Miles Chalegant, rue St Antoine, ayant issue à la rue des Balais, tenant d'une part à l'Hostel de l'Evêque d'Evreux, & par derriere aboutissant audit Evêque.

De l'Hotel de la grande riviere, qui fut à Mre Charles de la Riviere, Comte de Dammartin, scise à Paris outre la Porte du Chaume, tenant d'une part au long de la rue de Paradis & d'autre à l'Hotel des Bordes, aboutissant par derriere à l'Hotel de Novion, *neant*, pource que Monseigneur le Duc de Bethfort la tient, lequel Monseigneur y a mis Jean Robillard, Jardinier & Concierge.

D'un autre Hotel qui fut audit Mre Charles, appellé l'Hotel de la petite Riviere, joignant l'Hotel de Clisson; *neant comme dessus*.

L'Hotel de Clisson, c'est l'Hotel de Guise.

Une maison rue de Paradis, qui fut à la Damoiselle de Nantouillet, nommée l'Hotel de Novion, tenant d'une part à l'Hotel de la Riviere, d'autre part à Hemonet Raguier, aboutissant par derriere à l'Hotel des Bordes.

De l'Hotel de Clisson, scise à Paris rue des Boucheries, tenant d'une part & aboutissant par derriere à l'Hotel de la petite Riviere, *neant*, pource qu'il est occupé par Monseigneur le Duc de Clarence, frere du Roi d'Angleterre, par don à lui fait, disant lui appartenir.

Une maison rue de la Porte Barbette & derriere un grand jardin qui fut à Monseigneur de Thorigny, tenant d'une part à la ruelle qui va de la rue à la Coulture Ste Catherine, d'autre à l'Hotel Monseigneur le Duc de Bretagne.

Une maison rue de la Porte Barbette, qui fut à Mre Guillaume des Bordes, Chevalier, tenant aux jardins de l'Hotel de Novion, d'autre part à la petite Riviere, aboutissant par derriere à une petite rue qui aboutit devant la Chapelle de Braque.

Une maison vieille rue du Temple qui fut à Bernard Braque, tenant d'une part à l'Hotel des Poulies, d'autre à la femme d'Auviller, par derriere auſdites Poulies; icelle maiſon fut louée par les Commiſſaires à Jean Facion, Roi des Meneſtriers.

Une maiſon vieille rue du Temple, qui fut à Me Hugues de Guingant, aboutiſſant par derriere aux étuves de Bourgtibourg, *néant*, pource que Mre Philippes de Morvillers, premier Préſident en Parlement, l'a tenue ſans rien payer.

Une maiſon rue des Roſiers, tenant à l'Hotel de Savigni, d'autre aux Seigneurs de St Antoine, aboutiſſant par derriere aux jardins du Comte de Tancarville.

Une grande maiſon rue du Four, tenant d'une part à Mre Charles de Lebret, jadis Connétable, d'autre part au long de la rue de la Hache, aboutiſſant par derriere à la rue des Etuves.

Un grand Hotel ſcis à Paris rue de la vieille Tiſſeranderie, qui fut au Roi de Secile, appellé l'Hotel d'Anjou, & depuis fut à Michel de Paſſe.

Une grande maiſon ſciſe à Paris rue Barre-du-Bec, qui fut à Mre Tanneguy du Chaſtel, faiſant le coin de ladite rue.

Une grande maiſon & jardin derriere, aſſis à Paris en la rue aux Oues, qui fut & appartint à Mre Henri de Marle, laquelle maiſon eſt appellée la Salle-au-Comte, tenant d'un côté à Perrin Gaultier & Andriet Dompont, & d'autre part & aboutiſſant par derriere aux Religieux, Abbé & Couvent de St Magloire, *néant*, pource qu'elle eſt inhabitée.

Une grande maiſon & jardin derriere, qui fut à Mre Charles de Lebret, Connétable de France, ſciſe rue du Four, aboutiſſant par derriere à la rue des Etuves.

D'un grand Hotel aſſis à Paris en la rue de Neſle, appellé l'Hotel de Behaigne, où il y a pluſieurs grandes cours & jardins qui appartint à Mr le Duc d'Orleans.

De l'Hotel du Sejour d'Orleans, auquel demeure un nommé Hance, Concierge.

Un grand Hotel près le College des Bons-Enfans lez St Honoré, avec jardins, qui appartint au Comte d'Armagnac.

D'un grand Hotel & appartenances ſcis rue de Bourbon, qui fut à Mr le Duc d'Alençon abſent, tenant d'une part à l'Hotel de Bourbon, & d'autre part à l'Hoſtel d'Auſtrevant, & à Me Gilles de Clamecy, aboutiſſant par derriere à la rue d'Auſtruche.

De l'Hotel de Bourbon & dépendances, joignant ledit Hotel d'Alençon.

Une maiſon rue St Honoré faiſant le coin de la rue de Neſle. C'eſt aujourd'hui la rue d'Orleans.

Un grand Hotel en ruine appellé l'Hotel d'Auſtruche, appartenant à Mr le Duc d'Alençon.

Priſée des heritages d'Alexandre Bourſier, pour Hugues Saubertier, Ecuyer, 1423. Regiſtré au Regiſtre des Dons & Confiſcations. Fol. 64.

Un grand Hotel qui fut à la Reine Blanche, ſcis en la rue de la vieille Tixeranderie, auquel y a pluſieurs corps de maiſons, cours, puits, jardins, caves, celliers & une groſſe tour, tout entretenant & entreaboutiſſant, tenant d'une part à un Hotel qui fut à Mre Jean de Popincourt, d'autre à l'Hotel de la Cloche, aboutiſſant par derriere audit Mr le Chancellier, & à une ruelle qui a iſſue à la rue de la Voirerie, peut valoir ſoixante livres de rente & quinze cens livres de fonds.

Une autre maiſon qui a pour enſeigne le plat d'étain, ſciſe rue St Jean devant l'Egliſe St Gervais, au deſſus de l'Hotel de Coucy, tenant d'une part à l'Hotel des deux Hermites, & l'autre à l'Hotel Madame de Berri.

DE LA PRÉVOTÉ DE PARIS.

Rue des Jardins, où Dieu fut bouilli. C'est la rue des Billettes.

Confiscations de Paris, 1423, cotte 14.

Seigneurie du Pont de Charenton.

La Gentienne possedoit la Seigneurie dudit Pont, à laquelle appartenoit toute Justice moyenne & basse & tout droit, comme pendre, trainer, &c. Au lieu dudit Pont y a un petit Hotel où on tient les plaids, lequel est appellé l'Hotel de la Geolle, pource qu'en icelui sont les prisons & le Pilori, où on a accoutumé mettre les Malfaicteurs.

CENSIVE, &c.

Compte du Domaine de Paris, 1438.

De Monseigneur le Duc de Hollande, au lieu de Mre Jean de Montagu, pour les anciens murs de la Ville de Paris, qui sont entre la rue St Antoine & la Tour qui est au bout de l'Hotel & jardin sur la porte de la rue par où l'on va de l'Hotel dudit Monseigneur le Duc en l'Eglise St Paul, qu'il tient pour douze deniers parisis

Des Maistres & Gouverneurs de la Confrairie Monseigneur St Denys aux Arbalestriers, pour une place ou jardin en la rue St Denys, outre l'ancienne porte, joignant par dehors aux murs anciens de ladite Ville, aboutissant par derriere à l'Hotel d'Artois, pour douze deniers parisis.

De Pierre Leriot, au lieu de Heraut, pour une place vuide joignant la porte des Barrés en la fin des nouveaux murs de la Ville de Paris sur la riviere de Seine en venant près de l'Hotel du Roi, joignant les Celestins de Paris, contenant deux toises & demi de lez en tous sens, baillés à heritage pour quatre sols parisis.

Compte de 1440. *Idem.*

Des Prevost des Marchands & Echevins de Paris, ausquels le Roi a octroyé faire le Pont Notre-Dame, assis au travers la riviere de Seine au dessus du grand Pont, commençant à la Planche-Mibrai & finissant à la Planche St Denys de la Chartre, sur lequel ils ont édifié sous les conditions contenues au Compte fini à la St Jean 1417, auquel Pont y a dix-sept palées à raison d'un denier parisis de cens, cy dix-sept deniers parisis.

D'un Hotel assis à la Bastide St Antoine, appellé l'Hotel neuf, avec ses appartenances en cens, rentes, vignes & terres, *neant*, parce qu'il est occupé par le Roi.

Du Temporel & Jurisdiction seculiere de l'Evêché de Meaux mis en la main du Roi, parce que Me Pasquier de   Evêque du lieu est demeuré en l'obéïssance des Anglois, d'un Hotel à Paris qui est des appartenances d'icelui scis en la rue St Paul, quinze livres quatre sols.

D'un pareil Hotel appartenant à l'Archevêque de Rouen, scis près la Porte St Germain des Près pour pareille cause huit livres parisis.

Du Compte du Domaine de Paris.

Des cinq Métiers de la Ville de Paris, sçavoir Tanneurs, Boursiers, Megissiers, Baudroyers & Sueurs, appartenans au Roi, par la vendition de Pierre Marefcot, dit Morclet, comme eft dit au compte de l'Afcenfion 1438, jufqu'à un an, &c.

Du profit que prend l'Ecuyer d'Ecurie du Roi fur les Savetiers & Vendeurs de foin, *néant*, parce que Meffeigneurs des Comptes à la fupplication de Poton de Saintrailles, premier Ecuyer, ont reconnu que cela lui appartenoit, &c.

Du Compte du Domaine de Paris 1478. Folio 115 *verfo*.

De Guillaume Alexandre, Hiftorieur, demeurant à Paris, pour un Hotel appellé l'Hotel de Navarre, fcis devant & à la porte de la Chapelle de Bracque, qui fut à Monfeigneur Jaques d'Armagnac, en fon vivant Duc de Nemours, écheu au Roi par confifcation, baillé à louage audit Alexandre pour quatre ans moyennant fix livres huit fols, qu'il payera au Roi, outre les autres charges dont il eft chargé, &c.

Folio 228.

De la chauffée du Pont de St Maur, à vendre cire ouvrée & miracles de plomb, affermée à Jean Charrat, par an à dix fols parifis.

Folio 309.

Viceftre fur Gentilly.

Des Receveurs dudit lieu, *néant*, attendu que délivrance en a été faite par le Roi aux Doyen & Chapitre de Notre-Dame de Paris, par vertu des Lettres de confirmation dudit Seigneur, données à Rouen au mois de Novembre 1464, verifiées ceans le deux Mai 1465 aux conditions fuivantes. Que les Doyen & Chapitre feront tenus de celebrer à perpétuité un Obit à chacun des Quatre-tems, fauf que l'un qui fera le plus prochain du trepas de feu Mr Jean Duc de Berri, feroit mué audit jour, s'il n'y avoit folemnité qui empêchât; auquel Obit affifteront lefdits Doyen, Chapitre, Chapelains & autres Serviteurs de ladite Eglife, d'être en Chœur devant la fin de l'Epitre, fous les peines portées en l'Obit pour le Roi Charles V. Plus feront tenus porter à la proceffion, eux revêtus de chappes de foye, tenant chacun en main un rameau de bois vert le jour de St Philippe & St Jaques premier du mois de Mai, l'Eglife femée d'herbes vertes parmi & autour, ainfi qu'ils ont accouftumé de pieça, & continuer chacun an, portant le chef de Mr St Philippes, & pareillement le grand tableau garni de pierreries pretieufes au jour & fête de Touffaints, & autres dignes reliques, excepté qu'ils ne feront pas tenus porter lefdits rameaux. ne femer en lad. Eglife herbe verte aud. jour de Touffaints, mais feront revêtus de chapes de foye; lequel chef & tableau mondit Seigneur de Berri leur a donné entre autres joyaux & Reliques: & outre ne pourront vendre, ne aliener, changer ne mettre hors de leurs mains par quelque maniere que ce foit ledit Hotel de Viceftre ne le circuit, ne le démolir; & que toutes fois qu'il plaira au Roi ou fes fucceffeurs les avoir & reprendre en leurs mains faire le pourront franchement & quittement fans qu'ils foient tenus bailler aucune recompenfe, & outre & par deffus feront tenus dire une Meffe du St Efprit les jour & fête St Louis pour le Roi, &c.

DE LA PREVOTÉ DE PARIS.

Folio 462.

OEUVRES ET REPARATIONS.

A Jean Marchand, Charpentier, la somme de trente-cinq livres parisis, pour avoir fait l'échafaud & coupe-tête du Pilori qui étoit tout pourri, ensemble fait un échafaud en façon d'allée dont on venoit des greniers de la Halle au poisson jusques sur ledit Pilori, & par dessus lequel Mr de Nemours passa pour être executé sur ledit échafaud dudit Pilori, à quoi a vaqué trente-six jours à quatre sols par jour.

Item, à Pierre Philippes, Maître des basses œuvres, pour avoir abbatu ledit échafaud de bois étant audit Pilori, pour en refaire un neuf pour servir à ladite execution dudit Duc de Nemours, & pour avoir rabatu les tuyaux où le sang couloit audit échafaud, blanchi iceux, & pour avoir nétoyé les chambres des Halles où ledit Duc de Nemours fut mené confesser, & icelles chambres arrosées de vinaigre, & livré deux sommes de cheval de bourées de genievre pour bruler ausdits greniers pour ôter le goût de la marée que lesdites chambres & greniers sentoient. *Item*, à lui la somme de douze sols six deniers pour douze pintes de vin, pain blanc & poires, que ledit Jean Marchand a livré pour faire boire Messieurs de la Cour de Parlement & Officiers du Roi étant esdits greniers pendant que ledit Duc se confessoit. *Item*, à lui la somme de soixante quatre livres parisis, tant pour avoir par lui livré des sarges de pers pour tendre lesdites chambres & greniers, ensemble les appartemens desdits greniers, comme pour avoir livré six quartiers de sajette à doubler le careau sur lequel ledit Duc fut executé, & aussi le harnois de drap noir sur le cheval sur lequel ledit de Nemours monta depuis la Bastille St Antoine jusques ès Halles.

Folio 506.

Des profits de l'Hotel de Navarre, scis entre la rue des Boucheries du Temple, à l'opposite de la Chapelle de Braque, appartenant au Roi par la confiscation de Jean d'Armagnac, en son vivant Duc de Nemours.

Du Compte de l'Ordinaire de Paris, pour une année finie à la St Jean, 1450, &c.

Aux Marguilliers St Innocent, pour certaines échopes où souloit avoir Ferrons, Forgeurs & autres en la grande rue St Denys, entre les portes de ladite Eglise contre les Charniers du Roi.

Du Compte de Jean Aubery, Payeur des œuvres, &c. commençant au premier Juin 1457 & finissant au onze Juin 1458. Folio 53.

Le Sejour du Roi notre Sire, assis en la rue Jean le Mire derriere St Eustache, &c. C'est la rue du Jour qui vient de l'Hotel dudit Sejour.

Du Compte du Domaine de Paris, 1475. Folio 52 *verso*.

De Mre Robert Destouteville, Chevalier Prevôt de Paris, au lieu de Monseigneur le Connétable, au lieu de Mre Jean de Montagu, pour les anciens murs de la Ville de Paris, qui souloient être entre la rue St Antoine & la Tour qui est au long du jardin sur la porte par où l'on va de l'Hotel de mondit Seigneur en l'Eglise St Paul, qu'il tient pour douze deniers parisis par an.

Folio 71.

Pour une mazure où de present a maison appellée le Fort-le-Roi, scise à Paris, rue St Germain l'Auxerrois devant le Fort-l'Evêque, qu'il tient pour seize sols parisis.

Folio 86 verso.

A Me Pierre Morin, Conseiller, auquel le Roi par Lettres du sixiéme Septembre 1473, données à Sablé, cede & transporte certaine mazure, jardins, avec le pourpris du lieu, ainsi qu'il se poursuit & étend de toutes parts, assis à Paris auprès de l'Eglise St Eustache, nommé le Sejour du Roi, tenant par devant à la rue Montmartre, d'un côté à l'Hotel du Cigne rouge, une ruelle entre deux, & de l'autre côté sortissant à une ruelle nommée la Plastriere, avec tous les droits, cens, rentes, appartenances & dépendances de ladite mazure & jardins, appartenans aud. Seigneur, à cause de son domaine, & avec ce lui a cédé tout tel droit, nom, seigneurie, raison & action qui lui peut appartenir, pour en disposer comme bon lui semblera, en payant les charges & faisant les droits & devoirs : ausquelles Lettres sont attachées Lettres de Nosseigneurs des Comptes & des Tresoriers du premier Fevrier 1474, par lesquelles apert qu'après qu'ès presences des Procureur & Receveur ledit pourpris anciennement appellé le Sejour du Roi, a été vû, visité & mesuré par les Maîtres & Charpentiers, & prisé seize livres treize sols quatre deniers ou deux cens livres d'argent, &c. & pourvû que nonobstant ledit don la Justice & Jurisdiction du grand Ecuyer de France se tiendra & exercera dedans le pourpris ou lieu, comme est contenu esdites Lettres.

Domaine de l'Hotel de Ville de Paris 1573, au chapitre des menus cens & fonds de terre.

Rue Champrosy, aboutissant par derriere à l'Hotel de la Herse, au jeu de paume de Perpignan.

Autre Recette à cause des Portes, places & habitations étans sur & au long des anciens murs de l'ancienne cloture d'icelle Ville, à elle appartenans, lesquelles Portes, Tours & Places se baillent à vie, louage & autrement à profit.

Pour l'Hotel du Parloir aux Bourgeois de ladite Ville de Paris, à elle appartenant, scise entre l'Eglise de St Leufroi & le petit Chastelet, pour enseigne où pend un Benoistier,

Une maison appartenante à la Ville, dite la maison de la Marchandise du sel, joignant les boutiques de la Porte de Paris, contenant quinze toises & demi sur douze pieds de large par devant & vingt-un pieds & demi par derriere.

Pour une petite maison près & joignant le Louvre avec la Tour nommée Jean de Lestang.

Voir tout ledit Compte pour les anciens murs & portes de la Ville de Paris de la cloture de Philippe-Auguste.

DE LA PREVOTE' DE PARIS.

Du même Compte.

De Me François le Roux, Conseiller au grand Conseil, pour la permission de pouvoir faire bâtir sur les anciens murs qui sont derriere sa maison & jardin, dit l'Hotel de Tancarville.

De Monseigneur le Cardinal de Sens, Mre Bertrand, Conseiller en son grand Conseil, Garde des Sceaux de France, pour une grande place de murs, où souloient être jadis les buttes des Arbalestriers, de present appliqués en jardin, ensemble les anciens murs de la cloture de ladite Ville, avec deux Tours, assis & joignant la cloture Ste Catherine au derriere de l'Hotel de Savoisy, près les rues faites de neuf en ladite cloture, contenant quarante-deux toises de long à commencer au mur faisant la cloture de la rue Pavée & dudit jardin, & l'autre mur vers lesdits jardins de Tancarville, à treize toises de large depuis les anciens gros murs de ladite Ville jusqu'aux murs faisant la cloture dudit jardin & d'une autre rue étant au long d'icelui; & entre la place ou jardin & le jardin dudit Hotel de Savoisy, sont les anciens murs de la cloture de ladite Ville, contenant la longueur dessusdite de quarante deux toises & de six à sept pieds d'épaisseur; lesquels lieux les Prevost des Marchands & Echevins, suivant les Lettres Patentes, ont cedé audit Cardinal, moyennant six sols parisis, ainsi qu'il est porté au Compte de 1560.

Voir un Compte du Domaine de Paris de l'année 1484, pour St Paul, l'Ave-Maria, l'Hotel des Beguines, les Carmes, les Celestins & la Cure de St Paul.

La maison du Chevalier du Guet, faisoit le coin de la rue Perrin-Gasselin.

Titres de Chastelus en Bourgogne.

Donnation par Henri, Roi de France & d'Angleterre, à Claude de Beauvoir, Seigneur de Chastelus, de l'Hostel d'Albret, sois à Paris rue du Four; tenant d'une part à l'Hostel feu Me Jean de la Croix, & d'autre à un nommé Guillaume le Prevost, dattée de Paris le neuviéme Decembre 1424.

Dans un Titre de 1258, qui est une Sentence arbitrale entre les Chanoines de St Symphorien d'une part, & Erneyse, Chambellan de la Reine, d'autre; celui qui fut nommé par l'Evesque de Paris, prend la qualité suivante: *Magister Joannes de Porta; Canonicus Parisiensis; vices gerens Reverendi Patris R. Dei gratiâ, Parisiensis Episcopus, &c.*

Et dans la ratification faite par l'Evesque en la même année, il prend la qualité suivante: *Reginaldus, miseratione divinâ, Parisiensis Ecclesiæ Minister indignus.*

Philippe le Convers, Chanoine de Paris, & Archidiacre de Brie en l'Eglise de Meaux, dans un Titre de 1313, & dans un autre de 1317, il prend la qualité d'Archidiacre d'Auge en l'Eglise de Rouen.

Titres de l'Hostel de Guise étant dans le Tresor. 1698.

HOTEL DE CLICHON.

Acquisition de l'Hostel de Clichon à Paris, dit depuis l'Hostel de Guise, par Anne d'Est Duchesse de Guise, Epouse de François de Lorraine, Duc de Guise, Prince de Joinville, Marquis du Maine, Pair & Grand-Chambellan de France, Gouverneur & Lieutenant General pour le Roi en ses Pays de Dauphiné, Savoye & Saluce; de Philbert Babou, Evesque d'Angoulesme, comme Procureur de Philbert Babou, Chevalier, Seigneur de la Bourdaisiere, son Pere, moyennant la somme de seize mille livres: ladite maison scise à Paris rue du Chaume, appellée l'Hostel de Clichon, devant & à l'opposite de la Chapelle de Braque, appartenant audit de a Bourdaisiere de son conquest, tenant d'une part, & faisant l'un des coins de la rue de   , & d'autre part, & faisant l'autre coin de la rue de   , aboutissant d'un bout par derriere à la veuve & heritiers de feu noble homme Me Doucet, Advocat en Parlement, d'autre bout par devant sur ladite rue du Chaume, étant en la censive du grand Prieuré de France à cause de sa Commanderie du Temple: ladite somme de seize mille livres payée par nobles hommes Jean de la Boissiere sieur de Chailly, l'un des cent Gentilhommes de la Maison du Roi, & François de Hangest sieur du Mesnil, Gentilhomme Servant de la Maison du Roi, & Maistre d'Hostel dudit sieur Duc de Guise, le Mercredy quatorziéme Juin 1553.

 Donnation de l'Hostel de Guise, anciennement dit l'Hostel de Clisson, par François de Lorraine, Duc de Guise, Anne d'Est, à Charles Cardinal de Lorraine, son frere, ses hoirs ou ayans cause; ledit Hostel scis à Paris rue du Chaume près la Chapelle de Braque, tenant d'une part à ladite rue, d'autre part aux heritiers de feu la Doucette, aboutissant d'un bout, & faisant l'un des coins de ladite rue du Chaume, & de la rue des Quatre-fils Aymond, & d'autre bout à une ruelle étant entre ledit Hostel de Guise & l'Hostel de Laval, le Mercredi septiéme Octobre 1556.

 Donnation faite par Charles, Cardinal de Lorraine, à Henri de Lorraine Prince de Joinville son neveu, de l'Hostel de Guise, & aux enfans mâles des aînés, & après au plus aîné, donnant l'usufruit dudit Hostel à son frere François de Lorraine, & Anne d'Est sa femme, & au survivant d'eux deux, le Mercredy quatriéme Novembre 1556.

HOTEL DE LAVAL.

 Acquisition de l'Hostel de Laval par noble homme Me Jean Brinon, Conseiller du Parlement, Seigneur de Villaines, d'une maison & ses appartenances, scise en cette Ville de Paris rue du vieil Braque, tenant d'une part, & ayant issue à la rue de Paradis d'autre part, & ayant aussi issue en la rue de   , aboutissant par derriere à Mre Jean Brissonnet, Chevalier, President des Comptes, d'autre bout par devant à ladite rue du vieux Braque, vendue par Me Guillaume de Coste, dit Lateranus, Abbé de Bon-repos, au nom & comme Procureur de H. & P. Seigneur Gui Comte de Laval, de Quentin, de Montfort, de Comminges, de Rhetelois & de Beaufort en Champagne, Sire de Vitry, Vicomte de Rennes & de Lautrait, Seigneur & Baron d'Orval & de Colomiers en Brie, moyennant le prix & somme de huit mille cinq cens livres, le Jeudy dix-neuvieme Novembre 1545.

 Donation de l'Hostel de Laval par Charles, Cardinal de Lorraine, à François de Lorraine, Duc de Guise, son frere, & à Anne d'Est sa femme, & au survivant, & après à Henri leur fils aîné, & après aux aînés des aînés; ledit Hostel de Laval appartenant audit Cardinal de Lorraine, à cause de la donnation à lui faite par feu Me Jean Brinon, ledit Hostel scis à Paris rue du Chaume, faisant l'un des coins de ladite rue & de la rue de Paradis, tenant d'une part à la rue de Paradis, d'autre part à une ruelle étant entre ledit Hostel de Laval & l'Hostel de Guise, aboutissant d'un bout par derriere en partie à Christophle du Refuge, Escuyer, Seigneur des Menus, & en partie aux heritiers de Me Jean Brissonnet, en son vivant President des Comptes, étant en la censive du Temple, le Jeudy onziéme Juin 1556.

DE LA PRÉVOTÉ DE PARIS.
MAISON DE DOULCET.

Vente par eschange par Jaques le Hardy, Commissaire au Chastelet, & Jeanne Doulcet sa femme, heritiere pour un quart de feu Jeanne Theuleu, veuve de Me Jaques Doulcet, Conseiller du Parlement; & Me Louis Doulcet, Seigneur de Chandeveau, Advocat, fils & heritier pour un quart de ladite Theuleu; & Marie Boucher, femme dudit Louis Doulcet, d'une partie de maison scise à Paris près la Chapelle de Bracque, tenant d'un bout à l'Hostel de Guise, autrement appellé l'Hostel de Clichon; d'autre part à l'Hostel de la Roche-Guyon, aboutissant d'un bout par derriere à la rue des Quatre-fils Aymond, & d'autre bout par devant à une rue vulgairement appellée la rue de la Roche, en la censive du Temple, le Mardi seiziéme Mars 1556.

Acquisition de la moitié de la maison de la Doulcette rue de la Roche, tenant à l'Hostel de Guise & à l'Hostel de la Roche-Guyon, par Charles, Cardinal de Lorraine, de Louis Doulcet, Advocat en Parlement, Seigneur de Chandeveau, moyennant trois cens cinquante livres de rente, d'une grande maison scise à Paris rue de la Roche près la Chapelle de Braque, tenant d'une part à l'Hostel de Guise, d'autre part à l'Hostel de la Roche-Guyon, aboutissant d'un bout par derriere à la rue des Quatre-fils Aymond, & par devant à la rue par laquelle l'on vient dudit Hostel de la Roche-Guyon à ladite Chapelle de Braque, audit Doulcet appartenant le quart de son propre, & l'autre quart de son conquest à titre d'eschange par lui fait de Me Jaques Hardy, Commissaire au Chastelet, & Jeanne Doulcet sa femme, sœur dudit Louis Doulcet, le Mercredy vingt-quatriéme Novembre 1557.

Acquisition de la moitié de la maison de la Doulcete moyennant huit cens livres de rente, par Edmond Boucherat, Conseiller au Parlement, fondé de procuration de François de Lorraine Duc de Guise, Comte de Nanteuil, de Me Charles Collier, Advocat, & noble Damoiselle Marie Doulcet sa femme, de la susdite moitié de maison audit Collier appartenant, tant du propre de ladite Marie Doulcet, que conquest par eux fait de Damoiselle Denyse Doulcet, veuve de noble homme Simon de Guymardes, Escuyer, Seigneur du Vivier, sœur de ladite Marie Doulcet, le dix-septiéme Septembre 1561.

HOTEL DE LA ROCHE-GUYON.

Acquisition de l'Hostel de la Roche-Guyon par Mre Louis Guillart, Evesque de Senlis, au nom & comme Procureur de François de Lorraine Duc de Guise, ledit François de Lorraine se faisant fort de Pierre le Febvre, Curateur aux biens vacans de deffunte Dame Philippes de Gueldres, Reine de Jerusalem & de Sicile, Duchesse Douairiere de Lorraine d'une part, & noble homme Christophle de Launay, Seigneur de Leschigné, Me d'Hostel & Procureur fondé de procuration de Mre Louis de Rohan, Comte de Montbazon, Seigneur de Guimené, & de Dame Leonore de Rohan son épouse, fille & heritiere principale de feu Mre François de Rohan, Chevalier de l'Ordre du Roi, Seigneur de Gyé, d'autre; de la maison & Hostel de la Roche-Guyon seant en cette Ville de Paris rue Barbette, aboutissant par devant à ladite rue, & par derriere à la maison dudit Seigneur Duc, tenant d'un côté à   , d'autre à   , le dixiéme Janvier 1560.

Hotel des Evêques de Chalons rue Traffenonnain.

Extraits des Titres de l'Evêché de Chalons.

Vente par Eloyſe la Velue, veuve de Jean le Velu, à Venerable Pere en Dieu Jean de Courtenay, éleu Archeveſque de Reims, d'une maiſon ſciſe devant le Cimetiere de l'Egliſe St Nicolas près l'Egliſe St Martin des Champs, laquelle maiſon fut autrefois à feu Thomas, Archeveſque de Reims, dernier prédeceſſeur dudit de Courtenay, moyennant la ſomme de mille liv. pariſis, le Mardy lendemain Ste Luce, 1266.

Ratification de Frere Raimond, Abbé de Cluny, de la Tranſaction paſſée entre le Prieûr de St Martin des Champs & l'Eveſque de Chalons, au ſujet de la maiſon dudit Eveſque, ſciſe en cette Ville de Paris, donnée à Noire-eſtable le jour des Ides de Juin 1322.

Accord entre le Prieur de St Martin des Champs, & Jean de Sarrebruche, Eveſque & Comte de Chalons, auquel ledit Prieur demandoit pluſieurs années d'arrerages de cent ſols pariſis de rente de fonds de terre que ledit Prieuré prenoit tous les ans le jour de St Martin d'hiver ſur un Hoſtel appellé l'Hoſtel de Chalons à Paris, rue Traſſenonnain.

Bail à rente perpetuelle par Me Jaques Lhuillier, Prieur de Brienne, & Me Nicolle le Civier, ſieur du Fay, Advocat en la Cour, au nom & comme Procureur de Monſeigneur le Cardinal de Lenoncourt, Eveſque & Comte de Chalons, Pair de France, ſuivant la permiſſion & congé donné audit Seigneur Cardinal par la Sentence de François Deſmier & Jaques Spifame, Conſeillers du Parlement, Commiſſaires delegués par Mr l'Archeveſque de Reims, Superieur dudit Eveſque de Chalons, pour authoriſer ledit bail de l'Hoſtel de Chalons, ſcis à Paris rue Traſſenonnain, tenant d'une part à la rue Chapon, d'autre à la rue Courtauvillain, à Mre Charles de Melun, Seigneur de Lumigny en Brie, de vingt toiſes de largeur ſur leſdites rues Chapon & Courtauvillain, faiſant partie du jardin de l'Hoſtel de Chalons, & de la profondeur juſqu'auxdites rues, tant d'un côté que d'autre, tenant d'une part au ſurplus dudit jardin retenu par ledit Seigneur Cardinal, Eveſque de Chalons; d'autre part à , à cauſe d'un autre Bail à lui fait par ledit Cardinal d'autre portion d'icelui jardin, tirant vers la rue Chapon & Courtauvillain en la cenſive de St Martin des Champs, chargé de huit livres pariſis envers ledit Prieuré, eſquels ledit Preneur promet bâtir maiſon ſuffiſante dedans deux ans, &c. & a payé ledit Preneur deux mille quatre cens liv. le neuviéme Septembre 1542.

Contrat par lequel Guillaume Villain, Maiſtre Faiſeur d'étœufs, confeſſe qu'au moyen de l'acquiſition faite dès le Mercredi ſixiéme Mai 1579, de Mre Louis de Champagne & de Magdelaine de Meleun ſon épouſe, il eſt à preſent detempteur d'une grande place de preſent en jardin, contenant vingt toiſes de large ſur les rues Chapon & Courtauvillain, & de la profondeur juſques auſdites rues, tant d'un côté que d'autre, qui faiſoit autrefois partie du jardin de l'Hoſtel de Chalons ſcis à Paris, tenant d'une part icelle place audit jardin de l'Hoſtel de Chalons, d'autre part au jeu de Paulme de la Cave, aboutiſſant d'un bout ſur ladite rue Chapon, & d'autre bout ſur la rue Courtauvillain; & que ſur icelle place & lieux cy-deſſus, R. P. en Dieu Mre Coſme Clauſſe, Eveſque & Comte de Chalons a droit de prendre chacun an trente-deux livres pariſis de rente fonciere non racheptable, le vingt-ſeptiéme Juillet 1579.

DE LA PREVOTÉ DE PARIS.

Du Compte de la Prevofté de Paris des termes de Chandeleur 1391, & Afcenfion 1392.

RECETTE.

Domaine ou Rentes non muables.

De Mre Guillaume de la Trimoille, Chevalier, Chambellan du Roi notre Sire, pour un Hoftel nommé Luchaftel de Calais, affis à Paris en la rue de la Plaftriere, &c.

De Jean Lefcurey, pour une autre place feant fur ladite riviere de Seine devers la Place-Maubert, devant l'Hoftel de R. Pere en Dieu Mr l'Evefque de Cambrai, &c.

De Gillet de Baigneux, pour une place vuide affife en la rue de St Paul, enclavée ou pourpris de l'Hoftel Mr Dandrezel, tenant d'une part audit Hoftel Dandrezel, & l'autre à l'Hoftel des Lyons, aboutiffant & tenant d'un côté audit Gillet, & d'autre à l'Hoftel Mr l'Evefque de Chartres, &c.

Du Compte de la Prevofté de Paris des termes de Chandeleur 1393, & Afcenfion 1394.

RECETTE.

Domaine ou Rentes non muables.

D'un Hoftel & jardin affis en la rue St Antoine de Paris près de la Baftille, tenant d'une part au Doyen de Paris, & d'autre part à Jean Culdoë, Bourgeois de Paris, aboutiffant par derriere au jardin de l'Hoftel de Petit-Muce, duquel Hoftel & jardin le Roi notre Sire avoit fait Concierge Jean Payen, & Marie fa femme; & depuis ledit Seigneur l'a pris & appliqué à fondit Hoftel de Petit-Muce, fi comme il appert par fes Lettres données le neuviéme Juillet 1394, rendu à court cy-deffous, en dépenfe en l'Extrait de ce Compte entre dons fur la partie dudit Jean Payen.

DEPENSE COMMUNE.

A Pierre de Breban, Geollier du Chaftelet de Paris, pour les dépens de trois petits enfans Juifs, enfans de Denys Machaut Convers, & de Lyonne de Cremy Juifve, fa femme, engendré au mariage d'entre eux pour le temps que ledit Denys étoit Juif; & auffi les dépens faits par Marion la Cholaife, commife par le Prevoft de Paris au gouvernement defdits enfans, auxquels ledit Pierre a livré leurs dépens à la geolle dudit Chaftelet, depuis le premier jour d'Octobre 1393, jufqu'au premier jour de Janvier enfuivant, par lequel temps ils ont été fequeftrés & mis en garde audit Chaftelet, par l'ordonnance dudit Prevoft pour ce, & par mandement dudit Prevoft, & par quittance dudit Pierre, tout rendu à court, quarante-fix livres parifis.

Du Compte de la Prevofté de Paris du terme de Touffaint 1392.

DEPENSE COMMUNE.

A Huet Briquet, Malletier, pour trois facs de cuir, efquels furent mis & pendus en la Juſtice les corps de feus Guillaume de Bouteville, Philippot Rogier, & Hennequin Dandeche, n'agueres executés pour le fait par eux & autres commis, & perpetré à Mr le Conneſtable, &c.

A Collard de Riviere & Richart le Beſſon, Joueurs de Trompe, pour leurs peines & ſalaires d'avoir trompé, par l'ordonnance de Juſtice, à l'execution des deſſuſdits nommés Guillaume de Bouteville, Philippot Rogier, & Hennequin Dandeche, pour ce, &c.

A Me Arnoul de Villers, Examinateur au Chaſtelet de Paris, & à Richart & Guillaume, dits les Samſons freres, Sergens à cheval dudit Chaſtelet, pour leurs ſalaires deſſervis & taxés par ledit Prevoſt de Paris, à aller ès pays de Picardie, de Vermandois, d'Artois & de Cambreſis, ſçavoir & enquerir du Commandement du Roi, s'ils pourroient prendre & emmener priſonnier audit Chaſtelet, Adam Davelus, Eſcuyer, pour les batures & navrures faites par Mre Pierre de Craon & ſes complices audit Conneſtable; & auſſi ſçavoir & enquerir où étoient les biens-meubles & immeubles dudit Adam, &c.

A Mre Hutin de Ruet, Examinateur audit Chaſtelet, & à quatre Sergens d'icelui Chaſtelet, pour leurs peines & ſalaires d'avoir été, par l'ordonnance du Grand-Conſeil du Roi notre Sire, à la Ferté-Bernard, à Bonez, à Trefols, à Ceaux, au Vivier, à Sablé, à Fonde, & au pays d'environ, ſignifier les ajournemens faits en cas de baniſſement ſur & contre ledit Mre Pierre de Craon, Mre Bournabes de Tuſſe, Mre Jean de Champchevrier, Chevalier, & Pierre de Trefols, Eſcuyer, & leurs complices, pour les batures & navrures faites audit Conneſtable; & pour avoir amené priſonnier audit Chaſtelet pour ledit fait, Girard Chabot, Eſcuyer, n'agueres Maiſtre-d'Hoſtel dudit Mre Pierre de Craon; & tous les biens d'iceux avoir mis en la main du Roi notre Sire, & mis gardes & gouverneurs de par ledit Seigneur, &c.

Du Compte de la Prevoſté de Paris du terme de Touſſaint 1393.

AUTRES AMENDES.

Des amendes de l'Auditoire des Juifs pour un an commençant à la feſte de Touſſaint 1392, & finiſſant à icelle même feſte 1393, *néant*; parce que Jean de Morgueval & Me Jean le Duc, Procureurs en Parlement, qui audit an ont été Greffiers dudit Auditoire, n'en ont aucunes baillées.

Le même Auditoire des Juifs ſe trouve en pluſieurs autres Comptes, même en celui de Touſſaint 1394. Mais au Compte de Touſſaint 1395, ce chapitre eſt mis ainſi.

De l'Auditoire des Juifs pour un an commencé à la feſte de Touſſaint 1394, & finiſſant à la Touſſaint 1395, *néant*; pour ce qu'il n'y a plus nuls Juifs à Paris, & n'ont point d'Auditoire.

Au Compte du terme de Touſſaint 1391, eſt écrit: Autres amendes extraites des papiers de Me Martin Double, Advocat du Roi notre Sire au Chaſtelet de Paris, Lieutenant general de noble homme Jehannet d'Eſtouteville, Conſeiller du Roi notredit Seigneur, Conſervateur de tous les Juifs & Juiſves du Royaume de France, écheus depuis la feſte de Touſſaint 1390 juſqu'à icelle même feſte 1391. Les parties ſous le ſeing manuel de Pierre le Guyant, Clerc de l'Auditoire deſdits Juifs, rendu à court, trente-une livre pariſis.

DE LA PREVOTE' DE PARIS.

Du Compte de la Prevôté de Paris des termes de Chandeleur 1394, & de l'Ascension ensuivant, l'an 1395.

Au Chapitre des Forfaitures, & autres Avantures.

De l'inventaire de plusieurs Livres & cahiers de Livres de Juifs, trouvés à Paris en l'Hostel du Pourcelet outre la porte St Denys, inventoriés par Me Robert Petit, Clerc, Examinateur au Chastelet de Paris, le seiziéme jour de Fevrier 1394, & prisés par Jaquet Gervais & Gaultier Aubertin Convers, à la somme de quarante-six francs, si comme il appert par ledit inventaire signé du seing manuel dudit Examinateur, rendue cy-dessous en dépense en l'Extrait de ce Compte, entre deniers payés pour ce trente-six livres seize sols parisis.

Et en l'Extrait dudit Compte est écrit: A Mre Gilles Mallet, Chevalier, Maistre-d'Hostel du Roi notre Sire, pour plusieurs Livres & cahiers de Livres de Juifs, trouvés en trois poinçons à Paris en l'Hostel du Pourcelet outre la porte St Denys, inventoriés par Me Robert Petit, Clerc, Examinateur au Chastelet de Paris, desquels Livres il est rendu cy-dessus en recepte au chapitre des Forfaitures, trente-six livres seize sols parisis, baillés audit Mre Gilles pour mettre en la Librairie du Roi notre Sire au Louvre, par vertu des Lettres dudit Seigneur données le vingt-sixiéme jour de Fevrier 1394, ainsi signé par le Roi, Mre Hervé le Couls, Montagu presens: de rien pour ce par lesdites Lettres, Mandement des Tresoriers de France, & quittance dudit Mre Gilles Mallet de la reception desdits Livres avec ledit inventaire, tout rendu à coust, repris cy en dépense trente-six livres seize sols parisis.

Extrait d'une Declaration donnée pour le Papier Terrier de Paris, en 1682.

Maison scise rue Geoffroy-Lasnier, au coin de la rue des Vieilles-Poulies: c'est le cul-de-sac qui est dans la rue Geoffroy-Lasnier.

Du Compte de la Prevosté de Paris du terme de Toussaint 1390.

DEPENSE.

A Me Jean Truquam & Girard de la Haye, Examinateurs au Chastelet de Paris, pour deniers à eux payés par Mandement du Roi notre Sire, & par ses Lettres données le dix-septiéme Aoust 1390, ainsi signées par le Roi à la relation du Conseil. L. BLANCHET, pour aller ès parties de Touraine, de Blois & de Vendosme, & aux pays d'environ, pour examiner certains prisonniers qui y étoient détenus pour certains poisons & venins qu'ils avoient mis & jettés en plusieurs puits & rivieres, & pour faire certaines informations touchant le profit & honneur du Roi notredit Seigneur, quarante-huit livres parisis.

Aux dessusdits nommés, Me Jean Truquam, &c. pour deniers à eux payés par Mandement du Roi notredit Seigneur, & par ses Lettres données le douziéme Septembre 1390, ainsi signées par le Roi à la relation du Conseil, J. DE CESSIERES, pour aller faire hastivement certains exploits au Mans, à Tours, à Rouen & ailleurs, par certaines formes & manieres advisées par le Conseil dudit Seigneur, pour mettre remede & provision à la mauvaise volonté & entreprise d'aucuns malfaicteurs qui font soupçonnés d'avoir mis ou entrepris à mettre au Royaume de France ès fontaines, ruisseaux & rivieres, poisons & venins pour empoisonner ceux qui en useroient ; pour ce &c. quarante-huit livres parisis.

Du Compte de la Prevosté de Paris du terme de Toussaint 1391.

RENTE DE CENS.

De noble homme Mre Enguerrand Deudin, Chevalier, Chambellan du Roi notre Sire, & Gouverneur de son Dal-Dauphiné, pour un Hostel, cour & jardin, assis à Paris à l'opposite du vieil Cimetiere St Jean, tenant d'une part, & faisant le coin de la rue du Bouthibout, en la censive du Roi notre Sire, qu'il a acheté de Noble & Puissant Seigneur Jean de Bretagne Comte de Penthievre, & Vicomte de Limoges, le prix de dix-huit cens livres; & s'en desaisit Aubert le Fevre, comme Procureur, pour ce cent vingt livres parisis.

DEPENSE COMMUNE.

A Me Oudart de Montchauvet, Advocat en Cour laye, pour son salaire deservi à visiter une information de plusieurs excès & delits commis & perpetrés contre aucuns des Habitans de la Ville d'Evreux, & contre le Procureur du Roi audit lieu d'Evreux, sur le fait de la rebellion & désobeissance faite sur les Juifs & Juifves demeurans en l'an 1381 en ladite Ville; & aussi pour avoir fait, du commandement de Me Martin Double, Lieutenant de Jean d'Estouteville, Conservateur desdits Juifs par tout ce Royaume de France, une écriture pour le Roi notre Sire, contre Robert Belet, Bourgeois dudit lieu d'Evreux, pour ce par mandement, &c.

Extrait d'une autre Déclaration fournie en 1682, pour le Terrier.

Rue de la Huchette, maison faisant le coin de la rue du Renard, qui est la premiere ruelle qui va à l'eau, en entrant par le Pont St Michel à main gauche.

PONT St MICHEL.

Jean Hierome, Capitaine d'une compagnie d'Egyptiens ou Bohemes, qui alloient par les Provinces sans demeure arrêtée, se mêlant de dire en regardant dans les mains, la bonne avanture. Etant venu loger au faux-bourg St Germain, sa femme devint jalouse de ce qu'il paillardoit avec une autre jeune Egyptienne, ensorte qu'elle fit complot avec deux autres de la tuer, & la jetter dans la Seine; ce qu'elles executerent, faisant semblant d'aller promener. Mais cet assassinat étant decouvert, elles furent menées à l'Abbayie St Germain avec le Capitaine Hierome & deux autres Egyptiennes. Leur procès fait; des cinq femmes Egyptiennes, quatre par Sentence furent condamnées à être pendues, & l'autre à assister à l'execution avec le Capitaine Hierome, qui par le même jugement fut banni, & toute sa troupe des terres & seigneuries de l'Abbayie St Germain. Appel, sur lequel, par Arrest, les trois Egyptiennes qui avoient assassiné, furent pendues le vingt-troisiéme du mois de Fevrier 1612 au bout du Pont St Michel., à une potence croisée, lieu de la justice dudit St Germain des Prés; & les autres bannis du Royaume à perpetuité, le vingt-huitiéme Fevrier 1612.

ARREST DU CONSEIL D'ETAT DU ROI,
Qui maintient les RR. PP. Celeſtins de Paris en la poſſeſſion, & jouiſſance des Privileges dont jouiſſent les Secretaires du Roy.

EXTRAIT DES REGISTRES DU CONSEIL D'ETAT.

VEU au Conſeil d'Eſtat du Roi l'Arreſt rendu en icelui, le ſeizé Septembre 1692. ſur la Requeſte de M. François Carbonnel, Fermier du Greffe de la Signature en Chef du Chaſtelet, tendante pour les cauſes y contenues, à ce qu'il plût à Sa Majeſté le décharger de l'aſſignation qui lui a eſté donnée au Grand Conſeil le onziéme Aouſt 1692, à la Requeſte des Celeſtins de Paris, pour ſe voir condamner à leur rendre & reſtituer la ſomme de trente livres quinze ſols, par eux payée pour les Droits de Signature de differentes Sentences qu'ils ont levés audit Greffe, & faire deffenſes auſdits Religieux de le pourſuivre à l'avenir pour raiſon de ce. Par lequel Arreſt ſa Majeſté auroit ordonné que ladite Requeſte ſeroit communiquée auſdits Religieux, pour y fournir de réponſe, ce qu'ils ſeroient tenus de faire dans huitaine ; & faute de ce faire dans ledit temps, & icelui paſſé il ſeroit par ſa Majeſté fait droit ſur les fins de ladite Requeſte, ainſi qu'il appartiendroit par raiſon, & cependant deffenſes auſdits Religieux de faire aucunes pourſuites ailleurs qu'au Conſeil ; Exploits de ſignification dudit Arreſt du vingt-ſeptiéme dudit mois auſdits Religieux ; Requeſte deſdits Religieux, ſervant de réponſe à celle dudit Carbonnel inſerée audit Arreſt du ſeiziéme Septembre 1692, tendante à ce qu'attendu qu'ils ſont en poſſeſſion immemoriale, de jouir de l'exemption deſdits droits de Signature des Greffes du Chaſtelet, & autres de même que les Secretaires du Roi dont ils ſont Corps, ainſi qu'ils auroient juſtifié par les pieces jointes à ladite Requeſte, il plût à Sa Majeſté leur donner Acte, de ce que pour ſatisfaire audit Arreſt du Conſeil du ſeiziéme Septembre dernier & pour réponſe à la Requeſte dudit Carbonnel y inſerée, ils employent le contenu en leurdite Requeſte, & les pieces y énoncées, & en conſequence renvoyer les parties au Grand Conſeil, pour y proceder en execution de l'Arreſt dudit Grand Conſeil du vingt-troiſiéme dudit mois de Septembre, qui avoit retenu la connoiſſance de la conteſtation, ſuivant les derniers erremens, ſi mieux n'aimoit ſa Majeſté debouter dès lors ledit Carbonnel de ſa Requeſte, & le condamner en tous leurs dépens ; Exploit de ſignification de ladite Requeſte du cinquiéme Novembre audit an ; les pieces jointes à ladite Requeſte, & la replique dudit Carbonnel ; Reponſe deſdits Religieux. OUY le rapport du Sieur Phelippeaux de Pontchartrain, Conſeiller ordinaire au Conſeil Royal, Controlleur general des Finances. LE ROY en ſon Conſeil, faiſant droit ſur le tout, a maintenu & maintient leſdits Celeſtins en poſſeſſion & jouiſſance de l'exemption dont ils ont droit de jouir, comme faiſant Corps des Secretaires de ſa Majeſté, des droits de Signature du Greffe dudit Chaſtelet, & fait deffenſes audit Carbonel & autres qui lui ſuccederont en ladite Ferme, d'exiger d'eux aucuns Droits de Signature à l'avenir, à peine de reſtitution du quatruple. FAIT au Conſeil d'Etat du Roi, tenu à Verſailles le deuxiéme jour de Mars, mil ſix cent quatre-vingts quatorze. Collationné ; *ſigné*, GOUJON.

LE sixiéme de Mars 1694, signifié, baillé copie à M. le Noir le jeune, Avocat de partie adverse, parlant à son Clerc en son domicile à Paris, par nous Huissier ès Conseil, signé Denis.

Le huitiéme Mars 1694. A la Requeste desdits Religieux Celestins de Paris, le present Arrest du Conseil d'Etat du Roi a été signifié, & d'icelui baillé & laissé copie audit sieur Carbonnel, Fermier du Greffe en Chef de la Signature du Chastelet, en parlant à M. Sergent, l'un de ses cautions, trouvé à sondit Greffe, à ce qu'il n'en ignore, & n'ait à y contrevenir sur les peines y portées. Par nous Huissier ordinaire des Conseils d'Etat & privé de sa Majesté, soussigné, signé Denis.

L'onziéme jour d'Octobre 1697, à la Requeste des Reverends PP. Religieux Celestins de Paris, du Corps des Conseilliers-Secretaires du Roi, Maison, Couronne de France & de ses Finances; fut le present Arrest du Conseil d'Etat du Roi de l'autre part, aux fins y contenues, & des deffenses y portées; montré, signifié, & d'icelui, en tant que besoin est ou seroit laissé copie; ensemble des significations faites d'icelui les sixiéme & huitiéme Mars 1694, à Messieurs les Greffiers en Chef de la Signature du Chastelet de Paris, en leur Greffe audit Chastelet parlant au sieur Gendron l'un d'iceux, à ce qu'ils n'en ignorent, & n'ayent à y contrevenir sur les peines y portées, par nous Huissier ordinaire des Conseils de sa Majesté, soussigné. *Signé* SALLE'.

SENTENCE DE LA CHAMBRE DU DOMAINE & Tresor à Paris, qui maintient les Religieux Celestins dans l'exemption du Droit de Peage.

LES Presidens, Tresoriers Generaux de France en la Generalité de Paris, tenans la Chambre du Domaine & Tresor au Palais, à Paris. A tous ceux qui ces presentes Lettres verront, SALUT. Sçavoir faisons qu'entre les Religieux, Prieur & Convent des Celestins de Paris, du nombre & College des Conseillers-Secretaires du Roi, Maison, Couronne de France & de ses Finances, Demandeurs aux fins de l'Exploit du troisiéme Aoust mil six cens quatre-vingt dix-neuf, à ce que le Deffendeur cy-aprés nommé fut tenu de representer les titres en vertu desquels il entreprend d'exiger desdits Religieux Celestins de Paris, un droit pour les laisser passer par le Pont de bois de l'Isle-Notre Dame, &qu'il fut dit & ordonné que deffenses lui seroient faites, & à ceux qui y sont pour lui preposés, d'user à l'avenir de telles voyes; qu'il sera tenu de les laisser passer librement, comme ils ont de tout temps accoutumé, par ledit Pont; sans qu'il puisse leur faire payer aucun droit, & pour avoir exigé depuis quelques jours d'aucuns desdits Religieux, que le Deffendeur fut condamné & par corps à la restitution de ce que lesdits Religieux déclareront avoir été forcés de payer pour éviter l'insulte desdits Preposés, en telle amende qu'il plairoit au Procureur du Roi de requerir, & aux dépens; & que la Sentence qui interviendroit seroit affichée aux entrées dudit Pont, aux frais dudit Nerret Deffendeur, & executée nonobstant oppositions ou appellations quelconques, & sans y préjudicier par Maistres Joseph Soucanye & François Chardon, leurs Advocat & Procureur d'une part; & Jean Nerret, Fermier du Peage du Pont de bois de l'Isle-Notre-Dame, Deffendeur, par Maistre Roux son Procureur d'autre part; sans que les qualités puissent nuire ni préjudicier. LA CHAMBRE, Parties

DE LA PREVÔTÉ DE PARIS.

ouïes, ensemble le Febvre, pour le Procureur du Roi, ayant égard à la Requeste des Parties de Saucanye, les a maintenus & gardé en la possession & droit de passer par le Pont de bois de l'Isle-Notre-Dame, sans payer aucun droit; Fait deffense à la Partie de Roux d'en exiger à l'avenir aucuns des Parties de Soucanye, le condamne à la restitution de ceux par lui perçûs, si aucuns ont été payés, & aux dépens; & la Sentence exécutée nonobstant & sans préjudice de l'appel, & leuë, publiée & affichée par tout où besoin sera. Mandons au premier Huissier de la Chambre, autre Huissier ou Sergent Royal sur ce requis, mettre ces Presentes à éxecution. De ce faire lui donnons pouvoir. DONNE' En la Chambre du Domaine, ce quatorziéme Aoust mil six cens quatre-vingts dix-neuf. *Signé*, LE DROIT. Collationné.

EXTRAIT DES REGISTRES
du Conseil d'Estat.

VEU par le Roi étant en son Conseil la Requeste presentée à sa Majesté par les Religieux Celestins de Paris du nombre & College des Conseillers Secretaires du Roi, & par ceux de la Province de France de deça les Monts; sçavoir ceux de la Maison de Notre-Dame d'Ambert dans la Forest d'Orleans, de St Pierre au Mont de Chastres en la forest de Guise, de la Ste Trinité de Mante, de St Antoine d'Amiens, de Notre-Dame des Ternes dans la Marche, de la Ste Trinité de Marcoussy, de Notre-Dame de Lyon, de Notre-Dame de Rouen, de Notre-Dame de Sens, de Ste Croix sous Offemont, de la Ste Trinité de Vichy, de la Sainte Trinité de Soissons, de Notre-Dame d'Eclimont, de St Pierre de Luxembourg d'Avignon, de Notre-Dame de Colombiers près d'Annonay, de Notre-Dame de Verdelais, & de Notre-Dame de la Ville de Metz: Ladite Requeste tendante à ce qu'il plût à sa Majesté lever les deffenses portées par l'Arrest du Conseil du 22 Janvier mil six cens soixante & dix-huit à leur égard; ce faisant que lesdits Religieux Celestins de la Maison de Paris seront maintenus au droit & privilege de Committimus du grand Sceau, comme étant du nombre & College des Conseillers Secretaires de sa Majesté, & au droit de Garde-Gardienne devant le Prevost de Paris; & ceux des autres Couvents & Maisons de la Province de France de deça les Monts, seront maintenus au droit de Committimus du petit Sceau, sçavoir aux Requestes de l'Hostel, ou aux Requestes du Palais à Paris, pour les Couvens qui sont situés dans le ressort du Parlement de Paris, & de Garde-Gardienne pardevant le Bailli & Senechal dudit lieu dans lequel lesdits Couvens sont situés à leur choix, si bon leur semble; & où les biens dépendans desdits Couvens se trouveroient situés dans le ressort des autres Parlemens, leurs causes seront poursuivies pardevant les Requestes du Palais du ressort desdits Parlemens: Quant aux autres Couvens situés dans le ressort d'autres Parlemens que celui de Paris, il plût à sa Majesté ordonner que lesdits Couvens jouiront pareillement du choix ou des Requestes du Palais du ressort dudit Parlement, ou pardevant le Bailli & Sénéchal dans la Jurisdiction duquel lesdits Couvens se trouveront situés par forme de Garde-Gardienne. Et néanmoins où il y auroit des biens situés hors le ressort dudit Parlement où leurs Couvens sont situés, leurs causes seront poursuivies pardevant les Requestes du Palais dudit ressort, ladite Requeste signée Pujol, Avocat des Supplians. Veu ledit Arrest du Conseil dudit jour vingt-deux Janvier mil six cens soixante & dix-huit, portant que les Communautés qui n'auroient pas représenté leurs titres, ou qui les ayant représentés avoient obtenus des Arrests ou Lettres Patentes depuis l'Ordonnance de mil six cens soixante-neuf, seront tenus de rapporter à Mr le Chancelier leurs premieres concessions du droit de Committimus, ou de justifier leur ancienne possession, & cependant surcis à l'execution desdits Arrests & Lettres Patentes, Lettres de Garde-Gardienne & Committimus accordées ausdits Religieux, Prieur & Couvent des Celestins de Paris & membres en dépendans, par le Roi Charles V, au mois d'Octobre mil trois cens soixante-neuf, pour leurs causes pardevant les gens tenans les Requestes du Palais à Paris. Autres Lettres Patentes du Roi Charles VI, du sixiéme Octobre mil trois cens quatre-vingt-quatre, portant confirmation des precedentes, & donne pouvoir ausdits Religieux de se pourvoir pour leursdites causes pardevant le Prevost de Paris, & donne en outre pareil privilege aux Celestins d'Ambert, de Mante, de Chastres & Sainte Croix, comme membres dudit Monastere. Autres Lettres de confirmation accordées par ledit Seigneur Roi ausdits Couvens dudit Ordre au mois de Fevrier mil trois cens quatre-vingt-quatre, portant faculté ausdits Religieux de se pourvoir ou aux Requestes du Palais, ou devant le Prevost de Paris, suivant qu'ils le trouveront à propos. Autres Lettres de Garde-Gardienne & Committimus accordées par le Roi Charles VII le vingt-six Juin mil quatre cens vingt-trois aux Celestins des Ternes dans la Marche, pour leurs causes pardevant les Maistres des Requestes du Palais à Paris. Autres Lettres de confirmation desdites Lettres de Committimus accordées par ledit Seigneur Roi, le vingt-quatre Juillet mil quatre cens trente-sept, aux Religieux Celestins de la Province de France, par Charles VI, pere dudit Seigneur Roi, avec mandement au Prevost de Paris, quoique lesdites Lettres fussent surannées, de les garder en tout le contenu, & d'en faire jouir lesdits Religieux. Sentence contradictoire du Prevost de Paris, conservateur des privileges des Celestins, du dernier Fevrier mil quatre cens quarante-trois, par laquelle le nommé Muy & sa femme sont condamnés quoique hors du ressort & Jurisdiction de la Prevosté de Paris, de proceder pardevant lui avec lesdits Religieux sur l'ajournement donné à leur Requeste. Autres Lettres de confirmation des Lettres de Garde-Gardienne & Committimus accordées par ledit Seigneur Roi, au mois de Juillet mil quatre cens cinquante-neuf, aux Religieux, Prieur & Couvent de Villeneuve lès Soissons, de Marcoussy près Montlery, & de St Antoine d'Amiens, par ledit Charles VI. Autres Lettres de confirmation desdites Lettres de Garde-Gardienne & Committimus accordées par le Roi Louis XI au mois de Novembre mil quatre cens soixante & un, aux Religieux, Prieur & Couvent des Celestins de Paris & membres en dépendans, par le Roi Charles V. Lettres de confirmation desdites Lettres du Roi Charles VII, du mois de Juillet mil quatre cent trente-sept, accordées par ledit Seigneur Roi Louis XI, le vingt-trois Septembre mil quatre cent soixante & trois, ausdits Religieux, avec injonction au Prevost de Paris, quoique lesdites Lettres n'eussent pas été renouvellées, d'en faire jouir lesdits Religieux selon leur forme & teneur. Autres Lettres Patentes de Louis XI, du mois de Novembre mil quatre cent soixante & un en faveur des Celestins de Soissons, de Marcoussy & d'Amiens, par lesquelles celles qui leur ont été accordées par Charles VI en mil quatre cent cinq, & par Charles VII en mil quatre cent cinquante-neuf sont confirmées. Autres Lettres accordées par ledit Seigneur Roi Louis XI ausdits Religieux le dix neuf Novembre mil quatre cens soixante & dix, portant que nonobstant la surannation de la confirmation des Lettres de Charles VII, du mois de Juillet mil quatre cent trente-sept, les Impetrans en jouiront, & qu'elles seront entherinées comme si l'entherinement avoit été requis dans le tems. Commission en forme de Sentence des Requestes du Palais de Paris du six Fevrier mil quatre cens soixante-douze, au premier Huissier, pour en vertu des Lettres de Charles V, du mois d'Octobre mil trois cens soixante-neuf : de

DE LA PREVOTÉ DE PARIS.

Charles VI, du mois d'Octobre mil six cens quatre-vingt-quatre : de Charles VII, de Juillet mil quatre cent cinquante-neuf, & de Louis XI mil quatre cens soixante-un, donner toutes assignations aux Requestes du Palais, à la Requeste des Celestins de Mante. Autre semblable commission desdites Requestes du Palais de Paris, du dix-neuf Octobre mil quatre cens soixante-seize, donnée aux Celestins de Paris, d'Ambert, de Mante, de St Pierre au Mont de Chastres, de Sens & d'Offemont. Autres Lettres Patentes accordées par le Roi Charles VIII au mois de Mai mil quatre cens quatre-vingt-quatre ausdits Religieux, Couvent, portant confirmation d'autres confirmations accordées aux Religieux, Prieur & Couvent de Villeneuve lès Soissons, de Marcoussy & de St Antoine d'Amiens, par Charles VII & Louis XI. Autres Lettres accordées au mois de Mai mil quatre cens quatre-vingt-quatre par Charles VIII, en faveur des Celestins de Soissons, de Marcoussy & Amiens, portant confirmation d'autres confirmations de Lettres de Garde-Gardienne & Committimus accordées ausdits Religieux, Prieur & Couvent des Celestins de Paris, par les Rois Charles VI & Charles VII. Commission sur Lettres Royaux en forme de Garde, baillée par le Prevost de Paris le premier Fevrier mil quatre cens quatre-vingt-cinq, sur la Requeste des Celestins de Paris & des quatorze Monasteres des Celestins de deça les Monts en la Province de France. Copie de fondation faite par les Ducs de Bourbon du Monastere des Celestins de Vichy, du mois d'Avril mil quatre cens dix. Sentence des Requestes du Palais, rendue sur la Requeste des Celestins de Paris & des quatorze Monasteres des Celestins de deça les Monts en la Province de France, le dixiéme Fevrier mil cinq cens huit, portant, Veu les Privileges, Confirmations & Commissions autrefois à eux baillées, que lesdits Celestins auront en leur Commission la clause portant garentie, adjonction & renvoi. Autre Sentence des Requestes du Palais du deux Decembre mil cinq cens huit, portant que lesdits Celestins de Paris, auront la Garde-Gardienne & Commission, selon la forme & teneur des Lettres y mentionnées. Arrest du Parlement de Paris du vingt-trois Juillet mil cinq cens treize, portant deffenses de proceder par emprisonnement à l'encontre des Huissiers ou Sergens qui par vertu des Lettres de Committimus font renvoi de causes, quand même ils n'auroient Procureur pour les requerir, étant en droit de le faire à la Requête de partie ou de son Procureur. Lettres de François II, du mois d'Août mil cinq cens soixante, portant confirmation des Privileges accordés aux Celestins de Paris & à tout l'Ordre desdits Celestins de deça les Monts en la Province de France, registrés aux Parlemens de Paris & de Rouen, & en la Chambre des Comptes de Paris. Arrest du Parlement de Paris du cinq Septembre mil cinq cens soixante, portant que lesdites Lettres seront registrées; vidimus de la confirmation desdits Privileges par le Prevost de Paris, du six Avril mil cinq cens soixante-sept. Autres Lettres accordées ausdits Religieux au mois d'Août mil cinq cens soixante-quinze par le Roi Henri III, portant confirmation desdits Privileges au Parlement & Chambre des Comptes de Paris. Autres Lettres accordées par Henri IV ausdits Religieux au mois de Septembre mil cinq cens quatre-vingt-quatorze, portant confirmation desdits Privileges registrés au Parlement & Cour des Aides de Paris. Autres Lettres accordées ausdits Religieux au mois de Fevrier mil six cens onze par le Roi Louis XIII, portant confirmation desdits Privileges registrés audit Parlement de Paris. Arrest dudit Parlement du vingt-deux Avril audit an, portant que lesdites Lettres seront registrées. Autres Lettres accordées par Louis XIV, au mois de Mars mil six cens quarante-quatre ausdits Religieux, portant confirmation desdits Privileges registrés audit Parlement, Cour des Aides & Bureau des Finances de la Generalité de Paris. Lettres du Roi Charles VI, du mois de Mai mil quatre cens cinq, portant Gardes

Gardienne & Committimus pour toutes les causes des Religieux, Prieur & Couvent dudit Ordre de St Antoine d'Amiens, pardevant les Gens tenans les Requestes du Palais à Paris & Prevost dudit lieu. Autres Lettres du Roi Charles VII, du mois de Juillet mil quatre cens cinquante-neuf, portant Garde-Gardienne desdits Religieux, Prieur & Couvent dudit Ordre, & Committimus pour toutes leurs causes, tant en demandant qu'en deffendant, pardevant les Gens tenans les Requestes du Palais à Paris & Prevost dudit lieu. Autres Lettres de Committimus du quatriéme Aoust audit an, étant ensuite des precedentes, de toutes leurs causes pardevant le Bailli d'Amiens, fondé sur ce que la plupart des biens dont ils tirent le revenu, sont assis près d'Amiens. Lettres de Louis XI, du dix-neuf Novembre mil quatre cens soixante-un, portant confirmation du Committimus accordé ausdits Religieux, Prieur & Convent dudit Ordre, par les Rois Charles VI & VII, au mois de Juillet mil quatre cens cinquante neuf, pour toutes leurs causes, tant en demandant qu'en deffendant, pardevant le Prevost de Paris, & les Gens tenans les Requestes du Palais dudit lieu ; par lesquelles Lettres de Committimus est accordé par ledit Seigneur Roi pour toutes leurs causes, pardevant le Bailli d'Amiens ou son Lieutenant, fondé sur ce que toutes les Terres, Bois, Cens, Rentes, Heritages, ou autres revenus, ou la plus considerable partie, sont situés près Amiens. Lettres de confirmation dudit Committimus accordées ausdits Religieux par le Roi Louis XII, au mois d'Octobre mil quatre cens quatre-vingt-dix-huit, pour toutes leurs causes, pardevant le Bailli d'Amiens ou son Lieutenant, à l'égard des demeurans audit Bailliage, & douze lieues environ. Copie collationnée & legalisée de la fondation des Peres Celestins d'Avignon par Charles VI, en mil trois cens quatre-vingt-treize. Copie de Lettres de confirmation des Privileges accordés par le Roi ausdits Religieux Celestins d'Avignon le treiziéme Mars mil quatre cens. Autre copie de Lettres de confirmation desdits Privileges accordés par sa Majesté au mois de Janvier mil six cens quarante-trois, ausdits Celestins d'Avignon. Arrest du Conseil d'Estat intervenu sur la Requeste desdits Celestins de Paris, d'Ambert, Sens, Mante, Marcoussy, Soissons, St Pierre de Chastres, Offemont, Amiens, Ternes, Vichy, Lyon, Rouen & Esclimont, sur le Veu des susdits Titres, le vingt-trois Septembre mil six cens soixante & douze, par lequel le Roi étant en son Conseil, a maintenu & maintient lesdits Couvens des Celestins de la Province de France de deça les Monts, au droit & privilege de Committimus, sçavoir aux Requestes de l'Hotel ou aux Requestes du Palais à Paris, pour les Couvens qui sont situés dans le ressort du Parlement de Paris, ou pardevant le Bailli ou Sénéchal du lieu dans lequel lesdits Couvens sont sis & situés, pour y poursuivre leurs causes, comme conservateurs de la Garde-Gardienne, si bon leur semble ; & où les biens dépendans desdits Couvens se trouveroient dans le ressort des autres Parlemens, leurs causes seroient poursuivies pardevant les Requestes du Palais du ressort desdits Parlemens: Quant aux autres Couvens situés dans le ressort d'autres Parlemens que celui de Paris, sa Majesté ordonne que lesdits Couvens jouiront pareillement du choix, ou des Requestes du Palais des ressorts desdits Parlemens, ou pardevant le Bailli ou Sénéchal dans la Jurisdiction duquel lesdits Couvens se trouveront sis & situés par forme de Garde-Gardienne ; néanmoins où il y auroit biens situés hors le ressort dudit Parlement où lesdits Couvent sont situés, seront leurs causes poursuivies pardevant les Requestes du Palais desdits ressorts, pour en jouir conformément à la nouvelle Ordonnance, sans qu'ils puissent s'en servir pour droits cedés, qu'au cas d'icelle, & pour cet effet que toutes Lettres necessaires seront expediées & scellées. Lettres expediées sur ledit Arrest ledit jour vingt-trois Septembre mil six cens soixante & douze, registrées

DE LA PREVOTE' DE PARIS.

regiſtrées au Parlement de Rouen & Chancellerie dudit lieu, & aux Requeſtes de l'Hotel, les trois Octobre mil ſix cens ſoixante & treize premier & ſixiéme Fevrier mil ſix cens ſoixante & quatorze, & en la Chancellerie de Paris le trentiéme Septembre mil ſix cens ſoixante & treize. Copie de Lettres de Sauvegarde de Louis XIII, accordées en mil ſix cens dix aux Religieux, Prieur & Couvent des Celeſtins de Notre Dame de Colombiers près Annonay, Diocèſe de Vienne, attributive de Juriſdiction aux Requeſtes du Palais à Paris, Toulouze, Grenoble, ſelon leur reſſort, où les biens deſdits Religieux ſont ſitués & aſſis, au deſſous deſquelles eſt l'Arreſt d'enregiſtrement deſdites Lettres au Parlement de Thoulouſe le douziéme dudit mois. Lettres de Committimus accordées par le Roi auſdits Prieur, Religieux & Couvent d'Annonay, pardevant les Gens tenans les Requeſtes du Palais à Thoulouze Autres Lettres de Committimus de l'an mil ſix cens trente-cinq, accordées par Louis XIII anſdits Religieux, Prieur & Couvent, pardevant les Gens tenans leſdites Requeſtes du Palais à Thoulouze. Copie collationnée de Lettres de confirmation des Privileges des Religieux Celeſtins de Paris, du mois de Mars mil ſix cens quarante-quatre, regiſtrées au Parlement, Cour des Aides, Bureau des Finances de la Generalité de Paris, & Chambre des Comptes d'icelle, des douze Mai & douziéme Septembre mil ſix cens quarante-quatre, dernier Aouſt mil ſix cens quarante-cinq, & quinziéme Janvier mil ſix cens quarante-ſix, dans leſquelles les Celeſtins de St Pierre de Luxembourg d'Avignon ſont dénommés & compris. Arreſt du grand Conſeil du vingt-ſept Mars mil ſix cens vingt-neuf, par lequel les Celeſtins de Verdelais en Gaſcogne ſont maintenus en la poſſeſſion de la Chapelle de Notre-Dame de Verdelais. Lettres de confirmation de réunion & agrégation du Couvent deſdits Celeſtins de Verdelais aux autres Maiſons de l'Ordre, du mois de Fevrier mil ſix cens trente-neuf. Lettres de Committimus accordées au Sindic des Religieux Celeſtins dudit Verdelais ès années mil ſix cens quarante, mil ſix cens cinquante, mil ſix cens cinquante-huit, & mil ſix cens ſoixante-neuf, attributives de Juriſdiction pour leurs cauſes, tant aux Requeſtes du Palais qu'à la Grand'Chambre de Bordeaux. Arreſt du Conſeil d'Eſtat du douziéme Fevrier mil ſix cens ſoixante & ſeize, intervenu ſur la Requeſte deſdits Religieux, Prieur & Couvent des Celeſtins de St Pierre de Luxembourg d'Avignon, & de Notre-Dame de Colombiers près d'Annonay, dans le reſſort du Parlement de Thoulouſe, & de Notre-Dame de Verdelais en Gaſcogne dans le reſſort du Parlement de Bordeaux, & ſur le Veu des ſuſdites pieces, par lequel leſdits Prieur, Religieux & Couvens ſont maintenus au droit & privilege de Committimus; ſçavoir, ou aux Requeſtes du Palais à Thoulouze pour les biens à eux appartenans qui ſont aſſis dans le reſſort dudit Parlement, ou aux Requeſtes du Palais de Bordeaux pour ceux qui y ſont ſitués, pour en jouir conformément à la nouvelle Ordonnance, ſans qu'ils puiſſent s'en ſervir pour droits cedés à eux, qu'au cas d'icelle; & pour cet effet, Ordonne que toutes Lettres neceſſaires ſeront expediées & ſcellées. Lettres expediées ſur ledit Arreſt le douzieme Fevrier mil ſix cens ſoixante & ſeize. OUY le raport du ſieur de Fieube Conſeiller d'Etat ordinaire, Commiſſaire à ce deputé; & tout conſideré. LE ROI E'TANT EN SON CONSEIL, ayant égard à ladite Requeſte, a levé & leve les défenſes portées par l'Arreſt du vingt-deux Janvier mil ſix cens ſoixante & dix-huit, à l'égard des Supplians; ce faiſant, a maintenu & maintient le Couvent des Celeſtins de Paris, comme étant du nombre & Collège des Conſeillers-Secretaires de ſa Majeſté, au droit & privilege de Committimus, du grand Sçau & de Garde-Gardienne, devant le Prevoſt de Paris, à ſon choix & option: & les autres Couvens de la Province de France de deça les Monts; ſçavoir ceux de Notre-Dame d'Ambert, de

St Pierre au Mont de Chaftres, de la Ste Trinité de Mante, de St Antoine d'Amiens, de Notre-Dame des Ternes, de la Ste Trinité de Marcouffy, de Notre-Dame de Lyon, de Notre-Dame de Rouen, de Notre-Dame de Sens, de Ste Croix fous Offemont, de la Ste Trinité de Vichi, de la Ste Trinité de Soiffons, de Notre-Dame d'Efclimont, de St Pierre de Luxembourg d'Avignon, de Notre-Dame de Colombiers, de Notre-Dame de Verdelais, & de Notre-Dame de la Ville de Mets, au droit & privilege de Committimus du petit Sceau, fçavoir aux Requeftes de l'Hotel, ou aux Requeftes du Palais a Paris, pour les Couvens qui font fitués dans le reffort du Parlement de Paris, ou pardevant le Bailli ou Sénéchal du lieu dans lequel lefdits Couvens font fituées, pour y pourfuivre leurs caufes, comme confervateurs de la Garde-Gardienne, fi bon leur femble; & où les biens dépendans defdits Couvens fe trouveroient fitués dans le reffort d'autres Parlemens, leurs caufes feront pourfuivies aux Requeftes du Palais des refforts defdits Parlemens: Et à l'égard des autres Couvens fitués dans le reffort d'autre Parlement que celui de Paris, fa Majefté ordonne qu'ils jouiront pareillement du choix ou des Requeftes du Palais du reffort defdits Parlemens, ou pardevant le Bailli ou Sénéchal dans la Jurifdiction duquel lefdits Couvens feront fitués, par forme de Garde-Gardienne; & néanmoins où ils auroient des biens hors le reffort dudit Parlement où leurs Couvens feront fitués, feront leurs caufes pourfuivies pardevant les Requeftes du Palais defdits refforts, pour en jouir conformément à la nouvelle Ordonnance, fans qu'ils puiffent s'en fervir pour droits cedés, qu'au cas d'icelle; & pour cet effet, que toutes Lettres neceffaires feront expediées & fcellées. Fait au Confeil d'Eftat du Roi, SA MAJESTÉ Y ÉTANT, tenu à Verfailles le fixiéme jour d'Aouft mil fix cens quatre-vingt-onze.

Signé, PHELIPEAUX.

LOUIS, par la grace de Dieu, Roi de France & de Navarre: A nos amés & feaux Confeillers les Gens tenans nos Cours de Parlemens de Paris, Thoulouze, Bordeaux, Rouen & Mets, Requeftes ordinaires de notre Hotel & du Palais defdits Parlemens, & aux Baillifs & Sénéchaux, & autres Officiers de leur reffort; Salut. Par l'Arreft ci-attaché fous le contre-fcel de notre Chancellerie, ce jourd'hui donné en notre Confeil d'Eftat, Nous y étant, fur la Requefte à Nous prefentée par les Celeftins du Couvent de notre bonne Ville de Paris, & ceux des autres Couvens de la Province de France de deça les Monts, Nous avons levé la deffenfes portées par l'Arreft de notre Confeil du 22 Janvier 1678, à l'égard des Couvents defdits Celeftins; ce faifant, Avons maintenu le Couvent des Celeftins de Paris au droit & privilege de Committimus du grand Sceau, comme étant du nombre & College de nos Confeillers-Secretaires & de Garge-Gardienne pardevant notre Prevoft de Paris, & les autres Couvens de la Province de France de deça les Monts, au droit & privilege de Committimus du petit Sceau, fçavoir aux Requeftes de notre Hotel & du Palais à Paris, à l'égard des Couvens fitués dans le reffort dudit Parlement de Paris, & de Garde-Gardienne pardevant le Bailli ou Sénéchal dudit lieu dans lequel lefdits Couvens font fitués, à leur choix & option, & où des biens dépendans defdits Couvens fe trouveroient fitués dans le reffort d'autres Parlemens que celui de Paris, Avons ordonné que leurs caufes feront pourfuivies pardevant les Gens des Requeftes du Palais du reffort defdits Parlemens; & à l'égard des Couvens fitués dans le reffort d'autres Parlemens que celui de Paris, aux Requeftes du Palais du reffort defdits Parlemens, ou pardevant le Bailli ou Sénéchal du lieu dans lequel lefdits Couvens font fitués, à leur choix & option; & où néanmoins lefdits Couvens auroient des biens fitués dans le reffort d'autres

DE LA PRÉVOTÉ DE PARIS. 675

Parlemens que celui où lesdits Couvens sont situés, avons ordonné que leurs causes seront poursuivies aux Requestes du Palais du ressort desdits Parlemens, pour par lesdits Celestins jouir dudit droit de Committimus, conformément à la nouvelle Ordonnance, sans qu'ils puissent s'en servir pour droits cedés qu'au cas d'icelle. A CES CAUSES, vous mandons & ordonnons par ces Presentes signées de notre main, de les faire jouir & user pleinement & paisiblement du contenu audit Arrest, & à nos amés & feaux les Gens tenant nosdites Requestes de l'Hôtel & du Palais à Paris, Thoulouze, Bordeaux, Rouen & Mets, Baillis, Sénéchaux & leurs Lieutenans, de connoître chacun en droit soi, des procès & differends que lesdits Couvens des Celestins ont ou auront ci-après pardevant eux, pour raison des biens à eux appartenans, conformément à notre-dit Arrest, vous en attribuant à cette fin toute Cour, Jurisdiction & connoissance, que nous avons interdite à toutes nos autres Cours & Juges. Commandons au premier notre Huissier ou Sergent sur ce requis, de faire pour l'execution dudit Arrest & des Presentes tous Exploits & Actes necessaires, sans autre permission ni pareatis, nonobstant clameur de Haro, Charte-Normande & Lettres à ce contraires, & sera ajouté foi comme aux originaux aux copies dudit Arrest & des Presentes; collationnées par l'un de nos amés & feaux Conseillers-Secretaires, CAR tel est notre plaisir. DONNÉ à Versailles le six Août l'an de grce mil six cens quatre-vingt-onze, & de notre Regne le quarante-neuviéme. Signé, LOUIS: Et plus bas, par le Roi, PHELYPPEAUX, avec paraphe.

Leu, publié & regiſtré es Regiſtres de l'Audience de la Chancellerie de Paris, le Sceau tenant, de l'Ordonnance de Maiſtre le Boulanger d'Hacqueville, *Conſeiller du Roi en ſes Conſeils, Maiſtre des Requeſtes ordinaire de ſon Hotel, y preſidant, par nous Conſeiller Secretaire du Roi, Maiſon & Couronne de France, Audiancier en ladite Chancellerie, de preſent en quartier, le vingt-deuxiéme Decembre mil ſix cens quatre-vingt-onze, Signé,* HUOT, *avec paraphe.*

POUR L'ARCHEVECHÉ DE PARIS.

Extrait des Regiſtres du Conſeil d'Eſtat.

Du 10 Novembre 1674.

LE Roi étant en son Conseil, s'étant fait representer l'Etat contenant la diminution du revenu temporel de l'Archevêché de Paris par l'établissement du nouveau Chastelet, & union des Hautes-Justices dudit Archevêché à la Justice Royale de Sa Majesté dans toute l'étendue de la Ville, faux-bourgs & banlieue de Paris, par l'Edit du mois de Fevrier dernier, & de ce qui est demandé à Sa Majesté par Mre François de Harlay, Archevêque de Paris, Duc & Pair de France, Commandeur des Ordres de Sa Majesté, tant pour lui que pour ses Successeurs, pour l'indemnité dudit Archevêché à cause dudit établissement, & par icelui de l'extinction faite des Bailliages & Jurisdictions, du For-l'Evêque, St Eloy & St Magloire, par lequel état & pieces justificatives d'icelui qui y sont attachées, il paroist que l'Archevêque de Paris étoit anciennement Vicomte de ladite Ville pour un tiers en pariage avec le Roi, en consequence d'un partage donné à un fils de France de la troisiéme partie de la Justice & de la Cenfive, avec les droits d'Entrée & de Couſtume qu'il tenoit de trois ſemaines une de Voirie, & toutes ſortes de droits Seigneuriaux & utiles, juſqu'à la concurrence du tiers dans ladite Ville & environs d'icelle; de laquelle Juſtice les appellations reſſortiſſoient nuement & ſans moyen au Parlement de Paris, comme Duché & Pairie, avec le titre & qualité d'Archevêque, de Conſeiller né audit Parlement de Paris, ſans avoir beſoin de nos Lettres: que toute l'étendue de l'Hoſtel Archiepiſcopal, jardins & iſſues Cour d'Egliſe & dépendances du tout, ſont du territoire. Toute haute Juſtice lui a été conſervée par Edit du mois d'Avril dernier, attendu que ſi les Officiers Royaux avoient droit d'y entrer, les Archevêques de Paris, dans les fonctions les plus ſacrés de leur Miniſtere, ſeroient expoſés à de grands inconveniens, & y ſeroient entierement troublés; que leſdites trois Juſtices de l'Archevêché s'étendoient dans plus de deux cens rües de ladite Ville & faux-bourgs de Paris; ſçavoir la Juſtice du Fort-l'Evêque, depuis la maiſon où s'exerçoit ladite Juſtice, & les priſons ſur le quai de la Megiſſerie venant à main gauche juſqu'au coin de la Vallée de miſere, paſſant par la petite Saunerie, & la rue St Germain pour gagner le coin de la rue St Denys, continuant le long de la rue St Denys juſqu'à la porte, & de la main gauche dans la rue de Clery juſqu'au coin de la rue Montmartre, s'étendant juſqu'à la porte, & tournant à gauche dans ladite rue de Clery, tout le long de ladite rue Montmartre de l'autre côté juſqu'à la porte, & tout le long des Egouts juſqu'à la chute de la riviere qui ſe fait vers Chaillot, & en remontant le long de la riviere juſqu'audit lieu du Fort-l'Evêque; enſemble ſur toutes les maiſons & rues qui ſe rencontrent dans les enceintes deſdites limites, à l'exception des Halles & de leurs dépendances, que les Rois predeceſſeurs de Sa Majeſté ont deſiré retenir à cauſe des marchés, mais avec le delaiſſement de tous les droits Royaux, dans leſdites Halles de trois ſemaines une, qui a toujours été levé au profit, & par les Prepoſés de l'Archeveſque, comme lui appartenant à cauſe de ſondit tiers en la Vicomté de Paris. Que pour l'exercice de ladite Juſtice, ledit Archevêque avoit la diſpoſition entiere de pourvoir, comme bon lui ſembloit, à tous les Offices; ſçavoir un Bailli, dont la charge étoit de valeur de plus de trente mille livres: le titulaire d'icelle âgé d'environ quatre-vingts ans, & par conſequent preſt à vacquer au profit dudit ſieur Archevêque; un Lieutenant un Procureur Fiſcal, dont les charges valoient chacun plus de ſix mille livres; douze procureurs, chacune charge valant cinq cens livres; douze Huiſſiers, à trois cens livres chacune; le Greffe affermé douze cens livres par chacun an; les amendes de trois cens cinquante livres, & la geolle & priſons de ſix mille livres. La maiſon en eſt conſiderable, qui a été bâtie depuis vingt ans, & a couté ſoixante mille livres à l'Archevêché Que ledit Archevêché avoit auſſi la Juſtice de St Eloy, dont les appellations reſſortiſſoient de même au Parlement: elle s'exerçoit dans la Cour de St Eloy proche le Palais; l'étendue de ſon territoire ſur toutes les maiſons de l'Iſle du Palais, & depuis l'Egliſe Notre-Dame juſques & compris la rue de la Barillerie, & encore depuis le coin de la rue de la Tannerie, paſſant par les rues Planche-Mibray & des Arcis, juſques au coin de la rue de la Verrerie, & tournant à droit juſqu'à la rue de la Poterie, & en deſcendant juſques au coin de la rue de la Tixeranderie, & au de-là du ruiſſeau continuant juſqu'au coin de la rue du Mouton, & de-là en entrant à main droite à la Grève ſur toutes les maiſons juſques au coin de la rue de la haute Vannerie, & remontant ſur le Pont Notre-Dame en la rue Planche-Mibray, & reprenant le long de la rue St Antoine, depuis le coin de la rue de Jouy juſqu'à la rue du Petit-muſſe, & ſuivant le long de celle des Celeſtins, tournant au coin le long du quay par devant les Religieuſes de l'*Ave Maria*, puis remontant par la rue du Figuier dans la rue de Jouy, juſqu'au coin cy-deſſus dans la rue St

DE LA PREVOTÉ DE PARIS.

Antoine, & de l'autre côté de ladite rue St Antoine, depuis la place Royalle jusqu'au coin du Cimetiere St Jean, en entrant sur toutes les maisons à main droite, de là le long de la rue de la Verrerie par la rue de Moucy, jusqu'au coin de la rue Ste Croix de la Bretonnerie, remontant au coin de la vieille rue du Temple; & encore sur cinquante arpens de terre en Marais, sçis entre la porte St Antoine & celle du Temple & sur tout le territoire enclavé dans les lieux cy-dessus, même sur plusieurs autres endroits, tant dedans que dehors la Ville. L'Office de Bailly de laquelle Justice étoit de la valeur de dix mille livres, de Lieutenant de quatre mille livres, & de Procureur Fiscal trois mille livres, le Greffe étoit affermé deux cens livres par chacun an; une geolle qui est auprès de St Pol cinq cens livres, & une autre qui est dans ladite Cour St Eloy près le Palais, six cens livres. Dudit Archevêché dependoit encore la Justice de St Magloire, qui s'exerçoit dans un Auditoire proche St Leu-St Gilles, & les appellations ressortissoient comme celles cy-dessus audit Parlement: son territoire & son étendue des deux côtés de la rue qui est derriere l'Eglise dudit St Leu St Gilles; la rue aux Oues, partie de la rue Quinquampoix, les rues Bourg-l'Abbé, Darnetal, du Hulleu, Guerinboisseau, & une partie de la rue St Martin, jusques devant le Prieuré & murs d'icelui, le côté de la rue St Denys, depuis ladite Eglise St Leu St Gilles jusqu'à la porte St Denys du même côté, & partie du faux-bourg St Martin, partie du Pont Notre-Dame, de la rue de la vieille Tannerie & autres rues de traverse dans toute ladite enceinte. L'Office de Bailly de ladite Justice étoit de valeur de six mille livres, de Lieutenant & de Procureur Fiscal de chacune deux mille livres, le Greffe étoit affermé deux cens livres par chacun an, la geolle six cens livres, & la Voirie de tous les lieux cy-dessus étoit affermée cinq cens cinquante livres. La suppression & extinction desdites trois Justices & Officiers d'icelles, & de l'union d'icelles, les droits de Voirie qui en dependent, ausdits deux Chastelets, & union des maisons & Geolles cy-dessus au Domaine de Sa Majesté; comptant seulement sur le pied des Baux, le revenu dudit Archevêché se trouve diminué chacune année de neuf mille huit cens vingt livres, ce qui peut être facilement reparé en donnant audit Archevêché un revenu certain & assuré pour une somme proportionnée à l'augmentation qui auroit indubitablement été faite desdits Baux qui ont été passés depuis l'Ordonnance qui reforme les procedures, dont la premiere, sans la connoistre, a empêché les particuliers de porter les revenus desdits droits à leur juste valeur; mais ce qui est difficile à reparer, c'est le préjudice notable que ledit Archevêché reçoit par la suppression de ces trois considerables Justices & droits qui en dependent, veu la grandeur de l'étendue desd. territoires qui se trouvent dans le cœur & principales places de ladite Ville de Paris, Capitale du Royaume, & qui en composent plus de deux tiers; veu aussi l'Edit de Sa Majesté du mois d'Avril dernier, par lequel Sa Majesté a érigé sa terre de St Cloud, dépendante dudit Archevêché en titre de Duché & Pairie de France, pour reparer par ces marques d'honneur ce qui en est ôté audit Archevêché par la suppression desdites Justices. Et voulant Sa Majesté pourvoir à l'indemnité de la diminution que souffre le revenu temporel par la suppression des Officiers desdites trois Justices, unions d'icelles, Greffes & Voiries à celles desdits Chastelets & desdites geolles & prisons à son Domaine, même lesdits sieurs Archevêques de Paris de ce qu'ils auroient pû faire de la finance des Offices desdites Justices par la mort & demission de ceux qui en étoient pourveus, & qui faisoit partie du casuel & revenu temporel dudit Archevêché; Veu aussi les titres dudit Archevêché, les baux à ferme desdits Greffes, Amendes, Voiries & Geolles cy-devant énoncées, & autres pieces attachées audit état. OUY le Rapport du sieur Colbert, Conseiller ordinaire au Conseil Royal, Controlleur general des Finances de France; & tout considéré: LE ROI ÉTANT EN SON CONSEIL, interpretant ledit Edit du mois de Fevrier dernier, en consequence de celui du mois d'Avril ensuivant, a declaré & declare n'avoir entendu réunir ausdits Chastelets de Paris la haute justice de tout le territoire de l'Hotel Archiepiscopal & Cour d'Eglise, maisons cours, jardins, issues & dépendances; Ce faisant, Sa Majesté a maintenu ledit sieur Archevêque de Paris, & ses successeurs audit Archevêché, en la possession & jouissance de la haute Justice & Police dans ledit territoire, pour y être exercée à l'advenir par les Officiers de la Justice du Duché & Pairie de St Cloud, créé par Edit du mois d'Avril dernier, lesquels connoistront des appellations des jugemens en Pairie nuement au Parlement de Paris; comme aussi Sa Majesté a maintenu ledit sieur Archevêque de Paris & ses successeurs, en la moyenne & basse Justice, pour les cens, rentes & autres redevances des maisons & autres biens étant dans la censive des fiefs dudit Archevêché, situés dans la Ville, faux-bourgs & banlieue, sans que le Prevost de Paris, & autres Juges, & Officiers Royaux puissent troubler les Officiers par prevention ou autrement, & pour quelqu'autre cause, & sous quelque pretexte que ce soit; & pour indemniser l'Archevêché de Paris de l'union faite par Sa Majesté du surplus des Justices du Fort-l'Evêque, St Eloy & St Magloire, ORDONNE Sa Majesté qu'il sera payé chacune année à l'avenir, à commencer du premier Janvier dernier, la somme de dix mille livres audit sieur Archevêque de Paris, sur les plus clairs deniers du revenu des Domaines de Sa Majesté de la Ville, Prevosté & Vicomté de Paris, dont le fonds sera fait dans les états qui seront arrestés au Conseil de Sa Majesté au chapitre des fiefs & aumosnes, sans aucun retranchement ni diminution pour quelque cause, & sous quelque pretexte que ce puisse être, attendu que ladite somme est pour eschange des revenus distraits dudit Archevêché, qui augmentent le revenu du Domaine de la Couronne; & outre pour les causes cy-dessus, a Sa Majesté cedé & transporté, cede & transporte audit Archevêque de Paris & ses successeurs, tout tel droit qui lui pourroit appartenir, en consequence des Edits & Declarations des mois de May 1645, vingtiéme Mars 1673, & vingtiéme Juillet 1674, pour l'établissement des droits Seigneuriaux sur les eschanges, ainsi qu'ils se payent pour les rentes, pour en jouir par ledit sieur Archevêque & ses successeurs, lesquels sa Majesté a déchargé & décharge du payement d'aucune finance pour raison de ce, sans qu'ils puissent à l'avenir être recherchés ni inquietés pour raison & à cause desdits droits; & en outre sa Majesté fera payer & acquiter à la décharge dudit Archevêché la somme de trois mille livres chacune année à laquelle il avoit été taxé, pour aider à la nourriture & subsistance des Enfans-trouvés. Et au surplus, sera ledit Edit du mois d'Avril dernier executé selon sa forme & teneur, & pour l'execution du present Arrest toutes Lettres seront expediées, scellées & delivrées audit sieur Archevêque de Paris. Fait au Conseil d'Etat du Roi, Sa Majesté y étant, tenu à St Germain-en-laye le dixiéme Novembre 1674. *Signé* COLBERT.

LOUIS, par la grace de Dieu, Roi de France & de Navarre. A tous ceux qui ces presentes Lettres verront: SALUT. Ayant uni par notre Edit du mois de Fevrier dernier aux ancien & nouveau Chastelet, toutes les Justices des Seigneurs qui étoient dans l'étendue de notre bonne Ville de Paris & sa banlieue, celle qui a de temps immemorial appartenu aux Archevêques de Paris à cause de leur dignité, & celles de St Eloy & de St Magloire, qui ont été jointes depuis quelque temps, s'y seroient trouvées comprises; & comme cette ancienne Justice de l'Archevêché s'étend depuis la maison où elle s'exerçoit, & les prisons situées sur

DE LA PREVOTE' DE PARIS.

quai de la Megifferie, tirant à main gauche jufqu'au coin de la Vallée de mifere, paffant par la petite Saunerie de la rue St Germain pour gagner le coin de ladite rue St Denys jufqu'à la porte, & de là à main gauche dans la rue de Clery jufqu'au coin de la rue Mommartre, s'étendant jufqu'à la porte, & tournant à gauche de ladite rue de Clery tout le long de ladite rue Montmartre; de l'autre côté jufqu'à la porte, & tout le long des Egouts jufqu'à la cheute de la riviere, & jufques audit lieu du Fort-l'Evêque; enfemble fur toutes les maifons & rues qui fe rencontrent dans l'enceinte defdites limites, à l'exception des Halles & de leurs dépendances, que les Rois nos predeceffeurs ont defiré retenir à caufe des marchés, mais avec le delaiffement de tous nos droits dans les Halles, de trois femaines l'une, qui a toujours été levé au profit & par les Prepofés de l'Archevêque, comme lui appartenant à caufe d'un tiers qu'il avoit en la Vicomté de Paris; que le Greffe de cette Juftice étoit affermé douze cens livres, & les amendes trois cens cinquante livres; la geolle fix mille livres, au bâtiment de laquelle les Archevêques de Paris ont été obligés d'employer foixante mille livres depuis vingt ans. Que la Juftice de St Louis s'exerçoit dans la Cour de St Eloy près le Palais, & s'étendoit fur toutes les maifons de l'Ifle du Palais, & depuis l'Eglife de l'Ifle Notre-Dame, jufques & compris la rue de la Barillerie, & encore depuis le coin de la rue de la Tannerie, paffant par les rues Planche-Mibray & des Arcis, jufqu'au coin de la rue de la Verrerie, & tournant à droite jufqu'à la rue de la Poterie, & en defcendant jufqu'au coin de la rue de la Tixeranderie, & de là du ruiffeau continuant jufqu'au coin de la rue du Mouton, & de là entrant à main droite à la Grève fur toutes les maifons jufqu'au coin de la rue de la haute Vannerie, & remontant fur le Pont Notre-Dame en ladite rue Planche-Mibray, & reprenant le long de la rue St Antoine depuis le coin de la rue de Jouy jufqu'à la rue du Petit-Muffe, & fuivant le long de celle des Celeftins, tournant au coin le long du quai par devant les Religieufes de l'*Ave-Maria*, puis remontant la rue du Figuier dans la rue de Jouy jufqu'au coin cy deffus, & de l'autre côté de ladite rue St Antoine, depuis l'entrée de la Place Royale jufqu'au coin du Cimetiere St Jean, entrant fur toutes les maifons à main droite; de la le long de la rue Ste Croix de la Bretonnerie, & remontant au long de la vieille rue du Temple; & encore fur cinquante arpens de terre en marais fis entre la porte St Antoine & celle du Temple, & fur tout le territoire enclavé dans les lieux cy-deffus, même fur plufieurs autres endroits, tant dedans que dehors la Ville. Que le Greffe étoit affermé deux cens livres, & les deux geolles onze cens livres; & qu'enfin la Juftice de St Magloire s'étendoit des deux côtés de la rue qui eft derriere St Leu St Gilles; la rue aux Oues, partie de la rue Quinquampoix, les rues Bourlabé, Darnetal, du Huleu, Guerin-boiffeau, & une partie de la rue St Martin, jufques devant le Prieuré & murs d'icelui; le côté de la rue St Denys, depuis ladite Eglife St Leu St Gilles, jufqu'à la porte St Denys; tout le faux-bourg St Denys de même coté, & partie du faux-bourg St Martin, partie du Pont Notre-Dame, de la rue de la vieille Tannerie & autres rues de traverfe dans toute ladite l'enceinte. Que le Greffe en étoit affermé deux cens livres, & la geolle fix cens livres; que la Voirie de ces trois Juftices valoit cinq cens cinquante livres par an à l'Archevêché, outre les confifcations, desherances, & autres revenus cafuels qu'elles produifoient, & le prix des charges des Officiers qui les exerçoient, entre lefquelles celle du Bailly du For-l'Evêque, poffedée par un homme d'un âge fort avancé, auroit pû être vendue jufqu'à trente mille livres; celle de Lieutenant & de Procureur fifcal de ce Baillage, fix mille livres chacune, celle de Procureurs Poftulans, fix cens livres chacune, & celle de douze Huiffiers trois cens livres auffi chacune; celle de Bailly de St

Eloy dix mille livres ; de Lieutenant quatre mille livres ; celle de Procureur Fiscal trois mille livres ; celle de Bailly de St Magloire six mille livres & celles de Lieutenant & Procureur Fiscal deux mille livres chacune, & qu'ainsi en l'union faite de ces trois Justices à nos Chastelets, diminuant le revenu de l'Archevêché de la somme de dix mille deux cens livres par an, & du fonds de ces charges montant à soixante-dix neuf mille huit cens livres, il est de notre pieté & de notre justice de l'indemniser de la perte de ces droits utiles par un revenu plus avantageux, comme Nous avons recompensé ce qu'il y avoit d'honorable dans la possession de ces Justices, qui s'étendoient dans la plus grande partie de notre dite Ville, en érigeant l'Archevêché de Paris en Duché & Pairie de France, sous le titre de St Cloud, par notre Edit du mois d'Avril dernier ; mais comme l'un de ses principaux revenus consiste dans les Censives & autres droits Seigneuriaux dûs pour raison des maisons & autres heritages situés dans l'étendue des fiefs qu'il possede dans la Ville de Paris & que ses Fermiers ne les pourroient recevoir sans beaucoup de peines & de dépenses, s'ils étoient obligés de faire toutes les poursuites qui sont necessaires pour ce sujet par-devant nos Officiers, & qu'il y a un Juge de l'Archevêché, appellé le Bailly de la Temporalité, dont le siege est dans la premiere cour du logis Archiepiscopal, où il connoit des appellations du Juge de St Cloud, Creteil, Maisons, Auzouer-la-Ferriere & autres Justices dépendantes du Temporel dudit Archevêché hors la Ville & banlieue de Paris, où il doit exercer la Justice de ladite Pairie, lorsque nos Lettres données pour cet effet auront été registrées en notre Cour de Parlement, lequel sans établir de nouveaux Officiers, pourroit conoître des contestations qui arrivent pour raison de ces droits Seigneuriaux ; & que d'ailleurs nous avons consideré qu'il n'étoit pas de la bienséance que les Archevêques de Paris fussent obligés en cas qu'il arrivât quelque désordre dans l'étendue de leur maison, d'avoir recours à nos Officiers qui en sont éloignés pour y apporter les remedes que la justice desire, & leur faire rendre en toutes occasions le respect qui est dû à leur personne & à leur caractere, & que n'y ayant que les seuls Archevêques, leurs domestiques & les personnes necessaires pour l'exercice de leurs fonctions & pour le service de leurs maisons, qui y sont logés, nous pouvons leur conserver encore cette marque particuliere d'honneur sans diminuer l'étendue des Justices que nous avons unies à nos Chastelets, & distinguer sans consequence par cette grace les Archevêques de la Capitale de notre Royaume des autres Seigneurs Ecclesiastiques qui sont dans son étendue. A CES CAUSES, en interpretant notre Edit du mois de Fevrier 1674, & conformément à l'Arrest de ce jourd'hui donné en notre Conseil nous y étant, dont l'extrait est cy attaché sous le contre-scel de notre Chancellerie ; Nous avons ordonné & ordonnons que les Archevêques de Paris soient payés de la somme de dix-mille livres par chacun an sur le domaine qui nous appartient dans notre bonne Ville de Paris, dont le fonds sera fait dans les états qui seront arrêtés en notre Conseil & mis au chapitre des aumônes, sans qu'elle puisse être rettranchée ni diminuée pour quelque cause que ce puisse être ; comme aussi leur avons cedé & cedons par ces Presentes le droit qui nous appartient de recevoir les droits Seigneuriaux dûs par les Contrats d'échange, comme pour ceux de vente, en consequence de nos Edits & Déclarations des mois de Mai 1645, vingt Mars 1673 & vingt Juillet 1674, sans payer aucune finance ; avons déchargé & déchargeons lesdits sieurs Archevêques du payement de la somme de trois mille livres à laquelle ils étoient taxés pour la nourriture des Enfans-trouvés, que nous ferons payer en leur acquit. Voulons en outre que les Bailli & autres Officiers de la Justice appellée ordinairement la Temporalité, continuent l'exercice de cette Justice dans la premiere cour de l'Archevêché, & qu'ils y connoissent des appellations des Juges

de

DE LA PREVOTÉ DE PARIS.

de St Cloud, Creteil, Maisons, Pont de Charenton, Auzouer-la-Ferriere, & autres Justices dépendantes de la Temporalité, & qui ont coutume d'y ressortir, & y exercent la haute moyenne & basse Justice, avec toute l'étendue des maisons, cours, jardins, issues & dépendances dans le lieu où a toujours été le siege ordinaire de la Justice de ladite Temporalité, & connoissent des cens, rentes & droits Seigneuriaux dûs à l'Archevêché de Paris dans toute la Ville, Fauxbourgs & Banlieue ; que l'appel de leurs Jugemens ressortisse en tout cas nuement en notre Cour de Parlement, ainsi que des Juges de Pairs, & comme il a été pratiqué jusqu'à notre Edit du mois de Fevrier dernier, auquel en tant que besoin est nous avons dérogé & dérogeons à cet égard seulement, voulons au surplus qu'il soit executé selon sa forme & teneur. Si donnons en mandement à nos amés & feaux les Gens tenant notre Cour de Parlement & Chambre des Comptes à Paris, que ces Presentes, ensemble ledit Arrest de ce jourd'hui, ils fassent lire, registrer & publier, & du contenu en iceux jouir le sieur Archevêque de Paris & ses successeurs de point en point selon leur forme & teneur, sans permettre qu'ils y soient troublés en quelque sorte & maniere que ce puisse être, nonobstant tous Edits, Declarations, Arrests & Reglemens à ce contraires, ausquels nous avons dérogé & dérogeons par ces Presentes : Car tel est notre plaisir : En témoin de quoi nous avons fait mettre notre sceau à ces Presentes. Donné à St Germain en Laye, le vingt-un Janvier, l'an de grace mil six cens soixante & quinze & de notre regne le trente-deuxième. Signé, LOUIS. Et sur le repli par le Roi.

COLBERT.

Extrait des Registres du Parlement.

VEU par la Cour les Lettres Patentes du Roi données à St Germain en Laye le vingt-un Janvier dernier, signées Louis, & sur le repli par le Roi, Colbert, & scellées du grand Sceau de cire jaune, obtenues par Mre François de Harlai, Archevêque de Paris, par lesquelles, & pour les causes y contenues, ledit Seigneur Roi auroit en interpretant l'Edit du mois de Fevrier mil six cens soixante & quatorze, & conformément à l'Arrest du dit jour 21 Janvier, ordonné que les Archevêques de Paris seroient payés de la somme de dix mille livres par chacun an sur le domaine dudit Seigneur Roi dans cette Ville de Paris, dont le fonds seroit fait dans les états qui seroient arrêtés au Conseil & mis au chapitre des aumônes, sans qu'elle puisse être diminuée ni retranchée pour quelque cause & sous quelque pretexte que ce puisse être, ainsi que plus au long le contiennent lesdites Lettres à la Cour adressantes : Requeste de l'Impetrant afin d'enregistrement d'icelles : Conclusions du Procureur general du Roi, & tout consideré, Ladite Cour a ordonné & ordonne que lesdites Lettres seront registrées au Greffe pour être executées & jouir par l'Impetrant & ses successeurs Archevêques de l'effet & contenu en icelles selon leur forme & teneur. Fait en Parlement le six Fevrier mil six cens soixante & quinze. Signé par collation, JACQUES.

Et sur le repli desdites Lettres Patentes est écrit :

Registrées en la Chambre des Comptes, ouï le Procureur general du Roi, pour jouir par l'Impetrant de l'effet & contenu en icelles selon leur forme & teneur, ce vingtième Fevrier 1675. Signé, GUITONNEAU.

Extrait d'un Registre du Chapitre de l'Eglise de Paris.

Jovis post Invocavit, 17 *Februarii* 1501.

HODIE Reverendissimus in Christo Pater ac Dominus D. Georgius de Ambasia, sanctæ Sedis Apostolicæ Presbyter Cardinalis, ac Legatus à Latere, cum bene placito Domini nostri Regis, Parisius, & ad Ecclesiam Parisiensem accessit, associatis Reverendissimis Dominis Cardinalibus sancti Georgii & Ascanii, Dominis Archiepiscopo Senonensi, Episcopisque pluribus, & populi multitudine copiosa; ad cujus jucundum adventum, omnes vestiti decenter prout unusquisque melius potuit, fuerint parati; cui præfuerint usque ad portam sancti Dionysii processionaliter cum capis per ordinem, omnes Conventus ac Collegia & Curati Villæ Parisiensis, Domino Rectore cum Universitate Parisiensi eum expectante ad januam Ecclesiæ sanctæ Genovefæ de miraculo Ardentium in vico novo Nostræ-Dominæ, ubi cum honorificè receperunt; & ipso ad Ecclesiam Parisiensem pervento, Dominisque Johanne Parisiensi Episcopo, Decano cæterisque Dignitatibus & omnibus de pannis Ecclesiæ, una cum Canonicis, Capellanis, & aliis personis, & Ecclesiis subditis Capitulo, in navi usque ad majorem portam Ecclesiæ existentibus, ipso Domino Parisiensi Episcopo præsedente in pontificalibus, & Canonicis & aliis in ordine suo cum capis subsequentibus; ipse Dominus Parisiensis Episcopus textum Evangeliorum eidem Reverendissimo Domino Cardinali obtulit osculandum, quem osculatus est; & hoc facto Ecclesiam Parisiensem intravit, cantantibus organis & pulsantibus omnibus Ecclesiæ campanis, & ad majus altare accedens ad oratorium sibi præparatum; oratione per eum facta benedictionem fecit ad populum; qua facta, Venerabilis Dominus Magister noster Ludovicus Pinelle, sacræ paginæ Professor, nomine Dominorum Episcopi & Capituli Parisiensis, propositionem fecit coram eo, qua facta & responsione per eum facta, decantatus est hymnus TE DEUM LAUDAMUS, & ipsum decantando recessit ipse Reverendissimus Dominus Legatus, & ad domum sibi præparatam propè Augustinos se recepit.

FIN.

TABLE GENERALE
DES MATIERES
CONTENUES

DANS LES RECHERCHES DES ANTIQUITE'S ET PREUVES

DE LA

VILLE DE PARIS.

Le premier Tome renferme le I, II, III, IV, V & VI Livre.
Le second, le VII, VIII, IX, X, XI, XII & XIII.
Le troisiéme, le XIV, les Preuves & les Comptes de l'Hotel de Ville.
Le P. signifie Preuves.

A

A BAILARD, son Histoire & sa punition. Livre XI. pag. 638.
Abbayie de St Germain ruinée sous Lothaire, XI. 641
— De St Denys, pour avoir les terres de cette Abbayie il fallut faire la guerre. 642. La Princesse de Conti a joui de celle de St Germain. *Ibidem.* Jeanne de Bourbon, Abbesse de Fontevrault, fut dépouillée d'une pension sur celle de Marmoutier, *ibid.*
Maison Abbatiale de St Germain des Prés, bâtie par le Cardinal de Bourbon. VII. 69.
Abbés de Ste Geneviève, & de St Germain, en contestation contre l'Evêque à l'occasion des Clôtures. I. 37.
Abbé de Ste Geneviève pendu au portail de Ste Geneviéve. XIV. 55. Pour des Reliques. X. 593.
Abbesses de Montmartre, droit de nommer tous les trois ans leur Abbesse. IV. 355.
Abbreuvoir Macon, la rue, où placé, & pourquoi. II. 118.
Abbreuvoir Pepin. P. 125.
Abbus supprimé, que personne n'étoit enterré en terre sainte, qu'il ne fit quelque donnation à l'Eglise. IV. 319.
Ablon, l'Hotel a donné son nom à la rue. II. 107
Abolition de la jurisdiction del'Hotel de Ville P : 0
Academie établie des Quarante. I. 19. où s'assembloit l'Academie Françoise. VII. 195
— Dissertation sur l'origine du nom, sa signification. IX. 490. L'Academie de Marguerite de Valois. Celle de Ronsard, où placées les changemens de cette Academie, 491. Celle de Baïf, ample dissertation au sujet de cette Academie, 491, 492. Autre projet d'Aca-demie par Mauduit. Ses Statuts. La Musique en faisoit partie.   494 Liv. VII
Academie des Dames Savantes, celle de Madame de Gournay, Madame Desloges, & celle T. II. L. XIV.
de la Comtesse d'Auchi. La Françoise établie par le Cardinal de Richelieu, l'ordre observé T. III.
495
— Celle de l'Abbé Renaudot, celle du College de Clugny, l'autre qui se nommoit *de propaganda fide*, par un Capucin ayant changé de Chef, & le sieur Loisel, Curé de St Jean, mis à sa place, une Compagnie eut le credit de la faire supprimer. 496
— Celle du Pere Senault pour les Mathematiques. L'autre de l'Abbé d'Aubignac, dressée à la gloire de Mr le Dauphin. *Ibid.*
L'Academie Royale des Sciences & des Inscriptions, établie par Mr Colbert, de qui composée, le Reglement, où placée. 497
— Celle des Sciences aussi établie par Mr Colbert, par qui composée, quand elle se tient, où, & les Assemblées publiques. *Ibid.*
Academie de Manege par Pluvinel, à quoi la jeunesse s'y exerçoit. 498 & P. 225
Academie Militaire, les exercices qui s'y apprenoient, les Officiers qui en avoient soin. 499
Academie des Peintres & des Sculpteurs, où l'on apprend à dessiner, les Modeles vivans, divers changemens, les Statuts, &c. 500, 501 & suivantes.
Academie de Musique par Baïf & Mauduit. 504 & P. 104
Academie de Peinture & Sculpture, établie à l'Hotel de Richelieu. *Ibid.*
Accord entre le Roi & l'Evêque de Paris. P. 87
Actions illustres, Ceremonies, Assemblées qui

A

TABLE GÉNÉRALE

Liv. VII. se sont passées à Paris. I. 28
T. II. Actions de Julien l'Apostat passées à Paris. I. 6
L. XIV. Adam Cochetar. I. 76
T. III. Adelaïde, femme de Conrard Duc de Bourgogne, & Comte de Paris. I. 9
Adelaïde, veuve de Louis le Gros, est morte à Montmartre qu'elle avoit fondé. VII. 311
Affront fait aux Envoyés d'un Antipape. P. 38
L'Agathe-Onyce Orientale, gardée à la Sainte Chapelle, ce qu'elle represente, dissertation à son sujet VIII. 337 338 339
Ste Agathe, Communauté. V. *649
St Agnan. P. 71, 72, 74
Agnès de Braine, troisiéme femme de Robert de France de la maison de Dreux. VII. 290
Agnès, troisiéme femme de Philippe-Auguste, mourut à Corbeil. 311
Agnès Sorel, Maitresse de Charles VII. Anagramme sur son nom, VII. 236. Sa maison de plaisance étoit à Loches, que le Roi lui a voit donné, où elle est morte, & celui de Beauté. 312
Ste Agnès, Communauté. V. *650
Agrandissemens divers de l'Hotel St Paul, sous Charles V, VI, François I, Henri II, enfin ruinée sous Charles IX, Henri IV. I. 24
St Aignan fondé par Charlande. I. 95
D'Aisy (Hugues) Archevêque de Reims, avoit une maison de plaisance à la rue du Fer-demoulin. VII. 77
Thieri d'Aire, ou de Herisson, Evêque d'Arras, avoit son Hotel rue Chartron. VII. 264
Alais le Pont, recommandable par le conte qui s'en est debité. III. 241
Alez, la terre, son étendue, sa situation. VII. 369. fut donnée à l'Abbaye St Victor. P. 9
Alegret, Medecin du Duc de Berri, chés lequel logea ce Duc, cloître Notre-Dame. VII. 118
Alethée, condamnée à perdre la tête, par Clotaire II. VII. 293
Alexandre III. mit la premiere pierre à Notre-Dame. I. 15
— Il est peint à l'Abbaye preschant au Pré aux Clercs. II. 156. VII. 256. dedia l'Eglise de St Germain des Prés, ibid. Il passe par la porte Papale. 255
Alix, femme de Louis le Gros, Fondatrice de St Lazare. I. 14
Aliance des Senonois & des Parisiens. I. 59
Alphonse de France, Comte de Poitiers, logé à la rue d'Autriche. VII. 63
D'Amaury (Jean) chés qui on déterra deux grands squelettes. I. 20
Amaury l'Heresiarque, où il fut terrassé avec ses Sectateurs. I. 59. 104. Déterré en 1204 & brûlé avec ses Sectateurs. IX. 486. Aux Champeaux. X. 610
St Amant banni du royaume, est rapellé par Dagobert à la naissance de son fils. VII. 295
Ambassadeurs Extraordinaires, avec leur reception. VII. 83
Pot & Chaussac, Ambassadeurs du Prince d'Orange, arrêtés sur un faux bruit, & relachés. 85
Ponthon de Saintrailles est envoyé par Charles VI au Duc Bethfort au sujet d'Orleans. 86
Les Ambassadeurs du Roi de Hongrie s'enretournent tristes, après avoir appris la mort de leur Roi. Ibid.
Ambassadeurs de l'Archiduc regalés de la Comedie à l'Hotel de Bourbon. 88
Ambassadeurs de l'Empereur, logés dans la maison de l'Ange rue de la Huchette. Ibid.
L'Ambassadeur d'Angleterre regalé à la Bastille. 89
Le Cardinal du Prat fait son entrée à Paris, va demeurer à Notre-Dame. 90
Le Duc de Norfolck, Ambassadeur d'Angleterre, vient demeurer au logis de Savari. La Garde posée à sa porte. Ibid. & 92
Celui de Portugal va loger à la maison de Meignet, où il traitte le Roi & la Reine. Ibid.
Le Nonce de Jules III va demeurer à l'Hotel de Rochepot, où la Ville l'alla saluer avec les presens. 92
L'Ambassadeur d'Alger va loger à l'Ange rue de la Huchette. 93
L'Ambassadeur de Pologne sollicite la grace de Viteaux. 96. Logea à l'Hotel de Nantouillet. Ibid.
L'Entrée magnifique des Ambassadeurs Suisses, le Te Deum chanté à Notre-Dame. 97
L'Ambassadeur d'Angleterre logé à l'Hotel de Longueville, donne l'Ordre de la Jarretiere à Henri III, à l'Hotel de Nantouillet. 98
Mort d'un Nonce à l'Hotel de Sens, enterré aux Celestins. 99
Ambassadeur de Venise à l'Hotel d'O. 100
Ambassadeurs Suisses, logent à la Croix de fer rue St Denys. 100
L'Ambassadeur Extraordinaire d'Espagne est le premier qui monta en carosse à Paris. 102
L'Ambassadeur de Venise fait Chevalier par Louis XIII. 104
Ambassadeur de Malthe, savoit s'il auroit audience, couvert. 105
— De Pologne & celui de Dannemarc, ont logé à l'Hotel de Vandosme. 106
Ambassadeurs Extraordinaires, leur reception, sous Charles VI. Ambassadeur Anglois pour demander en mariage Isabelle de France, & pour la paix. 83. Ange Coravian sous le nom de Gregoire XII, envoya des Ambassadeurs chargés d'une Bulle, par laquelle il se soumettoit à ce qui seroit ordonné par le Roi & l'Université. Benoît XIII envoya un Courier, avec une Sentence d'Excommunication contre le Roi, à l'Hotel St Pol. Ce Courier s'étant glissé dans la foule, sort de Paris, mais il fut arrêté & ramené bien vîte. La Sentence fut dechirée publiquement, & l'Ambassadeur & le Courier condamnés à faire amende honorable. 84
Trois ambassades pour le mariage d'Henri V Roi d'Angleterre, & de Catherine de France. Ibid. Ils logerent au Temple, beaucoup de magnificence, mais inutilement ; ils s'en retournerent sans rien obtenir. Ibid.
Le Duc de Bourgogne étant en guerre avec Charles VII, le Prince d'Orange part de Lagny, vint à Paris pour traiter de la paix, alla diner à l'Hotel d'Artois. Pot & Chaussac leurs Ambassadeurs, presentés au Duc de Ber-

ry, furent arrêrés, parce que les Bourguignons avoient rompu la paix; ce qui se trouvant faux, ils furent relachés. On proposa au Duc de Guyenne de chasser sa Concubine qui entretenoit le divorce entre la Duchesse sa femme. Solliciterent le retour de cinq cens personnes bannies, mais ils ne purent rien obtenir. 85
Sous Charles VII. Pendant le siege d'Orleans envoyé au Duc de Bethfort, Regent du royaume, Ponthon de Saintrailles, pour proposer la levée du siege : mais pendant ce tems Jeanne d'Arc vint delivrer Orleans. 86
—— Le Roi d'Hongrie envoye demander en mariage Marguerite de France, fille du Roi, par l'Archevêque de Cologne : reception qui fut observée ; presens faits de la part du Roi d'Hongrie ; le Roi d'Hongrie meurt, on lui fait une pompe funebre à Notre-Dame. Il s'en retourne fort triste. *Ibid.*
—— Les Ambassadeurs de Perse, du Pretre-Jean, & de l'Empereur de Trebisonde, du Roi d'Armenie & du Roi de Mesopotamie, ne faisant qu'un corps, y arriverent. L'un étoit Patriarche d'Antioche. Leurs habillemens extraordinaires ; le Roi ne voulut point se joindre à eux contre le Turc. *Ibid.*
Sous Louis XI. Le Duc de Bourgogne envoya ses Ambassadeurs à Paris pour ratifier le Traité de paix qu'il avoit fait avec le Roi ; ils furent regalés par la Ville & les grands Seigneurs du royaume 8 . La reception des Ambassadeurs du Roi d'Arragon ; la montre de cent quatre mille hommes & de l'Artillerie ; enfin des presens que Louis XI leur fit. *Ibid.*
Deux autres Ambassadeurs arriverent ; un de l'Empereur, conduit par le Duc de Baviere ; l'autre du Duc de Bretagne, dont entre autres étoit des Essarts, Maître d'Hotel de ce Prince, ils furent reçûs avec bon accueil du Roi. *Ibid.*
Les ambassades plus celebres ; celle de l'Allemagne, de Florence, d'Espagne & de l'Angleterre, qui furent reçûs magnifiquement. *Ibid.*
Les deux ambassades de Flandres, la premiere, il la fit conduire à Paris par Monseigneur de St Brice ; la seconde, étoient les Ambassadeurs qui venoient pour jurer la paix entre le Roi & l'Archiduc, & mariage de Charles, Dauphin, avec Marguerite d'Autriche. Leur reception, les rejouissances, le *Te Deum* chanté à Notre-Dame. Le Parlement signe le Traité de paix & le Contrat de mariage. 88
Sous Charles VIII l'on ne sait s'il y en arriva. *Ibid.*
Sous Louis XII. Une ambassade de l'Empereur, sa reception, allerent jusqu'à l'Ange rue de la Huchette, les presens que la Ville lui envoya, une harangue latine par le Docteur Pinel, défrayé aux dépens de la Ville. *Ibid.*
La seconde ambassade étoit d'Angleterre, pour venir jurer la paix & la confirmation de mariage du Roi & de Marie d'Angleterre ; sous Henri VIII. Comment la Ville eut ordre de les aller recevoir ; les presens qu'ils reçûrent de la Ville. 89
Sous François I, quatre ambassades. La premiere d'Angleterre, le Roi la reçût, faisant tendre la Bastille de draps blancs de tapisserie, & le regala d'un festin, & de danses des Morisques. *Ibid.* La seconde, le Cardinal du Prat, Legat *a latere*, fit son entrée à Paris, depuis le fauxbourg St Jacques jusqu'au Cloitre Notre-Dame, dans la maison de l'Evêque de Meaux ; les rues tapissées, le Dais porté sur la tête, & les presens de la Ville. La troisiéme, le Duc de Norfolck, Ambassadeur d'Angleterre, vint demeurer au logis de Savary ; les ordres donnés de douze flambeaux allumés toute la nuit, que vingt Archers seroient garde à la rue du Roi de Sicile pendant huit jours ; les presens que la Ville lui envoya. *Ibid.*

Liv. VII.
T. II.
L. XIV.
T. III.

Un Ambassadeur de Portugal arriva à Paris, logea à la maison de Meignet ; là il traitta magnifiquement le Roi & la Reine. *Ibid.*
Sous Henri II. Les Ambassadeurs des Suisses au nombre de vingt un, tous les ordres donnés à la Ville pour les recevoir magnifiquement ; allerent loger à l'Hotel de Tiron ; les presens que la Ville leur envoya ; dînerent à l'Hotel de Ville, l'Artillerie fut tirée ; ce buffet si riche fut dressé. 92
La seconde ambassade d'Edouard, VI Roi d'Angleterre, le Marquis de Noranthon, reçû comme Ambassadeur Extraordinaire, fit son entrée à Paris ; le Ceremonial observé ; alla loger à la rue du Roi de Sicile. *Ibid.*
La troisiéme ambassade fut celle de Jules III. Le Nonce alla loger à l'Hotel de Rochepot, où la Ville alla le complimenter avec les presens ordinaires. *Ibid.*
Le Roi d'Alger dépecha un Ambassadeur ; il vint à l'Ange rue de la Huchette, où la Ville alla le saluer avec les presens ordinaires. 93
On lui fait voir le Louvre, les Tournelles, la Bastille, l'Arsenal, enfin Notre-Dame. *Ibid.*
La cinquiéme ambassade que la Reine Marie envoya en France ; Mr Bois-Dauphin eut ordre de faire les honneurs ; l'Ambassadeur fut reçû de la Ville, & regalé en poisson, avec les presens ordinaires. *Ibid.*
L'Empereur Charles-Quint, & Philippe d'Autriche son fils, Roi d'Espagne, envoyerent un Ambassadeur ; le Comte de l'Allain reçoit l'ordre de faire les honneurs ; la Ville va le recevoir avec les presens, & alla à l'Hotel de Villeroi le complimenter. 94
Les Venitiens s'aviserent de l'envoyer feliciter sur son avenement à la Couronne ; le Roi donna ordre à la Ville d'aller à l'Arge, rue de la Huchette, les complimenter, avec les presens ordinaires. *Ibid.*
Le Duc d'Albe, le Prince d'Orange & le Duc d'Egmond, sont venus pour la celebration du mariage de Philippe II avec Elisabeth de France ; La Ville eut ordre de les aller recevoir en ceremonie, & d'aller les complimenter à l'Hotel de Villeroi. 95
Sous Charles IX les Polonois députerent l'Evêque de Posna pour l'élection de Henri de France, Duc d'Anjou, leur Roi ; le Comte de Brienne va au devant de lui, & le conduit jusqu'à l'Hotel de Nantouillet ; la Ville vint

Liv. VII
T. II.
L. XIV.
T. III.

faire compliment de la part du Roi. 96. l'Ambassadeur sollicita la grace de Viteaux. *Ibid.*
Le Comte Palatin du Rhin, le Duc de Wittemberg, le Landgrave de Hesse, le Duc des Deux-ponts & le Marquis de Bade, envoyerent leurs Députés ; la Ville alla les recevoir & complimenter, avec les presens. 95
Sous Henri III six Ambassades, le premier de la part de Maximilien II, salué par la Ville avec les ceremonies & presens accoutumés. Deux du Grand-Seigneur, le premier pour prier le Roi d'assister à la circoncision du fils ainé de son Maître. Le second envoyé pour confirmer les anciennes confederations ; tous deux fort bien reçus.
Les Suisses vinrent au nombre de trente pour faire le serment d'alliance ; la Ville alla au devant & leur fit un festin & les presens ordinaires par ordre du Roi. Description de la reception magnifique ; des presens, de la marche, des regaux que la Ville leur fit 97. Le *Te Deum* chanté à Notre-Dame ; furent regalés par plusieurs personnes illustres ; les presens du Roi. *Ibid.*
La Reine Elizabeth envoie l'Ordre de la Jartiere par le Comte d'Arby, qui fut conduit à l'Hotel de Longueville, regalé par le Roi ; les Princes le regalerent à l'envi chacun à leur tour. Il va au Louvre, le Roi le reçoit avec toute la magnificence possible ; quatre jours après l'Ambassadeur donna l'Ordre de la Jartiere au Roi à l'Hotel de Nantouillet. 98
Deux pompes funebres de Nonces, une aux Celestins : description de l'ordre de cette pompe. 99
Sous Henri IV un Ambassadeur de Venise fut reçu à l'Hotel d'O : la Ville va au devant de lui & lui fait les presens ordinaires. *Ibid.*
Quarante-deux Ambassadeurs Suisses viennent pour prêter serment d'alliance : leur reception ; furent conduits à la Croix de fer rue St Denys ; le serment prêté à Notre-Dame ; l'ordre qui y fut observé, le formule du serment ; le *Te Deum* chanté : dinerent à la Ville ; les presens. 100 101
Dom Pierre de Tolede le dernier Ambassadeur extraordinaire du tems d'Henri IV, qui se reçoit à l'Hotel de Gondi : les ordres pour sa reception : les presens : fut le premier qui monta en carosse à Paris. 102
Sous Louis XIII le Duc de Pastrane Ambassadeur d'Espagne logea à l'Hotel de Roquelaure appellé l'Hotel St Pol. Il vint pour le mariage d'Elizabeth de France avec Philippe IV Roi d'Espagne : les presens : la reception de la ville : harangué par le Prevôt. 102
Le Milord Hay vint en qualité d'Ambassadeur de la part du Roi d'Angleterre pour féliciter Louis XIII sur son mariage : sa reception par la Ville : les presens ordinaires : fut logé à l'Hotel Marguerite. 183
Milordes, le Comte de Carly, le Milord Richi & le Duc de Bukinkam.
Milordes descendit à la rue Dauphine.
Le Comte Carly & Richi étoient venus pour la celebration du mariage d'Henriette Marie fille d'Henri IV, avec Charles I, Roi d'Angleterre. 103
Le Duc de Bukinkam descendit à l'Hotel de Chevreuse de la rue St Thomas du Louvre : tous reçus avec tous les honneurs dûs aux Ambassadeurs, & les presens accoutumés. 104
Le Cardinal de Savoie vint pour traiter du mariage de Christine de France, seconde fille d'Henri IV, avec Victor Amedée de Savoie logea à l'Hotel de Luines : on observa les ceremonies ordinaires : la Ville envoya ses presens, les trompetes & les autres honneurs. *Ibid.*
Le Cardinal de Savoie fut reçu par le Duc d'Angoulême & conduit à l'Arsenal, où il fut complimenté par les Cardinaux de la Valette & de Richelieu. *Ibid.*
Paw & de Konitz, Ambassadeurs des Provinces-Unies des Pays-bas : le Maréchal de Chatillon alla au devant, les conduisit à l'Hotel des Ambassadeurs Extraordinaires rue de Tournon : leur reception : Konitz, s'en retourna sans prendre congé, & Paw demeura Ambassadeur ordinaire. *Ibid.*
Milord Fildin, Ambassadeur extraordinaire du Roi d'Angleterre, arriva à Paris avec sa femme, logea à l'Hotel Schomberg. 105
Mazarini, Nonce extraordinaire, depuis Cardinal & premier Ministre d'Etat : on alla le recevoir aux Piquepuces : il logea à l'Hotel du Nonce ordinaire rue des Mathurins. *Ibid.*
Le Comte de Leicestre & Zarafsxi, Ambassadeurs extraordinaires de Pologne & d'Angleterre, arriverent à Paris : le premier alla loger à l'Hotel des Ambassadeurs extraordinaires. *Ibid.*
Zarafsxi, Ambassadeur de Pologne, fut mené à l'Hotel de St Chaumont rue St Denys ; tomba malade : il fut transporté à l'Hotel des Galeres, de là à l'Hotel de la Reine Marguerite. *Ibid.*
La Republique de Venise envoia Cornaro pour son Ambassadeur ordinaire de France : c'étoit le premier qu'elle avoit envoyé vers un Souverain : le Roi le fit Chevalier de l'Accolade : presens que le Roi lui envoya. *Ibid.*
L'Ambassadeur de Malthe, le Bailli de Fourbin, fait son entrée ; vient à l'Hotel de Sillery, qu'on lui avoit preparé. On agite savoir si durant son audience il parleroit couvert au Roi, ce qui lui fut accordé ; mais en il usa avec civilité. 105
Sous Louis XIV, les Ambassadeurs de Pologne vinrent pour être témoins du mariage de Louise Marie de Gonzague, Duchesse de Mantoue, avec Uladislas, fils de Sigismond, Roi de Pologne : l'entrée fut magnifique ; les honneurs qu'on leur fit dignes du Roi qui les envoyoit : ils ont logé à l'Hotel de Vendome. 106

L'arrivée de Cornifiz Wilfeldt, Ambassadeur extraordinaire de Dannemarc : il logea aussi à l'Hotel de Vendome. *Ibid.*
Amboise ; le Chasteau remarquable par la conspiration sous Charles IX ; par la naissance & subite mort de Charles VIII ; le Cerf pris par Charles V d'une grandeur prodigieuse : son
Escalier

DES MATIERES.

Escalier. VII. 307
D'Amboise ; l'Hotel a donné son nom à la rue. II. 108
Ammian Marcellin est venu à Paris. I. 62
Ammian, description qu'il fait de Paris, I. 5 ce qu'il rapporte de Paris. I. 64
Amiraux de France, Jean & Pierre de Vienne demeuroient rue Bertin-Poirée. VII. 151
Pierre de Breban dit Clignet, rue neuve St Merry. *Ibid.*
Jean de Beuil, Comte de Sancerre, rue Barre du-Bec. *ibid.*
Louis Bâtard de Bourbon, Comte de Roussillon, avoit son Hotel rue du Four. 152
Louis Mallet de Graville, à l'Hotel de Graville. Il a demeuré rue Percée, & dans la maison du Porc Epic rue de Joui. *ibid.*
Philippe Chabot mourut dans la maison des Savaris. *ibid.*
Charles Annebault a demeuré rue St Antoine.
Gaspart de Coligny est mort rue de Bethisi, où on l'assassina. *ibid.*
L'Amirauté de France, la Jurisdiction à la Table de marbre, son ressort, ses Officiers. VIII. 406
Amortissement, quand ce terme a été en usage. VII. 266. Explication de ce terme. *ibid.*
Anciens Rois des Gaules avant César. I. 59
Parisiens. *ibid.*
D'Ancre, Maréchal, assassiné sur le Pont levis du Louvre, deterré, traîné par les rues, & pendu aux gibets. X. 589. Sa femme passe pour Sorciere. *ibid.* & 600.
St Andeol, en St André d'aujourd'hui. VIII. 271
St André des Arcs, son nom, quand fondé, contestations entre les Religieux St Germain & le Curé de St Severin ; de la nomination de l'Université. IV. 426. 427. les Tombeaux. *ibid.*
Deux Anges montés sur des Dauphins de la Fontaine de Biraque. XIV. 3
Anges qui descendoient du Ciel, venoient mettre une Couronne sur la tête de nos Rois & Reines à leurs entrées. XI. 643
Comte d'Angoulême, avec qui Louis XII vivoit très familierement. VII. 130
Anneau du Portail de Ste Genevieve ; celui du Meunier à la Grève. X. 533
Celui de Ste Genevieve où un Abbé fut pendu par, &c. XIV. 55
Anet-le-Chasteau achevé par la Duchesse de Valentinois ; la Chapelle, &c. VII. 312
Anne de Bretagne a possedé l'Hotel de Bretagne. VII. 65. & l'a donné au Prince d'Orange. *ibid.* Avoit une maison de plaisance à Nigeon de Chaillot. 311. qu'elle donna aux Minimes. *ibid.*
Anseau du Bourg-la-Reine proprietaire de la Courtille, du Temple, & sa femme. I. 67
De Taverny & sa femme Pernelle, aussi proprietaire de ladite Courtille. *Ibid.*
Antimoine, verre, secret, sçavoir s'il est nouveau ou ancien à l'occasion de l'émail. VIII. 342
Le magazin des Antiques des Tuilleries renferme une grande quantité de statues, de bustes, des Cedres du Liban ; enfin plusieurs autres curiosités. VII. Liv. VII. 54 T. II.
Antiquités des Parisiens. I. 3 L. XIV.
Des Senenois. I. 4 T. III.
Decouverte de la Déesse Isis, pour prouver le veritable nom de Paris. I. 56
Diverses Antipathies ; un pour le vin blanc, l'autre pour le roti, l'autre pour les pommes, roses, musc, &c. XIV. 544. Aversion pour les Chars, souris, & autres *Ibid.*
St Antoine des Champs bâti par Philippe-Auguste. I. 14.
Miracle qui arriva quand on voulut le démolir. I. 41.
Feu St Antoine. *Ibid.*
Fondation de l'Hopital. IV. 496. P. 52
Mal de St Antoine, où reçûs. V. 560.
Le Petit-St-Antoine étoit une Commanderie. V. *017
Apoticaires. Voyez Epiciers.
Appanage de Mr d'Orleans, dont il fit hommage au Roi. P. 36
Appartement de la Reine, celui des Reines meres ; de Marie de Medicis & d'Anne d'Autriche. VII. 34
Appartement du Roi ; en quoi il consiste au Louvre. 35
Appartemens & emmeublemens de nos Rois. 272
De nos Rois & Reines étoient très obscurs. 273
De l'Hotel St Pol comme ils étoient composés. *Ibid.*
Du Louvre, en quoi consistoient. *Ibid.*
Du Palais du tems de Charles VI, de François I, de Charles V, de Charles VI & de Charles VII ; diverses descriptions ; les differentes salles. 274 275
Grandeur de chaque piece de tous les appartemens Royaux 275 276 277. Grand nombre de Princes du Sang & Seigneurs qui y logeoient 276 ; le nombre des Salles, des Preaux, des Galleries & des Chapelles qui s'y trouvoient. 276 277
Les Appartemens des Maisons Royales, de quoi ils étoient couverts. 276
Appel comme d'abus. P. 224
Arbalestriers s'exerçoient proche de la porte aux Peintres avant la porte St Antoine. II. 156.
L'allée des Arbalestriers ou leur Champ, où il étoit placé 170. XII. 695 P. 144. Motte des Arbalestriers dans l'Isle Notre-Dame P. 125
Archambault ; Comte de Perigord, vendit la moitié de l'Hotel d'Autriche au Comte d'Alençon. VII. 65. III. 241.
Archambault, Comte de Paris, Fondateur de St Christophe. I. 95. VII. 234. Donne sa maison à Notre Dame. *Ibid.* Dissertation sçavoir si il étoit Comte de Paris. IV. 381
Nombre des Archevêques de Paris. IV. 366
Archevêché de Paris ; quand d'Evêché il a été erigé en Archevêché ; il étoit suffragant de Sens. IV. 364. Le premier Archevêque. Erigé en Duché-Pairie & Duc de St Cloud. *Ibid.* L'Archevêché n'avoit point de jurisdiction dans le fauxbourg St Germain. 306

Tome III. B

TABLE GENERALE

Liv. VII   Transaction à cette occasion, à condition que
T. II.   le Prieur seroit Vicaire General de l'Arche-
L. XIV.   vêque. *Ibid.* Les Officiers de la Jurisdiction.
T. III.   *Ibid.* Ses Suffragans, Doyennés; les Chapitres,
Abbayes, Monasteres, &c. *Ibid.* Ses Cures,
Chapelles & Maladreries ; son revenu 367.
Ses quatre Filles 369. Les quatre Filles de
Notre Dame.   370
L'Archevêque de Cologne, Ambassadeur du Roi
d'Hongrie sous Charles VII, ne réussit pas
& s'en retourne fort mécontent. VII. 86.
De Paris, ses prerogatives. P.   237
L'Archi-Duc d'Autriche va au Palais entendre
plaider, & comme Pair de France fut assis à
la droite du Premier Président.   112
Archi-Prestre de St Severin a donné le nom à la
petite rue des Prestres. II.   159
Archi-Abbates, gens de guerre, & qui posse-
doient des Benefices, XI.   641
Archidiacres ont droit de visite, &c. IV. 369
Archi-Chapelain, Archi-Chancelier, qualité
donnée à l'Evêque de Paris. XI.   641
Architectes qui ont entrepris le Pont-neuf. III. 233
Ceux qui ont entrepris les Tuilleries. VII. 53
Architectes, Bullant, Philbert de Lorme & du
Cerceau.   *Ibid.*
Maladie des Ardens, ce qui donna lieu à l'Eglise
de Ste Genevieve. IV. 298. Chapelle des
Ardens à Notre-Dame 378 ; nommé le feu
sacré. X. 551, &   P. 74 & 81.
La Halle aux Armes garnie de l'Artillerie.
Diverses Armes, les cuirasses, les instrumens de
guerre, maillets de plomb, les grenades, les
boetes, les canons, les bombardes. VII. 325
326
Les Armagnacs & Bourguignons insultent Paris.
I. 42. Font couper le poing sur le pont Alais
à un jeune homme, pour avoir ôté à la sta-
tue de St Eustache la bande qu'ils y avoient
mise. VIII.   347
Jaques d'Armagnac, Duc de Nemours, a la
tête tranchée aux Halles en presence de ses
fils. VII.   119
Armes : Charles VI oblige les Bourgeois de
Paris d'apporter leurs armes. VII. 47 327.
On leur ôte trois fois.   *Ibid.*
Roger d'Armagnac, Evêque de Laon, acheta
d'Hugues d'Arcy, une maison au faubourg
St Marceau.   78
Armand, Duc de Gascogne, vint demander
pardon à Dagobert. VII.   295
Armoiries des six Corps des Marchands IX 467
479. P. 17 18 19.
Armoiries de la Ville ; pourquoi. I. 45 101
P. 248.
Du Connétable de Bourbon brisées. VII.
209
Arnault de la Haute-maison, Bourgeois.   77
Arsenal, une des promenades de Paris. I. 27
Qui étoit au Louvre. VII. 228. Ceux de
la premiere & de la seconde race. 325. Ceux
de la Ville. *Ibid.* 326. Arsenaux de nos Rois.
327. La Tour de Billy. 328. La Tour du
Temple où l'on renfermoit les armes. *Ibid.*
Divers endroits où les Arsenaux ont été trans-
portés. 326 327.

Arsenaux du Roi à l'Hotel St Pol : à la grosse
Tour du Louvre.   329
Arsenal d'aujourd'hui : c'étoit autrefois les granges de la Ville ; enlevé par Henri II : Charles
IX, Henri III, Henri IV & Louis XIII
l'ont agrandie. 330. Les Halles aux canons.
331. La Fonderie, le Salpetre. *Ibid.* & P.
230. Celui de la Ville. P.   29
Artillerie du Louvre de quoi garnie. VII. 13.
Divers changemens du terrein qu'elle occu-
poit. *Ibid.* Quand elle fut transportée près
des Celestins. 24. Bombarde de Mauguc ;
essai ; tué par un autre qui creva. 328. Les
Grands-Maitres, leur droit & privilege. 332
Robert d'Artois III logeoit au faubourg saint
Germain rue des Boucheries. VII.   64
Aristote traduit la premiere fois en Latin, par
qui. P.   64
D'Artois (le Comte) la porte de son nom ;
son Hotel où placé. I. 32. II. 151. VII.
64
L'Hotel & celui de Bourgogne ruinés sous
François I. II.   137
Choses rares en plusieurs sortes d'Arts. XV. 43
44.
Artisans, Communautés, qui ont donné leurs
noms à des rues. XIV.   52
Anciennes assemblées qui ont été faites à Paris.
IX. 484. De l'Université. P. 44 46.
Assemblée des Evêques du Royaume pour la ju-
stification de Gregoire de Tours. VII. 290
Autre sous Clotaire II à Bonneuil. 293.
Une autre à Querci sous Charles le Chauve. 299
Assemblée pour vuider un differend entre Gon-
trand & Sigebert. I.   63
Assemblées ; origine des Academies. I.   19
Des Grands du Royaume ; pour certifier que
Clotaire étoit le fils de Fredegonde. I.   7
Sous Louis XII, pour fortifier Paris. I.
42
Pour rendre les fossés navigables. I.   30
Pour remedier aux débordemens de la Seine :
divers devis & propositions à ce sujet. II.
206
Plusieurs assemblées au Louvre sous Philippe de
Valois, pour le procès de Robert d'Artois.
VII.   46
Assemblée au Louvre pour proceder à l'élection
par scrutin d'un Chancelier de France. VII. 47
Deux Assemblées sous Charles VI au Louvre,
la premiere pendant sa maladie il declare son
fils Louis de France, & sa femme Isabelle
Regente du Royaume : la seconde le Roi donna audience à Valentine de Milan, Duchesse
d'Orleans, sur la hardiesse de Jean Petit d'a-
voir avancé que le Duc de Bourgogne avoit
attenté avec raison à la vie du Duc d'Orleans.
VII.   48
Assemblée generale où le Conétable de Montmorency fit voir une monnoie que Louis de Bourbon avoit fait fraper sous le nom de Louis
VII, ce qui irrita Charles IX. VII.   50
Assemblée au Petit-Bourbon, où le premier Président Mauger prit la parole sur les miseres du
Royaume : le Duc de Guienne promit d'y apporter remede.   111

DES MATIERES.

Assemblées des Grands du Royaume à l'occasion du massacre du Duc d'Orleans. 117
Du Recteur & de l'Université à l'Hotel d'Alençon auprès du Duc de Bretagne : ce qui s'y passa. 133
Les Assemblées de Chevaleries du St Esprit & de la Jarretiere à l'Hotel d'Hercules. 149
Du Clergé, où elles se tiennent à present, aux Augustins. IX. 489
Assiette de Paris, selon Julien & Ammian. I. 54
Assiriens firent bâtir une Eglise dediée à St Pierre, sous Clotaire II. I. 13
Astrologues trompés sur les débordemens de la Seine. II. 200
A St Denys l'Eglise sert d'azyle à Armand Duc de Gascogne : Dagobert lui donne la vie & lui pardonne. VII. 295
Aziles : les differens azyles, & sous differens Rois & dans différentes Eglises. IV. 499, 500, 501, 502, 503, 504 : elles ont servi d'azile jusqu'à Louis XII. XI. 633 P. 12.
Attentats divers : celui de la populace à saint Paul. XIV. 29 : celui des Ligueurs aux Jacobins. Ibid. ceux cités dans les Memoires de Charles IX. Ibid. versf. ceux de l'Université ibid. versf. celui contre Savoisy. 30. Autres contre l'Université & d'elle-même. 31
Girard d'Athies, Archevêque de Besançon, acheta l'Hotel de Sincerre. VII. 263
Attigny, Maison Royale, celebre par trois Conciles : Widuchine & Obion, Renegats, y reçurent le batême : Louis le Debonnaire se reconcilia avec ses freres & y fit une penitence publique. VII. 299
L'Attique du nouveau Louvre : l'étimologie du nom d'Attrique. VII. 27
Avantures plaisantes : celle du Meunier : celle de Jean de Mehun, de son coffre fort : le déguisement de Charles VI qui reçut des coups de bâton. X. 533. Reparation faite à Juvenal des Ursins. ibid. Celle qui arriva à Hen- Liv. VII. ri IV passant la riviere dans un bateau. 554 T. II.
Aubains, biens de St Martin des Champs. P. 10 L. XIV.
Aube-épine fleurie au Cimetiere St Innocent ; T. III. fleurie deux fois en un an. XIV. 559
Aubri-Boucher : famille qui a donné son nom à la rue : triolet plaisant à l'occasion de cette famille. II. 111
Aubery : jugement sur son Histoire des Cardinaux, qu'il a donné au public. XIV. 68
Aubriot, Hugues, Prevôt de Paris, eut soin des Quais, des Isles de Notre-Dame & de la Cité selon certains Auteurs. III. 243. Son histoire à l'occasion des Juifs. IX. 518. Accusé de Judaïsme, condamné à faire amende honorable. XIV. 30
Les grands Augustins ; la Chapelle du St Esprit ; l'Orgue ; la Chapelle de Mr de Mesme ; le tombeau du Cautrol. IV. 447. Lieu de la fondation de l'Ordre du St Esprit Tombeau de Philippes de Comines. Celui de Jean de Gondy & c. 448. Henri III y reçoit l'Ordre de la Jarretiere. P. 23 & V. * 518
Petits Augustins établis par la Reine Marguerite : à quelle condition. IV. 487. V * 619
Augustins Déchaussés. P. 184. & V. * 619
Comte d'Aumont ; le mauvais traitement qu'il a reçu. XIV. 29. Blessé dans les rues de Paris. ibid.
St Avoye. P. 149
St Aulbert, Abbé de Fontenelles, est élû Evêque de Rouen par Thieri. I. VII. 295
Auteurs anciens qui ont parlé de Paris. I.
— Qui ont parlé de la rue du Fouare. II. 135
L'Avé-Maria, par qui fondé ; autrefois c'étoit des Beguines : les changemens. IV. 431. Epitaphe de Claude Catherine de Clermont. ibid.
Aveugle qui vit clair, se faisant jetter de l'eau sur les yeux par le Roi Robert. VII. 5

B

Bacs établis pendant les grosses eaux. II. 201
St Bachus, Eglise qui existoit du tems d'Henri I. perdue depuis. VIII. 274. P. 71
Baillets, famille, ont donné leurs noms à la rue. II. 112
Bailleul, President, a fait appeller la rue. Ibid.
Baliffre, Sur-Intendant de la Musique, a donné son nom à sa rue. II. 112
Bailliage du Palais, sa jurisdiction, de quoi composé. VIII. 406
L'Hotel du premier President étoit celui du Bailly. Ibid.
Bals & Balers où nos Rois dansoient en personne. XII. 677
Ballet des Faunes de Charles VI, où furent brûlés quelques Courtisans qui y danserent. I. 161
Banniere de France & Cornette Blanche ; description. XIII.

Barbarane (Arnault de Guillem, Seigneur de) enterré à St Denys par ordre du Roi. XI. 647
Barbe des Prestres rasée ; quand cet usage. XI. 639. P. 80
Barbette (Estienne) Prevôt des Marchands, qui a donné son nom à la porte. I. 34. La Courtille, où placée. I. 67. La rue. II. 112. Son Hotel. 163.
Barbeaux, l'Abbaye, a donné son nom à la porte des Barrés. I. 35
Barbier, Controlleur General des bois, entreprend le pont des Tuilleries. III. 240
Barnabites. P. 150. 176. V. * 625
Barentin (le President) sa maison. I. 29
Le Cul-de-sac de même nom. II. 113
Barre-du-bec, l'Hotel a donné son nom. ibid.
Barres (l'Hotel des), sa situation. ibid.
St Barthelemi, Hugues Capet, sous le nom de St Magloire, en jetta les premiers fondemens.

TABLE GENERALE

Liv. VII.
T. II.
L. XIV.
T. III.

L. 14. 95
Etoit autrefois une Abbayie. 98. une Chapelle Collegiale, & érigée en Paroisse sous Louis le jeune. IV. 298; dediée à St Magloire, où l'on mit des Religieux. C'étoit la Paroisse Royale, convertie en Prieuré-Cure, supprimée & unie à l'Evêché de Paris. Le Curé de cette Paroisse a eu plusieurs contestations avec le Chapitre de la Ste Chapelle sur l'enclos du Palais. 13. confreries dans cet Eglise; elle est de la nomination de l'Archevêque de Paris. 447
Les diverses Basses cours qui étoient pratiquées dans les Palais de nos Rois & Reines; leurs usages. VII. 278
Bas-reliefs des Tuilleries, estimés, dans les Magasins des Antiques. VII. 55
Bas-reliefs aux Halles, par qui sculpés. VI. 652
Bassin de cinquante marcs d'or, enrichi de pierres précieuses, de Chilperic. VII. 315
La Bastille, par qui commencée. XIV. 5. P. 140 240
Celles des Tuilleries. P. 1
Bastille des Anglois, où placée. I. 41
Bastion de la Bastille, quand bâti. I. 41
Un Ambassadeur regalé à la Bastille par François I. VII. 89. Le Connétable St Pol y eut la tête coupée, comme aussi le Duc de Biron. X. 610
Bataille de Cressi entre les François & les Anglois VII. 296
Bâtard. Voyés Aubains.
Batême de Clotaire fait à Nanterre. VII. 289
Batimens illustres de Paris. XIV. 46. & les publiques à remarquer. 47
Bâtir, d'où on a tiré les pierres pour bâtir les maisons de Paris. I. 54
Ste Baudoure, veuve de Clovis II, & Regente du Royaume, se retira à Chelles. VII. 310 Elle alloit aussi à Palaiseau. ibid.
Jean de Baviere, Evêque de Liege, vint à Paris, est conduit à l'Hotel de a Trimoille, rue des Bourdonnois. VII. 138
Bazoche, les Clercs jouent leurs farces dans la grande Salle du Palais. VII. 3. presentoient des épices aux Rois à leur entrée. XI. 644
Beaubourg (Jean) qui descendoit du President du même nom. II. 115
Du Beautreillis, Hotel, maison Royale. II. 115 Chapelle du même nom. ibid.
Les Beguines fondées par St Louis. I. 14
—Ont donné le nom à la porte. I. 35
—Ont été nommées Filles de l'Ave-Maria. IV. 431. Leur Ordre condamné par Clement V. en Allemagne. X. 542
Bellarmato (Jerome), Ingenieur. I. 83
Le Duc de Bellegarde (Roger de Sanlari) achete l'Hotel Seguier, qu'il rend magnifique. VII. 195
Le Cardinal du Bellay a fait ériger le Monastere de St Maur en Eglise Collegiale. VII. 267
Le Chancelier Pompone de Bellievre, fut Ambassadeur Extraordinaire en Suisse, en Allemagne, en Pologne, en Angleterre, &c. Il a rendu service à cinq Rois; il est fait Chancelier. IV. 322. Henri IV lui ôte les sceaux; meurt de déplaisir, le Parlement assiste à ses funerailles. 323
Benefices, les Patrons les permutoient & se vendoient. XI. 642
St Benoît est composé de Canonicats, de Chapelains & d'un Curé ou Vicaire perpetuel, & Fille de Notre Dame. IV. 370. Fondé sous le nom de la Trinité par St Denys: appellé le Bien-tourné, pourquoi? 410. P. 74
Benedictins Anglois. Voyés Couvent.
Benedictines. Voyés Couvent.
Le Pere Bernard, mort rue de la Harpe. VII. 255
Jean Bernard, Charpentier, a travaillé au clocher du Louvre. VII. 59
Bernardins, leur College & rue. II. 116. Description de l'Eglise, l'Escalier, le Chœur, les vitrailles, le Chancelier du Vair y est enterré sa fondation. IV. 436. VIII. 371. & P. 39. 40. 81. 226. V. *621
Berot (Etienne) Fondateur du College des Bons-Enfans. II. 117
Bernon, General des Pirates de la riviere de Seine, vint se rendre à Verberie, prefte serment au Roi. 298
Jean Berthault, Archer des Gardes-du-Corps du Roi; un jeu de Paulme, une rue de son nom. II. 180
Marie Berthault, Sage-femme, qui fut pendue à la Croix du Tiroir. II. 181
Jean Berthier, Evêque de Rieux, logeoit au Cloître de Notre-Dame. VII. 263
Pierre Bertrand, Fondateur du College d'Autun. VII. 257
Bertius (Pierre) Flaman, à douze ans vint à Roterdam; divers voyages, il vint à Paris, il se fit Catholique. IV. 325. Ses ouvrages de Geographie; enterré à St Germain de l'Auxerrois. 326
Bethisy, Jean & Jaques, Procureur & Avocat. II. 116
Bertholde attaché en Croix, avec un chien qui lui mordoit le visage. X. 594
Beure, permission d'en manger en Carême. XI. 616. Tronc pour le beure. 617. P. 218 258
Du Beuil a confondu l'Hotel St Paul avec celui des Tournelles. I. 23. VII. 185
Bezée (le Fief de) donné aux Religieux de Ste Catherine; pourquoi. I. 71.
Bibliotheques; le grand nombre qui se trouve à Paris; les unes utiles, les autres par ostentation. I. 18
—Les ridicules des Partisans. ibid. & VIII. 353
—Celles des Dames, illustres. ibid.
—Du Louvre dans la Tour de la Librairie. Combien vendue; sa description. VII. 15
—Du Cardinal Mazarin; de combien de volumes elle étoit composée. 179
Dessein de l'Auteur de décrire la Bibliotheque du Roi, son Magazin d'Antiques; pourquoi il ne l'a pas fait. 325
Diverses Bibliotheques d'Illustres Savans. XIV. 52
Bièvre riviere, a changé son nom en celui de Gobelins.

DES MATIERES.

Gobelins. II. 209
Bigamie comment se jugeoit anciennement. P. 42
La Reine Blittilde fut tuée avec sa fille toute jeune : leur tombeau à l'Abbayie. VIII. 341
Billette ou Billots de bois, marque du logis où se payoit le Peage. II. 117
Les Billettes ont fait place aux Carmes mitigés. X. 542. P. 177. 179.
Le Duc de Biron mourut en lion. X. 591 600
Bisseftre, maison de plaisance de Jean Duc de Berri, ainsi nommée pour avoir appartenu à Jean Vinceftre, Evêque d'Angleterre : à cause de la trahison des Armagnacs : ce Chasteau fut brisé & démoli par la populace. VII. 72. Retabli depuis & abandonné aux voleurs & enfin converti en Hopital. *Ibid.* Proverbe à l'occasion de Bisseftre. 118. Etabli pour les soldats estropiés. *Ibid.* 263. P. 83. 183.
St Blaise. P. 77
Blancs-manteaux, rue, ses differens noms. I. 34. Les Religieux. II. 117. V. * 620. Supprimés par un Concile. X. 542
Blanche-Oye, son lieu occupé par la Foire saint Germain. II. 118. VII. 248.
Blanche de Castille, veuve de Louis VIII. & mere de St Louis, fit faire une maison près du confluant de Eure & de la Seine. 311
Blanque Royale, sa description. XIV. 62. Comme elle se tiroit : le profit des interessés. 65. Où elle se tiroit. 66. Les fantaisies des interessés selon leur avarice. 67. Les Savans s'en mêlent. 68
Blasphemateurs. P. 218
Blois, le Chateau augmenté par François I. Gaston de France le rebâti, sa description; confiderable par les Etats tenus sous Henri III où le Cardinal & le Duc de Guise moururent. VII 307
Bocan se nommoit Jaques Cordier, *voyés* Cordier.
Bocalor ou *Bocador*, dit de Cortone, Ingenieur. X. 81
Boete de St Eloi où se mettoient les aumônes des Orphevres, pour un repas qui se donnoit à l'Hostel Dieu. VIII. 560
Boetes ou Layettes de dragées dorées, presens que la Ville faisoit aux Ambassadeurs. VII. 92
Bœufs attelés servoient de voiture sous la premiere Race. II. 187
Bohemiens, troupe de gueux & filoux, arrivés à Paris : à quoi ils s'occupoient : en quoi consistoit leur compagnie, leurs regles. V. 517. Chassés du Royaume. V
Bois, d'où on l'a tiré pour bâtir & bruler. I. 54
— Sa cherté pendant la gelée & les débordemens II. 203
Jean Boisseau, Enlumineur du Roi. II. 140
Deux Bombardes essayées par Mangue, Fondeur, qui fut tué par la seconde & blessa plusieurs personnes. VII. 328
Boniface IX. Pape, vint à Paris. VII. 256
Bons-hommes, Anne de Bretagne, leur donne le manoir de Nigeon. VII. 81. 132. V. * 643.
Bonneuil, Maison Royale, où se tint une assemblée des Grands du Royaume, où Clotaire II

accorda leurs justes demandes. VII. 293
Bonnetiers, un des six corps, diverses ceremonies où l'on a reglé le pas. IX. 469 : leur T. II. Liv. VII
Bureau : leurs armoiries. 478 L. XIV.
Bordels. P. 32. 33. 50. 59. 78. 79. 219. T. III.
Bordelle, la rue & la Porte. II. 118
Bordelle (Pierre) de Brantofme. *Ibid.* son Hotel.
Borée (Guillaume Martin & Bertin) parens, qui ont donné leur nom à une rue. *Ibid.*
Au Bouclais (Courtille) où placée, les proprietés. I. 68
Bouchard, meurtrier, roué. X. 595
Les Bouchers seditieux, appellés les Gois, ruinetent Bicestre. VII. 118. Autres Bouchers nommés Cabochiens. Leur revolte. 133
Boucheries, celle de la Porte de Paris, qui a donné le nom à St Jaques. VI. où placée, où l'on menoit tuer les bestiaux. *Ibid.* Elle se tenoit en la maison de Gueri le Changeur, Combien d'étaux. Differends entre les Bouchers & les Religieuses de Montmartre, qui fut terminé par le Roi. 634. Divers changemens arrivés en cette Boucherie. *Ibid.*
Nouvelles Boucheries : celle de Beauvais, St Leufroi, celle du Petit Chastelet & de St Gervais. Plusieurs assemblées pour ces Boucheries & changemens. 635
Retablissement de la grande Boucherie : les differens Marchés. 636. Les quatre Boucheries nouvelles, où placées. Celle de St Leufroi détruite. *ibid.* Celle de Petit-pont, dite Gloriette : celle du Marché-neuf : diverses disputes à leur occasion. 637. Celle de Beauvais donnée aux Religieux de St Denys. 638
Boucherie du Temple & l'Hotel de Jean Testart. 639
— Celles du fauxbourg St Germain, trois : celle du Petit-Marché, les conditions du louage, differends divers de cette Boucherie. 640.
Celles de la Porte St Germain, du Pont St Michel, celle de l'Archevêque & l'Hotel-Dieu. 641
— Celle de la Montagne, comme elle fut établie, plusieurs changemens : plaintes des Carmes pour l'incommodité : reglement pour cette Boucherie. 642
La Boucherie de St Nicolas des Champs, où placée : à qui l'on donna permission : ses changemens & augmentations 643
Des Boucheries du Marché-neuf, par qui érigées, par qui dressées. *Ibid.*
Boucherie de la rue St Antoine, par qui érigée : à qui l'on permit d'en ériger. 644
Etat des Boucheries selon leur institution dans la Ville de Paris. 644. 645. 646.
Changemens de quelques Boucheries dans Paris. XIV. 32. P. 83. 96.
Boue de Paris, son incommodité, sa couleur, son odeur ; proverbe à son occasion ; de quoi elle est composée. II. 186
Bougie aussi longue que Paris presentée à la Vierge. VIII. 549
Boulangers distribués dans les Marchés de Paris : leur nombre. VI. 656
Pierre de Bovilioude, Procureur general de Dombes, qui savoit plusieurs Langues, mort

C

TABLE GENERALE

Liv. VII. à Amiens, enterré à St Germain l'Auxer-
T. II. rois. IV. 323
L. XIV. Boullet, Maître Maçon, qui acheva l'escalier
T. III. des Tuilleries après la mort de Philibert de
Lorme. VII. 54
Nicolas Boulart, bienfaiteur de St Jaques de la
Boucherie. IV. 361
Boulevart construit par Louis XI. I. 42
Boulogne, son chef-d'œuvre, c'est le Cheval de
bronze. III. 235
Bourbon, Henri, Jean-Baptiste & Henri,
Princes. II. 118. Le grand & petit Bour-
bon. *Ibid.* Jean I épouse Marie de Berri. VII
5
— Hostels des Bourbons où placés. II. 118.
119. VI. 131.
— Louis I, Duc de Bourbon, achete l'Ho-
tel du Petit-Musc. VII. 65. 114.
— Jaques de Bourbon, Connétable de France,
mort à Lion. 67
— Charles, Cardinal de Bourbon, fait bâtir la
Maison Abbatiale de St Germain des Prés
pour y loget. 69
Bourdon, *Adam & Guillaume*, leur rue. II.
119
Bourdoni le Sculpteur, chés lequel mourut un
Italien. IV. 330
Bourgeois, *francs*, leurs privileges & débor-
demens. II. 136. Leur franchise. VIII. 366
P. 245. 249.
— Parloir aux Bourgeois, où placé; son éten-
due: ce qui s'y est passé. IX. 481. P. 124
126 & 245.
Bourgogne, le Duc fait assassiner le Duc d'Or-
leans. I. 34
— Robert I, Duc de Bourgogne, logeoit au
Mout St Hilaire. VII. 63
— Charles, Comte de Charolois, & dernier
Duc de Bourgogne, logea à l'Hotel de Nesle.
63
Du Bourg, *Anne*, son Histoire. X. 536
Bourg de Ste Genevieve; ce que l'on enten-
doit. VIII. 361
Bourg-Thibault, *Henri*, Parisien. II. 115
Du Bourg, *Simon*, l'Abbé, President. *Ibid.*
Bourg-l'Abbé, *Guillaume*, Couvreur de mai-
sons. *Ibid.*
— Un autre Regnault, President des Mon-
noies. *Ibid.*
Bourg la Reine, s'appelloit *Briquet*: ce nom
vient des Reines qui en ont fait leur maison
de plaisance. VII. 312
Boureau, droits qui lui étoient dûs par les Re-
ligieux de St Martin, de Ste Genevieve, de
l'Abbé de St Germain, & sur les pourceaux
qu'il trouvoit dans les rues. VIII. 457
Alexandre le Bourcier, Conseiller du Roi,
Maître des Comptes de Catherine d'Alençon,
a acheté de Catherine d'Alençon l'Hotel de
Baviere. VII. 81
Bourse donnée par les Secretaires du Roi aux Celestins, que l'on appelle la Bourse de la Chancellerie. IV. 460
Bracque, *Arnould*, *Nicolas*, famille sous
Charles V.
— Fondateur de l'Hopital & Chapelle de même

nom. II. 120
— La Chapelle a changé son nom en celui de la
Merci. 120
— L'Hotel où placé. *Ibid.* La Porte de ce nom.
Ibid.
Braine, Maison de plaisance de Clotaire I. Con-
cile tenu sous Pelage II. Chilperic y assembla
les Evêques de France pour la justification de
Gregoire de Tours. Pepin y tint les Etats:
Quand ruiné. VII. 290. Son étimologie, *ibid.*
Plusieurs Tresors de Rois y ont été déposés.
315. Fredegonde y fait bruler les Regitres
des Impositions. *Ibid.*
Brelands ou Brelandiers: ce que c'est: l'abus des
assemblées pour le jeu. IX. 490
Brennus, Roi des Sennonois, regnoit dans la
Gaule Celtique. I. 58
Breton, *Galleran & Guillaume*, Maîtres du
Champ aux Bretons. II. 130
Breviaires publics qui étoient enfermés dans des
cages de fer treillissées pour servir aux pauvres
Prestres. XI. 634
Guillaume Briçonet, Cardinal, se trouva armé
de pied en cap à la tête des Ecclesiastiques.
VII. 259. Demeuroit au Cloitre Notre-
Dame: il y reçoit le Chancelier du Prat.
264
President Brisson: sa mort injuste. XIV. 29
Guillaume Brosse, Evêque du Puy; logeoit rue
des Boucheries. VII. 265
Brionu, *Robert de*, proprietaire du Colombier.
II. 127
Briques, les premiers bâtimens qui en ont été
bâtis. I. 23
Barnabé Brisson, sa mort vangée par Charles de
Lorraine. VII. 50
Brout, *Nicolas*, Maçon Juré-Garde de la Voi-
rie du Roi, permet de boucher une ruelle vis-
à-vis St Germain le vieil. II. 172
Brosse, Architecte, a eu la conduite de la grande
Salle du Palais. VII. 3
La Reine Brunehaut, fait mourir à la Croix du
Tiroi. X. 593. On la fait monter sur un cha-
meau, promener; puis on l'attache par les
pieds & les cheveux à la queue de deux che-
vaux, & brûlée. *Ibid.*
Le droit de buche donné aux Tresoriers de Fran-
ce. VIII. 463
Captal du Buc, prisonnier au Louvre, y meurt
de regret. VII. 18
Fameux Buffet de l'Hotel de Ville, qui ne se
dresse qu'aux grandes Fêtes. VII. 912
Bunel, Peintre, a travaillé dans les antichambres
des Tuilleries. VII. 53
Bullan, un des Architectes qui a conduit le
Palais des Tuilleries. VII. 53
Bulles du Pape Benedict, brulées & déchirées
au Palais. Amende honorable faite par ceux
qui les avoient apportées. VII. 5. Affront
que son Envoyé essuya. P. 38
Bullion, Surintendant a fourni les frais du Maitre Autel des Cordeliers. IV. 448. Son Hotel où placé. VII. 192
Guillaume de Bussy, Evêque d'Orleans, avoit
un logis qui fait partie du College de Boncourt. VII. 263

DES MATIERES.

Buſtes du Magaſin des Tuilleries, generalement eſtimés: celui de Marc-Aurele eſt un chef-d'œuvre: divers ſentimens ſur ce Buſte. VII. 56. Celui de Diane & de Cibelle ſont très-antiques. *Ibid.* Celui de Charles le Chauve a bien donné des affaires aux Curieux: diverſes explications que l'on lui a donné, 57
Butte des Arbalêtriers où placée. I. 33

Liv. VII. T. II.
L. XIV. T. III.

C

CABINETS de divers Curieux: celui du Roi, celui de Mr du Harlai. VII. 345. La veuve Leſcot; celui de Richaumont Avocat; celui de le Cointre, du Duc de Verneuil & autres, de Creil & de Seve. 346
Cages de fer ou treillis où l'on enfermoit les Breviaires publics. XI. 634
Cages de fer treilliſſées, pour empêcher que l'on ne volât le Breviaire publique. *Ibid.*
Caignard, quelques logis du Petit-pont & du Marché-neuf, qui ſervoient aux femmes de mauvaiſe vie. II. 174
Calixte II, Pape, vient à Paris. VII. 255
Canal qui ſeparoit l'Iſle aux Juifs à la place Dauphine. X. 531
Canons: ordre de François I pour en fondre derriere les Celeſtins. VII. 326
Capucines bâties & établies par la Ducheſſe de Mercœur, où elle entra avec ſes douze filles. VII. 122
Capucins du Marais: le Tableau du Maître-Autel. IV. 425. P. 212.
Capucins de la rue St Honoré: beaux Tableaux. *Ibid.*
Capucins du fauxbourg St Jaques: le Tableau, 426. *Voyés* Couvent.
Capitaine Brule-banc, qui avoit brulé les bancs & les chaires des Huguenots de Popincourt. VII. 242
Capitulaires envoyés à Louis de Germanie par les Evêques. 299
Capettes, pauvres Ecoliers établis par Jean Standonc. VIII. 375
Le titre de Cardinal ſe donnoit anciennement à certains Prêtres. P. 48
Cardinaux, leurs Hotels. *Voyés* Hotels.
Le Cardinal de Foix le jeune, appellé le grand Traiteur: c'étoit ſon plaiſir de regaler. VII. 257, 258.
Le Cardinal de Joyeuſe acheta un logis pour les Capucins où ils ſont à preſent. VII. 123
Le Cardinal le Moine fondateur de ſon College. IV. 302
Carrefour Guillory; nommé vieille oreille. P. 221. Celui de la Grêve. P. 16.
Carême: permiſſion de manger du beure & des œufs. XI. 616. P. 218.
Camaldoli, Religieux. P. 197. 199. 200.
Les Religieuſes Carmelites ont l'ancienne demeure des Evêques de Chalons. VII. 78. 108. Le Tableau du Maitre-Autel. IV. 450. Sa fondation: ce que c'étoit anciennement. 451
Carmes nommés les Barrés. II. 114. tranſportés à la Place Maubert. VIII. 272. Donation de la Reine Jeanne de ſa couronne & autres bijoux. IV. 455. V. *624.
Carmes Déchauſſés établis & fondés. 487. Des Billettes. V. * 626.

Catiolles, maniere de tombereau ou charette; voiture uſitée dès la ſeconde race. II. 187
Jean Carnier, proprietaire d'un logis, qu'il échangea pour agrandir l'Hotel de Valois. VII. 114
Caroſſes, ſon étymologie, ſelon Menage & les autres Auteurs. 187. Les premiers qui ont paru à Paris: les publiques, quand ils ont été uſités en cette Ville: reglemens differens qui ont été faits 190, 191, 192.
— Les Caroſſes de louage pourquoi nommés Fiacres. 193
— Dom Pierre de Tolede, Ambaſſadeur, a été le premier qui monta en Caroſſe à Paris en cette qualité. VII. 102
Le Comte de Carpes, qui ſe fit Moine, après ſa mort enterré aux Cordeliers: ſon tombeau. IV. 448
Carriere de Bure, près Pontoiſe: pluſieurs paiſans y deſcendant y perirent. XIV. 552
Carrouzel magnifique en divers tems. XII. 693
Caſſeneuil, Maiſon Royale, bâtie par Charlemagne: Ildegonde y accoucha de deux fils: Lothaire y mourut & y fut enterré: ſon mauſolée. VII. 300
Ste Catherine de la Coulture: le tombeau du Chancelier Biragues. IV. 360. P. 197, 217. V. * 627.
Ste Catherine du Val des Ecoliers. P. 227
Catherine de Medicis fit bâtir le Palais des Tuilleries: fait bâtir l'Hotel de Soiſſons par une terreur pannique ſur ſa mort. VII. 213, 311. Contraint les Filles Penitentes d'aller rue St Denys. *Ibid.* Elle augmenta Chenonceaux en Touraine. 311
Nouvelles Catholiques; diverſes maiſons: les Compagnies établies pour en avoir ſoin. V. 597
Diverſes Caves: vers le College des Quatre-Nations trouvées ſous terre. VIII. 337
— Autre Cave près des Carmelites; ce qui s'y trouva dedans. *Ibid.*
— D'autres près Notre-Dame des Champs. *Ibid.*
— Cave de Ponthieu. VII. 242. 294. II. 116.
Cauchois, *Jean*, fournit des pelles ferrées. I. 81
Ceinture de Ste Marguerite volée. IV. 338
Celeſtins; leur fondateur Charles V. I. 14. les Carmes ont demeuré où ſont les Celeſtins. IV 450. Changés à la Place Maubert: Marcel achette leur Chapelle: les Celeſtins ſont introduits à Paris par Charles V. 457. Une bourſe de la Chancellerie donnée aux Celeſtins. *Ibid.* Murailles bâties pour les garantir des innondations. 458. Le Roi prend le titre de fondateur: les Secretaires du Roi firent bâtir

Liv. VII deux Salles. *Ibid.* Erreur détruite qu'ils ont
T. II. demeuré Place Maubert. 459. Les tombeaux:
L. XIV. la Chapelle d'Orleans, &c. 460. 461.
T. III. — Aux Celestins Henri IV prêta le serment pour
la paix de Savoie. P. 23. 24.
Cens & rentes, lods & ventes exigées de nos
Rois par des particuliers. VIII. 450
Le Temple de Cerès est occupé par les Carmelites de Notre-Dame des Champs. IV. 451
Un Bourgeois de Paris nommé le Cerf. II. 122
Cerisay, *Pierre*, Bourgeois de Paris. *Ibid.*
Cerceaux, *René*, acheta l'Hotel d'Enguerrand
de Marigny. VII. 70
— Du Cerceau a bâti l'Hotel de Mayenne. VII. 123
— a bâti l'Hotel de Sully. 126
Cerf pris par Charles VI dans la forêt de Senlis, dont on voit le bois à Amboise. VII. 307
— Le grand Cerf de Charles V dans la grande
Salle. VIII. 347
Cesar; ce qu'il dit de la valeur des Parisiens. I. 61
Les Cessionaires vont faire declaration de leur
cession au pied du Pilori. X. 589
Philippe Chabot, Amiral de France, vendit à
Charles de Lorraine l'Hotel de Savoisy. VII. 82
Chaînes au travers de la riviere. P. 124
— Les Bourgeois de Paris sont contraints de
porter leurs chaînes à la Bastille & leurs armes. VII. 47
Chaise du Roi Dagobert qui se trouve dans le
tresor de St Denys. 53
Gauthier de Chambli, Evêque de Senlis, vendit
au Cardinal Cholet sa maison de St Etienne
des Grès. VII. 263
Chambord, son chateau, sa situation, son escalier, ses appartemens. VII. 308
Chambre Apostolique. P. 239
Grande Chambre, appellée la Chambre des Pairs.
VII. 4. Sa description. *ibid.*
Chambre des Enquêtes, des Regîtres, de la
Cour des Aides & des Requêtes de l'Hotel,
quand bâties. *Ibid.*
La Chambre des bains du Louvre, conduite par
le Mercier, 34. La Chambre de parade; plusieurs Architectes ont contribué à l'embellissement de cette Chambre. 35. Sa commodité
pour la Musique. 37
Dix Chambres du Parlement ; la grande Chambre, la Tournelle Civile, cinq Chambres
des Enquêtes, & deux Chambres des Requêtes
du Palais. VIII. 392
Chambre des Comptes; elle a été seule. 394.
Son ressort, ce dont elle connoît : ses Officiers. 395. Ses habits de ceremonies. 396.
P. 242. 243.
Chambre Royale de l'Arsenal : de quoi elle juge : ses audiances. 408
Champ des Bretons, ou Champs aux Bretons : sa
situation. II. 130
Champeaux, petits champs : quelle difference
des Coultures. I. 69. P. 55. 219.
— Celui des Halles occupé par le Cimetiere de
St Innocent. *Ibid.*
Champeaux appartient au Roi & à l'Evêque de
Paris. *Ibid.*
Guillaume de Chanac, Evêque de Paris a demeuré rue de Bievre : fondateur du College
de Chanac ou de St Michel. VII. 202
Chandeville, Abbé de beaucoup d'esprit ; mort
tout jeune : il avoit le talent de contrefaire
les autres : estimé à la Cour, IV. 327. Neveu de Malherbe. *Ibid.*
Chandeliers. *Voyés* Epiciers.
Change à perpetuité établi par Charles VII sur
le Pont au Change. III. 220
Changeurs ruinés par la Pragmatique-sanction,
pourquoi. III. 221
Chanoines ; les Canonicats de Notre-Dame possedés par des Conseillers de la Cour & autres
personnes de famille. I. 16. IV. 296.
— Les Chanoines de Notre-Dame s'opposent à
la construction des Ponts de l'Isle, III. 238
Yves de Chasant, Abbé de Clugni, agrandit
le College de Clugny. VII. 268
Chancelier élû par scrutin en faveur de Pierre
d'Orgemont. VII. 47
Chancelier de l'Université taxe les maisons où
logent les Regens par autorité du Pape. I. 17
P. 72.
Chancelleries & Hotels des Chanceliers. VII. 147
— Les Abbés de St Germain des Prés, Chanceliers, demeuroient dans leur Cloître. *Ibid.*
— Les Archevêques de Sens, de Rouen, de Tours,
de Narbonne, les Evêques de Langres, de
Beauvais, d'Arras & de Clermont, quelques
Abbés de St Denys, demeuroient au College
St Denys. *Ibid.*
— L'Abbé Suger avoit un logis près la Porte St
Merry. *ibid.*
— Les Archevêques de Reims. *Voyés* Ducs &
Pairs.
— Jean & Guillaume Dormans, *Voyés* Ducs &
Pairs.
— Pierre de Giac, logeoit rue de Joui & dans
la rue Percée à la maison d'Aubriot. 147.
Il avoit la Grange aux Merciers. *ibid.*
— D'Orgemont fit bâtir à Meri une maison de
campagne : il agrandit Chantilli : il avoit
deux Hotels dans la rue St Antoine : on le
trouva mort dans sa cave : il est enterré dans
l'Eglise de la Couiture Ste Catherine. *Ibid.*
— Habillemens de Chancelier dans les ceremonies publiques. 148
— Arnauld de Corbie demeuroit à la rue des
deux Portes : il avoit une maison de plaisance
au fauxbourg St Germain qu'occupe l'Hotel de
Condé. *Ibid.*
— Henri de Marle fut arrêté par les Anglois
dans sa maison rue Sale-au-Comte, mené au
Palais ; là assommé avec le Connétable. *Ibid.*
— Jean le Clerc, que le Roi d'Angleterre déchargea de sa dignité, demeuroit rue du Roi
de Sicile.
— Louis de Luxembourg, demeuroit à l'Hotel d'Arras qui ne se trouve plus. *Ibid.*
— Martin Gouge de Charpaigne, demeuroit à
l'Hotel de Besançon.
— Guillaume Juvenal des Ursins, démis de sa
dignité par Louis XI, demeuroit rue des
deux Portes. 149
— Pierre Morvilliers logeoit rue Regnaud-le-Fevre.

DES MATIERES.

Fevre. *Ibid.*
— Jean de Gannay logeoit à l'Hotel d'argent : il avoit encore le Clos Gannay. *Ibid.*
— Antoine du Prat avoit une maison à Vanves, un beau Chateau à Nantouillet, & logeoit à l'Hotel d'Hercules. 149
— Antoine du Bourg demeuroit rue de Bethify, à l'Hotel de la Trimoüil. *ibid.*
— Guillaume Poyet logeoit rue des Auguftins. *ibid.*
— François Olivier à la rue des Mauvaifes-paroles. *ibid.*
— René Birague à l'Hotel St Pol. *ibid.*
— Pompone de Believre au coin de la rue de Bethify.
— Nicolas Brulart de Sillery, vis à-vis le Palais Cardinal. *Ibid.*
— Etienne d'Aligre à la rue Bailleul. *ibid.*
— Pierre Seguier à celle de Grenelle. *ibid.*
— Chofes remarquables arrivées à la pompe funebre du Chancelier d'Olivier & du Chancelier de Birague, où Henri III alla en habit de Penitent. 150
Hotels des Chanceliers de quelques Rois Etrangers. 151
— Le Chancelier de Boheme, rue du Chevalier du Guet. *ibid.*
— Girard Montagu, Evêque de Poitiers & Chancelier du Duc de Berri, rue des Marmoufets. *ibid.*
— Jaques Olivier, Chancelier du Duc d'Alençon, rue des Mauvaifes-paroles. *ibid.*
— Gui de Pibrac, Chancelier de la Reine de Navarre, à l'Hotel d'Anjou. *ibid.*
— Jean Bertier, Evêque de Rieux, fucceda à Pibrac dans la même charge, logeoit au Cloitre de Notre-Dame où la Reine vint loger. *ibid.*
— Philippes de Maizieres, Chancelier de Pierre de Luzignan, Roi de Jerufalem; logeoit au coin de la rue de St Paul, enterré en habit de Celeftin. *ibid.*
Chapellenie fondée par Philippe le Bel, pour l'ame de Jeanne de Navarre fa femme. VII. 45
Magnificence des Chapelles de nos Rois. VII. 281
Chapelle de Beau-treills à St Jean. II. 115
— De Ste Suzanne de Gaillon, origine de St Roch. 138. IV. 333.
— De la grande Salle, par qui bâtie. VII. 3
Chapelles du Louvre. 22
La Ste Chapelle commencée par le Roi Robert fous le nom de St Nicolas. IV. 298. 445. Rebâtie par St Louis. 298. 444. 445. Sa fituation, fon Chapitre, les Reliques; le Treforier en quel habit il officie. 444. Les differens offices & charges de cette Eglife: ne releve point de l'Archevêque: le bâtiment; la mufique. 445. L'Ordre de l'Etoille inftitué dans cette Eglife. *ibid.* La charpente du clocher: le clocher même, les orgues, &c. 446. Rente affignée fur le Pont au Change. XIV. 11. P. 238.
— Celle de Vincennes. P. 34
Chapelle de St Michel, où l'on transfera les Chanoines de St Barthelemi pour faire place aux Religieux de St Magloire. Liv. VII. 440 T. II.
La baffe Ste Chapelle, eft une Cure perfonnelle qui ne s'étend que fur les domeftiques de la Ste Chapelle. L. XIV. T. III. 447
Chapelle de Notre-Dame des Voutes à St Barthelemi. 447
Chapelle de St Symphorien des Vignes, dans le clos de Ste Genevieve, ce qu'elle eft devenue. VIII. 361
Chapelle de la Tour, qui a donné le nom à l'Eglife de St Sauveur. XIV. 39
— De Notre-Dame de Lorette, aux Filles de la Magdelaine. XIV. 53
— De l'Evêché. P. 56. 57. De St Julien le Pauvre. P. 63
— De Pont-l'afne à St Euftache. P. 94
— A la Ville-neuve, bâtie pour la commodité des habitans de St Laurent. IV 364
Chapelle de St Martin le vieil. P. 62. Des Martyrs. 118. Des Galeriens. P. 134. Des Orphevres. P. 217. Des Monnoieurs. P. 219.
Chapelles fondées en reparation: Celle de St Germain des Prés & autres. VIII. 249. P. 63. Celle des Celeftins fondée pour marque du ballet des Sauvages. VIII 349
Chapitres des Chevaliers du St Efprit tenus à l'Hotel d'Hercules. VII. 188
Chapitre de St Marcel, fondateur de St Hipolyte. P. 71 74. De Notre Dame. P.
Charmus, fils de Clotaire I, fut fouetté avec des ferviettes & jetté dans une chaudiere. X. 592
Le Chardonnet. P. 69
Charivari, fon étymologie, fon ufage. XI. 616. On le faifoit quand les veuves fe remarioient, les Reines auffi. XI. 646.
Chariots magnifiques qui fervoient aux entrées. Caroufels & autres ceremonies publiques. II. 188
De Charlande (Etienne) Archidiacre, Fondateur de St Agnan, I. 95
St Charles, fa fête celebrée à St Jaques de la Boucherie. IV. 361
Charlemagne fejourna à Paris. I. 8
— Il eft Fondateur de St Jaques de l'Hopital. 14
Charlemagne reçoit un Legat qui vient demander du fecours contre le Roi des Lombards. VII. 299. Il partage fes royaumes à fes trois fils. *Ibid.* Il reçoit des Ambaffadeurs de Dannemarc à Thionville; il y tient fes Etats, où fes fils l'affurent de leur fidelité. *Ibid.* Ses trois fils firent la paix entr'eux à Judez. 29. Fait builtir Laffer euil & Aix la-Chapelle, leur magnificence. 300.
Charles le Chauve vint à Paris. I. 8
— Il jeuna un Carême, & fit fes Paques à St Denys. VIII. 310
— Charles le Chauve fe divertiffoit dans les cours Royales de Laon. VII. 297. Il époufe Ermentrude à Verberie. *Ibid.* Il reçoit des Ambaffadeurs des Princes Tudion & Milion pour la Paix: il y marie Judith de France:il y reçoit le General des Pirates de la Seine. 298. Il y indique un Concile. *Ibid.* Il tient fon Parle-

Liv. VII. ment. *Ibid,* à Piftres il fait des Ordonnances.
T. II. 299. Il y reçoit les prefens annuels de fes fu-
L. XIV. jets : il fait arrêter Pepin : il fortifie Poitiers.
T. III. 300

Charles Martel malade à Verberie, & vient mou-
rir à Querci. VII. 297
Charles le Gros vient à Paris. I. 8
—Charles le Gros fecourt Paris contre les Nor-
mans. I. 11
Charles V ruina la falle de St Louis du Louvre.
VII. 45. Confirma la donation du Comté
de Macon, qu'il avoit fait étant Dauphin, au
Comte de Poitou. 147
—Charles V, Fondateur des Celeftins. I. 14.
Le Louvre. VII. 11. a bâti l'Hotel de St
Paul. 70. Celui des Tournelles. I. 24. Sa
cloture. 41. Ses remparts & murs de la Ville.
Ibid. Les fortifications de fon temps. *Ibid.*
—Charles-Quint logea au Louvre depuis que
François I l'a fait reparer. VII. 49
—Charles V commence l'Hotel St Pol. 183.
Defcription de cet Hotel. *ibid.*
Charles VI penfa être brûlé tout vif en danfant
dans un Balet en l'Hotel Blanche du faubourg
St Marceau. VII. 182. Il prend un Cerf
dans la Forêt de Senlis. 307. Sa Maîtreffe
la fille d'un Marchand de chevaux, nommée
la petite Reine. 3 2. Il reçoit des coups étant
deguifé à l'entrée de la Reine. X. 533
Charles VII fit prefent à Agnès Sorel du Chaf-
teau de Loches. VII. 312
Charles VIII naît à Amboife, & y meurt. VII.
307
Charles IX abandonne les Tournelles à caufe de
l'affaffinat de fon pere, vint loger au Louvre.
VII. 40. Il a logé à l'Abbayie St Germain 189
—Naiffance de Marie-Ifabelle fa fille au Louvre.
Ibid. Confpiration d'Amboife. 307
—Monnoie prefentée au Roi, qui irrita Charles
IX. Louis de Bourbon l'avoit fait frapper.
Ibid.
—Fait bâtir un Palais nommé Charle-Val, mais
il ne fut pas achevé à caufe de fa mort. 309
Charles IX met la premiere pierre à la porte de
la Conference. 44
Charles IV Empereur logea au Palais. VII. 5.
& au Louvre. 47
Charles V alla avec le Roi des Romains au Pa-
lais. *ibid.*
Charles VI. Le peuple lui demande mifericorde.
ibid, a demeuré au Louvre. 18. Il fait ren-
dre les armes. 47
—Charles II Roi de Navarre, vient jurer de gar-
der fidelité au Roi Jean, VII. 46
Charles II, Roi de Navarre, prifonnier au Louvre, pourquoi ? VII. 18
Charlot, *Claude,* fa fortune & fa perte. II. 124
Charpenterie, ce qui eft remarquable à Paris.
XIV. 44
Chartreux, ont obtenu de racourcir la rue d'Enfer, d'en employer une partie dans leur clos.
II. 176. St Louis leur donne le Palais Vauvert pour en chaffer les Efprits. VII. 2. VIII.
371. Tranfaction paffée avec le Curé de St
Severin. IV. 422. Leur cloître. 440. Sa
fondation. *ibid,* P. 74

Les Carmes, les Chartreux, Ste Catherine du
Val des Efcoliers, fondés par St Louis. I
14. V. * 627. P. 74.
Charité, Hopital, fa fituation. VII. 66. Quand
fondé, & par qui ? Le Prieur de St Germain
y a fa jurifdiction. V. 560
Châffe St Marcel à Notre-Dame. IV. 373. cel-
le de St Gendon, Evêque. 374. Celle de St
Severin. *ibid.* Celle de St Germain, Evêque
de Paris. *ibid,* Celle de St Juftin. 375. Cel-
les de Ste Urfule, de St Lucain. *ibid.*
La Châffe de St Louis d'or, fondue pour payer
une taxe à quoi les Religieux étoient diftri-
bués. IX. 638
—Portes-chaffes de Ste Geneviève. P. 239
Jean Chaftel, difference de fon nom. II. 189
Frappe Henri IV à la joue : en quel lieu il
étoit. VII. 237. 260. IV. 431
Jean Chaftel, Abbé de St Maur, Auteur des
Croniques de France. 267
Jean du Chaftelier, Evêque de Paris : fa mort.
XIV. 558
Chaftelet bâti par Julien l'Apoftat. XIV. 11
Chaftelet, grand & petit : ce que c'étoit fous
les Romains. I. 21. Tranfporté au Louvre.
VII. 48. Quand il retourna où il eft à pre-
fent ? 49
Chaftelet (le petit) feparé de la Ville par la chû-
te du Petit-pont. I. 10. P. 241. Attaqué &
deffendu vigoureufement. I. 10. Les Ro-
mains n'y ont point demeuré. VIII. 334
Chaftelet (le grand) pris, brûlé par les Nor-
mans. I. 11. La Juftice ordinaire de la Ville: de
quoi eft compofé le Chaftelet : les Officiers.
VIII. 406. Les Lieutenans, les habits de
ceremonies. 407. Un Page pendu dans la
Cour. X. 610
Chateau-feftu : fa fituation incertaine. I. 77
—De Charles-Val commencé par Charles IX,
non achevé par la mort de ce Roi, à qui il
appartient à prefent. 309
Chauffée St Denys, St Martin, St Honoré,
St Antoine, celle de Brunehault ; c'étoient
des grands chemins. II. 131
Chaumouci, Maifon Royale où Carloman mourut, & où Charles le Chauve tint fon Parlement. VII. 298
Chefcier, le Doyen de St Germain de l'Auxerrois, prend cette qualité. IV. 311
Chelles, où Chilperic gardoit fes trefors : un
Concile tenu : ce Prince y eft affaffiné : Couvent établi : Synode affemblé : le Roi Robert
y a demeuré auffi. VII. 292
Les Cheminées des Palais de nos Rois, leurs
ornemens, les chenets, les tenailles, les pin-
cettes & leurs foufflets : de quoi ils étoient
faits. VII. 280
Cheval, Palefroy, Hacquenée, monture en ufage
dans la feconde & troifiéme race. II. 187,
188, 189.
Cheval de Bronze, par qui il a été jetté en
bronze, où placé : fes ornemens, fon Piedef-
tal : les Sculpteurs qui en ont eu foin : quelle
eftime l'on fait de Henri IV, & du cheval,
qui eft un monftre. III. 235. & XIV. 4
Eftienne Chevalier, Secretaire des commande-

DES MATIERES.

mens de Charles VII, aimé d'Agnès Sorel.
VII. 216
Chevaliers: avec quelle magnificence les Rois faisoient recevoir leurs fils Chevaliers. XII.640
Nouveaux Chevaliers faits à Paris. XIII. 710, 711.
—Chevaliers de Malthe. 116. De l'Ordre de l'Etoille. 717: de l'Ordre du Chien, de l'Ordre de la Geneste 719, & du Chardon. 720
Cheveux ou chevelures des anciens Princes de France. Reflexion sur ce sujet VIII. 342
Alphonse Chevrier, Evêque de Lizieux, logeoit au Mont St Hilaire. VII. 264
Cheops & Cephren, leurs momies. VIII. 344
Childebert, Fondateur de St Vincent, qui est St Germain des Prés. I. 7. 13
—Fondateur de St Denys du Pas. I. 13
—A demeuré à l'Hotel de Clugny avec sa femme Ultrogothe. I. 66
Chilperic tué à Chelles, enterré à St Germain des Prés I. 7. Childeric & Blitilde sa femme, assassinés aussi à Chelles. VII. 292. 315
—Chilperic avoit un Palais à Noisy, où il fit emprisonner son fils Clovis. 292. Ses Tresors. 315.
St Christophle fondé par Archambault. I. 90.
—C'étoit sa Chapelle qu'il donna à Notre-Dame. VIII. 141
—C'a été un Hopital. IV. 298, & 281. Le Curé est Vicaire perpetuel, qui dessert cette Paroisse. 282. P. 68. 71. 96.
Chrimale Roy d'Angleterre. Il n'y en a point eu de ce nom. IV. 282
Les Chroniques de France enlevés du Coffre-fort de Jean Chastel, Abbé de St Maur. VIII. 267
Choren (Renould) Fondateur de St Honoré. II. 118
Deux Cierges presentés à Ste Geneviève, de la grosseur d'un homme. VIII. 459
Cimaise de la façade du Louvre de deux pierres de cinquante-quatre pieds de long. VII. 61
Cimetieres, où ils étoient placés, hors de la la Ville anciennement. I. 20. IV. 497
—De St Innocent, environné de murs par Philippe-Auguste. I. 24. IV. 358. 408
—De St Eustache, étoit la cour St Bazile. II. 118. P. 165. 198.
—Vert, sur les ruines de l'Hotel de Craon. 138
—Des Juifs, placé au Clos Garlande. VIII. 359 371. P. 81.
—Celui de St Hilaire ; celui qui étoit devant St Benoît. 382
—Decouverte près les Carmelites. IV. 408
—Des Juifs près la Grève, ibid. Celui de St Benoît, & celui près le College Royal. 499. Dans la rue de la Harpe. X. 532. P. 81
—Près de la Trinité dans un jardin. XIV. 557
Cirque pour la course des Chevaux sous Chilperic. I. 7. Dissertation sur ce Cirque. XII.681
Citadelle : ce que c'étoit sous Julien l'Apostat, & sous Jules-César. I. 21
La Cité, sa situation, son Rés de chaussée, ses Eglises. I. 22. 94. Son étendue. ibid. 94. Le pavé. ibid. Son agrandissement. Ibid. Sa forme. 94. Nommée l'ancien Paris. 101. Son

nom, son étymologie. 102. Son plan. ibid. Liv.VII. P. 70 T. II.
De Lionne de Clareuce, second fils du Roi d'Angleterre, fut logé au Louvre. VII. L. XIV 246 T. III.
Clef de St Germain que l'Ange lui apporta du ciel. IV. 338
Perinnet le Clerc ouvre la porte St Germain aux Anglois, qui massacrerent le Connétable d'Armagnac. VII. 145. Sa statue près le Pont St Michel. VIII. 348
Clemence de Hongrie, femme de Louis X, accoucha d'un fils nommé Jean 1, qui mourut huit jours après. VII. 46
Jaques Clement Jacobin : le nom de Martyr lui est donné. VIII. 348. Sa figure exposée par les Ligueurs. Ibid. & des statues érigées à son honneur. XIV. 29
Robert de France, Comte de Clermont, demeuroit où sont les Peres de l'Oratoire. VII. 65
L'Abbé de Clervaux a donné son nom à la rue de Clervaux. II. 180
Climat & saisons de Paris. I. 54
Clisson, Connétable, conseille de miner les portes fortifiées de Paris. I. 42. Son assassinat. II. 129. VII. 250. Où il demeuroit. VII. 145. Son Hotel appellé l'Hotel de la Misericorde. ibid.
Cloches qui étoient anciennement aux portes de Paris. P. 126
Clocher de la Ste Chapelle, brûlé par un Plombier. VII. 6
Philippe le Long ordonna qu'on eut à fermer tous les soirs le Cloître de St Benoît. IX. 488
Cloître de Notre-Dame. Quelques-uns de nos Rois y ont logé. I. 16. Sa franchise. P. 11
—Le Duc de Berri demeuroit au Cloitre de Notre-Dame chés Alegret son Medecin. VII. 118
—De St Benoît. P. 73
Clopin (Grand-maison) sa situation. II. 126
Clos de l'Université. Sçavoir le Clos des Arrenenes ou des Avennes, ou de St Victor. IV. 363
—Bruneau, le Chapitre de St Marcel est Seigneur. Son étendue : differend pour ce clos. Le Roi avoit droit d'y lever des gens de guerre. 800. P. 53. 73. 81.
—Aux Bourgeois. Est un Fief appartenant à Ste Geneviève. Il étoit appellé Clos Vignerois. 365. Parloit aux Bourgeois étoit le même. ibid.
—Des Cordeliers. Ce Clos tenoit aux Cordeliers, il fut separé par les murs de la Ville. 367
—Chardonnet, nommé à cause des Chardons, son étendue, accord de l'Evêque de Paris & St Victor. Est nommé Cordonnai : Eglise, Chapelle, College qui y font bâtis. 362. 363
—Drapelier, tenoit au Clos-le-Roi. 364
—Entichelier, tenoit aussi au Clos-le-Roi. 364
—St Etienne des Grés, étoit derriere l'Eglise. 358
—De l'Evêque, & le Clos Mauvoisin, étoient contigus près St Jean de Latran. 358
—De Garlande, des Seigneurs de Garlande ; C'est le même que le Clos-Mauvoisin. 358. Son étendue. 359. Le Cimetiere des Juifs y étoit placé. 359. P. 72. 77.
Clos de Gannay, où situé. II. 148. VII. 149

Liv. VII —De Ste Geneviève, tenoit à celui de S. Sympho-
T. II.   rien : fon étendue. VIII.   301
L. XIV. —Des Jacobins ; fon nom, fon étendue, feparé
T. III.   par les murailles de la Ville.   365
—De Laas : fon étendue, a donné le nom à St
André, & à la rue de la Huchette.   357
—Mauvoifin, eft le même que Garlande. VIII.
358. VII. 142. Rendu à l'Evêque de Paris.
P. 51. 53.
—Francs-Mureaux, un fief qui appartenoit à
St Louis, donné à la Ste Chapelle.   366
—Des Poteries ou Clos des Métairies : fon af-
fiette.   364
—Le-Roi, vendu à diverfes perfonnes & Com-
munautés, tenoit au Clos de Drapelet & En-
techelier.   364
—De la Sorbonne ; il étoit près de celui de
Drapelet & d'Entechelier.   364
—St Sulpice : le Clos aux Bourgeois prenoit fon
nom.   367
—St Symphorien : la Chapelle de St Sympho-
rien des Vignes, près St Etienne des Grès. 361
—St Victor, nommé le Clos d'Arennes. 367.
Son étendue.   ibid.
—Vigneroi. Voyés le Clos aux Bourgeois.
Clotaire I, frere de Childebert, avoit fa maifon
de plaifance à Braine. Mort de fes enfans. VII.
290. Fait la Paix avec Theodebert, & mou-
rut à Compiegne.   309
Clotaire, fucceffeur de Childebert. I.   7
—II. mort à Paris, enterré à St Germain des
Prés : fes actions en cette Ville. I. 8. Il eft
envoyé à Vitry par fon pere pour le fauver.
VII.   292
Clotilde, veuve de Clovis, fe retire à Tours.
VII.   310
Cloture de Paris fous Philippes-Augufte. I. 24.
                                                       65
La premiere Cloture inconnue aux Auteurs. I.
28. Sa defcription. I.   29
La feconde Cloture, fon étendue, fous Philippes-
Augufte. I. 30. 31. 65. Frais de ladite Clo-
ture.   83
La troifiéme Cloture. I. 32. Quelle différence.
I. 41. Ceux qui eurent foin de la Cloture de
Charles V. 41. Quand achevée.   Ibid.
Cloture de l'Univerfité : comment conduite. I. 44
Cloture fous Louis XIII. I. 65. 82.
St Cloud, Maifon de plaifance des Archevêques
de Paris. VII. 261. a changé de Maître.
262. fe nommoit Nogent.   291
Clovis chaffa les Romains après avoir defait Ala-
ric. I. 7. demeure à Paris.   62
—Fait bâtir St Pierre, St Paul. 13. Eft Fonda-
teur de Ste Geneviève, y eft enterré. IV.
                                                       408
Clovis, fils de Chilperic, eft empoifonné à
Noify, & affaffiné & jetté dans la Marne :
un Pêcheur le repêche, &c. VII.   292
Clovis II tint fes Etats à St Ouen ; là il exem-
ta St Denys de la Jurifdiction des Evêques
de Paris. VII.   295
Hotel de Cluny. Les Empereurs, les Rois qui
y ont demeuré. I. 66. nommé le Palais des
Thermes : fa defcription : fa fituation : fon
ufage. VII. 312. appellé le Palais des Bains
chauds. Les Empereurs Romains, qui y ont
logé : nommé le vieux Palais fous Louis VII.
313. à qui il a été donné. Reftes qui en font
confervés.   314
Religieux de Cluny. V.   *629
Cocquillier (Pierre) fon Hotel. I. 32. II. 127
la vendit à Gui Comte de Flandres. VII. 80
                                                       111
Cœur, Jaques, & fes ancêtres, ont donné le
nom à la rue Gille-cœur. II. 139 : avoit
commencé l'Hotel du Cardinal la Balue.
VII. 258. On lui fit fon procès.   259
—Une Damoifelle qui avoit deux cœurs. XIV.
                                                       561
Le grand Coefre, chef des Truandriers ou Gueux :
l'ordre & les ftatuts qu'il fait obferver : tous
leurs tours & fubtilités. V. 511. 512. 513.
514. 515. 516.
Coffres divers trouvés, où étoient des cendres, des
medailles, près St Etienne des Grès. VIII. 336
—Autre Coffre de marbre blanc aux environs
de Ste Geneviève.   ibid.
Colleges, comment & quand ils ont commencé.
I. 17. VIII. 355. P. 189.
—Fondés pour nourrir & loger les Ecoliers. I.
                                                       17
Le College d'Arras ou College de St Vaaft,
fondé par le Candrlier. VIII. 376. a don-
né fon nom. II.   109
—De l'Ave-Maria, par Huban, Confeiller.
VIII.   377
—D'Autun, nommé de Bertrand, à caufe de
fon fondateur. VII. 257. Sa Chapelle dediée à Notre-Dame. VIII. 377. P. 117.
118. 122. 123.
—De Baïeux, fondé par Guillaume Bonnet.
                                                       374
—Ste Barbe, où demeuroient autrefois les Evêques de Chalons. VII. 108. s'appelloit la
maifon dite de Ste Barbe : fondé par Robert
du Gaft. VIII. 380. P. 136.
—Beauvais, Jean Dormans, Cardinal, fon-
dateur : fa Chapelle à l'honneur de St Jean.
375 : a donné fon nom à fa rue. II. 115
& 142. Tombeau. VIII. 387. P. 41.
—Des Bernardins, s'appelloit College de Chat-
denai. VII. 364. Erigé en College VIII.
                                                       372
—Bertrand. Voyés d'Autun.
—De Boiffy, fondé par Etienne Boiffy. 373
—De Boncourt ou de Tournai, fondé de
Pierre de Boncourt. 373. Des Bons-Enfans.
P. 126. 169. 225.
—De Bourgogne : l'Hotel de Nefle donné
pour fa fondation. VII. 181. Tranfporté rue
des Cordeliers : fondé par Jeanne de Bour-
gogne. VIII.   376
—De Calvi, renfermé dans la Sorbonne VII.
209. Robert Sorbonne commença la fondation
de ce College. VIII.   372
—De Cambrai, fondé par l'Evêque de même
nom. VII. 263. dit des trois Evêques.
VII. 377. & nommé Treguier. ibid. P.
118. 121.
—De Clermont ; c'étoit l'Hotel de Langres.
VII. 78. 107. ou College des Jefuites, qui
                                                       demeuroient

DES MATIERES.

demeuroient au College des Lombards. VIII. 380. Manufactures établies dans ce College en l'absence des Jesuites. IX. 506. P. 17
—— Des Cholets, fondé par le Cardinal Cholet. VII. 264. Sa rue: il y a donné son nom. II. 126. P. 121.
—— De Cluni, fondé par les Abbés du même Ordre. VII. 268. par Yves de Vergi. VIII 373. reparé par Jaques d'Amboife. *ibid.*
—— De Cocquerel, contient la basse-cour de l'Hotel de Bourgogne : fondé par Nicole Cocquerel. VIII. 379
—— De Constantinople ou Ste Sophie : où placé. II. 108. Qui a commencé celui de la Marche. VIII. 357
—— De Cornouaille, fondé par Galetan Nicolas, dit de Grève. VIII. 378
—— Dace ou de Dannemark, où placé. VIII. 355
—— De Dainville, par le Chanoine Dainville: fondé en 378
—— De St Denys. VIII. 358. Fondé derriere l'Hotel de Nesle. VII. 144. Etoit placé où se trouve la rue Dauphine. 147
—— Des Dix-huit, étoit proche l'Hotel-Dieu ; transferé rue de la Harpe. VIII. 373
—— Des Ecossois. P. 186
—— Des Bons-Enfans ; son fondateur. II. 117
—— De la rue du Fouarre ; est le plus ancien. 135
—— De Fortet, fondé par Pierre Fortet. VIII. 379
—— De Maître Gervais, le fondateur de ce College, se nomme Me Gervais Chrétien. 378
—— Des Graffins, fondé par Pierre Graffin, Conseiller du Parlement. 381 388
—— Grammond. *Voyés* Mignon, College.
—— D'Harcourt, fut formé de deux Hotels par Raoul d'Harcourt. 373
—— Des Jesuites : le Chancelier du Prat les transfera du College des Lombards à l'Hotel de Clermont : ils acheterent celui de Langres. 381
—— De Justice, par Jean de Justice, Chanoine de Notre-Dame. 378
—— Kaerberts, près celui de Reims. 355
—— Kairemberc, appellé Leon & Treguier pour bâtir le College Royal. 379. P. 142.
—— Leon & Treguier. *Voyés* College Royal.
—— De Laon & de Preelles, par un Chanoine de Laon : divers changemens de ce College. 374. P. 70.
—— Des Lombards, fondé par André Ghini. 376
—— Du Mans, fondé par l'Evêque. VII. 263, sur l'Hotel dudit Evêque & Cardinal. VIII. 122 380
—— De la Marche ; a été commencé sur celui de Constantinople. VIII. 355. Guillaume de la Marche fondateur. 379. S'est appellé de Winville. 379. Les Abbés de St Vincent y ont logé. VII. 269
—— De Mazarin, nommé des Quatre-Nations. 355
—— De la Merci, élevé sur une partie de l'Hotel d'Albret. 380
—— St Michel, fondé par Guillaume de Chanac, Evêque de Paris. 377. Un Crucifix qui s'y trouve. Liv. VII 288 T. II.
—— Montaigu, par Gilles Aiscelin, Archevêque de Rouen. 375. P. 225. L. XIV. T. III.
—— Du Cardinal le Moine, dans le Clos du Chardonnet. VII. 362. La Chapelle a été Paroissiale ; son fondateur. IV. 362
—— Mignon, l'Hotel de Grammont. VII. 269. Les Religieux y sont établis. 304. Se nomme aujourd'hui de Grammont ; fondé par Jean Mignon. VIII. 377. P. 217.
—— De Narbonne, fondé par Bernard de Fatges. VII. 263, près de celui de Baïeux : les Boursiers. VIII. 375
College de Navarre, fondé par Philippe le Bel. IV. 365. Il se nommoit Champagne. VIII. 374. Jeanne de Navarre donna son Hotel rue St André pour sa fondation. VII. 182.
—— Du Plessis, Geoffroi du Plessis, ceda son Hotel pour fonder ce College, mais en donnant une partie aux Moines de Marmoutier : il en a pris le nom. VIII. 375
—— De Presles & Laon n'étoient qu'un, mais depuis separés ; par qui, & leur changement. 374
—— Des Premontrés, fondé par l'Abbé du même Ordre. VII. 268. Il acheta neuf maisons rue des Etuves, pour bâtir ce College. VIII. 375. Il étoit environné de quatre rues. II. 168
—— De Reims, fondé en 1412. II. 160. Celui de Cocquerel occupe la place de l'Hotel des Ducs de Bourgogne. VIII. 63. 109. Acheté par Gui de Roye, Archevêque de Reims. VIII. 379
—— Royal, sur les ruines des Colleges de Treguier & Leon il a été bâti. 379 & II. 176 P. 226.
—— De Sées, fondé par Georges Langlois, Evêque de Sées. 380
—— De Sorbonne ; le premier College. I. 18. fondé par Robert Sorbonne, Chanoine de Notre-Dame. IV. 365, par ordre de St Louis : les Proviseurs de Sorbonne. VIII. 372 & 353. Sa description. IV. 466 467, P. 50.
—— De Suisse, étoit rue St Jean de Beauvais. VIII. 355
—— De St Thomas du Louvre, où fondé, & celui de St Nicolas. I. 17
—— Du Tresorier de Notre-Dame, fondé par Guillaume de Saona. 375
—— De Tournay & de Treguier, fondés par les Evêques du même nom. VII. 263
—— De Tours, fondé par Etienne Bourgueil. VIII. 376
—— De Torcy, dit de Lizieux : sa fondation. *ibid.*
—— De Treguier & Cambrai : leur établissement. II. 176 ; voisin de celui de Cambrai : il a été employé au College Royal. 379
—— Henri IV avoit commencé une place pour former un College, mais il fut interrompu par sa mort. VIII. 387
L'Amiral Coligny, assassiné après la noce de Henri de Navarre. VII. 50, dans sa maison rue de Bethisi, exposé à la fureur du peuple.

Tome III. E

TABLE GENERALE

Liv. VII 152 : blessé par une fenêtre. X. 541 : pendu
T. II. à Montfaucon. 589 600
L. XIV. Colomne Toscane terminée d'une sphere, à l'Ho-
T. III. tel de Soissons. VII. 188. Sa description, son
usage. 217. 218. 219. 220.
Ste Colombe (l'Oratoire de) pillée du tems de
St Eloi : on ne sait ce qu'elle est devenue. I.
14. IV. 274. Miracle qui y arriva. *ibid*. &
297.
Combat sur l'eau un des divertissemens des Pari-
siens, XII. 692
Combault (Robert de) premier Maitre d'Ho-
tel, demeuroit rue des Fossés St Germain.
VII. 236
Comedie ; farces des Clercs du Palais, qui se
jouoit en la grande Salle du Palais. XI. 615
Comedies de la Passion : les Comediens ; leur
privilege ; leur Confrairie ; les sujets qu'ils
representoient. XII. 678. Les divers changemens qu'ils ont eu ; ce qu'ils sont devenus.
679
Commanderie de St Jean de Latran étoit de
l'Ordre des Templiers. VII. 271
Commandeur de Souvré ; son mausolée en l'Eglise
de St Jean de Latran. *ibid*.
Les Commandeurs de la Province de France
tiennent leur Chapitre au Temple. *ibid*.
Commissaire le Sage a ordre de boucher la rue
du Petit-reposoir ; opposition des voisins. II.
174
Les Commissaires du Chatelet étoient du corps
de la Ville : quand on vouloit les augmenter
la Ville faisoit ses remontrances au Roi pour
s'y opposer. 174
Les Comtes de Joigny demeuroient à l'Hotel de
la Trimoille. VII. 239
Trois Comtes de Flandres enfermés dans la grosse
Tour du Louvre. VII. 13
Comte de Richemont & de Montfort aussi prisonniers. Antoine de Chabannes, Comte de
Dampmartin, prisonnier. VII. *Ibid*.
Donnation du Comté de Mâcon, confirmé au
Comte de Poitou VII. 47
Communautés des Artisans ; combien de Maîtres
& de Garçons. I. 26
Les Comptables des dépenses des fossés de la
Ville. I. 39
Comtes de Paris & de France. I. 1. Ce que
les Auteurs entendent par cette qualité ; ample dissertation sur ce sujet. VIII. 410 411
412 413 414 415. Medailles. *Ibid*. P.
77
Compiegne, Maison Royale ; sa forêt ; sa situation ; son étymologie. VII. 210. Actions memorables qui s'y sont passées. 209.
210.
Conchino-Conchini, fut tué sur le pont-levis
du Louvre. VII. 50. Son insolence. IV.
323. Ses grands biens : il est enterré sous les
orgues de St Germain l'Auxerrois : il devient
le jouet de la rage du peuple. 324
Concile tenu à Braine 290. Autre tenu à Chelles 292. Un autre à St Ouen 293. Autres
tenus à Verberie 297. Quatre tenus à Querci. Un autre à Gentilly, où le Roi Pepin
assista 298. Trois tenus à Attigny 289,

Concile tenu à St Marcel en 362. IV. 258
Conciles tenus à Paris en en differens tems, en
352, 555, 575, 576, 577, 614,
767, 829, 846, 847, 849, 862,
1050, 1073, 1092, 1093, 1145,
1179, &c. lib. IX. 485 486
Conciles qui ont deffendu d'administrer les Sa-
cremens aux Criminels, & le baptême des
Morts. X. 586
Concubine entretenue publiquement par un Cha-
noine. XI. 638
La grande Confrairie des Penitens, dont Henri
III étoit chef. VII. 150 : nommé *Blancs-
battus*. V. * 618.
Confrairie de la Conception fondée à St Severin,
IV. 414
— De St Jean l'Evangeliste établie à St André
par les Libraires. 428
— La grande Confrairie des Bourgeois de la
Magdelaine : quand elle a commencé : ses
changemens. 430
— Celle de St Côme & St Damien, établie par
qui. 412
— Celle des Penitens-blancs, instituée par Hen-
ri III aux Augustins. VIII. 388
— La Confrairie de Ste Cecile, établie aux Au-
gustins pour les Musiciens. IX. 494. P. 63.
Autre établie à Notre-Dame sous l'invocation
de Ste Cecile. *ibid*. Grande Confrairie de la
Magdelaine ; diverses Eglises où elle est
passée. 495
— De Notre-Dame des Ardents. P. 83
— Celle de St Gervais : la violence de cette
Confrairie contre Henri IV. XI. 618. Celle
d'Henri III de Penitens-blancs. 619. Des
Penitens de toutes couleurs. *ibid*. Celle de
la Passion, ou Comedies. *ibid*. Celle de Notre-Dame de Liesse, que l'on appelloit la Confrairie *aux Goulus*. *ibid*.
Connétablie & Maréchaussée de France, connoît de la guerre, des Officiers : de quoi elle
est composée. VIII. 405
Connétables de Monmorancy avoient leur Hotel
à la rue du même nom, que Velvet vendit au
Seigneur de Hangest, pour subvenir aux besoins de son Maître. VII. 142. Un autre
Hotel près la Fontaine du Ponceau ; terrasse
que les Anglois y dresserent par rejouissance.
ibid.
Mathieu, Connétable, avoit le Clos Mauvoisin, qu'il vendit pour y faire des rues. *ibid*.
Anne, Connétable, avoit quatre maisons de
campagne ; son Ecouen admirable par sa Chapelle ; Montmoranci, considerable par le mausolé de sa femme. *Ibid*. Chantilli celebre par
sa gallerie, sa bibliotheque, son cabinet d'armes : & outre il avoit quatre Hotels à Paris. 148
Gilles le Brun, Connétable, logeoit rue St André. 144
Gaucher Chastillon, demeuroit rue Pavée. *Ibid*.
Les trois Connétables de Nesle ont logé à l'Hotel d'Estampes rue St Antoine. *Ibid*.
Raoul II accusé de crime de leze majesté, arrêté, condamné & décapité dans son Hotel
de Nesle. *Ibid*.

DES MATIERES.

Jean de Bourbon, Comte de la Marche, Connétable, demeuroit rue du Four. *Ibid.* Trahit son Roi. 209
Olivier de Clisson a fait bâtir les anciens édifices de l'Hotel de Guise ; se nommoit l'Hotel de Clisson ou de Misericorde. 145. Il fut assassiné en chemin de cet Hotel. *Ibid.*
Louis de Sancerre avoit son Hotel à la rue de l'Hirondelle, qu'il vendit à l'Archevêque de Besançon. Un autre rue St André. *ibid.*
Charles d'Albret avoit une maison de plaisance au fauxbourg St Marceau, son Hotel étoit rue du Four ; fut confisqué par Charles. VI.
Valeran de Luxembourg avoit son Hotel où sont les Peres de l'Oratoire rue St Honoré, à present l'Hotel de la Tour du Pet-au-Diable.
Bernard d'Armagnac étoit proprietaire de la grande & de la petite maison de Savoie : il logeoit rue St Honoré où le Palais Cardinal est bâti. S'étant travesti & sauvé chés un Maçon, qui le trahit ; il fut massacré, déchiré & traîné par les rues.
Artus de Richemont demeura à l'Hotel de Joui. 146
Charles d'Albret, Duc de Luines, acheta l'Hotel de la Vieuville. *ibid.* Deux autres Hotels de son nom dans Paris. *ibid.*
François de Bonne, Duc de Lesdiguieres, le dernier Connétable, acheta des enfans de Zamet, son superbe Hotel, rue de la Cerisaie. *ibid.*
Les Comtes d'Eu & de Guines, décapités à l'Hotel de Nesle. 181
Conrart, Duc de Bourgogne, Comte de Paris. I. 9
Conseil pris dans l'Hotel de Bourgogne pour assassiner le Duc d'Orleans. II. 150
Conseillers de la Cour s'appelloient Chevaliers. VII. 148
Conspiration d'Amboise sous Charles IX. 307
Le grand Conseil étoit le Conseil des Rois : sa jurisdiction : de quoi il connoît. VIII. 393. De quoi composé : ses Officiers. 394. Ses habits de ceremonies. *ibid.*
Consuls. *Voyés* Juges Consuls.
Constantin abandonne Paris & passe à Constantinople. I. 8
Constantin & Constance sont venus à Paris. I. 62
Constance, femme de Robert, entreprit un Palais à Estampes. VII. 311
Constipé, un homme, pendant plusieurs jours ; l'accident qui en arriva. XIV. 549
Contestations diverses arrivées entre l'Evêque & Religieux sur les clôtures. I. 37
— Terminées par une Bulle de 1211. I. 37
Nouveaux Convertis & Nouvelles Converties ou Catholiques. V. 597
Cordeliers & Cordelieres. *Voyés* Couvents.
Cordeliers fondés par St Louis. I. 14. VIII. 371. & Sepultures. I. 19. L'Architecture, les Tableaux, le Maître-Autel, tombeaux illustres, la porte, la marmite. IV. 443. P. 226. 164.
Cordelieres établies par Marguerite de Provence, I. 14. VII. 181.

— De la rue des Francs-Bourgeois. P. 74.
— Fondées par Galien de Pise. II. 248. P. Liv. VII 174. 188. T. II.
— Nos Princes enterrés en habit de Cordeliers. L. XIV. XI. 647 T. III.
Cometes qui ont paru sur Paris. XIV. 554
Jaques Cordier, sous le nom de Bocan, Maître à dancer de femmes : il avoit montré à plusieurs Reines : habile violon : goutteux & cependant montoit à dancer. IV. 329
Corvées, ce que c'étoit, le droit par qui exigé : Une demie Corvée. VIII. 455
St Côme & St Damien, bâti en même tems que St André : Confrairie établie : de la nomination de l'Université. IV. 412. L'Ecole des Chirurgiens de cette Paroisse. *Ibidem.*
Coultures ; son nom, son étymologie : celle de St Eloi, de Ste Catherine, St Gervais, du Temple, de St Martin, du Grenier St Ladre, de St Magloire, de St Lazare, des Filles-Dieu, Ste Opportune, de l'Evêque & des Quinze-vingts. I. 6, 7, jusqu'a 76. & P. 12. Celle de St Eloi. P. 222.
— Celle de Ste Catherine a servi pour les spectacles, les joûtes, &c. 71
— Celle de St Gervais ; les Religieuses de l'Hopital de St Gervais en ont été proprietaires. *Ibid.*
Coulture du Temple, differens changemens, ses diverses alienations ; ventes & reventes, &c. I. 72 ; nommé le Marais du Temple. 73
— Celle de St Martin donné par Henri I aux Chanoines : l'Eglise de St Martin bâtie dans le milieu : divers progrès, changemens : c'est dans ce lieu où les corps du Connétable d'Armagnac & du Chancelier de Marle & de Rainconnet, furent jettés après leur malheur. I. 74
Coulture Grenier St Ladre, sa situation ; donnée à Notre-Dame. 74
— Celle de Mont-martre, mais inconnue. *Ibid.*
— Celle de St Magloire où placée ; son agrandissement, les proprietaire, ses alienations. *Ibid.*
— Celle de St Lazare, sous le nom de la Villette, à qui appartenoit. *Ibid.*
— Celle des Filles-Dieu ; sa situation : par qui donnée, ruinée : changement de nom. 75
— Celles de l'Evêque & des Quinze-vingts n'étoient que la même : sa situation : nommée la Ville-l'Evêque. I. 76. Dispute & variations à son occasion. 77
Origine & étymologie du nom de Coulture. 78
— Les rues qui en portent le nom. II. 129
Cours & Remparts, qui servent de promenade. VI. 671. Celui de la Reine VII. 62, de l'invention de Marie de Medicis. VII. 287
Cour des Aides : quand elle a commencée. VIII 397. Ses Officiers : de quoi elle connoît : les changemens. 398, 399. Les habits de ceremonies. *ibid.*
Cour des Monnoies, son établissement, quand elle fut sedentaire, sa jurisdiction, de qui elle est composée. VIII. 403. Les poids & mesures dont elle est dépositaire : Ses habits de ceremonies. 404

TABLE GENERALE

Liv. VII. Cour du Palais où l'on pendit un Maure. X.
T. II. 604
L. XIV. Les Basses-Cours du Louvre où placées, ce qu'elles renfermoient. VII. 11. Quand ruinés. 24
T. III. La Cour St Bazile, où placée. II. 118
— Boulart, du Bouloir, Baille, des Bœufs, de Rouen, des Jésuites, Ste Catherine, la Cour Oris, du Roi, la Cour de la Jussienne, Gentien, Briffet, St Eloi, celle des Miracles. 120. La Cour au Villain, du More, des Cannettes, de St Leufroi, de Pierre la Pie. ibid 129. De Pontoise. 171
— D'Harchier, Paroisse St Jean. 171
— Tricot, rue Montmartre. 174
— Baron, rue de l'Arbre-sec.
— Baviere, rue Bordelle. VII. 138
— Aux Bœufs. IV. 413
Cours des Miracles, où se retiroient les Gueux: une dans la rue de la Truanderie: la seconde rue des Francs-Bourgeois. V. 510. Celle de la rue Montorgueil fameuse. 511
Diadême ou Bandeau Royal & Couronnes des premiers Rois. VIII. 340
Couronnes, comment elles étoient faites en differens tems. VIII. 342. Tirées des Tombeaux qui se trouvent aux Jacobins, Celestins. 343
Couronne d'épine de Notre-Seigneur, mise en dépôt à Vincennes, que St Louis porta à Notre Dame à pied nud, VII. 305
Courtille, son nom, son étymologie: celles du Temple; de St Martin, Barbette & au Boucelais. I. 67
Courtilliers ou Jardiniers, avoient soin des Courtilles. *ibidem*. Dispute qu'ils ont avec le Grand Prieur du Temple. 73
Couteaux longs & grêles à quatre tranchans, que les Allemans & les Anglois avoient mis en usage. VII. 145
Courpalai (Pierre de) Abbé de St Germain, vend à Louis I au grand logis de la porte de l'Abbaye. VII. 114
Coussi, Maison Royale, où Clotaire I. gagna une maladie: son antiquité, son étymologie. 306. Enguerrand de Coussi entreprit les édifices que nous y voyons. 307. Le Chateau Folembrai bâti par François I. *Ibid*.
Coutumes en usage & leur origine. XI. 615
— Celles qui sont abolies. 616. P. 42, 50, 52.
— Abolies parmi les Ecclesiastiques. XI. 628. les plats de noces, droits de mariage, les penitences publiques. *Ibid*. Benediction du lit. 629
Couvre-feu, les Eglises où on le sonnoit. XI. 633. Son origine, son usage. 634
La couverture du Louvre est une mansarde. VII. 27
Coutier, Porteur d'une Sentence d'excommunication, est condamné à faire amende honorable. 84
Couvens, Communautés, Congregations des Hommes, par ordre alphabetique.
Le Petit St Antoine. V. *617
Les grands Augustins. *618
Les petits Augustins. *619

Les Augustins déchaussés. *Ibid*
Les Benedictins Anglois. *620
Les Barnabites. *621
Les Bernardins. *Ibid*.
Les Billettes. *Voyés* Carmes des Billettes.
Les Blancs-manteaux. *622
Les Bons-hommes. *Voyés* Nigeon.
Ste Croix de la Bretonnerie.
Les Capucins de la rue St Honoré. *623
Les Capucins de St Jaques.
Les Capucins du Marais. *624
Les Carmes de la Place Maubert.
Les Carmes des Billettes. *626
Les Carmes déchaussés.
Ste Catherine de la Couture. *627
Nouveaux Catholiques ou nouveaux Convertis. *628
La Charité des hommes. *Voyés* Hopitaux.
St Charles. *Voyés* Doctrine Chrétienne.
Les Chartreux.
Clugni. *629
Les Cordeliers. *630
St Denys de la Chartre. *Voyés* Prieuré.
Les Peres de la Doctrine Chrétienne.
  Premiere Maison. *631
  Seconde Maison.
  Troisiéme Maison. *632
St Eloi. *Voyés* Barnabites.
St Edmond. *Voyés* Benedictins.
Les Feuillans, rue St Honoré.
Les Feuillans du fauxbourg St Michel. *633
La Communauté des Prêtres de St François de Sales.
Les Religieux de Grammont.
Les Jacobins de St Jaques. *634
Les Jacobins, dits de St Honoré. *635
Les Jacobins reformés. *638
St Julien des Ménétriers. *Voyés* Doctrine Chrétienne.
Institution. *Voyés* l'Oratoire.
St Lazare. *Voyés* Seminaires.
L'Oratoire de St Honoré. *639
L'Oratoire, dit l'Institution. *640
St Martin des Champs.
Les Mathurins. *640
La Mercy, Ordre de la Redemption des Captifs. *642
La Mercy, rue des Sept-voyes.
Les Minimes de Nigeon, dits Bons-hommes. *643
Les Minimes de Vincennes.
Les Minimes de la Place Royale. *644
Les Penitens de Nazareth. *645
Religieux Piquepuce.
Les Premontrés, dits de Ste Anne. *646
Les Premontrés, dits de la Croix rouge.
Les Recolets. *647
Les Theatins. *648
Couvens, Communautés, Congregations & Maisons Religieuses.
Communauté de Ste Agathe. *649
Communauté de Ste Agnès. *650
Communauté des cent Filles de St Antoine. *652
— Des Dames Angloises du Chant-de-l'Alouette.

Couvent

DES MATIERES.

Couvent des Angloises de Notre-Dame de Sion. Ibid.
—Des Angloises, dites de Bethléem. Ibid.
Communauté de Ste Anne, rue St Roch. * 653
Les Annonciades de Popincourt, fauxbourg St Antoine. * 655
Les Annonciades du St Esprit, dites de Pincourt. Ibid.
Les Annonciades Celestes ou Filles Bleues. * 656
Les Filles de l'Assomption. ibid.
Les Augustines de la Congregation de St Joseph. V. * 657. Fondées par Madame de Longueville. P. 47.
—De Ste Anne la Royale. Ibid. P. 286.
—Celles de la Villette. P. 202. 209. Celles de Picpuce. P. 246.
Congregation de St Thomas de Ville-neuve. V. * 658
—De Ste Aure.
Communauté des Barratines. * 659
Benedictines des Carrieres.
—De Notre-Dame des Prés, rue de Vaugirard.
—Mitigées, de la Presentation. * 661
Les Religieuses de Bon-secours. * 663
Benedictines de la Ville-l'Evêque. * 664
La Communauté du Bon-Pasteur. Ibid.
Le Calvaire du Luxembourg. V. * 667. & P. 152.
Le Calvaire du Marais. * 669
Des Capucines, Ordre de Ste Claire. * 670
Les Carmelites de la rue du Bouloir. * 672
Les Carmelites de la rue Chapon. * 675
Les Carmelites de St Denys.
Congregation des Filles de la Croix. * 678
Congregation de Notre-Dame. * 679. & P. 233.
—Angloise. Voyés Chaut-de-l'Allouette.
Les Cordelieres de St Marcel. * 680
Religieuses de Ste Croix, de St Dominique.
Ecoles Charitables. * 681
Ecoles Chrétiennes de l'Enfant Jesus.
Sœurs de la Charité ou Filles Grises.
Des Ecoles de Ste Genevieve * 683
Des Cordelieres, rue St Honoré. * 685
De la Conception, rue du Bacq. Ibid. & P. 185.
De la Consolation du Chasse-midi. * 687
Nouvelles Converties. P. 202
Petites Cordelieres, rue de Grenelle. * 688
Communauté des Filles du St Esprit. * 689
Les Filles de Ste Elizabeth.
Les Feuillantines. Ibid. & P. 157.
Les Filles de Ste Genevieve, dites de Miramion. * 691
Communauté de Ste Ildefonse. * 696
—De l'Instruction Chrétienne.
—Des Filles de St Joseph. * 698
Les Magdelonettes. * 700
Ste Marguerite, fauxbourg St Antoine. * 701
Les Mathurines ou Filles de la Trinité. * 702
Filles de Ste Marthe.
Nouvelles Catholiques, dites de la Croix. * 703

Des Orphelines, rue du vieux Colombier. Liv.VII. * 705 T. Ii.
Ste Perpetue, rue Ste Genevieve. * 706 L.XIV
Chanoinesses de Piquepuce. T. III.
Filles de St Thomas d'Acquin. * 707
—De Ste Placide. * 708
—Du Precieux-Sang.
—De la Providence. * 709
Des Sœurs Sachettes. * 712
Communauté de St Sauveur.
Filles du St Sacrement, rue Cassette. * 713
—Du St Sacrement du Marais. * 714
Communauté de Ste Theodore, rue des Poules.
Communauté de Ste Valete. * 715
—Du Verbe incarné.
Filles de la Visitation de la Place Royale. * 716
—De la Visitation du fauxbourg St Jaques.
—De la Visitation rue du Bacq. * 717
—De la Visitation de Chaillot.
—De la Visitation de St Denys.
—De l'Union Chrétienne, rue St Denys. * 718
—De la petite Union Chrétienne. * 721
—De l'Union Chrétienne rue Cassette. * 723
—De l'Union Chrétienne, quartier St Germain l'Auxerrois.
Les Ursulines fauxbourg St Jaques. * 724
—Des Filles Ursulines rue Ste Avoie. * 725
—Des Ursulines d'Argenteuil. * 726
Pierre de Craon assassine Clisson, & comment se sauve. I. 42. Où il étoit caché avec ses complices. II. 138. VII. 236. Son Hotel reduit en Cimetiere vert. Ibid. & VII. 236. Fait dresser une Croix à Montfaucon pour reparation de son assassinat. VIII. 149. On lui attribue l'établissement de Montfaucon. X. 585. Il obtint de Charles VI que les criminels seroient confessés. Ibid.
Crassot, Professeur de Philosophie, temuoit ses oreilles comme les Chevaux & les Anes. X. 552
Crecy, Hugues, Prisonnier à l'Hotel de Nesle. P. 5
Creil, Maison Royale, sejour de Dagobert., où Judicaïl vint lui rendre hommage. VII. 294. Charles V fit rebâtir le Château : Charles VI ayant perdu l'esprit y fut gardé. Ibid. A qui il appartient presentement. 295
Creteil, Maison de plaisance où logeoit la Maitresse de Charles V. 312
Cri pour les morts, coutume qui s'observoit à la mort : celle de Laurent Garnier. VII. 328
Crieur de vieilles ferailles brulé pour avoir brisé une Vierge. X. 538
Criminels, autrefois on leur refusoit les Sacremens : Craon obtint de Charles VI qu'ils fussent confessés. X. 586. Abus d'administrer le Sacrement d'Eucharistie aux patiens, aboli par des Conciles. ibid. On établit des pensions pour les Confesseurs des patiens & pour les assister. Ibid. On faisoit des pauses les conduisant au gibet, où leur donnoit à boire & à manger. 587. On executoit les Dimanches & les Fêtes. ibid.
—Illustres Criminels conduits au gibet. ibid. & 588.

Tome III. F

TABLE GÉNÉRALE

Liv. VII Crocodile trouvé sous terre. X. 560
T. II. Croix qui sont sur le chemin de St Denys : Croix
L. XIV. dressée à Montfaucon ; celle de Petit-Pont.
T. III. 349. Celle du Chemin de Reuilli. Croix de
Gastine transportée à St Innocent: Croix penchante : la Croix des Anglois. 350. Celle de St Etienne des Grès : la Croix de la Grève où Charles V harangua le peuple : Croix du Pillori ; celle de la Tombe Hoire, Croix des Filles-Dieu où l'on donnoit à boire & à manger aux patiens : Croix des Capucines : Croix Hemond : Croix de Clamart ou des Dormants : Croix Faubin : Croix St Laurent : Croix de la Reine : Croix neuve ou la Croix Jean Bigne. 351
Croix du Tiroi, où placée, son origine, son étymologie, quand bâtie & rebâtie. X. 606 607
Vraie Croix étoit adorée par les Rois à leur entrée dans la Ste Chapelle. XI. 645. Le Duc de Bethfort montre au peuple la vraie Croix, *Ibid.*
Croisades conclues à Paris. XIII. Celle sous Louis VII. 701. Celle de Philippe-Auguste. 702, & celle de Louis VIII contre les Albigeois. 703. Celles de St Louis. 704. La premiere & la seconde. 705. Celle de Philippe le Hardi. 706 ; de Philippe le Bel & le Long. 707 ; de Philippe de-Valois. 708, & de Charles VI. 709
Croisade prêchée dans l'Isle Notre-Dame par le Cardinal Legat. I. 90. *Voyés* P. 58.
La vraie Croix de la Ste Chapelle volée. X. 542
Ste Croix de la Cité, pourquoi nommée ainsi. I. 13 : où elle est placée. IV. 271. St Hildebert en veneration dans cette Eglise pour les phrenetiques, qui par leurs cris furent transportés à St Laurent. 363, 384, à la nomination de l'Archevêque de Paris. 385
Diverses Croix érigées en reparation de plusieurs crimes. VIII. 349 350
Croix du Tirouer ; d'où elle a pris son nom. II, 157
De la Croix, *Guillaume*, proprietaire de l'Annonciation de la rue de la Huchette, où trouvé un tresor. II. 142
Ste Croix, *la Basilique*, où placée. I. 65
Ste Croix de la Bretonnerie fondée par St Louis. I. 14. IV. 426. Le Tombeau de l'Abbé de Bernay. *Ibid.* Ils sont de l'Ordre de St Augustin. V. * 622
Croupe ; les Dames alloient par la Ville en croupe, les Reines & Princesses même. II. 187, 188, 189.
Crucifix de cuivre a donné son nom à la rue du Crucifix St Jaques. II. 143
—Posé pour marquer la hauteur de l'eau en la rue de la Perle, surnommé *marque-eau.* 203
—Attaché & brûlé par les Huguenots. X. 537
Crussi, *Hugues de*, President des Enquêtes, executé à l'Hotel de Nesle pour crime de leze-majesté. VII. 82, 136. Son Hotel rue Pavée donné au Duc de Lorraine. *Ibid.*
Cugniere, *Pierre de ;* sa statue. P. 224, sert de Marmouzet. *Ibid.*
Curé & Pasteur, qualité donnée au Doyen de St Germain l'Auxerrois. IV. 313
Cures ausquelles St Germain l'Auxerrois nomme. IV. 309
Deux Curés à St Jean le Rond. P. 155
Plusieurs Curés sont seulement Vicaires perpetuels de plusieurs Abbayies. VIII. 460
Les Curés affermoient leurs Cures ; ils avoient des fermiers : l'abus que cet usage causoit. XI. 630
—Leur avis sur l'obéïssance dûë à Henri IV. P. 44

D

Dais porté sur le Cardinal *à latere* dans Paris, les tapisseries le long des rues. VII 89
Le Dais porté aux entrées des Rois & Reines étoit donné aux Religieuses de Ste Catherine. VIII. 458. XI. 643.
Dagobert marié à Romilli. VII. 293. Il envoie St Ouen à Judicail, Roi de Bretagne : ce Prince le vint trouver pour lui rendre hommage. 294. Armand, Duc de Gascogne lui vint demander pardon : naissance de son fils Sigebert : il fait revenir St Amand : miracle au baptême de son fils. 295. Son testament, precautions qu'il prend : malade à Epinai : se fait porter à St Denys où il mourut. *Ibid.* Ses tresors partagés à Compiegne. 309, 315
Notre-Dame entreprise par l'Evêque Maurice en 1163. I. 15. étoit dediée à St Denys. I. 13 & IV. 295.
—N'est pas plus élevé que St Denys de la Chartre. I. 23
—Douze marches enterrées à la porte sous Louis XII. I. 22. II. 183
—Son antiquité : où placée : preuves sur son existence par divers Auteurs. IV. 283, 284, 285 & suivantes : quand elle a été la Cathedrale. 288. *Voyés* P. 46, 50, 72, 73, 74, 152.
—Le Chapitre a intenté plusieurs procès pour faire faire le Terrain. III. 244
—Chapitre de Notre-Dame de quoi composé : les dignités. IV. 367
—Les annexes de l'Eglise de Paris. *Ibid.*
—Privileges de l'Eglise de Paris : le Chapitre est appellé Regent de l'Archevêché de Paris. 368 Sa Jurisdiction ; celle du Chapitre. *Ibid.*
—Eglise, sa description, les tableaux, St Christophe, les portes, la ferrure, les tapisseries, les tours, les écoles. 371
—Quand fondée, bâtie, achevée, ses fondemens. 372. Ses quatre Filles. 370
—Procès verbal de ce qui s'est trouvé dans le sanctuaire de Notre-Dame. 373
Notre-Dame des Champs très-ancienne. VIII. 371. P. 6.
Notre-Dame des Voutes, Chapelle basse de St

Barthelemi. I. 12
Notre-Dame de Paix. P. 65
Notre-Dame de Bonne-nouvelle, bâtie sur la maison de Thibaut, Bourgeois de Paris : elle est abbatue & ruinée, rebâtie quand. IV. 470
—De Lorette. P. 201
Notre-Dame de Bon-secours. P. 214
Dammartin, Chateau, on ne fait par qui bâti : proverbe à son occasion. VII. 309
Le Comte Dammartin use de violence pour conduire une gallerie à la maison des Religieux de St Magloire. VII. 155
Gerard de Dampmartin, amoureux de la Reine de Frise, qu'il enleva : il y eut au Briquet un duel entre le Roi, qui y fut tué, & Gerard épousa la Reine. 312
Maréchal Dancre, outrages faits à son corps. XIV. 29
Louis Danic, illustre pour les rampes de fer. VII. 206
Dapifer ou grand Sénéchal, sa qualité. XIII.
Jean Darcis, Evêque d'Autun avoit deux maisons à Paris. VII. 265
Gui Dauphin, logeoit à la maison aux piliers. VII. 82
—Humbert son frere y a demeuré, par la donation que lui en avoit fait Philippes de Valois. ibid.
Dauphin enlevé par le Marquis de Baviere, le Marquis du Pont & Montagu. VII. 185
Dauphin, d'Henri IV, pour rejouissance la rue & la Place Dauphine furent bâties. II. 131
Dauferre, Prisonnier dans la grosse Tour du Louvre. VII. 18
Jean d'Auxerre, à qui Charles de France, Regent du Royaume, donna la maison du Dauphin, & lui permit de la vendre pour servir d'Hotel de Ville. 82
Débordemens de la Seine arrivés en differens tems : les effets prodigieux : miracles arrivés dans ces rencontres. II. 199, 200, 201, 202, 203, 204. IV. 272.
—Dignes d'être remarqués à cause de certaines circonstances non moins semblables qu'extraordinaires. 205. P. 78.
—Recherches de la cause des débordemens de la Seine. 207
—Sont causées par la grande quantité de ponts & de chaussées qui en retardent le cours. 208
—De la riviere des Gobelins. II. 210. Ses effets & ravages. ibid.
Décapitation : deux Augustins eurent la tête coupée. X. 595. Plusieurs autres : les Nobles à present sont les seuls que l'on punit de cette maniere. X. 595
Dédommagemens donnés aux Religieux qui se sont trouvés dans l'étendue des Clotures. I. 86
Défis : les six plus fameux ; le premier de Gontran. XII. 657. Le second de Clisson. & pourquoi. Ibid. Le troisiéme de Louis d'Orleans. Le quatriéme du Sénéchal Werchin. Le cinquiéme du Chevalier d'Artagon. 658.

Enfin le sixiéme de François I, qui appella Liv. VII. Charles-Quint. 659 T. II.
Degré de Mr de la Brosse, son effet. XIV. 4 L. XIV.
Degrés de la Chambre des Comptes, explication de ses ornemens, par qui bâti. VII. T. III. 4
Les dehors du Louvre, admires des illustres Architectes ; sa description. VII. 32. Les dedans du Louvre par qui conduits. 33
St Denys du Pas, dit à *Passu & Passione*. IV. 430
St Denys : quand il est venu à Paris. I. 12
—Celebra la premiere Messe à St Etienne des Grès. ibid. & à St Barthelemi. IV. 298
—Il a dedié St Benoît à la Trinité. I. 12
—Se retiroit à St Marcel pour dire la Messe. I. 13. & IV. 261. 363. 292.
—A logé à Notre-Dame des Champs. VII. 254
—A été prisonnier à St Denys de la Chartre. Ibid. 292
—Divers miracles de St Denys. IV. 266. 267
—Il a été le premier Evêque de Paris. 364
—Dispute sur le Chef St Denys. 365
St Denys Abbayie, exempte de la Jurisdiction de l'Evêque de Paris, par Clovis II. VII. 295. & IX. 445. Le Poesle & les effigies des Rois sont dues à cette Abbayie. VIII. 459
—Dagobert se sentant malade s'y fit porter, y rendit l'esprit. 210
—Louis III s'y fait porter, & meurt aussi.
—Charles le Chauve y jeûna le Carême, y celebra les Pâques. Robert donna au Couvent la maison Courtillier. Richilde seconde femme de Charles le Chauve, y accoucha d'un fils, qui y mourut. ibid.
—Louis le Gros y demeura. ibid.
St Denys de la Chartre ; c'étoient des Chanoines ; nommé prison de Paris. 343. C'a été une Abbayie de St Augustin. On y a serré St Denys. IV. 343
Jean St Denys, Procureur au Parlement. II. 144
Donombremens faits des Habitans de la Ville de Paris en differens temps. I. 29.
Guillaume Dreux banni du Royaume. VII. 144
D'Estrées, Gabrielle, Duchesse de Beaufort, Maîtresse d'Henri IV, a logé à l'Hotel de Zamet, à St Germain l'Auxerrois où elle est morte ; exposée dans un lit de parade. VII. 125. 237. Elle avoit le Palais des Mouceaux. 311
Pierre des Essarts emprisonné par les Seditieux au Louvre VII. 18. Il avoit une maison de campagne dans le clos du Louvre. 51
Devin qui effraya la Reine Catherine de Medicis sur sa mort. VII. 213
Les Devis de la longueur & largeur exacte des fossés, des arriere-fossés, pour l'enceinte de la Ville de Paris. I. 39. 40
La Dépense de ladite enceinte. ibid. & 43
Diane de Poitiers, Duchesse de Valentinois, proprietaire de l'Hotel Barbette. II. 165. a donné son nom à la Diane. VII. 121. avoit trois Hotels à Paris. ibid.
Diego de Mendosse ruine plusieurs Hotels. I 32

TABLE GENERALE

Liv. VII. Jaques de Diñan, Evêque d'Arras, demeuroit
T. II. rue St Symphorien. VII. 216
L. XIV. Directeurs des ramparts, fossés & fortifications
T. III. de la Ville, sous les differens regnes. I. 42
&43
*Dissertatio de latitudine parisiensi P. Petiti,
scripta ad D. Sauvallam*. I. 47
Dissertation sur une antiquité qui prouve le veritable nom de Paris. I. 56
Dissolutions des Ecclesiastiques. P. 32. 33. 59.
76
Divertissemens & spectacles en general XII. 649
—De nos Rois en Duels publiques. 650. Les Cirques. *ibid.*
—Des aveugles courir le Pourceau. *ibid.*
—De l'Oye, de la longue & courte Paume. *ibid.*
—Des promenades & visites des Dames. *ibid.*
—Des mascarades & autres, deffendus. 651
—Les mêmes divertissemens. 693. 694. 695.
696
Divisions differentes des Gaules. I. 5
Division de la Gaule sous Auguste, sous Valentinien. I. 5. 63
Division de la Gaule en Archevêchés & Evêchés. *ibid.*
Division de Paris en trois. Cité, Université, & Ville. I. 64. Les differentes. *ibid.*
Dixmes données à Notre-Dame des Champs. P. 6
Dixmes de Montmorin; dissertation & titre de sujet. P. 252
Doctrine Chrétienne, P. 215. 216. V. *631
Les trois maisons. *632
Dogues, Henri III les faisoit battre contre ses Lions & ses Taureaux dans le grand jardin du Louvre. VII. 13
Domaine & Tresor du Roi, Chambre du Tresor, Jurisdiction, leurs Officiers, divers changemens. VIII. 431
Plusieurs donations & investitures faites sur l'Autel par divers Princes, Rois, &c. XI. 632
Gilles Dorion, Clerc de la Chambre des Comptes, & Perrinne sa femme, ont possedés une maison au coin de la rue des Bernardins, donné par le Roi René de Navarre. VII. 76. & par Louis XI. 82
Milles de Dormans, Evêque de Beauvais, une maison faubourg St Marceau à Jean Duc de Berri. VII. 71
Doyens, à qui on a donné cette qualité. XI. 641
Dragées données aux Juges des Cours souveraines. VIII. 463
Drapiers, un des six Corps des Marchands, leur Halle, leur Communauté, leur Confrairie, leur Bureau, leurs armoiries, IX. 472. P. 15
Mathieu Drouër acquiert un Hotel. I. 32
Droits que les Rois se sont reservés sur les clos de l'Université. VIII. 359. 360
Droit de *Banvin* au Chapitre de St Germain l'Auxerrois. IV. 308. Au Roi. VIII. 360
—Du Prevost de Paris sur les mesures à bled. IV. 308. VIII. 360
—De Taille sur le pain & le vin, appartenoit au Roi. VIII. 359
—De dragées & confitures données pour épices aux Cours souveraines. 463

—De salage à Messieurs de Notre-Dame. *ibid.*
—Des manteaux donnés aux Maîtres des Requêtes. *ibid.*
—De Buche aux Officiers des Tresoriers de France. *ibid.*
—De Chambellage, quand il se reçoit. P. 243
Droits de l'Université, du Recteur, Regents.
Appellant de la Sentence d'un Recteur, lui devoit cinq sols d'amende. VIII. 463
Proprietaires des maisons de l'Université étoient contraints de loger les Regens & les Ecoliers à tel prix que les appreciateurs établis exprès les taxoient, de même que les maisons des Hospitaliers. *Ibid.*
Les exactions levées sur les Ecoliers. *ibid.*
La Pastillaire, droit qui se paye en Medecine. *ibid.*
Les Banquets, les soupers, les gands, les bonets, les dragées, la paille, le mitton fourré du Bedeau, & autres redevances. 464
Droits du Voyer, livres de Chandelle, des étrennes & fromage, les gerbes d'herbes, des chapeaux de roses, des aiguilles, le gage de bataille. 464
Droits de chasse & de sepulture, & Droits curiaux de Montmartre, appartenoient à la Comtesse Huyerne, &c. XI. 642
Le Duc de Bellegarde, Grand Escuyer de France, acheta l'Hotel de Montpensier. VII. 127
Le Duc de Luines, Favori de Louis XIII, acheta l'Hotel de la Vieuville. 127
Duc de Bar, Jean Duc d'Alençon, prisonniers de la grosse Tour du Louvre. VII. 18. 19
Jean Duc de Bretagne, IV du nom, aussi prisonnier. *ibid.*
—De Guyenne meurt au Petit-Bourbon, soupçonné d'avoir été empoisonné. 111
Ducs d'Orleans & de Bourgogne reconciliés aux Augustins en presence du Duc de Berri. 117
Le Duc de Bourgogne fait massacrer le Duc d'Orleans. *ibid.* vis à vis l'Hotel des Cinges. 155
Le Duc de Berri mourut à l'Hotel de Nesle, où il fut visité du Roi & de tous les Grands. 117
Le Duc de Beaupreau avoit son Hotel à la rue de Tournon. 122
Les Ducs de Chevreuse ont logé rue du Louvre à l'Hotel de Cleves, & à celui de Chevreuse. 122
Duchesse de Mercœur fait bâtir & établir les Capucines, où elle entre avec ses douze filles. 122
Duc d'Epernon achete l'Hotel de Chevreuse. 123
marié à l'Hotel de Montmorency. 144
Duchesse de Mantoue vint pour tenir sur les fonts le Dauphin, & fut logée au Louvre. 139
Ducs de Paris.
Le fameux Duel entre le jeune Savoniere & Vanlai, en presence de François I. VII. 49
Des Duels & combats à outrance, des Duels en general. Les fameux Duels. X. 577
Celui de Biron & St Just, de Villemors, de Nantouillet, de Guise, enfin celui de Rouillac qui se batit aux flambeaux. *ibid.* Duel des Comediens, des bêtes, d'un Levrier contre l'assasin de son Maître. 578. Des Religieux & Gens d'Eglise qui se sont batrus en duel. *ibid.*
Diverses ceremonies observées avant les duels.
Enfin on punissoit des crimes, terminoit des
procès

procès par le Duel. 579
Différence des Duels. La Colombiere en a rapporté un grand nombre. 580. Formalités des Duels ; on marquoit le jour, les lieux, & aux depens de qui ils se faisoient. 581
Autres formalités singulieres, c'est à dire, par adresse, par valeur, ou à l'honneur des Dames. 582
Duels ordonnés pour crimes ; le Roi & le Parlement en ont ordonné, exemple sur ce sujet. 582. 583. Le gage du Duel, ce que c'étoit. *ibid.*
Duels en faveur des Dames, ou pour faire voir son adresse. XII. 659. Plusieurs exemples & histoires de divers Duels. 000. Celui de Pierre Missé 661
Duels par bravoure, tant fabuleux que veritables. Celui de Tombe-Isoire 662 & 674
Duels de parade : celui des Anglois, celui de Courtenay. 604, & autres exemples. 665

Celui de Marolles. 666
Duels par vengeance ; celui du Prince de Boheme ; celui du Breton & de l'Anglois. *ibid.* Celui d'un Portugais & d'un Breton. 667. Termes & noms des Champions. Privileges aux Abbés d'ordonner des Duels, & d'entrer en lice. *ibid.* Plusieurs exemples. 668. Les Esclaves avoient permission de se battre en Duel. *ibid.* Ce que c'étoit que le droit de Duel. 669
Duel pour venger l'honneur des Dames fletries par paroles ou autrement. *ibid.* Plusieurs exemples. Celui de le Gris & de Quarouges. 670 671. 672. 673.
Recapitulation des Duels & de leurs ceremonies. 675. Duel de Biron 676. Celui de Marolles & de l'Isle Marivaux. 677. Voyés P. 1172.
Dupuy. Manuscrits de sa Bibliotheque, d'où a tiré l'état de la dépense des fossés de la Ville, &c. I. 40

Liv. VII
T. II.
L. XI V.
T. III.

E

EAux chaudes & froides : l'usage que l'on en faisoit dans les Jugemens. X. 573, 574, 597.
Eaux claires, bonnes, d'où elles viennent à Paris dans les Fontaines. I. 3
Grosses Eaux & débordemens : les differens ravages qui en font arrivés. II. 200, 201, 202.
—Hauteurs marquées en divers endroits de la Ville, & le Crucifix marqué-en. 203
Les Eaux de Belleville : leurs distributions. 210
—Du Pré St Gervais, où elles fournissent. 211
—De Rungis & de Cachan, sa recherche.
—Elevées de la Seine, les quartiers de Paris qui en tirent la commodité. *ibid.*
—Les Pompes du Pont Notre Dame : celle de la Samaritaine ; où elles fournissent leurs eaux. 212
Le Château des Eaux où placé à Paris. 211
Les Eaux & Forêts ; cette Jurisdiction très-ancienne : ses privileges, son ressort, ses Officiers, diverses augmentations d'Officiers VIII. 404
La Jurisdiction de la Maitrise des Eaux & Forêts, differente de l'autre ; de quoi composée. 405
Ebroïn confiné dans un Couvent, profite des troubles que causoit la mort de Childeric II ; s'empare de la Mairie du Palais ; fait fuir Thierri, dont il prend les tresors. VII. 206.
Il défait Martin & Pepin. *ibid.*
Ecoles des Chirurgiens de St Cosme ; la Salle très commode, &c. IV. 412
—De petites Filles.
Ecole de Droit rue St Jean de Beauvais, fondé par Philippe Ponce. VIII. 355
Ecoles publiques, quand elles ont commencées. I. 17. P. 73, 76.
—Du Parvis Notre-Dame, de St Julien, & celle de la rue du Fouarre, I. 17

—Celle de St Germain l'Auxerrois. III. 242. P. 37.
—Celles de la rue de la Tacherie. I. 21
—Des grandes aux Cordeliers. VIII. 367
—Deux près St Yves, donnés au Sous-Chantre de Paris. II. 153
—Des Juifs rue de la Tacherie. 163
L'Ecole des quatre Nations, rue du Fouarre.
—Celle de Droit.
—Celle de Medecine.
—Celle de St Victor, fondée par Guillaume Champeaux.
—Plusieurs des Juifs.
—Celle de St Thomas du Louvre, fondée par un Comte de Clermont.
—Celle des Bons Enfans par Belot. VIII. 381
—De petites Filles au fauxbourg St Germain, pour élever de jeunes personnes. IV. 495
Le Port de l'Ecole, à cause de celle de St Germain l'Auxerrois. III. 242. & IV. 306. 307.
Ecoliers, leur nombre sous St Louis. I. 17. 27.
—Logés & nourris dans les Colleges. I. 17
Deux Ecoliers tués : rente payée à l'Université par les Religieux de St Germain. IV. 336
Deux Ecoliers pendus : reparation faite par le Prevôt de Paris. VIII. 349. P. 40. 227.
Echelle du Temple où placée. II. 164
Echelles en divers endroits de Paris où il s'en trouvoit, pour marque de haute & basse Justice. *ibid.* & X. 590, 602, 604, 605. & P. 81.
Echoppes proposées en divers endroits. III. 245
—Celles du Quai de l'Horloge refusées, & fait defenses d'en bâtir contre le Palais. *Ibid.*
—Le President Jeannin en obtint la permission. *Ibid.*
—Le President le Jay obtint la permission d'en bâtir sur le Quai des Orphevres. *ibid.*
—Il ne s'en est point bâti sur le Quai de Nesle

TABLE GENERALE

Liv. VII vers. 246
T. II. —On a refusé la permission de bâtir des maisons & échoppes au coin de la Grève au bout du Quai de Gesvres. 247
L. XIV.
T. III. L'Echo des Tuilleries, où situé, ses effets. VII. 60
Un jeune Prince Ecossois, suivi de dix ou douze, chassé par le Roi d'Ecosse : sa reception à Paris. VII. 138
Ecrivains, où ils se retiroient. II. 132
Un Escu-tiers dû aux Religieux de Ste Catherine. VIII. 458
La grande Ecurie des Tuilleries, où placée, & le manege ; sa description. VII. 59
Ecuries de la Reine à l'Hotel de Bretagne. 66. 184.
Ega, Maire du Palais de Clovis II, meurt à St Ouen. VII. 295
Anciennes Eglises de l'Université, leurs fondations : le teins auquel elles ont été Paroisses. VIII. 371
Eglises ; plusieurs comparées au Temple de la Paix de Rome. I. 15
—Le nombre de celles de Paris. I. 16
—Collegiales, leur Office en musique. *Ibid.*
—Ruinées par les Anglois, & rebâties. I. 12
—Très-anciennes sont St Gervais, St Laurent, I. 12
—Les anciennes étoient très-obscures. I. 21
Traité des Eglises de Mr de Launoi. I. 13
Eglises souterraines dans la Cité. I. 97
Discours de Mr de Launoi sur les anciennes Eglises : de deux plus anciennes, celle de St Denys & de St Marcel. IV. 257. Preuve par St Hilaire & par Sulpice Severe. 258. L'Oratoire de St Martin. 259. De l'Eglise de St Pierre & St Paul à present Ste Geneviéve. 260, 261, 262. De l'Eglise de St Denys dedans la Ville. 263, 264, 266, 267. L'Eglise de St Vincent surnommée St Germain des Prés. 258, 269, 270. L'Eglise Ste Croix où placée. 271. L'Eglise St Laurent, St Gervais & St Prothais. 272. L'Eglise de St Julien Martyr. 273. D'une certaine Eglise de St Pierre des Assyriens. *Ibid.* L'Eglise de Ste Colombe Vierge. 274. Monastere de Religieuses nommées de St Eloi. 275. L'Eglise de St Paul. 276. Celle de St Martial. *Ibid.* La Celulle de St Pierre qui s'appelle à present l'Eglise de St Mederic. *Ibid.* St Etienne du Mont & des Grecs. 277. Celle de St Germain le Rond, qu'on appelle St Germain l'Auxerrois. 278
L'Eglise de Notre-Dame, témoignage pour le prouver. 279, 280, 281, 282, 283.
L'Eglise de St Magloire fondée par Hugues Capet. 290
Des Eglises en general. 291
—En quoi elles consistoient, en nef, contrenef, &c, les figures qui s'y trouvoient, les fenêtres, le portail ou avant-portique. 291. Fondation de quelques Eglises. 292, 293, 295, 296.
Autres recherches de quelques Eglises. 297, 298.
Des Eglises : Les Chapelles de St Martin & de Ste Colombe, introuvables, Notre-Dame & St Denys du Pas, les plus anciennes Eglises. 297
St Eloi : l'étendue de ce Prieuré *ibid.*
St Germain l'Auxerrois. 299. Sa description, &c, jusqu'à 331.
St Thomas du Louvre, St Nicolas du Louvre, St Honoré & Ste Opportune. 332
St Roch, sa fondation. 333
St Jaques St Philippe du Roulle. 335
Abregé des Chroniques de St Germain des Prés. *ibid.* 336, 337.
St Denys de la Charte, des Chanoines, des Religieux & des Religieuses, & enfin des Religieux. 343, 344.
St Symphorien, Eglise Collegiale, réunie à la Magdelaine. 345, 346, 347, 348.
Montmartre, son nom. 349. Fondation de l'Abbayie. 351. Chapelles rebâties. 352. Dévotion pour Montmartre : tombeaux. 353. L'Abbayie. 354. Biens donnés à Montmartre. 355. Bâtiment de l'Abbayie : dédicace de l'Eglise. 356. Choses historiques. 357
Sts Innocens, quand bâtie, par qui. 358.
Le Cimetiere : les Epitaphes. 359
Ste Catherine de la Couiture. 360
St Jaques de la Boucherie, pourquoi ainsi appellée. *ibid.*
Plusieurs autres Eglises & Paroisses, &c.
Eglises qui ont changé de noms. IV. 496
Ste Geneviéve, étoit St Pierre St Paul ; St Germain des Prés, étoit St Vincent ; la Chapelle Gaillon, appellée St Roch. 497. St Pierre, St Merri. Celle de St Nicolas, la Ste Chapelle ; St Magloire, le nom des Filles Penitentes ; St Pere, la Charité ; l'Hopital d'Imbert des Lions, les Filles-Dieu ; celui de Braque, la Merci. Les Beguines en l'*Ave-Maria* ; les Filles de la Magdelaine en Madelonettes. Notre-Dame des Champs, les Carmelites ; les Dominicains en Jacobins ; les Mathurins étoient les Religieux de la Redemption. Des Benedictins en Blancs-manteaux ; les Carmes mitigés sous le nom des Billettes.
Eglises souterraines & cachées. XIV. 54
Eglises, leur aspect, c'est-à-dire leur situation à l'égard du lever & coucher du soleil. XI. 635. Reflexions faites à ce sujet. 636
—Les ornemens, les statues, quand ils ont été introduits dans les Eglises. 636. *Voyés* P. 221, 222, 237.
Eglises sous la protection du Pape. P. 73.
Egoût de la rue St Benoît. II. 115
—Près du Temple, avoit donné le nom à la rue du Temple. 163
—Plusieurs entrepris en plusieurs endroits, conduits par des voutes. III. 248
—Celui sous Aubriot, qui alloit rendre dans les prés & gargouilles du Marché-neuf près le Palais, & à la rue de la Barillerie. *Ibid.*
—Le grand, qui reçoit ceux du Temple, du Ponceau, de Montmartre & de Gaillon. *Ibid.*
—De la Courtille-Barbette ou Pont-Perrin. *Ibid.*

DES MATIERES.

——De la Croix rouge du fauxbourg St Germain. *ibid.*
Les quatre Egouts de l'Univerſité.
Celui de la rue de Bievre.
Celui de la rue Dauphine.
Celui de la rue St Benoît. 249 250
Celui de la rue St Louis fauxbourg St Antoine. 251
Celui du Temple & du Ponceau. 252
Celui de la rue Gaillon. 253
Celui devant St Leufroi, Porte de Paris. 254
——De Planche-Mibrai & rue des Aſſis. *Ibid.*
——Des Nonains-d'Yerre. Ceux de la rue St Honoré, St Antoine & autres. 254
Six Crocheteurs perirent en écurant un Egout, & furent tirés tout verds. XIV. 552
L'Election, quelle eſt ſa Juriſdiction ; ce qu'elle connoît ; de quoi compoſée. VIII. 407
St Eloi, Evêque de Noyon, fonda le Prieuré de St Eloi. VII. 255
——Envoyé par Dagobert à Judicaïl, Roi de Bretagne. 294
St Eloi fondé & bâti par Ste Aure. I. 95
——Fondé & bâti par St Paul & St Martial, IV. 276
St Eloi, Monaſtere ; ſon étendue. I. 22. IV. 297.
——Sa Coulture, où placée. I. 69
——Divers changemens de cette Coulture. 70
——Les Religieuſes chaſſées ; diverſes mutations. 98 & X. 542.
——On y mit à la place les Moines des Foſſés. IV. 275
——St Paul ; le Cimetiere des Religieuſes de St Eloi. 276. *Voyés* P. 71. 221.
Embraſemens du tems de Labienus à Paris. X. 543
Le ſecond ſous Childebert, éteint par miracle. *ibid*
Le troiſiéme ſous Gregoire de Tours. *ibid.*
Le quatriéme ſous Dagobert. *ibid.*
Autres incendies en divers lieux. *ibid.*
Empallement, genre de ſupplice en uſage autrefois ; pluſieurs perſonnes qui ont ſubi ce ſupplice. X. 598
Empereurs Grecs, Andronic & Emanuel, ont demeurés au Louvre, VII. 48
L'Empereur Sigiſmond y a demeuré auſſi. Il fait un Chevalier à l'audience. P. 40
Empereurs Romains qui ont demeuré à Paris. I. 2. 6
——Ceux qui ſont venus à Paris, où logés. VII. 254 313
Enceintes de la Ville ; les trois differentes : la premiere, la ſeconde ſous Philippe-Auguſte, la troiſiéme ſous Charles V. Leur route. I. 65
Enfans, famille nombreuſe, Marguerite Martin, qui de deux garçons & trois filles a vû naître cent dix enfans. XIV. 551. Gillette Methelet avoit huit cens tant neveux qu'arriere neveux. *ibid.* La grande mere Faverolles a vû plus de cent cinquante enfans. *ibid.* Yoland de Bailli a vû deux cens quatre-vingt-onze enfans. *ibid.*
Les Enfans de France étoient les ſeuls qui oſaſſent entrer à cheval, en chariot, coche & carroſſe dans les Cours du Louvre & des Palais des Rois. II. 19. Liv. VII T. II. L. XIV. T. III.
——Divers reglemens ſur cette permiſſion, à qui accordée ; aux favoris ; à qui refuſée. *ibid.*
——Mante, Montargis, Amboiſe & Blois où on a élevé pluſieurs Enfans de France. VII. 306 307
Les Enfans de famille débauchés ; lieux où l'on enfermoit, aux Capets, chés les Miſſionnaires, à St Lazare, à St Victor. V. 509. au Prieuré de St Martin, dans la geolle de St Martin, 510
L'Enfant Jeſus, Hopital fondé par un Bourgeois de Paris, V. 396
Enfans Rouges établis par François I. I. 14. V. 594
Enfans-trouvés ; le Roi leur donne l'Hopital de la Pitié, une petite ruelle y compriſe. II. 177. Leur établiſſement. V. 589
Enfans-trouvés du fauxbourg St Antoine. *Ibid.*
——Du St Eſprit. 592
——Grand nombre d'Enfans. *Voyés cy-deſſus.*
Enfans accouplés & attachés enſemble, divers monſtres. X. 503 565
Enfouies : pluſieurs perſonnes qui ont ſubi ce ſupplice. X. 594
Enguerrand de Marigny, priſonnier au Louvre. 18. Enguerrand de Coucy, auſſi priſonnier. *ibid.*
——Enguerrand de Marigni pendu à Montfaucon. 69
——Louis Hutin donne ſon Hotel à Philippe de Valois ſon fils. 114. Il eſt dépouillé au gibet. X. 599
Enſeignes ridicules ou mauvais rébus. XIV. 57
Entrailles de Louis XIII à Notre-Dame. IV. 376
Enterremens ; les ceremonies, habits dans leſquels pluſieurs Rois, Princes ont voulu être enterrés. XI. 646
——En habit de Celeſtins, de Cordelier, &c. 647
——Officiers generaux morts dans l'action, enterrés à St Denys avec les Rois. *ibid.* 648
Entrée du Cardinal Legat. 89
Entrée de l'Ambaſſadeur Norfolcx, d'Angleterre. VII. 89
——Celle des Suiſſes à Paris très-magnifique. 97
Autre des Suiſſes, ſous
Entrée de Philippe, Archiduc d'Autriche, & Jeanne de Caſtille, à Paris ; les honneurs qu'ils reçurent. 112
Entrée d'Emanuel Philibert de Savoie, pour épouſer Marguerite de France ; ſa reception. 135
——De Victor Amedée, Prince major de Savoie pour épouſer Catherine de France, ſa reception, ſa preſens. 135
——De la fille du Duc de Ferrare, femme du Duc de Guiſe, qui fut conduite à l'Hotel de Reims ; ſa magnifique reception. 139
Entrées de pluſieurs Rois de France, ſous differens regnes par rapport aux ceremonies. XI. 642. P. 646, entre autres celle de Cathe-

Liv. VII. rine de Medicis, où le vin coula jour & nuit.
T. II. 643
L. XIV. Entrepreneurs de l'Isle de Notre Dame : on leur
T. III. refuse la permission de construire un pont
dans cette Isle. III. 242
L'épée de St Pierre & les ornemens Royaux,
apportés à Louis le Begue par Richilde, à
Compiegne. VII. 309
Les Epiciers, Apoticaires, Sauciers & Chandeliers ; leurs armoiries, leur Bureau, leur Confrairie ; quand separés, leurs professions. IX.
473. 474. P. 19
André Epinai, Archevêque de Lion, accompagna le Roi à la bataille de Fornoüé, avec sa
mitre, son surplis, & un morceau de la vraie
Croix. VII. 259
Epinai, Maison Royale, où Dagobert tomba malade, & y fit son testament. VII. 295
Epitaphes Hébraïques, Tombes des Juifs trouvés
dans la rue de la Harpe. X. 532
Epitaphe de Coquillard, par Marot. II. 127
Epitaphes diverses, de St Germain de l'Auxerrois.
IV. 330. 331. De quelques fous. ibid. Celui
d'Etienne. Ibid. Celui d'Allain dans St Eustache. 437. Celui du Frere Mathurin. 444,
De St Severin. 416
Epitaphe de St Jaques de l'Hopital, du bon Martinet. XIV. 24
Epitaphes du Seigneur de Barbazan à St Denys
en France. XI. 648
Divers Epitaphes d'Illustres personnages malheureux. V. *726. *727. *728.
Epouvante du passage de l'Apocalypse de St Jean,
qui annonçoit la fin du monde. I. 15
—Elle fait abandonner tous les bâtimens pendant
un temps ; revenu de cette erreur l'on bâtit à
l'envi des Eglises, &c. Ibid.
Ercole Siciliano, Ingenieur. I. 81
D'Erambourg de Brie, Bourgeois de Paris. II.
115
Ervart, Intendant des Finances, a acheté l'Hotel d'Epernon, qu'il a ruinée & rebâtie à neuf.
VII. 123
Erreur dissipée sur le pronostique de la fin du monde. I. 15, 64
—Du Pr. Binet, sur St Denys. 12
—Du Peuple, sur le même St Denys. Ibid.
Escalier du Louvre, où la grande vis, sa description. VII. 2. Ses ornemens, statués, par qui
ils ont été faits. Ibid. Celui des Tuilleries conduit par Philibert de Lorme, & achevé par
Boullet, Me Maçon. 54
Escalier de bois en viz au coin de la rue Coquilliere par Cotton, Charpentier. II. 111
—Description de l'Escalier de la maison de Mr
de Chateauneuf. VII. 201. Les deux grands
Escaliers de l'Hotel de la Vrilliere. 228
—Celui de la rue des Vieux-Augustins, de bois,
qui est un Chef-d'œuvre. XIV. 39. Escalier
hardi à la tour de St Gervais; ceux de Philibert
de Lorme. 43
Esclaves qu'avoient autrefois le Chapitre de St
Germain l'Auxerrois & Notre-Dame, leurs
usages IV. 318. P. 55. 72. 78.
Escluses des Tuilleries, celle de l'Hotel de Nesle.
P. 126

St Esprit. P. 218
St Esprit du temps du Roi Jean. I. 14
Jean de l'Espine, Greffier du Criminel, a donné son nom à sa rue. II. 144
Estampes, Maison Royale où la Reine Constance demeuroit. L'Abbé Suger y fut cité Regent du Royaume. Philippes-Auguste y relegua sa femme. VII. 304
Estampes, Pierre, a demeuré à l'Hotel des Cinges. II. 162
La Duchesse d'Estampes, Maitresse de François
I, a demeuré à l'Hotel du Petit-Musc. VII.
65. Maison de plaisance à Chaillot. 312
Louis d'Evreux, Comte d'Estampes, meurt d'apoplexie à l'Hotel de Nesle. 117
Etienne de Douay, proprietaire de la Courtille
du Temple, & sa femme. I. 67
Etienne Luillier. 74
Etienne III, Pape, vient à Paris demander du
secours au Roi Pepin. VII. 255
St Etienne du Mont & celle des Grecs, brûlé
par les Normans. IV. 278
St Etienne des Grès composé d'un Chefcier &
douze Chanoines ; est une des Filles de Notre-Dame : ces benefices sont à la collation de deux
Chanoines de Notre-Dame. IV, 371. P. 71
72. 74.
St Etienne du Mont étoit une Chapelle souteraine, appellée de Notre-Dame, pour desservir les Habitans du Clos de Ste Geneviève.
Cette Chapelle avoit nom de St Jean l'Evangeliste. IV. 386. P. 51. Quand la Paroisse a
été bâtie. Dispute à la nomination sur l'accroissement. 287. Reglement pour les fonctions curiales. 388. Les Religieux ont tenté
de se rendre Maitres absolus de la Cure. Scandale à l'occasion de la Procession du St Sacrement. Ibid. Procès intenté, disputes de part &
d'autre. 389. Sentence du Pape Innocent III
pour terminer ce different. 390. Autre Concordat entre l'Evêque de Paris & de l'Abbé
Ste Geneviève. 393. Contrat pour l'accroissement de l'Eglise St Etienne. 394. Transaction faite entre l'Abbé & les Religieux de Ste
Geneviève & le Curé de Ste Etienne. 396.
Arrêt du Parlement pour les droits Parrochiaux.
397. Autre touchant la Cure de St Etienne.
398. Visite faite par l'Evêque de Paris, Procès verbal de ladite visite. 401. Suppression
du petit Cimetiere. 405. Requeste pour le
changement de l'Office, ibid, Acte du retranchement du Cimetiere. 407. Choses remarquables dans St Etienne, ibid. P. 72. 77
St Etienne des Grès la même dont parle Abben.
I. 14. Sous Henri I. VIII. 371
St Etienne du Mont ; les Paroissiens alloient
ouir le service à Ste Geneviève. 371
Etienne III vient implorer du secours au Roi
Pepin à Quierci. VII. 298
Deux Estomacs trouvés dans une femme pendue.
X. 562
Estrapade, lieu patibulaire, X. 603. Description
de cette place. 611
Estorillement, supplice dont on maltraittoit les
serviteurs méchans. X. 596
Etats, Assemblées tenues à Paris,
—Henri

DES MATIERES.

— Henri I, pour le Couronnement de son fils. 637. P. 49. 52 Liv. VII.
— Louis VII, pour faire sacrer son fils. La maison des Evêques à leur mort étoit pillée. T. II.
— Un autre pour le mariage de Marguerite, sa sœur. ibid. Les meubles appartenoient à leurs successeurs. P. L. XIV
— Louis VIII contre les Albigeois, & pour recevoir Raimond, Comte de Toulouse, au giron de l'Eglise. Evêques de Paris érigés en Archevêques. P. 152 T. III.
— St Louis, pour reprimer le luxe & faire des processions. 153
— Philippes le Hardi, pour le Sacre de sa seconde femme. Les Evêques d'Orleans & d'Auxerre refusent d'aller à l'armée, Philippe-Auguste ne marchant pas en personne. Leur revenu en saisie. VII. 306
— Contestation à l'occasion de ce Sacre. Tombeaux de plusieurs Evêques de Paris à Notre-Dame. IV. 377. 378
— Le Roi Jean, pour faire son fils Regent du Royaume. IX. 487 St Eustache, Chapelle dediée à Ste Agnés, fondée par Allais. Quand elle a été érigée en Paroisse. Son Architecture, son revenu. De la nomination du Chapitre de St Germain de l'Auxerrois. IV. 417. P. 285
— Philippes le Bel à raison de son excommunication.
— Autre pour la condamnation des Templiers. Simon Evrard, Abbé de Fontenay, vend la Melle-Chaalis aux Marguilliers de St Severin. VII. 270
— Pendant la prison du Roi Jean, plusieurs Assemblées. La Chambre de la generale Reformation, où elle se tint, où l'Université s'assemble. Elle tint une Assemblée generale aux Bernardins. Divers lieux où il s'est tenu plusieurs Assemblées. 488. 489 L'Excommunication étoit fort en usage pour & contre tout, comme des armes offensives & deffensives. XI. 639. Voyez. P. 29. 41. 51
Farce des Etats jouée au Louvre du temps de la Ligue. VII. 50 Philippe-Auguste excommunié; Assemblée des Grands qu'il convoque à ce sujet à Melun. VII. 304
Etats tenus à Paris par Jules César. I. 2
— Tenus sous Pepin à Braine. VII. 290. Sous Clovis II, à St Ouen. Autres sous Thierri I, au même Palais. 295 Sentence d'Excommunication envoyée à Charles VI, dechirée en public. L'Ambassadeur & le Courier de Benoît XII condamnés à faire amende honorable. VII. 84
— Tenus à Thionville sous Charlemagne. 299
— Tenus à Blois sous Henri III. 307 Plusieurs excommuniés reconciliés par le Cardinal Romain, Legat en France, à Notre-Dame. VII. 80
Charles, Dauphin, prit la resolution de rompre l'Assemblée des Etats à Paris. VII. 46
Etendue du Payis des Parisiens. I. 59 Les debiteurs des Ecclesiastiques excommuniés. 224
— Le progrès de cette étendue. ibid.
Etymologie des rues de Paris. II. 107 Executions, plusieurs faites en divers lieux, comme le Connétable St Pol, le Duc de Biron dans la Bastille. X. 610. Un Page dans la Cour du Chatelet. ibid. Amauri aux Champeaux. Neuf Templiers brûlés à l'Abbaye St Antoine. Le Grand-Maître brûlé dans l'Ile de la Place Dauphine. Trois femmes brûlées au même endroit. Au Marché aux Pourceaux les Heretiques Turlupins brûlés. Deux Heresiarques brûlés à la Grève. Ibid, D'autres faites à la Place aux chats. A la potence de St Jaques, hors de Paris une femme pendue, &c. 615
Etymologie du mot de Louvre; divers sentimens sur ce nom. VII. 9. De Paris & du mot de Lutetia. P. 229. 231. Celle du mot de Parlement. P. 230
Eudes, Comte de Paris. I. 9
— Implore l'assistance de Louis le Gros. ibid.
Eugene III, Pape, revenant du Concile de Reims, vint à Paris, logea à Ste Genevière. VII. 256
Elections des Evêques de Paris. P. 73
Les Evêques de Paris alloient à la guerre : condamnoient leurs sujets à se battre en duel. XI.

F

LA Face exterieure du nouveau Louvre. VII. 26
La grande façade du Louvre sur les desseins du Chevalier Bernin. Sa description, la cimaise de deux pierres longues de cinquante-quatre pieds sur huit de large. Machine qui a servi à les monter. 61
Guillaume de Faireschal, Abbé de St Denys, obtint permission de tenir ses assises à l'Hotel St Denys. VII. 265
Famille de St Joseph. P. 212
Famines extraordinaires arrivées à Paris. XIV. 556. où ils furent obligés de faire du pain des os de morts. 557

Bernard de Farges, Archevêque de Narbonne, fonde le College de Narbonne. VII. 263
Nicolas Faret, Academicien, Poëte, aimoit le vin : il fut Secretaire du Comte d'Harcourt : il a donné plusieurs ouvrages : mort à cinquante ans. IV. 328
Claude Fauchet, President de la Monnoie, dont Duchesne a fait imprimer les ouvrages. IV. 321. mourut dans un Grenier : enterré à St Germain de l'Auxerrois. 322
Martin le Favre, celebre sculpteur, qui construit l'escalier de l'Hotel d'O. VII. 241
Jean Faust, premier Imprimeur, son avanture. IV. 343

Tome III.

Liv. VII Les Faux-bourgs de Paris, le nombre. I. 26. T. II. Les exemptions. P. 4. 249. L. XIV. Celui de St Germain : sa situation. Ibid. Aussi T. III. peuplé que de grandes Villes. Ibid. P. 62. 166
— Combien de Faux bourgs en 1360. I. 40
— Projets pour enfermer les Faux-bourgs. I. 83. Les clôtures desdits. Ibid.
Faux bourg St Antoine, son étendue. I. 38
— Ste Anne & la nouvelle France, c'est le même. II. 109
Faux bourg St Victor, ou la terre d'Alez & Coupeaux, son étendue. VIII. 369. P. 8
— De St Marceau, nommé la Ville de l'Oursine : ce qu'il renfermoit. 370. P. 69. 70
— De St Germain : ce que l'Université y possédoit. Ibid.
Un homme qui avoit deux femmes étoit mené à St Pierre aux Boeufs. XI. 639
Les femmes débauchées avoient tout pouvoir sous Jaques de Vitry, Legat. XI. 638
Les femmes publiques : on leur commandoit de sortir des mauvais lieux lorsque l'on sonnoit le Couvre feu. XI. 633
Deux cens femmes de mauvaise vie converties, se retirent à l'Hotel de Soissons. VII. 213. P. 33
— Jusqu'à quel tems elles avoient des statuts des Juges, des habits & des rues à leur usage. XII. 650. P. 67
Femmes de Paris : leur valeur & courage contre les Normans. I. 10
— Débauchées ont demeuré long-temps rue de Glatigny. I. 98. Chassées de la rue Guillemin. II. 140. Par les statuts des Lingeres, quand il s'en trouvoit parmi elles, elles étoient chassées honteusement. 147
— Gaignard, quelques logis du Marché-neuf qui leur servoient de retraite. 174
— Ont demeuré rue Chapon, où elles ont resté long-tems, malgré les Evêques de Chalons. VII. 78
— Les lieux infames privilegiés furent abolis, & les femmes débauchées il leur fallut vuider toutes les rues dont elles étoient en possession. 108
— Les rues qu'elles occupoient dans la Ville de Paris. XIV. 32. Voyés rues.
— Elles prétendent que le jour de la Madelaine a été fêté par leurs devancieres. XI. 617
La premiere femme qui fut pendue à Paris. X. 544. 611
Les Fenestres des Eglises étoient petites & garnies de verres fort épais. IV. 291
Fer chaud : le jugement ; comment on le mettoit en usage. X. 575
Fer fondu qui orne les portes Notre-Dame. XIV. 43
Ferdinand I, Grand-Duc de Florence, qui fit jetter en bronze la statue d'Henri IV. III. 235
Duchesse de Ferrare vient épouser le Duc de Guise, son entrée. VII. 139
Pierre le Feron, Prevost de Paris, obligé de prêter serment à l'Université. XIV. 30
Ferrons, Pauvres, logés par St Louis en la rue de la Ferronnerie. II. 133

Fertilité du Terroir de Paris. I. 2
— On a celebré la Fête de Charlemagne, de St Nicolas & de Ste Catherine. XI. 621
La Fête de Ste Geneviève établie par Charles VII. ibid. Celle de Ste Anne a été celebrée. Ibid.
Henri II fit fêter la petite Fête de Dieu : les Ligueurs canoniserent Clement : son assassin : un Prédicateur fit l'éloge de sa mere. ibid.
La Fête de St Jean Porte-Latine, en rouge. ibid. Autres Fêtes, quand instituées. 622
Scandales à certaines Fêtes, tant par les Ecoliers, Enfans de Choeur, que par les Diacres & les Prêtres même. 622
Les Ecoliers alloient masqués à la Ste Catherine. ibid. A la St Nicolas ils créoient un Evêque. Ibid. Ils élisoient le Roi de France le lendemain des Rois. Ibid. Deffense de cette Fête. Ibid.
Le jour de la St Nicolas les Chapelains, Chantres & Enfans de Choeur de Notre-Dame alloient dans la Ville déguisés, &c. 623
La Fête des fous dans les Eglises de Paris. 623. La Circoncision & la St Etienne celebrées à Notre-Dame, comment. P. 72
Un Pape des Fous dans leur Fêtes. 624
Lettre touchant la suppression des Fêtes. 624. 625, jusques 627
Fêtes qui se faisoient aux ceremonies des enfans de France reçus Chevaliers. XII. 678
Fêtes de la Ville, du Royaume & de l'Université, &c. XI. 617. Les Meuniers ont le bon Larron. Ibid. Les Yvrognes la S. Martin, les Putains la Madeleine, &c. ibid. Fête de la veille de la St Jean à la Ville. 618. Les Rois. La nuit de Noël, &c. Ibid.
Les Fêtes de Pâques & de Noël se faisoient avec grande solemnité sous la seconde race. VII. 297. La Fête des Fous. XI. 621
Festins de nos Rois, se faisoient au Palais. VII. 3
Festin nuptial de Henri de Bourbon, Roi de Navarre, avec Marguerite de France, au Louvre. 50
Festins des Docteurs de Sorbonne, qui donnent occasion au Proverbe. II. 163
Les Feuillans, leur origine, d'où ils prirent leur nom. IV. 483. Le portail de leur Eglise, les Tableaux. 484. Le Choeur, la Bibliotheque : l'Apoticairerie. 485. Propreté de cette Apoticairerie. 485. Voyés. P. 177. 179. 180. Voyés Couvents.
Feu de St Antoine & brûlés : maladie extraordinaire. I. 41. IV. 279. P. 74
Du Feu, supplice, plusieurs qui l'ont subi, Templiers & autres. X. 595
Rue aux Feuvres : une portion vendue à St Germain-le-Viel, pour bâtir le portail. II. 134
Fiacres, espece de voiture en usage à Paris : pourquoi appellés ainsi : leur commodité. II. 193
L'Hotel St Fiacre leur a donné ce nom, parce que les premiers y ont été établis. ibid.
St Fiacre & St Josse ont demeuré où l'Eglise de St Josse est bâtie. VII. 255
Fiefs de Paris, leur origine. VIII. 416
Fiefs de Paris : les Seigneurs proprietaires de ces

DES MATIERES.

Fiefs. VIII. 416. Fief de Tiron. P. 72.
Fief de Therouenne : où placé ; son étendue, 417.
—Le Louvre, le grand & petit Chastelet. 418.
—L'Evêché, tous les Fiefs qui en relevent. ibid.
Huit grands Fiefs qui en relevent. 419
Autres Seigneuries & Fiefs : autres Fiefs Ecclesiastiques inferieurs. 420
Autres Fiefs encore moindres que les precedens, 421. Autres sortes de Fiefs, 422. Petits Fiefs. 423
Observation sur les Fiefs, Ibid. & 424
Table des Seigneurs qui ont droit de Justice. Fiefs & Justice. 425. Seigneurs qui n'ont que simples Fiefs & Censives sans Justice. 426. 427, & suivantes.
Fief de Bezé donné aux Religieuses de Ste Catherine pour les places prises pour la Place-Royale. I. 71. Fief & Clos de Garlande. P. 72, &c.
—De Coquatrix dans la rue du même nom. II. 126
—Des Marmousets rue Coquatrix. ibid.
—De l'Oursine, appartient à l'Hôpital de St Jean de Latran. II. 148
—Fief de Ste Geneviève qui est le Clos-aux-Bourgeois : sa description. VIII. 365. Celui des Francs Mureaux appartenant à St Louis. 366. Les Habitans étoient obligés de demander la permission de vendanger, au Chapitre de la Ste Chapelle. Ibid.
—Fief d'Hellebic aux Halles aux poissons : les droits qu'il exigeoit. VI. 654
—Du Grand-Chambellan. P. 82. Du Chardonnet. P. 69
Figuiers cultivés à Paris du temps de Julien l'Apostat. I. 4
—Eloge qu'en fait Ammian. I. 5
Fils dénaturé. X. 566
Filoux, leurs tours, les differens noms qu'ils se donnent; le jargon : le chef-d'œuvre qu'ils font essuyer aux apprentifs. V. 513
Filles privées, que la nature a privée ou mal placé, &c. XIV. 562. Des Filles jointes ensemble. 565
La fille d'un Marchand de Chevaux, appellée la petite Reine, Maitresse de Charles VI, avoit les maisons de plaisance à Creteil & à Bagnolet. VII 313
Filles de la Croix. P. 193
—De la Magdelaine. P. 177
Filles de St Joseph, Orphelines. P. 209
Filles-Dieu, fondées par St Louis. I. 14
Les Filles-Dieu, composées des femmes de mauvaise vie ; leur établissement. IV. 470. nommé l'Hopital. 471. Opposition à leur fondation. Ibid. L'étendue de cette Abbaye : les cimetieres découverts. 472. L'Hopital d'Imbert des Lions : on les place dans la campagne vers la rue aux Ours. 473. Plusieurs meurent pendant la peste : on leur retranche la moitié de leurs revenus. 474. Changement de monnoie & de la valeur. Ibid. Ce qu'ils avoient de revenu. 475. Leur fermeté, leurs vœux, leur regle, diverses dédicaces ; noms divers du fondateur. 478. Persecutions differentes arrivées aux Religieuses : changemens qui arriverent sous Charles VIII. La reforme par Cantien Hué. 479. 480. Discours à Mr du Rier sur les Filles-Dieu. V. 563. Voyés P. 217. 218.
Filles Penitentes du tems de Charles VIII. I. 14
Filles-Dieu, quand démolies & ruinées. I. 41
—De Ste Marie, ont fait acquisition du petit-Bourbon. II. 177. La beauté du bâtiment pour l'harmonie. IV. 440
Les Filles Penitentes, leur Monastere a changé plusieurs fois de nom & de Directeurs ; c'est une Chapelle hors de la Ville : leurs divers transports. IV. 469. Le Cimetiere : leur fondateur. Ibid.
—De l'Assomption ; leur musique. 470
Etablissement des Filles Penitentes à St Magloire. V. 578. Leurs divers changemens. 579
Echange de l'Hotel de Soissons au Couvent de St Magloire, pour les Filles Penitentes en 1572. 562
Flagellation, sorte de supplice en usage pendant quelque tems. X. 598
Nicolas Flamel, Hermetique fameux, ses maisons, ses Hopitaux. VII. 238. Plusieurs histoires à son sujet. Ibid. Son tombeau au Cimetiere St Innocent. IV. 259. Bienfacteur de St Jaques de la Boucherie. 361. Plusieurs fondations qu'il a faites en diverses Eglises. Ibid. Il a fait rebâtir le portail de Ste Genevieve des Ardens. IV. 384. Son histoire. XIV. 56
Flamans, trois jeunes Gentils-hommes, pendus injustement par ordre d'Enguerrand de Coucy. VII. 18
Comtes de Flandres, Ferrand, Gui, Louis, tous trois prisonniers au Louvre. VII. 184. Leurs differens crimes. Ibid. 45.
Gui, Comte de Flandre, demanda pardon au Roi de sa désobéïssance, & donna pour garand de sa parole son fils Guillaume, Gui Comte de St Pol & Jean Seigneur d'Hatcourt. 45. Les Lettres de Gui furent lues en presence de plusieurs Prelats, Ducs & Comtes, par lesquelles il demandoit la paix. 45.
Gui Dampierre, Comte de Flandres, acheta de Pierre Cocquillier une grande maison dans la rue Cocquilliere. Cet Hotel demeure aux Comtes de Flandres. 80. 191.
Jeanne, Comtesse de Flandres, mise en Croix entre deux vieux chiens. X. 594
Fleuve sculpé par Ponce à la porte d'un cabaret rue de la Savaterie. 3
Les Foires de Paris, Foires proposées.
Foire de St Antoine proposée à la Place Royale. Autre près de St Louis. &c. VI. 660
La Foire du Temple appartient au Grand-Prieur de France, s'ouvre le jour de la St Simon. 661
La Foire aux oignons & au lard, au Parvis de Notre-Dame, nommée le Jeudi absolu. Changemens arrivés à ces Foires. ibid.
La Foire de St Laurent. 662
—De St Ladre : transport de ladite Foire. P. 63.

Liv. VII.
T. II.
L. XIV.
T. III.

Léo. VII.	Foire de St Ladre. VI.	671
T. II.	Foire de St Germain.	664
L. XIV.	Foire de St Denys: le Landit.	667
T. III.		

La Foire de St Germain des Prés occupe l'Hotel de Navarre; bâtie par Guillaume Briçonnet. IV. 337 : très ancienne : differens changemens : de qui elle releve. VI. 664
Foire St Laurent donnée à St Lazare par Louis VII. VII. 305 : où établie sur le champ St Laurent : changemens. VI. 662
La Halle des Foires est bâtie sur la maison de plaisance de Louis de Valois. VII. 59. VII. 248
Folembrai : le Chateau bâti par François I. VII. 307
Folie Regnault. P. 163
Fontainebleau, Maison Royale : la forêt comme elle se nommoit : c'est là que Louis VII donna à St Lazare la Foire St Laurent VII 305. St Louis y fonde les Mathurins. ibid. Philippes le Bel y naquit & y mourut. 300. Les Rois qui l'ont aggrandi. Les Reines & Princesses qui y ont accouché. ibid. Canal creusé par Henri IV. ibid.
Fontaines de Paris d'où proviennent les sources qui fournissent les eaux. II. 210. P. 124. 237.
——Les Fontaines distribuées dans Paris, d'où elles tirent leurs eaux. La liste & dénombrement des Fontaines selon leur quartier. 212. 213.
Fontaine St Innocent est un chef-d'œuvre de sculpture. 211. Ses bas-reliefs. IV. 359
Forget (Raimond) à qui la Duchesse de Savoie a donné l'Hotel qu'elle avoit à la rue de Tournon. VII. 82
Fortifications : six entrées fortifiées sous Charles V. I. 41
——Sous François I. Sous Henri II. I. 43
——Sous Catherine de Medicis. 44
——De Marle, retabli par un Maitre des Comptes. VII. 148
Nicolas Formé, Parisien, Chantre, illustre Compositeur de beaux motets : anagramme sur son nom, ut re mi fa sol. Sa chute à St Germain, sa mort. IV. 320. Le Roi fait enlever ses ouvrages, son humeur, sa famille & ses enfans. 327
Les Fossés de la Ville entrepris par le Prevôt des Marchands sous le Roi Jean I. 38. P. 120. Ceux de Champeaux. 72. De St Victor P. 9.
Les atrieres-Fossés conduits par Marcel. I. 38. P. 126.
——Impôts pour la dépense des Fossés. ibid.
——Jaunes, où placés. 43
Avis pour rendre les Fossés navigables. 80
——Propositions de Barbier, de Pidou & autres. ibidem.
——Divers Fossés proposés pour remedier aux débordemens de la Seine. II. 207
Fossés du Louvre qui l'environnoient à fond de cuve. VII. 27
Fornication ne passoit pas pour peché sous le Legat Vitry : l'insolence des femmes de débauche. XI. 638

Fous de Charles V & autres Fous enterrés à S Germain l'Auxerrois. IV.
Four de la Coulture ; le Four l'Evêque ; Four Gauquelin, étoient bannaux. VII. 222
——La maison du Four des Barres où placée. 267
Fours : permission aux Boulangers d'en avoir chacun un. Celui de l'Evêque ; celui de la rue St Martin, celui de Genta, &c. VIII. 430.
Voyés P. 40, 43. Celui de St Eloi. 222. De Guillory. Ibid.
Fouarre, le plus ancien College ou Ecole de l'Université. I. 17. Sa rue nommée la rue des Ecolles. II. 134. Permission de mettre des portes aux deux bouts. 135
Fouet & oreilles coupées à Rome, pour apprendre que le Roi de France avoit droit de Justice, VII. 6
Foulque, Curé de Neuilly, illustre Predicateur. I. 69. Il convertit plusieurs femmes débauchées par ses predications. P. 32, 33.
Fours bannaux ; celui de la Coulture de l'Evêque. I. 77
Four aux Dames ou For l'Evêque, vient du mot de *Forum Dominarum*, &c. II. 138
Fourneaux ou Etuves, dont les anciens se servoient pour échaufer les chambres. XII. 650
Frais de la Cloture de Philippe-Auguste. I. 83
Fragment d'une lettre de P. Petit sur l'élévation du pole de Paris. I. 46
Franchise du Cloitre de Notre-Dame P. 11 & de St Denys de la Chartre. ibid.
La rue des Francs Bourgeois a emprunté son nom des gueux de Paris. I. 35
François I établit les Enfans-rouges. I. 14
——Il rend le Louvre très-logeable par toutes les reparations qu'il y fait faire. VII. 49
——Il fait rebâtir le Chateau de St Germain en Laye & la Muette. 303
——Donne Montargis en appanage à la seconde fille de Louis XI.
——Tous les Chateaux & Maisons de plaisance où il a fait bâtir. 308
——Fait bâtir Madrid conforme à celui d'Espagne, où il avoit été prisonnier. 309
——Sa Maitresse la Duchesse d'Etampes à Chailleau. 312
——Ses tresors, divers moyens pour amasser des sommes considerables. 319 320
Fredegonde après le meurte de Chilperic se mit sous la protection de l'Evêque de Paris & de Gontran. I. 7
——Gontran l'exile au Roulle. VII. 289 310
——Elle est releguée en Normandie. I. 7
——Elle fait assassiner l'Evêque Pretextat. Ibid.
——Elle fait tuer Clovis fils de Chilperic & jetter dans la Marne. VII. 292
——Meurtre de Sigebert, Roi de Metz executé par son ordre. 293
——Elle assemble les Evêques afin de confirmer que Clotaire II étoit le fils de Chilperic. IX. 485
——Ont prêté serment pour le prouver. X. 568
Freres-lais fondés par St Louis. I. 14
Friquet du Fresnes a eu la conduite de l'Imprimerie Royale. VII. 41

Grand

DES MATIERES.

Grand froid dans la femaine de Pâques, extraordinaire. X. 558
Fromage & pain, l'usage dans les jugemens des criminels. X. 575

Frondeurs, un parti, quand, ce qu'il esperoit. XI. Liv. VII. T. II.
St Frou, ami de St Merri : ses reliques gardées dans son Eglise. IV. 361 L. XIV. T. III.

G

Madame Gabrielle, depuis Duchesse de Beaufort, avoit le Palais de Mouceaux. VII. 311
Gage de bataille, à quelle occasion on le levoit. XII. 651. Plusieurs exemples : son étymologie. 652. Les ceremonies observées, *ibid.* Quand ils étoient appellés *dilatoires* & *declinatoires*. Les âges où l'on pouvoit le lever. 653 Autres coutumes du Gage, 654, 655. Les sermens. 656
Galleriens ; leur Chapelle. P. 184
Gallerie du petit Bourbon, sa grandeur. VII. 209
—Les deux de la maison du President Lambert : les peintures, les ornemens, leurs vûes. 223
Les diverses Galleries des appartemens de nos Rois & Reines dans les divers Palais. VII. 277. 278.
La grande Gallerie du nouveau Louvre : sa forme. C'est un ouvrage d'Henri IV. Ses ordres ; ce qu'elle renferme. VII. 40
—La grande Gallerie ; sa description. XIV. 17
La petite Gallerie du nouveau Louvre, par qui commencée, par qui achevée. VII. 37. Sa description. *ibid.* Ses dedans ; par qui occupée : ses peintures, les tableaux de cette gallerie. 38. 39. Gallerie du Palais Cardinal : description donnée au public par Heintz & Bignon. 166. La gallerie basse, ses bustes, statues & peintures du Palais Mazarin. 176. La Gallerie haute, ses peintures & tableaux. 177. Galleries de l'Hotel de Bullion, ses peintures. 192. Les deux de l'Hotel de Seguier 194. Celle de l'Hotel de la Vrilliere. 229
Gallien de Pise, Chanoine de St Omer, Fondateur des Cordeliers de St Marceau. II. 148
Gallium, la Chapelle & l'Hotel a servi pour l'agrandissement de St Roch. II. 138
Ganai, clos, où situé, fauxbourg St Marcel. II. 148
—Le Chancelier, proprietaire du clos. *ibid.*
Gautier, bouilli tout vif dans l'huile à la Croix du Tiroir pour fausse monnoie. II. 147
Garçons des six Corps des Communautés des Artisans ; leur nombre. I. 26
Garde Bourgeoise, ce que c'est. P. 249
Gardes des Chartes : Gaultier, Jean & Pierre de Calais, Etienne de Mornai, Pierre d'Etampes, Felix Columbi, Pierre Juliani, Jean de Brenne, Jean de Coua, Adam Boucher, Pierre Turpin, Pierre de Gonesse, Guerand de Montagu, Chanteprime, Jean Budé, Sebastien Rouillié, Huguet Fourmaget, Jean Jaques de Mesmes. VIII. 433. Jean de la Guesle, Pierre du Puy, Girard de Montagu, Jean de Brenne. 434
—Les Clercs du Tresor, Officiers subalternes.

Tome III.

ibid. Jean de Calais, Pierre d'Etampes, Pierre de Gonesse, Jaques Louvet. 436. 438.
Garenne de St Germain des Prés, près la Foire. VIII. 370
Laurent Garnier, demeure un an attaché à Montfaucon, dépendu & enterré avec ceremonie. X. 534
Garnier St Ladre, differens noms. I. 33
Les Seigneurs Garlandes, proprietaires de Vignes. II. 138
Jean de Garlande, Evêque de Chartres, logeoit sur le quai des Celestins. VII. 204. Leur clos vendu. VIII. 359
Gasteliere la grange, où située. I. 76
Gaston de France a logé au Louvre, tantôt à l'Hotel de Guise, tantôt au Luxembourg. VII. 74. Rebâtit le Chateau de Blois. 307
Gaule divisée sous Auguste. I. 5
—sous Valentinien. *ibid.*
Gaultier-Garguille, ses noms, un illustre Farceur & Comedien, &c. XIV. 37
Gaultier, Chambellan de Philippe-Auguste. V. 90
Gaucher (Simon) Payeur des œuvres de la Ville. III. 237
Gedalia, fils du Prince Salomon, & le Rabin Jechiel ; leur histoire : ils étoient accusés de magie. X. 526. Contre à son sujet : nommé faiseur de miracles. XIV. 551
Gelées extraordinaires arrivées en divers tems : leur effet. II. 201
Ste Genevieve du Mont, la plus ancienne de Paris, fondée par Clovis, dediée à St Pierre & à St Paul. IV. 200. 408. Appellée la Maison Apostolique. *Ibid.* Privileges des Abbés. P. 239. Elle est Patrone & Protectrice de Paris. *Ibid.* Divers miracles pendant les débordemens. II. 200, 201, 203. Le mausolé de Clovis I. 19, & P. 33
Ste Genevieve des Ardens : une Chapelle, Prieuré de Notre-Dame-la-petite : c'étoit l'Oratoire de cette Sainte. 405. ainsi nommée à cause de la maladie épidémique. Elle dépendoit de St Genevieve du Mont. Le Portail rebâti par Nicolas Flamel. IV. 285. à present la nomination de l'Archevêque de Paris. 384. *Voyés.* P. 51. 53
—Elle a demeuré dans l'Eglise de Ste Genevieve des Ardens, & morte sur la Paroisse de St Jean. VII. 254
—Innocent II institua la Fête des Ardens. 256 Sa demeure à Nanterre. 290
Gentilli, Maison Royale, où il se tint un Concile où Pepin assista. VII. 204
Gencien, *Guillaume*, proprietaire de l'Hotel des Coquilles. II. 127

I

TABLE GENERALE

Liv. VII Gennes & sa femme donnent vingt sols pour de
T. II. certaines poulies, aux Templiers. 130
L. XIV. Marquise de Genese : la Ville la va recevoir aux
T. III. Carmelites, & conduire à l'Hotel de Villeroi. VII. 140
Geographes, leurs sentimens sur la latitude de Paris. I. 46
St Germain de l'Auxerrois, sous Charles le Chauve nommé St Germain-le-Rond. I. 14. Par qui il a été rebâti. 15, IV. 278. Sa description. 299. Childebert & Ultrogothe ne sont point fondateurs de St Germain, ni St Vincent le Patron. 300. Le bâtiment de l'Eglise : la Gallerie de la Communion. 302, 303. Le Jubé, le Maître-Autel. 304. La Chaire, les peintures. 305. Le Cloître & le Quai de l'Ecole : les sciences ont été enseignées dans le Cloître. 306, 307. Le bourg de St Germain : son étendue : la Jurisdiction de ce bourg : le droit de Banvin, 308. Etendue de cette Jurisdiction : les Eglises fondées sur ce territoire : les Cures ausquelles le Chapitre nomme, 309. Le Clergé de St Germain. 310. La Paroisse : le Doyen prend la qualité de Chefcier : à quoi il étoit obligé. 311. Nommé Curé des Chanoines, Chapelains, &c. Enfin tous les droits & les honorifiques, 312. Le Parlement le confirme dans la qualité de Pasteur & Curé. 313. Les Chapelains, leurs droits & préseance dans la Chambre du Chapitre avec les Chanoines, Ibid. Les Chanoines, leur emploi & les obligations, les contestations avec St Victor : l'Université. 314, 315. Les Vicaires, leur emploi. 316. Les Prêtres habitués. Les Marguilliers : de quoi ils sont chargés, Ibid. Statuts. 317. Choses remarquables. Les Esclaves du Chapitre. 318. Batêmes illustres. Ibid. Abbus supprimés, qu'il falloit faire quelque fondation ou donation pour être enterré en terre sainte 319. La Châsse de St Landri, ou mort & enterré à St Germain : sentiment à son occasion, 320. L'Abbé Hugues enterré à St Germain, ibid, Le Chancelier Olivier. 321. Fauchet, Jacob. 322, Le Chancelier de Bellievre, Bouilloude, 323. Conchino Conchini, Ibid. Malherbe, 324. Bertius, 325. François Olivier de Fontenay, 326. Formé, ibid, Chandeville, 327. Remi, ibid, Faret, 328. Seguin, 329. Bocan, Ibid, Le Mercier, 330. Autres Epitaphes, Celle d'Etienne, 331.
— Le Doyenné est conferé par le Chapitre. 370
— Transaction passée entre St Severin & l'Abbayie St Germain, IV. 419. Voyés. P. 37, 71. 169.
St Germain des Prés fut bâti par Childebert sous le nom de Ste Croix, I. 13, 15. Sous le nom de St Vincent & de St Etienne. IV. 336. Childebert y fait present d'une partie de ses tresors, 335. Les Normans la pillent. ibid. L'Abbé Simon commença le Refectoire. ibid, Hugues d'Issy la Chapelle de Notre Dame. L'Abbé Girard le Dortoir : les lits y étoient arrangés comme un Hopital. ibid, La Foire : par qui donnée. 337. Guillaume Briçonnet fit bâtir les halles de la Foire. ibid. Fonte des cloches, par qui. ibid, Il n'a changé de nom que par la presence & les miracles de St Germain. 268. 269. Childebert & Ultrogothe ne sont point les fondateurs. 345, ni St Vincent le Patron. 300. La gallerie, 338. Les infirmeries bâties par le Cardinal de Tournon. ibid. La Ceinture de Ste Marguerite. ibid. La clef de St Germain, ibid. La Bibliotheque : la description des cloîtres & jardins. 339, 340, 341. Divers tombeaux de Rois, Abbés, &c. 342, 343.
— St Germain fait un miracle à l'occasion d'un enfant. I. 13
— St Germain demeuroit à St Julien-le-Pauvre. ibid.
St Germain des Prés sepulture de plusieurs Rois, Reines & Princes de la premiere race, I. 19
St Germain-le-vieux, Chapelle dediée à St Jean Batiste, bâtie par St Germain. IV. 382
— St Germain-le-vieil, comment allongé. I. 98 172. Le corps de St Germain y a reposé. IV. 382. Elle est de la nomination de l'Université. 383. Les Marguilliers & le Curé ont acquis une portion de la rue aux Fevres, pour construire le Portail & le Clocher. ibid.
St Germain-en Laie commencé par Robert, fils de Hugues Capet : Philippe-Auguste y fit son testament. François I l'a rebâti. Henri II, Henri IV l'ont augmenté considerablement. VII. 303. P. 72
Ste Germe, Ingenieur du Roi. I. 82
St Gervais, St Julien & St Laurent, Eglises très-anciennes. I. 13
— St Gervais fondés par des particuliers. I. 14
— Quel étoit St Gervais & Sr Protais du tems de St Germain. IV. 272. Cette Paroisse est separée de St Jean, 427. 432. La Chapelle de Pacy. Ibid. Autres Chapelles : le degré du Clocher, tableaux, vitres. 453. Le Portail par Jaques de Brosse. 454
— L'Hopital St Gervais placé à l'Hotel d'O. V. 559
Marquis de Gesvres, à qui le Roi donna l'emplacement de la rue de ce nom. II. 139
— Permission pour bâtir des maisons, des eschopes le long de la riviere jusqu'à la Greve. III. 247
St Gendon Evêque, sa Châsse à Notre-Dame de Paris. IV. 374
Gueux & Truanderie, est un art : le Capitaine se nomme le Grand-Coësre : ses ordres, ses statuts : les friponneries, les artifices pour tromper un chacun. V. 512. 513. 514. 515. 516.
— Autre espece de gueux & filous, qui se nommoient Bohemiens : leur arrivée à Paris : leur occupation, leurs friponneries : en quoi consistoit leur compagnie. V. 517. Chassés du Royaume. 518
— Leurs differens noms : le Chef-d'œuvre des Filous. 513
Giac, le Chancelier, a augmenté le logis de Hugues Aubriot. VII. 116
Gibets & diverses eschelles dans Paris. X. 604, 605, 606, 607. Auttes gibets par de-là St Laurent. Celui de Montigny, &c. 613

DES MATIERES.

Jean Girard, Archevêque d'Embrun : son Hotel rue des Marmousets. VII. 263
La riviere des Gobelins, transportée à la volonté des Religieux de St Victor. I. 86
— Son nom, sa rue de Bièvre, pourquoi elle a changé de nom. II. 116, 209. Ses débordemens : quand arrivés. 210
— Jean Gobelin, illustre Teinturier, a donné par sa reputation son nom à la riviere de Bièvre. 209. Sa maison étoit la demeure des Evêques de Paris. VII. 261. XIV. 53
Gondoles, voitures, usitées à Paris. II. 189
Gontran protege Fredegonde. I. 7
— Assemble les Grands du Royaume à Paris, pour savoir si Clotaire est fils de Fredegonde. *Ibid.*
— Relegue Fredegonde en Normandie. *Ibid.*
Goslen, Evêque, refuse le passage sur la Seine à Sigefroi. I. 9
— Il refuse une seconde fois le passage. I. 11
Goujon, *Jean*, Sculpteur de la Fontaine St Innocent. II. 131
Martin Gouye, Evêque de Clermont, a demeuré rue des Augustins. VII. 204
Mademoiselle de Gournai, enterrée à St Eustache. IV. 437
Grace obtenue en faveur de Viteaux par l'Evêque de Posna pendant son ambassade. VII. 96
Grais de Fontainebleau, propre pour paver la Ville : sa grosseur pour cet usage. II. 117
Grailli, *Jean de*, prisonnier au Louvre. VII. 18
Les Religieux de Grainmont établis par Louis VI à Vincennes, transferés à Paris par Henri III. Leur bâtiment augmenté par Robert de France. VII. 304. *Voyés.* V. * 634
Grands Maîtres de la maison du Roi. Enguerrand de Marigny logeoit à la rue des Fossés St Germain. VII. 153
— Le Mercier, sieur de Nonjant, demeuroit à la rue de la Porte-Barbette. *ibid.*
Jean de Montagu, son Hôtel Barbette. *ibid.*
— Celui du Porc-Epic, sa grande & petite maison de Savoie.
— Anne de Chabannes, proprietaire de l'Hotel de la Pissotte. 153
Grandeur de Paris, d'où on la peut voir. I. 26
Grange aux Merciers adjugée par decret à Pierre de Gyac, & revendue à Jean Duc de Berri. VII. 72. achetée par le Duc de Berri. 117
Grange Gastelier, ou Bastelière, ce que c'est, où située. I. 76. Maison de plaisance des Seigneurs de Vendosme. C'est un Fief. 244. VII. 68
La Grange, Secretaire du Roi, est substitué à la place de Matie, pour l'entreprise des Ponts de l'Isle. III. 238
De la Grange, *Jean*, proprietaire des Isles Notre-Dame, & aux Vaches, associé avec Marie, pour le revêtement desdites Isles. I. 92
Gratian, défait & tué par l'Empereur Maxime près de Paris. I. 6
L'Office de Greffier de la Ville fut démembré de ceux des Receveurs. III. 229
Gregoire de Tours, Evêque, a demeuré à St Julien-le-Pauvre. VII. 255. Va à Nogent voir les trésors de Chilperic. 291. Il veut instruire Priscus Juif, mais inutilement : le Roi lui demande sa benediction. *Ibid.* Assemblée des Evêques pour sa justification. 260. Liv. VII. T. II.
Grenier à sel : Jurisdiction qui regarde les Gabelles : de quoi composée : ses Officiers, &c. VIII. 408 L. XIV. T. III.
Grenier sur l'eau, Bourg de Paris, qui donne la maison qu'il avoit au chevet de St Gervais. II. 140
La Grève plusieurs fois inondée par les débordemens. II. 200. 1. 2. 3. Est un lieu patibulaire. X. 590. 591. 603. Choses mémorables qui s'y sont passées. 608. 609.
Griffon : le pied pendu à la voute de la Sainte Chapelle, a été pris pour un pied d'Elan. XIV 55
Le Gril des Cordeliers, sa grandeur. IV. 449
Grindion, aimé de Meroë, fut roué. X. 592
Groignet, *Guillaume*, Mesureur des bleds du Temple. II. 155
Grossesses extraordinaires. X. 563
Gros-Guillaume, ses noms, farceur : sa fille fut Comedienne. XIV. 38
Du Guesclin, *Bertrand*, enterré à St Denys, par ordre du Roi. XI. 647
Guerre, obligation d'aller à la guerre ; à quoi nos Rois ordonnoient. VIII. 450
— Des Particuliers, & le droit qu'ils avoient de lever du monde. 651
— Du Roi, & l'obligation de le suivre ; l'Evêque de Paris, le Chapitre, les Chanoines y étoient obligés. 451
— Des gens d'Eglise obligés de suivre le Roi à la guerre. *Ibid.* Les Evêques même y alloient aussi. XI. 637
Guerre des Anglois sous Louis XII. I. 42
Le grand Prieur de Guerchi. I. 73
Le Président de la Gueste, & deux Conseillers ont eu soin du pavé du fauxbourg St Germain dans la rue du Four. II. 137
Guet ou patrouille. Le Guet Royal, le guet des Merciers, ce que c'étoit. XI. 616. Gens exemts d'aller au guet. *ibid.* Voyés P. 247
Duc de Guise tué à Blois : la Duchesse sa femme court par Paris demandant justice VII. 120. Le Cardinal mort à Blois avec le Duc 107
Guichet ou Port St Nicolas, III. 242. Ses changemens divers. *ibid.*
Guillemin, Raillerie de Guillemin Crocquefolle. II. 140
— Les Guillemins ou Hermites : leur Couvent donné aux Benedictins. X. 542
Guillaume, Evêque d'Evreux, se retracta dans la Chambre du Roi Charles VI, de plusieurs opinions éronnées, en presence de plusieurs Grands. VII. 48
Guillaume, Evêque de Paris. Les chercheurs de Pierre Philosophale le prennent pour leur Patriarche. XIV. 55
Louis Guillard, Evêque de Chartres, cede Chalons sur Saone, a eu deux maisons à Paris 264
Guillot Gorju, ses noms, Bouffon, Comedien, son histoire. XIV. 38

Liv. VII
T. II.
L. XIV.
T. III.

H

HA-HA, qui se dit quand on se trouve dans un Cul-de-sac, II. 140
Habits, procès des Augustins contre les Déchaussés pour leur habit. VII. 347. Habits de ceremonie des Officiers du Parlement. 393 Ceux du Grand-Conseil. 394
Hacquenées, montures usitées dans les ceremonies publiques. II. 187. 88. 90
— Royale du tems de la Reine Claude. 187
Halles fondées par Philippe-Auguste. I. 24
Halle de Beauce, occupée par la rue de la Juifverie. II. 145
— De la Lingerie, établie par Henri II. comment formée. II. 147. VII. 648.
— Aux draps à la place de deux jeux de Paume. 159, & le fief de la Ferté-d'Aleps. IX. 647
— Diverses Halles & Boucheries établies. 183
— De Douai, rue la Fromagerie. VII. 237
— Celle de Pontoise, de Chaumont, Corbie, Aumalle, d'Amiens, Beauvais, dans l'enclos des Halles. ibid.
Multiplication des Halles, celle des Fripiers, Lingeres, Merciers, Gantiers, à la Graisse, aux pois, celle du bled, aux œufs, &c. VI. 649. P. 78. Celle de St Lazare, quand transportée. 647. 648
Halles des Marchands-forains, de Chaumont, de Corbie, d'Amiens & d'Aumalle, où elles se tenoient en differens tems, & celle de Tournal. 650
Police ancienne des Halles sous le Roi Jean, sous St Louis. Amendes à quoi étoient condamnés les Marchands quand ils n'alloient point aux Halles. 652
L'état present des Halles. La Halle au bled, aux draps, aux hardes, Cordonniers, Jardiniers, Epiciers y ont, chacun leurs places, &c. 652
Halle & marché de la Cité transferés aux Halles, perdue parmi les autres. 653
Halle au poisson : la famille Hellebic qui avoit un petit fief : exaction abusive de cette famille cassée. Les differentes Halles aux poissons distribuées dans Paris. 654
Halle au vin, de l'étape, nouvelle Halle au vin étoit à l'Hotel de Ville : où transportée. 655 & XIV. 12. Etat des Boulangers dans Paris, & le nombre. 656
Halle des Mathurins, par qui établie, à quoi elle sert : les parchemins y sont apportés. Le profit du Recteur. 657. P. 228
Le Petit-Marché du Marais du Temple. 658
Du Hancy, celebre Menusier, qui a apporté la maniere de placage de la Grande-Chambre. VII.
Jean de Hangest, Chambellan du Roi, achete l'Hotel de Jean de Montaigu VII. 83
Des Hameaux, les plafonds, la Chambre & la Menuiserie. XIV. 5
Benjamin de Hanniques, celebre pour l'art de monter à cheval. VII. 122
Jean de Harlay, Garde de l'Office de Chevalier du Guet, acquit l'Hotel de Pecquiny. VII. 239

Des Hars. Punition que l'on faisoit souffrir aux serviteurs voleurs. X. 596
Haudry, Etienne, fonda l'Hopital des Haudrietes sous St Louis. I. 14. II. 163. Discours & Dissertation sur cette fondation. V. 598. Les statuts dudit Hopital, 601, Dailly grand Reformateur de cet Hopital. 602. Davi Grand Vicaire, autre Reformateur. 603. Autres Reformateurs. 605. 606. Plusieurs instances à l'occasion de leur Regle.
Harangues latines par le Docteur Scourable, à l'Ambassadeur de l'Archiduc. VII. 88
— Par le Docteur Pinel, Grand-Maitre de Navare, aux Ambassadeurs de l'Empereur. Ibid.
Helene, femme de Julien, morte à Paris. I. 6
Henri I fit travailler à St Martin-des-Champs. I. 15
Henri II, Roi de France, embellit St Germain. VII. 186. Sa Maitresse la Duchesse Valentinois. 312. tué d'un coup de lance. 186. Où étoient ses tresors & ses épargnes. 320
Henri II, Roi d'Angleterre, a eu son Hotel rue St Christophe. I. 95
Heuri III reçoit l'Ordre de la Jarretiere, envoyé par la Reine Elizabeth. VII. 98
Henri III, Roi d'Angleterre, logea au Palais. VII. 246. Accommodement avec St Louis. Ibid. En lui rendant hommage ce qui s'y fit. Ibid. Mathieu Paris dit que ce Roi a demeuré au Temple. Ibid. Il regale St Louis avec toute sa suite. Ibid.
Henri III va danser aux noces du Duc d'Epernon : son gros Chapelet de tête de mort à sa ceinture. VII. 144. Il va en Pénitent à la pompe funebre du Chancelier de Birague, 150. A institué les Pénitens blancs. VIII. 388
Henri IV assassiné rue de la Ferronnerie. II. 134
— A embelli St Germain en-Laye. VII. 303
— A bâti Monceaux. 309, qu'il donna à Gabrielle : sa situation. 311. 312, & Verneuil à la Duchesse de Verneuil, aussi sa Maitresse. 311. Son tresor placé à la Bastille. 311. Ce qu'il est devenu après sa mort. 322
Henri V & VI, usurpateurs de la Couronne & du titre de Roi de France. VII. 246. Son tresor, ses épargnes par les soins de Mr de Sulli. 320
Herauts-d'Armes sortent de l'Hotel de Bretagne, avec un Cigne couronné d'une couronne d'or, garnie de pierreries, & un Porc-Epic qui se remuoit seul, pour aller aux joûtes. VII. 133
Herbelot, Marchand & Bourgeois de Paris, chés qui le Roi de Portugal alla loger. VII. 251
Modele d'Hercules chez Thibaut Sculpteur. XIV. 3
Heretiques, Charles d'Angennes, Cardinal, fleau des Heretiques. VII. 259
Heresie de Berenger condamnée, & celle de Gilbert Poirée, par deux Conciles. IX. 485
— D'Ebraudus aussi condamnée à un Concile. 486

D'Amauri

DES MATIERES.

—D'Amauri, également condamnée. *ibid.*
—De Luther, condamnée dans un Concile. *ibid.*

Hereſiarque Amauri, brulé à cauſe de ſon opiniatreté. X. 535. Marguerite de Hainaut & Jeanne d'Abantonne & un inconnu brulés au Marché aux Pourceaux. *ibid.* Adam de Soiſſons, fait une reparation d'honneur publique à la Vierge. *ibid.* Jean Adam, Docteur, demande pardon en public d'avoir parlé de la Conception de la Vierge. 536. Un Sergent, un Prêtre & un Ecolier brulés au Marché aux Pourceaux. *ibid.* & un Hermite auſſi convaincu d'Hereſie. *ibid.* Un Lorrain brulé au Parvis de Notre-Dame. 538
Hermites. P. 170. 173. 184. 197. 219
Hermenerius, fondateur de Montmartre. IV. 352
Hibernois, Prêtres, établis en maniere de College par le ſieur Taf. IV. 494. P. 166. 186.
Hibernois, Religieux de l'obſervance de St François, avoient un hoſpice dans le fauxbourg St Germain. Les Recolets veulent les engager de demeurer avec eux. IV. 494
Hierre & Lierre : diſſertation ſur ces deux mots. II. 152
St Hilaire, bâtie ſur le Clos Bruneau ; les Chapelles, le College d'Harcourt eſt de cette Paroiſſe : procès du Curé de St Coſme à cette occaſion. IV. 411. Le Seminaire de cette Egliſe. 412
St Hildebert, devotion du peuple de recevoir les malades de phreneſie à Ste Croix, tranſporté à St Laurent à cauſe du bruit que faiſoient les malades. IV. 363
Hincmar eſt confirmé Archevêque de Reims, à la place d'Ebbon. IX. 485
St Hippolyte, ſa fondation ; procès du Curé avec celui de St Martin pour la nomination de St Jaques du Haut-pas, érigée en Paroiſſe quand. Cette Cure eſt à la nomination du Chapitre de St Marcel. IV. 432. P. 13.
Hirondelle, diſſertation ſur ſon orthographe. 140. Ce qu'en diſent Vaugelas, la Mothe le Vayer, Guiet, Coeffeteau & Amiot. *ibid.*
Hieronimytes de la Place Royale établi par Henri III. VII. 186
Hiver fort rude ſous Julien. I. 5
Hommages rendus à Charles V par Jean de France Duc de Berri, du Comté de Poitiers, & par le ſire de Parthenai & autres Barons, qui prêterent ſerment de fidelité. VII. 47. de Taliſon Duc de Baviere au Roi Pepin à Compiegne. 309
Les Hommages des grands Seigneurs, & le droit des roſes. VIII. 446
—Hommages des Princes à nos Rois de France. 447
—Hommages que nos Rois rendoient à St Denys, & autres differentes. 448
—Hommages des Princeſſes & des Reines, qu'ils ont été obligés de rendre. 449
—Hommages du Duc d'Orleans au Roi pour ſon appanage. P. 26. Celle du Duc de Bretagne. P. 38.

—Hommages faits à l'Evêque de Paris. P. 58. Liv. VII.
Hommage du poids du Roi. P. 82 T. II.
Hommes & femmes de corps : l'Evêque de Paris. L. XIV les Chapitres de Notre-Dame & de St Germain T. III. l'Auxerrois : les Abbés de St Denys, de Ste Genevieve & de St Germain des Prés, avoient des hommes de corps ou eſclaves dont ils étoient maîtres. VIII. 452
Hommes monſtrueux attachés avec des enfans par le ventre. XIV. 564
—D'autres qui étoient joints enſemble. *Ibid.*
St Honoré. IV. 332. P. 150. 104. 218. Fondé par Philippe Auguſte. I. 14. par Renould Choren. II. 117. La rue St Honoré s'appelloit la grande rue St Louis à cauſe des Quinze-vingts. 142. C'eſt un Chapitre que l'on nomme une des Filles de Notre Dame. IV. 332. 370. de la collation de Mr l'Archevêque de Paris & du Chapitre de St Germain. 370
Hoſpices : origine des Colleges. I. 17
Hoſpitalieres de St Athanaſe, dites St Gervais, bâties ſur l'Hotel d'O. VII. 241
Hoſtie arrachée des mains du Prêtre par une folle & par un Novice des Bernardins. X. 538
Hopitaux, leurs uſages. I. 16. Il y en a pour toutes ſortes de perſonnes. IV. 296
Hopital d'Argenteuil. P. 217
Hopital fondé par Arnould de Braque. II. 120
—De Conſolation. P. 104
—De St Germain des Prés, d'où il a pris ſon origine. II. 136
—Celui du St Pere, ou maladrerie de St Germain. VIII. 382. V. 508. Celui pour les Ladres. *Ibid.*
—Scipion, à qui il a appartenu. II. 102
—St Jaques du Haut-pas. VIII. 382. Fondé par Philippes le Hardi. 372. Pour les Pelerins. V. 507
—Des Parcheminiers. VIII. 382. Pour des femmes âgées. V. 507. Un autre auprès de celui-ci, on ne ſait ce qu'il eſt devenu. *Ibid.*
—Trois près St Hilaire pour ſix bonnes femmes. VIII. 382. V. 507.
—St Gervais, où placé, ſa fondation. 559
—St Jean de Latran, quand fondé. VIII. 372.
—Des Mathurins. P. 81
—De St Marcel, fondé par Marguerite de Provence. VIII. 372
—Deux autres près de St Medard. VIII. 382. V. 508. De la miſericorde. P. 156. Magdelonettes. P. 177
—Notre-Dame des Champs près la Halle au vin étoit un Hopital. VIII. 382.
—Celui qu'on appelloit l'Hopital de la Banlieu. *Ibid.*
—Un autre près du bord de la Seine pour le mal de Naples. VIII. 382. près les Tuilleries. V. 508
—Celui du Roule & St Ladre. V. 508. P. 210
—Ste Marie Egyptienne pour les femmes veuves. V. 508
—Ste Catherine pour enterrer les noyés & retirer les pauvres filles. V. 508. P. 58. 197. 217.

Tome III. K

TABLE GENERALE

Liv. VII. —Celui de Guillaume Ronguart rue Quinquam-
T. II. poix, V. 508
L. XIV. —Celui de la rue des Assis pour les pauvres Or-
T. III. phelins. *ibid.*
Bicêtre uni à l'Hopital general. V. 508
L'Hopital general, la Pitié, la Salpetriere, Bi-
cêtre : la Maison de Scipion & la Savonnerie.
525. Grand soin pris pour l'établissement de
l'Hopital general. 526. 527. 528. Pieces
qui regardent l'établissement de l'Hopital ge-
neral. 534. P. 177.
Les Petites-Maisons, leur fondateur. 559. De
la Pitié. 177. 198.
Quinze-vingts, fondés par St Louis. V. 508
Les Haudriettes, fondées par Haudri. V. 508
Hopital de Ste Avoie, fondé par Jean Sequens.
V. 508
Filles-Dieu fondées par Jean de Lyhoms & Im-
bert leur pere, pour les pauvres filles. V. 508
562. Discours à Mr du Ryer à l'occasion
des Filles-Dieu. 563. 564. & suivantes.
Vingt-quatre chambres en la rue des Francs-
Bourgeois pour loger des pauvres. V. 508
Etablissement des Filles Penitentes à St Ma-
gloire. 578
Copie du titre d'échange de l'Hotel de Soissons
au Couvent de St Magloire pour les Filles
Penitentes. 582
Les Enfans-trouvés. 589. Leur établissement.
590
—Ceux du fauxbourg St Antoine. 589
Hopital de la Trinité : le St Esprit : les Enfans
rouges. 594. P. 220.
Les Lepreux dits de St Ladre. V. 559
Le mal St Antoine ou Gangrenne. 560
Les Teigneux dépendent des Petites-Maisons.
ibid.
L'Hopital de la Charité, par qui fondé. *ibid.*
St Jaques de l'Hopital, de quoi composé. 561
L'Hopital St Louis fondé par Henri IV. *Ibid.*
L'Hopital des Incurables par le Cardinal de la
Rochefoucault. *ibid.*
L'Hopital des Convalescens dirigé par les soins
de l'Hopital. *Ibid.*
Hospitalieres de la Place Roiale. 595
De la Raquette : de St Antoine : de la Mise-
ricorde : de Ste Basilisse & de St Julien ap-
pellée Misericorde. 596
De l'Enfant Jesus, de Ste Pelagie ou du Re-
fuge. 596
Hotel-Dieu de St Marcel où placé. V. 508
Hotel-Dieu, sa fondation. V. 519. Ses Ad-
ministrateurs. 520. Les Religieuses. *ibid.*
Les Salles. 521. Les Directeurs & Admi-
nistrateurs. 522. Les malades y sont reçus.
523. Les Medecins & Apoticaires 524
—Ste Anne l'Hopital, dit la Santé, dépendant
de l'Hotel-Dieu. 525
—L'Hotel-Dieu obtint permission du Roi de
bâtir un Pont de Pierre. III. 239
Hotels Liv. VII.
Hotels en general. P. 241
Des Grands, par ordre alphabetique. 234, 235,
236, & suivantes, jusques à 245.
D'Albret, quatre maisons qui appartenoient au
Connétable, qu'il mit en un. 116

D'Alphonse, frere de St Louis, appellé l'Hotel
d'Hostriche. Divers changemens. VII. 51
D'Alençon, le petit, appartenoit à Enguerrand
de Marigny. 70. Autre Hotel d'Alençon rue
des Cinq-diamans. 71. 119. L'Hotel d'A-
lencon acheté de Monsieur Villeroi, à present
l'Hotel de Longueville. 74, 119, 129.
D'Amboise, où étoient les Colleges de Constantinople. II. 188. VII. 234.
D'Ampville rue de la Coulture Ste Catherine,
a appartenu à Charles de Montmorenci. 126
& 143. Jean de Vienne, Controlleur general
des Finances l'achette. *ibid.*
D'Angoulesme, Diane fille d'Henri II, & Duchesse d'Angoulesme, a fait commencer l'Hotel de la rue pavée. 119. L'autre au coin de
la rue des Egouts rue St Antoine, joint au
Palais des Tournelles. 130. 188
D'Anjou, d'Henri III. C'étoit celui d'Alphonse de France, frere de St Louis. VII. 51.
avant son élection de Roi de Pologne, il se nommoit l'Hotel d'Anjou. 252
D'Anjou ou d'Angers, le même. 247
D'Anjou, qui est l'Hotel de Longueville. 151.
ruiné à cause de la face du Louvre, Henri III
y fit porter de quoi armer six mille Gascons.
328
D'Annebaut.
D'Archambault, où est presentement St Christophe. IV. 381
D'Argent, au coin de la rue de la Verrerie, qui
a été partagé en plusieurs maisons. 149
D'Angies, appellé le Chastel d'Angiers. 247
D'Ardoise, sur les remparts du faux-bourg St
Antoine. XIV. 553
D'Armagnac, où le Connétable fut massacré, au
même endroit où est le Palais-Cardinal. 110
145
D'Artois, *Catherine*, avoit son Hotel rue d'Hos-
triche. 51. Celui de la rue Mauconseil. 63.
113. Tous les Ducs de Bourgogne y ont de-
meuré long-tems. 63. Robert d'Attois rue
des Bucheries. 64 & 113, 184.
D'Arras, rue St André, qui ne se trouve plus.
VII. 148
Des Rois d'Armenie & de Lusignan. 251
Des Amiraux de France. 151
Des Ambassadeurs Extraordinaires, faux-bourg
St Germain, vendu. 106
Archiepiscopaux. 261, 262, 263.
D'Aubriot, ou l'Hotel du Porc-Epic, rue de
Joui. 154. P. 126
D'Avaux, bâti par le Muet : son escalier. XIV.
6 & 50
D'Auquincourt.
De la Comtesse d'Aumalle, avoit son Hotel rue
d'Hostriche. 51, à present l'Hostel de Gram-
mont : Catherine de Cleves, Duchesse, Doua-
riere de Guise, la fait bâtir. 120, 121
D'Aumont, rue de Joui : un autre à la Place-
Royale : sa description. 157
D'Autriche ou d'Autruche, où ont demeuré les
Comtes de Toulouze. 111
D'Auxerre, les Comtes avoient leur Hotel à la
rue de la Tixeranderie. 137. P. 67
Dauphin, s'appelloit l'Hotel de Liancourt. 120

DES MATIERES.

Barbette, a appartenu à Montagu. 185, 153. 235, où Diane de Poitiers, Duchesse de Valentinois, Maitresse d'Henri II, demeuroit, 121 partagé en deux rues, l'une rue Barbette, & l'autre la rue Diane. *ibid.*
De Beauvais, on ne sçait où il étoit. 109
Baviere appartenoit à Catherine d'Alençon, dans la rue de la Tixeranderie : il fut vendu à Alexandre le Boursier, Conseiller du Roi. 81. Un autre rue des Deux-poulies, où est l'Hotel de Longueville. 138
De la Barre-du-bec, nommé l'Hotel du Bec, rue St Jaques, confondu dans la Sorbonne. 269
De Bar ou de Loraine, trois Hotels. Un au coin de la rue des Bernardins. 248. L'Hostel de Savoisi rue Marivault, où les Ambassadeurs de Lorraine ont logé. *Ibid.* Celui des Comtes de Bar au Couvent des Celestins. Un autre à la rue Clopin. 120, 188, 248. P. 78
De Barbeau vis-à-vis l'Ave-Maria, où logeoit le Maréchal de Bouillon. 156, 208. XIV. 41
Barthoniese, rue St Jaques vis-à-vis le Plessis, où l'on massacra quatre mille huguenots. X. 539
Bassompierre, rue St Honoré proche la Croix du Tiroir. 156
De Bellegarde, c'est à present l'Hotel de Seguier. 127
Le Duc de Berri avoit cinq Hotels. Le premier rue de la Tixeranderie, le second l'Hotel de Nesle, le troisiéme rue de l'Eschelle du Temple, le quatriéme rue du Four près St Eustache, le cinquiéme l'Hotel des Tournelles. 71 185
De Bellievre, rue des Bourbonnois, fameux par le fief de la Trimoille. 125, 149
De Bretagne ou Manoir de Nigeon, donné aux Bons-hommes. 112, 188. P. 124
Beaupreau, étoit rue de Tournon. 122
Beautreillis ou Pissotte, 153, rue St Antoine donné à Antoine de Chabannes. 183
Beautru, bâti derriere le Palais-Royal, 225, appellé la Gentille, bâti par le Vau. XIV. 13
Beaujeu, situé rue des Cordeliers. 235
Du Cardinal Bertrand, ce qui fait aujourd'hui le College Bertrand rue St André. 257
Bezançon, rue des Augustins, où le Chancelier de Carpaigne logea. 148
Blois.
Bourbon, du Connétable, rue du Four ; un autre, rue de la Tixeranderie. 145
—Fragment pour l'Hotel de Bourbon. XIV. 25. Sa description. *Ibid.* Peinte de jaune par haine. Les armes rayées & effacées. 20 P. 225
Bourges.
Des Ducs de Bourgogne, logeoient au Mont St Hilaire, 62. Cet Hotel converti en College de Reims. *ibid.* 70. 109. Sejour de Bourgogne près Conflans. 110. Le Comte de Bourgogne donne au Seigneur d'Estrées son Hotel de la rue d'Enfer. 133
Boucicault, étoit celui de Catherine d'Artois, que lui donna Charles, Regent du Royaume. 51
Bouchage, ou l'Hotel de Joyeuse rue du Cocq,

étoit celui de Montpensier, que le Cardinal acheta. 123, 260, où sont fondés les Peres de l'Oratoire. 156, 237, 260. Nommé l'Ho- Liv. VII tel d'Estrées. *Ibid.* IV. 431 L. XIV. T. II.
Boheme ou Bahuigne, le même Hotel. 247. T. III. Plusieurs assemblées qui s'y sont faites. *ibid.* Qui s'appelle Hostel de Soissons, donné à Amedée, Comte de Savoie. 82. Celles des Rois de Boheme. 250
Bouillon & de Liancourt, étoit l'Hotel Dauphin d'Auvergne, Ducs de Montpensier. 67
Boisly, depuis l'Hotel de Brissac ou Cossé. 126
Les Comtes de Boulogne avoient leur Hotel à la rue du Fer-à-moulin. 137
Des Comtes de Boulogne, vendu & appellé l'Hotel de Langres, maintenant le College de Clermont. 133
Le Petit-Bourbon près le Louvre. 200. Le Manoir ou Sejour de Bourbon, où placé. 66
Le Petit-Bourbon ou l'Hotel de Bretagne, a toujours été la demeure des aînés des Bourbons. 65
De Braque, a été employé au Monastere des Filles de la Visitation. 50. Bâti de l'autre côté de la rue du Chaume. 235
Brissac ou de Cossé, c'étoit l'Hotel de Boissy, où moururent les mignons d'Henri III. 126
Bretonvillier, enrichie de Bustes, &c. XIV. 50
Petite Bretagne près le Louvre appartenoit aux Ducs de Bretagne. 551. Celui de la rue St Antoine s'appelloit l'Hotel du Pont-Perin. 82. du Petit musc. 65. Le Manoir de Nigeon donné aux Bons-hommes par Anne de Bretagne. 81. 112
L'Hotel des Comtes de Briennes, rue de Jouï. 235
Bullion, son Architecture, ses galleries, ses peintures. 192. 193
Bureau de la Riviere, ou l'Hotel de la grande & petite Riviere. 235. Sa description. XIV. 21
De Calais rue Plastriere, nommé le Chastel de Calais. 221
Des Cardinaux illustres. 257. 259. 260.
Carnavalet, sa beauté, sa description, &c. XIV. 12
Chabot.
Chalons, anciens Pairs de France demeuroient où se trouve le College de Ste Barbe & le Monastere des Carmelites.
Des Chanceliers & Chancelleries. 147. 148. 149
Charollois.
Chastillon rue pavée, vendu à Jean d'Arcis. Evêque d'Autun, 144 Un autre à la porte St Martin partagé par la moitié, à la requeste de sa sœur. *ib.*
Chaulnes, estimé par son elegance & sa propreté ; par les raretés qui s'y trouvent. 127. Un à la Place. Royale. 156
Chanceliers des Rois étrangers. *Voyés* Chanceliers.
Chasteauneuf, sa description, son architecture, son escalier. 202
Chasteau-villain, appellé l'Hotel d'O, & maintenant le Monastere des Hospitalieres de St Athanase, 236, nommé l'Hospital de St Gervais. XIV. 29
Chevreuse, les Ducs ont eu une partie de l'Hotel

TABLE GENERALE

Liv. VII.
T. II.
L. XIV.
T. III.

de Guise, 121, & avoient un Hotel Chevreuse rue St Thomas du Louvre, 122, que le Duc d'Epernon a acheté, 123, 236. Son portail. XIV. 21
De Clamart ou de Coupeaux. 109
Clermont, où est l'Eglise des Peres de l'Oratoire. 65
De Clerieu, Gouverneur de Paris, nommé l'Hotel d'Hercules, où l'Archiduc d'Autriche vint loger. 112
Cleves, à la rue du Louvre, acheté par le Mareschal Grammont. 157
Clerembault.
Clervaux, les changemens, vendu à l'Abbé de Reigny. 267
Clisson a été vendu pour former l'Hotel de Guise. 119. 241. S'est appellé l'Hotel de la Misericorde, après avoir reduit les Parisiens à venir crier misericorde au Palais. 145
Clugny, le Port-Royal a été bâti sur sa place. IV. 425. Séjour de Julien l'Apostat. XIV. 10
De Condé, occupe la place de la maison de plaisance du Chancelier Corbie. 148. Peintures & tapisseries. XIV. 6
Colbert
Coligny.
Conti.
Corbie, où est presentement l'Hotel de Condé. 148
Cossé ou Brissac, étoit l'Hotel de Boissy, est converti en Monastere des Religieuses de la Visitation de Ste Marie, 126 & 156
Conflans appartenoit aux Princes de Bourgogne. 80
Des Connétables. 141. 142. 143. 144. 146. Plusieurs ont demeuré au Palais. 142
Des Comtes de Dreux.
Des Comtes de Champagne.
Des Comtes de Paris, où se trouve l'Hotel-Dieu. 234
De la Couture de l'Evêque, l'Hotel du Four. 222
Cramaut, rue Poupé. 257
Craon, donné à Jeanne de Bretagne par Charles V: c'est maintenant le Cimetiere de St Jean. 81. 132. 236.
Crequy, rue des Poulies. 156
De Coupeaux ou Clamart, appartenoit aux Princes de Bourgogne. 80. C'étoit l'Hotel de Dormans, Evêque de Beauvais. 109
De Coussy.
Dangeau.
Dauphin d'Auvergne, faux-bourg St Germain, est à present l'Hotel de Bouillon. 67
Dauphin Viennois, la maison aux pilliers, à present l'Hotel de Ville. 134
Daumartin. Davau.
D'Espernon, rue Plastriere, vendu à Ervart, Intendant des Finances. 123
D'Estampes, étoit celui de Mayenne, & l'Hotel neuf; enfin d'Estampes à cause de la Maitresse de François I. 121
D'Eu, rue St André. 257
D'Evreux près le Louvre, à la fin du quatorziéme siecle. 51. Les Comtes avoient quatre maisons à Paris. 129
D'Elbeuf & celui de Mayenne, vendu à Montauron, Partisan si renommé. 124
D'Estrées, rue d'Enfer, donné par le Comte de Bourgogne. 133, 237, & un à la rue Barbette. 156. un rue des Bons-enfans renfermé dans le Palais-Cardinal. 237. 260.
D'Emery, appellé le Commode à cause de ses beautés. 225
Dieu étoit l'Hotel du Connétable Archambault. 141
D'Encre. La Driesche. De Dormans.
De Dreux, rue Froid-manteau, passoit à celle de St Thomas du Louvre. 128. Un autre rue du Four, donné au Connétable de Bourbon. 144
De l'Ecurie de la Reine.
Du Roi d'Ecosse, où il a logé. 252. Le Roi d'Ethiopie, où logé. 253
De Flandres, combien dans Paris: leur situation: les divers changemens & divers proprietaires. 190. 191. 192.
De Forest, rue de la Harpe, a appartenu à Anne Comtesse de Forest. 114, à Jeanne Comtesse de Clermont, 65, & à Jean V, Duc de Bretagne, mari de sa cousine; depuis cedé à Jean de Malestroi. 81. 132. 184. 238
Du Four, ou maison du Four près St Eustache. 222
L'Hotel de Gaillon a servi pour agrandir l'Eglise de St Roch. II. 138. acheté par les habitans. IV. 333
De Gannay, Chancelier, à l'Hotel d'argent, rue de la Verrerie. 49
De Gouge, Chancelier, à l'Hotel de Bezançon. 148
Guise, bâti sur l'Hotel du Connétable Clisson, & de l'Hotel de la Roche-Guion. 120. Ses tapisseries, sa Chapelle. XIV. 10
Gondy, acheté par Louis I, Prince de Condé. 68. nommé l'Hotel de Condé. 189. 238
Guebriant.
Grammont, ou College Mignon. 269
De Giac, du Chancelier, a servi à agrandir l'Hotel St Pol. 116
De Graville devant le Palais des Tournelles. 152
Des Gardes des sceaux, Jean Bertrandy, vers la rue des Francs-Bourgeois. Montholon a logé à la rue St André au coin de la rue Gilles-cœur; De Ver, rue St Martin dans la maison de Budé. 150. 151.
De Grancey, où maison de Monsieur de Menars. 224
Des Grand-Maitres de la Maison du Roi. 152 153
Guimenée, sa beauté, son jardin. XIV. 4
D'Harcourt, au coin de la rue des Maçons. 239
D'Hercules, est le même que celui de Clerieu. 112. au coin de la rue des Augustins. 144. Pourquoi nommé l'Hotel d'Hercules. ibid. 237. Ses changemens. 187. Appellé l'Hotel du Roi. Ibid. par qui bâti. Ibid.
De Haute-feuille, nommé Chateau de Haute-feuille. 234. où sont établis les Jacobins. VI. 410
Du Hallier.

DES MATIERES. 41

Du Hallier, rue des Bons-enfans. 157
De l'Hopital, rue des Fossés Montmartre, remarquable par un escalier, 157, & XIV. 3
D'Hocquincourt.
D'Henri de France.
D'Henri II, Roi d'Angleterre.
De Hottomesnil, est à present celui de Sens. VII. 263
De Humbert, Dauphin, à la Grève, donné à Jean d'Auxerre. 71, qui l'a revendu au Prevôt des Marchands & Echevins, pour y bâtir l'Hotel de Ville. 71
L'Hotel des Invalides, sa description, ses Reglemens, son établissement. V. 536
Joigny.
De Jears, sa description, son architecture, 204, 205. L'escalier, 200
Jouy s'appelloit le Porc-Epic, 146. par rapport aux Abbés qui y ont demeuré. 209
Joyeuse, rue St Honoré, dont les Capucins occupent une partie. 156
Jeaune, au lieu de l'Hotel Zone, bâti par le Commandeur Souvré. 271
Des Evêques de Langres, c'est à present le College de Clermont, 78. s'appelloit l'Hotel de la Cour de Langres. ibid.
Laval, & de la Roche-Guyon, joints à l'Hotel de Guise. II. 180. & VII. 259.
Lambert, ses galleries, &c. XIV. 50
Le diguieres, c'étoit l'Hotel de Zamet, Baron de Murat, que le premier Duc acheta. 120. Des enfans de Zamet. 146. 189.
Lorraine, au coin de la rue des Bernardins. 113 aussi appellé l'Hotel de Bar; un autre, rue pavée, qui avoit été a Hugues Crussy, President, décapité. 116; un autre, rue du Roi de Sicile, qui se nommoit l'Hotel de Savoisy. 152. P. 225
De Longueville, étoit l'Hotel d'Alençon, acheté du sieur Villeroi. 74. 119. Vendu à Louis XIV, pour commencer la face du Louvre, ibid.
De Liancourt, rue de Seine. 156
De Luines; le Duc acheta l'Hotel de la Vieuville, rue St Thomas du Louvre. 127. 146. Deux autres Hotels, l'un rue du Temple, l'autre sur le Quai des Augustins, au coin de la rue Gilles cœur. Ibid.
Des Lions dans la rue Pavée, le Duc de Savoie étant à Paris y a demeuré. 78
De Laon, laissé aux Evêques du Diocèse de Laon, c'est à present l'Hotel de Nemours. 108
Luxembourg, Valerant Connétable, où sont les Peres de l'Oratoire, rue St Honoré. 145. Le Palais-Cardinal a été bâti sur ses ruines. 128
L'Hotel de la Marchandise, c'est aujourd'hui l'Hotel de Ville. IX. 482
L'Hotel des Mezieres, faux bourg St Germain, où est placé le Noviciat des Jesuites. 243
— De Meudon, que l'on appelle à present l'Hotel St Pol. 259
L'Hotel de Montarbe ou Montorbe, où sont établies les Religieuses Benedictines du Calvaire. IV. 488
Les Comtes de Macon avoient leur Hotel rue Macon. 133

Tome III.

Mandosse, rue Mauconseil. 240 Liv. VII
De Marli, rue des Sept-voyes, a été joint au College de Fortet. 143 T. II. L.XIV.
De Marie, rue Saie-au Comte. 148 T. III.
De Maÿenne, se nomme l'Hotel d'Elbeuf. 123
De Malgret.
De Matignon, proche St Thomas du Louvre, vendus pour y bâtir des rues. 150
De la Marche, fauxbourg St Marceau, & un autre à la rue St Thomas du Louvre. 239
De Melun, des Vicomtes, rue du Roi de Sicile. 239
Des Maréchaux de France. 155, 156, 157, 158.
De Mercœur a changé de plusieurs mains, a servi pour achever le Palais Royal. V. 122
— L'Hotel du Peron a été appellé l'Hotel de Mercœur que la Duchesse de Mercœur fit rebâtir. 122. Une partie bâtie pour les Capucines. Ibid.
De Meru, celui près le Ponceau & celui de la rue St Antoine, étoient deux Hotels de Montmorancy, en ce que Charles de Montmorancy porte le nom de Meru. 143
Enguerrand de Marigny avoit son Hotel près le Louvre. VII. 51, 153. Donné par Louis Hutin à Philippe de Valois. 73. Il a appartenu à Marie d'Espagne. Ibid. Nommé le petit Alençon. ibid.
L'Hotel du petit Musc, acheté par Louis I, Duc de Bourbon, changea de nom; l'Hotel neuf enfin fut l'Hotel de Bretagne. 65. 114
Montpensier vendu à Royer Sanlari, Duc de Bellegarde, qui le revendit à Mr Seguier, & s'appelle l'Hotel Seguier. 67. 125. Celui de la rue de Tournon. ibid.
Montmorancy, dans la rue du même nom, vendu à Hangest. Un autre près le Ponceau, 142. Un autre à la Montagne Ste Geneviéve appellé le Clos Mauvaison. ibid. Un autre rue de la Mortellerie. Trois Maisons de campagne. Plusieurs autres Hotels dans Paris appartenans aux Montmorancy. 142. Celui de la Ste Avoie nommé le logis du Roi. 189
Montjeu, rue de l'Oursine, vendu par Odille de Montjeu. 204
Montigny près des Tournelles. 240
Mornay.
Moreler.
Morvilliers, rue Regnault le Fevre. 149. & à la rue Quiquetone. 240
Montbazon, le premier rue de Betizy. Un autre à la rue Barbette si renommé pour sa beauté. 124
Montholon, Garde des Sceaux, au coin de la rue Gille-cœur. 150
Narbonne.
Les Rois de Navarre. 248. Les divers Hotels qu'ils ont possedés. 249
Navarre, rue St André, donné par Jeanne, Reine de France & de Navarre, pour fonder un College. 53. 82. 248. Les autres qui ont appartenu aux Rois & Reines de Navarre. ibid. Donné à St Germain des Prés pour amortir les droits de l'Hostel de Nesle. 117. Celui de la rue du Roi de Sicile

L

TABLE GENERALE

Liv. VII. vendu au Comte de St Pol. 126. P. 61.
T. II. Nantouillet où Henri III reçut l'Ordre de la
L. XIV. Jarretiere. 98. 240
T. III. De Nesle ou l'Hotel de Soissons ; ses changemens. 180
— Sur le bord de la riviere : ses proprietaires : actions considerables qui s'y sont passées. 181. 182. 183. 184.
— Charles de Bourgogne y a logé. 63
— Philippes le Bel le donna à Philippes de Valois son fils. 69 : nommé le sejour de Nesle : donné à François I Duc de Bretagne. 81 : appellé le sejour de Bourbon. 114. 240
Neuf : ce fut l'Hotel de Bretagne, autrement l'Hotel du petit Musc, que Charles VI rebâtit. 65
Nevers : Louis de Gonzague, Duc de Nevers, acheta l'Hotel de Nesle. 120. Un autre rue St André. 240
Nemours : les Ducs avoient leur Hotel de Navatre rue du Chaume, lequel passa à la maison d'Armagnac ; Louis XI le confisqua sur Jaques d'Armagnac, Duc de Nemours, à qui il fit trancher la tête. 119
Nonains-d'Hierre.
De Neaville.
Nonjant, rue de la Porte Barbette, a appartenu à la Damoiselle Nantouillet. 153
Des Ducs de Normandie, rue des Boucheries. 79. 110
D'O, trois dans Paris, dont le premier se nomme l'Hotel d'Epernon, le second maintenant l'Hotel de Luines, le troisiéme où sont les Hospitalieres de St Athanase. 241. Sa description, ses beautés. XIV. 21
D'Orleans, trois Hotels de ce nom ; celui de St Pol l'Hotel de Boheme ; le second rue de Jouy, donné à Hugues Aubriot. 73. Le sejour d'Orleans rue St André. 74. 110. Marguerite d'Anjou demeura à l'Hotel d'Orleans du fauxbourg St Marceau. 75. Charles VI acheta celui de la rue St André, qu'il donna à Amedée VII, premier Duc de Savoie. 83. 115. Le sejour d'Orleans. 116. 188. 248. L'Hotel d'Orleans où étoient les Filles Penitentes. V. 502. P. 125.
D'Orgemont.
Des Pairs de France, sçavoir de Reims, de Langres, de Laon, de Chalons, Ducs de Bourgogne, de Normandie. 77. 78. 79. 107.
L'Hotel des Patriarches, servoit de Prêche aux Huguenots sous Charles IX. Une partie démolie. IV. 433
De Perron.
De Perrigord.
Du Petit-Musc.
Du Pet au Diable ; c'étoit l'Hotel de Valeran de Luxembourg, Connétable. 145. Nommé l'Hotel de la Tour. 236
De Pequiny, acheté par Jean de Harlai, rue du Roi de Sicile. 239. 241.
Prevots de Paris, leur Hotel. 154. P. 62.
De la Pissotte ou de Beau-treillis, faisoit partie de l'Hotel St Pol. 153. 183.
Du Comte de Poitiers, appellé l'Hotel d'Autriche, son étendue, change encore son nom

en celui d'Hotel d'Alençon. 65
Du Porc-épic, a été à Jean de Montaigu, après avoir eu la tête tranchée, il fut donné au Duc de Baviere, & enfin réuni au domaine après la mort du Duc. 81. 153.
Du Pont Perrin, le Dauphin de Vienne, y a logé. 74. Nommé le petit Bourbon, enfin l'Hotel de Bretagne. 82. 110. 114.
De Ponthieu, appellé la cave de Ponthieu, rue Bethify. 242
Popincourt près la porte St Antoine. 242. Ce qui a donné le nom au lieu de Pincourt. Ibid.
Des Rois de Portugal, où ils logerent. 251
Du Roi de Pologne ou d'Henri III. 252
Princes Etrangers.
Des Prieurs de France.
De Pienne ou Hotel d'Hercule. 241
De Poyet, Chancelier, rue des Augustins. 149
Rambouillet, vendu à Pierre Forget du Fresne pour le Cardinal de Richelieu. 200. 242.
— Le Palais Cardinal a été bâti sur ses ruines. 128. 260.
Le nouvel Hotel de Rambouillet, appellé d'O, de Noir-Moutier, de Pisani, enfin celui de Rambouillet. 200
Hotel de la Rapée, où placé, son usage aujourd'hui. V. 430
De la Reine, se nomme l'Hotel de Soissons, pourquoi. 68. 131.
De la Reine de Suede, où elle a été receue. 252
De la Reine Blanche, appartenoit à Jean Duc de Berri, rue des deux Portes. 116
— Tannegui du Chastel y a demeuré. 154
— Celui du fauxbourg St Marceau. 182
De Retz, trois de ce nom, le premier où sont les Capucines & une partie de l'Hotel de Vandosme ; le second le petit Bourbon que le Roi a pris pour agrandir son Louvre ; le troisiéme près des petits Capucins rue d'Orleans. 124. 156.
De Richemont.
De la Riviere, bâti par Vau, ses enjolivemens. XIV. 21
De Rieux.
De la Roche-Guyon, a servi à augmenter l'Hotel de Guise. 120. 127. 242. Appartenoit aux Ducs de Montbazon, qui le vendirent au Duc de Guise. 124. Un autre rue des Bons-Enfans. 127
— Celui près du Louvre, acheté par le sieur de Bacqueville. 234
De la Roche-sur-Yon.
De la Roche-Pot, appartenoit au Connétable de Montmorancy. 92. où les Jesuites ont leur Maison Professe. 140
De Roquencourt.
De Royaumont, rue du jour, par un Abbé de cette Abbaye. 269
Des Rois étrangers. 245. 246. 247. 248.
De Roussillon, au fauxbourg St Germain, rue du Four, vendu à plusieurs particuliers pour y bâtir des rues. 152
Salé, maison à present d'Amelot. XIV. 50
De Sancerre, rue de l'Hirondelle, vendu à l'Archevêque de Besançon : un autre rue St

DES MATIERES. 43

André. 145. 243. Un autre rue Bar-du-Bec.

De Savoie, rue de Tournon, donné par la Duchesse de Savoie à Forget, cet Hotel saisi par le Parlement, après avoir remontré à la Cour qu'il appartenoit à la Duchesse, la saisie fut levée par Arrêt. 82. 134. 135. Ses changemens. 187

Petit Hotel de Savoie rue du Chaume, donné à Amé VII, Comte de Savoie & vendu à Jean Montaigu. 83. 153.

De Savoisy, vendu par l'Amiral Chabot au Duc de Lorraine, nommé l'Hotel de Lorraine. 82. 136. 152. 189. 243. Son Hotel rasé. XIV. 30. P. 227.

De Schombert, rue St Honoré près la Croix du Tiroir. 156

Du Sejour, étoit placé dans trois rues, sa description. 187

Seguier, étoit l'Hotel de Montpensier, qui a été vendu au Garde des Sceaux. 67. Ses divers changemens : ses divers proprietaires, son escalier, les appartemens, ses deux Galleries. 194. 195. 196. Le Duc de Bellegarde l'achette. 195. Remarques sur cet Hotel. 198

De Sens, où est mort un Nonce, enterré aux Celestins, sa pompe funebre. 99

De Senneterre (la Ferté) sa description. 158. Sa Chapelle, sa Gallerie, &c. ibid. Ses beautés. 225. Il a servi d'emplacement à la Place des Victoires. VI. 627. La Gallerie & la Chapelle. XIV.

St Chaumond sert à une Communauté. 5

St André rue d'Orleans. 155

St Denys illustre du tems des barricades, où les Ligueurs s'assemblerent. VII. 123. pour un College. 265. Ses divers amortissemens : sa Chapelle. 265. Autre Hotel de St Denys cité par du Beuil. ibid.

St Maur, dit des Barres. 266. Tous ses changemens. Ibid. Situé rue des Barres. 266. Nommé l'Hotel de la Conciergerie. 276

St Gerant.

St Nicolas.

St Paul (le Conte) acheta du Maréchal Roquelaure l'Hotel de Navarre, rue du Roi de Sicile. 120. P. 47.

St Pharon rue de la Verrerie. 269

St Jean des Vignes situé rue St Jaques. 268

St Pol étoit l'Hotel de Navarre. 156. Commencé par Charles V. 182. Il renfermoit les Hotels de la Reine, de Beau treillis, du petit-Musc, de la Pissotte, celui des Lions, l'Hotel neuf du Pont-Perrin. 183

—Description de cet Hotel. Ibid. C'étoit l'Hotel du Roi de Sicile. 247

St Michel, vendu pour agrandir le College de Montaigu. 268. & un autre rue de Bievre. Ibid.

St Marcel ou Hotel de Berri, enfin celui d'Orleans. 185

De Sillery, ruiné pour faire une place devant le Palais Royal. 105. 149. 153. 250. avoit été bâti par le Commandeur Sillery. 271

Du Roi de Sicile, appartenoit à Charles II, Roi de Sicile & de Jerusalem. 114. 247.

De Souvrai, la Gallerie & la Chapelle peintes Liv. VII. de Bassan. XIV. 5 T. II.

De quelques Souverains. L. XIV.

De Sully, rue St Antoine, bâti par du Cerceau sur les ruines de celui des Tournelles. T. III. 126. a appartenu à Galler. XIV. 13

De Soissons, appellé l'Hotel de Nesle. 180. 211. Réuni à la couronne. ibid.

De Soissons, nommé l'Hotel de la Reine, vendu à Charles de Soissons 68. nommé l'Hotel de Boheme. 73. 212. depuis appellé l'Hotel d'Orleans. ibid. Donné à Amedée Comte de Savoie. 82. 181. Ses changemens. Ibid. Bâti par Catherine de Medicis. 188. Deux cens femmes de mauvaise vie converties sont reçues dans cet Hotel, changées en Religieuses. 213. Catherine de Medicis les transporta rue St Denys 214. a changé de plus de vingt Maîtres. Ibid. Charles VI, VII & VIII, y ont demeuré. 215. Changé en Monastere. ibid. Description des appartemens, des commodités de cet Hotel. 215. 216. La Chapelle, la colonne d'Ordre Toscan, la Sphere posée dessus. 218. 219. Sa description. 220. 221.

De Tancarville, vieille rue du Temple : un autre à la rue du Roi de Sicile 244

L'Hotel de Jean Testart, a servi de Boucherie du Temple. IX. 139

De Thorigny, qui étoit près l'Hotel de la Reine Blanche. 244

De Thoulouze, à la rue du Louvre. 80. Se nommoit l'Hotel d'Autriche. ibid. 111.

De Touraine.

Des Tournelles, appartint au Chancelier d'Orgemont & à son fils, au Duc de Berri; Bethfort s'en empare. 185. Donné en échange au Duc d'Orleans de l'Hotel de Giac. 117. Charles IX. le fait démolir. 186

De la Trimoille en la rue Platriere, que l'on appelloit l'Hotel ou Chatel de Calais ; le plus fameux c'est celui de la rue des Bourdonnois, nommé l'Hotel de Believre. 125. 149.

Des Tuilleries, Pierre des Essarts & Jeanne sa femme en étoient proprietaires. 52

De Tiron, où alloient loger les Suisses sous Henri II. 92

De Thouars, un rue de la Huchette à la maison des trois Chandeliers. 125

De Turennes.

De Trie, Maréchal de France, étoit près du petit Bourbon du Louvre. VII. 51. 114. Un autre à la rue Sale-au Comte : dispute avec les Religieux de St Magloire. 155

Du Comte de Laval, fait partie de l'Hotel de Guise. 239

Du Val de la Reine, sa situation ; échange fait pour une maison de plaisance du fauxbourg St Marceau. 73. 115. Donné à Miles de Dormans, Evêque de Beauvais. 117. 184.

De Valois (Philippes) avoit trois Hotels dans Paris. 71. Un rue des Bourdonnois, l'autre près la Chapelle de Braque, le troisiéme rue St André des Arts. 71

De Vandosme, les Comtes avoient leur Hotel en la rue St Thomas du Louvre. 51. Celui

TABLE GENERALE

Liv. VII
T. II.
L. XIV.
T. III.

près les Capucins de la rue St Honoré; sa grandeur. 08. 244. Il a servi d'emplacement à la Place de Louis le Grand. VI. 628
De Valentinois.
De Vauvert donné aux Chartreux. II. 132
De Verdeci, rue St Etienne des Grès. 268
De Vic, rue St Martin, où a demeuré le savant Budé. 151. 235.
De la Vieuville, rue St Thomas du Louvre, nommé l'Hotel d'Epernon, a appartenu au Duc de Luines. 126. 245.
De Ville, sur les ruines de l'Hotel d'Humbert Dauphin. 71. Se nommoit la maison aux piliers, surnommé la maison du Dauphin. 82. Enfin donné au Prévôt des Marchands. ibid. & 110. 134. Ses beautés. XIV. 9. P. 30. 241. Appellé la maison de Grève. IX. 482. Divers changemens & agrandissemens : assemblées qui s'y font faites. 482. 483. Sa description, les tableaux, &c. ibid.
De Villeroi, appellé l'Hotel de Longueville. 140. 189. Rue des Bourdonnois, un autre Hotel. 157
De Villequier, rue de Joui. 157, & l'autre à la Place Royale : sa description. Ibid. Un autre rue des Poulies. 245
De Vitri, rue des Minimes. 156
Des Ursins, derriere St Denys de la Chartre, donné par Messieurs de Ville : amende honorable qui s'y fit. 245
De la Vrilliere, sa description, son vestibule. 227. Escaliers, la Gallerie. 228. 229. L'Andromede de Titien. 232
Xaintonge (Comtesse) avoit eu l'Hotel d'Evreux près du Louvre. 51. Les Peres de l'Oratoire de St Honoré y sont placés. 245
De Zamet, où Gabrielle d'Estrées a demeuré, presentement l'Hotel de Lesdiguieres. 125. Vendu au Connétable : c'étoit le Palais d'amour d'Henri IV. 146. 189. 245.

HOTELS DES ABBE'S.

Sugger, à l'Hotel ou College St Denys près St Merri. 265
De Barbeau, ont eu leur Hotel rue des Barrés. 168
Du Bec, à la rue Barre-du Bec. 269
De Chaalis, rue St Jaques. ibid. acheté pour aggrandir l'Eglise St Severin. 270. Ils en acquirent un autre à la rue St Victor, confondu dans le College des Bernardins. ibid.
De St Jean des Vignes, rue St Jaques. 268
St Maur, dit des Barres. 266. A changé plusieurs fois de Maître. 267
Du Mont St Michel, rue St Etienne des Grès, vendu par criée au College de Montaigu. 268
De Vaux de Cernai, rue du Foin. 269
De St Vincent, où est le College de la Marche. 269
De la Trinité.
Du Val Notre-Dame, logeoit rue du Huleu. 270
De Vandosme, à l'Hotel St Denys, rue St André. 265

De St Vandrille, ont logé rue St Nicolas du Chardonnet. 269
De Vezelay, où se trouve le College de Lizieux. 268
De Ste Cornille, ont demeuré près la Porte Barbette. 269
De St Etienne de Dijon, avoient leur Hotel près le College de Fortet. 268
D'Hermieres, où se trouve la Trinité. 269
De Joui, à la rue de Joui. ibid.
Les Abbés de Reigny, ont fait acquisition de l'Hotel de St Maur. 267
De Royaumont, à la rue du jour. 269
De Premontré, rue Haute-feuille, converti en College. 268

DES ABBESSES.

De Frontevrault, ou Couvent des Filles-Dieu, de Chelles & d'Hierre, rue des Nonains-d'Hierre. 269. Celui d'Hierre nommé la maison de Pie. Celui de Chelles la maison du Mouton. ibid.

DES ARCHEVESQUES.

De Bezançon, rue de l'Hirondelle. 263
D'Embrun, rue des Marmouzets. ibid.
De Lion, rue des Cordeliers. ibid.
De Narbonne, rue de la Harpe. 263
De Reims, ont logé rue du Paon. 77. 107. au fauxbourg St Marceau. 107. P. 219.
De Rouen, à la Cour de Rouen. 263
De Sens, situé sur le Quai des Celestins. 262
De Tours, rue du Paon. ibid.

DES CARDINAUX.

Pierre Bertrand, Evêque d'Autun, Cardinal; rue St André des Arts, où se trouve le College d'Autun. 257
Brade Chatillon, Cardinal, Evêque de Lizieux, rue St André. ibid.
Simon de Cramault, demeuroit rue Poupée. Ibid.
Pierre de Foix, à l'Hotel d'Etampes.
Le Cardinal de Bourbon, Archevêque de Sens, mourut au petit Bourbon. 258
Charles, Cardinal de Bourbon, mort à l'Abbaye St Germain des Prés. Ibid.
Jean Balue, Evêque d'Angers & d'Evreux, avoit deux Hotels. ibid.
André d'Epinai, sur le quai des Celestins. 259
Guillaume Briçonnet, rue des deux Portes. Ibid.
Du Pont, l'Hotel d'Hercules. ibid.
Jean Bertrandi, rue des Francs-Bourgeois. Ibid.
Ceux de Guise & de Lorraine, à l'Hotel de Guise. ibid.
Armand Jean du Plessis, Cardinal, Duc de Richelieu, a logé à l'Arsenal, au petit Luxembourg, & enfin dans le Palais Cardinal, illustre par sa magnificence. 128. 260.
Antoine Sanguin, sous le nom de Meudon, demeuroit à l'Hotel de Meudon. 259

Du

Du Bellaſ, au Chateau de St Maur.
Le Cardinal d'Angennes, à l'Hotel de Rambouiller. 260
Nicolas Peilevé, rue du Roi de Sicile. 260
Le Cardinal Joyeuſe, acheta l'Hotel de Montpenſier, *ibid.*
Le Cardinal du Perron, mort à Bagnolet. *ibid.*
De la Roche foucault, acheta l'Hotel de Joyeuſe. *ibid.* Mort à Ste Geneviève. *Ibid.*
Jules Mazarin, avoit ſon Palais rue Vivienne. 261

Des Evesques.

D'Arras.
D'Auxerre, près la Porte St Michel, 264
D'Avranches, rue Bordelle. 263
De Beauvais, l'Hotel de Dormans, rue du Fer-à-moulin, l'Hotel de Coupeaux ou de Clamart. 109
De Chalons, ont demeuré rue Trouſſe-nonain, & incommodés par les femmes de mauvaiſe vie, ... où nous voyons maintenant le Monaſtere des Carmelites. 108
D'Evreux.
Langres, Bernard de la Tour, logeoit à la rue St Jaques ; Charles Poitiers, Evêque de Langres, n'avoit point de maiſon. 78. 107. C'eſt à préſent le College de Clermont. *ibid.*
De Lizieux.
De Nevers, au coin de la rue des Amandiers & du Cimetière St Etienne. 293
D'Orleans, au College de Boncourt. 263. P. 63.
De Paris, maiſon de St Cloud. 261. 262. Les differentes demeures de nos Evêques. *ibid.*
De Vienne.
De Senlis.
De Laon, c'eſt aujourd'hui l'Hotel de Nemours. 108
De Noyon, on n'a pû rien en découvrir. 109
De Meaux, près le Cimetière de St Nicolas. 264

Des Prieurés
Liv. VII.
T. II.
L. XIV.
T. III.

Ceux de France, ont embelli le Temple. 271
Celui de la Charité, rue des Foſſés St Germain. 271
Nous avons pluſieurs Prieurs à Paris. 272
Huguenots avoient permiſſion de prêcher dans un logis nommé le Patriarche, d'où ils ſortirent avec fureur pour aller piller St Medard. VII. 257. Punition de cette violence. IV. 43. 434
— Quatre mille aſſiſtent au prêche rue St Jaques à l'Hotel Barthonierie : furent attaqués, punis & maltraittés par la populace, &c. X. 59
A l'Hopital de l'Ourſine mirent en pieces la figure de Jeſus-Chriſt. *ibid.* Prêchant dans le logis du Patriarche, étant interrompus par le ſon des cloches de St Medard, ils allerent comme furieux, maſſacrer, piller toute l'Egliſe. 540 Divers prêches démolis dans Paris. *ibid.* La St Barthelemi. 541. Des Huguenots revenants de Noiſy furent attaqués par la canaille. *ibid.* Un Miniſtre banni du Royaume pour avoir fait le prêche près Ste Geneviève. Les Huguenots furent attaqués revenants de Charenton, *ibid.*
L'Abbé Hugues, Prince, Abbé militaire, frere uterin de Robert I. a ſoutenu le ſiege de Paris courageuſement. IV. 320. Enterré à St Germain de l'Auxerrois. *ibid.*
Hugues Capet, fondateur de St Barthelemi. I. 14
—— Comte, Duc, Marquis, Roi. I. 9
—— Le Grand, Comte Duc de Paris. *Ibid.*
Hunigiſile, un des Aſſaſſins de Childebert, fut foüetté. X. 593
L'Huillier, *Jean*, Bourgeois, dit de la Place-Maubert. II. 164
Huiſſiers Maſſiers du Roi, ſe tiennent un genoux en terre au Lit de Juſtice. XI. 641
Hypocras que la Ville preſentoit aux Ambaſſadeurs. VII. 92
Hydron, *Nicolas*, la porte qui en portoit le nom. II. 114

I

Saint Jaques de la Boucherie : une Chapelle de Ste Anne érigée en Paroiſſe en 1200. IV. 360. Pourquoi nommée de la Boucherie. *ibid.* P. 219
St Jaques de l'Hopital, bâti par Charlemagne. I. 14. P. 29. 212.
St Jaques du Haut-pas, bâti ſous Philippe le Bel. I. 14. Le Commandeur étoit obligé de payer du vin à la Ste Chapelle pour ſon Hopital. VIII. 364. Les Religieux de St Magloire y ſont tranſportés. Son agrandiſſement. IV. 449. 450.
St Jaques & St Philippe du Roule, c'étoit une Commanderie, érigée en Paroiſſe. IV. 334
Jacob, excellent Joueur de Luth, ſous le nom de Polonois : il eut la charge de Joueur de Luth de la Chambre du Roi : mourut d'une paralyſie : enterré à St Germain de l'Auxerrois. IV.

Les Jacobins fondés par St Louis en la place du Parloir-aux-Bourgeois, & du Chateau de Haute-feuille. IV. 410. VIII. 365. Mainlevée accordée pour les droits qu'ils devoient. *ibid.*
Les Jacobins, Sepulture des Princes de la Maiſon de Bourbon. I. 19. Ont donné le nom de St Jaques à la grande rue. II. 143. On renferma la rue Coupe-gorge dans leur Monaſtere. 169. Aſſemblée à cette occaſion. *ibid.* Fondations faites aux Jacobins par la famille des Bourbons. VII. 115. Les Jacobins barbouillent le portrait du Roi. VIII. 348. Humbert, Dauphin, y eſt enterré. IV. 410, & Jean de Mehun, auteur du Roman de la Roſe. 411
Les Jacobins de la rue St Honoré, le jardin, le

Tome III. M

TABLE GENERALE

Liv. VII. parterre, la bibliotheque. IV. 411
T. II. Le Noviciat des Jacobins, quand établi. 488.
L. XIV. Voyés. V. * 034. Les Reformés. * 638
T. III. Jacquemard de St Paul : ce qui s'en est dit. XIV. 57

Jardins des Rois sous Charles V, Charles VI, & Louis XII. VII. 283. 284.
Jardins de Childebert, étoit où se tient le Parlement. 284. Autres jardins publiques à Paris, sçavoir celui,
—De l'Arcenal près la Bastille.
—Des Apoticaires, faux-bourg St Marceau.
—Des Capucins, St Honoré.
—Clos des Chartreux.
—Des Celestins.
—De la Doctrine chrétienne.
—De Ste Geneviève, petits Jacobins.
—Du Luxembourg.
—St Martin-des-champs.
—Du Palais d'Orleans
—Royal des plantes.
—Rambouillet.
—Des Tuilleries. De Thevenin.
—Du Temple. 284. 285.
Le petit Jardin du Louvre sous Henri III. VII. 13

Le grand Jardin du Louvre, sa situation, appellé le grand Parc sous Charles V. Plusieurs autres jardins autour du Louvre. Henri III se plaisoit à faire battre ses lions, taureaux dans ce Parc. ibid. Les petits jardins du Louvre, quand ruinés. 24
Le Jardin des Tuilleries, sa beauté, où placé. 59. 286
Le Jardin de Regnard derriere les Tuilleries. 60
—Royal. P. 189. Il y avoit une Voirie, &c.
Le jardin de Thevenin à Mr de Menars. 224. sa description. ibid. 286.
Autres jardins curieux, comme celui du Roi, des Apoticaires & autres. XIV. 45
Le premier President, Nicolas le Jay, étoit proprietaire de douze maisons dans la même rue. II. 158. Il obtint permission de bâtir sur le quai des Orfévres, le long de la rue St Louis. III. 246
Idolatrie des premiers Parisiens & Gaulois. I. 60
Idole trouvée sous un pillier de l'ancien Pont-au-Change. VIII. 345. Idole d'Isis dans le chœur de St Germain des Prés. XIV. 54. Celle de Cerès aux Carmelites. Ibid.
Clemence de Hongrie accoucha d'un fils nommé Jean, qui mourut huit jours après. VII. 46
Jean des Fossés. I. 66
Jean I, Duc de Bourbon, fit ses noces au Palais. VII. 5
St Jean, divisé en deux Paroisses : ses orgues. IV. 426. 427. Tombeaux : à la nomination de l'Abbé du Bec. Ibid.
St Jean en Grève, augmenté par le logis du Pet-au-diable. II. 177. P. 49. 177
St Jean le Rond. P. 71
Jeanne d'Arc delivre Orleans du siege des Anglois. VII. 86
Jeanne de France; Charles V lui donna l'Hotel de Craon. VII. 81

Jean de France, Duc de Betri, fit hommage au Roi du Comté de Poitiers, au Louvre. VII. 47
Jean Sanspeur fait bâtir un Donjon de pierre de taille pour sa sureté, après l'assassinat du Duc d'Orleans. VII. 63
Jean Santerre a demeuré au Palais. 246
Jeannin, President, demande permission de bâtir des eschoppes sur le quai de l'Horloge. III. 245
Jeanne d'Albret, sa mort, les soupçons que causa cette mort. VII. 199. 249.
Rue de Jerusalem, procès de Messieurs St Victor avec les Administrateurs de l'Hotel-Dieu, à cette occasion. II. 173
Jesuites, Noviciat, établi sur les ruines de l'Hotel de Meziere. II. 150. Description de son bâtiment, le tableau du Maistre-Autel. IV. 462
Jesuites, la maison Professe occupe à present l'hotel de Rochepot. VII. 143. Description de son bâtiment : le Maître-Autel, les tableaux. IV. 463. Les cœurs des Rois & Princes qui s'y trouvent : nommée St Louis, à cause de Louis XIII. 464
Jesuites absens. Manufacture établie au College de Clermont. IX. 506. Voyés P. 16
Jets de basses Tailles du Palais des Tuilleries, moulés à St François de Ripe & à Medicis. Leur description. VII. 58
Deux Jeux de Paume qui occupoient la place de la halle aux draps. II. 159
Jeu de Paume, nommé le Tripot des onze mille diables. II. 138. De Berthault. 180
Jeu des Poulies, en usage anciennement, & à present inconnu. 159. 172
Jeux & divertissemens des Parisiens. XII. 680
St Ignace & St François Xavier ont logé & étudié au College Ste Barbe. VII. 255
Images dans les Eglises : fut agité dans le Concile de Gentilli s'il en falloit. IX. 485
Impôts imposés pour la dépense des fossés & des arriere-fossés. I. 38. 87
Impositions pour les Ramparts & Fossés. 87
Imposteur qui distribuoit de fausses Reliques : Son histoire. IV. 273
Les premiers Imprimeurs & Libraires ont demeuré près St Hilaire. IV. 411
L'Imprimerie du Louvre, ou Imprimerie Royale : quantité de Livres qui en sont sortis sous la conduite de Mr des Noyers : combien elle a coûté. VII. 41. Sa magnificence & sa beauté. IX. 507. Son fondateur, son protecteur. 508. Les Livres qui y ont été imprimés. ibid.
Inapetence, ou dierte : quelques personnes qui ont été plusieurs jours, mois & années sans manger. XIV. 549. 550
Incendies arrivées à Paris sous Gregoire de Tours. IV. 259
Six incendies differentes de la Ville de Paris. I. 63
—De la grande Salle du Palais. VII. 5. & autres au Palais, au Pont-au-Change, &c. X. 543
Un insensé qui se jette à corps perdu sur Henri

DES MATIERES.

IV, sur le Pont-neuf. II. 189
Incurables commencés sous Louis XIII. I. 14
Sts Innocens bâtis sous Philippe-Auguste. Nicolas Flamel l'a augmenté. IV. 354. Uni au Chapitre de St Opportune. Le Cimetiere fut clos & muré par ordre de Philippe Auguste. Il sert à plusieurs Paroisses. *ibid.* Plusieurs tombeaux illustres. 359. La Fontaine, un chef-d'œuvre. *ibid.* P. 42. 57.
Innocent II vint à Paris; le Roi & la Reine lui vont baiser les pieds; il institua la fête de Ste Geneviève des Ardens. VII. 255. 256 Demeure à Compiegne. 310
Innocent III: Philippe Auguste appelle de son mandement : il n'ose se mêler du different des Evêques. VII. 306
Insulte à l'Université par les domestiques de Savoisy : obligés de faire reparation, & comment. VII. 243
Les Invalides, Hotel Royal : son établissement. V. 530. Sa situation, les dehors, les dedans de cet Hotel. 537. Les Refectoires, sa description. 538. Les deux Eglises. 540. Les dehors. 542. Du gouvernement & administration, ses Officiers. 544. 545. 546. Officiers subalternes. 34. 547. 548. 549. ses Assemblées & Conseils. 550. Les exercices des Invalides. 551. Edit du Roi de son établissement. 552. Reglement pour l'Hotel Royal des Invalides. 553.
Investitures, ou donations faites à l'Eglise sur l'Autel par plusieurs Rois. XI. 030. P. 50 58. 10.
Inondations. *Voy.* Débordemens.
Ingenieurs qui eurent soin des fossés & remparts. I. 81
Ingeburge, femme de Philippe Auguste, releguée à Estampes. VII. 305. Mourut à Corbeil. 10. Concile assemblé pour sa repudiation. IX. 436
Inscription gravée au bastion de la porte de la Conference : remarque sur icelle. I. 82
Inscription trouvée dans la maison de la Maque. VII. 76
Inscription du Palais Cardinal; observation à son sujet. 158
Inscription de l'Hotel Seguier; diverses raisons. 194

Jouailliers-Grossiers. P. 18
Jolli, Ingenieur, entreprend d'élever les eaux de la Seine. II. 211
St Joseph. P. 165
Duc de Joyeuse ; à ses noces se firent les joutes dans le grand jardin du Louvre. VII. 11
Le Cardinal de Joyeuse se fait Capucin &c. bâtir le Couvent de l'Assomption. 121. Il a fondé deux Ecoles. *Ibid.* Il a érigé un Monastere au Roule, illustre par cette Notre-Dame de Paix, transportée aux Capucins. *ibid.*
Isabelle de Bavierre, femme de Charles VI, accoucha d'une fille nommée Isabelle, mariée à Richard II, Roi d'Angleterre. VII. 48
Isabelle de Bavierre, est chargée du gouvernement du Royaume pendant la maladie de Charles VI. VII. 48. Se plaisoit fort à Melun & au Val-la-Reine. 311

Isabelle de Ste Croix a donné au Sous-Chantre de Paris, deux Ecoles près St Yves. II. Liv. VII 153 T. II.
Isis, la Déesse, trouvée chés le sieur Berthier. L. XIV. I. 56 T. III.
— Sous quelle figure les Allemans l'ont adorée. Son Temple où placé. I. 57
— Quelle a donné son nom à Paris. Quand son Idole fut rompue. *ibid.* & abbatue par Guillaume Briçonnet. IV. 341
Des Isles de Paris. I. 89. Leur nombre.
L'Isle de France, ce que c'est. I. 54
L'Isle, donnée à l'Evêque Enée. I. 9
L'Isle du Palais, la Cité, la Forteresse de Paris ; divers noms donnés par les anciens. I. 66
L'Isle Notre-Dame. P. 72, 74, 124, 154, 55.
L'Isle de Notre Dame l'emporte sur celle du Tibre. I. 23. Jointe avec l'Isle aux Vaches. 89. Sa longueur. 90. Le Chapitre en est Seigneur. 90
L'Isle Louviers, sa longueur, sa situation. 89 nommée l'Isle des Javiaux, l'Isle aux meules & des Javeaux. *Ibid.* Son proprietaire. II. 155. P. 124.
L'Isle aux Vaches, quand elle fut jointe à celle de Notre-Dame. 90. Elles étoient jointes par des chaînes, &c. *Ibid.*
L'Isle Notre-Dame; le Cardinal Legat y prêcha la Croisade. 90. Son embelissement ordonné par Mr de Sully. *ibid.* Differens marchés faits par divers Entrepreneurs pour l'embelissement du Chapitre de Notre-Dame à raison de sa proprieté. 91
L'Isle du Palais étoit separée de la Cité, nommée l'Isle aux Juifs, l'Isle aux Treilles, l'Isle de Bussy, l'Isle du Pasteur aux Vaches, l'Isle du Pasteur, lieu patibulaire des Templiers. I. 99
L'Isle de Grenelle, nommée l'Isle Maquerelle, sa situation : canal qui separoit l'Isle aux Juifs. X. 531
D'Irreville (Philippes) Bourgeois de Paris, à qui appartenoit la Courtille. I. 65
Judas, quelques uns de ses deniers, où ils se montrent. XIV. 55
Judicaïl, Roi de Bretagne, vint trouver Dagobert à St Ouen, pour faire raison des injures qu'il avoit reçues des Bretons. VII. 294
Judith, Imperatrice, veuve de Louis le Debonnaire, se retira à Tours. 310
Judith de France, mariée à Verberie & couronnée Reine des Anglois Occidentaux. VII. 298. Enlevée par Baudouin, Comte de Flandres, qui l'épousa étant veuve. *Ibid.*
Judrz, Maison Royale, où les trois fils de Charlemagne, firent la paix ensemble. VII. 299
Maniere de juger les Connétables, les arrêter les condamner & les executer dans leur propre Hotel. VII. 144
Juges Consuls, leur jurisdiction, quand établie, leurs jugemens, ce qu'ils connoissent, la place aux Marchands où elle étoit, où ils sont logés à present. 409
— Ceux qui peuvent y entrer. 410. P. 247. 251.

TABLE GENERALE

Liv. VII Jugemens superstitieux connus à Paris. X. 567
T. II.
L. XIV. —Celui des Duels avec témoins. *ibid.*
T. III. —Par le fer chaud, l'eau chaude & l'eau froide. 573
—Celui de l'eau, que le Prevôt fut obligé de subir à l'occasion d'un Cabaretier. *ibid.*
—Ceremonies observées dans ces jugemens. *ibid.*
—Jugement de l'eau contre un *Anselmus Bussus*, accusé d'avoir volé le tresor de Laon, de quelle façon il se tira d'affaire. 574
—Celui de l'eau chaude, ceremonies que l'on observoit dans ce jugement. *ibid.*
—Celui du fer chaud, les ceremonies observées. 575
—Les charbons, les buchers enflammés, quand on s'en est servi. *ibid.*
—Le fromage & le pain, les ceremonies & leur usage.
Jugement de la Croix sur l'Autel, les ceremonies observées. 576
Juifs logés à la rue des Juifs. IX. 509. Histoire de Priscus, Juif. 510. Persecution des Juifs sous Dagobert. 511. Persecutés par toute l'Europe. *ibid.* Rétablissement des Juifs en France. *ibid.* Persecutés sous Philippe Auguste & chassés du Royaume. 512. Juifs rapellés. 513. Persecutés sous St Louis. 514. Sous Philippe le Bel. 515. Rétablis sous Louis Hutin. 516. Fables des fontaines empoisonnées par les Ladres refutées. 517. Etat tranquile des Juifs & Histoire de Hugues Aubriot. 518. Banissement des Juifs pour la derniere fois sous Charles VI. 520. Choses remarquables des Juifs depuis ce dernier exil. 521. Marques qu'on faisoit porter aux Juifs pour les distinguer. 522. Persecution touchant l'usage de leur Religion. 523. Touchant leur conversion. 524. Emplois honorables de quelques Juifs. 525. Leurs usures. *ibid.* Le mépris qu'on faisoit des Juifs & leur esclavage. 528. Des Juiveries de Paris. 529. Synagogues. 531. Cimetieres des Juifs. 532. *Voyez* P. 32. 34. 69. 72. 74.
Juifs de Brie-Comte-Robert, firent mourir un Chrétien : Philippe Auguste y alla, où il fit brûler plus de quatre-vingt des meurtriers. VII. 303
Juifs : de l'histoire du Juif & de l'Hostie. II. 117
—Chassés de la rue de la vieille Draperie. 132
Juifs, avoient des Cimetieres à Paris. I. 20
Juiveries differentes, où elles étoient établies. *ibid.*
—Leur Synagogue. I. 20. Ont demeuré rue de Glatigny. II. 139. Diverses rues où ils ont encore demeuré. 145. Leur Synagogue. *Ibid.* L'Isle qui portoit le nom aux Juifs. *Ibid.*
Jules-Cesar, sa conquête. I. 1
—Tint ses états à Paris. I. 2. VII. 313.
—La chambre de Cesar, où elle étoit. VII. 313
Julien l'Apostat en danger de perdre la vie par un rechaud de feu. I. 6. XIV. 548.
—Plusieurs actions remarquables de ce Prince passées à Paris. I. 6
—Y est proclamé Empereur. I. 6. 64.
—Soulage les Gaules des impôts. I. 6
—Gouverneur de Paris pendant quatre ans. *ibid.* VII. 313.
—Deux Eglises de St Julien, le Pauvre & des Menestriers, où placées. IV. 273. Sous Henri I existoit. VIII. 371. P. 77. 40.
La Justice des Cours souveraines & autres Jurisdictions : de la Justice en general. VIII. 388. 389. 390.
Justices de la Ville de Paris. 391. Celles de l'enclos du Palais. P. 230. 243. Celle du clos de Garlande. 72. 73. Le Roi avoit haute & basse Justice à Rome. P. 40.
Jurisdiction Ecclesiastique.
Jurisdiction temporelle de l'Archevêque de Paris. IV. 366. De quoi composée. 369
Jurisdiction de l'Archevêque de Paris ne s'etendoit pas sur le fauxbourg St Germain *ibid.*
Jurisdiction du Chapitre, s'appelle la Barre du Chapitre : son autorité, son étendue. *ibid.*
Jurisdictions, divers temporels. P. 244.
Jurisdiction de l'Hotel de Ville, en quoi consiste. VIII. 408

L

LAAS, la terre, ou Lians, appartenoit aux Religieux de St Germain & de Ste Geneviève : son étendue : a donné son nom à St André : la rue de la Huchette & la rue Poupée avoient le nom de Laas. VIII. 357. 358.
Labienus, ses efforts contre Paris. I. 5
—Quand il défit les Parisiens. 61
Ladres accusés faussement d'avoir empoisonné les puits & fontaines. IX. 517
Le Landi, la foire, pour visiter le parchemin. VI. 657
St Landri, mis au nombre des Evêques de Paris, quoiqu'il ne l'ait jamais été, a fondé l'Hotel-Dieu. VII. 254. savoir où il est enterré & où il est mort : doute à ce sujet.

IV. 320. 385. Port de St Landri où placé. *ibid.* Sa mort est incertaine. 386. Deux ossemens, l'un du doigt l'autre du col, furent portés en cette Eglise. *ibid.* Cette Cure est de la nomination du Chapitre de St Germain l'Auxerrois. *ibid.* P. 72. 217.
Lapidation : plusieurs Allemans & l'Evêque Pretextat ont été lapidés. X. 595
Larchant en Gatinois.. P. 11.
Latitude de Paris ; differens sentimens. I. 46
St Jean de Latran, Commanderie de St Jean de Jerusalem. II. 144
St Laurent, quelle Eglise sous Gregoire de Tours. IV. 272. C'étoit autrefois une Abbayie : son antiquité. 363. On y a transporté la dévotion de St Hildebert de Ste Croix

DES MATIERES.

Croix de la Cité. *Ibid.* Erigée en Paroisse de la nomination de St Martin des Champs. 364. P. 42.

St Lazare, Alix, femme de Louis le Gros. Sa Fondatrice. I. 4. P. 57. 65. 198.

St Lazare, nom que l'on a donné à tous les Hopitaux fondés pour les ladres & lepreux. II. 139.

Un nommé *Garnerus de sancto Lazaro*, & Agnès sa femme, donnerent leur maison à St Symphorien. 139.

Legat *à latere* eut audience au Louvre, de Charles V, sur l'élection frauduleuse du Pape Barthelemi, elu sous le nom d'Urbain VI. VII. 47.

—Pierre vint trouver Charlemagne. 209.

—Arsenius, presenta à Charles le Chauve Rothardus, destitué par cinq Evêques. *Ibid.* Il reconcilie Loraire avec la Reine Theodeberte qu'il avoit repudiée. *ibid.*

Legs testamentaires : ceux qui mouroient sans rien laisser à l'Eglise, on leur refusoit la sepulture. IX. 020.

—Cet abus aboli. *Ibid.*

—Le President Lizet appelloit ce droit *Jus Sathanicum*. *ibid.*

Leonor de Clarence, second fils d'Edouard, III, Roi d'Angleterre, logea au Louvre, VII. 47.

L'Hopital des Lepreux à la place de St Ladre. V. 559.

Lescot de Clagny (Pierre) habile Sculpteur. II. 131.

—Il a donné les desseins du nouveau Louvre. VII. 25.

St Leu St Gilles, description du tableau du Maître Aurel. IV. 467. C'étoit une Chapelle de l'Abbaye de St Magloire, succursale de St Barthelemi. 468.

Lendesius, Maire du Palais, se retire avec Thierri à Abbeville, il est poursuivi par Ebroin, qui le fait tuer, étant venu sur sa parole. VII. 296.

St Lenfroi, l'Eglise enclavée dans la prison du Chatelet. II. 144.

Levée de deux mille avanturiers, pour travailler aux tranchées de la Ville. I. 42.

—Autre levée de seize mille manœuvres pour travailler aux fortifications. I. 43.

Libelles diffamatoires contre le St Sacrement. X. 537.

Libraires ; le grand nombre, assemblés dans divers quartiers de Paris. I. 19.

—Les bornes qu'ils sont obligés de garder. I. 19, dans l'Université. VIII. 354, avoient anciennement leur Confrairie à St André. IV. 428.

Licorne que l'on dit qui étoit montrée derriere la Magdelaine. II. 146.

Les lits, couches & couchettes & alcoves des Palais de nos Rois, leur grandeur & forme. VII. 280.

Benediction des lits le jour des époussailles, abus supprimé. XI. 329.

Les lits des Chanoines appartiennent à l'Hotel-Dieu après leur mort. 640.

Tome III.

Grand nombre de livres qu'a produit l'Université. I. 18 Liv. VII.

Lieutenant Civil, Lieutenant de Police & Lieu- T. II. tenant Criminel; leurs differens emplois. VIII L. XIV. 407. T. III.

Lieux Patibulaires, les plus anciens de Paris, St Denys du Pas, Montmartre & la Croix du Tiroir. X. 583. Il y avoit un lieu patibulaire aux Champeaux. 584. La Place Dauphine en étoit un : Montfaucon étoit hors de Paris. *ibid.* Le Marché aux Pourceaux, le Piloti, la Seine même ont servi de lieux patibulaires. 586. La Grève, la Croix du Tiroir, la Porte de Paris & l'Estrapade, sont lieux patibulaires. 589, comme aussi la Bastille & la Cour du Palais. 590. Autres lieux Patibulaires. 601.

Linclair le fils s'est fait ouvrir sous le rez de chaussée du Pont-neuf deux chambres. III. 216.

Lingeres établies le long des Charniers St Innocent par St Louis : Statuts de ces femmes & filles dressés sous le même Roi. II. 147.

Linge de la table & du corps du Roi à sa mort, se donne au Prieuré de la Sausaye. VIII. 458.

Lyevin (Pierre, Flamand, est arrêté pour avoir voulu travailler à la paix Cabochienne sans le consentement de l'Université, VII. 133.

Catherine de Lorraine ayant appris le meurtre de ses freres à Blois, court par toutes les rues de Paris pour demander justice. VII. 67.

—Raoul, Duc de Lorraine, neveu de Philippe de Valois, qui lui donna la maison de Cruffi. VII. 82.

—Charles, Duc de Lorraine, acheta de Chabot l'Hotel de Savoisie. *Ibid.* 136.

—Nicole de Lorraine, derniere Duchesse de Lorraine, cousine & femme de Charles IV, de Lorraine, morte à l'Hotel de Savoisie. *ibid.*

—La Duchesse de Lorraine & le Comte de Vaudemont, son beaufrere, logerent au Louvre quand ils vinrent à Paris, leur reception.

—Charles IV, Duc de Lorraine, quand il arriva à Paris, alla à l'Hotel de Chevreuse, les presens de la Ville, la reception ordinaire des Ducs de Lorraine. 137.

—Nicolle de Lorraine arriva à Paris, comment elle y fut reçue & conduite à l'Hotel de Lorraine. *ibid.*

—Louise de Lorraine, veuve d'Henri III, établit des pensions pour les Confesseurs des prisons. X. 586.

St Louis dans l'Isle Notre-Dame. P. 153.

Pierre Lombard enterré à St Marceau, son épitaphe. IV. 432. Son livre condamné au Concile. IX. 485.

Lombards, certains usuriers, faisoient tenir de l'argent à Rome. II. 147.

L'Evêque de Lombès, Abbé de St Denys, deputé du Parlement pour ouvrir le coffre fort de Jean Chastel, Abbé de St Maur. VII. 267.

Longitude de Paris, sentimens differens. I. 46.

—Dissertation latine sur ladite longitude. 48, 49.

N

Liv. VII Pierre de Longueil, Evêque du Mans, logeoit rue Clopin. VII. 264
T. II.
L. XIV. Lotteries apportées par un Bateur d'or. XIV. 58
T. III.
—Espece de Lotterie en Tontine ou jeu de hazard. 60
Description de la Lotterie ou Blanque. 62. Vaugelas entreprend une Compagnie pour cette Lotterie. Ibid. Sa mort la dérange. Ibid. Lots differens qui étoient tirés pour les interessés, 63. Comme elle se tiroit. 65
Les plus anciennes Lotteries, leur origne, l'usage qu'en faisoient les Romains. 72. Celle d'Heliogabale extravagante, Ibid. Reflexions sur les Lotteries. 73
Celle du Cardinal Mazarin; on donnoit des lots aux personnes qui n'y avoient rien donné. Ibid.
Un autre de pure liberalité. 74
Le Pere le Moine en a fait une pour railler les Lotteries. ibid.
Celle des Amans en faveur de leurs Maitresses: celles du Roi, des Princes, en quoi consistoient les lots & billets.
Enfin il y en eut de toute espece, de livres de dévotion, des Confesseurs & des Penitentes, des instrumens de la Passion, des Madrigaux, Sonnets y étoient admis. 77. Elles sont degenerées en petits jeux d'esprit, 78. 79.
Des Lotteries de jambons, saucisses & bouteilles de vin. 80
Une autre de bons mots qui venoit à l'esprit lors que l'on appelloit quelqu'un. 81
Celle de Sapho & Segrais. 82
Autres diverses & badines. 84, 85, 86, 87.
Lothaire vint à Paris. I. 8
—Choisit Paris pour son rendés-vous avec ses freres. I. 8. Fait la paix avec Charles le Chauve. VII. 299. Menace que lui fait Arsenius s'il n'abandonne sa concubine. ibid.
St Louis a fait bâtir la Ste Chapelle & la Chambre de la Tournelle du Palais. VII. 3. Rendoit la justice dans le jardin du Palais. 5. Appellé Seigneur de Poissi. 304. Rend justice sous un chêne à Vincennes. 305. y laisse la couronne d'épine en dépôt. ibid. Malade à Ponthoise. 306. Il fait son fils Robert Chevalier à Compiegne. 310
St Louis, fondateur des Quinze-vingts. I. 14
—Des Cordeliers.
—Des Jacobins.
—Des Filles-Dieu.
—Des Carmes.
—Des Haudriettes.
—Des Beguines.
—Des Chartreux.
—De Ste Catherine du Val.
—Des Freres-Laïs.
—Ste Croix de la Bretonnerie.
—Des Mathurins de Fontainebleau VII. 305
Louis le Gros, fondateur de St Victor. I. 14
—De Montmartre. ibid.
—Demeure à St Denys. VII. 309
—Enterré à St Victor. IV. 409
—Vient à Paris. I. 8. Il alloit quelquefois à Estampes. VII. 304. Il y reçoit le Pape Gelase II. ibid.
Louis II y vint aussi. I. 8.
Louis III se fait porter de Tours à St Denys, où il mourut, VII. 310
Louis VII élevé au Cloître de Notre-Dame. 96 VII. 6
—A fondé les Religieux de Grammont à Vincennes. 304
Louis XI donna à Jaques Louet, Tresorier des Chartres & General de la Justice des Aides de Paris, l'Hotel d'Orleans fauxbourg St Marceau, qui est converti en l'Hopital de la Misericorde. VII. 76. L'Hotel de Bar à Gilles Dorlon. 82. Il fait un long sejour à Plessis-lès Tours, où la mort l'inquiette; il y meurt environné de Reliques. 308
Louis XII fortifie Paris. I. 42, a sejourné à Blois qu'il a augmenté. VII. 307
Louis de Bourbon commence le petit Bourbon. VII. 2
Louis, Duc de Germanie, fait la guerre aux Normands. 298
Louis XIII fait bâtir Versailles. VII. 309
—Il pose la premiere pierre du Maître-Autel de Notre-Dame. IV. 379
Louis I; Duc de Bourbonnois, acheta des Religieux de St Germain, plusieurs maisons, sçavoir, la maison de l'Aumône, la haute Maison, celle de Jean de Nesle, de Marie St Pol, Comtesse de Pembrocx. VII 66
St Louis dans l'Isle Notre-Dame, érigé en Paroisse en 1623, à la nomination du Chapitre de Notre-Dame. IV. 456
Louis le Debonnaire se reconcilie avec ses freres; il fait une penitence publique. VII. 299
—Il est dépouillé de la dignité Imperiale par ses propres enfans; sa femme Judith confinée à Poitiers. 309
Louis le Begue à Complegne, on lui apporte les ornemens Royaux; il y est sacré & couronné par Hincmar VII. 309
L'Ourfine, Ville. Voyés Ville.
Louvre, le Chateau bâti par Philippe-Auguste. I. 24
Le quai du Louvre: ordres du Roi au Prevost des Marchands pour l'achever. III. 243
Le Louvre commencé par Philippe-Auguste. VII, 7, augmenté par St Louis & par Charles V, agrandi par François I. La grosse tour. Ibid. Son fondateur: sentimens de differens auteurs. 8. Etymologie du mot de Louvre: dissertation sur ce nom. 9. sa situation. 10. son plan. ibid, rebâti par Charles V. 11. Les basses cours, savoir la maison du four, la Panneterie, la Saufferie, l'Epicerie, le Garde-manger, la Fruiterie, &c. 12. L'Artillerie, Empenneresses, ce que c'etoit. Diverses armes qui étoient renfermées dans l'Artillerie. Le petit jardin du Louvre. 13. Le grand jardin du Louvre: sa description. Ibid. Les tours du Louvre, où placées 14: la tour de la Librairie. 15. La grosse tour. 16. Corps du Chateau. 19. Le grand portail. 20. Tous ses appartemens differens: les Salles, l'Oratoire. 22. La Chambre aux oiseaux. ibid.

Le Louvre en general. P. 125. 239. Le grand escalier. VII. 23. quand détruit.
Le nouveau Louvre : son plan. 25. Les ornemens, la face exterieure. 26. Sa couverture, l'attique, les fossés. 27. Le grand vestibule. 28. sa description, ses beautés. 29. 31. les dehors du Louvre, sa solidité admirée. 32. les dedans du Louvre, les deffauts, la salle des Suisses. 33. appartement de la Reine, où plusieurs Reines ont logé. 34. appartement du Roi, la chambre de parade, par qui conduite. 35. la petite gallerie, ses dehors, quand commencée & achevée. 37. ses dedans, les peintures, tableaux qui s'y trouvent. 38. 39. la grande gallerie. 40. l'Imprimerie, son excellence, sa magnificence : la monnoie. 42. la salle des antiques, commencée par Catherine de Medicis, description des statues. 43. les tableaux illustres 44.

—Ce qui s'est passé dans le Louvre de plus historique. 45. sous Philippe le Bel, sous Philippe de Valois. 46. sous le Roi Jean, sous Charles V. 47. sous Charles VI. sous Louis XI & François I. 4. sous Charles IX, sous Henri IV. 50. Noms de tous les grands Seigneurs qui se sont logés aux environs du Louvre.

—Le peristyle de la grande façade du Louvre, sa description, sa colonnade, la machine qui a servi à élever les pierres du grand fronton. 61
Fort mal entretenu sous Louis XII, Charles Liv. VII. VII, Louis XI & Charles VIII. 49 T. II.
—Un Arcenal au Louvre. 278 L. XIV.
—Galleries du Louvre, où sont établies plusieurs manufacturiers. IX. 506 T. III.
Autre description du Louvre, ses statues & autres curiosités. XIV. 13
—Sa grande gallerie, sa description. 17
—Il a servi de prison. P. 38. Est bâti dans la censive de l'Evêque de Paris. 53. bâti par Philippe-Auguste. 233. 24. Sa tour abbatue par François I. 239. Bon mot dit par Henri IV, au sujet du Louvre. P. 240
Loisel Curé de St Jean en Grève, établi Chef d'une Academie, laquelle a été supprimée par le credit d'une Société. IX. 496
François l'Hureux fameux Sculpteur, celui qui a fait les deux Lions à l'Hotel d'O. VII. 241
Luxembourg, promenade agréable. I. 27
—Nommé Palais d'Orleans, entrepris par Marie de Medicis. VII. 189. Description de toutes ses parties, les galleries. XIV. 7. Le petit Luxembourg, sa description. 6
Marie de Luxembourg, seconde femme de Charles le Bel, mourut en couche à Issoudun. VII 311

M

De Mâcons, Comtes, leur hotel, abbreuvoir : & rue. II. 138. & 130. VII. 133
La Macque, logis où l'on introduit l'art de filer l'or, façon de Milan. VII. 76. On a trouvé dans les fondemens de cette maison des médailles, un squelet, & une inscription qui y est encore. ibid. VII. 24. IX. 508.
Les Madelonnettes fondées par Madame de Fieubet : pourquoi établies. V. 695. P. 177
Madrid, Chateau, par qui bâti & embelli. 308 François I le fit faire sur le modele de celui d'Espagne. Sa situation. ibid.
La Magdeleine, Chapelle dediée à St Nicolas, érigée en Archichipresbyterale, la grande Confrairie des Bourgeois : quand elle a commencé: St Symphorien a été uni à cette Paroisse : elle est de la nomination de l'Archevêque de Paris. IV. 450
Aymeric de Magnac, Cardinal, Evêque de Paris, enterré à Notre-Dame. IV. 378
Le Maire, illustre pour les perspectives. VII. 207
Les Maillotins proposerent de raser le Louvre, mais Charles VI entra dans Paris en Conquerant, obligea tous les Bourgeois d'apporter leurs armes. VII. 47. P. 29
Maille-sec, Guy de, Legat à latere : Charles V lui donna audiance en presence d'une grande Assemblée, au sujet de l'élection d'Urbain VI. VII. 47
La Maison de Paradis, où située. II. 155
La grande Maison des Carneaux à Philippe de Valois. VII. 71
La Maison du Mouton donne le nom à la rue.
II. 152
—De la Pie, où située. Ibid. Celle du Paon.155
Maisons des Etuves sises en l'Isle du Palais. I. 99
Maisons, Ponts, Chateaux, étoient tous de bois. I. 9. Quand de pierre & de bois. I. 23
—Leur nombre sans compter les Communautés des Religieux. I. 26
—Le dessous servoit de retraite aux voleurs. II. 173
—Leurs proprietaires obligés de payer le pavé. 185
La Maison Episcopale, par qui bâtie & continuée. VII. 252. & P. 74
Les Maisons chargées de cens & de rentes & grosses rentes foncieres, étoient abandonnées, sans se soucier qu'on les adjugeât aux Seigneurs. VII. 125
La Maison de l'Autruche, où a logé le Duc de Wittemberg, où il est complimenté par la Ville. 141
La Maison aux Pilliers, nommée la maison au Dauphin, & presentement l'Hotel de Ville. 82, 110, 133.
Maison de l'Ange rue de la Huchette, où logerent les Ambassadeurs de l'Empereur. 88, Ceux du Roi d'Alger. 93, & ceux de Venise. 94
Maison du Four des Barres, à qui elle appartient 267
Maison de l'Evêque de Meaux, où a demeuré le Cardinal du Prat, Legat. 90
Maison de Savary, où le Duc de Norfolck alla loger. ibid.
Maison de Meignet, où l'Ambassadeur alla lo-

Liv. VII. ger. *Ibid.*
T. II. Maison des Noyers rue St Honoré : sa perspective. 207
L. XIV.
T. III. Maison du Noyer rue des Fossés, ruinée pour aggrandir le Séjour de Bourbon. 115
Maisons Seigneuriales & le fief de la Trimoille, rue des Bourdonnois. 125
Maison de Baviere, rue Bordelle. 138
Maison du Président Tubœuf, sa magnifique description. 202
Maison des trois Chandeliers rue de la Huchette, étoit l'Hotel des Ducs de Thoüars. VII. 125
Maison du Porc-Epic, où l'on reçut Albert de Baviere, & qui lui fut donnée. 138
Maison de Budé, où demeuroit le Garde des Sceaux de Vic. 151
Maison des Savaris, où mourut l'Amiral Chabot. 152
Maison nommée la Cave de Ponthieu, appartenoit au Mareschal Boucicault. 155
Maison nommée le Fossé-St-Germain, rasée pour bâtir le Petit-Bourbon. 208
Simon Matephas, Evêque de Paris, vendit une maison aux Comtes de Flandres. VII. 111
Maison de plaisance du Cardinal Bertrand, nommée logis du Patriarche. VII. 257
—Des Princes de Bourbon, où situés dans Paris. 66
Maisons Royales. P. 241. Maisons de Paris. P. 236
Maisons de plaisance de nos Rois aux environs de Paris VII. 283
Celles sous la premiere race.
—Ruel ou le Roulle, savoir duquel des deux parle Gregoire de Tours. Leur differente situation. Nanterre, où Ste Geneviéve a fait long sejour. 290. Braine, maison de Clotaire I. 290. Nogent, maison de Chilperic. Divers Nogents, Villiers-Coterets, autre maison de Chilperic. *ibid.* Chelles, Poissy. 292. Bonneuil, Marly, St Ouen, Romilly. 293 Creil. 294. Epinay, Bigargium, Espineuil & Espernay. 295. Vassi, Moustier-Ender, Luxeul, Crecy en Ponthieu, Bré, ou à Abbeville, Quercy. VII. 296, & XIV. 35. 36
—Celles de la seconde race. Verberie & Cressi. VII. 297. Gentilli, Pontievre, à Chaumouci. 298. Thionville, Attigni, Vernon, Saulvoy, Pittres. 299. Leurs étymologies differentes. 300. 301. Enfin Casseneuil. 302.
—Celles de la troisiéme race. St Germain, Hugues Capet l'a commancé. François I, Henri II & Henri IV l'ont continué. La Muette par François I. 304. Poissy, où St Louis fut batisé. Estampes, où le Roi Robert fit une aumône à la derobée, *ibid* Vincennes, où Louis VII établit des Religieux, environée par Philippe-Auguste. *ibid.* Par qui achevé. 305. Fontainebleau, sa forêt, son nom, ce qui s'y est passé de remarquable. 305. 306. Mante, son antiquité : par qui bâti : ce qui s'y est passé. 306 Coussy, son pavillon nommé Folembrai. 307. Montargis, Blois, Amboise. *ibid.* Chambord, Madrid, Charleval. 308. Mouceaux, Versailles, Dammar-

tin : par qui ces maisons ont été bâties. 309
Maisons de plaisance des Reines. Clotilde à Tours, Ste Radegonde au Bourg d'Athies, Fredegonde au Roulle en Normandie, Ste Baudour dans le Couvent de Chelles & à Vernon, 310. Constance, à Estampes. Adelaïde, veuve de Louis le Gros, à Montmartre. Ingeberde, à Corbeil, Agnès à Poissy. Blanche de Castille, une maison près le Conflans d'Eure & de la Seine. Marie de Luxembourg, à Issoudun. Isabeau de Baviere, à Nigeon de Chaillot. Catherine de Medicis, à Chenonceaux, & à la maison de Bassompierre, le Palais des Tuilleries. Marie de Medicis à St Germain-en-Laie. 311
Maisons de plaisance des Maitresses de nos Rois.
—De la Marquise de Verneuil, à Verneuil.
—De Madame Gabrielle, le Palais Mouceaux.
—De la Duchesse de Valentinois, le Chateau d'Anet.
—De la Duchesse d'Estampes, Challeau.
—D'Agnès Sorel, le Chateau de Loche, & à celui de Beauté.
—De la fille d'un Marchand de chevaux, à Creteil, une à Bagnolet. 311
Petites-Maisons, d'où tirent leur nom. II. 136
Les Petites-Maisons, leur fondateur Gabriel Bordet ; de qui dépendent. V. 359
La maison du Conseiller le Tellier : le corps-de-logis : sa description : par qui entrepris XIV. 2
—Celle du sieur Aubin, beauté de l'entrée. *ibid.*
—Deux petits enfans de Sarrasin au logis de Madame de la Trousse. *ibid.*
—Dans une maison de Mr Noblet un hangard surprenant. 3
—Celle du Banquier Pantouillet, par Philibert de Lorme : un fleuve de Ponce, *ibid.* Modele d'Hercule chés Thibault, Sculpteur. Des Anges montés sur des Dauphins, de Pilon : de la fontaine de Biragne. *ibid.*
Maison d'Asry, l'escalier par Vanobstal. II.
—Celle de Hesselin : sa description, ses salles. XIV. 14
—De l'Abbé de la Riviere, Evêque de Langres : sa situation, sa description. XIV. 21, 22, 23
Le Maître, Président, fait boucher la rue du Petit-Paon. II. 168.
—Gilles Avocat du Roi, s'oppose aux Docteurs de Sorbonne à la fermeture d'une rue. 169
Majorité des Rois de France, fixée à quatorze ans par Charses le sage. IV. 365
Maladies extraordinaires arrivées à Paris.
—Un Catalepsis insensible.
—Un autre qui avaloit tout sans se reveiller. XIV. 547
—Un homme qui étoit assoupi pendant quinze jours, causé par un abcès dans la tête. 548
—D'un abcès dans l'estomac, rejetté par hazard. *Ibid.* Mort du Medecin Barré.
—L'Empereur Julien pensa étouffer par du charbon allumé. *ibid.*
—Champignons mangés au bois de Boulogne, quatre femmes en moururent. *Ibid.*
—Femme sans avoir ses ordinaires.
—Les differens âges ausquels elles sont venues. *Ib.*
—D'autres qui les rendent par la bouche.

—Une

DES MATIERES. 53

—Une autre par le nombril. *ibid.*
—Une servante qui rendoit par la bouche & de l'eau & du sable. 549
—Femme qui avoit perdu son lait, un enfant à force de la téter, lui fait revenir. *Ibid.*
—Un Portugais qui rendoit ses vents par la bouche.
—Un autre constipé pendant dix à vingt jours de suite. *Ibid.*
—Fievre ardente: un disciple de Fernel se coupe la gorge dans l'accès, dont il fut guéri. 551
—La Pierre étoit en regne sous Louis XI: on hazarda l'operation de la Taille sur un faux Archier. *ibid.*
—Mal caduc d'un nommé St Quentin, tout extraordinaire. 554
—Maladie du *Feu-sacré*, ou les Ardents, qui brûloit petit-à-petit les malades. 557
—Le Tac ou Horion. 558
—La Coqueluche, douleur de gosier, qui causa la mort à un grand nombre de personnes. *Ibid.* En 1418 il en mourut plus de cinquante mille personnes. *Ibid.*
—La petite Verole, son ravage. *Ibid.*
Maladerie de St Ladre pour les Lepreux. P. 59
—Du Roulle. P. 219
Jean Malestroit vint demander pardon au Roi de l'injure qu'il avoit faite au Connétable de Clisson, il fut condamné à restituer cent mille francs. VII. 132
Jean de Malestroit & Isabeau de Sarenville sa femme, à qui Louis II, Duc de Bourbon, donna l'Hôtel de Forest. VII. 81
François de Malherbe, Norman, Secretaire d'Henri d'Angoulême, ami du Cardinal du Perron: il épousa la veuve d'un Conseiller du Parlement de Provence: son inclination, sa taille, son humeur. IV. 324. on l'appelloit le *Pere Luxure*: meurt âgé de soixante-seize ans enterré à St Germain de l'Auxerrois 325
Malo, Conseiller, donne son nom à la Porte. I. 35
Malte (l'Ordre de) ou Hospitaliers, leur origine. V. 607. Leurs actions en Orient. 608. Leur langue ou nations. 608. Les grands Prieurs & Receveurs en France. 509. Leur établissement en France sur les dépouilles des Templiers, & privileges accordés par nos Rois. 610. 611. État de l'Ordre de Malte à Paris: les Commanderies qu'ils occupent dans la Generalité. 612, 613, 614, 615, 616.
De Mance, Ingenieur, fait un traité pour élever les eaux de la Seine par une machine. II. 211
Manger: une fille qui fut douze jours sans manger. XIV. 549. Un jeune garçon de 14. ans, & une faiseuse de dentelle, qui n'ont jamais mangé. 550. Un autre qui fut quatre ans onze mois sans manger. *Ibid.*
Mansard, Architecte, inventeur des toits qui portent son nom. VII. 27. & des escaliers. 206
Mante (le Chateau de) aussi ancien que Fontainebleau: Philippe Auguste y a appellé un Mandement d'Innocent III. Plusieurs enfans de France y sont nourris. VII. 306. Son Liv. VII. étymologie. *ibid.* T. II.
Manteaux reçus par les Maîtres des Requêtes. L. XIV. VIII. 463 T. III.
La Duchesse de Mantoue, soeur de la Reine, vint tenir sur les fonts le Dauphin. VII. 139
Manufactures. IX. 504. Des tapisseries établie à Fontainebleau, à l'Hôpital de la Trinité. 505. Divers lieux proposés pour y établir des Manufactures: une établie au College de Clermont pendant l'absence des Jésuites. 506. Transferée aux galleries du Louvre. *ibid.* Celle de la Maque, rue de la Tixeranderie. 508
Marais de Ste Opportune, où situé, quand desseché; divers changemens. I. 75
St Marcel a demeuré rue Calande; l'endroit où il a tué le dragon. XIV. 54
St Marcel naquit à la rue de la Calande. VII. 254
—Chasse un dragon. IV. 257. Enterré à l'Eglise de son nom. *ibid.*
St Marcel fondé par Marguerite de Provence. I. 14, sous le titre de St Clement. IV. 432 P. 54.
—Vint au monde rue de la Calande. I. 96
—Sa Châsse à Notre-Dame. IV. 373
—C'est une des Filles de l'Archevêché. 369. XIV. 55
Marcel, Prevôt des Marchands, assassina deux Maréchaux en presence du Dauphin. VII. 53. Son élection. 189
Corps des Marchands & Jurisdiction supprimée. P. 30
Les six Corps des Marchands: combien. IX. 467
Rang des six Corps des Marchands. 468. P. 14 jusqu'à 19.
Bonnetiers instalés: diverses occasions & ceremonies où ils ont reglé leur rang. 469
Origines des six Corps, 471
Les Drapiers, leur Halle & qualité, leur Communauté, leur Confrairie, leur Bureau, leurs armoiries. 472
Les Epiciers, Apoticaires, Sauciers & Chandeliers: leurs armoiries, leur Bureau, leur Confrairie, leur profession chacun en particulier, quand séparés. 473. 474. Ils sont dépositaires du poids du Roi. *Ibid.*
Les Merciers & Tapissiers, ce qu'ils vendent, la gallerie, leurs armoiries, leur Roi. 475. Differends avec les autres Corps. 476
Les Pelletiers & les Foureurs, ce qu'ils vendent, leur rue, leur Patron, leur Confrairie & leurs armoiries. 477
Les Bonnetiers, ce qu'ils vendent, leur qualité, leur Bureau, leur Confrairie & leurs armoiries. 478
Les Orfevres, leur Patron, leur Bureau, leurs armoiries. 479
Les Marchands de vin, leurs armoiries. *ibid.*
—Armoiries des six Corps. P. 17. 18. 19.
Corps des Marchands, combien, se nombre des Maîtres & garçons de boutique. I. 26
—Suppression des six Corps. P. 30. Leur rang. P. 15. 16.
Marchand, Capitaine des Arquebusiers, connu

Tome III. Q

Liv. VII par le Pont-Marchand qu'il dreſſa, a eu pluſieurs arpens de la Couiture St Gervais. I. 71
T. II.
L. XIV. Guillaume Marchand, entreprend le Pont-neuf.
T. III. III. 233
Marchand & Petit entreprirent le Pont-neuf, & l'ont achevé. III. 233
Marché-neuf, la Poiſſonnerie. XIV. 13
Treize marches enterrées au portail de Notre-Dame. 97
Marche du Parlement & de la Chambre des Comptes. P. 28
Marché pavé, où ſitué. II. 122
Marché-Palu, où il étoit placé. 149
Machines & pompes pour élever les eaux de la Seine, par qui entrepriſes. II. 211
Maréchaux de France, Mathieu de Trie, Comte de Dammartin, demeuroit rue Ste Croix au petit Bourbon & à la rue Sale-au-Comte. VII. 155
Jean le Maingre, dit Bouciquault, logeoit rue de Bethiſi, nommé la cave de Ponthieu. ibid.
Jean, fils de Bouciquault, dans la rue de l'Ourſine.
Jean & Pierre de Rieux & de Rochefort, logea à la vieille rue du Temple. ibid.
Jaques d'Abler de St André, avoit deux maiſons, l'une rue d'Orleans, & l'autre inconnue. Ibid.
Le Maréchal de la Vieuville logeoit rue d'Orleans. 156
Celui de Coſſé ou de Briſſac, demeuroit à l'Hotel de Coſſé. Ibid.
De Retz, deux Hotels de ſon nom ibid.
L'Hotel de Jaques de Matignon, près St Thomas du Louvre. ibid.
Henri de Joyeuſe du Bouchage, a eu deux Hotels. ibid.
Urbain de Laval de Bois-Dauphin, logeoit à la maiſon Prieurale de la Couiture Ste Catherine. Ibid.
Concino Concini, Marquis d'Ancre, logeoit près le Louvre à la rue de Tournon, il avoit encore un autre Hotel. Ibid.
Gilles de Souvré demeuroit rue Froid-manteau.
Antoine de Roquelaure acheta l'Hotel de Navarre, qui s'appelle l'Hotel St Pol. Ibid.
Nicolas de l'Hopital de Vitri, ſon Hotel rue des Minimes. ibid.
Jean François de la Griche de St Geran, & Honoré Albert de Chaulne, Place Royale.
Charles de Crequi, à la rue des Poulies. ibid.
Henri de Schombert, rue St Honoré.
Jaques de Nompar & Armand de Nompar de Caumont de la Force, à la rue du Louvre.
François de Baſſompierre, rue St Honoré.
François Annibal d'Eſtrées, rue Barbette.
Antoine Bure Deffiat, vieille rue du Temple.
De St Geran & de St Luc, à la Place Royale.
Charles de la Porte de la Meilleraye, logea à l'Arſenal.
Antoine de Grammont a acheté l'Hotel de Cleves, rue du Louvre. 157
Jean-Baptiſte Budes, Comte de Guebriant, n'avoit point d'Hotel.
François de l'Hopital du Hallier, a demeuré à l'Hotel du Hallier.
Henri de la Tour de Turenne, logeoit rue St Louis.
Ceſar de Choiſeul du Pleſſis-Praſlin, demeuroit au Palais des Tuilleries.
Nicolas de Neufville de Villeri, logeoit rue des Bourdonnois. ibid.
Antoine d'Aumont de Villequier, logeoit rue de Joui. Ibid.
Charles de Mouchi d'Hocquincourt, contre la Porte St Honoré.
Henri de la Ferté Senneѐtaire, rue des Petits-Champs.
Ceſar Phœbus d'Albret de Moiſſans, à la rue des Francs-Bourgeois. ibid.
Philippe de Clerambault de Palvon.
Maréchal Matignon, ſon Hotel en la rue de même nom. II. 150
Jean des Maretz, Avocat ſi celebre, que le Chancelier d'Orgemont a fait mourir. VII. 147
Ste Marguerite. Voyés Couvens.
Marguerite de Provence, femme de St Louis, établit les Cordeliers & St Marcel. I. 14
Marguerite de France, mourut de la peſte au Palais. VII. 6. Accoucha de deux enfans; de l'un des deux rue du Four. 249
Mariage de Philippe II, avec Elizabeth de France. VII. 95
Mariage d'Anne de Bretagne avec Louis XII. 133
Mariage de Catherine de Bourbon, ſœur d'Henri IV, dans le Cabinet du Roi. VII. 50. 103.
—D'Elizabeth de France, avec Philippe IV, Roi d'Eſpagne. 102
—D'Henriette Marie, fille d'Henri IV, avec Charles V, Roi d'Angleterre. 103
—De Chriſtine de France, ſeconde fille d'Henri IV. 104
—De la fille du Duc de Ferrare avec le Duc de Guiſe. 139
Coutume de dépouiller les Dames toutes nues, pour viſiter ſi elles étoient propres pour le mariage. XI. 646
Ste Marie. P. 66. 152. 165. 184.
Marie de Medicis ſe plaiſoit à St Germain; plaiſanterie dite à cette occaſion. VII. 311
Marie, Entrepreneur general des Ponts. I. 90
Marie Elizabeth de France, morte à l'Hotel de Villeroy. VIII. 189
Marie, veuve de Rolland de St Cloud, vendit un Pré près la Courtille-Barbette. I. 67
Marie (Chriſtophe) Entrepreneur general des Ponts, traita pour les trois Ponts de l'Iſle. III. 238. Ses aſſociés Pouletier & Regratier. Ibid. Oppoſitions de Meſſieurs de Notre-Dame à l'occaſion du pont de bois : comment ils s'accordent. ibid. La Grange, Secretaire du Roi, prend ſa place : le Roi & la Reine mirent la premiere pierre au Pont Marie. Ibid.
Marie & ſes aſſociés, pour entreprendre l'Iſle de Notre-Dame & le Pont Marie. I. 91
Charles de Marillac, Evêque de Vannes, avoit ſa

DES MATIERES.

maison sur le quai de la Tournelle. VII. 264

Maréchal de Marillac, mort en Grève. X. 590 & 603.

Ste Marine, quand érigée en Paroisse : l'Official y marie ceux qui ont forfait à leur honneur. IV. 429. Elle est de la nomination de l'Archevêque. 430

Marionettes & Saltinbanques. X. 544

Marmite des Cordeliers. IV. 448

Marmoutier, les Religieux ont possedé Notre-Dame des Champs. P. 6

Marques que portoient les Juifs pour les distinguer. IX. 522

Marquis de France & de Paris. I. 8

Mars, où adoré, son temple près de Paris. I. 60

Mars & Mercure, vestige d'un temple à Montmartre qui leur sont attribués. XIV. 54

St Mattial fondé par St Eloi. IV. 276

Mrtyrs, leurs persecutions, leurs divers supplices. X. 611, 512.

Le Martrai, dissertation à ce sujet. II. 148

St Martin (la Courtille) où elle étoit située. I. 67

St Martin, Henri I est son fondateur. I. 14 IV. 42.

—Réduit en Prieuré par Philippes I. II. 150

St Martin des Champs. P. 7.

Pierre de Martigny, Evêque de Castres, sa maison de plaisance à la Villette. VII. 264

Masques deffendus, & leurs folies, pourquoi XII. 651

Masse, origine de ce nom vient de *Mappa*, &c. XI. 041

Le Masson, Bourgeois. I. 75

Mathieu, Comte de Beaumont, a fondé St Symphorien. I. 95

Le Ministre des Mathurins, & le nommé Pierre Lievin, Flamand, arrêté par le Recteur & l'Université, pour avoir voulu demander la paix Cabochienne. VII. 133

—Les Chapelles de St Jaques & de St Mathurin, données aux Mathurins. VIII. 371

—Mathurins, P. 40. 227.

—Mathurins Déchaussés. P. 13. Voyés V. * 640.

Mathurins : se nommoit l'Aumône sous Louis le jeune. I. 14. St Mathelin leur patron. II. 142. Leur Maître-Autel, tombeau. IV. 444.

Colin de Matteville, grand Maître, Garde & Visiteur de l'Artillerie. VII. 329

Jean Maugue essaie deux bombardes, dont la seconde tirée à l'improviste le tue ; son épitaphe. VII. 328. Prieres que l'on fit dans les rues. X. 534

Mausolées des Romains, où trouvés. VIII. 335. 336.

Mausolée de Louis XII ; où il a été sculpé. VII. 121

Divers Mausolées de nos Rois de France. VIII. 340

—Celui de Clovis à Ste Geneviève : celui de Childebert à St Germain des Prés. *ibid.* Celui de Childeric II à Tournai. 341. Les au-

tres : ceux des Jacobins. *ibid.* Des Celestins. Liv.VII. 343. Autres remarquables. *Ibid.* T. II.

St Maur. P. 71. 22 . L. XIV.

Un Maur a été pendu en la Cour du Palais au Mai des Clercs. X. T. III. 591

L'Evêque Maurice a fait le parvis de Notre-Dame. I. 22

—Il ruine l'ancienne Eglise & demeure de nos Evêques VII. 202

Maurice, Chanoine d'Evreux. 74

Mauconseil, Seigneur, Gouverneur d'Herielles. II. 150

Maxime attaque Gratien à la vûë de Paris. I. 6

Le Mazurier (Pierre) & Jeanne sa femme, donnerent au Temple les vingt-quatre chambres de la rue des Francs Bourgeois. II. 136

Médailles & Squelets trouvés dans la maison de la Macque. VII. 75. Medailles d'or envoyées par Tibere à Chilperic. 315. D'autres trouvées près St Etienne des Grès. 336. Medailles qui se trouvent dans la bouche des morts. 337. Medailles qui furent trouvées au Pont-neuf. 345. Divers Cabinets où il se trouve des Medailles. 345. 349.

Medecin Juif, qui guerit François I, qui le fit venir de Constantinople. X. 520. P. 31.

Mehun (Jean de) son testament ; laisse aux Jacobins son coffre fort ; ce qui s'y trouva. X. 533

Melun, maison de plaisance, où le Roi Robert & Philippe IV moururent. VII. 304. Philippe Auguste y assemble les grands Seigneurs pour son excommunication : St Louis y fit Charles de France Chevalier. *Ibid.* Son étymologie. *ibid.*

Memoire de Mr le Tellier sur les vivres de Paris. I. 26

Merciers-Tapissiers des six Corps des Marchands, leur Bureau, leurs armoiries, leur Confrairie, leur Roi, &c. IX. 47. P. 15. 17.

Mercier, Architrête, a inventé le grand vestibule du nouveau Louvre. VII. 25. Les bâtimens qu'il a conduit à Paris : son genie, son humeur ; mort de la goute. 330

Mercure, son temple & sa montagne. I. 60

—Son nom & son culte. *Ibid.*

—Celui de bronze trouvé dans les fondations du Palais Royal.

St Medard transporté à Croissi ; miracle particulier qui y arriva. VII. 293. La fondation de la Paroisse, sa situation : le Bourg de St Medard en quoi il consistoit : on y fait les exercices de la Religion Protestante, ravage que les Huguenots firent à St Medard. IV. 433. Punition de cette violence. Cette Cure est de la nomination de Ste Geneviève. 434

Merley en Alsace, maison de plaisance. VII. 293

Merri d'Amboise, Grand-Prieur de France. I. 72

St Merri ; la cave consacrée à St Pierre qui étoit près St Pierre des Arcis. I. 12. Il est mort où se trouve aujourd'hui l'Eglise de son nom. VII. 255. Nommée la cellule de St Pierre où St Mederic s'étoit retiré. IV. 277. Chan-

TABLE GENERALE

Liv. VII. gement de son nom. 361. Chapelle où il a
T. II. demeuré. Ibid. St Frou son ami. ibid. Ses
L. XIV. reliques. Ibid. Quand cette Eglise a été érigée
T. III. en Cure : elle est à la nomination du Chapitre
de Notre-Dame. 362. C'est une des Filles
de Notre-Dame. 370
—Description de son Eglise & du bâtiment.
438. Le porche ancien qu'il y avoit à l'entrée
de cette Eglise, &c. Ibid. P. 71, 72, 73.
Mesmes (Jean Jaques de) Lieutenant Civil
proprietaire de l'Hotel du Sejour d'Orleans. II
128
Meteores qui se sont vûs sur Paris sous Chilperic
en 587, en 1382, en 1465, 1467,
1566, & leurs effets differens. XIV. 553
Thibault Metezeau, Architecte, eut la conduite
de la Salle des Antiques du Louvre. VII. 42
Meubles des Rois au Louvre, en quoi consistoient. VII. 22
—De nos Rois & Reines, de quoi faits. 279,
280, 281.
—Droits du Roi sur les meubles de l'Evêque
après sa mort. VIII. 455
Le President Meville avoit une maison rue Mouf-
fetard. VII. 240
Meunier, son avanture dans la Grève. X. 535
Meurtre d'Henri Duc de Guise & du Cardinal
de Guise à Blois. VI. 67
Meurtriers du Duc d'Orleans se cacherent dans
une maison voisine de la Courtille. I. 68
Mezieres, l'Hotel & le jeu de paume, qui sont
compris dans l'enclos du Noviciat des Jesuites.
II. 150. VII. 240
Midorge, Claude, illustre Mathematicien, où
il est mort. II. 140
Minerve, Déesse des François. I. 60
Minimes de la Place Royale bâtis par Henri IV.
VII. 186
—De Vincennes établis par Henri III. 304.
V. * 641.
—Tombeaux & Mausolées qui se trouvent dans
les Minimes de la Place Royale ; la Bibliothe-
que, &c. IV. 443. V. * 644.
Minuit, la Messe de la veille de Noel : les en-
fans de la Messe de minuit. XI. 618
Jean le Mire, Chauffe-cire de la Chancellerie
de France. II. 144
Miracle au transport de St Medard à Croissi.
VII. 293
—De St Martin, d'un lepreux. IV. 259
Miracle de Greg. de Tours d'un lepreux. I. 13
—De St Germain, qui rend la vie à un enfant.
ibid.
—Du Juif & de l'Hostire. II. 117
—Au sujet des débordemens de la Seine. 198,
201, 202, 203.
Mysteres de la Passion representés à l'Hotel de
Nesle. VII. 181
François Miron, Lieutenant Civil, Barclai dit
de lui, indignus qui inter mala verba habi-
tet. II. 155
La Mission. P. 170
L'Hopital de la Misericorde bâti sur le terrein
du Val-de-la Reine. VII. 73, & de l'Ho-
tel d'Orleans, 76. P. 156.
—De St Antoine de la Misericorde, fondé par

Mr Segnier. V. 596
—Ste Basilisse & St Julien, appellé de la Mi-
sericorde, fondé par le Seigneur d'Herlat.
596
Momies, celle de St Mandé. VIII. 344
Monastere de St Georges, depuis de Ste Bau-
doue, fondé à Chelles. VII. 292
Monasteres. P. 239. Voyés Religieux.
Monnoiers, leur Confrairie & établissement. P.
217. 219.
La Monnoie du Louvre, quand changée : con-
duite par Varin. VII. 42. IX. 507.
Monnoie frapée à Braine du tems de Clotaire I.
VII. 290
—Frapée à Querci sous Charles le Chauve.
298
L'Hotel de la Monnoie du Roi, ou vieille Mon-
noie. II. 151. Augmentation cause une re-
volte. VII. 190
Monnoie que Louis de Bourbon avoit fait frapet
sous le nom de Louis XIII, ce qui irrita
Charles IX. VII. 50. Déliberation sur le fait
des Monnoies à l'Hotel de Sens. 263. Valeur
diverse des Monnoies. IV. 474. Celle du
Louvre. IX. 507
Deux Faux-Monnoyeurs furent bouillis au mar-
ché aux Pourceaux. X. 596
Monceaux bâti par Henri IV, donné à Ga-
brielle : sa situation : érigé en Marquisat.
VII. 309
Montfaucon étoit un lieu patibulaire hors de Paris. X. 584. Sa description, son usage, par
qui établi. 585. L'étymologie de son nom.
Ibid. On en attribue l'origine à Craon. ibid.
Diverses executions illustres qui s'y sont passées.
612. Le petit Montfaucon où de Montigni
fut executé.
Une famille dont les garçons étoient Monorques,
Triorques & Anorques & ne laissoient pas d'a-
voir des enfans comme les Amphiorques.
XIV. 562. Plusieurs autres qui étoient Anor-
ques, Monorques, Triorques, &c. Ibid.
Monstres : celui du Cardinal le Moine, qui
avoit la figure de Chat jettant feu & flamme.
X. 560
—Une Vache qui avoit trois yeux, deux gueules.
Ibid.
—Deux Veaux ayant deux têtes & deux queues,
& un cochon à deux têtes & quatre pieds.
ibid.
—Deux filles, deux têtes, deux cols, deux dos
& quatre bras, quatre jambes, quatre pieds,
un seul ventre, &c. ibid.
—Un Poisson long de sept pieds & demi. Ibid.
—Un Poussin avec quatre aîles & deux crou-
pions. 561
—Un Veau avec une tête & deux corps : un
Cochon de figure humaine, une trompe & un
œil au milieu du front, & autres bêtes mons-
trueuses. ibid.
—Une fille avec de la barbe. Ibid.
Montmartre ; quelle Divinité y étoit reverée.
I. 56. Une Montagne, sa description. IV.
349. Son nom, son étymologie. ibid. Les
Temples. Ibid. Vin de Montmartre. 350.
Les deux Temples des Païens. ibid. Ste
Ursule

DES MATIERES.

Urfule patrone de l'Abbayie. 351. Fondation de l'Abbayie. *ibid.* Fondateurs : ruines des Chapelles & leur retabliſſement. 352. Le Prieuré érigé en Abbaye. *Ibid.* Dévotion très-ancienne. 353. Tombeaux. *Ibid.*
— L'Abbayie : deux differentes reformes. 354. Biens donnés à Montmartre, par qui, 355. Le bâtiment de l'Abbayie, ſa magnificence. 356. Choſes hiſtoriques; folies des Pariſiens à la fontaine. 357. Ruinée par les Normands. *ibid.* Nommé le champ de Mars. 358. Bâtimens des Romains. VIII. 334. C'étoit un lieu patibulaire, ſon nom. X. 584
Montmartre, Louis le Gros ſon fundateur. I. 14
Montmorancy, où étoient leurs Hotels. *Voyés* Connétable.
Montmoranci, Maréchal de France, le ſoin qu'il prit pour les fortifications. I. 43
— Charles, grand Pannetier & Maréchal de France, vendit ſon Hotel. II. 151
Montre que pluſieurs Rois ont fait du peuple de Paris : ſous Philippe le Bel, ſous Charles VI & Charles VII: trois ſous Louis XI & François I. I. 27. VII. 87. P. 251, 252, 253.
Jean Montaigu, grand Maître d'Hotel du Roi, eut la tête tranchée ; ſon Hotel, ſes meubles donnés au Duc de Baviere, Comte d'Hainault. VII. 81. Il acheta l'Hotel de Savoie & le petit Hotel de Savoie près l'Echelle du Temple. 83. Ses meubles donnés au Duc de Baviere. 138. Sa maiſon rue des Marmouzets & celle de la rue St André. 252. Son innocence juſtifiée, & enterré avec honneur. X. 588. 600.
Montargis, Maiſon Royale, ſa grande ſalle, ſa ſituation, par qui embellie. VII. 307. Donnée en appanage à Renée, ſeconde fille de Louis XI, par François I. *ibid.*
Montauron, Partiſan ſi renommé, a acheté deux Hotels pour aggrandir ſon logis. VII. 124
Robert de Montjeu, Evêque de Coutance, avoit ſa maiſon rue de l'Ourſine. VII. 264
Montoirs de pierre que les Preſidens, Conſeillers & autres avoient à leurs portes. II. 188
— Il en reſte encore. XII. 650

Monumens antiques & modernes de Paris. VIII. 334. Définition de monumiens. 334 Liv. VII
Mont Valerien. P. 184 T. II.
Cris de mort, coutume abolie. VII. 328 L. XIV.
Moratd, Abbé de St Germain des Prés, releva T. III. l'Egliſe de ſon Monaſtere. I. 15
Morins, deux freres, curieux en fleurs. II. 152
Mortalités cruelles arrivées dans Paris en differens tems. XIV. 552. 558. P. 252.
Mortellier (Richard le) à qui Bracque donna une ſomme pour un Hopital. *ibid.*
Maſſolacum, où Clotaire fit faire le procès à Alethée. VII. 293, & où Clovis II fut élevé ſur le trone. *ibid.*
Motte St Gervais, ce que c'étoit, ce qui y eſt arrivé de conſiderable. I. 79
— Ce que c'eſt que le Monceau de St Gervais. II. 151
Moulin de Bout-à foin, ce que c'étoit, à qui il appartenoit. I. 76
— De Copeaux. P. 68. 77.
— De la Monnoie dans l'Iſle de Buſſy. I. 99. Se nommoit Moulin de la Gourdine. 100
— Du Pont aux Meuniers, à qui ils appartenoient, le nombre, les propriétaires. III. 222
— Des Templiers, nommés Moulins des Barres. VII. 267
— Aux Juifs, Moulin à eau, il étoit ſur la Seine. X. 531. *Voyés* P. 77. 82.
Denys du Moulin, Evêque de Paris, enterré à Notre-Dame, ſon tombeau. IV. 378
Moutier-Ender, Maiſon Royale de Childeric II, qu'il a donnée à St Berchaire. VII. 296
Le Muet (Pierre) Architecte, a bâti le logis de Mr Tubeuf. VII. 202
Mugot ou Magot, l'origine de ce terme à l'occaſion des treſors de nos Rois en lingots. VII. 319
Mummole, fut empalé avec ſes femmes, &c. X. 592. Fut fouetté, attaché à une poutre, on lui attacha des alênes aux doigts. 593
Murs de la Ville ruinés par Charles VI. I. 32
— Divers veſtiges qui en reſtent. I. 33. *Voyés* P. 124. 126.
Muſiciens du Pape renvoyés par mépris. I. 8

N

NAISSANCE de Jean I, qui ne vecût que huit jours au Louvre.
Naiſſance de Marie Iſabelle, fille de Charles IX, au Louvre. VII. 50
Mal de Naples, il y avoit un Hopital ſur le bord de la Seine. VIII. 382
— Comment il eſt venu du nouveau monde : les differens noms que l'on lui a donnés : deſcription de cette maladie XIV. 27. Maiſons où les malades pouvoient ſe retirer avec les ordres ſur ce ſujet. 28
Le Comte de Naſſau alla deſcendre à la rue du Roi de Sicile : ſa reception, les preſens de la Ville. VII. 140

Ludovic de Naſſau vient ſervir Charles IX aux ſecondes guerres de la Religion, logea à l'Hotel de Villeroi. 140
Le Comte de Naſſau veut ſe couvrir devant le Roi, qui ſe decouvre promptement ; enfin l'accommodement. 141. Le Roi lui accorda le Tabouret chés la Reine. *Ibid.*
Nations de l'Univerſité de Picardie. P. 64. De France, de Normandie & Allemande. *ibid.*
Gabriel Naudé Bibliotecaire du Cardinal Mazarin. VII. 119
Nazareth, les Religieux. V. 643
Nef d'argent, armes de la Ville de Paris. I. 44
Sentimens de Paſquier ſur leſdites armes. *Ibid.*

Liv. VII Neige extraordinaire arrivée, & un froid très-
T. II. cuisant : ses effets : II. 201
L. XIV. Neomene Duc de Bretagne : un Concile qui fut
T. III. assemblé à son sujet. IX. 485
Nesle, *Jean Comte de*, donne son Hotel à St
Louis I. 24
—Amauri de, vend un autre Hotel à Philippe
le Bel. I. 24
St Nicolas des Champs : description du portail de
l'Eglise. IV. 464. C'étoit une Chapelle de
St Nicolas, où le Roi Robert fit un miracle
sans y songer. 465. Nomination du Prieur de
St Martin des Champs. *ibid.*
St Nicolas du Chardonnet, sa fondation, son
cimetiere, la nomination du Curé par l'Arche-
vêque. IV. 455. P. 7 ., 180. 182. 200
St Nicolas bâti par le Roi Robert. I. 14
—St Louis l'abbat pour la Ste Chapelle. *Ibid.*
Erreur de Dubreul sur ce St Nicolas, le prenant pour St Nicolas des Champs. VII. 6
St Nicolas du Louvre, de quoi composé, Jean
du Bellay qui les érigea en Chanoines. IV.
312. P. 116. 120.
Nicolas de Trye. I. 70
Nicot Medecin, premier qui apporta de Portu-
gal le tabac en France. IV. 443
Noces du Seigneur de Bethencourt avec solem-
nité à l'Hotel de Soissons, VII. 284
Nogent ou St Cloud, Nogent sur Marne, No-
gent le Roi, Nogent sur Seine duquel Gré-
goire de Tours parle. VII. 291
Nogent sous Couci, où se retira Thieri I après
la mort de Childeric II. VII. 296
Nombre des Ouvriers, Porteurs, Artisans,
Compagnons & Habitans à Paris. I. 26
Nombre des bœufs, veaux, moutons, poissons,
& vivres qui se consomment à Paris. I. 26
Noms differens de la Ville de Paris, selon les
anciens & nouveaux auteurs. I. 55
Nom de Jesus, Hopital. P. 66
Noms des François, l'origine desdits noms. II.
119
Noms vilains, qui ne scandalisoient point autre-
fois. I. 75
Nonce mort à l'Hotel de Sens, enterré aux
Celestins : sa pompe. VII. 99
Normans assiegent Paris. I. 10. 61.
—Ravagent tous les environs, & s'emparent de
St Germain de l'Auxerrois.. *ibid.*
—Ruinent l'Abbaye St Germain des Prés. *ibid.*
—S'emparent du grand Chastelet. I. 11
Ducs de Normandie, n'avoient point de demeure
fixe : ils logeoient en differens endroits de Pa-
ris. VII. 79
Sublet, Seigneur des Noyers, qui a eu soin
de l'Imprimerie Royale. VII. 41
Du Noyer, *Simon*, Bourgeois, proprietaire
d'une maison en la rue de son nom. II. 170

O

OBEISSANCE due à Henri IV. P. 44
Obit salé, où se distribue le sel aux Chanoines de Notre-Dame. VIII. 459 : fondé
par Louis XII, qui se celebre le jour & le
lendemain de la Ste Geneviève. XI. 619
L'O de St Gervais, où l'on donnoit des dragées aux enfans de Chœur. XI. 620
Obseques des Cardinaux de Birague & de Bourbon. P. 27. 28.
Observations sur la mort d'Henri IV, à l'occasion de l'élargissement de la rue de la Fer-
ronnerie. I. 134
Officiers de la Ville : leur difference & droits.
P. 249. 250.
Ocghina, un de ses gens tue Ermenaire ; le Roi
le fit retirer à Montmartre pendant l'accommodement. VII. 294
Oiseaux : la chambre aux Oiseaux du Louvre.
VII. 22
—Des Vollieres de Charles V. Les differens
oiseaux qu'il avoit amassés. VII. 282
—Lachés aux entrées des Rois & Reines. VII.
458. Deux cens douzaines de lachés à l'entrée de Louis XI. XI. 644
O e tiré dans Paris : divertissement ordinaire.
XII. 549. & 695.
Olier, *Jaques*, Curé de St Sulpice, fait chasser de
la rue Guillemin les femmes débauchées. II.
140
François Olivier, Chancelier : ses belles qualités :
il s'est acquis l'estime de François I, d'Henri II, de François II. Mort à Amboise, plus
de chagrin contre la maison de Lorraine,
que de vieillesse : son corps porté à St Germain de l'Auxerrois. IV. 321
Olivier le Diable, Olivier le Daim, ie jouet de
la fortune, pendu à Montfaucon, après deux
jours exposé fut enterré à St Laurent. X.
588. 600.
Ste Opportune, marais, quand desechée. I. 75
—C'étoit un Prieuré de filles, à present un
Chapitre, & une des Filles de l'Archevêché.
IV. 332. Les Reliques, la nomination de
la Cure & du Chapitre de l'Auxerrois. 333
370
Optatus Gallus, dans une Assemblée est con-
damné. IX. 486
Oratoire de St Martin, où il guerit un Le-
preux. IV. 259
Peres de l'Oratoire fondés par le Cardinal de
Berulle. V. * 639 : en quel endroit. VII.
66. 114. 156. Description de l'Eglise. Où
Jean Chastel blessa Henri IV. IV. 431
L'Oratoire de l'Hotel St Pol sa magnificence, sa
description. 282
Orages furieux arrivés en differens tems. XIV.
554. 555
Ordonnances sur les fossés. I. 81
—Pour les boues de Paris. II. 186
Ordinaires des femmes : femmes qui ne les ont
point eu : les differens âges qu'elles sont ve-
nues : d'autres qui les ont rendu par la boucher
d'autres par le nombril, &c. XIV. 549
Oreilles. Crassot & Muret remuoient les leurs
comme les chevaux & ânes. XIV. 552
Oreilles, punition de couper l'oreille aux mal-

DES MATIERES.

facteurs : reflexion fur ce genre de fupplice.
X. 597
L'Ordre de la Jarretiere envoyé à Henri III
par la Reine Elizabeth. VII. 08. Il la re-
çoit à l'Hotel de Nantouillet. ibid. P. 23
Louis XIII donne l'Ordre de l'Accolade à l'Am-
baffadeur de Venife. 104. DuChardon. P. 225
L'Ordre de l'Etoile, inftitué par le Roi Robert
à la Ste Chapelle. IV. 445. XIII. 717
Ordre du St Efprit, inftitué aux Auguftins. 448
Ordre de Malthe, fes Grands Maîtres, leurs
Commanderies & Privileges. V. 607. & fuiv.
De l'Etoile. XIII. 716. Du Chien & de la
Genefte. 719. Du Chardon, du Porc-Epic.
720. Du fer d'or & du fer d'argent, & du
St Efprit 723. Celui de la Jartetiere. 725.
De la Charité Chrétienne. 728. Celui du
Mont-Carmel ; enfin celui du Cordon-Jaune.
730
Orfévres, un des fix Corps des Marchands :
leur patron, leur Bureau, leur Confrairie &
leurs armoiries. IX. 479. P. 17. 18. 19.
Orfévres, ont fait plufieurs prefens à Notre-
Dame, & y ont établi la Confrairie de Ste
Anne. VIII. 459
—Ils relevent de la Monnoie. IX. 474
—Leur Chaprlle. P. 217
Origine de Paris. I. 1
—Des noms des François. II. 119
Or fié, établi à la Maque. VII. 76
Oriflamme, mis entre les mains de Gui de la
Trimoille par Charles VI. VII. 125 : fa def-
cription & differtation à fon fujet. XIII. 732
746
Pierre d'Orgemont, é'û Chancelier par Scrutin
au Louvre, & créé Chevalier par Charles V.
VII. 47 : mort de poux & de gravelle dans
fa cave. 127. Sa pompe magnifique. 251.
A demeuré à l'Hotel des Tournelles. VII.

262
Pierre d'Orgemont, Evêque de Paris, enterré Liv.VII,
à Notre-Dame : fon tombeau. IV. 377 T. II.
Orleans, le Duc, affaffiné par ordre de Jean, L. XIV.
Duc de Bourgogne. I. 14 T. III.
Ormes plantés fur le quai des Celeftins ; ce qui
lui a donné le nom de Quai des Ormes. III.
246 & autres fur les quais. P 125
Orñemens du nouveau Louvre. VII. 26
Ornemens, quand introduits dans les Eglifes ;
quand on y a placé des figures ; &c. XI.
616
Ornemens Pontificaux accordés au Treforier de
la Ste Chapelle. P. 230
Oraifons déchirées dans les Eglifes. X. 538
Oublieurs, demeuroient derriere la Madeleine.
II. 146. Differtation à cette occafion. Ibid.
Rue aux Oues, l'étymologie de fon nom, fa varieté dans la prononciation. I. 33
St Ouen, maifon Royale où il s'eft tenu un
Concile : il s'appelloit Clichi, & n'a changé
de nom que depuis que St Ouen, Archevê-
que de Rouen, y a été enterré. VII. 293.
Judicaïl y vient rendre hommage. 294. Ar-
mand y vint demander pardon au Roi: naiffan-
ce de Sigebert : Clovis II y tint fes Etats :
élection de St Aufbert, Miniftre d'Etat 295
Ouvriers, nombre de ceux, qui ont travaillé aux
foffés & remparts. I. 82
Ours, comment on les menoit autrefois dans Paris. Prevention du peuple à raifon de la rue
aux Ours II. 154
Ourfine, Ville près St Marcel, dans le clos de
Ganay, Chancelier. II. 148. Son étendue.
VIII. 170
Tirer l'Oye, l'on a tiré l'Oye rue aux Ours par
diverriffement. II 154
Oye, differente prononciation de fon nom :
differtation à cette occafion. Ibid.

P

GUALTERIUS Paganus, fondateur de Mont-
martre. IV. 251
Paille ou fouarre dont on jonchoit les écoles,
pour y affeoir les Ecoliers. II. 134. XI. 040
Paille du lit du Roi appartient à l'Hotel-Dieu.
VIII. 458. XI. 640
Jean, Claude & Nicolas Pagevin, l'un Huiffier
du Parlement, l'autre Auditeur des Comptes, le
dernier proprietaire de l'Ifle Louvier. II. 155
Jean Pain-mollet, proprietaire de la rue de fon
nom. II. 144
Pairs de France anciens & nouveaux : origine
de cette qualité. VII. 106. Leurs Hotels.
—Les fix Ecclefiaftiques. 107
—Les Pairs de France féculiers. 109
—Pairs ajoutés aux anciens. 113
—Princes du fang qui n'ont point été Pairs.128
—Princes étrangers qui n'ont point été Pairs. 131
—Le Parlement eft la Cour des Pairs. VIII. 291
Palais divers. Celui de Philippe-Augufte, d'Hen-
ri de France ; d'Alphonfe, Comte de Poitiers,
des Rois de Sicile, des Comtes d'Artois, de
Robert de France, de Louis de Bourbon,

du Comte de Valois, des Ducs d'Orleans, des
Ducs d'Anjou & de Berri, de Blanche de
Navarre, de Charles VI ; enfin de Charles
Roi de Navarre. VII. 1. 2
—Hugues Capet demeuroit à fon Palais des
Thermes : fon fils Robert fit bâtir le Pa-
lais de Vauvert. 2. Hiftoire fur ce Palais :
donné aux Chartreux. ibid.
Palais du Roi Robert à St Nicolas des Champs.
6. Erreur de du Breul fur ce Palais. ibid.
Palais bâti par Philippe-Augufte. VII. 1. où
fe tient le Parlement : changement arrivé. 3.
Entreprife de St Louis : la Ste Chapelle, la
Tournelle, la grande Salle par Philippe le Bel;
la Chambre des Comptes bâtie par Charles VIII
& Louis XII. La folidité du deffous de la
grande Salle : la Chapelle du bout faite par
Louis XI, une autre par St Louis : l'ufage
qu'en faifoit la Bazoche. C'étoit en ce lieu où
fe faifoient les feftins Royaux : quand brulée :
pourquoi l'on prétend que cette incendie arriva:
epigramme à l'occafion de cette incendie : perte
qu'elle caufa aux Marchands. 3. & P. 68. 230
240.

TABLE GENERALE

Liv. VII. Cette Salle, quand & par qui rebâtie, par la
T. II. Brosse : description de cette Salle. *ibid.* Brû-
L. XIV. lée. P. 14. La Chambre des Pairs, ou grande
T. III. Chambre. C'est un ouvrage de Louis XII, sa description.
La Chambre des Enquêtes, des Regîtres, de la Cour des Aides & des Requêtes de l'Hotel, quand bâties ?
Le degré de la Chambre des Comptes, ses ornemens, les figures de Louis XII.
Le Clocher de la Ste Chapelle brûlé par un Plombier.
Les actions mémorables qui se sont passées au Palais. 5. Miracles des Reliques de St Sanson & St Magloire. Aveugle qui vit clair, par le Roi Robert en lavant ses mains.
Louis le Gros y mourut ; Louis le Jeune, Jean Sins-terre, Henri II & Henri III, Rois d'Angleterre, y logerent. Dans le jardin St Louis y rendoit justice. Philippe le Bel fit dresser un dais dans la cour, où il demanda aux Parisiens une somme pour faire la guerre.
Robert de Bethune fit hommage à Philippe le Long, & y maria son fils à Marguerite de France.
Marcel y assassina deux Maréchaux de France en presence du Dauphin.
Charles IV, Empereur, logea au Palais.
Tout le peuple de Paris alla demander misericorde à Charles VI.
Les noces celebrées de Jean I, Duc de Bourbon.
Les Bulles de l'Antipape Benedict furent déchirées avec amende honorable.
L'Empereur Sigismond y logea : jugea lui-même un procès.
Une pierre tombe de la voute pendant que l'on plaidoit un procès d'heresie. 6
Marguerite de France y mourut de la peste.
Enfin pendant six ou sept cens ans le Palais a été le lieu où se faisoient les festins de nos Rois, & les grandes Assemblées. *ibid.* Autre description. XIV. 8
Palais des Tournelles : sa description, les changemens divers, les fêtes, les joutes & ceremonies qui s'y sont passées. 186
Palais-Cardinal, que le Cardinal Richelieu a fait bâtir. Sa gallerie. VII. 128. Son inscription. 158. Sa situation, le bâtiment, 159 les appartemens, la Salle de la Comédie. 161. La couverture de cette Salle. La gallerie de l'avant-cour. 164. La gallerie des Hommes-illustres. 166, 167, 168. L'appartement de la Reine. *Ibid.* Un bain. 169. Sa gallerie, l'oratoire, le grand cabinet, ses tableaux. *ibid.* Le balcon. 171. Le Rond-d'eau. 122. Bâti sur les ruines des hotels de Rambouillet, d'Estrées, de Silleri, 260
Palais Mazarin, differens changemens. 172. L'édifice en general, appartemens principaux, l'écurie. 173. Meubles, magnificence, tapisseries. 174. Bustes, statues, tableaux en general. 175. La gallerie basse, ses statues, bas reliefs. 176. La gallerie haute, les statues, les peintures. 177. La bibliotheque, la quantité de Volumes, par qui amassée. 179, & 261.
Palais des Tournelles. P. 23

Palais des Tuilleries entrepris par Catherine de Medicis : ce qu'elle y a renfermé. VII. 188
Palais des Thermes. Les premiers Romains y ont logé. I. 66 & 6
Palais, ce que c'étoit sous Ammien & Valentinien. I. 20. Des Empereurs, des Rois qui y ont demeuré. VII. 246
—Reste de l'Hotel de Cluny. I. 21.
—Celui de Charles VI. I. 24
—Celui de François. I. *Ibid.*
Palais remarquables de l'Université. VII. 384
Palais Royal de St Pol, sur quel terrain a été bâti sous Charles V, relevoit du Prieuré de St Eloi. I. 70
Diverses remarques sur divers palais de Paris. XIV. 50 51
Le Comte Palatin passa par Paris : il est reçu de la Ville avec les presens ordinaires. VII. 140
Palefroi ou cheval, monture en usage jusqu'en 1605. II. 187
Papes qui sont venus à Paris, Alexandre III, sous Philippe-Auguste. Etienne III, pour implorer le secours de Pepin. Calixte II vers 1119. Innocent II, sous Louis le gros. Eugene III demeura à Ste Geneviève. Alexandre III en 1162. Boniface IX. Enfin un autre en 1338, enterré aux Cordeliers. VII. 255. 256.
—Dérision faite à l'Envoyé d'un Anti-Pape. P. 30. 38.
Parchemin apporté à la Halle des Mathurins : le droit du Recteur. VI. 657
Parcheminiers. P. 228
Paris : son origine. I. 1
—Son éloge. *ibid.*
—Son antiquité. 4
—Sa situation. 2
—Fable à cette occasion. 1
—Sa fertilité. 2. 54
—Erigé en Comté. 8
—Erigé en capitale. 8
—Demeure & le siege de nos Rois. 13
—Devint un Royaume sous Childebert. 59
—Agrandi. 63. 66
—Brulé quatre fois. 98
—Ses differens noms. 55. 57
—Il a été la capitale du Royaume près de douze cens ans. 8
—Sa description suivant les anciens Auteurs : les richesses des autres Princes y abondent. 3
—Il demeure en sequestre entres les Rois lorsque la France étoit divisée en trois Royaumes. 7 63.
—Erigé en Comté, Duché & Marquisat. 8
—Son agrandissement sous Julien l'Apostat. 20
—Sous Jules Cesar. *ibid.* & 58.
—Changemens considerables de Paris sous Louis XIII. 23. 59
—Comparaison avec la magnificence de Rome. *ibid.*
—Erigé en Archevêché. P. 152
—Son éloge par plusieurs Auteurs. I. 28
—Ce qui s'y est passé de pompeux. *ibid.*
Anciens Parisiens. I. 58
Parisiens ; leur courage. I. 2
—Leur

DES MATIERES.

—Leur valeur. 61
—Se rendent maîtres d'une partie de l'Angleterre.
—Leur antiquité & leur origine. 1
—Chaffés du grand Chatelet par les Normands. I. 11
—Leur Religion. 60
—Leurs mœurs. 62
—Leurs modes, leur luxe, leur délicateffe, leurs femmes, leur liberté. 62. *Voyés*. P. 229, 230, 231, 249.
Parifiens, crient mifericorde à Charles VI dans la cour du Palais. VII. 5. Philippe le Bel leur demande au même endroit des fommes pour la guerre. *ibid*. Pendant la prifon du Roi Jean ils affiegerent le Louvre. 46. *Voyés* P. 229, 230, 232, 233, 234, 249.
Peuple de Paris. P. 234, 236, 250, 251.
Le Parlement.
Le Parlement fait deffenfes aux Huiffiers de la Cour de porter des baguettes à la pompe du Cardinal de Bourbon. VII. 258
Le Parlement, fouvent Charles V le fait venir dans fa grande falle du Confeil de fon Hotel St Pol. VII. 274. Charles le Chauve tient fon Parlement à Quierci. VII. 298
Parlement inftitué par Pepin, c'étoit une Cour ambulante, rendue fedentaire par Philippe le Bel. VIII. 391. Le reffort du Parlement. *ibid*. Eft appellé la Cour des Pairs, *ibid*. De quoi il eft compofé, diftribué en dix chambres. 392. Habits de ceremonies du Parlement & de fes Officiers. 393. L'ouverture quand elle fe fait. *ibid*. Le Parlement va tenir féance au Chateler. 407
—Il juge des differens des Cures primitives & autres matieres beneficiales, fon autorité fur les affaires Ecclefiaftiques. VIII. 461
—Etymologie de fon nom. P. 230
Le Duc de Parme logea au Louvre lorfqu'il vint à Paris. 141
Paroiffes de Paris, leur nombre. I. 16
Parterre du fieur Liancourt; celui de Morin derriere la Charité, leurs compartimens. XIV. 4
Patriculiers divers qui eurent foin de la conduite des foffés & arrieres-foffés. I. 39
Patrouille ou guet, ce que c'eft. XI. 616
Pariffot, Maître Maçon, les offres qu'il fit. I. 105
Pafcal, Mathematicien illuftre. II. 193
Pafquier, fon fentiment fur les armes de la Ville de Paris. I. 45
Petits patés donnés aux Enfans de la Trinité & aux Enfans de Chœur de Notre-Dame. VIII. 457
—Ceux des actes des Medecins. *ibid*.
Pavé, de quoi, la mefure, de quoi compofé. II. 85
Pavé, par qui commencé, fon entretien. I. 22
—Celui de la Cité. I. 97
—Ordre de paver la rue du Four du Fauxbourg St Germain. II. 136. Combien il a couté. 137. Arrêt du Parlement pour paver la rue de Seine. 162
Une Sentence du Prevôt des Marchands pour faire paver la rue de la Tabletterie. 163. Differens marchés pour le prix. 185 Liv. VII
Parvi de Notre-Dame. P. 73 T. II.
St Paul, St Eloi en jette les fondemens, & ce L. XIV. pour y faire enterrer les Religieufes de St Eloi. T. III. IV. 276. 440. Quand érigé en Paroiffe; quand rebâtie, ce qu'il y a de beau à obferver: la belle tapifferie donnée par Anne de Ville-Savin. 441. Tombeaux de Nicole Gilles, de Robert Cenalis: Epitaphes de Pierre Biard, & le Sonnet à fa louange. *Ibid*. Le teftament de Rabelais enterré à St Paul, & Jean Nicot, Medecin. 443. P. 157.
Pêche des foffés de la Ville, à qui accordée. I. 41. Accordés à St Victor. P. 9
Pelletiers & Foureurs, ce qu'ils vendent, leur rue, leur Patron, leur Confrairie & leurs armoiries. IX. 477
Peilevé (Nicolas de) Cardinal, Auteur du Callepin, mort à l'Hotel de Sens. VII. 260
Pelerinages ordonnés par nos Rois à leurs vaffaux. XI. 639
Aux Peintres (la porte) où elle fe trouve. I. 33
Peintres illuftres qui ont travaillé au Louvre, Bunel, du Beul, du Pouffin, Arundini & Bianchi. VII. 40. 42, &c.
Ste Pelagie ou du Refuge, pour y recevoir les femmes mal vivantes V. 596
Perfonnes de qualité pendues qui ont reçu cette infamie: X. 599
Penitens, Confrairie inftituée par Henri III. VIII. 388
Penitencier de Paris; à fa jurifdiction fur les cas refervés. IV. 369
Penitence publique que Marguerite de Bourgogne fit de fa vanité à l'Hotel de Joui. VII. 146. Celle de Louis le Débonnaire faite à Attigny. 299. P. 50.
Pericon, Sergent d'armes, dont fa femme avoit l'ufufruit d'une maifon jointe à l'Hotel d'Alençon. 130
Perinner le Clerc, fa maifon, fa ftatue. II. 126
Jean Perot rend foi & hommage à l'Evêque de Paris de la part du Comte de Vandofme. VII. 244
Le Cardinal du Perron, fon merite qui a terraffé Philippes de Mornai. VII. 260
Le logis du Pet au Diable donné à St Jean en Gréve pour accroître leur Eglife. II. 177
Petit (Pierre) fa differtation latine fur la latitude de Paris écrite à Sauval. I. 47
Petit (Jean) accufé à l'occafion d'un attentat fur la vie du Duc d'Orleans en prefence du Roi. VII. 48
St Pere, differtation pour marquer que c'eft le St Pierre que les favans entendent. II. 156
La perfpective de la maifon de Mr des Noyers, par le Maire. VII. 207
Le Periftyle ou la grande façade du Louvre. VII. 61
Peftes arrivées à Paris & mortalités. XIV. 558, 559.
Philibert de Lorme, un des Architectes qui ont conduit le Palais des Tuilleries. VII. 53. 88

Tome III. Q

TABLE GENERALE

Liv. VII. l'escalier. 54
T. II. Philippe I, a dedié St Martin des Champs. I. 15
L. XIV. —Mort à Melun. VII. 304
T. III. Philippe, fils de Louis le Gros, blessé à la Grève. I. 65
Philippe-Auguste baptisé dans l'Eglise St Michel. I. 14
—Fit bâtir St Thomas du Louvre, la Trinité, St Antoine des Champs. I. 14. St Honoré aussi. *Ibid.*
—A commencé le pavé de la Cité. I. 22
Philippe-Auguste appelle d'un Mandement d'Innocent III, après avoir assemblé les Prelats du Royaume : l'Evêque d'Orleans & d'Auxerre refuserent d'aller à l'armée, le Roi ne marchant pas en personne ; leur revenu est saisi : enfin Philippe Auguste meurt à Mante. VII. 300. Fait Chevalier son fils & son successeur à Compiegne avec solemnité. 310
—Divers embelissemens de la Ville sous son regne. I. 24
—Le Cimetiere de St Innocent, les Halles, le Louvre. *Ibid.*
—Son excommunication. VII. 304
—Où il a logé à Paris. *ibid.*
—Sa cloture : il fait son testament à St Germain en Laie. VII. 303
Philippe de France, Comte de Poitiers est declaré Regent du Royaume malgré ses procureurs. VII. 46
Philippe de Valois a demeuré rue des Bourdonnois à la grande maison des Carneaux qu'il acheta ; & à la rue St André. 115
Philippe le Bel achette l'Hotel de Nesle. I. 24
—demande une somme pour faire la guerre aux Parisiens. VII. 5
La veuve de Philippe Comin. I. 77
Chercheurs de Pierre Philosophale, leurs visions pour interpreter plusieurs figures dans les Eglises. XIV. 55. 56
—L'Histoire de Nicolas Flamel. *Ibid.*
Picquepuce. P. 219. V. * 645.
Pied d'élan pendu au clocher de la Ste Chapelle, prit pour un de Griffon. XIV. 560
—Un autre au petit St Antoine. *ibid.*
St Pierre des Arcis fondé par des Assyriens. IV. 274 & 384. C'étoit une infirmerie près l'Abbaïe St Eloi : quand le portail a été bâti. *Ibid.* Il est de la nomination de l'Archevêque de Paris. *ibid.* P. 221.
St Pierre aux bœufs dependoit de l'Abbaye de St Martial & de Ste Valere, à la nomination de l'Archevêque de Paris. *ibid.* P. 42. 221
Pierre aux bœufs, un Docteur y lut publiquement des Lettres sur la neutralité de Gregoire X & de Benoist, concurrens à la Papauté. I. 74
Pierre du Chatelet, P. 247
St Pierre St Paul, l'Eglise s'appelloit tantôt St Pierre, tantôt l'Eglise des Apôtres, à present Ste Geneviève. IV. 262. La Reine Clotilde y est enterrée comme fondatrice, Clovis aussi à côté d'elle. *ibid.*
La celulle St Pierre nommée St Mederic. 277
Pierre des Essars. I. 79
Pierre, on hazarda la taille à un Franc-Archer,
qui réussit & par ce moyen eut sa grace. XIV. 551. Une pierre trouvée dans la vessie d'une fille qui tenoit toute la capacité. X. 561
Premiere pierre du Maître-Autel de Notre-Dame posée par Louis XIII. IV. 379
—Celle du College de Clermont posée par le Prevôt des Marchands. *Voyés* Jesuites. & P. 16.
Pierre tombée dans la Grand'Chambre pendant la plaidoirie du procès d'un Heretique. XIV. 551
Pigou. 73
Pille de pierre de taille trouvée dans l'eau quand on a bâti le Pont aux Marchands. III. 225
Pilon a conduit les masques qui ornent le Pont neuf, III. 234, & le St François du cloître des Augustins. IV. 448
Pilori, lieu patibulaire à la Halle, quand établi. VI. 649. L'étymologie de son nom : sa situation, nommé le puits d'Alari. X. 589. Autre Pilori au fauxbourg St Germain. 590. 601. Celui de la Halle quand construit, on y gardoit les criminels executés. 659. executeur qui y mourut & comment. *Ibid.* Guillaume, Doyen de Bruges, y fut executé. 613
Richard Pique l'Agache, Archevêque de Reims, a vendu une maison du fauxbourg St Marceau à Jean Duc de Berri. VII. 72
Piramide de la maison des Marmouzets sur les ruines de la maison d'un Patissier. VIII. 350
—Celle de Jean Chatel. *ibid.*
Pissotte de St Martin étoit une Courtille. I. 7
Les Pissottes, signification, le Village de la Pissotte. I. 79
Pistres, Maison Royale, remarquables par deux Conciles, & où Charles le Chauve fit plusieurs Ordonnances. VII. 299. Il y reçut les presens annuels : il y fit faire un fort & un pont pour le garantir des ennemis. 300. Son étymologie. 301
Places publiques preferables à celles de Rome & pourquoi. I. 23. Leur nombre. I. 26. P. 78.
Place Royale par qui commencée, sa description, son embelissement. XIV. 13
Place Royale, sa magnificence. I. 24. Par qui bâtie & commencée. V. I. 186. Sa description. VI. 624. Sa situation. *ibid.* Par qui conduite. 626
Place de France : foire qui y fut établie. I. 75
Places en general : celles du tems des Romains. VI. 617. 623
Places inconnues du tems des Empereurs. 619. & de nos premiers Rois. *ibid.* Actions considerables qui s'y sont passées. 619. 620. Celles pour les joûtes, pour les duels. 621. Pour tirer de l'arc. 622
Place vis-à-vis Notre-Dame ou Parvis.
—Celle de devant le Palais pour Jean Chatel.
—Celle dans la rue des Marmouzets. 95
Les grandes Places. VI. 623. Ce qui s'y est passé. 624
Place d'Henri IV à la pointe de l'Isle du Palais. 627.

DES MATIERES.

Place des Victoires, formée par le Duc de la Feuillade fur les ruines de l'Hotel de Senneterre. 627. Sa defcription. *ibid.*

Place de Louis le Grand ou Vendofme. 628. Sa defcription.

Place Dauphine, fa fituation, fa defcription, fa regularité. 629. Par qui entreprife. *Ibid.*

Les Places de Sorbonne & de Sillery aux dépens du Cardinal de Richelieu. 630. Leur fituation & defcription. *ibid.*

Autres Places, fçavoir le Pré aux Clercs, celle vis-à-vis le Chatelet, une vis-à-vis le Louvre, celle du guet, &c. 631

Place Ducale entreprife fous le Cardinal de Richelieu, mais fa mort en a effacé le deffein. *ibid.* & 632.

Place de France projettée par Henri IV. Sa defcription : fon étendue : fon deffein avorté. 632

Place aux veaux, de la pierre au lait, fon origine. XIV. 32. Place aux chats. P. 79

Plan du Louvre ; celui du nouveau Louvre. VII. 26

Platrieres, où placées, ce que c'étoit. I. 78. P. 78

Plat de la noce, & le pain & le vin des morts dûs aux Vicaires perpétuels. VIII. 460
— L'ufage du plat de noce pour l'Eglife : en quoi confiftoit : partage qui s'en faifoit. XI. 628

Le Maréchal du Pleffis a permiffion de bâtir fur le quai de Gêvre. III. 247

Pleffis-lès-Tours, ou Montils-lès-Tours, maifon de plaifance de Charles VII & de Louis XI. VII. 308

Plomb ; autrefois les Eglifes en étoient couvertes. Différence de celui de Rome avec celui d'Angleterre. IV. 263

Pluies extraordinaires : une qui dura vingt-quatre heures, & le ravage qu'elle caufa. XIV. 553
— De fang. 554

Pluvinel, premier Académifte en France. VII. 498, & P. 225

Poids du Roi : les Epiciers en ont en dépôt l'étalon Royal des poids de Paris. IX. 473, & medicinal. 474
— Le Prevôt fait ajufter les poids à la Monnoie du confentement des Epiciers. *ibid.*

Le poids du Roi, à qui appartenoit : les Epiciers en font les dépofitaires. Les changemens divers & differens proprietaires. VI. 058. 059. Les differens droits. P. 82

Pointe de Ruilly. P. 156

Pointe de St Euftache, d'où vient fon nom. II. 158

Poiffy, maifon Royale, où le Roi Robert demeuroit avec Conftance fa femme. St Louis y fut bâtifé ; appellé le Séjour de Poiffy. VII. 304

La Poiffonnerie bâtie au Marché-neuf, unie au Domaine. III. 244. Poiffonneries fous les voutes de la boucherie de la porte de Paris. IX. 637

La Halle au poiffon : la place de la clef, marque qui diftinguoit cette halle. 654

St Pol, le Connétable, mort à la Baftille. X. 604

Pompes de Paris qui fervent à élever les eaux de la Seine. Celle du Pont Notre-Dame, & celle Liv. VII. de la Samaritaine, leur ufage. III. 252 T. II.

Pompe funebre du Roi d'Hongrie, faite à No- L. XIV. tre Dame. VII. 86. Difpute arrivée à la pom- T. III. pe funebre du Cardinal de Bourbon. VII. 258
Deux pompes funebres de deux Nonces. 99

Pomponius Lætus, nom déguifé, du grand Pomponne de Trivulce. IV. 323

Ponce Cliquin, habile Charpentier, qui a inventé la machine pour monter les deux pierres de la cimaife de la façade du Louvre. VII. 611

Ponce, Pierre, Sculpteur habile. II. 131

Ponts, leur nombre. I. 24. III. 214. Quand ils ont été commencés, & par qui. *ibid.*
— Le petit Pont eft rompu par les groffes eaux. I. 10. III. 200. I. Divers changemens, chûtes. 215
— Ponts de pierre, de bois, & couverts de maifons. I. 24. III. 25

Petit-Pont, rompu, brulé par les Normans 215, bâti de bois : quand il a été de pierre : les proprietaires des maifons & moulins : bâti de pierre aux dépens des Juifs : divers fentimens d'Hiftoriens à ce fujet, à combien fe monte la dépenfe. 217. Charles VI y met la premiere pierre : quand emporté par les eaux : divers proprietaires du Pont-Hotel : rebâti par Jean Joconde : une faile de l'Hotel-Dieu aboutit fur ce pont. Derniere incendie. III. 220. P. 58. 226

Pont-au-Change, depuis quand on en fait l'Hiftoire. 220. Pourquoi il a pris ce nom, à caufe des Changeurs. 221. Avant il s'appelloit le grand Pont : ce qu'il étoit du tems des Normans. *ibid.* Boutiques s'appelloient feneftres. Charles VII établit le Change à perpetuité. Il y avoit des forges. *ibid.*

Les Orfevres & les Changeurs fe chifferent tout à tour étant en difpute. 221. Differens changemens, tant des Marchands qui l'occupoient, que des matieres dont il a été bâti. *Ibid.* Huit cens livres affignées pour Meffieurs de la Sainte Chapelle fur les maifons. XIV. 11. P. 725 236

Pont-aux-Meufniers, où bâti, appellé le Pont-aux-Colombes ; fervoit aux moulins qui appartenoient à divers particuliers. 222. Notre-Dame, St Lazare, St Germain, St Martin, St Magloire, étoient proprietaires des moulins qui s'y trouvoient. *ibid. Le Poids du Roi*, établi pour mefurer le grain. *Ibid.* Sa chûte, les accidens qu'elle caufa. 223. P. 82

Pont Marchand, Charles Marchand eut permiffion de bâtir un pont de bois après la chûte du Pont-aux-Meufniers. 223. Pourquoi appellé Pont aux Oifeaux. Brûlé avec celui du Change. *Ibid.* Quand rebâti : pile trouvée dans l'eau, particuliere defcription. 225. Combien de fois il a été emporté par les glaces. *ibid.*

Pont St Michel ; quand on propofa de le bâtir. 225. Diverfes Affemblées pour ce fujet. Pierre Michel & fa femme achetta une partie de ce pont. 226. Les Religieux de St Germain pretendent en être proprietaires, mais ils

Liv. VII. en furent exclus. *ibid.* Divers marchés pour
T. II. les maisons. *ibid.* Sous Henri II on proposa
L. XIV. de le rebâtir : sa chute en 1616, enfin rebâ-
T. III. ti. 227. Il est nommé Pont-neuf : quand il
a commencé à prendre celui de St Michel. *ibid.*
P. 236. & I. 96. 202. 203.

Le Pont-Notre-Dame : quand bâti, de quelle
sorte. I. 96. Sa structure est agreable, le mortier est tout particulier. 228. Distique latin
que l'on prétend être gravé sous les arcades de
ce pont. Le Roi lui donna le nom de Notre-
Dame. 229. Quand tombé : Prevôt des Marchands & autres Officiers condamnés à l'a-
mende, de n'avoir point eu d'égard aux remontrances faites sur la ruine du pont. Differens desseins & devis proposés. 230. Conduit
par frere Joconde, vanté par Vazari. *Ibid.*
Quand il fut achevé entierement, combien il
a couté. 331

Le Pont-neuf, quand entrepris, les motifs qui
ont engagé à y songer. 231
—Impôt d'un sol pour livre sur les Tailles pour
bâtir ce pont. *Ibid.* I. 19. 96. Du Cerceau
en fit le modéle. 232
—Pont de bois, construit pour les Chevaliers de
l'Ordre du St Esprit celebré aux Grands-Au-
gustins. 232. Opposition des Ligueurs. *ibid.*
Autre impôt de dix sols sur chaque muid de
vin, pour fournir à la dépense. *Ibid.*
—Divers noms donnés à ce pont : sa description,
sa mesure. P. 232
—Discours sur le Pont-neuf : sa description : ce
sont deux Ponts, quand commencé : les Entrepreneurs de ce pont : Son rés de chaussée,
comment partagé. 233. Ses avenues, la structure de ce pont : les ornemens que Pilon a
conduit. 234. P. 236
—Le Cheval-de-bronze où placé : le Sculpteur
qui l'a jetté en bronze.
Marchand & Franqueville conduisirent le pied
d'estal. Sentimens sur l'attitude d'Henri IV.
235
—Le Cheval de bronze n'est pas si estimé que
le Roi. Les Captifs, ce que l'on en dit.
—Ce que le Cardinal de Richelieu y a fait faire. 236
—Chemin souterrain sous le rés de-chaussée du
Pont-neuf : par qui l'a été ouvert : sa description, ses deux chambres, l'effet des miroirs qui y étaient. Comparaison de ce Pont
avec les fameux des Romains. 237
Ponts Marie & de la Tournelle, & le Pont de
bois. Quand ils ont été commencés. Le Pont
derriere St Bernard, aux Barres. Les Entrepreneurs de ces Ponts : diverses propositions pour
leur situation : les Chanoines de Notre-Dame
traversent les Entrepreneurs. 238. Une partie d'un de ces ponts est entraînée par le dé-
bordement de 1651. La mesure & longueur
de ces ponts. 239. P. 124, & II. 204
Pont de l'Hotel-Dieu, divers proprietaires pour
le bâtir : plusieurs marchés pour son entreprise. Son alignement, ses avenues, quand
fini. 240, il consiste en deux salles l'une sur
l'autre pour les malades. *Ibid.*
Pont des Tuileries, appellé le Pont-Rouge, le

pont St Anne, enfin le pont des Tuileries ;
pourquoi ces differens noms : brulé & rompu
souvent, sa situation. 241
Divers Ponts, tant de la Ville que de l'Universi-
té, savoir,
Pont aux Biches.
—Le Ponceau.
—Le Pont-Alais, & autres petits.
—Comment on passoit la riviere avant tous les
ponts de Paris. 241
Le Pont-perrin, ou égout de la Courtille-Bar-
bette. 248
Le Pont des Potcherons, Pont-Hersan. 252
Poncel de l'abbreuvoir Pepin. P. 125
Ce que c'étoit que le grand & le petit Pont du
tems de César & de Julien. I. 215
—Aux Tripes, ou Richebourg. II. 133
—Au Change, quelques arches rompues par
les grosses eaux. III. 201. 203. 304
—Le grand pont & le petit pont emportés par
les eaux. 202
—De la Tournelle, une partie emportée aussi.
203
—De St Landry, quand construit. I. 97
Jean de Popincourt, premier President, qui
alla recevoir Isabelle de France, fille du Roi
d'Angleterre. II. 157
Pourceaux, pourquoi deffendus à Paris : le droit
du Bourreau quand il en trouvoit dans les
rues. XI. 640. Aveugles qui combattoient
pour tuer un pourceau. XII. 650
Porche St Mathias & ruelle St Mathias, où
placé. II. 149
Potences, personnes distinguées qui ont subi ce
supplice. X. 594
Port-Royal occupe la place de l'Hotel de Clugny : son architecture : le St Sacrement y est
suspendu. IV. 425
Ports de Paris. Le port au platre. Le port aux
barres. III. 242. P. 124. La Grève. III.
242. L'Ecole à la Bucherie. La Valée de
misere de la Saulnerie. Le port François, de
Bourgogne. Port St Paul à l'arche Beau-fils.
Port de la Tournelle, ou St Bernard.
Port de St Landry. III. 242. P. 81
Port ou guichet de St Nicolas.
Port refusé à l'Isle Notre-Dame. 142
Port de St Gervais au Cloître de Notre-Dame.
241
Port du Marché-neuf, ou quai garni de maisons,
uni au Domaine. 244
Port des Augustins. P. 126
—Aux Feures. P. 125. au foin. 124
—De Notre-Dame. P. 123
—Dé la Place-Maubert. P. 125
—De la rue de Bièvre. P. 125
—De St Marcel. P. 68
—De l'Evêque, où placé. I. 76
—Au sel, & son quai, où placé. II. 162
Portail de Notre-Dame, un des plus magnifi-
ques. I. 15
—Treize marches enterrées audit portail. 97
Le grand Portail du Louvre : sa description.
VII. 20
Portail de la maison du Marquis de Bauve : son
architecture. 198

Les

DES MATIERES.

Les deux Anges du Portail de Notre-Dame : reverie des Philosophes hermetiques. XIV. 55. Ceremonie observée au Portail le jour des épousailles. XI. 628
Guillaume & Gui Potier, proprietaires d'une maison rue Guignonville. II. 159
Portes de la Ville de Paris, leur nombre. I. 24. 26. 103
—Differentes, & leurs changemens. I. 36
—Reduites à neuf sous Charles V. I. 41
—Fortifiées, comment dans le même tems. 42
—Ruinées sous Charles VI. Ibid.
—Abbatues en differens tems. 106
La Porte de Paris, ses differens noms. I. 30. 104.
—Baudets, où placée. I. 29. Son nom. I. 35. P. 221. 222
—Aux Peintres, où elle se trouve. I. 33. II. 356
—Ydron, ses differens noms. I. 33
—Ste Avoye, où placée. I. 34
—Barbéel. P. 223
—De Bucy. P. 126
—Comtesse d'Artois. P. Poupeline. P. 69
—Du Gatitement. P. 125. Gatine. 126
Porte St Antoine : sa description. XIV. 1
Porte des Beguines, son nom. I. 35. Bordelle. I. 36
—De Bracque, où placée. II. 120
Porte Barbette : qui lui a donné son nom. I. 34. P. 223
—Bordelle, son nom, sa rue. II. 118. 164. P. 124. 126
Porte du Chaume, ses differens noms. I. 34
—Devant les Celestins. P.
—D'Enfer, pourquoi ainsi nommée. I. 36
—Gaillon, ce qu'elle est devenue. 105
—St Honoré, où transportée. ibid.
—St Martin, d'où elle prend son nom. 106
Porte Malo, d'où vient son nom. I. 35
—Fausse porte de St Marcel. P. 69
—St Marceau, où placée. 36. P. 69. St Martin. 106
—St Michel, changement de son nom. I. 36. P. 67
—Papale, pourquoi ainsi appellée. I. 36. VII 215. P. 2
—De Richelieu, quand bâtie. 44
—Du Temple, où placée. II. 165
Porte de la Tournelle, quand abbatue & rebâtie. I. 36. 105, ou St Bernard. P. 127
—De St Victor. P. 126
Jean Porte-fin, proprietaire d'un Hotel. 158
Poterne Bourg-l'abbé, où placée. I. 33
Le Roi de Portugal a demeuré rue des Provelles. II. 159
Jeu des Poulies, où placé. II. 172
Des Poulies, Ferry, proprietaire de certaines Poulies achetées par Jean Gennes, &c. II. 136, & Richard des Poulies qui acheta une place des Templiers. 158
Poultier, Commissaire des guerres I. 91. II. 159. s'associe avec Marie pour les ponts de l'Isle. III. 258
Poux : le Chancelier d'Orgemont trouvé dans sa cave mangé des poux. XIV. 552. Sueur qui causoit de la vermine. ibid. Liv. VII.
Antoine du Prat, Legat, a fait bâtir une salle T. II. de l'Hotel-Dieu. II. 177. Son entrée à Paris : L. XIV. magnificence observée. VII. 89. T. III.
Predicateurs chassés. P. 61
—En Grec. P. 225
Preaux qui se trouvoient dans les Palais de nos Rois & Reines. 277
Le Pré aux Clercs, son étendue, par qui donné à l'Université. VIII. 307. P. 61
Le Prevôt de Paris prend le titre de Garde de la Prevôté. P. 215
Prevôt de Paris, droit de mesurer le bled & le vin. VIII. 301. Le Procureur General exerce cette charge. P. 245
Prevôté de Paris. P. 244. 245. Celle des Marchands. P. 231. 245
Prevôts de Paris, Guillaume Thiboust donna les maisons de la rue Clopin où il demeuroit aux Religieux de Ste Genevieve VII. 154
—Oudart de Ville-neuve avoit une maison rue des Boucheries. ibid.
—Hugues Aubriot demeura à l'Hotel du Porc-Epic, & une maison de plaisance près les Celestins. ibid.
Guillaume de Hangest acheta la grande & petite Savoie
Pierre des Essars avoit la maison des Tuilleries, donna une partie aux Quinze-vingts. ibid. Il avoit un Hotel à Bagnolet. ibid.
—Tannegui du Chastel a demeuré à l'Hotel de la Reine Blanche. Ibid.
—Du Prat, Prevôt de Paris, demeuroit quai des Augustins à l'Hotel de Luines Ibid.
—Seguier à l'Hotel d'Hercules, quai des Augustins. ibid.
—Juvenal des Ursins, reparation faite à l'Hotel de Ville, nuds pieds, &c. X. 533
Plusieurs Prevôts de Paris condamnés pour avoir affaire avec l'Université. XIV. 29. 30
Au premier President, les Religieux de St Martin lui doivent deux bonnets carrés. VIII. 457
Prémontrés, Religieux. V. 647
Prêtres nommés Cardinaux. P. 48
Prêtres : les Evêques essuyerent de les empêcher de mener une vie dissolue. XI. 637. Louis le Gros leur permit d'avoir des concubines, & aux Clercs de se marier. Ibid. Libertinage sous Jaques de Vitry, Legat. 638. Voyez Dissolutions.
Presens divers faits en redevance sous la premiere, seconde & troisiéme race. VIII. 438. 439. 440
Presens faits par ordre des Rois aux Ambassadeurs. VII. 84. 85, jusqu'à 184
Presens offerts à Marguerite de France, & à la Reine sa mere de la part du Roi d'Hongrie. VII. 86
Pressoir Gibar, qui étoit celui de l'Hotel-Dieu, où se devoit pressurer tous les vins du Clos aux Bourgeois. VIII. 365
Pressoirs bannaux de l'Université. VIII. 169
—Du Chardonnet du de Tiron. P. 09. Celui de Ste Catherine. P. 197
Pretextat, Evêque de Rouen. I. 7
—Condamné injustement à Paris. ibid.

Tome III. R

Liv. VII —Assassiné à l'Autel le jour de Pâques, par ordre de Fredegonde. T. II. *ibid.*
L. XIV. —Envoyé en exil par Chilperic. IX. 484
T. III. Prince de Phrise, enterré à St Severin, IV. 418
Prieur, *Barthelemy*, Sculpteur illustre de France. VII. 42
Prieur du Temple aliene plusieurs terres. I. 75
Prieuré de St Martin, où placé : divers changemens, les alienations. I. 74
Prison : l'Hotel de Nesle en sert. P. 5
Prisonniers illustres du Chateau du Louvre. I. 24. Trois Comtes de Flandres, Ferrand, Gui, Louis : Enguerrand de Couci, Enguerrand de Marigni, Jean Duc de Bretagne, Charles II Roi de Navarre , d'Aufere , Jean de Grailli , Pierre des Essars. VII. 18. Jean II , Duc d'Alençon. 19
Priscus Juif, son histoire. X. 510
Privileges aux Bourgeois quant à l'adjudication. VII. 257
Procès fait à Balue & à Jaques Cœur. VII. 259
Plusieurs processions pour des profanations faites dans des Eglises. X. 537. 538. 539
Procession pour la perte de la vraie Croix de la Ste Chapelle. 542
Procession de la Mi-Août, dispute de la Chambre des Comptes. XI. 620
—Celle des Pelerins de St Jaques avec leurs coquilles. *ibid.*
—L'autre de St Michel, où un Ange traînoit un diable. *ibid.* Celle du Dragon de Notre-Dame. *ibid.*
Procession generale faite à la rue du Roi de Sicile à l'occasion d'une Image de la Vierge, prophanée. II. 188. P. 27. 179
Diverses Processions faites de Ste Genevieve, de Notre-Dame & autres, pour les débordemens. II. 205

Procession du Recteur à l'entrée du Roi de Portugal. VII. 251
—De l'Université. P. 226
Prodige. P. 14
Les Professeurs en Droit obtiennent que la rue de St Jean de Beauvais soit bouchée par des barrieres. II. 143. Professeurs du College Royal P. 226
Propositions de rendre les fossés navigables, par des Froissis, Barbier, Pidou, Mercier. I. 80
Promenades diverses de Paris. I. 17
La Providence. P. 65. 212
Provinces qui fournissent tous les biens & necessités à la Ville de Paris. I. 3
Ptouvaires signifient prieres ou oratoires. II. 159
Proverbe à l'occasion de la rue Bourg-l'Abbé. II. 120
—Autre à l'occasion des petits Carreaux. 122
—A l'occasion de la rue aux Févres. 134
—Sur la pluie du jour de la St Gervais. 151
—A l'occasion de St Jaques de l'Hopital, le nez tourné à la friandise. 155
—Du vin Theologal & Sorbonique. 162
—A l'occasion de Bicêtre. VII. 118
—Celui à l'occasion de la semaine des trois Jeudis. VII. 256
—*Bon soir mon pere, ma mere, les derniers couvrent le feu :* l'origine de ce Proverbe. XI. 634
—*Ras comme la barbe d'un Prêtre.* 639
Jean de Prunin, Cocher de Philippe, à qui ce Roi a donné une maison qui appartenoit aux Juifs, rue de la Tacherie. II. 163
Jean Puillois, Procureur de la Chambre des Comptes : son épitaphe à St Germain de l'Auxerrois. IV. 331
Puit. Deux enfans suffoqués par la mauvaise odeur qui en sortoit. XIV. 552.
—Le pere y meurt allant pour les secourir. *ibid.*

Q

Quartiers, divers cantons de Paris. II. 181
Quarteniers abolis. P. 30
Les Quais en glacis : le Quai Malaquêt, celui à la Grève. III. 243. Celui de la Tournelle. *ibid.* & de l'Ecole, ou port de St Nicolas. 242
Les Quais couverts de maisons & d'échoppes sont, à la rue de la Vannerie, celle de la Hucherte, de la Bucherie, de la Tournelle, du quai de Gèvres, du bout du pont St Michel au bout de la Vallée de misere, de la Pelleterie. III. 244
Quai de l'Herberie est à present le Marché-neuf. II. 174. Quai des Ormes. P. 14. 125
Quais du Pont St Michel, où placés. III. 244. Du Marché-neuf.
Les Quais qui environnent l'Isle Notre-Dame, sont Bourbon, d'Alençon ou d'Anjou, d'Orleans ou Dauphin, des Balçons. *ibid.*
Ceux de l'Université, celui de la Tournelle, celui des Augustins, de la Reine Marguerite & Malaquêt, *Ibid.* & VIII. 385

Ceux de la Ville : le Quai des Celestins, de St Paul, de Beaufils, de Gèvres, de la Megisserie, de l'Ecole, du Louvre, des Tuilleries. *Ibid.*
Le Quai du Terrain, quand il a été bâti. *ibid.*
Le Quai de l'Horloge du Palais, ou des Morfondus, des Augustins, des Orfévres. 245. Celui de Nevers.
Le Quai de Gèvres : à qui les maisons ont été accordées. 247. Celles dont on a refusé la permission de bâtir. *ibid.*
A combien s'est monté la dépense de plusieurs de ces Quais. 244.
Le Quai de la Megisserie, ou quai de la Saulnerie, à cause du port au sel. 247
Quai de la Mortellerie. P. 124
Quai de la Saulnerie. P. 125
Le Seigneur de Quinquampoix a donné son nom à la rue du même nom. II. 160
—Erreur sur le nom que l'on donne à cette rue, sur les cinq Paroisses. *ibid.*
Quinze-vingts, leurs Statuts & reformation par le Grand Aumônier. P. 127. 128. jusqu'à 133

DES MATIERES.

Quinze-vingts fondés par St Louis. I. 14. Leur fondation. IV. 9°. & P.
Quiercy Maison Royale, où Charles Martel mourut: quatre Conciles qu'on y a tenu: Etienne III y vint implorer du secours du Roi Pepin. VII. 298. Monnoie qui y fut frappée. Liv. VII. *ibid*. L. XIV. T. III.

R

RABELAIS, enterré à St Paul, son testament. IV. 443
Honorat de Beuil, Marquis de Racan, fameux Poëte, descendant des Amiraux de France. VII. 152
Ste Radegonde, femme de Clotaire, est élevée à Athis, petite ville de Vermandois; après avoir abandonné le diadême; elle s'enferme à Poitiers dans un Couvent. VII. 310
Raimond, Comte de Toulouse, excommunié au Concile. IX. 486
Jardin de Rambouillet, appellé la folie de Rambouillet: description de ce jardin. 287. 288
Catherine de Vivonne, Marquise de Rambouillet, sous le nom d'Artenice dans le Roman. VII. 200
Ramparts divers & de differens tems. VI. 671 672.
Ramus le Professeur. P. 227
Rang des six Corps des Marchands. P. 15. 16. IX. 468
Raoul, Abbé de St Maur, acquit une maison rue des Barres appellée l'Hotel St Maur. VII. 266
Raoul Farcy. I. 76
Raoul de Coucy, Seigneur d'Encre, avoit sa maison rue de la Tixeranderie. VII. 236
La Raquette, sous le nom de St Joseph, Hopital de femmes, étoit uni aux Hospitalieres de la Place Royale. V. 596
La rate & le foie trouvés autrement placés. XIV. 562
Rébus de Picardie à l'occasion de la rue du Bour-du-monde. II. 120
Recteur avec un nombre de Regens, se trouve à l'assemblée de Valentine, Duchesse d'Orleans. VII. 48
Recolets, dits de St Laurent, établis par Henri IV. IV. 496; V. * 46. 74.
Les Redevances, sous la premiere race, consistoient en presens que le peuple & les Seigneurs faisoient aux Rois. VIII. 438
—Sous la seconde race de même. *Ibid.*
—Les hommages & sermens. *ibid.*
—Sous la troisième race, consistoient en presens à leurs entrées. 439
—Observations sur les precedentes redevances. 440
Autres Redevances que les Parisiens payoient. 441
—Logemens des gens de guerre par redevances. 442
Des Redevances forcées. *Ibid.*
—Les Medecins, les nouveaux Docteurs donnoient des petits patés à la fin de l'Acte. VIII. 457
—On en donne aux enfans de la Trinité comme aux enfans de Chœur de Notre-Dame. *ibid.*

Autres Redevances dues par les Ecclesiastiques.
—Les Religieux de St Martin font present de deux bonnets quarrés au premier Président & une écritoire au premier Huissier & une paire de gands. Ils doivent au Boureau cinq pains & cinq bouteilles de vin.
—Les Religieux de Ste Geneviève payent encore à l'Executeur cinq sols. L'Abbé de St Germain lui donnoit le jour de St Vincent une tête de pourceau.
—Le Boureau prenoit la tête des pourceaux qu'il trouvoit dans les rues, & le reste se portoit à l'Hotel-Dieu. 457
—Les Filles Penitentes étoient obligées de donner aux criminels du pain & du vin allant au supplice. 458
Redevances dues aux gens d'Eglise.
—Un ecu-tiers aux Religieux de Ste Catherine. 458. Les deniers à Dieu des femmes leur étoient donnés.
—Le dais porté aux entrées des Rois & Reines étoient dus à ce Monastere, à present aux Valets de pied du Roi. *ibid.*
—Les Oiseliers devoient lâcher plusieurs douzaines d'oiseaux aux entrées des Rois. *Ibid.*
—Les restes des repas appartenoient à l'Hotel-Dieu aussi bien que la paille du lit du Roi lorsqu'il sortoit de Paris.
—Les sceaux d'or & d'argent cassés, avec les chaînes, sont au Prieuré de la Saulsaye: on leur doit le linge de table & du corps du Roi à sa mort, plusieurs exemples de cette redevance.
—Le poesle & les effigies de nos Rois étoient dûs à l'Abbayie de St Denys. 459
Les redevances dues au Chapitre de Notre-Dame, une chartée de piement, le droit de salage, ce que l'on appelle l'Obit salé.
—Une bougie aussi longue que Paris presentée à la Vierge.
—Deux cierges de la grosseur d'un homme presentés à Ste Geneviève.
—Les Orphevres ont fait plusieurs presens à Notre-Dame & fondé la Chapelle Ste Anne.
Redevances des Vicaires perpetuels, qui sont les Curés de St Germain l'Auxerrois, de St Eustache, de St Innocent, &c. 460
—Vouloient partager le plat de la noce, le pain & le vin des morts. *ibid.*
—Le casuel accordé au Prieur de St Martin. *ibid.*
—Le Doyen de St Germain l'Auxerrois confirmé en la jouissance de la moitié des choses bonnes à manger, & autres droits. *Ibid.* De même sur la Cure de St Eustache. *Ibid.*
—Differends arrivés en differens tems à cette occasion & terminés par le Parlement; reflexion sur l'autorité du Parlement. 461

Liv. VII. Redevances dues aux Ecclesiastiques, chargées
T. II. de peines pecuniaires. 402
L. XIV. ——Juges, épices des droits, de dragées & con-
T. III. fitures, de salage, des manteaux & de bu-
che. 463
Redevances ridicules, comme une buche : de
chanter une chanson. VIII. 464
——De baiser la serrure ou le verouil de la porte.
Ibid.
——De recevoir un soufflet, tirer le nés & les
oreilles. *ibid.*
——De battre les fossés d'un Chateau pendant la
couche de la Dame. *Ibid.*
——Droits des femmes publiques, payoient où
elles demeuroient. 465
——D'un rasoir donné à la Dame. *ibid.*
——De mettre une jambe nue dans le lit des nou-
velles mariées. *ibid.*
——Droits abolis & changés.
——Une chanson gaillarde à la Dame : courir la
quintaine.
——Foi & hommage fait à genoux nue tête, &c.
——A quel âge le Vassal est obligé de rendre
hommage.
——Ce qui se doit observer quand le Vassal est
mineur. 466
——Quand le Seigneur est mineur, si le Vassal
doit attendre sa majorité pour lui rendre hom-
mage.
Regards differens pour distribuer les eaux des
Fontaines. II. 211 212
Regales. P. 238
Regnon, ancien Comte de Paris. I. 8
Regnault (Michel) ancien Voiturier. II.
138
Regratier, associé de Poulletier pour l'entre-
prise des Ponts de l'Isle. III. 238
Regent du Royaume, Philippe, Charles &
Eudes IV, sont en concurrence pour être de-
clarés Regent, mais Philippe le fut déclaré.
VII. 46
Rein, un Avocat qui n'en avoit qu'un. X.
561
Reines de France ont demeuré au Louvre. VII.
21
——D'Angleterre demeuroient à l'Hotel d'Or-
leans. 247
——De Suede, son arrivée à Paris, où elle de-
meura, fait tuer son grand Ecuyer à Fontai-
nebleau, ce procedé fut blâmé. 252 253
Religieux de St Martin ni ceux de St Denys ne
peuvent faire les fonctions Curiales. IV. 346
Religieux & Religieuses ont des Monasteres à
Paris. I. 16
——Dédommagés des retranchemens de leur clos
du tems de l'enceinte de Paris. I. 40
Religieuses de Ste Marie ont leur Monastere sur
les ruines de l'Hotel de Coffé ou Brissac. VII
156
——De la Visitation sur l'Hotel de Bretagne.
66
——De Ste Marie de Chaillot, amenées par une
Reine d'Angleterre. 188. Etablies dans la
maison de Mr de Bassompierre. 311. P. 180
197
——Celles de la Misericorde où établies. IV. 491

——Celles de Montmartre reformées par deux
fois suivant la Regle de St Benoît. IV 354
355
——Benedictines du Calvaire, établies sur le
Montherbu, examen qu'elles doivent subir.
488. P. 186. 187. 197. 200. 213.
——De la Congregation de Notre-Dame éta-
blies pour élever les enfans. 489
——Du St Sepulchre, établies à Belle-Chasse.
Ibid.
——Bernardines du precieux Sang, changemens
divers. *ibid.*
——De St Nicolas de Lorraine, appellées de
l'Annonciade. 490
——Les Recolettes, celles de Ste Claire leur
cedent leur maison. *ibid.*
——De la Providence pour les pauvres filles or-
phelines. 491
——Annonciades. P. 182
Religieuses Benedictines, dites du St Sacrement, quand établies rue Cassette. IV. 492.
De Chaillot. P. 211. 212.
——Benedictines de Notre-Dame de Liesse,
établies par trois filles. 493
——De Notre Dame de Grace, transportées de
la rue St Honoré dans le fauxbourg St Ger-
main. 493
——Des Vertus, ou Bernardines de l'Abbayie
aux Bois, placées à la place des Filles de l'An-
nonciade. *ibid.*
——De Gomer-Fontaine, de l'Ordre de Cis-
teaux, où établies. 495
——De l'Hotel-Dieu, leur reception, le No-
viciat, la prise d'Habit, leur fonction. V.
520
——Du St Sacrement. 128. de St Thomas.
170. 171. Du tiers Ordre de St François.
Les Ursulines. 172
Religion des premiers Parisiens. I. 60
——Chrétienne, quand elle a commencée à Paris.
Ibid.
Reliques de St Sanson & de St Magloire, ren-
dent furieux Hugues le Grand pour les avoir
touchées avec son bâton. VII. 5
Reliques de la Ste Chapelle montrées à la Du-
chesse de Mantoue. 139, & au Duc de Man-
toue. *Ibid.* Description. P. 238.
Relevées, on leur mettoit un manteau fouré sur
les épaules, &c. XI. 633
Remarques particulieres touchant l'histoire de
l'ancien Paris. 62
Remise de carosse dans la rue de Matignon, son
excellence. VII. 233
René Milanois, Parfumeur, accusé d'avoir empoisonné Jeanne d'Albret. VII. 199. 249.
Rente seiche, ce que signifie ce terme. II.
166
Remi (Pierre) Tresorier de Charles le Bel,
le Gibet fut son mausolée. X. 588. 599.
De St Denys de la Chartre. P. 12.
Remi (Abraham) de Beauvais, regenta vingt-
cinq ans, mort à quarante-six ans ; réponse
qu'il fit sur sa mort la veille qu'elle arriva. IV.
527. 328.
Repas ausquels étoient obligés les Religieux de
Ste Geneviève & autres Religieux. VIII. 456

Restes

DES MATIERES.

Reftes des repas du Roi aux entrées apartiennent à l'Hotel-Dieu. VIII. 458. Repas après les enterremens. XI. 016

Reverand, Aumônier du Duc d'Anjou, a permiffion de bâtir fous le quai de Gefvres. III. 247

Renilli, maifon de plaifance du Dauphin Viennois. VII. 134

Réunion des deux Colleges de Boncourt au College de Navarre. II. 173

Rés-de-chauffée de la Ville de Paris. II. 184

Rés-de chauffée de la Cité. I. 22. 97.

—De Notre-Dame & St Denys de la Chartre. *ibid.* Combien rehauffé. 97, & l'Hotel des Urfins. *Ibid.* II. 184.

—Le Petit-Chatelet : les cachots du Chatelet étoient des chambres bien claires. 185

—Du Pont-neuf & fon fouterrain. III. 236

Le Cardinal de Richelieu donne au Roi fon Palais. I. 23

Richaud, Archevêque de Reims, avoit une maifon de plaifance au fauxbourg St Marceau. VII. 77

Richebourg a donné fon nom au Pont aux Tripes. II. 133

Richilde, feconde femme de Charles le Chauve, accoucha à St Denys d'un fils, qui mourut peu après fon batême. VII. 310

Riculfe, Ecclefiaftique, & Lendafte, Gouverneur de Touraine, fouffrirent la torture. X. 592

Rivieres qui facilitent le commerce de la Ville de Paris. I. 3

Riviere de Seine eft glacée du tems de Julien l'Apoftat. I. 5. Ses débordemens divers arrivés en differens tems. II. 200. 202. Les ponts & les chauffees qui l'embarafent ralentifent fon cours & caufent tous fes débordemens. 208. IV. 272. P. 234.

Riviere des Gobelins, Rablais s'en moque, fon nom, d'où vient qu'elle a changé de nom, fa fource, fon cours, l'utilité de fes eaux. II. 209. Ses débordemens. 210. Son ancien cours détourné pour le College du Cardinal le Moine. IV. 362. P 127.

La Riviere a fervi de lieu patibulaire ; les Armagnacs y furent jettés ; les habitans de Pontoife y furent jettés par les Anglois. X. 611. Un Clerc d'un Confeiller & fon frere, & un Aide à Maçon, furent noyés devant la Tour de Billy. 612

Robe nuptiale de la Reine Blanche à St Victor. IV. 408

Robert d'Artois, accufé d'avoir falfifié quelques Chartes ; fon procès. VII. 46

Robert, Roi de France, guerit un aveugle en lui jettant de l'eau. VII. 3. A Poiffy il donna à un pauvre le fer d'argent d'une lance. 301. Autres aumônes qu'il fait à Erampes. *ibid.* Meurt à Melun. *Ibid.*

Robert, Comte de Flandres, rend hommage à Philippe le Long. VII. 5

Robert, Comte de Paris. I. 9

Robert, tué à la bataille de Soiffons. I. 9

Robert le Fort, Duc & Marquis de France, furnommé Machabée par fon courage. I. 9

Le Roi Robert, reftaurateur de St Germain Liv. VII; l'Auxerrois. I. 13. Il fait couronner fon fils T. II. Hugues à Compiegne : il y meurt & y eft enterré. VII. 309. Commença la Ste Chapelle: T. III. IV. 298

Robeurs de Garenne. P. 41

St Roch ; fur les fondemens de la Chapelle de Ste Suzanne. II. 138. Ses augmentations & progrès. IV. 333

Rodolphe, Comte de Paris. I. 9

Pierre Rouffeau ; chargé du poids du Roi pour mefurer les grains. III. 223

Charles Roger acheté l'Hotel St Maur. II. 171

Roland de Blaye, neveu de Charlemagne a fondé St Marceau. IV. 432

Romains chaffés par Clovis. I. 7

—Leur fepulture fur les grands chemins. I. 19

—Plufieurs de leurs tombeaux & medailles découverts en divers endroits de Paris. I. 20

—Bâtimens à Montmartre rue de la Harpe. VIII. 334

—Leurs maufolées & medailles. 335. 336.

Romilli, où Clotaire II maria Dagobert fon fils avec Gometrude. VII. 293. Affemblée à l'occafion d'Oeghina qui avoit tué Ermenaire. 294

Rotifferie de la rue de la Huchette admirée par un General des Cordeliers. II. 142. Celle de la rue aux Oues. *ibid.*

Rouffel (Jean) & fa femme bâtirent dans la rue des Francs-Bourgeois vingt-quatre chambres pour retirer des pauvres. II. 136

Rotonde de l'avant-portique des Tuilleries. VII. 58

La Roue, fupplice, quand il a commencé, fa defcription. X. 598

Roi de Paris, quand ce nom en a été aboli. I. 7

Roi des Romains Venceflas, logea au Louvre. VII. 47

Rois qui ont demeuré à Paris. I. 8. VII. 245. & P. 241.

—De Sicile, ont demeuré long-tems dans la rue du Roi de Sicile. II. 107. VII. 247.

—Qui ont demeuré au Palais. VII. 5

—Ceux qui ont demeuré au Louvre. 21

—Sont cenfés perfonnes Ecclefiaftiques. P. 43

Roi des Ribauds qui tiroit tribut des femmes publiques. XIV. 26

—On a cru que c'étoit le grand Prevôt. *ibid.*

Rues de la Ville, combien il s'en trouve ; les plus longues. I. 26. Leur nombre. *ibid.*

—Celles de St Jaques & St Martin. *ibid.*

—Deux rues renfermées dans l'Hotel de Soiffons. II. 175

Rue-neuve de Notre Dame faite par l'Evêque Maurice. I. 98

Rues aux Oues, étymologie de fon nom. I. 33

—Des Poulies, à caufe des jardins accompagnés de Poulies. II. 152

—Quinquampoix : erreur fur fon nom. 160

—Du Petit Repofoir : oppofition du voifinage fur fa cloture. 174

Rue des Sachettes, fon changement. II. 108

Rue du Sablon, quand bouchée. I. 98. 173

—De St Louis, quand elle a été faite. *ibid.*

Tome III S

TABLE GENERALE

Liv. VII —Ouverte sous Henri III. & sous Henri IV.
T. II. 147
L. XIV. —Celle qui traverse de l'Isle Notre-Dame a
T. III. pris son nom de l'Eglise. 148
—De Sorbonne, permission que Robert Sorbon eut de St Louis d'y mettre des portes. 162
—Auteurs qui l'ont confondu avec la rue Couppe-gorge.
Diverses rues changées, ouvertes en plusieurs endroits de Paris. XIV. 32. 33
Rue des Blancs-manteaux, ses differens noms. I. 34
—De St Jean de Beauvais, bouchée par des barrieres, à la priere du College de Droit. II. 143
Rue Matignon, nommée par quolibet Maquignon. 130
Rue de la Corne, à l'occasion des cornes de Cerf. II. 140
Rue Diane, à cause de l'Hotel de Diane de Poitiers qui y demeuroit. VII. 121
Rue des Francs-bourgeois, d'où elle a pris son nom. I. 35
Rues affectées aux dissolutions, ou mauvais lieux, savoir, celle du Bourg-l'Abbé, II. 120. Bordelle. 118. Du Puits d'amour 107. Rue Guillemin. 140. Le Cagnard au Marché-neuf. 174. La rue Sablon près l'Hotel Dieu. 173 Brisemiche. Tizon, Chapon, Champ-fleuri, du Regnard, Trasse-nonain, des Deux-portes, Beaurepaire, Tire-boudin. 182

Etymologie des noms des Rues de Paris.

Rue d'Ablon, où placée. II. 107
—Dame Agnès la Buisliere, differens noms. *Ibid.*
—Des Amandiers. 108. Une autre, où placée.
—D'Amboise, son nom. *ibid.*
—Du Puits d'Amour & de l'Arianne. *ibid.*
—De St Anastase. *ibid.*
—De St André, ses differens noms : celle du cimeriere St André. *ibid.*
Rue Anglade, changemens de son nom. 109
—Des Anglois : sentiment sur la prevention que le peuple a conservé, d'attribuer plusieurs bâtimens aux Anglois. *ibid.*
Ste Anne, deux rues de ce nom. *ibid.*
—De l'Arbalête, son origine. *ibid.*
—D'Arras, a pris son nom du College qui s'y trouve. *ibid.* P. 69
—De l'Arbre-sec. *Ibid.*
Rue d'Argenteuil : elle conduit au Village. 110
—De l'Arche Marion, comment appellée. *ibid.*
—Comtesse d'Arrois, varieté de son nom. *Ibid.*
—Des Assis, plusieurs sentimens sur cette rue. *ibid.*
—Aubri-Boucher, differens noms. *ibid.*
Rue des Aveugles. III. Plusieurs rues St Augustin.
—Celle des Vieux-Augustins. Rue de l'Abbé.
—St Denys, ou rue des Augustins. *ibid.*
—Pavée d'andouilles porte celui des Augustins. *Ibid.*
—D'Avignon, divers noms qu'elle a porté *ibid.*
—Descente faite à l'occasion de cette rue. 112

B

Rue du Bac, ou Baril-neuf. 112
Baillet, Dame Gloriette. *ibid.*
Bailleul, à cause du President du même nom.
Balifre, à cause d'un Sur-Intendant de la Musique.
Barberte, à cause de la Courtille Barberte. *ibid.*
Rue Barentin, ou rue des Juifs. 113
Barre du-Bec, rue de la maison de la Barre, Barillerie, ou Babillerie.
Des Barres, l'Hotel des Barres lui a communiqué son nom.
Rue des Barrieres, ou des Bariés, des Beguines, & autres noms. 114
De St Barthelemy, ou rue des Cordouagners.
De Basfour, du Batoir, leurs differens noms.
Beaubourg, grande dissertation sur cette rue. *ibid.*
Rue Bautibourg, Bourg l'Abbé, ont pris leur nom d'un President & Tresoriers. 115
—Beaubourg, du nom d'un Conseiller d'Etat. *Ibid.*
—Boutebrie, d'un Bourgeois. *ibid.*
—Du Baulne, ou rue du Pont. *ibid.*
—Bacquet, changé en celui de Beautreillis. *Ibid.*
—Beauvais ou Beauvoir. *ibid.*
—St Benoist, pourquoi son nom, rue des Egouts. *ibid.*
Rue du Cimetiere St Benoît, rue Breneuse. 116
—Des Bernardins, ou de St Bernard. *ibid.*
—Beuriere, ou de la petite Corne *ibid.*
—Betizy, ou du Comte de Ponthi. *ibid.*
—Du Pont-aux biches : deux rues.
—De Bievre : aussi deux rues du même nom.

Erreur de Robert Cenalis sur cette rue.

Rue des Billettes, ou Bouilliettes : divers sentimens sur cette rue. 117
—Des Blancs manteaux, differens noms. *ibid.*
—St Bon, où logeoient des Juifs : ses noms. *ibid.*
—Bons enfans, à cause du College. *ibid.*
Rue Bordelle, d'où elle tire son nom. 118
—Des Boucheries, ou la grand rue St Germain. *ibid.*
Celle de Blanche-oye. *ibid.*
—De la Boucherie : deux du même nom. *ibid.*
—Des deux Boules, ou Guill. Borée. *ibid.*
—Du Bouloir, & la Cour Bazile. *ibid.*
—Bourbons, quatre du même nom. 119
Rue des Bourdonnois, d'Adam Bourdon. *ibid.*
—De Bourg de Brie : son origine. *ibid.*
—Bourg-l'Abbé, proverbe à son occasion. 120
—Bourgtibourg, differens noms. *ibid.*
—Du Bout-du-monde, à l'occasion d'un Rebus de Picardie.
—De Bracq, ou rue des Bouchers, & rue de la Merci. *ibid.*
Rue de la Bretonnerie, rue du Puits. 121
—Brisemiche, ou rue Baillehoc. *ibid.*
—Porte de Bussy, par Simon de Bucy. *ibid.*

DES MATIERES.

——De la Bucherie, à cause du port aux Buches. *ibid.*

C

Rue Calandre, ses differens noms 121
—— Deux des Cannettes, leurs situations. *Ibid.*
—— Des Capucins, ou rue des Tuilleries.
—— Petits Cirteaux, proverbe à son occasion.
—— Cassette, du Censier, ou rue sans clef.
—— Du Cerf, du nom d'un Bourgeois.
—— De la Cerisaye, de même du nom d'un particulier.
—— De la Chaise, ou des Teigneux.
—— Champ-fleuri, origine de son nom. *ibid.*
Rue Champ-verterie, d'une Verrerie. 123
—— Des Trois-chandeliers, ou sac-à-lie. *ibid.* P. 125
—— Du Chantier, ou rue du Chaulme. *ibid.*
Rue du Chantre, ou au Chantre. 124
—— St Nicolas du Chardonnet, à cause de l'Eglise. *ibid.*
—— Charlot, de Claude Charlot.
—— Chartiere, ou de la Charretiere.
—— Chasse-midy, ou Cherche-midy.
—— Du grand & petit Chatelet.
—— Du Chat-blanc, petite rue des chats. *ibid.*
Rue du Chat qui pêche, rue de la Triperie. 125
    du Chevalier du guet, ou Perrin-Gosselin. *ibid.*
    du Chaulme, parlé cy-dessus.
    de la Chaufferie, rue aux chats.
    des Chiens, ou des Chieux.
    St Christophe, rue Regratiere.
    du Cigne, de l'Hotel du Cigne.
    St Claude, de Claude Guenegaud. *ibid.*
Rue de la Clef, à cause de Perrinet le Clerc. 126
    de la Clef, ou de la Corne. *ibid.*
    Cloche-perce, ou Roi de Sicile. *ibid.*
    Clopin, d'une grande maison. *ibid.* 129
    Cholets, de Jean le Maître. *ibid.*
    Deux rues du Cocq.
    de Cocqueron, dit l'Egyptienne.
    Cocquatrix, des deux Hermites. *ibid.*
Rue Coquilliere, Coquillact, d'un Poëte. 127
VII. 222
    du Cœur-volant, de la Blanche-oye. *ibid.*
    de la Colombe, ou de la Couronne.
    du Colombier, rue du Pré-aux-Clercs.
    des Commandaresses. P. 223
    de Condé, à cause du Prince qui y demeure.
    de la Couroirie, ou de la Baudroirie. *ibid.*
Rue des Cordeliers, rue St Germain. 128
    de la Corderie, deux rues de ce nom.
    de la vieille Cordonnerie, Cordouennerie. *ib.*
    de la Cossonnerie, Coçonnerie.
    de la Corne, deux rues de ce nom. 116
    Coupeaux, la rue de Mesmes. 128
Rues qui portent le nom de *Cours.*
Rue de la Coutellerie, ou rue des Commanderesses. 129
    de la Couture de Ste Catherine.
    Les autres qui portent le nom des Coultures. *ibid.*
    Clopin, où placée.
Rue de la Croix-blanche, rue d'Anquetin le Faucheur. 130

Ste Croix de la Bretonnerie, à cause des Bretons. *ibid.* Liv. VII.
    du Crucifix St Jaques, rue du Porche St Jaques. L. XIV.
Notre-Dame des Victoires, rue du chemin T. III. Herbu. *Ibid.*

D

Rue neuve de Notre-Dame, dite Ste Genevieve & la rue de l'Hotel-Dieu. 130. Pourquoi nommée neuve. *ibid.*
Dauphine, à cause de la naissance du Dauphin. Rues qui ont pris nom des Princes & Souverains. 131
Rue St Denys, la grande rue, ou Chaussée St Denys, raisons à cette occasion. 131
    Curiosités de cette rue à y admirer. *ibid.*
    des Déchargeurs, ou le siege des Déchargeurs.
    des Cinq-Diamans, ou de la Couroirie. *ibid.*
Rue St Dominique, à cause des Jacobins. 132
    se nommoit la rue aux Vaches. *Ibid.*
    Vieille Draperie, à cause des Drapiers.
    Juifs chassés de cette rue : quand elle fut élargie. *ibid.* P. 59

E

Rue des Enfans-rouges, rue du Chantier. 132
    d'Enfer, trois rues de ce nom. Celle de St Jaques, nommée rue de Vauvert *ibid.* & 176
    de l'Escuellerie, Cloître St Opportune.
    Des Deux-écus, ou rue Traversaine.
    des Ecrivains, rue Pierre-au-lait : les Ecrivains s'y retiroient. *ibid.*
Rue de l'Esperon, rue du Chaperon. 133
    de St Etienne des Grés, St Etienne des Geux. *ibid.*
    Germain Millet & de Launoy en dispute à l'occasion de St Etienne.
    des vieilles Etuves, ou Etuves des femmes. *ibid.*

F

Rue de la Femme sans tête, son nom d'une Enseigne & un Rebus. 133
    Regratiere, du nom d'un Tresorier des Suisses. *Ibid.*
    Ferou, rue des Prêtres St Sulpice.
    du Fer de Moulin, rue du Comte de Boulogne.
    de la Ferronnerie, de la Charonnerie, à cause des pauvres Ferrons.
    Quand élargie. 134
Rue au fer, ou aux Febvres : proverbe à l'occasion de cette rue. 134. Trois differentes de ce nom.
    aux Feuvres, vient d'Orfévres. *ibid.* P. 125
    du Fouarre, la rue des écoliers.
    Permission du Regent du Royaume de mettre des portes aux deux bouts pour empêcher les femmes publiques d'y venir. 135
Rue St Fiacre, rue du Figuier. *ibid.*
    des Filles-Dieu, rue de l'Ursine.
    des Quatre-fils, à cause d'une Enseigne.
    du Foin, ou des Moines de Cernay.

Liv. VII. du For-aux-Dames, ou du Four-aux-Dames.
T. II. *ibid.*
L. XIV, de la Fosse aux chiens, ou Cul-de-sac.
VII. des Fossoyeurs, à cause du cimetiere St Sulpice.
des Foureurs, ou des Cordonanniers.
des Francs-Bourgeois, plusieurs noms.
des Frapeaux, ou Frapault.
Rue Frepillon : *Vicus Ferpillonis.*
Reflexions sur le Four-aux-Dames, & autres qui portent le nom de Four. *ibid.* 136
Rue des Francs-Bourgeois, nom donné à cause de la franchise des Habitans. 136
des Fossés St Germain, rue circulaire du Cloitre St Germain de l'Auxerrois. *ibid.*
du Four, deux rues de ce nom, nommées ainsi à cause des Fours bannaux. *Ibid,* P. 142 146
Ordre de paver celles du Faux-bourg St Germain. *ibid.*
Rue du Four près St Eustache. 137, VII. 222
du Four-Bassel, est cachée par des maisons. *Ibid.*
Donnée au Curé de St Martial pour passage.
Françoise, deux rues faites sous François. I.
Frepillon ou Frapillon.
de la Fromagerie, à cause des Marchands de fromages.
des Fuseaux, ou des Deux-fuseaux. *ibid.*

G

Rue de Gaillon, ou Michault Reignault. 138
Gallande, à cause des Seigneurs Garlande.
des Mauvais garçons, d'une Enseigne. *ibid.*
l'autre du même nom, rue de la Verrerie.
Garancée, à cause de l'Hotel Garanciere.
neuve Ste Geneviève, à cause du clos du même nom. *ibid.*
Geoffroi-Langevin, ou cul-de-pet. *ibid.*
Geoffroi-l'Asnier, ou Frogier-l'Asnier. 139
St Germain se nommoit la Grand-rue St André. *ibid.*
de Gèvres, à cause du Marquis de Gèvres.
Gilles cœur, ou Guy-le-Comte.
Glatigny, on n'en fait rien.
Gracieuse, autrefois la Courtoise.
Grenelles, deux rues de ce nom. *ibid.* VII 222
Greneta, expliquée ailleurs.
Grenier St Ladre, son étymologie.
Grenier-sur-l'eau, ou André sur l'eau.
Guerin Boisseau, Guerin-Boucel.
Rue Guespine, ou d'Aguespine. 140. P. 223
St Guillaume, à cause de Guillaume le Roux.
Guillemin, auparavant la rue de la Corne. *ibid*

H

Rue du Ha-ha, ou Cul-de-sac. 140
du Harlay, quand commencée. *ibid.*
de la Harpe, rue St Cosme.
Haute feuille, ou rue de la Barre. *ibid.*
de la Heaumerie, à raison d'une enseigne.
des Deux Hermites, rue de la Confrairie.
d'Herondelle, ses differens noms ; dissertation sur le mot d'Hirondelle.

Rue St Honoré, la Chaussée St Honoré. 142
la Grand-rue St Louis.
de la Huchette, belle rotisserie. 142, se nommoit Lass. VIII. 357

J

Rue St Jaques, la grande rue à cause des Jacobins. VIII. 142
du Crucifix St Jaques, ses differens noms.
Jean Beaufire ou rue d'Espagne.
Jean de Beauvais, du College qui s'y trouve. *Ibid.*
Jean de Latran ou de St Jean de Jerusalem. 144
Jean de Lespine, du nom d'un Greffier du Criminel.
Jean Lointier ou aux Orfevres.
Jean Pain-mollet, rue du Croc. *ibid,* P. 223.
Jean St Denys, du nom d'un Procureur.
de la Jouaillerie ou rue du Chevet de St Leufroi.
du Jour ou rue de Raoul Rissolle.
de Jean le Maire ou le Mire.
du Jour ou Sejour du Roi. *Ibid.* VII. 222
de Joui, du nom de l'Abbé de Joui. *Ibid,*
des Juifs, de la Juiverie. 145
Judas, à cause des Juifs.
de la Juiverie, occupée par la Halle de Beauce.
de Jussienne, à cause de la Chapelle. *ibid.*

L

Rue neuve St Lambert, ou rue de Condé. 145
du Chevet de St Landri à cause de sa situation. *ibid.*
de la Lanterne, rue de la Planche. 146
de St Leufroi, quelquefois la rue du grand Chateler.
de la Levrette des trois poissons.
de la Licorne ou des Oblayers.
de la Limace ou rue aux Chats.
de la Lingerie le long du Cimetierre St Innocent. *Ibid.*
du petit Lion, l'Hotel du grand Lion lui donne son nom. 147
des Lions, doit son nom à l'Hotel des Lions.
des Lombards, espece d'usuriers.
de St Louis, quatre rues de ce nom. *ibid.*
de Lourfine, dans le Clos Ganay. 148
du Louvre, ou rue d'Hostriche. *Ibid.*

M

Rue du Mail, sur la place du Mail. 148
Le quai Malaquais ou de la Reine Marguerite.
Rue du Maltois ou du Martrai St Jean.
—Dissertation sur le nom de Martrai. *ibid.*
du Marché Palu à cause du Marché. 149
rue Ste Marguerite à cause de la Chapelle.
Marivault ou Mativas.
des Marmousets à cause de l'Hotel.
le cul-de-sac de St Martial, le porche de St Mathias. *Ibid.*
St Martin a pris son nom de l'Abbayie. 150

DES MATIERES.

de l'arche Marion ou rue des Jardins.
neuve St Martin ou rue du Meurier.
Maſcon, à cauſe des Comtes Maſconnois.
des Mathurins, differens noms. *ibid.*
de Matignon, du Maréchal de ce nom. 150
Maubué ou Simon le Franc.
Montconſeil ou Mauconſeil.
des trois Mores, d'une enſeigne.
neuve St Merri à cauſe de l'Egliſe.
Mezierre, autrement de la petite Caſſette.
Ibid.
du Meurier ou rue du Franc Meurier. 151
du Monceau St Gervais le long de l'Egliſe.
de Mondeſtour ou Maudeſtour.
de la Monnoie, la rue au Cerf.
de Montmoranci à cauſe de l'Hotel de ce nom.
Montorgueil ou rue des petits Careaux.
des Morfondus ou des rechauffés. *ibid.*
des Morins à cauſe de deux freres. 152
de la Mortellerie, c'étoit un coupe gorge.
Mouffetard, la rue St Marcel.
du Mouton, à cauſe de la maiſon du Mouton.
Ibid. P. 223.

N

Rue des Nonains d'Hierre, à cauſe de l'Abbayie des Religieuſes. 152
des Noyers, d'où elle a pris ſon nom. 153

O

Rue Oniart ou la rue Amauri de Roiſſy. 153
deux d'Orleans, doivent leurs noms au Duc. *ibid.*
aux Ours ou des Oës. 154

P

Rue Pagevin, d'un Huiſſier qui y demeuroit. 155
du Paon, rue d'Alexandre Langlois.
de Paradis, deux du même nom.
du Parc-Royal ou du petit Paradis.
de la Parcheminerie ou rue des Ecrivains lès St Severin. *ibid. P. 225.*
des Mauvaiſes-paroles ou Male-parole.
Paſtourelle ou rue Groignet.
Pavée, deux de ce nom.
Pavée d'andouille, ou rue des Auguſtins.
St Paul, de l'Egliſe dont elle porte le nom. *ibid.*
Porte & rue aux Peintres. 156
de la Pelleterie ou vieille Pelleterie.
de l'abbrevoir Pepin ou de Jean Pepin.
St Pere à cauſe de la Charité.
de la Perle, toujours de même. *ibid.*
du Pet au Diable, de la Tour. 157
du petit Muſc ou petit Muce. *Ibid. P. 135.*
Picquet ou rue Molard.
du pied de Bœuf à l'occaſion d'une enſeigne.
St Pierre ou Perriche.
de Pierre au lart ou Alart.
Pierre aux poiſſons, ruelle au poiſſon.
Pierre Sarrazin, à cauſe d'un Bourgeois de ce nom.

Tome III.

Pincourt ou Popincourt.
Pirouette, du nom d'un fief. Liv. VII
du Piatre ou rue aux Platriers. T. II.
la ſeconde avoit nom rue de Jean St Pol. *ibid.* L. XIV.
du Plat d'étain s'appelle de Rolin prens gage. T. III. 158
de la Pointe St Euſtache à cauſe d'un clocher.
du Poirier ou de la petite Boucherie.
des Poiſſonniers à cauſe des Halles.
Poitevine ou Poitevins.
Porte-foin, rue des Poulies.
des deux Portes, quatre de ce nom.
des douze portes à cauſe de douze maiſons.
des Poſtes, rue St Severin. *Ibid.*
du Pot de fer, deux de ce nom. 159
de la Poterie ou rue des deux jeux de paume.
la ſeconde ou la vieille Brielle.
Poulletiere de l'entrepreneur de l'Iſle Notre-Dame.
des Poules à cauſe des jardins.
Poupée, la rue de Laas. *Ibid.* & VIII. 357
des Prêcheurs, à cauſe de l'Hotel du Prêcheur.
des Prêtres, cinq de ce nom.
des Prouvelles, divers noms qu'elle a eu. *ibid.*
du Puits d'amour ou de l'Arianne. 160
du Puits de l'Orme ou de la Ville.
du Puits qui parle ou rue des Roſiers.
du Puits certain ou du Mont St Hilaire. *Ibid.*

Q

Rue des Quatre-fils ou rue des deux Portes. 160
Quinquampoix, d'un Seigneur de ce nom : erreur ſur le nom de cinq Paroiſſes.
Quiquetonne ou Denys Coffrier. *ibid.*

R

Rue des Rats, ſous Charles VI. 160
de recouvrance, differens changemens.
de Rheims ou rue du Duc de Bourgogne. *ibid.*
Regnault-le-Fevre, ſes divers noms. 161
de la Reine Blanche à cauſe de ſon Hotel.
de St Roch, ou rue du gros Chenet.
du Roi de Sicile, a pris ſon nom des Rois de Sicile qui y ont demeuré.
du Roi-doré, à préſent la rue Françoiſe. *Ibid.*

S

Rue Saillembien ou Saille-en-bien. 161
Sale-au-Comte, à raiſon du Comte de Dampmartin qui y demeuroit.
de la Savaterie, à cauſe des Savetiers qui y ont toujours habité. *ibid.*
des Sauſſayes ou rue des Carrières. 162
Scipion, de Scipioni Sardini, proprietaire de l'Hopital.
du Sentier, à cauſe d'un petit chemin. 162
Serpente à raiſon de l'Hotel Serpente.
de Seve, parce qu'elle conduit au village de Seve.
de Seine ou rue des murs St Victor.

T

Liv. VII	Simon-le-franc, à cause de Simon le Franc.	Rues qui ne sont plus rues & qui sont condamnées. 168
T. II.	des Singes, de l'Hotel des Singes.	
L. XIV.	Soly, de Bertrand de Soly.	Rue Pierre, chef d'air, ce que c'est.
T. III.	de la Saulnerie, à cause du sel de la Gabelle.	La Ruelle sans bout, où placée.
	de la Sorbonne ou rue des deux Portes; confondu avec celle de Couppe-gorge. *Ibid.*	*Vicus ad Agnetam* près St Hilaire. 168
		Aufredi vicus près St Merri. 169
	St Symphorien, anciennement celle des chiens. 163. & rue neuve St Denys & Glatigny. IV. 346.	Rue Agnès la Sarrazine, Paroisse St Nicolas. 170
		de l'Archet, dans la rue de la Bucherie.
		Allée de la Coulture du Temple, ou l'Allée des Arbalestriers.

T

Rue de la Tableterie, tous ses differens noms. 163	Azaulart, Paroisse St Jean. 171
	Arnoult le Charon, appellée rue d'Anjou. 172
de la Tannerie ou rue de l'Ecorcherie.	Aleps ou ruelle d'Alès. 174
de vieille Tannerie ou des Creneaux.	St Antoine donné à la Pitié. 177
de la Taranne rue aux Vaches.	de l'Archevêque, dans le Prieuré de St Martin. 180
de la Tascherie, toujours son nom.	
du Temple, à cause du Temple. *ibid.* Sentence du Chatelet sur son nom.	Ste Anne, enfermée dans la Doctrine Chrétienne. *ibid.*
la vieille rue du Temple ou rue de la Cloture du Temple. *ibid.* & les differens changemens de noms. 164	du Batoir, la même que la ruelle de St Antoine. 177
	de la Barre, Paroisse St André. 170
de l'échelle du Temple à cause de la justice du Temple.	Billouart, rue des Mauvais garçons.
	de la Barre, Paroisse St Severin. 171
Thibault-aux-dés, differente orthographe de nom.	de la Barre, Paroisse St Martin.
	des Bretons, Paroisse St Benoît.
St Thomas, située près les Jacobins. *ibid.*	au Breton, Paroisse St Paul.
St Thomas du Louvre, la rue du Doyenné.	de Brêne, Paroisse St Etienne.
de la Tixeranderie à cause d'une maison. *Ibid.*	des Bouticles, Paroisse St Severin.
de la Traînée, la ruelle au Curé. 165	Coupe gueule, près la Sorbonne. 168
de Toillerie ou rue des Juifs. *ibid.*	Coupe gorge, dans les Jacobins. 169
Trasse-putain. P. 78	la Cour-Hatchier, Paroisse St Jean. 176
Traversine, parce qu'elle traverse deux rues.	des Cordiers ou rue des Cordeliers. 171
des Tresoriers, se nomme de Richelieu.	du Chaudron dans la rue Chartiere.
Triperé, à cause de Jean Tripotet.	de Chaalis a servi à l'agrandissement de St Severin. 172
de la Triperie, rue du pied de Bœuf.	
des trois Pavillons ou rue Diane.	la Cour Tricot rue Montmartre. 174
Trop-va qui-dure, ou Qui m'y trouva si dure.	le Caignard au Marché neuf.
Trousse Vache, de l'enseigne de la Vache troussée.	dans la rue Calandre une rue bouchée.
	la Cour-bâton, rue de l'Arbre-sec. 175
de la Truanderie, à cause des gueux & fripons qui s'y sont retirés. *ibid.*	Clopin, vers le College de Navarre. 178
	Clervaux, rue Beaubourg. 180
des Truyes, est un cul-de-sac. 166	de Thomas Dacy ou rue du Platre. 172
	de l'Ecureul, Paroisse de St Cosme. 170

V

	aux Epics, Paroisse St Eustache. 171
Rue de la Vannerie ou de l'Avoinerie 166	d'Enfer, sa route, sa division & tous ses changemens. 176
de Vaugirard, allant au village de Vaugirard.	
de Venise ou petite rue de St Christophe.	Jean le Forestier en la rue de la Tannerie. 171
de la Verrerie ou de la Voirerie.	aux Fevres, racourcie par St Germain le Vieil. 172
de Versailles ou rue des Bons-enfans.	
du Vert-bois ou neuve St Laurent.	Jean le Goulier,
des Vignes ou rue St Severin.	Guy le Braolier, } Paroisse St Germain. 170
des trois Visages, à cause des trois visages de pierre.	Gilbert Langlois,
	Hanterie, près la porte de Paris. 168
des Ursins, à cause de l'Hotel de ce nom.	Hotel de la Reine, une rue renfermée dedans. 175

Z

Rue Zacharie ou Sac-à-lie. 167	Hauts-moulins, rue St Christophe. 174
	l'Herberie, son quai.
	le Harpeur, Paroisse St Severin. 170

RUELLES

Noms des Ruelles de Paris, quelle difference des ruelles avec les cul-de-sac. 167	Jean bonne fille, Paroisse St Merri.
	Jean le Comte, rue St Denys. 171
	St Jean, ruelle, sur la riviere.
	Josselin, au Mont St Hilaire.
	de Jerusalem, près Ste Geneviéve des Ardens; dispute pour cette ruelle. 173

DES MATIERES.

Rue St Jerôme, renfermée par les Religieuses de St Thomas: dispute à cette occasion. 179
Avenue au fauxbourg St Jaques bouchée.
Vicus Lamberti de Prata, près la rue neuve St Merri. 169
Raoul Lanternier, Paroisse St Germain. 171 de la rue de la Licorne il y avoit une rue qui venoit à la rue de la Juiverie. 173
St Jean de Latran, au College de Cambrai. 176
Entre les Filles de Ste Marie & l'Hotel de Cossé, il y avoit une rue. 177
neuve Notre-Dame. P. 8. 69.
Rue des Murs. P. 78.
du Noyer dans la rue du Temple. 170
Naudin le Fevre près le Temple. 171
d'Orleans, qui traversoit la rue Coquilliere. 175
Pavée, qui ne se trouve plus. 168
de la Poterie & de la rue Heliot, une rue. 170
des vieils Plâtriers, Paroisse St Cosme.
du Puits, Paroisse St Benoît.
du Plâtre contre la Bastille 171
du Pet, Paroisse St Cosme. ibid. 172.
la Cour Pontoise, Paroisse St Sauveur. 171
Pernelle St Paul, dans la même Paroisse.
Poulies, un lieu où on jouoit à ce jeu. 172
du Petit-reposoir, dispute à son occasion. 174
du Pet au Diable, condamner une ruelle. 177
des Poirées près la Sorbonne, dispute pour cette rue. 178
Radulphi vicus de sancto Laurentio. 169
Raoul de Charonne, Paroisse St Germain. 171
Rouland Lavernier, près la Place aux Pourceaux 170
du Regnard, Paroisse St Germain 171
de la Roche, vis-à-vis la Mercy, 180
aux petits Souliers, Paroisse Ste Opportune.

du Sablon près St Etienne du Mont. 170
du Sablon près l'Hotel-Dieu. Ibid. 173
Sac-à-lie près St Merri. 172
Jean Savary, la ruelle où placée. 178
Trou-Bernard, la ruelle au Cloître de St Germain l'Auxerrois. 174
Verneuil, Paroisse St Eustache. 170
des Viez-Poulies, Paroisse St Paul
Villequeux, Paroisse St André. 171
Vieille Plâtriere, vers la rue Mignon. 172
de l'Université. P. 70
Rues, leur nombre. P. 69. 77. 78. 127.
Rues des Artisans II. 182
—des Tisserands, des Etuvistes, des Rotisseurs, des Corroyeurs, des Ecrivains, des Vertiers, des Poulaillers, des Arbalestriers, des Lombards, des Juifs, des femmes dissolues. ibid.
Rues nommées du Puits. 183
—Celle devant les Blancs manteaux. ibid.
—Celle du Puits d'amour. 184
Rues fermées de portes. P.
Rues nouvelles. P. 189
Rue des trois Pavillons, la rue Barbetté, la rue Diane, toutes trois pratiquée dans l'Hotel Barbette. VII. 121
Rue ouverte à travers l'Hotel St Pol. 184
Les rues de l'Université & les quais. VIII. 385
Ruelle nommée Cul-de-Pet. II. 138
—Des Poirées.: dispute sur la condamnation de cette rue, de la Sorbonne contre les Jesuites. 178
—Qui passoit entre l'Hotel de Ville & St Jean. ibid.
Ruel ou le Roullé, lequel des deux étoit maison de plaisance du tems de Gregoire de Tours. VII. 289
Ruel donné à l'Abbaye St Denys par Charles le Chauve. ibid.
Rumilli (Augustin) Ingenieur des Fossés. I. 83

S

SABLON, la rue, retraite aux voleurs & vagabons. II. 173
St Sacrement suspendu à Port-Royal, comme dans la primitive Eglise. IV. 425
Les Freres Sacs établis où les Augustins sont venus. VIII. 372. Ils donnent leur Couvent aux Augustins. X. 542
Loix Salique, punition qu'elle ordonne aux serviteurs qui ont volé. X. 590
Les Salles de l'Hotel St Pol, la Salle de Sens, celle de St Maur, la verte, celle aux Bourdons; enfin celle de Theseus. VII. 277
Grande Salle du Palais, par qui bâtie : le dessous de cette Salle, sa solidité, sa description: quand brûlée, épigramme à cette occasion, perte qu'ont fait les Marchands. VII. & par qui rebâtie : les differentes figures qui y étoient 4. Feu du Ciel qui y tomba. P. 54
Salles du Louvre, Salle neuve de la Reine, celle de St Louis, la salle du Conseil & la salle

basse, leur usage. VII. 21
Salle des Antiques, bâtie par ordre de Catherine Medicis. 25
Salle des Suisses : le Théatre qui s'y trouve. 33
Autre Salle des Antiques, conduite par Thibault de Methezeau, & peinte par Bunel. 42 ses statues. 43
Salle-au-Comte, vient des Comtes de Dampmartin. II. 16. son étymologie. Ibid.
Salle de l'Hotel des Tournelles, où mourut Henri II, du coup de lance. II. 140
Salpêtre, poudre : sa fabrique, sa distribution. VII 331. 332
Samaritaine, une pompe qui fournit des eaux au Louvre & autres endroits. II. 212
Louis de Sancerre enterré à St Denys par ordre du Roi. XI. 647
Saphoracus, Evêque de Paris, condamné à l'éxil. IX. 484
Raimond Saqueti, Evêque de Therouenne,

Liv. VII. voit son Hotel rue du Paon. VII. 264
T. II. Sudini, *Scipion*, dont l'Hotel a été converti en
L. XIV. Hopital. II. 162
T. III. Saturnin, excommunié dans un Concile. IX. 484

Sauciers. *Voyez* Epiciers,
Sauces differentes, comme la verte, la camelaine, la gallantine : de quoi composées. IX. 473
Pierre de Savoie, Archevêque de Lion, avoit sa maison au faux-bourg St Marceau, donnée à Blanche de Bourgogne, Comtesse de Savoie. VII. 82. 263
Amedée, Comte de Savoie, a demeuré à l'Hotel de Soissons, donné par le Roi Jean. *Ibid.*
La Duchesse de Savoie & de Berri, femme d'Emmanuel Philbert Duc de Savoie, & fille de François I, donna à Forget son Hotel, rue Tournon. *ibid.* & 135
Amé VII, Comte de Savoie, gendre de Jean de France Duc de Berri, qui lui donna un logis de la rue du grand Chantier. 82. Charles VI lui donna l'Hotel d'Orleans rue St André. 83
Emmanuel Philibert, Duc de Savoie, arrivée à Paris pour épouser Marguerite de France, sœur d'Henri II. Sa reception. 135
Charles-Emmanuel, Duc de Savoie, pour faire la paix avec Henri IV. Sa reception. *Ibid.*
Victor-Amedée, Prince Major de Savoie, est venu à Paris pour épouser Catherine de France, fille d'Henri IV. Sa reception, les presens. *ibid.*
Le jeune Savoniere, sieur de la Perrine, accusa d'un crime infame Vanlai, à l'occasion de quoi il eut un duel. VII. 49
L'Hotel Savoify, le procès de l'Université, abbatu par Arrêts. Inscription qui s'y voit. VII. 243. 244. & VIII. 349. Son accusation, son procès. XIV. 30. & P. 227
St Sauveur : c'étoit une Chapelle bâtie par St Louis, érigée en Cure, de la nomination de St Germain de l'Auxerrois. IV. 362
Saulnoy, Abbaye près de Laon. VII. 299
Le Duc de Saxe est conduit par le Heraut de Bretagne à l'Hotel de la Rochepot : complimenté par la Ville, avec les presens. VII. 140
Sculpteurs illustres, & les ouvrages fameux, comme la Fontaine St Innocent, les Anges de Notre-Dame des Champs, Henri IV, Cheval de bronze, &c. XIV. 45
Les Sceaux d'or & d'argent de la Chancellerie, cassés, sont donnés au Prieuré de la Saulsaye. VIII. 458
Secretaires du Roi s'assemblent aux Celestins, leur donnent une bourse. IV. 459
Sceptre, ses varietés & changemens. VIII 340
Seditieux pendus au Louvre pour venger la mort de Brisson ; savoir Louchard, Ameline, Aimonnot & Henroux, Quarteniers de Paris, VII. 50
Sedition des Maillotins. 29
Sequin, *Pierre*, Professeur Royal en Medecine, devint aveugle, meurt à soixante-seize ans. IV. 39. 329
Séjour du Roi, où placé. I. 32

—Du Gouverneur de la Gaule. I. 21
—Du Duc de Guyenne, où situé. VII. 79
—D'Orleans. P. 156
Seine, riviere qui passe par Paris : les pays qu'elle arrose. III. 195. Sa source, differens sentimens, sa découverte. III. 197. Contes fabuleux que les habitans de Seine debitent à l'occasion de St Seine, & de la source. *ibid.* Ses débordemens en differens tems : les effets prodigieux. 199. Plusieurs miracles arrivés. 207. Les gelées. 201, 2, 3, 4, 5. Cause de ses débordemens. 208
Sel, Port au sel, la Gabelle, ou Hotel de la Gabelle, a donné le nom de la rue Saulnier. II. 162
Sel semé après avoir rasé l'Hotel de Coligny, pour marque de l'infamie. VIII. 350
Sel donné au Parlement & à Notre-Dame, ou droit de salage. VIII. 463. L'Obit salé. 459
Semaine des trois Jeudis : ce qui a donné lieu à ce Proverbe. VII. 256
Seminaires & Missions : leurs usages. I. 16
Semblançai, Jaques de Beaulne, fut pendu à Montfaucon. X. 588. 600
Les Senonois, leur antiquité, leur alliance avec les Parisiens. I. 5. 59
Sentence du Chatelet, pour le nom d'une rue près du Temple. II. 163
St Sepulcre : c'est un Chapitre, & Fille de Notre-Dame IV. 370. Fondation pour les Pelerins de Jerusalem. 496. P. 74
Sepulture des Romains sur les grands chemins. I. 19
—Des Juifs en divers endroits de Paris, I. 20
Sepulture de Clovis, Ste Geneviève. I. 19
Sepulture des Rois de la premiere race, St Germain des Prés. *ibid.*
—Des Princes de Bourbon, les Jacobins. *ibid.*
—Dagobert, & Reines de la troisième race, à Notre-Dame, & à St Denys du Pas. *Ibid.*
—Des entrailles des successeurs de St Louis, aux Cordeliers. *Ibid.*
Sermens de confœderation des Suisses, à Notre-Dame : les cérémonies observées de part & d'autre. VII. 101
Sermens sur le tombeau de St Denys. X. 568
—Celui de Gregoire de Tours. *ibid.*
—Sanche, accusé de simonie, se purgea par serment. *ibid.*
—Vadon, accusé de crime de leze-Majesté, ne peut trouver personne qui voulut prêter serment.
Cérémonies observées aux Sermens. 569. Le nombre de personnes qu'il falloit, le choix que l'on en faisoit. *ibid.*
Sermens entre les Princes sur les Reliques, sur le nom des Saints, sur St Denys. *Ibid.*
—Tassilon le fait sur les Reliques de St Germain & St Martin, & voulut être parjure pour éluder son serment. 570. Ebroïn en fit de même. *ibid.* Chilperic avec ses freres, ayant fait serment de ne point entrer dans Paris, il ne laissa pas d'y aller.
Sermens des Grands & des peuples à nos Rois, Seigneurs, Prelats, Gentilhommmes & Bourgeois de Paris, pour confirmer le Sacre de Philippe

DES MATIERES. 77

Philippe le Bel.
—Le même serment fut fait à Philippe de Valois par son fils Jean.
Serment general de Paris, que Charles VI exigea en public.
—Celui que Henri V, Roi d'Angleterre, tira de la Ville de Paris. 571
—Sermon dans lequel le Predicateur exigea un serment de venger la mort du Cardinal de Guise. *ibid.*
Sermens execrables contre Henri IV, en faveur du Cardinal de Bourbon.
—Autres sermens qui se firent par fureur.
Sermens détestables ; celui de Cloraire II ; celui entre Charles de France & Charles le Mauvais ; celui de Jean, Duc de Bourgogne.
—Confiance que l'on avoit aux sermens.
Serment que le Roi étoit obligé de faire à l'Evêque, avant que d'entrer à Notre Dame. XI. 644
Sermens d'Henri III, recevant l'Ordre de la Jarretiere. P. 23
Sermens d'Henri IV pour la Paix de Savoie. P. 23, 24
Sermens du Recteur à Henri IV. P. 44. De l'Université. *ibid.*
Sermens de Louis XIII, pour la Paix d'Angleterre. P. 25
Sermons & Harangues publiques dans l'Isle Notre-Dame, au Pré aux Clercs, tant pour les Croisades que pour les seditions. XI. 637
Servitudes éteintes. P. 1
—Du Cloître. P. 72
St Severin, Moine solitaire, a demeuré où se voit l'Eglise à present. VII. 255. IV. 413 Dissertation sur son sujet. *ibid.* La Confrairie de la Conception de la Vierge. 414
St Severin, agrandi par la rue du Chaalis : les Marguilliers acheterent la maison des Religieux de Charlieu pour cet agrandissement. II. 172, & l'Hotel de Chaalis. VII. 270. Sa Châsse à Notre-Dame de Paris. IV. 374. Les Confrairies qui y ont été établies. 414. Les figures des arcades, par qui, *ibid.* Le Chœur quand retabli. 415. Divers tombeaux illustres, *ibid.* 416. Celui d'un Prince de Phrise. *ibid.* Transaction entre St Germain des Près & St Severin. 419. 427. Une autre entre les Chartreux, St André & St Severin. 422. Elle existoit du tems d'Henri I. VIII. 371. Couvre-feu s'y sonnoit. XI. 633. Un Breviaire public dans une cage de fer près des fonts. 634. P. 52, 72, 77.
Rois de Sicile. Charles, Comte d'Anjou, demeuroit à l'Hotel de Sicile, Charles le Boiteux, son fils, y logea aussi. Ceux de la seconde race demeuroient à Bicêtre.
Sigefroi attaque Paris avec quarante mille hommes, l'Evêque Goslen lui ayant refusé le passage de ses barques. I. 9
Sigismond, Empereur, loge au Palais. Procès qu'il decida à la Grand-Chambre. VII. 5
Miracle qui arriva au Batême de Sigebert. 295
Sigebert, Roi de Mets, assassiné par ordre de Fredegonde. VII. 293
Sigovese & Bellovese : leur entreprise. I. 5

Jaques de Silly, Comte de Rochefort, avoit Liv. VII. l'Hotel de la Roche Guyon. VII. 242 T. II.
Silleri, Commandeur, a fait bâtir l'Hotel de L. XIV. son nom. VII. 271 T. III.
Siege des Normans. I. 9
—Levent le siege, après avoir duré un an. I. 11
Second siege des Normans. I. 11
Sieges des appartemens de nos Rois, des chaises de bois, des formes, des escabeles, des bancs, des tretaux : leur forme & grandeur, &c. VII. 279
Pierre Simart, Secretaire du Roi, acheta l'Hotel de Langres. VII. 78. Il le vendit aux Jesuites. 108
Simon le Franc, Bourgeois de Paris, a communiqué son nom à sa rue. II. 162
Synagogues des Juifs, où placées dans Paris : celles qui ont été converties en Eglises. X. 531
Situations avantageuses de plusieurs Palais, Hotels & Maisons : preferables aux Romains. I. 23
Situation de Paris à l'égard du ciel. I. 46
Situation de Paris à l'égard de la terre. I. 54
Sœurs de la Charité, & grises. *Voyés* Couvent.
Sœurs grises, ou Sœurs de la Charité. P. 66 203
—De la Croix, P. 65
Songe du Verger, qui en est l'auteur. P. 65
Soily, *Jean de*, créé Maître d'Artillerie. VII. 329
Soly, Bertrand, dont sort un Libraire nommé Soly, a donné son nom à la rue. II. 152
Sorbonne, Robert : permission de poser des portes à la rue de Sorbonne. II. 168
—Rue de Sorbonne, confondue avec celle de Coupe-gorge. *ibid.*
—St Louis permit au même de fermer les deux rues, Coupe gueule & Coupe gorge. 169
—Description du portail, son bâtiment, la Bibliotheque. IV. 466. 467. P. 63
Source de la Seine exactement décrite : divers sentimens à ce sujet. II. 195, 96, 97
Soufflet donné à Louis VII, par les Chanoines de Ste Genevieve. X. 542
La Marquise de Sourdis, à laquelle Henri IV donna la place de la Cour-baton. II. 175
Souvin Aubery, dit Dominique. I. 72
De Souvré, le Commandeur de St Jean de Latran, avoit deux maisons à Paris, VII. 271
Spectacles de Paris, ou jeux, & autres exercices publics, qui servoient de divertissement ; comme jeux du Cirque, combats de Taureaux & autres bêtes ; l'Arquebuse, la Dance, la Boule, l'Oie, les courses d'eau, la Lance, & autres jeux. XII. 683, 694, 95, 96
La Satue vis-à-vis l'Hotel-Dieu : les visions sur son sujet. XIV. 55. Il passe pour Mr le Gris. *ibid.* P. 224
Les statues de la salle des Antiques du Louvre, sont très estimées. Le More, la Venus, le Fluteur, sont copiés par Barthelemi Prieur : la statue de Diane est une des meilleures figures de Rome, & antique. VII. 43
Les statues du Magasin des Tuilleries, sont

Tome III. V

TABLE GENERALE

Liv. VII — admirées par tous les Curieux ; une Diane & un Bachus, une Cibelle & une Cérés, également antiques. T. II. L. XIV. 55

T. 141. Statues au portail de Notre Dame. VIII. 347 les deux qui sont sur le bord de la riviere, sont celles de Bethfort & l'Amiral Chabot. Celle de Pierre Cugnieres, Advocat. 348. Celle de Perinet le Clerc. *ibid.* Celle d'Enguerrand de Marigny, son fort, &c. *Ibid.*

Statuts du College de Justice, sur la capacité des Boursiers. II. 135

Statuts des Lingeres établies par St Louis. II. 146

L'Abbé Suger, où il a logé près d'une Cloture. I. 28. & à l'Hotel ou College St Denys. VII. 255. Il est créé Regent du Royaume à Estampes par Louis le Jeune. VII. 304

Ste Susanne, la Chapelle, étoit l'origine de St Roch. II. 138

Le Duc de Sully donna le dessein de la place de France. I, 73. Les épargnes de son Ministere : les trésors qu'il avoit amassés à la Bastille. On lui ôte la Surintendance & le gouvernement de la Bastille. VII. 320. 321. Ce qu'est devenu ce Trésor. 322. 323

St Sulpice, appellé anciennement St Pierre. L'Hopital de la Charité a été bâti sur sa place : a été transporté où se trouve St Sulpice. Quand rebâti. IV. 434. 435. De la nomination de l'Abbé St Germain des Prés. *Ibid.*

Le Seminaire de cette Paroisse, quand établi, à quelles restrictions il a été fondé. Le bâtiment, sa description. 435

Superstition. P. 179

Des Supplices, la varieté qu'on faisoit souffrir aux coupables. X. 592. Sous les Druides. *ibid.* Sous la premiere race & les illustres criminels. *ibid.*

La roue, supplice d'être enfoui, potence. 594. Lapidation, décapitation, le supplice du feu. 595. L'essorillement, des hars. 596. Des oreilles, le supplice de l'eau. 597. Observations sur les supplices précedens. La flagellation, empalement. 598. La roue, les personnes de qualité pendues à Montfaucon. 599. 612. Le Pilori. 600. L'Estrapade. 621. Autres gibets, celui de Montigni, &c.

Des Martyres. 613

Suspensoires, le St Sacrement se voit suspendu en plusieurs Eglises. XI. 613

St Symphorien fondé par Mathieu, Comte de Beaumont. I, 95. IV, 344

— Les Religieux de Ste Genevièvre, de qui elle dépend, louoient à de pauvres gens. II. 363

— Aujourd'hui convertie en Chapelle de St Luc. *Ibid.* & IV. 346

— Procès entre les Religieux de St Martin, contre le Curé & Marguilliers de St Symphorien. IV. 345. Quand elle a été Paroisse. *ibid.* Nommée St Leu & St Gilles *ibid.* Elle étoit sur le bord de l'eau. 340. Elle est jointe à la Magdeleine. *ibid.* Statuts de cette Eglise. 47

Synode tenu à Chelles du tems du Roi Robert. VII. 202

Syriens, fondateurs de St Pierre des Arsis. IV. 274

T

TABAC apporté par Nicot, Medecin, qui lui donna le nom de Nicotiane. IV. 443

Table de marbre au bout de la grande Salle du Palais, à quel usage. VII. 5. où les Rois alloient manger en public à leur entrée. XI. 644. Les Clercs de la Bazoche y dansoient. *Ibid.*

Tabouret à qui accordé au Louvre. II. 191

Tableaux de la petite gallerie du Louvre, le plafond, l'histoire d'Henri IV par Bunel ; les portraits des Rois & Reines sont de Porbus, de Bunel & du Breul. VII. 38. Persée & Andromede, la Danaée, le Dieu Pan, la Gigantomachie. 39. La belle vûe de cette gallerie. 40

Tableaux de la gallerie des Hommes illustres du Palais Cardinal. 166. Ceux de la gallerie de l'Hotel de la Vrilliere. 231. L'Andromede du Titien. 232

—— Celui du Maître Autel de Port Royal, celui des Capucins du Marais, ceux des Capucins de la rue St Honoré. IV. 245. Celui du fauxbourg St Jaques. 426

La Taille imposée par nos Rois en differens tems sur le Bled, le vin. VIII. 443

Autres Tailles qui étoient imposées pendant les grandes ceremonies sous plusieurs races de nos Rois. 444

Taille des Seigneurs sur leurs sujets, comme l'Evêque de Paris, de Ste Geneviève, &c. 445

La Taille aux quatre cas, ce que c'est. XI. 642
—— Les sujets de l'Evêque exemts de la taille. P. 51

Taille de pain & vin au Clos de Garlande & Clos St Benoît. 7 & 77.

Talisman trouvé sous un Pont du tems de Gregoire de Tours. VIII. 345

Tannegui du Chatel a logé rue des deux Portes. VII. 259

Tapissiers, *Voyés* Merciers.

Tapisseries, Manufactures. IX. 505

Georges Tarri, Hermite quêteur, avoit établi une espece d'Ecole. IV. 495

Tasilon, Duc de Baviere, rend hommage à Compiegne au Roi Pepin. VII. 309

Taxes & impositions sur les Bourgeois pour les rempars & fossés. I. 87

Te Deum chanté à Notre-Dame à la reception des Ambassadeurs de l'Archiduc. VII. 88

Te Deum chanté à Notre-Dame à la reception des Ambassadeurs Suisses. 97. 101.

Les Teigneux, où ils sont logés. V. 560

Tellier (Mr le) un memoire des vivres qu'il a fait faire. I. 26

Faux Témoins viennent demander pardon à

l'Hôtel des Urfins, pour avoir parlé contre le Prevôt de Paris. VII. 245

Le Temple de Cerés occupé par les Carmelites. IV. 451

Le Temple de la Déesse Isis où placé à Paris. Son changement. I. 87. IV. 350. Par qui desservi. 88. Ses Prêtres. *ibid.* Quand supprimé. *ibid.* Les Religieux de Ste Geneviève chargés des dépouilles de ce Temple. *Ibid.*

Le Temple appartient aux Chevaliers de Malthe. I. 24. Quand bâti & fondé. VII. 270, 271. Frere Hubert, Tresorier, l'augmenta. *ibid.* C'est au Temple où étoient les tresors de nos Rois; la bourse du Roi y étoit. 318. Description de l'Eglise. IV. 454. P. 240.

Le grand Maître des Templiers, executé dans l'Isle du Palais. I. 99. Le Temple a servi de logement au grand Maître de l'Ordre. VII. 270. Le Tresorier du Temple se qualifioit de Tresorier du Roi. 318. Plusieurs Conciles à leur sujet. IX. 486. Leur condamnation. X. 542. 601.

Temps, combien à conduire les fossés de la Ville & l'enceinte. I. 40

La Place Dauphine a servi de lieu patibulaire aux Templiers. X. 584. Execution de deux Templiers à la Place Dauphine. 601. D'autres qui furent brulés. 606

Terreur panique qui s'empara de l'esprit des Chrétiens qui laissoient tomber en ruine leurs Eglises & maisons. I. 83, mais le tems passé il les rebâtirent à qui mieux mieux. IV. 293

Le Terrain, ce que c'est, son nom, ce que c'étoit, par qui entouré de pierre de taille. I. 94. Le Chapitre de Notre-Dame a intenté plusieurs procés pour en faire faire le quai qui l'environne. III. 244. P. 74. 76. 78.

Terasse que les Anglois dresserent sur la fontaine du Ponceau au couronnement d'Henri IV, Roi d'Angleterre. VII. 142

Testament, ceremonies & precautions que prit Dagobert pour faire le sien. VII. 295. Il en envoie trois copies à Lion, à Metz & à Paris. *ibid.*

— Philippe Auguste fait son Testament à St Germain en Laie. VII. 303

— Legs testamentaires éxigés par les Prêtres jusqu'à un tel point de refuser la sepulture aux intestats. XI. 629

Testament de Philippe-Auguste, P. 48

Les Theatins, Religieux. V. * 648

Theatre, plusieurs dans Paris; ce qui y est remarquable, XIV. 47

Theodebert arrêté prisonnier par Sigebert, renvoyé de Soissons après avoir juré de ne point porter les armes. VII. 208

Theodoric choisit Ravenne pour le siege de son Royaume, I. 8

Thevenin, fou, enterré à St Germain l'Auxerrois, son épitaphe & tombeau. IV. 331

Thibauld, Bourgeois. I. 75

Thiboust, Prevôt de Paris, excommunié. XIV. 30

Thionville, Maison Royale, où Pierre Legat vient trouver Charlemagne pour donner du secours. VII. 299. Charlemagne y partagea ses Royaumes entre ses trois fils. *Ibid.* Louis le Débonnaire y donna audiance aux Ambassadeurs de Dannemarc & reçut les excuses du T. II. Liv. VII. Comte de Barcelonne. *ibid.* Il y tient les L. XIV. Etats Generaux. *ibid.* T. III.

St Thomas, Pation des Jacobins a donné son nom à la rue près la rue d'Enfer. II. 104

St Thomas du Louvre fondé sous Louis le Jeune. I. 14. & par Robert I. Comte de Dreux. IV. 332. P. 53. 56. 189.

— Les Religieuses ont bouché la rue St Jerôme & s'en sont emparé malgré les oppositions du voisinage. II. 179

Thomas, Prevôt de Paris, condamné au pain & à l'eau. XIV. 29

Thorigni (Coulture de) où située. I. 71

Tiers Ordre de St François. P. 285

Tignonville, Prevôt de Paris, ayant fait pendre deux Ecoliers, fut obligé de dresser une Croix. VIII. 349. & XIV. 30.

Tixeranderie, qui a donné la rue de ce nom, IX. 505

La Tournelle P. 184. Tournelle de Barbeel. 125. Tournelle de la Porte de Buffy. P. 126

Tombeau du President le Jai; celui de Mlle d'Angoulême; Mausolée de la Vieuville, qui sont dans les Minimes. IV. 443. Celui de Gaguin aux Mathurins. 444. De Mr de Mesmes, de Belleau & de Comines aux Augustins. 448. Du Comte de Carpes, Gilles le Maître, &c. De Guillaume de Forlich, Seigneur Alleman, aux Cordeliers. 448. Du College de Beauvais. VIII. 387. Ceux des Cordeliers. IV. 449

Tombeaux de quelques fous, XIV. 34. Celui d'un Cuisinier à St Victor. *Ibid.* Une Complainte d'une épouse envers son mari mort. 55 De Turlupin, Gaultier-Garguille. 37. Gros Guillaume & Guillot-Gorju. 38. Marchand de Vin enterré à St Sauveur. 39

Tombeaux découverts en divers endroits de Paris, & differentes medailles. I. 20

— Autres trouvés à Notre-Dame, celui de Fayel, celui de Guillaume de Melun, celui du fils de Louis VI dit le Gros, les entrailles de Louis XIII. IV. 376. De plusieurs Evêques de Paris. 377. 378.

— D'autres trouvés en divers endroits de Paris. VIII. 336. 337. D'autres à St Germain des Prés dans l'Eglise & dans le Cloître. 340. Celui de Childeric à Tournai. 341. à St Denys. 342. Des autres Princes, qui se trouvent dans differentes Eglises, aux Jacobins, aux Celestins. *Ibid.* 343. Autres tombeaux remarquables. 343

— D'autres de St Severin. Celui d'un Prince de Frise, & d'autres personnes illustres. IV. 419. 420.

— Celui de l'Abbé de Bernai. 426. Celui d'Alain Veau. 427. De Mr de Thou à St André & de Mr Seguier. 428. De Nicolle Gilles, de Biard à St Paul. 442

Tonnere, divers effets à Paris, sur des clochers, sur la tour de Billi. X. 556

Tontines commencées par le sieur Tonti; trois

Liv. VII. sortes de Tontines. XIV. 58
T. II. —En sociétés viageres : les différens âges & dif-
L. XIV. ferens interêts. 59. Celle du Roi établie en
T. III. 1653. ibid.
—Une autre proposée par Tonti en Blanque ou jeu de hazard comme Lotterie.
—Celle du Clergé proposée pour l'acquitter de ses dettes. 61
—En voulurent faire une autre, &c. 69
—Celle du Duc de Nivernois en faveur des pauvres filles pour les marier. 69
—Ceremonies observées dans la façon de la tirer. 70

Tours : les Rois étoient jaloux des Tours de leurs Palais. VII. 273
— Comment elles étoient garnies. Ibid.
La Tour du Pet au Diable ou Synagogue. II. 157
La Tour neuve. P. 53. Tour quarrée dans l'Isle Notre Dame. P. 124. La Tour de l'Ecluse. P. 125
La Tour du Louvre où l'on venoit rendre hommages aux Rois de France. VII. 8. 14. Son usage. 16
Plusieurs Tours dont le Louvre étoit environné. Ibid. 4.
La Tour du Windal placée sur le bord de la riviere. La Tour de bois ou Château de bois. Ibid.
La Tour de la Librairie où étoit la Bibliothèque. 15
La grosse Tour du Louvre ; la solidité de cette Tour, dans laquelle les Rois renfermoient leurs épargnes ou trésors. 17. Quand elle a été ruinée. ibid. Les Prisonniers illustres qui y ont été enfermés. 1. Abbatue par François I. P. 29
L'Hotel des Tournelles, Palais Royal : son assiete. I. 70
—Releve de Ste Catherine. ibid. P. 242.
La Tour de Billi où l'on recevoit les munitions de guerre, derriere les Celestins. 328. Quand elle fut foudroyée. P. 240.
La Tour du Temple servoit au même usage. ibid.

Tours & Clochers, étoient beaucoup en usage à Paris, de sorte que Paris en étoit tout environné. XIV. 40. 41.
—Plusieurs Tours qui ont donné leurs noms aux portes, rues, &c. ibid.
—Plusieurs Tours qui ont été bâties en différens regnes. 42
Tour des Bois au Cimetiere St Innocent ; son usage. 55
Tournois & Carousels, divertissemens aux entrées des Rois. XI. 645. Tournois sous François I. XII. 683. Deffence des Tournois inutiles, tant par les Rois, Papes, Conciles, mais la mort d'Henri II. a plus opéré que tout le reste. 684
Tournois des Particuliers. 685. Pour les Ambassadeurs. 686. Pour les nouveaux Chevaliers. 687. Pour les mariages des Rois. 688. pour leur sacre, couronnement & entrée. 689
Trafic alternatif des Marchands dans la rue St

Honoré. II. 142
Treforerie de St Jaques de l'Hopital. P. 217
Les Tresoriers de la Ste Chapelle étoient d'ordinaire des Evêques. IV. 296. Ornemens Pontificaux accordés aux Tresoriers. P. 250.
Les privileges accordés. P. 258
Tresor de la Ste Chapelle, ce qu'il renferme. P. 258
Les Tresoriers de France, leur établissement, leur fonction, leur nombre, changemens divers. VIII. 400. 401. Leur ressort, leur habillement. 402
Tresor des Chartes ; l'histoire faite par Mr Dupuy, Garde de la Bibliotheque du Roi. VII. 325
—Les divers usages que les Rois en ont faits. VIII. 431. P. 240.
Les Tresoriers des Chartes, leurs fonctions, privileges, l'ordre observé dans l'arrangement des Chartes. 433. 434. 435.
Tresor trouvé rue de la Huchette dans les fondemens de l'Annonciation. II. 142
Tresors de l'épargne de nos Rois, gardés dans la grosse Tour du Louvre. VII. 19
—Celui de Chilperic, gardé à Chelles 292
Tresors de nos Rois sous la premiere race. Clotaire prit les Tresors de Childebert, Chilperic ceux de Clotaire, Childebert celui de Chilperic, Gontran celui de Charibert.
Les tresors de Chilperic, de Clotaire I & II, étoient à Braine : Childebert & Charibert, Clotaire & Chilperic les avoient à Paris. 314. Celui de Chilperic étoit très-considerable. 315. Presens de Tibere à Nogent. ibid.
Tresors des Reines, celui de Nantchilde, celui de Brunehault donné à sa fille Rigonte ; les Filles de France en avoient, un Prince d'un an en avoit un. 316
Les Tresors suivoient les Rois & Reines. 316. & VIII. 431. Isabeau de Baviere avoit son Tresor à St Denys. Ibid. Un autre à Paris. 317
Tresors de la seconde race : Hermantrude, femme de Charles le Chauve avoit son Tresor à Senlis. ibid.
Tresors de la troisième race : Philippe Auguste avoit le sien au Temple ; ordre qu'il donne pour la distribution en cas de mort. 317. P. 48.
—Louis VIII donna à son successeur tout son or, qu'il avoit à la Tour du Louvre. Ibid.
—Philippe le Hardi ordonna que son Tresor fût au Temple.
—Philippe le Bel, au Temple, au Louvre & au Chatelet.
—Charles V fit fondre en lingots tout son or.
—Charles VI en fit autant & fit faire un Cerf d'or.
—Somme considerable qui a été mise dans la Tour du Palais ou du Louvre, que le Duc d'Orleans alla enlever. 4
Les Tresors étoient en masse ce que l'on appelloit Mugot. 19
—François I d'abord établit son Tresor à Blois, après à Paris, qu'il fit garder soigneusement par des Officiers & Gardes ibid. Divers moyens
dont

DES MATIERES.

dont il s'eft fervi pour avoir de l'argent. 320
—Henri II au Louvre, Henri IV à la Baftille avoient leurs Trefors. *Ibid.*
—Ce que font devenus tous ces Trefors. 321. 322. 323.
Gui de la Trimoille reçoit l'Oriflame de Charles VI. Son fief. VII. 125
La Trinité fondée par Philippe-Augufte. I. 14
—Manufactures établies, leurs privileges. IX. 505. P. 220.
Trouffe-Vache (d'Oudard & Denys) Bourgeois de Paris. II. 165
Trou Bernard, Punais, Gaillards, efpeces d'égouts. III. 253, où placés. 254
Tru eft un terme de droits d'entrée. II. 165
Truanderie, terme de gueuferie; définition de ce terme II. 165. Leur Roi ou Capitaine nommé le grand Coëfre : leurs friponneries & fubtilités dont ils fe fervent pour tromper le public : rufes découvertes en plufieurs occafions. V. 512, 513; 514; 515, 516.
Tuille qui fe faifoient dans le Jardin des Tuilleries; la quantité. VII. 52
Tuilleries, ce qui lui a donné le nom, les premiers propriétaires. I. 79. Celles du faux-bourg St Germain où placées. VIII. 370
Le Palais des Tuilleries ; plan du Palais. VII. 54. L'efcalier des Tuilleries. 154. Magafin des Antiques, bas-reliefs, ftatues. 155. Buftes. 156. Jets de baffe tailles, mefures des chapiteaux des colonnes au portique de la rotonde. 158. La grande écurie, le Jardin des Tuilleries, l'écho. 159. P. 123.
Le Vicomte de Turenne tué; enterré à St Denys par ordre du Roi. XI. 647
Turlupin, fes differens noms, illuftre farceur & bon Comedien. XIV. 37
Jean Turno, Treforier du Roi, compte qu'il fut obligé de rendre à Philippe le Bel. VII: 318

Liv. VII.
T. II.
L. XIV.
T. III.

V

VAir (le Chancelier du) enterré aux Bernardins. IV. 436
Val-de-grace, bâti fur les ruines d'une maifon de plaifance d'un Prince de Bourbon. VII. 66. 69. 114. Sa magnificence, fon dôme, fa peinture, fon Autel fuperbe. IV. 439. P. 154. 189. 196.
Val des Ecoliers. P. 62
La Ducheffe de Valentinois, Maîtreffe d'Henri II acheva le Chateau d'Anet, fon portrait fur l'Horloge. VII. 312
Valentine de Milan, Ducheffe d'Orleans, obtint audiance en prefence du Roi contre Jean Petit, fur l'attentat à la vie de fon mari. VII. 48. 116
Valentinien demeuroit à Paris. I. 62
Valens lui envoye la tête de Procope. *Ibid.*
St Valier, près d'être executé à la Grève, fut delivré, ce qui donne le proverbe de la fievre de St Valier. X. 591. 603
Vanlai, accufé par Savonniere d'un crime infame, demande un duel en prefence du Roi. VII. 49
Vanel, fon efcalier. XIV. 5
Vapeur d'un rechaud met Julien l'Apoftat en danger de la vie. I. 6
La Varenne du Louvre, où elle fe tient. VIII. 408
Varin, le plus illuftre Graveur de la Monnoie du Louvre. VII. 42
Vaffi, Maifon Royale de Childeric II, qu'il donna à Ste Berchaire. VII. 296
La Vaiffelle, les vafes d'or & d'argent de nos Rois : la quantité & ufage. VII. 281
Le Vau (Louis) Architecte, qui a donné le deffein de la façade du Louvre, avec tous fes ornemens. VII.
Vauvert, le Chateau, donné aux Chartreux. II. 132
—Le Palais de Robert, fils d'Hugues Capet. VII. 2
—Hiftoire fur les efprits qui tourmentoient les habitans : donné aux Chartreux par St Louis. *ibid.*
Vauvert. P. 73
Allain Veau, enterré à St Jean ; il avoit le maniement des Finances. IV. 427
Louis le Veau, Architecte du Roi. VII. 224
Velvet, Piètre & Procureur de Charles Montmorenci, prifonnier & otage en Angleterre, vendit l'Hotel au Seigneur de Hangeft, pour fubvenir aux befoins de ce Maréchal. VII. 142
Mathieu de Vendofme, Abbé de St Denys, logeoit rue St André. VII. 265. Efchange qu'il fit de cette maifon avec les Religieux de St Germain des Prés. *ibid.*
Deux Ventricules dans le cerveau du Cardinal de Richelieu. XIV. 562
Verberie, maifon de plaifance : varieté de fon nom, fa fituation : Charles Martel y tombe malade, Charles le Chauve s'y marie. VII. 297. Judith de France y eft mariée. Le Pirate de la Seine y vient prêter ferment. 298
Le Prefident de Verdun demeuroit à la rue de la Chanverrerie. VII. 245
Mademoifelle du Verger avoit fait un amas confiderable de medailles. I. 20
Yves de Vergy, Abbé de Cluny, a fondé le College. VII. 268
La Marquife de Verneuil, Maîtreffe d'Henri IV, a continué le Chateau de Verneuil. VII. 311
Vernon, maifon de plaifance de Ste Beaudour ; on y apporte les otages des rebelles. VII. 299
Verrerie établie au faux-bourg St Antoine, & dans la rue des Verreries. IX. 505
Verfailles bâti. Louis XIII. VII. 309
Le grand Veftibule du nouveau Louvre conduit par le Mercier : fa defcription, fes ornemens : les coffres d'Henri II, & de Diane de Poitiers. VII. 28, 29, 30, 31. Explication que Ronfard donna à Henri II, à l'occafion de ce Veftibule. *ibid.*

Tome III. X

Liv. VII Vicairerie de St Martin des Champs. P. 72.
T. II. Celle de Ste Geneviève, *ibid*. Vicairerie perpetuelle de St Merri. P. 73
L. XIV.
T. III. Vicomtes de Paris, quand ils ont gouverné, selon quelques auteurs. VIII. 415
St Victor, Louis le Gros son fondateur. I. 14. VIII. 371. son épitaphe. IV. 408. Le chœur, la nef, les vitres, le tombeau de Comestor, d'Adam & Richard de St Victor, le jardin, le lavoir, le refectoire, l'architecture. 400. P. 6. 33. 71. 74.
Plusieurs Vierges rompues avec profanation, & diverses punitions à ce sujet. X. 537
Vierges, quand posées sur les portes de la Ville de Paris, par qui. I. 31
—Celle de la porte aux Peintres, encore restée. *ibid*.
—Posée au coin de la Vallée de misere, pour marquer la hauteur de l'eau. II. 203
—Du Roule, Notre-Dame de Paix transportée aux Capucins. VII. 123
De Vignacourt, le Grand-Maître. I. 73
Villages des environs de Paris ; ce qu'ils fournissent chacun en particulier, I. 13. 54
Villers-Coterets, maison de plaisance de Chilperic. VII. 291. Clotaire II y meurt d'une maladie qu'il gagna à la Chasse. *ibid*. Son nom & étymologie. 370
Ville de Paris, description. P. 235. 348, &c.
La Ville deffendue avec vigueur par plusieurs illustres personnages. I. 9
La Ville-l'Evêque, ou Couture. I. 76
—De l'Oursine, sa situation. VIII. 307
La Ville-neuve renfermée dans la Ville. I. 44 Officiers de Ville. P. 250
Anne Villesavin, veuve de Leon Bouthillier, Comte de Chavigny, a donné à St Paul une tapisserie. IV. 441
Villeroi, Secretaire d'Etat. I. 77. 79
Vincennes, maison Royale. Louis VII y établit les Religieux de Grammont, que Henri III transfera à Paris. VII. 304. Philippe-Auguste l'environna de murailles, & Robert de France y fit de nouveaux bâtimens. *ibid*. Les Rois qui l'ont augmenté. 305. Les Reines & Princesses qui y ont accouchées. *ibid*.
St Vincent, son faux-bourg, changement, appellé St Germain des Prés. I. 64
Childebert l'a fait bâtir sous le nom de St Vincent ; le corps de St Germain lui a fait changer de nom. IV. 269. 270. 271.
Vin Theologal & Sorbonique, passé en proverbe. II. 102. P. 20
—Marchands de vin, un des six Corps : leur armoiries. IX. 479. Le vin coula nuit & jour à l'entrée de Catherine de Medicis. XI. 643
Vignes de l'Université. 358. Vin qu'ils produisoient. VIII. 357. La Ville de l'Oursine, le Pré aux Clercs. *ibid*. P. 69. 70. 82
Un Vignoble nommé Mousfard, sur lequel est bâtie la grand rue de ce nom. 363
Vigne de la Sœur près la porte de St Michel. 368
Visite faite des faux-bourgs du côté de la Picardie, pourquoi, & par qui. I. 42

Plusieurs visites faites pour les remparts & fosses de la Ville. 81. 82
—L'on visitoit les Dames & les Reines mêmes toutes nues, pour savoir si elles étoient propres à porter enfans. XI. 646
Visitateurs, leur office. P. 30
Viteaux, faillit à assassiner Charles IX, Henri de France Roi de Pologne, & Henri de Bourbon Roi de Navarre. VII. 149
Vitry, maison Royale, où Chilperic envoya son fils Clotaire : remarquable par le meurtre de Sigebert. VII. 293. Les Grands du Royaume y vont prêter serment au jeune Prince. *ibid*.
Vive le Roi, cris de joie aux entrées des Rois. XI. 644
Ulnogothe, femme de Childebert, a demeuré à l'Hotel de Cluny. I. 66
Université, origine du nom. I. 17. VIII. 356
Université, son commencement enfermé dans les Cloîtres. I. 17. VIII. 352
—Son étendue à Paris.
—Celle d'Oxford, de Cambrige, ne sont pas si grandes. I. 19
—Comparaison de la Sorbonne avec les autres Universités de Leide & Montpellier. I. 19. & VIII. 354
—Ses privileges & son progrès : les illustres enterrés dans les Colleges. I. 19. VIII. 354
—Charlemagne n'est point son fondateur. 17
—Tire son origine du Chapitre de Notre-Dame. *ibid*.
—Transferée à St Victor, à St Julien le Pauvre, de là à la rue du Fouarre. *Ibid*. VIII. 352
—Elle est la plus florissante du monde. I. 19
—Bulle envoyée à Charles VI par Gregoire XII, où il se soumettroit à ce qui seroit ordonné par le Roi & l'Université. VII. 84
—Harangue latine par Scourable, Docteur de l'Université, devant l'Ambassadeur de l'Archiduc. Une autre Latine par Pinel, Grand-Maître de Navarre, devant les Ambassadeurs de l'Empereur. 88
—S'oppose à la paix Cabochienne : le Recteur fait arrêter le Ministre des Mathurins. 133
—L'Hotel de Savoisy rasé pour l'insulte faite à l'Université. VIII. 349
—Fondation de quelques Colleges 355
L'Université en general, sa division. *ibid*. Ses vignes. 356. Ses faux-bourgs. 357. La terre de Laas. *ibid*. Son étendue. 358. Ses clos, celui de St Etienne des Grès, celui de l'Evêque, de Malvoisin, ou la terre & le clos de Garlande. 359. Celui de Bruneau. 360. Celui de St Symphorien, & celui de Ste Geneviève. 361. Le Chardonnet. 362. Clos des faux-bourgs de St Victor, le Clos des Arennes. 363. Celui du faux-bourg St Jaques & St Michel, le Clos-le-Roi. 364. Le Clos des Poteries. *ibid*. Le Clos aux Bourgeois. 365. Le Clos des Jacobins. *ibid*. Les Francs-mureaux. 366. Le Clos de St Sulpice, celui des Cordeliers. 367. Faux-bourg St Germain, le Pré-aux-

Clercs. *ibid.* Autres vignes particulieres tant dedans que dehors de l'Université. 66. Faux-bourg St Victor. 369. Faux-bourg St Marcel étoit la Ville de l'Ourfine. : Faux-bourg St Germain. 370. Les Eglifes. 371. Fondations des Colleges. 372. 373. 374. 375.
— Alloit prendre poffeffion au Pré-aux-Clercs tous les ans. XI. 649
Voyés P. 61. 63. 64. 118. 226. 227 & 30. 44. 67. 69.
— Prises qu'elle a eu avec la Reine Blanche ; les autres qu'elle a eu avec les Religieux de St Germain des Prés, fur le fait du patronage de St Côme & St André ; & St Germain-le-vieux, avec les Prevôts de Paris. XIV. 29. 30
— Elle a attenté à l'autorité Royale, & contre le Parlement. 30. 31
— Les Vollieres & les Oifeaux de Charles V. Sa dépenfe, & les differens oifeaux qui s'y trouvoient. VII. 282
— Les Voiries, à la bute de Coupeaux, & deux Voiries ; l'une ancienne, & l'autre de Ste Geneviève. VIII. 369. A caufe de la puanteur, celle des Bouchers fut fermée de murailles. 370
— Voirie qui incommodoit St Victor. P. 70
Voitures & montures ufitées à Paris. II. 187
Les Cariolles, maniere de Tombereau, ou Chatrette, les Coches, les Litieres, les Caroffes, les Palefrois, les Haquenées & le cheval de croupe ; Chariots. II. 187. XII. 650. Une mule. II. 188. Degrés pour monter à cheval. 189. Les Chariots ou Coches ronds. *ibid.* Les Litieres refervées pour les Princes & Princeffes. 190. Cariolles pour les Bourgeois. 191. Caroffes. *ibid.* Premiers qui ont été vûs à Paris. *ibid.* Chaifes à bras portées à deux hommes. 192. Caleches. *ibid.* Caroffes publics, établis, quand ils ont commencé à rouler à Paris, *ibid.* Chevaux de louage. 197. Chaifes roulantes. 193. Caroffes de louage, pourquoi appellés Fiacres, *ibid.* Brouette, Vinaigrette, trainées par un homme feul. 194
— Privileges accordés à divers particuliers fur l'établiffement des Voitures, tant publiques que particulieres. II. 191

— Les particuliers qui ont entrepris en differens tems l'etabliffement des differentes Voitures. Liv. VII. *ibid.* T. II.
— Les Charettes ferrées, deffendues à Paris par le L. XIV. Parlement, & pourquoi XII. 651 T. III.
Vouet, Peintre, demande inutilement de dreffer un Arc de triomphe au bout du Pont de la Tournelle. III. 239
La Voûte des Orgues de St Jean eft admirable. Celle du Jubé de St Etienne du Mont eft un Chef d'œuvre. XIV. 43
Voyage que les Rois obligeoient leur vaffaux de faire, & fe contentoient fouvent des pelerinages. XI. 622
Juvenal des Urfins, reparation faite par de faux témoins devant fon Hotel. X. 533
Urfulines. P. 149. 172. *Voyés* Couvens de Filles.

W

LE Duc de Weymar fut logé à l'Arfenal : il fe couvrit devant le Roi : differend à cette occafion, & l'accommodement. VII. 141
Le Duc de Wittemberg a pour logis l'Autruche ou la Ville, par ordre du Roi, va le faluer. VII. 141

X

ST François Xavier a logé & étudié au College de Ste Barbe. VII. 255

Y

LA Porte Yderon, fes differens noms. I. 33
Ymbert des Lions, fondateur de la Magdelaine, à prefent les Filles-Dieu. I. 14
Le Geant Yfoir, vaincu par Grifegonelle. VII. 142
St Yves fondé par les Bretons. VIII. 372
St Yves, la Chapelle quand fondée. II. 153.

Z

ZAMET (Sebaftien) Baron de Muret, a fait bâtir l'Hotel de Lefdiguieres. VII. 126

Fin de la Table generale des Matieres.

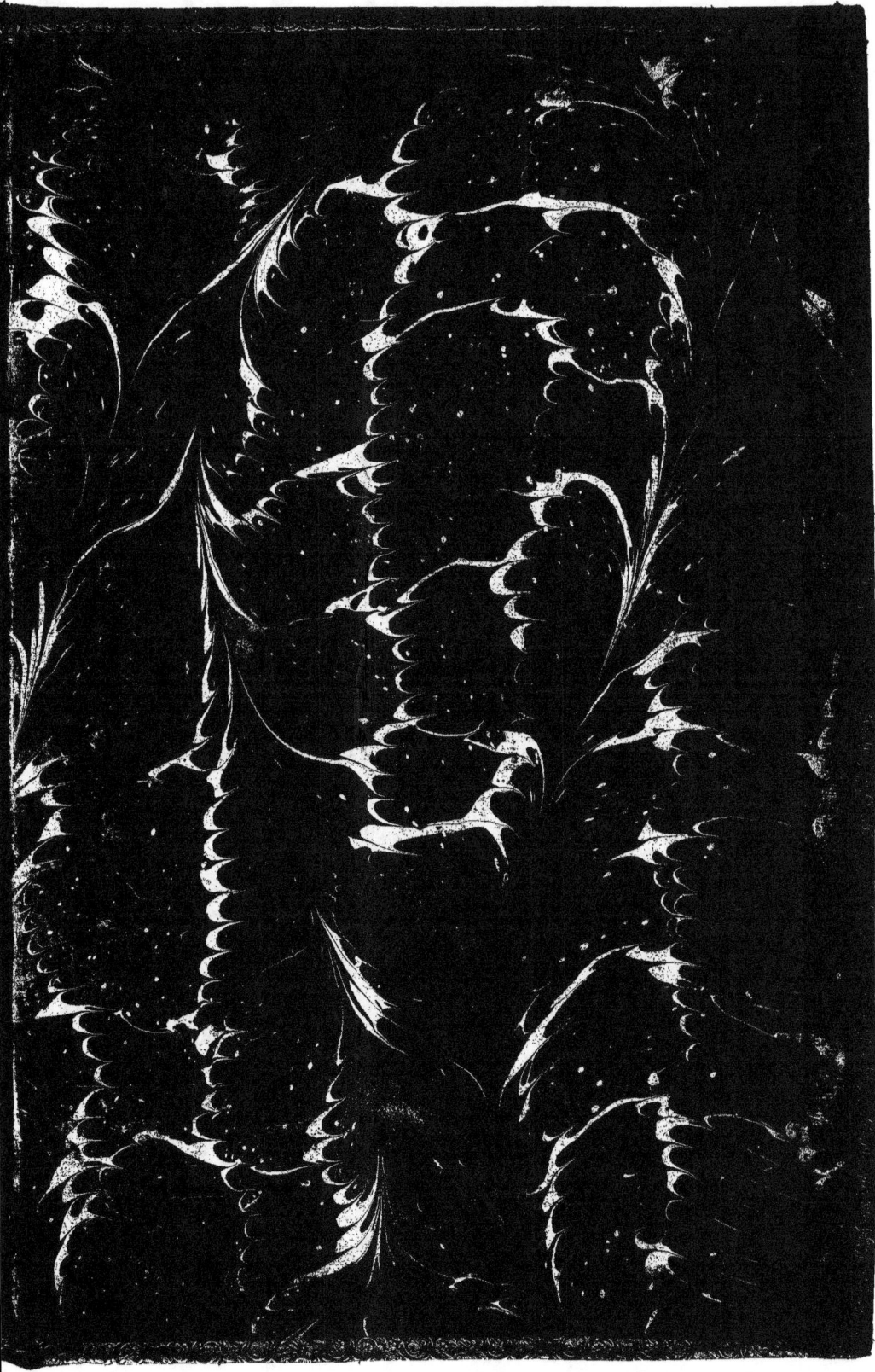

www.ingramcontent.com/pod-product-compliance
Lightning Source LLC
Chambersburg PA
CBHW052127010526
44113CB00034B/880